THE BOOK OF DISCIPLINE
OF
THE UNITED METHODIST CHURCH

Korean Edition

"The Book Editor, the Secretary of the General Conference, the Publisher of The United Methodist Publishing House, and the Committee on Correlation and Editorial Revision shall be charged with the editing the Book of Discipline. . . .The editors, in the exercise of their judgment, shall have the authority to make changes in wording as may be necessary to harmonize legislation without changing the substance. The editors, in consultation with the Judicial Council, shall also have authority to delete provisions of the Book of Discipline which have been ruled unconstitutional by the Judicial Council."
—Plan of Organization and Rules of Order of the General Conference, 2016.

See Judicial Council Decision 96, which declares the Discipline to be a book of law.

Errata can be found at Cokesbury.com, word search for Errata.

L. Fitzgerald Reist
Secretary of the General Conference

Brian K. Milford
President and Publisher
Book Editor of The United Methodist Church

Brian O. Sigmon, Managing Editor

The Committee on Correlation and Editorial Revision
Naomi G. Bartle, Vice Co-chair
Robert Burkhart, Co-chair
Maidstone Mulenga, Secretary
Melissa Drank, Paul Fleck, Karen Ristine
Dianne Wilkinson, Brian Williams

Alternates:
Susan Hunn, Beth Rambikur

Chan-Hie Kim
Translator of the Korean Edition
Dal Joon Won
Editor of the Korean Edition

연합감리교회
장 정

2016

연합감리교회 출판부
The United Methodist Publishing House
Nashville, Tennessee

Copyright © *2017 The United Methodist Publishing House*

All rights reserved.

United Methodist churches and other official United Methodist bodies may reproduce up to 1,000 words from this publication, provided the following notice appears with the excerpted material: "From The Book of Discipline of The United Methodist Church—2016. Copyright © 2016 by The United Methodist Publishing House. Used by permission."

Requests for permissions that exceed 1,000 words should be addressed to the Permissions Office, The United Methodist Publishing House, P.O. Box 280988, Nashville, TN 37228, or 2222 Rosa L. Parks Boulevard, Nashville, TN 37228, or e-mailed to permissions@umpublishing.org.

This book is printed on elemental, chlorine-free, acid-free paper.

Scripture quotations, unless otherwise noted, are taken from THE HOLY BIBLE with REFERENCE Old and New Testaments New Korean Revised Version © Korean Bible Society 1998. Used by permission.

ISBN 978-1-501-83331-1

USB Flash Drive (with *Book of Resolutions*) ISBN 978-1-501-83328-1
2-PACK Discipline and Resolutions ISBN 978-1-201-83327-4
Discipline eBook ISBN 978-1-501-83322-9
Spanish Edition ISBN 978-1-501-83329-8

16 17 18 19 20 21 22 23 24 25 —10 9 8 7 6 5 4 3 2 1

PRINTED IN THE UNITED STATES OF AMERICA

감독의 인사 말씀

연합감리교회의 모든 교인들과 목사님들께:
"하나님 우리 아버지와 주 예수 그리스도로부터 은혜와 평강이 있기를 원하노라."

-고린도전서 1:3

연합감리교회의 <장정>은 지금의 연합감리교회를 형성하게 한 교단들이 지난 200여년 동안 많은 총회들을 거치면서 만들어 낸 책입니다.

연합감리교회가 자신을 통제하고 치리하기 위하여 법을 정하고, 계획을 수립하며, 정체를 확립하고 과정을 밟아 가는 수단으로서의 이 <장정>은 그 동안 변함없이 우리에게 내려 왔습니다. 각 총회마다 <장정>을 수정하고 다듬으며, 문장을 명료하게 하고 추가함으로써, 나름대로 이에 공헌하여 왔습니다. 우리는 <장정>을 무오하고 신성불가침한 것으로는 여기지 않으나, 우리의 유산에 적합한 문서라고 굳게 믿고 있습니다. <장정>은 우리의 교회관을 반영하고 있으며, 목사나 신도들이 이 세상 안에서 그리스도의 몸 된 모든 교회의 일원으로서 유능한 증인이 되기 위하여, 우리에게 무엇을 바라고 있는가 하는 것을 보여 주고 있습니다.

이 성약(聖約 covenant)의 책은 연합감리교회가 성서적 신앙에 그 신학적 뿌리를 내리고 있음을 공포하고 있으며, "지난날 기독교가 가졌던 모든 최선의 것을 이어받을 충성된 상속자"로서 전진해 나갈 것을 다짐하고 있습니다. 연합감리교회는 인종, 경제적 여건, 남녀 및 연령에 관계없이 모든 교인을 포용하고 있는 공회임을 <장정>은 천명하고 있습니다. 이 책은 또한 세례받고 입교한 이들은 모두 예수 그리스도의 사역자임을 천명하고 있습니다. <장정>은 협의체의 원칙과 연대제도가 연합감리교회의 특징임을 확언하고 있으며, 또한 우리교회의 선교가 세계적 성격을 띠고 있음을 분명히 하고 있으며, 다른 그리스도 교회들과 정신적으로나 협력 관계에 있어 서로 의지하고 있음을 선포하고 있습니다. <장정>은 존 웨슬리와 함께, 고립된 종교는 허약하며, 그리스도께서 그를 구주로 받아들이는 사람들의 모든 삶을 주관하고 계심을 분명히 하고 있습니다.

그러므로 우리는, 우리교회의 교인들뿐만 아니라, 연합감리교회 교인이 된다는 것이 무엇을 뜻하는가를 알고자 하는 밖의 친구들에게도 이 <장정>을 권하는 바입니다. 교회가 무엇이며, 무엇을 하고 있는가를 이해하기 위하여서는 커뮤니케이션이 불가결합니다. 그래서 이 <장정>이 개체교회, 각종 학교들, 대학들, 신학대학원들뿐만 아니라, 연합감리교회의 목사들과, 평신도 사역자들과, 그리고 일반 신도들의 가정에도 비치되기를 바랍니다. 이 책이, 충성스런 제자 됨의 뜻을 받들어, 많은 사람들 마음속에 교회의 머리 되시는 우리 주 예수 그리스도께 더 충성스러워지려는 뜨거운 욕망을 일으켜 주시기를 간절히 기도하는 바입니다.

총감독회
회장: 브루스 R. 아우
차기 회장: 케네스 H. 카터
서기: 신시아 피에로 하비

차 례

주: 본 <장정>의 기본 단위는 "페이지"라든가 "장" 또는 "절" 등이 아니라 조항(¶)으로 표시되어 있다. 그런데 이 조항은 각 장 또는 절 범위 안에서만 연속적으로 순서를 따라 매겨졌고, 각 편-장-절이 바뀔 때에는 그 순서를 건너 뛰었다. 이것은, 후일에 보충되어질지 모를 조항을 위하여 그리한 것이며 다음과 같은 순서에 맞추어져 있다.

1- 99	헌장
101- 199	교리, 교리적 선언, 총칙, 모든 그리스도인들의 사역 및 사회생활 원칙
201- 299	개체교회
301- 399	안수받은 이들의 사역
401- 499	감리직
501- 699	의회들
701-2499	총회 행정 기구
2501-2599	교회 재산
2601-2799	사법 행정

감독의 인사 말씀 ·· v
연합감리교회의 감독들 ··1
연합감리교회 약사 ·· 11

제1편
헌장
¶¶1-61

전문 ·· 25

차례

제1부 총칙 (¶¶1-7) ··· 26
제2부 조직 (¶¶8-44) ·· 27
   제1절 의회들 (¶¶8-12)
   제2절 총회 (¶¶13-16)
   제3절 제한 규정 (¶¶17-22)
   제4절 지역총회 (¶¶23-27)
   제5절 해외지역총회 (¶¶28-31)
   제6절 연회 (¶¶32-36)
   제7절 경계 (¶¶37-41)
   제8절 지방회 (¶42)
   제9절 구역회 (¶¶43-44)
제3부 감독의 감리 (¶¶45-54) ···································· 37
제4부 사법 (¶¶55-58) ··· 39
제5부 헌장 개정 (¶¶59-61) ······································ 40

제2편
'일반 장정'
¶101

일반 장정 (¶101) ··· 41

제3편
교리적 기준과 우리의 신학적 과제
¶¶102-105

제1절 우리의 교리적 유산 (¶102) ······························ 43
제2절 우리의 교리사 (¶103) ····································· 53
제3절 우리의 교리적 기준과 총칙:
   감리교회의 '종교강령,' 복음주의연합형제교회의
   '신앙고백,' 감리교회의 '총칙' (¶104) ····················· 63
제4절 우리의 신학적 과제 (¶105) ······························ 79

제4편
모든 그리스도인의 사역
¶¶120-143

제1절 교회들 (¶¶120-125) ·· 93
제2절 모든 그리스도인의 사역 (¶¶126-132) ···············97
제3절 섬기는 사역과 섬기는 지도자들
　　　(¶¶133-134) ··99
제4절 섬기는 사역 (¶¶135-137) ································ 100
제5절 섬기는 지도자 (¶¶138-139) ···························· 101
제6절 포용하도록 부르심을 받음 (¶140) ················102
제7절 연합감리교회를 통한 사역의 실현
　　　(¶¶141-143) ··· 103

제5편
사회생활 원칙
¶¶160-166

서문 ···105
전문 ···106
제1절 자연의 세계 (¶160) ··106
제2절 양육하는 공동체 (¶161) ································ 110
제3절 사회적 공동체 (¶162) ···································· 119
제4절 경제적 공동체 (¶163) ···································· 132
제5절 정치적 공동체 (¶164) ···································· 138
제6절 세계 공동체 (¶165) ·· 143
제7절 우리의 사회신경 (¶166) ································ 145

제6편
조직과 행정
¶¶201-2719

제1장
개체교회

제1절 교회와 목회구역 (¶¶201-205) ·······················147
제2절 협동교구 (¶206) ··149
제3절 초교파 공동사역 (¶¶207-211) ······················ 151
제4절 변천하여 가는 지역에 있는 교회들
　　　(¶¶212-213) ···152

제5절 교인 (¶¶214-242) ···154
　　교인됨의 의미 (¶¶216-221)
　　입교 절차 (¶¶222-226)
　　소속교인 및 협동교인 (¶227)
　　교인 관리 (¶¶228-229)
　　교적부 기록과 보고 (¶¶230-234)
　　교단 또는 개체교회의 교적 변경 (¶¶235-242)
제6절 조직과 운영 (¶¶243-258) ·································169
　　구역회 (¶¶246-251)
　　교회임원회 (¶252)
　　전문 사역들 (¶¶253-257)
　　행정 위원회들 (¶258)
제7절 새 개체교회의 조직 방법 (¶259) ························197
제8절 개체교회의 연회 소속 변경 (¶260)·····················199
제9절 개체교회의 권리 보호 (¶261) ···························200
제10절 특별주일들 (¶¶262-265) ································200
　　특별헌금이 있는 특별 주일에 관한 일반 규정 (¶263)
　　특별헌금이 없는 특별 주일에 관한 일반 규정
　　　　(¶¶264-265)
제11절 섬기는 평신도 사역자들 (¶¶266-269) ···············206

제2장
안수받은 이들의 사역

제1절 안수의 의미와 연회원 자격 (¶¶301-304) ···········213
제2절 연합감리교회의 교역자 안수직 (¶¶305-309) ···217
제3절 인허사역 및 안수사역을 위한 후보
　　　　(¶¶310-314) ··219
제4절 목회사역을 위한 인허 (¶¶315-320) ················225
제5절 협동회원 (¶¶321-323) ·································230
제6절 준회원 (¶¶324-327) ····································232
제7절 안수받은 정회원 집사 (¶¶328-330) ·················239
제8절 집사와 준회원 집사의 여러 가지 사역에의 파송
　　　　(¶331)··245
제9절 안수받은 정회원 장로 (¶¶332-336)····················248
　　연회에의 정회원 허입과 유임 (¶336)
제10절 여러 가지 사역에의 파송 (¶¶337-342) ··········255

제11절 연장사역에의 파송 (¶¶343-345) ···············262
    교회연합 사역에의 파송에 관한 규정 (¶345)
제12절 다른 연회 및 다른 감리교단과 타교파의교역자들
    (¶¶346-347) ···································267
제13절 자문하는 일(Mentoring)과 멘토(Mentor)
    (¶348) ···271
제14절 정회원과 본처목사의 평가 및 지속적인 성장
    (¶¶349-351) ···································272
제15절 연회 관계의 변경 (¶¶352-360) ·····················274
제16절 행정적인 공정한 절차 (¶¶361-363) ···············287
제17절 연회에의 재허입 (¶¶364-368) ·····················292
제18절 일반 규정 (¶369) ·································293

제3장
감리직

제1절 감리직의 성격 (¶401) ······························· 295
제2절 감독 및 지방감리사의 직분 (¶¶402-403) ·········295
제3절 감독의 선출, 구역 배정 및 직책 중지
    (¶¶404-413) ··································· 297
제4절 감독의 구체적인 직책 (¶¶414-416) ··············· 307
제5절 지방감리사의 선임, 배정 및 임기
    (¶¶417-418) ··································· 310
제6절 지방감리사의 구체적인 직책 (¶¶419-420) ······310
제7절 감리직의 실현 (¶¶421-424) ························ 312
제8절 파송 절차 (¶¶425-430) ···························· 314
제9절 에큐메니칼 관계 (¶¶431-442) ····················· 318
제10절 교회신앙연구위원회 (¶¶443-450) ················ 324

제4장
의회들

제1절 총회 (¶¶501-511) ·································327
제2절 지역총회 (¶¶512-539) ·····························333
제3절 해외지역총회 (¶¶540-548) ························343
제4절 잠정해외지역총회 (¶¶560-567) ····················350

제5절 독립감리교회, 자매감리교회, 자매연합교회,
  성약체결교회, 협약교회 (¶¶570-575) ················351
  해외지역총회에서 독립감리교회, 자매감리교회,
    또는 자매연합교회가 되는 절차 (¶572)
  성약체결교회가 되는 절차 (¶573)
  협력조약 협정 (¶574)
  연합감리교회에 가입하기 위한 절차 (¶575)
제6절 잠정연회 (¶¶580-583) ································356
제7절 선교연회 (¶¶585-588) ································358
제8절 선교구 (¶¶590-593) ···································360
제9절 연회 (¶¶601-657) ·····································363
  연회 기관들 (¶610)
  연회재무행정협의회 (¶¶611-619)
  교역자 후원 (¶¶620-628)
  연회의 기타 기관들 (¶¶629-657)
제10절 지방회 (¶¶658-672) ·································441

제5장
총회 행정 기구

제1절 총칙 (¶¶701-724) ·····································453
제2절 총회재무행정협의회 (¶¶801-824) ················473
  교단기금 (¶¶810-817)
  감독실기금 (¶¶818)
  교단기금들 이외의 헌금을 위한 재정지원 요청
    (¶¶819-824)
제3절 연대사역협의회 (¶¶901-907) ·······················505
제4절 총회사회부 (¶¶1001-1011) ··························508
제5절 총회제자사역부 (¶¶1101-1126) ···················511
제6절 청년사역국 (¶¶1201-1212) ··························533
제7절 총회세계선교부 (¶¶1301-1315) ···················538
  선교 프로그램 분야 (¶1314)
  연합감리교 구호위원회 (¶1315)
제8절 총회고등교육사역부 (¶¶1401-1423) ············550
  고등교육국 (¶¶1410-1413)
  고등교육자문위원회 (¶¶1414-1418)
  연합감리교 고등교육재단 (¶1419)

흑인대학교총장협의회 (¶1420)
　　　안수사역국 (¶1421)
　　　연합감리교 신학대학원들 (¶¶1422-1423)
제9절 총회은급의료혜택부 (¶¶1501-1509) ················572
　　　일반 행정 (¶¶1501-1505)
　　　연회의 관리 책임 (¶¶1506-1509)
제10절 연합감리교회 출판부 (¶¶1601-1641) ············587
제11절 총회교회역사보존위원회 (¶¶1701-1712) ······594
제12절 총회공보위원회 (¶¶1801-1808) ····················601
제13절 연합감리교회 여선교회 (¶¶1901-1918) ·········606
　　　디크네스국내선교동역자실 (¶¶1913-1918)
제14절 총회인종관계위원회 (¶¶2001-2008) ············612
제15절 총회여권신장위원회 (¶¶2101-2109) ············615
제16절 해외지역총회연락상임위원회 (¶2201) ·········619
제17절 연합감리교회 총회남선교회위원회
　　　　(¶¶2301-2303) ······························ 621
제18절 충돌중재평화센터 (¶2401) ·····························624

제6장
교회 재산

제1절 모든 소유권—신탁에 의하여
　　　　(¶¶2501-2505) ······························ 625
제2절 법의 준수 (¶¶2506-2510) ································628
제3절 감사 및 교회 임원들의 지불보증 보험에의 가입
　　　　(¶2511) ··630
제4절 연회 재산 (¶¶2512-2517) ································630
제5절 지방 재산 (¶¶2518-2524) ································636
제6절 개체교회의 재산 (¶¶2525-2551) ······················640
제7절 교회 기관 이사들의 필수 조건들 (¶2552) ········661

제7장
사법 행정

제1절 사법위원회 (¶¶2601-2612) ································663

제2절 조사, 재판 및 상소 (¶¶2701-2719) ················669
   사법처리 과정에서의 공정한 절차 (¶2701)
   고소당할 수 있는 비위들과 상소 시효 (¶2702)
   사법적 고소의 접수와 조사에 관한 절차 (¶¶2703-2706)
   재판 (¶¶2707-2714)
   상소 (¶¶2715-2718)
   기타 여러 가지 규정 (¶2719)

부록

한·영 용어 대조표 ···701
Index ···713

연합감리교회의 감독들

총감독회 제공

이름	선출연도	이름	선출연도
Thomas Coke	1784	William Hanby	1845
Francis Asbury	1784	William Capers	1846
Richard Whatcoat	1800	Robert Paine	1846
Phillip William Otterbein	1800	David Edwards	1849
Martin Boehm	1800	Henry Bidleman Bascom	1850
Jacob Albright	1807	Levi Scott	1852
William M'Kendree	1808	Matthew Simpson	1852
Christian Newcomer	1813	Osman Cleander Baker	1852
Enoch George	1816	Edward Raymond Ames	1852
Robert Richford Roberts	1816	Lewis Davis	1853
Andrew Zeller	1817	George Foster Pierce	1854
Joseph Hoffman	1821	John Early	1854
Joshua Soule	1824	Hubbard Hinde Kavanaugh	1854
Elijah Hedding	1824	Francis Burns	1858
Henry Kumler Sr.	1825	William W. Orwig	1859
John Emory	1832	Jacob Markwood	1861
James Osgood Andrew	1832	Daniel Shuck	1861
Samuel Heistand	1833	John Jacob Esher	1863
William Brown	1833	Davis Wasgatt Clark	1864
Beverly Waugh	1836	Edward Thomson	1864
Thomas Asbury Morris	1836	Calvin Kingsley	1864
Jacob Erb	1837	Jonathan Weaver	1865
John Seybert	1839	William May Wightman	1866
Henry Kumler Jr.	1841	Enoch Mather Marvin	1866
John Coons	1841	David Seth Doggett	1866
Joseph Long	1843	Holland Nimmons McTyeire	1866
Leonidas Lent Hamline	1844	John Wright Roberts	1866
Edmund Storer Janes	1844	John Dickson	1869
John Russel	1845	John Christian Keener	1870
Jacob John Glossbrenner	1845	Reuben Yeakel	1871

연합감리교회의 감독들

이름	선출연도	이름	선출연도
Thomas Bowman	1872	Daniel Ayres Goodsell	1888
William Logan Harris	1872	James Mills Thoburn	1888
Randolph Sinks Foster	1872	James W. Hott	1889
Isaac William Wiley	1872	Atticus Greene Haygood	1890
Stephen Mason Merrill	1872	Oscar Penn Fitzgerald	1890
Edward Gayer Andrews	1872	Wesley Matthias Stanford	1891
Gilbert Haven	1872	Christian S. Haman	1891
Jesse Truesdell Peck	1872	Sylvanus C. Breyfogel	1891
Rudolph Dubs	1875	William Horn	1891
Thomas Bowman	1875	Job S. Mills	1893
Milton Wright	1877	Charles Cardwell McCabe	1896
Nicholas Castle	1877	Joseph Crane Hartzell	1896
Henry White Warren	1880	Earl Cranston	1896
Cyrus David Foss	1880	Warren Akin Candler	1898
John Fletcher Hurst	1880	Henry Clay Morrison	1898
Erastus Otis Haven	1880	David Hastings Moore	1900
Ezekiel Boring Kephart	1881	John William Hamilton	1900
Alpheus Waters Wilson	1882	Edwin Wallace Parker	1900
Linus Parker	1882	Francis Wesley Warne	1900
John Cowper Granbery	1882	George Martin Mathews	1902
Robert Kennon Hargrove	1882	Alexander Coke Smith	1902
William Xavier Ninde	1884	Elijah Embree Hoss	1902
John Morgan Walden	1884	Henry Burns Hartzler	1902
Willard Francis Mallalieu	1884	William Franklin Heil	1902
Charles Henry Fowler	1884	Joseph Flintoft Berry	1904
William Taylor	1884	Henry Spellmeyer	1904
Daniel Kumler Flickinger	1885	William Fraser McDowell	1904
William Wallace Duncan	1886	James Whitford Bashford	1904
Charles Betts Galloway	1886	William Burt	1904
Eugene Russell Hendrix	1886	Luther Barton Wilson	1904
Joseph Stanton Key	1886	Thomas Benjamin Neely	1904
John Heyl Vincent	1888	Isaiah Benjamin Scott	1904
James Newbury FitzGerald	1888	William Fitzjames Oldham	1904
		John Edward Robinson	1904
Isaac Wilson Joyce	1888	Merriman Colbert Harris	1904
John Philip Newman	1888	William Marion Weekley	1905

연합감리교회의 감독들

이름	선출연도	이름	선출연도
William Melvin Bell	1905	Cyrus Jeffries Kephart	1913
Thomas Coke Carter	1905	Alfred Taylor Howard	1913
John James Tigert III	1906	Gottlieb Heinmiller	1915
Seth Ward	1906	Lawrence Hoover Seager	1915
James Atkins	1906	Herbert Welch	1916
Samuel P. Spreng	1907	Thomas Nicholson	1916
William Franklin Anderson	1908	Adna Wright Leonard	1916
John Louis Nuelsen	1908	Matthew Simpson Hughes	1916
William Alfred Quayle	1908	Charles Bayard Mitchell	1916
Charles William Smith	1908	Franklin Elmer Ellsworth Hamilton	1916
Wilson Seeley Lewis	1908		
Edwin Holt Hughes	1908	Alexander Priestly Camphor	1916
Robert McIntyre	1908		
Frank Milton Bristol	1908	Eben Samuel Johnson	1916
Collins Denny	1910	William H. Washinger	1917
John Carlisle Kilgo	1910	John Monroe Moore	1918
William Belton Murrah	1910	William Fletcher McMurry	1918
Walter Russell Lambuth	1910	Urban Valentine Williams Darlington	1918
Richard Green Waterhouse	1910		
Edwin DuBose Mouzon	1910	Horace Mellard DuBose	1918
James Henry McCoy	1910	William Newman −Ainsworth	1918
William Hargrave Fouke	1910		
Uriah Frantz Swengel	1910	James Cannon, Jr.	1918
Homer Clyde Stuntz	1912	Matthew T. Maze	1918
William Orville Shepard	1912	Lauress John Birney	1920
Theodore Sommers Henderson	1912	Frederick Bohn Fisher	1920
		Charles Edward Locke	1920
Naphtali Luccock	1912	Ernest Lynn Waldorf	1920
Francis John McConnell	1912	Edgar Blake	1920
Frederick DeLand Leete	1912	Ernest Gladstone Richardson	1920
Richard Joseph Cooke	1912		
Wilbur Patterson Thirkield	1912	Charles Wesley Burns	1920
		Harry Lester Smith	1920
John Wesley Robinson	1912	George Harvey Bickley	1920
William Perry Eveland	1912	Frederick Thomas Keeney	1920
Henry Harness Fout	1913		

연합감리교회의 감독들

이름	선출연도	이름	선출연도
Charles Larew Mead	1920	Elmer Wesley Praetorius	1934
Anton Bast	1920	Charles H. Stauffacher	1934
Robert Elijah Jones	1920	Jarrell Waskom Pickett	1935
Matthew Wesley Clair	1920	Roberto Valenzuela Elphick	1936
Arthur R. Clippinger	1921	Wilbur Emery Hammaker	1936
William Benjamin Beauchamp	1922	Charles Wesley Flint	1936
James Edward Dickey	1922	Garfield Bromley Oxnam	1936
Samuel Ross Hay	1922	Alexander Preston Shaw	1936
Hoyt McWhorter Dobbs	1922	John McKendree Springer	1936
Hiram Abiff Boaz	1922	F. H. Otto Melle	1936
John Francis Dunlap	1922	Ralph Ansel Ward	1937
George Amos Miller	1924	Victor Otterbein Weidler	1938
Titus Lowe	1924	Ivan Lee Holt	1938
George Richmond Grose	1924	William Walter Peele	1938
Brenton Thoburn Badley	1924	Clare Purcell	1938
Wallace Elias Brown	1924	Charles Claude Selecman	1938
Arthur Biggs Statton	1925	John Lloyd Decell	1938
John S. Stamm	1926	William Clyde Martin	1938
Samuel J. Umbreit	1926	William Turner Watkins	1938
Raymond J. Wade	1928	James Henry Straughn	1939
James Chamberlain Baker	1928	John Calvin Broomfield	1939
Edwin Ferdinand Lee	1928	William Alfred Carroll Hughes	1940
Grant D. Batdorf	1929	Lorenzo Houston King	1940
Ira David Warner	1929	Bruce Richard Baxter	1940
John W. Gowdy	1930	Shot Kumar Mondol	1940
Chih Ping Wang	1930	Clement Daniel Rockey	1941
Arthur James Moore	1930	Enrique Carlos Balloch	1941
Paul Bentley Kern	1930	Z. T. Kaung	1941
Angie Frank Smith	1930	Wen Yuan Chen	1941
George Edward Epp	1930	George Carleton Lacy	1941
Joshwant Rao Chitamber	1930	Fred L. Dennis	1941
Juan Ermete Gattinoni	1932	Dionisio Deista Alejandro	1944
Junius Ralph Magee	1932	Fred Pierce Corson	1944
Ralph Spaulding Cushman	1932	Walter Earl Ledden	1944

연합감리교회의 감독들

이름	선출연도	이름	선출연도
Lewis Oliver Hartman	1944	David Thomas Gregory	1950
Newell Snow Booth	1944	Frederick Buckley Newell	1952
Willis Jefferson King	1944	Edgar Amos Love	1952
Robert Nathaniel Brooks	1944	Matthew Walker Clair	1952
Edward Wendall Kelly	1944	John Warren Branscomb	1952
William Angie Smith	1944	Henry Bascom Watts	1952
Paul Elliott Martin	1944	D. Stanley Coors	1952
Costen Jordan Harrell	1944	Edwin Edgar Voigt	1952
Paul Neff Garber	1944	Francis Gerald Ensley	1952
Charles Wesley Brashares	1944	Alsie Raymond Grant	1952
Schuyler Edward Garth	1944	Julio Manuel Sabanes	1952
Arthur Frederick Wesley	1944	Friedrich Wunderlich	1953
John Abdus Subhan	1945	Odd Arthur Hagen	1953
John Balmer Showers	1945	Ferdinand Sigg	1954
August Theodor Arvidson	1946	Reuben Herbert Mueller	1954
Johann Wilhelm Ernst Sommer	1946	Harold Rickel Heininger	1954
John Wesley Edward Bowen	1948	Lyle Lynden Baughman	1954
Lloyd Christ Wicke	1948	Prince Albert Taylor Jr.	1956
John Wesley Lord	1948	Eugene Maxwell Frank	1956
Dana Dawson	1948	Nolan Bailey Harmon	1956
Marvin Augustus Franklin	1948	Bachman Gladstone Hodge	1956
Roy Hunter Short	1948	Hobart Baumann Amstutz	1956
Richard Campbell Raines	1948	Ralph Edward Dodge	1956
Marshall Russell Reed	1948	Mangal Singh	1956
Harry Clifford Northcott	1948	Gabriel Sundaram	1956
Hazen Graff Werner	1948	Paul E. V. Shannon	1957
Glenn Randall Phillips	1948	John Gordon Howard	1957
Gerald Hamilton Kennedy	1948	Hermann Walter Kaebnick	1958
Donald Harvey Tippett	1948	W. Maynard Sparks	1958
Jose Labarrete Valencia	1948	Paul Murray Herrick	1958
Sante Uberto Barbieri	1949	Bowman Foster Stockwell	1960
Raymond Leroy Archer	1950	Fred Garrigus Holloway	1960
		William Vernon Middleton	1960

연합감리교회의 감독들

이름	선출연도	이름	선출연도
William Ralph Ward Jr.	1960	Robert Fielden Lundy	1964
James Kenneth Mathews	1960	Harry Peter Andreassen	1964
Oliver Eugene Slater	1960	John Wesley Shungu	1964
William Kenneth Pope	1960	Alfred Jacob Shaw	1965
Paul Vernon Galloway	1960	Prabhakar Christopher Benjamin Balaram	1965
Aubrey Grey Walton	1960	Stephen Trowen Nagbe	1965
Kenneth Wilford Copeland	1960	Franz Werner Schäfer	1966
Everett Walter Palmer	1960	Benjamin I. Guansing	1967
Ralph Taylor Alton	1960	Lineunt Scott Allen	1967
Edwin Ronald Garrison	1960	Paul Arthur Washburn	1968
Torney Otto Nall Jr.	1960	Carl Ernst Sommer	1968
Charles Franklin Golden	1960	David Frederick Wertz	1968
Noah Watson Moore Jr.	1960	Alsie Henry Carleton	1968
Marquis LaFayette Harris	1960	Roy Calvin Nichols	1968
James Walton Henley	1960	Arthur James Armstrong	1968
Walter Clark Gum	1960	William Ragsdale Cannon	1968
Paul Hardin Jr.	1960	Abel Tendekayi Muzorewa	1968
John Owen Smith	1960	Cornelio M. Ferrer	1968
Paul William Milhouse	1960	Paul Locke A. Granadosin	1968
Pedro Ricardo Zottele	1962	Joseph R. Lance	1968
James Samuel Thomas	1964	Ram Dutt Joshi	1968
William McFerrin Stowe	1964	Eric Algernon Mitchell	1969
Walter Kenneth Goodson	1964	Federico Jose Pagura	1969
Dwight Ellsworth Loder	1964	Armin E. Härtel	1970
Robert Marvin Stuart	1964	Ole Edvard Borgen	1970
Edward Julian Pendergrass Jr.	1964	Finis Alonzo Crutchfield Jr.	1972
Thomas Marion Pryor	1964	Joseph Hughes Yeakel	1972
Homer Ellis Finger Jr.	1964	Robert E. Goodrich Jr.	1972
Earl Gladstone Hunt Jr.	1964	Carl Julian Sanders	1972
Francis Enmer Kearns	1964	Ernest T. Dixon Jr.	1972
Lance Webb	1964	Don Wendell Holter	1972
Escrivao Anglaze Zunguze	1964	Wayne K. Clymer	1972
		Joel Duncan McDavid	1972

연합감리교회의 감독들

이름	선출연도	이름	선출연도
Edward Gonzalez Carroll	1972	Edwin Charles Boulton	1980
Jesse Robert DeWitt	1972	John William Russell	1980
James Mase Ault	1972	Fitz Herbert Skeete	1980
John B. Warman	1972	George Willis Bashore	1980
Mack B. Stokes	1972	Roy Clyde Clark	1980
Jack Marvin Tuell	1972	William Boyd Grove	1980
Melvin E. Wheatley Jr.	1972	Emerson Stephen Colaw	1980
Edward Lewis Tullis	1972	Marjorie Swank Matthews	1980
Frank Lewis Robertson	1972	Carlton Printess Minnick Jr.	1980
Wilbur Wong Yan Choy	1972		
Robert McGrady Blackburn	1972	Calvin Dale McConnell	1980
Emilio J. M. de Carvalho	1972	Kainda Katembo	1980
Fama Onema	1972	Emerito P. Nacpil	1980
Mamidi Elia Peter	1972	Arthur Flumo Kulah	1980
Bennie de Quency Warner	1973	Felton Edwin May	1984
J. Kenneth Shamblin	1976	Ernest A. Fitzgerald	1984
Alonzo Monk Bryan	1976	R. Kern Eutsler	1984
Kenneth William Hicks	1976	J. Woodrow Hearn	1984
James Chess Lovern	1976	Walter L. Underwood	1984
Leroy Charles Hodapp	1976	Richard B. Wilke	1984
Edsel Albert Ammons	1976	J. Lloyd Knox	1984
C. Dale White	1976	Neil L. Irons	1984
Ngoy Kimba Wakadilo	1976	Roy Isao Sano	1984
Almeida Penicela	1976	Lewis Bevel Jones III	1984
LaVerne D. Mercado	1976	Forrest C. Stith	1984
Hermann Ludwig Sticher	1977	Ernest W. Newman	1984
Shantu Kumar A. Parmar	1979	Woodie W. White	1984
Thomas Syla Bangura	1979	Robert Crawley Morgan	1984
John Alfred Ndoricimpa	1980	David J. Lawson	1984
William Talbot Handy Jr.	1980	Elias Gabriel Galvan	1984
John Wesley Hardt	1980	Rueben Philip Job	1984
Benjamin Ray Oliphint	1980	Leontine T. Kelly	1984
Louis Wesley Schowengerdt	1980	Judith Craig	1984
Melvin George Talbert	1980	Rüdiger Rainer Minor	1986
		Jose Castro Gamboa Jr.	1986
Paul Andrews Duffey	1980	Thomas Barber Stockton	1988

연합감리교회의 감독들

이름	선출연도	이름	선출연도
Harold Hasbrouck Hughes Jr.	1988	Sharon Zimmerman Rader	1992
Richard Carl Looney	1988	S. Clifton Ives	1992
Robert Hitchcock Spain	1988	Mary Ann Swenson	1992
Susan Murch Morrison	1988	Done Peter Dabale	1992
R. Sheldon Duecker	1988	Joseph Humper	1992
Joseph Benjamin Bethea	1988	Christopher Jokomo	1992
William B. Oden	1988	Daniel C. Arichea Jr.	1994
Bruce P. Blake	1988	Benjamin Gutierrez	1994
Charles Wilbourne Hancock	1988	G. Lindsey Davis	1996
Clay Foster Lee Jr.	1988	Joseph E. Pennel Jr.	1996
Sharon A. Brown Christopher	1988	Charlene Payne Kammerer	1996
Dan E. Solomon	1988	Alfred Johnson	1996
William B. Lewis	1988	Cornelius L. Henderson	1996
William W. Dew Jr.	1988	Susan Wolfe Hassinger	1996
Moises Domingos Fernandes	1988	J. Lawrence McCleskey	1996
Joao Somane Machado	1988	Ernest S. Lyght	1996
Walter Klaiber	1989	Janice Riggle Huie	1996
Heinrich Bolleter	1989	Marion M. Edwards	1996
Hans Växby	1989	C. Joseph Sprague	1996
Alfred Lloyd Norris	1992	Peter D. Weaver	1996
Joe Allen Wilson	1992	Jonathan D. Keaton	1996
Robert Eugene Fannin	1992	Ray W. Chamberlain, Jr.	1996
Amelia Ann B. Sherer	1992	John L. Hopkins	1996
Albert Frederick Mutti	1992	Michael J. Coyer	1996
Raymond Harold Owen	1992	Edward W. Paup	1996
Joel Neftali Martinez	1992	Ntambo Nkulu Ntanda	1996
Donald Arthur Ott	1992	Larry M. Goodpaster	2000
Kenneth Lee Carder	1992	Rhymes H. Moncure Jr.	2000
Hae Jong Kim	1992	Beverly J. Shamana	2000
William Wesley Morris	1992	Violet L. Fisher	2000
Marshall LeRoy Meadors Jr.	1992	Gregory Vaughn Palmer	2000
Charles Wesley Jordan	1992	William W. Hutchinson	2000
		B. Michael Watson	2000
		D. Max Whitfield	2000
		Benjamin Roy Chamness	2000

연합감리교회의 감독들

이름	선출연도	이름	선출연도
Linda Lee	2000	Rosemarie J. Wenner	2005
James R. King	2000	Benjamin Boni	2005
Bruce R. Ough	2000	Patrick Ph. Streiff	2005
Warner H. Brown Jr.	2000	Daniel A. Wandabula	2006
José Quipungo	2000	Kefas K. Mavula	2007
Gaspar Joao Domingos	2000	Paul Lee Leeland	2008
Leo A. Soriano	2000	Wilbert Earl Bledsoe	2008
Benjamin A. Justo	2000	Peggy A. Johnson	2008
John G. Innis	2000	John Michael Lowry	2008
Øystein Olsen	2001	Julius Calvin Trimble	2008
Timothy W. Whitaker	2001	Grant J. Hagiya	2008
Solito K. Toquero	2001	James E. Dorff	2008
Marcus Matthews	2004	Elaine J. W. Stanovsky	2008
Sudarshana Devadhar	2004	Joaquina Filipe Nhanala	2008
Jeremiah J. Park	2004	Rodolfo Alfonso Juan	2008
Hope Morgan Ward	2004	Lito Cabacungan Tangonan	2008
William H. Willimon	2004	John Kpahun Yambasu	2008
James E. Swanson Sr	2004	Christian Alsted	2009
Hee-Soo Jung	2004	L. Jonathan Holston	2012
Robert E. Hayes Jr	2004	Kenneth H. Carter	2012
Alfred W. Gwinn Jr	2004	Sandra Lynn Steiner Ball	2012
John R. Schol	2004	William T. McAlilly	2012
Richard J. Wills Jr	2004	Deborah Wallace Padgett	2012
Robert C. Schnase	2004	Martin McLee	2012
Deborah L. Kiesey	2004	Young Jin Cho	2012
Jane Allen Middleton	2004	Cynthia Fierro Harvey	2012
Thomas J. Bickerton	2004	Mark J. Webb	2012
Scott J. Jones	2004	Gary E. Mueller	2012
Charles N. Crutchfield	2004	Michael McKee	2012
Robert T. Hoshibata	2004	Gabriel Yemba Unda	2012
Mary Virginia Taylor	2004	John Wesley Yohanna	2012
Sally Dyck	2004	Eduard Khegay	2012
Minerva G. Carcaño	2004	Pedro M. Torio, Jr.	2012
Eben K. Nhiwatiwa	2004	Ciriaco Q. Francisco	2012
Hans Växby	2005		
David K. Yemba	2005		

연합감리교회의 감독들

이름	선출연도	이름	선출연도
Sharma Lewis	2016	Cynthia Moore-KoiKoi	2016
David Graves	2016	Frank Beard	2016
Leonard Fairley	2016	David Bard	2016
Lawson Bryan	2016	LaTrelle Easterling	2016
Sue Haupert-Johnson	2016		

연합감리교회 약사

우리 교회의 유산

연합감리교회의 역사는 하나님의 계시와, 아브라함의 부르심과, 히브리인들의 출애굽과, 특히 하나님의 말씀이신 예수 그리스도의 성육신과 그의 삶과 죽으심과 부활 및 오순절의 성령의 부으심을 포함하고 있다. 연합감리교회는 성경에 기록되어 있는 이 역사를 온 교회와 함께 공유하고 있다.

1500년 초반에 여러 가지 형태의 개혁운동이 서유럽에서 일어나기 시작하였는데, 이들은 로마 카톨릭 교회와 상관없는 다른 형태의 서방 기독교 신앙 공동체를 형성하였다. 이들이 개신교로 알려져 있다. 이들은 신앙의 원천, 곧 구원을 위하여 역사하시는 하나님과 교리와 실천의 권위서가 되는 성경으로 돌아가자는 것을 강조하였다. 서로 다른 상황과 비전이 루터교 (Lutheran), 개혁교단 (Reformed), 재침례파 (Anabaptist), 영국교회 (Anglican) 등을 탄생시켰는데, 이들 교회가 연합감리교회로 합류한 교회의 전통에 영향을 주었다.

1600년 후반에 흔히 경건주의(Pietism)로 알려진 갱신운동이 유럽에서 일어나기 시작하였다. 넓은 의미에서 이 운동은 크리스천들의 경험 중에서 거듭난 삶(重生)과 거룩하게 되는 삶(聖化)과 사회변화의 가능성과 소그룹의 중요함을 강조하였다. 이 운동은 개혁교단과 더 급진적이었던 그룹을 포함하여 독일의 프랑케(August Hermann Franke)의 박애적인 선교사역, 진젠도르프(Ludwig von Zinzendorf)가 이끌던 모라비안 교단의 성장, 영국에서 호네크(Anthony Horneck)가 시작한 종교회운동 (Religious Societies Movement) 등을 통하여 잘 나타나 있다.

영국에서의 존 웨슬리와 찰스 웨슬리의 복음주의 부흥운동

모든 웨슬리 계통의 크리스천들과 감리교도들은 존 웨슬리(1703-1791)와 그의 동생 찰스(1707-1788)의 생애와 사역과 연관되어 있다. 존과 찰스는 모두 영국교회의 사제로서 조지아 식민지의 선교사가 되기로 자원하여 1736년 3월에 그곳에 도착하였다. 그러나 그들의 성공은 기대에 미치지 못하여 그들은 큰 실망을 안고 낙담한 가운데 찰스는 1736년 12월에, 존은 1738년 2월에 영국으로 다시 돌아갔다.

웨슬리 형제는 모라비안 선교사들의 영향을 받아 1738년 5월에 종교적 회심을 경험하게 되었다. 같은 해 5월 24일 런던의 올더스게이트 (Aldersgate) 가의 모라비안 교도들의 모임에서 있었던 존의 회심은 우리교회 역사에서 하나의 귀중한 사건으로 기억되고 있다. 그후 얼마되지 아니하여 웨슬리 형제는 영국교회 내의 종교집회에서 또한 교회 밖에서 이들에게 귀를 기울이는 사람들에게 새로운 삶과 성화(聖化 거룩하게 됨)의 메시지를 전하기 시작하였다. 그들은 또한 사회를 변화시키기 위하여 선교와 자선사업을 위한 기관을 설립하기도 하였다.

이 운동의 목표는 "국가, 특히 교회를 개혁하며 전국에 성서적인 거룩함(scriptural holiness)을 전파하는 데" 있었다. 이런 가운데 조직과 규율이 생겨나게 되었으며, 하나의 '총칙'(General Rules)과 여러 개의 속회(class meeting, 감리교 신도회 회원들이 서로 돌봐 주는 작은 그룹의 모임)로 구성된 신도회들(societies)과 밴드 모임(조 모임, band meetings, 남녀로 나누어진 아주 소수의 신앙고백 그룹) 등을 낳게 하였다.

미국에서의 시작, 1760-1716

미국의 감리교회는 감리교 신도들이 미주로 이민 오기 시작하면서부터 영국의 도움없이 시작되었다. 이들 초창기 지도자들 가운데에는, 1760년에 메릴랜드 주와 버지니아 주에서 선교사업을 조직하였으며 이민 농부였던 로버트 스트로브릿지 (Robert Strawbridge), 1766년에 뉴욕에서 사역을 시작한 필립 엠버리(Philip Embury)와 그의 사촌 바바라 헥크 (Barbara Heck), 또한 1767년에 필라델피아 감리교 개척의 주인공이 된 토마스 웹 (Thomas Webb) 대위 등이 있었다. 첫 감리교 신도회는 이에 적극적으로 참여한, 유럽과 아프리카에서 온 사람들의 후예들을 포함하고 있었다.

식민지에서의 감리교 사역을 강화하기 위하여 웨슬리는 두 사람의 평신도 전도자, 곧 리처드 보드맨(Richard Boardman)과 조셉 필모어(Joseph Pilmore)를 1769년에 미국으로 보냈다. 그 2년 후에는 날로 자라나는 미국의 감리교 신도회를 강화하기 위하여 리처드 라이트(Richard Wright)와 프랜시스 애스베리(Francis Asbury)를 또한 웨슬리가 파견하였다. 프랜시스 애스베리는 초기 미국 감리교회에서 가장 중요한 인물이 되었다. 웨슬리의 신학, 사역 및 조직 원칙에 대한 그의 열정적인 헌신이 미국의 감리교회를 형성하게 되었는데, 어느 누구도 그를 따를 자가 없었다.

식민지에서의 전도자들의 첫 모임이 1773년에 필라델피아에서 있었다. 그곳에 모인 10명은 중요한 일들을 몇 가지 결정하였다. 그들은 웨슬리에게 충성을 다할 것을 서약하였으며, 자신들이 평신도이기 때문에 성례전을 집행하지 않기로 한 것이다. 자신들이 돌보는 신도들은 각 지방 영국교회에서 세례와 성찬식을 갖도록 하였다. 그들은 각 선교회와 전도자들이 규율을 엄격히 지킬 것을 강조하였다. 감리교운동을 위한 사무 처리를 위하여 웨슬리가 영국에서 제정한 것과 유사한 제도를 모방하여, 그들도 또한 전도자들의 정기적 모임을 가지기 시작하였다.

미국 독립전쟁은 감리교에 커다란 충격을 주었다. 왕에 대한 존 웨슬리의 충성과 미국 독립운동에 반대하는 그의 글들이 독립을 지지하는 사람들에게 감리교에 대한 인상을 좋게 주지 못하였다. 더욱이 많은 감리교 전도자들이 애국지사들을 돕기 위하여 총 들기를 거부하였기 때문이다.

미식민지가 영국에서 독립을 쟁취하였을 때, 웨슬리는 미국 감리교가 부흥하기 위하여서는 변화가 필요하다는 것을 인식하였다. 그래서 그는 토마스 코크(Thomas Coke)를 애스베리를 도와 감리교 사역을 감독하도록 미국에 파견하였다. 코크가 미국에 올 때 존 웨슬리가 편집한 <북미 감리교인 주일 예배서>(The Sunday Service of the Methodists in North America)라는 제목의 기도서를 함께 가져왔는데, 이 책은 웨슬리가 영국교회의 '삼십구개 강령들'(Thirty-Nine Articles)을 수정하여 만든 것도 포함하고 있었다. 웨슬리가 직접 안수하여 세운 두 목사들, 곧 리처드 윗코트(Richard Whatcoat)와 토마스 베이시(Thomas Vasey)가 이때 코크를 동반하였다. 웨슬리의 안수 행위가 미국의 감리교도들로 하여금 하나의 독립된 교회를 형성하게 한 궁극적인 계기가 되었다.

1784년 12월에 저 유명한 목회자들의 크리스마스 총회가 볼티모어의 러불리레인 채플(Lovely Lane Chapel)에서 열렸다. 대부분의 미국 목회자들이 여기에 참석하였는데, 아마도 해리 호지어(Harry Hosier)와 리처드 알렌(Richard Allen) 두 흑인도 참석하였을 것이다. 이 모임에서 처음으로 감리교운동이 '미국

감리교회'(The Methodist Episcopal Church in America)로 조직되어 새로이 출발하게 되었다. 그 후 몇년 사이에 미국감리교회는 <장정>(1785)을 출판하였고, 매 4년마다 총회를 열기로 결정하였으며, 헌장(1808)의 초안을 마련하였다.

    두 개의 다른 교회가 또한 형성되기 시작하였는데, 이 두 교회의 초창기에는 그 교회들이 거의 전부가 독일어를 사용하는 교인들로만 구성되었다. 첫 번째 교회는 필립 윌리엄 오터바인(Philip William Otterbein, 1726-1813)과 마틴 뵘(Marin Boehm, 1725-1812)이 그 창시자들이다. 독일 개혁교회의 목사였던 오터바인과 메노나이트 신도였던 뵘은 복음주의적인 말씀과 감리교도들과 유사한 신앙의 말씀을 선포하였다. 1800년에 그들을 따르던 사람들이 '그리스도연합형제교회'(Church of the United Brethren in Christ)를 정식으로 조직하였으며 이는 순회전도자들을 포함한 비슷한 조직을 가지고 있었다. 오터바인은 '크리스마스 총회'(Christmas Conference)에 참석하기도 하였다.

    두 번째 교회인 '복음주의전도회'(Evangelical Association)는 제이콥 올브라이트(Jacob Albright, 1795-1808)가 시작하였는데, 그는 원래 펜실베이니아 주 동부에 살던 루터교 농부요 타일을 만들던 사람이었으나 연합형제교회(the United Brethren)로 개종한 후 감리교회의 속회에서 가르침을 받으며 자랐다. 그는 나중에 자기 자신의 전도자들 조직을 통하여 주로 독일어를 사용하는 동포들에게 전도하였다. 복음주의전도회는 1803년에 정식으로 조직되었다.

    최초에 이 세 교회를 통합하려는 움직임은 실패로 돌아갔다. 애스베리가 사망한 1816년 3월 무렵에 오터바인, 뵘, 올브라이트 등도 또한 세상을 떠났다. 그들이 가꾸고 키워 온 교회들은 초창기의 어려운 삶의 시련을 겪으면서 성장하여, 지역적으로 또한 수적으로 크게 성장하여 나갔다. 독일어를 사용하던 교회들은 '복음주의연합형제교회'(The Evangelical United Brethren Church)로 1946년 통합하였으며, 이는 다시 1968년에 '감리교회'(The Methodist Church)와 통합하여 '연합감리교회'(The United Methodist Church)를 형성하게 되었다.

부흥과 성장, 1817-1843

    제2차 대각성 운동이 19세기 전반, 미국에 있었던 개신교의 지배적인 종교운동이었다. 부흥회와 캠프 모임을 통하여 많은 죄인들이 회심을 체험하게 되었다. 순회전도자들과 평신도 목회자들은 이들을 서로 연결시켜 조직에 엮는 일을 하였다. 이러한 스타일의 기독교 신앙과 훈련은 신앙체험에 강조점을 두는 감리교도들과 연합형제교도들과 복음주의전도회원들의 구미에 맞는 것이었다. 이 시기에 이 교회들의 교인 수가 눈부시게 급성장하였다. 이들을 섬기는 교역자의 수도 급증하였다.

목사들과 평신도들은 자기들의 신앙과 사명을 진지하게 받아들일 것을 다짐받았다. 목사들은 진정한 회심의 체험과 소명에 대한 확신을 가져야 할 뿐만 아니라 성공적인 목회에 필요한 은사와 기술을 갖추어야 하였다. 금전적인 보수는 미약하였다. 일반 신도들의 교회에 대한 높은 충성심은 영성훈련과 교회가 정한 행동 기준을 준수하려는 노력에서 잘 나타나고 있었다. 가령, 감리교도들은 1784년 크리스마스 총회에서 채택한 '총칙'을 준수하였고, 그것은 지금도 연합감리교회의 <장정>에 수록되어 있다. 그들은 죄악을 멀리하고 선을 행하며 하나님께서 주시는 은사를 따라 생활하도록 가르침을 받았다. 이를 준수하지 않는 사람들은 교인 명단에서 제거되었다.

감리교회, 연합형제회, 그리고 복음주의전도회 교회들의 구조는 교인들로 하여금 그들의 선교사역을 지원하며 통합 내지 확장하여 나갈 수 있도록 허용하고 있었다. 개체 속회들은 속장의 인도로 남녀가 모이는 곳이면 어디든지 생겨날 수 있었다. 순회교역자들은 파송받은 순회목회구역에서 교인들을 심방하며 돌보아 주었다. 이러한 제도는 대도시, 소도시, 시골 또는 개척 및 변경 지역의 필요성을 효율적으로 충족시켜 주었다. 교회는 사람이 사는 곳이면 어디든지 찾아가 봉사할 수가 있었다. 연회들은 감독의 지도하에 목사들을 안수하여 연회원으로 받아들이며, 순회교역자들을 그들 교회에 파송하여 서로 격려하게 하는 조직을 마련하였다. 4년마다 모이는 총회들은 치리에 필요한 <장정>을 만드는 일을 포함하여 교회가 나가야 할 주요한 방향을 제시하여 주기에 충분하였다.

1789년에 설립된 '감리교 서적사업'(Methodist Book Concern)이라는 기관은 미국에서 설립된 최초의 교회 출판사였다. 복음주의 전도회와 연합형제교회도 19세기 초엽에 출판 기관을 설립할 것을 승낙하였다. 이런 출판 사업체에서 찬송가, <장정>, 신문, 잡지, 주일학교 교재 및 다른 출판물들이 쏟아져 나왔다. 출판물 판매에서 나오는 이익금은 보통 은퇴한 교역자와 그 가족들의 생활비를 보조하는 데에 사용하였다.

개척 당시 특히 감리교 신도들에게 심각한 문제들이 없었던 것은 아니었다. 감리회의 조직 및 가치관과 미국의 문화적인 기준(특히 감리제도, 인종, 노예제도)과의 충돌이 때로는 분열을 조장하기도 하였다. 1792년에 제임스 오켈리(James O'Kelly)는 감독의 권한을 축소시키기 위하여 공화감리회(Republican Methodists)를 조직하였다. 속량된 노예요 감리교 전도자였던 리처드 알렌(Richard Allen, 1760-1831)은 인종적인 이유로 인간적인 취급을 받지 못하게 되자, 1816년에 '아프리카감리교회'(The African Methodist Episcopal Church)를 창립하였다. 이와 비슷한 이유로 '아프리카감독시온감리교회'(The African Methodist Episcopal Zion Church)가 1821년에 시작되었다. 1830년에는 다른 분열이 일어났다. 약 5,000명의 교역자와 평신도들이, 평신도에게는 대표권을 주지도 않고 의장직을 맡을 장로 (지방감리사) 선출권도 주지 않는다는 이유로 교단을 떠나 버렸다. 이렇게 나가 만든 교단을 '감리교개신교회'(The Methodist Protestant Church)라고 하는데, 이는 1939년에 북감리교회와 남감리교회가 함께 '감리교회'(The Methodist Church)를 만들 때 이들과 합류하였다.

이러한 긴장 속에서도 감리교회는 새로운 문화에 또한 해외로 뻗어 나가기 시작하였다. 흑인 감리교 목사였던 존 스튜어트(John Stewart)는 오하이오의 와이언다트 미원주민에 대한 선교사역을 허락 없이 1815년에 시작하였으나, 오하이오 연회가 이를 1819년에 받아들였다. 또 한 사람의 흑인 목사였던 다니엘 코커(Daniel Coker)는 애스베리에게서 안수받았으며 아프리카감리교회를 조직하는 총회에 참석하였던 사람으로서 '미식민지회'(American Colonization Society)의 도움을 받아 1820년에 아프리카로 이주한 88명 중의 한 사람이었다. 그는 항해하는 가운데 바다에서 교회를 조직하였다. 그 그룹은 현재 라이베리아(Liberia)로 알려진 나라에 도착하였다. 아프리카에 대한 선교사역은 멜빌 베버리지 칵스(Melville Beveridge Cox)가 라이베리아에 북감리회 첫 선교사로 1833년에 파송받아 갈 때까지 주로 평신도들이 맡아 사역하였다.

다른 기관들도 발전하기 시작하였다. 감리교회, 복음주의교회, 연합형제교회 모두는 1841년경까지 제각기 선교회를 조직하기 시작하였다. 주일학교를 세워 유지할 수 있는 곳이면 어디든지 설립하였다. 교육에 대한 관심은 중등교육 기관과 대학교 설립으로 이어졌다. 1845년경에는 전도자들이 성서와 신학과 목회학 등에 관한 기본적인 지식을 습득할 수 있도록 연수교육 과정이 제정되었다.

미국 내의 분열과 해외를 향한 확장, 1844-1860

존 웨슬리는 노예제도를 철저하게 반대하던 사람이었다. 1789년에 미국 감리회는 '총칙'을 공식적으로 채택하였다. 그 규칙은 영국에는 필요없는 노예제도 금지조항을 포함하고 있었다. 그러나 감리교회가 성장함에 따라 그 금지가 느슨해지고 강행되지 않았다. 교인들이 여러 지역과 인종과 각계각층으로 확장되었기 때문에 노예문제는 결국 교회를 남과 북으로 갈라놓고 말았다.

1844년 총회에서 노예제도 반대파와 노예제도 지지파가 감리제도, 인종문제, 노예제도를 놓고 서로 충돌하고 말았다. 당시 가장 심각하였던 문제는 다섯 명의 감독 중의 한 사람이었던 제임스 앤드류 (James O. Andrew) 감독이 노예를 가진 부인과 결혼하게 됨으로써 야기되었다. 열띤 토론 끝에 미국감리교회 총회는 그가 자기 노예들을 속량하여 줄 때까지 감독직을 행사하지 못하도록 결정하였다. 며칠 뒤에 이 결의에 반대하는 사람들이 '교단분리 계획서'(The Plan of Separation)를 제출하였다. 이 계획서는 노예제도를 허용하는 주 (州) 안에 있는 연회들로 하여금 자기들의 교단을 따로 구성할 수 있도록 허용하는 문서였다. 이 계획안은 채택되어 '남감리교회'(The Methodist Episcopal Church, South)를 따로 만드는 정지 작업이 시작되었다.

남부지방 주에서 온 대의원들은 1845년 5월에 켄터키 주 루이빌에 모여 그들의 새 교단을 조직하였다. 이듬해에 그들은 버지니아 주 피터스부르크에서 총회를 열고 <장정>과 찬송가를 채택하였다. 감리교개신교회(The Methodist Protestant Church)도 노예제도 문제의 영향을 받아 1858년에 분열되었다가 1877년에 다시 통합하였다. 연합형제교회와 복음주의전도회는 주로 북부에 있는 주에 집중되어 있었으므로 감리교회를 갈라놓은 분쟁에서 자유로울 수가 있었다.

미국 내의 이러한 분열에도 불구하고 감리교회는 해외에서 계속 성장하여 나갔다. 1847년에 젓슨 콜린스 (Judson D. Collins), 그리고 모세스 화이트(Moses C. White)와 그의 부인 제인 이사벨 올트워터(Jane Isabel Altwater)가 미(북)감리교회 선교회의 선교사로 중국 부저우(福州 Fuzhou)에 들어갔다. 초창기의 더딘 시작에도 불구하고 선교회는 로버트 맥클레이 (Robert S. Maclay)를 1873년에 일본에 파송함으로써 아주 귀한 교훈을 얻게 되었다. 1885년에는 윌리엄 스크랜튼(William B. Scranton)과 그의 어머니 매리 스크랜튼 (Mary F.

Scranton) 그리고 헨리 아펜셀러(Henry G. Appenzeller)가 한국에서 사역을 시작하였다. 미감리회는 남아시아에도 눈을 돌리기 시작하였다. 1856년에 윌리엄 버틀러(William Butler)가 부인 클레멘티나 로우 버틀러(Clementina Row Butler, 나중에 여선교회 창시자의 한 사람이 됨)와 두 아이들과 함께 인도 콜카타(Kolkata)에 파송되었다.

유럽의 감리회도 이민자들과 선원들과 그밖에 해외에서 감리교회와 접촉한 사람들이 집에 돌아와 메시지를 전함으로써 시작되었다. 루드비히 야코비(Ludwig Jacobi)가 1838년에 신시내티에 이민 온 후에 감리교인이 되었다. 그는 1849년에 독일로 돌아가 브레멘에서 교회를 개척하였다. 복음주의전도회는 인종적으로나 언어적으로 독일과 연관성이 있었기 때문에 1850년에 콘라드 링크(Conrad Link)를 첫 공식적인 선교사로 독일에 파송하였다. 노르웨이의 선원이었던 올레 페테르 페테르센(Ole Peter Petersen)은 1845년에 사우스 캐롤라이나 주의 찰스톤에서 감리교도들에게 감명을 받고 미국에 있는 노르웨이 사람들과 덴마크 사람들에게 전도하였으며, 1849년에는 노르웨이에 가서 전도하였다. 덴마크의 첫 교회는 크리스천 빌레루프(Christian Willerup)가 1856년에 세웠다.

남북전쟁에서 제1차 세계대전까지, 1860-1913

남북 감리교회의 반목은 1860년에 있었던 링컨의 대통령 당선과 남북전쟁의 살육으로 인하여 더욱 심화되었다. 남북 교회는 하나님께서 자기들 지역 편에 서 계시다고 주장하면서 자기네가 승리함으로써 하나님의 뜻이 이루어지기를 열심히 기도하였다.

남북전쟁은 남감리교회에 큰 상처를 안겨 주었다. 많은 교회가 초토화되고 파손되었다. 교역자들도 많이 죽고 부상당하였다. 교육, 출판 및 선교 프로그램은 중단되었다. 남감리교회에서의 흑인 교인 수는 전쟁 동안, 또한 그후 눈에 뜨이게 많이 줄어들었다. 1870년에 있었던 남감리교회 총회는 흑인 교인들을 따로 갈라 새로운 교단을 만들어 주기로 결의하였다. '유색인감리교회'(The Colored Methodist Episcopal Church, 지금은 The Christian Methodist Episcopal Church로 부름)는 바로 이 결정의 산물이었다. 미(북)감리교회, 감리교개신교회, 연합형제교회, 복음주의선교회 등도 교역자와 신도들을 잃기는 하였으나 남감리교회가 당한 만큼의 경제적인 손실은 보지 않았다.

남북전쟁과 제1차세계대전 사이에 모든 감리교회와 복음주의 및 연합형제 교회는 교인들이 증가하는 것을 보게 되었다. 교회 건물의 가치는 엄청나게 상승하였으며, 계속적인 교사 양성을 통하여 교회학교도 강화되었으며, 교회 출판사들도 그들 교인들에게 좋은 출판물들을 제공하여 주기 위하여 야심적인 프로그램들을 계속 유지하였다. 교역자 양성을 위하여 높은 교육 수준을 제정하였으며 많은 신학교들도 설립하였다. 이 기간에 신학적인 발전도 있었으나 논쟁도 있었다. 크리스천들의 전인적인 성화(聖化)를 강조하는 성결운동이 자유주의 신학 및 사회복음운동과 충돌함으로써 서로 마찰을 빚기도 하였다.

시골과 빈곤층에 속하는 교인들, 특히 성결운동과 관계된 교인들은 사회적인 명성과 부에 대하여 의구심을 가지고 있었다. 감리교 목사였던 벤자민 타이터스 로버츠(Benjamin Titus Roberts)는 세상적인 것, 특히 도회지 속에 있는 중산층 교회들이 교회 좌석을 세를 줌으로써 교회 재정을 충당하는 일 등에 반대하여 1860년에 '자유감리교회'(Free Methodist Church)를 창시하였다. 1895년에는 북감리회의 목사요 감리사였으며 1872년 총회와 1892년 총회에 두 번이나 대의원으로 참석하였던 피니어스 브릿시(Phineas Bresee)의 주도로 '나사렛오순절 교회'(Pentecostal Church of the Nazrene, 현 나사렛교회)가 세워졌다. 1894년에 세워진 이 새 교단의 목표는 교회들이 가난한 사람들을 받아들여 성결의 메시지를 전하게 하는 것이었다.

이 시기에 두 가지 문제가 교회에 대두되어 심각한 토론을 벌렸는데, 그것은 평신도 대표권 문제와 여성의 역할에 관한 것이었다. 감리교개신교회는 1830년에 그들 교단이 조직될 때부터 평신도가 회의에 대표로 참석할 수 있었다. 그러나 북감리교회, 남감리교회, 복음주의선교회 및 연합형제교회의 교역자들은 평신도들에게 참여권을 허락하는 일에 무척 인색하였다. 이 모든 교단들 중 맨 마지막으로 평신도들에게 그 권한을 준 것은 1932년에 가서야 이루어졌다.

이보다 더 논쟁이 심하였던 것은 여성의 목사 안수 문제와 평신도들의 교회 참여 및 대표권 문제였다. 오래전 이미 1860년대에 여성들이 성결교단 등에서 안수를 받았으며, 연합형제교회는 총회에서 여성의 안수를 1889년에 승인하였다. 하지만, 북감리회와 남감리회는 1939년에 통합할 때에 가서야 이를 허락하였다. 복음주의전도회는 여성들에게 안수를 전혀 주지 않았다. 감리교 개신교회에서는 1892년까지, 연합형제교회에서는 1893년까지, 북감리교회에서는 1904년까지, 남감리교회에서는 1922년까지 여성들에게 총회 대의원권을 주지 않았다.

해외 선교사역에 대한 관심은 교회 아젠다 속에 계속 남아 있었다. 여성들은 1869년을 시작으로 선교회를 조직하여 이들 선교사업을 위하여 사람들을 교육하고 선교사를 모집하며 선교기금을 모았다. 이자벨라 소번 (Isabella Thoburn), 수잔 바우언파인드 (Susan Bauernfeind), 해리엣 비릿탄(Harriett Brittan)과 같은 선교사들, 그리고 벨 해리스 벤넷(Bell Harris Bennett)과 루시 라이더 마이어(Lucy Rider Meyer)와 같은 행정가들은 수만 명의 교회 여성들이 국내 및 해외 선교를 하도록 동기를 부여하였다.

국내 선교사역은 도시를 기독교화하는 데 역점을 두었다. 국내선교사들은 옛 노예들과 그들의 자녀들을 위하여 학교를 설립하였다. 비록 베니노 까르데나스(Benigno Cardenas)가 벌써 1853년부터 뉴멕시코 주 쌘타페에서 감리교의 메시지를 스페인어로 전파하고 있었으나, 남감리회가 아예호 헤르난데스(Alejo Hernadez)를 1871년에 안수함으로써 그는 히스패닉계로서는 처음으로 감리교회에서 안수받은 목사가 되었다. 이 시기에 아시아인들, 특히 중국인들과 일본인 이민자들을 위한 본격적인 사역도 시작되었다. 미야마 간이찌(美山貫一)라고 하는 일본인 평신도가 1887년에 캘리포니아에서 안수를 받았다.

감리교회는 아시아, 유럽, 아프리카, 남미 등에서 계속 성장하여 나갔다. 1870년에서 1875년 사이에 감리교 선교사들은 제임스 소번(James M. Thoburn)과 유명한 성결운동의 부흥사였던 윌리엄 테일러(William Taylor)의 주도로 인도의 간지스강 남쪽에서 부흥운동을 전개하였다. 그들의 노력으로 1876년에 남인도 연회가 탄생하였다. 소번은 또한 1879년에 미얀마 랑군에 선교부를 설치함으로써 동남아 지역에서도 선교사역을 시작하였다. 1885년에 그는 싱가포르에 감리교 사역을 설립하는 일에 주도적 역할을 담당하였는데, 그 사역은 나중에 말레이 반도와 사라왁까지 확장하여 1902년에는 말레이시아 연회를 조직하기에 이르렀다. 그 연회는 또한 1905년에 첫 감리교 목사를 인도네시아에 파송하였다. 1899년에 소번이 마닐라에 선교사역을 조직함으로써 필리핀에도 감리교가 들어가게 되었는데, 이 사역이 곧 성장하여 1908년에는 필리핀제도 연회(Philippine Islands Annual Conference)를 조직하게 되었다.

북감리교회 1884년 총회에 라이베리아연회에서 아프리카에 주재감독을 파송해 달라는 청원서가 전달되었다. 이에 윌리엄 테일러가 아프리카의 선교 감독으로 선출되었다. 테일러는 두 가지 구체적인 사명을 띠고 갔다. 곧 라이베리아 연회를 감리하는 일과 아프리카 대륙에 선교활동을 펼치는 일이었다. 1885년 5월 20일과 9월 10일 사이에 북감리회는 앙골라에 그들 사역을 시작하기 위하여 5개의 전략적 거점을 확보하였다. 1886년에 감독 일행은 콩고 저지역으로 들어갔다. 테일러는 또한 1886년에 포르투갈 왕을 방문하여 포르투갈 동아프리카 식민지(현 모잠비크)에서 선교활동을 할 수 있도록 허락을 받았다. 테일러는 자립하는 교회들을 남라이베리아, 시에라리온, 앙골라, 오늘날의 모잠비크와 자이르에 세웠다. 1896년에 조셉 크레인 핫젤(Joseph Crane Hartzell)이 아프리카의 감독으로 선출되었으며, 1897년경에 북감리회는 짐바브웨까지 이르렀다. 이 기간 동안에 미국 밖에서 연회들이 지역적으로 조직되었는데 이들이 오늘날 '해외지역총회'라는 구조의 산하에 들어와 있다.

20세기 초엽의 전쟁 시기, 1914-1945

제1차세계대전 이전 시기에 북감리교회는 1908년 총회에서 '사회생활 신조'를 채택함으로써 사회문제에 대한 그들의 관심을 드러냈다. 사회문제는 에큐메니즘과 교단 협력을 촉진시켰다. 현재 연합감리교회로 통합되어 있는 모든 교회가 미국 개신교계에서 처음으로 시도되었던 교회연합 기구인 '연방교회협의회'(Federal Council of Churches)에 가입하여 활동하였다. 교회 내에서는 구체적인 무력 충돌을 막는 수단으로 협상과 중재를 하나의 방편으로 삼아야 한다는 여론이 풍미하였다. 많은 교인들과 교역자들은 표면적으로 평화주의를 공언하였다. 그러나 미국이 1917년에 정식으로 전쟁에 개입하게 됨으로써 평화주의의 소리는 점차 사라져갔다.

전쟁이 끝난 후 교회는 다시 그 에너지를 사회개혁으로 돌렸다. 그들이 가지고 있었던 끊이지 않는 관심사의 하나가 절제운동으로서 이제 다시 이 문제를 가장 중요한 문제로 다룰 수가 있게 되었다. 그들은 절제생활에 관한 많은 유인물을 출판하여 배포하였다. 교인들은 금주생활을 할 것을 서약하였다.

이 시기에 주요한 신학이 들끓기 시작하였다. 성서적 근본주의자들과 신전통 신학자들은 자유주의 신학에 대하여 의문을 제기하고 자유주의 신학은 기독교의 본질적인 메시지를 무너뜨리고 있다고 공격하였다. 이 세 가지 신학 그룹, 곧 자유주의, 근본주의, 신정통주의 신학 모두가 연합감리교회의 전신이 되는 교회들에게 다 있었기 때문에 열띤 교리 논쟁이 이들 교회에 있었던 것은 별로 놀랄 일이 아니었다.

이 교회들이 경험한 바, 내부적인 신학적 견해 차이가 있었음에도 불구하고 그들은 다른 교단과 협력을 잘 하였으며, 전에 있었던 교회 분열의 상처를 치유하는 데 노력하였다. 예를 들면, 1894년 복음주의선교회에 있었던 내분은 1922년에 치유되어 두 그룹은 '복음주의교회'(The Evangelical Church)라는 이름으로 통합하였다.

적어도 수적인 면에서 이보다 더 중요한 통합은 세 개의 감리교회, 곧 미(북)감리교회, 남감리교회, 감리교개신교회 사이에서 이루어졌다. 이들 교회의 대표들이 1916년에 처음 모여 통합 계획을 구상하기 시작하였다. 1930년대의 그 통합안은 교회를 크게 '지역총회'(jurisdictions)라고 하는 6개의 행정 단위로 나누는 것을 포함하고 있었다. 이 중 다섯 개는 지역적인 것이고 여섯 번째의 것은 인종적인 것이었다. 이 여섯 번째 지역총회는 흑인 교회와 그 연회들을 포함하는 것으로서, 지역적으로 그들이 어디에 산재하여 있든지 간에 여기에 행정적으로 속하게 하였다. 흑인 감리교도들 및 기타 신도들은 이런 구상에 불만을 표시하고 인종적으로 분리되는 지역총회를 두는 것에 반대하였다. 대부분의 감리교개신교도들은, 비록 이 통합안이 자기네가 1830년에 조직된 이후 이미 없애버린 감독제를 다시 받아들이는 것을 뜻하게 됨을 알면서도 여기에 동조하였다. 통합하려는 세 교회의 총회와 각 연회는 이 안을 압도적으로 승인하여 1939년 4월에 '감리교회'(The Methodist Church)라는 이름으로 통합하였다. 통합 당시 세 교회는 770만의 신도를 가지고 있었다.

유럽에서의 전쟁은 다시 들끓기 시작하였다. 감리교회, 복음주의교회, 연합형제교회 교인들은 비록 전쟁을 정죄하는 강한 성명서를 각자 발표하고 모든 국가 간의 평화적인 화해를 주창하였으나, 그들의 강한 입장은 미국이 제2차세계대전에 개입함으로써 약화되었다.

통합을 위한 노력, 1945-1968

전쟁이 끝나자 교회들은 세계 평화와 질서를 공고히 하기 위하여 활발히 움직였다. 많은 평신도와 목사와 감독과 교회 기관들은 세계 기구를 창설하여 국제적인 사회적, 경제적, 정치적 문제들을 해결할 광장으로 삼을 것을 지지하였다. 그들의 노력은 1945년 4월에 '국제연합'(United Nations) 기구를 낳게 하는 데 크게 공헌하였다.

이 시기에 적어도 세 개의 다른 중요한 관심사들이 있었는

데, 지금 연합감리교회를 형성하고 있는 교회들이 이에 관심을 쏟게 되었다. 첫째, 그들은 연합사업과 교회 통합에 관한 그들의 관심사를 계속 가지고 있었다. 1946년 11월 16일, 펜실베이니아 주 존스타운에서 복음주의교회와 연합형제교회가 20년의 협상 끝에 '복음주의연합형제교회'(The Evangelical United Brethren Church)라는 이름으로 통합하였다. 통합 당시 새 교단은 70만 명의 교인을 가지고 있었다.

감리교회도 역시 다른 감리교단 및 웨슬리 계통의 교단들과 밀접한 관계를 형성하는 데에 관심을 가지고 있었다. 그래서 1951년에는 1881년에 조직된 에큐메니칼 감리교연합회의 후신인 '세계감리교회협의회'(World Methodist Council)를 창설하는 데 참여하였다. 좀 더 넓은 교회 연합사업에 헌신함을 나타내기 위하여 감리교회와 복음주의연합형제교회는 1948년에 창설된 '세계교회협의회'(WCC)와 1950년에 창설된 '미국교회협의회'(NCC)에 회원으로 가입하여 활발히 활동하였다. 이러한 기구들은 그 회원 교회들로 하여금 그들의 선교활동을 서로 협력하며 할 수 있는 방편을 마련하여 주었다. 이 두 교회는 다른 개신교 교회들과 함께 1960년에 '교회통합협의회'(Consultation on Church Union)를 형성하는 데 적극 협력하였다.

둘째, 이 교회들은 일반 사회와 교회 내에 존속하는 인종차별주의에 대하여 점점 더하여가는 불쾌감과 불안감을 노출하였다. 많은 감리교인들은 그들 교회 구조 속에 자리잡고 있는 인종차별적 구조에 대하여 특별히 고민하게 되었다. 교회 내의 '중앙지역총회'(Central Jurisdiction)는 인종차별주의의 유물이라는 것을 계속 상기시켜 주었다. 1956년과 1966의 두 총회에서 중앙지역총회를 없애려는 안이 두 번 제출되었다. 결국, 중앙지역총회를 철폐하려는 계획은 1968년에 감리교회와 복음주의연합형제교회가 통합될 때 실시한다는 데 합의를 보았다. 그후에도 잠시 몇몇 흑인 연회가 존속하였으나 곧 없어졌다.

셋째, 여성들의 목사 안수에 대하여 많은 교회가 논란을 벌였다. 이 문제는 특히 복음주의연합형제교회를 창설하는 데 중요한 문제로 대두되었다. 복음주의교회는 여성을 전연 안수하지 않았다. 그러나 연합형제교회는 1889년 이래로 그들을 안수하여 왔다. 이 두 교회는 통합을 촉진하기 위하여 연합형제교회가 복음주의교회의 관행을 받아들이게 됨으로써 여성들은 안수받을 권한을 박탈당하고 말았다. 감리교인들은 통합된 1939년 이후 계속 이 문제에 대하여 토론하여 왔다. 마침내 1965년에 여성들도 목사 안수를 받고 연회의 정회원으로 허입될 수 있게 되었다.

세계적인 교회로서의 연합감리교회, 1968-

1968년에 복음주의연합형제교회와 감리교회가 통합하였다. 이때 여성들도 목사 안수를 받아 완전한 교역자가 될 수 있는 권리가 통합안에 포함되어 있었다. 이후 많은 여성들이 안수사역직에 허입되었으며, 지방감리사에 임명되었으며, 교단의 지도적 위치에 선출되었으며, 감독으로 성별되었다. 1980년에 마조리 매튜스(Marjorie Matthews)가 여성으로서는 처음으로 교단의 감독에 선출되었다.

연합감리교회가 1968년에 탄생되었을 때, 그 교인의 수가 약 1천 1백만 명 가량으로, 세계 개신교회들 가운데 가장 큰 교단 중의 하나였다. 그 이후 연합감리교회는 이제 아프리카, 아시아, 유럽, 미국 등에 산재하여 있는 교인들과 의회들과 함께하는 세계적인 교회라는 것을 점점 의식하게 되었다. 유럽과 미국에서는 연합감리교인 수가 1968년 이래 두드러지게 감소한 반면, 아프리카와 아시아에서는 크게 계속 성장하였다. 아프리카에서는 연합감리교회가 감독구를 동아프리카, 시에라레온, 코트디부아르, 동콩고, 짐바브웨, 모잠비크, 그리고 남아프리카까지 확장하였다.

예배 형식이 변화되어 가고, 카리스마운동의 일어나고, 초교파주의의 전파, 대형교회의 출현 등이 모두 제3세기에 들어선 교회에 정면으로 도전하고 있다. 가장 어려운 일은 연합감리교회가, 특히 미국과 유럽에서, 성(sexuality)에 관한 변천하는 문화의 물결에 어떻게 대처하여야 하느냐 하는 것이다. 동성애와 결혼과 낙태에 관한 의견 충돌은 새 교단으로 출발한 이래 거의 계속되어 오면서 사라진 때가 없었다. 이에 대한 논란은 내적으로나 대외적으로나 초교파적으로나 교단의 교리와 규범에 관하여 커다란 균열을 불러일으키고 있다.

연합감리교회는 세 전통의 흐름, 곧 감리교회, 그리스도연합형제교회, 복음주의선교회의 전통을 계속 이어나갈 것이다. 연합감리교회는 그리스도의 몸의 지체인 다른 모든 교회들과 더불어 예수 그리스도와 성령의 이름으로, 겸손히 그리고 감사하는 마음으로, 계속 창조하여 나가시고 지켜 주시는 은혜로 인하여 하나님께 찬양을 드린다. 교회는 세상을 향하여 봉사할 때, 계속 그의 은총을 추구하고 있다.

제 1 편

헌장

전문

    교회는 그리스도를 주님으로 참되게 믿는 이들의 공동체이다. 교회는 구원받은 이들의 모임이요, 사람들을 구원에 이르게 하는 이들의 모임이다. 이 안에서 소명받은 이들이 하나님의 말씀을 선포하며, 그리스도께서 정하신 바에 따라 성례전을 집행한다. 성령의 인도로 교회는 예배를 행하며, 신도들을 훈련하며, 세상을 구원하는 일에 노력하고 있다.

    예수 그리스도의 교회는 이 세상 안에서 이 세상을 위하여 존재하고 있으며, 교회의 분열은 세상을 향한 선교에 장애가 된다.

    연합감리교회(The United Methodist Church)와 그 전신인 감리교회(The Methodist Church)와 복음주의연합형제교회는 (The Evangelical United Brethren Church), 하나님의 백성이 하나가 되어야 한다는 주님의 뜻에 순종하기 위하여 기도하며 노력하여 왔으며, 오늘날도 그리하므로, 교회의 분열을 겸손히 뉘우쳐 다시 통합할 수 있는 기회를 가지게 됨을 감사드린다.

    그러므로, 연합감리교회는 다음과 같은 헌장을 채택하고 개정하였다.[1]

---

    1. 본 헌장은 1966년 11월 11일에 일리노이 주 시카고에서 열린 복음주의연합형제교회와 감리교회의 총회에서 각각 승인되었으며, 그후 두 교단의 각 연회에서 필요로 하는 표결을 거쳐 채택되었다. 통합 작업은 1968년 4월 23일 텍사스 주 달라스에서 열린 통합 총회에서 유효하게 되었다. '전문'은 2000년에 개정되었다.

제1부—총칙

¶1. *제I조 통합 선언*—복음주의연합형제교회와 감리교회는 하나의 교회로 통합하였다. 이렇게 형성된 연합감리교회는 통합하는 이 두 교회를 계승하는 교회이며 그렇게 되어야 한다.[2]

¶2. *제II조 이름*—본 교회는 연합감리교회라 부른다. 총회가 결정하는 바에 따라 본 교회의 이름을 영어 이외의 언어로 자유롭게 번역할 할 수 있다.

¶3. *제III조 '종교강령'과 '신앙고백'*—연합감리교회의 '종교강령'과 '신앙고백'은 감리교회와 복음주의연합형제교회가 통합할 당시 각기 가지고 있던 것으로 한다.[3]

¶4. *제IV조 교회의 포용성*—연합감리교회는 그리스도 안에서 한 몸을 이룬 세계교회의 일원이다. 그러므로 모든 사람은 인종이나, 피부색이나, 출신국이나, 지위나,[4] 경제적인 형편과 상관없이 예배에 참석할 수 있으며, 교회의 프로그램에 참여할 수 있으며, 성찬 예식에 참례할 수 있으며, 세례를 받고 세례교인이 될 수 있으며, 기독교 신앙을 고백하고 서약을 하면 연대체제 내의 어느 개체교회이든 그 교회의 고백교인이 될 수 있다.[5] 연합감리교회 안에서는 어떠한 의회나 단위 조직도 인종이나, 피부색이나, 출신국이나, 지위나 경제적인 이유로 특정한 교인이나 구성원을 제외하고 조직할 수 없다.[6]

¶5. *제V조 공의로운 인종무차별주의*—연합감리교회는 각 개인이 하나님의 독특한 자녀로서, 가치를 지닌 인간임을 선언하며, 모든 사람들이 치유받고 강건하여지는 일에 최선을 다하기를 다짐한다. 연합감리교회는 그 역사를 통하여 인종차별주의의 죄가 단합을 파괴하여 왔음을 인정한다. 인종차별주의는 지금도 분열을 조장하고 인간을 소외시키면서 우리를 괴롭히고 있다. 연합감리교회는 인종차별주의에 맞서, 그것이 구조적이든 개인적이든, 교회 생활과 일반 사회 전반에 걸쳐 이를 제거하기를 추구한다.[7]

¶6. *제VI조 타교단과의 관계*—세계교회의 일원으로서 연합감리교회는 교회의 주인이 되시는 그리스도께서 모든 그리스도인들이 하나 되는 데 힘쓰도록 부르시고 계심을 믿는다.

---

2. 1984년과 2000년에 개정.
3. 1984년과 2000년에 개정.
4. 1984년과 2000년에 개정.
5. 1984년과 2000년에 개정.
6. 사법위원회 판정 242, 246, 340, 351, 362, 377, 398, 594, 601 및 임시사법위원회 판정 4와 5 참조.
7. 2000년에 개정.

그러므로 연합감리교회는 교회생활의 모든 차원에서 다른 교회들과 하나가 되기를 기도하며, 추구하며, 노력할 것이다. 곧 세계적인 유대 관계를 통하여, 이전의 감리교회 및 복음주의 연합형제교회와 관계를 맺고 있던 다른 감리교회들 및 연합 교회들과 하나가 되기를 노력하면서, 교회협의회를 통하여, 또한 통합 계획 및 성약 관계를[8] 통하여 다른 감리교단 및 기타 교단과 일치하는 데 힘쓸 것이다.

¶7. *제VII조 재산권*—복음주의형제교회와 감리교회의 재산은[9] 통합이 이루어지는 즉시, <장정>의[10] 규정대로 소유하고 관리한다. 통합이 이루어진 후에도, 통합안이 이전 복음주의 연합형제교회와 이전 감리교회에 속한 개체교회나 이 두 교회가 소유한 재산을 양도하거나, 통합 당시 소유권 등록 문서에 기재된 사항을 변경하는 것으로 간주하여서는 안 되며, 시간이 지나더라도 해당 부동산에 대한 소유권과 관리권은 통합된 교단이 계속 유지한다.

제2부—조직

제1절 의회들

¶8. *제I조*—이하 법이 정하는 바, 권리와 의무와 특권을 가진 총회를 전 교회를 위하여 둔다.

¶9. *제II조*—이하 법이 정하는 바, 권리와 의무와 특권을 가진 지역총회를 미국 안에 있는 교회를 위하여 둔다.[11] 단, 연합감리교회에는 지리적으로나 지역적인 구분 이외의 어떤 다른 이유로도 지역총회나 해외지역총회를 둘 수 없다.

¶10. *제III조*—미국 밖의 교회에는 법이 정하는 바, 권리와 의무와 특권을 가진 해외지역총회를 두며, 필요에 따라 잠정해외 지역총회를 둔다.

¶11. *제IV조*—본 교회의 기본 조직체로서, 이하 법이 정하는 바 권리와 의무와 특권을 가진 연회를 두며 필요에 따라 잠정연회를 둔다.

¶12. *제V조*—이하 법이 정하는 바 권리와 의무와 특권을 가진 구역회를 각 교회 혹은 구역에 둔다.[12]

---

8. 1996년에 개정.
9. 2000년에 개정.
10. 1984년에 개정.
11. 사법위원회 파정 128 참조.
12. 사법위원회 파정 516 참조.

제2절 총회

¶13. *제I조*—1. 총회는 600명 이상 1,000명 이하의 대의원으로 구성하되, 각 연회에서 선출된 같은 수의 교역자와 평신도로 한다. 선교연회는 이 조항에서 연회로 간주한다.[13]

2. 대의원은 각 연회에서 공정하게 또한 공개적인 과정을 통하여 선출한다. 독립감리교회들도 대의원을 선출할 수 있으나, 이는 다만, 양측의 최고입법의회에 서로 대표를 선출하여 참석시키는 것에 관한 협약을 총회가 승인할 때에 한한다.[14]

3. 감리회의 어머니 교회인 영국감리교회(The Methodist Church in Great Britain)의 경우에는, 연합감리교회가 영국감리교회 총회에 매년 2명씩 대의원을 보내며, 영국감리교회는 연합감리교회 총회에 매 4년마다 4명의 대의원을 보내는 규정을 만들되, 이들 대의원들은 교역자와 평신도가 같은 수로 구성되어야 하며, 각 총회에서 투표권을 행사할 수 있다.[15]

¶14. *제II조*—총회는 매 4년에 한 번, 4월 혹은 5월에 모이되, 총회 혹은 총회가 위임한 위원회가 결정하는 바, 때와 장소에서 모인다.

총회와 똑같은 권한을 가지고 권리를 행사할 수 있는 특별총회는, 총감독회 혹은 총회가 수시로 정하는 방법에 따라, 모임의 시간과 장소를 발표함으로써 소집될 수 있다. 특별총회의 대의원은 이전 총회의 대의원 또는 이들의 합법적인 권한 대행자로 하되, 어떤 특정한 연회나 선교연회가[16] 대의원을 새로 선출하기 원한다면, 그렇게 할 수 있다.[17] 그러한 특별총회의 목적은 소집 시 명시되어야 하며, 특별총회는 그 목적과 연관된 안건만 처리한다. 다만 다른 안건을 처리하기 위하여서는 총회의 3분의 2의 찬성을 얻어야 한다.[18]

¶15. *제III조*—총회는 연회, 선교연회,[19] 잠정연회에서 선출되어 총회, 지역총회, 해외지역총회에 참석하는 대의원의 비율을 다음과 같은 두 기준에 의하여 정한다. 곧 (1) 각 연회와 선교연회의 교역자 수,[20] (2) 각 연회와 선교연회의[21]

---
13. 1976년에 개정.
14. 사법위원회 판정 435, 592 참조.
15. 1996년에 개정.
16. 1976년에 개정.
17. 사법위원회 판정 221, 226, 228, 238, 302 참조.
18. 사법위원회 판정 227 참조.
19. 1976년에 개정.
20. 1976년에 개정.
21. 2000년에 개정.

고백교인 수.[22] 단, 각 연회, 선교연회[23] 또는 잠정연회는, 최소 1명의 교역자와 1명의 평신도대표를 총회 및 지역총회 혹은 해외지역총회에 보낼 권한이 있다.[24]

¶ **16.** *제IV조*—총회는 연대적인 성격이 뚜렷한 모든 일에 대하여 전적인 입법권을 가지며, 이 권리를 행사함에 있어, 아래와 같은 권한을 가진다.[25]

1. 인종이나 지위와 상관없이 교인의 조건과 특권과 의무를 규정하는 일.[26]

2. 장로, 집사, 서리전도사, 본처전도사, 권사, 디크네스, 국내선교사들의 권리와 의무를 규정하는 일.[27]

3. 연회, 잠정연회, 선교연회, 선교구역, 해외지역총회, 지방회, 구역회 및 교인총회의 권리와 의무를 규정하는 일.[28]

4. 미국 밖에 있는 본 교회의 사역을 조직하며, 개발하며, 관리하는 일.[29]

5. 감독의 권리, 의무 및 특권을 규정하는 일, 감독 지원을 위한 계획을 세우는 일, 감독의 은퇴에 관한, 일관된 규정을 만드는 일, 비능률성과 부적합성으로 인한 감독의 직무 정지를 결정하는 일.[30]

6. 교단의 찬송가와 예문을 제정하고 개정하는 일과, '제한규정' 제I조와 제II조가 정한 범위 내에서 예배의 형식과 방법에 관한 모든 일을 규정하는 일.[31]

7. 본 교회의 사법제도와 사법 절차를 규정하는 일. 다만 여기에 다르게 규정한 것은 예외로 한다.

8. 교단적인 사역을 발의하고 지시하며, 그것들을 개발하고 운영하기 위하여 기구를 만드는 일.[32]

9. 교단의 사역을 수행하기 위한 모금과 그 분배를 결정하고 규정하는 일.[33]

10. 지역총회에서 선출하는 감독에 관한 통일된 선출 기준을 제정하는 일과, 해외지역총회에서 선출할 수 있는 감독의 수를 정하는 일.[34]

---

22. 1976년에 개정.
23. 1976년에 개정.
24. 사법위원회 판정 403 참조.
25. 사법위원회 판정 96, 232, 236, 318, 325, 544 참조.
26. 사법위원회 판정 558 참조.
27. 사법위원회 판정 58, 313 참조.
28. 사법위원회 판정 411 참조.
29. 사법위원회 판정 182; 1976년에 개정.
30. 사법위원회 판정 35, 114, 312, 365, 413 참조.
31. 사법위원회 판정 694 참조.
32. 사법위원회 판정 214, 364, 411, 1210 참조.
33. 사법위원회 판정 30, 1208 참조.
34. 사법위원회 판정 598, 735 참조.

¶16 헌장

11. 위원회를 통하여 총회 의장을 감독들 가운데서 선임하는 일. 단, 개회 시의 사회자는 감독들 스스로가 자신들 중에서 선임한다.[35]

12. 해당 지역총회 내에 각 연회의 인준을 얻어, 지역총회의 수와 경계를 변경하는 일.[36]

13. 교단의 전반적인, 바람직한 사역을 위하여 위원회를 구성하는 일.

14. 연합감리교회의 모든 부서와 프로그램과 기관에 속한 위원들이 인종과 성과 지위의 차별없이 권리와 특혜를 보장받게 하는 일.[37]

15. 각 연회로 하여금, 기타 필수적인 구조가 있어야함에도 불구하고, 각자의 선교에 적합한 구조를 가지도록 허락하는 일.[38]

16. 본 교회의 헌장이 제한하거나 금지하지 않는 범위 내에서 필요한 기타 법규를 제정하는 일.[39]

제3절 제한 규정

¶17. *제I조*—총회는 우리의 '종교강령'을 취소, 삭제, 혹은 변경할 수 없으며, 이미 제정되어 현존하는 우리의 교리적 기준에 위배되는 어떠한 새로운 교리의 기준이나 규약을 제정할 수 없다.[40]

¶18. *제II조*—총회는 우리의 '신앙고백'을 취소, 삭제, 혹은 변경할 수 없다.

¶19. *제III조*—총회는 현 행정 법규나 그 어느 일부를 변경하여, 현행 감독제를 폐지하거나 우리의 순회감리제도를 파기하여서는 안 된다.

¶20. *제IV조*—총회는 우리 교역자들이 위원회를 통하여 재판받으며 상소할 수 있는 권리를 폐기할 수 없다. 또한 평신도가 교회와 위원회를 통하여 재판받으며 상소할 수 있는 권리도 폐기할 수 없다.[41]

¶21. *제V조*—총회는 우리 연합신도회의 '총칙'을 취소하거나 변경할 수 없다.[42]

---
35. 사법위원회 판정 126 참조.
36. 사법위원회 판정 55, 56, 215 참조.
37. 임시사법위원회 판정 4, 5; 사법위원회 판정 427, 433, 442, 451, 540, 558, 567, 588, 594, 601 참조.
38. 사법위원회 판정 825 참조, 1996년에 개정.
39. 사법위원회 판정 694 참조.
40. 사법위원회 판정 86, 142, 243, 358, 847, 871 참조.
41. 사법위원회 판정 351, 522, 557, 595, 982 참조.
42. 사법위원회 판정 358, 468, 847, 871 참조.

¶22. *제VI조*—총회는 출판사들, 문서사업, 법인투자 기금에서 들어오는 순수익금을 은퇴하거나 기능장애인이 된 교역자와 그 배우자들, 홀어머니, 홀아비, 그 자녀들 혹은 기타 수혜자를 위한 연금 이외의 다른 목적에 사용하여서는 안 된다[43].

제4절 지역총회

¶23. *제I조*—지역총회는 총회가 정하는 통일된 기준에 따라, 연회와 선교연회에서[44] 선출된 모든 대의원들로 구성한다. 단, 어느 지역총회든 그 대표들의 수가 100명 이하가 되어서는 안 된다. 이 조항에서 선교연회는 일반 연회로 간주한다.[45]

¶24. *제II조*—모든 지역총회는 헌장이 정하는 범위 내에서 동등한 지위와 동등한 결정권을 가진다. 총회에 보낼 연회와 선교연회의[46] 대의원 비율은 지역총회에도 똑같이 적용된다.

¶25. *제III조*—총회는 지역총회에 참석하는 대의원의 선출 기준을 정한다. 단, 지역총회는 연회와 선교연회와[47] 잠정연회에서 선출되는 같은 수의 교역자와 평신도로 구성한다.

¶26. *제IV조*—각 지역총회는 총감독회 또는 총감독회가 위임한 위원회가 정하는 날짜에 모인다. 각 지역총회는, 직전 회기 지역총회가 정하지 않는 한, 지역감독회가 임명한 지역총회 준비위원회가 결정한 장소에서, 다른 지역총회와 함께 정하여진 날짜에 동시에 모인다.

¶27. *제V조*—지역총회는 다음과 같은 권리와 의무를 가지며, 기타 총회가 부여하는 권리와 의무를 가진다.

1. 교단의 전도, 교육, 선교 및 자선 사역에 관한 일을 진흥시키며, 지역 내의 관심사와 기관들을 후원하는 일.[48]
2. 감독을 선출하는 일과, 감독을 지원하기 위하여 총회가 결정하는 사역을 실행하는 데 협력하는 일.[49]
3. 필요에 따라 교단의 일반 사역 부서의 보조 기관으로서, 지역 사역 부서들을 설립하고 조직하며, 총회의 규정에 따라 총회 사역 부서에의 대표들을 선정하는 일.
4. 지역 내의 연회 경계를 결정하는 일. 단, 총회의 동의를 얻기 전에는 정회원 교역자 50명 이하로써 구성된 연회가 있어서는 안 된다.

---

43. 사법위원회 판정 322, 330 참조.
44. 1976년에 개정.
45. 1976년에 개정.
46. 1976년에 개정.
47. 1976년에 개정.
48. 사법위원회 판정 67 참조.
49. 사법위원회 판정 1208 참조.

5. 지역 내의 교단 사업을 치리하기 위하여 총회가 부여하였거나 부여하여야 할 권한 범위 내에서 법규를 제정하는 일.[50]

6. 해당 지역총회의 순회전도자가 재판위원회의 판결에 불복하여 상소할 때, 이를 심문(訊問)하고 결정하기 위한 상소위원회를 구성하는 일.

제5절 해외지역총회

¶28. *제I조*—미국 밖에 있는 연합감리교회의 사역을[51] 위하여 아래에 규정한 바와 같은 의무와 권리와 특권을 가진 해외지역총회를 둔다. 해외지역총회의 수와 경계는 교단 통합 총회에서 결정한다. 그 이후로는 총회가 해외지역총회의 수와 경계를 변경할 권한을 가진다. 해외지역총회는 다음과 같은 의무와 권한과 특권을 가진다.

¶29. *제II조*—해외지역총회는, 총회가 설정한 기준에 따라 규정한 수의 대의원들로 구성한다. 대의원들은 교역자와 평신도가 모두 같은 수이어야 한다.[52]

¶30. *제III조*—해외지역총회는 총회가 끝난 후 계속하여 같은 해에 모이되, 지난 회기의 각 해외지역총회, 또는 각 해외지역총회가 위임한 위원회, 또는 총회가 결정하는 시간과 장소에서 각각 모인다. 교단 통합 총회 후 처음 모이는 때와 장소는 각 해외지역총회 감독들이 정하거나, 총회가 정하는 바에 따라서 행한다.

¶31. *제IV조*—해외지역총회는 다음과 같은 권한과 의무를 가지며, 이밖에 총회가 수여하는 권한과 의무를 가진다.

1. 자신들의 지역 경계 내에서 전도, 교육, 선교, 사회 문제 및 자선 사업에 관심을 가지고 교단의 기구들을 설립하는 일.

2. 총회가 정한 기준에 따라 수시로 정하여지는 수의 감독을 각 해외지역총회에서 선출하는 일과, 감독을 지원하기 위하여 총회가 결정하는 사역을 실행하는 데 협력하는 일.[53]

3. 필요에 따라 해외지역총회의 사역 부서들을 설정하고 조직하며 그 책임자를 선정하는 일.[54]

4. 각 해외지역총회 내의 연회 경계를 결정하는 일.

---
50. 사법위원회 판정 1208 참조.
51. 1976년에 개정.
52. 1992년에 개정.
53. 사법위원회 판정 370 참조.
54. 사법위원회 판정 69 참조.

5. 총회의 결의에 따라, 각 해외지역총회가 필요로 하는 '일반 장정'을 개정 혹은 각색하는 것을 포함하여 관할 경계 내의 사역 관리를 위한 규약을 만드는 일.[55]

6. 해외지역총회가 제정한 해외지역총회 <장정>의 법규와 규정과 이의 개정, 각색 혹은 새 조항에 관한 법적 질문에 대하여 법적 해석을 내릴 수 있는 사법재판소를 구성하는 일.

7. 해당 해외지역총회의 순회전도자가 재판위원회의 판결에 불복하여 상소할 때, 이를 청취하고 결정하기 위한 상소위원회를 구성하는 일.[56]

제6절 연회

¶32. *제1조*—연회는 교역자와 연회평신도회원으로 구성한다. 교역자 회원은 정회원 집사(deacons)와 장로 (elders), 준회원 (provisional members), 협동회원 (associate members), 파송받은 본처목사로 구성한다. 평신도 회원은 각 구역회에서 선출된 고백교인,[57] 평신도 사역자, 현직 디크네스, 감독의 파송을 받아 연회 경계 내에서 사역하고 있는 국내선교사,[58] 연회연합감리교 여선교회 회장, 연회연합감리교 남선교회 회장, 연회평신도대표, 지방평신도 대표들, 연회평신도사역직 총무, 연회세계선교부 총무, 만일 평신도라면, 연회청장년회 회장[59] 또는 이와 동등한 임원, 연회청소년회 회장, 연회대학생 조직체의 회장, 또한 연회가 정하는 바에 따라 각 지방에서 선출된 1명의 12세에서 17세 미만의 청년(젊은이)과 1명의 18세에서 30세[60] 미만의 청년으로 구성한다.[61] 해외지역총회 산하의 연회에서는 4개년간의 활동 경력 및 2년 동안 교인으로 있었어야 하는 요건을 30세[62] 미만의 젊은이들에게는 면제할 수 있다. 그러한 젊은이들은 연합감리교회의 고백교인으로서[63] 선출될 당시 교회생활에 적극 활동하고 있던 이라야 한다.[64] 교역자가 1명 이상 봉사하고 있는 구역은 교역자의 수만큼 연회평신도회원을 보낸다. 연회평신도회원으로 선출되기 직전 2년간 연합감리교회

---

55. 사법위원회 판정 142, 147, 313 참조.
56. 사법위원회 판정 595 참조.
57. 2000년에 개정.
58. 1996년에 개정.
59. 1996년에 개정.
60. 2000년에 개정.
61. 1968, 1970, 1980, 1984년에 개정.
62. 2000년에 개정.
63. 2000년에 개정.
64. 1988년에 개정.

교인이었어야 하며[65] 연회원으로 선출되기 전까지 최소한 4년간 연합감리교회에서 활동하고 있었어야 한다.[66]

만일 연회의 평신도회원의 수가 교역자의 수보다 적을 때에는, 연회는 자체 방식으로 평신도를 선출하여 평신도와 교역자의 수를 동일하게 만든다.[67]

¶33. *제II조*—연회는 교단의 기본 조직체이며, 따라서 모든 헌장 개정안의 표결권과, 총회, 지역총회, 해외지역총회에 보낼 교역자와 평신도 대의원을 선출할 권한과, 교역자의 자질과 연회 관계 및 안수에 관한 심사권과, 헌장에 의하여 총회에 주어지지 않은 다른 권리들을 가지되, 교역자의 안수, 자질 및 연회 관계에 관하여 평신도는 투표권을 가지지 못한다. 단, 연회안수사역부의 평신도는 예외로, 교역자의 안수, 자질 및 연회 관계에 관하여 투표할 수 있으며, 지방 안수사역위원회의 평신도도 동 위원회의 투표권이 있는 위원이 된다.[68] 연회는 총회가 헌장에 따라 규정한 의무를 수행하며 권한을 행사한다.[69]

¶34. *제III조*—연회는 본 절 제IV조와 제V조가 정하는 바에 따라 총회와 자기 지역총회 또는 해외지역총회에 보낼 교역자와 평신도 대의원을 선출한다.[70] 총회가 정한 인원의 비례 수까지 먼저 선출된 이들이 총회 대의원이 된다. 연회는 대의원을 계속 선출하되, 지역총회 또는 해외지역총회를 위한 비례 인원수가 다할 때까지 하며, 이들은 이미 선출된 총회 대의원들과 함께 지역총회 또는 해외지역총회의 대의원이 된다. 이들 지역총회 또는 해외지역총회의 대의원들은 그 선출된 순서에 따라 총회의 대리 대의원이 된다.[71] 연회는 또한 지역총회와 해외지역총회의 교역자와 평신도 대리 대의원을 필요에 따라 선출한다. 이들 지역총회 및 해외지역총회에 대리 대의원으로 선출된 교역자와 평신도들은, 총회 대리 대의원의 수가 부족하다고 인정될 때, 총회의 대리 대의원이 될 수 있다.[72]

¶35. *제IV조*—총회 및 지역총회와 해외지역총회에 보낼

---

65. 1972, 1976년에 개정.
66. 1976년에 개정.
67. 사법위원회 판정 24, 113, 129, 349, 378, 479, 495, 511, 553, 561, 1212, 임시사법위원회 판정 7 참조사법위원회 판정 595 참조.
68. 1996년에 개정.
69. 사법위원회 판정 78, 79, 132, 405, 406, 415, 524, 532, 534, 552, 584, 690, 742, 782, 862 참조.
70. 사법위원회 판정 435, 592 참조.
71. 사법위원회 판정 352 참조.
72. 1992년에 개정.

안수받은 교역자 대의원은[73] 연회 및 잠정연회의 안수받은 정회원 교역자들 가운데서 안수받은 정회원 교역자들이 선출한다.[74]

¶36. *제V조*—총회와 지역총회 및 해외지역총회에 보낼 평신도 대의원들은 연회 및 잠정연회의 연회평신도회원들이 연령의 차별없이 선출한다. 단, 이 대의원이[75] 되기 위하여서는 선출되기 전에 최소한 2년간 연합감리교회의 고백교인으로[76] 있었어야 하며, 선출되기 직전 최소한 4년간 연합감리교회에서 활동하고 있었어야 하며,[77] 총회와 지역총회 또는 해외지역총회가 열릴 당시 그 연회 소속 교회의 교인이어야 한다.[78]

제7절 경계

¶37. *제I조*—연합감리교회는 다음과 같은 지역으로 구성된 지역총회를 둔다.

동북부 지역총회—버뮤다,[79] 코네티컷, 델라웨어, District of Columbia, 메인, 메릴랜드, 매사추세츠, 뉴햄프셔, 뉴저지, 뉴욕, 펜실베이니아, 로드아일랜드, 버몬트, 버진아일랜드,[80] 웨스트버지니아.

동남부 지역총회—**알라바마**, 플로리다, 조지아, 켄터키, 미시시피, 노스캐롤라이나, 사우스캐롤라이나, 테네시, 버지니아.

중북부 지역총회—일리노이, 인디애나, 아이오와, 미시간, 미네소타, 노스다코타, 오하이오, 사우스다코타, 위스콘신.

중남부 지역총회—아칸소, 캔사스, 루이지애나, 미주리, 네브래스카, 뉴멕시코, 오크라호마, 텍사스.

서부 지역총회—알래스카, 애리조나, 캘리포니아, 콜로라도, 하와이, 아이다호, 몬태나, 네바다, 오리건, 유타, 워싱턴, 와이오밍, 태평양 지역 미국의 속령.[81]

¶38. *제II조*—미국 밖의 교단[82] 활동은 해외지역총회를 구성하여 할 수 있으며, 그 수와 경계는 통합 총회에서 결정하되, 그 이후로는 총회가 그 수와 경계를 변경할 권한을 가진다.

¶39. *제III조*—지역총회의 수, 명칭 및 경계의 변경은 관련된 연회들의 찬동을 얻어, 총회가 변경할 수 있다.[83]

---

73. 1996년에 개정.
74. 사법위원회 판정 1181 참조. 2008년에 개정.
75. 1972년에 개정.
76. 2000년에 개정.
77. 1976년에 개정.
78. 사법위원회 판정 403, 887 참조.
79. 2008년에 개정.
80. 1980년에 개정
81. 1980년에 개정.
82. 1972년에 개정..
83. 사법위원회 판정 55, 56, 85, 215 참조.

¶40. *제IV조*─연회 및 감독구의 수, 명칭 및 경계는, 미국 내에서는[84] 지역총회가, 미국 밖에서는 해외지역총회가 주어진 권한으로 또한 각자의 구조에 맞게[85] 규정에 따라 변경한다. 여기에 규정된 지역총회와 해외지역총회의 권한은 감독의 감리 계획을 위하여 총감독회에 주어진 권한을 속박하거나 제한하지 않는다.[86]

¶41. *제V조─개체교회의 이전*─1. 개체교회가 한 연회에서 그 교회가 현재 지역적으로 위치하고 있는 다른 연회로 이전하려면, 다음과 같은 각 의회에서 출석 인원 3분의 2의 찬성표를 얻어야 한다.

a) 구역회
b) 개체교회의 교인총회
c) 관련된 두 연회 투표 결과는 각 의회 서기가 관련된 연회 감독들에게 문서로 보고하며, 필요한 다수표를 공포함으로써 이전은 즉시 그 효력을 발생한다.

2. 이전 허가를 위한 안건이 제출되면, 각 연회는 그 첫 회기에서 이에 대한 투표를 실시한다.

3. 이 조항의 규정에 따른 이전은, 의회들의 경계 변경에 관한 이 헌장의 다른 규정의 통제 내지 제한을 받지 않는다.

제8절 지방회

¶42. *제I조*─연회 안에 총회가 정하는 바 인원과 권한을 가진 지방회를 조직할 수 있다.

제9절 구역회

¶43. *제I조*─각 목회 구역은 총회가 정하는 바 인원과 권한을 가진 구역회를 조직한다.

¶44. *제II조─교회 임원의 선정*─총회가 달리 명하지 않는 이상, 교회나 한 구역을 형성하고 있는 교회들의 임원들은 구역회나 또는 개체교회의 고백교인이[87] 선출하거나, 또는 개체교회 정관이나 주 또는 지방의 법이 따로 요청하지 않는 한, 구역회가 본 선거를 치를 목적으로 소집하고 마련한 모임에서, 그 교회(들) 고백교인들이 선출한다.

---

84. 1992년에 개정.
85. 1992년에 개정.
86. 사법위원회 판정 1180 참조.
87. 2000년에 개정.

제3부—감독의 감리

¶45. *제I조*—연합감리교회는 감리교회와 복음주의연합형제교회가 뜻을 같이하고 동일하다고 인정하고 있는 모든 사항에 있어, 양 교단에 현재 존속하고 있는 동일한 플랜과 권한과 특권과 임무를 가진 감독제를 계속 유지한다. 이들 전통적 감독제 간의 차이점은, 통합안과 연합감리교회의 헌장, 그리고 이에 따라 취하여진 결정으로 말미암아 잘 조절되어 융화된 것으로 간주하며, 이제 통일된 감리 및 감독제를 현직 및 장래에 생겨날 연합감리교회의 감독들로 구성하여 창제한다. 또한 상기한 감독직은 아래에 규정된 권한과 특권과 임무를 가진다.[88]

¶46. *제II조*—감독은 각 지역총회와 해외지역총회에서 선출하며, 지역총회에서 선출된 감독은 총회가, 해외지역총회에서 선출된 감독은 해외지역총회가 정하는 시간과 장소에서 전통적인 방식으로 성별(聖別)한다.[89]

¶47. *제III조*—연합감리교회는 모든 감독으로 구성된 총감독회를 둔다. 이 총감독회는 1년에 적어도 한 번은 모여야 하며, 전 교회의 일상적인 것과 영적인 관심사를 감리하고 신장하기 위하여, 또한 총회 및 통합안의 규약에 따라 결정된 법규와 규정을 지키며 책임을 다하기 위하여 계획을 수립한다.[90]

¶48. *제IV조*—각 지역총회와 해외지역총회의 감독들은 지역감독회를 구성하며, 이 지역감독회는 연회, 선교연회[91] 및 해당 지역 내의 선교구들을 감리할 계획을 수립한다.[92]

¶49. *제V조*—감독은 자기가 선출되었거나 전입한 지역총회 혹은 해외지역총회에서[93] 주재감독 및 회장으로서의 감리권을 가진다. 감독은 아래와 같은 조건하에 주재감독 및 회장으로서의 감독직을 위하여 한 지역에서 다른 지역으로 이전될 수 있다. (1) 감독의 이전은 다음 둘 중 한 기준에 의한다: 곧 *(a)* 다른 지역에서 전입되어 오는 감독을 받아들이는 지역은, 상대 지역으로 또는 제3지역으로 자기 지역 감독 중 적임자 1인을 전출시킬 수 있다. 따라서 각 지역에서 전입되어 들어온 수는 전출되어 나간 수와 균형을 유지하여야 한다; 혹은 *(b)* 어떤 지역이 다른 지역으로부터 한 감독을 받고도 자기 지역 감독 중 아무도 전출시키지 않을 수 있다. (2) 어느 감독도 본인이 특별히

---

88. 사법위원회 판정 4, 114, 127, 363, 1208 참조.
89. 사법위원회 판정 21, 127 참조.
90. 사법위원회 판정 424 참조.
91. 1976년에 개정.
92. 사법위원회 판정 517, 735 참조.
93. 1980년에 개정.

¶49

동의하기 전에는 이전되어서는 안 된다. (3) 어느 감독도 선출된 지역에서 한 4년기 기간을 봉직하지 않고서는 다른 지역으로 이전할 수 없다. (4) 모든 이전은 관련 지역총회의 감독위원회에 출석하여 투표한 회원의 과반수 찬성을 얻어야 한다.[94] 위와 같은 절차를 거친 후 이전하는 감독은, 받아들이는 지역감독회의 회원이 되며, 그 지역총회에 의하여 주재지를 배정받는다.

감독은 누구나 총감독회에 의하여 자기가 선출된 지역이 아닌 다른 지역에 배정 혹은 임시직에 봉직하도록 임명될 수 있으되, 이는 봉직하게 될 지역 감독들의 과반수의 요청이 있을 때에 한한다.

어떤 지역총회나 해외지역총회에서 감독의 사망, 불능 혹은 다른 이유로 직무를 수행할 수 없는 비상 사태가 발생하였을 경우에, 총감독회는 그 지역총회나 해외지역총회 감독의 과반수 찬동으로 다른 지역총회나 해외지역총회의 감독을 상기 지역총회 또는 해외지역총회에 임명할 수 있다.

¶50. 제VI조—교단 통합이 이루어질 당시의 복음주의연합형제교회와 감리교회의 현직 혹은 은퇴 감독들은 모두 연합감리교회의 감독이 된다.

지역총회에서 선출된 감리교회의 감독들과 통합 당시의 복음주의연합형제교회의 현직 감독들 및 연합감리교회의 지역총회에서 선출된 감독들은 평생 동안 감독직을 유지한다. 이전 감리교회 해외지역총회에서 선출된 감독들은 그들을 선출한 해외지역총회가 결정하는 바에 따라 임기가 정하여진다.[95]

지역총회는 상설 감독협조위원회를 선출하되 각 연회 대표의 추천에 따라 각 연회에서 교역자 1명, 평신도 1명의 대표로 구성한다. 이 위원회는 감독의 업무와 성품을 판단하고 직무 수행을 심사하여 지역총회가 법적으로 보장받은 권한 내에서 적절한 결정을 할 수 있도록, 그 결과를 지역총회에 보고한다. 이 위원회는 지역총회가 최후 결정을 할 수 있도록 각 지역의 감독 배정안을 추천한다.

¶51. 제VII조—연회, 해외지역총회, 또는 지역총회를 사회하는 감독은 사무 처리를 위한 정기 회의 중 감독에게 제출되는 모든 법적인 문제에 대하여 판정을 내려야 한다.[96] 단, 그러한 문제는 서면으로 제출하여야 하며, 그 판정은 연회 회의록에 기록되어야 한다.

이러한 감독의 판정은 해결되지 않은 경우를 제외하고, 사법위원회가 판정하기까지 법적 효력을 발생하지 못한다. 감독의 법규에 관한 모든 판정은 그 개요를 첨부하여 서면으로

---

94. 1992년에 개정.
95. 사법위원회 판정 4, 303, 361, 709 참조.
96. 사법위원회 판정 33 참조.

매년 사법위원회에 보고하며, 사법위원회는 그것을 확정하든지, 개정하든지 또는 번복하든지 하여야 한다.[97]

¶52. *제VIII조*—여러 지역총회와 해외지역총회의 감독들은 자신의 지역총회와 해외지역총회의 회기 중에 사회를 담당한다.[98]

¶53. *제IX조*—각 연회는 그 연회의 행정을 위하여 감독을 돕고 총회가 결정하는 바 책임과 임기를 가지는 지방감리사를 1명 이상 둔다.[99]

¶54. *제X조*—감독은 지방감리사들과 협의한 후 사역자들을 구역으로 파송하며, 그들은 총회가 규정하는 바 책임과 권한을 가진다.[100]

제4부—사법

¶55. *제I조*—연합감리교회는 사법위원회를 둔다. 총회는 그 위원의 수, 자격, 임기, 선출 및 결원을 보충할 방법을 결정한다.

¶56. *제II조*—사법위원회는 다음과 같은 권한을 가진다.

1. 총감독회의 과반수나 총회 대의원 5분의 1의 제소가 있을 때, 총회 결의의 합헌성을 결정하는 일과, 지역총회나 해외지역총회 감독의 과반수나 지역총회 회원 혹은 해외지역총회 회원의 5분의 1의 제소가 있을 때, 지역총회나 해외지역총회 결의의 합헌성을 결정하는 일.

2. 연회에서 법적인 문제에 관하여 감독이 판정한 데 대하여, 연회에 출석하여 투표한 이들의 5분의 1이 이에 불복하고 상소할 때 이를 신문하고 판정하는 일.

3. 연회에서 감독이 행한 법규에 관한 결정에 대하여 판정을 내리는 일.

4. 해당 부서 위원의 3분의 1이나, 총감독회의나 혹은 지역총회나 해외지역총회 감독들의 과반수의 제소가 있을 때, 총회 소속 기관이나 해외지역총회 소속 기관의 결의의 합헌성을 신문하고 판정하는 일.

5. 기타 총회가 위임한 임무와 권리를 수행하는 일.

6. 자체의 기구 조직 방법과 그 절차를 결정하는 일.

¶57. *제III조*—사법위원회의 모든 판정은 최종적이다. 사법위원회가 회기 중인 총회의 어떤 결의를 위헌으로 판정하였을 때에는, 즉각 그 결정을 총회로 이송, 보고하여야 한다.

---

97. 사법위원회 판정 763 참조.
98. 사법위원회 판정 395, 1194, 1195, 1196 참조.
99. 사법위원회 판정 368, 398 참조.
100. 사법위원회 판정 1307 참조.

¶58. *제IV조*—총회는 위원회 그리고 상소를 통하여 재판받을 권리를 교역자들에게 보장하며, 위원회나 교회, 그리고 상소를 통하여 재판받을 권리를 교인들에게 보장하여 줄 사법 제도를 본 교회를 위하여 설정한다.[101]

제5부—헌장 개정

¶59. *제I조*—본 헌장은 총회에 참석하여 투표한 이들의 3분의 2 이상의 찬성표와 각 연회에 출석하여 투표한 모든 연회원의 찬성표가 합계 3분의 2 이상이 되어야 개정할 수 있으되, 다만 연회에 출석하여 투표한 이들의 4분의 3이 요청되는 '제한 규정'의 제I조와 제II조의 경우는 예외로 한다. 투표가 끝난 후, 이를 총감독회가 점검하며, 가결된 개정안은 필요한 찬성표를 얻었음을 총감독회가 공포함으로써 발효된다.[102]

총회가 하나의 헌장 조항을 개정할 것을 의결하였을 때, 총회는 그 개정을 가능케 하는 시행 규칙을 즉시 채택할 수 있다. 단, 이는 이 개정 조항이 여러 연회에 출석하여 투표한 이들의 합계 3분의 2 이상의 찬성으로 인준을 받은 후, 투표 점검자의 역할을 담당한 총감독회가 그 개정 조항이 통과되었음을 선포함으로써 그 효력이 발생하였을 때에 한한다. 이와 마찬가지로 연회들도, <장정> 및/또는 헌장이 예정된 유효 일자에 변경되리라는 것을 예측하고 그 법규를 승인할 수 있다.

¶60. *제II조*—본 헌장의 개정은 총회 또는 연회가 발의할 수 있다.

¶61. *제III조*—지역총회 혹은 해외지역총회는[103] 과반수 의결로 교단 헌장의 개정을 제의할 수 있으되, 그러한 제의는 차기 총회에 제출하여야 한다. 만일 총회가 그 법안을 3분의 2의 찬성표로 받아들이면, 헌장 개정 조항의 규정에 따라 이를 각 연회에 제출한다.

---

101. 사법위원회 판정 522 참조.
102. 사법위원회 판정 154, 243, 244, 349, 383, 884, 961 참조. 1976년에 개정.
103. 1980년에 개정.

제 2 편

일반 장정

¶101. <일반 장정>은 교리와 절도가 있는 크리스천들의 삶을 통하여 그리스도를 섬기는 우리 웨슬리적인 방식을 나타내 주고 있다. 우리는 세계적인 교단으로서 우리의 연대적인 성약 (聖約 covenant)을 통하여 교리와 절도와 선교로 묶여져 있다. <일반 장정>은 바로 그 하나됨을 표현하여 주고 있다. 각 해외지역총회는 여러 가지 상황 속에서 우리의 선교활동을 풍성하게 이루기 위하여 <일반 장정>을 수정 내지 각색할 수 있다. 그러나 <일반 장정>의 어떤 부분은 수정할 수 없다. 아래와 같은 부분과 구절은 총회의 결의가 없이는 수정 내지 각색할 수 없다. 해외지역총회사무상임위원회가 본 조항의 수정안을 총회에 제출할 수 있는 일차적인 책임을 진다.

　제1편에서 제V편까지
　　제I편　헌장 ¶¶1-61
　　제II편　일반 장정 ¶101
　　제III편 교리적 기준과 우리의 신학적 과제 ¶¶102-105
　　제IV편 모든 그리스도인들의 사역 ¶¶120-143
　　제V편　사회생활 원칙 서문, 전문 및 ¶¶160-166

해외지역총회사무상임위원회는 교회신앙연구위원회(Committee on Faith and Order)와 협의하여, 해외지역총회가 수정하거나 각색할 수 없는 제6편 "조직과 행정," 그리고 ¶31.5에 의하여 해외지역총회가 각색할 수 있는 제7편 "조직과 행정: 추가"를 <일반 장정>에 포함하여 그 구조를 수정하도록 2020년 총회에 제출한다. 2016년도 <장정>의 제6편의 내용은 <일반 장정>의 제6편이나 제7편에 포함하도록 한다. 2016년도 <장정> 제6편, 제2장("안수받은 이들의 사역")과 제3장("감리직")에 관하여서는 해외지역총회사무상임위원회가 사역연구위원회와 협의하고 작업하며, 2016년도 <장정> 제6편, 제5장("총회 행정 기구")에 관하여서는 해외지역총회사무상임위원회가 연대사역협의회와 협의하며 작업한다.

총회준비위원회는 해외지역총회사무상임위원회가 2020년 총회에 제출할 제6편 '조직과 행정'안을 총회가 시작하는 첫 3일 안에 전체 회의에서 이를 심의하여 의결할 수 있도록 충분한 시간을 할애할 것을 지시한다. 제6편에 대한 차후 수정안은 해외지역총회상임사무위원회가 총회에 제출하기 전에 검토한다.[1]

---

1. 사법위원회 판정 1272.

제 3 편

교리적 기준과
우리의 신학적 과제[1]

¶102. 제1절 우리의 교리적 유산

연합감리교인들은 우리를 구원하시기 위하여 예수 그리스도의 몸을 입으시고 성령으로 인간의 역사 속에서 늘 활동하시는 하나님에 대한 전통적 기독교 신앙을 고백한다. 우리는 예수 그리스도를 구주로 모시고, 은혜의 성약 (聖約 covenant) 속에 살면서, 다가오는 하나님 나라의 첫 열매에 참여하며, 그것이 하늘에서 이루어짐과 같이 땅에서도 온전히 이루어지기를 소망 중에 기도한다.

우리의 교리적 유산과 현재의 신학적 과제는, 계속되는 인류 생존의 여러 가지 위기 속에서 하나님의 통치권과 그리스도 안에 나타난 그의 사랑을 재확인하는 데 그 초점을 두고 있다.

우리 믿음의 선조들은, 사도들의 증언에 담겨 있는 초대 기독교의 메시지를 자기들이 처한 정황에 새로 적용하기까지 하면서 이를 재천명하였다.

그들의 설교와 가르침은 성경에 근거를 두고 있었으며, 기독교의 전통에 통달하고 있었으며, 경험을 통하여 활기를 띠었으며, 이성에 의하여 검증되었다.

그들의 노고는 구원의 복음을 세상에 알리려는 우리의 노력에 그 필요성과 열망과 함께 영감을 주고 지식을 제공하여 준다.

---
1. 사법위원회는 1972년에 제3편의 ¶104를 제외한 모든 절들은 "입법상의 규정이며 헌법의 일부 또는 '제한 규정'의 규제를 받는 조항들이 아니다."라고 판정하였다 (사법위원회 판정 358 참조).

¶102

그리스도인으로서의 우리의 공통적인 유산

연합감리교회 교인들은, 모든 국가와 모든 시대에 걸쳐 크리스천들과 함께 공통된 유산을 공유하고 있다. 이 유산은, 예수 그리스도께서는 우리의 구세주이시며, 주님이시라고 하는 사도들의 신앙고백에 그 근거를 두고 있으며, 이는 또한 참된 모든 기독교의 가르침의 근원이 되며 척도가 되고 있다.

사도들의 증언에 관한 다양한 해석에 직면하면서, 초대교회 지도자들은 기독교의 가르침이 진실하다는 사실을 확실하게 하기 위하여, 기독교 신앙의 진수를 명백히 진술하려고 애썼다.

성서를 기독교의 경전으로 확정한 일과 니케아 (Nicaea) 신조와 칼케도니아 (Chalcedon) 신조 같은 범교회적인 고백서를 채택한 일들은 이러한 통일된 노력을 향한 가장 중요하였던 일들이 아닐 수 없다. 그러한 신조들은 교회의 증거가 신실함을 유지하게 하였으며, 수용할 수 있는 기독교 교리의 한계를 설정하여 주었으며, 영원한 기독교 복음의 기본적인 요소를 선포하게 하였다. 이러한 신앙고백서는 사도신경과 함께 우리의 가장 두드러진 공통된 유산의 한 측면을 잘 보여주고 있다.

또한 16세기와 17세기의 종교개혁자들은, 진정한 성서적 증거를 되찾으려는 뜻에서, 전통적인 기독교 교의를 재강조하는 새로운 신앙 고백서들을 만들어 내었다. 이 문서들은 성서의 우위성을 강조하였으며, 구원에 이르는 길, 크리스천의 생활 및 교회의 본질 등과 같은 문제에 관하여 그들의 본질적인 신앙 고백을 천명함으로써, 공식적인 교리적 기준들을 우리에게 제공하여 주고 있다.

개신교적인 특징을 가지고 있는 많은 가르침들이 영국교회의 '종교강령' (Articles of Religion) 및 개혁파 교회의 '하이델베르크 교리문답서' (Heidelberg Catechism) 등과 같은 교리문들을 통하여 연합감리교회에 전수되어 왔다.

여러 가지 교리문들을 신조, 신앙고백, 신앙강령 등의 형태로 많은 교회가 기독교 교의(敎義)의 기준으로 정식으로 채택하였다. 이들 공식적인 교리적 기준이 중요한 것임에는 틀림이 없으나, 결코 권위 있는 기독교의 가르침을 보여주고 있다고는 말할 수 없다.

그 기준들 자체가 처음에는 광범위한 기독교 사상과 실생활 과정에서 비롯되었으며, 그 중요성은 교회 학자들의 글을 통하여 잘 표명되어 있다. 그러나 어떤 글들은 단지 교회가 성숙되어 가는 과정에서의 하나의 지표로 남아 있을 뿐이다.

이와 반대로, 어떤 설교, 논문, 예배 의식, 찬송들은 기독교의 가르침을 충실하게 해설하여 주고 있다는 의미에서 교회에서 널리 계속 받아들여지고 있으며, 교회생활과 사상적인 측면에서 실질적으로 그 권위를 인정받고 있다. 그러나 교리적 기준의 기본적인 진실성은, 공식적으로 제정되었거나 전통적으로 받아들여졌건 간에, 성서에 근거한 사도들의 신앙에 대한 충실성 여부와 수세기를 통한 교회생활에서의 증명도로 그 타당성이 인정되어져 왔다.

기본적인 기독교의 증언

다른 공동체의 그리스도인들과 함께 우리는 성부, 성자, 성령이 되시는 삼위일체 하나님을 믿는다. 이 신앙고백은 창조 세계에서 활동하시는 하나님에 대한 성서의 증거를 포용하고 있으며, 역사의 흐름에 하나님께서 직접 개입하고 계신다는 사실도 망라하고 있으며, 하나님의 통치가 다 이루어질 것을 또한 갈망하고 있다.

창조질서는 모든 피조물의 안녕을 위하여, 또한 하나님과의 성약(聖約 covenant)관계 속에서 사는 인류의 거처를 위하여 설계되었다. 그러나 죄 지은 피조물로서 우리는 그 성약을 파기하였으며, 하나님을 떠나서 우리 자신들뿐만 아니라 우리 서로에게 상처를 입혔으며, 자연의 질서를 황폐하게 만들었다. 우리는 구원받을 필요가 있다.

우리는 모든 그리스도인들과 함께 예수 그리스도를 통한, 그리고 그분 안에서 이루어지는 구원의 신비를 믿는다. 구원의 복음 한가운데에는 나사렛 예수로 성육신하신 하나님께서 계신다. 성경은 예수님의 생애와 가르침 속에 나타나신 하나님의 구원의 사랑과, 예수의 구속의 죽으심과, 그의 부활과, 역사를 주관하시는 그의 임재와, 악과 죄의 권세를 누르신 그의 승리와, 약속하신 그의 재림을 증언하고 있다. 우리가 자의로 지은 죄에도 불구하고 하나님께서는 우리를 진정으로 사랑하고 계시기 때문에, 그는 우리를 심판하시고 회개하도록 부르시며, 우리를 용서하여 주시며, 예수 그리스도를 통하여 우리에게 주신 은혜로써 우리를 영접하여 주시며, 영생의 소망을 우리에게 주신다.

하나님의 구속의 사랑은 개인적인 경험 및 신앙 공동체 속에서 활동하시는 성령으로 말미암아 인간의 생활 가운데서 이루어진다는 기독교 신앙에 우리는 동참한다. 이 공동체는 교회이며 또한 성령께서 열방들을 치유하시기 위하여 만드신 모임이다.

예수 그리스도를 믿음으로써 우리는 죄를 용서받아 하나님과 화해하며 새 성약(聖約 covenant)의 백성으로 바뀌게 된다.

"성령의 삶"이란 기도와 금식과 성례전에의 참여와, 고독 속에서의 내적 탐구 등의 은혜의 방편을 부지런히 사용하는 삶을 말하며, 또한 예배와 설교와 전도와 봉사와 사회문제에 대한 증거를 통한 교회생활을 의미하기도 한다.

예배와 말씀의 선포와 봉사를 통하여 그리스도에게 우리 자신을 순응시킬 때 우리는 그리스도의 보편 교회의 일부가 됨을 안다. 우리는 세례를 통하여 이 믿음의 공동체에 가입하여 그 일부가 되며, 우리를 다시 창조하시고 변화시키시는 성령의 약속을 받게 된다. 성만찬 예식에 정기적으로 참례함으로써 우리는 부활하신 예수 그리스도와 하나가 되어 충성된 제자가 되기 위한 양식을 공급받게 된다.

우리는 하나님의 영역과 통치가 이 세상에 임하도록 이를 위하여 기도하고 일하며, 죽음과 악의 권세를 이기는 영생의 약속을 기쁨으로 받아들인다.

다른 그리스도인들과 함께 우리는 하나님의 통치가 현재에서 뿐만 아니라 미래에도 이루어질 실상임을 확신한다. 교회는 하나님의 통치의 첫 징표가 나타난 바로 그 장소요, 세상도 알고 있는 곳이다. 그리스도 안에서 사람들이 새로운 피조물이 되는 곳마다, 또 복음의 말씀이 세상 삶에 영향을 줄 때마다, 하나님의 통치는 이미 그 치유하고 새롭게 하는 능력 속에서 활동하고 계신다.

우리는 또한 하나님의 역사가 다 이루어지는 세상의 끝날을 기다린다. 이러한 기다림은 개인이나 교회로서의 우리의 현 활동에 소망을 준다. 이러한 기대는 우리를 체념에서 건져 주며, 우리의 계속적인 증거와 봉사 활동에 새로운 동기를 제공하여 준다.

우리는 많은 기독교 공동체와 함께 신앙의 문제에 있어 성서의 권위를 인정하며, 믿음으로 말미암아 은혜로써 의로워진 죄인임을 고백하며, 교회는 계속 개혁되어져야 하고 새로워져야 할 필요가 있다는 엄연한 사실을 고백한다.

우리는 세례받은 모든 크리스쳔의 일반 사역활동을 확인하며, 그들이 교회를 세우고 세상을 위하여 선교 및 봉사 활동을 하여야 할 책임이 있다는 사실을 확인한다.

다른 그리스도인들과 함께 우리는 교회가 그리스도 예수 안에서 본질적으로 하나임을 선포한다. 공통적인 기독교 신앙의 풍성한 유산은 우리의 찬송가와 예배 의식 속에 잘 나타나 있다.

우리가 하나인 것은 오직 하나의 거룩한 사도적 공회를 고백하는 전통적인 우리의 신경에 천명되어 있다. 그것은 또한 여러 가지 형태의 교회연합사역을 통하여 잘 나타나고 있다.

이렇게 공유하고 있는 기독교 유산의 같은 뿌리에서 양분을 흡수하여 여러 갈래로 자라난 그리스도의 교회는 다양한 전통을 수립하여 우리의 유산을 더 풍성하게 만들어 주고 있다. 연합감리교회 교인으로서 교회연합사역에 헌신하고 있는 우리는 우리 자신들의 교리적 강조점을 한데 모아 묶음으로써 전체 교회를 풍요하게 만드는 데 이바지하고 있다.

만일 우리가 공통적인 기독교의 보고(寶庫)에 우리 최선의 선물을 제공하여야 한다면, 우리는 한 교회로서 우리 자신들을 면밀히 이해하는 일에 게을리 하여서는 안 될 것이다. 우리 특유의 유산을 정리하여 나열하여 보는 일은 교회연합사역에 참여하는 크리스천으로서 마땅히 하여야 할 일이다.

연합감리교인으로서의 우리의 독특한 유산

웨슬리 신학 전통의 저변에 흐르고 있는 원동력은 실천적 경건성 (practical divinity), 곧 진정한 기독교를 신앙인들이 실생활에서 실천하는 데 그 강조점을 두고 있다.

감리교회는 원래 어떤 교리적 논쟁으로 인하여 생긴 교단이 아니다. 물론 이것은 신학적인 논란이 전혀 없었다는 말이 아니다. 초대 감리교인들은 '종교강령' (Articles of Religion), '강론들' (Homilies) 및 <공중기도서> (The Book of Common Prayer)에 담긴 영국교회의 성서적 교리를 선포한다고 주장하였다.

그들의 과제는 교리를 다시 공식적으로 표명하는 일이 아니었다. 그것은 오히려 사람들로 하여금 의롭게 하시고 성화시키시는 하나님의 은혜를 몸소 체험하게 하고, 개인 및 단체적인 크리스천의 생활훈련을 통하여 하나님에 대한 지식과 사랑 가운데 날로 자라도록 격려하는 일들이었다.

웨슬리운동과 연합형제회 및 복음주의전도회의 추진 목표는 "국가, 특히 교회를 개혁하고 성서적인 성결을 온 땅에 전파하는 일"이었다.

웨슬리의 실천생활에 대한 관심사는 그가 늘 "성서적인 구원의 방편"에 초점을 둔 사실로 잘 입증되고 있다. 그는 교리적인 문제는 주로 그리스도인의 제자직과 관련이 있을 때 그 의미가 있다고 생각하였다.

그리스도인의 삶, 곧 믿음과 사랑을 실생활에서 실천하는

¶102

일에 대한 웨슬리의 강조점이 바로 지금 연합감리교회가 수용하고 있는 저들 전통의 근간을 이루고 있다. 웨슬리 신학 전통의 독특한 형태는 창조하시며 구속하시며 성화시키시는 하나님의 역사를 강조하는 교리의 집합체(constellation of doctrinal emphases)에서 찾아볼 수 있다.

특이한 웨슬리 신학의 강조점들

비록 웨슬리는 많은 다른 크리스천과 함께 은혜(grace), 칭의(稱義 justification), 확신(assurance) 및 성화(聖化 sanctification)를 믿고 있었으나, 그는 남달리 이들을 한데 묶어 이들이 크리스천의 생활에 있어 강조하지 않을 수 없는 하나의 커다란 힘임을 보여주고 있다. 복음주의연합형제교회 전통도 특히 필립 윌리엄 오터바인의 개혁파 교회 배경에서 잘 표현되어 있듯이, 이와 비슷한 특이점을 강조하고 있다.

은혜는 우리 크리스천의 신앙과 생활 전면에 깔려 있다. 은혜란 늘 함께 하시는 성령을 통하여, 받을 자격도 없고 공로도 없는 인간에게 베푸시는 하나님의 사랑의 행위를 뜻한다. 하나님의 은혜는 어떻게 구분되어 있지는 않지만, "선행적 은혜"(prevenient grace)로서 구원에 앞서 우리에게 주어지며, "칭의의 은혜"(justifying grace)로 계속 되다가 "성화의 은혜"(sanctifying grace)로 그 완성을 보게 된다.

비록 고통과 폭행과 악이 이 세상에 가득 차 있을지라도, 우리는 하나님의 은혜가 모든 창조물에 나타나 있음을 강조한다. 창조의 선함은 인간에게서 완성되었으며, 이 인간은 하나님과의 성약의 동역자로 부르심을 받고 있다. 하나님께서는 우리에게 존엄과 자유를 주셔서 우리의 삶뿐만 아니라 세상의 삶에 대하여도 책임을 질 것을 당부하셨다.

예수 그리스도를 통하여 나타나신 하나님의 자기 계시 속에서 우리는 진정한 인간의 위대성을 본다. 모든 창조물을 결과적으로 파괴할 수 있는 우리의 죄까지도 우리를 향하신 하나님의 뜻, 곧 성결과 마음의 평화를 변경시키지 못한다. 이뿐만 아니라 우리가 져야할 우리 생활방식에 대한 책임도 감소시키지 못한다.

우리의 깨진 관계에도 불구하고, 우리는 의롭고 은혜로우신 하나님께서 창조하신 피조물 그대로 존재한다. 우리 삶 안에 있는 하나님의 형상을 다시 회복시키기 위하여서는, 우리의 타락된 인간성(fallen nature)을 새롭게 하시는 하나님의 은혜가 필요하다.

선행적 은혜 (Prevenient Grace)—우리는 하나님의 선행적 은혜, 곧 모든 인간을 감싸 주고 있으며 우리의 모든 의도적인 욕구에 선행하는 하나님의 사랑을 확실히 인정한다. 이 은혜는 하나님을 기쁘시게 하려는 우리의 소망을 처음으로 가능하게 하며, 하나님의 뜻을 어렴풋이나마 처음으로 이해하게 하며, 우리가 하나님께 죄를 지었다는, 우리의 "잠깐 스쳐 지나가버린 처음 확신"을 불러일으킨다.

하나님의 은혜는 또한 죄와 죽음에서 구원받으려는 진지한 욕망을 우리 마음에 일깨워 주며, 우리로 하여금 회개와 믿음을 향하여 나아가게 만든다.

칭의와 확신 (Justification and Assurance)—받아 주시고 용서하여 주시는 사랑으로 하나님께서는 회개하는 이들에게 의롭다 여기시는 은혜를 베풀어 주심을 우리는 믿는다. 웨슬리 신학은 은혜와 성령의 인도하심에 자극받아 인간의 마음 속에 결정적인 변화가 올 수 있으며 또 온다고 강조한다.

의롭다 여기심을 받음으로써 우리는 믿음을 통하여 죄 사함을 받으며 하나님의 가납하심을 다시 얻게 된다. 그리스도를 통하여 이루어지는 이 하나님과의 바른 관계의 수립은, 우리가 거듭난 삶을 경험할 때, 우리의 믿음과 신뢰를 불러일으켜 주며, 이로 인하여 우리는 또한 그리스도 안에서 새로운 피조물이 된다.

이 칭의와 신생의 과정을 때로는 회심이라고 일컫는다. 그러한 변화는 극적으로 갑자기 일어날 수도 있고 점차적으로 누적되어 가며 일어날 수도 있다. 그것은 새 출발의 기점이 될 수 있으나, 아직 지속적인 과정의 한 부분에 지나지 않는다. 개인적인 회심이라고 하는 그리스도인의 체험은 항상 사랑의 역사(役事)라는 믿음으로 표현된다.

우리 웨슬리 신학은 또한, "성령께서 친히 우리의 영으로 더불어 우리가 하나님의 자녀인 것을 증언하시는" 바와 같이, 우리도 지금 구원의 확신을 얻을 수 있다는 성경의 약속을 포용하고 있다.

성화와 완전무결함 (Sanctification and Perfection)—우리를 받아 주시고 우리 죄를 사하여 주시는 하나님의 놀라운 역사는 그의 구속하시는 사업으로 끝나는 것이 아니라, 우리가 은혜 가운데 날로 자라도록 계속되고 있다. 성령의 능력으로 우리는 하나님께 대한 지식과 사랑이 날로 더하여 가며 이웃에 대한 사랑도 더욱 깊어 간다.

신생은 성화되어 가는 과정에 있어 첫 단계가 된다. 성화하게 하시는 은혜는 그리스도인들로 하여금 완전무결하게 되는 은사를 받도록 하신다. 이 크리스천의 완전무결함이란 웨슬리가 말한 대로, "습관적으로 하나님과 이웃에 대한 사랑으로 가득 찬" 마음의 상태를 말하며, "크리스천의 마음을 가지고 그의 길을 같이 걸어가는" 삶을 말한다.

이 하나님의 능력과 사랑의 은사, 곧 신앙인들이 바라는 소망과 기대는 우리의 노력으로 보장되는 것도 우리의 연약함으로 제약받는 것도 아니다.

믿음과 선행 (faith and good works)—우리는 하나님의 은혜와 인간의 행위가 믿음과 선행 간의 관계에 있어 서로 작용하는 것을 보고 있다. 하나님의 은혜가 인간의 응답과 훈련을 불러일으키는 것이다.

믿음이 구원을 위한 단 하나의 본질적인 응답이다. 그러나 '총칙'(General Rules)은 구원이란 선행으로 증명이 된다는 것을 우리에게 상기시켜 주고 있다. 웨슬리는 회심마저도 "회개의 합당한 열매" 또는 경건과 자선 행위를 동반하지 않고는 이루어질 수 없다고 보았다.

믿음과 선행은 둘 다 모든 것을 망라하는 은혜의 신학에서 이해가 된다. 그것들은 "성령으로 우리 가슴속에 부어넣어 주신" 하나님의 은혜로우신 사랑에서 생겨나기 때문이다.

선교와 봉사 (mission and service)—우리는 개인의 구원이란 항상 세상을 향한 선교와 봉사를 포함하고 있다고 주장한다. 가슴과 손을 합함으로써 우리는 개인적인 경건, 복음의 증거, 크리스천의 사회참여는 서로 보완하며 서로 협력하는 관계에 있다고 주장한다.

성서적 성결은 개인적인 경건생활 이상의 것을 요구한다. 하나님께 대한 사랑은 늘 이웃에 대한 사랑과 연결되어 있으며, 세상을 의로운 삶으로 바꾸고 개조하여 나가겠다는 의지와 정열을 수반한다.

'총칙'은 웨슬리 전통에서 이해하는 바, 크리스천의 생활과 사상 사이의 본질적인 관계에 관하여 하나의 전통적인 표현을 대표하고 있다. 신학은 경건성의 시녀이며, 이 경건성은 다시 사회를 위하는 양심 및 사회참여와 세계적인 상호활동을 위한 기동력의 근원이 된다. 그것은 따라서 늘 능력을 주시는 하나님의 통치라는 범위 안에서 이루어진다.

교회의 양육과 선교 (and mission of the church)—마지막으로 우리는 교회라는 믿음의 공동체가 지닌 양육과 봉사의 기능을 강조하지 않을 수 없다. 개인의 신앙체험은 예배하는 공동체에 의하여 양육되어 간다.

웨슬리에게 있어서는 종교란 사회적인 종교만이 있으며, 성결이란 사회적인 성결만이 있을 뿐이다. 웨슬리 전통에 의하면, 믿음의 공동체는 개인적인 성장을 도모할 뿐만 아니라 세상을 위한 선교와 봉사를 위하여 우리를 무장시키고 동원시키는 역할도 하고 있다.

대외적인 교회의 선교활동은 성령의 역사로 비롯된다. 연합감리교인으로서 우리는 그 역사에 서로 책임을 지는 연대적인 교회 조직을 통하여 응답하게 된다. 이 연대적인 유대 관계는 우리가 세상에 나가 증언할 때 우리를 믿음과 봉사의 줄로 묶어주며, 능력을 주는 믿음을 사랑 안에서 활발히 움직이게 하며, 세상의 평화와 정의의 실현을 위한 열망을 한층 더하게 한다.

그리스도인의 삶에 있어서의 교리와 훈련

웨슬리의 전승 가운데 기독교의 교리와 그리스도인의 생활이 밀접하게 연관되어 있다는 주제보다 더 확실한 주제는 없을 것이다. 감리교인들은 존 웨슬리의 <연합신도회의 성격, 기획 및 총칙>(Nature, Design, and General Rules of the United Societies, 1743)에 잘 나타난 바와 같이, 은혜의 방편을 통하여 믿음과 행위의 일치를 유지하도록 늘 엄격히 당부받고 있다. 믿음과 사랑의 봉사 활동과의 밀착이 곧 웨슬리적인 영성훈련과 그리스도인의 제자직의 근간을 이루고 있다.

'총칙'은 원래 감리교 전도회에 속하면서 영국교회의 성례전에 참례하는 신도회 회원들을 위하여 만들어졌으며, 이 모임의 회원이 되는 조건은 아주 간단하였다. 곧, "다가오는 진노를 피하고 본인들의 죄에서 구원받으려는 열망"뿐이었다.

그러나 웨슬리는 복음적인 신앙은 복음적인 실생활에서 나타나야 한다고 주장하였다. 그는 이런 주장을 세 부분으로 된 '총칙'의 신조에서 구체적으로 다음과 같이 설명하고 있다. 곧,

"그러므로 이 신도회에 계속 머물러 있고자 하는 사람은 누구나 구원받고자 하는 열망을 다음과 같은 일을 함으로써 계속 증언하여야 한다,

"첫째로, 남을 해하지 말며, 모든 종류의 악을 피함으로써…;

"둘째로, 가능한 모든 종류의 선행을 가능한 한 모든 사람에게 행함으로써…;

"셋째로, 하나님께서 명하시는 예식에 참례함으로써"(¶103 참조).

이 세 가지 규칙에 대하여 웨슬리가 구체적으로 나열한 사례들은 그리스도인의 양심이 어떻게 일반적인 원칙에서

구체적인 행동으로 옮겨지는가를 잘 나타내 주고 있다. 이들의 명확한 결합이 도덕적 행위의 영적인 원천을 두드러지게 드러내 놓고 있다.

웨슬리는 이런 규칙에 지나치게 의존하는 것을 또한 부정하였다. 훈련 수칙은 교회법이 아니라 제자의 도리에 이르는 한 방편이었다. 웨슬리는 참 종교란 "그리스도 예수 안에 계신 하나님을 아는 지식"이요, "하나님 안에서 그리스도와 함께 감추어진 삶"이며, "참 믿는 이들이 갈망하는 칭의"라고 주장하였다.

'총칙'과 '사회생활 원칙' (Soicial Principles)

이러한 복음적인 전제하에, 온 세대에 걸쳐, 감리교인들은 사회에 대하여 그들의 도덕적 및 정신적인 책임을 다하려고 하였다. 교회와 윤리 사이의 연관성을 강조함으로써 '총칙'은 일찍이 감리교인의 사회의식을 드러내주기 시작하였다.

'사회생활 원칙'(¶¶160-166)은 사회, 경제 및 정치적 문제에 대하여 기독교인의 의의를 실현하려는 우리의 신념을 공식적으로 잘 요약하여 주고 있다. 밀수, 비인간적인 형무소 상태, 노예제도, 음주로 인한 추태, 또한 미성년자 노동 고용과 같은 죄악들을 우리가 역사적으로 반대하여 온 이유는, 인간의 불의함과 낭비로 인한 손실에 대하여 하나님께서 진노하신다는 것을 우리는 역력히 보아 왔기 때문이다.

인간의 존엄성과 사회개혁을 위한 우리의 투쟁은 하늘 나라에 비추어 본 사랑과 자비와 정의를 요구하시는 하나님에 대한 우리의 응답에 그 근거를 두고 있다. 우리는 사회에 대한 관심이 결여한 '개인적인 복음'(personal gospel)을 배격하며, 죄인들의 개인적인 변화를 포함하지 않은 '사회적인 복음'도 또한 부정한다.

하늘 나라의 기쁜 소식은, 우리 시대의, 죄에 빠진 사회구조를 심판하고 구속하고 개혁하여야 한다라고 하는 것이 우리의 신념이다.

'사회생활 원칙'과 '총칙'은 개인들의 경험과 교회생활 가운데서 지켜져야 할 훈련 수칙을 우리에게 전하여 주고 있다. 그런 수칙은 믿음의 공동체를 받드는 이들이 그 공동체에 책임을 져야 할 것을 기대하고 있다.

책임지지 않는 도움은 도덕적인 타락을 조장시키며, 도움 없는 책임만의 강요는 하나의 잔인한 형태에 지나지 않는다.

처벌을 성급히 하는 교회는 하나님의 자비를 받아들이지 않는 것이며, 개인 및 사회적 문제에 대하여 단호한 행동을 취할 용기가 없는 교회는 도덕적인 권위를 상실하고 만다. 교회는 하나의 공동체로서 훈련을 쌓아가며, 이 공동체를 통하여 하나님께서는 계속 "세상을 자기와 화목하게" 하신다.

결론

연합감리교회 신도들의 이러한 독특한 강조점들은 '실천적 경건성'(practical divinity, 곧 예수 그리스도의 복음이 크리스천들의 생활 속에서 실질적으로 실현되고 있는 것)의 근거를 제공하여 주고 있다. 이러한 강조점들은 어떤 공식적인 교리적 선언을 통하여 유지되어 왔다기보다도, 생동하는 신앙 운동과 실천을 통하여 유지되어 왔다고 봄이 더 타당할 것이다. 이는 변화된 개인생활과 훈련된 교회생활에서 보듯이 잘 입증되어져 있다.

연합감리교인에게는 교리를 공식적으로 체계화하는 일보다도, 사람들에게 믿음을 갖도록 하며, 그들을 하나님에 대한 지식과 사랑 가운데서 양육하는 일이 더 시급하였다. 우리의 과거를 알려 주는 웨슬리의 교리적 핵심은 바로 우리 그리스도인들이 공유하고 있는 공통적인 유산이며, 그것은 또한 우리가 계속 추구하는 신학적 과제에 있어 중요한 위치를 차지하고 있다.

¶103. 제2절 우리의 교리사

현재 연합감리교회로 통합한 우리교회의 전통들을 이루어 놓은 선구자들은, 자신들이 기독교 영성과 교리의 주류에 서 있다고 자인하였으며, 진정한 기독교 전통의 충성된 계승자로 생각하였다. 존 웨슬리의 말처럼, 그들의 종교는 "옛 종교, 성서적 종교, 가장 순수한 시대에 있어서의 온 교회의 종교"였다. 그들의 복음은 예수 그리스도에게 나타나신 하나님의 희생적 사랑에 대한 성서적 메시지에 근거하고 있었다.

"성서적인 구원의 길"이란 말로 웨슬리는 영적 순례의 길을 표현하였으며, 이 말은 또한 체험에 근거한 기독교를 위한 그들의 모형을 제공하여 주고 있다. 그들은 근본적인 기독교 진리는 진실하다는 것을 주장하였으며, 이를 모든 신자들이 실생활에 적용할 것을 강조하였다.

이러한 강조점이 웨슬리가 알고 있는 "포괄적인 정신"(catholic spirit)에 잘 나타나 있다. 연합감리교인들은 복음에 근거를 두고 그들의 경험을 통하여 실증된 몇 가지 종교적 신조를

¶103

철저히 믿고 있으면서도, 모든 크리스천들이 예배의 형식, 교회 조직 구조, 세례 주는 방법 또는 신학적인 탐색에 있어 서로 다른 의견을 가질 수 있는 권리가 있음을 또한 인정한다. 그들은 이러한 차이점들이 예수 그리스도 안에서 묶여진 그리스도인들의 유대 관계를 깨뜨리지 못한다고 믿고 있다. 웨슬리의 유명한 말처럼, "기독교의 근본을 건드리지 않는 이상 우리는 아무런 의견을 가져도 상관없다."

그러나 그들은 종교적 관용과 신학적 다양성의 원칙을 철저히 지키고는 있었지만, 이와 동시에 우리는 기독교 진리의 "골수"를 찾아내야 하며, 이를 또한 굳게 고수해야 한다고 믿었다. 그들이 믿은 바와 같이, 이 살아 있는 핵심이 성경 안에 계시되어 있으며, 전통을 통하여 밝혀지며, 개인 또는 신도회의 체험을 통하여 생기를 얻으며, 이성에 의하여 그 타당성이 인정된다. 그들은 물론, 하나님의 영원한 말씀은 단순히 어떤 말로써 충분히 표현된 적도 없으며, 또한 될 수도 없다는 사실을 잘 알고 있었다.

그들은 옛 신조와 신앙고백들이 기독교 진리를 명확히 요약한 것들이라고 재천명하였으며, 이를 당연한 일로 여겼다. 그러나 그들은 이런 것들을 교리의 진위를 가리는 절대적인 척도로 간주하지 않으려고 노력하였다.

생동하는 종교의 본질 이외의 것에 관한 한, 연합감리교인들은 신앙인의 양심에서 우러나오는 여러 가지 다른 의견들을 존중한다. 웨슬리는 다음과 같이 아주 적절한 입장을 취하고 있었다. 곧, "본질적인 것에는 일치를, 비본질적인 것에는 자유를, 모든 것에는 자비를."

자비의 정신은 인간의 지식에 한계성이 있다는 것을 늘 염두에 두고 있다. 웨슬리는 "많은 일에 무지하고 어떤 일에 더러 오류를 범하는 일은 필연적인 인간 상태"라고 파악하였다. 종교에 있어 결정적으로 중요한 것은 구속하고 성화시키는 성령의 역사에 힘입어 하나님과 이웃을 끊임없이 사랑하는 일이다.

영국에서의 웨슬리적인 '기준'

이러한 정신으로 영국 감리교인들은 웨슬리 형제의 지도 아래 자기들의 신학을 신앙고백적인 교리로 축소하지 아니하였다. "Methodism"이란 영국교회 내의 하나의 종교운동에 지나지 않았으며, 존 웨슬리는 늘 자기는 영국교회의 '삼십구개 강령'(Thirty-Nine Articles)과 '강론들'(Homilies)과 <공중기도서>(Book of Common Prayer)에 담겨 있는 성서적 교리를 가르칠 뿐이라고 말하였다. 그에게 있어서는 물론 성경이 모든 교리적인 문제에 있어 궁극적인 권위를 지니고 있는 근원이었다.

그 운동이 점차 확대됨에 따라 웨슬리는 그의 추종자들에게 교리를 가르쳐 주기 위하여 설교와 성경 주석을 출판하였다. 그의 <설교집>(Sermons on Several Occasions, 1746-60)은 그가 말한 바와 같이, "참된 종교의 본질이라고 내가 생각하고 가르치는" 교리들을 설명하여 주고 있다. 그는 1755년에 <신약성서 강해>(Explanatory Notes Upon the New Testament)를 출판하여 감리교인들을 위한 성서 해석 및 교리 해석의 지침서로 삼았다.

감리교도들이 설교할 때 가끔 논쟁이 자주 일어나기에 이를 해결하기 위한 기준을 만들어 줄 필요가 생기게 되었다. 그래서 웨슬리는 1763년에 '모범 등기증서'(Model Deed)를 만들어 부동산을 소유하고 있는 감리교도들에게 배포하였다. 여기서 그는 모든 집회소 건물의 이사들은 전도자들이 강단에서 "웨슬리의 <신약성서 강해>와 4권의 <설교집>에 포함되어 있는 교리 이외의 교리를 가르치지 못하도록" 규약을 정하였다.

이 문서들은 그 당시 감리교도들이 가르치고 있던 기준적인 해석을 담고 있다. 그뿐만 아니라 이들은 또한 감리교회에서 전통적으로 행하던 설교의 기준과 본을 보여주기도 한다. 웨슬리가 저술한 책들의 밑에 깔려 있는 기본적인 모형은 역사적 전통과 생동하는 신앙으로 비추어진 성서였다. 웨슬리는 영국 감리교도들을 위하여 성서의 계시를 요약하여 주지 아니하였는데, 이는 그들이 이미 영국교회의 '삼십구개 강령'을 가지고 있었기 때문이다.

웨슬리 형제들은 또한 교리와 신앙체험이 풍부하게 담긴 찬송들을 많이 작곡하였다. 찬송들, 특히 찰스 웨슬리가 작곡한 찬송들은 감리교회에서 가장 좋아하는 찬송일 뿐만 아니라, 교리를 가르치기에도 또한 충분한 자료들을 제공해 주고 있다.

더욱이 존 웨슬리는 '총칙'과 같은 행동 규범과 규칙을 만들어 그가 제창한 실천적 경건성을 개인 또는 공동생활에서 실천하도록 하였다.

이 문서들 이외에 웨슬리는 감리교 전도자들을 가르치고 감독하기 위하여 의회를 조직하였다. 그들이 감리교 운동의 교리와 장정을 충실히 지키도록 '회의록 (Minutes)'을 작성하기도 하였다. 이 '회의록'들과 조직들은 웨슬리가 이해하는 바, 교회와 그리스도인의 생활에 관하여 더 많은 것을 우리에게 설명하여 주고 있다.

¶103

미국 감리교회의 교리적 기준

미국 식민지가 영국의 통치를 받고 있는 이상, 감리교도들은 영국교회의 성례를 지키는 신앙 공동체 안에 계속 머물러 있을 수가 있었다. 초기 교회의 의회들은 영국 전도자들의 지도하에 웨슬리의 조직 원칙과 교리에 충실할 것을 다짐하였다. 이 의회들은 영국 및 미국 의회들의 '회의록'과 웨슬리의 <설교집>과 <신약성서 강해>가 그들의 기본 교리와 장정에 이미 포함되어 있다고 규정하였다.

미국의 독립이 1783년에 정식으로 인정된 후, 웨슬리는 미국의 감리교도들은 종교뿐만 아니라 일반 시민생활에 있어서도 이제는 영국의 통치에서 자유롭게 됨을 인정하고, 그들이 독립된 교회를 설립하여야 할 것을 깨닫게 되었다. 그래서 웨슬리는 미국 감리교도들에게 하나의 예식서 <북미 감리교인 주일 예배서> (The Sunday Service of the Methodists in North America) 와 교리문('종교강령')을 만들어 주었다. <주일 예배서>는 영국교회의 <공중 기도서>를 웨슬리가 요약한 것이며, '종교강령'은 동 교회의 '삼십구개 강령'을 수정한 것이었다.

미국 감리교회의 전도자들은 1784년 12월에 볼티모어에 모여 새 감리교회를 창립할 때, <주일 예배서>와 '종교강령'도 함께 정식으로 채택하였다. 이 '크리스마스 총회'는 웨슬리가 만든 찬송가 책(1784)을 또한 받아들이고, 약간 수정한 '총칙'을 새 교회의 성격과 규율을 선포하는 문서로 채택하였다. 총회는 대부분의 시간을 영국교회의 '대회의록'(Large Minutes)을 미국교회에 맞게 개작하는 데 소비하였다. 그후 계속 출판된 수정판이 곧 <미국 감리교회 교리와 장정>(Doctrines and Discipline of the Methodist Episcopal Church, 현 <장정>)으로 지금 우리에게 전하여져 내려오고 있다.

'운동'에서 '교회'로의 변화는 미국 감리교회 내에서 교리적 기준의 기능을 변화시켰다. 이제 '종교강령'은 하나의 운동에 필요하였던, 전도를 위한 교리적 강조점을 제공하여 주기보다는, 영국교회의 전통을 따라, 교회 내에서의 기독교의 근본적인 신앙적 규범을 요약하여 주었다.

처음 단행본으로 출판된 '종교강령'의 서문에 다음과 같은 글이 적혀 있다. "이것은 감리교도라고 불리는 사람들에게 가르칠 교리들이다. 일반적으로 사람들이 받아들이고 있는 교리 중에는 이 책에 수록된 강령에 위배되는 교리는 아무 것도 없을 것이다."

미국 감리교도들은 영국교회의 법을 따라 '종교강령'을

꼭 받아들여야 할 필요는 없었으나, 그들이 복음을 전할 때 이 범주 안에서 반드시 하여야 된다는 것만은 아직도 의무로 되어 있었다. 이것을 지키지 않는 사람은 재판을 받을 수 있는 위험을 감수하여야 하였다. 오랜 세월 동안 <교리와 장정>은 '종교강령'만을 새로 형성된 교회의 바른 교리적 기준으로 삼았다. 목사들이나 교인들은 "'종교강령'에 위배되는 교리를 전파할" 때 교회 재판에 회부되기도 하였다. 이러한 방법으로 교회는 당시 만연하여 있던 이단 사상들(쏘씨니안주의, 아리안주의, 펠라기안주의 등)에 대하여 정통 교리의 진실성을 보호할 수가 있었다 ('종교강령' 제Ⅰ, Ⅱ, Ⅸ조 참조).

그럼에도 불구하고 '종교강령'은 감리교의 고유한 복음 전파를 적절히 보장하여 주지는 못하였다. 그것은 그리스도인의 완전 무결함에 대한 확신 같은 웨슬리의 독특한 강조점들이 결여되어 있었기 때문이다. 그래서 웨슬리의 <설교집>과 <신약성서 강해>는 고유한 감리교적 복음 전파에 있어 기준이 되는 역할을 계속하여 왔다.

미감리교회의 헌법을 처음 제정하였던 1808년의 총회는 '종교강령'을 교회의 교리적 기준으로 확정지었다. 헌법의 '제한 규정' 제Ⅰ조는 '종교강령'을 취소, 삭제 혹은 변경하지 못하도록 규정하고 있으며, 따라서 "이미 제정되어 현존하는 우리의 교리적 기준에 위배되는 어떠한 새로운 교리의 기준이나 규정을 제정할 수 없다"고 명시하고 있다.

그때나 지금이나 웨슬리 전통에 있어서 <설교집>과 <신약성서 강해>는 감리교 교리를 설명하는 모형이 되고 있다. 이밖에 다른 문서들도 감리교의 가르침과 복음 전파를 하는 데 있어 미국 감리교회의 입장을 강력히 표현하는 도구로 쓰이어져 왔다. 세대에 따라 조금씩 다르기는 하나, 일반적으로 찬송가, 초교파적 신조 및 '총칙'이 가장 중요한 교리적 문서로 받아들여지고 있다. 특히 19세기 초엽에는 존 플렛쳐(John Fletcher)의 <도덕률 폐기론에 대한 반박>과 리처드 왓슨(Richard Watson)의 <신학교범>(Theological Institutes)이 추천된 교리적 기준의 문서들 속에 포함되어 있었다.

이러한 교리에 대한 강조성은 법에 의하여서가 아니라, 전통이 차지하는 비중으로 말미암아 계속 유지되어 왔다. 이것은 지금 미국 감리교회의 하나의 전통이 되어 여러 세대에 걸쳐 유효 적절히 사용되고 있다.

유럽의 신학 전통은 19세기 미국의 개척 지역에서 일어난 부흥운동에서는 점점 그 영향력이 감소되었다. 복음의 선포는 주로 "그리스도에 대한 구원의 신앙"이라고 하는 "크리스천들의 경험"에 그 초점을 맞추어 전파되었다. 감리교도들은 자유 의지, 유아 세례, 격식없는 예배 등을 강조하였기 때문에 오랜 동안 장로교인, 침례교인, 성공회 교인 등과 각각 논쟁을 계속하여 왔다.

공식적인 교리적 기준에 대한 감리교인들의 관심사는 전도, 양육 및 선교에 비하면 이차적인 것이었다. 웨슬리의 찬송가가 실제로는 복음의 교리적 진수를 전하고 유지하는 단 하나의 가장 중요한 방편이었다.

감리교 신학은 미국에서 19세기 말엽에 와서 점점 전통에 얽매이지 않게 되었으며 웨슬리 전통에 관심을 덜 보이게 되었다.

'종교강령'의 영향력은 여러 가지 변화를 겪게 되었다. 한때 첫째 번(제I조)의 '제한 규정'을 헌법 개정 과정에서 제외함으로써 교리적 기준을 변경할 수 없도록 하였다. 남감리교회에서는 입교 선서에서 '종교강령'을 언급하기도 하였다.

그러나 20세기 초엽에는 교리적 가르침에 대한 강조가 약화되어, 미국 감리교인들 사이에서 웨슬리의 신학적인 전통이 그 영향력을 상실하게 됨에 따라, '사회생활 원칙'에 있는 교리에 관한 문구들을 약간 수정하였는데, 그것은 중대한 수정이었으며, 이는 또한 교회의 헌법으로 보장된, 교리적 기준으로서의 '종교강령'의 위세를 약하게 만드는 결과를 가져오게 되었다.

같은 시기에 신학자들과 교회 지도자들은 동시대의 발전하는 지적인 흐름과 보조를 맞추어 복음을 표현할 수 있는 방도를 탐구하기 시작하였다. 이 지도자들은 또한 산업화와 도시화가 되어가는 문명 속에서 웨슬리 전통의 역사적 사회 관심사에 관하여 생각을 다시 하기 시작하였다. 그들은 조직적인 죄악의 실상을 우리에게 깊이 깨닫게 하였으며, 사회구원을 위한 복음의 약속을 선포하여야 할 긴박감을 갖게 하였다. 따라서 사회복음을 외치는 신학은 감리교 전통에서 비옥한 땅을 찾게 되었다.

새로운 신학사상이 지난 2세기 동안 친숙하였던 주제와 스타일과 서로 충돌함에 따라, 이 시기는 감리교회 내에서 신학적 및 윤리적 논쟁이 가장 심하였던 시기였다.

최근 수십 년 동안, 웨슬리 신학과 전통적인 기독교 사상을 재발견하는 데 많은 관심을 보이고 있다. 이러한 관심은 종교개혁 당시의 신학 및 실행 과정에 대한 관심이 유럽과 미국에서 다시 일어남으로써 비롯되었다. 현 세계에 있어서의 개신교의 역사적 유산을 새롭게 하자는 의지가 보이기도 한다. 이러한 경향은 특히 북미주에서 복음적 경건주의의 재강조로 말미암아 더욱 심하여졌다.

교회연합운동은 교회 일치에 대한 중요성을 강조하게 되었으며, 여러 교단의 풍요성과 다양성을 재인식하게 되었다. 새로운 신학의 흐름이 흑인들의 자유를 위한 투쟁, 여성들의 교회와 사회에서의 완전한 평등을 위한 운동, 그리고 전 세계 교회들의 해방과 토착화 신학을 위한 연구에 힘입어 발전하기 시작하였다.

진정한 복음과 우리 시대에 있어서의 참된 선교를 조리 있게 또 충성스럽게 이해하려고 하는 이 모든 다양하고 생생한 신학 운동을 제대로 분별하여 알아야 할 막중한 책임이 연합감리교인들에게 있는 것이다.

현 세계 정황 속에서 웨슬리 전통의 영역을 정하려는 과제는, 비록 이를 무시할 수는 없어도 교리의 기준을 다시 규정짓고 재천명하는 것 이상의 노력을 필요로 한다. 우리가 하여야 할 중요한 과제는 연합감리교회의 고유한 교리적 유산을 재생시키며 다시 찾는 일이다. 이 전통은 오늘날 전 교회의 삶과 선교활동을 위하여 당연히 우리가 찾아야 할 그리스도인들의 공동유산인 것이다.

복음주의교회와 연합형제교회의 교리적 전통

제이콥 올브라이트의 복음주의전도회와 필립 윌리엄 오터바인의 그리스도연합형제회가 보인 교리에 대한 관심은 대개 감리교회와 평행을 이루고 있다. 차이점이 있다면, 그것은 주로 독일과 네덜란드에서 전래된 교회 전통과 '하이델베르크 교리문답' (Heidelberg Catechism)의 수정된 깔뱅주의(Calvinism) 에서 오는 차이점 때문이었다.

독일어를 사용하는 미국 지역에서 올브라이트와 오터바인은 신학적인 사색보다도 전도사업을 더 중요시하였다. 비록 그들은 교리에 무관심하지는 아니하였지만, 회심, "확실히 보장된 믿음으로 말미암은 의인화 (義人化)," 크리스천의 양육, 말씀의 증거와 봉사에 있어서의 만인 사제직, 성화를 크리스천의 궁극적인 목표로 삼는 일 등을 더 강조하였다.

웨슬리와 마찬가지로 그들에게 있어 기독교의 주요한 원천과 규범은 성서였다. 오터바인은 "성경에 명시된 것 이외의 교리를 가르치지 않도록 조심하라."고 자기 추종자들에게 명하였다. 새 교인들은 누구나 "성서를 하나님의 말씀임을 고백"하여야만 했다. 안수받을 목사들도 성서의 절대적 권위를 무조건 받아들이도록 요구받았다.

¶103　　　　교리적 기준과 우리의 신학적 과제

　이러한 것들을 강조함과 더불어, 그들은 회심한 크리스천들은 성령의 힘으로 성경을 특별한 기독교적 의식을 가지고 읽게 된다고 확신하였다. 그들은 이러한 입장을 성서 해석의 기본 원칙으로 간주하였다.
　제이콥 올브라이트(Jacob Albright)는 1807년에 열린 총회에서 '종교강령'의 조항을 작성하도록 위임받았으나 그 과업을 완수하기 전에 죽었다.
　그후 조지 밀러(George Miller)가 그 일을 맡게 되었다. 그는 감리교 '종교강령'의 독일어 번역을 '최후의 심판에 관하여'라는 강령을 하나 더 첨가하여 채택할 것을 1809년 총회에 제안하였다. 그 제안은 곧 채택되었다. 이러한 결정은 감리교의 '종교강령'을 그들의 교리적 기준으로 삼으려는 의도적인 노력을 잘 나타내 주고 있다. 첨가된 강령은 '아우크스부르크 신앙고백서'(Augsburg Confession)에서 따온 것으로서 영국교회의 '강령'에는 빠져 있다.
　원래의 26개의 강령들을 1816년에는, 로마 카톨릭교회 교인들, 재침례교도 및 16세기 군소 종파 교도들에 대한 논쟁적인 강령들을 삭제함으로써 21개로 줄였다. 이러한 결정은 교파간의 논란이 심하던 시대에 화해 정신을 고취시키려고 한 하나의 노력이었다고 간주할 수 있겠다.
　그후 1839년에는 1816년에 채택된 문서에 약간의 수정을 가하였다. 곧 "'신앙강령'은 우리가 헌법으로도 변경할 수 없다"는 법을 정한 것이다.
　'신앙강령'을 고치자는 의견들이 1870년대에 나돌아 많은 논쟁을 일으켰으나, 1875년 총회에서 그러한 제안을 일축하여 버렸다.
　나중에 총회 결의로 21개 '신앙강령'을 여러 개 합쳐 원래의 내용을 하나도 삭제함 없이 19개로 줄였다.
　이 19개의 강령은 1946년에 복음주의연합형제교회로 통합될 때까지 그대로 보존되었다.
　그리스도연합형제회에서는 1813년에 오터바인의 동역자였던 크리스천 뉴코머(Christian Newcomer)와 크리스토퍼 그로쉬(Christopher Grosch)에 의하여 기본적인 교리의 개요가 공식적으로 만들어졌다. 그 첫 3개의 단락은 사도신경의 순서를 따르고 있다. 제4, 제5 단락은 성서의 우위성을 확인하고, "아담으로 말미암은 인간의 타락과 예수 그리스도를 통한 구원의 성서적 교리"를 재천명하고 있다. 여기에 한 단락을 첨가하여 "세례예식과 주님을 기념하는 일"을 천거하고 세족례를 임의로 할 수 있음을 허락하고 있다.

우리의 교리사 ¶103

그리스도연합형제회의 첫 총회(1815)는 이미 작성된 이 문서에 약간의 수정을 가하여 교단의 '신앙고백'으로 채택하였다. 1841년에 약간의 수정을 한 후, 이에 더 이상 수정을 할 수 없도록 법으로 정하였다. 곧 "지금 있는 그대로의 '신앙고백'을 수정하거나 없이하는 규칙이나 법을 제정할 수 없다"는 조항이다. 그럼에도 불구하고 수정을 가하려는 움직임은 계속 일어나고 있었다.

그래서 1885년에는 한 교회위원회를 구성하여 "장래 이 교회의 성장을 보장하고 세계 복음화 사업에 가장 능률적이라고 판단되는 교회 치리를 위한 하나의 신앙 형태 및 수정된 근본적인 규칙을 준비, 작성하도록" 하였다.

그 결과로 새로운 '신앙고백'과 헌법이 준비되어, 온 교인들에게 주어졌는데, 이는 연합형제교회 역사에 있어 '신앙고백'에 관하여 일반 교인에게 부쳐진 처음 투표로 1889년에 열린 총회에 제출되었다. 일반 교인들과 총회는 이 '고백서'를 절대 다수로 승인하였다. 따라서 이 문서는 다시 감독의 "선포"로 법으로 제정되었다. 그러나 이 결정은 소수 집단의 사람들이 1841년에 제정된 '제한 규정'에 위배된다고 이의를 제기함으로써 교단 분열의 원인이 되었으며, 마침내는 연합형제교회(구 헌법)를 갈라 만들게 하는 결과를 초래하게 되었다.

1889년의 '신앙고백'은 그 전의 어느 것보다도 포괄적인 고백서로서 타락, 칭의, 중생과 선택, 성화, 기독교의 안식일 및 미래에 되어질 일 등에 관한 강령들을 포함하고 있다. 성화에 관한 강령은 비록 간결하지만, 하이델베르크 교리문답의 신성에 관한 교리를 잘 반영시켜 주고 있다는 점에서 매우 의미가 깊다. 연합형제교회는 바로 1889년의 '고백서'를 가지고 1946년에 있었던 복음주의교회와의 통합에 임하였다.

복음주의연합형제교회의 '신앙고백'

통합함으로써 새로 형성된 복음주의연합형제교회의 <장정>(1946)은 복음주의교회의 '신앙강령'과 연합형제교회의 '신앙고백'을 둘 다 포함하고 있었다. 그후 12년이 지난 다음 통합된 교회의 총회는 감독부로 하여금 새로운 '신앙고백'을 작성하도록 지시하였다.

모두 16개 조항으로 된 이 새 '신앙고백'(Confession)은 이전 것들보다도 더 현대적인 것으로서 1962년에 열린 총회에 제출되어 아무 수정없이 통과되었다. 복음주의교회 강령인 "온전한

¶103

성화와 크리스천의 완전무결함"(Entire Sanctification and Christian Perfection)이 고백서에서 하나의 뚜렷한 강조점으로 나타나고 있다. 바로 이 '신앙고백'이 이전 두 교회의 '강령'과 '고백'을 대신하게 된 후계 문서로서, 1968년 판 연합감리교회 <장정>에 그대로 수록되어, 지금까지 보존되어 오고 있다.

연합감리교회의 교리적 기준

감리교회의 '종교강령'과 복음주의연합형제교회의 '신앙고백'에 대한 서문은 이 두 문서가 새로 형성된 교회의 교리적 기준으로 삼게 되었다는 것을 '연합감리교회 통합안'에서 설명하고 있다. 이 서문은 또한, 비록 '제한 규정'의 제 I 조가 공식적으로 정의된 적은 전연 없어도, 웨슬리의 <설교집>과 <신약성서 강해>는 이미 제정되어 현존하는 우리의 '교리적 기준'에 포함되어 있는 문서들로 간주한다고 명시하고 있다. 그러므로 '강령,' '고백,' 웨슬리의 '기준들'은 "똑같지는 않지만 교리적인 관점에 있어 서로 일치하며 상반되는 것이 없다."고 계속 서술하고 있다. 이 해석이 그후 사법위원회의 판정에 의하여 인정받게 되었다.[2]

연합감리교회의 헌법은 그 '제한 규정'(¶¶17-22)에서 '종교강령'과 '신앙고백'을 모두 취소, 삭제 혹은 변경할 수 없는 교리적 기준으로 간주, 이들을 수호하고 있다. 따라서 "새로운 교리의 기준이나 규정"을 만드는 일은 계속 제한되어 있어, 현존하는 기준에 "위배되지" 않는다는 선언을 필요로 하거나 헌법을 수정하여야 할 어려운 과정을 통하여야 하므로 실현될 가능성은 없다

연합감리교회는 진정한 갱신과 풍성한 전도 활동과 교회 연합을 위한 대화를 위하여 교리를 재활성화하여야 할 필요가 있다. 이런 점에 비추어 볼 때, 우리의 독특한 교리적 유산, 곧 포용적이고 복음적이며 개혁적인 특징을 계속 찾아내고 현실화하는 작업은 필수적인 일이다.

이러한 일은 우리의 전통을 다시 찾아 가질 (repossession)뿐만 아니라, 우리 교회 안팎에서 신학적인 탐구를 촉진하여 (promotion of theological inquirry) 나가야 할 과제를 우리에게 안겨 주고 있다. 모든 교인은 이 과업에 참여하여 교리적인 이해를 도모함과 동시에, 우리가 바라는 교회를 위하여 우리의 유산을 찾아 그것을 재형성하는 일에 이바지하여야 할 것이다 (to claim our legacy and to shape that legacy).

---
2. 사법위원회 판정 358.

¶104. 제3절 우리의 교리적 기준과 총칙

감리교회의 '종교강령'[3]

[참고문헌 주: 여기에 실린 '종교강령'은 '제한 규정'이 발효된 1808년 판 <장정>에 수록된 것을 웨슬리의 <북미감리교인 주일 예배서>(1784년 판)에 있는 원문과 대조하여 수록한 것이다. 여기에 두 개의 강령, 곧 '성화에 관하여'와 '국가에 대한 기독교인의 의무에 관하여'를 본 '사회생활 원칙'에 첨가하였는데, 이는 법으로 제정될 수 있는 성질의 것으로서, 헌법에 의하여 보호받는 원 문건의 일부는 아니다 (사법위원회 판정 41, 176 참조).]

제I조 성 삼위일체에 대한 신앙에 관하여

영생하시고 진실하신 하나님 한 분만 계시니, 그는 영원 무궁하시고 무형 무상하시며, 권능과 지혜와 선하심이 한이 없으시며, 유형무형한 만물을 한결같이 창조하시고 보존하시는 분이시다. 일체이신 이 하나님 안에 실체와 권능과 영원함에 있어 동등하신 삼위가 계시니, 곧 성부와 성자와 성령이시다.

제II조 말씀 곧 완전한 사람이 되신 하나님의 아들에 관하여

하나님의 말씀이신 성자는 바로 영원하신 하나님이시며, 성부와 동일한 실체를 가지셨으나, 복받은 동정녀의 모태에서 인성을 입으시어 두 개의 온전하고 완전한 본성들, 곧 신성(神性)과 인성(人性)이 한 분에게서 나누어질 수 없이 합하여지신 분이다. 이로 인하여 그는 참 하나님이시오 참 사람이 되신 한 분 그리스도로 진실로 고난을 당하시어 십자가에 못 박혀 죽으시고 매장되셨으니, 이는 곧 우리로 하여금 그의 아버지와 화목하게 하시고 원죄뿐만 아니라 사람들이 실제로 지은 죄를 위하여 자신을 제물로 바치시기 위함이다.

제III조 그리스도의 부활에 관하여

그리스도께서는 진실로 죽은 자 가운데서 다시 일어나시어, 완전한 인성을 갖춘 그의 몸을 다시 가지시고 하늘에 오르셨으며, 마지막 날에 만민을 심판하시려고 재림하실 때까지 거기 앉아 계신다.

---

3. 제한규정 제1조(¶17)에 의하여 개정하지 못하게 되어있다.

¶104

제IV조 성령에 관하여

성령은 성부와 성자께로부터 오신 분으로, 그 본질과 위엄과 영광이 성부와 성자와 더불어 동일하신 바로 그 영원하신 하나님이시다.

제V조 성경이 구원에 충족함에 관하여

성경은 구원에 필요한 모든 것을 포함하고 있으니, 성경에서 읽어볼 수 없는 것이나 그로 증언하지 못할 것은, 무엇이든지 아무 사람에게도 신조로 읽으라고 하거나 구원에 필요한 것으로 여기라고 하여서는 안 될 것이다. 성경은 구약과 신약의 경전을 가리키며, 그 권위가 교회에서 의심된 적이 없음을 우리는 성령의 이름으로 확신한다. 경전의 책 이름은 아래와 같다.

창세기, 출애굽기, 레위기, 민수기, 신명기, 여호수아, 사사기, 룻기, 사무엘상, 사무엘하, 열왕기상, 열왕기하, 역대상, 역대하, 에스라, 느헤미야, 에스더, 욥기, 시편, 잠언, 전도서, 아가 및 4대선지서와 12 소선지서 등이다.

일반적으로 받아들여진 신약의 모든 책들을 우리도 경전으로 여긴다.

제VI조 구약에 관하여

구약은 신약과 서로 반대되는 것이 아니다. 신약과 구약에서 하나님이신 동시에 또한 사람이시기에 하나님과 인류 사이에 단 하나의 중보자가 되신 그리스도께서 영생을 인류에게 주셨다. 그러므로 옛 조상들은 잠깐 있다 없어지는 약속을 바라보았다고 주장하는 사람들의 말을 들어서는 안 될 것이다. 하나님께서 모세를 통하여 주신 바, 예법과 의식에 관한 율법은 그리스도인을 속박하지 못하고 또 모세의 민법에 관한 교훈도 어느 나라에서든지 당연히 채용할 필요가 없을 것이나, 어느 그리스도인이든지 도덕이라 일컫는 모든 계명을 순복하는 데서 제외되지는 못할 것이다.

제VII조 원죄에 관하여

원죄는 (펠라기우스파 사람들의 망령된 말 같이) 아담을 따르는 데서 성립하는 것이 아니라, 아담의 자손에게 자연적으로

야기되는 것으로, 각 사람의 본성이 부패한 것을 가르침인데, 대개 인류가 근본적 의에서 멀리 떠나 그 성품이 늘 죄악으로 치우치는 것을 말한다.

제VIII조 자유의지에 관하여

아담이 타락한 이후로 인류의 정황이 그와 같이 되어, 자기의 본연의 능력과 행위로써 마음을 돌이키고 준비하여 믿음에 이르러 하나님을 찾아가지 못하게 되었다. 그러므로 하나님께서 그리스도로 말미암아 우리에게 주시는 선한 의지를 얻게 하시는 은혜가 아니면 우리는 하나님께서 기뻐하시고 받으실 만한 선한 사업을 행할 능력이 없고, 선한 의지가 우리에게 있을 때에는 그 은혜가 우리와 함께 하시고 역사하신다.

제IX조 사람을 의롭게 하심에 관하여

하나님 앞에서 우리가 의롭다 여기심을 얻은 것은 오직 우리 구주 예수 그리스도의 공로로 인한 믿음으로 말미암음이요, 우리의 행위나 당연히 얻을 것으로 인함이 아니다. 그런즉 우리가 오직 믿음으로만 의롭다함을 얻는다 하는 것은 가장 유익하고 위로가 넘치는 교리이다.

제X조 선행에 관하여

선행은 비록 믿음의 열매요 또한 의롭다 여기심을 받은 후에 오는 것일지라도, 능히 우리의 죄를 없이하지 못하며, 하나님께서 가혹하신 심판을 감당하지 못하게 할 것이다. 그러나 선행은 그리스도 안에서 하나님께 기쁨이 되고, 참되고 활발한 신앙으로부터 솟아나오는 것인 즉, 열매를 보고 그 나무를 아는 것같이, 선행을 보고 그 활발한 신앙이 있는 것을 밝히 아는 것이다.

제XI조 의무 이외의 행위에 관하여

하나님의 계명밖에 자원하여 더 행하는 일을 의무 이외의 행위라 하는데, 이는 오만하고 불경건한 사람만이 하는 말이니, 사람들은 말하기를 자기가 하나님께 당연히 할 바를 다하였을 뿐더러 하나님을 위하여 마땅히 하여야 할 일보다 더 하였다 한다. 그러나 그리스도께서 이에 대하여 밝히 말씀하시기를, "너희에게 명한 것을 다 행할 때 '우리는 무익한 종입니다'라고 말하라" 하셨다.

제XII조 의롭다 하심을 얻은 후의 범죄에 관하여

의롭다 하심을 얻은 후에 고의로 범하는 죄마다 성령을 거역하는 죄요 용서하여 주심을 얻지 못할 죄는 아니다. 그러므로 의롭다 함을 얻은 후에 죄에 빠지는 사람에게 회개함을 허락하시는 은혜를 얻지 못한다 할 것이 아니요, 우리가 성령을 받은 후에라도 얻은 바 은혜를 배반하고 죄에 빠지었다가 하나님의 은혜로 다시 일어나 우리의 생활을 개선할 수도 있다. 그러므로 세상에 거하는 동안 죄를 더 범하지 않는다 하는 자들이나 죄를 범한 뒤에 참으로 회개할지라도 사하심을 얻지 못한다 하는 자들은 정죄받아야 마땅할 것이다.

제XIII조 교회에 관하여

나타나 보이는 그리스도의 교회는 충성을 다하여 믿는 이들의 공동체이니, 여기에서 순수한 하나님의 말씀이 선포되며, 그리스도의 명령에 따라 성례전이 적절히 행하여진다. 이 모든 필요한 일들이 교회가 반드시 하여야 할 일들이다.

제XIV조 연옥에 관하여[4]

연옥(煉獄 purgatory)과 사죄, 성유물(聖遺物 relics)의 숭배와 경배, 성인의 이름으로 기도함에 관한 로마교회의 교리는 허망하고 위조된 것이다. 이것들은 성경에 빙거(憑據 warrant)할 수 없을 뿐더러 하나님의 말씀에 반항하는 것이다.

제XV조 회중이 이해할 수 있는 언어를 사용함에 관하여

교회에서 공중 기도를 할 때에나 성례전을 집행할 때에, 교인들이 알아들을 수 없는 언어로 하는 것은 하나님의 말씀과 초대교회의 규례를 분명히 위반하는 일이다.

---

4. 본 강령 및 이와 유사한 강령들(예를 들면, 강령 제 XIV, XV, XVI, XVIII, XIX, XX, XXI조들)에 대하여 우리의 최선의 교회 연합에 관한 견해와 판단에 일치하고 있는 해석에 관하여 "Resolution of Intent: With a View to Unity," The Book of Resolution (결의문집), 2016, 결의문 3144 참조.

제XVI조 성례전에 관하여

그리스도께서 설립하신 성례전은 크리스천이 됨을 공인하는 표적과 증거가 될 뿐만 아니라, 오히려 은혜의 증표가 되며 하나님께서 우리에게 향하신 선한 의지의 확실한 표가 되니, 이로써 하나님께서는 우리 안에 묵묵히 역사하시어 그에게 향한 우리의 신앙을 활발하게 하실 뿐만 아니라 더욱 굳게 하시는 것이다.

복음서에 우리 주 그리스도께서 설립하신 성례가 둘이 있으니, 곧 세례와 주의 만찬이다.

견진성사, 고해성사, 신품성사, 혼인성사, 종부성사 등 다섯 가지를 성례라 하나, 이는 복음서의 성례로 여겨서는 안 될 것이다. 그 가운데 어떤 것은 사도의 도를 잘못 따름으로 된 것이요, 어떤 것은 성경에 허락하신 생활의 전형으로 된 것이다. 그러나 그것들은 하나님께서 명하신 드러나는 표적과 의식이 없으므로, 세례와 주의 만찬과 같은 성질의 것이 아니다.

그리스도께서 설립하신 성례는 우리로 하여금 쳐다보거나 가지고 다니라는 것이 아니라, 우리로 하여금 적절히 사용하게 하신 것이다. 그러므로 성례를 합당하게 받는 이에게만 유익한 결과와 효력이 있으니, 합당치 않게 받는 이는 사도 바울이 말한 바와 같이, 자기에게 정죄함을 받는 것이다.

제XVII조 세례에 관하여

세례는 신앙고백의 증표요 그리스도인을 세례받지 아니한 사람과 분별하게 하는 표적일 뿐더러, 중생, 곧 신행(信行)의 표가 되는 것이다. 또 어린이에게 세례를 베푸는 일도 교회는 계속 행하여야 할 것이다.[5]

제XVIII조 주의 만찬에 관하여

주의 만찬은 그리스도인들이 마땅히 서로 사랑하여야 할 사랑의 표시일 뿐만 아니라, 그리스도의 죽으심으로 우리를 구속하시는 성례전이다. 그러므로 옳고 합당하게 믿음으로 받는 이들에게는 떼인 떡을 먹는 것이 곧 그리스도의 몸을 먹는 것이요, 또한 이와 같이 그 복된 잔을 마시는 것도 그리스도의 피를 마시는 것이다.

변체(transubstantiation), 곧 주의 만찬의 떡과 포도주의

---
5. 사법우원회 판정 142 참조.

물체가 변화한다 함은 성경으로 증명될 수 없을 뿐더러, 성경의 명백한 말씀을 거스르며, 성례의 원 뜻을 그르침이요 또 이로 인하여 미신을 많이 생기게 한다.

만찬 때에 그리스도의 몸을 주고 받아 먹는 것은 다만 천국적, 신령적인 방법으로만 할 것이다. 따라서 그리스도의 몸을 받아 먹는 방법은 오직 신앙뿐이다.

만찬의 성례를 제한하며, 갖고 다니며, 들어올리며, 경배하는 일은 그리스도께서 명하신 것이 아니다.

제XIX조 떡과 포도주에 관하여

평신도에게 주의 잔을 거절하여서는 안 될 것이다. 그리스도의 규례와 명령대로 주의 만찬의 두 가지 성체를 모두 모든 그리스도인들에게 베풀어야 할 것이다.

제XX조 십자가상에서 한 번 끝난 그리스도의 봉헌에 관하여

그리스도께서 자신을 한 번 제물로 드리신 것이 온 세상의 모든 죄, 곧 원죄와 범죄를 위한, 완전한 구속(救贖)과 화목과 보상이 되었은즉 그밖에 다른 속죄법이 없다. 그러므로 '미사'제를 드리며 신부가 그리스도를 제물로 드리어 산 이와 죽은 이의 고통과 범죄를 면하게 한다 함은 참람(僭濫)된 광언(狂言)이요 위험한 궤계(詭計)다.

제XXI조 목사의 혼인에 관하여

하나님의 율법에 그리스도교의 목사들은 독신생활을 맹세하라든가 혼인을 금하라든지 하신 명령은 없다. 그러므로 목사들도 모든 그리스도인과 같이 자기의 뜻에 경건하다고 생각되면 혼인하는 것이 마땅하다.

제XXII조 교회의 예배와 의식에 관하여

예배와 의식은 어느 곳에서나 꼭 같아야 할 필요가 없다. 대개 예배와 의식은 예로부터 같지 아니하였으며, 아무 것도 하나님의 말씀에 거슬림 없이 되게 하기 위하여 다양한 나라와 시대와 풍속에 따라 변하여 왔기 때문이다. 하나님의 말씀에 거슬리지 아니하며, 또한 주권자가 인정하고 승인한, 자기가 속한 교회의 예배와 의식을 사견에 의하여 고의적으로 공공연히 파괴하는 사람은 누구든지 교회의 법을 어기며 연약한 형제의 양심을 상하게 한 이로 여겨, 공개적으로 질책을 받아야 할 것이다. 이는 다른 사람으로 하여금 두려워하여 그와 같은 일을 하지 못하게 하려 함이다.

교회마다 예배와 의식을 만들기도 하며 고치기도 하며 혹 폐지하기도 하여 모든 일이 덕이 되게 할 것이다.

제XXIII조 북미합중국의 통치자들에 관하여

국민을 대표하는 대통령과 국회와 각 주 의회와 각 주지사와 내각은 연방 헌법과 각 주 헌법에 의하여 권력이 분리된 대로 선출된 북미합중국의 통치자들이다. 따라서 위에 언급한 주들은 하나의 독립된 주권국이므로 어떠한 외국 치리하에도 예속되어서는 안 된다.

제XXIV조 그리스도인의 재물에 관하여

그리스도인이 보물과 재산을 가질 권리와 가질 일에 대하여는 어떤 사람이 허망하게 자랑함과 같이 공동 소유물이 아니다. 그러나 각 사람은 마땅히 자기의 소유를 가지고 능력껏 가난한 이들을 너그럽게 구제하여야 할 것이다.

제XXV조 그리스도인의 서약에 관하여

우리 주 예수 그리스도와 그 사도 야고보가 그리스도인이 헛되고 경솔히 맹세하는 것을 금지하신 것을 우리가 공인하거니와, 어떤 사람이 관헌에게 요청을 받을 때에 믿음과 사랑으로 인하여 맹세하는 것은 그리스도교 교리에 금지함이 없는 줄로 생각한다. 다만 선지자의 교훈대로 공의와 주견(主見)과 참됨으로 할 것이다.

[감리교개신교회의 <장정>에서 따온 아래 강령은 통합총회(1939)가 여기에 삽입한 것이다. 이것은 세 교단이 승인한 '종교강령'에는 속하지 않는다.]

성화에 관하여

성화는 성령의 능력으로 타락한 본성에서 새로워지는 것으로서, 예수 그리스도를 믿는 믿음으로 받는 것이며, 그의 구속의 피는 모든 죄를 깨끗하게 하신다. 이로써 우리는 죄에서 구원되

¶104

어질 뿐만 아니라 죄의 오염에서 씻김 얻으며, 죄의 권세에서 건져냄을 받고 은혜로 말미암아 온 마음을 다하여 하나님을 사랑하게 되며, 그의 거룩한 명령에 온전히 따를 수 있는 능력을 얻게 되었다.

[다음 조항은 통합총회(1939)에서 채택된 것이다. 이 강령은 외국 땅에 있는 우리 교회들에게 '종교강령' XXIII을 설명하기 위한 것이다. 이것은 법으로 제정된 강령이며 헌법의 일부분은 아니다. 사법위원회 판정 41, 176과 임시사법위원회 판정 6 참조.]

주권에 대한 기독교인의 의무에 관하여

모든 그리스도인들, 특히 모든 크리스천 사역자들은 자기들이 시민으로 살고 있는 국가의 행정 또는 최고 권력 기관의 법과 명령을 준수하고 이에 복종하여야 하며, 주어진 모든 수단을 동원하여 그 권력에 순종하도록 권장하며 요청하여야 한다.

복음주의연합형제교회의 '신앙고백'[6]

[참고문헌 주: 본 '신앙고백'서는 <복음주의연합형제교회 장정>, 1963년 판에 있는 원문과 동일한 것이다.]

제I조 하나님

우리는 참되고 거룩하시며 한 분이신 살아 계신 하나님, 창조자이시며 왕 되시고 모든 보이는 것과 보이지 않는 것의 소유자이신 영원한 영이신 하나님을 믿는다. 그는 전능하시며, 지혜로우시며, 의로우시며, 선하시며, 사랑이시며, 인간의 안녕과 구원을 위하여 자비롭게 통치하시며, 또한 자기의 이름을 영광되게 하신다. 우리는 한 하나님께서 삼위일체로 자신을 나타내심을 믿으니, 그는 곧 구별되나 나눌 수 없으며, 본질과 능력에 있어 영원히 한 근본이시요 능력이신 성부, 성자, 성령이시다.

제II조 예수 그리스도

우리는 진정으로 하나님이시며 진정으로 인간이신 예수 그리스도를 믿으며, 그 안에서 신성(神性)과 인성(人性)이 완전하고

---
6. '제한 규정' 제II조(¶18)에 의하여 수정하지 못하게 되어 있다.

분리될 수 없이 결합되어 있음을 믿는다. 그는 육신을 입으신 영원한 말씀이시며, 성령으로 동정녀 마리아에게서 나신 하나님 아버지의 외아들이시다. 그는 섬기는 종으로 살면서, 십자가의 고통을 당하시고 돌아가셨다. 장사한 후 죽음에서 살아나시고 하늘에 오르시어 아버지와 함께 계시며, 후에 다시 오실 것이다. 그는 영원한 구세주시며 중보자시며, 우리를 위하여 중보하시며 모든 인간을 심판하시는 분이시다.

제III조 성령

우리는 아버지와 아들에게서 나오셨으며 존재함에 있어 그들과 하나이신 성령을 믿는다. 그는 세상으로 하여금 죄와 의와 심판에 대하여 알게 하신다. 그는 인간들로 하여금 복음에 신실하게 응답하게 하여 교회로 인도하신다. 그는 위로하시고 보호하시며 믿음을 주시며 인간을 진리로 인도하신다.

제IV조 성경

우리는 구약과 신약 성경이 우리의 구원을 위하여 넉넉한 하나님의 말씀이 됨을 믿는다. 성경은 믿음과 실천의 참된 법도와 안내로서 성령을 통하여 받을 것이다. 성경에 기록되지 않은 것이나 확실하지 않은 것은 신앙의 강령이나 구원의 핵심으로 가르쳐서는 안 된다.

제V조 교회

우리는 교회가 그리스도를 주님으로 모시는 모든 신실한 신자들의 공동체임을 믿는다. 우리는 교회는 하나이며, 거룩하며, 사도적이며, 보편적인 것임을 믿는다. 교회는 하나님의 부르심을 받은 사람들이 하나님의 말씀을 선포하며, 그리스도의 명령에 따라 성례전을 거룩하게 집행하는 구원의 공동체이다. 성령의 인도하에 교회는 예배와 신자들의 교화와 세상의 구원을 위하여 존재한다.

제VI조 성례전

우리는 그리스도께서 정하신 성례가 그리스도인의 고백이요 우리를 향하신 하나님의 사랑의 상징이요 보증임을 믿는다. 이것은 그에게 대한 우리의 믿음을 활력 있게 하며 튼튼하게 하며 확실하게 하는, 우리 안에서 보이지 않게 역사하는 은혜의 방편이다. 우리 주 그리스도께서 두 성례를 제정하셨으니, 이는 곧 세례와 성만찬이다.

세례(Baptism)는 믿음의 집안에 들어간다는 의미가 있으며, 참회와 내적인 죄 사함의 상징이며, 그리스도 예수 안에서의 중생의 표시요, 그리스도의 제자가 되는 증표이다.

어린이들은 그리스도의 속죄의 대상이며 하나님의 나라의 상속자로서 기독교 세례의 대상으로 합당하다고 우리는 믿는다. 믿는 부모의 어린이들은 세례를 받음으로써 교회가 특별히 책임을 져야할 대상이 된다. 그들은 그리스도를 인격적으로 받아들이도록 양육되고 인도되어야 하며, 신앙고백으로 그들의 세례를 확실하게 하여야 한다.

우리는 성만찬(the Lord's Supper)이 우리 구원의 표현이며, 그리스도의 고난과 죽음을 기념하는 것이며, 사랑의 표시며, 그리스도인이 그리스도와 또한 다른 사람들과 연합되는 표시임을 믿는다. 정당하게 또한 가치 있게, 그리고 믿음으로 떡을 먹고 복된 잔을 마시는 이들이 그가 다시 오기까지 그리스도의 몸과 피에 영적으로 참례한다.

제VII조 죄와 자유 의지

우리는 인간이 의(righteousness)에서 타락하여, 우리 주 예수 그리스도의 은혜로부터 멀어졌고, 거룩함이 결핍되고 악으로 기울어졌음을 믿는다. 사람이 중생하지 않으면 하나님 나라를 볼 수가 없다. 하나님의 은혜 없이 스스로의 힘으로는 인간은 하나님께 합당하거나 그를 기쁘시게 할 수 없다. 그러나 우리는 성령의 감동하심과 그의 힘을 입은 사람은 선을 위하여 자기 의지를 자유롭게 행사할 책임(responsible in freedom to exercise his will for good)이 있음을 믿는다.

제VIII조 그리스도를 통한 화해

우리는 하나님께서 그리스도를 통하여 세상과 화해하심을 믿는다. 십자가상에서 기꺼이 드리신 그리스도의 헌신은 온 세상의 죄를 대신하여 인간을 모든 죄에서 구속하시기에 완전하고도 충분한 희생제물이므로 다른 아무런 속죄제물도 필요로 하지 않는다.

제IX조 의와 중생

우리는 우리의 행위나 공로로는 하나님 앞에서 결코 의롭다 함을 얻을 수 없으나, 하나님 앞에서 참회하는 죄인들은 오직 주 예수 그리스도를 믿는 믿음으로만 의로워지거나 의롭다 여김을 받을 수 있음을 믿는다.

중생이란 인간이 성령으로 말미암아 그리스도를 통하여 의롭게 새로워지는 것을 뜻하며, 성령의 능력으로 하나님의 성품과 새 생활 경험에 접하게 되는 것을 우리는 믿는다. 이 중생(重生)으로 말미암아 신자는 하나님과 화해하게 되어 뜻과 정성을 다하여 하나님을 섬길 수 있게 된다.

우리는 비록 우리가 신생을 경험하였다 하더라도, 하나님의 은혜를 떠나 죄에 빠질 수 있으며, 그때에도 하나님의 은혜로 의롭게 다시 새로워질 수 있음을 믿는다.

제X조 선행

우리는 선행이 믿음의 필연적인 열매이며 중생에 이르게 하나, 그것이 우리의 죄를 씻으며 하나님의 심판을 피할 효험(avert)이 되지는 못함을 믿는다. 선행은 믿음을 통하여 또한 믿음으로 말미암아 분명하여지므로, 우리는 하나님께서 흡족하여 하시고 받아 주시는 선행이 참되며 살아 있는 믿음에서 우러나온 것임을 믿는다.

제XI조 성화와 그리스도인의 완전무결함

성화는 말씀과 성령을 통하여 이루시는 하나님의 은혜의 역사로서, 이로써 거듭난 사람들이 그들의 생각과 말과 행동으로 지은 죄로부터 씻음을 받게 되며, 하나님의 뜻을 따라 살 수 있게 되며, 성결이 없이는 아무도 주님을 뵈올 수 없는 그 성결에 도달하려고 노력한다고 우리는 믿는다.

완전한 성화는 마음과 영혼과 뜻과 힘을 다하여 하나님을 사랑하며, 이웃을 내 몸과 같이 사랑함으로써 죄의 사슬에서 구속된 모든 중생한 신자들이 가질 수 있는 완전한 사랑이며, 정의와 참 성결의 상태를 말한다. 예수 그리스도를 믿는 믿음을 통하여, 이 은혜의 선물은 이 삶에서 점진적으로 혹은 즉각적으로 받아질 수 있으며, 하나님의 자녀는 이것을 열심히 구하여야 할 것이다.

우리는 이런 경험이 우리를 허약함과 무지함과 인간의 작은 실수와 다시 죄를 지을 수 있는 가능성으로부터 벗어나게 하지는 못함을 믿는다. 신자는 영적인 자만심을 항상 조심하여야 하며, 모든 죄의 유혹에서 승리하도록 노력하여야 한다. 신자는 죄가 그를 지배하지 못하도록 하나님의 뜻에 전적으로 응답하여야 한다. 즉, 세상과 육신과 마귀를 그의 발아래 두어야 한다. 그리하여 그는 성령의 능력으로 이 모든 대적을 항상 주의하며 다스려야 한다.

제XII조 심판과 내세

우리는 모든 인간이 현재와 마지막 날에 예수 그리스도의 정의의 심판대 앞에 설 것을 믿는다. 우리는 죽은 자의 부활을 믿는다. 곧 의로운 자는 영생으로, 악한 자는 영원한 저주에 이름을 믿는다.

제XIII조 공중 예배

우리는 거룩한 예배란 하나님을 모시고 경건하게 그리고 겸손하게 몸을 바쳐 드리는 인간의 의무이며 특권임을 믿는다. 우리는 거룩한 예배가 교회생활의 기본적인 것이며, 이러한 예배를 목적으로 하나님의 백성이 모이는 것은 크리스천의 친교와 영적 성장에 필수적인 것이라고 믿는다.

우리는 공중 예배 순서가 모든 곳에서 동일하여야 할 필요는 없으나, 상황과 필요에 따라 교회가 이를 변형할 수 있음을 믿는다. 예배 순서는 회중이 이해할 수 있는 언어와 형식으로 진행하여야 하며, 모든 사람을 가르치는 데 있어서 성경에 모순됨이 없어야 하며, 교회의 규칙과 장정을 따라야 한다.

제XIV조 주일

우리는 주일을 개인과 공중의 예배를 위하여 또한 불필요한 일로부터 휴식을 취하게 하기 위하여 하나님께서 제정하여 주신 것을 믿으며, 이를 영적 성장과 그리스도인의 친교와 봉사를 위하여 바쳐야 한다고 믿는다. 이 날은 주의 부활을 기념하는 날이며 우리의 영원한 안식을 상징한다. 주일은 교회의 연속성과 성장에 기본적인 것이며, 일반 사회의 복지를 위하여도 중요한 것이다.

제XV조 그리스도인의 재산

우리는 하나님이 모든 것의 주인이시며, 개인의 재산 소유는 합법적이며 하나님 앞에서 신성하게 위임받은 것임을 믿는다. 개인 재산은 크리스천의 사랑과 관대함을 나타내는 일과 교회의 선교사업을 돕는 일에 사용되어야 한다. 개인 재산이든, 법인 재산이든, 공공 재산이든, 모든 형태의 재산은 신성한 신탁으로 받아야 하며, 하나님의 주권 아래 인간의 복리를 위하여 책임 있게 사용되어져야 한다.

제XVI조 세속 정부

우리는 세속 정부가 주권자 하나님으로부터 정당한 권력을 받았음을 믿는다. 크리스천으로서 우리는 우리가 그 보호 아래 거주하는 정부를 인정하며, 정부는 하나님 아래에서 인간이 가진 권리를 인정하며, 인권 위에 정부의 터를 닦고 인권을 보호할 책임이 있음을 믿는다. 우리는 전쟁과 학살이 복음과 그리스도의 정신에 어긋남을 믿는다. 우리는 건전하고 의롭고 경건한 생활로써 자기들이 속한 정부에 윤리적인 능력과 목적을 제공하는 것이 기독교 시민의 의무라고 믿는다.

웨슬리의 표준 설교들

[참고문헌 주: 웨슬리의 '표준들'은 수시로 인쇄돼 왔다. 웨슬리의 <설교집> 원전 판이 The Works of John Wesley(Nashville: Abingdon Press, 1984-87)의 1-4권에 현재 포함되어 있다.]

신약성서 강해

[참고문헌 주: <신약성서 강해>(1755년)는 현재 Schmul 출판사의 1975년 판이 있으며, 앞으로 The Works of John Wesley의 5-6권으로 출판될 예정이다.]

감리교회의 총칙[7]

[참고문헌 주: 여기에 수록된 '총칙'은 1808년의 본문으로서 (이해 처음으로 '제한 규정' 제V조가 발효하게 됨) 1848년과 1868년에 각각 헌법에 의하여 수정된 바 있다.]

---

7. '제한 규정' 제V조(¶21)에 의하여 수정하지 못하게 되어 있다.

¶104 교리적 기준과 우리의 신학적 과제

우리 연합신도회의 성격, 기획 및 총칙

1739년 말경에 8-10명의 사람들이 런던에 있는 웨슬리를 찾아갔는데, 그들은 깊은 죄책감에 싸여 구원받기를 간절히 열망하고 있었다. 그 다음 날 2, 3 명이 더 와서 그리한 것처럼, 그들은 웨슬리가 시간을 내어 그들과 함께 기도하여 주며 그들의 머릿속에 항상 맴도는 닥쳐올 천벌로부터 어떻게 피할 수 있는지 가르쳐 주기를 요청하였다. 이 큰 일을 위한 더 많은 시간을 가지기 위하여 그는 그들이 모두 함께 모일 수 있는 날 하루를 정하여 그후부터 매주 목요일 저녁에 모임을 가졌다. 이 모임에 모이는 수가 나날이 증가하였기 때문에 원하는 사람은 다 오게 하여, 그들에게 가장 필요하다고 판단되는 충고를 그때그때 하여 주었고, 그들의 필요에 적합한 기도로 그 모임을 항상 끝맺었다.

이것이 처음 유럽에서 시작되어 그후 미국에서 모이게 된 연합신도회(United Society)의 시작이었다. 이 신도회는 "하나의 형태를 갖추고 경건의 능력을 구하는 사람들의 결속된 모임으로서, 자신들의 구원을 성취하도록 서로 돕기 위한 목적에서, 함께 기도하며 권면의 말씀을 들으며, 사랑으로 서로 돌보는 모임"에 지나지 않았다.

그들은 자신의 구원을 실제로 성취하고 있는가를 더 쉽게 식별하기 위하여 각 신도회를 속회(class)라고 부르는 작은 모임으로 주거 지역을 따라 나누었다. 한 속회에 약 12명이 있었고, 그 중 한 사람을 속장(leader 속회 인도자)으로 지명하였다. 속장의 의무는 다음과 같다.

1. 자기 속회에서 개개인을 다음과 같은 목적을 가지고 적어도 한 주에 한 번 만나는 일. 곧 (1) 그들의 영적 성장을 살피기 위하여; (2) 그때그때 필요에 따라 충고하고 책망하고 위로하고 권면하기 위하여; (3) 설교자와 교회와 빈민들을 구호하기 위하여 그들이 주고 싶어 하는 것을 받기 위하여.

2. 목사와 신도회의 회계를 한 주에 한 번 다음과 같은 목적을 가지고 만나는 일. 곧, (1) 병든 자가 있는지 혹은 질서를 어기고 책망받지 않은 자가 있는지 이를 목사에게 보고하기 위하여; (2) 지난 주에 여러 속회에서 받은 것들을 회계에게 전하여 주기 위하여.

이 신도회에 가입할 수 있는 단 한 가지 전제 조건은, "앞으로 닥쳐올 형벌을 피하며 자신들의 죄에서 구원받기를 갈망하는 마음"이다. 그들 마음 속에 진실로 원한다면 그것은 그 열매로 나타날 것이다.

우리의 교리적 기준과 총칙 ¶104

그러므로 신도회 내의 모든 사람들은 구원을 열망한다는 사실(desire of salvation)을 다음과 같은 행실로 계속적으로 증명하여 보여야 한다.

첫째, 남에게 해를 끼치지 말 것이며, 모든 종류의 악을 피할 것이며, 특히 다음과 같은 일반적으로 자행되는 일들을 피할 것이다. 곧

하나님의 이름을 망령되이 일컫는 일.

일상적인 일을 하거나 사고 파는 일을 하면서 주일을 범하는 일.

술취함: 독한 술을 사고 팔거나, 극히 필요한 때 이외에 이를 마시는 일.

노예를 가지고 있는 일; 노예를 사고 파는 일.

다투는 일, 언쟁하는 일, 소란피우는 일, 형제간에 송사하는 일, 악을 악으로 갚는 일, 욕을 욕으로 대하는 일, 사고 팔 때에 말을 많이 하는 일.

세금 내지 않은 물건을 사고 파는 일.

고리대금을 주고받는 일. 곧, 불법적인 이자놀이.

덕스럽지 못하며 유익하지 못한 대화, 특히 행정 관리나 사역자에 대한 악담.

내가 당하고 싶지 않은 일을 남에게 행하는 일.

하나님께 영광되지 못하는 것을 알면서 행하는 일, 곧, 금과 비싼 의상을 몸에 걸치는 일.

주 예수의 이름으로 할 수 없는 오락을 즐기는 일.

하나님께 대한 지식이나 그의 사랑을 무시하는 노래를 부르거나 그런 책을 읽는 일.

간사함과 불필요한 방종.

세상에 보물을 쌓아두는 일.

갚을 능력이 없으면서 꾸는 일, 또는 값을 치를 능력이 없으면서 물건을 취하는 일.

이 신도회에 참여하는 모든 사람들은 구원을 열망한다는 사실을 다음과 같은 행실로 계속적으로 증명하여 보여야 한다.

둘째, 선을 행하여야 할 것이며, 자신의 능력에 따라 최대로 자비로워야 할 것이며, 기회가 있을 때에는 모든 가능한 선을 행하여야 할 것이며, 그리고 가능한 한 모든 사람에게 하여야 할 것이다. 곧

그들 육신에게는, 하나님께서 주시는 능력으로 배고픈 자들을 먹이며, 헐벗은 자들을 입히며, 병들고 옥에 갇힌 자들을 찾아보고 도와 줌으로써.

¶104

그들 심령에게는, 우리가 교제하는 모든 사람을 가르치고 책망하고 권면함으로써. 그리고 "우리는 *마음에 내키지* 않으면 선을 행하여서는 안 된다"(we are not to do good unless *our hearts be free to it.*)는 이 열광적인 교리를 발아래 짓밟음으로써.

선을 행하되 특별히 믿음의 가정, 또한 그렇게 되기를 바라는 가정에 할 것이고 그렇게 노력할 것이다. 다른 사람들보다도 그들을 더 고용할 것이며, 서로 사 줄 것이며, 사업을 서로 도울 것이며, 세상이 자신들만 사랑할 것이므로 우리는 더욱 더 선을 행하여야 할 것이다.

복음을 부끄럽게 하지 않게 가능한 한 부지런하고 검소하여야 한다.

자신들 앞에 놓인 경주에 인내를 가지고 달려가야 할 것이며, 자신을 부인하고 날마다 자기 십자가를 지고 가야 할 것이다. 그리스도께서 당하신 치욕을 감수하여야 할 것이며, 세상의 오물이나 찌꺼기가 되기를 감수하여야 할 것이다. 주님으로 인하여 사람들이 *거짓으로* 그들을 거슬려 모든 악한 말을 하는 것을 참아야 할 것이다.

이 신도회에 참여하는 모든 사람들은 구원을 열망한다는 사실을 다음과 같은 행실로 계속적으로 증명하여 보여야 한다.

셋째, 다음과 같은 모든 하나님의 집회에 참례하여야 할 것이다. 곧

하나님을 예배하는 공중 예배.

읽거나 강해하는 하나님의 말씀을 위한 모임.

성만찬 예식.

가정 혹은 개인 기도회.

성서 연구회.

금식 혹은 금욕.

이러한 것들이 우리 연합신도회의 '총칙'(the General Rules of our societies)이다. 우리가 준행해야 할 하나님께 대한 모든 가르침은 기록된 말씀 속에 있으며, 그것은 우리의 믿음과 실행에 충분한, 단 하나밖에 없는 표준이다. 우리가 아는 이 모든 것을, 진정으로 일깨워진 마음에 성령께서 새겨 주신다. 만일 우리 중에 이것을 준행하지 않는 이가 있거나, 상습적으로 어기는 자가 있으면, 그 영혼을 돌보는 이에게 알려 책임을 묻게 하여야 할 것이다. 우리는 그가 잘못 걸어가는 길을 책망할 것이다. 우리는 좋은 때를 기다리며 그를 참아 줄 것이다. 그러나 그래도 회개하지 않으면, 그는 우리 가운데 있을 수 없다. 우리는 우리 자신들의 영혼을 구하여 냈다.

¶105. 제4절 우리의 신학적 과제

신학이란 우리 삶 가운데 역사하시는 하나님의 은혜로우신 활동에 대하여 심사숙고하려는 우리의 노력이다. 그리스도의 사랑에 응답하여 우리는 "믿음의 선구자이시며 온전하게 하시는 이"와 더 깊은 관계를 맺기를 바라고 있다. 우리의 신학적 작업은 세상에 계신 하나님의 임재와 그의 평화와 그의 권능의 신비로운 실재를 표현하여 보려는 데 그 노력의 초점을 두고 있다. 이렇게 함으로써 하나님과 인간의 만남에 대하여 우리가 이해하는 바를 더 분명히 체계화하며, 나아가 이 세상에서 역사하시는 하나님의 사업에 우리가 동참할 수 있도록 더 충분히 준비하기를 우리는 바라고 있다.

신학적 과제는 비록 교회의 교리적 표현과 연관성이 있기는 하나, 다른 하나의 기능을 또 가지고 있다. 우리의 교리적 선언은 항상 변하고 있는 세계 정황 속에서 기독교의 진리를 분별하여 낼 수 있도록 우리에게 도움을 준다. "이 땅 위에 성서적인 성결을 전파하기 위한" 우리의 소명을 다하기 위하여, 우리의 신학적 과제는 우리의 신학적 입장을 시험하여 보며, 갱신하며, 상세히 정리하여 볼 수 있는 일까지 포함하고 있다.

교회는 그 교리적 선언을 자기 정체성을 확립하는 중요한 일로 간주하며, 그 공식적인 변경은 헌법에 명시된 절차를 밟아 하도록 제한하지만, 신학적인 사고는 모든 신학적인 관점을 망라하여 진지하게 하기를 장려하고 있다.

연합감리교회의 교인으로서 우리는 개인 및 사회가 필요로 하는 것이 무엇임을 알아내어 기독교 신앙의 풍부한 자원을 동원하여, 그 필요에 응하되 유효적절하게, 그리고 분명하게 납득이 가도록 하여야 할 것이다. 신학은 세상이 필요로 하는 것이 무엇이며, 세상이 교회에 도전하여 오는 것이 무엇임을 교회에 설명하여 주고, 또한 복음을 세상에 해설하여 줌으로써 교회에 봉사하고 있다.

우리 신학적 과제의 특성

우리의 신학적 과제는 비판적이며 건설적이다. 우리의 과제는 비판적이라고 할 수 있는데, 모든 종류의 신앙적 표현에 대하여 그것이 참인가? 적절한가? 분명한가? 수긍이 가는가? 또한 신빙성이 있는가? 사랑에 근거하고 있는가? 모든 신앙의 표현들이 우리의 살아 있는 전통에 나타나 있는 바와 같이, 복음에 충실하며, 인간의 체험과 현재의 지식에 비추어 볼 때 진실하며 납

¶105

득이 가는 것으로 우리 교회와 교인들에게 증거될 수 있는가? 등을 시험하여 보아야 한다.

우리의 과제는 또한 건설적이라고 할 수 있는데, 하나님, 계시, 죄, 구원, 예배, 교회, 자유, 정의, 도덕적 책임 등, 그밖에 다른 중요한 신학적 개념에 대하여 새로이 생각하여 보기 위하여 각 세대는 지난날의 지혜를 창조적으로 받아들이고, 그들 가운데서 하나님을 찾아 헤매야 하기 때문이다. 우리가 부르심을 받은 것은, 이 어둡고 불확실한 시대에 복음의 약속을 이해하고 받아들이기 위함이다.

우리의 신학적 과제는 개인적임과 동시에 공동적이다. 크리스천 개개인의 사역에 있어 그것은 하나의 특수한 사명이다. 평신도나 교역자나 할 것 없이 우리교회에 속한 모든 이들이 참여하여야 할 일이다. 왜냐하면 사도로 부르심을 받은 모든 사람들이 교회의 사역 활동을 이끌어 나가야 하기 때문이다. 신앙인이 된다는 것은 예수 그리스도 안에서 우리에게 주어진 진리를 깨달으려고 굶주린 자가 되는 것을 말한다.

신학적 사색은 결코 일시적 사고가 아니다. 그것은 철저한 연구와 사색과 기도를 필요로 한다.

하지만, "평범한 사람들을 위한 평범한 진리"의 식별 활동은 신학 전문가들에게만 국한된 것이 아니다. 학자들은 하나님의 백성들이 이 소명을 다할 수 있도록 거들어 주어야 할 역할이 있지만, 모든 그리스도인들도 신학적 사고를 하도록 부르심을 받고 있다.

우리의 신학적 과제는 *공동적*이다. 그것은 연합감리교회를 구성하고 있는 모든 사람들로 하여금 그들이 가진 체험과 견해와 전통을 서로 나누며 대화하게 하기 때문이다.

이 대화는 모든 교인들의 것이다. 평신도와 교역자, 감독, 교회의 모든 기관과 신학교에 의하여 대화는 계속 이루어져 나간다.

교회의 모든 차원의 의회들은 각각 주어진 권한 내에서 연합감리교회를 대표하여 공식적으로 발언하고 결정을 내린다. 우리의 의회제도는 연합감리교도 개개인들이 합당한 신학적 판단을 개발하여야 할 책임에서 벗어나게 하여 주지 않는다.

우리의 신학적 과제는 상황적이며 성육신적이다. 그것은 하나님의 자기 계시의 최고의 형태, 곧 예수 그리스도의 성육신에 근거하고 있다. 하나님의 영원하신 말씀은 주어진 시간과 장소에서 우리에게 살과 피로써, 곧 완전한 사람의 형상으로 오신다. 그러므로 신학적 사고는, 우리가 하나님께서 자유롭게 하시며 구속하시는 사업에 동참할 때, 매일매일 교회와 세상의 삶에서 우리가 성육신적으로 살아감으로써 더욱 힘을 얻게 된다.

우리의 신학적 과제는 본질적으로 실천적이다. 그것은 각 개인이 매일 어떻게 결단을 내려야 할 것인가를 알려 주며 교회생활과 활동을 도와준다. 기독교 사상을 고도의 이론으로 체계화하는 작업은 신학적 이해에 중요한 공헌을 하고 있지만, 결국 우리는 그 체계의 진리성을 실천적인 중요성에 비추어 측정하게 된다. 우리의 관심사는 복음의 약속과 요구를 우리의 일상생활에 적용하는 데 있다.

신학적 탐색 작업은 무엇을 말하여야 하며 무엇을 하여야 하는가 하는 우리의 생각을 정리하여 줄 수 있다. 그것은 또한 우리 주위의 세계에 눈을 돌리게도 한다.

인간의 무참한 고통과 삶의 생존에 대한 위협과 인간의 존엄성에 대한 도전은 늘 우리로 하여금 새로이 근본적인 신학적 문제에 직면하게 한다. 곧 하나님의 본질과 목적, 인간과 인간과의 관계, 인간의 자유와 책임의 본질 및 모든 창조물의 보존과 적절한 사용법 등이 그것이다.

신학을 위한 지침: 원천과 표준

연합감리교회 교인으로서 우리는 교회생활과 그 증거의 구심점으로 실재하시는 예수 그리스도에 대하여 충성스럽게 증언할 의무가 있다. 이 의무를 다하기 위하여, 우리는 우리 세대에 충실히 증언하기를 노력하면서, 우리의 성서적 및 신학적 유산에 대하여 비판적으로 사고한다.

이러한 일을 함에 있어, 중요한 두 가지 사항을 고려하지 않을 수 없다. 곧 우리 신학적 주장의 원천(sources)과 그리고 우리가 이해하는 것과 증언하는 것의 타당성을 평가하는 표준(criteria)을 말함이다.

웨슬리는 생동하는 기독교 신앙의 핵심은 성경에 계시되었고, 전통에 의하여 밝혀지고, 개인들의 체험을 통하여 활기를 띠게 되며, 이성에 의하여 확인된다고 믿었다.

성경은 "우리의 구원을 위하여 필요한" 하나님의 말씀을 나타내 주고 있기 때문에, 가장 주요한 것이다. 그러므로 비판적이고 건설적인 측면을 둘 다 포함하고 있는 우리의 신학적 과제는 학문적 성서연구에 초점을 맞추고 있다.

자기의 성서연구를 돕고 신앙에 대한 이해를 깊이 하기 위하여, 웨슬리는 기독교 전통, 특히 교부들의 신학서, 초교파적인 신조들, 종교개혁자들의 가르침, 동시대의 영성에 관한 문헌들을 참고하고, 이것들에 의존하였다.

따라서 전통은 진정한 기독교 증거의 원천과 척도를 둘 다 (비록 그 진실성은 성경의 말씀에 대한 충실성 여하에 달려 있지만) 제공하여 주고 있다.

기독교의 증거는, 비록 성경에 근거를 두고 전통에 의하여 전하여지는 것일지라도, 개인들이 이를 이해하고 자기 것으로 만들기 전에는 아무 효력이 없다. 그것이 우리의 증거가 되기 위하여서는 우리 자신들의 이성과 체험을 통하여 다시 이해되어져야 한다.

성경을 이해하고 그 메시지를 광범위한 지식의 세계와 연관시키기 위하여, 기독교 신앙의 설득력 있는 해설은 이성을 필요로 한다고 웨슬리는 믿었다. 그는 성서적 증거의 확실성을 인간의 체험, 특히 중생과 성화의 체험에서 찾았지만, 이와 함께 매일 얻는 체험의 "상식적인" 지식에서도 찾았다.

웨슬리 자신의 신학에서 볼 수 있는 바 이 원천과 표준들과의 상호작용이 연합감리교회 교인으로서의 우리의 계속적인 신학적 과업을 위한 길잡이가 된다. 이러한 과제에 있어, 우리 신앙의 원천에 대한 빼놓을 수 없는 증거로서의 성경은, 이러한 모든 신학적 원천 가운데 가장 중요하다 권위 있는 위치를 차지하고 있다.

실제로 신학적 사고는 출발점을 전통, 체험 또는 이성적 분석에서 찾아볼 수도 있다. 가장 중요한 것이 이 네 개의 모든 길잡이들이, 진지하고 충실한 신학적 고찰을 함에 있어 고려되어야 한다는 사실이다. 진지한 성서연구와 전통에서 간파한 내용은 우리의 현 체험을 풍요롭게 만든다. 상상력이 풍부하고 비판적인 사고는 우리로 하여금 성경과 우리의 공통적인 역사를 더 잘 이해하게 한다.

성경

연합감리교인들은 다른 크리스천들과 함께, 성경이 기독교 교리를 위한 가장 중요한 원천이요 표준임을 확신한다. 살아 계신 그리스도께서는 우리가 구원의 은혜를 체험할 때 우리를 성경을 통하여 만나신다. 예수 그리스도께서는 삶과 죽음 가운데서 우리가 의지하는, 우리 안에 계시는 하나님의 살아 계신 말씀이심을 확인한다.

성경의 저자들은 성령께서 깨닫게 하여 주심에 힘입어 그리스도로 말미암아 세상이 하나님과 화해하게 된 사실을 증언하고 있다. 성경은, 예수 그리스도의 삶과 죽음과 부활을 통하여 자기 자신을 나타내시는 하나님의 자기 계시, 창조, 이스라엘의 순례의

길 및 인류 역사 가운데 계속 활동하시는 성령의 역사에 나타난 하나님의 사업에 대하여 확실한 증거를 우리에게 보여주고 있다.

우리가 성령의 감동으로 사람의 말을 통하여 주어진 하나님의 말씀에 우리의 마음과 가슴을 활짝 열어 놓을 때, 우리의 믿음이 생기고 자라며, 우리의 이해함이 깊어지며, 우리가 세상을 변화시킬 수 있다는 사실이 우리에게 뚜렷하게 나타난다.

성경은 크리스천들에게 있어 성스러운 경전이며, 교회의 초교파적인 역사적 협의회를 통하여 그렇게 인정받고 있다. 우리의 교리적 기준은 구약성서 39권과 신약성서 27권을 경전으로 받아들이고 있다.

우리의 기준은 성경을 구원에 "필요하고 충분한" 모든 것의 원천이요 ('종교강령'), "믿음과 실천의 참된 법도와 안내로서 성령을 통하여 받아야 할 바"('신앙고백')라고 확언하고 있다.

우리는 믿음의 공동체 안에서 그 공동체의 전통을 상고하며 성경을 적절히 읽는다.

우리는 성서의 각 권의 책을 성경 전체의 흐름에 비추어 해석한다.

우리는 성령의 인도하심을 따라 학문적인 연구와 개인적인 관점에 많은 도움을 받는다. 우리가 개개의 성서를 연구함에 있어, 그 성서가 가지고 있는 원래의 역사적 상황과 원래의 의미를 우리는 고려하지 않을 수 없다. 이렇게 성서를 이해하려고 할 때, 우리는 우리의 성서 이해를 풍성하게 하여 준 최근의 면밀한 역사적, 문서적 비평 연구와 원전 연구 등에 의존한다.

이렇게 우리가 성경을 충성스럽게 읽을 때, 우리 개개인의 삶과 세상에 주는 성경의 참다운 말씀이 진리임을 깨닫게 될 것이다. 그러므로 성경은 우리 믿음의 원천일 뿐만 아니라, 어떤 신앙을 해석하든지 그 진실성과 신빙성을 측정하는 기준도 되는 것이다.

우리는 성경을, 신학적 사고를 하는 데 있어 가장 중요한 것으로 인정하고 있지만, 그 뜻을 이해하려는 노력에 있어서는 언제나 전통과 체험과 이성의 도움이 필요하다. 성서와 마찬가지로, 이들이 교회 안에서 활용될 때, 성령의 창조적인 수단으로 사용되어질 수도 있다. 이들은 우리의 신앙을 재촉하며, 하나님의 사랑에 대한 놀라움에 우리의 눈을 뜨게 하며, 우리의 이해를 분명하게 하여준다.

웨슬리의 이러한 유산은, 영국교회의 범교회적이고 개혁적인 전통을 생각할 때, 우리로 하여금 성경을 해석하고 성서에 근거하여 신앙고백서를 작성함에 있어, 이 세 가지 원천을 의식하며 사용하게 한다. 이 세 가지 원천은, 성경과 함께, 우리의 신학적 과제에 있어 없어서는 안 될 것들이다.

전통과 체험과 이성 간의 긴밀한 연관성은 성경 자체 안에 이미 볼 수가 있다. 성경은 여러 가지 전통의 다양성을 보여주고 있는데, 어떤 것들은 초대 유대-기독교적 전통 속에서 이미 서로 해석하는 데 긴장관계에 있었음을 보여주고 있다. 그러나 이러한 전통들은, 성경에서 서로 잘 짜여져 있어, 각기 다른 생활을 하고 있던 사람들이 전수받고 경험하였던 것처럼, 하나님의 계시는 일관된 통일성을 이루고 있음을 잘 표현하여 주고 있다.

그러기 때문에 형성되어 가고 있던 믿음의 공동체는 성서를 그 계시에 대한 진정한 증거로 판단하였다. 이 네 개의 원천이 우리가 신학을 하는 데 있어 서로 연관되어 있으며 분리될 수 없는 것들임을 인정하는 것은, 바로 성서 자체 안에 이미 제시된 하나의 모형을 우리가 따르고 있기 때문이다.

전통

신학적인 작업은 각 세대마다 각 개인에 의하여 새로 시작되는 것이 아니다. 기독교는 신약 시대에서 현대로 뛰어 넘어, 마치 그 중간에 있었던 위대한 증거에서 배울 것이 아무 것도 없는 것처럼 생각하지는 않는다. 지난 여러 세기를 통하여 그리스도인들은 복음의 진리를 자기들의 시대를 위하여 해석하려고 애써 왔다.

이런 노력을 함에 있어, 하나의 과정과 형태로 이해되는 전통은 아주 중요한 역할을 하게 되었다. 복음을 인종과 지역과 세대를 막론하고 받아들이고 다시 전수하는 일은 기독교 역사에 있어 하나의 강력한 요소로 여겨지고 있다. 구체적인 환경에서 조성된 형식과 관습은 이전 기독교 공동체의 전체적인 경험의 유산이 되고 있다.

이러한 전통들은 전 세계에 걸쳐 여러 문화에서 찾아볼 수 있다. 그러나 기독교의 역사는 무지와 잘못된 열성과 죄가 서로 엉켜 있는 사실을 포함하고 있다. 성경은 모든 전통을 판단하는 기준으로 그대로 존재하고 있다.

교회 역사는 가장 근본적인 전통, 곧 인간의 삶을 변화시키는 계속적인 하나님의 영의 역사를 보여주고 있다. 전통은 모든 그리스도인들이 그 안에서 또한 그로 말미암아 살고 있는 끊임없는 바로 그 은혜, 곧 예수 그리스도 안에 나타난, 자신을 내어 주시는 하나님의 사랑의 역사라고 말할 수 있다. 그러기 때문에 전통은 어떤 특수한 전통을 초월한다.

우리의 신학적 과제 ¶105

　　이런 깊은 전통의 의미에서 모든 크리스천은 하나의 공통된 역사를 공유하고 있다. 그 역사 속에서 기독교 전통은 성경보다 먼저 있었지만, 성경은 아직도 그 전통을 나타내는 구심점으로 이해되고 있다. 연합감리교인으로서 우리는 전통의 형태와 활력의 풍성함에 의존하며 우리의 신학적 과업을 추구하여 나간다.
　　전통의 다양성은 신학적 연구와 이를 조직화하는 데에 여러 가지 풍부한 자료를 제공하여 주고 있다. 연합감리교인에게 있어 어떤 전통은, 우리 교리적 전통의 역사적인 토대 및 우리 공동체의 존재를 뚜렷하게 표현하여 주는 것으로서, 특별한 중요성을 차지하고 있다.
　　이제 우리는 주위 세계에서 형성되고 있는 전통의 도전을 받고 있다. 그 전통들은 짓밟힌 자들의 고통과 승리에서 생성된 것으로 기독교의 다른 한 측면을 강조하고 있다. 이 전통들은, 가난한 자, 장애된 자, 옥에 갇힌 자, 핍박받는 자, 소외된 자들을 하나님께서 특별히 보살피고 계시다는 성서적 증거를 우리로 하여금 다시 발견하게 한다. 이러한 사람들에게서 우리는 살아 계신 예수 그리스도의 임재를 체험하게 된다.
　　이 전통들은, 예수 그리스도 안에서 모든 사람이 평등함을 강조한다. 그들은 모든 문화의 다양성과 그 가치를 인정할 수 있도록 우리를 자유하게 하시는 복음의 능력을 보여주고 있다. 그들은 우리가 전통적으로 이해하여 오고 있는 바, 개인 구원과 사회정의의 불가분리성을 더 견고히 하여 주고 있다. 그들은 세계평화를 위한 우리의 결단을 더 깊게 하여 준다.
　　이 전통들을 감식하여 받아들이는 일은 우리로 하여금 하나님께 대하여 새로이 생각하게 하고, 화평을 위한 우리의 시야를 넓혀 주며, 하나님의 특별하신 사랑에 대한 우리의 신뢰를 더하여 준다.
　　전통은 공동체의 신앙이 합의를 이루고 있는 한, 그 신앙의 유효성과 타당성의 척도가 되기도 한다. 현재 우리에게 참된 것으로 도전하여 오는 여러 가지 전통들은 그 진실성과 타당성에 있어 서로 상충되는 양상을 보여주고 있다. 우리는 그러한 상충된 양상을 우리 교회의 교리적 입장을 생각하며 성경에 비추어 분별한다.
　　우리가 사도들의 신앙에 충실하려고 하는 노력은 우리의 기준을 분별하여 사용하며, 새로 형성되어 가고 있는 기독교의 정체성을 알아냄으로써 가능하여진다.
　　이와 동시에, 우리는 광범위한 기독교의 전통을 하나님의 은총의 역사를 표현한 것으로 깨달으며, 계속 이에 도움을 받고 있는데, 이 은혜 가운데서 크리스천들은 서로를 알게 되며 사랑으로 서로 영접한다.

¶105

체험

우리의 신학적 과제에서, 우리는 성경이 증언하는 하나님의 은총의 실상을 확인하기 위하여, 체험을 점검하여 보던 웨슬리의 관습을 따른다.

우리의 체험은 성경과 상호작용한다. 우리는 우리가 누구인가를 형성하는 데 도움을 주는 조건과 사건들에 비추어 성경을 읽고, 또 우리의 체험을 성경에 비추어 이해하게 된다.

모든 종교적인 체험은 인간의 모든 체험에 영향을 준다. 또한 인간의 모든 체험은 우리가 종교적 체험을 이해하는 데 영향을 준다.

개인적인 차원에서 볼 때, 전통이 교회에 연관되어 있는 것과 같이, 체험은 개인적인 것이다. 체험은 하나님의 죄 사하시고 힘 주시는 은혜를 개인적으로 음미하는 것을 뜻한다. 체험은, 우리 자신들의 생활 속에서 성경에 계시되고 전통으로 밝혀진 진리들을 보증하여 줌으로써, 우리로 하여금 기독교의 증거가 우리 자신들의 것임을 주장하게 하여 준다.

웨슬리는 신앙과 그 확실성을, 우리 주 예수 그리스도를 통한 하나님의 자비에 대한 확고한 "신뢰와 확신"이며, 하나님의 손으로 주시는 모든 선한 것들에 대한 확고한 소망이라고 기술하였다. 그러한 확신은 성령의 증거를 통한 하나님의 은총이라고 말할 수 있다.

이 "그리스도 안에서의 새 삶"이 바로 연합감리교인으로서 우리가 말하는 바, "그리스도인의 체험"이다. 그리스도인의 체험은 살아 있는 진리를 성경에서 볼 수 있는 새로운 눈을 우리에게 준다. 그것은 현대를 사는 우리에게 성경의 메시지를 확인시켜 준다. 그것은 또한 하나님과 창조에 대한 우리의 이해를 명확하게 하여 주며, 어려운 도덕적인 가치판단을 하도록 동기를 부여하여 준다.

비록 전적으로 개인적인 것이긴 하지만 그리스도인의 체험은 또한 공동적인 것이기도 한다. 우리 신학적 과제는 교회의 경험과 모든 인류의 공통적인 체험에서 얻는 바가 많다. 성경의 말씀을 이해하려고 할 때, 우리는 하나님의 자유하게 하시는 사랑의 은사가 모든 창조물들을 포함하고 있음을 확인하게 된다.

인류가 겪고 있는 어떤 체험들은 우리의 신학적 과제를 부담스럽게 만들어 주고 있다. 많은 하나님의 백성들은 공포와 기아와 고독과 굴욕 속에서 살고 있다. 매일매일 겪는 출생과 죽음의 체험, 창조된 세계에서의 성장과 삶, 광범위한 사회적 연관성의 인식 등도 역시 진지한 신학적 연구를 하게 한다. 이러한 체험들에 관한 새로운 인식은 성서적 진리를 적용하려는 우리에게 많은 정보를 제공하여 주며, 하늘 나라의 좋은 소식을 더욱 감사하게 한다.

하나의 신학적 사고를 위한 원천으로서의 체험은, 전통과 마찬가지로 풍부한 다양성을 보이고 있으며, 복음이 약속하는 바, 모든 것을 언어로 표시하려는 우리의 노력에 도전하기도 한다. 우리는 체험을 성서적 규범에 비추어 해석하는데, 이는 우리의 체험이 성경의 말씀을 읽는 데 필요한 것과 마찬가지이다. 이러한 점에서, 성경은 그리스도를 증언할 때 충성을 다하여 하려는 우리의 노력에 있어 역시 중요한 원천이 되고 있다.

이성

우리는 비록 하나님의 계시 및 하나님의 은혜를 경험한 우리의 체험이 인간의 언어와 이성을 넘어서고 있음을 알고 있을지라도, 어떠한 신학적 작업도 이성을 조심스럽게 사용하지 않고는 불가능하다는 것도 우리는 또한 인정한다.

이성으로써 우리는 성경을 읽고 해석한다.

이성으로써 우리는 우리 기독교의 증거가 분명한지를 판단한다.

이성으로써 우리는 신앙에 관한 문제를 물으며 하나님의 뜻과 행위를 이해하려고 한다.

이성으로써 우리는 우리가 이해하는 바, 우리의 증거를 체계화하고 그 증거에 내적인 통일성을 만들어 준다.

이성으로써 우리는 성서적 증거 및 전통을 우리에게 전달하여 주는 바로 그 전통과 우리의 증거가 일치하는가를 시험하여 본다.

이성으로써 우리는 우리의 증거를 모든 인간의 지식과 체험과 봉사에 연결시켜 본다.

모든 진리는 하나님께로부터 나오기 때문에, 계시와 이성, 신앙과 과학, 은혜와 자연 등의 관계를 식별하려는 노력은 신빙성 있고 전달이 될 수 있는 교리를 발전시켜 나가는 데에 있어 필요한 작업이다. 우리는, 기독교 복음이 주는 약속과 명령으로 인하여 결정적으로 알게 되는 실재를, 일보의 양보도 없이 포괄적으로 보려고 노력한다. 비록 그러한 노력이 늘 인간의 지식의 특성인 왜곡성과 제한성으로 인하여 손상을 받는다는 것을 우리는 잘 알고 있을지라도 이 일을 멈출 수는 없다.

그럼에도 불구하고, 기독교 신앙을 이성으로 이해하려는 우리의 노력을 통하여, 우리는 복음을 파악하고 표현하고

¶105

복음대로 살려고 하며, 하나님의 뜻을 알고 따르려 하는, 사려 깊은 사람들에게도 이와 같은 일을 하도록 권유하고자 한다.

신학을 하는 데 있어 전통과 체험과 이성의 원천들은 성서 연구에 필요불가결한 것이지만, 신앙과 실천에 있어서의 성경의 우위성은 어떤 무엇과도 바꿀 수가 없다. 이 네 가지 원천은, 각각 특이한 공헌을 하되, 모두가 종국에 가서는 같은 목적을 향하여 작용하면서, 기독교의 증거를 활성화하고 선포하려고 하는 연합감리교인들에게는 중요한 안내자가 된다.

오늘날 교회 내에 있어서의 신학적인 도전

아직도 해결하여야 할 역사적 긴장 상태와 갈등에 더하여, 새로운 문제들이 계속 일어나 우리로 하여금 신학적 연구를 새로이 하지 않을 수 없게 한다. 모든 인류에게 하나님의 나라를 선포하는 우리에게 일련의 문제들이 매일 도전하여 오고 있다.

그중 가장 중요한 관심사는 인간의 존엄성과 해방과 성취를 위한 투쟁에서 비롯된 것들로, 하나님의 창조의 섭리 가운데 이미 계획되어 있었던 것들이다. 이러한 관심사들이, 짓눌린 자들의 비명소리와 더불어 이들을 동정하는 자들의 성난 의분을 표현한 신학 속에 표현되어 있다.

우리는 지금 원자 무기로 인한 파멸, 테러, 전쟁, 빈곤, 폭력, 불의 등의 위험에 직면하고 있다. 인종, 성별, 계급, 연령 등과 관련된 불의가 우리 시대에 만연되어 있다. 자연 자원의 낭비와 자연 환경의 깨지기 쉬운 균형을 무시하는 일 등은 하나님의 창조물을 보살펴야 한다는 우리의 소명과 상치한다. 세속주의가 첨단 기술의 문명 속에 팽배하여 있어, 우리 존재의 영적인 측면을 깊이 깨닫지 못하게 한다.

우리는 이러한 현실에서 진정한 기독교의 해답을 주려고 노력하며, 치유하시며, 구속하시는 하나님의 역사가 우리의 말과 행동에서 나타나기를 추구한다. 너무도 흔히, 신학은 불의를 행하는 일을 돕는 데 사용되어 왔다. 우리는 복음과 조화를 이루는 해답을 구하며, 비판적인 평가에서 제외되기를 원하지 않는다.

우리교회의 풍요한 특성은, 특히 지난 세기 동안 발전하여 온 대로, 그 세계적 성격에 있다고 하겠다. 우리는 뚜렷한 신학적 유산을 가지고 있는 교회이지만, 그 유산이 세계라는 공동체 속에서 살아 움직여, 우리 신앙은 각 지역 공동체에서 고유한 체험과 그 표현의 다양한 형태로 말미암아 풍요하게 되는 결과를 초래하였다.

여러 인종과 언어와 문화와 국민들로 이루어진 연합감리교인들이 서로서로에게 뿐만 아니라 전체 감리교회에 끼친 공헌을 우리는 확인한다. 우리는 신학적인 이해를 분명히 같이하고, 절대적으로 필요한 선교적 표현을 함께하는 데 서로가 이바지하고 있음을 경축하는 바이다.

연합감리교인들은 다양한 사람들이지만 복음을 이해하는 데 서로가 뜻을 같이하기를 계속 힘쓰고 있다. 우리는 다양하지만 공통적인 유산 및 창조적이고 구속적인 하나님의 역사에 동참하려는 공통된 의지로 뭉쳐져 있다.

우리의 과제는 우리의 전망을 체계화하여 선교를 위한 하나의 백성으로 우리 자신을 한데 묶는 데 있다.

예수 그리스도의 이름으로, 다양한 가운데 우리는 서로 참고 견디면서 같이 일하도록 부르심을 받고 있다. 그러한 인내심은 진리에 무관심하고 과오를 멋대로 용인하는 데서 오는 것이 아니라, 우리는 지금 부분적으로만 알며, 성령을 떠나서는 아무도 하나님의 신비를 찾아낼 수 없다는 확신에서 오는 것이다. 성령께서 계속 우리에게 지혜를 주셔서 하나님의 모든 백성들과 함께 순례의 길을 계속 가게 하신다는 확신을 가지고 우리는 우리의 신학적 과제를 수행하여 나간다.

교회연합 사역에 대한 헌신

기독교의 일치성은 예수 그리스도에 대한 믿음을 통하여 우리가 그리스도의 한 몸에 공통적으로 교인이 된다는 신학적 사고에 근거하고 있다. 기독교의 일치성은 임의적인 것이 아니다. 그것은 받아야 하며 표현하여야 할 은사이다.

연합감리교인들은, 지역, 국가 및 세계적인 차원에서 교회일치운동에 우리 자신들을 헌신할 것을 굳게 다짐하면서 교회 일치를 위한 신학적, 성서적 및 실제적 요청에 부응한다. 우리는 교회들과 그 교인들과 그 사역을 서로 인정함으로써, 모든 하나님의 백성들이 성만찬을 함께 나눌 수 있는 길을 여러 가지 방법으로 착수하려고 한다.

교단에 대한 충성심이 예수 그리스도의 교회 안에서의 우리 생활 가운데 항상 존재한다는 것을 인정하면서, 교회협의회들을 통하거나, 다각적 또는 개별적인 대화를 통하여 얻은 것은 물론, 교회와 국가의 분열을 치유하기에 이르게 한 다른 여러 가지 연합사업을 통하여 얻은 연합감리교회 지도자들의 풍부한 경험들을 우리는 환영하고 경축한다.

¶105

우리 사이에 연합사업이 더 잘 보이게 하는 데 성령께서 역사하고 계시는 것을 우리는 안다.

우리 사이에 연합사역이 더 잘 보이게 하는 데 성령께서 다른 종교인들과도 진지한 신앙적 대화를 진행시키고 또한 모색하고 있다. 성경은 우리에게 모든 백성의 이웃이 되고 그들에게 증인이 되라고 명하신다. 그들과의 만남은 우리의 신앙을 새로이 생각하게 하는 기회를 가지게 하며, 다른 종교를 가진 이웃들에게 증언할 수 있는 방법을 추구하게 한다. 그리하여 우리는 온 세상 사람들의 구원을 위하여 예수 그리스도 안에서 일하시는 하나님께서는, 모든 인류의 창조자, 곧 "만유 위에 계시고 만유를 통일하시고 만유 가운데 계시"(에베소서 4:6)는 분이심을 발견하게 된다.

같은 지구 위에 함께 사는 사람으로서, 우리는 우리 자신의 전통을 자기 비판적 시각에서 볼 뿐만 아니라 다른 전통들도 정확하게 이해하여야 할 필요가 있다. 이러한 만남에서 우리 목표는, 종교가 일치할 수 있는 가장 낮은 공통분모를 찾아, 교리적인 차이점을 줄이려는 것이 아니라, 그러한 관계를 더 높게 승화시켜, 인간들이 서로 이해하고 친목을 도모할 수 있는 최고의 차원에까지 끌어올리자는 데 있다.

우리는 하나님의 도우심으로 모든 인류의 구원과 건강과 평화를 위하여 함께 수고하고 있다. 서로 존중하는 대화와 실질적인 협력을 통하여, 우리는 우리의 기독교 신앙을 고백하며, 예수 그리스도께서 세상의 생명이요 소망이 되실 수 있는 방법을 보이도록 노력한다.

결론

교리는 교회생활에서 비롯되는데, 곧 그 신앙과 그 예배와 그 훈련과 그 다툼과 그리고 봉사하여야 할 세상으로부터 오는 도전에서 생겨난다.

전도, 양육 및 선교는 진정한 체험과 이성적인 사고와 또한 목표가 뚜렷한 행동을, 신학적인 성실성을 가지고 계속 통합하려는 노력을 필요로 한다.

우리 주 예수 그리스도에 대한 설득력이 있는 증거는, 우리의 신앙을 부흥시키고, 그 신앙에 사람들을 불러 모으며, 교회를 치유와 화해의 사자로 강화시킬 수 있다.

그러나 이 증거는 하나님의 신비를 완전히 기술하거나 모두 포용할 수는 없다. 비록 우리가 하나님의 놀라우신 은총이 우리와 함께, 우리 가운데 역사하시는 것을 체험할지라도, 또한 비록 우리가 하나님의 나라가 올 때의 기쁨을 알고 있을지라도, 우리가 새로운 걸음을 옮겨 나갈 때마다 우리는 하나님의 궁극적인 신비를 더 절실히 실감하게 된다. 이 신비로부터 경외하는 마음과 겸손한 몸가짐이 생겨난다고 하지만, 우리는 세상에서 하시는 하나님의 구속 사업에 동참하는 일을 위하여 무엇이 본질적인가 하는 것을 충분히 알 수 있다고 믿으며, 하나님의 공의와 자비가 궁극적으로 승리하리라고 확신한다.

이러한 정신으로 우리는 신학적 과제를 수행하며, 예수 그리스도 안에 주어진 하나님의 사랑을 이해하며, 이 사랑을 전 세계에 퍼지도록 힘을 다한다. 우리가 누구였는가를 더 분명히 깨달으며 세상이 필요로 하는 것이 무엇인가를 더 완전히 이해하며, 우리의 신학적 유산을 더 유효하게 상고할 때, 우리는 하나님의 백성으로서의 소명을 더 잘 수행할 수 있도록 우리 자신을 갖출 수가 있을 것이다.

> 우리 가운데서 일하시는 능력을 따라,
> 우리가 구하거나 생각하는 것 이상으로
> 더욱 넘치게 주실 수 있는 분에게,
> 교회 안에서와 그리스도 예수 안에서,
> 영광이 대대로 영원무궁하도록 있기를 빕니다. 아멘.
> —에베소서 3:20-21 (새 번역)

제 4 편

모든 그리스도인의 사역

교회의 선교와 사역

제1절 교회들

¶120. *선교적 사명 (The Mission)*—교회의 사명은 세상을 변화시키기 위하여 사람들을 예수 그리스도의 제자들로 삼는 데 있다. 개체교회들과 우리교회의 연장사역들은 제자들을 만들 수 있는 가장 중요한 현장을 제공하여 주고 있다.

¶121. *우리가 선교하는 이유 (Rationale for Our Mission)*— 하나님의 은총의 좋은 소식을 선포하며 하나님과 이웃을 사랑하라는 예수님의 명령에 그 본을 보여줌으로써 이 세상에서 하나님의 통치가 이루어지고 그 영역이 확대되어, 세상이 변화하도록 사람들을 예수 그리스도의 제자들로 삼는 일이 교회의 사명이다. 이 세상에서 하나님의 통치가 이루어지며 그의 나라가 확대되어 나가는 것이 성경이 우리에게 보여주는 비전이다. 연합감리교회는, 예수 그리스도께서는 하나님의 아들이시며, 구세주이시며, 모든 사람의 주님이심을 천명한다. 우리는 사람들을 그리스도의 제자로 삼을 때 모든 종교의 신앙인들을 존중히 여기며, 모든 사람의 종교적 자유를 옹호한다. 마태복음에 있는 예수님의 말씀이 교회에 선교의 당위성을 제공하여 주고 있다. 곧 "너희는 가서, 모든 민족을 제자로 삼아서, 아버지와 아들과 성령의 이름으로 세례를 주고, 내가 너희에게 명령한 모든

것을 그들에게 가르쳐 지키게 하여라." (28:19-20). 그리고 또한 "네 마음을 다하고, 네 목숨을 다하고, 네 뜻을 다하여, 주 너의 하나님을 사랑하여라…. 네 이웃을 네 몸과 같이 사랑하여라." (22:37, 39) 하는 말씀이다.

이 선교가 곧 예수님께서 선포하신 이 세계의 하나님의 통치 (나라)에 대한 우리의 은혜가 충만한 응답이다. 성경에 기록되어 있는 대로, 하나님의 은총은 항상 어디에서나 이 목적을 이루시며 활동하고 계신다. 이것은 아브라함과 사라에게 맺은 성약(聖約 covenant)과, 이스라엘의 출애굽과 선지자들의 사역에서 나타나 있으며, 예수 그리스도의 삶과 죽음과 부활에서 구체화되어 있다. 이것은 성령으로 말미암아 새로운 백성들이 계속 창조되어 나가는 데서 경험할 수 있다. 존 웨슬리, 필립 오터바인, 제이콥 올브라이트, 또한 우리의 영적 선조들이 이 선교를 이렇게 이해하였다. 연합감리교회가 선교에 관한 뚜렷한 의식을 가지고 있을 때마다 하나님께서는 우리 교회를 통하여 사람들을 구원하여 주셨으며, 깨어진 관계를 치유하여 주셨으며, 사회구조를 개혁하여 주셨으며, 성서적인 성결을 전하여 주심으로써 세상을 변화시키시었다. 진정으로 살아 움직이기 위하여, 우리는 하나님을 사랑하며, 우리 이웃을 사랑하며, 모든 백성을 제자로 삼으라는 예수님의 명령을 받아들인다.

¶122. *우리의 선교를 성취하기 위한 과정*—우리는 다음과 같은 일을 함으로써 사람들을 제자로 삼는다: 곧,

—복음을 선포하고 사람들을 찾으며 그들을 교회로 영접하고 모이게 함으로써,

—물과 영으로 세례를 주고 예수 그리스도에 대한 신앙고백을 하게 하여 자신들의 삶을 하나님께 맡기도록 함으로써,

—예배와 성례전과 영성 훈련과 기타 웨슬리가 말하는 기독교인들의 모임과 같은 은혜의 방편을 통하여 사람들을 그리스도의 삶을 살도록 양육함으로써,

—사람들을 세상에 내어 보내, 병든 자들을 고쳐 주며, 굶주린 자들을 먹여 주며, 나그네 된 자들을 돌봐 주며, 억눌린 자들을 풀어 주면서 자비를 베풀어 복음에 충실한 사회를 건설하는 데 노력하게 함으로써 그들이 그리스도인의 종으로서 사랑과 의로운 삶을 살게 함으로써, 그리고

—사람들을 찾아가 그들을 영접하여 그리스도의 몸 된 공동체에 모든 선교 활동을 계속하여 나감으로써.

¶123. *우리 선교의 세계적인 성격 (The Global Nature of Our Mission)*—우리교회는 일반 신도와 교역자를 포함하여,

성령이 충만한 모든 그리스도인의 섬기는 사역을 통하여 그 세계적인 선교를 성취하려고 한다. 교회의 모든 사역이 예수 그리스도의 제자를 삼는 선교로 형성되고 이루어질 때, 충성스럽고 효율적인 결과를 가져올 수 있다.

¶124. *이 세상에서의 우리의 선교 (Our Mission in the World)*—예수 그리스도의 삶과 죽음과 부활을 통하여 자신을 나타내신 하나님께서는, 교회가 이 세상에서 선교사역을 할 때, 말씀과 행동을 통하여 증언하기를 촉구하신다. 충성된 신앙 공동체로서의 그리스도의 교회는, 모든 인간이 가치가 있음을 확인하며, 하나님의 모든 피조물이 서로 연관되어 있다는 사실을 귀중하게 여긴다.

죄 많은 세상 속에서, 우리는 하나님의 은총으로 말미암아 회개하고 예수 그리스도를 믿는 믿음을 가지게 되었다. 우리는 또한 생명을 주시는 하나님의 성령의 임재하심과 그 능력을 안다. 그리고 우리는, 하나님께서 목적하시는 바가 완전히 이루어질 것을 확실히 믿으면서 산다.

우리는 예배를 드리며 친교하기 위하여, 또한 그리스도인의 공동체를 수립하기 위하여 함께 부르심을 받고 있다. 우리는 그리스도의 교회가 하나가 되기를 선포하며 노력한다. 우리는 모든 사람이 예수 그리스도를 주님으로 모시며 그의 제자가 되기를 촉구한다.

우리는 그리스도의 종으로서 정의와 화해를 위한 투쟁에 참여하도록 이 세상 속에 보내심을 받았다. 우리는 인종, 민족, 문화 및 민족적 배경과 상관없이 모든 남녀와 어린이들을 향하신 하나님의 사랑을 나타내며, 고난당하는 자들과 함께 하는 치유의 복음을 증언하려고 노력한다.

¶125. 연합감리교회 교인들은 전 세계에 걸쳐 우리를 연결시켜 주는 성약(聖約)으로 서로 연결되어 있는데, 이 성약을 통하여 우리는 충성스러운 제자의 도리를 다하며 선교에 힘쓸 것을 서로 다짐하며 돕고 있다. 연대적인 통일성과 개별적인 자율성을 견지하면서 우리는 "상호작용하는 관계에 있는 생동적 조직망"(¶132)을 유지함과 동시에, 우리들의 독특한 문화적, 사회적 상황에 충실하는 복음을 선포하며 실현하도록 노력한다. 이와 동시에 우리는 웨슬리 계통 및 초교파적인 크리스천 형제들을 포함하여, 독립감리교회, 자매감리교회, 자매연합교회, 성약체결교회, 협약교회(¶¶570-574)들과의 관계와 성약과 파트너십을 천명하며 경축하기를 원한다. 우리의 세계적인 연대성은 국가와 지역을 초월하여 우리의 선교적 사명을 다하는 하나의

¶125 모든 그리스도인의 사역

방편이다. 우리의 연대체제가 살아 움직이도록 하기 위하여서는 연합감리교회의 세계적인 성격이 우리 개체교회의 생활과 선교활동에 깊숙히 자리 잡을 수 있도록 하여야 한다. 오직 기도와 선교와 예배를 통하여 상호의존하는 세계적인 파트너십에 우리 자신을 바칠 때라야 웨슬리가 가졌던 교회의 비전인 연대체제가 완전히 실현될 수 있다. 성령의 인도하심을 따라, 전 세계에 퍼져 있는 연합감리교회들은, 선교를 함께하며, 공의를 실현하며, 서로 환대(歡待)하는 성약을 새로이 다시 맺을 것을 부름받고 있다.

하나님과 서로에게 성스러운 약속을 함으로써:

우리는 그리스도 안에서 하나 됨을 확인하며, 세계를 변화시키는 선교사역을 함에 있어, 진정한 세계교회가 된다는 것이 무엇을 뜻하는지, 그것을 향하여 한 걸음씩 충성을 다하며 나아간다.

우리는 언어와 문화와 사회적 지위와 경제적 차이의 장벽을 넘어설 것을 우리 자신에게 다짐한다. 복음에 충실하게 서로 더 사랑하며 서로 더 믿기를 바라면서, 모든 백성들을 섬기는 일에 자신을 바친다.

우리는 하나님께서 우리에게 주신 은사와 경험과 리소스는, 그들이 영적인 것이든, 재정적인 것이든, 혹은 선교적인 것이든, 모두 동등한 가치를 지니고 있다는 사실임을 인정하며, 사역의 동역자로서 하나님의 선교사역에 동참한다.

우리는 교단과의 관계에서, 그 구조에서, 또한 그에 대한 임무에서 전적으로 공명정대하게 행하며 그에 책임질 것을 다짐한다.

우리는 공동체에 대한 새로운 감각을 창조하여 가며, 또한 세상을 변화시키기 위하여 예수 그리스도의 제자들을 만드는 사역을 함으로써, 우리의 세계적인 유대관계의 삶을 즐기면서 새로운 상호관계를 수립한다.

이에 동반하는 세계적인 연합감리교회를 위한 성약 연도(連禱)

인도자: 하나님과 서로에게 맺은 성약(聖約 covenant)을 통하여 우리는 그리스도 안에서 하나 됨을 천명합니다.

회중: 우리는 세상을 변화시키기 위하여 예수 그리스도의 제자들을 만드는 사역을 함으로써, 세계적인 교회로 살아가기 위하여 충성스럽게 한 걸음씩 나아갑니다.

인도자: 우리는 하나님과 서로에게 성스러운 약속을 함으로써, 하나님의 선교사역에 동역자로 동참합니다.

회중: 우리는 복음에 충실하며, 언어와 문화와 사회적 지위와 경제적 차이의 장벽을 넘어설 것을 우리 자신에게 다짐합니다.

인도자: 우리는 사역의 동역자로서 하나님의 선교사역에 동참합니다.

회중: 우리는 그것이 영적인 것이든, 재정적인 것이든, 혹은 선교적인 것이든, 하나님께서 우리에게 주신 은사와 경험과 리소스를 나누어 가집니다.

인도자: 우리는 하나님과 서로에게 성스러운 약속을 할 때, 우리 모두가 완전히 동등하게 되기를 다짐합니다.

회중: 우리는 교단과의 관계에서, 그 구조에서, 또한 그에 대한 임무에서, 전적으로 책임질 것을 다짐합니다.

인도자: 우리는 하나님과 서로에게 성스러운 약속을 함으로써, 새로운 상호 관계를 수립합니다.

회중: 세상을 변화시키기 위하여 예수 그리스도의 제자들을 만드는 사역을 담당할 때, 우리는 하나님의 은총으로 세계적인 유대 관계의 삶을 즐거이 살아 갑니다.

제2절 모든 그리스도인의 사역

¶126. *기독교 사역의 핵심*—기독교 사역의 핵심은 사랑을 널리 전파하는 그리스도의 사역에 있다. 이는 감사와 예배, 증거와 봉사, 축제와 제자 됨의 공동생활을 하는 크리스천들의 공동체를 통하여 나타나는 그리스도의 마음과 선교의 표현이다. 모든 크리스천은 세례를 통하여 하나님께 영광을 돌리며, 온전한 인간성을 성취하기 위하여 이 섬김의 사역에 부르심을 받고 있다. 이 사역의 형태는 지역에 따라 또한 관심의 정도와 교파적 강조점에 따라 서로 다양하겠지만, 그 정신과 선교에 있어서는 항상 동일하다.

¶127. *평신도의 사역 (The Ministry of the Laity)*— 평신도의 사역은 그리스도께서 베푸시는 사랑에 헌신하는 데서 비롯된다. 역사적으로 볼 때 연합감리교회의 평신도들은 소명을 가지고 예수 그리스도의 복음을 적극적으로 전파하는 이들이다. 모든 평신도는 '지상명령'(마태복음 28:18-20)을 수행하기 위하여 부르심을 받은 이들이며, 선교적 사명을 다하기 위하여 부르심을 받은 이들이다. 평신도들의 증거와 일상생활에서 그리스도와 같은 삶을 사는 것은 물론, 자신들의 복음적 신앙 체험을 서로 나누는 일이 기본적인 전도사역이다. 이 사역을 통하여 사람들은 그리스도를 알게 되며, 이로써 연합감리교회는 그 사명을 다하게 될 것이다.

¶128. *공동체의 사역 (The Ministry of the Community)*— 새로운 성약 (聖約 covenant) 공동체로서의 교회는 수천 년간 전 세계를 통하여 그리스도의 은혜의 사역에 동참하여 왔다.

¶128　　　　　　　　　모든 그리스도인의 사역

교회는, 사랑과 봉사가 하나님의 사랑과 우리의 사랑을 표현할 수 있는 곳이라면, 어느 곳에서나 인간의 부족함에 부응하고 있다. 이러한 대외 선교사역에는 한계가 없다. 다양한 사역을 초월한 바로 이곳에 우리의 궁극적인 관심사가 있다. 곧 모든 사람으로 하여금 그리스도를 통하여 하나님께 나아가 구원을 받게 하며, 그들을 창조주의 형상대로 새로 거듭나게 하는 일이다 (골로새서 3:10). 이것은 곧 모든 그리스도인이 그리스도께서 원하시는 곳이면 어디서든지 치유와 자유를 가져오는 행위와 말씀으로 봉사하고 증언하도록 부르심을 받았다는 뜻이다.

¶129. *은사 및 임무로서의 사역 (Ministry as Gift and Task)*—그리스도의 이름과 영으로 주어진 모든 그리스도인의 사역은 하나의 은사인 동시에 임무이다. 그 은사는 하나님께서 공로없이 주시는 은혜요, 그 과업은 아낌없이 베푸는 봉사이다. 교회에의 입교는 세례를 받을 때 확인되며, 모든 연령층의 사람들이 이에 포함될 수 있다. 세례예식을 집행할 때, 권한을 위임받은 이가 삼위일체(예식에서 성부와 성자와 성령이라고 구체적으로 명시한다)이신 하나님의 이름으로 물로 세례를 베풀며, 보통, 교인들 앞에서 손을 얹고 성령께서 임하시기를 기원한다. 이 성례전을 통하여 교회는 하나님의 약속 및 '성령의 날인'(에베소서 1:13)이 주어졌음을 확신한다. 세례에는 양육이 뒤따르게 되며, 교회가 세례받은 사람에게 그리스도의 사역을 담당할 것을 요구하고 있음을 그들은 곧 인식하게 된다. 그러한 사역은, 신앙고백을 통하여 세례서약을 한 것을 교회가 받아들이며, 전 생애를 통하여 이를 새롭게 할 때, 교회가 이를 확인한다. 교회의 일원이 되어 사역의 책임을 수락하는 것은 특정한 개체교회에서 이루어지지만, 선교하려는 욕망은 항상 개체교회를 초월하여 전 인류 공동체를 향하여 움직이게 된다. 하나님의 은사는 봉사의 종류에 따라 다양성을 띠고 있으나, 모든 봉사는 다 같이 귀하고 가치가 있는 것이다.

¶130. *충성스러운 사역 (Faithful Ministry)*—이 세상에서 눈에 보이는 교회인 하나님의 백성들은 이 세상에 복음의 실체를 알려야 할 책임을 기피할 수 없으며, 또한 이 책임을 어느 특정한 사람에게만 위임할 수도 없다. 교회는 증언하고 봉사하는 공동체로서 충실하여야 한다. 아니면, 교회는 그 생명력을 잃게 되고 믿지 않는 세상에 아무런 영향력을 미치지 못하게 된다.

¶131. *그리스도 안에서의 사역의 일치 (The Unity of Ministry in Christ)*—그리스도 안에서 사역은 오직 하나이지만, 그리스도의 몸에는 다양한 은사와 하나님께서 주시는

은혜의 증거들이 있다 (에베소서 4:4-16). 모든 그리스도인의 사역은 상호 보충적이다. 어느 하나가 다른 것에 종속되어 있지 않고 있다. 모든 연합감리교회의 교인은 상호의존 관계에서 함께 존속하고 활동하도록, 또 성령에 의하여 인간을 자유하게 하는 진리와, 화해하게 하는 사랑에 이르도록, 그리스도로부터 부르심을 받고 보내심을 받고 있다.

¶132. *연대체제 안에 있는 이들의 여정 (The Journey of a Connected People)*—연합감리교회의 전통적인 연대체제에는 여러 가지 레벨이 있으며, 그 안목은 세계적이요 이를 실현함은 지엽적이다. 우리의 연대적인 조직 체계는 단순히 하나의 구역회를 다른 하나의 구역회와 연결시켜 주는 것을 뜻하고 있는 것이 아니다. 그것은 상호작용하는 관계에 있는 생동적 조직망을 말한다.

우리는 '우리의 교리적 기준과 총칙'(¶103)을 포함한 공통적인 믿음의 전통과, 총 감리제도를 포함한 교회의 헌정 체제와, 포용적이고 선교적인 우리 공동체의 성격을 나타내는 의회들과 함께 또한 이들을 통하여 함께 성취하려고 하는 협동적인 선교 활동과, 우리 나름대로의 독특한 방식으로 일을 처리하는 공통적인 기풍 등을 서로 나눔으로써 우리는 모두가 서로에 연결되어 있는 것이다.

제3절 섬기는 사역과 섬기는 지도자들

¶133. *적극적으로 기대하면서 하는 선교*—모든 그리스도인의 사역은 세상 안에서 이루시는 하나님의 선교 활동이다. 하나님의 선교는 예수께서 그의 첫 제자들에게 가르쳐 주신 기도에 잘 나타나 있다. 곧, 하나님의 나라가 임하게 하시오며, 뜻이 하늘에서 이루어진 것같이, 땅에서도 이루어지게 하시는 것이다. 그러므로 모든 그리스도인은 하나님과 이웃에게 봉사하는 일에 충실함으로써, 또 하나님의 보편적인 사랑과 정의와 평화가 하늘에서 이루어진 것같이 이 땅에서도 이루어지기를 기다리는 믿음으로 열심히 활동하여야 할 것이다.

이때가 이루어질 때까지 모든 그리스도인의 사역은 예수님의 가르치심으로 그 형태가 구성되어 있다. 이러한 가르치심을 전수하는 일은 곧 교회에서 임원으로 임무를 다하도록 하나님께로부터 은사와 부르심을 받은 지도자들에게 맡겨져 있다. 어떤 사람은 사도로, 어떤 사람은 예언자로, 어떤 사람은 복음 전도자로, 또 어떤 사람은 목사와 교사로 삼으신

¶133

것이다. 그것은 성도들을 준비시켜서, 봉사의 일을 하게 하시고, 그리스도의 몸을 세우게 하려고 하시는 것이다 (에베소서 4:11-12). 이들이 교회를 능률 있게 인도하기 위하여서는 섬기는 사역과 섬기는 지도력을 발휘함에 있어 예수님의 가르치심을 몸소 실현하여야 한다. 이러한 사역과 지도력을 통하여 교인들은 그리스도의 제자가 되는 일에 충성을 다하며, 세상에서 하나님의 선교 활동에 전적으로 참여하게 된다.

¶134. *지도자의 소명과 은사 (Calling and Gifts of Leadership)*—연합감리교회는 전통적으로 이 두 가지 은사와 소명을 장로(elder)와 집사(deacon)의 안수직에서 인정하고 있다. 연합감리교회는 교역자뿐만 아니라 평신도도 모두 교회를 이끌어 나가도록 하나님께로부터 은사와 소명을 받았다고 전통적으로 인정하여 오고 있다. 섬기는 지도자로서의 이들의 위치는 교회의 선교와 사역에 필수적인 것이다. 그들은 교인들이 세상에서 크리스천의 삶을 위한 영성훈련과 지도를 받음으로써, 개체교회의 성약 공동체에서 그리스도의 제자들이 되도록 도와준다.

제4절 섬기는 사역

¶135. *크리스천의 제자직 (Christian Discipleship)*—모든 크리스천의 사역은 특권과 의무를 동반한다. 그 특권은 영적으로 깊은 하나님과의 관계를 말하며, 그 의무는 이 세상에서 거룩하게 살라고 하시는 하나님의 부르심에 응답하여야 하는 것을 뜻한다. 연합감리교회의 전통에서 볼 때, 이 두 가지 크리스천들의 제자직은 전적으로 서로 의존하는 측면을 가지고 있다.

¶136. *우리의 하나님과의 관계: 특권 (Privilege)*—크리스천들은 신체적, 정신적 생활에서 경험하는 바와 같이, 영적 생활에서도 성장과 변화를 경험하게 된다. 이 성장은 늘 은총의 역사이지만 그것은 일률적으로 일어나는 것은 아니다. 그리스도 안에서의 영적 성장은 깨우침 (awakening), 출생 (birth), 성장 (growth), 성숙함(maturation)에 의하여 뚜렷이 나타나는 하나의 역동적인 과정이다. 이 과정은 제자들로 하여금 그리스도인의 삶에 있어서 완전무결함에 이르게 하는, 주의 깊고 계획된 양육을 필요로 하고 있다. 영적 성장과 변화의 단계에는 그리스도인으로서의 삶의 시작, 그리스도인으로서의 거듭남, 그리스도인으로서의 성장, 그리스도인으로서의 성숙함이

있다. 이것들은, 제자들이 그리스도인의 생활에 성숙하여지며 모든 그리스도인의 사역 활동에 전적으로 참여하게 하기 위하여 주의 깊고 계획된 양육을 필요로 하고 있다.

¶137. *세상 안에서의 우리의 그리스도와의 관계: 의무 (Obligation)*—연합감리교회 전통에 서 있는 모든 크리스천의 사역은 늘 깊은 종교적 체험을 통하여 새로운 힘을 얻어 왔으며, 이것은 우리의 사역이 어떻게 예수 그리스도께 대한 우리의 의무와 연관성이 있는가를 강조함으로써 이루어져 왔다. 초창기의 감리교도들은 신의를 기르는 생활방식을 개발하였으며, 그들의 규칙적인 제자로서의 생활은 존 웨슬리가 1743년에 처음 출간하여 지금의 <연합감리교회 장정> 26-27쪽에 수록되어 있는 '총칙'에 가장 잘 나타나 있다.

제5절 섬기는 지도자

¶138. *지도자의 특권과 의무 (Leadership Privileges and Responsibilities)*—연합감리교회 내에는 섬기는 지도자 (servant leadership)로 부르심을 받은 평신도와 안수받은 사역자들이 있다. 이러한 소명은 어떤 특별한 은사와 능력을 받았는가에 따라 입증된다. 섬기는 지도자로 부르심을 받은 것은, 그것이 하나님께로부터 개인에게 온 것이기 때문에 내적인 것이요, 또 교회의 감식(discernmnet)과 인준(validation) 을 통하여 추천을 받아야 하기 때문에 외적인 것이기도 하다. 우리교회 내의 섬기는 지도자의 특권이란 세상에서 하나님의 선교를 위하여 개체교회와 전체 교회를 대비하게 하는 일에 동참하도록 부르심을 받은 것을 뜻한다. 이런 섬기는 지도자의 의무는 성약 (聖約 covenant) 공동체 안에서 사람들을 그리스도의 제자들로 만드는 데 있다 (forming of Christian disciples in the covenant community of the congregation). 이 일은 하나님과의 영적 관계를 분별하며 길러주는 일을 포함하는데, 그것은 섬기는 지도자로서의 특권이기도 하다. 그것은 또한 그리스도의 제자들이 예수 그리스도를 증언할 때, 성령의 인도 아래, 예배 행위와 헌신과 자비와 정의를 통하여 그들을 가르치고 인도하는 일을 포함한다. 존 웨슬리는 이것을 "서로 사랑으로 돌보아 주는 일"이라고 기술하고 있다.

¶139. *안수사역직 (Ordained Ministry*—안수받은 사역자들은 하나님의 백성들 가운데서 하나님께로부터 특수한 사역에 일생 동안 섬기는 지도자로 부르심을 받은 사람들이다.

¶139 모든 그리스도인의 사역

안수받은 사역자들은 세상의 부족함, 관심사, 소망, 창조물을 위한 하나님의 약속을 교회에 해설하도록 부르심을 받고 있다. 이러한 특수사역 가운데 집사들은 말씀과 봉사(¶328)와 자선과 공의(Word, Service, Compassion, and Justice)의 사역에, 장로들은 '봉사와 말씀과 성례전과 치리'(Service, Word, Sacrament, and Order)의 사역(¶332)에 부르심을 받고 있다. 이러한 독특한 기능들을 통하여 안수받은 사역자들은 오로지 교회 일에, 또한 모든 그리스도인의 일반 사역을 뒷받침하여 주는 일에 자신을 바친다. 그들은 철저한 성서 연구와 충실한 성서 해석을 통하여, 효과적인 복음 선포와 책임 있는 성례전의 집행을 통하여, 제자의 열매를 맺도록 교인들을 열심히 지도함을 통하여, 그리고 개체교회 밖으로 나가 지역사회와 전 세계에 이르기까지 복음을 증거함에 성령의 지도를 따름으로써, 그들의 특수한 직능을 발휘한다. 안수사역직은 예수님의 본을 따르는 섬기는 지도자의 직분에 충성을 다하는 것과, 특별한 위임을 받았다는 것과, 생을 경외하는 열정, 또 지역 목회를 세계 기독교 공동체와 연결시키려는 노력이라고 특징 지을 수 있다.

제6절 포용하도록 부르심을 받음

¶140. 우리는 하나님께서 만물을 창조하시고 그 모든 것을 보시고 좋다고 하신 것을 확인한다. 우리는, 특별한 은사와 하나님의 은총의 확증을 교회 일치와 사회에 제공하고 있는 다양한 하나님의 백성들로서, 만인을 위하여 사역하신 예수님의 본을 충실히 따르도록 부르심을 받고 있다.

포용성이란 모든 사람이 교회생활과 지역사회와 세상에 참여할 수 있도록 문호를 열어 주며, 이들을 받아 주며, 후원하여 주는 것을 뜻한다. 그러므로 포용 정신은 어떠한 형태의 차별도 허용하지 않는다. 연합감리교회의 각 개체교회 예배는 모든 사람들에게 개방되어 있어야 한다.

포용적인 사회의 특징은 모든 사람이 교회생활과 지역사회와 세상에 전적으로 참여할 수 있도록 사람들에게 문호를 열어 주며 이들을 받아 주며 후원하여 주는 것이다. 이것은 더 나아가 교회 행사를 장애인을 위한 시설이 준비되어 있는 곳에서 행하는 것도 뜻한다.

연합감리교회에서 말하는 포용성이란 <연합감리교회 장정>이 규정한 바, 교인이 되고 지도자가 될 자격을 갖춘 모든 사람이, 어느 레벨이든 또는 어느 곳이든, 교회생활 전반에 걸쳐 이에 전적으로 참여할 수 있는 자유를 뜻한다. 이 선언의 정신으로 모든 연합감리교회의 신학대학원들은, '장애인 기회 균등화에 관한 국제연합 기준 규칙'('The United Nations Standard Rules on the Equalization of Opportunities for Persons with Disabilities')과 세계교회협의회의 가이드라인에 명시된 바에 따라, 장애인들이 모든 시설물과 적절한 정보와 설비물에 쉽게 접근하게 하는 일을 새로 시작하거나 계속 향상하여 나갈 것이다.

제7절 연합감리교회를 통한 사역의 실현

¶141. *교회*—본 <장정> ¶¶120-143에 선포되어 있듯이, 모든 기독교인이 행하는 사역의 영적 측면을 강조하면서, 우리는 이 사역이 세상 안에 존재하고 있으므로, 정부가 이 사역을 실현하려는 연합감리교회의 성격에 법적 정의를 내릴 수도 있다는 사실을 인정한다. 그렇기 때문에 본 <장정>에서 사용하는 "연합감리교회," "일반 교회," "온 교회," 그리고 단순히 "교회"의 의미는, 항상 이 용어들에 대하여 연합감리교회 교인들이 전통적으로 이해하여 온 대로 일관성 있게 나타나도록 하여야 한다.

이러한 용어들은 교단 전체를 일컫는 말로서, 교단의 많은 개체교회들과 여러 계층의 의회들과 그들 협의체, 부서 및 기관들과 그밖의 다른 교회 기구들의 연대적인 연관성 및 정체성을 일컫고 있으며, 이들이 모두 합하여 연합감리교회로 알려진 종교체제를 이루고 있다. 본 <장정>에 명시된 '헌장'과 모든 법규에 의하여, '연합감리교회'라는 말은 교단 전체를 뜻하는 것으로서 하나의 실체도 아니며, 어떤 법적 권한이나 속성을 가지고 있지도 않다. 따라서 이 교단은 재산을 소유하고 있지 않을 뿐만 아니라 소유할 수도 없으며, 어떤 임원이나 대리인이나 고용인이나 사무실이나 혹은 소재지를 가지고 있지도 않다. 그러나 각 의회, 협의회, 부서, 기관, 개체교회, 그밖에 '연합감리교'라는 명칭을 사용하고 있는 조직 단위들은 대부분의 경우 소송을 제기하고 소송을 당할 수 있는, 법적 행위를 행사할 수 있는 법인체들이다.

¶142. *교역자의 정의 (Definition of Clergy)*—연합감리교회에서 *교역자 (clergy)*라고 하는 이들은, 위임받은 (commissioned) 사역자로, 집사(deacons)로, 장로(elders)로, 또한 본처목사(local pastors, 전임 또는 비전임)로, 위임을 받거나 안수를 받거나 (ordained) 인허를 받아 (licenced) 한 연회에 교적을 두고 봉사하는 이들을 말한다.

¶143. *교역자의 임용 신분 (Employment Status of Clergy)*—교회의 사역은 그리스도의 사역(¶301)에서 비롯된다. 예수께서는 우리에게 분명히 말씀하시기를, 자신은 고용된 사람이 아니라 목자라고 하셨다 (요한복음 10:11-15). 이와 마찬가지로 개체교회에 파송된 연합감리교회 교역자들은 그 교회나 지방이나 연회의 고용인이 아니다. 어떤 제한된 조건하에서는, 가령 소득세, 보수, 보험 같은 문제에 있어서, 정부 및 다른 행정 당국들이 교역자를 고용인으로 분류할 수도 있다. 그러나 이러한 분류가 연회와 교역자와 교회를, 그리고 감독의 파송권과 그 절차를 연결하여 주는 역사적 성약관계, 또는 우리교회의 '헌장' 또는 <장정> (예를 들면, ¶301, ¶¶328-329, ¶¶333-334, ¶338, ¶340 등)에 규정된 다른 원칙들을 포함한 연합감리교회의 정책에 역행하거나 한정하는 것으로 간주하여서는 안 된다. 따라서 그런 분류를 꼭 하여야 할 경우가 생긴다면, 위에 명시한 바와 같이, 이는 오직 제한된 목적(only for limited purposes)에 국한하여야 하며, 또한 하나님의 종이 된다는 것은 교역자의 책임이라는 충분한 인식과 확인하에 받아들여야 한다.

제 5 편
사회생활 원칙

서문

연합감리교회는 사회정의에 대하여 오랫동안 관심을 보여 온 역사를 가지고 있다. 연합감리교회 교인들은 기독교적 원칙에 있어 논란되는 문제에 대하여 흔히 숨김없는 입장을 취하여 왔다. 초대 감리교인들은 노예 매매, 밀수 행위, 죄수에 대한 가혹 행위에 반대 의사를 표시하였다.

1908년에 미(북)감리교회는 하나의 사회신경을 채택하였다. 그 후 10년 안에 남감리교회와 감리교개신교회도 이와 비슷한 신경을 발표하였다. 1946년 연합형제교회와 복음주의교회가 통합할 때에 복음주의연합형제교회는 사회생활 원칙 선언문을 채택하였다. 감리교회와 복음주의형제교회가 통합한 지 4년 후인 1972년에 연합감리교회 총회도 새로운 사회생활 원칙 선언문을 채택하였는데, 이를 다시 1976년에 개정하였다.

이 '사회생활 원칙'(Social Principles)은 교회법으로 간주하여서는 안 되지만,[1] 연합감리교회의 전통 속에서 역사적으로 증명된 바와 같이, 이는 연합감리교회 총회가 기도하며 생각하는 가운데, 현재 세계의 인류가 직면한 문제에 대하여 건실한 성서적, 신학적 토대 위에서 자신의 입장을 표현하고자 하는 하나의 노력인 것이다. 이 원칙들은 가장 충실한 예언자적 정신에 입각하여, 사람들을 선도하며 설득하는 데 그 목적이 있다. 이 '사회생활 원칙'은 모든 연합감리교인들에게 '믿음'과 '행위'의 관계에 대하여 끊임없는 대화를, 경건하고도 탐구적인 마음으로 하라고 요청하고 있다 (¶509 참조).

---

1. 사법위원회 판정 833, 1254 참조.

전문

연합감리교회 교인인 우리는 우리의 창조주가 되시며 아버지가 되시는 하나님과, 우리의 구속자가 되시는 예수 그리스도와, 우리의 인도자가 되시며 보호자가 되시는 성령을 믿는, 우리의 믿음을 확인한다.

우리는 출생과 삶과 죽음과 영생에 있어 하나님께 전적으로 의존하고 있음을 확인한다. 우리는 하나님의 사랑을 확신하면서, 삶의 선함을 천명하며, 예수 그리스도에게 나타나신, 우리를 향하신 하나님의 뜻을 거역한 우리의 많은 죄를 고백한다. 우리는 창조주 하나님께서 우리에게 위탁하신 대로 늘 충성된 청지기가 되지 못하였다. 모든 사람을 사랑의 공동체에 불러들이시려는 예수 그리스도의 선교사역에 있어 우리는 늘 주저하는 추종자가 되어 왔다. 우리는 그리스도 안에서 새 피조물이 되도록 성령의 부르심을 받았건만, 우리는 다른 사람과의 관계에 있어, 또 우리가 살고 있는 지구를 다루는 데 있어, 하나님의 백성이 되라는 끊임없는 부르심을 거부하여 왔다.

우리는, 복음에 순종하여 살아가면서 우리의 믿음을 서로 다른 문화적 상황에 적용할 때, 견해의 차이가 있음을 인정하나, 예수 그리스도 안에서 우리가 하나가 됨을 확언한다.

우리는 하나님의 용서하시는 사랑 안에 살며, 이로써 또한 심판을 받는 그 사랑에 감사하며, 또한 각 개인의 측량할 수 없는 가치를 믿으면서, 세상 끝까지 뿐만 아니라 우리의 일상생활과 활동의 깊은 곳에서까지도 복음의 충성스러운 증인이 되기를 다시 다짐한다.

¶160. 제1절 자연의 세계

모든 창조물은 주님께 속하여 있으며, 그것들을 선용 혹은 악용하는 것은 우리의 책임이다. 물, 공기, 흙, 광물, 동력 자원, 식물, 동물의 생명 및 공간은 소중히 취급되어야 하며 잘 보존되어야 하는데, 이것들이 단지 인간들에게 필요하여서가 아니라 하나님의 창조물이기 때문이다. 하나님께서는 우리에게 그가 창조하신 세계를 돌보라고 청지기의 직분을 주셨다. 우리는 이 직분을 사랑과 존경심을 가지고 감당하여야 할 의무가 있다. 경제적, 정치적, 사회적 발달과 과학 기술의 발전은 우리 인류의 수명을 연장시켰으며, 우리의 삶을 윤택하게 하였으며, 세계 인구의 수를 증가하게 하였다. 그러나 이러한 발전은 특히 산업화된 사회들 때문에 지역적으로 식물을 말라 죽게 하였으며, 많은 생명체를 멸종케 하였으며, 인간의 고통과 인구 팽창을 초래하게 하였으며, 자연 자원을 오용하고 과용하여 재생을 불가능하게 하였다. 이러한 계속적인 행위는 미래 세대에게 맡기신 하나님의 모든 자연 유산을 위태롭게 하고 있다. 그러므로 하나님의 모든 창조물이 질적으로 더 나은 삶을 영위하도록, 경제적, 정치적, 사회적, 과학 기술적인 생활방식을 고쳐 나가는 일이 교회와 교인들의 최우선적인 책임이라는 것을 우리는 인정하자.

A) 물, 공기, 흙, 광물, 식물—우리는 생산 과정에서 생기는 부산물과 폐기물들을 줄이며, 이들을 적절히 관리하는 사회정책을 지지하며 권장한다. 그리고 우리는 유독성 폐기물과 방사선 폐기물을 안전하게 처리하여 이를 모두 없이려는 움직임을 환영하며, 도시 폐기물들을 줄일 뿐만 아니라 이를 재생하는 일을 장려하며, 오염된 공기와 물과 토양을 깨끗케 하는 일을 지원한다. 우리는 울창한 산림과 기타 바꿀 수 없는 자연 자원을 보호할 뿐만 아니라, 멸종 위기에 있는 식물의 종자도 보호하기를 요청한다. 우리는 또한, 자연의 생태계를 유지하고 재생하는 일을 지지한다. 우리는 음식물을 생산, 가공, 보존하는 일에 화학 물질을 사용하기보다 다른 방법을 개발할 것을 지지하며, 이것들이 하나님의 창조물에 끼치는 영향에 관하여 충분히 연구할 것을 강력히 촉구한다. 우리는 지구의 적절한 존재 방식이 유지되는 한도 안에서 인간의 복지를 위하여 세계의 자원을 적절히 사용할, 국제적인 협약을 강구하여, 이를 맺을 것을 촉구한다. 우리는 물을 사유화하여 병에 담아 이윤을 남기기 위한 상품으로 판매하고 있는 현실에 대하여 깊은 우려를 표시한다. 우리는 모든 공공 기관과 정부 기관에 수자원을 유지할 방편을 개발할 것을 촉구하며, 수자원 사유화를 허락하며 승인하기 전에, 먼저 수자원 사유화가 자연 환경과 경제와 사회에 끼치는 중요한 결과에 대하여 결단을 내릴 것을 촉구한다.

B) 동력 자원의 사용—이 지구 전체는 하나님의 좋은 피조물이며, 바로 그러기 때문에 그 고유한 가치를 지니고 있다. 현재 우리가 에너지 자원을 사용하고 있는 방법이 그 피조물을 근본적으로 위협하고 있음을 잘 알고 있다. 연합감리교회의 교인으로서 우리는 피조물과 에너지 생산과, 특히 창조물의 자원을 책임 있게 정성을 다하여 경제적인 방법으로 접근하기를 다짐하고 있다. 우리는 에너지를 절약할 수 있는 방도를 마련하기를 간청한다. 누구나 지구의 한계성을 존중하여 에너지 소비를 낭비하지 않는 생활습관을 길러야 할 것이다. 우리는 각 사람마다 탄

산가스 (CO_2) 배출량을 1년에 1톤 미만으로 줄일 것을 권장한다. 우리는 재생할 수 있는 에너지를 우선적으로 개발할 것을 강력히 주장한다. 탄소와 기름과 가스 자원의 저축량은 제한되어 있으므로, 이 자원들의 지속적인 사용은 지구의 온난화를 촉진시킨다. 원자력 사용은 탄산가스 배출의 해결책이 되지 못한다. 원자력 발전소는 취약하며, 불안전하며, 건강을 해칠 우려가 있다. 핵 잔해물을 영원히 안전하게 보관하는 일은 보장할 수 없다. 그러므로 이를 미래 세대에게 가동시키는 일은 무책임한 행위이다. 농산 연료와 생유기물 (biomass) 식물의 생산은 안전한 식량 공급과 소규모 농업의 지속적인 생존을 위하는 것보다 더 중요하지 않다.

C) 동물의 생명—우리는 애완 동물들, 길들인 동물들, 실험용 동물들 및 야생 동물들을 인도주의적으로 취급하며, 육축과 어류와 조류들을 고통 없이 도살하는 문제를 포함하여 동물의 생명과 건강을 보호하고 유지시키는 규정을 지지한다. 우리는, 다국적 기업과 상업행위가 관리하고 있든 아니하고 있든, 야생 동물들을 착취하고 있으며, 야생 동물들이 그 생존을 의지하고 있는 생태계가 자연의 질서를 위협하고 있음을 인지하고 있다. 우리는 국가와 국제 기구 및 기업이 모든 종류의 동물들, 특히 멸종 위기에 있는 동물들을 보호, 유지할 수 있도록 그 규정과 가이드라인을 만들어 줄 것을 촉구한다.

D) 세계적인 기후 변화에 대한 책임—우리는 하나님의 창조물에 대한 인간의 무관심이 무서운 결과를 초래하고 있음을 인정한다. 만연하고 있는 산업화와, 이와 함께 날로 증가하는 화석 연료의 소비는 지구의 대기권에 오염 물질을 증가시키고 있다. 이러한 "온실 가스"의 배출은 앞으로 몇 세대에 걸쳐 지구의 기후를 극적으로 변화시키면서 우리를 무섭게 위협하고 있다. 이는 환경적으로, 경제적으로, 또한 사회적으로 큰 충격을 우리에게 안겨 줄 것이다. 이러한 부정적인 영향은 가스 배출에 가장 책임이 적은 개인이나 국가에 무분별하게 미치고 있다. 그러므로 우리는 모든 정부가 가스 배출량을 강제적으로 낮추려는 노력을 지지하며, 개인과 교회와 실업계와 산업계가 가스 배출량을 줄여 나가 줄 것을 호소한다.

E) 우주 공간—이미 알려져 있거나, 알려지지 않은 우주는 하나님의 창조물로서, 이들도 우리 지구와 마찬가지로 존중히 여김을 받아야 한다. 그러므로 우리는 어느 나라이든 우주를 무기화하려는 노력을 배격하며, 모든 국가가 우주 과학을 위한 기술을 평화롭게 공동으로 개발할 것을 촉구한다.

자연의 세계 ¶160

F) 자연 과학과 과학 기술—우리는 자연 과학이 하나님의 자연계를 설명하기에 합당한 것으로 인정한다. 우리는 자연 과학이 자연계를 설명하는 일과 과학이 무엇인지를 정의하는 일에 있어 그 타당성과 권위를 인정한다. 우리는 자연 과학이 신학적 문제에 관하여 권위 있는 주장을 하는 것을 부정하며, 신학이 자연 과학적인 문제에 대하여 권위 있는 주장을 하는 것도 또한 금한다. 우리는 우주, 지구, 생물의 진화 과정에 관한 과학적인 설명이 신학과 어긋나지 아니함을 안다. 우리는 의술과 과학 기술의 사용이 인간의 생활을 증진시키며, 하나님의 모든 자녀가 하나님께서 주신 그들의 창조적인 가능성을, 인간과 자연계의 연관성에 관한 우리의 윤리적 신념을 손상시키지 않으면서 개발할 때, 이 기술들을 하나님의 자연계를 사용하는 정당한 기술로 인정한다. 우리는 자연계에 대한 우리의 지식이 증가함에 따라 우리의 윤리적인 입장을 재검토한다. 과학이 자연계에 대한 인간의 지식을 넓혀 줌에 따라, 하나님의 창조의 신비함과 그의 말씀에 대한 우리의 이해도 더 깊어간다.

자연 과학과 과학 기술의 중요한 역할을 우리는 인정하지만, 이에 못지않게 인간의 경험에 관한 신학적인 이해 역시, 우주 안에서의 인간의 위치를 충분히 이해하는 데 중요한 역할을 하고 있음을 믿는다. 자연 과학과 신학은 서로 상반되는 것이 아니라 서로 보완하는 관계에 있다. 그러므로 우리는 자연 과학계와 신학계가 서로 대화를 나누기를 장려하며, 인류가 이 지구상에서 생명을 유지하며 하나님의 은혜로써 함께 인간의 삶의 질을 향상시켜 나갈 수 있는 일에 참여할 것을 촉구한다.

G) 식료품의 안전성—우리는 식량의 공급과 사람들이 먹는 음식의 내용을 알 수 있는 권리를 보호하여 주는 정책을 지지한다. 우리는 사람들이 소비하는 모든 음식물의 생물학적인 안전에 대하여 철저한 검열과 통제를 하여 줄 것을 요청한다. 우리는 음식물에 화학적인 찌꺼기가 남아 있는지를 제삼자가 실험할 것을 강조하며, 살충제, 살균제, 제초제 등이 잠재적으로 위험한 수준에 이름으로 말미암은 오염된 음식물들을 시장에서 제거하여 주기를 촉구한다. 이뿐만 아니라 동물을 위한 항생제, 스테로이드 또는 호르몬의 잔여 약물, 그리고 소각장 및 기타 생산 공장에서 나오는 공기와 흙과 물로 인하여 오염된 모든 것을 제거하여 주기를 촉구한다. 우리는 모든 가공 식품, 또는 유전적으로 생산하였거나 변형시킨 식품들이 시장에 나오기 전에 이를 검열하여 그 깨끗함을 입증하고 라벨을 부칠 것을 요청한다. 유기적인 음식물에 대한 검열 기준을 약화시키는 것을 우리는 반대한다. 우리는

책을 채택하기를 요청한다.

H) 공의로운 식품 생산—우리는, 질이 좋은 식료품에 쉽게 접할 수 있는 기회를 증가시켜 주는, 특히 그러한 특권을 누리지 못하는 사람들에게 기회를 주는 정책을 지지한다. 우리는 음식물을 생산한 농장이나 그 생산에 참여한 농민들이 그 농산물에 접근할 수 없게 한 정책을 개탄한다.

¶161. 제2절 양육하는 공동체

공동체는 인간을 온전한 인간이 되도록 양육시켜 줄 수 있는 가능성을 보유하고 있다. 우리는 개인의 계발 가능성을 최대한 촉진시키는 새로운 형태의 공동체를 쇄신하며 후원하며 평가할 책임을 지고 있다. 모든 사람은 중요하다고 하는 복음의 말씀이 우리에게 가장 중요하다. 그들에게 공로가 있어서가 아니라, 단지 그들은 하나님께서 창조하시고 예수님을 통하여 또한 그로 말미암아 사랑받는 인간이라는 이유에서 그렇다. 그러므로 우리는 모든 사람들과 그들의 성장을 위하여 인간 공동체가 유지되고 강화되는 사회적 분위기를 지지한다. 우리는 또한 모든 개인이 다른 사람에 대하여 언급할 때, 적절한 언어를 사용하도록 조심할 것을 권유한다. 인종, 국적, 민족, 성별 및 성적인 성향과 육체적인 차이점에 대하여 비하하는 언어를 사용하는 것은 서로에 대한 가치를 인정하지 않는 행동이며, 예수 그리스도의 복음과 상치하는 것이다.

A) 문화와 정체성—우리 모두는 우선 하나님의 자녀라는 정체성을 지니고 있음을 믿는다. 이 정체성 위에 우리의 사회적 내지 문화적 정체성이 형성되는데, 이는 인류에게 또한 우리교회에 긍정적인 또한 부정적인 영향을 주기도 한다. 문화적 정체성은 우리의 역사와 전통과 경험을 통하여 점차적으로 형성되어 나간다. 이렇게 형성된 문화와 그 힘을 교회는 온전히 한 몸이 되기 위한 방편으로 삼아 이를 적극적으로 활용해 나가며, 이를 여러 가지 방법으로 실현하고 있다. 우리 모두는 동등한 가치를 지니고 있는 여러 가지 형태의 정체성을 가지고 나 자신을 형성해 나가고 있다. 어떤 한 정체성이나 문화가 다른 한 정체성이나 문화보다 더 낫다고 우리는 여기지 않는다. 우리는, 정체성이나 문화에는 상하 계층이 없다는 것을 교회가 선포하기를 촉구한다. 문화들이 서로 얽혀 있는 관계 속에서 우리는 서로에게서 배워야 할 의무가 있음을 요청받고 있다. 이렇게 함으로써 우리는 입

양육하는 공동체 ¶161

장과 관점의 다양성을 경험하면서 우리의 차이점과 유사점을 서로 존중하여야 한다.

B) 가정—상호간의 사랑과 책임성과 존경심과 충실함이 풍요한 가운데서 개인이 성숙되며 보호되는 가정이 인간사회의 기본 단위라고 우리는 믿는다. 모든 자녀들에게 부모의 사랑이 중요함을 우리는 믿는다. 우리는 또한 부모와 자식(핵 가정)으로 이루어지는 두 세대의 차원을 넘어서, 오늘날 가정의 모습은 다양한 것임을 알고 있다. 우리는 자녀 양육에 있어 두 부모가 공동으로 책임을 지고 있다고 믿으며, 가정에서 모든 개인이 온전한 인간이 되도록, 가족 관계를 유지, 강화시키는 사회적, 경제적, 종교적인 노력을 다할 것을 권장한다.

C) 결혼—우리는 사랑과 상호협조와 개인적인 헌신과 또 남녀가 서로 성실성을 지킴으로써 이루어지는 혼인 서약의 신성함을 강조한다. 우리는 자녀가 있든 없든, 그러한 혼인에 하나님께서 주시는 복이 임하심을 믿는다. 우리는 혼인 관계에서, 남자와 다른 기준을 여자에게 기대하는 일반 사회의 규범을 부정한다. 우리는 혼인을 한 남자와 한 여자의 결합으로 규정짓는 일반 사회의 법률을 지지한다.[2]

D) 이혼—하나님께서 계획하신 것은 일생 동안 지속되는 충성스런 혼인이다. 건전한 혼인 관계를 창조하고 이를 유지시키기 위하여 교회는 혼중 및 혼후 상담에 앞장서야 한다. 그러나 비록 심사숙고하며 상담을 받았으나 결혼한 부부가 화해하지 못하고 갈라서야 할 지경에 이르게 될 때, 이혼은 유감스러운 일이 아닐 수 없다. 이혼 중에 이와 연관된 모든 사람들이 겪는 참담한 정서적, 영적, 경제적 결과에 대하여 우리는 슬픔을 금할 길이 없으며, 여자와 특히 자녀들이 부당하게도 더 충격을 받고 있음을 알고 있다. 교회로서 우리는 높은 이혼율을 걱정한다. 현 이혼소송 과정에서 흔히 볼 수 있듯이, 서로 적대시하거나 허물을 찾아내는 일들을 줄이며, 가능한 한 서로 화해하도록 중재자를 통하는 방법을 택할 것을 권장한다. 이혼률의 증가와 같은 부정적인 추세를 막기 위하여, 이혼법과 기타 가정법을 개혁하려는 정부의 노력을 우리는 지지한다.

비록 이혼은 혼인 관계가 끝났음을 공식적으로 선포하는 행위이지만, 자녀들과 기타 가족들을 돌봐 주고 도와주어야 하는 일들과 같이, 혼인으로 말미암은 다른 성약 (聖約 covenant) 관계는 계속 남아 있게 된다. 그러므로 우리는 미성년 자녀들을 위한 양육권과 경제적인 책임을 누가 질 것이냐 하는 문제를 다

---
2. 사법위원회 판정 694 참조.

¶161

룰 때, 부모 한쪽이나 양측이 공동으로 책임질 것을 고려하여야 하며, 양육권이 다만 재정적 지원에 국한하거나, 상대방을 지배 또는 조종하거나 보복하려는 일에 이용되어서는 아니 되며, 오직 자녀들의 복지를 우선적으로 고려하여 결정할 것을 감히 간청한다.

이혼은 재혼을 배제하지 않는다. 하나님의 은총을 모든 사람이 공유하고 있는 믿음의 공동체에서, 이혼하였거나 재혼한 가정의 사람들뿐만 아니라 이혼 과정에 있는 이들을 교회와 사회가 의식적으로 사랑으로 돌보아 주기를 권장한다.

E) 독신자—우리는 독신자들의 존엄성을 인정하며, 이와 동시에 독신자를 차별 대우하는 모든 사회적 관습과 편견을 거부한다. 독신자란 독신이 된 부모도 포함하며, 그들은 더 큰 책임을 지고 있는 것을 우리는 인정한다.

F) 여성과 남성—우리는 성경과 함께 남성과 여성이 하나님의 눈에는 똑 같은 가치를 지닌 공통된 인간임을 천명한다. 우리는 하나의 성이 다른 성보다 우월하며, 한 성이 다른 성과 겨루어야 하며, 한 성에 속한 사람들이 다른 성에 속한 사람들을 희생하여 가며 사랑과 권력과 존경을 받아야 한다는 그릇된 개념을 거부한다. 우리는 특히 하나님께서 인간을 부분적으로 만드셨기 때문에 다른 성과 결합할 때에만 온전하여진다는 생각을 거부한다. 우리는 여자와 남자가 서로 권리를 공유하며, 대가 없이 서로 주고받기를 배우며, 온전하여지고 상대방의 건전함을 존중히 여기기를 권유한다. 우리는 모든 개개인이 사랑하고 사랑받을 수 있으며, 의의를 찾아 얻을 수 있으며, 윤리적인 자기 결단을 내릴 수 있는 모든 기회와 자유를 추구한다. 우리는 성의 다양성을, 인간의 경험 내지 견해에 풍성한 다양성을 부여하기 위하여 하나님께서 주신 선물로 안다. 따라서 우리는 이 좋은 선물을, 한 그룹의 성에 속한 사람들을 다른 그룹의 성에 속한 사람들보다 더 취약한 상태에 놓이게 하는 태도와 전통을 배격한다.

G) 인간의 성 (性)—우리는 성이 모든 사람을 위한 하나님의 좋은 선물임을 강조한다. 우리는 각 사람이 이 하나님의 거룩한 선물을 책임 있게 관리할 것을 촉구한다.

비록 모든 사람은 그들의 결혼 여부를 막론하고 성적인 존재이기는 하지만, 성관계는 오직 거룩한 일부일처의 이성(異性) 간의 결혼에서만 인정되어야 한다.

우리는 모든 형태의 성의 상업화와 악용과 착취를 개탄한다. 우리는 어린이들이 성적으로 착취당하고 있는 것을 방지하기 위하여 세계적으로 법을 엄격히 집행할 것을 요구하며, 이같이 학

양육하는 공동체 ¶161

대당한 어린이들을 위하여 적절한 보호 조치와 선도, 상담의 기회를 마련하여 주기를 호소한다. 모든 사람은 그들의 연령과 성과 결혼 여부와 성적 경향과 관계 없이 그들의 인권과 시민권이 보장되어야 하며, 모든 폭력에서 보호되어야 한다. 우리교회는 연령에 적합한 성교육을 어린이들과 청소년들과 성인들에게 제공함으로써 가정을 보호하여야 한다.

모든 사람은 하나님의 형상으로 지음을 받은, 고귀한 가치를 지닌 개인들임을 우리는 확인한다. 모든 사람은 자신의 인간적 성취를 위하여 투쟁하는 가운데 교회의 사역을 필요로 하고 있으며, 하나님과 타인과 자기 자신과 더불어 화해의 관계를 가능하게 하는 성도의 교제의 영적 및 정서적 도움을 또한 필요로 하고 있다. 연합감리교회는 동성애 행위를 용납하지 않으며, 이 행위는 기독교의 가르침에 어긋나는 것으로 간주하고 있다. 우리는 하나님의 은혜가 모든 사람에게 언제나 개방되어 있음을 확인한다. 우리는 그리스도께서 우리를 사랑하여 주시고 용납하여 주신 바와 같이, 우리도 서로 반기며, 용서하며, 사랑하면서 기독교 공동체 안에서 함께 살기를 추구한다. 우리는 교회와 가정들이 동성애자들과 동성애를 하는 친구들을 거부하거나 정죄하지 않기를 호소한다. 우리는 모든 사람과 더불어 모든 사람을 위한 봉사의 사역에 우리 자신을 바친다.[3]

H) 가정 폭력과 학대—우리는 모든 형태의 가정 폭력 및 학대(언어적, 심리적, 육체적, 성적인 것 등)가 인간 공동체의 성약(聖約 covenant)을 저해하는 것임을 인정한다. 우리는 교회가 피해자들에게 안전한 환경과 상담과 도움을 줄 것을 권장하며 가해자와 함께 학대의 근본적인 원인과 형태를 분석하여 그런 행위를 극복할 방도를 찾아야 한다. 원인이나 학대가 어떠하였든 가해자와 피해자는 모두 교회의 사랑이 필요하다. 우리는 가해자의 행위를 개탄하나 그들도 또한 하나님의 구속의 사랑을 필요로 하는 사람들임을 인정한다.

I) 성의 악용—성폭력, 성을 존중하지 않는 것과 그 악용은, 성은 하나님의 좋은 선물이라는 개념과 일치하지 않는다. 하나님께서 우리에게 천부의 권리로 주신 우리의 인간성을 파괴하는 모든 성적인 행위를 우리는 거부하며, 오직 그 인간성을 성취하는 성행위만을 우리는 받아들인다. 한쪽이나 양쪽이 모두 착취하거나 악용하거나 난교(亂交)하는 어떠한 성행위도 용납될 수 있는 기독교인의 행동 범위를 이탈한 것이며, 이는 궁극적으로 개인과 가정과 사회질서를 파괴하는 행위라고 우리는 믿는다. 우리는 모

---
3. 사법위원회 판정 702 참조.

¶161

든 형태의 성의 상업화와 악용이 궁극적으로 우리 인간성을 값 싸고 천하게 만든다는 사실을 개탄한다. 성적인 목적으로 자유를 잃고 남에게 팔려가는 일은 일종의 노예제도이므로, 우리는 그러한 상행위를 규탄하며 피해자들의 자유를 지지한다.

우리는 성의 착취나 성인들에게 어린이들이 이용되는 것을 세계적으로 엄격히 금지하는 법을 시행하며, 범법자들에게 법적 또한 재정적 책임을 물을 것을 강력히 촉구한다. 이렇게 성적으로 학대당한 어린이들을 위하여 그들이 적절한 보호와 지도와 상담을 받을 수 있는 제도를 확립하여 줄 것을 요구한다.

J) 성희롱—우리는 성(性)이 하나님의 선한 선물임을 믿는다. 이 선한 선물의 악용이 곧 성희롱이다. 말로 하든, 몸짓으로 하든, 원치 않는 성의 언사나 요구나 접근을 당사자가 추잡하거나 위협적이거나 강압적인 것으로 받아들일 때, 이를 우리는 성희롱이라고 규정짓는다. 성희롱은 단지 성적인 문제로만 이해할 것이 아니라, 상하 역학관계의 착취로도 이해하여야 한다. 성희롱은 성에 근거한 차별 결과로 적대적 내지 착취적인 근무 환경이 조성된 것을 포함하고 있으나 이에 국한되어 있지 않다. 서로 돌봐주는 공동체에 반하여, 성희롱은 사회 어느 곳에서나 비정상적이고 강압적이고 착취적인 환경을 조성하고 있다. 성희롱은 기회균등과 남녀 간의 상호존중 분위기를 위한 사회 공동체의 목표를 파괴한다. 원치 않는 성적인 관심은 잘못된 것이고 차별적인 것이다. 성희롱은 교회의 도덕적인 사역을 저해한다.

K) 낙태—생명의 시작과 생명의 끝은 하나님께서 부여하신 인간 실존의 한계인 것이다. 사람들은 항상 자기가 언제 죽을지에 대하여 어느 정도의 결정을 내릴 수가 있어 왔으나, 이제는 인간이 새로운 생명이 태어나는 때를 결정짓거나, 심지어는 그 생명을 태어나게 할 것인가 아닌가의 여부를 결정짓는 엄청난 힘을 소유하게 되었다. 출생하지 아니한 생명의 존엄성에 대한 우리의 신념은 낙태를 인정하는 일을 주저하게 한다.

그러나 우리는 산모와 출산 전 유아의 생명의 존엄성과 안위도 똑같이 존중하여야 한다.

우리는 낙태를 정당화할 때 일어날 수 있는 생명과 생명 간의 비극적인 갈등을 인정하며, 그러한 경우에 한하여 우리는 합법적이고 적절한 의학적 절차에 따른 유산을 지지한다. 우리는 아직 법적으로 성인이 아닌 산모에게 낙태 수술을 하기 전에 그의 부모나 보호자나 책임 있는 성인이 그에게 사실을 알리고 승낙을 받을 것을 권장한다. 낙태를 산아 제한의 한 수단으로 간주하는 것을 용인할 수 없으며, 더욱이 이를 성을 선택하는 방편이나 우

양육하는 공동체 ¶161

생학적 수단으로 이용하는 것을 우리는 무조건 반대한다. (<결의문집> 3184항 참조.)

우리는 산도를 확대하여 태아를 긁어내는 것으로 알려진 임신 후기의 낙태 방법(일부분 출산한 낙태)을 반대하며, 산모의 생명이 위태로울 때, 다른 의학적인 방법이 없거나, 혹은 생명을 건질 수 없을 정도로 태아가 비정상적으로 된 경우를 제외하고는, 이러한 낙태 방법을 금지할 것을 촉구한다. 이것은 반드시 인가받은 의학 전문가만이 시술하여야 한다. 낙태 수술을 하기 전에 수술을 하는 사람들은 산모에게 마취를 원하는지, 그 선택 여부를 물어야 한다.

우리는 모든 그리스도인이 낙태를 고려할 수밖에 없는 특수한 경우를, 신중하고도 기도하는 심정으로 판단하기를 호소한다. 우리는 하나님께서 원치 않는 임신에 직면한 이들에게 지혜와 분별력을 주시며 인도하여 주실 것을 믿는다.

교회는 원치 않는 임신을 줄이기 위하여 이를 위한 사역을 하여야 한다. 우리는 임신을 중절하는 사람들을, 위태로운 임신을 하고 있는 사람들을, 그리고 출산하는 산모들을 계속 돌봐 줄 것을 다짐하는 바이다.

우리는 높은 유산율을 애통해 하며 이를 줄이는 일에 이바지한다. 우리 교회는 포괄적이며 연령에 맞는 성교육과 피임 장려 등을 통하여 원치 않는 임신을 줄일 수 있는 사역을 장려하여야 하며, 전 세계를 통하여 여성들과 소녀들의 삶의 질을 향상시킬 수 있는 방도를 지원하여야 한다.

비교적 많은 젊은 여성들이 재정적, 교육적, 또는 자기 자신들의 힘으로 어찌할 수 없는 기타 환경 때문에, 선택의 여지가 없는 상황에 처하여 있다. 우리 교단과 그 개체교회들과 학원사역들은 현재 하고 있는 사역뿐만 아니라, 그들 지역사회에 있는 그러한 여성들을 도울 수 있는 사역을 새로 개발하는 일에 앞장서야 할 것이다. 뿐만 아니라, 여성들이 원치 않는 임신과 관련하여 여러 가지 선택을 할 수 있도록 도와주는 위기임신 센터와 임신리소스 센터 등을 또한 지원하여야 한다. 우리는 특히 우리 교회와 정부와 사회사업 기관들이 입양시키는 길을 고려하고 시행하도록 이를 권장한다. (¶161.M 참조.) 우리는 우리교회가 위기임신 센터와 임신리소스 센터의 사역을 통하여 임산부가 낙태 이외의 가능한 다른 방법을 찾아보도록 정성을 다하여 그들을 도와줄 것을 강조한다.

법률이나 정부의 규정들은 진정한 그리스도인들의 양심적 판단에 부합된 지침을 내려 주고 있는 것은 아니다. 그러므로 유산에 대한 결정은 다만 의사와 가족과 목사와 기타 적절한 사람들로부터 상담을 받은 다음, 본인들이 심사숙고하여 기도하는 가운데 내려야 할 것이다.

L) 낙태를 경험한 이들과 함께하는 사역—우리는 개체교회 목사들이 낙태 후기 스트레스 증상과 행동에 대하여 잘 알고 있기를 촉구한다. 우리는 교회가 낙태하거나 위험한 임신 중에 있거나 출산하는 이들을 계속 돌봐 주기를 촉구한다. 우리는 또한 도움을 구하는 사람들을 위하여 낙태 후기 스트레스를 다루고 있는 상담 기관에 관하여 개체교회들이 연락할 수 있는 정보를 가지고 있도록 이를 권장한다.

M) 입양—어린이들은 하나님의 선물로서 그들을 환영하고 받아들여야 한다. 우리는 출산을 하더라도 아이를 양육하는 것이 어려운 상황인 경우가 있음을 인정한다. 우리는 생부모가 출생한 아이를 입양시키는 것을 승인하며 지지한다. 우리는 생부모가 소망과 사랑과 기도하는 가운데 아이를 입양하도록 내어 줄 때 겪는 고통과 강인함과 용기를 인지(認知)하고 있다. 이와 더불어 우리는 어린이를 소망과 사랑과 기도로써 돌보기로 결단한 이들의 불안감과 강인함과 용기를 또한 인정한다. 우리는 입양한 아이를 친자식처럼 기르기를 바라는 양부모들을 격려하며 지지한다. 상황이 입양을 정당화할 때 적절한 법적 절차를 밟을 것을 지지한다. 만일 적절하고 가능할 경우, 입양을 공개적으로 하여 어린이가 의학적으로 또한 인간 관계에 있어 자기와 연관된 모든 정보와 사람들을 알 수 있도록 하기를 우리는 권유한다. 우리는 다양한 어린이들을 아동 보호소, 국제 입양, 국내 입양 등을 통하여 입양하는 넓은 안목과 이를 위한 교육을 지원하며 장려한다. 우리는 생부모와 양부모와 어린이들이 교회의 보호를 받기를 바라며, 또한 그들의 고통과 기쁨을 서로 나누며, 어린이들이 그리스도인들의 사랑의 공동체 안에서 양육되기를 바란다.

N) 죽어가는 사람을 위한 정성어린 돌봄—우리는 질병과 병고를 방지하기 위하여 노력하며, 인간의 뜻있는 삶을 연장시키는 일에 진전을 보임에 대하여 의학계에 찬사를 보냄과 동시에 모든 인생은 죽음으로 끝을 맺는다는 사실도 잘 알고 있다. 어떠한 형태의 죽음이든지, 죽음은 결단코 하나님께서 우리를 버리셨다는 것을 뜻하지 않는다. 크리스천으로서 우리는 죽게 되어 있는 이 생명의 선물을 내어 주고, 예수 그리스도의 죽으심과 부활하심을 통하여 영원한 삶의 선물을 받을 준비가 되어 있어야 한다. 치료가 더 이상 불가능할 때 임종을 당한 사람들을 돌봐 주는 일은 하나님께서 주신 생명의 선물을 잘 지켜야 하는 일 중의 하나이다.

양육하는 공동체 ¶161

우리는 생명을 지탱시키는 치료가 더 이상 삶의 목적을 달성시키지 못하며 그 한계에 도달하였을 때, 의술이 임종의 고통을 덜어주는 일을 하도록 장려한다. 이러한 의술이 불필요한 짐만 지우게 하거나 단지 죽어가는 과정을 연장시키는 일로 끝날 때, 우리는 이 의술을 사용하여야 할 도덕적 또는 종교적 의무가 없다. 그러므로 임종을 당한 사람이나 그 가족들은, 이 의술이 환자에게 도움이 안 된다고 인정될 때, 이를 중지시킬 수 있어야 한다.

우리는 죽어가는 당사자와 의사와 가족과 친구들과 믿음의 공동체가 이러한 개인적인 또한 도덕적인 가슴 아픈 결정을 내려야 하는 것을 알고 있다. 우리는 임종하는 이들이 당면하여야 할 결정을, 관계된 모든 사람들이, 기도하는 가운데 심사숙고하여, 의사와 목사와 기타 필요한 사람들의 자문을 얻어 내리기를 권유한다. 우리는 또한 모든 사람이 자신의 가족들과 의사들과 목회 상담자들과 상담하여 삶의 마지막에 받고 싶은 보살핌을 밝히고 이를 위한 구체적인 지시 사항을 미리 알려 줄 것을, 특히 자신들이 그러한 결정을 내리지 못할 때, 권한다. 죽음의 불가피함을 받아들일 때라도, 교회와 사회는 그가 고통 중에서 벗어나며, 그의 친구가 되어주며, 그가 죽음의 어려운 고비를 넘길 수 있도록 영적으로 계속 돌봐 주어야 한다. 임종할 때에 가능한 한 호스피스에서 보살핌을 받도록 하여야 한다는 견해를 우리는 장려하며 지지한다. 정성스런 보살핌은 죽음으로 끝나는 것이 아니라, 애통하는 가족들을 우리가 돌보는 동안에도 계속된다. 우리는 안락사를 거부하며, 임종하는 사람들에게 생명을 끊어야 한다는 부담을 주는 것도 거부한다. 건강과 상관없이 하나님께서는 모든 사람을 사랑하시며, 삶에는 목적이 있다고 인정하신다. 우리는 임종하는 사람들의 권리와 위엄성을 보호하여 주는 법과 정책을 지지한다.

O) 자살—우리는 자살이 인간의 생명을 끊는 수단이 되어서는 안 된다고 믿는다. 자살은 흔히 치료받지 못한 우울증이나 치유되지 않은 아픔과 고통의 결과이다. 교회는, 모든 사람이 자아에 대한 가치를 상실하거나 자살하려는 절망 속에 빠져 있거나, 의사의 도움을 받아 죽으려는 상황에 놓일 때, 이에 필요한 치료와 목회적이며 의학적인 도움을 받을 수 있도록 하여야 할 의무가 있다. 우리는 자살을 포함하여, 죽음과 임종에 관련된 성서적, 신학적, 사회적, 윤리적 문제들에 관하여 교육을 받을 수 있는 기회를 교회가 마련할 것을 장려한다. 연합감리교회 신학대학원의 교과 과정도 자살을 포함하여 죽음과 임종에 관한 문제에 초점을 맞추어야 한다.

기독교의 자살관은, 자살을 포함한 세상의 아무 것도 우리를

¶161 사회생활 원칙

하나님의 사랑에서 끊을 수 없다는 신앙고백(로마서 8:38-39)으로부터 시작한다. 그러므로 우리는 자살을 실행하는 이들을 정죄하는 것을 개탄하며, 그의 가족들과 친구에게 흔히 따라 다니는 오명은 온당하지 못하다고 생각한다.

우리는 목회자들과 신앙 공동체들이 이 문제를 설교와 가르침을 통하여 다루기를 권장한다. 우리는 목회자들과 신앙 공동체들이, 자살할 위험이 있는 이들과 살아남은 이들과 그들의 가족들 및 자살로 인하여 사랑하는 이를 잃은 가족들을 자살에 붙어 다니는 치욕적인 오명을 벗겨주며 돌봐 주기를 권장한다. 연합감리교회는 도움받는 자살과 안락사를 배격한다.

P) 성폭력—성폭력은 잘못된 것이다. 우리는 모든 사람이 그러한 폭력에서 자유로워져야 할 권리가 있음을 천명하며, 그러한 범죄를 형사범으로 다스릴 것을 권장하며, 어떤 형태의 강간이든 이를 단죄한다. 피해자가 어디에 있든지, 무엇을 입고 있든지, 술에 취하여 있든지 아니든, 경박하든지, 피해자의 성이 무엇이든, 또는 어떤 상황에서이든지, 이는 아무 상관없는 일들이다.

Q) 도색물 (桃色物 Pornograohy)—성경은 인간이 하나님의 형상대로 지음을 받았다고 가르치고 있기에 우리는 하나님과 바른 관계를 유지할 책임이 있다. 인간의 성을 미술이나 문학 작품이나 교육을 통하여 표현할 때 이를 긍정적으로 묘사함으로써 성의 선함을 즐길 수 있다. 하지만 우리는 이렇게 선한 성을 왜곡하며 건전한 성 관계를 해치는 표상(表象)을 개탄한다.

우리는 모든 형태의 도색물을 용납하지 않으며, 이를 사용하는 일은 잘못된 성행위로 간주한다. 도색물은 성을 노골적으로 표현함으로써 성적인 자극을 조장하기 위하여 성을 폭력과 학대와 강요와 지배와 모욕과 천박하게 만드는 수단으로 사용하고 있다. 도색물은 성을 악용하여 여자와 남자를 목적의 대상으로 삼고 있다. 어린이들의 성을 적나라하게 노출하는 행위는 혐오할 일이며 어린이들을 희생시키는 악행이다. 도색물은 인간의 삶과 생애와 인간 관계를 파괴한다.

인터넷을 통하여 도색물이 크리스천들을 포함하여, 특히 젊은이들뿐만 아니라 결혼생활에도 나쁜 영향을 끼치면서 퍼져 나가고 있는 것을 통탄한다.

교회는 도색물에 빠져 있는 이들을 치료하여 변화시키는 일을 하여야 한다. 모든 교회는 도색물을 금지한다는 분명한 메시지를 전하여야 하며 모든 사람을 위하여 건전한 환경을 조성하도록 노력하여야 한다. 우리는 도색물을 완전히 제거하며, 이에 희생당한 이들을 도와주며, 성에 대한 윤리에 관하여 대화하며 교육할 방법을 모색할 것을 장려한다. 우리는 또한 사람들이 재활될 수 있으므로 치유받을 기회가 주어져야 한다고 믿는다. 그러므로 교회들은 이에 중독된 이들에게 관심을 가지고 그들을 돌봐줄 방도를 모색하여야 한다. 더 나아가 모든 교회들은, 도색물은 일종의 퇴폐적인 성행위로 규정한 연합감리교회의 입장에 입각하여, 어린이들과 청소년들과 성인들을 보호할 정책과 방도를 다시 검토하여 볼 것을 권장한다. 도색물에 대하여 교육하며, 이를 방지하며, 도색물에 빠져 있는 모든 이들이 이에서 벗어날 수 있는 길을 마련하여 주기를 권장함으로써 우리는 웨슬리적인 은총과 치유를 실현할 수 있게 된다.

R) 남을 괴롭히는 짓—남을 괴롭히는 짓(bullying)은 우리 연대체제 내에서 하나의 심각한 문제로 등장하고 있다. 이것은 우리 교단 내에서 더러 볼 수 있듯이 자살과 폭력의 근본 원인이 되고 있다. 우리는 모든 인간이 성별, 사회적 계층, 빈부의 격차, 인종, 종교, 신체장애, 연령, 용모, 성적 편향, 성전환 등과 상관없이 원치 않는 공격적인 행동과 가해적인 교묘한 행동의 피해자가 되지 않을 권리가 있음을 주장한다.

우리는 교회로서, 지속되는 이러한 문제에서 중추적인 역할을 감당할 수 있다. 이렇게 괴롭힘을 당하는 사람들의 필요에 응하여, 상습적으로 남을 늘 괴롭히는 사람들을 위하여, 또한 괴롭힘을 당하는 사람들을 대신하여 이를 방지할 수 있는 위치에 있는 이들이 교육받을 기회를 교회들이 추구하기를 촉구한다. 각 교회가 지역사회 단체들 및 학교들과 연결하여 이 사역을 감당해 나가기를 요청한다.

우리는 각 교회가 남을 괴롭히는 짓을, 사이버 공간을 포함하여 영향력을 행사할 수 있는 범위 안에서, 절대로 용납하지 않는 정책을 채택할 것을 권장한다. 따라서 이 일을 위하여 학교들과 지역사회와 함께 이 일을 이끌어 나가기를 권고한다.

¶162. 제3절 사회적 공동체

한 사회가 그 사회 구성원에게 권리와 특권을 부여하거나 거부하고 있다는 사실은 그 사회가 어떤 특정한 사람이나 특정한 그룹의 사람들을 상대적으로 존중한다는 것을 말하여 주고 있다. 그러나 우리는 모든 사람이 하나님 앞에서는 똑같이 중요한 존재라는 것을 천명한다. 그래서 우리는 각 개인의 가치가 인정되고 유지되며 강화되는 사회를 만들기 위하여 노력한다. 우리는 모든 사람이 똑같이 주거, 교육, 통신, 고용, 의료 시술, 법적 보상 및

¶162

신체적 보호를 받을 기본적 권리가 있음을 주장한다. 우리는 인종, 피부색, 출신국, 민족, 연령, 신체장애, 사회적 지위, 경제적 상태, 성적 경향, 성별, 또는 종교에 근거하여 개인이나 집단에게 폭행을 가하거나 혐오하는 행위를 하는 것을 개탄한다. 모든 인간이 부여받고 있는 천부의 존엄성을 우리는 존중히 여기고 있으며, 이는 또한 우리로 하여금 "세계인권선언"의 원칙을 인정하고 보호하며 실현하도록 한다. 따라서 지역사회나 개인들은 자신들의 분리할 수도 없고 양도할 수도 없는 보편적인 권리를 주장하고 누릴 수 있어야 한다.

A) 소수인종 및 소수민족 그룹들의 권리—"인종주의"란 두 가지 관점을 겸한 것으로서, 하나의 인종이 다른 인종들을 지배하는 힘에 더하여, 지배하는 인종이 다른 인종들보다 원래 우월하다는 가치관을 결합한 것을 말한다. 인종주의는 개인적 및 제도적인 차별주의를 둘 다 모두 포함하고 있다. 개인적인 인종차별은 개인적인 언동이나 태도 또는/및 행동을 통하여 나타나는 것으로서, 이는 차별주의의 가치관을 받아들이고 이런 사고방식이 주는 이점을 유지하려는 데에서 비롯된다. 제도적인 인종주의는 이러한 차별적 가치관을 은연중 또는 노골적으로 지지하는 사회체제를 말한다. 인종주의는 죄이며, 복음 자체를 거역하는 것 못지않게 그리스도와의 관계를 저해하고 마비시킨다. 불행하게도, 역사적 그리고 제도적인 인종주의는 백인들이 가지고 있는 특권을 지탱하여 주고 있으며, 많은 문화에서 백인들은, 유색 인종들이 그들의 피부색으로 말미암아 억울하게도 누리지 못하는 특권과 특혜를 누리고 있다. 우리는 어느 사회에서나 인종에 근거한 사회계층을 만드는 것을 배격한다. 인종주의는 인종차별을 조장해 나간다. 우리는 인종주의란, 교회나 세상에서, 인종이나 민족에 근거하여 불평등한 취급을 하며 리소스나 기회를 전적으로 가질 수 있는 기회를 주지 않는 것이라고 정의한다.

그러므로 우리는 인종주의를 죄로 단정하며, 모든 인간들의 궁극적인 가치와 세상에서의 가치를 인정한다. 어떤 특정한 인종의 역사와 문화가 우리 전체 생활에 기여하는 선물을 우리는 즐거이 받아들인다. 우리는 교회로서 불의한 제도에 도전하지 않는 상징적인 표현과 표본적인 모범의 틀을 뛰어 넘어 가기를 다짐한다.

우리는 모든 소수민족 및 소수인종 집단들과 억압받는 백성들이 사회의 일원으로서 그들의 정당한 평등권을 주장하게 하는 자아 의식을 환영하며 장려한다. 우리는, 한 사회 또는 그 사회 안의 그룹들이 특정한 민족 및 인종 집단에게 오랫동안 조직적

사회적 공동체 ¶162

으로 사회적 손실을 준 데에 대하여 이를 시정하고 보상할 프로그램을 만들어야 할 의무가 있음을 주장한다. 우리는 또한 역사적으로 소외된 인종 및 민족들의 다음과 같은 권리를 주장한다. 곧, 취직과 승진을 위한 균등한 기회, 질 높은 교육과 훈련, 선거에 있어서의 무차별, 공공시설의 사용, 가옥 매입, 신용 대금, 융자, 벤처 자금, 보험, 또는 임대 및 우리 생활 모든 차원에 있어서의 지도자적 위치와 권한 등이다. 우리는 기회균등주의를 우리 교회와 사회 안에 불균등과 차별적인 현상을 시정하는 하나의 방법으로 간주, 이를 지지한다.

B) 소수종교 집단의 권리—종교적인 핍박은 인류 역사에 있어 흔히 있어 왔던 일이다. 우리는 모든 종교적인 집단들이 법적, 정치적 또는 경제적 제재를 받지 않고 자유로이 그들의 신앙을 행사할 수 있는 권리를 보장하여줄 정책을 세우고, 이를 시행할 것을 강력히 주장한다. 우리는 모든 종류의 반종교적인 태도와 행위를 공공연히 또는 암암리에 자행하는 일들을 힐난하며, 특히 통신 매개체에서 이들을 부정적인 관념으로 묘사하는 데에 대하여 민감한 반응을 일으킨다. 우리는 모든 종교와 그 신봉자들이 법적, 경제적, 사회적 차별에서 자유로워질 수 있는 권리가 있음을 주장한다.

C) 어린이들의 권리—한때 부모들의 소유물로 여겨졌던 어린이들은 지금 그들 나름대로 완전한 인간임을 우리는 확인하나, 부모들과 사회 일반은 그들에게 대하여 특별한 의무가 있음을 또한 인정한다. 모든 어린이가 가치 있는 인간으로서 완전히 성장하도록 도움을 주는, 계획된 교육제도와 혁신적 교육 방법을 우리는 지지한다. 모든 어린이는, 그들의 성장 단계에 알맞게 최신 교육 기술과 이론을 동원한 성교육을 포함하여, 가장 좋은 교육을 받을 권리가 있다. 더욱이 어린이들은 어른들과 마찬가지로 의식주와 건강관리 및 정서적 안정을 누릴 권리가 있으며, 우리는 이 권리들을 그들 부모나 보호자들의 행위와 상관없이 그들이 당연히 가져야 할 권리임을 주장한다. 특별히 어린이들은 경제적, 신체적, 정서적 그리고 성적 착취와 악용에서 보호되어야 한다.

D) 젊은이들의 권리—우리 사회에는 많은 젊은이들이 있는 것으로 성격 지을 수가 있음에도, 그들은 간혹 이 사회에 전적으로 참여하기가 어려운 상태에 있다. 그러므로 우리는 젊은이들을 의결 과정에 참여하도록 길을 열어 주며, 차별 및 착취를 없애는 정책을 개발할 것을 촉구한다. 창의적이고 적절한 취직의 기회가 젊은이들에게 법적으로 또한 사회적으로 주어져야 한다.

¶162 사회생활 원칙

E) 연로한 이들의 권리—청소년들에게 중요한 강조점을 두고 있는 사회에서는, 연로한 세대는 사회의 주류에서 흔히 고립되어지기 쉽다. 우리는 사회생활 모든 면에서 노인들을 포용하는 사회정책을 지지하며, 이는 충분한 수입, 차별 없는 고용 기회의 증대, 교육과 봉사의 기회 및 현존하는 지역사회에서의 적절한 의료 혜택과 주택 등을 포함하는 것을 뜻한다. 연로한 부인들과 소수인종 집단에 속한 사람들에게 특히 관심을 둘 것을 강조함과 동시에, 인류 공동체의 연로한 일원으로서 당연히 받아야 할 존경과 존엄을 노인들에게 보장하여 주는 사회정책과 프로그램을 우리는 촉구한다. 따라서 우리는 생존한 배우자에게도 혜택을 주는 것을 포함, 적절한 연금제도를 고용주들이 점차 배려하여 줄 것을 촉구한다.

F) 여성들의 권리—우리는 남성과 여성이 일상생활의 모든 측면에서 동등함을 천명한다. 그러므로 우리는, 가정생활 활동이나 그 묘사함에 있어, 또한 교회 및 사회에 무료 봉사를 하거나 보수를 받고 일할 때, 틀에 박힌 성의 구별과 역할을 제거하도록 적극적으로 노력할 것을 촉구한다. 우리는 여성들이 고용, 직책, 승진, 보수 등에 있어 동등한 취급을 받을 권리가 있음을 강조한다. 우리는 여성들이 우리 교단과 사회의 모든 차원에서 결정권자의 위치에 있어야 할 중요성을 강조하며, 이들이 모집 및 채용정책을 통하여 그들의 취직을 보장하여 줄 것을 또한 촉구한다. 우리는 차별철폐 고용정책을 현재 우리교회와 사회에서 시행되고 있는 불평등과 차별문제를 해결하는 하나의 방편으로 간주하며 이를 지지한다. 우리교회와 사회에서 맞벌이 부부를 고용하고 있는 고용주들은, 그들을 전근시키려 할 때 그들의 부부된 입장을 고려할 것을 우리는 촉구한다. 우리는 여성들이 폭력과 악용 당하는 것에서 자유로워지면서 살 수 있는 권리를 주장하며, 정부들이 사회의 모든 측면에서 여성들을 모든 형태의 폭력과 차별에서 보호하여 주는 정책을 수립할 것을 촉구한다.

G) 남성들의 권리—여성과 남성이 함께 생활할 때 모든 측면에서 동등함을 주장하므로, 우리는 남성들의 권리도 또한 주장한다. 우리는 고용에서, 책임에서, 또한 진급에서 균등한 기회가 주어져야 함을 주장한다. 남성은 남성이기 때문에 무시되거나, 기회가 주어지지 않거나, 영향력을 상실하게 되어서는 안 된다.

우리는 남성들도 가정 폭력과 학대의 피해자임을 인정한다. 우리는, 지역사회가 비슷한 상황에서 여성에게 주어져 있는 바와 똑같은 제도와 보호를 남성에게도 제공하여 줄 것을 권장한다. 우리는 남성들이 폭력과 학대에서 벗어나 자유롭게 살 수 있는

사회적 공동체 ¶162

권리를 주장하며, 정부들이 남성들을 사회의 구석구석에 도사리고 있는 모든 형태의 폭력과 학대에서 보호하여 주는 정책을 시행하기를 촉구한다.

우리는 자녀들을 양육함에 있어 남성들이 여성들 못지않게 중요한 역할을 담당하고 있으므로, 여성과 똑같은 가사 휴가를 받을 기회가 주어져야 함을 주장한다. 부모들이 이혼하면 남성들은 자녀들과 접촉할 기회가 덜 주어진다. 따라서 우리는 자녀들을 양육할 기회가 똑같이 주어져야 한다고 믿으나, 늘 자녀들의 복지가 우선적이 되어야 함을 강조한다.

H) 이민자들의 권리—우리는 모든 사람이 출신국과 관계없이 하나님의 가족의 일원임을 인정하여, 이를 포용하고 강조한다. 우리는 모든 사람에게 고용, 거주, 의료, 교육의 기회가 주어져야 하며, 사회적인 편견에서 자유로워야 할 권리가 있다고 천명한다. 우리는 교회와 사회가 이민자들의 은사와 공헌과 노고를 인정하고 모든 사람을 위하여 공의가 실현되도록 노력하기를 촉구한다. 우리는 가족들을 이산시키는 이민정책을 배격하며, 어린이들을 가족들과 함께 수용소에 감금하는 일도 반대하며, 개체교회가 이민 가정들을 위하여 사역할 것을 촉구한다.

I) 기능장애인들의 권리—정신적인, 신체적인, 발달 단계의, 심리학적인 그리고 신경학적인 상태나 혹은 장애에 처하여 있는 모든 개인이 하나님의 가족의 일원으로서 완전한 인간성을 가진 사람들임을 우리는 인정하며 확인한다. 우리는 또한 교회와 사회에서의 그들의 정당한 위치를 확인한다. 우리는 정신적인, 신체적인, 발달 단계의, 또한/또는 심리학적인 그리고 신경학적인 상태나 혹은 장애에 처하여 있는 어린이, 청년, 장년들을 위하여 교회와 사회가 사역하여야 할 책임이 있음을 주장하며, 그들이 몸을 움직이며, 의사 소통을 하며, 지적인 활동을 하며, 또는 사람들과 사귀는 일에 있어 부족하다는 사실은 그들 가족들 뿐만 아니라 교회와 사회에 하나의 큰 도전이 아닐 수 없다. 우리는 교회와 사회가 장애인들의 은사를 인정하고 받아들여, 그들이 신앙 공동체에 완전히 동참하도록 이를 촉구한다. 우리는 교회와 사회가 재활, 봉사, 교육, 적절한 주택 및 교통 등에 관심을 보이며, 이를 위한 사업들을 추진하기를 촉구한다. 우리는 모든 형태 및 종류의 장애인들의 민권을 교회와 사회가 보호하여 줄 것을 촉구한다.

J) 성적 성향(Sexual Orientation)과 상관없이 주어지는 동등권—모든 사람은 기본적인 인권과 민권을 향유할 권리가 있다. 우리는 이러한 권리가 성적인 성향과 상관없이 모든 사람에

¶162 　　　　　　　　사회생활 원칙

게 주어질 것을 지지한다. 우리는 자산, 연금, 양육권, 상호 위임대행, 그밖에 공유하고 있는 재산, 책임, 채무 및 법의 동등한 보호 등과 같이, 흔히 계약 관계에서 볼 수 있는 법적인 권리를 보호하여 줄 수 있는, 분명하고도 간단한 법적 문제들이 있음을 안다. 더욱이 우리는 성적인 성향과 상관없이 모든 사람에게 대한 폭력과 여러 가지 형태의 강압적인 행위를 중지하려는 노력을 지지한다.

K) 인구—인구 증가는 세계의 식량, 광물 자원, 물의 공급을 점차 어렵게 만들며, 국제적인 긴장 상태를 첨예하게 만들므로, 풍요하게 사는 사람들이 소비량을 줄이는 일과 현재의 세계 출산율을 줄여야 하는 일은 불가피한 일이다. 사람들은 그들의 출산에 관한 결단이 전 사회에 끼치는 영향을 고려하여야 할 의무가 있으며, 불임 시술을 포함하여 그들의 출산을 제한할 수 있는 적절한 방법을 알 수 있어야 한다. 우리는 인구 증가를 막을 수 있는 프로그램을 전체적인 경제 및 사회 개발 차원에서 실시할 것을 촉구한다. 그 프로그램은 자원의 균등한 사용과 억제, 모든 문화에 있어서의 여성의 지위 향상 및 경제적 보장과, 건강관리와 모든 사람을 위한 문맹 퇴치 등의 인간적 차원 등을 포함하여야 한다. 우리는 강제적인 낙태 내지 불임 정책을 반대한다.

L) 술과 약물—우리는 오랫동안 지지하여 온 금주가 사람들을 위한 하나님의 자유하게 하시고 구속하시는 사랑의 끊임없는 증거임을 확언한다. 우리는 어떠한 불법적인 약물도 사용하지 않을 것을 지지한다. 불법적이요 문제가 있는 알코올 사용은 물론, 불법적인 약물 사용이 범죄와 질병과 죽음과 가정 기능 저해의 주요한 요인이므로, 우리는 이러한 것들을 금지하는 교육 프로그램 및 기타 예방 조치를 지지하며 불법적인 약물 사용을 하지 않을 것을 장려한다. 음주하는 사람들에 관하여는, 성경이 가리키는 대로 심사숙고하며 의식적으로 자제하여 분별 있게 사용하기를 권유한다.

수천만의 사람들이 필요한 약물을 사용함으로써 생명을 건지게 된 사실이 입증되고 있는 반면, 수천만의 사람들이 약물을 오용함으로써 희생되어 가고 있는 사실도 우리는 또한 잘 알고 있다. 우리는 잠재적으로 유익을 주거나 또는 해를 끼치는 약물을 처방하거나 약국에서 구입하는 문제에 대하여 슬기롭게 정책을 수립할 것을 촉구하며, 약물들을 제대로 사용하고 있는지의 여부에 대한 완벽한 정보를 의사와 환자 모두가 쉽게 알 수 있게 되기를 촉구한다. 우리는 알코올과 마약의 매출 및 보급을 규정한 법률을 엄격하게 시행할 것을 호소한다. 우리는 알코올을 포함한

사회적 공동체 ¶162

무슨 종류의 약물이든 그 사용자로부터 사회를 보호하여 주는 조치를 지지한다. 알코올에 의존하고 있다고 판단되거나 진단받은 사람들을 포함하여 약물에 의존하고 있는 사람들과 그 가족들은 치료와 재활과 지속적인 삶의 변화를 필요로 하는, 무한한 가치를 지닌 인간들이다. 또한 사람들이 약물의 오용이나 남용에 의존하지 않도록 미연에 방지하여야 할 것이다. 알코올 남용과 정신병과는 흔히 연관성이 있으므로, 우리는 입법자들과 보건 관계자들이, 약물 중독자들에게, 그들이 적절한 정신병 치료를 받으며 재활할 수 있는 방도를 제공하여 줄 것을 촉구한다. 우리는 약물을 오용하거나 이에 의존하는 사람과 그 가족들이 예수 그리스도를 통하여 여기서 자유로워지며, 치료받고 계속적인 상담을 통하여 사회에 다시 돌아가기 위한 좋은 기회를 가질 수 있도록 이 일에 정성을 다한다.

M) 연초 (Tobaco)—우리는 개인적인 생활훈련과 사회적 책임을 높은 수준에서 유지하고 있는 우리의 역사적 전통을 확인한다. 연초와 연기 없는 담배 사용이 모든 연령의 사람들의 건강에 해롭다는 절대적 증거에 비추어, 우리는 완전히 금연할 것을 권유한다. 우리는 우리의 교육 및 보도 기관을 통하여 금연을 지지하고 장려할 것을 촉구한다. 우리는 또한 주위의 비흡연자들에게 미치는 해로운 영향을 인지하고 있으므로 흡연을 공공장소나 직장에서 제한하는 일을 지지한다.

N) 의학적 실험—신체 및 정신적 건강은 의학 기술의 발전으로 근래에 많은 증진을 보게 되었다. 그러나 정부와 의학계는 현재 규정되어 있는 의학 연구 기준을, 인간을 대상으로 한 새로운 기술 및 약물 실험을 엄격히 통제함으로써, 반드시 지켜 나가야 할 것이다. 그 기준은, 연구원들이 인간을 실험의 대상으로 삼되 완전히 강요함이 없는 합리적인 동의를 얻어서만 하도록 규정하고 있다.

O) 유전공학 기술—모든 하나님의 창조물에 대하여 인류는 무거운 책임을 지고 있으므로, 유전공학 연구와 유전공학 기술의 가능성에 대하여 우리는 이를 조심스럽게 다루어야 하며, 그 연구를 함에 있어 양심적으로 조심스럽게, 또한 책임성 있게 하여야 할 것이다. 우리는 건강과 안전한 환경을 위하여 인간이 기본적으로 필요로 하는 것을 충족시켜 주는 유전공학 기술의 개발 및 적용을 환영한다. 우리는 인간 복제와 태아의 성을 조작하는 기술을 반대한다.

모든 생명체에 대한 유전자 기술의 영향이 크므로, 우리는 정치적 또는 군사적 목적을 위하여 이 기술을 악용하는 것을 방지

¶162

하기 위하여, 효율성 있는 방침을 세우며 국가가 책임질 것을 촉구한다. 조심스럽게 또한 좋은 의도를 가지고 이 유전자 기술을 사용한다 할지라도, 그것은 때로는 예기치 않은 결과를 초래하게 됨을 우리는 알고 있다. 동물과 식물을 교배시킬 때 생기는 결과를 전연 예측할 수 없는 유전공학 기술의 위험성과, 농업에 주는 부정적인 생태학적 그리고 사회학적 임팩트 때문에, 이 기술에 대하여 의문을 제기하지 않을 수 없다. 종(種)의 자연적인 경계선을 존중하는 현대의 교배 기술을 우리는 찬성한다.

자손에게 유전될 수 없는 변화를 가져오는 인체 치료(somatic therapy)는 병으로 인한 고통을 해소시켜 주는 데 국한하여 사용하여야 한다. 우생아 선택을 위한, 또는 태아를 버리게 되는 유전자 치료를 우리는 개탄한다. 어느 개인이나 그 가족들의 유전자에 관한 정보는 비밀로 지켜져야 하며, 본인이나 가족들이 허락하거나, 적절한 법원이 유전자의 데이터를 수집하여 사용할 것을 허락하기 전에는 엄격히 그 비밀이 보장되어야 한다. 유전자 치료의 장기적인 영향이 어떠한지 아직 확실치 않기 때문에, 자손에게 변화를 가져다 줄 수 있는 유전자 치료(germ-line therapy)를 우리는 반대한다. 모든 유전자에 대한 진행 과정에는 독립적이며 윤리적인 문제를 고려한 실험과 승인과 통제가 있어야 한다.

P) 농촌생활 (Rural Life)—우리는 개인이나 가족들이 농민으로, 농업 종사자로, 상인으로 또는 전문직 종사자로 도회지 밖에 살며 번창할 수 있는 권리를 지지한다. 우리는 농촌 및 소도시생활이 어려워지고 불가능하여짐에 따라 우리의 문화가 쇠퇴하여지고, 사람들이 의미 있는 삶을 살지 못하게 됨을 안다. 우리는 이러한 생활방식을 개선하기 위하여서는 농토로 사용하지 않는 땅이 필요함을 인정한다. 농토가 아닌 땅이 있음에도 불구하고, 농토를 무분별하게 비농지로 변경하는 것을 우리는 반대한다. 따라서 우리는 농사를 위하여 적절한 땅을 유지하며, 개간하지 않은 땅을 세밀히 계획된 토지개발 정책에 따라 개간할 것을 장려한다. 우리는 기업 농장보다 정착 농민에게 이득을 주며 공장들을 대도시를 떠난 곳에 설립하는 정부 및 개인 기업의 프로그램을 지지한다.

우리는 또한 증가된 기동성과 과학 기술(mobility and technology)이 한때 동질성을 유지하여 왔던 농촌에, 다양한 종교와 생각을 가진 사람들을 불러오게 한 것을 인정한다. 이러한 현상들이 때로는 공동체 생활에 위협이 되고 손실이 된다고 생각되었지만, 우리는 이 현상을 하나의 공동체를 형성하라는 성서적인 요청을 실현할 수 있는 기회로 받아들인다. 그러므로 우리는 농촌 지역사회와 개인들에게, 땅과 깊은 관계를 유지함과 동시에, 서로가 서로에 속하며, 돌봐 주며, 치유하며, 자라기를 바라며, 서로 협력하는 지도 체제와 은사를 공유하고 이를 경축하며, 서로 믿기를 존중하며, 또한 각 개인은 인정받을 만한 가치가 있는 독특한 인간이라는 것을 인정하여 화평을 유지하는 일에 마음의 문을 열 것을 권유한다.

Q) 지속성 있는 농업—세계 인구의 영양 공급의 필요성을 충족시켜 줄 수 있는 전제 조건은, 지속성이 있는 방법을 사용하며, 생태계를 존중하며, 농업에 종사하는 이들의 생계를 유지시켜 주는 농업제도이다.

우리는 농토에 자연적인 거름을 주어 유지하고 지탱케 하며, 잡다한 식물과 동물을 키우며, 지역적인 특성에 맞는 조건과 구조(곧, 식용 동물을 자비롭게 다루며 그들의 생활 상태가 가능한 한 자연에 가깝게 하는 제도)를 가진 지속적인 농축업 구조를 지지한다. 우리는 식물과 가축과 가금 생산이, 자연적인 생태의 순환을 유지하며, 에너지를 절약하며, 화학물질을 최소한으로 줄이는 효율적인 농업 시스템을 갈망한다.

지속성 있는 농업은, 식료품과 원료 생산에 주는 농업의 강한 영향을 세계적으로 평가하며, 동물의 품종과 다양한 식물을 보존하며, 개간한 땅을 유지하고 개발하는 것을 필요로 하고 있다.

농업 생산물의 세계적인 무역은 공정한 교역과 가격 및 지속적인 생산 방법의 원가에 근거하고 있어야 하며, 생태계를 파괴하는 실질적인 대가를 계산하지 않으면 안 된다. 우리에게 필요한 기술적 및 생물학적 발달은 지속성을 유지하며 생태계의 중요성을 고려하는 것이어야 한다.

R) 도시 및 교외 생활—점점 더 많은 사람들이 도시 및 교외에 밀집하여 사는 것이 근래에 와서 흔히 볼 수 있는 현상이다. 그러한 생활은 많은 사람들에게 경제적, 교육적, 사회적, 문화적인 혜택을 주고 있다. 그러나 다른 사람들에게는 그러한 현상이 소외와 빈곤과 비인간화를 만들어 주는 요인이 되고 있다. 우리는 교회에서 도시 및 교외 생활의 미래를 형성하여 주어야 할 기회와 책임을 가지고 있다. 도시 및 교외 생활방식에 좀 더 인간화된 요소를 불러들이기 위하여 대대적인 개혁 프로그램과 사회적인 계획이 필요하다. 우리는 경제 및 지역 개발과 새 도시 건설과 대도시 재개발을 포함한 모든 프로그램을, 이들이 인간의 가치를 보호하여 주며 강화하여 주는 정도, 개인적으로나 정치적으로 참여할 수 있는 기회, 또한 그 지역사회가 얼마나 많이 여러

¶162

가지 인종, 연령층 및 수입 계층의 사람들에게 개방되어 있는가의 척도에 따라 판단하여야 할 것이다. 우리는 인간의 가치를 도시 계획의 주요한 요소로 여기고 있는 모든 건설업자들의 노력을 지지한다. 우리는 도시 및 교외 지역이 형성되어 조그마한 지역사회에서 의미를 찾으려는 인간의 요구를 충족시켜 주는 일을 도와야 할 것이다. 이와 동시에, 그러한 작은 지역사회는 전체 도시 및 교외 지역사회를 위하여서도 책임을 지며, 여기서 고립되지 않는 사회가 되도록 노력하여야 할 것이다.

S) 미디어의 폭력과 기독교의 가치관―우리 사회에서는 미디어가 중요한 역할을 담당하고 있다. 그것은 전 세계를 통하여 많은 사람들에게 영향을 주고 있다. 그 내용과 표현과 사진과 장면들은 흔히 인간 및 기독교의 가치관과 뚜렷하게 대립하고 있음을 보여 주고 있다. 우리는 현재 미디어가 "오락"과 "뉴스"라는 미명 아래 비인간화를 묘사하는 일에 열중하고 있음을 경멸한다. 이러한 일은 인간을 비하할 뿐만 아니라 그리스도와 성경의 가르침에 위배되는 것이다.

연합감리교회 교인들은 매스컴이 때때로 저속한 생활방식과 폭력을 생생하게 묘사함으로써 기독교의 진리를 파괴하고 있다는 사실을 다른 믿음의 공동체들과 함께 인지하고 있어야 한다. 삶의 성스러움에 근거한 생활방식을 택할 것을 시청자들에게 권유하며, 동기를 부여하며, 영감을 주려고 하는 대신에, 연예계는 가끔 폭력의 냉소적인 묘사와 남용과 탐욕과 신성 모독과 가정에 대한 지속적인 부정적 태도 등을 묘사함으로써 이와 반대되는 일을 조장하고 있다. 오늘날 우리 사회에서 가치관이 약화되어 가고 있는 현상에 대하여 미디어는 책임을 져야한다. 미디어는 자신들이 다만, 현실을 묘사할 뿐, 영향력을 행사하지 않는다고 주장하면서 현실 문제를 도외시하고 있다. 모든 인간 가족을 위하여 그리스도인들은 전 세계에 걸쳐 이러한 도덕적, 윤리적 가치관을 파괴하는 행위를 하지 못하도록 다음과 같이 함께 노력하여야 할 것이다. 우리는 폭력을 미화하는 것을 배격할 뿐만 아니라, 어떠한 종류의 성적인 이미지도 배격한다. 우리는 폭력으로 충돌을 해결하고 의로운 화평을 가져 온다고 은연중에 선전하는 메시지를 거부한다. 언론의 자유와 보도의 자유 한계 내에서 미디어는 인권을 존중하여야 할 책임이 있다. 이러한 것들을 지원하면서 우리는 좋은 뜻을 같이 하는 모든 사람들과 함께 일한다.

T) 정보통신 기술 (Information Communication Technology)―효과적인 개인적 통신이 책임성 있고 사회의 유능한 일원이 되게 하는 열쇠가 되기 때문에, 또한 사회를 형성하여 나

사회적 공동체 ¶162

가며 개인들로 하여금 이에 전적으로 참여할 수 있게 하는 정보통신 기술의 힘 때문에, 이러한 기술에 접할 수 있는 것은 하나의 기본적인 권리이다.

정보통신 기술은 우리에게 정보와 오락과 사회의 목소리를 제공하여 준다. 이것들은 우리의 삶의 질을 향상시켜 줄 수 있으며, 다른 사람과 그리고 우리의 정부와 전 세계의 사람들과 그 문화와 교류할 수 있는 방편을 제공하여 줄 수 있다. 세계에서 일어나는 대부분 사건들의 정보는 전파 방송, 케이블, 인쇄물 및 인터넷을 통하여 우리에게 전달된다. 정보 매체를 큰 상업의 이익을 위하여 통제하게 하는 것은 우리가 선택할 수 있는 여지를 좁혀 줄 뿐만 아니라, 때로는 인간의 가치에 관한 잘못된 인식을 제공하여 주기도 한다. 그러므로 우리는 여러 가지 독립된 정보 경로와 공공 이익을 위하여 통신 매체 기술을 규제할 것을 지지한다.

인터넷과 같은 개인적인 정보 기술은 사람들로 하여금 서로 통신을 주고 받게 하며, 상업적, 문화적, 정치적, 개인적 가치를 지닐 수 있는 무한한 정보 소스에 접하게도 한다. 인터넷은 어린이와 성인들의 마음과 정신을 성장시켜 줄 수 있는 반면에, 상업적인 이익에 지배되어 부적절하고 불법적인 자료들을 유포할 수 있는 위험도 안고 있다. 그러므로 인터넷이 주는 혜택을 최대화하는 반면 그 위험성, 특히 어린이들을 위한 위험성을 최소화하도록 책임 있게 관리하여야 한다. 오늘날의 세계에서 인터넷과 같은 기본적인 정보통신 기술을 그 비용이나 불가능성 때문에 이용하지 못하게 되는 일은 사람들로 하여금 그들의 정부와 사회에 제한적으로 참여하게 하는 결과를 가져오게 한다. 전화와 인터넷을 누구나 지불할 수 있는 가격으로 사용할 수 있도록 그 목표를 달성하기를 우리는 지원한다.

U) HIV와 AIDS에 걸린 사람들—인간 면역결핍 바이러스(HIV)와 후천성 면역결핍증(AIDS)으로 고통받는 사람들은 가족이나 친구들이나 또는 그들이 일하는 장소나 접촉하는 사람들로부터 흔히 소외되고 있다. 그뿐만 아니라 그들은 흔히 의료 혜택을, 특히 말년에 가서 제대로 받지 못하고 있다.

HIV와 AIDS로 고생하는 사람들은 다른 사람들과 마찬가지로 존엄성을 지닌 인간으로 똑같이 취급받아야 한다.

우리는 그들이 어디서 이 균에 전염되었는지를 불문하고 교회가 이런 이들과 그 가족들을 위하여 사역하여야 할 책임이 있음을 천명한다. 우리는 그들이 고용되어야 하며, 적절한 의료 혜택을 받아야 하며, 교육을 전적으로 받을 수 있어야 하며, 선교 활동에 전적으로 참여할 수 있는 권리가 있음을 주장한다.

¶162

우리는 교회가 교인과 지역사회에 대한 교육을 통하여 AIDS가 더 이상 퍼져 나가지 않도록 적극적인 활동을 펼쳐 나가기를 요청한다. 교회는 이에 감염된 사람과 그 가족들이 상담을 받을 수 있도록 모든 노력을 다하여야 한다.

V) 의료 혜택을 받을 권리―건강은 신체적인, 정신적인, 사회적인, 그리고 영적인 건전한 상태를 말한다. 요한복음 10장 10절에 이런 말씀이 있다. "나는, 양들이 생명을 얻고, 또 더 넘치게 얻게 하려고 왔다." 건강을 지키는 일은 각 개인의 책임이다. 그러나 모든 사람의 건강이 유지되도록 개인적, 사회적 주위 환경을 조성하는 일은 공적 내지 개인적인 공동의 책임이다. 우리는 개인들이 건강한 생활방식을 추구하기를 권장하며, 건강을 유지하기 위하여 예방 의료, 건강 교육, 환경 및 직장의 안전, 좋은 영양, 그리고 감당할 수 있는 안정된 가옥이 중요함을 천명한다. 의료 혜택은 인간의 기본적인 권리이다.

건강을 유지하거나, 질병을 방지하거나, 부상이나 병에서의 회복에 필요한 일들은 각자가 다른 사람에게 의존하여야 할 일들이지만 정부는 모든 사람을 돌볼 책임이 있다. 그러나 정부는 위험하게도 이 책임을 무시하고 있다. 하나님께서는 이스라엘의 지도자들이 약한 자들을 돌보지 않고 있음을 지적하고 있다고 에스겔 34장 4절은 기술하고 있다. "너희는 약한 양들을 튼튼하게 키워 주지 않았으며, 병든 것을 고쳐 주지 않았으며, 다리가 부러지고 상한 것을 싸매어 주지 않았으며, 흩어진 것을 모으지 않았으며,…" 이러한 결과, 모든 사람이 고통을 당하고 있다. 경찰이나 소방서의 보호를 받을 권리가 있는 바와 같이, 의료 혜택도 각 사람에게 공정하게 세금을 부과함으로써 그 자원을 의료시술 제공자들에게 분배하여야 한다. 이것이 가장 좋은 방법이다. HIV/AIDS와 같이 공중위생 위기에 직면한 나라들은 제약 회사들의 제약 특허의 권리를 침해함이 없이 일반 약품이나 특허받은 의약품들을 사용할 수 있어야 한다. 우리는 남녀가 출산과 연관된 건강 및 가족 계획에 관하여 포괄적인 정보를 얻으며 이의 혜택을 받을 수 있는 권리를 주창하는데, 이는 원치 않는 임신을 방지하며, 낙태를 감소시키며, HIV/AIDS가 확산되어 나가는 것을 방지하기 때문이다.

의료 혜택을 받을 권리는 뇌의 질병이나 신경학적인 상태나 신체적인 불능 상태에 있는 사람들을 포함하고 있으며, 이들은 우리 공동체 내의 다른 모든 사람과 마찬가지로 의료 혜택을 받을 권리가 보장되어 있어야 한다. 신체적으로나 정신적으로 온전하게 되지 못하도록 하거나, 사회생활 전반에 전적으로 참여하지 못하도록 담을 쌓거나 영속시키는 일은 불의한 일이다.

사회적 공동체 ¶162

모든 사람에게 의료 혜택을 제공하는 일은 정부의 책임임을 우리는 믿는다.

우리는, 병원들과 의사들과 의료 시술소들이, 의료보험 커버리지나 혹은 의료비를 지불할 능력이 있든지 없든지, 모든 사람들에게 일차적인 의료 혜택을 받을 수 있는 기회를 제공하여 주기를 권유한다.

W) 신체 장기 이식과 기증—우리는 신체의 장기 이식과 장기를 기증하는 일이 자선을 베풀고 아가페 사랑을 실천하며 자기를 희생하는 행위임을 믿는다. 장기를 기증하는 것은 새 생명을 창조하는 일이므로, 모든 신앙인은 이 일을 필요한 사람에게 베푸는 일은 사랑이요 봉사로 간주하고, 이를 실천하기를 권장한다. 우리는 이 일을 살아 있는 사람과 죽은 사람을 존중하는 분위기 속에서 수혜자의 이익을 위하여 행하여져야 하며, 기증자와 그들 가족들이 악용당하지 않도록 적절한 절차를 밟아 행하여지기를 강조한다.

X) 정신 건강 (Mental Health)—세계정신건강 기구는 정신 건강을 "개인이 자기 자신의 능력을 깨닫고 있으며, 일상적인 생활에서 오는 스트레스를 잘 견디어 내며, 생산적으로 또한 보람 있게 일할 수 있으며, 자기 공동체에 공헌할 수 있는 건전한 상태"라고 정의하고 있다. 불행하게도 정신 건강은 많은 세상 사람들이 관심을 갖지 않기에, 그 결과로 환자들은 적지 않은 스트레스와 오명과 고립에서 헤매고 있다. 정신병은 우리가 어떤 정보를 소화하거나, 이웃과 관계를 맺거나, 행동을 취하는 일에 영향을 주기 때문에, 그것은 우리의 관계를 어렵게 만든다. 따라서 정신병은 다른 병과 달리 우리를 두려워하게 하고 있다. 하지만 우리가 병이 있든 없든, 우리는 하나님의 형상대로 지음을 받은 사람(창 1:27)이므로, 아무도 우리를 하나님의 사랑에서 끊을 수 없다 (롬 8:38-39).

정신병 때문에 아무도 오명을 뒤집어쓰면 안 된다. 정신병이 있다고 해서 그들이 다른 사람들보다 더 폭력적인 것이 아니다. 오히려 그들은 폭력의 피해자들이며, 다른 사람들에게서 착취를 당하고 있다. 이러한 오명이 교회 안에서 생길 때, 정신병에 시달리고 있는 사람들이나 그들 가족들은 더욱 피해를 당하게 된다. 정신병을 앓고 있는 사람들과 그 가족들은, 같은 인간이라는 점과 정확한 정보에 근거하여 치료받을 권리가 있다. 그들은 또한 그들 상태에 합당한 치유를 받을 권리와 책임이 있다. 연합감리교회는 자비를 베풀며, 치료를 받게 하며, 교회 내와 지역 사회에서 오명을 제거하여 주는 정책을 촉진시키기를 공약한다.

¶163. 제4절 경제적 공동체

우리는 다른 창조의 질서에 못지않게 모든 경제 구조도 하나님의 심판 아래에 있음을 믿는다. 그러므로 우리는 정부들이 개인의 경제생활과 법인체들을 위할 뿐만 아니라, 최대한 인플레를 줄임과 동시에 직장을 완전히 보장하고 적절한 수입을 보장하여 주는 건전한 세입, 세출 및 금융 정책을 개발하고 실시할 책임이 있음을 인정한다. 우리는 개인 및 공공 기업들이 사업할 때, 고용 및 환경 오염과 같은 사회적인 대가를 치러야 할 책임이 있기에, 그들이 그 비용을 지불하여야 할 책임도 있다고 믿는다. 우리는 부(富)가 일부 소수인들에게 집중되지 않게 하는 방편들을 지지한다. 따라서 우리는 과세 구조를 개선하여 현재 다른 사람들을 희생시켜 가며 부자들에게 혜택을 주고 있는 정부의 프로그램을 제거하려는 노력들을 또한 지지한다.

A) 소유물—우리는 개인 재산 소유를 장려하는 사회이건 사회 전체의 이익을 위하여 제한된 사회이건 간에, 우리의 재산은 하나님께로부터 신탁에 의하여 받은 소유물이라고 믿는다. 우리는 기독교 신앙이, 창조된 세계의 일부를 특정한 사람들이나 사람들의 그룹이 독점하거나 마음대로 조정하는 것을 거부한다고 믿는다. 그러므로 사회적으로 또한 문화적으로 제한받고 있는 이 재산 소유권은 하나님께 대하여 책임을 지고 있다고 간주한다. 그러므로 우리는 정부가 법으로 정의를 실현하고 질서를 유지할 때, 개인의 소유권뿐만 아니라 전체 사회의 권익도 보호하여 주는 시책을 마련하여야 할 책임이 있다고 믿는다.

B) 단체 교섭권—우리는 모든 공공 기관 및 개인적으로 고용된 고용인들과 고용주들이 노동조합이나 본인들이 원하는 기구를 통하여 단체 교섭을 할 수 있는 권리가 있음을 지지한다. 우리는 또한 두 당사자가 협상할 때 보호받을 권리가 있으며, 서로가 진지하게 사회 전체의 이익을 해치지 않는 한도 내에서 협상할 권리가 있다고 믿는다. 사회 구성원 전체의 권리가 유지되고 신장되기 위하여 우리는 혁신적인 협상 절차를 권고한다. 그 교섭 과정에서 공공의 이익을 대표하는 사람도 포함되어야 하며, 때에 따라서는 법정에서 고용인과 고용주 간에 계약이 해결될 수 있도록 하는 방도도 포함되어야 한다. 우리는 협상 과정이나 의견 차이에서 일어날 수 있는 폭력의 사용을 거부한다. 우리는 또한 정당하게 파업하는 노동자를 다른 사람으로 영구히 대치하는 것도 거부한다.

C) 노동과 여가—사람은 누구나 다 일하고 적절한 보상을 받

을 권리가 있다. 개인 기업들이 직업을 구하는 모든 사람에게 직장을 제공하지 않거나 못할 때, 이들에게 직장을 창출하여 주는 것이 정부의 책임이다. 우리는 근로자들의 신체적 및 정신적 안전을 보장하며, 생산품과 봉사를 공평히 구분하며, 개인들이 여가 시간을 점점 더 자유로이 쓰도록 장려하는 사회제도를 지지한다. 우리는 여가 시간이 사회에 창조적으로 공헌하는 기회를 제공하고 있음을 인정하며, 근로자들에게 자의로 쓸 수 있는 시간을 교육, 문화 및 오락적인 데 잘 쓸 수 있도록 문호를 개방할 것을 촉구한다. 우리는 이윤에 앞서 인간이 더 중요하다고 믿는다. 가끔 우리 경제생활을 좀먹는 이기적인 사고를 우리는 개탄한다. 우리는 민주적인 직장과 집단 및 협동적인 근로 활동을 장려하는 정책을 지지한다. 우리는 근로자들이 퇴직당할 위험 없이 자기의 건강 또는 생명의 위협을 주는 상황에서 일하기를 거부할 권리가 있음을 인정한다. 우리는 기업과 산업이 점점 더 독점적인 일에 집착하려 하는 것을 막는 정책을 지지한다.

D) 소비—소비자들은 그들의 경제적인 힘을 이용하여 생산업자들이 인간에게 필요하고 이득을 주는 물건들을 생산하도록 하되, 생산 또는 소비 과정에서 우리의 환경을 손상시키지 않는 한도 내에서 하도록 장려하여야 한다. 소비자들은, 연령, 성, 경제적 지위 때문에 근로자들이 착취당하고 있는 상황에서 제조된 물품을 사지 않도록 하여야 한다.

소비자들은 이러한 일을 성취하기 위하여 선택할 수 있는 기회가 극히 제한받고 있기 때문에, '공정거래보증'(Fair Trade Certified)을 받은 생산품을 구매하는 일이, 소비자들이 그들의 구매력을 이용하여 공공의 이익에 공헌할 수 있는 하나의 확실한 방편이 된다. '공정거래 국제기준'(International Standards of Fair Trade)은, 소작농들과 그 가족들이 생계를 유지할 수 있는 보수를 보장하여 주는 제도에 근거를 두고 있기 때문에, 농부들은 민주적으로 운영하는 농업협동조합에서 일하면서 물건들을 직접 구매함으로써, 거래에서의 이익과 이윤이 농부들과 그들의 공동체에 직접 돌아가게 하며, 절대적으로 중요한 신용 대출을 받을 수 있으며, 생태학적으로 건전한 농사를 지을 수가 있다. 소비자들은 이러한 기준에 전적으로 동조하는 생산 구조를 가진 회사들만 찾아 나설 것이 아니라, "공정거래" 시장에 회사들이 참여할 것을 또한 장려하여야 한다.

소비자들은 받은 서비스나 소비한 물건을 평가할 때, 내 생활의 질이 얼마나 나아졌느냐 하는 것에 비추어 평가할 것이지, 물건이 무제한 많이 생산된 것을 보고 평가하여서는 안 될 것이다.

¶163

우리는 개체교회와 교회 기관을 포함한 소비자들이 이 목표를 달성하기 위하여 단결하며 해로운 경제적, 사회적 또는 생태학적인 관행에 불만이 있을 때, 이를 불매 운동, 편지 보내기, 단체적인 결의문 및 광고 같은 방법을 통하여 널리 알리기를 호소한다.

E) 빈곤—산업 선진국의 일반적인 풍요함에도 불구하고 세계의 대부분의 인구는 지금 빈곤에 허덕이고 있다. 식량, 의복, 주거, 교육, 건강 관리 등과 같은 인간에게 필요한 기본적인 요건들을 제공하여 주기 위하여 우리는 세계 자원을 좀 더 공평하게 분배할 수 있는 방도를 찾아내지 않으면 안 된다. 발전하는 과학 기술이 착취적인 경제정책을 동반할 때 많은 사람들을 궁핍 속에 몰아넣고 빈곤에서 영원히 헤어나지 못하게 한다. 자연 재해와 환경 변화로 인한 빈곤이 계속 늘어나고 있으므로, 이에 귀를 기울이고 도울 필요가 있다. 분쟁과 전쟁은 양쪽 모든 국민을 빈궁 속에 빠뜨리게 함으로, 가난한 사람들을 돕는 최선의 방법은 평화적인 해결책을 모색하는 일이다.

우리는 교회로서 가난한 이들을 도우며 부유한 이들을 일깨우도록 부르심을 받았다. 빈곤을 퇴치하기 위하여 우리는 다음과 같은 정책들을 지지한다. 곧 적절한 수입의 유지, 좋은 교육, 살 만한 집, 직업 훈련, 뜻있는 직장을 얻을 수 있는 기회, 적절한 건강 관리와 병원의 혜택, 사회복지 제도의 인간화와 파격적인 개혁 (humanization and radical revisions of welfare programs), 분쟁 지역에서의 평화활동, 자연의 존엄성을 지켜 주는 일 등이다. 낮은 임금은 흔히 빈곤을 초래하게 하므로, 고용주들은 고용인들에게 충분한 봉급을 지불하여 그들이 음식 쿠폰이나 사회복지 혜택 같은 정부의 보조를 받지 않도록 하여야 할 것이다.

장기적인 빈곤 퇴치는, 가난한 이들을 위한 사업이나 고용에 국한하지 말고, 이는 언제나 없어질 수 있기 때문에, 이들에게 부(富)를 축척하고 유지할 수 있는 방편을 마련하여 줄 것을 우리는 강조한다. 이 방편은 개인적인 저축 통장, 소기업 개발 프로그램, 주택 소유를 가능케 하는 프로그램, 재정 관리 훈련과 카운슬링 등을 포함한다. 우리는 교회에 대하여 이러한 사역뿐만 아니라 가난한 이들이 재산을 늘여 나갈 수 있는 사역도 개발하기를 촉구한다. 우리는 특히 Global South(지구의 아프리카, 라틴아메리카, 중동을 포함한 일부 아시아 지역)을 염두에 두고 있는데, 이는 이 지역이 특별히 투자와 소기업 개발이 요구되기 때문이다. 우리는 이 지역(Global South)들과 전 세계가 공평하게 발전하게 되는 정책을 지지할 것을 호소하며, 모든 사람에게 공의로운 기회가 주어질 것을 또한 호소한다.

경제적 공동체 ¶163

가난은 많은 경우에, 제도적인 이유 때문에 발생하므로, 우리는 가난한 이들이 그들의 경제 상태에 대하여 도덕적으로 책임을 져야한다고 나무라지 않는다.

F) 외국인 노동자들—수세기 동안 사람들은 일자리를 찾아 국경을 넘어 이주하였다. 우리의 현 세계도 이와 다를 바가 없으며, 이 추세는 날로 증가하고 있다. 좋은 임금, 더 나은 고용 환경, 일할 수 있는 직장들 때문에 사람들은 일할 기회를 찾아 이주한다. 외국인 근로자들은 많은 사회에서 중요한 노동력을 제공하여 주고 있다. 그러나 외국인 근로자들은 너무나도 많은 경우에, 착취를 당하며, 법적인 보호를 받지 못하며, 부당한 노임과 근로 조건에 시달리고 있다.

우리는 정부들과 고용주들이 외국인 노동자들에게도 다른 시민들이 누리는 것과 똑같은 경제적, 교육적, 사회적 혜택을 제공하여 줄 것을 호소한다.

외국인 노동자들도 종교적인 친교가 필요함으로, 우리는 교회들이 이들을 받아들여 돌봐 주며, 교회의 친목 모임에 참여하게 할 것과, 이들이 더 나은 조건을 위하여 노력할 때 이들을 적극 지원하여 줄 것을 호소한다.

G) 도박—도박은 사회에 위협을 주는 악이며 최선의 도덕적, 사회적, 경제적, 정신적 생활을 영위하는 데 있어 치명적인 것이며, 또한 좋은 정부를 파괴하는 행위이다. 믿음과 관심의 표시로서 그리스도인들은 도박을 하지 않아야 할 뿐만 아니라, 도박에 희생당한 사람들을 도와주고 이들에게 봉사하여야 한다. 교회는 도박에 중독이 된 사람들을 도와 이들이 치료를 받도록 할 뿐만 아니라, 앞으로 모든 에너지를 좀 더 긍정적이고 건설적인 목적에 쏟도록 도와주어야 할 것이다. 교회의 선지자적 사명은 공의와 주장의 수준을 높이어, 상업적인 도박은 필요 없으며 바람직하지 못한 것으로 우리는 만들어야 할 것이다. 상업적 도박은 복권, 카지노, 인터넷 도박, 무선 기술에 의한 도박, 기타 요행수를 바라는 게임을 포함하여 하나의 오락으로든 도피 행위로든 또는 자선 사업이나 정부 사업을 돕기 위하여 모금하는 수단으로 쓰든, 우리에게는 불필요한 것이다.

H) 가족 농장—가족 농장의 가치는 오랫동안 자유민주주의 사회의 하나의 주요한 토대로 인정받아왔다. 최근에 와서 가족 농장들은 세계적으로 그 생존이 위협을 받고 있다. 이는 농산물 생산 과정이 제한된 몇몇 국제 기업체에 국한되어 있는 것을 비롯하여 여러 가지 이유가 있기 때문이다. 다수의 사람들을 위한 식량 공급이 제한된 회사들의 손에 집중되어 있다는 사실은, 이

¶163 사회생활 원칙

들을 감시하며 행동을 취하여야 할 세계적인 정의의 문제를 제기하고 있다.

우리는 농산물과 연관된 기업들이 세계 인구를 위한 일용할 양식을 책임 있게 공급함에 있어 인권문제에 먼저 관심을 가져 줄 것을 요청하며, 둘째로, 크고 작은 농업 종사자들이 그들 노동의 대가를 공정하게 받을 수 있도록 그들의 인권에 대하여 기업들이 바른 시민의식을 가져 주기를 요청한다. 우리는 사람들이 농지를 소유할 권리와 땅을 가꾸어 생계를 유지할 수 있는 권리를 대변하며 주장한다.

우리는 정부들이 불균형하게 더 부유한 농산물 생산자들에게 이득을 주는 프로그램을 개선하여, 중소농장에게 이득을 주는 프로그램을 더 지원하되, 이는 현지 공정, 저장, 분배, 기타 농업 인프라를 구축하는 프로그램들을 포함하여야 한다. 이는 또한 현지 농부들과 현지 학교들을 직접 연결시켜 주는 것은 물론 기타 지역사회의 음식물을 안전하게 하는 프로그램도 포함하여야 한다.

우리는 모든 교회가 온 힘을 다하여 식료품 공급과 세계를 위하여 식량을 생산하는 사람들에 관하여 선지자적 발언을 하여 주며, 지역사회에서 안전한 식료품을 위한 사역을 펼쳐 나가기를 요청한다.

I) 기업의 책임—기업들은 그들 주주들뿐만 아니라 기업과 연결되어 있는 다른 투자자들에게도 책임이 있다. 곧 그들의 고용인들, 물품 공급자들, 판매 업자들, 소비자들, 그리고 그들이 사업하고 있는 곳의 지역 사회와 그들을 지원하여 주고 있는 땅 등이다. 우리는 이 모든 분야에 기업이 어떤 영향을 주고 있는지 일반 시민들이 알아야 할 권리가 있음을 주장한다. 그리하여 사람들이 어떤 기업들을 지원하여 주어야할지, 올바른 판단을 내리도록 하여야 한다.

우리는 인간의 복지를 촉진시키며 환경을 보호하는 기준을 자진하여 지키는 기업들에 대하여 찬사를 보낸다.

J) 재정—금융 기관들은 사회에서 중요한 역할을 담당하고 있다. 그러나 부자들의 이익을 위하여, 우리 가운데 가장 결핍한 사람들을 악용하며 속여서 대출을 하는 행위는 금하여야 한다. 금융 규제법은 반복되는 빚더미 굴레에서 허덕이게 하는 높은 금리를 없애도록 하여야 한다. 개인적인 신용 카드를 발행하는 기관들은, 모든 관련된 당사자들이 충분히 합의 조건을 이해하고 이행하도록, 투명성과 책임성을 가지고 이를 운영하여야 한다.

K) 상거래와 투자—우리는 상호의존하는 이 세상에서 국제무역과 투자의 중요성을 인정한다. 무역과 투자는 인간의 존

경제적 공동체 ¶163

엄성과 깨끗한 환경과 우리의 공통적인 인간성을 지켜 주는 법칙에 근거를 두어야 한다. 무역 협정은 환경 기준을 포함하여 노동권과 인권을 유지시키게 하는 장치를 포함하고 있어야 한다. 무역 협정을 체결함에 있어 광범위한 시민들의 주장과 참여가 있게 하기 위하여 협상과 참여의 민주적인 장치가 보장되어 있어야 한다.

L) 독직 (瀆職 Graft), 수뢰 (受賂 corruption)—하나님의 좋으신 창조, 그의 충만한 은총, 그리고 우리 모두를 한 데 묶어 주는 사랑과 서로 돕는 관계 등은 하나님께서 뜻하신 바로서, 우리로 하여금 자유롭게 즐기며 책임 있게 다스리라고 하신 것들이다. 하나님의 창조를 존귀하게 여기는 일은 하나의 거룩한 신뢰로서, 공의로우며, 공평하며, 우리로 하여금 지속적으로 지탱하여 나가는 관계와 공동체를 이루어 나갈 수 있게 한다. 그러한 관계와 공동체가 강하여지며, 안전하여지며, 확실하여지며, 발전하여 가는 일은, 그들 사회적, 경제적, 정치적, 문화적 과정과, 기관 및 연관된 모든 사람의 성실성에 달려 있다. 독직은 불공평하고 불법적인 방법으로 재물이나 이득이나 특혜를 얻는 일이다. 특히 자기의 정치적, 기업적, 또한 사회 기관의 지위를 오용하여 이를 취득하는 일은 인간의 품위를 손상시키며 인권을 유린하는 행위이다. 수뢰는 개인적인 이득을 위하여 정직하지 못하게 권력을 남용하는 행위이다. 수뢰는 삶의 충만함을 위하여 창조해 주신 하나님의 뜻을 파멸시킨다. 독직과 수뢰는 사회 공동체의 엉켜 있는 줄을 흐트러뜨리며, 인간 관계의 도덕적인 섬유질을 썩게 만들며, 사회 기관들의 좋은 명성을 녹슬게 만든다. 강하고 공의로운 형법제도를 포함한 입법 및 사법 제도가, 사회 전반에 걸쳐 있는 독직과 수뢰 문제를 다루어야 한다. 투명성이 있고 책임을 지며, 성실성이 있는 공의로운 정치적 다스림이 독직과 수뢰와 부패를 제거하는 데에 절대적으로 필요하다. 독직과 수뢰로 가득 차 있고 부패로 인하여 재해를 당하고 있는 사회들은 하나님의 용서하시는 사랑과 구속의 은총을 필요로 한다.

M) 공적인 부채 (負債)—전 세계를 통하여 정부들이 수년 동안 초과 지출을 함으로써 누적되어 온 거대한 부채는 우리의 큰 관심사가 아닐 수 없다. 역사적으로 볼 때, 국가의 일시적인 부채는 때로 불가피한 것임을 우리는 알고 있다. 그러나 정부들은 오랜 동안 초과 지출을 함으로써 거대한 부채를 낳게 하여 경제적인 부담을 안게 하였다. 그러한 무절제한 경망(輕妄)은 지속될 수가 없다. 그러므로 우리는 모든 정부들이 부채를 줄이고, 부담할 수 있는 한도 내에서 예산을 집행할 것을 촉구한다. 우리

는 정부 및 돈을 빌려 주는 기관들이 이자를 낮춰줄 것을 요청한다. 우리는 예산을 조정할 때, 학교와 기타 개인의 성장을 촉진시켜 주는 곳뿐만 아니라, 가난한 자들과 노인들과 신체장애인들을 돌봐 주는 기관들처럼, 사회의 안녕과 복지를 증진시켜 주는 기관에 가장 먼저 재정적 지원을 하여 주어야 할 의무가 있음을 꼭 기억하여 주기를 공무원들에게 요청한다.

만일 부채를 통제하지 못한다면, 다음 세대들이 공적 부채의 짐에 얽매이게 되어, 그들 사회는 강제 상환과 치솟는 인플레이션과 높은 실업률과 절망 가운데 살게 될 것임을 우리는 잘 알고 있다. 그러므로 이는 단지 재정적인 문제뿐만이 아니라, 앞으로 출생할 사람들을 위한 사회정의에 관한 문제이다. 미래 세대를 위하여 오늘날 슬기로운 재정 운영이 필요하다. 우리는, 연대체제 속에 있는 교회 지도자들이 공적 부채를 줄이고 공정한, 균형잡힌 예산을 세우도록, 공무원들을 설득하기를 요청한다.

¶164. 제5절 정치적 공동체

어느 한 특정한 국가에 대한 충성보다도 하나님께 대한 우리의 충성이 앞선다는 사실을 인정하면서, 사회질서를 유지하는 데 중요한 역할을 담당하고 있는 정부의 절대적인 기능도 우리는 인정한다. 우리의 사회생활과 정치생활에 있어, 우리는 하나님께 대하여 책임을 지고 있다는 것을 알기 때문에, 우리는 다음과 같은 사실을 정부에 대하여 선언한다.

A) 기본적인 자유와 인권—우리는 정부가 자유롭고 공정한 선거를 치를 수 있는 권리를 보호하여 주며, 언론, 종교, 집회, 통신의 자유뿐만 아니라 보복을 당함이 없이 불만을 청원할 수 있는 권리, 사생활의 권리, 적절한 식량, 의류, 주거, 교육, 보건을 보장받을 수 있는 권리를 보호하여 줄 책임이 있다고 간주한다. 식량과 의약품의 소통이나 자유로운 무역을 금지하거나 봉쇄하는 일은 죄 없는 비전투 민간인들, 특히 어린이들에게 큰 고통과 영양실조를 초래케 하는 일이다. 우리는 이러한 행위를, 정치적 혹은 이념적 입장을 떠나서, 대내 또는 대외적인 잘못된 정책이라 여기고 거부한다. 모든 정부의 형태와 지도자들은 성인이 된 시민들의 투표권 행사로 결정되어져야 한다. 우리는 또한 권력을 쥐고 있는 정부가 반대파 정치인들을 감시하며 협박할 뿐만 아니라 모든 종류의 위임된 정치 권력을 남용 내지 악용하는 것을 강력히 반대한다. 정적 또는 다른 반대자들을 위협하거나 제거하는 수단으로 투옥과 감금과 같은 방법을 사용하는 것은 기본적인 인

정치적 공동체 ¶164

권을 유린하는 처사이다. 더욱이 정부가 무슨 목적으로든, 사람들을 학대하거나 고문하며, 잔인하고 비인간적이며 품위를 떨어뜨리는 방법으로 대우하거나 처벌하는 일은 기독교의 가르침에 위배되는 것이며, 이러한 일들은 언제 어디서 일어나든지 간에 그리스도인들과 기독교는 이를 정죄하고 또한 반대하여야 할 것이다.

교회는 노예제도, 민족 말살 행위, 전쟁 범죄, 인류에 대한 범죄, 침략 등을 악명이 높은 극악한 죄악으로 단정한다. 이러한 죄악은 인류를 파괴하며 처벌을 피하여 가게 하기 때문에 모든 정부는 이를 무조건 금지하여야 하며 교회도 이를 절대로 용납하여서는 안 된다.

B) 정치적 책임—한 정치체제의 위력은 시민들의 자발적인 참여도에 전적으로 달려있다. 교회는 계속 국가에 강한 윤리적 영향력을 행사하여서 정의를 실현하는 정책과 프로그램은 지지하고 불의한 프로그램은 반대하여야 할 것이다.

C) 교회와 국가와의 관계—연합감리교회는 여러 해 동안 정교 분리의 원칙을 지지하여 왔다. 일부 세계에서는 이 분리의 원칙이 종교적 표현의 다양성과 각 개인의 양심에 따라 하나님을 예배할 수 있는 자유를 보장하여 주고 있다. 정교의 분리는 국가와 교회의 유기적인 관계를 부정하는 것을 뜻하지만 쌍방이 서로 작용하는 것은 허용하고 있다. 국가는 그 권력을 이용하여 특정한 종교적 신앙—무신론을 포함하여—을 권장하여서는 안 되며, 공립학교에서 기도나 예배를 필수로 하여서도 안 되며, 다만 학생들이 자신들의 종교적 신념을 행사하는 것은 그들 자유에 맡겨야 한다. 우리는 국가가 교회를 통제하려고 하여서도 안 되며 교회가 국가를 지배하려고 하여서도 안 된다고 믿는다. 당연하며 절대적인 정교의 분리가 지금까지 종교적 자유의 대의를 지켜주어 왔듯이, 이것이 공적인 생활에서 모든 종교적 표현을 철폐하는 것으로 잘못 이해되어서는 안 된다.

D) 정보의 자유—모든 나라의 시민들은 자기 정부와 그 시책에 대한 기본적인 정보를 입수할 수 있어야 한다. 개인 및 특정한 집단에 대한 정부의 불법적이고 비양심적인 행위는, 그것이 비록 국가 안전이라는 명목으로 행해지는 것일지라도, 정당화될 수도 없고 비밀에 부쳐져서도 안 된다.

E) 교육—우리는 모든 사람이 교육을 받을 권리가 있다고 믿는다. 우리는 또한 젊은이들의 교육은 가정과 신앙 공동체와 국가가 책임을 져야 한다고 믿는다. 사회에서 이러한 기능은 모든 사람이 자유롭게 선택하고 무료로 다닐 수 있는 공립 초, 중등 교육 기관 및 고등교육 기관을 통하여 가장 잘 이루어질 수 있다.

¶164

누구나 재정적인 문제로 인하여 교회 계통의 사립대학이나 일반 사립대학에 가지 못하는 일이 있어서는 안 된다. 우리는 공립대학과 사립대학이 존립할 권리가 있음을 주장하며, 누구나 자기가 선택하는 학교에 진학할 수 있는 정부의 시책과 또한 교회와 국가 간의 위헌적인 분규를 일으키지 않을 정부의 정책을 승인하며 찬성한다. 우리는 대학들이 학원 내 인사들에게 학문의 자유를 보장하여 주고 있으며, 생각들을 자유롭게 교환할 수 있는 교육의 장을 보장하여 주고 있음을 믿는다. 우리는 이성과 신앙이 화합하기를 강조한다. 그러므로 우리는 대학들이 학원 내에서의 종교생활을 보장하여 줄 것을 권장한다.

F) 시민적 복종과 시민적 저항 (Civil Obedience and Civil Disobedience)—정부와 국법은 하나님과 인간의 종이 되어야 한다. 시민들은 정부의 정당한 절차를 밟아 합법적으로 채택된 법을 지킬 의무가 있다. 그러나 정부도 개인 못지않게 하나님의 심판 아래 있다. 그러므로 우리는 개인들이 자기 양심의 명령에 따라, 모든 합법적인 방법을 다 취한 후에, 옳지 못하다고 인정되는 법들에 항거하거나 이를 지키지 않을 권리가 있음을 인정한다. 비록 이러한 경우에 처할지라도 폭력을 피하고 저항의 대가를 치를 각오를 함으로써 법을 존중하는 태도를 보여야 할 것이다. 우리는 어떠한 경우에도 폭력적인 저항이나 행위를 낙태 문제로 궁지에 빠져있는 사람들에게 행하는 것을 장려하지 않을 뿐만 아니라 용납하지도 않는다. 우리는 공공기관에 봉사하는 합법적인 공무원들을 위하여 기도하며, 모든 사람에게 정의를 실현하며 균등한 기회를 제공하려는 그들의 노력을 적극 지지한다. 우리는 자기 양심 때문에 비폭력적인 입장을 고수하며 고통을 받고 있는 모든 사람을 교회가 도와야 할 의무가 있음을 강조한다. 우리는 정부가 그들의 비폭력적인 행위 때문에 법적 위험을 당하고 있는 사람들의 민권을 '민권 및 정치적 권리에 대한 국제협약'(International Covenant on Civil and Political Rights)이 규정한 바에 따라 보장하여 줄 것을 촉구한다.

G) 사형—우리는 사형이 인간들을 구속하시며 재생시키시며 변화시키시는 그리스도의 능력을 부정하는 일이라고 믿는다. 연합감리교회는 전 세계에 만연한 범죄와 그리고 살인으로 인하여 사라지는 생명의 가치에 대하여 깊이 염려하고 있다. 우리는 모든 인간의 생명이 성스러우며 하나님께서 창조하신 것으로 믿기 때문에, 모든 인간의 생명을 의미 있고 귀중한 것으로 여기지 않을 수 없다. 정부가 사형을 집행할 때, 단죄받은 사람의 생명은 그 가치가 하락되며 그가 개선될 가능성은 완전히 끝이 나고 만

다. 우리는 예수 그리스도의 부활과 회개함을 통하여 그리스도와의 화해가 이루어짐을 믿는다. 화해의 은사는 모든 개개인에게 예외 없이 주어져 있으며, 모든 생명에게 새로운 존엄성과 성스러움을 부여한다. 바로 이러한 이유 때문에 우리는 사형을 반대하며 모든 형법에서 이 제도를 삭제할 것을 강력히 촉구한다.

H) 형사 및 교정 시책—모든 시민을 그들의 권리와 재산을 침해하는 자들로부터 보호하기 위하여, 정부는 법 집행 기구와 법원을 상설하여 놓고 있다. 여러 가지 처벌 규정이 지역사회의 분노를 나타내며 위험한 범죄자들을 무능하게 만들며, 범죄를 억제하며, 나아가 재생의 기회를 제공하기 위하여 제정되어 있다. 우리는 인간의 기본적인 권리를 존중하면서 범죄를 억제 내지 제거하려는 정부 시책을 지원한다.

우리는 이러한 필요 기구들을 악용하여 권한을 쥐고 있는 사람들이 인종, 생김새, 생활양식, 경제적 지위 및 종교에 있어 자신들과 상이한 사람들을 핍박하거나 협박하는 것을 반대한다. 또한 기능장애인들의 인권과, 법을 집행하는 사람들의 나라 언어를 구사하지 못하는 사람들의 인권을 무시하여 법을 경솔하게, 무정하게, 또 차별적으로 적용하는 행위를 거부한다. 우리는 더 나아가 범죄를 일으키는 사회 환경을 없앨 제도를 지지하며, 법을 집행하는 공무원들과 지역사회 사람들이 계속적으로 또한 긍정적으로 서로 접촉하기를 권장한다.

잃어버려지고 상처 입은 사람들을 구원하기 위하여 오신 그리스도의 사랑 안에서 우리는 범죄의 희생물이 된 사람들과 범죄자들과 교도관들과 지역사회 전체를 돌봐 주며 회복시켜 줄 새로운 재활제도를 만들 것을 촉구한다. 바른 교정제도는 하나님뿐만 아니라 자신과 사회와의 바른 관계를 강조하는 성경의 법에 근거를 두고 있다. 이러한 관계가 범죄로 인하여 깨어졌을 때, 바른 관계를 수립할 기회는 늘 주어져 있다.

전 세계의 대부분의 교정제도는 보복을 하기 위하여 만들어져 있다. 보복적인 교정제도는 범죄자들이 국가에 책임을 져야 하며, 그 처벌은 그 책임에 대한 형평성을 이루는 것으로 간주한다. 이에 반하여 재활적인 교정제도는 범죄자들로 하여금 피해자들과 해를 입은 지역사회에 대하여 책임을 지도록 한다. 하나님의 변화시키시는 능력을 통하여 재활적인 교정제도는 손상된 것을 고치며, 그릇된 것을 바르게 하며, 피해자와 가해자와 그 가족들과 지역사회를 포함한 모든 관련된 자들이 치유되기를 추구한다. 교회는 치유와 체계적인 변화를 가져오는 대리인이 됨으로써 제자의 도리를 다하게 될 때 변화한다.

¶164

1) 군복무—우리는 전쟁을 개탄하며 국가 간의 모든 분쟁을 평화적으로 해결하기를 촉구한다. 예로부터 기독교 양심은 폭력과 전쟁의 비참한 현실과 고투하여 왔다. 이 악은 인간을 사랑하시는 하나님의 목적에 분명히 위배되기 때문이다. 우리는 더 이상 전쟁이 없이 모든 사람이 서로 평화롭게 또한 의롭게 살 날을 열망한다. 우리 가운데 어떤 이들은 전쟁과 다른 형태의 폭력은 하나님께 절대 용납될 수 없다고 믿는다. 우리는 또한 많은 그리스도인들이 평화적인 해결이 결렬되었을 때, 방치된 침략과 폭정과 인종의 말살을 저지할 수 있는 유일한 길은 유감스럽게도 무력밖에 없을 것이라는 것을 믿고 있음을 알고 있다. 우리는 전쟁과 폭력에 만족하여 있는 것을 용납하지 않는 평화주의자들의 주장을 존중한다. 우리는 또한 폭력을 극한 상황에 한하여, 또한 상황이 의심할 여지없이 분명할 때 한하여 적절한 국제 기구를 통하여 사용할 것을 용납하는 사람들을 존경한다. 우리는 국제 관계에 있어 강압과 폭력과 전쟁을 없애기 위한 하나의 수단으로 이를 통제할 법을 제정할 것을 촉구한다.

우리는 강제적인 군복무 제도를 시행하는 국가 정책이 복음과 상치하는 것으로 보고 이를 거부한다. 우리는 각국 정부들이 군복무의 의무를 요구함으로써 생긴 괴로운 긴장감을 잘 인식하고 있다. 우리는 젊은이들이 시민으로서의 의무에 대하여 양심적인 결단을 내리려고 노력할 때, 교회의 자문을 구하기를 촉구한다. 목사들은 징집제도를 양심에 입각하여 거부하는 젊은이들을 포함하여 징집 영장을 받고 있는 모든 젊은이나 군에 자원 입대할 것을 고려하고 있는 젊은이들의 상담에 응할 준비를 늘 하고 있어야 한다.

우리는 모든 전쟁이나 어떤 특정한 전쟁을 양심에 비추어 반대하며, 이로 인하여 군에 복무하기를 거부하거나, 또는 징집제도에 협조하지 않는 이들을 지원하며 이들을 우리교회 사역의 대상으로 삼는다. 우리는 또한 모든 사람을 도우며 그들을 우리 교회 사역의 대상으로 삼는다. 이는 양심에 입각하여 군에 복무하거나 또는 이를 대치하는 일에 복무하는 모든 이를 포함한다. 사람들이 군에 복무하기를 선택하였을 때, 우리는 그들이 부상당한 상처를 적절히 치료받을 권리가 있음을 지지하며, 복무할 때에나 복무한 후에도, 그들이 신체적, 정신적 치유에 필요한 충분한 리소스를 지원받게 되기를 주창한다. 우리는 군사 행동이거나 양심적 기피 등, 이 둘 모두로 말미암아 죄를 지을 수 있음을 알고 있으며, 우리는 항상 하나님의 용서하심에 의지하고 있음을 깨닫고 있다.

¶165. 제6절 세계 공동체

하나님의 세계는 하나의 세계다. 지금, 기술의 혁명으로 말미암아 우리에게 밀어닥친 단일성은 안정된 세계를 이룩하기 위한 우리의 도덕적 및 정신적 한계성을 넘고 있다. 모든 생활 차원에서 점차 뚜렷이 나타나고 있는 인류의 강화된 동일성은 교회뿐만 아니라 모든 사람에게 해답할 여유를 주지 않는 문제들을 안겨 주고 있다. 곧, 불의, 전쟁, 착취, 특권, 인구 팽창, 국제적인 생태학적 위기, 원자 무기의 증가, 어느 한 나라의 정부가 효율적으로 통제할 수 없게 된 초국가적 기업 구조의 확충 및 그 여러 형태의 포악성이 그것이다. 만일 인류가 이 지구상에 계속 생존하기 원한다면, 이 세대는 이들 문제뿐만 아니라 이와 연관된 모든 문제에 대하여 적절한 해답을 찾아내지 않으면 안 된다. 교회로서 우리는 진정으로 서로 사랑하는 사람들로 이루어지는 세계 공동체를 형성하기 위하여 헌신한다. 우리는 인류를 분리시키고 세계 공동체의 성장을 위협하는 모든 문제에 대하여 복음의 뜻을 찾아 헌신하기를 다짐한다.

A) 국가와 문화—하나님께서 각 개인의 다양성을 긍정적으로 받아 주시듯이, 국가와 문화도 마찬가지이다. 우리는 어느 국가나 문화도 자기 국민들을 취급하는 데 있어 절대적으로 옳고 의롭게 하지 못하며, 어느 국가도 자기 국민들의 안녕을 전적으로 외면하지 않음을 인정한다. 그러나 교회는 어느 국가든지 자기 국민이나 자기 영토 내에 사는 사람들을 불의로 다스리는 데 대하여 그 책임을 물어야 한다. 각 국가가 문화와 정치 철학이 서로 다른 것은 당연한 것으로 인정하나, 우리는 세계 모든 국가가 정의와 평화의 편에 서기를 갈구한다.

B) 국가 권력과 책임—어떤 국가는 다른 국가보다 더 많은 군사력과 경제력을 보유하고 있다. 부강한 나라들은 그들의 재력과 영향력을 자중하며 사용하여야 할 책임이 있다. 우리는 건설적인 사회 변화와 평화를 이루기 위하여 공의를 회복하는 전략을 지원할 것이다. 우리는 모든 국가의 국민들이 자기들의 운명을 결정할 권리와 의무가 있음을 확언한다. 우리는 주요 강대국들이 자기 자신들만의 이익을 추구하기보다 오히려 다른 나라의 정치적, 사회적, 경제적 자결주의를 확대시켜 나가는 데에 비폭력적 힘을 사용하기를 촉구한다. 우리는 더 의로운 국제 경제 질서 곧 지구의 제한된 자원을 세계 모든 국가와 국민들이 최대한의 이익을 위하여 사용하려는 국제적인 노력을 찬양한다. 우리는 세계 모든 그리스도인들이 자기가 살고 있는 국가의 정부와 경제권을

쥐고 있는 그룹들에게 좀 더 의로운 경제 질서의 개발을 위하여 돕고 일하도록 장려하기를 촉구한다.

C) 전쟁과 평화—우리는 전쟁이 그리스도의 가르침과 그의 모범적인 삶에 상치된다고 믿는다. 그러므로 우리는 전쟁을 국가 외교 정책의 한 방편으로 보는 것을 거부한다. 우리는 어느 정부든지 선제 공격을 가하려는 행동과 전략을 반대한다. 그리스도의 제자로서 우리는 원수를 사랑하며, 공의를 구하며, 분쟁의 화해자로 부름을 받았다. 모든 국가의 첫째 되는 도덕적 의무는 국가 간에 일어나는 모든 분쟁을 모두 함께 평화로운 방법으로 해결하여야 된다는 것임을 우리는 강조한다. 우리는 침략과 테러와 민족 말살에 대처할 법적 구조를 제공하는 국제 조약과 기구를 강화할 것을 주창한다. 우리는 정부가 우선 순위를 정할 때, 인간의 가치를 군사력 동원보다 먼저 생각하여야 한다고 믿는다. 우리는 사회의 군사화에 대하여 이의를 제기하여야 하고 이를 저지하여야 하며, 무기의 제조, 판매, 비축은 감소되고 통제되어야 하며, 원자 무기의 생산, 소유 또는 사용은 정죄되어야 함을 강조한다. 따라서 우리는 엄격하고 효율적인 국제적인 통제하에 전체적인 완전한 무장 해제를 승인한다.

D) 정의와 법 (Justice and Law)—법으로 질서가 유지되고 있다면, 일반 사람들이나 어떤 특정한 그룹의 사람들은 자기 사회에서 안전하게 살 수 있으며, 또 그럴 권리가 보장되어 있다고 생각하게 될 것이다. 우리는 불의를 영구화하며 평화를 저해하는 생활 양태를 부도덕한 것으로 단죄한다. 세계 공동체의 국가들과 백성들은 법과 질서와 인권이 존중되고 확고히 설 때 안전감을 가지게 된다.

국제적 정의가 실현되기 위하여서는 모든 국민과 국가가 참여하는 것이 필요하다는 것을 믿기 때문에, 우리는 국제연합과 그 산하 기구와 국제재판소(International Court of Justice)와 국제형사재판소(International Criminal Court)를 정의와 법이 실현되는 세계를 달성하고 유지하기 위한 현존하는 가장 좋은 방편으로 환영한다. 법을 통하여 세계평화를 달성하려는 전 세계 모든 사람의 노고를 우리는 치하한다. 우리는 국가 간에 서로 필요가 있고 상충된 일이 있으면 국제적인 원조와 협력을 통하여 해결하기를 바란다. 국제연합의 책임을 받아들이고, 이 기구에 가입하기 원하는 모든 국가를 국제연합이 받아 주기를 청원한다. 우리는 국제연합이 좀 더 적극적으로 제삼자의 입장에서 국제 분쟁과 국가 간의 실질적인 충돌을 해결하여 줄 것을 촉구한다. 국제연합 밖에서의 양국 또는 다국적인 노력은 국제연합의 목적에 반대하는 것이 아니라 그에 맞게 행하여지는 것이어야 한다. 우리는 세계를 우리의 교구로 보는 역사적인 관심사를 다시 천명하며, 모든 인류가 세계 공동체의 참된 일원이 되기를 추구한다.

¶166.   제7절 우리의 사회신경

우리는 세상을 창조하신 창조주 하나님을 믿으며, 창조하신 것을 구속하시는 예수 그리스도를 믿습니다. 우리는 성령을 믿습니다. 우리는 성령을 통해서 하나님의 선물을 받았음을 인정합니다. 그리고 우리는 욕심을 채우려고 이 선물을 그릇되게 쓴 죄를 회개합니다.

우리는 자연의 세계가 하나님께서 손으로 지으신 세계임을 확신합니다. 그리고 인류가 이 세계를 보존하고 더 낫게 가꾸어서 성실하게 써야 하는 일에 우리 자신을 바칩니다.

우리는 우리뿐만 아니라 다른 사람에게도 내려 주신 공동체와 성(性)과 결혼과 가정의 복을 기쁨으로 받아들입니다.

우리는 남성, 여성, 어린이, 청년, 장년, 노년 및 장애인들의 권리를 보호하며, 우리의 삶을 질적으로 향상시키며, 모든 사람의 권리와 존엄을 지키는 데에 우리 자신을 바칠 것을 다짐합니다.

우리는 하나님의 영광을 위하여, 또한 우리뿐만 아니라 다른 사람을 의롭게 하여 주기 위하여 힘쓰는 사람들의 권리와 의무를 믿으며, 그런 가운데 자기들의 안녕을 지킬 권리가 있음을 믿으며, 하나님께서 맡겨 주신 재산 소유의 권리가 있음과 단체의 교섭권을 가짐과 소비를 책임 있게 하여야 함을 믿으며, 경제와 사회의 곤궁을 제거하여야 함을 믿습니다.

우리는 온 세계가 평화를 누리며, 모든 인류가 자유를 향유하며, 모든 나라가 정의와 법으로 다스림을 받게 되는 일에 우리 자신을 바칩니다.

우리는 인간 만사에 하나님의 말씀이 현재와 최후의 승리를 거둘 것을 믿으며, 이 세상에서 복음의 삶을 드러내야 할 사명이 우리에게 있음을 기쁨으로 받아들입니다. 아멘.

(이 '사회생활 원칙'을 연합감리교인들이 언제나 사용할 수 있게 되며, 이를 교회에서 강조하기를 바란다. 또한 '우리의 사회신조'를 주일예배 때에 자주 사용하기를 권장한다.)

¶166

사회신경과 동반하는 연도 (連禱)

영으로 예수 그리스도 안에 나타나신 하나님께서 은총을 베푸시어,
    세상을 향하신 그의 사랑 안에서 우리가 하나가 되어,
    우리 창조주의 형상대로 다시 새로워지기를 바라십니다.

오늘이 그날입니다.
하나님께서는 창조물이 제 모습을 원상대로 유지하기를 바라시며,
    모든 생명체들이 강건하여지기를 또한 바라시며,
    귀중한 지구가 파괴되어 감을 보시고 슬피 울고 계십니다.
우리도 또한 그리해야 되겠습니다.

오늘이 그날입니다.
하나님께서는 인간의 모든 색깔을 용납하고 계시며,
    사람들의 다양성과 차이점을 기뻐하시며,
    낯선 사람들을 친구로 만들어 같이 어울리는 것을 좋아하십니다.
우리도 또한 그리해야 되겠습니다.

오늘이 그날입니다.
하나님께서는 굶주리고 있는 많은 무리들과 함께 울고 계시며,
    부자와 가난한 사람들의 차이가 점점 더 벌어지고 있는
        것을 개탄하시며,
    노동 시장에서 정의가 실현되기를 요구하십니다.
우리도 또한 그리해야 되겠습니다.

오늘이 그날입니다.
하나님께서는 우리들의 가정과 거리에서의 폭력을 개탄하시며,
    세계가 전쟁에 미쳐 있는 것을 꾸짖으시며,
    힘센 자를 낮추시고 낮은 자를 일으키십니다.
우리도 또한 그리해야 되겠습니다.

오늘이 그날입니다.
하나님께서는 온 나라와 그 백성들이 평화롭게 살기를 요구하시며,
    공의와 자비가 모두 이루어질 때 이를 경하하시며,
    이리가 어린 양과 함께 풀을 먹을 때 크게 기뻐하십니다.
우리도 또한 그리해야 되겠습니다.

오늘이 그날입니다.
하나님께서는 가난한 사람들에게 기쁜 소식을 전하시며,
    갇힌 사람들에게 석방되었음을 선포하시며,
    눈먼 사람들을 보게 하시며,
    억눌린 사람들에게 자유를 주십니다.
우리도 또한 그리해야 되겠습니다.

제 6 편
조직과 행정

제1장
개체교회

제1절 교회와 목회구역 (Pastoral Charge)

¶201. *개체교회의 정의*—개체교회는 제자 삼는 일에 있어 가장 중요한 곳이다. 개체교회는 주인이신 그리스도를 모시는 참된 신도들의 공동체이다. 개체교회는 하나님의 부르심을 받은 사람들이 하나님의 말씀을 선포하며, 그리스도께서 친히 제정하신 바에 따라 성례전을 집행하는 구원의 단체이다. 성령의 가르침을 따라, 교회는 예배를 지키기 위하여, 신도들을 교육하기 위하여, 또한 세상을 구속하기 위하여 존재한다.

¶202. *개체교회의 역할*—예수 그리스도의 교회는 이 세상 안에, 이 세상을 위하여 존재한다. 교회가 세상과 만나는 것은 주로 하나 또는 그 이상의 개체교회로 이루어지는 구역을 통하여서이다. 개체교회는 그리스도인들이 사회구조 속으로 향하여 나가는 전략적 기지이다. 개체교회의 임무는, 성령의 인도 아래 사람들이 예수 그리스도를 받아들여 그를 주님이시오 구세주로 고백하도록 도와주며, 그들이 일상생활에서 하나님과의 관계를 유지하며 살도록 도와주는 데 있다. 그러므로 개체교회는 교회가 위치한 지역사회의 사람들에게 봉사하며, 모든 사람을 훈련시키고 양육하며, 다른 개체교회들과 협력하여 사역하며, 하나님의 창조 세계를 보호하여 생태학적으로 책임 있는 공동체로 살아가며, 진정한 교회에 기대할 수 있는 최소한의 것으로서 교단의 세계적인 선교사역에 참여한다.

¶203. *전체 교회와의 관계*—개체교회는 세례를 받고 그리스도에 대한 믿음을 고백하였으며, 연합감리교회 교인으로서의 서약을 한 사람들의 연대적인 공동체이다. 그들은 한 데 모여 하나님의 말씀을 들으며, 성례전에 참례하며, 삼위일체이신 하나님을 예배하고 찬양하며, 그리스도께서 그의 교회에 위임하신 일을 감당한다. 이러한 신도들의 공동체는 또한 연합감리교회에 속하여 <장정>의 규제를 받기 때문에, 보편적인 교회의 불가결한 일원으로 존재한다. 이 보편적인 교회는 예수 그리스도를 구주로 받아들이는 모든 사람으로 구성되어 있으며, 이는 또한 우리가 사도신경에서 고백하는 거룩한 공회를 뜻한다.

¶204. *교인 관리*—각 개체교회는 그 교인들뿐만 아니라 인근 지역에 대한 명확한 전도, 양육, 증거의 책임이 있으며, 지역 및 세계 공동체를 향하여서는 선교를 할 책임이 있다. 개체교회는 교인들이 어디에 거주하든, 그 모든 교인과 그 교회를 자기 교회로 택한 사람들을 돌봐 줄 책임이 있다.

¶205. *목회구역(Pastoral Charge)의 정의*—1. 목회구역은 연합감리교회의 <장정>에 따라, <장정>의 제약을 받는, 하나 또는 그 이상의 개체교회들이 구역회를 조직함으로써 이루어지며, 그 구역에는 안수받은 (ordained) 또는 인허받은 (licensed) 사역자나, 또는 파송받은 또는 파송받을 수 있는 사역자가 담임목사 또는 동사목사(co-pastor)로서 파송된다. 동사목사들이 파송된 곳에는 감독이 행정상 한 사람을 담임목사로 지정할 수 있다.[1]

2. 두 개 또는 그 이상의 교회로 구성된 목회구역은 '순회목회구역' (circuit) 또는 '협동교구'(cooperative parish)로 지정될 수 있다.

3. 개체교회를 섬기고 있는 목사, 또는 협동교구를 섬기고 있는 총무목사(director)가 파송받은 준회원 목사, 본처목사, 또는 학생 본처목사를 지도할 자문 장로로 봉사할 수 있을 때, 감독과 감리사는 그 목회구역을 "교육교구"(teaching parish)로 지정할 수 있다. 교육교구는 협동/팀 목회 방식과 목회자의 훈련에 대하여 확실한 책임을 진다.

4. 한 목회구역에 안수 또는 인허받은 사역자를 파송하여 봉사하게 할 수 없는 경우에는, 감독은 감리사회의 추천으로 자격을 갖추고 훈련받은 전도사 (lay minister), 혹은 평신도 선교동역자를 그 구역에 임명하여 사역을 담당하게 할 수 있다. 그러한 평신도는 지방감리사나 혹은 그 구역을 감리하도록 파송받은, 안수 또는 인허받은 사역자에게 책임을 져야 하며, 이들은 그 임

---

1. 사법위원회 판정 113, 319 참조

명받은 평신도를 위하여 성례전을 집행할 일을 마련하여야 할 것이다. 감독의 임명을 받으면 그 평신도는 그의 사역을 도와 줄 한 명의 교역자를 추가로 배정받게 된다. 만일 임명된 기간이 계속하여 1년을 넘게 되면 그는 그 기간 안에 인허받은 전도사 또는 인가받은 안수사역 후보자 과정을 밟기 시작하여 지방안수사역위원회의 관할 아래 들어가야 한다. 임명받은 평신도는 또한 그를 파송한 연회의 정책과 절차에 순응하여야 한다.

제2절 협동교구 (Cooperative Parish)

¶206. 1. 개체교회들은 성령의 인도로 서로 협력하여 예수 그리스도의 사랑을 보여줌으로써 서로에 대한, 또한 세상에 대한 개체교회의 증언을 강화할 수 있을 것이다.

2. 연회는 협동교구를 개발하는 과정에서 협동교구 목회를 대도시와 소도시와 시골 지역에서 시작하여 이를 개발하여 나간다. 이미 협동교구 목회가 연회에서 실시되고 있을 때에는, 연회는 해당 연회 기구에 명하여 협동교구 목회가 대도시, 교외, 소도시, 농촌 등지에서 교역 활동을 능률 있게 할 수 있는 전략을 개발하도록 하며, 협동교구 목회에 관하여 재정적 지원을 포함한 공식적인, 서면으로 된 정책을 채택할 것을 구상하여야 한다. 교구 개발이란, 어떤 특정지역 안에서 개체교회들과 교회 관련 기관들 및 목사들로 하여금 해당 기구와 정책의 후원 아래, 한 특정 지역에서 교회 프로그램과 사역을 협조적으로 수행할 수 있도록 신뢰와 상호협조 관계를 발전시키려는 의도적 계획을 말한다. 연회나 혹은 어떤 지역 안에서 이러한 선교를 수행하기 위하여 감리사회(들)와 함께 일할 수 있는 지방감리사나 또는 교구 개발 총무를 임명할 수 있다. 이밖에 지방감리사는 이 협동교구에 가입함으로써 혜택을 볼 수 있는 교회들을 연회에 매년 추천한다.

3. 협동교구 사역은 다음과 같이 하나 또는 그 이상의 형태를 가질 수 있다.

a) 시작 및 실험적인 형태: 1. *집단교구 그룹 (Cluster Groups)*—같은 지역 내에 위치한 여러 교회가 비공식적인 조직을 가지고 교인들과 교역자들이 여러 가지 프로그램을 공동으로 하는 형태이다. 행정상 지역(district)을 몇 개의 지역별 소그룹으로 나눌 수 있다. 2. *시험 간사 (Probe Staff)*—어떤 특정 지역에서 더 효과적인 선교를 발전시키기 위하여 협력의 가능성을 타진하고 전략을 개발하기 위하여 임명된 목사들과 다른 사역자들로 구성한다. 3. *그룹사역 (Group Ministry)*—목사들이 파

¶206

송되어 있는 두 개 이상의 목회구역이 비공식적으로 조직한 그룹으로서, 각 교회를 대표하는 목사 및/또는 평신도위원회가 코디네이터를 임명할 수 있다.

b) 조직 형태: 1. *복합구역교구 (Multiple Charge Parish)*—둘 이상의 구역을 의도적으로 조직한 선교 기구로서 각 교회는 제도상 자기 구역에 속하여 있으면서 이 대교구 협의회에 참여한다. 감독은 목사들을 각 구역과 이 복합교구에 파송하거나 임명하며, 위원장이나 코디네이터를 또한 파송하거나 임명한다.[2] 2. *대교구 (Larger Parish)*—몇몇 교회가 전 교구를 통한 임원회와 그밖에 필요한 위원회와 사업 기관들을 두어 함께 일하는 형태이다. 각 교회에서 기관과 위원회에 대표를 보내며, 정관이나 성약을 따르며, 그 구역에 책임자를 파송 내지 임명하여 일을 관할하게 한다. 3. *혼합사역 (Blended Ministry)*—넓은 지역에 산재하여 있는 교회 기관이나 교인들을 하나의 교회로 통합하여 합의된 장소를 두 개 또는 그 이상의 예배/프로그램 센터로 발전시키는 형태를 말한다. 이 경우 구역회는 하나이며 조직된 개체교회로서 필요한 일련의 위원회들과 다른 그룹들도 하나씩 두며, 그들은 상호간의 합의에 의하여 그 교구에 파송 내지 임명된 총무나 직원의 책임 아래 운영한다.

c) 특별한 형태: 1. *확대구역 (Enlarged Charge)*—보통, 같은 구역에 속하여 있으면서 크기가 비슷한 둘 또는 그 이상의 교회들이 목회자를 하나 또는 그 이상을 두고 하나의 단위로 사역하는 형태이다. 구역 교회임원회와 필요한 위원회를 둘 수 있다. 2. *연장 또는 나눔의 사역*—교인 수가 많은 교회가 그보다 적은 회중의 교회를 도와주는 형태로서 보통 큰 회중 교회의 목사(들)가 목회한다. 3. *초교파 협동교구*—연합감리교회의 한 개체교회를 포함하여 두 개 또는 그 이상의 다른 교단 개체교회들이 공동으로 사역하는 것. 위에 기술한 여러 형태의 사역과 연관하여 할 수도 있다. 4. *건물의 공동 사용(Shared Facilities)*—두 교회 또는 그 이상의 교회 중 하나는 반드시 연합감리교회여야 하는 교회들이 같은 건물, 교회 기물 등을 공동으로 사용하는 경우이다. 흔히 다른 언어를 사용하는 교회들이나 다른 민족, 인종, 문화 집단이 같은 건물을 함께 사용하는 경우가 있다. 이 경우 교회들간에 특별한 성약(聖約 covenant)을 맺어, 교회임원회, 재단이사회, 기타 위원회에 서로 대표를 보낼 수 있게 할 수 있다. 교회 시설물을 유지하기 위하여 각 개체교회는 시설물 사용에 관한 협정을 맺을 수 있다.

---

2. 사법위원회 판정 556 참조

4. 각 총회 부서와 기관들은 연회와 개체교회들을 더 잘 지원하기 위하여 협동사역 개념에 대하여 그 이사들과 직원들을 훈련시켜야 한다.

5. 감독들, 지방감리사들, 연회 직원들과 다른 지도자들은 협동 사역이 주는 혜택에 대하여 훈련을 받고 잘 알고 있어야 한다. 그들은 양육, 대외선교, 증언하는 사역을 훌륭히 치러 나갈 때 협동 사역의 가치에 관하여 목사들과 개체교회 지도자들을 지도하며 그들에게 훈련받을 기회를 마련하여 준다. 그들은 개체교회, 지역사회, 세계 공동체 안에 있는 사람들에게 제공할 의미 있는 사역을 찾아서 개발한다.

6. 감리사회(Cabinet)는 협동사역, 특히 협동교구 사역의 총무와 교역자 간사의 파송 과정에 있어 협동사역의 개념에 대하여 훈련을 받았으며, 양육과 대외선교와 증거의 사역을 효과적으로 수행한 적이 있는 이들에게 우선권을 준다. 감리사회는 현재 협동교구 사역에 파송된 목사들이 교육, 선교, 전도 사역을 효과적으로 이행할 수 있게 갖추어진, 계획된 정책을 발전시키고 실행하여야 한다.

7. 연회와 감리사회는 협동교구 사역을 포함한 각 협동사역을 위하여, 교단, 연회 및 다른 출처에서 자금을 모아 도와 줌으로써 협동사역을 개발하고 강화하는 일에 협조하기를 권장한다.

제3절 초교파 공동사역 (Ecumenical Shared Ministry)

¶207. 개체교회는 성령의 인도하에, 사역을 강화하기 위하여 다른 기독교 교회들과 함께 일하면서 초교파 공동사역을 만들어, 자기 지역의 리소스를 초교파적으로 공유할 수 있는 기회에 응답할 수 있으며, 한정된 리소스를 또한 지혜롭게 사용할 수 있으며, 하나님의 백성의 필요에 창조적으로 응답하여 선교와 사역을 확장함으로써 에큐메니칼 정신을 살려 나갈 수 있다.

¶208. *정의*—초교파 공동사역이란 한 개체 연합감리교회와 하나 또는 그 이상의 다른 기독교 전통을 가진 교회로 형성된 초교파적 교회를 뜻한다. 초교파 공동사역의 형태는 다음과 같은 것을 포함한다. *(a)* 동맹교회(federated church)로서 하나의 교회가 둘 또는 그 이상의 교단과 연관을 맺고 있으면서 교인들은 본 교회나 또는 다른 교단에 교적을 가지고 있는 교회; *(b)* 연합교회(union church)로서 하나의 통합된 교적부를 가지고 두 개 또는 그 이상의 교단과 연관을 맺고 있는 교회; *(c)* 통합된 교회(merged church)로서 교단이 서로 다른 둘 또는 그 이상

¶208

의 회중이 하나의 교회를 형성하여 그 중 단 한 교단과만 연관을 맺고 있는 교회; *(d)* 짝이 된 교구(yoked parish)로서 교단이 서로 다른 두 교회가 한 목사를 공유하고 있는 교회들.

¶209. *성약 (聖約 Covenant) 체결*—초교파 공동사역에 참가한 교회는 재정과 자산, 교인 자격, 교단의 요청이나 분담금, 위원회 구성과 선거 절차, 목사직에 관한 조건과 규정, 보고 절차, 모 교단과의 관계, 그리고 협약의 수정 또는 해약이 열거된 명백한 선교 협약서, 일련의 정관, 또는 성약 각서를 만든다. 이 각서를 수정할 때에는 이를 지방감리사에게 통보하여야 하며, 이 각서를 파기할 때에는 그 전에 지방감리사와 협의하여야 한다. 초교파 사역의 조직은, ¶243, ¶247.1-.2에 명시된 조항을 따른다. 각 교파간 개체교회의 합병에 있어서는, ¶2547과 ¶2548을 따른다. 동맹 및 연합 교회의 경우에는 ¶2548을 따른다.

¶210. *연대체제에 대한 책임*—감리사회, 연회 직원 및 다른 지도자들이 초교파 공동사역이 생길 때뿐만 아니라, 이를 연합감리교회와 생동감이 있는 통로로 계속 유지하여 나갈 때, 이러한 통로는 교단의 다른 동역자들과도 함께 유지하여 나가야 한다는 사실을 인식하여야 한다.

¶211. *감리사회가 먼저 다루어야 할 일*—감리사회가 파송을 논의할 때 각 교단의 특징과 정체의 다양함을 존중하여, 초교파주의에 대하여 강한 신념을 가진 목회 지도자들을 초교파 공동사역에 우선적으로 파송할 것을 권유한다.

제4절 변천하여 가는 지역에 있는 교회들

¶212. 개체교회가 위치하고 있는 지역사회의 다수가 변천을 겪고 있기 때문에, 그러한 지역사회에서 요구되는 여러 가지 형태의 사역에 특별한 주의를 기울일 필요가 있다. 개체교회는 그 주변 지역사회에서 일어나고 있는 제반 변화에 대응하여야 하며, 이에 따라 그 선교와 사역을 조직하여야 한다.

1. 교회가 위치한 지역사회가 특히 경제적, 인종적 변천을 겪고 있을 경우, 개체교회는 그 지역사회의 변화상을 철저히 분석하여 새로운 주민들의 요구와 문화적 형태에 맞도록 프로그램을 바꾸어야 한다. 개체교회는 그 지역사회에 남아 있기 위하여 온갖 노력을 기울여야 하며, 기존 교인들과 다른 문화적, 경제적, 인종적 집단일지라도 이들 새로운 주민들을 위한 효과적인 사역을 발전시켜 나가야 한다.

2. 변천하는 지역사회에 있어서는, 개체교회를 사역의 기지로서 간주하며, 여기에서 불공정한 사회구조가 도전을 받으며, 복음화가 이루어지며, 가난한 이들을 위한 사역을 포함하여 변하여 가는 지역사회에 대한 기본 증거가 실현되어야 한다.

3. 변천하는 지역사회의 사역에 관한 결정은 관계 부서와 충분한 협의를 거쳐 결정하기를 권장한다.

4. 변천하는 지역사회의 사역에 필요한 재정적, 인적 자원을 확보할 때에는, 실험 단계, 평가 및 중간 수정 등을 거쳐 그 상황에서 적절한 사역 활동을 수립할 수 있도록 충분한 기간을 두고 고려하여야 한다. 평가 과정에는 재정을 지원하여 주는 기관과 지역의 대표들이 참가하여야 한다.

5. 변천하는 지역사회 안에 있는 개체교회의 사역은 협동사역 형태의 가능성을 검토하고 발전시킴으로써 강화될 수 있을 것이다.

6. 모든 노력을 기울여 교회 주변 환경의 변화에 대하여 교인들은 교육을 받아야 한다. 개체교회는 늘 "교회가 위치한 지역사회의 사람들에게 봉사하도록" (¶202) 부름을 받고 있으므로, 교인들은 지역사회가 변천하는 과정에 있을지라도 교회의 사역은 지역사회를 대상으로 하고 있음을 깨달아야 한다.

¶213. *개체교회의 잠재력에 대한 평가 과정*—모든 개체교회는 무슨 형태로든 변천하는 지역사회에 위치하고 있으므로, 각 교회는 그들 자신들의 잠재력에 대하여 검토하기를 권장한다. 교회의 요청이 있을 때, 지방감리사는 그 개체교회의 과거와 현재와 미래에 가능한 사역을 위하여 광범위하게 검토할 특별조사반을 임명하여야 한다. 그러한 요청이 없을지라도 지방감리사는 그 교회의 장래에 문제가 있을 때, 혹은 그밖의 다른 이유로, 그러한 조사반을 임명할 수 있다. 특별조사반은 같은 수의 평신도와 교역자로 편성하며 해당 교회의 위원들을 포함한다.

1. 이 조사는 아래 사항을 포함하되 여기에 국한되어서는 안 된다: *a)* 독특한 선교적 기회와 지역사회가 필요로 하는 것; *b)* 회중이 현재 실시하고 있는 사역; *c)* 지도자들의 수와 지도력 스타일; *d)* 지역사회를 둘러싼 성장 가능성; *e)* 예산 및 시설의 필요성; *f)* 다른 연합감리교회와의 거리; *g)* 지역사회 안에 있는 다른 교단 교회의 수와 크기; *h)* <장정> 제1장 제1절에 명시된 바와 같이 교회의 선교를 성취하기 위한 교회의 능력에 강한 영향을 줄 수 있는 다른 사항들.

2. 그 조사 결과를 발표하여 교인들에게 전달하되, 어떻게 선교의 사명을 충실히 이행하며, 주어진 사역 자원을 최대한으로 유용하게 쓸 것인지, 그 추천 사항을 함께 전달하여야 한다. 그 추천

사항은 그들 교회가 하나의 조직된 교회로서 (¶¶201-204), 또는 협동교구로서 (¶206), 또는 초교파 공동사역으로서 (¶207), 그 지역사회에서 양육, 선교, 증거의 사역을 감당하기 위한 옵션을 탐색하여야 하며, 특히 교회를 재개발, 이전, 또는 해체하는 문제에 대하여 특별한 주의를 기울여야 한다. 이것을 발표할 때 참석하여야 할 사람들은 그 교회의 교인들, 목사(들), 지방감리사, 그리고 지방교회위치건물위원회의 위원들이다 (¶2519).

3. *a)* 개체교회의 교인들은 그 추천 사항에 응답하여 목표를 설정하고 사역을 실천하기 위한 계획을 세워야 한다. 그 지방감리사는 연구조사 결과와 회중의 응답을 감리사회에 보고하되, 실현성이 있는 추천 사항을 현실화하기 위하여 회중이 노력할 때, 이를 뒷받침하는 데 필요한 연회 직원의 임명과 리소스 및 재정 지원을 위한 추천 사항 등을 다른 리소스들과 함께 보고하여야 한다. 연회의 이러한 지원은 3년 이상 할 수 없다. *b)* 이 과정을 거친 어느 교회나 지방감리사가 사역을 위한 추천 사항을 결의하기 위하여 특별구역회를 소집할 수 있다. 이때 개체교회 구역회 회원에 더하여 지방교회위치건물위원회 위원들이 발언권만 있는 회원으로 참석할 수 있다.

제5절 교인

¶**214.** *자격*—연합감리교회는 우리가 사도신경에서 고백하는 바와 같이 거룩한 공회(보편적인 교회)의 일부이다. 교회에서 우리는 예수 그리스도를 선포하며 그를 주님이시요 구속자로 고백한다. 모든 사람은 예배와 교회 프로그램에 참여하며, 성례를 받으며, 연대체제 안에 있는 어느 개체교회이든 그 교회의 교인이 될 수 있다(¶4). 기능장애로 인하여 서약을 할 수 없는 사람인 경우에는, 하나님과 신앙 공동체인 교회와 온전한 성약 관계 (covenant relationship)를 맺은 법적 보호자들이 그들을 대신하여 적절한 서약을 할 수 있다.

¶**215.** *교인의 정의*—연합감리교회 개체교회의 교인은 세례를 받은 모든 사람과 믿음을 고백한 모든 이를 포함한다.

1. 연합감리교회 개체교회의 세례교인은 개체교회 또는 다른 곳에서 세례받은 모든 사람, 또는 다른 교회에서 세례받고 연합감리교회 개체교회에 교적을 옮겨온 사람들을 포함한다.

2. 연합감리교회 개체교회의 고백교인은 적절한 세례의식을 통하여 신앙을 고백하였거나 다른 교회에서 이적하여 와서 교인이 된 모든 세례받은 이들을 포함한다.

3. 통계기록상 교회 교인은 고백교인록에 기록된 교인 수와 동일하여야 한다.

4. 어느 한 연합감리교회 개체교회에 속한 세례 또는 고백 교인은 누구든지 모두 전 세계의 연합감리교회 연대체제에 속한 교인이 됨과 동시에 보편적인 교회의 일원이 된다.

교인됨의 의미

¶216. 1. 그리스도께서 성령의 힘으로 교회를 그의 몸으로 만드신다 (고전 12:13, 27). 교회는 복음을 선포하며 이를 실천하라는 명령에 충실할 때 새 사람들을 교회 안에 끌어들인다. 세례예식은 그리스도의 몸에 가입하는 입교식인 동시에 성례전이다. 세례받은 후에 교회는 그들이 일생 동안 은혜 가운데 계속 성장할 수 있도록 양육한다. 고백교인이 되려면, 세례받은 이가 신앙을 고백하고 세례성약(洗禮聖約 baptismal covenant)을 서약함으로써 견신(堅信 confirmation)하는 예배 의식을 통하여 믿음에 응답하는 사실을 보여주어야 한다.

a) 세례받은 유아와 어린이는 믿음의 의미, 세례에 따르는 그들의 권리와 의무, 그리고 영적, 도덕적 형성에 관하여 연합감리교회가 인가한 자료들을 가지고 교육받으며 양육되어야 한다. 세례성약 예식서를 사용하여 젊은이들은 그들의 신앙을 고백하며, 제자의 도리를 다하며, 또한 견신하게 된다. 견신(堅信 confirmation)이란 자신을 바치겠다는 인간적인 행위인 동시에 제자가 됨을 강화시켜 주며 능력을 주는 성령의 은총의 역사(役事)인 것이다.

b) 아직 세례는 받지 않았으나 자신의 죄에서 구원받기 원하여 예수 그리스도를 주님이시요 구세주로 고백하는 젊은이와 성인들은 연합감리교회에서 세례받기에 합당한 후보자들이다. 세례의 의미, 기독교 신앙의 의미, 연합감리교회의 역사, 조직, 가르침 등에 관하여, 연합감리교회가 승인한 자료를 가지고 그들을 가르치는 일은, 목사를 비롯하여 전 교인들이 하여야 할 의무이다. 양육하고 가르치는 기간이 끝나면, 인도자와 목사는 그 후보자를 회중 앞에 세워 세례성약(洗禮聖約)을 서약하도록 하며, 이 예식에서 사람들은 세례를 받고 견신하며 교회의 교인으로 받아들여진다.

2. *a)* 세례식에서, 또한 일상생활에서 사역에의 부르심을 통하여 형성되어진 일들은 일생 동안 계속되는 것이며, 교육적인 가치가 있는 모든 활동을 통하여 이루어진다. 목사는 젊은이들이

¶216

그들의 믿음을 고백하고 제자가 되기를 작정하며, 그들의 믿음을 굳건히 하시고 그들의 제자직에 능력을 더하시는 성령의 역사가 이루어지도록 그들을 준비시키는 일에 앞장서야 한다. 이 준비는 제자 됨의 의미와 모든 생활 현장에서 선교하여야 하는 교인의 의무에 초점을 맞추어야 한다.

b) 사람들이 믿음이 성숙하여짐에 따라 세례성약의 재확인이나 기타 삶을 경축하는 일에서와 같이, 성령께서 확인하여 주시는 역사를 경축할 기회가 많이 있다. 단 한 번만 행하는 서약이요 다만 재확인은 할 수는 있으되 다시 받아서는 안 되는 세례와 달리, 견신은 여러 번 되풀이 할 수 있는, 성령의 능력을 주시는 행위이다.

3. 신앙고백과 견신을 위한 체험을 준비하는 일은 성인을 포함한 모든 사람에게 그 기회가 주어져야 한다. 6학년을 마치는 청소년이 보통 이러한 준비를 위하여 선택된 가장 어린 사람이어야 한다. 더 어린 사람이 자의로 신앙고백과 견신을 위한 이 준비반에 등록하기를 원한다면 그것은 목사의 재량에 맡긴다.

¶217. 어떤 이가 고백교인으로 연합감리교회의 개체교회에 입교할 때, 그들은 하늘과 땅의 창조주가 되신 전능하신 아버지 하나님과 그의 외아들 예수 그리스도와 성령을 믿는다고 신앙을 고백한다. 그렇게 함으로써, 그들은 예수 그리스도의 제자로서 매일의 삶을 살겠다는 열망을 세상에 알린다. 또 그들은 하나님과 개체교회의 교인들과 더불어 견신과 입교 예식에서 행한 다음과 같은 서약들을 지킬 것을 약속한다.

1. 사악한 영의 세력을 거부하며, 세상의 악한 권세들을 부정하며, 자신의 죄를 회개한다.

2. 악과 불의와 억압에 항거하도록 하나님께서 주시는 자유와 힘을 받는다.

3. 예수 그리스도를 구세주로 고백하며, 그분의 은혜를 전적으로 신뢰하며, 그분을 주님으로 섬길 것을 약속한다.

4. 그리스도의 거룩한 교회의 일원으로 충성을 다하며, 이 세상에서 그리스도의 사절로 봉사할 것을 다짐한다.

5. 연합감리교회에 그리스도를 통하여 충성하며, 그 사역을 강화하기 위하여 모든 힘을 다한다.

6. 기도와 출석과 헌금과 봉사와 증언을 함으로써 사역에 충실히 참여한다.

7. 신약과 구약성경에 담겨 있는 기독교 신앙을 받아들이고 이를 고백한다.

¶218. *충성스런 제자로 자람 (Growth in Faithful Dis-*

cipleship)—개체교회의 충실한 교인이 되는 것은, 개인적으로 성장하며 하나님의 뜻과 은혜에 더 깊이 헌신하기 위한 필수적인 일이다. 교인들은 개인 또는 공중 기도회와 예배, 성례전, 공부, 그리스도인의 활동, 규칙적인 헌금, 경건훈련 등에 참여함으로써 그리스도를 더 이해하게 되며, 역사와 자연 질서 속에서 활동하시는 하나님과 자기 자신을 더 잘 이해하게 된다.

¶219. *공동책임*—충성스런 제자직은 그리스도의 몸의 다른 지체들과 함께 교회의 공동생활에 참여하여야 하는 의무를 포함하고 있다. 교인은 다른 교인들의 짐을 덜어주고 그들과 위험을 나누며, 기쁨을 함께 축하한다는 성약을 맺고 있다. 그리스도인은 사랑 안에서 진실을 말하도록 부르심을 받았으며, 용서와 화해의 정신으로 대응할 준비가 늘 되어 있어야 한다.

¶220. *모든 세례받은 이의 사역에의 소명*—그리스도의 세계적인 교회의 모든 교인은 예수 그리스도의 전체 교회에 공헌하는 사역을 서로 감당하도록 부르심을 받았다. 그러므로 연합감리교회의 개개 교인은 지역사회와 세계 공동체 안에서 그리스도의 사도로서 선교에 임하여야 한다. 이 사도직은 가정생활에서, 직장에서, 오락이나 친교활동에서, 책임 있는 시민으로서, 재산과 자원을 관리함에 있어서, 공동생활의 쟁점을 다루는 데 있어서, 그리고 다른 사람들에 대한 태도 전반에 있어서 행동으로 옮겨질 수 있어야 한다. 성약제자 그룹(covenant didscipleship group)과 속회(class meetings)와 같은 훈련하는 그룹에 드는 것도 개인적인 선교에 참여하는 것이 된다. 교인 각자는 세상에서 그리스도의 증인이 되며, 사회에 빛과 누룩이 되며, 분쟁의 문화 속에서 화해하는 자가 되도록 부르심을 받고 있다. 교인 각자가 세상의 모든 고뇌와 고통을 나누며, 소망의 그리스도를 드러내고 증언하여야 한다. 사회생활 원칙(제5편)에 천명된 태도와 행위의 기준은 교인 각자를 그리스도의 사도로서 선교에 임하도록 인도하는 기본 방편으로 간주되어야 한다.

¶221. *의무*—1. 모든 교인들은 그들의 세례성약을 충실히 이행하여야 할 의무가 있다.

2. 만일 어떤 세례받은 교인이 세례성약(聖約)을 충실히 이행하며 훈련받는 일을 게을리하면, 모든 방편을 동원하여 그가 다시 돌아오도록 권유하여 고백교인의 서약을 다시 잘 지키도록 보살펴야 한다.

3. 만약 어느 교인이 ¶217에 열거되어 있는 서약을 지키지 않고 있다는 비난을 받으면, 그 개체교회는 목사와 그 조직체들을 통하여 그 교인이 교인의 서약(vows)과 성약(covenant)을

충성스럽게 이행할 수 있도록 ¶228의 규정에 따라 그 교인을 잘 이끌어야 할 책임이 있다.

4. 그러한 노력이 실패로 돌아갈 때, 고백교인과 개체교회는 자발적으로 중재자의 도움을 받도록 하되, 훈련을 받은 중립적인 제삼자의 중재나 중재자 팀이나 또한/혹은 그들의 지방감리사를 통하여 양쪽이 만족할 만한 해결 또는 합의에 도달할 수 있다.

5. 그러한 노력들이 화해를 가져오지 못하고 그 교인이 ¶217의 서약과 성약을 다시 지키지 못하게 되면, 그 고백교인은 ¶2702.3, ¶2706.5, 및 ¶2714에 규정된 절차를 따라 해결할 수 있다.

입교 절차

¶**222.** *개체교회가 아닌 현장*—어떤 조직체나 기관의 채플레인으로, 혹은 군목이나 교목으로 또는 기타 특별파송을 받아 봉사하고 있거나, 혹은 개체교회가 없는 곳에서 연합감리교회의 정식 파송을 받은 사역자로 봉사하고 있는 교역자는, 그곳에 그리스도에 대한 신앙을 고백하고 교인의 모든 의무를 감당하며 충실한 교인이 되기 원하는 사람이 있으면, 그를 ¶216 또는 ¶217의 조항에 따라 연합감리교회의 교인으로 받아들일 수 있다. 가능하면 세례를 베풀기 전에 혹은 세례성약 또는 신앙고백을 받기 전에, 그런 파송지에서 사역하는 교역자는 그 교인이 선택하는 개체교회(근처에 있다면)의 담임목사와 상의하여 그의 동의로, 그가 세례를 받았다든가 그런 세례성약을 하였다는 증서를 그에게 교부하여야 한다. 그런 증서를 받으면, 담임목사는 그 사람을 그 개체교회의 세례교인 또는 고백교인으로 정식으로 등록하여야 한다.

¶**223.** *일반 교적부*—어떤 사람이, 정식으로 파송받은 교목, 총회고등교육사역부가 인가한 채플레인, 또는 기타 정식으로 파송받은 연합감리교회의 교역자에게서—그 교역자가 어떤 조직체나 기관의 채플레인으로, 혹은 군목이나 교목으로 또는 기타 특별파송을 받아 봉사하고 있는 동안에, 혹은 개체교회가 없는 곳에서 연합감리교회의 정식 파송을 받은 사역자로 봉사하고 있는 동안에—세례를 받았거나 또는 신앙고백을 통하여 본 교단에 입교는 하였으나 입교 서류를 보내 줄 개체교회가 없으면, 그 교역자는 그를 일반교인 명부에 올리도록 이름과 주소와, 만일 있다면, 기타 사항을 총회고등교육사역부에 보내야 한다. 이러한 교인들은 가능한 한 조속한 시일 내에 그들이 선택한 개체 연합

감리교회로 이적하는 것이 바람직하다. 이 일반 교적부에 8년 이상 적을 두고 있었으나 현재 그 주소를 알 수 없는 고백교인의 교적은 이 교적부에서 삭제한다.

¶224. *교회 현장 이외의 장소*—정당한 이유로 회중 앞에 나와서 입교식에 참석할 수 없는 예비 교인은 목사의 재량에 따라 다른 장소에서 연합감리교회의 의식을 거쳐 교회의 교인으로 받아들일 수 있다. 이런 경우 반드시 평신도들이 회중을 대표하여 그 자리에 참석하여야 한다. 입교한 사람은 곧 교적부에 등록이 되어야 하며, 그들이 입교된 것을 회중에게 알려야 한다.

¶225. *다른 교단에서의 이적*—다른 교단에서 세례를 받고 모범적인 교인이었던 사람이 연합감리교회에 가입하기를 원할 경우, 그가 이전에 다니던 교회로부터 정식 이적증서를 가져오거나, 또는 다시 기독교 신앙을 고백하고 연합감리교회에 충실하겠다는 뜻을 밝힐 때, 세례교인 또는 고백교인으로 받아들인다. 그러한 사람은, 그가 다니던 교회에서 받은 적법한 이적증서나 기독교에서 받았다는 어떤 세례증서에 근거하며 세례교인으로 받아들일 수 있으며, 우리의 적절한 세례예식을 통하여 신앙고백을 하면 고백교인으로 받아들일 수 있다 (¶¶214-217 참조). 세례를 베풀 때에는 삼위일체이신 하나님의 이름으로 허가받은 이가 물로 세례를 주어야 한다. 목사는 그 교인이 입교한 날짜를 이전 소속 교회에 알려야 한다. 이렇게 다른 교단에서 이적하여 온 교인들은 연합감리교회의 신앙과 선교에 대한 교육이 주어져야 한다. 이적증서나 추천서를 발급하지 않는 교회에서 온 교인들은 "다른 교단에서 받아들임"이라고 기록한다.

¶226. *어린이와 청소년을 돌봄*—1. 예수 그리스도 안에서 계시된 하나님의 구속하시는 사랑은 모든 사람에게 주어지고 있으며, 예수께서 분명히 어린이들을 그의 나라에 포함시키고 있기 때문에, 각 구역 담임목사는 모든 그리스도인 부모와 보호자들에게 그들 자녀들이 이른 나이에 주님께 나아가 세례를 받도록 권면하여야 한다. 세례를 주기 전에 목사는 부모나 보호자들에게 이 성례의 의미와 그들이 지켜야 할 서약에 관하여 열심히 가르쳐야 한다. 세례받을 자녀들의 부모나 보호자들에게는, 자녀들이 하나님의 말씀에 일치하는 삶을 살며, 그들을 교회 울타리 안에서 기르는 데에 최선의 노력을 다하며, 적절한 때에 그들이 신앙을 고백하고 견신할 준비를 하도록 권유하기를 바란다. 적어도 부모 또는 보호자 중의 한 사람은 기독교회의 교인이어야 하든지, 아니면 교인인 후견인(들)이나 대부모(들)가 자신들의 세례서약을 재확인하여야 한다. 그들에게 이러한 의무를 알

¶226 개체교회

려 주고 그 의무에 충실할 것을 권면하여야 한다. 세례식 때 교회가 특히 기독교교육 프로그램을 통하여 그들의 자녀들을 기독교적으로 양육시킬 것이라는 사실을 그들에게 주지시켜야 한다.

2. *a)* 그 교회의 목사는 세례 예식을 집행할 때, 세례받은 어린이의 부모(들)나 보호자(들)나 후견인(들)이나 대부모(들)에게 세례증서를 주고, 그 어린이는 이제 연합감리교회의 세례교인이라는 사실을 분명히 공표하여야 한다.

b) 목사는 세례받은 어린이의 이름을 교적 서기가 교회의 교적부에 기록하였는지 확인할 책임이 있다.

c) 세례받은 어린이가 그 성례전을 집전한 목사가 사역하지 않는 지역에 거주할 경우, 목사는 이 예식이 사사로운 일이 아니라는 것을 확실히 하며 (<장정> ¶224에 따라 그리스도의 몸 된 교회 밖에서는 직계 가족들이 반드시 참례하여야 한다), 그 어린이가 거주하고 있는 지역에서 사역하고 있는 목사 및/또는 지방감리사에게 가능하면 미리 알리고 그 어린이가 세례를 받았다는 사실을 보고할 책임이 있다. 그후, 성례전을 집전한 목사는 서면으로 목사나 지방감리사에게 보고하여 그 어린이의 이름이 그곳 교회의 기록에 오르도록 확인할 책임이 있다.

d) 다른 곳에서 세례받았다는 통지를 받은 목사는 어린이의 신상에 관한 필요한 모든 정보를 자기 교회 기록에 올리고, 세례를 준 목사에게 그 어린이를 이적하여 받았다는 사실을 통보하여 주어야 한다. 세례받은 어린이의 교회 목사가 어린이의 이름이 다른 교회의 교인록에 등록되었다는 확인 통지서를 서면으로 받으면, 성례를 집례한 교회는 그 어린이가 다른 교회로 이적하여 나갔다는 사실을 교회에 기록하여 놓는다.

e) 목사는 세례를 줄 때나 혹은 다른 적절한 때에 교인들이 어린이를 기독교인으로 양육할 책임이 있다는 사실을 주지시켜야 한다.

3. 목사나 교적서기는 정기적으로 교인록을 점검하여 고백교인이 아직 되지 아니한 사람을 찾아내어 그들이 고백교인이 되도록 권면한다. 이렇게 발견된 사람의 수는 매년 또는 요청이 있을 때 구역회나 연회에 보고한다. 교인들은 어린이들과 청년들과 장년들을 그리스도의 제자가 되도록 계속 돌봐 줄 책임이 있다.

4. 교회의 어린이들이 어린이로 있는 동안, 그들이 예수 그리스도를 나의 구세주로 모시며, 기독교 신앙과 세례의 의미를 이해하는 교인이 되도록 훈련하는 일이 목사와 부모(들)와 보호자(들)와 영적 대부모(들)와 교회학교의 책임자들과 교사들과 개체교회 스카우트 책임자와 교인들 모두의 의무이다. 목사는 적어도

매년 청소년들이 어린 시절에 받은 신앙훈련에 기초하여, 그들이 신앙을 고백하며 견신하도록 (¶216) 그 준비반을 조직하여야 한다. 준비반 교육은 이미 청소년들이 사용한 자료에 기초하거나, 연합감리교회에서 이 목적을 위하여 만들어낸 다른 자료들에 기초할 수 있다. 청소년들이 기독교 신앙과 목적 및 교인의 의무와 실천 생활을 충분히 이해함으로써 준비가 되었다고 인정이 되면, 그들을 고백교인으로 받아들일 수 있다. '청소년종교활동 프로그램'(Program of Religious Activities with Youth: P.R.A.Y.)의 '하나님과 나'(God and Me)와 '하나님과 가정'(God and Family) 부분이 또한 초등학교 학생들에게 추가 자료로 쓰일 수 있도록 한다 (¶256.4).

5. 교회 교인이 된 청소년은 세례성약에 있는 교인으로서의 모든 권리와 책임을 진다 (¶256.3 참조). 각 개체교회는 모든 고등학교 학생들을 위하여 그리스도인의 생활과 제자 된 직분의 의미에 대하여 계속 교육을 실시하여 나갈 것을 강력히 권장한다. 목사나 다른 직원 또는 평신도가 가르치거나 지도하는 이 과정은 연합감리교회의 교리와 교회의 본질 및 선교에 중점을 두며, 주 예수 그리스도를 아는 지식과 은혜와 봉사 속에서 계속 성장하여 나가도록 인도할 것을 또한 권장한다. '청소년종교활동 프로그램'(Program of Religious Activities with Youth: P.R.A.Y.)을 모든 청소년들에게 실시하여, "하나님과 교회" 부분을 통하여 연합감리교회를 공부하게 하며, "하나님과 생활" 부분을 통하여 청소년들이 일상생활에서 믿음의 삶을 살도록 한다 (¶256.4). 청소년들과 서로 작용하며 그들을 위한 사역을 통하여 그들의 성장 과정에 참여하는 것이 목사의 책임이다.

소속교인 및 협동교인

¶227. 원 교회로부터 멀리 떨어진 지역에 장기간 거주하고 있는 연합감리교회의 고백교인, 자매감리교회 혹은 자매연합교회의 교인, 또는 연합감리교회와 협약을 맺고 있는 감리교단의 교인은, 그가 원하면 자기가 임시로 거주하고 있는 지역의 한 개체 연합감리교회의 소속교인으로 등록할 수 있다. 이런 경우, 소속교인으로 등록한 교인은 원 교회의 담임목사에게 그 사실을 알려야 한다. 그렇게 소속된 교인은 그 개체교회와 교분을 맺고, 목회자의 관리와 지도를 받으며, 임원으로서 모든 활동에 참여할 수 있는 권리가 주어지되 개체교회가 아닌 연합감리교회의 기구에서 투표할 수는 없다.[3] 그러나 소속교인은 다만 원 교회의 고

3. 사법위원회 판정 372 참조.

¶227

백교인으로 계산하며, 그렇게 보고되어야 한다. 다른 교파에서 온 교인은 같은 조건하에 협동교인이 될 수 있으나 교회임원회에서 투표할 수는 없다. 이러한 관계는 그 소속교인이나 협동교인이 그가 속하여 있던 연합감리교회 근처에서 이사 갈 때 그 교회의 재량에 따라 끊어질 수 있다.

교인 관리

¶228. 1. 개체교회는 모든 교인이 영적 성장을 위한 활동에 참여하며 교회와 그 기관에서 봉사하고 선교사역에 적극적으로 동참하도록 최선을 다하여야 한다. 정기적인 심방과 관리 및 영적 지도를 통하여 교인들이 개인 예배와 가정 예배를 드리며 독자적으로 혹은 그룹으로 공부할 수 있도록 그들에게 영적 성장에 필요한 활동과 기회를 마련하여 주는 것, 그리고 교인들이 출석과 기도와 헌금과 봉사로써 교회를 받들겠다고 맹세한 것을 잘 지키도록 그들을 도와 주는 일이 목사와 교회 임원회의 의무이다. 교회는 비협조적이며 무관심한 교인들을 잘 양육하여, 교회 활동에 적극 참여하도록 할 책임이 있다.

2. *교인 관리—a)* 목사는 교회임원회와 협력하여 교인들을 지역사회 선교 활동에 동참할 수 있도록 여러 그룹으로 나누어 각 그룹에 지도자들을 둘 수 있다. 이 그룹들은 그들이 목적하는 봉사의 내용에 따라 가장 편리하고 효과적인 그룹이 되도록 여덟 내지 열 가정 이내로 구성한다. 이러한 그룹들은 새로 이사 온 사람들과 교회에 다니지 않는 이웃과 접촉하며, 동네 문제들을 해결하기 위하여 이웃을 동원하며, 개인과 가정의 문제들을 도와주며, 각 가정을 순회하여 기도회를 가지며, 기독교 문서를 보급하며, 그밖에 여러 가지 방법들을 통하여 전도 활동에 큰 도움이 될 수 있다. 구역 내에 거주하지 않는 교인들을 위하여서는 특별 그룹을 형성하여 주며, 통신망을 통하여 그들에게 봉사하여야 한다. 이러한 그룹들을 만들어 그 지도자들은 목사의 추천에 따라 교회임원회가 임명한다.

b) 교인으로서 엄숙하게 맺은 세례성약을 충실히 지킬 일차적인 책임은 각 고백교인에게 있으나, 그 교인이 그러한 책임을 소홀히 할 경우 다음과 같은 절차를 밟는다.

(1) 만일 지역 내에 살고 있는 고백교인이 그 성약을 소홀히 하거나, 혹은 정당한 이유 없이 교회 예배에 계속 출석하지 않을 경우, 목사와 교적 서기는 그 교인의 명단을 교회임원회에 제출하여 그 교인이 다시 충실히 교회생활을 할 수 있도

록 온갖 노력을 다한다. 목사나 임원들은 그 교인을 심방하여, 교인의 이름이 개체교회 교적부에 있다는 사실은 곧 전체 연합감리교회의 일원이 된다는 것을 뜻하기 때문에, 자기가 속한 개체교회에 출석하지 않으면 다음 네 가지 중 하나를 택하여야 한다는 사실을 분명히 알려 주어야 한다. (a) 세례성약을 다시 확인하여 교인의 교적이 있는 교회의 세례성약 공동체로 돌아가든가; (b) 다른 연합감리교회의 세례성약 공동체로 교인의 교적을 옮겨가 거기서 교회생활을 다시 시작하기를 요청하든가 (¶239 참조); (c) 다른 교단의 특정한 교회로 옮겨가도록 하든가 (¶240 참조); 또는 (d) 탈퇴를 요청할 것이다. 만일 교인이 2년 동안 계속 이 중의 하나를 선택하지 않으면, 그 교인의 이름을 교적부에서 제명할 수 있다 (아래 제[4]항 참조).

(2) 만일 주소가 알려진 고백교인이 그 지역사회 밖에 살고 있으면서 교회의 예배나 다른 활동에 참여하지 않는다면, 그가 가까운 곳에 있는 다른 교회에 가입할 때까지, 해마다 이적할 것을 권고하거나 교적부에서 그의 이름을 빼어줄 것을 그가 서면으로 요청하도록 권면하여야 한다. 단, 새 주소로 이사 간 지 2년 후에도 임원회가 그를 새 거주지의 교회와 연관을 맺어 주지 못하였으면, 아래 제(4)항의 절차를 따라 그의 이름을 교적부에서 제명할 수 있다.

(3) 만일 어떤 고백교인의 주소를 목사가 알 수 없다면, 교적서기와 전도부장은 그의 주소를 알아내기 위하여 온갖 노력을 다하여야 한다. 만일 그의 주소를 알아내게 되면, 위의 제(1) 또는 제(2)항의 조치를 취하여야 하며, 그러한 노력에도 불구하고 2년 동안 그의 주소를 알아낼 수 없으면, 아래 제(4)항에 의거하여 교적부에서 그의 이름을 삭제할 수 있다.

(4) 일정한 몇 년 동안 위의 제(1), (2), (3)항의 지시대로 따랐으나 성과가 없을 경우, 목사와 전도부장의 요청으로 구역회는 그의 이름을 고백교인 명단에서 삭제할 것을 결의할 수 있다. 이때 해당자 한 사람 한 사람이 별도로 처리되어야 하며, 이들의 이름이 삭제되기 전, 연 2년 동안 이들의 이름이 구역회 회의록에 기록되어 있어야 한다. 교적부 명단 옆에 "구역회의 결정으로 제명함"이라고 기록하든가, 제(3)항에 근거한 결정이라면, "사유: 주소불명"이라고 기록하여 놓아야 한다. 후에 그 교인이 세례성약을 재확인함으로써 교인으로 다시 복귀할 수 있으므로 그 기록은 잘 보존해 두어야 한다. 교인이 다른 교회로 이적을 요청할 때 목사는 그와 면담한 후 이적증서를 발부하여 줄 수 있다.

(5) 고백교인 당사자와 그 고백교인의 목사와 지방감리사에게 서면으로 된 고발장 또는 고정(苦情 grievance)을 적법하게 전달함으로써 한 고백교인을 정식으로 서면에 의하여 고발할 수 있다.

(6) 고발당한 고백교인의 목사와 지방감리사는 ¶362.1b, c에 있는 관리적인 대응책과 유사한 의로운 해결책을 지방감리사 또는 이 일을 위임받은 이와 함께 모색하여 그 과정을 진행하여야 한다.

(7) 만일 ¶362.1b, c에 기술된 과정이 문제를 해결하여 주지 못하고, 또한 만일 고발과 고정에 적힌 행위가 사실이어서 ¶2702.3에 열거된 바, 기소당할 수 있는 비위가 될 수 있을 경우에는, 고발당한 고백교인이 아래 ¶228.2b(8)에 명시된 과정을 거칠 것에 합의하지 않는 이상, ¶2701 이하 조항에 명시된 절차를 밟아야 한다.

(8) 만일 ¶362.1b, c에 기술된 과정이 문제를 해결하여 주지 못하고, 또한 만일 고발과 고정에 적힌 행위가 사실이나 ¶2702.3에 열거된 바, 기소당할 수 있는 비위가 될 수 없다면, 4명으로 구성된 그룹의 사람들 곧, 고발당한 고백교인의 담임목사와 고발당한 고백교인이 속한 교회의 평신도지도자와 지방평신도지도자와 지방감리사(직책상 위원으로서 발언권은 있으되 투표권은 없음)가 고발당한 고백교인과 고발한 사람이나 고정을 제기한 사람들로부터 정보를 얻은 다음, 상소할 수 없는 조건하에 문제를 해결하여야 한다.

(9) 고백교인이 어떤 비위를 범함으로써 고소를 당하여 재판받기를 포기하면, 구역회는 그의 탈퇴를 허락하여 줄 수 있다 (¶2719.3). 이러한 경우, 교적부의 그의 이름 옆에 날짜와 함께 "고발에 의한 출교"라고 기입하여 놓는다.

(10) 교회는 교적부에서 제명된 사람을 포함하여 모든 사람을 지속적으로 양육할 도덕적, 영적 책임을 지고 있으므로, 이렇게 제명된 교인들의 명단을 계속 보존하고 있어야 한다. 교회임원회는 적어도 1년에 한 번은 이 명단을 검토할 책임이 있다. (또한 ¶234 참조.) 교회임원회가 이를 검토한 후, 목사나 혹은 전도부에서 이 명단에 있는 사람들을 직접 또는 가장 효과적이고 실제적인 다른 방법으로 접촉하여야 한다. 개체교회 지역 밖으로 이사 간 사람들의 이름과 주소는 그들이 이사 간 새 지역의 개체교회에 전달되어 그곳 교회에서 그들을 심방하며 보살펴 주도록 한다.

c) 담임목사는 교회 및 교회 밖(¶634.4c[4])의 청소년 및

청장년 사역자들과 협력하여, 세례교인, 고백교인, 기타 구성교인들로서 앞으로 대학에 갈 학생들이나 현 학생들에게 연합감리교회와 연관이 있는 학원사역에 관하여 정보를 제공한다. 그들은 또한 연합감리교회와 연관된 대학교나 비감리교 대학에 진학할 것을 고려하거나, 자기들의 신앙에 비추어 대학과 상관없는 직업을 선택하려고 하는 젊은이들을 양육하며, 상담하며, 지도한다.

¶**229**. 교단 내 다른 교회에서의 이적—만일 어느 개체교회가 폐쇄되면, 지방감리사는 다른 연합감리교회를 선정하여 그 교인들을 이적하거나, 교인들이 선택하는 다른 교회들에 이적시켜야 한다 (¶2549.2 참조).

교적부 기록과 보고

¶**230**. *교적부*—1. 각 개체교회는 다음과 같은 사항을 포함한 세례교인 또는 고백교인의 교적부를 정확히 보존하고 있어야 한다.

a) 성명, 생년월일, 주소, 출생지, 세례받은 날짜, 세례 준 목사의 이름, 및 후견인들;

b) 견신 또는 신앙고백을 한 날짜, 주례 목사 및 후견인들;

c) 만일 다른 교회에서 이적하여 왔으면, 그를 받은 날짜, 보낸 교회 이름, 그를 받은 목사;

d) 만일 다른 교회로 이적하여 나갔으면, 이적하여 나간 날짜, 그를 받은 교회의 이름 및 주소;

e) 제명 또는 탈퇴(출교)한 날짜와 그 사유;

f) 고백교인으로 복귀한 날짜와 주례 목사;

g) 사망일과 장례/추모 예배 날짜와 장소, 장지 및 주례 목사;

2. 구역회의 결의로 제명된 고백교인들의 이름은 매년 구역회에 보고한다 (¶228.2b.4).

3. 구성교인 명부 (Constituency Roll). 세례받지 않은 어린이들, 아무런 교인 명부에 올라있지 않은 청소년들과 장년들, 그밖에 개체교회가 목회적 책임을 져야 할 사람들을 포함하여, 아직 교적에 올라 있지 않은 사람들의 이름과 주소를 포함한다.

4. 소속교인 명부 (Affiliate Membership Roll, ¶227).

5. 협동교인 명부 (Associate Membership Roll, ¶227).

6. 연합(union)교회 또는 동맹(federated)교회의 경우에는 전체 교인 수를 둘로 나눈 숫자를 교단에 보고하고, 각 교회의 회의록에는 그 연합된 교회의 실제 교인 수를 주를 달아 기록하여 놓는다.

¶**231.** *연례 교적 보고와 감사*—담임목사는 지난 구역회 이후에 새로 입교한 사람들과 교인 명단에서 제적된 사람들의 이름들, 그리고 그들이 어떻게 입교되었고 어떻게 제명되었는지 매년 구역회에 보고한다. 교회임원회는 교적부 감사를 위하여 위원회를 구성하고 그들로 하여금 해마다 구역회에 보고하게 한다.

¶**232.** *대학교에 재학중인 교인에 관한 연례보고*—담임목사는 대학교에 다니고 있는 고백교인과 세례교인의 이름과 연락할 수 있는 정보를 매년 지방감리사와 연회고등교육학원사역부의 부장에게 학교가 시작하기 한 달 전에 보고하며, 이를 또한 구역회에도 보고한다. 연회고등교육학원사역부는 이 정보를 연합감리교회와 연관이 있는 해당 학원사역 사역자에게 알려야 할 책임이 있다.

¶**233.** *영구적인 기록*—각 개체교회에 비치할 기본적인 교인 명부에는 다음과 같은 것들이 있다. 곧, 영구적인 교적부와 인덱스카드 혹은 낱장으로 된 교적부, 또 전산 시스템으로 된 교적부 등이다 (¶245 참조). 세례, 교적, 혼인, 장례에 관한 모든 기록은 개체교회의 소유물이므로 판매할 수 없다. 만일 개체교회가 해체되었으면 그 기록들은 연회교회역사보전위원회에 보관하도록 맡겨야 한다.

1. 영구적인 교적부는 용지나 전산 매체로 보관한다. 용지를 사용할 때에는 연합감리교회 출판부가 준비한 것으로, 총회재무행정협의회가 지정한 위원회가 승인한 양식으로서 영구보존용으로 제본된 것을 써야 한다 (¶807.14참조). 용지를 사용할 때에는, 교인 명단은 각 개인이 입교할 때마다 '가나다'순과 상관없이 날짜 순으로 기록한다. 교인 이름 앞에는 일련 번호를 붙여서 전산식 명부나 인덱스카드나 낱장으로 된 교적부에서도 같은 번호를 사용하도록 한다. 만일 교적부를 전산 매체에 보관하려면, 일련 번호를 사용할 필요가 없다. 컴퓨터에 지정된 번호가 자동적으로 입력하기 때문이다. 그러나 전산기를 사용할 때에는 다음과 같은 사항을 꼭 갖추어야 한다.

a) 총회재무행정협의회가 요구하는 모든 사항을 담아야 한다.

b) 용지 기록의 정보를 전산으로 전환할 때에는 전환한 기록들의 정확성을 인증하기 위한 완전한 감사가 따라야 한다.

c) 별도 보관과 전산 복사본이 따로 보존되어 있어야 한다.

2. 인덱스카드, 낱장으로 된 교적부, 또는 전산 교적 기록은 총회재무행정협의회에서 승인한 양식을 사용한다. 전자 기계로 기록을 보존할 경우에는 일련 번호 이외에 모든 정보가 용지에

기록된 것과 같아야 한다. 이 교인 명단은 '가나다'순(영어로는 알파벳순)으로 배열하고, 영구적인 교적부의 일련 번호와 동일한 번호를 기재한다. 담임목사는 해마다 교적부에 있는 대로 총 교인 수를 연회에 보고하여야 한다.

3. 전산 정보 시스템으로 기록을 보관할 때에는 프린트한 사본과 복사본을 안전한 곳에 따로 보관한다 (¶245 참조).

¶234. *교적부 서기*—구역회에서 지명된 교적부 서기는 목사의 지시에 따라 전 교인들의 명부를 정확히 기록하며 (¶230 참조), 매년 1회 이상 교회 임원회에 보고한다.

교단 또는 개체교회의 교적 변경

¶235. 어떤 사유로 (¶2714 참조) 고백교인 명부에서 제명되었거나, 이적하였거나, 탈퇴한 교인은 이러한 사실을 교적부에 기록하여 놓아야 한다. 구역의 담임목사 또는 교적 서기는 그러한 변경 사항과 이유를 정확히 보존하며, 이를 매년 구역회에 보고할 의무가 있다.

¶236. *이사 가는 교인*—만일 연합감리교회의 교인이 먼 곳으로 이사하여 자기 교회의 예배와 활동에 정기적으로 참여하지 못한다면, 이 교인은 이사한 지역의 연합감리교회로 교적을 이적하여 가도록 권면받아야 한다. 이렇게 거주의 변화가 이미 이루어졌건, 앞으로 이루어질 것이건 간에, 담임목사는 그 사실을 확인하는 즉시, 그가 이사하여 가는 지역의 교회의 교인이 되도록 도와 주며, 그 지역 연합감리교회 목사나 지방감리사에게 그 교인(들)의 주소와 그곳 교역자의 보살핌을 요청하는 편지와 함께 교인의 이사 사실을 알려야 할 의무와 책임이 있다.

¶237. *비연합감리교회에서 사역하는 평신도 선교사들*—총회세계선교부 산하에 있으면서 미합중국 밖에서 활동하고 있는 평신도는, 연합감리교회 이외의 다른 교단에 파송되어 있을 경우, 자기의 본 개체교회와의 관계를 유지하면서 현지 개체교회의 협동교인의 자격을 비롯하여 그곳에서 주는 모든 권리와 특전을 수락할 수 있다.

¶238. *먼 곳에 사는 교인*—어떤 지역에 사는 연합감리교회 교인이 다른 지역 교회에 교적을 가지고 있으나, 너무 멀어서 그 교회의 예배와 활동에 정기적으로 참여하지 못할 경우, 그가 살고 있는 지역의 목사는 그 사람을 목회의 대상으로 삼고, 그가 거주하고 있는 지역의 연합감리교회로 교적을 옮기도록 권면할 의무와 책임이 있다.

¶239. *다른 연합감리교회로의 이적*—다른 연합감리교회의 목사나 지방감리사로부터 교인 이적의 요청을 받은 목사는 직접 그 교인이 이적하여 가는 교회의 목사나, 만일 그 교회에 담임목사가 없을 경우에는, 그 지방감리사에게 적절한 증서를 보내야 한다. '이적증서'(certificate of transfer)를 받은 담임목사나 지방감리사는 정기 예배 시간에 공식적인 환영 절차를 거치거나, 특별한 사정이 있으면 예배 시간에 공고만 한 뒤 이적된 사람의 이름을 교적부에 등록한다. 이적증서를 발행한 담임목사는 그가 다른 교회의 교인으로 등록되었다는 통보를 받으면, 그 교회의 교적부에서 그의 이름을 삭제한다.

이적증서와 함께 두 개의 다른 양식이 따라가는데, '이적통지서'는 교적을 떼어주는 목사가 그 교인에게 보내고, '이적확인서' (Acknowledgement of Transfer of Membership)는 교인을 받은 목사가 교인을 보내는 목사에게 되돌려 보내게 되어 있다.

이적이 되지 않았을 경우에는 이적증서를 보낸 교회의 목사에게 그것을 돌려보내야 한다.

¶240. *다른 교단으로의 이적*—교인으로부터 다른 교파의 교회로 이적하여 달라는 요청을 받거나, 다른 교파의 목사 혹은 공인된 사람으로부터 같은 요청을 받았을 경우, 담임목사는, 그 교인의 허락을 받아 이적증서를 발행하며, 그가 다른 교회에 입교되었다는 확인을 받으면, 그 개체교회의 교적부에 그가 이적되어 갔음을 정확히 기록한다. 연합감리교회의 교인이 다른 교파의 교회로 이적하여 나갈 때에는 'Transfer of Membership to Another Denomination'이라는 공식적인 양식을 사용한다.

¶241. *통보 없이 탈퇴한 이들*—만일 교인이 아무런 통보 없이 다른 교회에 입교하였다는 사실을 알게 되면, 담임목사는 그 사실을 확인하고, 교적부에 있는 그의 이름 끝에 "탈퇴"(Withdrawn)라고 표시한 후 그 사실을 다음 구역회에 보고한다.

¶242. *고백교인의 복귀*—1. 자기 이름이 탈퇴, 구역회의 결의, 또는 재판부(¶2714)의 판결로 말미암아 고백교인 명부에서 제명되었을 때, 그 교인은 자기 이름을 그 교회에서 복귀시켜줄 것을 요청할 수 있다.

2. 다른 교단의 교인이 됨으로 인하여 탈퇴한 것으로 기록되어 있는 교인은, 그 교단이 이적을 허락하지 않을 경우, 세례성약을 재확인함으로써 고백교인으로 다시 복귀할 수 있다.

3. 자신의 서면 요청으로 탈퇴하였던 사람은 원 교회로 다시 돌아와 세례 성약을 재확인함으로써 고백교인이 될 수 있다.

4. 구역회의 결의로 자신의 이름이 삭제되었던 사람은 본인의 요청으로 원 교회로 다시 돌아와 세례성약을 재확인함으로써 고백교인으로 복원될 수 있다.

5. 고소를 당하여 출교하였거나 재판부(¶2714)의 판결로 제명된 사람은 원 교회로 돌아오기를 요청할 수 있다. 그는 새로운 삶을 찾았다는 증거와 구역회의 승인과 세례성약의 재확인을 통하여 고백교인으로 복귀할 수 있다.

제6절 조직과 운영

¶243. *기본적인 과제*—개체교회는 교회가 자리 잡고 있는 지역사회에서, 부르심에 응답하는 모든 사람을 찾아가 그들을 기쁨으로 받아들이며, 그들로 하여금 하나님과 관계를 맺게 하여 예수 그리스도 안에 나타나신 하나님의 사랑에 헌신하도록 하며, 영적으로 강건하여지고 성장할 수 있는 기회를 그들에게 제공하여 주며, 충성스런 제자로서 성령의 능력으로 말미암아 사랑의 삶과 의의 삶을 살도록 그들을 도와 주면서, 그 기본적인 사명과 선교를 담당할 수 있게 조직되어야 한다.

개체교회는 아래에 열거한 기본적 책임을 수행할 수 있도록 조직한다. (1) 교회 안팎의 사람들과 가족들을 위한 교육, 선교, 간증의 프로그램을 계획하고 실시한다; (2) 효과적인 교역자 및 평신도 지도자들을 확보한다; (3) 재정적 지원, 시설의 확보, 교회의 법적 의무를 감당한다; (4) 지방 및 연회와 적절한 관계를 유지하며 그들이 제공하는 자료들을 활용한다; (5) 개체교회의 기록 문서들을 적절하게 정리하고 보존하며 처리한다; (6) 삶의 모든 측면에서 포용성을 추구한다.

¶244. *조직*—개체교회는 기본 조직으로서 다음과 같은 기구를 갖도록 마련되어야 한다. 구역회, 교회임원회, 목회위원회, 재단이사회, 재정위원회, 공천위원회와 구역회가 결정하여 선출한 지도자들, 위원회(committees), 협의회(councils), 특별전문위원회(task force) 등. 각 개체교회는 교회의 행정과 프로그램을 책임질 기구를 개발할 권한이 있다. 각 개체교회는 행정기구를 조직하고 프로그램을 개발할 계획을 가지고 있어야 한다. 각 개체교회는 연합감리교회의 선교적인 목적에 따라 (¶¶120-124 참조) 지도자 훈련과 더불어 양육, 대외선교 및 전도의 포괄적인 프로그램을 제공하며, 교회의 조직과 이 세상의 삶을 계획하고 운영하여야 한다.

1. 교회임원회 및 개체교회의 행정과 프로그램을 위한 다른

모든 조직은 구역회에 복종할 의무가 있다 (¶246). 교회임원회는 구역회 실행 기구의 역할을 담당한다.

2. 현 조직체를 대체할 구조들을 ¶247.2에 의거하여 개발할 수도 있다. 그러한 대체 구조들은 양육, 대외선교 및 전도 사역을 위한 기구들; '행정협의회' (administrative council); 또는 사역을 위한 행정적인 '부'(board)나 '협의회'(council)와 같은 조직체들을 포함한다.

3. 교회임원회 또는 그 대체 기구의 임원들은 교회를 사랑하는 순수한 그리스도인의 자질을 지닌 이들이어야 하며, 도덕적으로 훈련이 잘 되어 있어야 하며, 교회생활에 중요한 포용성에 대하여 강한 의지를 가지고 있어야 하며, '사회생활 원칙'에 명시된 연합감리교회의 윤리적 표준에 충실하여야 하며, 유능하게 사무를 운영할 수 있는 능력을 갖추고 있어야 한다. 성인들과 같은 기준에 따라 선출된 청소년들과 청장년도 이에 포함시켜야 한다. 해외지역총회의 법이 달리 정하지 않는 이상, 투표권이 있는 사람들은 모두 개체교회의 교인들이어야 한다. 담임목사는 행정 책임자가 되며, 그 책임자로서 <장정>이 제한하지 않는 한, 모든 의회, 부, 협의회, 위원회, 특무반의 직책상 (ex officio) 위원이 된다.[4]

¶245. *정보 기술 (IT)*—개체교회가 전산화한 양식과 기록을 도입하여 사용할 때에는 총회재무행정협의회가 만든 컴퓨터 표준 데이터와 교회 컴퓨터 운영 및 법적 지침서를 사용할 것을 강력히 권장한다.

구역회

구역회의 회원은 교회를 사랑하는 순수한 그리스도인의 자질을 지닌 이들이어야 하며, 도덕적으로 훈련이 잘 되어 있어야 하며, 교회생활의 중요한 포용성에 대하여 강한 의지를 가지고 있어야 하며, '사회생활 원칙'에 명시된 연합감리교회의 윤리적 표준에 충실하여야 하며, 유능하게 사무를 운영할 수 있는 능력을 갖추고 있어야 한다. 성인들과 같은 기준에 따라 선출된 청소년들도 이에 포함시켜야 한다. 해외지역총회 법이 달리 정하지 않는 한, 이들은 모두 개체교회의 고백교인들이어야 한다. 담임목사는 행정 책임자가 되며, 그 책임자로서 <장정>이 제한하지 않는 한, 모든 의회, 부, 협의회, 위원회, 특무반의 직책상 (ex officio) 위원이 된다.

---

4. 사법위원회 판정 469, 500 참조

조직과 운영 ¶247

¶246. *일반 규정*—1. 목회구역 내에서 연합감리교회 연대 조직의 기본 단위는 구역회이다. 그러므로 구역회는 헌장(¶43) 이 제정하여 놓은 대로 모든 목회구역 안에 있는 한 교회 또는 교회들로 조직한다. 구역회는 ¶247에 명시된 목적들을 달성하기 위하여 해마다 모인다. 구역회는 아래 제7항에 규정된 바와 같이 다른 때에도 모일 수 있다.

2. 구역회 회원은 교회임원회 또는 기타 적절한 기구의 위원들과, 그 구역에 소속하기로 정한 은퇴 안수사역자들과 은퇴 평신도 집사(diaconal ministers)들, 기타 <장정>이 정하는 바 사람들로 구성한다. 목회구역이 한 교회 이상이면 각 교회임원회의 회원이 모두 그 구역회의 회원이 된다.

3. 구역회는, 교회임원회 회원으로서 충실하게 섬긴 사람들을 명예회원으로 추대하여 치하할 수 있는 규정을 만들 수 있다. 명예회원은 투표권만을 제외하고 구역회 회원의 모든 권리를 가진다.

4. 구역회의 날짜는 지방감리사가 정하며, 그 장소는 구역회가 정한다.

5. 지방감리사는 구역회의 사회를 맡아야 하나, 다른 정회원 장로에게 사회를 위임할 수도 있다.

6. 정식으로 공고된 회의에 출석하여 투표권을 행사할 수 있는 회원들로 정족수를 이룬다.

7. 지방감리사는 구역 담임목사와의 사전 협의하에 특별구역회(special sessions)를 소집할 수 있으며, 담임목사가 지방감리사의 서면 동의를 얻어 회의를 소집할 수도 있다. 이러한 특별구역회를 소집할 때에는, 회의의 목적을 분명히 밝히고 소집 공고에 기재된 목적과 일치되는 일만 다루어야 한다. 이러한 특별회의는 ¶248 규정에 의하여 교회총회(Church Conference)로 소집할 수도 있다.

8. 정기 또는 특별구역회의 시간과 장소의 공고는, 지역의 국법이 달리 규정하지 않는 한, 적어도 10일 전에 아래와 같은 두 개 이상의 방법으로 시행한다. 곧, 강단에서의 광고, 주보, 개체교회 출판물, 또는 우편물로.

9. 구역회는 회원 다수가 사용하는 언어로 진행하며, 통역을 위한 적절한 준비가 되어 있어야 한다.

10. 지방감리사가 정하는 바에 따라, 두 개 이상의 목회구역이 같은 시간과 같은 장소에서 합동구역회로 모일 수 있다.

¶247. *권한과 의무*—1. 구역회는 개체교회와 전체 교회와의 연결 고리가 되며 교회임원회를 감독한다.

¶247 개체교회

2. 구역회, 지방감리사, 담임목사는, 목사가 파송되었을 때 (¶205.4 참조), 여기에 규정된 정책과 계획에 따라 목회구역과 교회를 조직하고 운영한다. 교인 수, 프로그램의 범위, 선교를 위한 리소스, 또는 다른 정황 때문에 그러하다면, 지방감리사와의 협의 및 승인하에 구역회는 ¶243의 규정에 따라 개체교회의 조직을 개편할 수 있다. 그러한 기타 정황이란 다음과 같이 '개체교회'라 할 수 있는 상황을 포함할 수 있으되 이에 국한 된 것만은 아니다. 곧 커피숍사역, 상가 (mall) 내 사역, 야외사역, 양로원사역, 식당사역, 이밖에 사람들이 하나님의 이름으로 모임으로써 교회라 할 수 있는 곳의 사역을 말한다.

3. 연례 구역회의 주요 임무는, 교회의 모든 선교와 사역 (¶¶120-124)을 검토하고 평가하며, 제반 보고 사항을 받으며, 연합감리교회의 목적과 일치되도록 교회임원회에서 추천하는 목적과 목표를 채택하는 일이다.

4. 구역회의 기록서기는 모든 회의 진행 사항을 정확히 기록하여야 하며, 모든 기록과 보고서의 보관자가 되며, 의장과 함께 회의록에 서명하여야 한다. 회의록 사본 하나는 지방감리사에게 전달하며, 원본은 교회의 서류철에 보관하여야 한다. 구역이 단일 개체교회로 구성되어 있을 경우에는 교회임원회의 서기가 구역회의 서기가 된다. 구역회가 한 교회 이상으로 구성되었을 경우에는, 각 교회임원회의 서기들 중에서 한 사람을 구역회 서기로 구역회에서 선출한다.

5. *a)* 구역회는 각 개체교회의 역사를 보존케 하기 위하여 교회역사편찬위원을 선임할 것을 강력히 권장한다. 교회역사편찬위원의 임무는 최근까지의 역사적 기록들을 정리하여 보관하는 일이며, 만일 교회에 교회역사편찬위원회가 있다면 그 위원장이 되어야 하며, 연회 교회역사보존위원회와 협력하여야 한다. 또한 교회역사편찬위원은 구역회에 매년 교회 기록물과 역사적 자료들을 보관하는 일에 관하여 보고하며, 목사와 교회역사편찬위원회와 더불어 현재 사용하지 않는 개체교회의 모든 문건과 역사적 자료들을 보관한다. 문건과 역사적 자료란 모든 문건들, 회의록들, 잡지들, 일기들, 보고서들, 서신들, 팸플릿들, 신문들, 원고들, 지도들, 사진들, 책들, 영상 자료들, 음성 기록들, 음향 테이프들, 또는 그 형태 및 상태와 상관없이 연합감리교회 또는 그 전신이 되는 개체교회의 사무 처리와 연관되어 <장정>의 규정에 따라 인수한 모든 종류의 자료들을 뜻한다. 교회역사편찬위원은 교회임원회의 임원이 될 수 있다. 그는 다른 직책을 가진 임원으로 선출되어 봉사할 수도 있다.

조직과 운영 ¶247

b) 개체교회는 이 임무를 수행하기 위하여 교회역사편찬위원을 위원장으로 하는 교회역사편찬위원회를 둘 수 있다.

6. 각 구역은 임원회의 구성원이 그 교회 교인들의 각계각층을 망라한 이들을 포용하기를 장려한다.

7. 구역회는 개체교회에서 선출 또는 임명된 임원들의 임기를, 특별히 따로 정한 경우가 아닌 이상 한정할 수 있다. 임원이 동일한 직무를 3년 이상 연속하여 섬기지 않도록 할 것을 추천한다.

8. 구역회는 ¶310.1e의 규정을 성실히 이행하여, 연합감리교회의 근실한 고백교인으로 적어도 1년 이상 있었으며, 은사가 있으며, 하나님께 받은 은혜의 증거가 있으며, 목회에 대한 소명으로 보아 후보감이 된다고 사료되는 후보자로서, 후보자에 필요한 교육 과정을 모두 마친 사람들을 심사하여 지방안수사역위원회에 추천한다. 남녀 사람들이 인허 (licensed) 사역 또는 안수 (ordained) 사역에의 하나님의 부르심에 응답하는 것은 교인들의 신앙과 증거에서 비롯된다. 그러므로 모든 개척교회는 계획적으로 인허사역 또는 안수사역을 위한 후보자들을 양육하며 정신적, 물질적 도움을 주어야 한다. 교회는 그들이 교육을 받아 하나님의 온 백성을 위한 섬기는 지도자가 되도록 교역자양성기금을 포함한 재정적 지원을 아끼지 말아야 한다.

9. 구역회는 ¶313의 규정을 준수하여 교역 후보자의 후보자격 갱신을 검토하고 추천한다.

10. 구역회는 교회와 관계가 있는 사역에 소명을 받은 후보자가 있으면 그를 심사하여 해당 교회 기구에 추천한다.

11. 구역회는 해마다 구역에 소속된 평신도 사역자(lay servant)의 은사와 사역과 유능성에 대하여 심의하며, 개체교회 평신도 사역자나 또는 인가받은 평신도 사역자들을 위하여 기준을 갖춘 사람들을 지방회나 또는 연회평신도사역자위원회에 천거할 것을 권장한다 (¶¶266-269).

12. 구역회는 매년 모든 개체교회가 조직한 '자원봉사선교' (UMVIM) 팀들과 기타 팀에 참여하였던 사람들의 전체 수에 관하여 보고를 받으며, 이 통합 보고서를 정기 개체교회 통계 보고서를 통하여 연회와 전체 교회에 제출한다.

13. 구역회는 지방감리사와 협의하여 담임목사와, 감독의 파송을 받은 다른 사역자들의 보수를 결정한다.[5]

14. 연회 이후 가능한 한 빠른 시일 내에 지방감리사나 그의 위임을 받은 대리인은 자기 지방 내의 개체교회에 책정된 세계선교비, 연회선교비, 기타 총회, 지역총회, 연회의 선교기금

---

5. 사법위원회 판정 213, 252, 461, 1014, 1123 참조.

및 분담금 액수를 통보한다. 연회가 분담 정칙(定則 formula)을 적용함으로써 개체교회가 현 수입 및/또는 지출의 특정한 백분율(%)을 납입할 때에는, 실질적인 금액 대신에 그 백분율에 해당하는 금액을 책정한다. 연회가 지나면 지방감리사와 담임목사와 연회평신도회원 및/또는 평신도대표는 각 구역회에 이러한 분담금이 쓰여지는 용도와 교회 전체 프로그램에 그들이 차지하고 있는 중요성에 대하여 설명하여야 한다. 세계선교기금은 연합감리교회의 기본적인 재정 프로그램이다. 분담하는 이 기금은 교단이 선교와 사역을 위하여 필요로 하는 최소한의 자금이다. 연회분담금은 연회 차원에서 선교와 사역을 위하여 필요로 하는 최소한의 금액이다. 이 분담금을 완불하는 것이 개체교회의 첫 번째 가는 선교적 사명이다 (¶812).[6]

15. 구역회는 담임목사로부터 교인에 관한 연례 보고를 받으며 이에 대하여 행동을 취한다 (¶231 참조).

16. 구역회는 연합감리교 학원사역 목사나 채플레인에게 보낼 대학생들의 이름과 주소에 관하여 보고를 받는다.

17. 두 교회 이상으로 구성된 목회구역인 경우, 구역회는 구역이나 교구 교회임원회의 재정을 맡아 볼 회계를 둘 수 있으며, 그 구역의 사업을 추진하여 나가기 위하여 다른 필요한 부장들과 임원과 위원회 및 특무반을 둘 수 있다.

18. 두 교회 이상으로 구성된 구역인 경우, 구역회는 구역 공천위원회, 목회위원회, 재정위원회 그리고 재산이 공동소유로 되어 있으면, 구역 재단이사회를 선출할 수 있다. 그 구역회에 속한 모든 교회는 구역 위원회나 기관에 대표를 보낸다. 구역의 조직은 개체교회에 대한 <장정> 규정과 일치하여야 한다.

19. 다수 교회들로 구성된 목회구역인 경우, 구역회는 목사사택 유지비(연회 정책이 허용한다면)나 주택비를 여러 교회에 공정하게 분배하여 분담하도록 한다.

20. 구역회는 교단에서 제정한, 연합감리교회의 "교리적 기준"과 "총칙" 그리고 '사회적으로 책임지는 투자 정책' (¶717), '사회생활 원칙' (¶¶160-166) 및 <연합감리교회 결의문집>을 교인들에게 인식시키고 이에 동조하도록 노력한다.

21. 만일 어느 구역회든지 불매운동을 시작하거나 가담하거나 감시하거나 또는 중단할 경우, 2012년도 <연합감리교회 결의문집>의 가이드라인을 따라야 한다. 연합감리교회의 이름으로 불매운동을 시작하거나 권장하거나 동참할 수 있는 기구는 오직 총회뿐이다.

---

6. 사법위원회 판정 1054 참조.

22. 지방감리사와 지방교회위치건물위원회가 허락한다면 구역회는 위성 교회를 만들 수 있다.

23. 구역회는 총회, 지역총회 또는 연회가 공식적으로 위탁하는 기타 의무와 책임을 진다.

¶248. *교회총회(Church Conference)*—전 교인들의 더 많은 참여를 도모하기 위하여 구역회 대신 교회총회로 소집할 수 있다. 이 경우 회의에 참석한 고백교인 모두에게 투표권이 부여된다. 교회총회는 지방감리사의 허락을 받아야 한다. 교회총회는 지방감리사의 재량으로 소집하거나, 목사나 교회임원회 또는 개체교회 고백교인의 10%가 지방감리사에게 서신으로 요청할 경우 소집될 수 있다. 어떠한 경우이든 교회총회 소집 요청서의 사본은 담임목사에게 전달되어야 한다. ¶¶246-247에 규정된 구역회 소집 및 진행상의 규정들은 모두 교회총회에 그대로 적용된다. 둘 또는 그 이상의 교회들이 함께 모이는 합동 교회총회는 지방감리사가 정하는 대로 같은 시간에, 같은 장소에서 개최할 수 있다. 교회총회는 회원 다수의 언어를 사용하여 진행하되 통역을 하기 위한 적절한 준비가 되어 있어야 한다. (개체교회별 구역회에 관하여는 ¶2527 참조.)

¶249. *지도자들의 선출*—구역회 또는 지방감리사의 허락을 받아 소집된 교회총회는, 그 구역 내에 있는 각 개체교회 공천위원회의 공천이나 회의장에서의 추천과 각 개체교회의 투표를 거쳐 네 가지 기본적인 직무를 위하여 적어도 다음과 같은 지도자들을 선출한다 (¶244). 곧

1. 교회임원회 회장.
2. 공천위원회.
3. 목회위원회와 그 위원장.
4. 재정위원회 위원장과 추가 위원; 유급 직원이 아닌 재무서기와 교회회계(들); 주법이 달리 요구하지 않는다면 ¶¶2526-2528에 규정된 재단이사들.
5. 연회평신도회원(들)과 평신도대표(들).
6. 기록서기(¶247.4 참조).
7. 여성, 남성, 청소년, 청장년, 기능장애인, 소수민족 및 65세 이상의 노인들을 교회 임원에 포함시키도록 특별한 주의를 기울여야 한다.
8. 개체교회의 모든 임원과 기구의 회장은 두 사람이 공동으로 맡을 수 있으되, 재단이사와 재단이사회 임원들, 교회회계, 연회평신도회원, 목회위원들과 위원장직은 예외로 한다. 두 사람이 같은 직책을 공동으로 맡음으로써 교회임원회의 회원이 되는 경우 두 사람 모두 회원이 될 수 있다.

¶**250.** *임원의 면직(免職)과 보궐 (補闕)*—구역에서 선출된 지도자나 임원이 그에 합당한 임무 수행을 하지 못하거나 원치 않을 때, 지방감리사는 ¶246.7에 의거, 특별회의를 소집할 수 있다. 이러한 특별회의의 목적은 "임원의 직무로부터의 면직과 보궐 선거를 위한 안건"이라고 명시하여야 한다. 공천위원회(¶258.1, ¶247.18)는 구역회 특별회의가 발표된 후에 가능한 한 속히 회의를 열어야 하며, 구역회에 결원이 발생하였다면 선임할 수 있을 만한 사람을 천거하여야 한다. 만일 구역회가 당사자(들)를 직무 해임키로 가결하면, ¶249를 따라 명시된 선출 방식대로 공석을 채운다. 개체교회 재단이사의 해임을 고려중에 있을 때, 그리고 그 목회구역이 둘 또는 그 이상의 교회로 구성되어 있을 때에는 ¶2526을 따라 구역회 대신에 개체교회별 구역회를 소집한다.

¶**251.** *지도자들 및 교인들의 의무*—1. 각 개체교회의 고백교인 (¶128) 중에서 그 개체교회의 평신도를 대표하여 일할 평신도대표를 구역회에서 선출하며 그의 임무는 아래와 같다.

a) 평신도대표는 교회 안에서 그리고 가정, 일터, 지역사회, 세상에서 행하는 사역을 통하여 평신도가 하여야 할 역할에 대한 의식을 촉진시키며, 신앙 공동체 안에서 이러한 모든 사역을 수행할 방도를 찾아낸다.

b) 목사와 정기적으로 만나 교회의 현황과 사역을 위하여 필요한 일들에 관하여 의논한다.

c) 구역회, 교회임원회, 재정위원회, 공천위원회, 목회위원회의 회원이 되며, 담임목사와 더불어 그 회의에서 연회와 교단의 결정 사항 및 사업에 대한 대변자의 역할을 한다 (이 책임을 더욱 효과적으로 감당하게 하기 위하여 평신도대표를 연회 평신도회원으로 또한 섬기게 하기를 권장한다).

d) 교회의 존재 이유 및 교회의 사명을 가장 효과적으로 성취하기 위한 선교 유형들에 대한 이해를 도모하기 위하여 연구 및 훈련 프로그램에 계속 참여한다.

e) 지역사회에서 평신도를 통하여 성취할 수 있는 더 효과적인 사역의 기회와 필요성을 교회임원회에 권하고 돕는다.

f) 연회에서 마련한 훈련 프로그램에 대하여 평신도들에게 정보를 제공한다. 가능한 한 평신도대표는 자신의 직무를 강화하기 위하여 훈련 프로그램에 참여하며, 평신도 사역자 (Lay Servant) 자격을 얻도록 강권한다.

한 구역이 한 교회 이상의 교회로 형성되었을 경우, 구역회는 평신도대표들을 추가로 선출하여 각 교회에 평신도대표가 한

조직과 운영 ¶251

사람씩 있도록 한다. 어느 교회나 평신도대표와 함께 일할 수 있도록 평신도부대표를 선출할 수 있다.

2. 연회평신도회원(들)(lay member(s) of annual conference)과 그 대리 연회원들을 연회의 규정에 따라 해마다 또는 4년마다 선출한다. 구역을 대표한 연회평신도회원이 그 구역에 속하지 않게 되거나, 어떤 이유로 직무를 수행하지 못하게 되면, 대리 연회원이 선출된 차례대로 그 직무를 맡는다.

연회평신도회원과 그 대리는 모두 연합감리교회의 교인으로서 최소한 2년 이상 충실한 덕망을 지닌 고백교인으로 있었어야 하며, 그들이 선출되기 직전 최소한 4년 동안 적극적인 참여자로 있었어야 한다 (¶32 참조). 단, 새로 조직된 교회인 경우에는 연회에 대표를 보낼 수 있는 특권이 있다.[7] 본처목사는 연회평신도 회원이나 그 대리가 될 수 없다.[8] 초교파 공동사역의 일원이 된 연합감리교회들은 연회에 연회평신도회원을 보낼 수 있는 권리를 박탈당하여서는 안 된다. 연회평신도회원(들)은 목사와 더불어 연회의 결정 사항을 설명하여 주는 일을 한다. 이들은 연회 직후, 연회의 결정 사항들을 그들이 속한 교회의 교회임원회에 빠른 시일 안에 보고하되 3개월 이내에 하여야 한다.

3. 교회임원회 회장은 해마다 구역회에서 선임하며, 그 임무는 다음과 같다.

a) 임원회가 주어진 책임을 완수할 수 있도록 이를 이끌어 나간다 (¶249 참조).

b) 목사(들)와 평신도대표와 기타 관계된 사람들과 상의하여 임원회의 의사 일정을 준비하고 이를 통보한다.

c) 임원회의 결정 사항을 수행하기 위하여 이를 검토하고 책임을 부여한다.

d) 이미 알려진 일을 임원회에서 허락하도록 임원 및 관련된 이들에게 통고한다.

e) 임원회의 여러 활동을 조율한다.

f) 임원회가 계획을 세우며, 목적과 목표를 설정하고 이를 평가하여야 하는 일을 먼저 시작하며 이를 이끌어 나간다.

g) 연회나 지방회에서 실시하는 지도자 훈련 프로그램에 참여한다.

교회임원회 회장은 <장정>이 특별히 제한하지 않는 이상, 한 교회의 모든 위원회에 참석할 권한이 있다. 교회임원회 회장이 연회에 참석할 것을 권장한다.

---

7. 사법위원회 판정 170, 305, 342, 469, 495 참조
8. 사법위원회 판정 328 참조

교회임원회

¶252. 1. *목적*—교회임원회(Church Council)는 개체교회의 양육과 대외선교와 증거 및 리소스를 위한 프로그램을 기획하고 시행한다. 이는 또한 개체교회 모든 기구의 행정을 운영하며 그 살림을 맡아 주관한다. 교회임원회는 개체교회의 선교와 사역을 구상하며, 기획하며, 실행하며, 또한 이를 매년 평가한다. 교회임원회는 구역회(¶244)의 실행 기구로서 이에 책임을 져야 할 의무가 있다.

2. *선교와 사역*—양육, 대외선교 및 증거 사역과 이에 따라가는 임무는 다음과 같은 것들을 포함한다.

a) 교회의 양육사역(The nurturing ministires)은 교육, 예배, 그리스도인의 인격 형성, 교인 관리, 소그룹, 청지기 등에 관심을 가져야 하되 이에 국한하지 않는다. 개인과 모든 연령층의 가정에도 관심을 가져야 한다.

b) 교회의 대외선교사역(The outreach ministries)은 지역 및 전체 사회를 위한 자선, 정의, 옹호사역에 관심을 가져야 한다. 이러한 사역은 교회와 사회문제, 세계선교, 고등교육과 학원선교, 보건복지, 기독교 연합사업, 타종교에 대한 관심, 종교와 인종, 그리고 여성들의 지위와 그들 역할에 집중하여야 한다.

c) 교회의 증거사역(The witness ministries)은 크리스천의 체험과 신앙과 봉사에 관한 개인 및 교회의 이야기를 서로 나누며 전도에 노력하고 이를 개발하는 일에 관심을 가져야 한다. 이 사역은 홍보, '평신도 사역직'(Lay Servant Ministries) 및 예수 그리스도를 증언하는 다른 모든 사역에 주의를 기울인다.

d) 지도자 개발과 리소스를 위한 사역은 교회의 사역을 위하여 평신도 및 교역자가 될 지도자들을 발굴하고 준비시키는 일에 관심을 가진다 (¶258.1).

e) 양육, 대외선교 및 증거의 사역들과 이에 동반하는 임무는, (i) 기도부장의 선출과 기도운동을 일으키는 일, (ii) 기도실이나 또는 기도도 하고 기도 자료를 보관할 수 있는 방을 지정하는 일, (iii) 개체교회의 목회자들을 위하여 특별히 기도할 것을 장려하는 일들을 포함한다.

3. *모임*—*a)* 교회임원회는 적어도 3개월에 한 번은 모여야 한다. 교회임원회 회장이나 담임목사가 특별임원회를 소집할 수 있다.

조직과 운영 ¶252

b) 개체교회의 선교적인 목표를 달성하기 위하여 교회임원회가 적절한 관심을 가져야 하므로, 교회임원회가 모일 때마다 먼저 양육사역, 대외선교사역 및 증거사역과 연관된 안건을 먼저 다루고, 그 다음에 교회의 행정적 및 부수적인 문제들을 다룰 것을 권유한다. 교회임원회가 일을 결정할 때에는 전원 합의나 분별하는 방법을 사용할 것을 권고한다.

4. *기타 책임들*—교회임원회는 또한 다음과 같은 책임을 진다.

a) 개체교회의 교인 구성에 관하여 검토한다.

b) 연례 구역회 회기 사이에 생기는 임원의 공석을 메운다.

c) 재정위원회의 추천에 따라 예산을 결정하며, 교회의 재정적인 필요를 위하여 적절한 조치를 취한다.

d) 목회위원회의 추천을 받아 목사와 직원들의 봉급과 기타 사례비를 구역회에 추천한다.

e) 목사 사택에 관한 적절한 조치에 관하여 목회위원회의 추천을 받아 구역회에 제출하여 승인을 받도록 한다. 사택에 관한 사항은 연회가 정한 기준을 따른다. 교단의 연금혜택 프로그램 한도 내에서 제공하는 것 외에 목사 사택은 봉급이나 사례비의 일부로 간주하여서는 아니 된다.

5. *회원*—구역회가 교회 임원회의 회원 수를 결정한다. 교회임원회의 회원은 ¶252.2에 규정된 교회의 선교와 사역에 종사한다. 임원회의 회원은 최소 11명에서 최대 구역회가 적당하다고 결정한 수대로 한다. 임원회는 ¶243에 규정된, 교회 사역을 담당할 사람들을 포함한다. 회원은 적어도 다음과 같은 임원들을 포함하되 이에 국한하지 않는다.

a) 교회임원회 회장,

b) 평신도대표,

c) 목회위원회의 위원장 및/또는 그 대표,

d) 재정위원회의 위원장 및/또는 그 대표,

e) 재단이사회의 이사장 및/또는 그 대표,

f) 교회회계,

g) 연회평신도회원 한 명,

h) 연합감리교회 남선교회 회장 및/또는 그 대표,

i) 연합감리교회 여선교회 회장 및/또는 그 대표,

j) 청장년 대표 한 명,

k) 연합감리교회 청소년회 대표 한 명,

l) 목사(들).

6. *정족수*—합법적으로 공고된 회의에 참석하여 투표할 수 있는 사람들로 정족수를 이룬다.

전문 사역들

¶253. *연령별, 가정 및 특수사역 부장들 (또한 위 ¶252 참조)*—구역회는 해마다 유년사역부장, 청소년사역부장, 장년사역부장, 가정사역부장을 선출할 수 있다. 장년사역과 다른 연령층의 사역을 강화시키고자 할 경우에는, 청장년사역부장 및/또는 노년사역부장을 따로 선출할 수 있다. 영성훈련을 위하여 모든 연령층을 포함한 캠프 및 퇴수회(retreat) 사역이 필요하다면, 이를 위한 코디네이터를 선출할 수 있다. 청소년들을 위한 사회조직체나 스카우트를 위한 사역이 있을 때에는 이를 위한 부장을 선출할 수 있다. 특수분야 (예를 들면, 독신자, 중독자, 정신질환자, 또는 장애인) 사역이 필요하다면, 이 사업부의 부장을 선출할 수도 있다.

¶254. *기타 사역 그룹 부장들*—개체교회의 사명을 수행하기 위하여 구역회는 매년 다음과 같은 분야의 책임을 맡을 코디네이터나 사역 그룹 부장을 선출할 수 있다. 곧, 교회일치 및 타종교와의 관계, 교회와 사회, 지역사회를 위한 자원봉사, 교육, 전도, 고등교육과 학원사역, 선교, 기도하기 운동, 종교와 인종, 여성의 지위와 역할, 자연 보호, 청지기직, 예배, 특수사역을 필요로 하는 사람들을 위한 대변인 역할, 교회 미디어 등이다. 각 연합감리교회 개체교회는 임원회 회원이 될 수 있는 학원사역 코디네이터를 둘 수 있다. 이 코디네이터의 주요한 임무는, 자기 교회의 모든 대학생들의 이름과 연락할 수 있는 정보 곧 주소, 전화번호 및 이메일 주소 등을 매 학기마다 '연합감리교 대학선교'와 같은 적절한 학원사역 책임자에게 알려 주는 일이다. 학원사역 코디네이터는 매 학기마다 자기 교회의 모든 대학생들에게 편지나 이메일이나 전화로 연락하여, 그들이 연합감리교회의 학원사역에 적극적으로 참여하도록 권유한다. 각 교회의 학원사역 코디네이터는 자기 교회에서 연합감리교 대학선교와 같은 학원사역을 재정적으로 또한 기타 다른 방법으로 지원하도록 권장한다.

바람직하다면, 구역회는 코디네이터나 사역 그룹 부장들의 업무를 겸임하게 할 수 있다. 각 코디네이터나 사역 그룹 부장들은, 선출되었을 경우, 교회임원회 (또는 다른 적절한 기구), 목사(들), 교회의 다른 지도자들과 함께, 지방, 연회 및/또는 전체 교회의 모든 적합한 리소스 및 유대 관계를 동원하여, 특별한 분야의 요구와 기회에 관하여 사역한다.

¶255 *교회학교 교장 및 소그룹 코디네이터*—구역회는 아래와 같은 사역부장들을 선임할 수 있다. 곧 (1) 주일학교 혹은 교

조직과 운영 ¶256

회학교 교장 및/또는 소그룹 사역부장을 선임할 수 있다. 구역회는 신앙적인 성장을 위한 교회의 모든 프로그램을 조직하고 감독하는 일을 도우며, 크리스천 신앙 공동체를 형성하며, 교회의 소그룹들을 통하여 모든 연령층의 사람들이 매일 사역에 종사하도록 하는 일에 책임을 진다. (2) 보건복지사역부장은, 개체교회와 그 교인들이, 궁핍한 사람들에게 직접 봉사하는 데 관여하도록 노력한다. (3) 홍보부장은 사용할 수 있는 아이디어와 리소스와 기술을 제공함으로써 개체교회와 그 교인들의 홍보 업무를 돕는다.

¶256. *프로그램 사역들*—개체교회의 사역은 세상을 구원하시는 하나님의 사랑에 접하면서 또한 세상에서 역사하시는 하나님께 응답하면서 이루어진다. 이 사역을 성취하기 위하여 교인들은 여러 가지 작은 그룹에서 활동하게 된다. 이 가운데 어떤 것들은 교회 임원회에서 만들 수 있으며, 더러는 교회임원회의 인준만 받고 구성될 수도 있다. 또 다른 하나의 형태는 역사적인 것으로서, 연회 및 총회 기구에 상응하여 구성된 사업 기구들이다. 이 모든 것을 프로그램 사역들이라 일컬으며, 이들은 교회임원회와 연관되어 있다.

1. *교회학교와 소그룹사역*—각 개체교회에는, 세상을 변화시키는 데 초점을 맞추어, 그리스도의 제자가 되게 하는 일을 돕도록, 교회학교를 포함한 여러 가지 소그룹 사역이 형성되어 있어야 한다. 이 소그룹들은 가르치고 배우며, 성도의 교제를 나누며, 서로 도와주며, 지역사회에서 사역하며, 책임지는 일에 주력할 수 있다. 소그룹 회원들은 성경, 기독교 신앙, 연합감리교회, 교회가 위치한 사회 환경 등에 관한 지식을 습득할 수 있을 것이다. 이에 더하여 교회학교를 포함한 소그룹들은 예배, 신앙간증, 새 신앙 공동체의 형성, 영성, 성경공부, 신학연구, 기도, 공동체의 형성, 가난한 이들과 소외된 이들을 위한 봉사, 평화와 정의를 위하여 외치는 일 등을 포함하되 이에 국한하지 아니하고 충성스러운 제자가 되는 기술을 습득할 수 있도록 기회를 제공한다. 개체교회 또는 목회구역은 그들이 돌보는 영아, 어린이, 젊은이들의 안전을 위한 정책과 절차를 수립하기를 강력히 권장한다.

a) 교회학교—각 개체교회는 교회의 교육사역 목적을 달성하기 위하여 교회학교를 설립하여야 한다.

교회학교는 모든 연령층의 사람들이 그들의 삶에 늘 역사하시는 하나님을 체험하는 공동체를 형성하며, 교회 테두리 안에서와 일반 사회에서, 건전하고 비폭력적인 관계를 형성토록 하며, 그리스도를 통하여 화해하시는 하나님에 대하여 증언하며,

¶256 개체교회

다가오는 하나님의 통치의 증인으로 세상에서 믿음의 삶을 살도록 도전받고 있다.

b) 책임을 지는 제자의 도리—역사적으로 속장들은 평신도 목회의 지도자들로 활약하여 왔으며, 초기 감리교 신도회에서는 속회와 속회 모임이 기독교 영성훈련을 위한 기본적인 구조적 수단이었다.

속장들은 위임을 받을 수 있으며, 속원들이 서로가 서로에게 책임을 지며 세상에서 그리스도를 증언하는 일을 서로 도움으로써 사람들을 충성된 예수 그리스도의 제자로 삼기 위하여, 또한 성령의 인도로 자비와 정의와 예배의 행위를 통하여 그의 가르침을 따르기 위하여, 개체교회 안에 속회(class meetings)를 조직할 수 있다. (¶104, "우리 연합신도회의 성격, 기획 및 총칙"과 ¶1117을 참조).

c) 선교 및 사역 그룹들—그리스도인들의 제자의 도리는 병든 자들을 돌봐 주셨으며, 굶주린 자들을 먹이셨으며, 소외된 자들의 친구가 되어 주신 예수님의 종된 도리를 모방하고 있다. 가난한 자와 소외된 자들의 필요를 충족시켜 주며, 사회정의를 위하여 부르짖으며, 어떤 관계에 있든지 또한 어떤 환경에 처하여 있든지 자기들의 믿음을 나타내기 위하여 사람들은 소그룹에 참여할 수 있다.

d) 상조 (Support) 그룹—개체교회는 필요할 때 교회와 지역사회의 특별한 요구를 충족시키기 위하여 소그룹을 조직할 수 있다. 이 그룹들은 서로 보살피고 기도하는 그룹, 이혼에서의 회복, 슬픔에서의 회복, 새 부모 됨의 그룹, 정신병을 앓고 있는 사람과 그 가족들을 포함하여 지병으로 고생하는 사람들을 보살피는 그룹 등을 뜻하되 여기에만 국한하지 않는다.

2. *어린이 사역*—어린이들을 위한, 어린이들과 함께하는, 어린이들에 의한 사역은 교회 공동체 생활에서 어린이와 관계된 모든 사역을 포함하며, 여기에는 다음과 같은 사역들이 포함되되 여기에만 국한되지 않는다. 곧, 교회학교, 여름성경학교, 유치원 사역, 어린이 합창부와 음악 사역, 친교 그룹, 상호지원 그룹, 단기 학습 그룹, 어린이들의 예배 경험, 선교 체험 교육, 세대간의 활동, 모든 연령층의 어린이들을 위한 각종 주중 프로그램 등이다.

a) 만일 유년사역부장이 있으면, 그 사역부장은 어린이들이 교회생활 전반에 걸쳐 배려되고 포함되도록 확인할 책임이 있다. 사역부장은 유년사역협의회(조직되어 있을 경우)를 이끌어 나갈 것이며, 목회자와 기타 이 사역과 연관된 직원들과 긴밀한

연락을 취하며 일한다. 그는 특히 신앙개발, 보호, 제자직 분야에서 어린이들을 위한 비전을 갖고 계획하며 이들을 옹호한다. 그는 또한 어린이와, 이들을 위하여 일하는 성인들이 위험에서 벗어날 수 있는 정책과 절차가 제대로 되어 있는지를 확인하기 위하여 교회 내의 다른 지도자들과 함께 일한다. 이러한 정책과 절차는 지도자의 배경에 대한 체크와, 그룹마다 적어도 성인 두 명이 포함되어 있을 것과, 심폐재생(心肺再生)과 응급 치료를 위한 훈련 등을 포함한다. 유년사역부장은 또한 연합감리교회 유년선교기금을 포함한 어린이들을 위한 선교교육을 주장하여야 한다.

b) 만일 유년사역협의회가 있으면, 교회, 지역사회 및 세상 안에서 어린이들을 위한 계획을 세우며, 비전을 가지며, 대변자가 되어야 한다. 본 협의회는 어린이와 관계된 정책과 절차를 정하며, 단기 체험을 계획하며, 전체 교회 사역에서 어린이 사역을 위하여 필요한 것들을 생각하며, 부모와 교인들과 늘 의사를 소통한다. 유년사역협의회는 유년사역부장과 어린이 성가대 및 주중사역 책임자들을 포함한 유년사역 담당 교회 직원과 긴밀하게 연락하며 같이 일한다. 유년사역협의회는 개체교회의 교육을 책임지고 있는 그룹에 책임을 진다.

c) 주중사역이사회—'주중사역'(weekday ministry)이라는 말은 어린이들을 위하여 주중에 정기적으로 진행하도록 계획된 모든 사역을 뜻한다. 필요하다고 인정되면, 하나 또는 둘 이상의 주중사역이사회를 교회의 주중사역 프로그램을 감독하기 위하여 조직할 수 있다. 이사회의 위원들은 부모, 교회 직원 및 주중 사역 직원 대표와 함께 대부분 교인들 중의 전문가들로 구성한다. 이사회는 교회의 정책과 주 정부의 요구 사항과 건전한 사업 운영에 부응하는 정책을 수립한다. 본 이사회는 주중사역을 신앙개발, 대외선교, 기독교교육, 전도, 보호를 위한 좋은 기회로 삼고 운영하여 나간다. 이사회는 또한 다양한 사회적, 경제적, 문화적, 인종, 민족적 배경을 가진 어린이들이 포함되도록 주도하여야 한다. 주중사역이사회(들)가 교회에 대하여 책임질 기구는 개체교회의 한 조직체라야 하되 교회의 교육사역을 책임지고 있는 그룹을 특별히 고려하여 결정하여야 한다.

3. *젊은이들 사역*— '*젊은이*'*(young people)*라 함은 대개 12세에서 30세, 해외지역총회에서는 35세까지의 모든 젊은이들을 일컫는다. 이 용어는 청소년(youth)과 청장년(young adult)을 모두 포함하여 함축성 있게 사용하나, 전 세계에 걸쳐 다양한 문화 속에 사는 사람들이 달리 정의할 수도 있다. '청소년 사역'(youth ministry)이라는 용어는 매우 포괄적인 것으로서,

청소년에 의한, 청소년과 함께하는, 청소년을 위한 모든 활동과 교회의 관심사를 포함한다. 연합감리교회의 청소년 선교 활동은, 현재 또는 앞으로 어떤 모양으로든지 교회와 교회의 활동에 관계되어 있는, 대개 12세에서 18세, 해외지역총회에서는 24세까지의 청소년들을 포함한다. 고백교인이 된 청소년들은 주법에 의하여 금지된 사항에 관한 투표권만 없을 뿐, 교인으로서의 모든 권리와 의무가 있다 (¶226.5 참조). '청장년사역'(young adult ministry)이란 용어는 포괄적인 단어로서 교회의 모든 관심사를 포함할 뿐만 아니라 청장년에 의한, 청장년과 함께 하는, 청장년을 위한 모든 활동을 망라한다. 연합감리교회의 청장년사역은 현재 또는 장래에 교회 활동에 참여하고 있는 대개 18세에서 30세까지, 해외지역총회에서는 24세에서 34세까지의 모든 사람을 포함한다. 교인으로 있는 청장년은 교인이 갖는 모든 권리와 책임이 있다.

a) 청소년사역부장/직원과 청소년사역팀(조직되어 있을 때)은 청소년들을 위한 활동, 사역 목표, 환경 등에 대한 제안을 교회 임원회에 제출할 책임이 있다. 청소년사역부장/직원과 청소년사역팀은 주어진 자료와 방법을 이용하여 청소년봉사기금에 관하여 청소년들에게 알려 주고, 그들의 지원을 받도록 한다. 이러한 교육에 앞서, 또는 교육의 일부로서 청소년들은 개체교회의 전체 프로그램과 예산에 재정적 책임을 분담하도록 도전을 받아야 한다.

b) 개체교회는 이들 중 어느 하나를 '연합감리교회 청소년회'(United Methodist Youth Fellowship)로 인정할 수 있다.

c) 각 구역회는 청소년이 적어도 5명 이상이 있을 경우 청소년사역팀을 둘 수 있다.

(1) 이 청소년사역팀은 청소년들이 2분의 1 이상이 위원이 되도록 구성한다. 이 사역팀(청소년 및 장년)에 대한 공천은 청소년 (또는 이와 연관된 기구) 그룹이 한다. 공천은 먼저 공천위원회에 제출하여 승인을 얻은 다음 구역회에 제출하여 승인을 받는다.

본 협의회는 다음과 같은 사람들로 구성한다. 곧,

(a) 적어도 한 명의 청소년사역부장/직원과 기타 이 사역에 관련된 지도자들로서 발원권은 있으되 투표권이 없는 직책상 위원들.

(b) 지방, 연회, 지역총회, 총회의 부서나 기구에서 봉사하고 있는 모든 청소년들.

조직과 운영 ¶256

　　　　　　　(c) 지방, 연회, 지역총회, 총회의 청소년사역 기구에서 봉사하고 있는 모든 성인들.
　　　　　(2) 회의를 위하여 한 명의 성인과 한 명의 청소년 의장을 둔다 (co-chairs). 기타 임원들은 청소년사역팀에 필요한 재능과 은사가 있는 성인들과 청소년으로 충당할 수 있다.
　　　　　(3) 본 사역팀은 적어도 1년에 두 번 모여야 한다. 목사, 청소년사역부장/직원 (또는 관련된 책임자) 또는 사역팀 위원의 요청이 있을 때 추가로 모일 수 있다.
　　　본 사역팀의 임무는 다음과 같다.
　　　　　　(a) 청소년사역부장/직원과 기타 관련된 지도자들이 개체교회 청소년들을 위하여 그 활동과 프로그램 강조점과 환경 조성을 기획하고 개발하는 일을 돕는 것.
　　　　　　(b) 그들의 청소년사역 프로그램을 위하여 예산을 책정하는 일.
　　　　　　(c) 청소년사역부장(또는 관련된 책임자)이 개체교회의 청소년들과 함께 일할 수 있는 자격을 갖춘 성인 및 인턴을 발굴하여 동참하게 하는 일에 청소년사역부장/직원을 돕는 일.
　　　　　　(d) 청소년사역을 위한 모든 성인 자원 봉사자들을 위하여 성약을 만드는 일.
　　　　　　(e) 청소년사역부장(또는 관련된 책임자)과 이와 관련된 직원이 연장교육을 받도록 장려하며 이를 가능케 하는 일.
　　　　　　(f) 연회가 어린이들의 안전을 위하여 개체교회가 꼭 지키도록 마련한 정책과 절차와 필수 요건들을 잘 알고 지키도록 하는 일.
　　　　　　(g) 청소년으로 하여금 전문 사역직을 고려하여 볼 수 있도록 장려하고 교육하며, 받은 바 소명과 봉사의 기회를 어떻게 할 것인가를 가르치는 일.
　　　　　　(h) 자기 교회에서 청소년 사역을 시작하려 한다든가 이를 활성화 하려고 다른 교회를 도와 주는 일.
　　　　　　(i) 청소년과 성인들로 하여금 지방, 연회, 지역총회, 해외지역총회, 그리고 총회의 사역에 참여하도록 권유하고 도움으로써 연합감리교회의 연대체제에 대하여 교육하는 일.
　　　　　　(j) 청소년선교기금에 관하여 사람들을 교육시키며 장려하는 일.
　　　　　　(k) 개체교회의 캠프와 퇴수회를 장려하는 일.
　　　　　　(l) 청소년들과 청장년들을 홍보하고 소개하

며, 그들이 대학에 다닐 때 연합감리교 학원사역에 적극적으로 참여하도록 권유하는 일.

(m) 청소년들을 연합감리교회의 적극적인 참여자요 지도자로 기르는 일.

(n) 다음과 같은 사항에 관하여 목회위원회와 상의하는 일. 곧, 1) 사역계획서의 작성, 2) 공천, 3) 청소년사역부장(또는 연관된 책임자)과 개체교회의 청소년사역을 위한 자원 봉사자와 직원에 관한 평가.

(o) 협의회는 그 사역을 위하여 예산을 세울 것을 강력히 권한다.

d) 청소년사역부장/직원과 청장년사역팀(만일 조직되어 있으면)은 청장년들을 위한 활동과 프로그램을 강조하는 일과 현장을 마련하는 일에 관하여 교회임원회에 건의한다. 대학에 다니는 모든 학생들의 이름과 주소를 그들이 다니는 대학의 교목에게 전달하여 그들이 연합감리교 학원사역에 참여하도록 권장하며, 교인들에게 연회 학원사역과 연회와 관계된 대학을 지원하며 이에 참여할 수 있는 기회가 있음을 알린다.

4. 일반 청소년 봉사 기관을 통한 스카우트 사역은 어린이, 청소년, 또한 그들의 지도자들과 가정을 위하여 또 하나의 사역 현장을 제공하여 주고 있다. '청소년 종교 활동 프로그램(P.R.A.Y./Program of Religious Activities with Youth)' 상(賞)을 주는 프로그램은 개체교회의 교회학교, 청소년사역 및 스카우트 사역을 포함한 모든 교회의 교육 프로그램에 참여하는 모든 해당 연령층 사람들에게 기회가 주어질 수 있다.

a) 각 개체교회는 교회임원회, 교회학교 교장, 어린이 사역 담당자, 청년사역 담당자, 또한 기타 여러 가지 청소년사역을 담당하고 있는 기구와 연관을 가지고 있는 개체교회 스카우트 책임자를 둘 수 있다. 개체교회 스카우트 책임자는 지방 스카우트 책임자와 리소스와 교육에 관한 자문을 하는 연회 스카우트 책임자와 관계를 맺고 있어야 한다. 모든 개체교회는 그들 사역의 일부인 이들 기관들과 파트너십 성약을 맺도록 장려한다.

5. *연합감리교회 여선교회*—각 개체교회에는 '연합감리교회 여선교회'(United Methodist Women)의 조직이 있어야 한다. 그 공인받은 헌장은 다음과 같다.

제1조 명칭—본 조직체는 연합감리교회 여선교회라 칭한다.
제2조 관계—연합감리교회 여선교회의 개체교회 단위는 지방, 연회 및 전국 연합감리교회 여선교회 조직들과 직접적으로 연결되어 있다.

제3조 목적—본 연합감리교회 여선교회의 조직된 단위는 여성들의 공동체로서, 하나님을 알고 예수 그리스도를 통하여 전인(全人)으로서의 자유를 체험하게 하며, 창조적이고 상호협조적인 친교를 증진시키며, 교회의 세계선교 활동에 참여하게 함으로써 선교에 대한 이해를 더욱 확대시키는 데 그 목적이 있다.

제4조 회원—연합감리교회 여선교회에 속하여 이를 통하여 세계선교에 참여하기를 원하는 어느 여성에게나 회원권은 열려져 있다. 목사(들)는 연합감리교회 여선교회 개체교회 조직의 직책상 회원이 되며 그 실행위원이 된다.

제5조 임원과 위원회—본 여선교회의 개체조직은 회장, 부회장, 서기, 회계 및 공천위원회를 선출한다. 기타 임원과 위원회는 연합감리교회 여선교회의 개체 단위를 위한 정관에 명시된 바, 연합감리교회 여선교회전국기구의 계획에 따라 선출하거나 필요에 따라 임명한다.

제6조 기금—a) 본 연합감리교회 여선교회의 조직된 개체조직은 그 목적을 달성하기 위하여 자체 기금을 확보한다.

b) 본 연합감리교회 여선교회 단위가 확보한 모든 기금은, 그 출처와 상관없이 본 조직에 속하며, 이를 다만 그 헌장과 그의 결정에 따라 사용한다.

c) 개체교회의 조직된 단위가 확보하고 관리하는 모든 예산은 다음과 같은 기금을 포함한다. 곧, (1) 연합감리교회 여선교회전국기구의 프로그램과 그 임무를 위하여 연합감리교회 여선교회의 통상 통로를 밟아 지원하는 작정 헌금과 기타 금액; (2) 행정비와 회원 확보를 위한 비용을 포함하여 지역 선교에 사용할 기금.

d) 조직된 개체교회 단위는 지방 및 연회 연합감리교회 여선교회 총예산의 일부를 해마다 월정 헌금 형식으로 분담한다.

e) 연합감리교회 여선교회전국기구에 납부한 일반 기금은 모두 연합감리교회 여선교회전국기구가 사용한다.

제7조 회의—조직된 개체교회 조직은 그 목적을 실현하며 일반 업무를 처리하기 위하여 자신이 결정하는 바에 따라 회의를 소집한다.

제8조 개체교회와의 관계—연합감리교회 여선교회의 조직된 조직은 모든 여성 교인으로 하여금 개체교회의 모든 활동과 운영에 적극 참여하도록 권장하며, 그들이 여러 가지 직분과 책임을 맡도록 뒷받침하여 준다.

제9조 헌장 개정 (Amendment)—본 헌장에 대한 개정을 요청할 경우에는 개정안을 연합감리교회 여선교회전국기구의 4개년

¶256

기간 차 마지막 위원회가 시작되기 전에 전국기구의 기록 서기에게 전달하여야 한다.

주: 연합감리교회 여선교회전국기구의 부속 기구에 관하여는 ¶¶1901-1912를 보라.

6. *연합감리교회 남선교회*—각 개체교회 또는 구역은 '연합감리교회 남선교회' (United Methodist Men) 개체조직을 두어야 하며, 해마다 연합감리교회 총회남선교회위원회를 통하여 재인준을 받아야 한다. 개체교회의 남성사역을 위한 기타 조직체들은 매년 구역회에 보고하며, 연합감리교회 총회남선교회위원회를 통하여 리소스를 제공받는다. 남성과 관계된 개체교회의 모든 조직체는 평신도 남성들을 영적으로 성장하게 하며 교단 전체 선교활동에 헌신적으로 참여하게 하는 사역을 제공한다 (¶2302).

a) 효율적인 남성사역을 돕기 위한 필요한 자료들은 지방, 연회, 지역총회의 연합감리교회 남선교회와 연합감리교회 총회남선교회위원회(¶2302)에서 제공한다.

b) 연합감리교회 남선교회는 모든 남성들의 생활에 있어 그리스도께서 그 중심이 되심을 선포하기 위하여 존재한다. 남성의 사역은 남성들로 하여금 영적으로 성장하도록 인도하며 효율적인 사도직에 이르도록 한다. 남성들이 예수 그리스도의 섬기는 지도자 상을 닮아 갈 때 그 목적은 달성된다.

c) 개인 및 집단적인 전략이 연합감리교회 남선교회 사역의 토대를 이룬다.

(1) 남성들이 섬기는 지도자가 됨에 따라 '전도, 선교, 경건' (Evangelism, Mission, and Spiritual Life: EMS) 생활을 강화한다.

(2) 기도, 선교, 청지기 및 일반 청소년 봉사 사역을 포함한 구체적인 사역을 장려하기 위하여 교회 안에서 남성들을 훈련시키는 프로그램을 대변한다.

(3) 교역자와 교인들을 효율적으로 보조하고 봉사하기 위하여 남성들이 목회의 동역자가 되도록 한다.

(4) 효율적인 지도력, 자원, 교인 증가 및 재정적인 책임을 통하여 조직을 강화한다.

(5) 가정과 직장과 사회생활에서는 늘 변화하는 남성의 역할과 책임에 관하여 그들을 돕는다.

(6) 연합감리교회의 조직과 교리와 신조를 이해한다.

(7) 교회생활에서 기도와 참여와 선물과 봉사하는 일에 헌신함으로써 입교 서약을 완수한다.

조직과 운영 ¶257

　　　　(8) 그리스도의 몸의 한 지체인 연합감리교회와 더불어 또한 그를 통하여 그리스도의 "지상명령"(Great Commission)을 완수한다.

　　　d) 개체교회의 연합감리교회 남선교회 조직의 회원이 되고자 원하는 사람은 위 제3항에 열거한 기본 전략과 아래에 열거한 개인적 목표에 동의하여야 한다.

　　　　(1) 매일 성경을 읽고 기도한다.

　　　　(2) 일상적인 직장생활에서 또한 개인적인 인간관계에서 말과 행실을 통하여 크리스천의 생활방식을 증언한다.

　　　　(3) 기독교의 봉사활동에 참여한다.

　　　e) 연합감리교회 남선교회는 필요에 따라 한 개체교회에서 여러 개의 구성 요소를 지닌 구조로 조직될 수 있다. 여러 개체교회들은 필요하다고 여겨질 때 하나의 연합감리교회 남선교회 지회를 또한 조직할 수 있다.

　　　f) 연합감리교회 남선교회를 통하여 개체교회의 사역에 종사하기 원하는 남성은, 누구나 원할 때, 회원이 될 수 있어야 한다.

　　　g) 개체교회 또는 구역에 정식으로 파송된 교역자(들)는 직무상 남선교회의 회원(들)이 되며 임원회의 임원이 된다.

　　　h) 연합감리교회 남선교회의 조직된 개체교회 단위는 그 목적을 달성하기 위하여 자금을 확보한다. 연합감리교회 남선교회 개체 조직의 모든 기금은 어디에서 영수되었든 그 조직에 속한 것이며, 다만 헌장 및/또는 회칙 및 조직의 요청에 의하여서만 지출한다.

　　　　(1) 연합감리교 남선교회 지회는 자기 자신들의 은행 계좌를 가질 수 있다.

　　　　(2) 연합감리교 남선교회 지회는 매년 재무 감사를 받아야 한다.

　7. *보완적인 사역들*—여성들과 남성들이 필요로 하는 바가 각 교회마다 복잡하고 다이나믹하며 독특하기 때문에, 여선교회(United Methodist Women)와 남선교회 (United Methodist Men) 이외에 여성들과 남성들을 위한 여러 가지 보완적인 사역을 개발할 것을 권장한다.

¶257. *기타 연령별 협의회*—교회의 크기와 프로그램의 범위가 그것을 필요로 할 때, 교회임원회(또는 다른 적절한 기구)의 직무를 하나 혹은 여러 개의 연령별 위원회 및/또는 가정 위원회에 맡기거나 또는 다른 수단으로 교회의 필요를 충족시킬 수 있다. 이러한 위원회의 임원은 교회임원회(또는 다른 적절한 부서)에서 선출한다.

행정 위원회들

¶258. 1. 각 개체교회는 개체교회의 고백교인으로 구성된 공천위원회를 매년 구역회에서 선출하여 둔다. 이 위원회의 임무는 개체교회를 위하여 크리스천 영적 지도자들을 발굴, 개발, 임명, 평가 내지 모니터하는 일이다. 이 위원회의 위원들은 교회의 선교적 사명(제6편, 제1장, 제1절)에 비추어 자기 자신들의 영적 생활을 개발하며 강화하는 일에 관심을 가져야 한다.

이 임무를 수행함에 있어 본 위원회는 교회의 주요 과업인 선교와 개체교회의 사역에 관하여 늘 성서적, 신학적 사고를 하여야 한다. 위원회는 교인들의 영적 은사와 능력을 찾아낼 수 있는 방법을 모색하여야 한다. 교회임원회 또는 그 대체 기구와 함께 본 위원회는 교회의 다양한 사역 임무를 찾아내어 그 임무를 수행하는 데 필요한 지도자의 자질이 무엇인지 확인한다.

a) 공천위원회는 고용된 직원을 제외한 교회 지도자들에 관하여 자문함으로써 연중 교회임원회 또는 그 대체 기구에 봉사한다. 본 위원회는 선교와 사역활동에 그 초점을 맞추며, 영적 지도자들을 개발하고 훈련하는 일을 인도하며, 영적 지도자들을 발굴, 양육, 후원하며, 교회임원회 또는 그 대체 기구를 도와 변천하는 지도자의 필요성을 늘 평가한다.

b) 본 위원회는, 교회임원회 임원으로 또한 그 대체 행정 기구가 특정한 교회사역을 위하여 필요하다고 인정하는 지도자들을, 또한 교회법이 요구하거나 구역회가 그 사역을 위하여 필요하다고 인정하는 지도자들을 연례 정기 구역회에 천거한다.

c) 본 위원회는 목사와 평신도대표에 더하여 9명 이내의 사람들로 구성한다. 구역회에서 선출된 적어도 1명의 청장년이 이 위원회에서 봉사한다. 구역회에서 선출된 1명 이상의 위원은 청소년이 될 수 있다. 목사가 본 위원회의 위원장이 되며, 공천위원회가 선출한 1명의 평신도가 부위원장으로 봉사한다.

d) 경험과 안정성을 유지하기 위하여 위원들을 세 조로 나누되 매년 한 조씩 3년 동안 봉사하도록 선출한다. 이런 순환 제도를 실시하고 있지 않을 경우에는, 이를 시작하기 위하여 첫 해에 그들의 임기를 한 조는 1년, 한 조는 2년, 또 한 조는 3년으로 한다. 매해 새로 선출되는 조와 구역회 당시 이미 있던 결원은 구역회 회의장에서 또한/또는 공천위원회의 추천을 받은 사람들 중에서 선출하여 보충한다. 임기를 마친 위원들은 자신들을 다시 선출하여서는 안 된다. 같은 집에 거주하는 직계 가족 한 사람만이 이 위원회에 봉사할 수 있다. 연중에 공석이 생길 경우에

는 지방감리사의 허락을 얻어 교회임원회 또는 그 대체 기구에서 추천된 위원을 선출한다.

e) 사역 지도자들을 찾아 선출하는 과정에서 포용성과 다양성이 유지되도록 각별한 주의를 기울여야 한다.

2. 각 개체교회의 구역회는 그 개체교회 또는 구역의 고백교인 또는 협동교인(¶227)으로 구성된 목회위원회를 매년 선출한다. 단, 해외지역총회의 법규나 지역의 국법이 따로 정할 때에는 예외로 한다. 이 위원회에 봉사하는 이들은 위원회에 주어진 임무를 충실히 이행하기 위하여 자신들의 영성 개발에 주의를 기울여야 한다.

임무를 수행함에 있어 본 위원회는 사역을 위한 위원회의 가치를 찾아내어 이를 명확히 하여야 한다. 또한 본 위원회는 교회의 주요 과업인 선교와 개체교회의 사역에 관하여 늘 성서적, 신학적 사고를 하여야 한다.

본 위원회는 지도자로서의 임무를 수행할 때 요구되는 목사(들)와 직원들의 역할과 일에 대하여 성서적으로 또한 신학적으로 생각하여 보아야 한다. 위원회는 목사(들)와 직원들이 자신들의 은사를 평가하며, 일과 생활의 발란스를 맞추어 건강을 유지하며, 지도자로서 또한 봉사자로서 우선적으로 하여야 할 임무를 정하려고 할 때 그들을 도와준다. 어떤 사역 분야에 목사(들)와 직원(들)의 은사를 활용함이 그들의 시간만 부적절하게 남용하게 되는 결과를 초래하게 되어, 이를 위하여 다른 평신도 지도자들이나 직원이 필요하다고 인정될 때, 본 위원회는 공천위원회 및/또는 교회임원회와 의논할 책임이 있다.

a) 본 위원회는 5명 이상 9명 이내의 위원으로 구성하되 이는 전 구역을 대표할 수 있는 이들이어야 한다. 이들 중 1명은 청장년이어야 하며, 1명은 청소년일 수도 있다. 이 외에 평신도 대표와 1명의 평신도 연회원도 위원이 된다. 유급 직원 또는 목사나 유급 직원의 직계 가족은 이 위원회에 봉사할 수 없다. 같은 집에 거주하는 직계 가족 한 사람만이 본 위원회에 봉사할 수 있다.

b) 경험과 안정성을 유지하기 위하여 위원들을 세 조로 나누되, 매년 한 조씩 3년 동안 봉사하도록 선출한다. 평신도 연회원과 평신도 지도자는 이 3년간의 봉사기한 제약을 받지 않는다. 이런 순환제도를 실시하고 있지 않을 경우에는, 이를 시작하기 위하여 첫 해에 그들의 임기를 한 조는 1년, 한 조는 2년, 또 한 조는 3년으로 한다. 위원들은 한 번에 한하여 3년간 더 중임할 수 있다. 연중에 공석이 생길 경우에는 교회임원회 또는 그 대체 기구에서 공천된 위원을 선출한다.

¶258

c) 한 교회 이상으로 구성되어 있는 구역의 목회위원회는 적어도 각 개체교회의 대표 1명씩을 포함하여야 한다.

d) 협동교구목회의 목회위원회들은 함께 모여서 전체 협동교구목회를 위한 전문 지도자의 필요성을 검토한다.

e) 목회위원회는 적어도 3개월에 한 번 모여야 한다. 그 밖에도 감독이나 지방감리사나 담임목사나, 기타 이 위원회에 복종할 의무가 있는 사람들, 또는 위원장의 요청에 따라 수시로 소집될 수 있다. 이 위원회가 모일 때에는 반드시 담임목사 및/또는 지방감리사가 이를 알고 있어야 한다. 목사는 본인이 자진하여 사양하기 전에는 목회위원회에 반드시 참석하여야 한다.

이 위원회는 담임목사 없이 지방감리사와 만날 수 있다. 그러나 이 경우에도 심의 대상 중인 담임목사나 파송받은 사역자에게 사전 통보를 하여야 하며, 회의 직후 위원회나 지방감리사는 이들에게 회의 결과에 대하여 알려 주어야 한다.

이 위원회는 비공개리에 모이며 위원회에서 나눈 정보는 비밀이 보장되어야 한다.

f) 한 교회 이상으로 구성된 구역에서 한 교회가 특별히 그들만의 관심사를 따로 논의하기를 원할 경우에는, 그 교회 소속 위원(들)은 목사와, 또는 이 위원회가 책임을 물을 수 있는 모든 사람들과, 또는 그 지방감리사와 별도로 만날 수 있으되, 목사 및/또는 지방감리사가 이를 알고 있어야 한다.

g) 목회위원회의 임무는 다음과 같다. 곧,

(1) 목사(들)와 직원(들)과 그 가족들에게 용기를 주며, 힘을 주며, 그들을 돌보며, 지원하며, 존경한다.

(2) 교회 내에서 단합을 도모한다.

(3) 사역 활동의 효율성에 관하여, 교인들과의 관계에 관하여, 사역의 효율성을 저해하는 요소에 관하여, 또한 사역의 성격과 기능을 해석하기 위하여 목사(들) 및 직원들과 회합하고 상담한다.

(4) 교회의 선교와 사역에 대한 요청과 그 성공적인 수행을 위하여 은사와 재주와 제한된 시간을 어떻게 효과적으로 사용할 수 있을 것인가 하는 문제에 관하여 목사(들) 및 직원(들)과 회합, 협의, 상담한다.

(5) 적어도 매년, 효과적인 사역을 계속적으로 하기 위하여, 목사(들) 및 직원을 어떻게 활용할 것인가 하는 문제에 관하여, 그리고 그들의 연장교육의 필요성과 계획에 관하여 평가한다.

(6) 파송제도에 관한 연합감리교회의 성격과 역

할, 안수사역을 위한 준비 과정 및 교역자양성기금에 관하여 교인들에게 설명하며 이해시킨다.

(7) 부목사들과 기타 직원들의 적절한 직함과 그들이 담임목사와 함께 일할 때 필요한 직무명세서(job description)를 작성한다. "부목사"(associate pastor)라는 직함은 담임목사 (¶339 참조) 이외에 개체교회에 파송된 모든 이들을 지칭하는 일반적인 용어이다. 부목사의 직무를 잘 설명하여 주는 적합한 직함을 본 위원회가 만들어 주기를 권유한다.

(8) 목사와 유급 직원의 연장교육과, 일과 생활의 발란스를 맞추는 일과, 건강을 유지하는 일과 영성훈련에 관하여 그들과 의논하며, 그들의 전문 지식과 영적 성장의 증진을 도모할 수 있는 연장교육, 자기를 돌보는 일, 그리고 영성훈련 프로그램에 참여하도록 교회임원회에서 필요한 시간과 재정적 자원을 확보하여 주며, 직원들이 그들의 전문 분야에서 전문 자격증을 취득하도록 격려한다.

(9) 연합감리교회는 성별이나 인종이나 민족 또는 장애 여부를 초월하여 남녀가 모두 교역자가 될 수 있다는 성서적, 신학적 근거를 강조하고 있다는 사실을 알고, 안수 사역직(¶247.8 ¶310 참조)을 지망하는 이들과 평신도 전도자들을 모집하여 회견하며, 그들의 능력과 소질을 평가하여 그들을 매년 구역회에 추천한다. 본 위원회는 또한 선교사가 되려는 후보자들을 발굴하여 총회세계선교부에 천거한다. 목사나 목회위원회의 위원 중 누구도 그들의 직계 가족에 대한 후보 지원(志願)을 심사하거나 후보 갱신을 위하여 논의하고 있는 동안, 이에 참여할 수 없다. 목회위원회는 그 구역 출신 가운데 목사나 평신도 사역자 또는 선교사가 되려는 학생들의 명단을 만들어 구역회에 제출하고, 그들과 계속 연락을 취하며, 각 학생의 진전 사항을 구역회에 보고한다.

(10) 교인들에게 목회 준비 과정과 교역자양성교육기금에 관하여 설명하여 준다.

(11) 교역자의 교체가 그 구역과 목사(들) 자신에게 최선의 길임이 자명하다면, 담임목사 및/또는 기타 파송받은 교역자와 협의를 한다. 목회위원회는 교역자를 구함에 있어 목사(들)와 지방감리사와 감독과 협력하여야 한다. 목회위원회의 지방감리사와 감독과의 관계는 어디까지나 자문하는 일에 국한되어 있다.[9] (¶¶425-428 참조.)

(12) 교회 또는 구역의 사역 활동을 수행하기 위

---
9. 사법위원회 판정 701 참조

하여, 전문적인 직원이나 기타 유급 직원이 (고용인이거나 계약 직원이거나), 필요하다면, 본 위원회는 담임목사와 협의하여 이를 교회임원회에 추천한다. 목회위원회와 담임목사는, 비안수 사역자로 감독의 파송을 받지 않는 직원들의 고용 방법, 계약, 평가, 진급, 은퇴, 해고에 관한 정책과 절차를 서면으로 교회임원회에 추천하여야 한다. 그러한 정책이 채택될 때까지, 본 위원회와 담임목사가 비파송자에 대한 고용, 계약, 평가, 진급, 은퇴, 해고에 관한 권한을 행사한다. 고용이나 계약 시에는, 그 직무와 관련하여 총회 행정 기구가 제정한 훈련 자격과 자격 기준을 고려하여야 한다. 목회위원회는 모든 평신도 유급 직원에 대한 적절한 건강보험, 생명보험, 해직 수당의 규정을 만들어 교회임원회에 추천하여야 한다. 이에 더하여, 본 위원회는 교회임원회가 2006년 1월 1일 부로, 적어도 1년에 1040시간을 일하며, 나이가 적어도 21세가 되었으며, 적어도 1년 동안 영구적으로 일한 개체교회의 평신도 유급 직원에게 봉급의 3%를 적립하여 그 적립금의 100%를 지불할 것을 건의하여야 한다. 교회임원회는 그러한 연금 혜택을 총회은급의료혜택부가 관리하는 교단의 연금 프로그램이나 다른 연금 회사의 프로그램을 통하여 마련하여 줄 권한이 있다.

(13) 유급 직원의 수가 많아서 인사위원회의 구성이 필요하다면, 그 안을 구역회에 제출한다. 인사위원회는 목회위원회 위원들 가운데서 목회위원회가 위임한 사람들과 구역회가 정한 추가 위원들로 구성한다.

(14) 교역자와 직원을 선택함에 있어 그 다양성의 중요성에 대하여 교인들을 교육하며 이를 실현한다.

(15) 목회위원회 위원들은 개인적인 신상에 관한 교단의 정책, 전문직의 기준, 채무 문제 및 국가의 공법에 관하여 상세히 잘 알고 있어야 한다. 그들은 이 문제에 관하여 직원들에게 설명하여 주어야 할 의무가 있다. 위원들은 그들이 효과적으로 일할 수 있도록 연회, 지방 및/또는 다른 지역에서 제공하는 연장 교육과 훈련을 받을 수 있는 기회에 참여하도록 노력하여야 한다.

(16) 예배비, 봉급, 여행비, 휴가, 건강 및 생명 보험, 연금, 주택 (교회 소유의 사택 또는 연회가 정한 바에 따른 주택비), 그밖에 사역 활동 및 목사와 직원의 가족에 영향을 줄 수 있는 현실적인 문제 등에 관하여 협의하여 매년 그것을 교회임원회에 보고하며, 이를 위한 예산을 재정위원회에 보고한다. 목사 가족들은 목사 사택이 교회의 재산임을 알고 귀하게 써야 하며, 교회는 사택이 목사의 가족들이 사는 사사로운 집임을

인식하고 서로 존중하여야 한다. 위원회는 목사와 목사 가족들의 건강에 영향을 주는 사택 문제들을 신속하게 해결하였는지를 확인하여야 한다. 목회위원회 위원장과 재단이사회 이사장과 목사는 매년 교회가 소유하고 있는 사택을 점검하여 건물을 잘 유지하도록 하며, 목사와 목사 가족들의 건강에 영향을 주는 사택 문제들을 신속하게 해결하여야 한다.

(17) 교역자와 평신도 직원들이 자신들의 건강을 지키고 유지하기를 권유하며 지켜보며 지원한다.

3. 재단이사회를 둔다. 재단이사회의 위원과 임무에 관하여는 ¶¶2525-2551에 자세히 설명되어 있다.

4. 연례 구역회에서 공천위원회의 추천 또는 회의장에서의 추천으로 선출한 재정위원회를 둔다. 재정위원회는 재정위원장, 목사(들), 1명의 연회평신도회원, 교회임원회 회장, 목회위원회의 위원장이나 대표, 재단이사회에서 선출한 1명의 대표, 청지기부장, 평신도대표, 재무서기, 교회회계, 교회사무장, 그리고 구역회가 결정하여 추가한 위원으로 구성한다. 재정위원장은 교회임원회의 회원이 되어야 함을 권한다. 재무서기, 교회회계, 교회사무장이 유급 직원인 경우 이들은 투표권이 없다.

교회회계와 재무서기의 직분을 합쳐서 한 사람에게 맡겨서는 안 되며, 이 두 직분을 맡은 사람들은 직계 가족이어서도 안 된다.

파송받은 교역자의 직계 가족은, 여기에 명시된 바와 같이, 회계, 재정위원장, 재무서기, 계수위원, 또는 재정위원회가 관할하는 유급 혹은 무급 직원으로 봉사하여서는 안 된다. 이 제한 규정은 다만 교역자가 봉사하는 교회나 구역에만 해당된다.

재정위원회는 재정 확보를 위한 일을 연중 가장 중요한 관심사로 여겨야 한다. 그 책임을 소그룹이나 특무반에 맡겨, 개체교회뿐만 아니라 대외 선교와 사역을 위한 기금을 충당하기 위하여, 그 계획과 전략과 실천 방안을 모색하게 할 수 있다. 재정위원회는 임원회와 협력하여 교인들이 아낌없이 십일조를 드릴 수 있는 방안을 모색하도록 이를 강력히 추천하여야 한다.

청지기 사역 분야가 없는 교회는 재정위원회의 산하 그룹이나 교회임원회에 보고하여야 할 특무 그룹이 그 책임을 진다. 개체교회의 연간 예산에 포함시킬 모든 항목들은 먼저 재정위원회에 제출하여야 한다. 재정위원회는 교회의 예산안을 해마다 종합, 작성하여 교회임원회에 제출하여야 하며, 임원회는 이를 검토하여 채택한다. 재정위원회는 교회임원회에서 통과된 예산을 확보하기 위하여 모금안을 작성하여 시행할 책임이 있다. 재정위원회는 교회임원회의 지시에 따라 교회의 재무행정을 담당한다.

재정위원회는 회계와 재무서기가 봉사할 때 교회임원회의 지시를 따라 하도록 하여야 한다.

a) 재정위원회는 같은 집에 거주하지 않으며, 직계 가족이 아닌 사람들을 적어도 2명 선정하여, 그들로 하여금 헌금을 계산하게 한다. 그들은 재무서기의 감독하에 일한다. 수입금의 모든 기록은 재무서기와 회계에게 보고하여야 한다. 헌금은 받는 즉시 재정위원회가 세워 놓은 절차에 따라 은행에 입금하여야 한다. 재무서기는 헌금 내용과 지불에 관한 기록을 보관한다.

b) 교회회계(들)는 개체교회 예산 항목을 위하여 수납된 헌금과 또 교회임원회가 결정하는 기타 자금과 특별헌금을 지출한다. 교회회계(들)는 보유하고 있는 세계봉사기금과 연회 납부금을 매달 연회 회계에게 지불한다. 선교비로 들어온 헌금은 그 이외의 다른 목적에 사용하여서는 안 된다. 교회회계는 수입, 지출 사항을 정기적으로 재정위원회와 교회임원회에 상세히 보고하여야 한다.[10] 교회회계(들)는 적절한 지불보증보험(bond)에 가입되어 있어야 한다.

c) 재정위원회는 개체교회의 내부 감사를 위하여 그 방침을 서면으로 규정하여 놓아야 한다. 이 방침은 매년 그 타당성과 유효성을 재정위원회가 검토하여 구역회에 보고하여야 한다.

d) 재정위원회는 개체교회 및 그 종속 기관의 모든 재무 기록을 연례적으로 감사하도록 그 규정을 만들어야 한다. 또한 동 위원회는 철저하고 완전한 재정보고서를 매년 구역회에 제출하여야 한다. 교회 내부 감사(internal controls)란 재정 보고와 그 장부를 독립적으로 평가하는 일과, 자격을 갖춘 사람이 교회 장부를 내부적으로 감사하는 일을 말한다.

회계 감사는 재정 보고의 신빙성을 대체적으로 확인하기 위함이 그 목적이므로, 교회 자산이 잘 보호되어있는지, 또한 지역의 국법과 개체교회의 방침과 절차, 그리고 <장정>의 규정을 잘 따르고 있는지, 이를 확인할 목적으로 행하여져야 한다.

회계 감사는 다음과 같은 것들을 포함할 수 있다: 곧 (1) 현금 및 투자가 기록과 일치하고 있는지의 여부를 검토하는 일; (2) 현재 서면으로 된 재무행정 방침과 절차를 잘 따르고 있는지 이를 검토하기 위하여 교회회계, 재무서기, 목사(들), 재정위원회 위원장, 교회 관리인, 헌금 계수 위원, 교회서기 등과 면담하는 일; (3) 각 현금 계좌와 투자 계좌의 분개장 (分介帳 journal entries) 기록이 허락받은 수표 서명자의 것인지 확인하는 일; (4) 기타 재정위원회가 위탁한 일들.

---

10. 사법위원회 판정 63, 320, 539 참조

회계 감사는 위 (2)항에 열거된 사람들과 관련이 없는 이들로 구성한 감사위원회나, 공인 회계사(CPA)나, 회계 전문 회사나, 이와 동등한 회사가 실시하여야 한다.

e) 재정위원회는 교회 헌금을 보관할 은행들을 교회임원회에 추천하며 수납된 헌금은 개체교회 이름으로 즉각 입금시킨다.

f) 특별한 목적을 위하여 바친 헌금은 헌금자의 의도대로 즉각 전달되어야 하며, 그밖의 다른 목적으로 사용되어서는 안 된다. [11]

g) 개체교회의 예산이 채택된 후, 추가 지출 또는 예산에 대한 개정은 반드시 교회임원회의 승인을 받아야 한다.

h) 재정위원회는 해마다 운영 예산과 별개의 특별 지정 헌금의 내역을 교회임원회에 보고하여야 한다.

5. 교회임원회는 필요하다고 인정되는 다른 위원회를 둘 수 있다. 그 중에는 공보위원회, 교회역사편찬위원회, 보건복지위원회, 기념사업위원회 등이 있다.

제7절 새 개체교회의 조직 방법

¶259. 1. 새 개체교회 또는 선교교회는 오로지 담당 감독과 감리사회의 동의와 새 교회 개척의 임무를 담당하고 있는 연회의 기구와 충분한 심의를 거친 다음에 설립한다. 감독은 새 교회 또는 선교교회가 조직될 지방을 지정한다. 그 지방감리사 또는 그가 선정하는 사람이 새 교회 설립의 총 책임을 맡으며, 지방교회위치건물위원회(¶2519)에 그 조직 방법, 또한 어느 특정한 장소를 선정할 것인지 혹은 어느 지역을 지정하여 조직할 것인지에 관하여 추천한다. 지방감리사는 새 교회를 시작하는 과정에 있어 그 장소뿐만 아니라 현존하는 인구 동향, 생활방식 및 인종 분포 상황에 대하여 잘 알고 있어야 하며, 현존하는 교회를 선정하여 앞으로 세울 새 교회와 건물을 함께 쓰도록, 그 개체교회의 재단이사회에 추천한다. 만일 도시선교 기관이나 지방선교 기관이 그곳에 있거나, 혹은 연회 기구가 이 프로젝트를 위하여 재정을 확보하고 있다면, 새 교회 조직 방법과 위치에 관하여 그들도 승낙 요청을 받아야 한다.

a) 다음과 같은 조건을 구비하였을 때, 한 믿음의 공동체를 하나의 선교교회(mission congregation)로 지정할 수 있다: 곧 (1) 교인 수가 증가할 기회나 재정이 제한되어 있기 때문

---
11. 사법위원회 판정 976 참조.

에 법적으로 형성된 (chartered) 교회가 되기에는 장시일이 걸릴 경우; (2) 인구 통계학적으로나 문화적으로나 언어적으로 제한된 인구에게 봉사할 전략적 기회가 주어졌을 때; (3) 교회가 지속하기 위하여서는 장기적으로 지탱할 수 있는 자원이 그 교회 밖에서 충당되어야 할 것이 예측되며, 또한 교단의 지원을 기대할 수 없을 경우; (4) 연회가 교회 건물의 필요성에 관심을 갖는 것을 포함하여 장기적인 행정적 지도를 하여줄 필요가 있게 될 때. 이러한 조건들이 충족되면 감리사회는 연회의 교회 개척 담당 부서와 협의하여 이러한 공동체를 '선교교회'로 지정할 수 있다. 선교교회는 다른 교회와 똑같은 방법으로 조직하며 다른 교회와 마찬가지의 권리와 권한이 있다.

2. 감독이 목사를 한 명 파송하여 새 교회를 개척하게 할 수 있으며, 또는 감독의 승인을 받아 지방감리사가 한 개체교회나 여러 개체교회가 합한 한 그룹으로 하여금 관심 있는 사람들을 작은 그룹으로 나누어 모이게 하여 지방교회위치건축위원회가 승낙한 장소에서 성경공부, 전도, 유대강화, 예배 등을 통하여 새로운 교회를 개척하게 할 수 있다.

3. 연합감리교회의 목사는 새 교회의 목사로 봉직하는 동안, 아직 교회창립 총회(¶259.7)를 하기 전에라도, ¶217에 명시된 조건하에 신자들을 연합감리교회의 교인으로 받아들일 수 있다. 사람들을 세례교인 또는 고백교인으로 받아들였을 때에는, 목사는 그들의 이름, 주소, 필요한 사항을 연회서기에게 보내어 그들을 일반 교인명부에 기재하도록 한다. 이 이름들은 새 교회가 조직되는 즉시 그 교회에 이적하여야 하거나, 본인의 요청이 있을 때, 다른 교회로 이적하여야 한다. 만일 새 교회가 현존하고 있는 교회에 의하여 설립되었을 때에는, 그렇게 후원하여 준 교회에 그 이름을 이적할 수도 있다.

4. 각 연회 또는 이에 준한 조직체는 새 교회를 조직하는 데 필요한 최소한의 교인 수 및 기타 기준을 설정할 수 있다.

5. 창립교인이 되기 원하는 사람의 수가 연회에서 정한 기준에 도달하였을 때, 지방감리사는 새 교회를 창립(조직)하기 위한 시간을 정하여 원하는 사람들을 소집하거나, 또는 그 지방의 장로에게 그 일을 대신 시행하도록 서면으로 허락할 수 있다. 지방감리사 또는 그가 지정한 장로는 회의를 주관하며 서기를 선정하여 창립총회의 기록을 남기도록 한다. 예배가 끝난 후 참석한 사람들은 교인이 될 기회가 주어져야 한다.

6. 이적 또는 그리스도에 대한 신앙을 고백하고 고백교인이 되기 원하는 사람들에게는 교인이 될 기회가 주어져야 한다. 아

직 세례를 받지 아니한 사람들은 세례를 받고 믿음을 고백하면 교인으로 영접한다. 세례받은 다른 이들은 세례교인으로 받는다.

7. 교회창립 총회의 회원이 될 사람들은 고백교인으로 입교할 사람들이다.

8. 교회창립 총회는 지방감리사 또는 그가 지정한 장로(¶246.5 참조)가 개회를 선언한다. 총회가 정하는 바에 따라 총회장에서 추천을 받아 구성된 공천위원회는 교회임원회의 회원을 천거한다. 공천위원회 위원장은 파송된 목사가 된다(¶258.1c 참조). 회원이 모두 선출되었을 때 지방감리사나 그가 지정한 장로는 교회가 이제 정식으로 설립되었음을 선포한다.

9. 지방감리사 또는 그가 지정한 장로는 교회창립 총회의 폐회를 선언함과 동시에 그 목회구역의 구역회 개회를 선언한다. 구역회의 회원은 새로 선출된 회원들과 기타 들어가야 할 회원들로 구성한다. 구역회는 <장정>이 요구하는 바, 교회 재단 이사들을 포함한 교회임원들을 선출하며, <장정>이 정하는 바에 따라 그 기구를 조직한다. 임원들이 공식적으로 선출되고 기구가 형성되면 교회는 이제 정식으로 조직되었으며, <장정>이 정하는 바에 따라 교회는 그 일을 시작한다. 단, 새로 창립된 교회가 순회목회구역에 소속되어 있을 경우에는 구역에 있는 다른 모든 교회의 임원들이 구역회를 위하여 소집될 때까지 구역회를 열어서는 안 된다.

10. 구역회는 자기 재량으로 새로 선출된 재단 이사들로 하여금 지역법과 <장정>에 따라 새로 설립된 교회를 법인체로 등록할 것을 지시할 수 있다.

제8절 개체교회의 연회 소속 변경

¶260. 개체교회는 다음과 같은 의회에서 참석하여 투표한 고백교인의 3분의 2 이상의 찬성을 얻으면, 한 연회에서 그 교회가 지리적으로 위치한 다른 연회로 옮겨갈 수 있다: 곧, (1) 구역회, (2) 개체교회의 교인총회(congregational meeting), (3) 관련된 두 연회. 관계된 감독 또는 감독들이 필요한 의결 수로 가결되었음을 선포함으로써 연회 이전은 즉시 그 효력을 발생한다. 이전을 결정하기 위한 투표는 개체교회에서 먼저 시작하든지, 아니면 관계된 두 연회 중 한 연회에서 시작하든지, 그 순서에 상관없이 효력을 발생한다. 어느 경우이건, 참석하여 투표한 이들의 3분의 2 이상 찬성표를 얻었으면, 이전을 완료하기 전에 재투표로 철회되지 않는 한, 이전은 그대로 효력을 발생한다.

제9절 개체교회의 권리 보호

¶261. 연합감리교회의 전신들인 이전 그리스도연합형제교회 (Church of the United Brethren in Christ), 이전 복음주의교회 (The Evangelical Church), 이전 복음주의연합형제교회(The Evangelical United Brethren Church)에 속하였던 어떠한 교회도 연합 당시의 교회 부동산 등기 명의를 양도하거나 변경할 수 없으며, 시간이 경과되어 교회가 폐지되어도 명의나 재산권에 영향을 미치지 못한다.

제10절 특별주일들

¶262. 연합감리교회의 특별주일들은 교회의 본질과 사명을 증언하기 위하여 제정된 것이며, 연례적으로 지키게 되어 있다. 특별주일들은 하나님의 백성으로서 교회가 받은 소명을 밝히고, 교인들에게 특별한 사업을 위하여 헌금할 수 있는 기회를 주고자 함이다.

우리의 의무를 행동으로 표현하기 위하여 전체 교회가 특별헌금을 하게 되어 있는 여섯 개의 특별주일은 다음과 같다. 곧 인간관계주일 (Human Relations Day), 연합감리교 구호주일 (UMCOR), 세계성찬주일 (World Communion Sunday), 연합감리교 학생주일 (United Methodist Student Day), 세계평화주일 (Peace with Justice Day), 미원주민주일. 특별헌금을 드리지 않는 다섯 개의 특별주일로서는 감리교주일 (Heritage Sunday), 평신도주일, 장기기증주일과 남성사역주일과 여성사역주일이 있다. 전체 교회가 지키는 다섯 개의 주일 곧 기독교교육주일, 보건복지주일, 장애인주일, 농촌생활주일, 선교자원봉사자찬하주일(Volunteers in Mission Awareness)에 바치는 특별헌금은 연회 프로그램을 위하여 사용한다.

총회에서 결의된 특별주일만이 전 교회적으로 강조하는 특별주일이 된다. 본 교회의 프로그램 연례 행사에는 총회에서 결의된 특별주일들과 연합감리교회가 정식으로 관계하고 있는 연합사업 기관이 인준한 특별주일들, 그리고 기독교 교회력이 정한 특별한 계절과 날들만 포함된다.

해외지역총회들은 다양한 역사와 전통을 지니고 있기 때문에, 아래에 열거한 특별주일들을 꼭 지키지 않아도 된다. 해외지역총회들은 그들의 특수한 역사와 전통에 맞는 특별주일들을 지킬 수 있다.

특별헌금이 있는 특별주일에 관한 일반 규정

¶263. 각 연합감리교회 교회는 여섯 개의 특별주일은 헌금을 드림으로써 지켜야 한다.

목적—전 교회적으로 영수하는 특별헌금의 목적을, 총회재무행정협의회가 총감독회의와 연대사역협의회와 협의하여 올린 추천을 받아 총회가 정한다. 총회에서 정한 이 특별헌금은 4개년 기간 동안 같은 목적으로 사용하여야 하며, 총회재무행정협의회의 회계는 행정 기관에 책정된 비율에 따라 순입금액을 분배한다(¶824.7과 ¶805.6 참조). 총회공보위원회는 이 기금을 집행하는 관계 기관과 협력하여 모금 활동을 실시한다(¶1806.12 참조). 개체교회 회계는 특별헌금 전액을 즉시 연회 회계에게 전달하며, 연회 회계는 이를 영수한 지 30일 이내에 다시 전 금액을—아래에 달리 언급되었을 때를 제외하고, 총회재무행정협의회(General Council on Finance and Administration)에 전달한다.

1. *인간관계주일 (Human Relations Day)*—인간관계주일은 마틴 루터 킹 생일 바로 전 주일에 특별헌금을 드리면서 지켜왔다. 각 교회는 인간관계주일을 이날 혹은 개체교회가 정한 적절한 날에 지키도록 한다. 이 주일은 하나님의 빛을 세상에 나타내는 절기인 현현절(Epiphany) 기간 중에 있다. 인간관계주일은 전 인류가 하나님의 자녀들로서 상호간의 관계를 통하여 그들의 잠재력을 실현시킬 수 있는 권리가 있음을 교회로 하여금 인식하게 한다. 이 주일의 목적은 인간 관계를 개선하자는 데 있다.

인간관계주일을 위하여 총회공보위원회는 전 교회적인 홍보 활동을 전개한다. 홍보활동에 지출한 비용을 제외한 순수입금은 총회 회계가 아래와 같이 이를 주관하는 기관에 분배한다.

a) 지역사회 개발자 프로그램: 57%를 총회세계선교부에.

b) 연합감리교 자원봉사 프로그램: 33%를 총회세계선교부에.

c) 청소년 범죄자 재활 프로그램: 10%를 총회사회부에.

2. *연합감리교 구호주일 (UMCOR Sunday)*—역사적으로 특별헌금을 드리며 지키는 연합감리교 구호주일은[12] 사순절 넷째 주일에 지켜왔다. 각 교회는 연합감리교 구호주일을 이날 혹은 개체교회가 정한 적절한 날에 지켜야 한다. 사순절은 참회와 자기 반성을 하며 고통받는 이들과 함께 삶의 기쁨을 나누는 절

---

12. 이전 '나눔의 주일'은 지금 '연합감리교 구호주일'로 그 이름이 바뀌었다. 2016년 총회 Calendar Item 53 (DCA 2101) 참조.

기이다. 연합감리교 구호주일을 위하여 총회공보위원회는 전 교회적인 홍보 활동을 전개해 나가야 한다. 이 주일은 세계선교부 연합감리교 구제위원회의 주관으로 지킨다. 홍보 활동에 지출한 비용을 제외한 순수입금은 총회행정협의회의 회계가 총회세계선교부에 전달한다.

3. *세계성찬주일 (World Communion Sunday)*—역사적으로 세계성찬주일은 10월 첫째 주일에 특별헌금을 드리면서 지켜왔다. 각 교회는 세계성찬주일을 이날 혹은 개체교회가 정한 적절한 날에 지킨다. 세계성찬주일은 전 교회가 하나 됨을 가르친다. 세계성찬주일과 연관하여 총회공보위원회는 전 교회적인 홍보활동을 전개한다. 이 주일을 지키는 일은 총회세계선교부와 총회고등교육사역부가 주관한다. 모든 개체교회는 ¶824.8에 규정된 대로, 세계성찬주일에 받은 성찬 헌금 전액과 개체교회가 정한 일반 성찬 헌금의 일부를 납입한다.

홍보 활동에 지출한 비용을 제외한 순수입금은 총회행정협의회의 회계가 이를 주관하는 기관에 아래와 같은 비율로 분배한다.

　　a) 세계성찬주일 장학금: 50%를 총회세계선교부에. 이 헌금의 반액 이상은 미국 밖의 사역을 위하여 사용한다.

　　b) 소수민족 장학 프로그램: 35%를 총회고등교육사역부에.

　　c) 소수민족 현직 훈련 프로그램: 15%를 총회고등교육사역부에.

4. *연합감리교 학생주일 (United Methodist Student Day)*—특별헌금을 드리는 연합감리교 학생주일은 역사적으로 11월 마지막 주일에 지켜왔다. 각 교회는 연합감리교 학생주일을 이날 혹은 개체교회가 정한 적절한 날에 지킨다. 연합감리교 학생주일의 목적은 학생들에게 지식과 신앙이 하나 되는 삶을 가르쳐 준비하도록 도와 주자는 데 있다. 이 헌금으로 연합감리교 장학금과 연합감리교 학생대부 기금을 지원한다. 연합감리교 학생주일을 위하여 총회공보위원회는 전 교회적인 홍보 활동을 전개한다. 이 주일을 지키는 일은 총회고등교육사역부에서 주관한다. 홍보 활동에 지출한 비용을 제외한 순수입금은 총회행정협의회의 회계가 이를 주관하는 기관에 전달한다.

5. *세계평화주일 (Peace with Justice Sunday)*—역사적으로 세계평화주일은 오순절 후 첫째 주일에 특별헌금을 드리면서 지켜왔다. 각 교회는 세계평화주일을 과거에 지키던 대로 이날 지키든가 혹은 개체교회가 정한 적절한 날에 지키면 된다. 오순절(Pentecost)은 하나님의 샬롬을 위한 성령의 소명을 부어주심을 경축한다. 정의구현을 동반한 평화는 하나님께서 신실하고 정

의롭고 무기가 없는 안전한 세계를 원하신다는 것을 입증한다. 세계평화주일을 위하여 총회공보위원회는 전 교회적인 홍보 활동을 전개한다. 세계평화주일을 지키는 일은 총회사회부가 주관한다.

a) 연회회계는 이 영수금 중 50%를 연회 안의 정의구현을 동반한 평화선교사역을 위하여 사용하도록 확보하며, 이는 연회사회부 또는 이와 대등한 부서에서 관리한다.

b) 연회회계는 나머지 50%를 총회재무행정협의회에 납부한다. 홍보 활동에 지출한 비용을 제외한 순수입금은 총회행정협의회의 회계가 정의구현을 동반한 평화사역 기관에 이를 전달한다.

6. *미원주민사역주일 (Native American Ministries Sunday)*—역사적으로 미원주민사역주일은 해마다 부활절 셋째 주일에 특별헌금을 드리며 지켜왔다. 미주에 있는 각 교회는 미원주민사역주일을 이날 혹은 개체교회가 정한 적절한 날에 지킨다. 이 특별주일은 미원주민들이 우리 사회에 끼친 공헌과 업적을 교회에 상기시키고 있다. 미원주민사역주일을 위하여 총회공보위원회는 전 교회적인 홍보 활동을 전개한다. 이 주일을 지키는 일은 총회세계선교부와 총회고등교육사역부가 주관한다.

a) 연회회계는 이 헌금의 50%를 그 연회 안의 미원주민선교를 개발하고 강화시키는 데 사용되도록 확보하며, 그 행정은 연회미원주민선교위원회에서 관할한다.

만약 그 연회 안에 미원주민선교 활동이 전혀 없으면 연회회계는 이 헌금의 50%를 총회재무행정협의회에 보낸다.

b) 연회회계는 총수입금을 보고하며 나머지 50% 또는 100%의 적절한 영수금을 총회재무행정협의회에 납부한다.

c) 홍보 활동에 지출한 비용을 제외한 순수입금은 총회행정협의회의 회계가 이를 주관하는 기관에 전달한다. (1) 연합감리교회 신학대학원과 연합감리교회의 고등교육자문위원회가 인정하는 신학대학원에 다니는 미원주민 학생들을 위한 장학금으로 50% (총회고등교육사역부), (2) 미원주민들이 사는 시골이나 도시나 보유지에 있는 교회와 사역과 공동체에 50% (총회세계선교부).

특별헌금이 없는 특별주일에 관한 일반 규정

¶264. 전 교회적인 특별헌금이 없이 지키는 다섯 개 주일은 총회사업협의회가 총감독회와 협의한 후 이를 추천할 때 총회가 이를 승인한다. 총회 산하 기관에 위임된 사업은 일반 사업

¶264

집행 기관을 통하여 수행되며 이러한 사업들을 수행하기 위하여 특별 주일이 요구되지 않는다.

1. *감리교주일 (Heritage Sunday)*—감리교주일은 올더스게이트 날 (5월 24일) 또는 그 직전 주일에 지킨다 ('연합감리교회의 약사,' 11쪽 참조). 이날은 우리의 유산, 곧 교회가 어디에 있었고, 교회가 오늘날의 우리가 되게 만들어 주고 있는 가운데 자신을 어떻게 이해하고 있으며, 또한 크리스천들의 모임(의회)이 무엇을 뜻하는지 그 의미에 관하여 음미하고 생각할 수 있는 기회를 제공하여 준다. 감리교주일은 교회로 하여금 지속적인 하나님의 부르심에 헌신함으로써 과거를 기억하도록 한다. 감리교주일은 총회역사보존위원회의 감독하에 지킨다. 교단의 어느 기관이든 감리교주일의 주제를 어느 주어진 해에 제안하기 원한다면, 그 주일을 지키기 1년 전에 정할 수 있다. 이러한 제안은 총회역사보존위원회에 제출하여야 하며, 그 주제는 해마다 본 위원회의 투표권 있는 위원들이 결정한다.

2. *평신도주일 (Laity Sunday)*—평신도주일은 가능한 한 10월 셋째 주일에 지킨다. 평신도주일은 교회로 하여금 모든 크리스천들이 성령의 능력을 받아 사역의 일익을 담당하게 한다. 평신도주일은 총회제자사역부의 감독하에 지킨다. 연회평신도지도자협의회는 평신도주일의 주제를 총회제자사역부에 새로운 4개년 기간이 시작하기 2년 전에 제출한다.

3. *장기기증주일 (Organ and Tissue Donor Sunday)*—장기기증주일을 가능한 한 매년 11월 둘째 주일에—날짜가 감사절과 가깝기 때문에—지킨다. 이는 감사와 생명의 문제를 같은 시기에 보고자 하기 위함이다. 이 주제를 가지고 교회는 장기기증주일을 지키기를 권장한다. 예배 자료는 미국 내에서 모든 비영리 장기기증 기관에서 얻을 수 있다. 총회사회부가 이 특별주일을 감독하며 홍보할 책임이 있다.

4. *남성사역주일 (Men's Ministry Sunday)*—남성사역주일은 매년 개체교회가 정한 주일에 지킨다. 이 주일은 개체교회 안팎의 남성사역 활동들을 경축하기 위함이다. 이 사역들은 다음과 같은 활동들을 포함한다: 곧, (정식으로 설립허가가 되었거나 안 되었거나) 연합감리교회 남선교회; 남성들의 엠마오 재회 공동체; 활동 팀들; 기도 그룹들; 성경공부반들; 각종 소양함양 그룹과 연구반들; 그밖에 연합감리교회 남성들이 친교, 양육, 영성훈련, 증거와 대외선교 등을 위하여 함께 만든 조직들과 장소들이다. 이 주일을 지키기 위한 리소스는 총회남선교회위원회가 제공한다.

특별주일들 ¶265

5. *여성사역주일 (Women's Ministry Sunday)*—여성사역주일은 매년 개체교회가 정한 주일에 지킬 수 있다. 이 주일은 여성에 관한 여러 가지 사역과 여성의 역사, 개체교회 안팎에서 여성들이 공헌한 일들을 경축하기 위하여 제정되었다. 이는 연합감리교회 내의 여성들이 친교와 양육과 영성훈련과 전도와 선교 사역을 위하여 조직된 연합감리교회 여선교회의 편성 단위 조직들 (정식으로 조직되었든 안 되었든), 엠마오여성공동체, 사역팀, 기도회, 성경공부, 연구성장 그룹, MOPS 그룹, 기타 조직들의 사역을 포함하되 이들에 국한되지 않는다. 이 주일을 지키기 위한 리소스는 여러 가지 기관들이 제공하거나 이에 참여하기 원하는 기타 그룹들이 개발한 것을 통하여 얻을 수 있다.

¶265. *연회가 지키도록 승인한 주일들 (Approved Sundays for Annual Conference Observance)*—총회에서 승인된 다섯 특별주일은 특별헌금을 거둘 수 있는 기회를 연회에 제공하여 준다. 개체교회 회계는 연회회계에게 다음 네 가지 헌금의 영수금을 보고하며, 그 영수금은 연회의 절차에 따라 받았음을 알린다. 개체교회는 헌금의 액수를 개체교회가 연회에 보고하는 지정된 양식에 따라 보고하여야 한다.

1. *기독교교육주일 (Christian Education Sunday)*—기독교교육주일은 연회에서 정한 날에 지킨다. 이 특별주일의 목적은 하나님의 백성인 교회로 하여금 예수 그리스도의 제자로서 성장하고 배우도록 인도하자는 데 있다. 연회가 그렇게 지시하면 연회 내의 기독교교육을 위하여 특별헌금을 받을 수 있다. 이 주일은 총회제자사역부의 감독하에 지킨다.

2. *보건복지주일 (Golden Cross Sunday)*—보건복지주일은 해마다 연회가 정한 주일에 지킨다. 연회가 그렇게 지시하면 연회 내의 건강복지 선교를 위하여 특별헌금을 받을 수 있다. 이 주일은 총회제자사역부의 감독하에 지킨다.

3. *농촌생활주일 (Rural Life Sunday)*—농촌생활주일은 연회가 정하는 주일에 지킨다. 농촌생활주일은 연합감리교회의 농촌 유산을 경축하며 오늘날 세계와 우리 국가의 농촌지역에서 발생하는 지속적인 위기를 인식하며, 도시와 농촌 지역사회가 서로 의존하고 있다는 사실을 교회에 알려 준다. 농촌생활주일은 총회세계선교부(General Board of Global Ministries)의 감독하에 지킨다. 이 농촌생활주일의 주제를 제안하고자 하는 이는 이 주일을 지키기 1년 전에 제출할 수 있다. 이 제안은 총회세계선교부에 제출하여야 하며, 주제는 매년 총회세계선교부위원회의 투표권 있는 위원들이 결정한다. 만일 연회가 원한다면,

¶265   개체교회

도시와 농촌에 있는 교회들의 양육, 대외선교 및/또는 증거 사역을 강화하기 위하여 헌금을 걷을 수도 있다.

4. *장애인주일 (Disability Awareness Sunday)*—장애인주일은 연회가 정하는 주일에 지킨다. 장애인주일은 교단으로 하여금 기능장애인에게 주신 재능과 은혜를 경축하도록 하며, 지역사회 내의 장애인을 전적으로 받아들이도록 교회와 사회에 호소한다. 연회가 그렇게 지시하면 헌금을 받을 수 있으며, 그 헌금은 연회가 개체교회 내의 장애인 시설 편의 사업을 장려하는 데 사용한다. 이 주일은 총회세계선교부의 감독하에 지킨다.

5. *선교자원봉사자찬하주일 (Volunteers in Mission Awareness Sunday)*—각 연회가 정한 날짜에 선교자원봉사자찬하주일을 매년 지킨다. 선교자원봉사자찬하주일은 전 세계를 통하여 단기 선교사로 활동하였거나 선교자원봉사자(UMVIM)로 사역한 이들을 우리교회가 치하하는 주일이다. 만일 연회가 그렇게 결정한다면, 연회는 헌금을 거두어 선교자원봉사 프로그램에 사용할 수 있다. 선교자원봉사자찬하주일은 총회세계선교부 자원봉사자국에서 관할한다.

연회는 이들 주일 이외에 다른 특별주일을 정할 수 있다. 특별헌금을 받는 특별주일은 연회사업협의회의 추천을 받고, 연회재무행정협의회와의 협의를 거쳐, 연회에서 승인을 받아 결정한다. 특별헌금이 동반되지 않는 특별주일은 연회사업협의회의 추천을 받아 연회가 승인한다. 개체교회 회계는 연회 특별주일에 들어온 모든 헌금을 연회회계에게 보내며, 그 영수증은 연회가 정하는 절차에 따라 발부한다. 개체교회는 연회에 제출하는 '개체교회 보고서'에 이 금액을 명시한다.

제11절 섬기는 평신도 사역자들

¶266. *인가받은 평신도 사역자 (Certified Lay Servant)*—1. 인가받은 평신도 사역자는 한 개체교회 또는 구역에 속한 고백교인이거나, 혹은 승인받은 연합감리교 학원사역에서나 또는 연합감리교회의 한 사역 현장에서 세례받고 봉사하는 이들로서, 교회를 섬기기를 원하며, 성경과 연합감리교회의 교리와 전통과 조직과 생활 신조 등을 잘 알고 있으며, 특히 언어를 통하여 기독교 신앙을 증거하며, 교회와 지역사회에서 지도력을 발휘하며, 교인을 돌보는 사역 등을 위하여 특별히 훈련을 받은 사람들이다.

2. 인가받은 평신도 사역자들은 성경과 교회의 교리와 조직과 선교 등에 관하여 신도들에게 설명하며, 이와 동시에 평신도

들이 그리스도를 위하여 더욱 깊이 헌신하며 더 유능한 제자가 되도록 감화시킬 수 있는 지도 능력을 발휘하면서 개체교회나 구역(또는 개체교회나 구역 밖의 사역지)에서 봉사한다. 인가받은 평신도 사역자는 계속적으로 공부하며 연장교육을 통하여 다음과 같은 하나 또는 그 이상의 일을 할 수 있도록 준비하고 있어야 한다. 특히 이때, 주로 개체교회나 구역, 연합감리교 학원사역, 혹은 기타 연합감리교회 사역 현장에서 봉사하도록 특별히 주의를 기울여야 한다.

a) 교단의 강화 프로그램과 기타 연합감리교회의 사역에 앞장서며 이를 지원하며 돕는다.

b) 목사, 지방감리사, 또는 지방평신도사역위원회의 요청이 있을 때, 기도회, 훈련 모임, 연구 및 토론회 등을 인도한다.

c) 목사, 지방감리사, 또는 지방평신도사역위원회의 요청이 있을 때, 예배를 인도하거나 이를 보좌하고 도우며, 설교를 하거나 말씀을 전하기도 한다.

d) 교회나 지역 공동체가 솔선하거나 돌보는 사역을 위하여 일할 때 담당 위원회나 팀들과 함께 봉사한다.

e) 성만찬 때 목사의 요청이 있으면 그를 보좌한다.

f) 성경과 연합감리교회의 교리와 조직과 사역에 대하여 가르친다.

3. 누구든지 아래와 같은 요건을 갖추었을 때, 지방 또는 연회 평신도사역위원회에서 인가받은 평신도 사역자로 선택받을 수 있다.

a) 자기가 속하여 있는 개체교회의 목사와 교회임원회, 또는 그 구역회, 또는 기타 연합감리교회 사역지의 추천을 받았으며,

b) 평신도 사역직을 위한 기초 과정을 이수하였으며,

c) 평신도 사역직을 위한 상급 과정을 이수하였으며,

d) 지방평신도사역위원회 또는 이와 동등한 기구에 원서를 제출하여 자격 심사를 받았을 때 (¶668.3 참조).

4. 평신도 사역자로 인가받은 이들은 매년 지방평신도사역위원회 또는 이와 동등한 기구에서 아래와 같이 심사를 받고 인가를 갱신하여야 한다.

a) 교회임원회 또는 구역회와 지방평신도사역위원회 또는 이와 동등한 기구에 평신도 사역자로서 사역을 만족스럽게 수행하였다는 보고서와 함께 갱신 원서를 제출한다.

b) 자기가 속하여 있는 개체교회의 목사와 교회임원회, 그 구역회, 또는 기타 연합감리교회 사역지에서 갱신을 위한 추천을 받는다.

c) 지난 3년 동안에 평신도 사역직을 위한 상급 과정을 이수하였어야 한다.

5. 인가받은 평신도 사역자는 이전 지방평신도사역위원회 또는 이와 동등한 기구로부터 최근에 인가받은 사실을 확인하는 편지와 함께 가장 최근에 택한 상급 과정 이수 날짜를 인증받아, 다른 지방 또는 연회로 그의 인가증을 옮길 수 있다. 그의 인가증 갱신은 ¶266.4의 규정을 따른다.

6. 인가받은 평신도 사역자로 인정받은 이들을 위하여 헌신예배를 드리기를 권장한다.

7 평신도 사역자를 위한 훈련 과정은 총회제자사역부에서 추천하는 과정이거나 연회평신도사역직위원회가 인정하는 그 대체 과정이어야 한다. 이러한 훈련의 기회는 모든 언어 및 문화 집단에게도 주어져야 한다. 이 과정은, 평신도 사역자가 되기 원하든 아니하든, 누구에게나 열려져 있다.

8. 평신도 사역자는 자원봉사자이지만 강단 사례비를 받아도 무방하다.

¶267. *인가받은 평신도 설교자 (Certified Lay Speaker)*—1. 인가받은 평신도 설교자는 ¶341.1의 규정에 따라 강단을 보충하여 주는 사역에 부르심을 받고 지방평신도사역위원회 또는 이와 동등한 기구로부터 인가를 받은 평신도 사역자(또는 본인의 해외지역총회에서 이와 동등하다고 규정한 사역자)이다.

2. 인허받은 평신도 설교자는, 목사, 지방감리사 또는 지방평신도사역위원회의 요청이 있을 때, ¶341.1의 규정에 따라 말씀을 선포하는 사역에 종사한다.

3. 다음과 같은 과정을 필한 이는 평신도 설교자로 인가받을 수 있다.

a) 평신도 사역자(또는 본인의 해외지역총회에서 이와 동등하다고 규정한 사역자)로 이미 인가를 받았으며,

b) 본인이 교적을 두고 있는 개체교회의 목사와 교회임원회, 또는 그 구역회의 추천을 받아 해당 위원회에 서면으로 신청하였으며,

c) 일련의 기본 과목들 곧, 예배 인도, 회중 기도, 영적 은사의 발견, 설교, 연합감리교회의 전통과 정체 및/또는 기타 연회평신도사역직위원회 또는 이와 동등한 기구가 규정한 과목을 이수하였으며,

d) 지방평신도사역위원회 또는 이와 동등한 기구와 면담하여 이의 추천을 받아 이를 연회평신도사역직위원회 또는 이와 동등한 기구에 제출하여 인가받은 이.

4. 평신도 설교자로 인가받은 이들은 매년 연회평신도사역위원회 또는 이와 동등한 기구에서 아래와 같이 심사를 받고 인가를 갱신할 수 있다.

　　a) 교회임원회 또는 구역회와 지방평신도사역위원회 또는 이와 동등한 기구에 평신도 설교자로서 사역을 만족스럽게 수행하였다는 보고서와 함께 갱신 원서를 제출한다.

　　b) 본인이 적을 두고 있는 개체교회의 목사와 임원회, 또는 구역회, 또는 기타 연합감리교회 사역지에서 갱신을 위한 추천을 받는다.

　　c) 지난 3년 동안에 평신도 설교자 직분을 위한 상급 과정을 이수하였어야 한다.

　　d) 평신도 설교자는 매 3년마다 인가를 갱신하여야 하며, 지방평신도사역직위원회 또는 이와 동등한 기구가 이를 추천하고, 연회평신도사역직위원회 또는 이와 동등한 기구가 승인하여야 한다.

5. 인가받은 평신도 설교자는 이전 지방평신도사역위원회 또는 이와 동등한 기구로부터 최근에 인가받은 사실을 확인하는 편지와 함께 가장 최근에 택한 상급 과정 이수 날짜를 인증받아, 다른 지방 또는 연회로 그의 인가증을 옮길 수 있다. 그의 인가증 갱신은 ¶267.4의 규정을 따른다.

6. 평신도 설교자는 자원봉사자이지만 사례비를 받아도 무방하다.

¶**268.** *인가받은 전도사 (Certified Lay Minister)*—1. 인가받은 전도사란 인가받은 평신도 사역자, 인가받은 평신도 선교동역자, 또는 본인의 해외지역총회가 이와 동등하다고 규정한 평신도 사역자를 말하며, 이들은 공중예배를 인도하며, 교회를 돌보며, 프로그램 인도자들을 도우며, 새 신앙 공동체를 개척하며, 현존하는 신앙 공동체를 발전시키며, 말씀을 선포(설교)하며, 소그룹을 인도하며, 관리하는 사역 팀의 일원으로 지역사회를 위한 대외 사역을 설립하며 교역자를 지원한다. 인가받은 전도사는 ¶419.2에 따라 지방감리사가 임명한다.

2. 인가받은 전도사는 초기 감리교회에서 속회 인도자가 개체교회, 순회구역, 또는 협동교구를 통하여, 때로는 다른 교회 및 구역과 함께 팀 사역을 확장하여 나가면서 행하였던 것처럼 사역의 질을 높이는 일에 봉사한다. 초대 감리교회의 평신도 사역에서 볼 수 있듯이 인가받은 전도사는 그의 영적인 은사를 하나님의 은총의 증거로 활용한다.

3. 연회평신도사역위원회 또는 이와 동등한 기구는 다음과 같은 요건을 갖춘 이들을 전도사로 인가할 수 있다.

a) 평신도 사역자, 평신도 선교동역자, 또는 본인이 속한 해외지역총회가 이와 동등하다고 인정한 사역자로 인가받았으며,

b) 본인이 교적을 가지고 있는 교회의 목사, 교회임원회, 또는 그 구역회의 추천서가 있어야 하며,

c) 총회제자사역부와 총회제자사역부의 협조로 만든 히스패닉사역전국플랜, 그리고 연회평신도사역위원회 또는 이와 동등한 기구가 본인이 임명받은 사역과 연관성이 있다고 인정하여 규정한 인가 필수 교육 과정을 모두 이수하였으며,

d) 본인의 지방감리사로부터 추천서를 받았으며,

e) 지방안수사역위원회에 서면으로 원서를 제출한 사람들을 인가하여 줄 것을 요청하기 위하여 (¶666.10), 연회가 규정한 해당 심사, 평가 과정을 포함하여 인가에 필요한 모든 요건을 갖추었고, 연회평신도사역위원회 또는 이와 동등한 기구가 이를 검토하였을 때. 지방안수사역위원회는 후보자를 면담한 후에 연회평신도사역위원회에 마지막으로 그를 전도사로 인허하여 줄 것을 요청한다.

4. 인가받은 전도사는 매 2년마다 다음과 같은 요건을 갖추었을 때, 연회평신도사역위원회 또는 이와 동등한 기구가 그 인가를 갱신하여 줄 수 있다. 곧, 인가받은 전도사가,

a) 자기가 속하여 있는 구역회 또는 교회임원회에 전도사 사역을 만족스럽게 수행하고 있다는 보고서를 제출하여야 하며,

b) 자기가 속하여 있는 교회의 목회위원회, 교회임원회, 또는 구역회로부터 사역에 관한 평가서를 받았거나, 혹은 어떤 사역에 종사하고 있을 경우에는 그 자문위원회의 평가서를 받아야 하며,

c) 지난 2년 동안에 평신도사역을 위한 상급 과정이나, 혹은 연회평신도사역위원회 또는 이와 동등한 기구가 인정한 연수교육 과정을 이수하였으며,

d) 지방감리사로부터 갱신을 위한 추천을 받았으며,

e) 인가 갱신에 필요한 모든 요건을 갖추었고, 연회평신도사역위원회 또는 이와 동등한 기구가 검토하여 이를 지방안수사역위원회에 회부하여 서면으로 요청서를 제출한 사람들을 인가하여 줄 것을 추천한다 (¶666.10). 지방안수사역위원회는 인가받은 전도사를 면담한 후에 연회평신도사역위원회에 마지막으로 그를 전도사로 계속 인가하여 줄 것을 요청한다.

5. 인가받은 전도사는 이전 연회평신도사역위원회 또는 이

와 동등한 기구로부터 최근에 인가받은 사실을 확인하는 편지와 함께 가장 최근에 택한 상급 과정 이수 날짜를 인증받아, 다른 지방 또는 연회로 그의 인가증을 옮길 수 있다. 그의 인가증 갱신은 ¶268.4의 규정을 따른다.

6. 인가받은 전도사는 평신도이므로 교역자에게 제공되는 공정 봉급 기금이나 연금의 지원을 받을 수 없다. 만일 인허받은 전도사가 개체교회, 순회구역, 또는 협동교구의 평신도 직원으로 봉사한다면, 개체교회는 적절한 보수를 이들에게 제공하고 평신도에게 적절한 세금을 공제할 것을 권장한다.

¶269. *평신도 선교동역자 (Lay Missioner)*—평신도 선교동역자들은, 훈련을 기꺼이 받으면서 목사/멘토와 함께 한 팀이 되어 신앙 공동체를 발전시키며, 지역사회를 위한 사역을 개발하며, 교회학교 연장 프로그램을 개발하며, 교회를 개척하는 일에 헌신하는 평신도들이며, 이들 대부분은 자원봉사자들이다. 모든 평신도 선교동역자들은 히스패닉사역전국플랜의 전국히스패닉사역위원회에서 제정한 지침을 따라 형성되었으며, 그 지침을 따르고 있으며, 해당 연회와 함께 일한다. 그들의 인가는 그들 연회와 히스패닉사역전국플랜이 공동으로 행한다. 이 사역 팀은 사역을 맡긴 개체교회, 지방 또는 연회의 지원을 받으며 이들에게 또한 책임을 진다. 평신도 선교동역자란 개념은 목사의 사역을 보완하는 평신도 사역에 신학적 근거를 두고 있다. 이전 '나눔의 주일'은 지금 '연합감리교 구호주일'로 그 이름이 바뀌었다. 2016년 총회 Calendar Item 53 (DCA 2101) 참조.[13]

인가받은 평신도 선교동역자는 전도사 인가과정에 있어 인가받은 평신도 사역자와 동등하며(¶268.3-6), 히스패닉사역전국플랜의 기초 훈련 과정인 제1 및 제2 단위(Modue I-II)와 연장 교육을 위한 제3단위(Module III)는 여기에 규정된 인가받은 전도사 교육과정과 동등하다.

---

13. 사법위원회 판정 693 참조.

제2장
안수받은 이들의 사역 (使役)

제1절 안수의 의미와 연회원 자격

¶301. 1. 기독교 교회의 사역(ministry)은 그리스도의 사역에서 유래되는 것으로서, 그분은 모든 사람들이 하나님의 구원의 선물을 받아 사랑과 봉사의 길을 택하도록 부르고 계신다. 모든 기독교의 사역은 세례로 맺은 성약(聖約 covenant)에 근거하고 있으며, 이를 통하여 우리는 그리스도의 몸의 일원이 되어 제자의 삶을 살도록 부르심을 받고 있다. 세례와 성만찬의 성례전은 전 교회의 사역의 토대를 이루고 있다. 성례전은 은혜의 통로로 기독교 공동체가 이를 지키고 있다. 전 교회가 이 부르심을 받아 이를 받아들이고 있으며, 모든 크리스천이 이 사역에 계속 종사하고 있다 (¶¶120-140 참조).

2. 교회 안에는 하나님의 은사와 은총이 충만하여 장래에 유용하게 쓰임을 받을 수 있다고 공동체가 인정한 사람들이 있는데, 이들은 하나님의 부르심에 응답하여, 안수받은 또한 인허받은 교역자로서 따로 세움을 받기 위하여 자기 자신들을 바친 사람들이다 (¶302). 개인들은 하나님과 만나서 그분과 관계를 맺으며 믿음의 공동체에서 일을 할 때, 하나님의 부르심을 분별하게 되며, 교회는 이를 확인하여 준다. 부르심 (이를 분별하고 확인하는 일)은 성령의 은사이다.

¶302. *안수와 사도들의 사역*—이러한 부르심에 응답하는 형태를 초대교회가 형성되어 가는 과정에서 찾아볼 수 있다. 사도들은 기도와 가르침과 설교로 사람들을 인도하였으며, 공동체의 영적 생활과 일상생활을 치리하였으며, 봉사의 사역을 위한 지도자들을 양성하였으며, 새 장소에서 새 신자들을 위하여 복음의 말씀을 전하였다. 초대교회는 머리에 손을 얹음으로써 사람들을 따로 세워 말씀을 전하게 하며, 가르치게 하며, 성례전을 집행하게 하며, 양육하게 하며, 병을 고치게 하며, 믿음의 공동체들로 하여금 함께 예배 드리게 하였을 뿐만 아니라 세상에 나가 증거하는 책임을 지게 하기도 하였다. 교회는 다른 이들을 또한 따로 세워 사람들의 물질적 결핍을 돌봐 주게 함으로써 세상 일에 관심을 보이기도 하였다. 우리는 신약성서 (사도행전 6장)에서 사도들이 봉사의 사역에 사람들을 발굴하여

¶302

봉사케 한 사실을 읽어 본다. 이러한 사역들은 비록 따로 세움을 받은 것이었으나, 결코 하나님의 모든 백성들의 사역과 분리된 것은 아니었다. 바울은 에베소서 4:1-12에서 서로 다른 은사와 사역이 모든 사람들에게 주어져 있음을 말하고 있다. 웨슬리의 전통은 처음부터 부르심과 이를 분별하는 공동체의 문화를 형성하여 나갈 것을 권장하였으며, 교회는 이를 통하여 온 기독교인들이 사역에 종사할 것을 확인하고 지원하며, 또한 안수 사역에 적합한 이들을 찾아 사명을 부여하였다.

¶303. *안수의 목적*—1. 이 사역을 위한 안수는 교회에 주신 하나님의 선물이다. 안수를 함으로써 교회는 성령이 충만한 이들을 통하여 사도들의 사역을 확인하고 이를 계승하여 나간다. 그러므로 안수받은 이들은 총체적인 복음을 의식하며 사는 삶과 세상을 구원하기 위하여 복음을 선포하는 일에 자기 자신들을 바친다.

2. 안수는 봉사(Service)와 말씀(Word)과 성례전(Sacrament)과 치리(Order)와 자비(Compassion)와 정의(Justice)의 사역을 통하여 하나님의 백성들을 인도해 감으로써 그 사명을 다한다. 교회의 봉사사역이 하나님의 사랑을 나타내는 가장 으뜸되는 일이다. 봉사와 말씀과 자비와 정의에 앞장서라는 부르심에 응답하며, 또한 가르침과 말씀의 선포와 예배를 통하여 다른 사람들을 이 봉사의 사역에 종사하게 하며, 성례전에서 장로들을 보좌하는 이들이 곧 안수받은 집사(deacon)들이다. 말씀을 선포하며, 하나님의 말씀을 가르치며, 성례전을 집전하며, 선교와 봉사를 위하여 우리 교회를 치리하며, 교단의 장정을 지키며 봉사하는 이들이 곧 안수받은 장로(elder)들이다.

3. 안수받은 이들은 모든 그리스도인, 특히 자신들이 인도하고 봉사하여야 할 사람들과 성약(聖約)을 맺은 가운데 자기들의 사역을 실행하여 나간다. 그들은 또한 안수받은 동역자들, 특히 연합감리교회 내에서는 같은 연회에서 같은 종류의 안수를 받은 사람들을 서로 돌봐 주며 서로 책임을 지는 성약을 맺고 살고 있다. 안수직의 성약은 일생 동안 지켜야 하는 것이며, 이 성약을 맺은 사람들은 이것이 요구하는 개인적인 절도 있는 생활과 영적인 훈련에 자신들의 전 생애를 바친다.

4. 우리 교회의 선교에 있어서의 유효성 여부는 이러한 성약을 충실히 이행하려는 모든 크리스천의 사역에 대한 강한 의지와 교단의 안수사역에 달려 있다. 교회는 안수직 및 다른 종류의 목회 지도자들을 통하여 온 교회에 맡겨진 그리스도의 사역을 이어가고 있다. 몸 (교회) 전체의 다양한 은사를 창조적으로 사용하지 않고서는 교회의 사역은 그 효력을 거둘 수가 없다.

책임지는 지도자가 없으면 사역의 초점, 방향, 지속성은 사라지고 만다. 남녀 교인들이 하나님의 부르심에 응답하는 것은 교회 내 교인들의 신앙과 증거 때문이다. 각 개체교회는 정성을 다하여 안수사역 후보자들을 양육하여야 하며, 그들이 하나님의 백성을 위한 섬기는 지도자가 되도록 그들의 교육을 위하여 정신적, 물질적 지원을 하여 주어야 한다.

5. 옛 기독교의 가르침과 우리 웨슬리의 전통을 고수하면서, 우리는 우리의 안수와 동일하거나 이와 동등하다고 여겨지는 안수는 되풀이되어서는 안 된다고 확언한다.

¶304. *안수를 위한 요건*—1. 교회가 안수한 사람들은, 하나님께서 그들을 사역하도록 부르셨다는 사실을 인식하여야 하며, 그들의 부르심을 우리교회는 확인하고 인정한다. 하나님의 부르심은 여러 가지 형태로 나타나므로, 교회는 한 가지 방법으로만 그 진실성을 알아볼 수는 없다. 그러나 교회의 경험과 그 사역이 필요로 하는 것들을 감안하여 볼 때, 집사와 장로 안수를 받으려는 사람들은 믿음과 생활과 습관에 있어 특별한 자질을 갖추고 있어야 함을 알 수 있다. 따라서 사역 후보자로 나선 사람들이 진정으로 하나님의 부르심을 받은 사람들이기를 확인하기 바라면서 연합감리교회는 다음과 같은 사항들을 후보자들에게 기대한다.

a) 그리스도에 대한 개인적인 신앙을 가지며 그리스도를 구세주로, 또한 주님으로 받아들일 것.

b) 영성훈련과 거룩한 삶을 가꾸고 길러 나갈 것.

c) 십일조가 하나님께 아낌없이 드리는 헌금의 기준임을 가르치고 본을 보일 것.

d) 예수님의 사랑과 봉사의 본을 따라 자신들을 전적으로 안수사역에 바치라는 하나님의 부르심을 받아들일 것.

e) 말과 또 글로 기독교의 신앙을 설득력 있게 전달할 것.

f) 전체 교회가 인류에게 사랑으로 봉사할 수 있도록 앞장서서 이를 이끌어 나갈 것.

g) 사역을 위한 하나님의 은사의 증거, 자기 삶에 주어진 하나님의 은총의 증거, 또한 미래에 교회의 선교를 위하여 유용하게 쓰이어질 증거를 보일 것.

h) 공동체가 믿고 의지할 수 있는 사람이 될 것.

i) 예수 그리스도를 통하여 하나님을 믿음으로써 구원에 이르는 데 필요한 모든 것을 성경이 포함하고 있다는 사실을 받아들일 것; 성서학, 신학, 교회사 및 교회 조직 구조에 능통할 것; 사역 활동에 꼭 필요한 필수적인 기술을 습득할 것; 예수 그리스도의 제자를 삼는 일을 주도할 것.

j) 연합감리교회에 순응하며, 그 '교리적 기준'(Doctrinal Standards)과 <장정>과 권위를 받아들이며, 이 사역에 파송한 사람들의 감독에 순응하며, 교역자들과의 성약을 존중히 여기며 살 준비가 되어 있을 것.

2. 이 세상에서 예수 그리스도의 선교를 위하며, 그리스도의 복음을 위한 유능한 증인이 되는 데 있어, 안수받은 교역자가 교회 안팎에서 다른 사람의 생애에 미치는 영향이 지대함으로, 교회는 안수를 받고자 하는 이들에게 그리스도인의 가장 이상적인 생활에 자신들을 기꺼이 바칠 것을 기대한다. 이 목적을 달성하기 위하여 몸의 건강을 유지하며, 정신적, 정서적 성숙을 도모하며, 모든 인간 관계에서 성실하며, 결혼생활에서는 배우자에게 충실하며, 독신일 때에는 성생활을 하지 않으며, 사회적으로 책임을 지며, 하나님의 사랑과 지혜와 은혜 안에 날로 자라나는 데 이바지하는 개인적인 습성을 길러, 책임 있게 자기 자신을 단속할 것을 그들은 약속하여야 한다.

3. 교회가 사역을 위하여 따로 세워 놓은 이들이 인간의 모든 과실을 범할 수 있으며, 사회의 유혹을 받을 수 있으므로, 그들은 세상에서 성스러운 삶의 최고 수준을 유지하여야 한다. 동성애를 행하는 것은 기독교의 가르침에 어긋난다. 그러므로 자신이 동성애를[1] 한다고 공언한 사람은 사역 후보자로 허입될 수 없으며, 교역자로 안수를 받을 수도 없으며, 연합감리교회에서 봉사하기 위하여 파송을 받을 수도 없다.[2]

4. 연합감리교회는 안수를 위한 준비 및 교육 수준을 유지할 일차적 책임을 사역에 종사하는 사람들에게 맡긴다. 먼저 구역회 또는 이와 동등한 기구(¶310.1e)에서 추천을 받고, <장정>이 규정한 후보자 심사, 승인 과정에 따라 연회 정회원 교역자들이 이를 승인하면, 후보자들은 연회 회원에 선출되어 감독에게서 안수를 받는다.

5. 인허 (license), 안수 (ordination) 또는 회원 (memberships) 자격을 부여하는 모든 투표에 있어서, 여기에 규정된 요건들은 다만 최저 기준으로 이해하여야 한다. 투표권을 가진 사람들은 원입자들의 은사, 하나님의 은총의 증거, 또한 교회 선교를 위한 장래의 유용성에 근거하여 기도하는 가운데 투표하기를 기대한다.

---

1. "동성애를 한다고 공언한 사람"이란, 감독, 감리사, 지방안수사역위원회 또는 연회안수사역부 앞에서, 또는 연회 교역자 비공개 회의에서 공개적으로 자기가 동성애 행위를 하고 있다고 인정하는 사람들을 뜻한다. 사법위원회 판정 702, 708, 722, 725, 764, 844, 984, 1020 참조.
2. 사법위원회 판정 984, 985, 1027, 1028 참조.

제2절 연합감리교회의 교역자 안수직

¶305. *모든 그리스도인의 사역과 안수직과의 관계*—세례는 성령을 통하여 하나님께서 주시는 은혜의 산물이다. 그것은 곧 그리스도와 연합하는 것을 뜻하며, 교회에 입교하여 그 사역에 동참하는 것을 뜻한다 (로마서 6:3, 4, 18).

신약성경은 예수 그리스도에 대하여 증거하기를, 예수 그리스도의 기본적인 사역은 하나님의 이름으로 세상에서 섬기는 일, 곧 디아코니아(diakonia)라 하였다. 교회는 그 역사의 시초부터 모든 교인들이 세례를 받을 때, 개체교회에서뿐만 아니라 자기들이 살고 있는 세계에서 사랑, 정의, 봉사의 사역에 종사하도록 위임받았다고 이해하였다. 예수님을 따르는 모든 사람들은 세상에 섬김을 받으러 오신 것이 아니라 세상을 섬기러 오신 예수님의 사역에 동참하여야 한다. 그러므로 바로 여기에 세례받은 모든 크리스천의 일반 사역이 있는 것이다 (¶¶126-137 참조).

하나님의 백성들 가운데 어떤 이들은 집사(執事)의 사역에 부르심을 받았다. 영어의 집사 (deacon), 디크네스 (deaconess), 집사직(diaconate)이란 단어들은 모두 헬라어의 디아코노스 (diakonos), 곧 "종" 혹은 "하인"이란 말과 디아코니아(diakonia), 곧 "봉사"라는 말에서 유래된 것들이다. 교회는 그 역사의 시초부터 하나님께 예배 드리고 그를 찬양하는 행위로서 모든 그리스도인들이 부르심을 받아 봉사하여야 할 일을 실현하고 이를 전문적으로 담당할 안수 사역직을 제정하였다. 이 직분에 임명된 사람들을 우리는 "집사"라고 부른다. 이 사역은 교회와 세상에서 모든 크리스천이 섬기는 삶을 살도록 부르심을 받은 사실을 구현하고 교회를 또한 그리하도록 인도하는 일을 맡고 있다. 집사의 사역에 부르심을 받은 이들은 그들의 말과 행동으로 말씀을 증거하며, 하나님의 자비하심과 의로우심이 세상에서 구현되도록 믿음의 공동체를 이끌고 나가며 이를 섬긴다.

하나님의 백성들 가운데 또 다른 이들은 장로(長老 elder)의 사역에 부르심을 받고 있다. 장로들은 교회에서 역사적으로 내려오는 "장로"(presbyteros)의 직무를 수행한다. 몇몇 초대 기독교 공동체에서부터 시작한 것으로, 감독이 회중을 모아 놓고 성례전(sacraments)을 집전할 때 장로가 이를 보좌하였으며, 그는 또한 회중들의 공동생활을 돌봐 주고 (care) 인도 (guidance)하였다. 장로의 사역에 부르심을 받은 이들은 세상을 변화시키기 위하여 사람들을 그리스도의 제자로 삼는 일에 충성을 다하며 말씀을 선포하고 가르치며, 성례전을 집전하며, 교회생활을 치리한다 (to order the life of the church).

¶306 안수받은 이들의 사역

¶306. *집사회와 장로회*—각 연회는 집사회와 장로회를 둔다. 연합감리교회에서 교역자로 안수받고 한 연회의 정회원으로 선출된 모든 사람은 자기가 선택한 안수회(order)의 일원이 되며 이에 참여한다. 안수회는 교회의 생활과 선교를 위하여 서로 돕고 돌봐 주며 서로에 책임지는 교회 내의 한 성약 공동체이다. 이 안수회들은 각각 개별적으로 또는 서로 연합하여, 교역자들이 그들의 소명을 이루려할 때, 교회를 바꾸어 스트레스가 심할 때, 또한 하나님과의 관계를 깊게 하려고 할 때 일어나는 영적 갈망을 채워주도록 노력하다.

¶307. *안수회의 목적*—각 안수회의 구체적이고 제한적인 기능은 다음과 같다. 곧 (1) 성경공부, 교회와 사회가 당면한 문제들에 대한 연구, 소명에 대한 확실성과 리더십에 관한 신학적 탐색 등과 같은 주어진 기회를 통하여, 예수 그리스도와의 관계를 계속 형성하여 나가도록 집사와 장로들에게 정규적인 모임을 제공하는 일; (2) 개인적인 연구와 퇴수회를 위한 계획을 도와주는 일; (3) 연합감리교회와 연회의 선교와 사역을 위한 유대를 형성하여 이에 헌신할 수 있도록 하는 일; (4) 상호협조와 신뢰의 관계를 구축하도록 하는 일; (5) 이런 모든 목적을 달성하기 위하여 서로가 책임을 져야하는 일. 안수회의 이 모든 기능들은 연회안수사역부와 협력하여 이루어져야 하나, 연회안수사역부, 감리사회, 또는 교역자 비공개 회의의 평상적인 감독 기능, 교역자들을 위한 이들의 평가권한, 또는 이들에게 주어진 책임들을 대치하지는 못한다.

¶308. *안수회의 조직*—감독은 연회안수사역부의 협조와 도움을 받아 안수회(order)를 소집하며 이를 영적으로 계속 지도한다. 안수사역부의 예산을 통하여 연회는 필요한 모든 재정적인 지원을 이에 제공한다. 이 목적을 위하여 연회안수사역부는 적절한 다른 예산도 사용할 수 있다. 연회안수사역부는 같은 안수회 회원 가운데서 매 4개년마다 안수회 회장을 공천하여 선출한다. 본 회장은 감독과 협력하며 감독의 지도하에 이 안수회를 이끌어 나간다. 회장은 안수회의 계획과 활동을 시행할 책임이 있으며 안수직을 대표하여 연회안수사역부(Board of Ordained Ministry)에 참석한다. 회장은 또한 안수사역부의 실행위원회 회원으로 봉사한다. 안수회의 활동과 이를 위한 예산 신청은 정기적으로 안수사역부에 제출하여야 한다.

¶309. *안수회의 회원*—1. 연회에서 정회원으로 선출된 사람들은 이와 동시에 집사회 또는 장로회의 일원이 된다. 정회원의 신분을 수락한다는 것은 곧 안수회의 생활에 정규적으로 참여하여야 함을 뜻한다.

2. *안수직의 변경*—안수사역부의 추천과 연회 정회원 교역자들의 투표로 장로는 정회원 집사로 받아 줄 수 있으며, 정회원 집사는 신분에 하자가 없고 다음과 같은 요건을 구비하였을 때 장로로 받아들일 수 있다. 곧

a) 감독과 지방감리사에게 그러한 뜻을 밝힌다.

b) 안수사역부에 서면으로 원서를 제출한다.

c) 집사 또는 장로의 직분에 관한 소명을 안수사역부에 명확히 표명한다.

d) 그 안수직 허입에 필요한 교육과 다른 요건들, ¶324, ¶330, ¶335 조항들을 충족시킨다.

e) 변경하여 가려고 하는 교역직에 허가를 받고 적어도 2년 이상, 8년 이하 파송받아 봉사하였어야 한다.

3. 그러한 이들은 한 교역직에서 다른 교역직으로 옮겨 가고 있는 과도기 중에는 연회에서 허가받은 안수증과 정회원권을 그대로 유지한다. 변경하여 가려고 하는 교역직을 위하여 안수를 받으면, 연회 서기에게 현재 소유하고 있는 안수직 허입증을 반환하여야 한다.

제3절 인허사역 및 안수사역을 위한 후보

¶310. *인허 및 안수 사역을 위한 후보와 허입*—인허 (認許 licensed) 또는 안수(按手 ordained)사역은 연합감리교회에서 소명을 받고 따로 세움을 받은 사역으로 인정받고 있다. 그러므로 사역 후보자들이 하나님께로부터 받은 인허 또는 안수사역에의 소명에 관하여 그 확실성을 심사받는 것은 당연한 일이다.

인허 또는 안수사역을 통한 섬기는 지도자로 소명을 받고 이에 응답한 사람은, 문의하는 후보자의 과정에 관하여 알아보기 위하여 자신들 개체교회의 교역자나, 혹은 다른 한 교역자나, 또는 그들이 사역하고 있는 연합감리교회 사역 현장의 지방감리사와 접촉하여야 한다. 그들에게 총회고등교육사역부가 추천하는 *The Christian as Minister*라는 책과 *Ministry Inquiry Process*와 같은 책을 사용하기를 권장한다.

1. 인허 (licensed) 또는 안수 (ordained) 사역 후보 과정을 시작하려는 사람들은,

a) 후보 원서를 제출하기 직전 적어도 1년 이상 연합감리교회의 하자가 없는 고백교인으로 있었거나, 연합감리교학원선교 사역에 세례교인으로 참여하였었거나, 기타 연합감리교회 사역 현장에 동참하고 있었어야 한다.

b) 후보자 과정 프로그램에 등록시켜 줄 것과 멘토 (mentor)를 지명하여 줄 것을 서면으로 적어, 지방감리사에게 요청한다. 이때 소명을 기술한 진술서를 동봉하여야 한다. 감리사를 통하여 총회고등교육사역부에 등록할 것을 요청한다.

c) 지방감리사가 총회고등교육사역부에 등록한 후, 멘토와 후보자는 연회안수사역부가 채택한 자료들을 가지고 공부한다.

d) 소명에 관한 고백서를 써야 한다. 후보자는 목사나 혹은 지방안수사역위원회가 지정하는 사역 현장에 종사하는, 이와 동등한 사역자와 상의하여 목회위원회나 지방안수사역위원회가 지정하는, 이와 동등한 기구에 고백서를 심사하여 줄 것을 요청함과 동시에 웨슬리의 다음과 같은 역사적 물음에 응답하기 위하여 그들과의 면담을 요청한다. 곧

(1) 저들은 하나님을 용서하시는 하나님으로 알고 있는가? 저들은 하나님의 사랑이 저들 안에 거하고 있는 것을 아는가? 저들은 진실로 하나님만을 바라는가? 저들은 모든 대화에 있어 성스럽게 하는가?

(2) 저들은 이 사역을 위하여 은사는 물론 하나님의 은총에 대한 증거를 가지고 있는가? 저들은 분명하고 건전한 이해를 하고 있는가? 또 하나님에 관한 일에 옳은 판단을 가지고 있는가? 믿음으로 말미암아 구원받는 일에 대한 올바른 생각을 가지고 있는가? 올바르고 분명하게, 또 거리낌없이 말을 하는가?

(3) 저들은 믿음의 열매를 가지고 있는가? 죄를 진심으로 통회하고 하나님 앞에 나아갔는가? 그들의 설교를 통하여 믿는 이들이 은혜를 받았는가?

이러한 성품들이 그들 안에 보이는 한, 우리는 그들을 하나님께서 말씀을 선포하는 자로 부르신 것을 믿는다. 이런 것들이 또한 성령의 충만함을 입은 사람들의 확실한 증거라고 우리는 믿는다.

e) 목회위원회 또는 지방안수사역위원회가 이와 동등하다고 인정한 기구가 후보자를 승인하면, 후보자는 구역회나 지방안수사역위원회가 지정하는 이와 동등한 기구에 출석하여 추천을 받는다. 후보자의 추천은 3분의 2 무기명 투표로 승인하되, 후보자는 인가받은 고등학교를 졸업하였거나 이와 동등한 자격을 인정받아야 한다.

2. 인허 (licensed) 또는 안수 (ordained) 사역을 위한 인가받은 (certified) 후보자가 되기 원하는 이들은,

a) 지방안수사역위원회와 면담할 것을 요청한다. 지방안수사역위원회와 만나려고 준비할 때, 멘토와 의논하여, ¶310.1d 의 요건을 위하여 쓴 자료 이외에 다음과 같은 질문에 대한 답변을

준비하여야 한다. (ⅰ) 크리스천이 되게 된 가장 중요한 경험들, (ⅱ) 인허 또는 안수사역에의 하나님의 부르심과 그 부르심에 있어서의 교회의 역할, (ⅲ) 크리스천으로서의 개인적인 신앙, (ⅳ) 사역을 위한 개인적인 은사, (ⅴ) 장로, 집사, 인허받은 사역자로 지금 부르심을 받은 사실에 대한 자기 이해, 그리고 (ⅵ) 자기를 지원하여 주는 시스템.

b) 필요한 심리 검사에 관한 보고서와 범행 및 신용도에 관한 보고서를 구비하여 제출한다. 그들은 또한 연회안수사역부의 소정 양식을 사용하여 아래와 같은 서류를 제출하여야 한다.

(1) 성적 비위 또는 아동 학대로 인하여 중범 또는 경범으로 유죄 판결을 받았거나, 이로 인하여 서면으로 고발당한 일이 있는지, 이를 모두 자세히 기록한 공증서, 또는

(2) 성적 비위 또는 아동 학대로 인하여 중범 또는 경범으로 유죄 판결을 받았거나, 이로 인하여 서면으로 고발당한 적이 전혀 없다는 사실을 증명하는 공증서.

위 요건들을 충족시킴에 있어 지방안수사역위원회는 연회안수 사역부를 통하여 문화적, 민족, 인종적 및 언어의 현실을 감안할 방도를 강구하여야 한다. 이는 면담, 심리검사 및 범죄 기록과 신용 조회를 할 때에도 다른 언어로 할 수 있는 있는 기회가 주어져야 함을 뜻한다.

c) 본인의 은사, 하나님께서 주시는 은총의 증거, 열매 그리고 인허 또는 안수사역에의 소명 등을 입증하는 데 필요한 기타 정보들을 지방위원회가 요구하는 대로 제출한다.

d) 이 세상에서 예수 그리스도의 선교를 위하며, 그리스도의 복음을 위한 유능한 증거인이 되는 데 있어, 교역자가 미치는 영향이 지대함으로 ¶¶103-105와 ¶¶160-166에 규정된 바, 그리스도인의 가장 이상적인 생활에 자신을 기꺼이 바칠 것을 약속하며, 이 목적을 달성하기 위하여 몸의 건강을 유지하며, 정신적, 정서적 성숙을 도모하며, 결혼생활에서는 배우자에게 충실하며, 독신일 때에는 성생활을 하지 않으며, 사회적 책임을 지며, 하나님의 사랑과 지혜와 은혜 안에 날로 자라는 데 이바지하는 개인적인 습성을 길러, 책임 있게 자기 자신을 단속할 것을 약속하여야 한다.[3] 가능하면 개체교회는 후보자의 비용 부담을 덜어

---

3. <장정> ¶304.2와 ¶310.2d에 명시된, 안수 사역자들의 도덕적 및 사회적 책임에 관한 스테이트먼트를 채택함으로써, 총회는 후보자들이 좀 더 철저히 도덕적인 생활에 충실하며, 지방안수사역위원회와 연회안수사역부는 좀 더 신중하게 그리고 좀 더 철저하게 후보자들을 심사하도록 그 수준을 높일 것을 촉구하고 있다. 이 법은 연초 사용이 도덕적인 문제와 무관하다는 것을 결코 의미하지 않는다. 흡연이 유해하다는 증거가 점차 고조되고 있음에 따라, 이를 사용하는 사람은 흡연이 그리스도인의 높은 생활 이상과 별 모순이 없다는 것을 입증하여야 할 책임이 있다. 이와 마찬가지로, 술을 마시는 일이, 마음을 가다듬고 육신을 청결하게 하며, 책임 있는 사회적 행동을 취하여야 하는 우리

이상에 지장이 없음을 입증하여야 한다.
그러므로 이 조항의 개정은 안수 사역자들의 주초 사용에 대한 연합감리교회의 전통적인 입장을 완화하는 것이 아니다. 오히려 이 개정은 모든 개인적, 사회적 생활에 있어 자신을 단련하고 더 높은 수준의 생활 습관을 유지할 것을 당부하고 있다. 어떤 특정한 행동을 규정하는 것 이상으로, 더 높은 도덕적인 생활에 헌신할 것을 이 조항은 요청하고 있다 (사법위원회 판정 318 참조).
총회는 동성애자와 그 안수에 관한 온 교회의 관심에 응답하여, 안수받기 원하는 이들의 품성과 헌신도에 관한 <장정>의 문구를 재확인하고 높은 기준을 또한 유지할 것을 확인한다.
지난 200여년 동안 다음과 같은 질문을 포함한 존 웨슬리의 질문을 사역 후보자들은 받아왔다. 곧 "...저들은 분명하고 건전하게 이해하고 있는가? 또 하나님에 관한 일에 옳은 판단을 가지고 있는가? 믿음으로 말미암아 구원받는 일에 대한 올바른 생각을 하고 있는가?" (¶310). 모든 후보자들은 그리스도인의 최고 이상적 생활방식에 자신을 기꺼이 바칠 것에 동의하고, 이 목적을 달성하기 위하여, "몸의 건강을 유지하며, 정신적, 정서적 성숙을 도모하며, 결혼생활에서는 배우자에게 충실하며, 독신일 때에는 성생활을 하지 않으며, 사회적으로 책임을 지며, 하나님의 사랑과 지혜와 은혜 안에 날로 자라는 데 이바지하는 개인적인 습성을 길러, 책임 있게 자기 자신을 단속할 것"을 약속하고 있다 (¶304.2).
후보자의 품성과 사역에의 헌신에 관하여 <장정>은 여섯 곳에서 이를 기술하고 있는데(¶¶304, 310.2, 324, 330, 333, 335), 이것을 부분적으로나마 이렇게 표현하고 있다. 곧, "의심할 여지가 없는 도덕심과 참된 경건성을 지니고 있으며, 기독교의 근본적인 교리에 대하여 건전한 견해를 가지고 있으며, 자기들의 직무를 수행함에 있어 충성을 다하는 사람만이 정회원으로 선임 되어야 한다" (¶333).
안수에 관하여 <장정> ¶304.2는 다음과 같이 기술하고 있다. "교회는 안수를 받고자 하는 이들에게 그리스도인의 가장 이상적인 생활에 자신들을 기꺼이 바칠 것을 기대한다. 이 목적을 달성하기 위하여…개인적인 습성을 길러, 책임 있게 자기 자신을 단속할 것을 약속하여야 한다…."
사역 후보자를 심사하는 데에는 여덟 가지의 중요한 단계가 있다. 곧
(1) 안수받기 원하는 이는, 그리스도와 그의 교회에 헌신하라는 하나님의 부르심에 응하여 자기 자신을 성찰한다.
(2) 목회위원회의 결의: 교인이 사역 후보자가 되기를 원할 때 목회위원회가 처음으로 그를 구역회에 천거한다.
(3) 구역회의 결의: 구역회는 후보자를 추천하여야 한다.
(4) 지방안수사역위원회의 결의: 지방안수사역위원회는 후보자를 연회안수사역부에 천거하여야 하며, 해당될 경우, 지방회의 결의도 필요하다.
(5) 연회안수사역부의 결의: 연회안수사역부는 집사 안수와 준회원 허입을 추천하기로 결의하여야 한다. 사법위원회 판정 513, 536, 542 참조.
(6) 교역자 연회원들의 결정: 교역자 연회회원들이 후보자를 위하여 준회원에의 허입을 의결하여야 한다.
(7) 안수사역부는 집사 또는 장로 안수 및 정회원 허입을 추천하여야 한다.
(8) 교역자 연회원들의 결의: 교역자 연회원들이 집사 또는 장로 안수를 줄 것과 정회원으로 허입할 것을 결의한다.
연회의 모든 교역자 회원들은 자기들의 전 목회생활을 통하여 자신의 성품과 성과에 대하여 연회에 책임을 지고 있다.
총회는 '교리적 기준과 신학적 과제'(<장정> 제2편)에서 성경, 전통, 경험, 이성이 우리의 지침이 된다고 분명히 하였다. "연합감리교인들은 다른 그리스도인들과 함께, 성경이 기독교 교리를 위한 가장 중요한 원천이요 표준임을 확신한다."
'사회생활 원칙'에서 총회는, "우리는 동성애 행위를 용납하지 않으며, 이 행위는 기독교의 가르침에 어긋나는 것으로 간주한다"라고 선언하였다. 계속하여 '사회생활 원칙'은 "우리는 사랑과 상호협조와 자신의 헌신과 또 남녀가 서로

줄 것을 권유한다.

　　　e) 회의에 참석한 위원들의 무기명 투표로 인가 여부를 결정받게 된다. 인가받기 위하여서는 회의에 참석한 위원들의 4분의 3 찬성이 필요하다(¶666.6).

　　　f) 인가를 받으면, 지방안수사역위위원회는 연합감리교회의 신학대학원에 진학하기를 권유한다.

　　3. 특별한 경우에 한하여 지방안수사역위원회는 후보자의 추천을 위하여 연합감리교회 이외의 사역 현장을 개체교회로 간주하고, 어떤 개인이나 기구로 하여금 목사, 목회위원회 및 구역회의 역할을 담당하게 할 수 있다.

　　¶311. *인가받은 후보자의 파송*—인가받은 후보자(certified candidate)는, '목회를 위한 인허' (¶315) 과정을 모두 충족 시켰을 때, 본처목사로 파송받을 수 있다. 본처목사로 파송받은 이들은 교역자 연회원이므로 (¶602.1), 인가받은 후보자로 기재하여서는 안 된다. 그들은 후보자 과정의 멘토에게 더 이상 자문을 받지 않으며, 교역자를 위한 새로운 멘토를 지정받는다 (¶348.4).

　　¶312. *사역을 위한 오리엔테이션*—모든 인허 및 안수 사역 후보자들은 오리엔테이션을 받아야 한다. 오리엔테이션에 참가하는 일과 인가받은 후보자가 되는 일을 차례대로, 혹은 동시에 할 수 있다. 이렇게 서로 함께 사역을 준비하는 경험을 쌓게 하는 것은, 여러 종류의 따로 세움을 받은 이들(집사, 장로, 본처목사)이 서로 이해하며 동지애를 키우게 하기 위함이다.

　　1. 각 연회는 이들을 위하여 오리엔테이션을 실시하여야 하며, 이는 연회 안수사역부의 책임이다.

　　2. 다양한 종류의 교역자들(집사, 장로, 본처목사) 사이의 동지 의식과 공통성과 특수성의 은사를 팀 사역을 통하여 이해하며 감사하도록 강조할 것이며, 또한 연합감리교회 연대 체제 내에서의 따로 세움을 받은 사역 활동에 대하여 이를 분명히 이해하도록 할 것이다.

　　3. 이에 대한 안내서를 총회고등교육사역부 안수사역국에서 얻을 수 있다.

성실성을 지킴으로써 이루어지는 혼인 계약의 성결함을 확인한다. 우리는 자녀가 있든 없든, 그러한 혼인에 하나님께서 주시는 복이 같이 하심을 믿는다. 우리는 혼인 관계에서, 남자와 다른 기준을 여자에게 기대하는 일반 사회의 규범을 부정한다." 또 "우리는 독신자들의 존엄성을 인정하며, 이와 동시에 독신자를 차별대우하는 사회적 관습과 편견을 거부한다."

　　총회는 안수 사역자들의 품성과 헌신에 관련된 <장정>의 규정에 표현된 우리 전통의 슬기로움을 확인하고 있다. 연합감리교회는, 어떤 특정한 행위를 금지하는 일은 끝이 없기 때문에, 그런 규정을 정하지 않고 있을 뿐이다. 우리는 거룩한 성약의 공동체를 믿으며, 사역자들을 안수하는 과정을 신뢰함을 확인한다.

　　사역 후보자들을 천거, 심사, 안수하여 연회에 허입시킴에 있어 서로 신뢰함으로써 할 것을 우리는 성약으로 다짐받고 있다. 사법위원회 판정 480 참조.

¶313. *후보자로서의 존속*—후보자의 진보 과정은 매년 지방안수사역 위원회가 재심하며, 본 위원회는 후보자와 면담하여 다음과 같은 요건을 만족스럽게 충족시켰다고 인정될 때 다시 그 후보 자격을 연장하여 줄 수 있다.[4]

1. 지방안수사역위원회가 명시하는 바와 같이(¶310.3 참조), 후보자는 자기 구역회나 그 대체 기구(equivalent body)에서 매년 추천을 받는다.

2. 후보자는 공부하고 있는 동안 만족할 만한 진전을 보이고 있어야 한다. 고등교육자문위원회가 인가한 학교나 대학이나 신학대학원에 재적하고 있는 후보자는 매년 지방안수사역위원회에 재적하고 있는 학교로부터 공식적인 재적/성적 증명서를 제출하여야 하며, 본인이 속하여 있는 개체교회가 그를 영적으로 또한 재정적으로 지원하고 있는지에 관한 보고서를 제출하여야 한다 (¶247.8 참조).

지방안수사역위원회는 이 증명서를 후보자가 계속 만족스럽게 진전하고 있다는 하나의 증거로 간주한다. 지방감리사는 그 개체교회에 후보자를 재정적으로 지원하여 준 데 대하여 감사함을 표시할 때 이 보고서를 사용할 수 있으며, 혹은 계속 추천하는 후보자들을 도와 줄 것을 당부할 수 있다.

3. 후보자는 사역을 위한 은사와 열매와 하나님의 은총의 증거를 계속 보여야 한다.

4. 인가받은 후보자나 후보과정을 밟고 있는 사람은, 그의 현 인가와 교육과정을 같은 연회나 혹은 다른 연회의 지방에서 계속 유지할 수 있다.

5. 인가받은 후보자(certified candidate)는 12년간 이상 계속 후보자로 남아 있을 수 없다 (¶324.1).

¶314. *인가받은 후보자의 자격 정지와 회복*—1. *후보자의 자격 정지*—인가받은 후보자는 자신의 요청에 의하여 연합감리교회와 관계를 끊었을 때, 또는 지방안수사역위원회가 자격 정지를 결의하였을 때, 그 자격을 상실하게 된다. 지방안수사역위원회는 연회안수사역부에 자격 상실을 하게 된 상황을 기록한 서류를 제출, 영구히 보존하도록 한다.

2. *후보자의 자격 회복 (Reinstatement of Certified Candidate's Status)*—연합감리교회 한 연회의 지방안수사역위원회에서 후보자 자격을 상실당한 사람은, 다만 그 자격을 상실하게 한 같은 지방위원회에서만 자격을 다시 회복받을 수 있다. 지방안수사역위원회가 다시 인가하면 후보자는 후보자 인가증을 발부받고 후보자 과정을 계속 유지하여 나갈 수 있다.

---
4. 사법위원회 판정 1263 참조.

제4절 목회사역을 위한 인허 (License)

¶315. *목회사역을 위한 인허*—장로 안수를 받지 않은 사람으로서 말씀을 선포하고 예배를 인도하며 목사로서의 직무를 수행하도록 파송받은 모든 사람들은 목회사역을 위한 인허를 받아야 한다. 연회안수사역부는 이를 위하여 다음과 같은 이들을 인허하여 줄 것을 연회 교역자 회의에 천거할 수 있다 (¶635.2h).

1. 연회에서 위임받은 준회원 장로, 또는
2. 아래 사항을 이수한 본처목사들.

　a) ¶310.1-2에 규정된 후보자 과정을 필하고,

　b) 사역을 위한 오리엔테이션을 받았으며,

　c) 안수사역국이 제정하여 관할하는, 본처목사에의 허입을 위한 인허 교육 과정을 모두 이수한 이거나, 혹은 고등교육자문위원회가 인가한 신학대학원에서 신학석사 학위(M.Div.) 과정의 3분의 1 이상을 이수한 이로서,

　d) 지방안수사역위원회가 심사하여 4분의 3 다수결로 천거한 이 (¶666.9), 또는

3. 연회 협동회원, 또는
4. 장로로 안수받을 자격을 얻기 원하는 정회원 집사들, 또는
5. 안수사역국이 제정한 본처목사 교육 과정과 동등한 교육을 받았으되 연회의 준회원이 되기 위한 교육 요건을 갖추지 못한 타교단의 인허 또는 안수받은 교역자들.
6. 어느 경우에든 인허받을 사람들은,

　a) 필요한 심리검사에 관한 보고서와, 범행 배경, 신용조회 (credit check), 성적 (性的) 비위 및/또는 아동 학대에 관한 보고서를 구비하여 제출하여야 한다. 그들은 또한 연회안수사역부의 소정 양식을 사용하여 아래와 같은 서류를 제출하여야 한다.

　　(1) 성적 비위 또는 아동 학대로 인하여 중범 또는 경범으로 유죄 판결을 받았거나, 이로 인하여 서면으로 고발당한 일이 있는지, 이를 모두 자세히 기록한 공증서, 또는

　　(2) 성적 비위 또는 아동 학대로 인하여 중범 또는 경범으로 유죄 판결을 받았거나, 이로 인하여 서면으로 고발당한 적이 전혀 없다는 사실을 증명하는 공증서.

　b) 안수사역부의 4분의 3 다수결로 승인을 받아야 한다 (¶635.2h).

　c) 안수사역부가 승인한 의사로부터 만족할 만한 건강진단서를 소정 양식에 따라 제출하여야 한다.

　d) 연회 교역자 회의에서 4분의 3의 다수결로 인허를 받아야 한다.

¶316

¶316. *목회를 위하여 인허받은 이들의 권한과 의무*—1. 안수사역부가 매년 연례적으로 승인한 준회원 장로와 지방안수사역위원회가 매년 연례적으로 승인한 본처목사는 감독으로부터 특정한 구역 또는 연장사역에 파송받고 있는 곳과 그 기간에 목사의 모든 직무(¶340)를 수행할 수 있도록 인허를 받을 수 있다. 그 직무는 세례와 성찬 예식의 성례전을 집례하는 것은 물론 혼례식(주의 법이 허락하는 한),[5] 장례식, 견신례 및 입교예식을 포함한다. 본 항에서 말하는 목회구역 또는 연장사역이란, "공동체 내의 또는 그 공동체와 연관되어 있는 사람들 또는 이들을 섬기고 있는 사역 현장"을 말한다. 목회를 위하여 인허받은 이들은, 감독과 안수사역부가 허가할 때, 연장사역에 파송받을 수 있다.

2. 인허를 통하여 주어진 이러한 권한은 지방안수사역위원회 또는 연회안수사역부에서 매년 다시 주어질 수 있다.

3. 이 인허는 파송된 구역에서 계속 봉사하고 있는 동안에만 유효하나, 연회 회기 사이에 이 파송이 변경될 때에는 감독이 다시 인허한다.[6]

4. 본처목사는 지방감리사의 지도를 받으며, 연수교육과정을 이수하고 있거나 신학대학원에 재학하고 있는 동안 멘토를 한 명 배정받는다 (¶348).

5. 본처목사는 담임자의 직무를 수행함에 있어 연회 교역자 비공개 회의에 복종할 의무가 있으며 회기 중 연회에 참석한다.

6. 전임 및 비전임 본처목사의 교적은 연회에 있으며, 여기에서 헌장 개정, 총회, 지역총회, 해외지역총회에의 대의원 선출 및 교역자의 안수와 자질과 연회 관계 등에 관한 투표권 이외의 모든 안건에 대하여 투표할 권리가 있다. 연수교육과정을 모두 이수하였거나 신학 석사 (M. Div.) 학위를 취득하였으며, 적어도 2년 이상 계속 파송받은 이들은 총회, 지역총회, 해외지역총회에의 대의원 선출에 투표할 수 있다.[7]

7. 모든 본처목사는 그들 연회 관계에 관한 결정을 서면으로 통보받는다.

8. 연수교육과정(Course of Studies)을 모두 마친 본처목사는 은퇴 후 자기가 교인으로 있는 개체교회에서 파송받은 담임 목사의 요청에 따라 세례와 성만찬의 성례전을 집전하기 위하여 계속 그 자격을 인허하여 줄 것을 매년 지방안수사역위원회와 감독에게 요청할 수 있다.

¶317. *본처목사로서의 잠정적 인허*—연회 회기 사이에 위에

---
5. 사법위원회 판정 694 참조.
6. 사법위원회 판정 112 참조.
7. 사법위원회 판정 1181과 ¶35 참조.

목회사역을 위한 인허 ¶318

열거한 인허증을 위한 요건을 갖춘 사람들은 감리사회, 지방안수사역위원회 및 연회안수사역부 실행위원회의 추천이 있을 때, 임시 인허증을 받을 수 있으며 또한 감독의 파송을 받을 수도 있다.

¶318. *본처목사의 분류*—위 ¶315의 조건을 모두 만족스럽게 이수하면 지방안수사역위원회는 이수증을 본인과 연회안수사역부에 교부하며, 본처목사 파송을 받을 자격을 갖춘 사람으로 연회록에 기재한다. 허입은 ¶337에 의거, 한 목회구역에 파송되기 전에는 주어져서는 안 된다. 다음 파송 기간에 본처목사로 봉사하는 데 필요한 필수 과정을 마친 사람들은 연회에 천거할 때 안수사역부는 그들을 세 부류로 나누되 해당 부류의 교육 및 다른 필수 요건을 함께 명시한다. 이 요건을 충족시키지 못한 사람은 본처목사 자격을 더 이상 지속하여서는 안 된다. 세 가지 부류는 아래와 같다.

1. *전임 본처목사*—전임 본처목사로 파송받을 수 있는 사람은, *(a)* 파송된 구역의 교회에 전적으로 시간을 바쳐 지역사회 선교와 사역에 헌신하기 원하는 이; *(b)* 연회에서 전임 본처목사를 위하여 제정한 최저 임금 금액과 그 합계가 동등한, 혹은 그 이상의 현금 지원을 교회의 여러 출처에서 매년 받는 이; *(c)* 연수교육과정이나 기타 승인받은 신학교육을 모두 이수하지 않았으면, (i) 협동회원 연수교육과정 학교에서 1년에 4 과목을 마치든지, (ii) 총회고등교육사역부가 마련한 통신 강좌를 이수하며 진전을 보이든지 (¶1421.3d), 또는 (iii) 대학이나 고등교육자문위원회가 인가한 신학대학원에 신학 지망생 또는 신학생으로 등록하고 있는 이; *(d)* 고등교육자문위원회가 인가한 신학대학원에서 연수교육과정을 모두 이수하였거나 신학 석사 (M. Div.) 학위를 취득하였을 경우 연속 교육에 참여하고 있는 이 (¶350); (e) 아무 학교에나 전임 학생으로 등록하고 있지 않은 이.

2. *비전임 본처목사*—비전임 본처목사로 파송받을 수 있는 사람은 (a) ¶315에 명시된 규정을 모두 완수한 이; (b) 파송된 구역에 전적으로 시간을 다 바치지 않는 이; 또는 (c) 연회에서 전임 본처목사를 위하여 제정한 최저 임금 금액과 그 합계가 동등한 현금 지원을 교회의 여러 출처에서 받지 아니하는 이; 또한 *(d)* 연수교육과정이나 기타 승인받은 신학교육을 모두 이수하지 않았으면, (i) 협동회원 연수교육과정 학교에서 1년에 두 과목을 마치든지, (ii) 총회고등교육사역부가 마련한 통신 강좌를 이수하며 진전을 보이든지, 또는 (iii) 대학이나 고등교육자문위원회가 인가한 신학대학원에 신학 지망생 또는 신학생으로 등록하고 있어야 한다.

비전임 본처목사는 한 구역에 속하여 있는 작은 교회에 멘토의 지도를 받으며 파송받을 수 있다.

¶318

3. *본처목사로 파송받은 학생들*—신학 지망생 혹은 신학생으로 고등교육자문위원회가 인가한 대학 혹은 신학대학원에 학적을 가지고 있는 이로서, *(a)* ¶315에 명시된 규정을 모두 완수하고, *(b)* 연회안수사역부가 정한 교육 과정을 제대로 이수하고 있는 학생은 비전임 또는 전임 본처목사로 자기가 인가받지 아니한 연회에서 파송을 받을 수 있으며, *(c)* 본처목사로 파송받은 학생들은 자기가 인가받은 지방안수사역위원회와 계속 관계를 유지하고 있어야 하며, 계속 인가를 받기 위하여서는 그들에게 책임을 져야 한다.

4. 안수사역부의 천거에 따라 연회 정회원 교역자들은 고등교육자문위원회가 인가한 신학대학원에 재적하고 있는 타 교파 신학생을 다음 1년 동안 지방감리사 지도하에 본처목사로 봉사할 것을 승인할 수 있다. 단, 파송 기간 동안 연합감리교회의 교리와 정체(polity)를 준수할 것을 연회안수사역부가 만족할 수 있도록 이에 동의하여야 한다.

5. 본처목사들은 연회의 모든 부, 위원회, 기타 기관에서 발언권과 투표권을 가지고 봉사할 수 있으되, 교역자의 자질, 자격, 지위, 안수 문제 등에 관하여서는 투표할 권한이 없다. 그러나 연수교육과정(Course of Study)을 필한 본처목사는 지방안수사역위원회에 발언권과 투표권을 가진 위원으로 봉사할 수 있다. 연수교육과정을 모두 필한 본처목사는 안수사역부에서 발언권과 투표권을 가진 위원으로 봉사할 수 있다.

¶319. *본처목사로서의 존속*—1. 준회원으로 위임받지 아니한 사람으로서 본처목사로 인허받은 사람들은 인가받은 신학대학원에서 2년 또는 5년간의 연수교육과정을 통하여 계속 공부하여야 한다.

2. 매년 필요한 교육을 이수함에 따라 지방안수사역위원회는 준회원이 아닌 본처목사의 자격 유지를 추천할 수 있다. 연회의 정회원 교역자들은 연회안수사역부의 추천과 내신으로 본처목사가 자격을 계속 유지할 것을 승인할 수 있다.[8]

3. 전임 본처목사는 연수교육과정을 8년 이내에 이수하여야 하며 비전임 본처목사는 12년 이내에 이수하여야 하되, 가정 사정이나 다른 피하지 못할 사정으로 이 조건을 충족시키지 못할 때에는 예외로 한다. 본처목사가 규정된 기한 내에 교육을 다 이수하지 못하였을 때에는 지방안수사역위원회의 4분의 3 찬성표와 안수사역부의 추천, 그리고 연회 정회원 교역자들의 투표로 매년 자격연장을 허가받을 수 있다.[9]

---
8. 사법위원회 판정 1076 참조.
9. 사법위원회 판정 436, 439 참조.

4. 본처목사는 연수교육과정을 모두 이수하였을 때, 자기 연회의 본처목사로 계속 남아있을 수 있다.

5. 본 조항의 규정은 1996년 이전에 집사와 장로로 안수받은 본처목사들의 권한을 제한하거나 변경하는 것으로 간주하여서는 안 된다.[10]

¶320. *준회원이 아닌 본처목사의 사직, 복직 및 은퇴—*
1. *본처목사의 자격 정지*—<장정> ¶318에 규정된 대로 본처목사가 연회에서 더 이상 파송을 허락받지 못하였거나, 연합감리교회와 관계를 끊었거나, 감독의 파송을 받지 못하였거나, 또는 지방안수사역위원회가 계속 인허하지 아니하였을 때에는 언제나 본처목사는 지방감리사에게 그 신임장을 반환하여 연회 서기에게 보관하도록 한다. 담임목사와 상의한 후에 본처목사는 한 교회를 정하여 거기에 교적을 가지고 있어야 한다. ¶635.3d에 의거, 연회안수사역부는 본처목사의 자격 정지에 관련된 상황을 적은 영구적인 기록을 감독실에 보관하도록 한다.

2. *고발과 고소에 의한 사직*—본처목사가 ¶2702에 열거된 비위로 고발당하여 교회에서 떠나기를 원한다면 ¶2719.2에 있는 절차를 밟는다.

3. *본처목사에 대한 재판*—본처목사가 ¶2702에 열거된 비위로 고발당하면 ¶¶2703-2713에 규정된 절차를 적용한다.[11]

4. *본처목사의 복직*—연합감리교회 혹은 그 합법적 한 전임 교단의 연회에서 본처목사의 직분이 중단된 사람은 단지 그 직분을 중단한 지방의 안수사역위원회, 연회안수사역부 및 감리사회의 추천을 받았을 때에만 그가 속하여 있던 연회나 그 후계 연회 혹은 본처목사가 속하여 있던 연회의 대부분을 계승한 현 연회에 한하여 다시 복직될 수 있다. 복직을 원하는 사람들은 이를 요청하기 전 적어도 1년 동안 연합감리교 개체교회 교인으로 있었다는 증거를 제시하여야 한다. 지방안수사역위원회는 그가 현재 교인으로 있는 교회 구역회의 추천을 요청하여야 한다. ¶337에 규정된 대로 정회원 교역자들의 승인을 얻었을 때, 그의 자격은 다시 회복되어지며 담임자로 파송받을 수 있게 된다. 그는 현 교육과정을 완수하여야 하며 ¶315와 ¶318에 규정된 필수 요건을 구비하여야 한다.

한 연회에서 본처목사의 직분이 중단된 사람으로서 다른 연회에서 파송을 받거나 잠시 직분을 맡고자 할 때에는, 파송하려고 하는 연회의 안수사역부가 본처목사의 직분이 중단되었던 연회의

---
10. 사법위원회 판정 436, 439 참조.
11. 사법위원회 판정 982 참조.

안수사역부로부터 그의 자격에 관한 증빙 서류와 직분이 중단되게 된 상황과 관계된 모든 자료를 받아야 한다.

5. *본처목사의 은퇴*—<장정> ¶318.1, 또는 ¶318.2에 명시된 바와 같이 연수교육과정에 만족스러운 진전을 보이고 있는 본처목사는 은퇴한 본처목사로 인정받을 수 있다. 그들의 은퇴에 관한 규정은 ¶358.1, .2, .4에 규정된 교역자의 것과 같으며, 은퇴 연금도 ¶1506.5a의 규정에 따라 지불한다. 은퇴한 본처목사는 연회에 참석하여 발언할 수 있으나 투표권은 없다. 은퇴한 본처목사는 지방안수사역위원회의 추천이 있을 때 연회의 최저 임금을 추가적으로 요청하거나 더 이상 연금 크레디트를 받음 없이 한 구역에 감독의 파송을 받거나 인허될 수 있다.

제5절 협동회원 (Associate Membership)

¶321. *협동회원의 자격과 권리*—연회의 협동회원은 본 교단의 순회사역에 종사하는 이들로 계속적으로 감독의 파송을 받는다. 그들의 상급자가 지시하는 대로 주저함없이 파송받아 봉사하도록 그들은 늘 준비하고 있어야 한다. 그들은 사역을 수행함에 있어 연회에 복종할 의무가 있으며, 준회원과 정회원과 똑같은 파송을 보장받는다.[12]

1. 협동회원은 연회에서 다음과 같은 사항을 제외한 모든 안건에 대하여 투표할 권한이 있다. *(a)* 헌장 개정안, *(b)* 총회, 지역총회 또는 해외지역총회에의 대의원 선출, *(c)* 교역자의 안수, 자질, 연회관계에 관한 모든 사항들.

2. 협동회원은 연회의 어느 부서나 위원회에서 봉사할 수 있다. 그들은 총회, 지역총회, 해외지역총회의 대의원으로 선출될 수 없다.

3. 협동회원은 안식년 휴직, 휴직, 퇴임, 은퇴, 최저 봉급 및 연금에 관한 규정의 적용을 받는다.

¶322. *협동회원으로 선출되기 위한 요건*—본처목사는 다음과 같은 요건을 구비하였을 때 연회 교역자회의의 4분의 3의 다수결로 협동회원으로 선출될 수 있다. 그들은, (1) 연회안수사역위원회의 4분의 3 다수결로 연회 교역자회에 천거되었으며, (2) 만 40세가 되었으며, (3) 지난 4년 동안 전임 본처목사로 봉사하였으며, (4) 본처목사 인허를 위한 교육과정에 더하여 안수사역을 위한 연수교육과정을 이수하였으되, 이 가운데 반년 이상은 통신이나 온라인/장거리 교육으로 이수하지 않았거나, 혹은 고등교육자문위원회가 인정하는 신학대학원에서 기본적인

---

12. 사법위원회 판정 1226 참조.

신학 과목을 포함하고 있는 신학 석사 (M. Div.) 학위를 취득하였으며, (5) 고등교육자문위원회가 인정하는 대학에서 학사학위 또는 이에 준하는 학위 과정의 60학점을 이수하였으며, (6) 지방안수사역위원회와 연회안수사역부에서 4분의 3 다수결로 천거를 받았으며, (7) 계속적으로 전임 파송을 받을 의사를 밝혔으며, (8) 신체적, 정신적, 정서적 건강에 관하여 안수사역부가 만족하다고 인정하였으며 (연회는 사역을 위한 후보자의 적합성에 관하여 심리 검사, 범행 여부, 신용 조회, 성적 비위 및/또는 아동 학대 등에 관하여 추가적인 정보를 요구하여야 한다), (9) 이 세상에서 예수 그리스도의 선교를 위하며, 그리스도의 복음을 위한 유능한 증인이 되는 데 있어, 안수받은 교역자가 교회 안팎에서 다른 사람의 생애에 미치는 영향이 지대함으로, 그리스도인의 가장 이상적인 생활양식에 기꺼이 자신들을 바치며, 이 목적을 달성하기 위하여 몸의 건강을 유지하며, 정신적, 정서적 성숙을 도모하며, 모든 인간 관계에서 성실하며, 결혼생활에서는 배우자에게 충실하며, 독신일 때에는 성생활을 하지 않으며, 사회적 책임을 증대하며, 하나님의 사랑과 지혜와 은혜 안에 날로 자라나는 데 이바지하는 개인적인 습성을 길러 책임 있게 자기 자신을 단속할 것을 다짐하며, (10) 안수사역부가 정한 성경구절로 적어도 하나의 설교를 썼으며 안수사역부에서 행한 필기 교리 시험에 만족스러운 해답을 주어야 한다. (¶324.9에 명시된 질문을 고려하여야 한다.)

2. 연회안수사역부의 추천으로 연회는 비전임 봉사를 전임 봉사 요건으로 간주할 수 있다. 이럴 때 봉사 연한, 봉사의 질, 원입자의 성숙도 및 다른 연관성이 있는 요소들을 참작하여 결정한다.[13]

3. 협동회원은 <장정> ¶357의 규정에 의하여 은퇴할 수 있다. 그들은 개체교회에서 봉사하기 위하여 인허증을 소지하고 있어야 하며 은퇴 연회원으로 계속 연회와 관계를 유지하여야 한다.

4. 협동회원은 ¶324.6이 정한 바 요건에 의거 연회에 참석하여 투표한 정회원 교역자들의 4분의 3 찬성표로 준회원으로 허입될 수 있다.

¶323. *본처목사 및 협동회원들의 친목회*—각 연회는 본처목사협동회원 친목회를 조직하여야 한다. 모든 본처목사와 협동회원은 이 친목회의 회원이 되어야 하며 이에 적극적으로 참여하여야 한다. 이 친목회는 교회생활과 선교를 위하여 회원들이 서로 협조할 것이다.

1. 구체적이며 제한된 기능은 다음과 같다.

   a) 성경공부, 교회가 당면한 사회문제, 소명에 대한 정체성과 리더십에 관한 신학적 사고 등을 통하여 본처목사와

---

13. 사법위원회 판정 343, 572, 1181 참조.

협동회원들이 예수 그리스도와의 관계를 계속 형성하여 나가기 위한 정규 모임을 갖도록 하며,

b) 본처목사들과 협동회원들로 하여금 연수교육과정에 더하여 상급연수교육과정을 통하여 계속 교육받도록 권면하며,

c) 연합감리교회 및 연회의 선교와 사역을 위하여 유대를 강화하고 이에 헌신하도록 하며, 또한

d) 서로 협조하고 신뢰하게 하는 관계를 만들어 나가도록 한다.

2. 감독이 본 친목회를 소집하며 안수사역부가 그 활동을 주관한다. 필요한 재정은 안수사역부의 예산을 통하여 연회가 지원한다. 친목회 연례 모임에서 안수사역부가 친목회 회원 가운데서 회장을 공천하고 친목회가 4년마다 회장을 선출하며, 회장은 감독의 협조와 지도로 본 친목회를 계속 이끌어 나간다. 선출된 친목회 회장은, 전임이든 비전임이든, 연회안수사역부의 회원이 되며, 이와 동시에 ¶635.1a의 규정에 따라 그 실행위원회의 위원이 된다.

친목회의 활동은 정기적으로 안수사역부에 보고한다.

제6절 준회원 (Provisional Membership)

¶**324.** *준회원에의 선출*—다음과 같은 요건을 갖춘 사람은 연회안수사역부의 추천과 연회 교역자회의 4분의 3 다수결로 준회원에 선임된다.[14]

1. *안수사역 후보자로서의 요건*—원입자는 인가받은 후보자로 적어도 1년 이상 봉사하였어야 한다. 본처목사로 파송받은 이들은 연회의 교역자 회원이 되며, 더 이상 인가받은 후보자가 아니다 (¶311).

2. *봉사 요건*—각 원입자는 준회원이 될 수 있는 조건으로 봉사사역을 위하여 은사와 지도력을 갖추었다는 증거를 지방 안수사역위원회가 만족스럽게 받아들일 수 있도록 그들에게 보여 주었어야 한다.

3. *학부 과정 이수 요건*—준회원 및 그 위임을 위한 원입자는 고등교육 자문위원회가 인가한 대학에서 학사 학위를 취득하였어야 한다. 경우에 따라서는 선교적인 차원에서 총회고등교육사역부와 협의한 후 문학사 학위의 60학점 이상을 취득한 사람을 예외로 취급할 수 있다. 단,

a) 그들은 정규 학사 과정을 이수할 수 없었거나,

b) 전통적인 교육을 통하여 습득할 수 없는 그들 문화의

---

14. 사법위원회 판정 318 참조.

특성 때문에 다른 방법으로 유능한 사역에 필요한 기술과 식견을 갖추었거나, 또는

c) 학사학위 또는 이에 준하는 학위를 고등교육자문위원회가 인정하지 않는 대학에서 취득하였으나, 신학석사 또는 이에 준하는 첫 전문 학위의 절반을 고등교육자문위원회가 인정하는 신학대학원에서 취득하였어야 한다.

4. *대학원 이수 요건*

a) 집사나 장로가 되기 원하는 후보자는 기본적인 신학대학원 교육 과정의 기독교 신앙에 관한 27학점 중 적어도 절반 이상을 이수하였어야 한다. 이를 위한 과목들은 신학 학위를 취득하기 위한 과목일 수도 있고, 이에 더하여 선택하는 과목일 수도 있다. 기본적인 신학대학원 교육 과정은 다음과 같은 과목들을 포함하고 있어야 한다. 곧, 구약학, 신약학, 신학, 교회사, 세계 선교학, 전도학, 예배학, 그리고 연합감리교회의 역사, 교리, 정체 (장정) 등이다.

b) 장로 안수를 위한 후보자는 신학 석사(M. Div.) 또는 이에 준하는 학위 과정의 절반 이상을 이수하였어야 하되, 기본적인 신학대학원 교육 과정의 반은 고등교육자문위원회가 인가한 신학대학원에서 이수하였어야 한다.

c) 집사 안수를 위한 후보자는,

(1) 석사 학위를 위한 과목의 절반을 연합감리교회의 신학대학원이나 고등교육자문위원회가 인가한 신학대학원에서 이수하였거나, 또는

(2) 원입자가 봉사하고자 하는 전공 분야의 석사 학위를 취득하였으며,

(3) 기본적인 신학대학원 교육 과정의 절반을 연합감리교회의 정회원 집사 교육을 위하여 신학대학원이 특별히 계획하고 총회고등교육사역부가 이를 인가하였으며, 그 교육 수료증을 동 대학원이 발부하는 곳에서 수료하였어야 한다.

5. 경우에 따라 정회원 집사로 봉사하기 위하여 안수를 받으려는 사람은 다음과 같은 다른 방법으로 전문 자격증을 위한 교육 요건을 충족시킬 수 있다.

a) 인가받은 후보자가 될 때 35세가 되었으며,

b) 학사 학위를 마치고 자기가 봉사하려는 사역의 전문 분야에서 자격증이나 허가증을 받았으며, 대학원에서 적어도 8학점 또는 이에 준하는 쿼터 학점을 자기 전문 분야에서 취득하였으며, 연회안수사역부에서 추천을 받았으며,

c) 구약학, 신약학, 신학, 교회사, 세계 선교학, 전도학,

예배학, 그리고 연합감리교회의 역사, 교리, 정체 등을 포함한, 대학원 레벨의 기초 기독교 신학 과목의 27학점 중 적어도 그 절반을 취득하였어야 한다. 이 교육 과정은, 정회원 집사 교육을 위한 기본적인 신학대학원 교육을, 신학대학원이 특별히 계획하고 총회고등교육사역부가 이를 인가하였으며, 그 교육 수료증을 동 대학원이 발부하는 곳에서 마쳤어야 한다.

6. 본처목사들은 다음과 같은 경우에 준회원 장로에 필요한 요건을 갖출 수가 있다. 곧 그들이,

a) 전임으로 4년 이상 봉사하였으며,

b) 본 조 제1-3항과 7-14항의 요건을 모두 충족시켰으며,

c) 연수교육과정을 필하였으며—이 과정은 고등교육사역부가 정한 바에 따라 아래와 같이 이수할 수도 있다 (¶1421.3d).

    1. 연수교육과정을 이수하였으되 이 가운데 절반 이상은 통신이나 인터넷으로 하지 아니 하였으며 (연수교육과정의 절반까지만 온라인으로 할 수 있다), 그리고

    2. 연합감리교회와 연관된 대학의 학부 과정에 포함되어 있는, 이와 동등한 프로그램을 이수하였을 것.

d) 기본적인 신학대학원 교육 과정의 총 32학점으로 이루어져 있는 상급연수교육과정을 고등교육자문위원회가 인가한 신학대학원 또는 총회고등교육사역부가 이에 준한다고 인정한 기관에서 취득하였으되, 연합감리교회의 역사, 교리, 정체를 포함하여야 한다. 상급연수교육과정은 기본적인 대학원 레벨의 신학 과목을 포함하고 있어야 한다 (¶324.4a).[15]

7. 연회안수사역부는 원입자의 교육 요건을 인정하기 전에 공식적인 성적증명서를 해당 학교들로부터 받아야 한다. 증명서에 의심이 갈 때, 안수사역부는 그 사본을 총회고등교육사역부에 조회할 수 있다.

8. 각 원입자는 의사로부터 소정 양식에 의한 건강 진단서를 받아 제출하여야 한다. 신체적 장애는 본인이 전문적인 기준을 충족시키고 신체적으로 지장없이 준회원으로 또한 위임받은 사역자로 능률적으로 봉사 활동을 할 수 있다면, 신체에 결함이 있는 것으로 간주하여서는 안 된다.

9. 각 원입자는 연회안수사역부에서 시행하는 필기 및 구두 교리 시험에 응하여야 한다. 시험은 아래와 같은 물음을 포함한다.

a) 하나님에 대한 개인적인 체험과 성서적, 신학적, 역사적인 사실에 입각한 하나님에 대한 이해를 기술하시오.

b) 세상에 존재하는 악(惡)을 어떻게 이해합니까?

---

15. 사법위원회 판정 823, 1077 참조.

c) 당신이 이해하는 바, 인간이란 무엇이며, 인간이 하나님의 은혜를 필요로 한다는 것은 무엇을 뜻합니까?

d) "예수 그리스도는 주님이시다"라는 고백을 당신은 어떻게 이해하고 있습니까?

e) 개인의 신앙, 신앙의 공동체, 또한 세상에서 책임 있게 사는 데 있어서의 성령의 역사에 대하여 당신은 어떤 생각을 가지고 있습니까?

f) 천국, 부활, 영생을 당신은 어떻게 이해하고 있습니까?

g) 당신은 <장정> 제3편('교리적 기준과 우리의 신학적 과제')을 소명받은 곳에서 사역할 때 어떻게 받아들이고 가르치고 적용하겠습니까?

h) 연합감리교회는 살아 있는 기독교 신앙의 핵심은 성경에 계시되어 있으며, 전통에 의하여 조명되어지며, 개인적인 체험 속에 살아 움직이며, 이성에 의하여 확인되어진다고 믿고 있습니다. 우리교회의 신학적 입장은 무엇이라고 당신은 이해하고 있습니까?

i) 교회의 본질과 선교에 대하여 기술하시오. 오늘날의 주요 과제는 무엇입니까?

j) 연합감리교회의 주요한 정체(政體 polity)가 무엇인지 이해하는 대로 기술하시오.

k) 장로직과 집사직의 근본적인 특성이 무엇인지 당신이 이해하는 대로 설명하여 보시오. 연합감리교회의 준회원 집사 또는 준회원 장로로서 당신의 은사, 당신의 동기, 당신의 역할, 당신의 헌신에 대하여 당신 자신을 어떻게 이해하고 있는지 기술하시오.

l) 디아코니아 곧 교회의 섬기는 사역과 준회원 및 위임받은 사역자의 섬기는 사역직에 대하여 어떻게 이해하고 있는지 기술하시오.

m) 교회의 일반 사역에서 지니고 있는 안수의 의미는 무엇입니까?

n) 포용적인 교회 및 사역에 대하여 당신이 이해하는 바를 적으시오.

o) 이 세상 안에서 예수 그리스도의 선교 사업을 위하며, 그리스도의 복음을 위한 유능한 증인이 되는 데 있어 사역자로서의 당신이 미치는 영향이 지대하므로 당신은 그리스도인의 최고 이상적 생활에 서슴지 않고 자기 자신을 다 바치기로 작정하였습니다. 이 목적을 달성하기 위하여 몸의 건강을 유지하며, 정신적, 정서적 성숙을 도모하며, 결혼생활에서는 배우자에게 충실하며, 독신일 때에는 성생활을 하지 않으며, 사회적으로 책임을 지며, 하나님의

사랑과 지혜와 은혜 안에 날로 자라는 데 이바지하는 개인적인 습성을 길러, 책임 있게 자기 자신을 단속하기로 동의하였습니다. 이에 동의한다는 것을 당신은 어떻게 이해하고 있습니까?

p) 당신의 소명받은 사역에 있어서의 성례전이 가지는 역할과 의미를 설명하시오.

10. 각 원입자는 지방안수사역위원회에서 4분의 3의 찬성표를 얻어 연회안수사역부에 서면으로 추천받는다.

11. 각 원입자는 후보자 자격을 완수하기 위하여 연회안수사역부와 면담한다.

12. 각 원입자는 연회안수사역부가 정한 소정 양식에, 성적 비위 또는 아동 학대로 인하여 중범 또는 경범으로 유죄 판결을 받았거나, 이로 인하여 서면으로 고발당한 일이 있는지, 이를 모두 자세히 기록한 공증서를 제출하거나, 아니면 성적 비위 또는 아동 학대로 인하여 중범 또는 경범으로 유죄 판결을 받았거나, 이로 인하여 서면으로 고발당한 적이 전혀 없다는 사실을 증명하는 공증서를 제출하여야 한다. 후보자는 또한 필요한 심리 검사에 관한 보고서, 범행 배경과 신용조회와 성적 비위 및/또는 아동 학대에 관한 보고서를 구비하여 제출하여야 한다.

13. 각 원입자는 소정 양식에 사본과 함께 간략하게 적은 이력서를 제출한다. 여기에는 본인의 연령, 건강 상태, 결혼 관계, 그리스도인으로서의 체험, 사역에의 사명, 교육 배경, 그리스도인이 되기까지의 경험들, 교회에서 사역에 종사할 계획 등이 기술되어 있어야 한다.

14. 각 후보자는 연회 교역자 회의에 연회안수사역부의 4분의 3 찬성표를 얻어 서면으로 천거되어야 한다.

¶325. *위임*—위임이란 하나님의 부르심과 이에 대한 후보자의 응답과 재능과 은사와 교육을 교회가 공식적으로 인정하는 행위이다. 후보자가 사람들의 충성된 섬기는 지도자가 되며, 교회에 봉사하며, 하나님의 말씀을 선포하며 사람들을 사역에 종사하게 하게 되기를 교회는 성령님께 간구한다.

위임을 통하여 교회는 예수 그리스도의 이름으로 사람들을 지도자로 또한 봉사자로 내보내며, 그들이 안수를 위하여 준비하는 시간을 갖게 한다. 위임받은 사역자는 연회의 준회원 교역자이며, 그들은 사역에 종사할 때 감독과 교역자회에 책임을 진다.

그들의 수련 (probation) 기간 동안 연회 교역자 비공개 회의는 그들이 안수에 적합한지 또한 사역을 효율적으로 행하는지에 대하여 분별한다. 모든 후보과정을 마치고 연회안수사역부의 추천이 있을 때, 연회 교역자 비공개 회의는 후보자의 준회원 및 위임에 관하여 투표한다. 감독과 연회 서기는 후보자가 준회원 및 위임받은 사역자로서의 자질이 있음을 연회에 보고한다.

위임받은 사역자로서의 수련 기간은, 준회원이 연회의 정회원으로 허입되어 장로 또는 집사로 안수를 받았거나, 안수 과정을 더 이상 진행하지 못하여 준회원 자격이 종식되었다는 결정이 내려졌을 때에 끝난다.

¶326. *준회원들의 봉사 활동*—준회원이 되는 모든 이들은 감독의 파송을 받아야 하며 (¶425), 정회원이 되기 위한 교육 요건을 완전히 갖춘 후 적어도 2년을 연회의 준회원으로 봉사하여야 한다. 이 준회원 기간에 연회안수사역부는 모든 준회원들이 신학 교육을 계속 받을 수 있도록 현장 교과 과정을 마련하며, 이 과정은 성약 그룹으로 하여금 그들이 섬기는 지도자로서 봉사하고 있는 사역 활동과 실습을 돕도록 하며, 사역의 기반을 다지게 하며, 연회 생활에 있어서의 성약 전의 사역을 이해하도록 짜여져야 한다. 준회원은 학교, 연장사역, 또는 기관에 특별 파송을 받을 수 있다. 그들이 어디에 파송되었든지 간에, 그들은 준회원의 표현 능력과 섬기는 사역에서의 지도 능력을 중심으로 지방감리사와 연회안수사역부의 평가를 받아야 한다.

1. 정회원 집사로 일생 동안 봉사하려고 하는 준회원들은 개체교회나 기관에서 말씀과 봉사와 자비와 정의(justice)의 사역에 종사한다. 집사 안수를 받기 위하여 준비하고 있는 준회원은 이 기간 동안, ¶328에 명시된 집사의 의무를 수행하기 위하여 실습하도록 인허를 받으며, ¶331.10에 명시된 재정적 지원을 받는다. 이 인허의 갱신은 연회사역부의 추천으로 연회 교역자 회의가 허락할 수 있다.

2. 정회원 장로로 삶을 바치려고 하는 준회원들은 개체 교회나 기관에서 말씀과 성례전과 치리와 봉사의 사역에 종사한다. 장로로 안수를 받으려고 하는 준회원들은 목회사역을 위하여 인허를 받아야 한다 (¶315). 이러한 인허의 갱신은 연회사역부의 추천으로 연회 교역자 회의가 허락할 수 있다.

3. 연장사역, 대학원 학위 과정, 또는 기관에 파송받고 있는 준회원은 사역하는 동안 지방감리사와 안수사역부에 보고하며, 그들이 안수받기 원하는 사역에 자질이 있음을 보여주어야 한다. 모든 경우에 그들은 개체교회에서 섬기는 지도자로서의 유능함을 연회안수사역부가 만족할 수 있도록 보여주어야 한다.

4. 안수 직종을 변경하려고 하는 준회원들은,

    a) 그들의 의사를 연회안수사역부에 서면으로 알리고, 지방감리사와 감독에게 통보하여야 한다.

b) 연회안수사역부와 면접하여 자신들의 소명을 명료하게 밝혀야 한다.

　　c) 교육 요건과 봉사 요건을 충족시켜야 한다.

　연회안수사역부의 추천과 연회 교역자 비공개 회의의 결의로 당사자들은 원하는 사역 직분의 안수를 받고 정회원이 될 수 있다.

¶327. *준회원의 자격과 권한*—준회원은 연회의 정회원 장로 또는 정회원 집사가 되기 위하여 수련받고 있는 사람들이다. 그들은 자질, 섬기는 지도력, 사역에서의 유능성에 관하여 시험을 받고 있다. 연회는 교역자 비공개 회의를 통하여 준회원들을 관할할 책임이 있다. 매년 연회안수사역부는 그들의 연회 관계를 심사, 평가하여 그들의 연회 관계 존속 여부에 관하여 정회원 사역자들에게 추천한다. 아무도 준회원으로 허입되어 위임받은 후 8년 이상 준회원으로 머물러 있을 수 없다.

　1. 집사 및 장로 안수를 위하여 준비하고 있는 준회원들은 연회 정회원이 될 자격을 갖추었을 때 집사 또는 장로로 안수를 받을 수 있다.

　2. 준회원들은 연회에서 아래와 같은 사항을 제외한 모든 안건에 대하여 투표할 권한이 있다.

　　a) 헌장 개정안, 및

　　b) 교역자의 안수, 자질, 연회 관계에 관한 모든 사항들. 필수적인 교육 과정을 모두 이수한 준회원 교역자들은 총회, 지역총회 또는 해외지역총회의 대의원 선출에 투표할 수 있다.[16]

　3. 준회원은 연회안수사역부를 제외한 (¶635.1) 연회의 어느 부서에서나 혹은 위원회에서 봉사할 수 있다. 그들은 총회, 지역총회 또는 해외지역총회의 대의원으로 선출될 수 없다.

　4. 준회원은 사역에 종사할 때 연회에 복종할 의무가 있으며, <장정>이 정한 바 모든 규정의 제약을 받는다. 그들은 그들 지방감리사의 감독을 받는다. 그들은 또한 안수사역부가 정한 집사 또는 장로를 조언자로 지정받는다. 장로가 되기 위하여 준비하는 준회원은 <장정>(¶315)이 정한 규정에 따라 파송받을 자격이 있다.

　5. 개체교회 이외에 파송을 받은 준회원들은 그들이 봉사하고 있는 지역의 지방감리사와 관계를 맺고 있어야 한다. 지방감리사는 그들을 감독하며 그들의 연회안수사역부에 매년 보고한다.

　6. 준회원의 자격 중지—준회원은 연회 관계를 중지시켜 줄 것을 요청할 수 있으며, 연회 교역자 비공개 회의도 안수사역부의 추천에 따라 그 관계를 중지시킬 수 있다. 그 자격에 하자가 없는 준회원이 다른 교단에 가입하기 위하여 이적한다든가 또는

---

16. 사법위원회 판정 1181과 ¶34 참조.

연합감리교회의 교인이 더 이상 되지 않기 원할 때, 그들의 행위는 그들의 연회 관계 중지를 요청하는 것으로 간주하여 그들의 위임장은 지방감리사에게 반환되어야 한다. 본인의 동의없이 이 자격 중지를 마지막으로 추천할 경우에는 준회원이 연회안수사역부의 연회관계위원회에서 공청회를 가질 권리가 있다는 것을 본인에게 알려 주어야 한다. 실행위원회가 결의한 내용은 안수사역부 전체 회의에 보고하여 거기서 마지막 결정을 내린다. 공정한 절차(¶361.2)에 관한 규정이 지켜져야 하며 연회 공청회가 열리기 전에 ¶636에 의거 행정심사위원회는 이를 검증하여야 한다. 이 연회 관계가 중지되면 그들은 목사의 직책을 더 이상 수행할 수 없으며, 신임장을 지방감리사에게 반환하여 연회서기로 하여금 보관하게 하며, 지방감리사는 그들이 원하는 개체교회에 담임자와 의논한 후 교적을 갖게 한다. 연회안수사역부는 ¶635.3d의 규정에 따라 준회원권 중지에 관한 상황 기록을 관할 감독과 연회서기에게 영구히 보존토록 한다. 중지된 후에 준회원은 ¶316의 규정에 따라 본처목사로 분류, 승인받을 수 있다.

7. 준회원은 ¶357 조항에 따라 은퇴할 수 없다. 정년은퇴 연령에 이른 준회원은 자동적으로 그 자격이 중지된다. 준회원 장로는 ¶320.5 규정에 따라 은퇴 본처목사로 분류될 수 있다.

제7절 안수받은 정회원 집사 (Deacon)

¶328. *집사의 사역*—집사들은 세례받은 이들 가운데서 일생 동안 섬기는 지도자로 봉사하도록 하나님께서 부르시고 교회가 이를 확인함으로써 감독이 안수한 사람들이다. 교회 초창기부터 집사들은 사랑과 공의와 봉사의 사역을 위하여, 또한 하나님의 자녀들 중 가장 부족하고 버림받고 소외당한 이들을 교회가 돌보도록, 따로 세움을 받은 이들이다. 이 사역은 웨슬리의 사회적인 관심과 가난한 이들을 위한 그의 열정적인 사역에서 태동하여 자라왔다. 집사의 독특한 사역이 구체화되며 명확하여지며 모든 하나님의 백성들이 섬기는 사역에 이끌리는 것은 집사들 자신과 그 직분이 있기 때문이다. 집사들은 세상에서 섬기는 사역을 완수하며, 함께 모인 그리스도인들이 세상에서 그들의 사역을 수행할 수 있도록 교회를 이끌어 나가며, 모인 공동체의 예배와 세상에서의 하나님께 대한 봉사가 서로 연관성을 가지도록 노력한다. 집사들은 교회생활에서 다음과 같은 사역에서 지도적 역할을 담당한다. 곧, 말씀을 가르치고 선포하는 일에서;

¶328

예배를 드리며 세례와 성찬식을 거행할 때, 장로들을 보좌하는 일에서; 사정이 그러하여 허가를 받았을 때 성례전을 집전하는 일에서; 제자들을 삼아 그들을 양육하는 일에서; 혼례식과 장례식을 집례하는 일에서; 세계를 향한 교회의 사명을 구현하는 일에서; 그리고 세상이 필요로 하며 관심을 가지며 또한 바라고 있는 것들을 교인들에게 설명하여 주는 일에 앞장서는 일 등이다. 교회의 선교와 사역을 연장하기 위하여, 또한 세상에 은총의 통로를 열어 주기 위하여 집사가 속하여 있는 연회의 주재감독은 집사가 성례전을 집전할 수 있도록 허가하여 줄 수 있다. 성례전을 집전한다는 것은 모인 회중이 세례와 성찬 예식을 경건하게 치르도록 책임을 진다는 것을 뜻한다. 집사회의 일원으로서 모든 집사들은 연회의 다른 집사들과 함께 성약(covenant)을 맺고 있으며, 집사의 삶을 영위할 것이다.

집사들은 교인들의 섬기는 사역을 주도하며 세례받은 모든 그리스도인들이 그들의 사역에 종사하도록 그들을 가르치며 도와준다. 이러한 집사직의 독특한 사역은 연합감리교회에서 지난 몇 년간을 통하여 발전하여 왔다. 디크네스 (deaconess), 국내 선교사 (home missionary), 평신도 집사(diaconal minister)들의 계속적인 활동이 곧 그것이다. 교회는 '디아코니아' 직분의 은사와 이 직분의 지난날의 모든 형태(디크네스/평신도 사역자)가 주는 영향력을 인정하면서, 또한 여선교사역자 직분을 계속 제공함으로써, 이 사역의 특성이 안수를 통하여 명백하여지고 교회생활의 중심이 된다는 것을 확언하며, 집사의 사역이 장래에 있을 필요한 일들을 충족시켜 주는 교회의 선교적 응답임을 천명한다. 집사들은 섬기는 지도자에의 소명을 완수함에 있어 연회와 감독에게 책임을 진다.

¶329. *정회원 집사들의 사역, 권한 및 임무*—1. 집사들은 말씀과 봉사와 자비와 공의의 사역에 일생을 바치도록 하나님께서 부르시고 교회가 이를 확인하여 감독이 안수한 사람들로서, 곧 사회와 교회를 연결하는 이들이다. 집사들은 그리스도인의 제자의 도리를 모범으로 보여주는 사람들이며, 다른 사람들도 제자의 도리를 다할 수 있도록 기회를 만들어 주는 이들이다. 사회에서 소외된 사람들을 위하여 자비심을 가지고 봉사하려고 애쓸 때, 집사의 사역은 공의로운 사역이 된다. 교회 내에서의 집사의 사역은 사람들을 가르치고 제자를 삼으며, 다른 안수받은 이들과 평신도들과 함께 예배를 인도하는 일이다.

2. 정회원 집사들은 자기들이 속한 연회에서 발언권과 투표권이 있으며 연회의 모든 부서와 위원회에서 사역자로

봉사할 뿐만 아니라 임원으로 선출될 수 있다. 정회원 집사들은 연회의 모든 회의에 참석하며, 정회원 장로들과 함께 사역자들의 안수, 자질, 연회 관계에 관한 모든 문제에 대하여 같이 책임을 진다 (¶334.1).

3. 집사회의 회원으로서 모든 정회원 집사들은 연회의 다른 모든 집사들과 성약 (covenant) 관계를 맺고 있으며 집사회의 활동에 참여한다.

¶330. *집사 안수 및 정회원에의 허입 요건*—집사 안수를 받기 위한 교육 요건을 모두 갖춘 후 연회에서 준회원으로 적어도 2년 이상 봉직하고 정회원 허입을 원하는 사람들은, 아래 제3항에 명시된 요건을 갖추었을 때, 연회안수사역부의 4분의 3이 추천하고, 연회 정회원 사역자들의 4분의 3이 이에 찬성함으로써, 한 연회에 정회원으로 허입될 수 있다.

1. 전 준회원 기간 동안 적어도 연회에서 2년 이상 감독의 파송을 받아 사역에 종사하였어야 한다. 안수사역부의 추천이 있을 때 연회는 비전임 또는 무보수 봉사 기간을 이 기간에 가산할 수 있다. 그러한 봉사의 연수, 봉사의 질, 청원자의 성숙도, 그 밖에 다른 요소들을 참작하여 그 동등성을 인정하여야 한다. 그들의 봉사 활동은, *(a)* 지방감리사와 *(b)* 연회안수사역부가 감독한다. 청원자의 봉사 활동은 안수사역부가 작성, 정회원 사역자들이 채택한 지침에 따라 안수사역부가 효율적이었다고 평가하여야 한다. 청원자의 섬기는 사역 활동에 직접적으로 관여한 평신도들도 안수사역부의 연례 평가에 참여한다.

2. 이전에 준회원으로 선출되었어야 한다.

3. 다음과 같은 교육 요건을 갖추어야 한다. *(a)* 고등교육 자문위원회 또는 그 대체 기관이 인가한 대학에서 문학사 (B.A.) 또는 이에 준하는 학위를 받고 졸업하였으며, *(b)* 고등교육자문위원회가 인가한 신학대학원에서 신학석사 학위 (M.Div.)를 받고 졸업하였거나, 자기 전문 분야에서 석사 학위를 취득하였으며, 혹은 *(c)* 적어도 대학원 과정의 8학점 이상을 취득하였고 자기 사역 분야의 전문 인가서나 허가서를 소지하였으되 35세 이상이 된 후보자. 어느 경우에든 교육 요건은 ¶324.4a에 요약되어 있는 기독교 신앙에 관한 기본적인 신학대학원 교육 과정을 완수하였어야 한다.

4. 원입자는, (1) 신체적, 정신적, 정서적 건강에 대하여 연회의 안수사역부가 만족하여야 하며, (2) 안수사역부가 명시한 성경구절에 대하여 적어도 하나의 설교를 서면으로 준비하여 설교하였거나 혹은 후보자의 적절한 사역 현장에서

하나의 다른 형태의 말씀을 선포한 적이 있으며, (3) 성경공부를 가르칠 자세한 계획과 개요를 제시하였으며, (4) "변천하는 세계를 위하여 예수 그리스도의 제자를 삼자"는 우리 교회의 선교사역을 성공적으로 실현할 수 있는 프로젝트를 제시하여야 하며, (5) 안수사역부가 행하는 서면 및 구두 시험에 응하여야 한다. 원입자는 구두 및 서면으로 자기 의사를 분명히 전달할 수 있는 능력을 보여주어야 한다.

원입자의 해답과 이에 대한 안수사역부의 응답은 <장정> 제 3편에 명시된 바, 신학적 기준에 근거하고 있어야 한다. 시험은 또한 하나님과 교회와 집사회와 후보자와의 성약 관계뿐만 아니라, "디아코니아"에 대한 이해도, 섬기는 지도자, 교회와 세계와의 상관 관계 등에 초점을 맞추어야 한다. 청원자는 집사 직분에의 하나님의 부르심에 대하여 분명한 해답을 가지고 있으며, 그들 봉사 활동의 장 (場), 곧 개체교회와 연회를 통하여 그 소명을 모든 크리스천의 사역을 위한 지도자로서의 직분과 연관시킬 수 있어야 한다.

5. 아래와 같은 질문들을 시험을 위한 가이드라인으로 제시한다.

a) 신학에 관하여

(1) 당신의 사역 활동이 아래에 열거한 사항들을 체험하고 이해하는 데에 어떻게 영향을 주었는지 예를 들어 보십시오.

(a) 하나님
(b) 인간
(c) 하나님의 은총의 필요성
(d) 예수 그리스도의 주님되심
(e) 성령의 역사
(f) 성계전의 뜻과 의미
(g) 하늘 나라
(h) 부활과 영생

(2) 당신은 아래와 같은 전통적인 복음의 교리 곧, *(a)* 회개, *(b)* 칭의 (稱義 justification), *(c)* 중생 (重生 regeneration), *(d)* 성화 (聖化 sanctification) 등을 어떻게 이해하고 있습니까? 그리스도인들 삶의 모양새는 어떤 것입니까?

(3) 사역을 하는 가운데 교회의 본질과 사명이 무엇이라고 이해하게 되었습니까? 오늘날의 주된 도전은 무엇입니까?

(4) 연합감리교회는 성경, 전통, 경험, 이성을 신앙과 행동의 원천이요 기준으로 이해하고 있으며, 이 가운데 성경을 가장 중요한 것으로 여기고 있습니다. 우리교회의 이

입장을 당신은 어떻게 이해하고 있으며, 이러한 이해가 당신의 사역 활동에 어떤 영향을 주었다고 생각합니까?

  b) 소명에 관하여

(1) 사역 경험이 안수받은 집사로서의 당신의 소명을 어떻게 이해하게 하였습니까?

  c) 사역 활동에 관하여

(1) 당신은 섬기는 사역을 위하여 감독의 파송을 받을 각오가 되어 있습니까?

(2) 사역을 위한 당신의 은사를 기술하고 평가하십시오. 그리고 그것이 어떻게 풍성한 사역의 열매를 맺게 하였습니까? 당신의 강한 점은 무엇이며 풍성한 사역을 이루기 위하여 어떤 면에서 더 강화되어야 한다고 생각합니까?

(3) 이 세상 안에서의 예수 그리스도의 선교를 위하여, 또 기독교 복음을 위한 가장 효능 있는 증거자가 되기 위하여, 사역자가 지닌 영향력의 중대성에 비추어 당신은 크리스천의 최고 이상적 생활을 위하여 자기 자신을 전적으로 바칠 각오가 되어 있습니까? 이 목적을 달성하기 위하여 몸의 건강을 유지하며, 의도적으로 지적인 발전을 도모하며, 결혼생활에서는 배우자에게 충실하며, 독신일 때에는 성생활을 하지 않으며, 모든 인간 관계에서 성실하며, 사회적 책임감을 증대하며, 하나님의 사랑과 지혜와 은혜 안에 날로 자라나는 데에 이바지하는 개인적인 습성을 길러 책임 있게 자기 자신을 단속할 것에 찬동합니까?[17]

(4) 당신은 모든 사람들에게 인종, 피부색, 민족, 출신국, 사회계층, 남녀, 연령, 경제적 여건, 또는 기능장애와 상관없이 봉사할 각오가 되어 있는지 그 증거를 보여주시오.

(5) 당신은 목회상의 모든 대화를 하나님과 당사자 간의 고백으로 간주, 그 비밀을 지키겠습니까?

(6) 평화와 정의를 위하여 사역한 경험이 있는지 그 증거를 제시하시오.

  d) 정회원에의 허입 및 집사 안수를 위한 역사적 심사—고위 목회자로서의 감독은 허입을 원하는 이들로 하여금 연회에서 심사받기 전에 자기 자신들을 기도하는 가운데 진지하게 탐색하여 보도록 한다. 심사받을 때 감독은 또한 다음과 같은 질문의 역사적 성격에 대하여 연회에 설명하고 그 질문들의 참 정신과 의도를 해석하여 준다. 그 질문들은 아래에 열거한 것과 필요하다고 여겨지는 것들로 구성되어 있다.

(1) 당신은 그리스도를 믿습니까?

(2) 당신은 완전무결함에 이르는 중에 있습니까?

---

17. 사법위원회 판정 542 참조.

(3) 당신은 이 삶에서 사랑으로 온전하게 되기를 바라고 있습니까?
(4) 당신은 진정으로 그것을 바라고 있습니까?
(5) 당신은 자신을 하나님과 그분의 일에 전적으로 바치기로 작정하였습니까?
(6) 당신은 우리교회의 '총칙'을 아십니까?
(7) 당신은 우리교회의 '총칙'을 지키겠습니까?
(8) 당신은 연합감리교회의 교리를 연구하였습니까?
(9) 충분히 그것을 검토한 후에 당신은 그 교리가 성서와 일치하고 있다고 믿습니까?
(10) 당신은 우리 교단의 규정과 정체를 연구하였습니까?
(11) 당신은 우리 교단의 행정 체제와 제도를 받아 들입니까?
(12) 당신은 그것을 받들어 지켜 나가겠습니까?
(13) 당신은 자비를 베푸는 사역을 하겠습니까?
(14) 당신은 어느 곳에서나 어린이들을 열심히 가르치겠습니까?
(15) 당신은 심방을 하겠습니까?
(16) 당신은 금식 또는 절제생활을 모두 계율과 모범을 보임으로써 장려하겠습니까?
(17) 당신은 모든 시간을 하나님의 일을 위하여 바치기로 작정하였습니까?
(18) 당신의 일에 수치가 될 만큼 당신은 빚을 지고 있습니까?
(19) 당신은 다음과 같은 사항을 지키겠습니까?

(a) 부지런하라. 놀지 말라. 하찮은 일은 하지 말라. 결코 시간을 헛되이 보내지 말라. 필요 이상으로 한 곳에서 너무 많은 시간을 보내지 말라.

(b) 시간을 엄수하라. 모든 일을 제 시간에 꼭 마쳐라. 그리고 우리의 규칙을 고칠 것을 생각하지 말고 지키도록 하여라. 저주받을까 두려워서가 아니라 양심에 충실하기 위함에서다.

6. 집사 안수 및 정회원 허입을 위한 모든 요건을 갖춘 연회의 준회원은 정회원으로 허입됨과 동시에 감독에게서 안수를 받을 자격이 있다. 감독과 연회서기는 그들이 정회원으로 선출됨에 따라 연회 정회원증을, 안수 후에는 안수증을 수여한다.

7. 집사는 '집사 안수식 예문'을 사용하여 감독이 머리에 손을 얹음으로써 안수를 받는다(¶415.6을 참조). 감독은 안수할 때

다른 집사들의 도움을 받아야 하며, 본 교단의 평신도를 감독이 선정, 이에 동참시킬 수 있다. 일체된 교회들(full communion partners) 및 기타 교회들의 정식 대표자들도 주재감독과 함께 안수받는 이들의 머리 위에 손을 얹을 수 있으며, 이에 동참하는 집사들과 평신도들은 후보자의 등이나 어깨에 손을 얹을 수 있다.

제8절 집사와 준회원 집사의 여러 가지 사역에의 파송

¶331. *집사들과 준회원 집사들의 다양한 사역에의 파송*—1. 정회원 집사들과 준회원 집사들은 자기들의 전문 사역 분야에서 봉사하기 위하여 다음과 같은 현장에 파송을 받을 수 있다. 곧

a) 교회연합사업 기관을 포함하여 이 세상에서 그리스도의 사랑과 의를 증거하고 봉사하며 세상에서 가장 궁핍하고 잊어지고 소외당하고 있는 사람들을 교회와 연결시켜 주는 기관 및 개체교회 이외의 다른 곳,

b) 연합감리교회와 연관된 기관, 학교, 대학, 신학대학원 및 연합감리교회의 연대체제 내에 있는 기관,

c) 세상을 향한 교회의 사명을 다하게 하며 모든 그리스도인들의 봉사의 소명을 이루게 하는 개체교회, 목회구역, 협동목회교구,

d) 연합감리교회와 연관된 대학이나 신학대학원에 강사나 교수로 임용되기 위하여 박사 과정 연구 프로그램의 학생으로,

e) 연합감리교회와 연관된 대학이나 신학대학원의 강사나 교수로,

2. 집사들과 준회원 집사들은 학교에 다니도록 파송을 받을 수 있다.

3. 집사들과 준회원 집사들은 자신들의 소명을 성취할 수 있게 하여 주는 곳에 파송을 받되, 감독과 감리사회와 안수사역부가 납득할 수 있게, 목표, 평가 및 책임에 관하여 감리할 수 있는 현장이어야 한다.

4. *개체교회 이외에 파송된 집사들과 준회원 집사들*.

a) 집사들과 준회원 집사들은, 감독과 안수사역부가 한 현장을 세상에서 그리스도의 사랑과 공의를 증거하는 개체교회 밖의 파송으로 인정하였을 때 한하여, 연합감리교회와 관련이 없거나 초교파적 현장에 파송받을 수 있다. 그러한 파송을 받기 원하는 이들은 서면으로 감독과 안수사역부에 이를 요청하되, 원하는 현장에 관하여 자세히 서술하고, 그 사역에의 소명과 은사와 이를 위한 하나님의 은총의 증거를 보여주며, 가려고 하는 현장이

¶331

어떻게 자신의 안수 서약을 성취하게 되는지를 기술하여야 한다. 또한 그 파송지의 책임 구조가 어떻게 되어 있는지를 신청서에 자세히 기술하여야 한다.

b) 개체교회 이외에 파송된 집사와 준회원 집사는 총회고등교육안수사역부의 인정을 요청할 수 있다. 총회고등교육안수사역부는 집사나 준회원 집사가 속한 연회 감독에게 본 부가 인정한 이들의 고용이 적절한지 매년 이를 확인하여 재파송을 요청하여야 한다.

c) 집사들과 준회원 집사들은 그들이 속한 연회에 순응하며, 가능한 한 그들 연회의 사역과 관계를 유지하고 이에 참여하며, 그들이 할 수 있는 일에 요청을 받았을 때, 이를 수락하여야 한다. 집사들과 준회원 집사들이 자기 연회가 아닌 지역의 개체교회 이외의 사역에 파송될 때에는, 본인이 속한 연회의 감독이 그 지역 감독과 상의한 후 파송을 결정한다.

d) 집사들과 준회원 집사들은 총회재무행정협의회가 연회에서 사용할 수 있도록 만든 공식적인 서식에, 서면으로 매년 감독과 지방감리사와 안수사역부에 보고하여야 한다.

자기 연회 경계 밖의 지역에서 봉사하고 있는 집사들과 준회원 집사들은 그 보고서의 사본을 그들이 거주하고 봉사하는 지역의 감독에게 보내야 한다.

e) 총회고등교육사역부 안수사역국은 연회안수 사역부와 감리사회를 돕기 위하여 개체교회 이외의 파송 현장에서 행하여지는 사역의 적절함을 인정하기 위한 지침서를 마련할 것이며 감독과 감리사회의 자문에 늘 응할 것이다.

자기가 속한 연회 밖의 현장에 파송된 집사와 준회원 집사는 현장이 위치하고 있은 지역의 감독에게 보고서의 사본을 또한 보내야 한다.

5. 집사들과 준회원 집사들이 기관이나 개체교회 이외의 다른 곳에서 봉사할 때에는, 감독은 해당 집사들과 준회원 집사들 및 담임목사와 협의한 후 한 교회에 그를 파송하여 거기서 다른 그리스도인들의 사역을 돕는 지도자로 봉사케 한다. 이러한 사역에 종사할 때 집사들과 준회원 집사들은 담임목사, 구역회 및 사역을 주도하는 기구에 책임을 진다. 다른 감독구 지역에서 봉사하는 집사들과 준회원 집사들은 그 구역의 감독들과 협의한 후 개체교회에 파송된다.

6. 집사들과 준회원 집사들은 감독이 파송한다.

a) 이 파송은 집사들과 준회원 집사들 본인, 그의 사역을 원하는 기관, 감독 또는 지방감리사가 제청할 수 있다.

b) 모든 그리스도인들이 소명받은 일과 집사들 및 준회원 집사들의 훈련받고 허가받은 일과를 분명히 구별하기 위하여 섬기는 지도력을 어떻게 발휘할 것인가를 서면으로 명시한다.

c) 만일 감독과 감리사회의 판단에 그 일에 파송하는 것이 교회에 덕이 되지 못한다고 인정될 때, 감독은 파송을 거부할 수도 있다. 이러한 경우 감독은 해당 집사 또는 준회원 집사 및 안수사역부와 협의하여야 한다. 이때 집사 또는 준회원 집사는 다른 직장을 찾든지, 휴직을 요청하든지, 과도적 휴직을 요청하든지, 연회 회원증을 연회 서기에게 반납하든지, 또는 징계 처분을 받아 자격이 정지된다. 강제적인 자격 중지의 경우 행정 신문회의 공정한 절차를 (¶361.2) 밟아야 한다.

d) 집사들과 준회원 집사들은 본인의 요청 또는 동의하에 보수가 없는 직장에 파송받을 수 있다. 그러한 선교적 파송은 교회의 사회적 관심을 나타내며, 가난한 자들을 위하여 봉사하며, 장래에 일어날 궁핍한 일들을 극복하는 데 그 목적이 있다. 이러한 경우에는 감독은 파송할 계획을 신중히 검토하여 집사 또는 준회원 집사의 안녕과 가족들의 재정적 안정에 관하여 해당 집사와 의논한다.

7. 집사 또는 준회원 집사의 요청과 감독, 감리사회의 동의로 집사 또는 준회원 집사는 다음과 같은 조건하에 비전임 파송을 받을 수 있다. 곧

a) 집사 또는 준회원 집사는 그러한 요청의 사유를 파송을 결정할 연회가 모이기 적어도 90일 전에 감독과 안수사역부에 서면으로 제출하여야 한다.

b) 비전임 파송은 집사 또는 준회원 집사가 감독에게 매년 요청한다.

c) 감독은 집사 또는 준회원 집사의 요청과 연회안수사역부 실행위원회의 추천이 있을 때, 비전임 파송을 잠정적으로 할 수 있다.

8. 집사들과 준회원 집사들은 그들의 감독 및 다른 교단의 파송권자의 승인으로 자기가 속한 연회 회원의 자격을 상실함이 없이 다른 교단으로 파송받을 수 있다. 파송은 예외적인 선교의 필요에 응하여 이루어질 수 있다.

9. *집사들과 준회원 집사들의 구역회 회원권.*

a) 개체교회, 구역, 또는 협동교구에 파송된 집사들과 준회원 집사들은 그곳 구역회의 회원이 된다.

b) 개체교회 이외의 현장에 파송된 집사들과 준회원 집사들은 담임목사와 상의한 후, 담임목사와 지방감리사의 서면 승인으로, 자기들이 속하여 있는 연회의 한 구역회와 관계를

¶331

맺고 있어야 하며, 그 연회에 매년 보고서를 제출하여야 한다. 자기들이 속하여 있지 않은 연회 지역에 파송받아 봉사하는 집사들과 준회원 집사들은 파송지 연회의 한 구역회와 소속 관계를 맺어야 한다.

10. *감독의 파송을 받은 집사들을 위한 재정적 지원.*

a) 집사들과 준회원 집사들은 그들이 파송받은 곳의 정책과 계약에 따라 지원을 받는다.

b) 개체교회, 목회구역 또는 협동교구에 파송된 집사들은 장로들을 위하여 연회가 책정한 공정봉급 규정보다 적어서는 안 되는 봉급을 개체교회, 목회구역, 또는 협동목회구역에서 받아야 한다 (¶625.2). 개체교회, 목회구역 또는 협동교구에 파송된 준회원 집사들은 준회원 장로들을 위하여 연회가 책정한 공정봉급 규정보다 적어서는 안 되는 봉급을 개체교회, 목회구역, 또는 협동목회구역에서 받는다 (¶625.2, .4). 집사들과 준회원 집사들이 개체교회, 목회구역 또는 협동교구에 비전임으로 파송되었을 경우에는, 장로 또는 준회원 장로들을 위하여 책정한, 4분의 1씩 증가하는 최저 봉급보다 적은 봉급을 받아서는 안 된다 (¶331.6d 참조).

c) 집사들과 준회원 집사들은 교단의 모든 은급 플랜과 프로그램에 가입하여야 한다. 연회가 정한 프로그램의 규정과 기준에 정하여진 연회의 의료보험 및 기타 프로그램에, 달리 따로 들지 아니한 한, 가입하여야 한다.

d) 위의 규정(§ 10a-c)은 무보수 직장에 파송된 집사들과 준회원 집사들에게는 해당되지 않는다 (§ 6d).

e) 집사들과 준회원 집사들은 교회에서 직장이 보장되어 있지 않으므로 그들이 해직을 당할 때 새로운 직장을 얻을 때까지 충분한 시간을 갖도록 특별한 배려를 하여야 한다. 마지막 해직 통고는 ¶2702에 규정된 이유를 제외하고는 90일 전에 하여야 한다. 집사들과 준회원 집사들은 목회위원회와의 사전 면담과 감리하고 있는 지방감리사와 주재감독의 충분한 양해없이 파송된 개체교회에서 해고되어서는 안 된다.

제9절 안수받은 정회원 장로 (Elder)

¶332. *장로의 사역*—장로들은, 하나님의 은혜로 그들의 공식적인 준비 과정을 마쳤으며, 안수사역을 위임받고 준회원으로 봉사하여 왔으며, 교회가 그들이 건전한 지식과 그리스도인의 성품을 지녔고 필요한 은사가 있다고 인정하여

안수받은 정회원 장로 ¶333

그 소명을 확인한 사역자들이다. 장로들은 일생 동안 말씀과 성례전과 치리와 봉사의 사역에 종사하기 위하여 안수를 받은 사람들이다. 그들은 안수에 주어진 특권을 통하여 하나님의 말씀을 선포하고 가르치며, 목회 상담을 하며, 세례와 성만찬의 성례전을 집전하며, 선교와 사역을 위하여 교회생활을 치리한다. 장로들의 섬기는 지도자적 성격은, 개체교회와 연장사역에서 하나님의 백성을 예배와 기도로 인도하며, 사람들을 예수 그리스도를 믿도록 인도하며, 목회 활동을 감독하며, 교회가 세상에서 선교할 때 이를 치리하는 일 등에서 나타난다.

장로회의 회원으로서 모든 장로들은 연회의 다른 모든 장로들과 성약을 맺고 있으며 그들의 안수회 생활에 참여하여야 한다.

¶333. *정회원 장로*—1. 따로 세움을 받아 안수를 받은 연회의 정회원은 연회의 모든 안수 사역자들과 특별한 성약 관계를 맺고 있다. 이 성약을 준수함에 있어 그들은 안수사역의 의무를 수행하여야 하며, 성약을 맺은 이들이 정한 안수사역의 기준을 지켜 나가야 한다. 그들은 파송권을 가진 이가 본인들과 의논한 후에 정한 파송지에 주저함없이 나가 봉사한다.[18] 그들은 모든 동료 사역자들과 서로 신뢰하고 살며, 서로 관심을 보이며, 그들과 함께 친교의 성화(sanctification of the fellowship)를 추구하여 나간다. 그들은 성약관계를 맺음으로써 심사위원회, 재판소, 항소위원회에 봉사하는 것을 포함한 사역자의 징계 과정을 받아들이고 이에 헌신한다. 의심할 여지가 없는 도덕심과 참된 경건성을 지니고 있으며, 기독교의 근본적인 교리에 대하여 건전한 견해를 가지고 있으며, 자기들의 직무를 수행함에 있어 충성을 다하는 사람만이 정회원으로 선임되어야 한다.[19]

2. 장로 안수와 정회원 허입에 필요한 모든 요건을 갖춘 연회 준회원은 정회원으로 선출되어 감독의 안수를 받을 자격이 있다. 감독과 연회 서기는 그들이 정회원으로 선출됨에 따라 연회 정회원증을, 안수 후에는 안수증을 수여한다.

3. 장로는 '장로 안수식 예문'을 사용하여 감독이 머리에 손을 얹음으로써 안수를 받는다 (¶415.6을 참조). 감독은 안수할 때 다른 장로들의 도움을 받으며, 본 교단의 평신도를 감독이 선정하여 안수식에 동참시킬 수 있다. 일체된 교회들 (full communion partners) 및 기타 교회들의 정식 대표자들도 주재감독과 함께 안수받는 이들의 머리 위에 손을 얹을 수 있으며, 이에 동참하는 장로들과 평신도들은 후보자의 등이나 어깨에 손을 얹을 수 있다.

---

18. 사법위원회 판정 492 참조.
19. 사법위원회 판정 406, 534 참조.

¶**334.** *정회원 장로의 사역, 권한 및 임무*—정회원 장로는 아래와 같이 교회에서 영적인 일과 세상 일에 섬기는 지도자로 봉사하도록 허락을 받고 있다.

1. 정회원 장로는 평신도 대의원을 총회와 지역총회 혹은 해외지역총회에 선출하는 일 (¶602.1a) 이외의 모든 사항에 대하여 정회원 집사와 함께 연회에서 투표할 권리를 가지며, 사역자의 안수와 자질과 연회 관계에 관한 사항에 대하여 전적인 책임을 진다. 이러한 책임을 안수사역부에 주어진 추천권에도 불구하고 안수사역부의 천거 또는 천거 거부의 구애를 받지 않고 수행한다.[20] 그들은 연회의 직분을 맡을 자격이 있으며, 헌장의 규정(¶35, 제Ⅳ조)에 따라 총회와 지역총회 혹은 해외지역총회에 대의원으로 선출될 수 있다. 하자가 없는 각 현직 정회원 장로는 장로로 선출된 후 계속 감독의 파송을 받는다. 단, 만일 장로가 선교연회의 소속목사로 봉사하도록 파송을 받았다가 (¶586) 그 선교연회 주재 감독에 의하여 파송이 중단되었을 경우에는, 그 장로가 속하여 있는 연회 감독이 그를 파송할 의무와 책임이 있다.[21]

2. 아래에 적은 사항은 장로들이 수행하여야 할 직무상의 의무이며 (¶340), 그들의 책무를 이행하는 기본이요, 계속 파송을 보장받을 수 있는 주요한 근거가 된다. 곧

a) 계속 파송받을 준비 태세.[22]

b) 목회위원회 또는 이와 동등한 기구 및 지방감리사 또는 이와 동등한 권한 소지자와 함께 매년 자신을 평가할 때 이에 참여.

c) 목회위원회와 지방감리사 또는 이들과 동등한 권한을 소지한 자와 매년 실시한 면담을 통하여 유능성이 입증되어야.

d) 연속 교육을 통한 전문적인 능력과 유능성의 확대. 연회안수사역부는 연회원들을 위하여 연속 교육을 위한 최소한의 기준과 가이드라인을 설정할 수 있다.

e) 연대체제 내에서 남을 지도할 책임과 멘토의 역할을 담당할 마음가짐.

3. 장로의 효율성(effectiveness)에 문제가 있으면, 감독은 다음과 같은 절차를 모두 밟아야 한다. 곧

a) 문제가 무엇인지 확인한다. 이것은 직책상의 책임 불이행 또는 소명에의 유능성 상실 등을 포함할 수 있다.

b) 당사자와의 대화를 통하여 문제가 무엇인지 확인하고 함께 문제를 해결할 방도를 모색한다.

---

20. 사법위원회 판정 690 참조.
21. 사법위원회 판정 462, 492, 534, 555 참조.
22. 사법위원회 판정 492 참조.

c) 평가 후, 개선 방도를 시행하지 않았다거나 또는 장래에는 효율성이 좋아질 것이라는 현실적인 기대감을 갖게 되었는지 결정한다.

4. 만일 장로가 안수사역위원회와 감리사회를 통하여, 연회가 정의한 목사의 능력 또는 효율성을 보여주지 못하면 (¶340), 감독은 ¶359에 규정된 해임조치를 취하기 시작할 수 있다.

5. 은퇴하였거나 기능장애 또는 안식년 휴직에 있는 교역자들은 자신의 발의로 자기가 거주하는 지역의 연회에 소속 연회원으로 있을 것을 그 연회 안수사역부에 신청할 수 있다. 정회원 교역자 회의에서 3분의2 찬성표로써 그러한 교역자는 연회의 소속회원으로 있을 수 있으며, 연회의 모든 위원회, 부서, 특별위원회 등에서 봉사할 수 있는 특권을 누릴 수 있다. 그러나 그들은 발언권만 있고 투표권은 없다. 투표권은 자기가 속한 원 연회에서 이 기간 행사할 수 있다. 이러한 사역자들은 한 번에 한 연회에 국한하여 모든 위원회, 부서 등에서 봉사할 수 있다.

¶335. *정회원 장로에의 허입 필요 조건들 (Requirements for Admission to Full Connection and Ordination as Elder)*─준회원으로 적어도 2년 이상 봉직한 정회원 및 장로 안수를 위한 후보자는 다음과 같은 자격을 갖추었을 때, 안수사역부의 4분의 3의 추천에[23] 의하여 연회 정회원 교역자들의 4분의 3의 찬성표로 연회 정회원으로 받아들일 수 있다. 곧, (1) 아래 3(*b*)에 정한 교육 요건을 필한 후 적어도 만 2년의 연회 기간 동안 파송받아 봉직하였어야 한다. 정기적인 말씀의 선포와 성례전의 집전과 단기 또는 장기간 신앙 공동체를 치리하여야 하는 것을 필요로 하는 사역 현장에서 봉사한 연수는, 이 요건을 충족시킨 것으로 계산할 수 있다. 이러한 사역 현장으로는 학원목회, 대학 교목직, 병원 원목직, 형무소 형목직, 군의 군목직, 해외/선교사역 및 기타 총회고등교육사역부 안수사역국이 그렇게 인정하는 사역들을 들 수 있다. 안수사역부의 추천에 의하여 연회는 비전임 활동을 전임 봉사와 동등한 것으로 간주할 수 있다.[24]

이러한 결정은 봉사한 연수, 봉사활동의 질, 지원자의 성숙도 및 다른 연관된 요소들을 고려하여 결정한다. 이들을 위한 감리는, *(a)* 지방감리사 자신이나 지방감리사를 대리하는 목사와, *(b)* 연회안수사역부가 위임한 멘토가 그 책임을 맡는다. 그들의 봉직활동은 연회안수사역부가 계획하고 연회 정회원 교역자들이 채택한 기준에 의거 안수사역부에서 효율적이라는 평가를 받아야

---

23. 사법위원회 판정 157, 344, 1199 참조.
24. 사법위원회 판정 440 참조.

한다.[25] 아주 드문 경우이지만, 만일 적절한 감독을 하였다면, 안수사역부는 3분의 2의 찬성표로 독립감리교회에서 봉사한 연수를 이 요건을 충족한 것으로 인정할 수 있다. (2) 이전에 이미 준회원으로 선출되어 집사 안수를 받았어야 한다. (3) 아래 열거한 교육 요건을 갖추어야 한다. 곧, *(a)* 고등교육자문위원회가 인가한 대학에서 문학사 또는 이와 동등한 학위를 취득하였거나 또는 총회고등교육사역부와 협의하여 마련한 절차에 따라 그의 자격이 동등하다고 인정된 이, *(b)* 고등교육자문위원회가 인가한 신학대학원에서 신학석사 학위 또는 총회고등교육사역부가 동등하다고 인정하는 학위를 취득한 이, 또는 *(c)* 본처목사를 위한 ¶324.6의 교육 요건을 갖춘 이, *(d)* 어떤 경우에든 교육 요건은 ¶324.4a에 명시된 바 기독교 신앙에 관한 기본적인 대학원 과정을 완수하여야 한다. (4) 신체적으로, 정신적으로, 또한 정서적으로 건강하다고 안수사역부가 인정하여야 한다. (5) 안수사역부가 정한 성경구절로 설교를 적어도 한 개 작성하여 설교하여야 한다. (6) 성경을 교인들에게 가르칠 자세한 계획과 그 개요를 제출하여야 한다. (7) "세상을 변화시키기 위하여 예수 그리스도의 제자를 삼자"는 우리교회의 선교사역을 성공적으로 실현할 수 있는 프로젝트를 제시하여야 한다. (8) 안수사역부에서 정한 교리 시험에 필기 혹은 구두시험으로 응하여야 한다. 후보자는 이 시험에서 필기와 구두로 분명히 자기 뜻을 전달할 수 있는 능력을 가지고 있어야 한다. 후보자의 사고나 안수사역부의 응답은 <장정> 제3편을 통달하고 있어야 한다. 시험 준비를 위하여 다음과 같은 문제를 하나의 지침으로 제시한다.

a) 신학에 관하여

(1) 당신의 사역 활동이 아래 열거한 사항들을 체험하고 이해하는 데에 어떻게 영향을 주었는지 예를 들어 보십시오.

(a) 하나님
(b) 인간
(c) 하나님의 은총의 필요성
(d) 예수 그리스도의 주님되심
(e) 성령의 역사
(f) 성례전의 뜻과 의미
(g) 하늘 나라
(h) 부활과 영생

(2) 당신은 아래와 같은 전통적인 복음의 교리 곧, *(a)* 회개, *(b)* 칭의 (稱義 justification), *(c)* 중생 (重生 regeneration),

---

25. 사법위원회 판정 555, 719 참조.

안수받은 정회원 장로 ¶335

(d) 성화(聖化 sanctification) 등을 어떻게 이해하고 있습니까? 그리스도인들 삶의 모양새는 어떤 것입니까?

(3) 사역을 하는 가운데 교회의 본질과 사명이 무엇이라고 이해하게 되었습니까?

(4) 연합감리교회는 성경, 전통, 경험, 이성을 신앙과 행동의 원천이요 기준으로 이해하고 있으며, 이 가운데 성경을 가장 중요한 것으로 여기고 있습니다. 우리교회의 이 입장을 당신은 어떻게 이해하고 있으며, 이러한 이해가 당신의 사역 활동에 어떤 영향을 주었다고 생각합니까?

b) 소명에 관하여

(1) 사역한 경험이 안수받은 장로로서의 당신의 소명을 어떻게 이해하게 하였습니까?

c) 사역 활동에 관하여

(1) 당신의 현지 사역이 지금까지 자신이 기대하고 의무로 여겨졌던 파송제도를 이해하는 데에 어떻게 영향을 주었습니까? 당신은 파송권자의 파송을 받고 봉사하라는 명령에 주저함없이 순종할 각오가 되어 있습니까?

(2) 사역을 위한 당신의 은사를 기술하고 평가하십시오. 그리고 그것이 어떻게 풍성한 사역의 열매를 맺게 하였습니까? 당신의 강한 점은 무엇이며 풍성한 사역을 이루기 위하여 어떤 면에서 더 강화되어야 한다고 생각합니까?

(3) 이 세상에서 예수 그리스도의 선교를 위하며, 그리스도의 복음을 위한 유능한 증인이 되는 데 있어, 안수받은 교역자의 영향이 지대하므로, 당신은 그리스도인의 가장 이상적인 생활 양식에 자신을 바치기로 작정하겠습니까? 이 목적을 달성하기 위하여 몸의 건강을 유지하며, 정신적, 정서적 성숙을 도모하며, 모든 인간 관계에서 성실하며, 결혼생활에서는 배우자에게 충실하며, 독신일 때에는 성생활을 하지 않으며, 사회적 책임을 증대하며, 하나님의 사랑과 지혜와 은혜 안에 날로 자라나는 데 이바지하는 개인적인 습성을 길러 책임 있게 자기 자신을 단속할 것에 동의합니까?[26]

(4) 당신은 모든 사람들에게 인종, 피부색, 민족, 출신국, 사회 계층, 성별, 연령, 경제적 여건, 또는 신체장애와 상관없이 봉사할 각오가 되어 있는 지, 그 증거를 보여주시오.

(5) 당신은 목회상의 모든 대화를 하나님과 당사자 간의 고백으로 간주, 그 비밀을 지키겠습니까?

(6) 평화와 정의를 위한 사역을 경험한 증거를 제시하시오.

---

26. 사법위원회 판정 542 참조.

¶336

연회에의 정회원 허입과 유임

¶336. *정회원 허입에 관한 역사적 심사*—고위 목회자로서의 감독은 허입을 원하는 이들로 하여금 연회에서 심사받기 전에 자기 자신들을 기도하는 가운데 진지하게 탐색하여 보도록 한다. 심사받을 때 감독은 또한 다음과 같은 질문들의 역사적 성격에 대하여 연회에 설명하고 그 질문들의 참 정신과 의도를 해석하여 준다. 그 질문들은 아래에 열거한 것과 필요하다고 생각되는 것들로 되어 있다.

1. 당신은 그리스도를 믿습니까?
2. 당신은 온전한 사람이 되어가는 중에 있습니까?
3. 당신은 이 삶에서 사랑 안에 온전히 되기를 바라고 있습니까?
4. 당신은 진정으로 그것을 바라고 있습니까?
5. 당신은 자신을 하나님과 그의 사업을 위하여 전적으로 바치기로 작정하였습니까?
6. 당신은 우리교회의 "총칙"을 아십니까?
7. 그것을 지키겠습니까?
8. 당신은 연합감리교회의 교리를 연구한 적이 있습니까?
9. 충분히 그것을 검토한 후에 당신은 그 교리가 성서와 일치하고 있다고 믿습니까?
10. 당신은 그것을 설교하고 지켜 나가겠습니까?
11. 당신은 우리 교단의 장정과 정체를 연구하였습니까?
12. 당신은 우리 교단의 행정 체제와 정체를 받아들입니까?
13. 당신은 그것들을 받들어 지켜 나가겠습니까?
14. 당신은 어린이들을 부지런히 어디에서나 가르치겠습니까?
15. 당신은 집집마다 심방을 하겠습니까?
16. 당신은 금식과 절제생활을 훈계와 모범으로 장려하겠습니까?
17. 당신은 모든 시간을 하나님의 사업을 위하여 바치기로 작정하였습니까?
18. 당신의 일에 수치가 될 만큼 당신은 빚을 지고 있습니까?
19. 당신은 다음과 같은 사항을 지키겠습니까?

   a) 부지런 하라. 놀지 말라. 하찮은 일은 하지 말라. 결코 시간을 헛되이 보내지 말라. 필요 이상으로 한 곳에서 너무 많은 시간을 보내지 말라.

   b) 시간을 엄수하라. 모든 일을 제 시간에 꼭 마쳐라. 그리고 우리의 규칙을 고칠 것을 생각하지 말고 지키도록 하여라. 저주받을까 두려워서가 아니라 양심에 충실하기 위함에서다.[27]

---

27. 이 질문들은 연회의 정회원이 되기 위하여서는 누구나 대답하여야 하

제10절 여러 가지 사역에의 파송

¶337. *일반 규정*—1. 아무 하자가 없는 연회의 모든 정회원 장로들은 안식년 휴직, 의료 휴직(¶356), 가사 휴직, 휴직, 또는 은퇴하거나 또는 계속 파송받을 자격을 상실하지 아니한 이상 (¶334.2, .3), 매년 감독의 파송을 받는다. 단, 만일 장로가 선교연회의 소속 목사로 봉사하도록 파송을 받았다가(¶586.4b) 그 선교연회 주재감독이 그의 파송을 중단하였을 경우에는, 그 장로가 속하여 있는 연회의 감독이 그를 파송할 책임이 있다.[28]

2. 안수받은 장로들 이외에, 정회원 교역자들의 투표로 목회 사역을 위하여 인허받은 사람들은, ¶¶315-318 에 명시된 특별한 조건 하에 개체교회에 파송받을 수 있다.[29] 모든 교역자 연회원들과 인허받은 본처목사들은 '사회생활 원칙'에 제시된 기독교의 가르침과 일치하는 생활양식을 유지하고 있어야 한다.

3. 장로들, 협동회원들, 준회원 장로들, 목회사역에 인허받은 이들은 연합감리교회의 연장사역 현장에 파송받아 세상에서 그리스도의 사랑과 공의를 증거하고 선포하는 사역에 종사할 수 있다. 그들은 연회로부터 목회사역 현장에 파송받은 이들과 똑같은 정신적, 영적 도움을 받는다. 그들에 대한 유능성 평가는 그들이 사역하고 있는 실질적인 현장에서 이루어져야 한다. 그러한 사역 현장은 가르치는 일, 목회상담, 채플레인직, 학원선교, 사회사업, 그리고 연회안수사역부가 인정하여 감독이 승인한 기타 사역들을 포함한다.

a) 정회원 집사와 장로들, 협동회원들, 준회원들, 목회사역에 인허받은 이들은 특별사역 현장에서 목회상담 사역에 파송받을 수 있다. 구체적인 연장사역에 관하여 ¶326과 ¶¶343-344를 보라.

b) 장로들은 연합감리교회와 연관된 대학이나 신학대학원에서 강사나 교수가 되기 위한 박사 과정 연구 프로그램의 학생 신분을 포함한 연장사역에 파송받을 수 있다. 장로들은 또한 연합감리교회와 연관된 대학이나 신학대학원의 강사나 교수로 파송받을 수도 있다.

c) 이러한 사역에 파송받은 모든 사람들은,

(1) 적절한 지원과 책임구조가 형성되어 있는 곳에 파송받아야 하며,

(2) 사역에 종사하는 동안 계속 연회에 복종하여야 하며,

는 것으로서, 모든 감리교 목사들에게 처음부터 요청되어 온 것들이다. 이는 존 웨슬리가 만든 것으로서 얼마 수정되지 않고 지금까지 내려오고 있다.

28. 사법위원회 판정 380, 462, 492, 524, 702, 985, 1226 참조.
29. 사법위원회 판정 1226 참조.

(3) 그들 사역 활동에 관한, 서술 형식으로 된 보고서를 포함하여 연속 교육 이수증과 사역 현장에서의 평가서를 연회에 매년 보고하여야 하며,

(4) 구역회와의 관계를 계속 유지하여야 한다.

¶338. *순회제도*—순회제도는 연합감리교회가 받아들인 방법으로서, 안수받은 장로들과 준회원 장로들과 협동회원들이 봉사할 임지에 감독으로부터 파송을 받아 가는 제도를 뜻한다.[30] 모든 안수받은 장로들과 준회원 장로들과 협동회원들은 이러한 파송을 수락하고 이에 순종하여야 한다.[31] 감독과 감리사회는 열린 순회(파송)제도와 선지자적인 강단과 다양성을 지켜야 한다. 단일 교구 또는 집단 교구나 대교구의 여러 사역자 중의 일원으로 파송받은 이들은 감독과 지방감리사들, 그리고 목회위원회 및 담임목사와 개인적인 것은 물론 직책상의 문제로 접촉을 가질 수 있어야 한다. 파송 절차의 성격은 ¶¶425-429에 자세히 기술되어 있다.

1. 전임으로 봉사하는 것이 연회의 안수받은 장로들과 준회원 장로들과 협동회원들의 기본적 규정이다. 전임이라 함은 감독으로부터 파송받은 임지에서 당사자와 목회위원회의 자문을 얻어 지방감리사가 정한 바, 일할 수 있는 모든 시간을 사역에 바쳐 종사함을 뜻한다.

2. *비전임 봉사*—때때로 장로, 준회원 장로 또는 협동회원은 비전임으로 봉사할 것을 요청하기도 하며 요청받기도 한다. 교역자 연회원은 연회에서 기본적인 권한이나 회원의 자격을 잃음없이 감독이 비전임으로 4분의 1, 2분의 1, 혹은 4분의 3 시간만 봉사하도록 파송할 수가 있다. 안수사역국이 인증한, 개체교회 이외의 파송도 비전임으로 봉사할 수 있다.

a) 비전임 파송은 보장되어 있지 않지만, 다음과 같은 사정이 생겼을 때 감독이 이에 파송할 수 있다.

(1) *제한된 순회사역 (Limited Itineracy)*— 비전임 사역은, 장로, 준회원 장로, 또는 협동회원이 전적으로 사역에 종사할 수 없는 어려운 사정이 생겨 이를 서면으로 표시할 때, 허락될 수 있으나 보장되지는 않는다. 교역자 회원은 파송하는 연회가 모이기 전에 감독과 연회안수사역부장에게 이를 서면으로 알려야 한다.

(2) *본인의 뜻에 의하여*—비전임으로 봉사하기를 원하는 장로, 준회원 장로, 또는 협동회원은 감독과 연회안수사역부장에게 파송하는 연회가 열리기 적어도 90일 전에

---
30. 사법위원회 판정 713 참조.
31. 사법위원회 판정 492 참조.

서면으로 이를 요청한다. 90일 전 마감일을 지켜야 할 요건에 대한 예외를 인정받으려면, 감리사회와 안수사역부 실행위원회의 승인을 얻어야 한다.

　　　　(3) *감독의 뜻에 의하여*—감독은 선교적인 차원에서 장로, 준회원 장로, 또는 협동회원을 비전임으로 파송할 수 있다. 교역자는 그러한 파송을 하는 연회가 모이기 90일 전에 현 파송이 끝날 것임을 통보받는다. 전임 파송의 중요성이 잘 유지되도록 이에 특별한 주의를 기울여야 한다.

　　b) 비전임 파송에 대한 규정

　　　　(1) ¶338과 ¶¶425-429에 규정된 대로 적절한 협의를 한 후 감리사회와 안수사역부의 공동 추천으로 비전임의 종류는 교역자 연회원들의 3분의 2 찬성표로 확인되어야 한다.

　　　　(2) 비전임으로 다시 파송받는 일은 매년 감독과 감리사회의 승인을 받아야 하며, 정회원 교역자들의 4분의 3 찬성으로 허락을 받기 전에는 합계 8년 이상을 파송받을 수 없다.

　　　　(3) 비전임으로 파송받은 장로와 준회원 장로와 협동회원은 순회제도 밑에 아직 머물러 있으므로 감독과 감리사회와 협의하여 전임으로 다시 봉사할 수 있다. 전임으로 다시 돌아오려고 하는 요청은 파송 연회가 열리기 전 적어도 6개월 전에 감독과 감리사회에 서면으로 통보하여야 한다.

　　　　(4) 장로 혹은 협동회원의 요청이 있으면, 감독은 ¶¶424-428에 규정된 협의 절차를 마치고 감리사회와 안수사역부 실행위원회의 추천을 얻어, 잠정적으로 이들을 비전임으로 봉사하도록 파송할 수 있다. 이 파송은 다음 정기 연회 때에 허가를 받아야 한다.[32]

　　3. 과도기에 있는 구역에 임시 파송을 할 수 있다.

　　a) 임시 교역자는 ¶346.1의 규정에 따라 자기가 속한 연회 밖의 임지에 파송을 받을 수 있다. 이때 연관된 감독들의 승인을 받아야 한다.

　　b) 잠정적인 파송은 지방감리사, 목회위원회, 임시 목회자들이 사전에 협의하여 정한 일정 기간에 한하여 실시한다.

　　4. 협동회원과 준회원과 정회원은 학교, 대학, 또는 고등교육자문위원회가 승인한 신학대학원에 다니도록 파송을 받거나, 또는 임상목회교육협의회 혹은 총회고등교육사역부가 승인한 기관이 인가한 현장에서 임상 목회 교육 프로그램에 참여할 수 있다.

¶339. "*목사(Pastor)*"*의 정의*—"목사(pastor)"라 함은 안수받은 장로, 준회원 집사(1992년 판 <장정>에 의한), 협동회원, 준회원 장로, 또는 정회원 교역자들의 결의로 인허받은 본처목사로서 감독으로부터 한 목회구역에, 순회목회구역에, 협동

---

32. 사법위원회 판정 579 참조.

¶339　　　　　　　안수받은 이들의 사역

목회구역에, 연장사역에, 초교파적 공동사역에[33] 또는 다른 교단의 교회 담임자 혹은 직원으로 파송받을 수 있는 이들을 말한다.

¶340. *장로와 인허받은 목사들의 책임과 임무*—1. 장로의 임무는 안수받을 때 주어진 권한에서 유래한다. 장로들은 "말씀"과 "성례전"과 "치리"와 "봉사"의 네 가지 사역에 종사함으로써, 개체교회 사역과 그리스도의 사랑과 공의를 증거하며 봉사하는 연장사역에 종사한다. 장로들은 목사로서, 감리사로서, 또한 감독으로서 말씀을 선포하고 가르치며, 목회상담을 하며, 성례전을 집전하며, 교회생활을 관리(치리)하며 선교와 사역 활동에 임하도록 권한을 부여받고 있다.

2. 인허받은 목회자들도 장로들과 함께, 주어진 파송지에서 이 네 가지 사역에 종사할 책임과 의무가 있다.

　a) 말씀과 교회 사역

　　(1) 말씀을 선포하며, 예배를 인도하며, 성경을 읽고 가르치며, 신도들로 하여금 연구와 증거하는 사역에 봉사하게 한다.

　　　(a) 기독교 신앙을 충성스럽게 전수한다.
　　　(b) 세상 사람들이 그리스도를 알고 그를 따르게 하기 위하여 교인들로 하여금 제자가 되며 전도자가 되도록 인도한다.

　　(2) 개인적, 윤리적, 또는 영적인 문제로 고민하는 이들을 위하여 상담한다.

　　(3) 교회의 혼례식과 장례식을 집례한다.

　　　(a) 당사자들과 마땅히 하여야 할 상담을 한 후 해당 주법과 연합감리교회의 규정에 따라 혼례식을 주례한다. 주례를 맡을 것인가에 대한 결정은 오로지 목사의 권한이며 그의 책임이다.

　　　(b) 장례식과 추모 예배를 드리며 애통하는 이들을 위하여 상담한다.

　　(4) 교회와 지역사회의 가정들, 특히 병든 이들과 고령자들과 필요로 하는 이들을 심방한다.

　　(5) 믿고 고백하는 것을 포함하여 모든 신뢰가

---

33. '초교파적 공동사역'(ecumenical shared ministries)이라 함은 연합감리교회의 개체교회와 다른 그리스도 교단의 교회(들)가 모여 하나의 교회를 형성한 것을 뜻한다. 이러한 사역은 다음과 같은 형태를 지니고 있다. (a) 교회 자체는 두 교단과 연관을 가지고 있으나, 교인들은 그중 한 교단의 교인으로 되어있는 연합교회, (b) 교인 전체가 하나가 되어 두 교단의 교인으로 되어있는 합일교회, (c) 두 개 이상의 교단 교회들이 하나의 교회를 형성하고 있으나, 각기 자기의 교단과만 연관을 맺고 있는 합동 교회, (d) 연합감리교회의 개체교회가 한 개 내지 그 이상의 교회들과 결합한 교회.

손상되지 않도록 유지하되, 의심이 가는 아동 학대 혹은 방치, 또는 국법이 의무적으로 보고하여야 한다고 하는 경우는 예외다.
  b) 성례전
    (1) 그리스도의 명령에 따라 세례와 성만찬의 성례전을 집전한다.
      (a) 유아나 어린이를 세례주기 전에 부모나 보호자를 준비케 하여 세례의 의미와 그들이 세례받을 어린이들을 그리스도인으로 양육할 책임이 있음을 가르쳐 준다.
      (b) 세례성약을 재천명하며 여러 성장 과정 단계에서 세례 때 한 서약을 새롭게 다짐하도록 권유한다.
      (c) 유아 혹은 어린 시절에 세례받은 이들이 학습을 받은 후 신앙을 고백하여 교회의 고백교인이 되도록 권유한다.
      (d) 성만찬의 의미를 설명하여 주고 성만찬은 그들이 믿음과 성결 가운데 자라게 하는 은혜의 한 방편이므로 이에 늘 참여하도록 권유한다.
      (e) 집사와 평신도를 선발하여 훈련시켜 성별한 성만찬의 성체를 분급하게 한다.
    (2) 개인적으로 또한 교회적으로 다른 은혜의 방편을 사용하도록 권장한다.
  c) 치리
    (1) 개체교회의 행정 담당자가 되며, 교회의 조직 구조가 제대로 되어 있는지 확인한다.
      (a) 목사로서 평신도 지도자들을 도우며 지도하며 훈련시켜 그들이 부름받은 사역을 감당하도록 한다.
      (b) 교회의 교육 프로그램을 감독하며 연합감리교회의 책자와 미디어를 사용하도록 권장한다.
      (c) 조직에 충실하며, 목표를 정하고 계획하며 평가하는 일에 책임을 진다.
      (d) 남녀 교인들을 찾아내어 집사, 장로, 본처목사의 사역과 기타 교회와 관계된 사역에 종사하도록 권고한다.
    (2) 파송지, 연회, 전체 교회에서 교회를 위한 세상 일을 관리한다.
      (a) <장정>의 규정을 관리한다.
      (b) 소정 양식에 따라 구역회와 연회에 목회사역에 관한 보고를 한다.
      (c) 교회의 재정 확보 사역을 주도한다.

¶340

반드시 지켜야 할 개인 기부금 명세서를 정확히 기록하여 놓아야 할 의무를 포함하여 교인들을 적절히 돌보기 위하여, 목사는 재무서기와 함께 교회의 헌금 기록을 보며 이를 전문적으로 관리하여야 할 책임이 있다.

(d) 충성스러운 재정적인 청지기의 모범이 되며, 이에 관하여 홍보하며 헌금에 대한 성서적 원칙을 가르침으로써 하나의 영적인 훈련으로 헌금을 드릴 것을 장려한다.

(e) 교회가 할당받은 모든 사역 지원금, 행정 및 선교 분담금 전액을 틀림없이 납부함으로써 교회의 선교를 수행하도록 이를 인도한다.

(f) 교회의 모든 기록을 잘 간수하며 개체교회의 재정적인 의무를 염두에 두어, 교회가 연회에 제출하는 재정, 교인 및 그밖의 보고서들이 정확함을 증명하여 분담금을 개체교회에 다시 책정하는 데 사용하도록 한다.

(3) 교단 및 연회의 프로그램과 주어진 연수교육 기회에 동참한다.

(a) 다른 연합감리교회 목사와 교회들과 함께 사역할 수 있는 기회를 모색한다.

(b) 교단 내에서 행하는 감리하는 책임을 기꺼이 받아들인다.

(4) 교회가 인종 및 민족을 포용하는 일에 앞장선다.

d) 봉사

(1) 예수의 가르침을 섬기는 사역에서 또한 섬기는 지도자로서 실현한다.

(2) 세상에서 교인들이 제자의 도리를 다하도록 부지런히 교회를 치리하며 목회한다.

(3) 그리스도의 몸된 교회를, 돌봐 주며 나누어 주는 공동체로 이룩하여 그리스도의 사역이 세상으로 뻗어나가도록 한다.

(4) 지역사회, 에큐메니칼, 종교 상호간의 문제 등에 관심을 가져야 하며, 사람들로 하여금 이에 관여함과 동시에 기독교 공동체가 하나가 되도록 기도하며 노력하게 한다.

¶341. *허락받지 않은 행위*—1. 일반 부흥사 (¶630.3f, ¶1112.7), 연회 교역자, 본처목사, 또는 연합감리교회가 인가한 평신도 사역자 이외의 사람을 부흥사로 초빙하려는 목사는 서면으로 지방감리사의 사전 승인을 받아야 한다.

2. 담임자는 구역회와 지방감리사의 동의없이 연회 회기 사이에 개체교회 시무에서 이탈하여서는 안 된다.

여러 가지 사역에의 파송　　　　　　　　¶342

3. 목사는 마음대로 목회구역을 조직하여서는 안 된다. (개체 교회를 조직하는 일에 관하여는 ¶259를 참조.)

4. 교역자 연회원이나 본처목사는 자기가 파송받지 아니한 목회구역에서 담임목사나 지방감리사의 승낙없이 종교적 집회를 가져서는 안 된다. 어느 목사든 담임목사나 학원선교 목사나 구역에서 봉사하고 있는 채플레인이나 또는 지방감리사의 승낙없이 한 목회구역 경계 내에서 종교적인 집회를 열거나 연합감리교회가 봉사하고 있는 대학교에서 학원선교 사역을 설립하여서는 안 된다. 만일 어느 목사가 이러한 행위를 자제하지 않을 경우, ¶362.1과 ¶2702의 규정에 저촉된다.

5. 모든 연합감리교회의 사역자들은 평신도가 고백한 내용을 포함한 모든 비밀을 지키고 신의를 저버려서는 안 된다. 단, 의심이 가는 아동 학대 혹은 방치, 또는 국가의 법이 의무적으로 보고하여야 한다고 하는 경우는 예외다.[34]

6. 동성연애자들을 위한 혼인 예식을 우리 사역자들이 집례하여서는 안 되며 우리 교회에서 행하여서도 안 된다.[35]

7. 목사는 누구도 세례를 다시 주어서는 안 된다. 세례를 다시 주는 일은 세례를 통한 하나님의 행위와 일치하지 않으며, 웨슬리의 전통과 교회의 역사적인 가르침과 상반된다. 그러므로 세례를 다시 받기 원하는 사람들을 목사는 세례에서 행한 서약을 재천명하는 예식에 참여하도록 권유하여야 한다.

¶342. *목회구역에 파송된 정회원 장로에 대한 대우*—파송 제도의 효율성을 강화하기 위하여 파송 사역제도에 허입되었을 때 요구되는 순회제도에 대한 의무 수락은 교회의 사역을 위하여 충분히 보상을 하여야 할 이와 대등한 의무를 교회에 요청하고 있다 (¶620). <장정> ¶625.3에 의하여 목사는 연회가 정한 최저 봉급 이상의 보상을 받을 권리가 있으며 교회는 이를 제공할 의무가 있다.[36]

1. *전임으로 구역에 파송된 장로들의 대우*—¶338.1의 규정에 의하여 전임으로 파송받아 봉사하는 연회의 정회원 장로는 모두 연회의 공정봉급기금을 신청할 권한이 있으며 전임 장로들을 위하여 연회가 정한 최저 봉급 기준 이하의 대우를 받아서는 안 된다.[37]

2. *비전임으로 구역에 파송된 정회원 장로들의 대우*—<장정> ¶338.2의 규정에 의하여 비전임으로 감독의 파송을 받은, 결격

---
34. 사법위원회 판정 936 참조.
35. 사법위원회 판정 1115 참조.
36. 사법위원회 판정 968, 988 참조.
37. 사법위원회 판정 968, 988 참조.

사유가 없는 장로는 모두 연회공정봉급위원회가 제정한 기준에 따라 연회의 봉급 기금에 4분의 1 증가비율로 받을 수 있도록 신청할 권한이 있다.

3. 본 항의 규정에도 불구하고, 봉급 이외에 총회은급의료혜택부가 관리하는 다른 혜택은 개체교회의 목사로 전임 파송받은 사역자와 다른 종류의 파송에 종사하는 안수 사역자와 서로 다를 수가 있다.

4. 봉사하던 교회 또는 교구와 인연을 끊은 목사는 그 교회나 교구에 대하여 연체된 기본 봉급을 요구할 수 없다.

제11절 연장사역(Extension Ministries)에의 파송

¶343. *연합감리교회의 연장사역을 위한 파송*—1. 현직 연회원 장로는 그리스도의 사랑과 정의를 증거하고 봉사하는 사역에 종사하기 위하여 개체교회 이외의 사역에 파송을 받을 수 있다. 이런 사역에 봉사하는 이들은 순회전도자로 연회에 법적 책임을 져야 한다. 그들은 목회구역에 파송된 이들과 똑같은 정신적, 영적 도움을 받는다.[38] 그들의 유능성 여부는 그들이 파송받은 목회 현장에서 평가한다.

2. 사역자를 채용하려는 기관은 가능하면 해당 기관장을 통하여 고용 수속을 마무리 짓기 전에 연회원의 감독과 상의하여 승인을 받아야 한다. 만일 채용하려는 기관이 그 연회 지역 밖에 있을 때에는 그곳 지역 감독과도 상의하여야 한다.

3. 연합감리교 연장사역에의 파송을 받으려는 (또는 파송 변경을 원하는) 장로는 그런 파송과 연관된 면담을 하기 전에 감독 및/또는 지방감리사와 상의하여야 한다.

¶344. *연장사역에 관한 규정*—연합감리교회 개체교회의 연장사역에 파송받은 장로들과 협동회원은 순회제도에 전적으로 참여하고 있는 사람들이다. 그러므로 특별 파송을 받고 있는 연회원은 협의 후 곧 목회구역에 기꺼이 파송받을 준비가 되어 있어야 한다. 연회원 자신이나 또는 연회가 목회구역에 파송할 것을 요청할 때, 그 요청은 서면으로 감독, 감리사회 및 안수사역부에 요청하거나 이들이 요청을 받아야 한다. 그러한 요청은 연회가 열리기 전 적어도 6개월 전에 하여야 한다. 어느 경우든 협의할 때에는 개인의 특별한 교육 배경과 경험과 기술을 특별히 고려하여야 한다.

1. *파송의 종류*—온 기독교인들이 부르심을 받아 하는 일과

---
38. 사법위원회 판정 321, 325 참조.

교역자들이 훈련받고 위임받아 하는 특수 임무와를 분명히 구별하기 위하여, 다음과 같은 파송을 장로들과 협동회원들 및 목회 사역에 인허받은 이들을 위하여 연합감리교회의 순회제도 안에 구별하여 놓았다.

a) 연합감리교회의 연대구조 안에서의 파송들.

(1) 지방감리사, 연회사업협의회 및 부서의 직원, 연회 회계, 감독 보좌, 교구 개발 감리사나 총무, 일반 부흥사 및 교목 등과 같이 연회가 이들의 연금불입금을 교역자 연금플랜 (Ministerial Pension Plan) 곧 2007년 1월 1일부로 새로 수정, 발효하는 '교역자은퇴보장 프로그램(Clergy Retirement Security Program)'에 납부하여 주는 파송. 다만 정회원 장로들만이 지방감리사로 파송받을 수 있다.

(2) 총회 부서가 2006년 12월 31일까지 '교역자 연금플랜'에, 그리고 2007년 1월 1일부로 새로 수정하여 발효하는 '연합감리교회 총회 기관 은퇴보장 프로그램' 곧 2010년 1월 1일부로 '총회 기관 은퇴플랜'(Retirement Plan for General Agencies)으로 수정하여 부르는 플랜에 연금불입금을 납부하여 주는 총회 부서에의 파송.

(3) 감리사 또는 교구개발 총무, 일반 부흥사, 교목, 선교사, 연합감리교회의 신학대학원이나 또는 고등교육 자문위원회가 인가한 교육 기관의 교수와 사무직원들과 같이, 연합감리교회의 기관 또는 기타 사역에의 파송.

(4) 연합사업 기관에의 파송.

b) 정회원 장로들과 협동회원들과 또한 총회고등교육 사역부로터 목회사역에 인허받은 이들이 받은 연장 사역에의 파송, 그리고 감독과 연회안수사역부가 지정하는 기타 사역 현장에의 파송.[39] 총회고등교육사역부의 인준으로 봉사하는 사람들의 적절한 직책을 매년 확인하고 그들의 재파송을 요청한다.

c) 세계선교부 산하에서 봉사하는 장로들, 협동회원들, 목회 사역에 인허받은 이들은 위 *a)*와 *b)*에 열거한 사역에 파송받을 수 있다. 그들은 연회나 해외지역총회, 혹은 자매감리교회, 독립교단, 감리교회와 다른 교단들과의 통합으로 이루어진 교단이나 다른 교단이나, 또는 연합사업으로 하는 기관에서 봉사할 수 있다. 그들은 자기 연회와의 관계를 손상시키지 않으면서 해외지역총회나 자기들이 봉사하는 교단이 주는 권한이나 특전을 (소속회원권을 포함) 수락할 수 있다. 만일 선교연회에 파송받을 경우에는 ¶586.4에 기술된 규정을 따른다.

---

39. 사법위원회 판정 321, 325, 329 참조.

¶344

d) 감독과 연회안수사역부가 그 사역을 그리스도 교회의 진정한 연장으로 간주할 때, 장로들, 협동회원들, 목회사역에 인허받은 이들은 보통 개체교회나 위 *a)*와 *b)*[40]에 열거된 기관들을 통하여 이루어지는 사역 활동 이외의 사역에 파송받을 수 있다. 그들은 또한 다른 교단의 교단장이 요청할 때, 그 교단의 목회사역에 파송받을 수 있다. 이러한 사역은 특별한 상황이나 특유한 상태에 있는 사람들의 필요를 충족시키기 위한 선교적 응답에서 이루어져야 하며, 말씀과 성례전과 치리와 봉사의 성역을 위하여 받은 안수의 직무를 수행할 것을 늘 고려하여야 한다. 이러한 사역에 종사하는 사역자는 다른 전문지식을 필요로 할 수도 있다. 이러한 사역에 파송받은 연회원은 연회 회원권을 유지하며 연회는 연회의 결의에 의하여 그들에게 재정적 지원과 혜택을 부여할 수 있다 (¶625.3, .5 참조).

연회사업 기관의 간사와 연합감리교회가 아닌 개체교회의 목사로 봉사하는 연회원도 특별 파송을 받았다고 간주할 수 있으나 그들의 직책은 감독과 연회안수사역부의 승인을 받아야 한다. 그들은 계속 자기가 속한 연회에 책임을 진다.

총회고등교육사역부는 연회안수사역부를 돕기 위하여 특수 환경 내지 상황의 정의를 내리는 일에 그 기준을 제공하며 자문할 것이다. 또한 이 조항에 규정된 사역에 종사할 사람들을 위하여 대변인 역할도 다할 것이며 세상을 향한 교회의 새로운 사역 활동을 장려한다.

이러한 종류의 파송을 받기 원하는 이들은 감리사회와 연회안수사역부에 서면으로, 종사하려고 하는 사역 활동에 관하여 기술하고 그러한 사역에의 소명과 은사 및 이를 위한 하나님의 은총을 자세히 적어 제출하되, 여기서 안수사역에 대한 서약을 어떻게 지키겠다는 것까지 자세히 설명하여야 한다. 이 서류는 종사하려고 하는 곳에 파송받기 적어도 120일 전에 제출하여야 한다. 감리사회와 안수사역부의 추천으로 그러한 파송은 교역자 연회원들의 3분의 2의 찬성표로 확인되어야 한다.

감독은 감리사회와 안수사역부 실행위원회와 상의한 후 이러한 종류에의 파송을 잠정적으로 결정할 수 있으되, 다음 연회 회기 동안에 정식으로 결의하여야 한다.

2. *연회와의 관계—a) 연회에 대한 법적인 책무*—연장사역에의 파송을 받은 모든 교역자들은 자기가 속해 있는 연회에 법적 책임을 져야 할 의무가 있으며, 가능한 한 연회 사역에 효과적으로 참여하여 밀접한 관계를 유지하며, 요청이 있을 때에는 자격 있는 무슨 일이든지 수락하여야 한다.

---

40. 사법위원회 판정 380, 877 참조.

모든 교역자들은 감독과 지방감리사와 연회안수사역부에 매년 연회에서 쓰도록 총회재무행정위원회가 마련한 소정 용지에 연례보고서를 써서 제출한다. 이 보고서에 근거하여 그들이 교회의 선교적 요청에 응하고, 봉사와 말씀과 성례전과 치리에의 인허직과 안수직을 수행하고 있는지를 평가받는다. 자기들이 근무하고 있는 기관에서 정식으로 평가받고 있는 이들은, 평가서 대신에 그들이 사역에 대하여 쓴 서술 형식의 보고서를 제출하여야 한다. 자기 연회 지역 밖에서 연회사역에 파송을 받고 봉사하는 이들은 봉사하는 지역의 감독에게도 보고서의 사본을 보내야 한다. 연회는 연장사역에 종사하는 이들의 자격을 재검토하고 그들이 연회의 모든 사역에 참여하도록 한다.

b) 연회의 책임 (Responsibility of the Annual Conference)—감독과 감리사회 대표와 연회안수사역부 연장사역 대표는 자기 연회나 혹은 다른 연회의 회원으로 그 연회 지역 안에서 연장 사역에 파송을 받고 봉직하고 있는 교역자들을 매년 만날 수 있는 기회를 마련한다. 감리사회와 안수사역부가 계획한 그러한 모임을 감독이 소집한다. 이 모임의 목적은 사역에서 각자가 맡은 역할과 기능에 관한 이해를 촉진시키고 다른 연장 사역 파송 사역자들에게 서로 보고하게 하여 그 감독구역 전체적인 사역에 관한 사항에 대하여 토의하며, 감독이나 그를 대행하는 기관을 통하여 연장사역의 역할과 기능에 관하여 전체 교회에 설명하며, 교회의 선교사업을 돕는 데 있어 여러 가지 사역을 개발하는 일이 뜻있는 일임을 깨우치며, 또 감독과 그를 대표하는 이들이 솔선하여 만든 특별 프로그램과 봉사 활동에, 연장사역에 파송받은 이들이 자문 내지 감독하는 사람으로 봉사할 수 있는 일들을 토론하기 위함이다. 연회의 적절한 예산과 인원을 써서 감독은 그 연회 경계 내에서 연장사역에 파송을 받고 종사하고 있는 이들을 연례적으로 방문하여, 그 결과를 다른 연회에서 파송받고 온 이들의 감독에게 보고한다.

3. *개체교회와의 관계*—a) 연장사역에 파송받은 모든 교역자들은, 감독과 지방감리사의 승인을 얻어 담임자와 의논한 후 자기 연회의 어느 한 구역회에 회원으로 소속되어 있어야 한다. 그들은 자기가 속하여 있는 원 구역회에 매년 연장사역에 파송을 받은 지역의 소속 구역회 회원으로 그 교회에서 활동한 사항 및 연속 교육 이수 사항을 포함하여 목사의 의무와 특별 파송을 통한 안수 및 인허 사역 책무 이행에 관한 보고서를 제출하여야 한다. 이 보고서는 감독, 지방감리사, 안수사역부에 제출하는 보고서(¶344.2a)와 같은 것이어도 된다. 지방감리사는 직무의

성격상 또한 ¶424.3, ¶362.1a, ¶661에 규정된 특수한 관계로 인하여 어느 한 구역회에 속하지 아니하여도 된다.

모든 연장사역에 파송을 받은 이들을 포함한 정회원 장로들은 봉사하는 지역의 지방감리사가 요청하거나 <장정>에 규정된 대로 (¶340.2b) 요청이 있을 때, 세례와 성만찬의 성례전을 집전한다.

b) *개체교회와의 소속회원 관계 (Affiliate Relation to a Local Church)*—자기 연회 경계 밖의 지역에 연장사역 파송을 받은 모든 교역자들은 그 지역 감독에게 본인의 이름, 주소 및 소속 연회명을 즉시 보고한다. 그들은 자기가 주거하는 지방이나 혹은 주로 봉사하는 지방에 속한 한 구역회에 투표권 없는 소속회원으로 교적을 가지고 있어야 한다. 아무 연회에도 속하지 않은 지역에서 봉사하는 이들은 이 규정의 제약을 받지 않는다. 구역회의 선택은 개체교회의 담임목사와 연장사역에 있는 사람과 서로 의논하여 결정한다.

이렇게 자기 연회 경계 밖의 지역에서 연장사역에 파송받아 봉사하는 교역자들은 자기 원 구역회에 제출한 보고서의 사본을 소속회원권을 가지고 있는 구역회에 제출하거나, 또한/혹은 자기의 사역 활동과 안수 및 인허 사역 수임의 의무를 완수함에 관하여 구두로 보고하여야 한다. 지방감리사는 이들 사역자에게 구역회의 시간과 장소를 통보하여야 할 의무가 있다.

4. *연회와의 소속회원 관계 (Affiliate Relation to Annual Conference)*—자기 연회 경계 밖의 지역에서 연장사역 또는 개체교회 이외의 파송을 받은 안수받은 교역자들은 자기가 원하면 자기가 봉사하는 지역이나 거주하는 지역의 연회에 소속회원으로 가입하기를 그 연회안수사역부에 요청할 수 있다. 정회원 교역자의 3분의 2의 찬성표로써, 발언권과 투표권을 가지고 연회의 모든 부서, 기관, 특무반, 위원회 등에서 동등한 권리와 특전을 갖고 봉사할 수 있으나, 연회 회기 동안에는 발언권은 있으되 투표권은 없다. 자기의 원 연회에서는 이 기간 동안 투표권이 있는 회원으로 계속 남아 있는다. 총회 산하 기관의 위원으로 공천되고, 총회 및 지역총회 대의원로 선출될 수 있는 자격은 자기가 속한 원 연회에서만 주어진다. 또한 그러한 이들은 한 번에 한 연회에 국한하여서만 연회의 각 기관이나 위원회에서 봉사할 수 있다.[41]

5. *일반 규정—a)* 이러한 파송은 연회원이 속하여 있는 연회의 안수사역부와 감리사회가 설정한 지침에 따라, 그 직무의 책임을 물을 수 있으며 적절한 구조가 있는 직책에만 국한한다.

---

41. 사법위원회 판정 554 참조.

b) 연금에 관한 정보의 목적을 위하여 연회는 각 소속 연회원들의 연금 출처를 계속적으로 기재하여야 한다.

c) 모든 연회 서기들은 연합감리교회 '총람'(General Minutes) 편집자에게 자기 연회의 특별 파송 목사들의 명단을 제출하여 그들의 이름이 <장정>이 정한 주요 부류로 나뉘어 그 총람에 기재되어 출판되도록 한다.

d) 연장사역에 파송된 장로들은 자기 연회에 매년 출석하여야 한다.

e) '예비군' 또는 '방위군'에 개인적으로 복무하고 있는 이들과 재향군인회'에 비전임으로 근무하고 있는 이들은 그 사실을 연회록에 기재하도록 한다.

교회연합 사역에의 파송에 관한 규정

¶345. 연합감리교 정회원 교역자들은 매년 다른 그리스도교 교단의 교회와 교회연합 사역에 파송받을 수 있다. 이런 파송을 받은 이들은 순회사역에 그대로 머물러 있으며 자기가 속한 연회에 책임을 진다. 그들의 효율성 여부는 그들이 사역을 수행하고 있는 구체적인 상황에서 평가받는다 (¶344.1d 참조).

제12절 다른 연회 및 다른 감리교단과 타교파의 교역자들

¶346. *연회 밖의 교역자를 위한 규정*—다른 연회 및 다른 교단의 안수받은 교역자 또는 준회원들은 다음과 같은 방법으로 연회에서 파송받을 수 있다.

1. 다른 연회 및 다른 감리교단의 안수받은 교역자들 또는 준회원들—관련된 감독이나 기타 행정 감독권을 가진 이들의 승인과 합의로 다른 연회나 다른 감리교단의 안수받은 교역자 또는 준회원들은 자기 연회의 회원권이나 자기 교단의 회원권을 유지함과 동시에 봉사하는 연회 또는 선교연회에서 파송을 받을 수 있다. 그들에 대한 파송은 그들이 봉사할 연회의 관할 감독이 그 권한을 가진다. 만일 선교연회에 파송받을 경우에는 ¶586.4에 기술된 규정을 따른다. 그러나 그런 파송을 받은 사역자들은 연회안수사역부의 추천이 있으면 파송받은 연회에서 발언권은 얻을 수 있으나 투표권은 얻지 못한다. 연회 부서에서의 그들의 위원직은 파송받은 연회 기구에 국한한다. 그들은 봉사하는 연회의 공정봉급 규정보다 낮은 액수의 봉급을 받아서는 안 되며, 연회의 연금 및 건강보험에 가입되어야 한다. 그러한 파송은 매년 갱신되어야 한다. 연회은급부는 그런 파송을 받은

사역자들을 사역자 연금 교역자은퇴보장 프로그램 또는 이를 승계한 은퇴 플랜과 포괄보호보험 또는 그 승계 플랜에 가입시켜 주어야 할 책임이 있다 (¶1506.17 참조).[42]

2. *다른 교단의 장로들 또는 안수받은 교역자들*—연회안수사역부의 천거로 정회원 교역자들은, 하자가 없는 다른 교단 사역자들이 개체교회에 파송받거나 그 연회 관할 구역에 있는 연합사업 기관에서 자기 교단의 회원권을 계속 유지하면서 봉사할 수 있도록 매년 승인할 수 있다. 단, 그들은 적합한 자격증을 제출하여야 하며, 기독교 신앙과 체험의 확증을 보여주어야 하며, 필요한 심리 검사에 관한 보고서와 범행 배경, 신용 조회와 성적 비위 및/또는 아동 학대에 관한 보고서를 구비하여 제출하여야 한다. 그들은 또한 연회안수사역부가 제공하는 소정 양식에 따라 다음과 같은 서류를 제출하여야 한다. 곧, 중범 또는 경범에 대한 모든 유죄 판결 또는 성적 비위 또는 아동 학대에 대한 고소장에 관하여 자세히 기록한 공증서나, 또는 중범 또는 경범으로 유죄 판결을 받은 적이 없으며 성적 비위 또는 아동 학대로 인하여 고소당한 적이 없다는 것을 증명하는 공증서를. 그들은 또한 연합감리교회의 교리와 규정과 정체를 지지하고 유지할 뜻이 있음을 입증하여야 한다. 그들의 안수증은 감독과 연회안수사역부가 심사하며, 이들의 추천으로 그들은 파송받고 있는 동안 연합감리교회의 장로와 같다고 인정받을 수 있다. 연회안수사역부가 그들의 자격증이 연합감리교회의 장로들과 적어도 동등하다고 인정될 때에는, 그들은 다음과 같은 사항을 제외한 모든 안건에 대하여 연회에서 투표권을 가진다. (a) 헌장 수정, (b) 총회, 지역총회 또는 해외지역총회에 보내는 대의원 선출, (c) 사역자들의 안수, 자질, 연회 관계에 관한 모든 문제들. 그들은 연회안수사역부와 연회이사회를 제외한 모든 부서와 위원회에서 봉사할 수 있다(¶635.1, ¶2512.1). 그들은 총회, 지역총회, 해외지역총회의 대의원으로 선출될 수 없다. 그들은 또한 안식년, 휴직, 퇴임, 은퇴, 최저 봉급, 연금 등에 관한 규정의 적용을 받는다. 그들은 파송을 보장받지 못한다.[43]

3. 연회 회기 사이에는 연회안수사역부가 그들의 안수가 인정될 때까지 파송을 승인할 수 있다. 감독은 정회원 교역자들의 찬성표로 그들의 안수가 인정될 때까지 파송을 승인할 수 있다. 감독은 정회원 교역자들의 찬성표로 그들의 안수가 인정될 때까지 감리사회와 연회안수사역부의 실행위원회와 상의한 후 그들의 자격을 임시로 인정할 수 있다. 그러나 어느 경우에나 그들이 연합감리교회의

---
42. 사법위원회 판정 554 참조.
43. 사법위원회 판정 16 참조.

다른 연회 및 다른 감리교단과 타교파의 교역자들   ¶347

교리와 규정과 정체를 이해하며, 받아들이며, 그리고 이를 유지하고 지지할 의사가 있는지를 미리 심사하여야 한다.[44]

¶347. *이적*—1. *다른 연회에서*—연합감리교회의 안수받은 교역자 또는 준회원은 관할 지역 감독의 동의를 얻어 다른 연회에 준회원 또는 정회원으로 이적할 수 있다. 이적하기 전에 먼저 안수사역부 실행위원회의 추천과 연회 교역자 회의의 승인을 받아야 한다.

2. *다른 감리교 교단에서—a)* 다른 감리교회의 안수받은 장로나 교역자들은, 관할 감독 혹은 관계된 다른 권한자의 승인 하에, 다른 교단에서 오는 사역자들에게 요구하는 수속을 밟지 않고 준회원 또는 정회원 또는 본처목사로 받아들일 수 있다. 총회고등교육사역부는 이 조건에 해당되는 교단들의 명단을 작성하여야 한다. 이적을 원하는 사역자가 <장정>과, 해당 연회가 정한, 연회원이 될 수 있는 기준에 달하는지의 여부를 결정하기 위하여 연회안수사역부의 부장이나 실행위원회와 사전에 협의한다. 그들은 필요한 심리 검사에 관한 보고서, 범행 배경, 신용 조회와 성적 비위 및/또는 아동 학대에 관한 보고서를 구비하여 제출하여야 한다. 그들은 또한 연회안수사역부가 제공하는 소정 양식에 따라 아래와 같은 서류를 제출하여야 한다.

(1) 중범 또는 경범에 대한 모든 유죄 판결, 또는 성적 비위 또는 아동 학대에 대한 고소장에 관하여 자세히 기록한 공증서, 또는

(2) 이 후보자가 중범 또는 경범으로 유죄 판결을 받은 적이 없으며, 성적 비위 또는 아동 학대로 인하여 고소당한 적이 없다는 것을 증명하는 공증서.

b) 다른 감리교단에서 이적하여 오는 안수받은 장로나 사역자들은 연합감리교회가 요구하는 교육 요건이나, 또는 총회고등교육사역부가 동등하다고 인정하는 교육 요건을 갖추어야 한다.

c) 고등교육안수사역부는 연회원이 되기 위한 교육 요건을 만족시켰다는 것을 증명하여야 한다. 교육을 더 받아야 할 경우에는 연회안수사역부와 협의하여 교육 과정을 마련한다.

3. *다른 교파에서—a)* 연회안수사역부의 추천에 의하여 정회원 교역자들은 다른 교파에서 오는 안수 교역자들의 안수를 인정할 수 있으며 연회의 준회원 또는 본처목사로 받아들일 수 있다. 그들은 자격 증명서를 감독과 안수사역부가 심사할 수 있도록 제출하며 기독교 신앙과 체험의 확증을 제시하여야 한다. 그들은 또한 연합감리교회의 교리와 규정과 정체에 찬동하여 이를 지지하고 유지할 각오가 되어 있음을 증명하며, 안수사역부가

---
44. 사법위원회 판정 444 참조.

¶347

인정한 의사로부터 건강진단서를 소정 양식에 기록하여 제출하여야 한다. 안수사역부는 총회고등교육사역부와 의논하여 그들이 연회원이 될 수 있는 교육 요건을 충족시키고 있는지 판단하여야 한다. 그들은 필요한 심리 검사에 관한 보고서, 범행 여부, 신용 조회와 성적 비위 및/또는 아동 학대에 관한 보고서를 구비하여 제출하여야 한다. 그들은 또한 연회안수사역부가 정한 양식을 사용하여 아래와 같은 서류를 제출하여야 한다.

(1) 중범 또는 경범에 대한 모든 유죄 판결, 또는 성적 비위 또는 아동 학대에 대한 고소장에 관하여 자세히 기록한 공증서, 또는

(2) 이 후보자가 중범 또는 경범으로 유죄 판결을 받은 적이 없으며, 성적 비위 또는 아동 학대로 인하여 고소당한 적이 없다는 것을 증명하는 공증서.

b) 다른 교단에서 전입하여 오는 안수받은 장로나 사역자들은 정회원으로 허입되기 전에 준회원으로 적어도 2년 이상 봉직하여야 하며, 연합감리교회의 역사, 교리, 정체를 포함하여 ¶335에 규정된 모든 요건을 갖추어야 한다.

c) 감독과 연회 서기는 ¶326에 규정된 바와 같이, 준회원이 정회원 집사 또는 장로로 선출되면 그 즉시 연회 정회원증을 그들에게 수여한다.

4. 다른 교단의 자격증을 가지고 전입하여 오려는 타교단의 안수받은 교역자들의 경우에는, 이전에 연합감리교회나 통합 전 한 전신이 되는 교회에서 연회원으로 봉직한 적이 있는지의 여부를 연회안수사역부는 알아보고, 만일 그러한 경우 연회에서 이적하여 나갈 때의 상황을 확인한다.

5. 이전에 연합감리교회나 통합 전 한 전신이 되는 교회에서 연회원으로 봉직한 적이 있는 안수받은 장로나 사역자가 전입하여 오기를 원할 때에는, 전에 봉직하던 연회나 이를 대부분 계승한 연회의 동의가 없이 받아들여서는 안 된다. 이런 동의는 안수사역부의 추천에 의한다.

6. 타교파의 안수받은 사역자의 안수가 정식으로 인정되고 그 사역자가 정회원으로 승인되면, 그 교단의 안수증 뒤에 다음과 같은 확인증을 첨가하여 해당 사역자에게 돌려준다.

이 안수는 연합감리교회 _____ 회에서
　　　년 _____월 _____일부로 인정하였기에 이를 확인함.
회장 _____
서기 _____

해당 안수받은 사역자는 감독이 서명한 안수인정증명서를 또한 교부받게 된다.

제13절 자문하는 일(Mentoring)과 멘토(Mentor)

¶348. *멘토들*—1. 멘토는 감리사회가 천거하되 안수사역부가 선임하여 훈련시키며 이들은 안수사역부에 순응하여야 한다. 멘토에는 두 가지 종류의 멘토가 있으며, 각각 다음과 같은 독특한 기능과 책임을 지고 있다. 곧

a) 후보자 멘토(candidacy mentors)는 정회원 교역자, 협동회원 또는 연수교육과정을 모두 마친 본처목사로서 후보과정에 관하여 자문하고 지도하여 줄 수 있도록 훈련받은 사람들이다. 지방안수사역위원회가 전문직 식별 코디네이터와, 무엇이라고 부르든 간에, 지방감리사와 의논하여 사역 후보자에게, 가능하다면 후보자들을 자문하여 주는 그룹이나, 한 명의 멘토를 선임하여 정하여 준다 (¶310). 후보자는 본처목사 또는 준회원이 될 때까지 후보자 한 명의 멘토 또는 후보자 멘토 그룹을 배정받는다.

b) 교역자 멘토(clergy mentors)는 정회원 (full connection) 교역자, 협동회원 (associate members), 또는 연수교육과정을 모두 마친 전임 또는 비전임 본처목사(local pastors)로서, 본처목사들과 준회원들(provisional members)을 계속적으로 돌보며 자문하여 줄 수 있도록 훈련받은 사람들이다. 지방안수사역위원회가 지방감리사와 의논하여 본처목사에게 한 명의 멘토를 선임하여 정하여 준다. 준회원에게는 안수사역부가 지방감리사와 의논하여 정회원 멘토를 정하여 준다. 후보자 멘토는 만일 필요한 훈련을 받았으면 계속하여 교역자 멘토가 되어 줄 수 있다.

2. 멘토하는 일은 숙고하며 자랄 수 있도록 멘토가 편안한 자리를 책임지고 만들어 줄 때 잘 이루어진다. 유능한 멘토는 성숙한 신앙을 소유하고 있으며 성공적인 사고의 모범이 되어주며, 사역에의 부르심을 잘 분별하도록 사람들을 도와 줄 수 있는 기술을 가지고 있어야 한다. 자문을 받는 일은 사역 후보자들, 본처목사 및 연회 준회원들이 준비하며 성장하여 가는 과정 중의 하나이다. 자문은 사역을 위한 준비의 일부인 평가 및 감독과 뚜렷이 구분되어야 한다.

3. 본처목사와 준회원들은 가능한 한 교역자 멘토 그룹 또는 한 멘토를 안수사역부에서 배정받는다. 다른 교단에서 이적하여 오는 이들도 교역자 멘토를 배정받는다 (¶347.3b).

4. 교역자 멘토 역은 후보자가 본처목사로 또는 준회원으로 파송을 받았을 때 시작된다.

제14절 정회원과 본처목사의 평가 및 지속적인 성장

¶349. *평가 (Evaluation)*—평가란 섬기는 사역과 섬기는 지도자로 성장하는 지속적인 과정으로서 이해와 용납하는 정신으로 이루어져야 한다. 평가는 교역자의 사역에서의 효율성을 검토하고 나아가 안수사역에의 하나님의 부르심을 다시 식별하는 과정이다.

1. 개체교회를 섬기는 교역자를 위하여 지방감리사는 목회위원회와 상의하여 감리사회와 안수사역부가 개발한 기준, 과정 및 훈련을 사용하여 매년 교역자들의 사역에서의 효율성을 평가한다 (¶334.2c, ¶419, ¶635.2o, r). 개체교회 교역자들은 사역의 효율성과 연속교육의 필요성 및 그 계획을 위하여 안수사역부와 감리사회가 정한 기준, 방법 및 훈련 계획에 의하여 매년 목회위원회의 평가에 참여한다 (¶258.2g〔5〕). 평가 절차에는 본인 자신의 평가와 수치(self-assessment and appropriate metrics)로 측정하는 적절한 방법이 포함되어야 하며, 총회고등교육안수사역부는 감리사회와 연회안수사역부가 평가할 때 필요한 모델을 제공하며 도울 것이다.

2. 개체교회 이외에 파송받은 집사들(deacons)과 연장사역에 파송받은 장로(elders)와 본처목사들(local pastors)은 그들의 직속 상급자에 의하여 매년 자기 평가를 받을 것이며, 그 결과를 감독과 지방감리사와 연회안수사역부에 보내는 연례 보고서에 첨부한다 (¶344.2a). 그들은 자신들의 사역에 관하여 그들의 지방감리사와 매년 대화를 나눈다.

3. 모든 교역자는 매 8년마다 6개월에 걸쳐 시행하는 자기 자신 및 자기의 전문직 수행에 관한 평가 및 개발 과정을 거쳐야 한다. 이 과정은 각 연회의 감리사회와 안수사역부가 집사회와 장로회와 본처목사협동회원친목회의 회장들과 상의하여 기획하고 시행한다. 이 과정은 공식적인 평가와 퇴수회나 일련의 코칭과 멘토링과 같은 심도 있는 자기 개발 기회를 제공하여야 한다.

a) 공식적인 평가 절차에는 본인 자신의 평가, 파송된 사역 현장에 적절한 수치 측정법, 지난 8년간 살펴 본 추세, 교역자의 사역을 가까이에서 본 사람들의 관찰이 포함되어야 한다.

b) 연회에 적절한, 심도 있는 쇄신할 기회를 감리사회와 안수사역부가 함께 기획하여야 한다. 이러한 쇄신할 기회는 다음과 같은 것들을 포함한다. 곧, 기도하며 사색하는 시간, 성약을 맺은 그룹과 함께하는 반성 시간, 감독(coach)과의 면담, 획기적인 사역을 성취한 것을 경축하기, 장래에 도전하여 볼만한

사역을 분별하여 내는 일 등이다. 평가 과정에서 도움이 된다고 여겨지면 감리사회나 안수사역부는 심리 검사를 요청할 수 있다.

c) 지방감리사는 관계된 서류들을 점검하여 첫 8년째 성취평가 보고서를 준비한다. 지방감리사가 건의하면 감독과 감리사회 멤버들과 회동할 수 있다.

d) 각 연회는 이러한 평가 계획을 2020년 1월 1일까지 개발하여 시행하여야 한다.

¶350. *연속 교육과 영적 성장 (Continuing Education and Spiritual Growth)*—1. 교역자는 전 생애를 통하여 예수 그리스도의 제자를 삼는 선교사역을 수행하며 교회를 이끌어 나가기 위하여 사역을 위한 연속 교육, 전문 기술의 개발, 영적 형성과 성장에 힘을 기울인다. 이는 때때로 잘 계획된 교육 및 영적 성장 활동에 참여하여야 함을 뜻한다. 이러한 일들은 웨슬리가 강조하였던 바 평생을 통해 이루어지는 개인적인 영적 성장을 실현시켜 주며, 이는 개인적인 영적 훈련과 성약(covenant) 공동체에 참여함으로써 이루어진다. 각 연회는 집사들과 장로들과 본처목사들에게 영적으로 성장할 수 있는 기회와 성약 그룹들을 교역자회 및 친목회 회장들과 기타 감독이 지명한 지도자들을 통하여 제공하여 주어야 한다.

2. 적어도 1년에 1주간, 또한 4년 동안에 한 해에는 1개월간의 영적 성장 프로그램에의 참가 및 연구 휴가를 사역자에게 허락하여 줄 수 있다. 이러한 연속 교육을 위한 연구 휴가는 교역자의 정규 휴가의 일부로 간주하거나 계산하여서는 안 되며, 담당 구역 또는 파송받은 기관 및 감독, 지방감리사, 연회 연속교육위원회와 의논한 후 계획되어져야 한다.

3. 사역자는 최대 6개월까지 개체교회에 파송받고 있는 동안 영적 성장을 위한 휴직 및 교육을 위한 휴직을 요청할 수 있다. 적어도 6년 이상 전임으로 봉사한 사역자들은 그러한 휴직을 얻을 수 있다. 그러한 휴직은 목회위원회, 임원회 및 지방감리사의 승낙을 받아야 한다. 연회는 휴직 기간 동안 교회를 도울 것을 권장한다.

4. 전문성 개발의 일환으로 연속교육과 영적 성장 훈련 중의 재정적인 문제는 다음과 같이 마련한다. 곧 *(a)* 장로와 본처목사의 경우에는 지방감리사 및 목회위원회와 의논하며, *(b)* 집사의 경우에는 적절한 기구와 의논하며, *(c)* 지방감리사의 경우에는 감리사협조위원회와, *(d)* 연회 직원들은 연회사업협의회의 해당 감독기구와, *(e)* 연장사역에의 파송자들 혹은 개체교회 이외에의 파송자들은 해당 기관의 책임자와 의논하여 마련한다.

5. 구역회가 모일 때 지방감리사는 그 해에 실시한 영성 훈련 및 연장 교육과 장래 실시할 계획을 교역자에게 묻는다. 지방감리사는 그와 동시에 개체교회에 대하여 목사, 평신도 사역자 및 집사가 연장 교육과 영성훈련을 받을 수 있도록 시간과 예산을 책정할 것을 요청하여야 한다.

6. 연장 사역에의 파송자들 혹은 개체교회 이외에의 파송자들은 연례 보고서에 자신들의 연속 교육과 영적 성장 프로그램 및 장래 계획에 관한 증거를 제시하여야 한다(¶344.2a).

¶351. *안식년 휴직*—연회안수사역부의 승인을 얻어 연구 또는 여행을 위한 안식년 휴직이 허가되어야 한다. 정회원 또는 협동회원으로의 허입 후 6년을 계속하여 봉사하였거나, 혹은 비전임으로 봉사하였으되 6년 연임과 동등한 기간을 봉사한 교역자 연회원들은, 1년을 넘지 않는 안식년 휴직을 허가받을 수 있다. 가능한 한 안식년 휴직을 얻기 전의 봉급 기준이 휴직이 끝난 후에도 계속 유지되어야 한다. 안식년에의 파송은 연회안수사역부의 추천으로 연회가 투표한 후 감독이 곧 행한다. 연구 및 여행 계획을 포함한 안식년 휴직 신청은 연회가 열리기 전 보통 6개월 전에 서면으로 연회안수사역부에 제출하며, 이와 동시에 사본을 감독과 지방감리사에게 보내야 한다. 다음 안식년 휴직을 얻기 위하여서는 협동회원과 교역자 정회원은 처음 안식년 휴직이 끝난 후 계속 6년간 봉사하였거나, 비전임으로 봉사하였으되 6년 전임과 동등한 기간을 봉사하였어야만 신청이 가능하다.[45] 담임목사와 상의한 후 그의 서면 동의와 지방감리사의 승인이 있을 때, 안식년 휴직을 허가받은 교역자는 자기 연회 경계 내의 한 구역회를 선정하여 이에 연례적으로 보고서를 제출한다.

제15절 연회 관계의 변경

¶352. *연회 관계 변경에 관한 규정*—준회원, 협동회원, 정회원 교역자, 지방감리사, 또는 감독의 판단에, 단기간이든 장기간이든, 연회 관계의 변동이 필요하거나 바람직하다고 여겨질 때, 변경을 요청하는 사람은 안수사역부에 그 이유를 서면으로 제출하여 원하는 변경을 요청하여야 한다. 안수사역부는 특히 변경 대상이 되는 준회원, 협동회원, 또는 정회원들에게 어려움을 주지 않는 한 개인적인 면담을 요청할 수 있다.[46] 연합감리교회의 총회 기관에 파송받은 교역자들은 해당 기관의 정책에 따라 가사 휴직, 출산 휴직 또는 의료 휴직을 받는다.

---
45. 사법위원회 판정 473 참조.
46. 사법위원회 판정 534, 530 참조.

¶353. *자원 휴직 (Voluntary Leave of Absence)*
1. 충분한 이유가 있어 잠시 파송지에서 떠나 휴직을 허가 받기 원하는 연회의 준회원, 협동회원, 정회원은 그 사유를 서면으로 안수사역부에 요청하되, 그 사본을 본인의 지방감리사와 감독에게 보내야 한다. 이 휴직은 안수사역부의 추천으로 정회원 교역자들의 표결로 허락하거나 갱신한다.

2. 자원 휴직은 여러 가지 이유로 할 수 있다. 곧

a) 일신상 휴직 (Personal Leave)—개인적인 사정으로 인하여 본인의 의사에 따라 잠시 파송을 계속 받아들일 수 없거나 원하지 않을 때 주어지는 연회 관계.

b) 가사 휴직 (Family Leave)—직계 자족을 전적으로 돌보아 주어야 하기 때문에 일시적으로 파송받은 사역을 계속 유지할 수 없을 때 교역자에게 주어지는 관계.

c) 전직 (轉職) 휴직 (Transitional Leave)—감독과 안수사역부 실행위원회의 승인으로 하자가 없는 준회원, 협동회원, 정회원 교역자는 다음과 같은 이유로 최장 12개월까지 미파송 중에 휴직할 수 있다. 곧

(1) 준회원 또는 정회원 집사가 유급이든 무급이든 안정적인 파송을 찾고 있을 때.

(2) 준회원 또는 정회원 장로, 혹은 협동회원이 한 연장사역에서 다른 사역으로 파송받으려고 하거나, 혹은 개체교회에의 파송에서 연장사역에 파송받고자 할 때.

전직 휴직 상태에 있을 때에 교역자는 4분기마다 적합한 파송을 구하려고 노력하였다는 증거를 감독과 안수사역부 실행위원회에 제출하여야 한다.[47]

3. 전직 휴직 이외의 자원 휴직을 위한 서면 요청은 연회 회기가 시작되기 적어도 90일 전에 제출하되, 그 요청에 대한 구체적인 이유를 명시하여야 한다.[48] 연회안수사역부의 대표가 충분한 이유가 있는지 확인하기 위하여 당사자와 면담할 수 있다. 개인 사정으로 인한 휴직과 가사 휴직은 교역자가 서면으로 요청할 때 매년 허락되며, 일신상 휴직과 가사 휴직은 5년간 계속적으로 주어질 수 없으나, 정회원 교역자 3분의 2의 표결이 있을 때에는 예외로 한다.[49] 전직 (轉職) 휴직은 12개월 이상 갱신할 수 없다. 자원 휴직은, 안수사역부의 추천으로 정회원 교역자들의 회의에서 연장되지 않는 한, 준회원의 경우, 8년 유예 기간 연수를 계산할 때 이에 가산한다 (¶327).[50]

---
47. 사법위원회 판정 450, 459, 508, 1226 참조.
48. 사법위원회 판정 782 참조.
49. 사법위원회 판정 689 참조.
50. 사법위원회 판정 1216 참조.

4. 연회 회기 사이에는 연회안수사역부의 실행위원회가 감독과 지방감리사들과 상담한 후 이들의 승인하에 자원 휴직을 승인하거나 중지시킬 수 있다. 이러한 잠정적인 결정은 다음 번 연회 회기 중에 교역자 회의에서 승인을 받아야 한다.[51]

5. 현재 고발이나 고소가 미결 상태에 있으면, 이러한 고소나 고발이 해결될 때까지 자원 휴직 요청을 허가하여서는 안 된다.

6. 자원 휴직을 하고 있는 교역자들은 연회 기금의 혜택을 받을 수 없다. 그러나 자원 휴직을 한 교역자가 계속 연회에 납부하여야 할 의무가 있는 해당 플랜에 가입하여 있을 경우에는 이에 계속 납부하여야 한다. 그들은 또한, 만일 해당된다면, 연회 건강보험에 자비로 가입할 수 있다. 그러나 예외적인 경우에 한하여—만일 해당된다면—감독과 지방감리사의 추천과 연회 정회원 교역자 회의의 표결로, 해당 플랜의 규정이 허락하는 한도 내에서, 봉급 및/또는 기타 급여를 교역자 회원에게 지불할 수 있다. 만일 해당된다면, 연회 회기 사이에는 감독, 감리사회, 안수사역부 실행위원회의 표결로, 해당 혜택 플랜의 규정이 허락하는 한도 내에서, 봉급 및/또는 기타 급여를 교역자 회원에게 지불할 수 있다.

7. 자원 휴직 상태에 있는 교역자는 연회의 위원회나 부서의 위원으로 봉직할 수 있다. 그들은 총회와 지역총회에 다른 교역자들을 대의원으로 선거할 수 있으며, 그들 자신이 대의원으로 선출되어 봉사할 수도 있다.[52]

8. 담임자와 상의한 후 그의 서면 승낙이 있고, 지방감리사와 개체교회의 목회위원회가 승인하면, 교역자 연회원은 연회 경계 내의 한 구역회를 선정하여 이와 연관을 맺고 이에 연례 보고서를 제출한다. 그들은 구역회와 담임목사와 안수사역부에 자신들이 집례한 모든 혼례식과 세례식과 장례식과 기타 목회 활동에 관하여 보고하여야 한다. 이러한 사역 활동은, 자신이 속하여 있는 연회의 감독이 특별히 허락하지 않는 한, 담임자의 서면 승낙을 받아 자기가 속하여 있는 구역에 국한하여야 한다. 본인이 속하여 있는 연회의 감독의 허락을 받아 지방감리사의 감독하에 교역자 연회원은, 자신이 속하여 있는 구역 밖에서 설교하며, 가르치며, 결혼을 주례하며, 성례전(만일 이 권한이 있으면)을 집전할 수 있다.[53]

9. 자원 휴직 상태에 있는 이들은 그들의 행실과 사역을 수행함에 있어 연회에 법적 책임을 진다. 안수사역부에 보고를 하지 않을 경우에는 해임조치(¶359)를 당할 수 있다.

---

51. 사법위원회 판정 689 참조.
52. 사법위원회 판정 473 참조.
53. 사법위원회 판정 581 참조.

10. 자원 휴직 상태에 있는 교역자 연회원들은 감독의 허락과 연합감리교 인증기구(United Mehtodist Endorsing Agency)의 승인을 받아, 군의 예비역 군목으로 계속 존속할 수는 있으되, 자의로 현역에 지속적으로 근무할 수는 없다.

11. 전직(轉職) 휴직 이외의 자원 휴직을 끝내기를 원할 경우에는 그 요청을 서면으로 연회 회기가 시작되기 6개월 전에 하여야 한다. 안수사역부는 휴직 당시의 상황을 검토하여 당시의 상황이 제거되었거나 해결되었는지를 확인한다. 안수사역부가 자원 휴직을 유발하게 한 상황이 사라지지 않았거나 해결되지 않았다고 판단하여 그 요청을 기각하였으면, 안수사역부는 그 사실을 본인에게 통보하여 다음과 같은 남은 옵션이 있음을 알린다. 곧 a) 자원 휴직을 계속할 수 있거나, b) 명예 사직(honorable location)을 할 수 있거나, c) ¶361.2 혹은 d)의 공정한 절차를 밟아 강제 휴직(involuntary leave), 해임조치(administrative location), 또는 강제 은퇴(involuntary retirement)를 하도록 감독과 지방감리사에게 요청당할 수 있거나, d) 그밖에 적절한 조치에 처하여질 수 있음을 알린다.

12. 자원 휴직을 한 교역자가 5년 기간 동안에 매년 연장 신청을 하지 않았거나, 5년 기한이 만료되어 서면으로 해당 교역자와 접촉하려고 노력하였음에도 불구하고 순회사역에 복귀할 뜻을 밝히지 아니할 경우에는, 해임조치(¶359)를 당할 수 있다.

¶354. *강제 휴직 (Involuntary Leave of Absence)*

1. 감독과 지방감리사는, 준회원, 협동회원, 또는 정회원의 동의없이 강제 휴직을 요청할 수 있다. 그들은 교역자 당사자와 안수사역부에 그 구체적인 사유를 서면으로 전달하여야 한다. 어떠한 강제 휴직 경우이든, <장정> ¶361.2에 규정된, 행정적 심문회를 위한 공정한 절차를 밟아야 한다.

2. 강제 휴직은 감독과 지방감리사가 다음과 같은 경우에 요청할 수 있는데, 그 요청은 안수사역부에 회부하여, ¶361.2에 규정된 공정한 심문회의 절차를 밟도록 하여야 한다.

a) 서면이나 서명한 고발장을 90일 이내에, 관리적인 대응(¶362.1b, c)으로나, 고발(¶362.1e)로나, 또는 재판 과정 등을 통하여 해결하지 못하였거나, 혹은 분명히 이를 90일 이내에 해결할 수 없을 때.

b) <장정> ¶363(타의에 의한 연회관계 변경)에 따라 무능력하다거나, 효율성이 없다거나, 사역자로서의 임무 수행을 감당하지 못한다는 주장을 해결할 필요가 있을 때.[54]

---

54. 사법위원회 판정 524, 530, 687, 721, 1010 참조.

3. 강제 휴직이 요청되었을 때, 고발 또는 고소가 미결 상태에 있으면, 그것은 교역자의 개인 파일에 철하여 둔다. 그 후에 취하여진 일들도 모두 잘 보관하여 파일에 또한 철하여 둔다.[55]

4. 강제 휴직은 연회 정회원 교역자 회의에서 3분의 2의 표결로 승인한다.[56] 이러한 강제 휴직은 지방감리사의 서면 요청으로 매년 허락되어야 하되, 3년 이상 연속적으로 허락되어서는 안 된다.

5. 연회 회기 사이에는 감독과 감리사회가 연회안수사역부의 실행위원회에 강제 휴직을 허가하거나 종식시켜 줄 것을 요청할 수 있다 (¶363). 이러한 잠정적 결정은 다음 번 연회 회기 중 정회원 교역자 회의에서 승인을 받아야 한다.

6 강제 휴직(involuntary leave of absence)을 당하고 있는 교역자들은 연회기금의 혜택을 받을 수 없다. 연회는 강제 휴직을 당한 이들에 대하여 봉급, 연금, 또는 기타 급여에 대한 재정적 책임을 지지 않는다. 그러나 위 규정에도 불구하고, 강제 휴직을 당한 교역자가 계속 연회에 납부하여야 할 의무가 있는 해당 플랜에 가입하여 있을 경우에는 이에 계속 납부하여야 한다. 그들은 또한, 만일 해당된다면, 연회 건강보험에 자비로 가입할 수 있다. 그러나 예외적인 경우에 한하여, 만일 해당된다면, 감독과 지방감리사의 추천과 연회 교역자 회의의 표결로, 해당 플랜의 규정이 허락하는 한도 내에서, 봉급 및/또는 기타 급여를 교역자 회원에게 지불할 수 있다. 만일 해당된다면, 연회 회기 사이에는 감독, 감리사회, 안수사역부 실행위원회의 표결로, 해당 혜택 플랜의 규정이 허락하는 한도 내에서, 봉급 및/또는 기타 급여를 교역자 회원에게 지불할 수 있다.

7. 강제 휴직을 하고 있는 교역자는 연회 경계 내에 있는 구역회를 선정하여야 한다. 교역 활동은 이 구역에 국한하여야 하며, 다만 담임자의 서면 승낙과 지방감리사, 감독, 목회위원회의 승인이 있어야 한다.[57]

8. 강제 휴직을 하고 있는 교역자는 연회의 부서나 기관에서 봉사할 수 없으며, 총회와 지역총회의 대의원이 될 수 없으며, 교역자 대의원 선거에 투표할 수 없다.

9. 감독과 지방감리사가 강제 휴직을 끝내도록 요청할 경우에는 그 요청을 서면으로 연회 회기가 시작되기 6개월 전에 하여야 한다. 안수사역부는 휴직 당시의 상황을 검토하여 당시의 휴직 조건이 해결되었는지를 확인한다. 만일 안수사역부가

---
55. 사법위원회 판정 524, 530 참조.
56. 사법위원회 판정 782 참조.
57. 사법위원회 판정 524 참조.

강제 휴직을 유발케 한 상황이 해결되지 않았다고 판단하면, 안수사역부는 강제 휴직을 3년 동안까지 연장하든지 해임조치를 위한 절차를 밟아야 한다 (위 제2항 참조).

10. 만일 지방감리사와 감독이 3년간의 강제 휴직 기간이 끝났음에도 그 사람을 파송할 의사가 없다면, 그들은 연회 회기가 시작되기 6개월 전에 안수사역부와 본인에게 이 사실을 서면으로 통보하며, 아직 시작하지 아니 하였으면, 해임조치를 취하든지 사법처리 절차를 밟기 시작하여야 한다.

11. 행정심사위원회(¶636)는 타인에 의한 휴직이 <장정>의 규정에 따라 공정하게 집행되었는지를 확인한다. 이러한 휴직을 추천하게 되기까지의 모든 절차를 행정심사위원회는 확인하여 그 결과를 연회 정회원 교역자 회의에 보고한다.

¶355. *출산 또는 육아 휴직*—3개월을 넘지 않는 출산 또는 육아 휴직을 출산 혹은 입양으로 인하여 본처목사, 준회원, 협동회원 및 정회원이 요청하면 감독과 감리사회와 연회안수사역부 실행위원회는 이를 허락한다.

1. 출산 또는 육아 휴직을 원하는 이는 지방감리사와 의논한 후, 휴직이 시작되기 90일 전에 목회위원회에 요청서를 제출하여 교회의 목회 활동에 지장이 없도록 한다.

2. 이 휴직 동안에는 연회원의 연회 관계에는 아무 변동이 없으며 건강보험도 유효하다.

3. 석 달을 넘지 않는 출산 또는 육아 휴직은 연금 혜택 계산상 전년을 봉직한 것으로 간주한다.

4. 봉급은 적어도 휴직 첫 8주간 계속 지불하여야 한다.

5. 휴직 기간 중의 목회 책임은 그 개체교회의 목회위원회와 지방감리사가 의논하여 처리한다.

6. 지방감리사와 감독과 특별 파송자들을 위하여서는 따로 마련한다.

¶356. *사역 임무를 수행할 수 없게 하는 병고와 기능장애로 인한 의료 휴직*—1. 정회원 교역자(¶369)가 병고 또는 기능장애로 말미암아 사역 임무 수행을 포기하여야만 할 때에는, 연회안수사역부와 은급부의 공동 추천에 의하여 연회 정회원 교역자 비공개 회의에 참석하여 투표한 정회원의 다수표로써, 연회 회원권을 잃음이 없이 매년 의료 휴직을 허락받을 수 있다. 단, 그러한 휴직은 연회기능장애합동위원회나 또는 연회 정책에 따라 장애인들을 관리하는 기구가 납득할 만하게 또한 적절하게 조사한 후에라야 허락하거나 갱신할 수 있으며, 그 결과는 연회안수사역부와 연회은급부에 보고한다. 이러한 연회와의 관계는

본인 또는 감리사회가 본인의 의사와 상관없이 안수사역부를 통하여 제의할 수 있다. 본인의 승낙없이 의료 휴직이 주어졌을 때에는, 가능한 한 도리에 맞는 배려를 하여 주어야 한다. 사역자가 연회로부터 의료 휴직을 허락받고 만일 포괄보호보험 제5.04항에 규정된 기능장애 혜택을 받을 수 있는 기준에 도달할 만한 의학적 증거를 아직 제시하지 못하였을 때에는, 연회은급부는 포괄보험이 지불할 액수만큼의 보험금을 지불하게 할 수 있다. 보험금은 총회은급의료혜택부가 기능장애를 허락한 연회에 부담하게 하고 대신 납부한다. 만일 나중에 포괄보호보험에서 지불할 수 있는 허락이 나오면 연회는 이미 지불된 금액을 상환받되 포괄보호보험에서 받을 수 있는 금액 이상은 받지 못한다. 연회에서 허락한 의료 휴직은 연회록에 기록하여 놓는다.

2. 연회의 교역자 정회원이 신체 혹은 정신적 장애로 말미암아 사역 임무 수행을 연회 회기 사이에 포기하여야만 할 때에는, 연회안수사역부 실행위원회 및 연회은급부 실행위원회와 상의한 후, 지방감리사들의 다수 찬동으로, 감독이 의료 휴직을, 남은 연회 기간에 허락할 수 있다. 단, 그러한 휴직은 연회기능장애합동위원회나 또는 연회 정책에 따라 기능장애인들을 관리하는 기구가 편의 제공 조항을 포함하여 납득할 만하게 또한 적절하게 조사한 연후에라야 허락할 수 있으며, 그 조사 결과는 연회안수사역부와 연회은급부에 보고한다. 교역자가 감독으로부터 의료 휴직을 허락받았으나, 아직 포괄보호보험 (Coprohensive Protection Plan) 제5.04항에 규정된 기능장애 혜택을 받을 수 있는 기준에 도달할 만한 의학적 증거를 제시하지 못하였으면, 연회은급부는 포괄보호보험에서 지불할 액수만큼의 보험금을 지불하도록 허락할 수 있다. 나중에 포괄보호보험에서 보험금을 지불한다는 승인이 나면, 연회는 이미 지불된 금액을 상환받되, 포괄보호보험에서 받을 수 있는 금액 이상은 받지 못한다.

3. 교역자 연회원이 사역 임무를 다시 수행할 수 있을 만큼 건강이 회복되었다거나 혹은 적합한 편의 시설을 통하여 임무에 복귀할 수 있다는 증거를 제시하면, 감독은, 교역자의료휴직합동위원회 또는 연회관계위원회의 추천으로 파송을 결정하는 감리사회와 상의하여, 안수사역위원회 실행위원회의 승인으로, 그들을 연회 회기 사이에도 파송하여 의료 휴직을 중단시킬 수 있다. 이런 파송을 감리사회는 연회은급부와 총회은급의료혜택부에 곧 보고한다. 의료 휴직 정지 일자는 다음 정기연회 회의록에도 곧 기록하여 놓는다.[58]

---

58. 사법위원회 판정 1012 참조.

4. 의료 휴직이 고려되고 있는 사람은 본인이 직접 참석하든지 자신을 대신할 다른 사람을 택하여 교역자의료휴직합동위원회와 만나게 함으로써 이를 심의하는 일에 관여할 권리가 주어져야 한다. 해결하지 못한 문제가 있을 때에는 행정 신문회(¶361.2)의 절차에 따라 공정한 과정을 보장받을 것이다.

5. 감독으로부터 파송을 받아 사역의 임무를 수행할 수 있는 이는, 단지 어떤 건강 상태 때문에 의료 휴직에 처하여져서는 안 된다. 자격 있는 기능장애 교역자가 그들의 은사와 은총에 적합한 사역 현장에서 봉사할 수 있도록 합당한 편의 시설을 제공하여 주어야 한다(2016년 <결의문집> 3002항 참조).

¶**357.** *은퇴*—은퇴한 교역자 연회원이란 자의든 타의든 연회안수사역부의 추천과 정회원 교역자 회의의 결의로 연회와 은퇴 관계에 들어간 이들을 뜻한다.[59] (¶¶1506-1509과 교역자연금플랜 MPP 곧, 2007년 1월 1일부로 새로 수정, 발효하는 교역자은퇴보장 프로그램 Clergy Retirement Security Program 참조.) 은퇴 요청은, 감독과 감리사회가 면제시켜 주지 않는 한, 은퇴할 날짜로부터 적어도 120일 전에 감독과 감리사회와 연회안수사역부에 서면으로 제출하여야 한다. 안수사역부는 은퇴하는 회원과 가족들이 개체교회와 새로운 관계를 수립함에 있어 지도와 조언을 하여 주어야 한다.[60]

1. *정년 은퇴*—연회가 열리는 해의 7월 1일이나 그 이전에 72세가 되는 연회 교역자 회원들은 자동적으로 그 해에 은퇴하여야 한다.[61]

2. *자원 은퇴*—*a) 20년간의 봉사를 마치고*—연회가 개회하기 전에 20년 혹은 그 이상을 1982년 이전부터, 또는 1981년 이후에는 포괄보호보험에 전적으로 가입되어 은퇴기금에 저축하며 파송받아 봉사하여 온 교역자 연회원은 연회에서 봉사한 햇수만큼의 연금과 연회에서 지불하는 다른 혜택을 차후에 받으며 은퇴시켜 줄 것을 연회에 요청할 수 있다. 연금 지불은 사역자가 62세가 된 후 첫 달 1일부터 시작한다.[62] 만일 ¶359.2c에 의한 은퇴를 할 나이 이전에 연금이 시작되면 교역자은퇴보장 프로그램의 연령 인하 규정이 적용된다.

b) 30년간의 봉사를 마치거나 62세에—본인의 요청과 정회원 교역자들의 투표로 연회가 열리는 해의 7월 1일이나, 그 이전에 62세가 되거나, 또는 35년간 파송받아 봉사한

---
59. 사법위원회 판정 87, 88, 531 참조.
60. 사법위원회 판정 995 참조.
61. 사법위원회 판정 7, 165, 413, 578 참조.
62. 사법위원회 판정 717 참조.

안수받은 사역자와 1982년 이전부터, 또는 1981년 이후에는 포괄보호보험에 전적으로 가입되어 봉사한 본처목사는 보험 연수 계산상 감소된 연금을 받으며 은퇴 관계에 들어갈 수 있다.[63]

　　c) 40년간의 봉사를 마치거나 65세에—본인의 청원과 정회원 교역자들의 표결로 연회가 열리는 해의 7월 1일 혹은 그 이전에 65세가 되었거나 40년 이상을 파송받아 봉사한 안수받은 사역자와 1982년 이전부터, 또는 1981년 이후에는 포괄보호보험에 전적으로 가입하여 봉사한 본처목사는 연금의 특전을 누리며 은퇴할 수 있다.[64]

　　d) 위 ¶357.1과 .2a-c에 명시된 날짜에도 불구하고 위 조항에 명시된 연령 및/또는 봉사연수에 도달한 연회원은 누구나 본인의 요청과 감독, 감리사회, 안수사역부 실행위원회의 승인으로 연금을 받는 잠정 은퇴 관계에 들어갈 수 있으나, 다음 연회 때 정회원 교역자들의 승인을 받는 조건이라야 한다.

　　e) 연회는 자유 재량에 따라 연회안수사역부와 은급부의 추천으로 위 § 2b항 또는 § 2c항의 규정에 의하여 은퇴할 교역자 연회원들의 은퇴 일자를 다음 연회 연도 중 아무 날짜나 택하여 지정할 수 있다.[65]

　　3. *강제 은퇴 Involuntary Retirement*—연회안수사역부와 감리사회의 추천이 있으면, 연회에 참석한 정회원 교역자들의 3분의 2의 찬성으로, 본인의 나이와 승낙 여부와 상관없이, 교역자 연회원들을 아무나 은퇴시킬 수 있다.[66] 강제 은퇴 수속 과정은 공정한 절차를 준수하여 시행한다. 감리사회가 안수사역부에 교역자 연회원의 강제 은퇴를 추천할 수도 있고, 안수사역부 자신이 자체 내의 동의로 그것을 추천할 수도 있다. 강제 은퇴를 시키려는 움직임은 연회가 열리기 전 적어도 180일 전에 본인에게 서면으로 통보하여야 한다. 행정심사위원회 위원장에게도 서면으로 통보하여야 한다.

　　행정심사위원회(¶636)는 <장정>에 규정된 강제 은퇴 절차가 제대로 지켜졌는지의 여부를 확인한다. 강제 은퇴를 추천하게 되기까지의 전 과정을 행정심사위원회는 검토하여 이를 연회 정회원 교역자 회의에 보고한다. 이 조항의 규정에 의하여 은퇴 관계에 놓이게 된 교역자 연회원은 누구나 연회에서 봉사한 기간만큼 모든 연금과 혜택을 받을 권리가 있으며 그 연금 혜택 지불은 본인이 62세가 되는 다음 달 첫 날부터 시작한다.

---

63. 사법위원회 판정 428 참조.
64. 사법위원회 판정 379 참조.
65. 사법위원회 판정 769 참조.
66. 사법위원회 판정 522, 769 참조.

만일 ¶357.2c에 규정된 은퇴 연령에 도달하기 전에 은급비를 납부한다면 ¶1506.4i의 규정을 적용받는다.

4. *은퇴 전 상담*—연회안수사역부는 연회은급부와 함께 은퇴하고자 하는 사역자회원들과 적어도 은퇴하기 5년 전에 첫 면담을 한다 (¶635.2o). 이 면담의 목적은 사역자와 그 배우자에게 은퇴에 대한 준비와 계획을 도와주는 데 있으며, 개체교회와 새로운 관계를 수립하는 일을 상담하며 지도하는 데 있다. 은퇴 전 상담에 있어 연회안수사역부와 연회은급부는 "원로사역자회"나 이와 비슷한 기관과 연락을 취할 수 있다. 이 부서들은 그러한 기관과 은퇴 사역자들이 연관을 맺도록 먼저 도와 줄 수도 있다.

5. *구역회 회원권—a)* 한 구역에 목사로 파송받지 아니한 모든 은퇴 교역자 회원은 담임자 및 지방감리사와 상의한 후, 한 구역회의 회원이 되며, 자기가 정한 교회에서 <장정>이 금하지 아니하는 한 모든 교인의 권리와 특전을 누린다. 그들은 구역회와 담임목사에게 자신들이 집례한 혼례식과 세례식 및 다른 목회 활동에 관하여 보고한다. 그들이 자기 연회 경계 밖에 거주할 경우에는 매년 그리스도인으로 또한 사역자로서 행한 일에 관하여 보고서를 제출한다.

6. *안수받은 은퇴 사역자의 파송*—은퇴한 안수 사역자는 감독과 감리사회의 요청이 있을 때 파송을 받을 수 있다. 또한 목회구역에 파송된 은퇴한 안수 사역자는 연회의 최저 임금을 연회공정봉급위원회나 이와 유사한 연회 기구에서 받을 수 없으며, 연금 누적의 혜택도 받을 수 없다. 은퇴한 안수 사역자의 보수는 지방감리사와 해당 구역 또는 자역자가 파송받은 곳과 상의하여 결정한다. 은퇴한 안수 사역자는 연회 기관에서 봉사할 수 있다.[67]

7. *현직에의 복귀*—<장정> ¶357.2에 의거 은퇴한 교역자 회원은 본인의 요청과 안수사역부, 감독 및 감리사회의 추천에 의거, 정회원 교역자 연회원들의 다수표로써 현직에 복귀할 수 있으며, 이 관계를 계속 유지하는 한, 또는 ¶357.1이 적용될 때까지 파송받을 자격이 있다. 자원 은퇴한 사역자로서 현직에 복귀하기를 요청하는 이는 다음과 같은 요건을 구비하여야 한다: 곧, (1) 은퇴 증명서의 제출, (2) 안수사역부가 정한 양식에 따라 의사의 건강진단서를 제출하여 양호한 건강 상태를 증명하여야 한다. 총회은급의료혜택부를 통하여 연금을 받아 온 사람은 현직에 복귀되는 즉시 연금 지불이 중단된다. 차후 은퇴할 때 연금은 다시 지불된다.

---

67. 사법위원회 판정 87, 531, 558 참조.

¶358. 명예 사직 Honorable Location—1. 연회는 정회원 교역자들에게 그들의 요청에 따라 명예 사직증을 발부할 수 있다. 단, 안수사역부는 먼저 그들의 자질을 심사하여 하자가 없음을 확인하여야 하며, 그런 요청이 있은 후 교역자 회의가 그들의 성품을 승인하여야 하며, 이러한 사직은 또한 순회사역을 그만두기 원하는 사람에 한하여야 한다. 안수사역부는 사직하는 사역자와 그 가족이 개체교회와 새로운 관계를 수립하는 데 있어 지도와 자문을 하여 준다. 안수사역부의 추천이 있으면 연회는 그들에게 전직(轉職)을 위한 지원을 하여 줄 수 있다.

2. 이 조항에 의하여 사직하는 협동회원 또는 정회원 교역자는 연회 회원권을 계속 유지하여서는 안 되며 연회 회원증을 연회 서기에게 반납하여야 한다. 사직한 교역자 회원은 담임목사와 상의한 후 그의 승낙서와 지방감리사 및 그 개체교회의 목회위원회의 승인을 얻어, 한 개체교회에 교적을 둔다. 이를 위한 모든 증빙 서류는 명예 사직을 허락한 연회의 안수사역부에 철하여 둔다. 구역회의 교역자 회원으로서 그들은 담임자의 서면으로 된 승낙서가 있을 때 교역자의 직능을 행사할 수 있다. 본 <장정>이 허락하는 한도 내에서 그들은 그들이 속한 구역회에서 교인의 모든 특권을 누릴 수 있다. 연회안수사역부의 실행위원회가 인가하면 명예 사직한 이는 당분간 본처목사로 감독의 파송을 받을 수 있다.[68] 사직 관계를 계속 유지하려면 구역회에 제출한 보고서의 사본을 매년 명예 사직을 허락한 연회의 안수사역부 기록원에게도 제출한다. 그들은 구역회와 담임자에게 자기가 주례한 모든 혼례식, 세례식, 장례식에 대하여 보고하며 명예 사직을 허락한 연회에 대하여 자기들의 행동과 안수의 특권에 대하여 책임을 진다.

보고를 2년 동안 계속하여 제출하지 않았을 경우에는 안수사역부의 추천과 교역자 회의의 결의로 안수 사역직을 정지당할 수 있다. 이 조항은 1976년 총회 이전에 강제 사직당한 사람에게는 해당되지 않는다. 사직한 회원들의 이름은 그들의 자질을 매년 심사하여 통과한 후 연회에 수록한다.

3. 명예 사직한 교역자는 연회에 명예 은퇴사역자의 신분을 부여하여 줄 것을 요청할 수 있다.[69] 은퇴 신분에 관한 요청은 서면으로 감독과 지방감리사와 연회안수사역부 등록 서기에게 연회 회기가 시작되기 적어도 90일 전에 제출하여야 한다. 명예 사직을 하여 은퇴 교역자의 신분을 허락받은 이들은 자기들이 속하여 있는 구역회에 교역자로서의 모든 활동에 책임을 진다.

---

68. 사법위원회 판정 366 참조.
69. 사법위원회 판정 717 참조.

만일 그러한 봉사 활동을 하였을 경우, 그들은 구역회에 보고하며 ¶358.2에 규정된 대로 담임자의 감독하에 목회 활동을 한다. 그들은 자신들의 행동에 관하여 구역회를 통하여 그 구역회가 속하여 있는 연회에 계속 책임을 진다.

¶**359.** *해임조치*—1. 협동회원이나 정회원 교역자의 효율성이 문제가 되면 감독은 다음과 같은 절차를 밟아야 한다.

a) 문제가 무엇인지 파악한다. 이것은 협동회원 또는 정회원 교역자의 임무 태만이나 소명에의 효율성 상실 등을 포함할 수 있다.

b) 협동회원 또는 정회원 교역자와의 관리적인 상담을 통하여 문제가 무엇인지 확인하여 이를 개선할 방도를 함께 계획한다.

c) 평가 후, 개선 방도를 시행하지 않았다거나 또는 장래에는 효율성이 좋아질 것이라는 현실적인 기대감을 갖게 되었는지 결정한다 (¶334.3).

2. 만일 위(제1항)에 규정된 절차를 밟았으나, 충분히 문제를 개선하지 못하였으면, 감독과 감리사들은 당사자의 승락없이 협동회원 또는 정회원을 해임하여 줄 것을 요청할 수 있다. 그들은 당사자와 안수사역부에 서면으로 그 요청을 하게 된 구체적인 이유를 설명하여 주어야 한다. 안수사역부의 연회관계위원회는, ¶363.2에 규정된 공정한 행정 신문회를, 어떠한 해임조치를 취하는 경우에든, 열어야 한다. 연회관계위원회는 신문회의 결과를 안수사역부 전체 회의에 보고하여 결정을 내리도록 한다. 안수사역부는 어떠한 해임조치든 이를 다가오는 연회 정회원 비공개 회의에 추천하여 마지막 결정을 내려야 한다. 연회 회기 사이에는 안수사역부가 협동회원 또는 정회원을 해임조치할 수 있다. 이 잠정 조치는 다가오는 연회 정회원 비공개 회의에서 승인을 받아야 한다.[70]

3. 해임조치를 당한 교역자는 연회원이 계속 될 수 없으며, 그들은 자신들의 연회원증을 연회 서기에게 보관하도록 반납하여야 한다. 담임목사와 상담한 후 그의 서면 양해와 지방감리사 및 개체교회 목회위원회의 승락으로, 해임조치를 당한 교역자는 그를 해임한 연회 경계 내의 한 구역회를 정한다. 그의 사역 활동은 이 구역에 국한하여야 하되, 담임목사와 지방감리사의 서면 양해와 감독 및 목회위원회의 승락이 있어야 한다. 본인들이 주례한 모든 혼례식, 세례식, 장례식을 포함한 연례 보고서를 구역회에 매년 제출하여야 한다. 해임을 계속 유지하기

---

70. 사법위원회 판정 695 참조.

위하서는 그 사본 하나를 안수사역부 기록원에게 제출하여야 한다. 그들은 자신들의 행동과 안수권을 계속 유지하기 위하여 회원권을 가지고 있는 구역회의 연회에 순응하여야 한다. 2년 동안 계속 연속적으로 안수사역부에 보고서를 제출하지 않을 경우에는, 안수사역부의 추천과 연회 교역자 비공개 회의의 결의로 안수받은 권한을 박탈당할 수 있다.

4. 해임조치 상태에 있는 안수받은 사역자들은 그들의 연회 관계를 은퇴한 해임 상태에 있는 사역자로 변경하여 줄 것을 연회에 요청할 수 있다. 이 요청은 연회 회기가 시작하기 90일 전에 감독과 감리사회와 안수사역부 기록원에게 서면으로 제출하여야 한다. 이러한 관계를 허락받은 이들은 자신들이 속하여 있는 구역회에 안수 사역자로서 행한 모든 사역 활동에 대하여 책임을 진다. 사역 활동은 이 구역에 국한하여야 하되, 담임목사와 지방감리사의 서면 양해와 감독 및 목회위원회의 승락이 있어야 한다. 만일 이러한 사역 활동을 하였으면, 그들은 그 내용을 구역회에 보고하여야 하며, 이는 ¶359.2에 명시된 바와 같이 담임목사의 감독하에 행하여야 한다. 그들은 자신의 활동에 관하여 구역회에 책임을 짐으로써 계속 연회에 순응하여야 한다.

¶360. *탈퇴 (Withdrawal)*—1. *다른 교단으로 이적하기 위한 탈퇴*[71] —결격 사유가 없는 안수받은 회원이 다른 교단으로 이적하기 위하여서나 혹은 교단의 회원직을 사임하기 위하여 탈퇴할 때에는, 그들의 연회 회원증과 탈퇴 요청서를 연회 서기에게 반납하여야 한다.

2. 안수 사역에서의 탈퇴—연회의 안수받은 회원은 안수를 포기하고 연회에서 탈퇴하기 원하면, 그들이 아무 결함이 없는 한, 연회 회기 중에 이를 허락받을 수 있다. 안수 사역자의 안수증 및 연회 회원증과 탈퇴 요청서는 지방감리사에게 반납하여 이를 연회 서기가 보관하도록 하며, 본인이 원하는 개체교회에 그 담임자와 의논하여 교인으로 이적할 수 있다.[72]

3. 고발 또는 고소에 의한 탈퇴—교역자 연회원이 ¶362.1e에 의한 고소로 인하여 연회원직에서 탈퇴하기 원하면 ¶2719.2의 조항에 의거 연회는 탈퇴를 허락하여 줄 수 있다. 교역자의 안수증과 연회 회원권은 지방감리사에게 반납하여 연회 서기에게 보관하도록 하며 그들이 원하는 교회에 담임자와 의논한 후 교적을 옮긴다.[73]

---

71. 사법위원회 판정 696 참조.
72. 사법위원회 판정 552, 695, 1055 참조.
73. 사법위원회 판정 691 참조.

"고발에 의한 출교" 또는 "기소에 의한 출교"를 그들의 신임장에 기록하여 놓는다.

4. *연회 회기 사이의 탈퇴*—사역직을 포기하기 위하여서거나, 다른 교단에 이적하여 나가기 위하여서거나, 또는 고발 혹은 기소를 당하게 되어 탈퇴하는 일이 연회와 연회 사이에 일어날 때에는, 교역자 회원의 신임장은 ¶360.1과 ¶360.3에 의거 감독이나 지방감리사에게, 연회안수사역부에서 보내온 탈퇴서와 함께 반납하여야 한다. 신임장과 탈퇴서는 둘 다 연회 서기가 보관한다. 연회안수사역부는 이 사실을 다음 연회 회기 때 연회에 보고한다.[74] 탈퇴일은 탈퇴서의 날짜와 동일하여야 한다.[75]

제16절 행정적인 공정한 절차

¶361. 1. *연회관계위원회*—각 연회의 안수사역부는, 준회원의 자격 중지, 강제 사직, 해임조치, 강제 은퇴, 또는 기타 안수사역부가 (¶635) 의뢰하는 사안에 대한 심문(訊問) 요청에 응하기 위하여 적어도 3인으로 구성된 연회관계위원회를 두어야 한다. 지방감리사는 연회관계위원회에서 봉사할 수 없다.

2. *공정한 심문회*—연합감리교회의 교인 및 구조 속에 존재하는 거룩한 성약(covenant)으로서, 개인의 권리와 교회의 권리를 보호하기 위하여 신문회에서 다음과 같은 절차를 밟을 것을 제시한다. 본 조항에 제시된 절차는, 준회원의 자격 중지(본인의 공소에 의한), 강제 사직, 해임조치, 또는 강제 은퇴 요청이 있을 때 언제나 시작된다. 특히 적시에 모든 일을 처리하도록 특별한 주의를 기울여야 하며, 위원회를 구성할 때 인종적, 민족적, 그리고 남녀의 다양성이 보장되도록 하여야 한다.

a) 모든 행정적 절차에서 감독 또는 감독이 지명하는 사람과 피고(고발을 제외한 기타 강제성을 띤 제재를 당한 사람)는 어떤 마지막 결정이 내려지기 전까지 답변할 권리가 보장되어 있다.

b) 심문회에 관한 통지는 본인이 충분히 답변을 준비할 수 있도록, 심문회를 열게 된 이유를 자세히 설명하여야 한다. 통지서는 심문회가 열리기 20일 전에 주어져야 한다.

c) 피고인은 <장정>의 규정에 의하여 어떠한 심문회에도 피고인과 같은 연회에 속한 다른 정회원 교역자를 대동할 권리가 있다. 피고인을 대동하는 교역자는 발언권이 있다.[76]

---
74. 사법위원회 판정 552 참조.
75. 사법위원회 판정 691 참조.
76. 사법위원회 판정 921, 972 참조.

¶361

d) 어떠한 행정 심문회에서도 한쪽이 다른 한쪽이 부재한 상황에서 본질적인 문제에 관하여 심문회위원들과 결코 논의하여서는 안 된다. 절차상의 문제에 관하여서는 심문회 위원장에게 의문을 제기할 수 있다.

e) 피고인은 행정적 절차를 밟게 된 근거 서류들을 적어도 신문회가 열리기 7일 전에 열람할 권리가 있다.[77]

f) 교역자가 감리를 위한 상담에 응하지 않거나, 우편물 접수를 거절하거나, 개인적으로 감독이나 지방감리사와 의사소통하기를 거절하거나, 또는 감독의 요청이나 공식적인 행정위원회의 요청에 불응할 경우, 그러한 행위는 교회의 처리 절차를 기피하거나 지연시키는 근거가 되어서는 아니 되며, 그러한 절차는 본인의 부재에도 불구하고 계속 진행시켜 나가야 한다.

3. *소추 (訴追) 면책권*—교회의 행정 절차의 권위를 유지하며 이에 전적으로 언제나 참여할 수 있는 일을 보장하여 주기 위하여, 감독과 감리사회와 안수사역부의 증인들과 변호인들과 행정심사위원회와 연회 교역자 비공개 회의에서 투표하는 정회원 교역자들과 기타 교회의 행정적인 절차에 참여하는 모든 사람들은, 고의적으로 또한 악의로 고발당할 수 있는 비위를 범하지 않은 이상, 특정한 행정 절차와 연관된 그들의 역할에 대하여 기소당하지 않을 면책권이 보장된다. 어떤 특정한 사법처리 과정과 연관된 사람에 대한 고발인(원고)은 피고인의 행위가 고의로 저질러진 일이라는 데 대하여 분명하고도 설득력이 있는 증거를 제시하지 않으면 안 된다. 이 조항에 규정된 소추의 면책권은 국가의 법이 허락하는 한, 국가의 법률을 집행하는 과정에서도 최대한 적용된다.

¶362. *고발 처리 절차*—1. 연합감리교회 연회에서의 안수와 회원권은 하나의 성스러운 신뢰(信賴)를 뜻한다. 본처목사, 협동회원, 준회원, 정회원의 자격과 임무는 연합감리교회의 <장정>에 명시되어 있으며, 이는 예수 그리스도께서 가르치시고 그의 사도들이 전파한 복음에서 유출되는 것임을 우리는 믿는다. 모든 종류의 휴직, 명예 사직 또는 해임조치, 또는 은퇴 관계에 있는 사람들을 포함하여, 위에 적은 부류에 속한 어떠한 교역자라도 이 신뢰를 어길 때에는 그의 회원권은 심사 대상이 된다.

이 심사는 이 성스러운 신뢰를 범한 데에 대한 의로운 해결을 그 주요한 목적으로 삼으며, 하나님의 의와 화해와 치유의 역사가 그리스도의 몸 된 교회 안에 이루어지기를 바라는 뜻에서 행하여진다.

---

77. 사법위원회 판정 974 참조.

의로운 해결(just resolution)이란, 가능한 한 그릇된 것을 바로잡아 진정으로 책임을 지고 관계된 모든 사람들을 치유함으로써 사람들이나 공동체에 끼친 손상을 치유하는 데 중점을 두는 것을 뜻한다. 적합한 상황에서는 ¶363.1(c)에 규정된 바와 같은 의로운 해결책을 따를 수도 있다. 이 모든 과정을 통하여 공정하고 의롭고 회복시키는 일을 위하여 노력할 때, 문화적, 인종적, 민족적, 및 남녀의 특성을 존중히 여기도록 특별한 주의를 기울여야 한다.

고발(complaint)이란 ¶2702.1에 명시된 비위를 범하였다고 서면에 서명한 고발장을 뜻한다. 고발이 감독에게 접수되면, 고발한 사람과 고발당한 사람은 그 단계에서 밟아야 할 절차에 대하여 서면으로 연락을 받는다. 그 단계가 변경되었거나 만일 변경하게 되면, 이들은 새 절차에 대하여 계속 서면으로 통보받는다. 원래 정한 시간은 고발한 사람과 고발당한 사람의 합의하에 30일간 한 번 연장할 수 있다.

a) 감리 (Supervision)—평상시 감리, 관리하는 임무를 수행함에 있어, 감독 또는 지방감리사는 교역자의 임무 수행이나 품행에 관하여 고발을 접수하거나 할 수 있을 것이다. 고발이란 교역자의 목회 성과가 만족스럽지 못하다거나, 교역자가 용납할 수 없는 행동을 하였다고 주장하는 서명된 진술서를 말한다.[78] 고발을 서면으로 제출하는 사람과 해당 교역자는 지방감리사나 감독으로부터 고발장을 제출하는 절차와 그 목적에 관하여 통지를 받는다.

b) 관리적인 대응 (Supervisory Response)—관리적인 대응은 공식적인 고발장을 접수한 날부터 시작한다. 관리적인 대응이란 목회적인 것이요 행정적인 것으로, 이는 관련된 모든 사람들이 의로운 해결책을 모색하는 것을 그 목적으로 삼는다. 이것은 사법 처리 과정의 일부가 아니다. 대응을 하는 과정에서 고발은 어디까지나 범법한 사실이 있다는 진술 혹은 주장으로만 간주한다. 관리적인 해결을 위한 모든 모임에서는 어떠한 모임이든지 축어 기록을 남겨서는 안 되며, 변호사가 참석하여서도 안 된다. 고발당한 사람은 발언권이 있는 다른 한 사람을 대동하여도 무방하며, 고발한 사람은 발언할 수 있는 사람을 한 명 선택하여 대동할 권한이 있다.

관리적인 대응은 감독 또는 감독이 지명하는 사람이 행하되 비밀이 보장되고 시간을 적절히 사용하도록 하며, 고발 및 그 처리 과정에 있어 당사자들과 긴밀히 연락하며 진행하도록 한다. 감독의 결정에 따라 분석 (평가), 중재 또는 치유에 경험과

---

78. 사법위원회 판정 763, 777 참조.

자격이 있는 사람들을 택하여 관리적인 대응을 돕도록 할 수 있다. 감독은 또한 목사들을 위하여서는 목회위원회와, 지방감리사들을 위하여서는 지방감리사협조위원회와, 혹은 도움을 줄 수 있는 사람들과 상의할 수 있다.

관리적인 대응이 시작되면, 감독은 안수사역부 부장에게 고발이 접수되었다는 사실과 고발당한 교역자의 이름과 고발의 일반적인 성격을 통보하며, 사안이 종료되면 이를 어떻게 처리하였는지에 대하여 통보한다.

c) 의로운 해결 (Just Resolution)—관리적인 대응 방법은 관련된 모든 사람들이 만족스러운 해결 또는 합의에 이르게 하는, 자격 있는 중립적인 제삼자 촉진자(facilitator)나 중재인(mediator)의 중개 역할을 기대할 수도 있다.[79] 만일 감독이 중재하는 방법으로 의로운 해결을 추구하기 원한다면, 감독과 고발인과 피고인과 기타 관련된 사람들은 비밀 보장 합의서를 포함하여 과정을 요약한 합의서에 동의하여야 한다. 의로운 해결 과정은, 대응, 고발, 또는 사법 처리 과정에서 어느 때나 시작할 수 있다. 만일 합의에 도달하게 되면, 합의 확인과 조건을 포함한 합의서에 관련자들은 서명하고, 제삼자에게 노출시킬 모든 사항에 대하여서도 합의를 보아야 한다. 관련된 모든 사람들이 합의한 의로운 해결은 고발을 최종적으로 종결한 것으로 간주한다.

의로운 해결을 추구하려는 과정은 관리(supervisory) 또는 고발(complaint) 과정 중, 어느 때에나 시작할 수 있다. 이는 행정적 조치도 아니며 사법적 절차도 아니다.

d) 직무 중지 (Suspension)—고발인, 교회, 연회, 기타 사역 현장 및/또는 교역자의 웰빙을 보호하는 일이 필요하다고 사료될 때, 감독은 안수사역부 실행위원회의 추천으로 당사자의 파송을 제외한 모든 사역 직무를 90일이 넘지 않는 한도 내에서 정지시킬 수 있다. 안수사역부 실행위원회와의 합의하에 감독은 30일이 넘지 않는 한도 내에서 직무 정지를 단 한 번 더 연장할 수 있다. 직무를 정지당하고 있는 동안 목회구역이 제공하는 봉급, 주택비 및 기타 수당 등은 정지당한 날짜와 같은 수준으로 지급한다.[80] 이렇게 직무를 정지당한 사람은 ¶334에 규정된 바, 모든 권한과 특전을 계속 유지한다. 직무 정지 기간 동안 임시 목사에 드는 비용은 연회가 부담한다.[81]

e) 고발의 이송 또는 취하—서명한 고발장을 접수하면,

---

79. 사법위원회 판정 691, 700, 751, 763, 768 참조.
80. 사법위원회 판정 776 참조.
81. 사법위원회 판정 534, 836 참조.

감독은 90일 이내에 관리적 대응 과정을 시작한다. 만일 고발을 접수한 지 90일 이내에 위에 명시한 절차에 따라 어떤 해결점을 찾지 못하면, 감독은 이를 다음과 같이 처리한다.

　　　　　(1) 감리사회의 동의를 얻어 그 이유를 서면으로 적어 이를 기각하고, 그 사본 하나를 교역자의 파일에 철하여 두거나, 또는

　　　　　(2) 이를 교회측 변호인에게 고소하도록 이송한다.

　　f) 관리자의 후속 조치와 치유—감독과 감리사회는 만일 고발로 인하여 교회, 연회, 기타 사역 현장이 큰 손상을 입었으면, 치유의 방도를 제공하여야 한다. 이 방도는 감독 또는 감독이 지명하는 사람이 사실 내용을 누설함이 없이 고발의 성격에 대하여 알려 주는 일을 포함할 수 있다. 사실이 누설되었을 때에는, 고발인과 행정적 또는 사법적 처리 대상이 될 수 있는 피고인을 포함한 모든 관련자들의 이해 (利害) 관계와 필요함을 철저히 고려하여야 한다. 이러한 방도는 미해결 쟁점을 위한 중재 역할, 피해자들을 위한 지원, 또한 관련자들을 위한 화해 알선 등과 같은 의로운 해결책을 포함할 수 있다.[82] 이러한 해결책은 대응, 고발, 또는 사법 처리 과정 중, 어느 때에나 시작할 수 있다.

　　g) 만일 고발에 공공 기관이 개입하거나, 혹은 곧 그리하게 될 것이 예측되면, 고발은 안수사역부의 승인을 얻어 중지 상태에 놓이게 할 수 있다. 중지 상태에 있는 고발은, 적어도 매 90일간의 간격을 두고 감독과 안수사역부가 점검하여, 공공 기관의 개입이 아직도 고발 해결을 지연시키는 데에 유효한지를 확인하여야 한다. 고발 중지 상태는 감독이나 안수사역부가 중단시킬 수 있다. 중지 상태에 있었던 기간은 공소 시효 기간에 가산하지 않는다. 교역자는 고발이 중지 상태에 있는 동안 현 연회 관계를 계속 유지한다.

¶363. *강제적인 연회 관계 변경을 추천한 데에 대한 처리*—1. 강제적인 연회 관계에 대한 변경 추천을 접수하면, 안수사역부는 적시에 이에 대응하여야 한다. 이 추천은 연회관계위원회에 회부하여, ¶361.2에 규정된 공정한 절차에 따라 행정적 신문회를 열도록 한다. 감독 또는 안수사역부는 한 사람을 지명하여 이 추천 사항을 그 위원회에 제출하도록 한다. 피고인은 그 추천에 대하여 본인이 직접 나서든지, 서면으로 하든지, 또는 발언권이 있는, 피고인과 같은 연회에 속한 정회원 교역자의 도움을 받아, 반론을 제기할 수 있는 기회가 주어져야

---

82. 사법위원회 판정 763 참조.

한다. 본 위원회는, 추천을 위원회에 제출하도록 지명받은 사람, 피고인, 또한 위원회 위원장이 정한 다른 사람들의 증언을 들은 후에, 위원회의 결정을 안수사역부에 보고한다. 안수사역부는 위원회의 결정을 수용하든지 거부하든지 할 수 있다.

제17절 연회에의 재허입

¶364. *준회원으로의 재허입*—¶327.6의 규정에 따라 연합감리교회나 그 법적 전신이 되는 한 교단의 연회에서 준회원 자격을 중지당한 교역자는, 연회원으로 있다가 자원 탈퇴하였거나 중지당한 연회나, 그 법적 전신이 되는 연회나, 또는 그 연회의 대부분을 이어받은 연회에, 본인의 요청이 있을 때, ¶324에 규정된 바, 자격 및 회원권을 중지당하게 된 상황을 심사받은 후, 지방안수사역위원회와 연회안수사역부와 감리사회의 추천에 의하여 재허입될 수 있다. 정회원들의 의결로 재허입되면 그들의 준회원권은 환원되며, ¶326에 의거 그들은 안수받기 전 적어도 3년 동안 수련 봉사를 하여야 하며, 자격을 갖춘 교역자의 임무를 수행하기 위하여 인허 및/또는 위임을 받아야 한다.

¶365. *명예 사직 또는 해임조치 후의 재허입*—명예 사직 혹은 해임조치를 당한 후 재허입을 요청하는 협동회원 또는 정회원 교역자는 다음과 같은 요건을 구비하여야 한다.

1. 사직증 제출.
2. 본인이 속하여 있는 교회의 구역회와 담임목사의 만족스러운 보고와 추천.
3. 안수사역부가 인가한 의사로부터, 소정 양식에 의한 만족스러운 건강 진단서. 안수사역부는 심리 평가를 요구하여야 한다.
4. 그들의 자격과 사직하게 된 상황, 그리고 사직 중의 행동을 심사한 후 지방안수사역위원회와 연회안수사역부와 감리사회가 추천할 것. 사직을 허가한 연회 정회원들의 투표로 다시 허입되면, 그들의 연회 회원권은 회복되며, 모든 안수사역의 임무를 수행할 수 있게 된다. 연회 안수사역부는 연회에 재허입하기 전에 적어도 1년간 본처목사로나 (장로와 협동회원의 경우), 또는 승인받은 사역 현장에 (집사의 경우) 봉직할 것을 요구할 수 있다.

¶366. *안수직에서 탈퇴한 후의 재허입*—¶360에 의거, 연합감리교회나 그 법적 전신이 되는 한 교단의 연회에서 교역자 직분을 포기한 협동회원 또는 정회원 교역자는, 소속되어 있다가 이를 포기한 연회나, 그 법적 전신이 되는 연회나, 또는

그 연회의 대부분을 이어받은 연회에 본인의 요청으로 그들의 자질과 교역자의 직분을 포기하게 된 상황을 심사받은 후, 지방안수사역위원회, 연회안수사역부, 감리사회의 추천으로 재허입될 수 있다. 연회원으로 재허입되기 전에 적어도 2년간 본처목사로나 (장로와 협동회원의 경우), 또는 승인받은 사역 현장(집사의 경우)에서 봉직하였어야 한다. 이 요건은 본인이 전에 속하여 있던 연회안수사역부의 동의를 얻어 어느 연회에서나 수행할 수 있다. 정회원들의 투표로 다시 허입되면 그들의 회원권과 신임장은 환원되며 모든 교역자의 직무를 수행할 수 있게 된다.[83]

¶367. *연회의 결의로 면직되었다가 재허입되는 경우*—연합감리교회나 그 법적 전신인 한 교단의 연회에서 면직된 사람은, 안수사역 후보자 및 준회원에게 요구하는 모든 필수 조건을 포함한 정회원 자격 요건을 갖추고 감리사회가 추천하면, 전에 소속하여 있다가 면직당한 연회나, 그 법적 전신이 되는 연회나, 또는 그 연회의 대부분을 이어받은 연회에 정회원 자격을 요청할 수 있다. 이 조항의 규정은 1976년 총회 이전에 면직되었거나 강제 사직당한 모든 사람에게 적용된다.

¶368. *강제 은퇴 후의 재허입*—연회의 교역자 회원이 강제로 은퇴당한 (¶357.3) 후, 다시 현직에 복귀하려고 하면, 다음과 같은 요건을 모두 충족시켜야 한다.

1. 연회안수사역부에 복귀 신청서를 제출한다.
2. 안수사역부와 감리사회는 연회원의 자질과 은퇴하게 된 상황을 검토한다.
3. 안수사역부, 감독, 감리사회의 추천과 강제 은퇴를 결정한 연회의 정회원 교역자의 3분의 2의 찬성. 연회원으로 허입되기 전 적어도 2년간 본처목사로 봉직하였어야 한다.
4. 은퇴증명서를 제출한다.
5. 안수사역부가 인가한 의사로부터 소정 양식에 의한 건강진단서를 제출한다. 안수사역부는 심리 검사를 요구할 수 있다. 총회은급의료혜택부로부터 연금을 받아 온 사람은 현역에 복귀할 때, 그것을 중단하여야 한다. 연금은 은퇴하는 즉시 다시 지급된다.

제18절 일반 규정

¶369. 1. 연회는 연합감리교회의 기본적인 기구이다.

---

83. 사법위원회 판정 515, 552 참조.

¶369 안수받은 이들의 사역

연회의 교역자 회원은 정회원 집사와 장로 (¶329, ¶333), 준회원 (¶327), 협동회원, 소속회원 (¶344.4, ¶586.4) 및 본처목사(¶317)로 구성한다. 모든 교역자는 파송된 위치에서 임무를 수행함에 있어 연회에 순응할 의무가 있다.[84]

2. 안수사역에 관한 <장정>의 규정은 남녀를 모두 포함한 규정이다.[85]

3. 지방안수사역위원회, 연회안수사역부 또는 연회 교역자 비공개 회의가 인허, 안수, 연회원 허입 등에 관하여 투표할 때, 어느 경우에 있어서나 이하 규정된 필수 조건을 최소한의 것으로만 간주한다. 이 문제에 관하여 투표하는 모든 회원들은 기도하는 가운데 후보자들의 은사와 하나님의 은혜의 증거와 교회의 선교를 위한 장래의 공헌 가능성을 고려하여 투표함이 마땅하다.[86]

4. ¶369.1에 명시된 모든 교역자 회원들은 그들의 연회 관계에 관한 결정을 서면으로 통보받는다.

5. 매년 이 성약 공동체는 정기 연회가 모이는 곳, 또는 감독이 감리사회와 안수사역부의 실행위원회와 의논하여 정한 다른 시간과 장소에서, 집사와 장로를 포함한 정회원 교역자들이 비공개 회의를 열어, 안수, 자질, 연회 관계에 관한 문제를 논의한다 (¶605.7, ¶636).[87]

6. 감독이 감리사회와 안수사역부의 실행위원회와 의논하여 결정한 일시와 장소에서 특별 연회를 소집할 수 있다. 특별 교역자 비공개 회의는 통지서에 공고된 내용에 한하여 권한을 행사한다.

---

84. 사법위원회 판정 327, 371 참조.
85. 사법위원회 판정 317, 155 참조.
86. 사법위원회 판정 536 참조.
87. 사법위원회 판정 406, 555, 1009 참조.

제3장
감리직

제1절 감리직(Superintendency)의 성격

¶401. *임무*—연합감리교회에서는 감리의 임무가 감독의 직분에 주어져 지방감리사로 연장되어 있으나 각자 독특한 직책을 맡고 있다. 교회의 선교적 사명은 사람들로 하여금 그리스도의 제자를 만드는 데 있다 (제4편, 제1절 참조). 사도 시대로부터 몇몇 안수받은 이들은 감리하는 특별한 사명을 수행하도록 위임을 받아왔다. 감리의 목적은 우리교회가 제자 만드는 일을 하도록 하는 데 있다. 감리하는 이들은 교회생활을 유지시켜 나가는 것이 그들의 주요 임무이다. 함께 모인 교회로 하여금 예배를 드리게 하고 충성을 다하여 복음을 전파하게 하는 일이 그들의 임무이다.

그들의 임무는 또한, 그리스도의 백성들이 예수 그리스도의 이름으로 교회와 세계에서 봉사하기 위한 조직과 전략을 짜는 일을 도와주며, 나아가 그들로 하여금 선교활동에 임하게 하는 일이다. 그뿐만 아니라, 교회의 지상명령을 인지하고 이에 충실하면서, 세상 일과 영적인 모든 일들이 세상의 방법과 시각을 비판적으로 이해함으로써 제대로 다스려지고 있는지를 살피는 것이 그들의 임무이다. 이 감리직에 주어진 연합감리교회의 공식적인 지도체제는 순회사역에서 빼놓을 수 없는 하나의 중요한 부분이다.

제2절 감독 및 지방감리사의 직분

¶402. *별개의 교역직이 아닌 특수한 사역직*—감독 및 지방감리사의 직분은 연합감리교회에서 특별한 사역 분야로 존재하고 있으며, 봉사와 말씀과 성례전과 치리를 위하여 안수받은 장로 가운데서 감독이 선출되며, 지방감리사가 임명되어 이 직분을 맡게 된다. 이 직분들은 그리스도의 선교 활동에 참여하는 것으로서, 사도 시대에 그 근원을 두고 있으며, 왕과 다름없는 제사장직에 동참하는 직분이다 (베드로전서 2:9; 요한복음 21:15-17; 사도행전 20:28; 베드로전서 5:2-3; 디모데전서 3:1-7).

¶403. *감독과 지방감리사의 역할*—감독과 감리사들은 정회원 장로들이다.

¶403 감리직

1. 감독들은 장로들 가운데서 선출되어, 섬기는 지도자로서 일반적인 감독과 감리의 사역을 위하여 따로 세움을 받은 이들이다 (¶401). 감독들은 예수 그리스도의 사도로서 교단의 신앙과 치리와 예식과 교리와 장정을 수호하도록, 그 권한을 위임받은 사람들이다. 감독들의 역할과 부르심은, 교단이 세상을 변화시키기 위하여 예수 그리스도의 제자들을 삼으려는 임무를 감리하며 지원하는 일이다. 제자로서의 그러한 감리직의 본질은 수련과 수련된 생활에 그 뿌리를 두고 있다. 그러므로 감독은 다음과 같은 자기 수련을 통하여 지도자의 역할을 감당한다.

a) 약동적이고 늘 쇄신하는 정신. 감독의 역할은 우리 믿음의 영적 수련을 충실하게 이행하고 인도하며, 이의 모범이 되는 것이며, 교단 내의 교역자들과 평신도들이 개인생활에서, 우리의 전통인 개인적인 신성(神聖 holiness)을 위하여 수련하도록 영감을 주는 일이다. 감독은 공중예배를 인도하며, 세례를 집례하며, 믿음을 전파한다.

b) 탐색하는 마음과 가르치는 직무에 대한 헌신. 감독의 역할은, 계속 배우며, 성경과 영적 단련과 우리 웨슬리의 유산과 교단의 역사와 교리를 가지고 제자를 삼는 방법을 가르치며, 충성스럽고 열매가 풍성한 교인들을 인도하는 일이다.

c) 교단을 위한 비전. 감독의 역할은 세상을 변화시키기 위하여 예수 그리스도의 제자를 삼아야 하는 우리의 선교적 사명을 다하는 일에 있어 전 교단을 이끌어가는 일이다. 감독은 교회의 사명을 분별하고 영감을 주며, 전략을 세우고 준비하여 실현하며, 평가한다. 감독은 총감독회와 연회의 감리사회, 평신도 및 교역자 지도자들과 또한 고백교인들과 함께 파트너가 되어, 우리의 사명을 성취하며, 충성스런 제자가 되며, 세상에서 그리스도의 백성이 되는 "훨씬 더 나은 방법"을 모색하려고 할 때, 그리스도를 세상에 알리는 비전을 갖도록 전체 교회에 호소한다.

d) 교회와 세상을 변화시키기 위한 선지자적인 헌신. 감독의 역할은 우리 전통인 사회적 신성을 통하여 고난당하고 격돌하는 세상에서 의의를 위한 선지자적 음성이 되는 것이다. 감독은 복음을 전파하고 인간의 고통을 해소시켜 줌으로써 세상에서 증거와 봉사의 사명을 다하도록 장려하며 모범이 된다.

e) 교회 일치를 위한 열정. 감독의 역할은 모든 양떼의 목자가 됨으로써 교회 (연합감리교회와 전 세계적인 교회) 내의 상호 이해와 화해와 단합을 위하여 지도력을 발휘한다.

f) 행정 사역. 감독의 역할은 교회와 세상을 위한 사역을 위하여 사람들을 성별하며, 안수하며, 위임하며, 감리하며, 파송

함으로써 교단의 법규를 지키고 처리하는 일이다. 연회를 주관하는 자로서 주재감독은 연회를 처리하고 연회 내의 사역을 주도한다. 감독은 다른 감독들과 함께 총감독회를 통하여 전 교단을 감리하는 책임을 공유하며, 총감독회를 통하여 연회 및 지역총회의 감독협조위원회와 협력하며 이에 책임질 의무가 있다.

2. 지방감리사들은 감독의 연회 감리 임무를 연장하여 담당하는 이들로서, 감독이 감리사회에 임명한 정회원 교역자들이다. 그들은 감독의 감리하에 <장정>이 규정한 책임을 진다.

제3절 감독의 선출, 구역 배정 및 직책 중지

¶404. *감독구에 관한 규정*

1. 해외지역총회는 해외지역총회연락상임위원회가 추천하여 총회가 승인한 바에 따라 선교적 잠재성에 근거, 감독의 수를 결정한다. 감독구 수의 변경을 추천하기 전에 해외지역총회상임사무위원회는,

a) 아래와 같은 기준을 우선 순위에 따라 고려한다.

(1) 현존하는 구역회의 수와 감독구 내의 현역 교역자 수.

(2) 제곱 마일이나 제곱 km로 측정한 감독구의 지역 면적과 시간대 및 국가의 수.

(3) 연회, 잠정연회, 선교연회 및 감독구 내의 선교구 안에 있는 전체적인 교인 수로 측정한 감독구의 구조.

b) 감독구에서 일어나는 변화의 콘텍스트와 선교적 가능성에 대하여 계속 분석한다.

2. 지역총회에서는 그 감독의 수를 아래에 근거하여 정한다.

a) 30만 명 또는 그 이하의 교인 수를 가진 각 지역총회는 5명의 감독을 두며, 30만 명 이상의 교인 수를 가진 지역총회는 매 30만 명마다 1명의 감독을 추가로 둔다.

b) 만일 어느 지역총회의 교인 수가 이전에 감독의 수를 결정할 당시의 수보다 적어도 10% 이하로 떨어졌으면, 그 지역에 당연히 있어야 할 감독의 수는 전 지역감독협조위원회의 추천으로 총회가 결정한 선교적인 필요에 근거하여, 그 수를 결정한다. 단, 위 *a)*에 규정된 최저 감독의 수는 보장되어야 한다. 그 선교적 필요성에 근거하여 예외를 고려하여 줄 것을 지역감독협조위원회를 통하여 요청하는 일은 해당 지역총회의 책임이며, 전 지역감독협조위원회는 그러한 예외를 고려하여야 한다거나, 혹은 그러한 예외에 관하여 총회에 보고하여야 한다는

의무는 전연 없다. 어떠한 경우에라도, 그러한 추천이 없어도 어떤 결의를 할 수 있으며, 비록 추천을 받았더라도 이를 거부할 수 있는 총회의 권한을 억압하여서는 안 된다.

c) 만일 어떤 한 지역총회가 본 조항의 규정으로 인하여 이전에 할당된 감독의 수를 줄여야 한다면, 그러한 감소를 결정한 총회가 열린 해의 9월 1일부로 그 수를 축소한다.

¶405. *감독의 선출과 성별 (聖別)*—1. *공천*—연회는 지역총회 또는 해외지역총회가 열리기 직전 연회에서 한 명 또는 그 이상의 사람들을 감독으로 지명, 공천할 수 있다. 그러나 감독 선출은 이 공천받은 이들에 한정되어서는 안 되며, 지역총회 대의원들은 어느 특정한 공천자를 투표할 의무도 없다. 각 지역총회는 연회가 천거한 각 공천자들의 신상에 관한 정보를 홍보할 적절한 절차를 마련한다. 이 일은 지역총회가 열리는 첫날부터 적어도 2주 전에 시행되어야 한다. 이와 비슷한 절차를, 10표 이상 또는 유효표의 5% 이상으로 공천된 이들을 위하여 역시 마련하여야 하며, 그 정보는 지역총회 장에서 대의원들이 누구나 얻을 수 있도록 하여야 한다.

2. *선출과정*—*a)* 지역총회 대의원들과 해외지역총회 대의원들은 감독을 선출함에 있어 남녀, 인종, 출신국 등을 포함하는 연합감리교회의 포괄 정책을 특히 고려, 이를 감안하여야 한다. 이밖에, ¶401에 규정된 감리직의 특성을 또한 고려하여야 한다.

b) 지역총회와 해외지역총회가 감독을 선출하기에 필요한 백분율을 정한다. 적어도 출석하여 투표한 인원 60% 이상의 표를 얻은 이를 감독으로 선출할 것을 추천한다.

c) 감독을 위한 성별식은 감독을 선출한 회기의 지역총회나 그 지역총회가 정하는 시간과 장소에서 행할 수 있다. 성별식은 다른 지역총회 또는 해외지역총회의 감독들을 포함할 수 있다. 성별식에는 또한 다른 기독교 교단의 대표들도 포함할 것을 강력히 추천한다 (¶124, ¶422.2, 참조).

¶406. *감독의 구역 배정 절차*—1. *지역감독협조위원회*—지역감독협조위원회는 지역감독회와 상의한 후, 감독들을 그들이 주재할 각 감독구에 배정하여 이를 지역총회에 추천하여 최종적으로 결정하게 한다. 그 회기에 모든 감독들이 선출되며, 그들과 또한 상의하기 전에는 그런 결정을 내려서는 안 된다. 감독은 한 감독구에 세 번째 배정되어질 수 있다.

모든 감독들의 배정일은 지역총회 후 9월 1일로 한다.[1]

새로 선출된 감독은 최근 자기가 속하여 있던 연회에 배정되어서는 안 되나, 지역감독협조위원회가 3분의 2 가표로 이

---

1. 사법위원회 판정 781 참조.

규정을 무시할 것을 추천하여 지역총회가 과반수로써 이에 찬성할 때에는 예외로 한다.[2]

2. *해외지역총회 감독협조위원회*—해외지역총회 감독협조위원회는 지역감독회와 상의한 후 지역총회에서 최종 결정을 하기 위하여 감독의 배정을 추천한다.[3]

3. *특수임무를 위한 배정*—총감독회는 당사자의 동의와 지역총회 또는 해외지역총회의 감독협조위원회의 동의를 얻어, 그 회원 중의 한 감독에게 1년간 전체 교회의 안녕을 위하여 중요하다고 인정되는 특수한, 범교회적 직책을 맡길 수 있다. 이러한 경우, 그 감독은 이 기간 동안 감독구의 책임을 지지 않는다. 현직이든 은퇴하였든, 같은 지역총회 또는 해외지역총회에 속하든 아니든, 해당 지역감독회의 추천으로 총감독회는 그 회원 중의 한 감독을 비어 있는 그 감독구의 임시 주재감독으로 지명한다. 한 감독구에 2명 이상의 은퇴 감독이 배정되었을 경우, 감독실기금은 은퇴 감독에게 지불된 연금과 현역 감독의 봉급과의 차액에 한하여서만 책임을 진다. 이 직책은, 총감독회의 3분의 2 가표와 지역 또는 해외지역 감독협조위원회의 과반수 및 해당 감독과 그 지역감독회의 동의로 2년째 다시 맡을 수 있다. 이렇게 직책을 맡은 감독은 정규 봉급과 기타 지원을 계속 지급 받는다.

¶407. *감독직에 생긴 공석*—사망, 은퇴(¶408.1, .2, .3), 사임(¶408.4), 사법 처리(¶2712), 휴직(¶410.1) 또는 의료 휴직(¶410.4)으로 인하여 감독직에 공석이 생길 수 있다. 위에 열거한 이유 중 어느 이유로든지 감독구에 공석이 생기면, 지역 또는 해외지역감독회와 연회감독협조위원회 및 감리사회와 상의한 후, 해당 지역 또는 해외지역감독회의 현직 감독들의 추천에 의하여 총감독회가 그 공석을 채우든지, 혹은 그 공석이 감독이 배정된 지 24개월 이내에 생겼으면, ¶521.2의 규정에 따라 지역감독회가 특별지역총회를 소집할 수 있다. 이 조항에 의하여 감독이 선출되면, 선출된 4개년 기간의 남은 해들은 배정 규정을 계산할 때 하나의 4년기로 계산한다. 이전에 봉사한 적이 있는 감독을 임시 감독으로 파송하지 않기를 권유한다.

¶408. *감독직의 증지*—은퇴할 때까지 감독으로 봉직한 장로는 은퇴한 감독의 지위를 유지한다.[4]

1. *정년 은퇴*—a) 만일 감독의 68세 생일이 지역총회가 열리는 해의 7월 1일, 또는 그 이전에 이르게 되면, 그 감독은 정기 지역총회가 열린 직후 8월 31일자로 은퇴한다.[5]

---

2. 사법위원회 판정 48, 57, 416, 538 참조.
3. 사법위원회 판정 248 참조.
4. 사법위원회 판정 361, 407 참조.
5. 사법위원회 판정 413, 578 참조.

¶408

b) 만일 감독의 68세 생일이 자기 해외지역총회의 개회 예정일이나 그 이전에 이르게 되면, 해외지역총회의 감독은, 효력이 발생하는 2016년 1월 1일부로, 총회가 폐회한 지 3개월 이내에 은퇴하여야 한다. 이 조항은, 2016년 총회가 폐회하는 즉시 그 효력을 발생한다.[6]

c) 교역자은퇴보장프로그램 또는 세계감독은퇴프로그램 (또는 어느 경우에든 감독을 위한 은퇴 프로그램이나 기타 일반 프로그램)으로 지불되는 연금은 지역총회 또는 해외지역총회가 폐회한 후부터 지불한다.

d) 그러나 만일 은퇴한 감독이 다음과 같은 범교회적 직책 중 어느 하나를 책임지게 될 때에는, 총회재무행정위원회가 총감독회와 상의한 후, 총회재무행정위원회의 추천에 의하여 총회가 설정한 최고의 봉급액을 넘지 않는 한도 내에서 보수를 결정한다. 봉급은 감독실 기금에서 지불한다. (1) 총감독회와 관련이 있고 이에 책임을 지는 특별한 성격의 직책, 또는 (2) 총회 부서나 연합감리교회와 연관된 고등교육 기관. 연합감리교회와 연관된 고등교육 기관의 직책은 그 기관의 발의로 이루어져야 하며, 그 기관이 정한 은퇴 정년을 넘어서까지 봉사하여서는 안 된다.

만일 감독이 총회 부서나 연합감리교회와 연관된 고등교육 기관에 임명되었을 때에는, 그 기관이 총회재무행정협의회가 그 직분을 위하여 설정한 보수의 50%를 지불한다. 그 기관은 또한 직책과 연관된 모든 사무 비용과 여비에 대하여 책임을 진다.

감독이 모든 교역자들이 은퇴하여야 하는 정년에 이르든지 (¶357.1), 아니면 직책을 완료하든지, 둘 중 하나에 먼저 해당되면, 특수직책에 대한 보수 지급은 정지된다. 단, 총감독회가 총감독회 총무 또는 에큐메니칼 사역 감독으로 선출한 은퇴 감독은 그 임기 동안 그 특수한 사역을 위한 보수를 계속 받을 수 있다. 지역총회, 해외지역총회, 연회 및 연합감리교와 연관이 없는 기관에 임명되었을 때에는 본 항의 규정은 해당되지 않으며, 감독실기금에서도 추가 보수를 받을 수 없다. 특수임무에 배정된 은퇴한 감독의 지위는 주택과 다른 혜택을 계산함에 있어 다른 은퇴한 목사의 것과 동일하다.

2. *자원 은퇴—a)* 연금 크레디트가 있는 안수받은 교역자 또는 본처목사로, 지역총회 또는 해외지역총회 회기가 시작되기 전 날까지, 전임으로 20년 이상 봉직하였고, 이 가운데 적어도 한 4개년 기간을 감독으로 봉직한 이는, 지역총회 또는 해외지역총회에, 교역자은퇴보장 프로그램 또는 세계감독은퇴

---

6. 사법위원회 판정 1248 참조.

프로그램(또는 어느 경우에든 감독을 위한 은퇴 프로그램이나 기타 일반 프로그램)이 적용되는 연금 혜택과 함께 은퇴를 허락하여 줄 것을 요청할 수 있다.

　　b) 다른 소명을 위한 은퇴—감독구에서 적어도 8년 이상 봉사한 감독은 다른 소명을 위한 이유로 은퇴할 수 있으며, 해당 지역감독회의 추천에 따라 지역 또는 해외지역총회 감독협조위원회가 그렇게 은퇴시킬 수 있다. 그러한 감독은 ¶408.2a에 명시된 대로 연금을 받는다. 만일 고용자(雇用者)가 고용인(雇傭人)의 건강보험을 제공하거나 들어 준다면, 이 조항에 의하여 은퇴하는 감독은, 본인이 보험금을 지불하여야 하든지 않든지 상관없이 그 프로그램에 가입하여야 하며, 감독실기금은 더 이상 감독과 그의 가족에 대한 보험료에 대한 책임을 지지 않는다. 만일 고용(雇用)하는 자가, 고용(雇傭)되어 있는 동안이든 은퇴하여 있는 동안이든, 고용인들에게 건강보험을 제공하여 주지 않는다면, 은퇴하는 감독은 이 조항에 의하여 총회재무행정위원회가 수시로 정하는 보험의 혜택을 받는다.

　　c) 62세에 이르렀거나, 장로 또는 감독으로 전임 파송을 받아 35년간 봉사한 감독은, 교역자은퇴보장 프로그램 또는 세계감독은퇴 프로그램(또는 어느 경우에든 감독을 위한 은퇴 프로그램이나 기타 일반 프로그램)이 적용되는 연금 혜택과 함께, 은퇴를 허락하여 줄 것을 요청할 수 있다.

　　d) 자원 은퇴를 요청하고자 하는 감독은 총회가 열리기 적어도 6개월 전에 총감독회장에게 그 뜻을 전달하여야 한다.

　　e) 감독은 건강상 이유로 자원 은퇴를 요청할 수 있으며, 지역감독회의 추천과 만족할 만한 진단서를 제출하였을 때, 지역 또는 해외지역 감독협조위원회에 의하여 은퇴할 수 있다. 그런 감독은 교역자은퇴보장 프로그램 또는 세계감독은퇴 프로그램(또는 어느 경우에든 감독을 위한 은퇴 프로그램이나 기타 일반 프로그램)이 적용되는 연금 혜택을 받는다.

　　3. *강제 은퇴—a)* 만일 30일 이상 되는 기간을 주고 서면으로 본인에게 통지하여 심문회(訊問會 hearing)를 연 연후에 감독을 강제로 은퇴시키는 것이 본인 및/또는 교회를 위하여 가장 좋은 일이라고 감독협조위원회가 인정할 때에는, 감독의 나이와 상관없이 지역 또는 해외지역 감독협조위원회의 3분의 2 가표로 감독을 은퇴시킬 수 있다. 이러한 결정은 감독의 수행 능력 때문이기도 하지만 그렇지 않을 수도 있으나, 그 이유를 분명히 위원회의 보고서에 명시하여야 한다. ¶361.2에 규정한 공정한 행정 신문회 절차가 이 행정 절차에도 적용된다. 이 서면

¶408

통보를 (해외)지역총회 행정재심위원회(¶539)의 위원장에게도 전달하여야 한다.

b) 해당 지역감독회의 3분의 1 추천과 지역 또는 해외지역 감독협조위원회의 3분의 2의 찬성으로 감독을 지역총회 또는 해외지역총회 회기 사이에 건강상 이유로 은퇴시킬 수 있다. 요청하면 해당 감독은 소속 지역감독회의 최종 결정이 있기 전에 전문가에 의하여 건강 상태를 진단받을 권리가 있다. 은퇴 결정 통지서는 지역 또는 해외지역 감독협조위원회의 회장과 서기가 총감독회 서기와 감독실기금 회계에서 전달한다. 이 결정에 불복, 그 감독은 재판위원회에 상소할 수 있으되, ¶2716에 규정된 절차를 따른다. 그렇게 은퇴하게 될 때, 해당 감독은 교역자은퇴보장 프로그램 또는 세계감독은퇴 프로그램 (또는 어느 경우에든 감독을 위한 은퇴 프로그램이나 기타 일반 프로그램)이 적용되는 연금 혜택을 받는다.

4. *사임*—감독은 자의로 사임할 수 있다. 총감독회에 사직서를 제출함으로써 감독은 감리직에서 사임할 수 있다. 총감독회는 감독의 사임이 있으면 후계자가 결정될 때까지 서리 감독 임명을 포함한 적절한 조치를 취할 권한이 있다. 감독의 성별(聖別 consecration)에 관한 서류들은 총감독회 서기가 제대로 명기하여 돌려 주어야 한다. 따라서 감독이 선출되기 직전에 속하여 있던 연회에 다시 돌아가 순회 장로목사로 봉직할 권한을 입증하는 사면 증서도 교부하여 주어야 한다. 이러한 사실은 총감독회 서기가 지역 또는 해외지역 감독협조위원회 회장과 서기에게 통보한다. 사임한 감독은 교역자은퇴보장 프로그램, 또는 세계감독은퇴 프로그램, 또는 어느 경우에든 감독을 위한 은퇴 프로그램이나 기타 일반 프로그램이 적용되는 연금 혜택을 받는다.

¶**409**. *은퇴한 감독의 지위*—은퇴한 감독은 모든 면에서 우리 교회의 감독이며, 헌장과 본 <장정>의 기타 규정에 따라 총감독회의 회원으로 감독의 기능을 그대로 유지한다.

1. 은퇴한 감독은 총감독회 및 그 위원회에 참석할 수 있으되 투표권은 없다. 주재감독의 요청이 있거나 또는 그의 불능으로 말미암아 연회가 속하여 있는 지역감독회 회장의 요청이 있으면, 그는 연회, 잠정연회, 선교연회를 사회할 수 있다. 은퇴한 감독들은 총감독회의 선출로 총감독회의 총무(Executive Secretary)와 에큐메니칼 사역 감독(Ecumenical Officer)으로 봉사할 수 있다. 주재 감독이 사회를 못하게 될 비상 시에는 지역감독회가 현직 또는 은퇴한 감독을 대신 연회를 사회하게 한다 (¶48). 그들은 파송을 할 수 없거나 지역총회 또는 해외지역총회를 사회할

수도 없다. 그러나 은퇴한 감독이 ¶409.3, ¶410.1, 또는 ¶410.3의 규정에 따라 총감독회에 의하여 공석 중인 감독구에 배정받았을 때에는, 현직 감독과 똑같은 직능을 행사할 수 있다.[7]

2. 은퇴한 감독은 한 구역에 파송할 목적으로 그 구역이 위치한 연회의 발언권 없는 회원으로 간주할 수 있다.

3. 위 ¶408.1, .2의 규정에 따라 은퇴한 감독은 해당 지역감독회의 추천으로, 총감독회에 의하여, 주재감독의 사망, 사임, 기능장애, 사법 처리로 (¶2703.1) 인하여 공석이 생긴 연회에 임시로 봉사하도록 배정을 받을 수 있다. 배정은 다음 지역총회 또는 해외지역총회 이후로도 계속 이어져서는 안 된다.

4. 지역감독회는 은퇴 예정 감독과 전 교단의 기관들과 함께 은퇴 후의 감독 배정 문제(예를 들면, 주재감독직 같은 것)에 관하여 의논하되, 특히 감독직의 주재적인 특성과, 관리, 감독 및 선교적인 성격이 잘 반영되도록 한다.

¶410. *휴직*—1. *일신상 휴직*—감독은 타당한 이유가 있을 때 해당 감독구의 감독협조위원회와 상의하여 지역감독회, 지역총회 또는 해외지역총회 감독협조위원회, 그리고 총감독회 실행위원회의 승낙을 얻어, 6개월이 넘지 않는 한도 내에서 휴직을 허락받을 수 있다. 휴직하고 있는 감독은 감독의 직책에서 물러나야 하며, 그 대신 총감독회 실행위원회가 택한 다른 감독이 그 구역을 담당하여야 한다. 봉급과 그밖의 혜택은 감독실기금에서 계속 지급받는다.

2. *쇄신을 위한 휴직 (Renewal Leave)*—현직 감독은 사고하고 연구하며 자신의 쇄신을 위하여 매 4년기에 한 번씩, 계속 3개월이 넘지 않는 한도 내에서 휴직할 수 있다. 지역감독회가 해당 지역 또는 해외지역 감독협조위원회와 상의하여 그런 휴직에 관한 자세한 사항들을 조정한다.

3. *안식년 휴직*—적어도 두 번의 4개년 기간을 봉사한 감독은, 해당 감독구의 감독협조위원회와 상의하여 (해외)지역감독회, 지역감독협조위원회 및 총감독회 실행위원회의 승낙을 얻어, 연구와 쇄신을 위하여 1년이 넘지 않는 한도 내에서 안식년 휴직을 받을 수 있다. 이럴 경우, 감독은 휴직 기간 동안 감독구의 책임에서 물러나며, 총감독회가 지명하는 다른 감독이 그 책임을 대행한다. 해당될 경우, 휴직하는 감독은 휴직 기간 동안 봉급의 절반과 주택비를 지불받는다.

4. *의료 휴직*—건강 악화로 인하여 불가피하게 잠간 동안 임무를 제대로 수행할 수 없는 감독들은, 지역감독협조위원회와 협의하여 지역감독위원회와 (해외)지역감독회 및 총감독회 실행위원회의 승인을 얻어, 6개월이 넘지 않는 한도 내에서 휴직을

---

7. 사법위원회 판정 248 참조.

¶410 감리직

허락받을 수 있다. 휴직이 허락되어 있는 동안 그는 모든 감독의 직무에서 물러나야 하며, 그 감독구에 총감독회 실행위원회가 선임한 감독이 그 임무를 대신 수행한다. 그의 봉급과 기타 혜택은 감독실기금에서 계속 지불한다. 만일 6개월이 지나도 건강이 회복되지 아니하여 현직에 복귀하지 못할 경우에는, 감독에게 제공되는 불능혜택 프로그램을 신청하여야 한다.

¶411. *임기 감독제를 채택하고 있는 해외지역총회*—임기 감독제를 택하고 있는 해외지역총회에서 은퇴 연령이 되기 전에 감리직 임기가 지나고 재선출되지 않은 감독들은 감독이 되기 전에 속하여 있던 연회(또는 그 후신)에 돌아가 순회 장로로 다시 봉사한다. 그들의 감리직은 후계자가 선출되는 해외지역총회 폐회 시까지 계속되므로, 후계자를 성별(聖別)하는 예식에서 감독으로서 참여할 수 있다. 감독 성별증서는 임기가 끝남과 동시에 해외지역총회 서기에게 제출되어야 하며, 서기는 서류를 접수하는 대로, 감독이 그의 임무를 충실히 수행하고 이를 마쳤으며, 연합감리교회의 감독을 그만두게 됨을 기록으로 작성하여 놓아야 한다.[8]

¶412. *감독에 대한 평가*—지역 또는 해외지역 총회의 감독협조위원회는 ¶524.3a에 의하여 감독의 사역과 자질과 공적인 행정 능력을 검토하기 위하여 적어도 매 4년기에 한 번, 각 현직 감독들에 대한 전체적이고 공식적인 평가를 하여야 한다. 이 평가는 자기 자신들, 동료들, 그리고 자신들의 감리하에 있는 이들(가령, 감리사회, 평신도 지도자들, 기관 총무 등)의 평가도 포함하여야 한다. 이 평가 과정에는 연회 또는 지역의 감독협조위원회도 포함되어야 한다. 이러한 평가를 하기 위한 계획을 짜고 마련할 뿐만 아니라, 혹시 이 과정에서 일어날 수 있는 문제들을 해결하기 위하여 위원회와 상의하며 협력하는 일이 각 지역감독회 및 해외지역감독회 회장의 임무이다.

¶413. *감독에 대한 고발*—1. 연합감리교회의 감독들은 다른 교역자들과 마찬가지로 안수사역 수임이 주는 신의를 지켜야 한다. 연합감리교회 <장정>이 제정한 감독의 사역은, 예수 그리스도께서 가르치시고 그 사도들이 선포한 복음에서 비롯된다 (¶402). 감독이 이 신뢰를 저버리거나 주어진 책임을 다하지 못할 때에는, 심사를 받게 된다. 이 심사는 이 성스러운 신뢰를 범한 데에 대한 의로운 해결을 그 주요한 목적으로 삼으며, 하나님의 의와 화해와 치유의 역사가 그리스도의 몸된 교회 안에서 이루어지기를 바라는 뜻에서 행하여져야 한다.

---
8. 사법위원회 판정 61, 236, 370 참조.

감독의 선출, 구역 배정 및 직책 중지 ¶413

2. 비효율성, 무능력 또는 ¶2702에 열거된 한 가지 혹은 그 이상의 비위에 관한 고발은 그 지역의 지역감독회 회장에게 제출한다. 만일 고발의 대상이 회장일 때에는 지역감독회의 서기에게 제출한다. 고발이란 교역의 성과가 만족스럽지 못하다거나, 용납할 수 없는 행동을 하였다거나, 또는 ¶2702에 열거된 비위 중 하나 또는 그 이상을 범하였다고 주장하는 진술서를 말한다.[9]

3. 위 ¶413.2에 명시된 고발장을 접수하면 지역감독회장과 서기가, 또는, 만일 회장이 당사자이면, 서기와 다른 한 감독회원이, 또는, 만일 서기가 당사자이면, 지역감독회장과 다른 한 감독 회원이 10일 이내에 지역총회 또는 해외지역총회 감독협조위원회의 위원장과 상의하여, 위원 중에서 고백교인 한 명과 교역자 한 명을 임명하되, 이들은 같은 감독구 출신이어서는 안 되며, 해당 감독이 선출되었거나 배정받은 감독구 출신이어서도 안 되며, 같은 성(性 gender)이어서도 안 된다.

a) 적절하다고 판단될 때, 지역감독회는 고발인, 교회 및/또는 감독의 안위를 위하여 지역총회 또는 해외지역총회 감독협조위원회와 상의하여 고발당한 감독의 모든 직책을 60일이 넘지 않는 한도 내에서 정지시킬 수 있다. 직책이 정지당하고 있는 동안 봉급, 주택비 및 기타 혜택은 계속 지급받는다.

b) 이러한 관리적인 대응은 목회적인 것이요 행정적인 것이므로 의로운 해결을 모색하여야 한다. 그것은 어떠한 사법처리의 일부도 아니다. 관리적인 대응은 비밀리에 진행되어야 하며, 120일 이내에 완결되어야 한다. 만일 관리하는 감독과 이 관리 과정을 위하여 임명된 지역 또는 해외지역 감독협조위원회의 두 위원의 생각에 연기하는 일이 생산적이라고 판단되면, 120일의 기간을 한 번 더 연장할 수 있다. 만일 관리하는 감독과 이 관리 과정에 임명된 지역 또는 해외지역 감독협조위원회의 위원들, 고발인과 고발당한 감독이 모두 동의하면, 120일간의 기간을 또 한 번 더 연장할 수 있다.

관리하는 감독은 진행 과정의 현황에 관하여 정기적으로 양측에 알려 주어야 하며, 사안에 대한 관리적 대응이 해결을 보지 못하였다고 결정이 나면, 이를 7일 이내에 모든 관련자들에게 통보하여야 한다.

축어 (逐語 verbatim) 기록을 남겨서는 안 되며 변호사가 참석하여서도 안 되나, 고발당한 감독과 고발하는 사람 양측은 발언권이 있는 다른 한 사람을 대동할 수 있다. 감독회장(서기)의 결정에 따라 평가, 개입 또는 치유에 경험이 있고 자격이 있는

---

9. 사법위원회 판정 1149 참조.

사람들을 선택하여 관리적인 대응을 보조하게 할 수 있다. 그 밖에 다른 사람들과도 상의할 수 있다.

c) 관리적인 대응(supervisory response)은 의로운 해결책을 모색하는 과정을 포함할 수 있으며, 이런 과정에서 모든 관련자들은 만족스러운 합의점에 이르기 위하여 자격있고 중립적인 제삼자인 촉진자(facilitator)나 중재자의 도움을 받을 수 있다 (¶362.1b, c 참조). 지역감독회 회장, 또는, 만일 고발이 감독회장에 관한 것이라면, 그 서기를 포함한 관련자들은 비밀 보장 합의서를 포함하여 과정을 요약한 합의서에 동의하여야 한다. 만일 합의에 도달하면, 조건을 포함한 합의서에 관련자들은 서명하여야 하며, 제삼자에게 노출시킬 모든 사항에 대하여도 합의를 보아야 한다. 그러한 해결 합의서는 이 과정의 단계를 책임지고 있는 사람에게 전달되어 합의서를 따라 다음 단계의 행동을 취하게 하여야 한다.

d) (i) 만일 관리적인 대응이 사안을 해결하는 결과를 가져오게 되면, 관리적인 대응을 담당한 감독과 관리적인 대응 과정을 위하여 임명된 감독협조위원회의 두 위원(¶413.3)은 해결 조건을 충족시키고 있는지, 이를 지켜보아야 한다. 만일 이 관리적인 대응이 해결을 보지 못하였을 경우에는, 지역감독회 회장이나 서기는 그 사안을 지역감독회와 감독협조위원회의 동의를 얻어 기각하여 그 이유를 서면으로 작성하여 사본 하나를 해당 감독 파일에 철하여 두든지, 혹은 ¶413.3e에 따라 사안을 행정적 고발로 간주하여 감독협조위원회에 회부하든지, 또는 이를 ¶2704.1에 따라 교회측 변호인에게 의뢰하여 조사위원회로 하여금 처리하게 한다.

(ii) 만일 ¶413.2에 명시된 대로 지역감독회의 회장이나 서기가 고소장을 받은 지 180일 이내에 관리적 대응이 해결을 보지 못하게 되었고 지역감독회의 회장이나 서기가 이를 행정적 고소 또는 사법적 고소로 회부하지 않았으면, 본 사안은 아래와 같은 데에 회부하여야 한다.

(1) 한 해외지역총회 감독의 경우, 총감독회가 각 대륙에서 1명씩 뽑은 3명의 감독 배심원에게, 또는

(2) 한 지역총회 감독의 경우, 총감독회가 각 지역총회에서 1명씩 뽑은 5명의 감독 배심원에게. 이들 배심원들은 관리적 대응 절차를 계속 밟아 나가며, 180일 이내에 이를 폐기하든지 아니면 위에 열거한 대로 회부하여야 한다.

(iii) 위 (ii)항과 연관된 비용은 감독실기금에서 지불한다.

(iv) 총감독회는 고소를 접수하여 처리하는 가운데 이를 의롭게 해결한 후에라도 언제든지 그 고소를 총감독회의 3분의 2의 의결로 지역감독회에서 총감독회로 이관할 수 있다.

e) 행정적인 고발—만일 고발이 무능력, 비효율성, 혹은 감독 직무 이행의 거부 또는 불능에 기인하고 있으면, 지역감독회 회장과 서기(또는 고발을 취급하는 다른 두 감독 회원)는 그 고발을 지역총회 또는 해외지역총회 감독협조위원회에 회부하여야 한다.[10] 이 위원회는 강제 은퇴 (¶408.3), 의료 휴직 (¶410.4), 개선 방도, 또는 다른 방도를 추천하거나 혹은 고발을 기각할 수도 있다. 드문 경우이지만, 지역총회 또는 해외지역총회 감독협조위원회가 사안이 충분히 심각하다고 여겨지면, 또한 사안이 ¶2702에 열거된 비위 중 하나 또는 그 이상의 비위와 연관되어 있으면, 위원회는 지역감독회 회장이나 서기에게 그 고발을 지역총회 또는 해외지역총회 심사위원회에 고소로 회부하여 사법 처리케 할 수 있다. ¶361.2에 규정된 행정적 청문회의 공정한 절차를 이 행정 절차에도 적용하여야 한다.

4. 지역총회 또는 해외지역총회의 위원회가 처리한 고발은 모두 다음 지역총회 또는 해외지역총회에 보고하여야 한다.

5. 각 지역총회는 이 과정 때문에 영향을 받을 수 있다고 판단되는 평신도와 교역자와 간사들을 보호하기 위한 약정서를 작성하여야 한다.

6. *피소 면제권*—본 교단의 고소 처리 과정의 건실성을 입증하며, 사람들이 이 과정에 언제나 전적으로 참여할 수 있도록 이를 보장하기 위하여 지역감독회, 관리적 대응팀, 지역감독협조위원회, 증인들, 변호인들, 기타 감독의 고소 처리 과정에 참여하는 모든 이들은, 고소당할 만한 비위를 고의적으로 또한 악의로 범하지 아니한 이상, 피소당하지 않을 면제권이 부여된다. 모든 고소 과정에서 고발인/원고가 어떤 특정한 고소 과정에 참여한 이들의 행위가 악의로 찬 행동이어서 고소당할 만한 비위에 해당한다고 주장한다면, 그는 그 사실을 투명하고 설득력 있게 입증하여야 한다. 이 조항에 명시된 면제권은 일반 공법이 허락하는 한, 모든 국가 소송 과정에도 적용된다.

제4절 감독의 구체적인 직책

¶414. *영적 및 세상의 지도자로서*—1. 예수 그리스도를 주님이시라고 고백하는 연합감리교회의 영적 및 일상 사무를

---

10. 사법위원회 판정 784 참조.

지도하며 감리하는 일. 특히 교회를 세상에서 증거하고 봉사하는 일로 이끌어가는 일.

2. 평신도 및 교역자의 영적 지도자로서 개체교회를 강화하는 일. 구역 내의 개체교회 교인들과 연관을 맺는 일.

3. 성경과 전통에 나타나 있는 사도들의 신앙을 개인적으로 또는 단체적으로 보호하며 전수하며 가르치며 선포하는 일과, 성령의 인도와 충만함을 받아 그 신앙을 복음적으로 또한 선지자적으로 해석하는 일.

4. 총감독회 회원으로서 (¶422) 교회의 관심사를 위한 계획을 실천에 옮기기 위하여 모든 연대 조직을 방문하는 일.

5. 연합감리교회의 신학적 전통을 가르치고 강조하는 일.

6. 사역과 선교와 조직에 있어 교회 일치를 추구하며, 다른 교단과의 관계를 강화하는 일에 있어 연락 및 지도력을 제공하는 일.

7. 총회가 허가하는 선교구를 조직하는 일.

8. 온 교회의 전도 활동을 널리 알리고 돕는 일.

9. <장정>이 정하는 바 기타 임무들.

10. 집사회와 장로회를 소집하며 각 회의 회장들과 같이 일하는 일.

11. 특히 성서적인 헌금의 원칙에 입각하여, 하나님께 아낌없이 드리는 헌금을 강조하고 지원하며 본을 보일 것.

¶415. *연회장으로서의 임무*—1. 총회, 지역총회, 해외지역총회, 연회 등을 사회하는 일.[11]

2. 연회의 재정 및 프로그램 전반에 관하여 감독하는 일. 이 임무는 연회 및 전체 교회의 정책과 시행 과정 등이 제대로 실현되고 있는지의 여부를 확인하기 위하여, 연회 기관들의 사업을 특히 탐문하여 보는 일을 포함한다.

3. 타의에 의한 행정 및 사법 처리 과정에서 ¶2701에 규정된 공정한 절차가 교역자와 평신도에게 제대로 적용되고 있는지를, 이 과정의 집행을 책임지고 있는 연회의 임원, 부, 위원회 등의 이행 실태를 통하여 확인하는 일.[12]

4. 연회의 의결로 그 수가 확정되고 감리사들과 협의한 연후에 지방을 형성하는 일.[13] 어느 지방이나 선교 지방으로 지정될 수 있으며, 그 지방의 지방감리사나 혹은 그가 지명하는 이가 그 선교지의 지위와 성격과 목표를 설정하는 대리인이 된다. 만일 지방 선교 기구가 존재하고 있거나, 혹은 연회 기구로부터 올 기금이 책정되어 있다면, 선교 지방을 조직하는 방법에 대하여

---

11. 사법위원회 판정 395 참조.
12. 사법위원회 판정 524 참조.
13. 사법위원회 판정 422 참조.

그 기구가 승인하도록 요청하여야 한다. 아래와 같은 어느 한 조건이라도 형성되어 있다면 선교 지방으로 지정할 수 있다. 1) 교인 수가 성장할 기회가 없거나 리소스가 제한되어 있어 장기간 일반 지방으로 지탱하기 어려울 때. 2) 전략적으로나 혹은 인구, 문화 또는 언어적으로 제한된 수의 사람만을 봉사하게 될 때. 3) 지방을 장기간 유지하기 위하여서는 외부의 재정적 지원이 필요할 때. 4) 지방이 지리적으로 연회 지역의 중심부에서 많이 떨어져 있을 때. 위에 열거한 어느 경우라도 생기게 되면 감독은 연회의 교회개발기구와 협의하여 어느 지방이든 선교 지방으로 지정할 수 있다. 선교 지방은 일반 지방과 마찬가지로 조직하며 일반 지방과 똑같은 권리와 권한을 가진다.

5. 매년 지방감리사들을 임명하는 일 (¶¶417-418).

6. 감독들을 성별하며, 장로 목사와 집사 목사들에게 안수를 주며, 평신도 사역자들을 성별하며, 디크네스들과 국내 선교사들과 해외 선교사들에게 임무를 위임하는 일. 따라서 성별되고 위임받은 이들의 이름이 연회록에 제대로 기록되어 있는지, 또한 이들에게 적절한 위임장이 수여되었는지를 확인한다. 이 예식들은 전체 교회의 행위이므로 성경구절과 식순은 총회에서 승인한 양식을 따라야 한다.

7. 여선교 사역자들, 국내 선교동역자들 및 선교사들의 파송을 확정짓고 이들의 명단이 연회록에 기록되었는지를 확인하는 일.

¶416. *안수, 인허, 성별 및 위임을 받은 이들에 관한 임무*—1. <장정>이 지시하는 바에 따라 (¶¶425-429) 연회, 잠정연회, 선교연회에서 파송을 확정짓는 일.

2. 선교 전략에 필요한 순회목회구역, 예배처소 또는 선교구를 분할 또는 통합하여 적절한 파송을 하는 일.

3. 여선교 사역자, 평신도 사역자, 국내선교사, 총회세계선교부의 주관 아래 봉사하고 있는 평신도들을 파송하는 일.

4. ¶344에 부응하여 개체교회 이외에 파송받은 교역자들의 구역회 소속을 정하는 일.

5. 받으려는 감독의 요청에 따라 연회 교역자 회원들을 이적시키는 일. 단, 해당 연회원은 이에 동의하여야 한다. 또한, 관련된 연회들의 서기, 연회안수사역부 및 총회은급의료혜택부의 교환소에 곧 서면으로 그런 이명을 통보하여야 하며, 학부에 재학중인 학생일 경우, 연구 교육 과정의 현 이수 상태를 알려주어야 한다.[14]

6. 협동회원·준회원·정회원들을, 일반 학교, 대학, 고등교육자문위원회가 인가한 신학대학원에 파송하거나, 임상목회교육자

---
14. 사법위원회 판정 114, 254, 554 참조.

¶416

협의회 또는 총회고등교육사역부가 인가한 기타 임상목회 교육 프로그램에 참여하도록 파송하는 일. 이렇게 파송받은 이들은 연장사역을 위한 파송으로 간주하지 않는다.

7. 감독이 정하거나 <장정>이 규정하거나 또는 연회가 결정한 바에 따라 지방감리사와 교역자들에 관한 해당 관리 기록들을 보관, 유지하는 일. 지방감리사가 임기를 마치면 감독은 그의 관리 기록을 해당 관리인에게 넘겨준다. 관리 기록은 총회재무행정협의회가 승인한 절차에 따라 보관한다. 감독이 보관하는 관리 기록은 연회의 인사기록이 아니다.

제5절 지방감리사의 선임, 배정 및 임기

¶417. *선임과 임지 배정*—지방감리사직은 모든 감리직의 하나의 연장이므로, 감독이 장로를 지방감리사로 봉직하도록 임명한다. 임명하기 전에 감독은 연회 및 지방에 필요한 지도자의 자질을 결정할 목적으로, 새로 배정될 지방의 지방감리사협조위원회 (¶426) 및 감리사회와 상의하여야 한다 (¶401). 지방감리사를 선택함에 있어, 감독은 연합감리교회의 남녀, 인종, 출신국, 신체여건, 연령 등을 골고루 포용하는 정책을 감안하여야 한다. 정년퇴직을 한 이는 고려할 필요가 없다.

¶418. *봉직 연한의 제한*—지방감리사의 평상 임기는 6년을 넘지 못하나, 감리사회와 지방감리사협조위원회와 협의한 후 감독의 재량에 따라 8년까지 연장할 수 있다.

어느 지방감리사이든 11년 사이에 계속하여 8년 이상 봉직할 수 없다. 장로는 모두 14년 이상 지방감리사로 봉직할 수 없다. 이밖에 ¶401에 기술된 감리직의 성격을 고려하여야 한다.[15]

제6절 지방감리사의 구체적인 직책

¶419. 감독직의 연장으로서, 지방감리사는 교역자들의 전체적인 사역활동(연장 사역에 종사하는 교역자와 교회 밖의 사역)과 교회의 사역, 곧 교회들이 세상에서 증거하고 봉사하는 선교활동을 지방에서 행할 때 이를 감리한다. 이러한 감리는 지방감리사의 영적 그리고 목회적인 리더십과 개인적인 리더십과 행정 및 프로그램과 연관된 은사와 재능을 필요로 한다. 감리사는 목사의 공백이 예측되거나 목사가 파송되어 있지 않은 목회구역의 임시 행정 담당자가 된다.

1. 본 교회는, 감리사가 감리사역의 일부로서, 자기 지방의 최고 선교 전략가가 되며, 교단이 중요한 가치로 여기는 일에

---
15. 사법위원회 판정 368, 512 참조.

지방감리사의 구체적인 직책 ¶419

자신을 바쳐, 포용의 당위성을 강조하며, 아낌없이 헌금을 드리는 일에 모범이 되어 이를 가르치고 홍보하며, 교회 일치와 교회 연합, 다문화, 다인종 및 협동 사역을 발전시켜 나가는 일에 협력하며, 세상에서 그리스도를 증거하는 일을 확장하여 나가는 사역 및 선교 프로그램을 개발하기 위하여, 전 교단의 사람들과 협력하기를 기대한다.

2. 감리사는, 안수받은 교역자의 파송과 인허받은 교역자의 임명, 또는 자격을 갖추고 훈련받은 평신도들, 전도사들 (lay minsters), 또는 평신도 선교동역자들(lay missioners)을 임명하는자들을 모집하여 심사하며, 인허받은 이들을 계속 감리하기 위한 효율적인 시스템을 개발한다 (¶349).

4. 감리사는, 신뢰할 수 있고 효율적인 사역 시스템을 지방에서 개발하기 위하여, 목회위원회, 교역자, 지방 평신도 대표, 기타 평신도 지도자들과 밀접하게 일할 수 있는 관계를 형성한다. 구역회(¶246.4-5)와 개체교회에 대한 연구(¶213)와 기타 모임을 이용함으로써, 감리사는 자기 지방 안에 있는 개체교회들과 창조적이며 효율적인 관계를 수립하도록 노력한다.

5. 지방감리사는, 어디에 치우치지 않고 충성스러운 삶을 보임으로써, 또한 개인적인 예배와 공중 예배, 그리고 성만찬에의 참여를 포함한 경건생활을 통하여, 평신도와 교역자들이 날로 영적으로 자라가게 함으로써 영적인 지도자의 모범이 되어야 한다.

6. 감리사는, 감리하는 책임을 이행할 때, 교역자들의 효율적인 사역과 관련이 있는 일에 대하여, 그들을 지원하며, 돌보며, 자문한다. 또한 감리사들은 지방 내의 교역자들 및 그 가족들과 평신도들이 성약(聖約 covenant)을 맺은 그룹들과 공동체들을 형성하여 나가도록 권장한다.

7. 감리사는, 지방 내의 교역자들과 정기적으로 연락하여 자문하며 감리한다. 그는 또한 교역자들로부터 교역자의 연속 교육, 영성생활, 현 사역 활동, 장래 사역을 위한 목표에 관하여 보고를 받는다.

8. 감리사는 목회구역에 파송되었거나 이와 관계된 모든 교역자(연장 사역 및 교회 밖의 사역에 종사하는)의 해당 기록들은 물론, 지방 안에 있는 연합감리교회의 재산과 부여 기금과, 기타 유형 자산들을 보관·유지한다.

9. 감리사는, 감독과 감리사회와 의논하여, 필요할 때, 목회구역을 재정리하는 일과 대교구, 협동교구, 다 교역자 사역, 새 신앙의 공동체, 초교파 공동체의 가능성 등을 포함하여 지방 내의 교역자들을 가장 적절하게 배치할 수 있는 최선의 전략을 세운다.

¶419 감리직

    10. 지방감리사는, 지방 내의 교회가 교회법과 <장정>에 관하여 제기한 모든 질문에 관하여 해석하고 판단하며, 이를 다시 감독이 검토한다.
    11. 감리사는, 교역자가 연회 관계를 변경하거나 혹은 끊는 일에 연회 안수사역부가 그를 지원하며 연락망을 만들려고 할 때, 안수사역부와 협력한다.
    12. 감리사는, 감독이 지방과 연회의 견실성과 효율성을 위하여 감리사에게 다른 직책을 맡길 때, 그의 뜻을 따른다.

¶420. *쇄신과 연구를 위한 휴직*—지방감리사는 사색하고 연구하며 자신의 쇄신을 위하여 감리사로 봉직하고 있는 동안 한 번, 3개월이 넘지 않는 한도 내에서 휴직할 수 있다. 감독과 감리사회는 감리사협조위원회와 상의하여 이와 관련된 세부 계획을 조정한다.

제7절 감리직의 실현

¶421. *감독과 지방감리사의 관계*—감독의 직분과 지방감리사직은 다른 항목(¶402)에 기술된 바와 같이 서로 연결되어 있다. 이 직분들이 상호의존 관계에 있다는 사실은 그들이 그룹을 만들어 지도체제를 형성하여 나가야 한다는 것을 요청하고 있다. 그러나 감리직과 지방감리사직은 둘 다 각자 자신들의 위치가 분명히 있다.

¶422. *총감독회*—1. 감독들은 비록 지역총회 또는 해외지역총회에서 선출되었다 할지라도, 전체 교회의 총리사로 선출된 이들이다. 마치 모든 안수받은 교역자들이 처음에 연회 회원으로 선출되어 나중에 목회구역에 파송되듯이, 감독들도 선출되면 처음에 총감독회의 회원이 되고, 그 후에 봉사할 임지에 배정된다. 선출되어 성별되었기 때문에 감독들은 총감독회의 회원이 되어 모든 다른 감독들과 특별한 성약 관계를 맺게 된다. 이 계약을 지킴에 있어 감독들은 섬기는 지도자의 임무를 수행하며 서로에게 책임을 진다. 총감독회는 그 회원의 신앙적 발전과 계속적인 안녕을 위하여 서로 신뢰하고 관심을 가지는 믿음의 공동체이다.
    2. 그러므로 총감독회는 우리교회 안에서뿐만 아니라 교회를 통하여 세계를 향하는 감독 지도체제의 집단적 표현이다. 교회는 총감독회가 교회를 향하여 발언하고 또한 교회를 통하여 세계를 향하여 발언할 것을 기대하고 있으며, 교회 통합을 모색하고 초교파적인 관계를 수립하는 데 있어 지도력을 발휘하여 줄 것을 또한 바라고 있다.

3. 뜻있는 지도력을 행사하기 위하여 총감독회는 간격을 두고 정기적으로 모여야 한다. 총감독회는 전체 교회의 영적 및 일상적인 업무를 감독할 책임이 있으며, 교회의 다른 협의회 및 부서/기관 등과 정규적으로 상의하고 협력함으로써 이를 실행하여 나가야 한다.

4. 총감독회는 다른 감독구나 또는 감리교단과 연관된 교회에 그 회원 중의 한 감독을 방문하게 할 수 있다. 이렇게 방문한 감독은 총감독회의 공식 대표로 인정되어야 하며, 담당 감독이나 그 지역 또는 교회의 장이 요청하면 거기서 감독의 기능을 행사할 수 있다.

¶423. *세계감리교감독협의회*—지역총회와 해외지역총회에서 선출된 모든 감독들, 그리고 각 연합감리교 자매감리교회 또는 자매교회에 속한 1명의 감독, 또는 최고 행정 책임자 등으로 구성된 세계감리교감독협의회를 둘 수 있다. 이 협의회는 총감독회가 다른 협의회 회원들과 상의한 후 소집을 통고함으로써 모인다. 이 협의회 모임과 관련하여 참석하는 자매감리교회 또는 자매교회 감독들의 여비와 필요한 경비를 연합감리교회 감독들과 똑같은 기준에 의하여 지불한다.

¶424. *감리사회 (Cabinet)*—1. 지방감리사들은 비록 감리사회와 지방에 파송되어 있다 할지라도 연회 전체를 위한 임무를 또한 지니고 있다. 마치 모든 안수받은 교역자들이 처음에 연회원으로 선출되어 목회구역에 파송되듯이, 지방감리사들도 임명되면 처음에 감리사회 회원이 되고 그 후에 봉사할 지역에 배정된다.

2. 감독의 지도하에 있는 감리사회는 연회 안의 또한 연회를 통한 관리지도체제의 표현이다. 감리사회는 연회를 향하여 발언하며 연회를 대표하여 그 연회 경계 내의 영적 및 일상적 문제에 대하여 발언하도록 되어 있다.

3. 그러므로 감리사회는 또한 개개의 지방감리사들이 연회 및 지방에 대하여 그들의 사역을 책임져야 하는 기구이기도 하다.

4. 뜻있는 지도력을 행사하기 위하여 감리사회는 간격을 두고 정기적으로 모여야 한다. 감리사회는 연회의 영적 및 세상적인 업무를 감독할 책임이 있으며 연회의 다른 협의회 및 부서/기관 등과 정규적으로 상의하고 협력함으로써 이를 실행하여 나가야 한다.

5. 교역자를 위한 지방의 필요를 철저하게 분석하기 위하여 지방안수사역위원회 및 연회안수사역부와 상의, 계획을 세우며 이 필요를 충족시키기 위하여 긍정적이고 의도적인 노력을 함으로써 이 계획을 실천에 옮긴다 (¶635.2a).

6. 감리사회가 연회 프로그램을 조정하거나 실천하거나 또는 관리하여야 하는 문제를, 그리고 감리사회 및 연회 연대사역 총무 또는 그에 준하는 사람이 결정하는 기타 문제 등을 의논할 때, 연대사역 총무는 그 회의에 참석한다. 연회 평신도대표도 이에 참석하도록 초청받아야 한다.

7. 감리사회는 교회가 연합적으로 하는 선교사역이 연합감리교회가 그 지역사회에 공헌할 수 있는 길이라고 인정되는 곳들을 앞장서서 찾아내야 할 책임이 있다.

제8절 파송 절차

¶425. 책임—1. 교역자는 감독의 파송을 받아야 하며, 감독은 연회가 속하여 있는 감독구 내에서 모든 파송을 결정할 권한을 가지고 있다. 파송은 피파송자의 은총과 은사, 또한 개체교회와 기관이 필요로 하는 것, 성격 및 기회를 고려하여, 개방적인 파송을 실시하려는 우리의 결의에 충실하게 이루어져야 한다. 개방적인 파송이란, 인종, 민족의 혈통, 성별, 피부색, 기능장애 또는 연령(정년은퇴를 제외하고)에 상관없이 파송한다는 것을 뜻한다. 연회는 목회위원회의 위원들을 훈련시킬 때, 개방적 파송제도를 강조하여, 교역자의 인종, 민족의 혈통, 성별, 피부색, 기능장애 또는 나이에 상관없이 그의 재능과 은사만 보고 받을 준비가 되어 있도록 하여야 한다. 순회제도의 뜻은 중요한 것이어서 이들을 파송하려 할 때 그들이 선물과 은총에 맞는 책임을 가지도록 특별한 주의를 기울일 필요가 있다. 파송을 통하여 연합감리교회의 연대성이 두드러지게 나타나고 있다.[16]

2. 연회 경계를 초월한 파송은 이동을 원활히 하고 자유로운 파송제를 실시한다는 의미에서 장려되어야 한다. 지역총회안수사역위원회는 지역 내의 교역자 공급 수요에 관한 정보를 감독과 감리사회에 제공하는 일에 협조하여야 한다.

3. 연합감리교회는 자신이 개방적인 파송제도(¶430.1)를 택하고 있는 포용적인 교회(¶4, 제Ⅳ조)임을 널리 알리고 있으며, 이를 귀하게 여기고 있다 (¶425.1).

4. 인종과 문화를 초월한 파송은, 교회 내에 날로 증가하고 있는 지도자들의 인종 및 민족적인 다양성에 대한 하나의 창의적인 반응으로 행하여지고 있다. 인종과 문화를 초월한 파송이란, 대다수 교인들의 인종과 민족적 및 문화적 배경이 교역자의 배경과 다른 교회에, 교역자를 파송함을 뜻한다. 연회는 인종과 문화를 초월한 파송을 위하여 교역자들과 교인들을 준비시켜야

---
16. 사법위원회 판정 492 참조.

한다. 이러한 파송이 이루어졌을 때, 감독과 감리사회와 안수사역위원회는 이러한 파송을 받은 교역자와 교회를 위하여 특별한 훈련을 받을 기회를 마련하여야 한다.

¶426. *협의와 파송 결정*—협의라 함은 감독 및/또는 지방감리사가 해당 목회자 및 목회위원회와 협의하는 것을 말하며, 이때 ¶432의 기준을 참작하여야 하고, 목회자의 직무 수행 평가, 고려중인 파송의 필요성 및 교회의 선교를 고려하여야 한다. 협의는 단순한 통지가 아니다. 협의는 위원회 선택도 아니고 목회자를 단지 방문하는 일도 아니다. 목회위원회의 역할은 자문에 응하는 것뿐이다. 협의는 계속적인 과정이며 파송 변경 시에는 더 적극적인 참여를 필요로 한다.[17]

1. 협의 과정은 어느 연회에 있어서나 반드시 이행되어야 한다.[18]

2. 총감독회는 감독끼리 서로 자기 구역에서 파송을 결정할 때, 협의 과정을 제대로 이행하였는지의 여부에 대하여 매년 알아 보아야 한다.[19]

¶427. *기준*—파송은 특별한 상황에 있는 구역의 특수한 필요와 특정한 목사의 은총과 은사를 참작하여야 한다. 감독과 감리사회와 목사 및 교회가 교구와 목사의 짝을 잘 맞추도록 돕기 위하여 기준을 설정하고 모든 경우에 이를 분석하여 목사와 교회에 알려 주어야 한다.

1. *교회*—지방감리사는 목사와 모든 교회의 목회위원회와 더불어 교회의 목표와 부합되게 그 구역이 필요로 하는 것과 그 성격과 선교의 기회에 관하여 프로필을 그린다. 이러한 프로필들은 매년 재검토되어야 하며 적절하다고 생각되면 다음 사항들을 포함시켜 새롭게 하여야 한다.

a) 교회가 처하고 있는 일반적인 상황 곧, 크기, 재정 형편, 평신도 지도자들의 지도력, 목회를 위하여 특별히 필요한 일들, 그리고 역사.

b) 신도들의 신념, 곧 그들의 신학, 편견—만일 있다면, 영적 생활.

c) 지역사회를 위한 선교활동, 곧 봉사 프로그램, 새 교인을 얻는 기준, 교인을 잃는 이유, 지역사회와 세계를 향한 선교, 증거 활동의 형태.

d) 교회의 선교와 목표를 달성하며 필요를 충족시키는 데 필요한 목회의 질과 기능.

---

17. 사법위원회 판정 492, 1174 참조.
18. 사법위원회 판정 492 참조.
19. 사법위원회 판정 701 참조.

¶427

2. *목사들*—지방감리사와 목사는 목사의 은사와 은총 및 전문적 경험과 기대가 무엇인지 알아 내며 목사의 배우자와 가족의 부족함이 무엇인지 또한 확인한다. 이러한 것들은 매년 재검토되어야 하며, 적절하다고 여겨질 때 다음과 같은 내용을 포함하여야 한다.

a) 영적 및 개인적인 감수성: 곧 개인의 신앙, 안수사역에의 소명감과 헌신도, 제도화된 교회를 통한 활동, 소명받은 일과 개인 및 가정의 복지·안녕의 조화, 생활 스타일.

b) 학문적 배경과 이력. 곧 신학적 입장의 성격, 연장 교육의 경험, 전문직 경험, 일을 성취한 성적, 나이.

c) 기술과 능력. 곧 교회 행정, 지도력 개발, 예배와 예식, 설교와 전도, 가르치는 일과 양육, 교단의 헌금제도를 위한 설명과 홍보, 상담과 그룹 지도, 협력하여 일하는 능력, 자아평가 능력 및 다른 연관성 있는 기술 등에서.

d) 지역사회의 환경. 목회자가 자기 지역사회, 곧 전원, 도시, 대도시, 교외 등에서 능률적으로 적응할 수 있는지의 여부.

e) 가정 사정.

3. *지역사회의 상황*—지방감리사는 목회자와 목회위원회와 함께 지역사회의 프로필을 작성할 수 있다. 이를 위한 정보는 다음과 같은 자료를 통하여 얻을 수 있다. 곧, 지역사회의 통계자료— 지방, 주 및 연방 인구조사; 연회 지역 사회개발위원회의 정보; 총회사업협의회 및 다른 총회 부서의 연구 자료들. 지역사회의 프로필은 매년 다시 검토하여, 적절하다면 다음과 같은 사항을 포함하여 갱신할 수 있다.

a) 연령, 남녀, 인종 및 민족의 구성을 포함한 지역사회의 일반 인구 동태와 추세.

b) 빈곤문제를 포함한 경제적 동향.

c) 예상되는 지역사회의 변화.

d) 기타 교회를 둘러싸고 있는 그 지역의 사회적, 경제적, 정치적, 역사적, 연합사업적 측면.

¶428. *파송 절차*—파송은 다음과 같은 절차를 밟아 이루어진다.

1. 파송의 변경은 해당 목회자, 목회위원회, 지방감리사 또는 감독이 제의할 수 있다.

2. 감독과 감리사회는 파송 변경의 모든 요청을, 각 목회구역에서 설정한 기준과 목사의 은사와 은총과 전문적인 경험 및 가족의 필요에 비추어 고려한다.

3. 파송 변경이 결정되면 지방감리사는 목사와 목사가 시무하는

파송 절차   ¶428

교회의 목회위원회와 별도로든지 또는 동시에 만나서 변경을 하게 된 이유와 새 파송을 결정할 때 진행한 과정을 설명하여 준다.
 4. 모든 파송은 잠정적인 결정에 이를 때까지 감독, 지방감리사 및 감리사회 전체가 하나가 되어 심사숙고하여야 한다.
 5. 새 파송은 다음과 같은 절차를 따라 실시한다.
  a) 지방감리사는 해당 목사와 상의하는 가운데 그에게 새로 파송될 구역에 대하여 구체적으로 설명하여 주며, 그 파송이 목사와 협의할 때 알게 된 그의 은사와 은총과 전문적 경험과 기대와 또한 가족들의 필요에 일치한다는 것을 알려준다(¶427.2).
  b) 만일 파송이 협동목회구역이거나 협동목회의 한 구역일 경우에는 협의 과정에서 다음과 같은 절차를 포함시킨다.
   (1) 파송이 결정되기 전에 파송받을 사람에게 고려중인 구역이 협동목회의 일부라는 것을 알린다.
   (2) 협동목회의 책임자나, 책임자가 없을 때에는 소속 직원들의 대표자와 새 파송에 관하여 의논하며, 그들은 파송이 결정되기 전에 파송될 사람과 대면할 기회가 주어져야 한다.
   (3) 파송받을 사람은 협동 목회에 대한 능력이 있거나 가능성이 있음을 입증하여 파송 후 협동 목회를 강화할 수 있음을 확인한다.
  c) 만일 파송이 담임자의 파송이 아닐 경우에는 다음과 같은 사항들을 파송 과정에 포함시킨다.
   (1) 파송하기 전에 파송받을 사람에게 파송된 곳이 여러 명이 사역하는 곳임을 알려야 하며, 목회위원회가 승인한 임무에 관한 진술서를 주어야 한다.
   (2) 담임목사는 파송 예정자와 면담한다.
   (3) 파송 예정자와 담임목사는 하여야 할 임무와 서로 기대하는 바에 대하여 상담한다.
 6. 지방감리사는 새 목사를 파송받는 교회의 목회위원회와 목회자에 관하여 상의한다 (¶427.1).
 7. 비전임 파송을 할 때에는 지방감리사가 해당 교역자 및 목회위원회와 일할 시간 및 적절한 봉급과 연금에 관하여 협의한다.
 8. 협의하는 과정에서 감독과 감리사회가 내정된 파송을 실현하여서는 안 되겠다고 판단되면, 협의를 통하여 얻은 건의와 정보에 근거하여 감독이 파송을 확정할 때까지 그 과정을 반복한다.
 9. 이와 비슷한 협의 과정의 기회가 개체교회 이외에의 파송자들에게도 주어져야 한다.

10. 이 과정을 밟아 파송이 결정되면 그 결정을 공식적으로 발표하기 전에 이에 관여한 자들 곧, 감리사회와 목사와 목회위원회에 모두 알린다.

¶429. 파송의 빈도—모든 목회자의 파송은 매년 정기 연회 회기 때 실시하지만, 감독과 감리사회가 필요하다고 인정할 때에는 파송을 언제나 할 수 있다. 파송은 목회 기간이 구역과 지역사회와 목사들의 장기적인 목회의 필요에 순응하도록 실시되어야 한다. 감독과 감리사회는 더 효율적인 목회를 위하여 장기 파송을 하도록 노력하여야 한다.

¶430. *정회원 집사들의 파송*—집사들은 본인이 정회원으로 있는 연회의 감독으로부터 파송을 받는다. 집사들의 파송은 집사의 은사와 하나님께로부터 받은 은혜의 증거, 지역사회의 필요, 또한 교회와 기관의 은사를 참작하여 시행한다. 본 파송은 집사 사역의 성격, 곧 늘 생기는 세상의 부족함을 충족시켜 주어야 할 교회의 충성스런 선교적 사명을 뚜렷이 반영하는 것이어야 한다 (¶331). 이 파송은 정회원 집사 개개인, 그들의 사역을 원하는 기관, 감독, 또는 지방감리사가 먼저 제기할 수 있다.

제9절 에큐메니칼 관계

¶431. *완전한 공동체 (Full Communion) 관계의 수립*
 a) 총감독회는 다른 기독교 공동체와 교회연합사역을 하기 위한 합의를 체결할 권한이 있다. 그러나 교단 차원의 공식적인 "완전한 공동체" 관계를 수립하기 위한 합의문과 에큐메니칼 조직체의 영구적인 회원교회가 될 합의문은 그 효력을 발생하기 전에 총회의 결의와 인준이 필요하다.
 b) "완전한 공동체"란 두 개 또는 그 이상의 교회가 다음과 같은 관계에 들어가는 것을 뜻한다.
  (1) 성경에 쓰여 있으며 교회의 역사적 신조로 고백하고 있는 바와 같이, 각 회원교회가 하나의 거룩한 공회요 사도적 교회임을 서로 인정하는 일,
  (2) 각자의 성례전의 진정성을 인정하며 교인들이 서로 다른 교회의 성례전에 참여하도록 초청하는 일,
  (3) 상호 교회의 크리스천사역이 진정한 것임을 인정하는 일,
  (4) 상호 교회의 교역직을 인정하는 일.
 c) 공식적인 완전한 공동체 관계는 각 교회들로 하여금 서로 파트너가 되어 하나의 교회로 향하는 사역에 임하게 한다.

에큐메니칼 관계   ¶431

d) 공식적인 "완전한 공동체" 관계는, (1) 참여한 교회들로 하여금 선교의 파트너로 또한 예수 그리스도의 사역의 일꾼으로 적극적으로 함께 일하도록 하며, (2) 하나님의 사랑을 모든 백성들과 창조물 가운데서 나눌 때 크리스천들이 하나됨을 눈에 뜨이게 증거한다.

e) 공식적인 "완전한 공동체" 관계는 교회들 사이에 아무 차이점들이 없다거나 구별이 없다는 것을 뜻하는 것이 아니라, 이러한 차이점들은 교회들이 서로 갈라져 있지 않다는 것을 뜻한다.

f) 전 교회를 통하여 다른 교단의 크리스천들과 비공식적인 관계가 교인들 사이에 있음을 알며 이를 인정한다. 이러한 관계는 창조적이며 다이나믹한 방법으로 나타나고 있으며, 그리스도의 몸은 모든 레벨에서 보는 바와 같은 창조적인 리더십으로 말미암아 더 풍요로워지고 있다. 총회가 체결한 공식적인 "완전한 공동체" 관계는 지역사회에 흩어져 있는 크리스천들의 충성스런 단합 위에 세워져 있으며, 자비와 사랑과 증거를 대중들의 생활 속에 불어넣어 주는 하나님의 창조물을 통하여 이루어져 있다. 크리스천들의 공식적이며 비공식적인 관계가 진정한 기독교 사역에 절대로 필요한 요소이다.

g) 연합감리교회가 속하여 있는 에큐메니칼 조직체의 회원이 되는 일이나 그 성명이나 정책이나 혹은 공식적인 '완전한 공동체' 합의가 연합감리교회의 교리와 훈육의 기준을 수정하거나 해석하거나 변경하는 것으로 간주하여서는 안 된다.

h) "완전한 공동체" 관계를 총회가 승인하면 총회가 이를 다시 변경할 때까지 그 효력을 발생한다.

2. *총감독회의 대외 연락 역할*—1. 타교회 및/또는 교단과의 공식적인 관계에 있어, 총감독회가 연합감리교회의 일차적인 대외 연락 기구가 된다. 총감독회의 에큐메니칼 사역 감독(ecumenical officer)이 이러한 관계에 대하여 책임을 진다.

3. 기독교 일치와 타종교와의 관계실은 에큐메니칼 사역 협력기금의 운영을 위하여 그 지침서를 마련할 때 총감독회와 상의한다 (¶814 참조).

4. 아래 항목에 열거된 초교파 기관에 연합감리교회를 대표하여 나가는 사람들은, 총감독회가 선출한다. 그렇게 선출된 사람들은 남녀, 인종과 민족, 연령, 신체장애, 지역 등의 다양성을 반영하여야 한다. 대표들은 연합감리교회가 요구하는 균형뿐만 아니라, 각 연합사업 기관이 요구하는 균형을 잘 맞추어야 한다. 대표 선정에 지역총회와 해외지역총회에 대의원으로 천거된 사람들을 우선적으로 고려하여야 한다 (¶705.1b, c 참조).

한 특정한 연합사업 기관의 연합감리교회 대표를 대신할 대리가 필요할 때에는, 총감독회의 에큐메니칼 사역 감독이 그러한 대리인을 지명한다. 연합사업 기관이 모이고 있는 곳에 거주하는 연합감리교인을 우선적으로 고려하여야 하며, 대표단의 포용성도 고려하여야 한다. 대리인들의 명단은 다음 번 총감독회에 보고하여야 한다.

아래 항목에 열거된 여러 가지 연합사업 기관의 실무 그룹에 연합감리교회를 대표하여 일하는 대표와 대리들은 총감독회의 에큐메니칼 사역 감독이 지명한다.

5. 본 조항의 규정에도 불구하고, 총회 회기 사이에 아래 조항에 있는 연합사업 기관이 조직을 개편하여 연합감리교회의 새 대표들을 선출하여야 할 필요가 생길 때에는, 총감독회가 필요한 수의 대표들을 선출한다.

¶432. *재정 지원*—아래 항목에 열거된 연합사업 기관에 대한 연합감리교회의 재정적 지원은 ¶814에 의거 총회재무행정협의회를 통하여 연합사역협력기금에서 지출한다. 교단의 총회 기관들은 자신들의 책임이라고 인정될 때, 이들 연합사업 기관에 비율에 따라 재정적 지원을 할 수 있다. 그렇게 지불한 금액은 총회재무행정협의회에 보고하여야 하며, 협의회는 이들 기관에 대한 연합감리교회의 재정적 지원을 요약하여 교단에 제출하는 연례 재정 보고에 포함하여야 한다. 기독교일치와 타종교와의 관계실이 승인한 에큐메니칼 및 다자간의 대화에 대한 연합감리교회의 재정적 지원도 같은 방식으로 연합사업협력기금에서 지불한다.

¶433. *감리교단의 일치*—1. *세계감리교회협의회*—a) 연합감리교회는 그 전신인 감리교회와 복음주의연합형제교회가 창설 회원 교회였던 관계로 세계감리교회협의회의 회원 교회가 된다. 본 협의회는 연합감리교회가 기타 감리교회 및 독립 감리교회와 자매감리교회 그리고 종전에 연합감리교회나 그 전신이었던 교회에 소속된 자매연합교회 등, 그리고 웨슬리의 전통을 가진 기타 교회들과 관련을 맺을 수 있는 중대한 기관이다.

b) 세계감리교회협의회의 회원 교회인 각 자매감리교회와 자매연합교회는 ¶570.2, .3에 규정된 제청에 따라, 총회에 대표를 파견하거나 혹은 세계감리교회 협의회에 여비와 일당 경비를 총회행정기금에서 지불받고 대표를 파견할 수 있다. 그러나 총회와 세계감리교회협의회의 두 곳에 모두 이 경비로 대표를 보내지 못한다.

2. *범감리교위원회 (Pan-Methodist Commission)*— 미국의 웨슬리 전통을 가진 모든 교단들과의 연관성과 공통적

에큐메니칼 관계 ¶434

역사를 고려하여 다음과 같은 교회들과 함께 범감리교협동위원회를 조직한다. 곧 아프리카감독감리교회, 아프리카시온감리교회, 아프리카유니온감리교개신교회, 그리스도감리교회, 유니온미감리교회, 연합감리교회. 본 위원회의 위원은 각 회원교회에서 파송된 9명의 위원들로 구성하되, 각 교회는 3명의 감독, 3명의 교역자, 3명의 평신도들을 지명하여야 한다. 이 중에 적어도 한 명은 청장년이어야 한다. 각 교단은 이 위원회의 사역에 참여하기 위하여 참가하는 대표들의 경비를 부담한다.

본 위원회는 여러 교단의 기존 기관과 협조하여 사역을 정의하고 결의하고 계획하며, 여섯 교단의 의미 있는 협동을 지양하며, 연합할 수 있는 가능성과 이와 연관된 문제들을 탐색하여야 한다. 본 위원회는 하나의 특별한 활동 또는 문제에 관하여 서로 의미 있는 협력을 하기 위하여 하나 또는 둘 이상의 범감리교 협의체를 구성할 수 있다.

본 위원회는 하나의 특별한 활동 또는 문제에 관하여 서로 의미 있는 협력을 하기 위하여 하나 또는 둘 이상의 범감리교 협의체를 구성할 수 있다.

매 4개년 기간 차마다, 본 위원회는 범감리교감독협의회를 계획하여 소집한다. 본 위원회는 그들 총회를 통하여 각 회원 교회에 보고한다. 범감리교협동위원회는 미국 안의 웨슬리 전통을 가진 다른 교단들을 포함하여 확장할 수 있으며, 본 위원회는 그러한 확장을 위한 지침을 설정할 수 있다. 다른 웨슬리안 또는 미국의 감리교 계통 교단이 범감리교협동위원회의 일부가 되기 원하면, 그 이전에 그들 총회 또는 이와 동등한 기구의 승인을 받아야 한다.

3. *통합을 위한 노력*—감리교도라 불리는 후예들의 일부인 연합감리교회는 다른 감리교 또는 웨슬리 전통을 가진 교회들과 함께, 그들이 어디 있든지, 밀접한 관계를 유지하도록 노력한다 (¶6).

¶434. *성약 (聖約) 또는 협의회 관계*—연합감리교회는 교회 협의회들 및/또는 성약 관계에 참여함으로써 한층 더 교회 일치 사업에 노력을 기울인다. 연합감리교회는 양자간 또는 다자간의 노력을 통하여 다른 그리스도 교회들과 계약을 수립할 수 있다.

1. *그리스도 안에서 연합하는 교회들 (Churches Uniting in Christ)*—연합감리교회는 그 전신 교회인 감리교회와 복음주의연합형제교회가 "그리스도 안에서 연합하는 교회"의 시초부터 모든 위원회와 본 회의에 참여하여 왔으므로 본 협의회의 회원 교회가 된다. 연합감리교회는 "그리스도 안에서 연합하는 교회"의 회원 교회들과 계약 관계에 있다.

¶434

2. *미국 또는 지방 연합사업 기관들*—a) *미국기독교교회협의회*—연합감리교회는 그 전신인 감리교회와 복음주의연합교회가 미국기독교교회협의회(NCC)의 창설 회원 교회였으므로 본 협의회의 회원 교회가 된다.

b) 기타 미국 또는 지방 연합 기관들—기독교 일치와 타종교와의 관계실은 총감독회와 협의하여, 연합감리교회 교인들이 어느 나라에 거주하든지 그들과 대화를 하여, 연합감리교회가 지방 연합사업과 타종교 조직체에 참여하도록 서로 연락하며 탐색하며 주창하여야 하며, 연합사업협력기금위원회에 기독교 일치와 타종교와의 관계실의 재정적 필요와 이 조직체들에 대한 지원 여부에 관하여 제언한다.

c) 연합감리교회는 복음주의협의회에 참관자의 신분으로 참여하기를 추구한다. 여기에 참석하는 연합감리교회 참관자들은 총감독회가 지명한다.

3. *세계교회협의회와 기타 세계연합사업 기관들*—a) *세계교회협의회*—연합감리교회는 그 전신 교회인 감리교회와 복음주의연합형제교회가 창설 회원 교회였으므로, 세계교회협의회(WCC)의 회원 교회가 된다.

b) 기타 미국 또는 지방 연합 기관들—총감독회는 연합감리교회 교인들이 어느 나라에 거주하든지 그들과 대화하여, 연합감리교회가 지방 연합사업 및 범종교적 조직체에 참여하도록 연락하며 가능성을 탐색하며 주창하여야 하며, 연합사업협력기금위원회에 재정적 필요와 이 조직체들에 대한 지원여부에 관하여 제언하여야 한다.

c) 연합감리교회는 세계복음주의협의회에 참관자의 신분으로 참여하기를 추구한다. 여기에 참석하는 연합감리교회 참관자들은 총감독회가 지명한다.

¶435. *미국성서공회*—전 세계에 성서를 널리 보급하며 그 번역과 출판과 보급을 격려하고 협조하기 위하여 미국성서공회를 연합감리교회의 대외선교의 한 방편으로 인정한다. 이를 위하여 연합감리교회의 해당 기관은 재정 지원 방안을 마련한다.

¶436. 위 ¶431.2에 규정된 바와 같이, "타교회 및/또는 교단과의 공식적인 관계에 있어, 총감독회가 연합감리교회의 일차적인 대외 연락 기구가 된다." 또한 ¶403.1e에 명시한 바와 같이, "감독의 역할은 모든 양떼들의 목자가 됨"이다. 그러므로, 연합감리교회의 감독들은 연합사업 및 교회간의 대화를 위한 사역에서 우리교회를 이끌고 나가도록 부름받고 있다.

¶437. 연합감리교회의 에큐메니칼 및 범종교적 사역에

관한 사역에 책임을 다하며 이를 더 강화하고 강화하기 위하여 총감독회는 기독교 일치와 타종교와의 관계실의 자문과 자원을 받는다.

¶438. *위원*—기독교 일치와 타종교와의 관계실(Office of Christian Unity and Interreligious Relationships: OCUIR)의 위원은 아래와 같이 총감독회에서 선출한다.

1. 기독교 일치와 타종교와의 관계실은 총감독회의 에큐메니칼 사역 감독(ecumenical officer)을 포함하여 총감독회가 정하는 바, 2명의 감독들로 구성한다. 다른 1명의 감독은 해외지역총회의 감독이어야 한다.

2. 각 지역총회에서 1명, 아프리카 해외지역총회에서 1명, 유럽 해외지역총회에서 1명, 필리핀 해외지역총회에서 1명. 총감독회의 에큐메니칼 사역 감독이 아닌 감독들은 이 8명의 한 사람으로 간주한다. 각 지역총회 또는 해외지역총회는 2명의 후보를 지명하여, 이 가운데서 총감독회가 11명의 위원을 선출한다.

3. 총감독회가 연합감리교회의 위원들이 인종, 청년, 청장년, 여성을 포함, 50%가 평신도가 되도록 선출하기를 추천한다.

4. 우리의 완전한 에큐메니칼 공동체들 (Full Communion Ecumenical Partners)에서 발언권과 투표권이 있는 2명.

5. 총감독회의 에큐메니칼 종교관계 지도팀의 팀장이나 서기 혹은 그 계승 그룹은 '기독교 일치와 타종교와의 관계실' 지도위원회의 투표권이 없는 위원이 된다.

¶439. *직원*—1. 총감독회가 선택한 연합감리교회 에큐메니칼 사역 총무(ecumenical staff officer)를 둔다. 기독교 일치와 타종교와의 관계실의 사역은 에큐메니칼 사역 총무가 매일매일의 업무를 처리하며 담당한다. 에큐메니칼 사역 총무는 기독교 일치와 타종교와의 관계실의 업무를 집행하는 최고 행정 책임자가 된다.

2. 총감독회가 정하는 수에 따라 직원을 더 선임하여 책임을 맡긴다

3. 에큐메니칼 사역 총무는 총감독회의 에큐메니칼 사역 감독에게 보고한다. 다른 모든 직원들은 에큐메니칼 사역 총무에게 보고하며, 그의 지시에 따라 봉사한다.

4. 기독교 일치와 타종교와의 관계실의 직원은 총감독회가 정하는 곳에 둔다.

¶440. *재정*—우리 교회의 에큐메니칼 및 종교관계 사역을 위한 재정 지원은, 총감독회가 총회에 제출하는 감독실기금 예산에 이 항목을 명확히 명시하여 총회에 요청함으로써 지원한다.

¶441. *책임과 권한*—기독교 일치와 타종교와의 관계실의 책임과 권한은 총감독회가 정하는 대로 한다.

¶442. *다른 교회들과의 일체된 공동체*—1. 연합감리교회와 미복음주의루터교회(ELCA)가 일체된 공동체를 위한 비전을 성취하기 위하여 ELCA/UMC 일체된 공동체 합동위원회를 둔다. 본 위원회는 다음과 같은 기능을 가지고 있다.

a) 일체된 공동체를 이루기 위하여 두 교회가 취한 행동을 실천하는 일을 조율한다.

b) 선교를 위한 공동 계획을 돕는다.

c) 교회들이 장래에 함께 직면할 수 있는 근본적인 문제들에 대하여 적절한 통로를 통하여 서로 의논하고 결정하는 일을 주선한다.

d) 각 교회에 정규적으로 또한 적절하게 보고한다.

2. 총감독회는, 어떻게 "교회 (연합감리교회와 전 세계적인 교회) 내의 상호 이해와 화해와 단합을 위하여 지도력을 발휘"하는지 (¶403.1e), 서로에게서 배우기 위하여, 루터교회 및 기타 교단과 일체된 공동체를 이루고 있는 해외지역총회 내의 연합감리교회들이 그들과 함께 현재 동역하고 있는 활동에 대하여 보고를 받는다.

제10절 교회신앙연구위원회 (Committee on Faith and Order)

¶443. 총감독회와 연관되어 이에 순응하는 교회신앙연구위원회를 둔다. 이 관계는 특히 총감독회가 지명한 인사들과 함께 협력하며 일하는 관계이어야 한다.

¶444. *목적*—교회신앙구위원회는 연합감리교회가 교회와 세상 가운데서 선교하며 사역할 때, 신앙과 교리적 가르침과 치리와 법규에 대하여 생각하며 연구하는 일을 주도한다. 본 위원회는, 현 세대를 살아 가는 연합감리교회가 역사적인 기독교 신앙의 생동하는 연속성 속에서, 사도들의 증거에 바탕을 둔 우리 크리스천들의 공통적인 전통 및 웨슬리의 독특한 유산에 대하여 심도 있는 신학적 사고를 다하고 있음을 보여주어야 한다. 본 위원회는 아래와 같은 세 가지 광대한 책임을 지고 있다.

1. 총감독회의 요청이 있을 때, 총감독회의 임무인 "성경과 전통에 나타나 있는 사도들의 신앙을 개인적으로 또는 단체적으로 보호하며 전수하며 가르치며 선포하는 일과, 성령의 인도와 그 충만함을 받아 그 신앙을 복음적으로 또한 선지자적으로 해석하는 일"(¶414.3)을 지원하며 리소스를 제공한다.

교회신앙연구위원회　　　　　　　　¶447

2. 우리교회의 신앙과 교리와 치리와 법규와 연관된 문제에 관하여 총회가 연구하도록 맡긴 일에 대하여 이를 맡아 주도하며 조율한다.

3. 연합감리교회에 적절한 리소스와 연구 자료들을 준비하여 재공한다.

¶445. *임무*—교회신앙연구위원회의 임무는 아래와 같다.

1. 신앙과 교리와 치리와 장정의 문제에 대하여 계속 대화할 수 있는 자리와 상황을 마련하는 일.

2. 교회가 교회의 선교와 사역과 생활에 절대적으로 필요한 신앙과 구조에 관하여 연구할 때, 교회를 도와 성서학, 성서신학, 조직신학, 역사신학, 기독교 윤리, 웨슬리 신학, 실천신학, 선교학, 기타 분야의 학자들과 학문의 도움을 받도록 이를 주도하며 지원하는 일.

3. 총감독회가 신앙과 교리와, 치리와, 장정에 관한 문제에 대하여 요청할 때, 이에 관하여 연구하며 리소스를 제공하는 일.

4. 총회가, 교회의 신앙과 치리에 대하여 깊이 연구하고 적용하여야만 하는 문제에 대하여 연구하도록 이를 의뢰하여 올 때, 이를 받아들여 처리하는 일.

5. 적절하다고 생각되는 연구 결과나 자료나 인쇄물들을 만들어 총감독회 또는 총회에 이를 제출하여 승인받아 시행하는 일.

6. 총감독회나 총회가 요청할 때, 교회를 위한 연구 문서와 자료들을 준비하여 배포할 때 그 방법을 마련하는 일.

7. 여러 측면의 연구가 필요할 때, 여러 위원회들과 팀들이 서로 의사 소통을 제대로 하며 일하도록 조정하고 연락하는 일.

¶446. *권한*—교회신앙연구위원회는 위 ¶444와 ¶445에 명시된 임무를 수행할 권한이 있다.

¶447. *위원*—교회신앙연구위원회(CFO)는 매 4년기마다 조직하며, 16명의 위원으로 구성한다.

1. 교회신앙연구위원회를 위한 공천은 교회신앙연구위원회의 실행위원회가 총회고등교육사역부와 기독교 일치와 타종교와의 관계실과 협의하여 작성하여 총감독회와 교회신앙연구위원회 전체 위원에게 검토하도록 한다.

2. 네 명의 감독이 이 위원회에서 봉사하여야 하며, 이 가운데 한 명은 교회연합 감독이어야 하며, 나머지 3명은 총감독회가 임명한다. 적어도 한 명의 감독이 해외지역감독회에서 임명되어야 한다.

3. 새 위원들은 매 4년기마다 총회가 열리는 해의 봄 회의에서 총감독회가 선출한다. 위원들의 임기는 8년이며, 어느

¶447 감리직

위원이나 교회신앙연구위원회의 위원으로 16년 이상 연속하여 봉사할 수 없다. 위원들은 매 총회 후에 열리는 조직위원회에 새 위원들이 교체되어 참석할 수 있도록 50%씩 두 그룹으로 나누어져 있어야 한다.

4. 전원 위원회, 소위원회 및 팀들은 교역자와 평신도의 배분에 유의하여야 하며, 인종, 민족 및 남녀와 지역의 다양성이 보장되도록 구성하여야 한다. 또한 연합감리교회의 신학적 다양성을 반영하고 있어야 한다. 총감독회는 포용성과 다양성과 대표성이 보장되도록 공천과 선출 과정을 감독하여야 한다. 4년기 동안에 공석이 생기면 교회신앙연구위원회 실행위원회가 총감독회와 협의하여 공석을 메운다.

5. 본 위원회는 주어진 연구 과제를, 그 용량이나 복잡성 때문에 총감독회와 협의하고 협력하여 위원회 내에서 또는 내부 혹은 외부 인사로 소위원회나 팀을 구성하여 임무를 수행할 수 있다.

6. 다른 총회 기관의 위원들이나 직원들은 ¶710.5와 ¶715.6의 규정에도 불구하고 이 위원회의 위원이 될 자격을 상실하지 않는다. ¶710.4에 명시된 총회 기관 위원들에 대한 제한 규정은 이 위원회에 속한 위원들에게는 적용되지 않는다.

¶448. *조직*—교회신앙연구위원회는 다음과 같이 조직한다.

1. 본 위원회는 감독 중에서 위원장을 선출하며 전체 위원들 중에서 필요한 임원들을 선출한다.

2. 교회신앙연구위원회가 정한 권한을 가진 실행위원회를 둔다.

3. 본 위원회는 그 조직을 위하여 매 4년기마다 총회가 종료한 해 다음 해의 첫 3개월 이내에 소집하여야 한다.

4. 본 위원회는 적어도 1년에 한 번, 그리고 필요하다고 인정될 때 언제나 모인다. 정족수는 위원회의 다수 위원으로 한다.

¶449. *직원들*—교회신앙연구위원회의 사역을 위한 직원은 총감독회가 교회신앙연구위원회 실행위원회와 협의하여 정한다. 총감독회는 직원의 도움을 요청할 수 있으며, 다른 총회 기관 및 기구들에게도 자문을 요청할 수 있다.

¶450. *재정*—총감독회와 함께 교회신앙연구위원회는 그 예산을 감독실기금 예산의 일부로 책정하여 줄 것을 총회에 요청한다.

총회가 승인한 이 법규나 기타 규정들(¶¶443-450)은 2016년 총회가 종료하는 즉시 그 효력을 발생한다.

제4장
의회들 (CONFERENCES)

연합감리교회는 일련의 의회들로써 유지되는 연대적인 조직체이다.

제1절 총회 (General Conference)

¶501. *권한들에 관한 정의*—총회는 뚜렷이 연대성을 지닌 모든 사안에 대하여 전적인 입법권을 가진다 (¶16:'헌장' 제2부, 제2절, 제Ⅳ조 참조). 총회는 집행권 또는 행정권이 없다.

¶502. *구성원*—1. 총회의 투표권 소지 회원은 다음과 같은 사람들로 구성한다.

a) <장정>의 규정에 따라 각 연회에서 선출된 같은 수의 교역자와 평신도 대의원들. 이 조항에서는 선교연회와 잠정연회를 일반 연회로 간주한다. 연회들은 대의원을 선출할 때, ¶140에 규정된 바와 같이 포용적으로 대의원들을 선출할 것을 권장한다.[1]

b) 영국감리교회 대표들 및 양측의 최고 입법 의회에서 서로 대표를 선출하여 참석시키는 것에 관한 협약을 맺은 기타 독립감리교회의 대표들 (¶¶13.2, 13.3; ¶574).

2. 각 연회 대의원의 수는 두 가지 요소에 의하여 결정한다. 곧 각 연회의 교역자 연회원 수와 교인 수로.[2]

본 조항에서 말하는 "교역자 연회원"은 현직 및 은퇴한 연회원을 모두 뜻한다 (¶602.1).

3 총회 대의원은 총회가 개최되기 전 2년 안에 각 연회에서 선출한다. 총회서기는 늦어도 대의원을 선출하는 연회의 해당 연도가 시작되기 30일 전에 각 연회의 감독과 연회서기에게 그 연회에서 선출될 대의원의 수를 통보하여 준다.[3]

4. 각 연회의 서기는 선출된 대의원과 예비 대의원의 이름과 주소 기타 필요한 사항을 총회서기가 제공하여 주는 당선증서 용지에 기입, 총회서기에게 보고한다.

5. 총회서기는 연회에서 선출된 총회 대의원 및 예비 대의원

---

1. 사법위원회 판정 435, 592 참조.
2. 사법위원회 판정 327, 333, 1051 참조.
3. 사법위원회 판정 435, 592 참조.

증서를 각 연회서기에게 보내어 대의원들에게 나누어주어 서명하게 한다.

¶503. *사회자*—총회의 사회는 감독들이 주관한다.

¶504. *차기 총회서기 선출*—1. 총감독회는 연합감리교회의 안수받은 교역자나 평신도 중에서 한 사람을 차기 총회서기로 천거한다. 총회 장에서 다른 사람을 추가로 공천할 수 있다. 두 사람 이상이 추천되었을 때에는 투표로 선출한다.

2. *임무 인수*—차기 총회서기는 총회가 끝난 후 총회의 공식 회의록으로 남게 될, *Daily Christian Advocate(DCA)* 에 대한 수정을 포함하여, 그 총회에 관계된 모든 사무를 이전 서기가 다 처리한 후에 서기의 임무를 곧 인계받아 수행한다. *Daily Christian Advocate*를 출판한 후에 이의 번역물은 무상으로 교단의 웹사이트에 올려 매일 다운로드 할 수 있게 만들어야 한다. 차기 총회서기가 임무를 인수하는 정확한 날짜는 총회준비위원회가 결정하되 총회가 끝난 후 12월 31일 이전으로 한다.

3. *맡겨진 임무*—서기는 총회준비위원회와 협력하여, 총회 운영과 총회가 다룰 자료들에 관한 정보를 제공하여 줌으로써 해외지역총회에서 오는 대의원들이 총회에 전적으로 참여케 할 준비 작업을 시작한다. 가능한 한, 총회 자료들은 대의원들의 언어로 제공되도록 한다. 총감독회와 상의한 후 서기는 타교파 대표들에게 초청장을 발송한다.

¶505. *의사진행 규칙*—'총회의 조직 방안 및 의사진행 규칙'은 총회의 의결에 따라 변경하거나 수정하기 전까지는 이전 총회의 것을 따른다.

¶506. *정족수*—총회가 진행되는 동안 사무 처리를 위한 정족수는 전체 대의원의 과반수로 한다. 그러나 과반수 미만이라도 정족수를 채우기 위하여 하루하루 휴회나 정회를 가결할 수 있으며, 총회의 마지막 회의에서는 회의록 승인, 출석부 기록 요구, 무기한 정회 등을 가결할 수 있다.

¶507. *총회에 보낼 청원서*—연합감리교회의 어느 기구든지, 교역자이든 교인이든, 다음과 같은 요령으로 총회에 청원서를 제출할 수 있다.

1. 청원서는 반드시 총회서기에게 또는 임명된 청원서 서기에게 보내야 한다. 청원서는 인쇄체로 쓰거나 인쇄하거나 또는 총회서기가 정하는 방법으로 쓰되 그가 정하는 양식에 맞추어야 한다.

2. 각 청원서는 <장정>에 영향 주지 않는 한, 한 가지 주제만 다루어야 한다. 만일 <장정>이 영향을 받는다면, 각 청원서는 <장정>의 한 조항만 다루어야 하나, 두 개 이상의 조항이 밀접히 연관되어 있어 한 조항의 변경이 다른 조항의 변경을 필요로 할 경우에는 예외로 하되, 청원서는 모든 조항들이 일치하도록 한다. 이 기준에 맞지 않게 하나 이상의 조항을 다룬 청원서는 무효로 한다. 이 기준에 맞는 청원서는 조각을 내어 분리하여서는 안 된다.

3. 각 청원서는 청원자의 서명이 있어야 하며, 주소, 교회명, 연합감리교회 기관명 등과 같은 확실한 신분을 밝혀야 한다. 팩스나 이메일(e-mail)로 제출되는 청원서는 위에 기술한 바와 같은 제출자의 신원이 확실하여야 하며 회신을 위한 주소나 팩스 번호를 포함하여 연락할 수 있도록 한다.

4. 총회에 제출된 모든 청원서들 중, 연합감리교회 교인 개개인들이나 혹은 개체교회 그룹이 제출한 것 이외의 것으로서, 새로운 프로그램을 요청하거나 현존하는 프로그램을 확장하는 청원일 경우, 프로그램에 필요한 예상되는 재정문제를 다룰 보충 데이터를 이에 첨가하지 않으면 그것은 무효가 된다.

5. 청원서는 총회가 개회하기 적어도 230일 이전에 찍힌 우체국의 소인이 있어야 한다.

6. 청원서가 우편 이외의 수단으로 전달될 경우에는 총회 개회일로부터 적어도 230일 이전에 청원서기에게 제출되어야 한다.

이러한 시간적 제한에서 제외되는 경우는 총회 개최 이전 45일에서 230일 사이에 개최된 연회에서 오는 청원서와 조회위원회에서 보내오는 청원서들이다.

7. 연회, 지역총회, 해외지역총회, 청년사역국 또는 총회 기관이 정식으로 채택하여 제출하는 청원서와 연합감리교회 교인들 (교역자나 평신도) 및 개체교회 그룹이 제출하는 청원서들은 *Daily Christian Advocate*의 사전 판에 기재한다. 단, 이 청원서들은 총회가 시작되기 230일 전에 총회서기에게 제출하여야 한다.

8. *Daily Christian Advocate*의 사전 판에 게재되지 아니한 청원서 및/또는 결의문은 모든 대의원들에게 인쇄 내지 복사하여 배포한다. 청원 내용이 본질적으로 같을 때에는, 그 중 하나만 청원자 한 사람의 이름을 첨가하여 인쇄하고 나머지는 받은 숫자만 적는다. *Daily Christian Advocate*를 출판한 후에 이의 번역물은 무상으로 교단의 웹사이트에 올려 매일 다운로드 할 수 있게 만들어야 한다.

¶507   의회들

9. 청원서 서기는 총회 동안 모든 청원서와 이에 대한 총회의 결정, 또 그 결정이 <연합감리교회 장정>에 미치는 영향 등에 관한 정보를 전산기를 통하여 접할 수 있도록 한다. 이것은 <장정>이 출판될 때까지 볼 수 있도록 한다. 이 일을 이행하는 일은 조직방안 및 의사진행 규칙 위원회가 마련한 지침을 따라 행한다.

10. 입법위원회가 승인한 모든 청원서는 그 해 총회의 전원회의에서 투표하여야 한다.

11. 총회에 제출한 모든 청원서는 입법위원회의 투표를 거쳐야 한다.

¶508. *법규의 발효 일자*—연합감리교회 총회에서 제정된 모든 법규는, 특별히 달리 명시하지 않는 한, 그 법규를 제정한 총회 이후 1월 1일부터 그 효력을 발생한다 (¶543.19).

¶509. *교회를 위한 대변인*—1. 어느 누구도 어떤 신문도 또한 어떤 조직체도 공식적으로 연합감리교회를 대변할 권한이 없다. 그 권한은 '헌장'에 의하여 오직 총회에만 있다. 교단 총회 기관이 발표하는 공식 정책 진술서에는 그 첫머리나 끝에, 그 진술은 기관의 입장만을 말하며, 그것이 반드시 연합감리교회 전체의 입장은 아니라는 사실을 밝혀야 한다 (¶718).[4]

2. 연합감리교회 교인이 연합감리교회를 대표하여 입법부에 나가서 증언할 경우에는 연합감리교회 총회에서 채택된 결의문들이나 입장을 설명하여서는 안 되며, 다만 기록된 대로 낭독하여야 한다.

¶510. *서기의 임무*—총회서기는 총회의 기록을 영구히 보존할 책임이 있으며, 그 기록물들은 다음과 같은 것들을 포함한다.

1. *The Daily Christian Advocate*에 가한 수정. 편집인은 이 책과 이를 수정한 것 2권을 만들어 총회의 공식 기록으로 교회역사보존위원회에 보관하도록 한다. 연합감리교회 출판부는 이를 책으로 묶은 것을 모든 사람이 가질 수 있도록 한다.

2. 연합감리교회 출판부가 편집할 <결의문집> *(The Book of Resolutions)*. 이 <결의문집>은 유효한 모든 총회 결의문들을 포함하고 있어야 한다. <결의문집>의 서문은 결의문을 쓰는 가이드라인을 담고 있어야 한다.

a) 연합감리교회 총회가 채택한 모든 결의문들은 매 <결의문집>에 출판하여야 한다. 각 <결의문집>에는 연합감리교회 총회의 모든 유효한 결의문들의 주제별 색인이 매

---
4. 사법위원회 판정 458 참조.

총회 ¶511

<결의문집> 판에 포함되어 있어야 한다. 결의문들은 채택된 때부터 8년 동안 연합감리교회의 공식적인 입장으로 간주하며, 다시 채택되지 않는 한, 그것은 무효한 것으로 간주한다. 무효한 결의문들은 다음 <결의문집>에 계속 출판하지 않는다. <결의문집>은 연합감리교회의 공식 웹사이트에서 볼 수 있도록 하여야 한다.

b) 각 프로그램 담당 기관과 부서에서는 유효한 결의문들을 모두 검토하여 시효가 지난 것들을 폐기한다.

c) <결의문집>에 수록될 공식적인 결의문들은 60%의 지지율이 있어야 한다.

3. *Daily Christian Advocate(DAC)*의 사전 판과 차후에 나오는 *Daily Christian Advocate.*

4. 총회의 모든 문서들의 원문은 총회교회역사보존위원회에 보관하도록 한다.

¶**511.** *총회준비위원회*—총회준비위원회(이하 "위원회"라 칭함)를 둔다.

1. *위원들*—*a)* 본 위원회의 투표권 소지 위원은 매 4개년차마다 총회가 선출하며, 다음과 같은 25명으로 구성한다. 곧 미국 내의 지역총회에서 각각 1명씩; 7개의 해외지역총회에서 각 1명씩; 1명의 청년; 1명의 청장년; 본 위원회 위원장; 그리고 10명의 추가위원들이다. 추가위원들은 교단의 교역자와 평신도 수에 근거한 지역총회의 교인 비율을 반영하도록 배당한다.

b) 본 위원들은 총회가 열리기 전에 총감독회(Council of Bishops)가 총회 대의원들 중에서 천거하여 8년 임기로 총회가 이들을 선출한다. 자격 있는 추가위원들은 총회장에서 천거할 수 있다. 이 위원회는 남성 교역자와 여성 교역자, 남성 평신도와 여성 평신도의 발란스 및 연합감리교회의 다양한 성격을 반영하고 있어야 한다. 약 절반 가량의 위원들은 매 4개년차 총회에서 선출한다.

c) 공석이 생겼을 때에는 총감독회가 다음 총회 때까지 봉사할 위원들을 지역적으로 적절하게 조정하여 선출하되, 잔여 기간을 봉사하도록 천거하여 총회가 이들을 선출하도록 한다.

d) 총회서기와 총회재무행정위원회의 회계와 총회사무장과 총감독회가 지명한 1명의 감독은 총회에서 발언권은 있으되 투표권은 없다. 총회 사무장이 본 위원회의 최고 행정 책임자가 된다.

2. *임원들*—본 위원회의 임원들은 위원장, 부위원장, 서기들로서 모두 4년기마다 조직하는 회의에서 선출한다. 그들은

¶511 의회들

선출된 후 다음 번 4개년차 총회가 폐회되고 그들의 후계자가 정식으로 선출되어 자격이 인정될 때까지 봉사한다.

3. *위원회들—a)* 실행위원회—본 위원회의 임원들, 접대위원회 위원장, 위원회의 위원으로 있는 감독, 총회서기, 총회사무장, 그리고 조직진행위원회의 위원장과 서기들로 구성된 실행위원회를 둔다.

b) 조직진행위원회—본 위원회는 그 위원들로 조직진행위원회를 조직한다. 이 위원회의 구성은 본 위원회가 결정한다. 이 위원회는 위원회가 총회 후 모이는 첫 모임에서 조직한다. 이 위원회는 그 위원장과 서기를 선출하며, 이들은 본 위원회 실행위원회의 위원이 된다. 이 위원회는 '조직 계획과 의사진행법'에 관하여 제출된 수정안들을 연구하고 심사하여 필요한 수정을 가한 다음, 총회준비위원회의 전체 회의에 이를 제출하여 총회가 채택하도록 한다. 기타 의사진행 법규나 절차에 관한 총회의 문제들은 모두 이 위원회에 회부할 수 있다.

4. *임무들—a)* 본 위원회는 총회의 장소와 시일을 정하되, 네 개의 4개년차 총회를 미리 정하여야 하며, 모든 선출된 대의원들에게 이를 공식적으로 통보할 때, 특히 첫 개회 일시와 예정된 폐회 시간을 발표하여야 한다.

b) 본 위원회는 총회 개회일의 스케줄을 짜야 하며, 총회가 개회하기 전에 모든 대의원들에게 이미 정하여진 특별한 행사와 의사일정을 미리 알게 하여 대의원들이 총회의 프로그램을 개략적으로 볼 수 있는 기회를 주어야 한다.

c) 본 위원회는 연합감리교회 출판부와 협력하여 *Daily Christian Advocate*의 사전 판과 연대 사역협의회 및 교단 총회 부서들의 4개년간의 보고서를 영어, 프랑스어, 포르튜갈어, (표준) 키스와힐리어(Kiswahili)로 출판하되, 이 외국어 출판물들을 쉽게 또한 적절한 시기(90일 전)에 볼 수 있도록 필요한 모든 준비를 한다. 본 위원회는 또한 매일의 일정, 청원서 리스트, 공천에 관한 정보, 기타 아주 중요한 정보로서 이미 *Daily Christian Advocate*의 영어 판에 게재된 내용들을 이 언어들로 적절한 때에 맞추어 그리고 편한 방법으로 볼 수 있도록 하여야 한다.

d) 본 위원회는 모든 대의원들이 언어장애와 숙박에 불편함을 느끼지 않도록 하며, 총회 기간 동안 대의원들의 어린이들을 총회 인근에서 돌봐 줄 수 있는 인증받은 보호시설을 마련하는 것을 포함하되 이에 국한하지 않고 기타 필요한 모든 편의 조치를 취하도록 한다.

e) 본 위원회는 선출된 대의원들에게 일당 숙식비를 제공하도록 총회에 추천한다.

f) 본 위원회는 입법위원회들의 수를 정하고 총회서기와 총회 사무장과 상의하여 입법에 관한 자료들을 이 입법위원회들에게 배부한다.

5. 총회서기는 각 연회에서 선출될 총회 대의원들의 수를, 개체교회가 연회에 보고한 가장 최근의 교역자와 고백교인의 수, 그리고 연회가 연회록을 통하여 총회재무행정협의회에 보낸 보고서에 근거하여, ¶502.1., .2에 명시된 규정을 따라 다음과 같이 산출한다.

a) 각 연회 교역자 연회원의 처음 375명에 교역자 대의원 1명, 그리고 교역자가 375명 또는 이의 반수가 넘을 때마다 1명을 더 추가한다.[5]

b) 각 연회 개체교회 교인 수의 처음 26,000명에 교역자 대의원 1명, 교인 수가 26,000명 또는 이의 반수가 넘을 때마다 1명을 더 추가한다.

c) 평신도 대의원 수는 위에서 허가한 교역자 대의원 수와 같은 수로 한다.

d) 모든 연회는 적어도 한 명의 교역자 대의원과 한 명의 평신도 대의원을 배당받는다.

e) 이의 산출 방법은 총회 회원 수의 최소 수와 최대 수를 규정한 '헌장' 제2부, 제2절, 제I조(¶13)를 따르도록 계획되었다. 이 조항의 규정에 따라 선출된 대의원 수가 규정된 최소 수보다 적고 최대 수보다 많게 되면, 총회서기는 연회가 당연히 보내야 할 교역자 대의원 수와 개체교회 교인의 수를 올리거나 내림으로써 이러한 경우를 조정할 수 있는 권한이 있으되, 이 두 요소가 비례적으로 똑같게 되도록 조정하여야 한다.[6]

제2절 지역총회 (Jurisdictional Conferences)

¶512. *총감독협조위원회(Interjurisdictional Committee on Episcopacy)*—1. 총회는 자기 연회 총회 대의원들로부터 각 지역감독협조위원회 위원으로 봉사하도록 천거받은 이들 가운데에서 위원을 선출하여 총감독협조위원회를 조직한다.[7] 본 위원회는 총감독회의 회장이 지정한 시간과 장소에서, 총회가

---
5. 사법위원회 판정 327, 558 참조.
6. 사법위원회 판정 687, 1274 참조.
7. 사법위원회 판정 472 참조.

개회한 지 5일째가 되기 전에 소집하며, 그 위원들 가운데에서 회장, 부회장, 서기를 선출한다. 이 합동위원회의 직능은 다가오는 지역총회에서, 4개년 기간 동안 주재 또는 치리할 책임을 질 감독들이, 지역총회 경계선을 넘어서 이동하게 될 가능성에 대비하여 의논하는 것이다. 그리고 ¶404에 규정된 교인 수로 인하여 감독의 수를 감소하여야 할 지역총회의 요청을 선교적 차원에서 검토하며, 그 지역총회가 배당받은 감독의 수를 총회에 건의한다. 이 선교적인 필요성에 관한 이 규정은, 총회로 하여금 위원회의 추천이 없어도 행동을 취할 수 있게 하기 위함이며, 이를 제재하려는 것이 아니다.

이 위원회는 위에 지명된 임원들과 각 지역 감독협조위원회에서 공천된 사람들 가운데에서 교역자 2명과 평신도 2명을 선임하여 실행위원회를 구성하며, 이동에 관심 있는 감독들 및 기타 사람들과 그 일에 관하여 협의한다. 각 지역총회에서 선출된 사람들 가운데에서 한 사람이 이 위원회의 위원장 또는 위원장의 지명자가 된다. 실행위원회는 위원장의 소집 통고로 모이며, 전체 위원회 회기 사이에는 전체 위원회와 같은 권한을 가진다. 실행위원회는 총감독협조위원회에 책임을 지며, 이 책임을 지고 위원회의 연속성을 유지하기 위하여 물러나는 위원장 또는 위원장의 지명자는 새로 구성된 위원회에 지난 4개년 기간 동안 행한 일에 대하여 보고하고, 새 위원회가 하여 주기 바라는 일을 추천한다.

위원회의 회의록은 총회재무행정협의회의 감독업무실에 보관한다.

2. 본인이 그렇게 이전하기로 합의하였고 자기가 선출된 지역에서 적어도 4년 이상 봉사하였으면, 그 감독은 지역총회 경계를 벗어나 다른 지역으로 이전할 수 있다. 관계된 각 지역 감독협조위원회가 참석하여 투표한 이들의 과반수의 찬성으로 감독의 이전 안을 결의하면, 이 이전(들)이 그들 지역총회에 영향을 주는 범위 내에서 그 이전(들)은 끝난다 (¶49, 제Ⅴ조 참조).[8]

3. 총감독협조위원회를, 지역총회 경계를 넘어 (cross-jurisdictional tranfers) 감독들이 이전하는 문제를 다루는 공식 기구로 인정한다. 한 감독이 다른 지역총회로 이전하기 원하면 가려고 하는 지역총회를 선정할 수 있다. 지역총회는 특정한 감독에게 이전하여 나갈 것을 요청할 수 있으며, 다른 지역으로부터 감독을 이전받을 용의가 있음을 밝힐 수도 있다. 감독 본인 또는 지역감독협조위원회의 이전 요청서는 지역총회가

---

8. 사법위원회 판정 745 참조.

열리기 전 해의 4월 1일까지 총감독협조위원회에 접수한다. 본 위원회는 이전을 요구하는 감독과 해당 지역감독 협조위원회가 지역총회가 열리는 해의 1월 1일까지 서로 면담을 할 수 있도록 주선한다. 지역감독협조위원회(들)가 일단 이전 문제에 대하여 결정을 내리면, 지역총회 서기들은 그 내용을 지역총회가 끝난 후 8월 1일까지 총감독협조위원회에 통보한다.[9]

4. 지역감독협조위원회는 지난 4개년 기간 동안에 있었던 결정에 대하여 각 총회에 보고한다.

¶513. *동등한 지위*—모든 지역총회는 '헌장'이 제정한 범위 내에서 동등한 지위와 권한을 가진다.

¶514. *회원*—지역총회 회원은 <장정>에 규정된 대로 각 연회에서 선출된 같은 수의 교역자 대의원과 평신도 대의원으로 구성한다. 다양한 사람들(inclusive delegation)로 대의원들이 구성되도록 각별히 주의하여야 한다 (¶124, ¶140). 각 연회의 대의원 수는 배정된 총회 대의원 수의 두 배로 한다. 단, 이 결과로 지역총회의 총 대의원 수가 100명 이하가 될 때에는 예외로 한다. 이러할 경우에는 총회서기가 각 연회 및 선교연회에서 선출되어 오는 대의원들의 수를 비례대로 조정하여 총 대의원 수가 100명이 되도록 한다. 이때 각 연회의 대의원 수가 4명 이하가 되지 않도록 확실히 하여야 한다.

¶515. *대의원 선출*—지역총회에 보낼 교역자 및 평신도 대의원들, 그리고 그 예비 대의원들은 '헌장'의 규정에 따라 무기명 투표로 선출한다.[10]

¶516. *협의*—교역자와 평신도 대의원들은 한 팀이 되어 협의한다.

¶517. *소집 일자*—각 지역총회는 '헌장'에 이미 규정된 기간 안에 지난 번 지역총회 또는 정식으로 구성된 위원회가 결정하는 시간과 장소에서 모인다.

¶518. *의사진행 규칙*—지역총회는 자체의 절차, 규칙 및 조직 방안을 채택한다. 사무 처리를 위한 정족수는 선출된 대의원 전체의 과반수로 한다. 그러나 이보다 적은 수라도 매일 휴게나 정회를 가결할 수 있으며, 마지막 회기에서는 회의록 승인, 출석부 기록 요구, 무기한 폐회를 가결할 수 있다.

¶519. *경비*—지역총회는 모든 회의의 비용을 조달한다.

¶520. 지역총회는 지역총회의 회계연도가 끝난 지 150일 이내에 지난 회계연도의 회계가 관리한 장부를 공인회계사가

---

9. 사법위원회 판정 745 참조.
10. 사법위원회 판정 592 참조.

감사할 수 있도록 넘겨주어야 하며, 그 감사보고를 지역총회 내의 각 주재감독과 연회회계에게 배부하여야 한다.

¶521. *특별 회의*—1. 지역총회는 자신이 결정하는 방식대로 특별 지역총회를 소집할 수 있다.

2. 지역감독회는 필요에 따라 3분의 2의 찬성투표로 특별 지역총회를 소집할 권한이 있다. 만일 어떤 감독구가 사망이나 은퇴로 인하여 공석이 생기거나 또는 다른 이유로 주재감독이 임명된 지 24개월 이내에 공석이 생길 경우에는, 지역감독회가 과반수의 표결로 30일 이전에 공고한 후 3개월 이내에 특별 지역총회를 소집하여 감독선출 및 성별식을 거행하며 회의소집 공고에 명시한 안건들을 처리한다. 단, 이런 경우가 생길 때에는 현 지역감독협조위원회에서 해당 연회에 지역총회에서 선출된 감독 재임명 안을 건의한다.

3. 특별 지역총회의 대의원은 각 연회에서 전기 지역총회 대의원으로 선출된 사람들로 한다.

4. 일단 소집된 특별 지역총회는 소집공고 시에 명시된 안건 이외의 안건은 취급할 수 없다.

¶522. *사회자*—지역총회는 지역 내의 감독이나 다른 지역의 감독 또는 해외지역총회 감독이 사회한다. 아무 지역총회 감독도 참석하지 않을 경우에는 교역자 대의원 중에서 사회자를 선출한다.

¶523. *복종할 의무*—지역총회에서 선출된 감독이나 지역총회에서 시무하는 감독은 소속 지역총회 결의에 따라야 한다. 감독은 누구나 사법위원회에 항소할 권리가 있다.

¶524. *지역감독협조위원회*—1. 각 연회 대의원들의 추천으로 지역총회에서 선출된 각 연회 교역자 대의원 한 명과 평신도 대의원 한 명으로 지역감독협조위원회를 구성한다.

본 위원회는 선출된 대의원들이 모였던 지역총회가 끝난 후 지역감독회의 회장이 소집한다. 본 위원회는 차기 지역총회 때까지 봉사한다.

본 위원회는 그 위원들 중에서 회장, 부회장, 서기를 선출한다. 본 위원회는 적어도 매년 모인다.

사망, 사퇴, 감독직에의 피선, 연회 회원권 정지, 또는 대의원들이 결정하는 다른 이유로 인하여 본 위원회에 결원이 생길 경우에는, 해당 연회 대의원단에서 다른 사람을 추천하게 하여 그 자리를 채운다. 그 사람은 차기 지역총회에서 선출될 때까지 천거된 자로서 위원회에 참석한다.

2. 지역총회는 지역감독협조위원회의 경비를 부담한다.

3. 지역감독협조위원회에서는 다음과 같은 임무를 수행한다:

a) 감독들의 업무 사항을 매년 검토하고 평가하며, 그들의 자질과 그들의 공적인 행정 처리를 승락하며, 그러한 평가와 기타 발견한 사실들을 지역총회에 보고한다. 그 평가는 분담금의 100% 지불을 권장하고 지원하는 일을 포함하여 ¶414, ¶415, ¶416에 명시된 임무수행 결과를 포함하여야 한다. 본 위원회는 순전히 자체 내의 판단에 따라, 이 보고를 지역감독회 회장에게 전달할 수 있으며, 회장은 또한 그 보고를 총감독회 비공개 회의에 보고하여야 한다.

b) 감독구 경계와 감독들의 감독구 임명을 건의한다.[11]

c) 총감독회 또는 지역감독회와 상호관심사에 관하여 협의한다.

d) 임명 가능한 현역 감독의 수를 결정한다.

e) 감독들의 자의 또는 타의에 의한 은퇴 요청을 접수, 처리한다. 그러나 ¶408.3a에 규정된 바와 같이, 본 위원회는 그것이 교회를 위한 가장 좋은 방법이라고 판단되면, 자체 내의 동의로 강제 은퇴 절차를 밟을 수 있다.

f) 1명 또는 그 이상의 지역감독회 감독들의 다른 지역감독회로의 전출, 또는 다른 지역감독회 감독들의 이 지역감독회로의 전입 요청을 먼저 제기하거나, 혹은 이에 대하여 행동을 취한다. 그러한 전출이나 전입은 ¶512.2에 규정된 바와 같이, 출석하여 투표한 위원들의 과반수가 찬성하여야만 마무리 지을 수 있다.

g) 감독들이 필요로 하는 일에 관하여, 그리고 그것을 충족시키는 일에 관하여 감독구 연회감독협조위원회와 협의한다.

h) 각 감독의 임명을 위한 협의 절차를 결정한다.

i) 지역총회 서기를 통하여 차기 위원들에게 인계할 결의 사항, 활동 사항, 추천 사항에 관한 보고서를 준비한다. 이 보고서는 지역총회가 모이기 전에 그 대의원들에게 배부한다.

¶525. *지역총회의 권한과 임무*—지역총회는 '헌장'에 규정된 권한과 임무가 있다. 지역총회는 또한 총회가 수여하는 권한과 임무를 가질 수 있으며 이러한 권한과 임무는 인종차별 제거에 관한 연합감리교회의 정책과 조화를 이루는 범위 내에서 수행한다.

¶526. *교인의 정의 (Definition of Church Members)*—지역 내의 교인 수에 근거한 지역총회의 모든 선거에 있어서 수를 계산할 때에는 평신도 대의원, 교역자 대의원, 그 지역에 임명된 감독들을 모두 포함한다.

---

11. 사법위원회 판정 517 참조.

¶527. *연회록*—지역총회는 지역 내의 연회 회의록을 검토하고 인준할 권한이 있으며 필요에 따라 그 회의록 작성에 관한 규범을 제정한다.

¶528. *지역총회록*—지역총회는 서기와 의장 또는 지역감독회 서기가 서명한 공식 회의록을 보관하고, 이를 ¶1711.3j, k에 따라 총회 서기에게 맡긴다. 지역총회의 경비로 이를 인쇄한다.

지역총회의 기관들
(Jurisdictional Agencies)

¶529. *기관들*—지역총회는 총회가 지시하는 대로 또는 사역상 필요하다고 인정되는 대로, 지역총회 기관을 설립 내지 설정할 권한이 있다. 지역총회 내의 모든 기관의 위원은, 안수사역부와 지역감독협조위원회를 제외하고는, 교회의 총회 기관과 보조를 같이하여 가능한 한 교역자 3분의 1, 평신도 여성 3분의 1, 평신도 남성 3분의 1을 포함하도록 한다. 여기에 여성 목사, 청소년, 청장년, 노인, 미혼자, 장애인, 교인 수가 적은 교회의 대표자들, 소수 인종, 민족들이 포함되도록 특별히 주의하여야 한다 (¶710.9a-c 참조). 지역총회의 각 부서, 상임위원회, 위원회, 협의회, 사역부들은 그 위원들 중 한 사람을 증거사역의 코디네이터로 지명하여야 한다. 이들은 자기가 속하여 있는 기구가 증거사역을 다하도록 도와야 하며, 특히 다음과 같은 질문을 제기하여야 한다. "우리의 사역을 통하여 우리는 어떻게 의식적으로 사람들을 예수 그리스도에게로 인도할 수 있는가?" 또한 "우리의 사역과 업무 분야를 통하여 우리는 새 신자들이 예수 그리스도의 제자로 성장하고 성숙하도록 그들을 어떻게 도와줄 수 있는가?"

¶530. *프로그램의 조정*—연합감리교회의 각 지역총회는 그 지역의 결정에 따라 지역사역협의회 또는 지역행정협의회를 조직하여 총회 기관들의 프로그램들을 지역총회 내에서 조정 관할할 수 있다.

¶531. *프로그램 담당 기관*—각 지역에는 지역총회의 결의에 따라 총회 프로그램 담당 기관과 연관되는 지역 프로그램 담당 기관과 이에 해당되는 연회 프로그램 담당 기관을 조직할 수 있다.

¶532. *사료보관소와 역사*—1. 각 지역총회는 총회교회역사 보존위원회의 보조 기구로 지역교회역사보존위원회를 둔다. 본 위원회는 각 연회의 교회역사 보존위원회의 위원장 또는 각

연회의 교회사 편찬 위원, 지역역사연구회 회장 및 지역위원회가 선출하는 최소 5명의 추가위원으로, 또는 지역총회가 결정하는 방안대로 구성한다.

¶533. *지역총회청년사역 (Young People's Ministries)*—
1. 지역총회는 청소년들, 청장년들, 이들과 함께 사역하는 장년들과 창조적인 파트너로 함께 아래와 같은 일들을 실시한다. 곧

a) 전 지역을 통하여 청소년, 청장년 및 청년 사역을 위한 네트워크를 형성한다.

b) 각 연회의 청년사역을 지원한다.

c) 세계청년대회와 청년사역국에 대표들을 선출하여 보낼 절차를 만들어 준다.

2. 지역총회들은 각자 자기 지역 콘텍스트에 맞는 창조적인 젊은이 (청년) 사역을 설계할 것을 권장한다. 지역청년사역부의 코디네이터는 이 사역을 완수하기 위한 모든 과정을 설계하고 유지하며 수정하여 나가야 한다.

지역청년사역을 위한 절차나 주도하는 그룹에 다음과 같은 사람들이 참여하기를 권장한다.

a) 지역총회 내에 있는 각 연회의 대표들;

b) 지역총회 내의 인구 분포를 반영하는 인종, 민족 사람들;

c) 여러 가지 신학적 입장과 문화적 관점을 보여줄 수 있는 사람들;

d) 청소년과 청장년들 (연회 청년사역협의회의 위원으로 봉사하든지 안 하든지);

e) 장년 봉사자 (연회 청/장년 직원이나 이와 비슷한 직책을 가졌든지 안 가졌든지).

3. 지역사역협의회 또는 그 대체 기구와 지역청년사역부의 코디네이터 팀에 책임을 지는 지역청년사역 총무 한 명을 둔다. 이 총무는 총회제자사역부 청년사역국의 성인 대표와 같을 수도 있고 아닐 수도 있다.

4. *청년사역국에 보낼 대표를 선출할 책임*—각 지역총회에 합당한 절차를 통하여 지역청년사역은,

a) 4개년 기간 동안 총회제자사역부 청년사역국에서 봉사할 1명의 청소년 대표를 선출하는 일. 선출될 당시 그는 16세 또는 그 이하의 청소년이어야 한다.

b) 공천은 연회청소년사역협의회 또는 이와 동등한 기구, 개체교회, 지방, 연회청소년사역 코디네이터, 기타 관심 있는 교역자나 평신도가 한다.

¶533

　　　c) 지역청년사역부는 지역총회에서 선출되는 청소년이나 청장년 대표가 소수 인종, 민족 젊은이가 되도록 확인하여야 한다.
　　　d) 각 지역총회에서 선출되는 청년사역국의 위원들은 가능한 한 그 지역총회 내의 2개 이상 연회에서 골고루 선출되도록 한다.
　5. *세계청년대회(Global Young People's Convocation)에 보낼 대표를 선출할 책임*—세계청년대회(Global Young People's Convocation)가 열리기 전 해에 지역청년사역부는 5명의 청소년과 1명의 장년을 세계청년대회의 투표권 있는 대의원으로 선출한다.
　6. 기타 다음과 같은 몇 가지 임무를 지역청소년사역부가 수행하기를 권장한다. 곧
　　　a) 지역총회 내의 행사들(캠프, 협의회, 강습회 등)을 시작하고 이를 후원한다.
　　　b) 청년사역국에 긴급사항, 관심사, 및/또는 정책 등을 건의한다.
　　　c) 협의회, 캠프, 전문가들과의 상의 등을 통하여 소수 인종, 민족 사람들이 필요로 하는 일들과 관심사 또는 문제점들을 거론하여 인식시키며 해결하도록 노력한다.
　　　d) 지역청소년 집회와 활동에 참석한 이들의 영적 성장을 위하여 노력한다.
　　　e) 자기들의 연회와 개체교회에 돌아가 선교, 사회정의, 제자화, 지도자 개발, 영성훈련 분야의 중요성을 의식하며 일들을 할 수 있는 교육의 기회와 리소스를 제공하여 줌으로써 청소년들을 통하여 청소년들을 위한 대외 전도를 권장한다.
　　　f) 연회청소년사역 담당자들을 훈련하며 지원한다.
　　　g) 청소년사역에 관하여 총회와 연회 사이의 교량 역할을 담당한다.

¶534. 지역을 통하여 청장년들의 네트워크를 형성하며, 연회의 청장년사역을 지원하며, 청장년사역에 종사하는 이들을 지원할 목적으로 지역 청장년 조직을 둘 수 있다.

¶535. *안수사역위원회*—지역총회 내에 지역안수사역위원회를 둘 수 있다. 이 위원회는 연회안수사역부장 또는 그 대표, 그 지역총회 경계 내에 있는 연합감리교회 신학대학원의 학감/총장, 지역감독회 대표 2명, 포용 정책에 따라 위원회가 선정한 3명의 추가위원으로 구성한다. 집사와 평신도들도 이 위원회에 포함시켜야 한다. 지역고등교육사역부가 상존할 때에는 본 위원회는 그 산하에 들어간다. 본 위원회의 임무는 수요공급에

관한 정보와 연회 경계를 넘는 인사 이동을 장려하며, 교역직과 연관된 문제들을 다루기 위한 토론의 장을 마련하며, 지역총회 내의 소수 인종, 민족 선교를 돕는다. 재정은 지역총회와 연회안수사역부 및 연회평신도사역부가 지원한다.

¶536. *지역총회 내 연합감리교회 여선교회 헌장—제1조 명칭—*각 지역총회에 연합감리교회 여선교회전국기구와 직접적으로 연결되어 있는, 연합감리교회 여선교회의 지역총회 조직을 둔다.

*제2조 권한—*연합감리교회 여선교회의 각 지역총회 조직은 연합감리교회 여선교회전국기구의 프로그램과 정책에 따라 자기 지역 내에서 사역을 증진할 권한이 있다.

*제3조 회원—*연합감리교회 여선교회의 지역총회 조직의 투표권이 있는 회원은, 지도팀 (Leadership Team), 각 연회 조직에서 선출된 3명의 회원, 연합감리교회 여선교회의 이사들, 지역 내의 연합감리교회 여선교회 자문 그룹의 멤버들, 1명의 지역디크네스협회 대표, 국내선교동역자들 (Home Missioners)/국내선교사들 (Home Missionaries), 그리고 모든 현역 지역총회 감독들로 구성한다.

제4조 모임과 임원 선출—a) 매 4개년차 마지막 해에 연합감리교회 여선교회 지역총회 조직의 모임을 가진다. 그 때에 지역총회 조직의 여선교회 회장과 지역총회 지도팀과 연합감리교회 여선교회전국기구의 이사들을, <장정>(¶647.6d, ¶1906)에 의하여 선출한다.

b) 목적을 달성하기 위하여 필요에 따라 기타 모임을 소집할 수 있다.

*제5조 헌장 개정—*헌장 개정안은 연합감리교회 여선교회 기록서기에게 보내야 하며, 이를 이사회가 심의한다. 개정안을 심의하기 위한 마지막 날짜는 이사회의 마지막 정기 모임이며, 총회가 제출된 법규들을 심의할 수 있는 마감날 이전이어야 한다.

¶537. *연합감리교회 남선교회위원회 (Committee on United Methodist Men)—*각 지역총회에 총회 연합감리교회 남선교회위원회의 종속 기구로 지역 연합감리교회 남선교회위원회를 둔다 (¶2301).

지역 연합감리교회 남선교회위원회의 위원은 이 조직의 헌장에 의하여 선출된 임원들과 각 위원회 위원장들과 사역 담당자들 및 지역총회 경계 내에 있는 각 연회 조직체의 회장들로 구성한다.

각 지역 연합감리교회 남선교회위원회는 연합감리교회 총회남선교회위원회의 정책과 프로그램에 따라 그 사업을 증진할 권한이 있다.

¶537

연합감리교회 남선교회의 지역총회위원회는 매 4개년차 마지막 되는 해에 지역총회 위원회의 위원장을 선출한다. 지역총회 위원회의 위원장은 총회 연합감리교회 남선교회위원회(¶2303.1b)의 위원으로 봉사한다. 4개년 기간의 임기를 맞추지 못한 위원장은 그 임기를 마칠 때까지 다시 위원장으로 선출될 수 있다. 이 규정은 2004년 총회가 폐회하는 즉시 그 효력을 발생한다. 연합감리교회 남선교회 지역총회위원회는 모임, 퇴수회, 훈련의 기회를 합동으로 마련할 수 있다.

지역 연합감리교회 남선교회위원회는 그 목적을 달성하기 위하여 기금을 마련한다. 어떠한 소스에서 확보하였건 지역 연합감리교회 남선교회위원회가 모금한 기금은 지역 연합감리교회 남선교회위원회의 것이며, 그 헌장 및/또는 회칙에 따라 위원회의 요청이 있을 때 이를 지출한다.

a) 지역 연합감리교회 남선교회위원회는 자체 은행 계좌를 열 수 있다.

b) 회계 감사를 연례적으로 실시할 것을 권장한다.

¶538. *연합감리교 선교자원봉사자 (UMVIM-United Methodist Volunteers in Mission)*—연회 안에 있는 선교자원봉사자들과 지역 내의 연회재해대책 담당자들 및 세계선교부의 선교자원봉사자실과 연락 책임을 질 지역총회 코디네이터를 둘 것을 추천한다. 지역총회 코디네이터는 요청이 있을 때, 자원봉사자들이 세계선교부와 기타 연합감리교 기관들과 협력하여 일할 수 있도록 기회와 리소스를 제공하는 네트워크를 형성할 수 있다. 지역선교자원봉사자 코디테이터는 연합감리교구호위원회(UMCOR)와 협력하여 그들 지역 안에 있는 초기대응팀(Early Response Team)이 필요로 하는 것을 알릴 수 있다.

¶539. *행정재검위원회 (Administrative Review Committee)*—지역총회는 감독협조위원회의 위원이 아닌 자기 지역총회 대의원들 가운데에서 적어도 3명으로 구성된 행정재검위원회를 두어야 한다. 이 위원회의 단 한 가지 목적은 지역감독위원회가 추천한 바, 강제성을 띤 모든 결정을 적절한 절차를 따라 시행되도록 하는 것이다. 감독의 지위에 어떤 변화를 초래하게 하는 모든 행정적 초치 과정을 행정재검위원회는 다시 검토하여 보아야 하며, 그 결과를 지역감독위원회 및 지역총회가 어떤 결정을 내리기 전에 이들에게 보고하여야 한다. 행정재검위원회는 행정적 처리 과정과 연관된 모든 당사자들에게도 보고하여야 한다. 행정재검위원회는 공정한 심문(訊問)회 절차

(¶361.2)를 따라야 한다. 보고하기 전에 행정재검위원회가 절차상 오류가 있었다고 판단하면, 관계된 이들이나 위원회에 곧 연락하여 수정하도록 하거나, 오류는 상관없다고 하거나, 기타 다른 행동을 취할 것을 권고할 수 있다.

제3절 해외지역총회 (Central Conferences)

¶540. *조직 허가*—1. 총회가 3분의 2의 찬성표로 그 수를 결정하는 데 따라, 총회는 미국 영토 이외의 지역에서 연회, 잠정연회, 선교연회, 선교구 등을 해외지역총회 또는 잠정해외지역총회로 조직할 수 있다. 그 임무와 특권과 권한은 아래에 규정된 사항 및 총회가 3분의 2 찬성표로 결의하는 바와 같다.

2. 총회가 이미 승인한 대로, 또한 앞으로 승인하는 바와 같은 해외지역총회들을 둔다. 단, 총회가 따로 정하지 않는 한, 해외지역총회는 이 조항에 규정된 비례에 근거하여 적어도 30명 이상의 교역자와 30명 이상의 평신도대의원으로 구성한다.

3. 연합감리교회는 다음과 같은 국가에서 사역하는 해외지역총회들을 둔다.

a) 아프리카지역총회: 앙골라, 보츠와나, 부룬디, 에치오피아, 케냐, 말라위, 모잠비크, 나미비아, 르완다, 스와질랜드, 남아프리카, 남수단, 우간다, 잠비아, 짐바브웨.

b) 중남부유럽지역총회: 바니아, 알제리, 오스트리아, 불가리아, 크로아티아, 체코슬로바키아공화국, 프랑스, 헝가리, 마케도니아공화국, 폴란드, 세르비아, 슬로박공화국, 스위스, 튀니시아.

c) 콩고지역총회: 중앙 아프리카공화국, 콩고인민공화국, 콩고공화국, 탄자니아, 잠비아.

d) 독일지역총회: 독일.

e) 북부유럽유라시아지역총회: 벨라루스, 덴마크, 에스토니아, 핀란드, 카자흐스탄, 키르기스탄, 라트비아, 리투아니아, 몰도비아, 노르웨이, 러시아, 스웨덴, 타지기스탄, 우크라이나, 우즈베키스탄.

f) 필리핀지역총회: 필리핀.

g) 서부아프리카지역총회: 버키나파소, 카메룬, 꼬뜨봐르, 기니, 기니비쏘, 이베리아, 말리, 니게르, 나이지리아, 세네갈, 시에라리온.

4. 잠정해외지역총회는 모든 필요한 조건을 충족시키고 총회가 승인할 때 해외지역총회로 승격될 수 있다.

¶541. *구성*—1. 해외지역총회는 같은 수의 교역자와 평신도 대의원으로 구성한다. 교역자대의원은 연회의 교역자 회원이, 평신도대의원은 평신도 연회원이 각각 선출한다. 대의원의 자격과 선출방법은 각 해외지역총회 자신이 결정하되 '헌장'의 규정을 따라야 한다. 각 연회와 잠정연회는 적어도 2명의 교역자 대의원과 2명의 평신도대의원을 선출할 수 있으며, 연회 교역자 회원의 매 6명에 1명씩 더 추가되게 대의원을 선출하여서는 안 된다. 단, 해외지역총회가 대의원 비율로 정한 최다수 때문에 각 연회에 한 명의 교역자대의원과 한 명의 평신도대의원을 추가로 배정할 때에는 예외이다. 각 선교연회와 선교구는 그 회원 가운데서 한 명을 선출하여 소속한 지역총회에 대표로 보낼 수 있다. 그러나 그 대표는 지역총회와 그 모든 위원회에 좌석을 배정받아 참석하여 발언할 수 있는 특권은 있어도 투표권은 없다. 그 대표는 또한 해외 지역총회의 다른 정규 대의원들과 마찬가지의 여비를 지급받는다.[12]

2. 해외총회의 경우, 비례 대표제의 규정은 각 연회에 적용된다.

¶542. *조직*—1. 처음 모이는 해외지역총회는 담당 감독(들)이 정한 시간과 장소에서 소집되며, 이 총회에 연회, 잠정연회, 선교연회, 선교구 대의원들이 여기에 규정된 비례로 선출되어 참석한다. 장차 있을 해외지역총회의 시간과 장소는 지역총회 자체 또는 그 실행위원회가 결정한다.

2. 각 해외지역총회는 총회가 모인 후 1년 안에 결원이 생겼을 경우 감독을 선출하기 위하여 또한 필요한 모든 사무를 처리하기 위하여, 해외지역총회 자체나 감독들이 정하는 시간과 장소에서 모인다. 해외지역총회는 휴회한 회의를 속개할 권한이 있다. 해외지역총회는 감독들이 사회를 맡는다. 감독이 없을 때에는, 그 대의원 가운데서 임시 의장을 선출한다. 해외지역총회의 감독들은, 실행위원회 혹은 그런 권한을 위임받은 위원회의 동의를 얻어, 그들이 정한 시간과 장소에서 특별 해외지역총회를 소집할 수 있는 권한이 있다.[13]

3. 총감독회는 그 회원 가운데 1명 또는 여러 명의 회원을 해외지역총회 또는 잠정해외지역총회에 방문하도록 지명할 수 있다. 그렇게 지명된 감독은 전 교회의 인정을 받은 대표가 되며, 해당 해외지역총회 감독들의 대다수의 요청이 있을 때 감독의 권한을 그 총회에서 행사할 수 있다.

4. 해외지역총회의 의장은 의사 진행에 관한 문제에 대하여 해외지역총회에 상소할 수 있는 조건하에 유권 해석 결정을 내리며, 또한 교회법에 관하여는 사법위원회에 상소할 수 있는 조건

---
12. 사법위원회 판정 371 참조.
13. 사법위원회 판정 371 참조.

해외지역총회 543

으로 유권 해석을 한다. 그러나 해외지역총회가 자기들의 회의진행을 위하여 만든 법규나 규정의 해석에 관한 문제는 해외지역총회 자체가 결정한다.[14]

5. 그 국가의 법률이 허락하는 한, 해외지역총회는 해외지역총회가 선임하는 위원과 권한을 부여받은 한 개 또는 그 이상의 실행위원회, 실행이사회, 또는 협력협의회를 조직하여 법인체로 만들 권한이 있다. 이들 조직체의 목적은, 해외지역총회의 재산과 법적인 문제에 있어 이를 대신하며, 현 지역총회와 다음 지역총회 회기 사이에 일어날 수 있는 모든 매매 행위 또는 해외지역총회가 일임하는 사무를 처리하는 데 있다.

6. 각 해외지역총회는 그 지역 내에서 세계선교부가 활동하고 있을 때에는, 정식으로 구성된 실행위원회나 실행이사회, 또는 협의회를 통하여 선교부와 협력 및 자문 관계를 유지한다. 그러나 세계선교부와 그곳 조직된 교회간의 법적인 구별은 분명히 하여 두어야 한다.

¶**543**. *권한과 임무*—1. 해외지역총회는 <장정>과 교파간의 협약에 따라, 그 지역 내의 연회, 잠정연회, 선교연회, 선교구가 행하는 선교, 교육, 전도, 산업 활동, 출판, 의료 및 기타 연대적인 사역과 그리고 위에 열거한 조직들이 회부하거나 총회가 명령하는 기타 일들을 감독하고 홍보할 권한이 있다. 이 일들을 위하여 필요한 기구를 설치하고 임원들을 선임할 권한도 있다.

2. 해외지역총회는 총회의 특별한 시행법으로 허가되었을 때, 1명 내지 여러 명의 감독을 연합감리교회의 순행 장로들 중에서 선출할 수 있다. 각 해외지역총회에서 선출될 수 있는 감독의 수는 총회가 정하는 바에 따른다.

3. 해외지역총회가 감독 선출을 허가받았을 때, 그 선출 방법은 일반 지역총회에서 시행하는 관례를 따른다. 각 해외지역총회는 자기들이 선출한 감독의 임기를 정할 수 있는 권한이 있다.[15]

4. 총회재무행정협의회는 본 협의회가 추천하여 총회가 승인한 계산법에 근거하여 해외지역총회의 각 연회에 배당할 분담금을 결정한다. 그 결정은 총감독회에 통지한다.

5. 해외지역총회는 그 지역총회의 감독들과 상의하여 감독구를 정하고 봉직할 감독을 임명한다. 해외지역총회 감독들은 그 경계 내의 감독 방문 계획을 작성한다.

6. 해외지역총회는 자기 관할 지역에서 교단의 모든 사역

---
14. 사법위원회 판정 375, 376, 381 참조.
15. 사법위원회 판정 311, 430 참조.

부서의 임원들을 선출하고 지원할 권한은 있으나 감독의 수를 결정할 권한은 없다.

7. 해외지역총회는 그 지역 내의 특수한 사정과 선교가 요청하며, 특히 개체교회, 지방, 연회 차원의 조직과 행정을 고쳐야 할 필요가 있을 때, <장정>을 변경 내지 각색할 수 있는 권한이 있다. 이는 적절한 절차에 따라 협동교인을 교회의 임원으로 참여하게 할 수 있는 권한도 포함한다. 단, 연합감리교회의 '헌장'과 '총칙'에 어긋나는 일을 하여서는 안 되며, 개체교회와 전체 교회와의 연대적인 체제를 유지하는 정신을 살려야 한다. 이런 제한 내에서 해외지역총회는, 연회의 요청이 있을 때, 이 조항에 언급된 사항을 각색 내지 변경할 수 있는 권한을 그 연회에 이양할 수 있다.[16]

8. 해외지역총회는 그 지역 내의 연회, 잠정연회, 선교연회, 선교구의 경계를 정하되, 그 변경은 연합감리교회의 <장정>의 절차에 따라, 먼저 관련된 각 연회에 그 변경안을 제출한 연후에 한다. 연회는 35명 이하의 교역자 회원으로 조직되어서는 안 된다. 단, 이를 승인하는 매 4개년차 회의가 예외를 둘 수 있으나, 그 때에도 25명 이하로 줄여서는 안 된다. 매 4개년차 회의가 허락하지 않는 한, 어느 연회나 25명 이하의 교역자 회원으로 계속 유지되어서는 안 된다.[17]

9. 해외지역총회는 평신도 연회원들의 자격과 자질에 대하여 그 기준을 설정할 것을 자기 지역 내의 연회 및 잠정연회에 권유할 수 있다.

10. 해외지역총회는 자기 경계 내의 연회, 지방회, 구역회와 관계된 절차를 변경 내지 각색할 수 있는 권한이 있으며, 바람직하다거나 필요하다고 생각되면, 연회 회기 중에 보충 질문을 추가로 첨가할 수 있다.

11. 해외지역총회는 자기 지역 내의 연회, 잠정연회, 선교연회, 선교구의 회의록을 심사하고 확인할 수 있는 권한이 있으며, 필요하다고 인정되면 회의록 작성에 관한 규칙도 만들 수 있다.

12. 해외지역총회는 감독을 포함한 교역자와 평신도를 조사, 재판하는 법규를 채택하고 이를 시행하기 위하여 그 필요한 방편에 관한 세칙을 정할 권한이 있다. 단, 교역자들은 교역자들로만 구성된 위원회에 의하여, 평신도들은 평신도들로만 구성된 위원회에 의하여 재판받을 권리를 박탈당하여서는 안 되며, 상소할 수 있는 권리도 적절히 보장되어야 한다.[18]

16. 사법위원회 판정 313 참조.
17. 사법위원회 판정 525, 541, 549 참조.
18. 사법위원회 판정 310, 595 참조.

13. 해외지역총회는 필요에 따라 예문의 일부를 축소 내지 각색하여 쓰도록 허락되어 있으나, 그런 변경은 그 지역총회 주재 감독(들)의 승인이 필요하다.

14. 해외지역총회는 관할 지역 국가의 법률에 순응하기 위하여 혼인 예식의 규칙, 예전, 의식 등을 수정할 수 있는 권한이 있다.

15. 주재 감독들의 승인을 얻어 해외지역총회는, 본처목사, 평신도 사역자, 전도부인, 디크네스, 남녀 교사, 기타 안수를 받았거나 안 받았거나, 모든 사역자들을 위하여 외국어든 토착어든, 방언을 포함한 모든 언어로 된 연수교육과정을 만들 권한이 있다. 또한 이 과정의 시험을 실시할 세칙을 제정할 권한도 있다.

16. 해외지역총회는 해외지역총회 <장정>을 편집, 출판할 권한이 있으며, 이 <장정>은, 연합감리교회의 '헌장'은 물론 본 <장정>에서 전체 교회에 유용 적절하다고 인정되는 조항들을 포함하고 있어야 하며, 또한 총회가 부여한 권한에 따라, 해당 해외지역총회가 장차 결정할 개정, 각색, 신규 조항들을 수록하고 있어야 한다.

17. 영어 이외의 언어를 사용하는 해외지역총회나 잠정해외지역총회(provisional central conference)에서는 총회에서 통과된 새 법을 각색하고, 이를 번역할 시간적 여유를 주기 위하여, 총회 폐회 후 12개월간은 그 법이 유효하지 않다. 그 번역문은 해당 주재 감독들의 승인을 받는다. 그러나 이 규정은 해외지역총회 및 잠정해외지역총회에 속한 연회 대의원들을 총회에 선출하여 보내는 법을 제외시켜서는 안 된다.

18. 해외지역총회는 '종교강령' (the Articles of Religion) 제XXIII조(69쪽)를 관할 지역 국가의 통치자로 대치하여 해석하여도 무방하다.

19. 해외지역총회는 특정한 국가에 속한 교회들이 그 국법이 규정하는 조직체로 인정 받기 위하여 특수한 조직을 하여야 할 경우, 이를 허용할 권한이 있다. 이 특수한 조직체들은 연합감리교회의 법규와 원칙에 입각하여 그 국가에 대하여 교회를 대표할 권한이 주어져 있다. 따라서 그들은 소속된 연회에 정규적으로 그들의 활동 상황을 보고한다.

20. 해외지역총회는, 그 지역총회의 주재 감독들의 동의를 얻어, 그 경계 안에서 다른 교단 교회나 선교 기구와 선교 활동 구역을 분할하거나 선교사역 책임을 나누어서 짊어질 협정을 맺을 수 있다.

21. 해외지역총회는 다른 개신 교회들과 통합할 가능성을 협상할 권한이 있다. 단, 어떠한 통합안도 통합을 완결하기 전에 총회에 제출하여 그 승인을 받아야 한다.[19]

¶544. [비어 놓음]

¶545. *기록과 문서 보존*—1. 해외지역총회의 회의록은 검토받기 위하여 회장과 서기가 정식으로 서명하여 총회 서기를 통하여 총회에 보내야 한다. 모든 번역본은 두 개의 사본을 만들어 총회교회역사보존위원회와 총회재무행정협의회에 무료로 보내되, 만일 있다면, 디지털 복사본 하나를 만들어 종이 사본들과 함께 보낸다.

2. 한 명 또는 그 이상의 감독이 선출된 해외지역총회는 그 서기가 그들의 이름과 임명된 곳을 총회 서기에게 보고하여야 한다.

3. 각 해외지역총회의 서기는 자기 해외지역총회에서 쓰고 있는 <장정> 전체의 번역본이나 번안본 또는 그 일부의 번역본이나 번안본의 양장본을 총회교회역사보존위원회와 총회재무행정 위원회에 제출한다.

¶546. *재산*—1. 해외지역총회는 재산을 소유할 수 있는 법인체를 통하여 그 지역 내에서 연합감리교회의 모든 비법인체 기구를 대신하여 재산을 매입, 소유, 유지, 양도할 수 있는 권한이 있다. 또한 다른 연합감리교회의 조직체가 그들에게 위탁한 재산을 처리할 수 있는 권한도 있다.

2. 해외지역총회는 그러한 재산을 소유, 관리하기 위하여 필요한 법규와 규정을 만들 수 있는 권한이 있다. 그러나, *(a)* 모든 절차는 관할 국가의 법에 순응하며, *(b)* 소유권을 가진 연회의 승낙이 없이는 재산을 한 연회에서 다른 연회로 소유권을 변경할 수 없으며, *(c)* 개체 이사회 또는 다른 소유권자가 소유하고 있는 재산권을 인정하여야 한다.

3. 해외지역총회는 직접적이든 또는 간접적이든, 재산 소유권을 가진 법인체(들)를 통하여, 개체교회, 연회, 세계선교부 및 다른 모든 교단 기관들의 신탁 소유권을 적절히 고려하지 않고, 그 재산이나 재산에서 나오는 수익금을 매각하거나 양도하여서는 안 된다.

4. 해외지역총회와 그 산하의 모든 법인체들은, 세계선교부나 다른 어떤 교단 기관에게도 그들의 승낙없이 재정적인 책임을 지워서는 안 된다. 연회, 잠정연회, 선교연회, 선교구 및 이들의 모든 종속 기구에게 유증, 기부, 또는 기타 방법으로 특정한 목적을

---

19. 사법위원회 판정 350 참조.

위하여 주어진 모든 투자 자금 및 신탁 재산과 이들에게 속한 재산은 지정된 사용 목적에만 쓰여져야 한다. 이 재산들은 다른 목적에 사용되어서는 안 되나, 관계된 의회나 선교구가 동의하고 관계된 해외지역총회가 승인하면, 필요할 때에는 또한 법원의 판결로써, 다른 목적에 사용할 수 있다. 이 규정은 해외지역총회가 특정한 목적을 위하여 얻은 비슷한 자금과 재산에도 적용된다. 해외지역총회 관할 구역 내의 신탁 기금과 재산을 유용할 때에는, 관계된 해외지역총회가 그 처분권이 있으나 해외지역총회의 재판부에 상소할 수 있는 조건하에서라야 한다.

¶547. *지역총회 기관들*—1. 해외지역총회는 하나의 상임위원회로 여성사역위원회를 둘 수 있다. 본 위원회는 가능한 한 여성 대의원들과 해외지역총회가 선출하는 사람들로 구성한다. 본 위원회의 임무는 여성의 교회에 대한 관계를 연구하고, 여성들이 교회 안에서 하늘 나라를 확장하여 나가는 일에 정당한 책임을 지고 일할 수 있도록, 그 방도를 강구하게 하는 데 있다. 위원회는 해외지역총회 내의 여성 조직체에 관하여 천거하는 임무도 지니고 있다. 해외지역총회의 기구는 감리교여선교회 세계연맹의 회원이 될 수 있으며 감리교여선교회 세계연맹에 그 규정을 따라 대표를 보낼 수 있다.

2. 해외지역총회는 여성사역위원회와 상의하여 자체 내에 연회 및 잠정연회와 연관을 맺고 있는 여성 사역 개체 조직을 두고 그 헌장과 규약을 마련할 수 있다.

3. <장정>을, ¶543.16에 의거, 각색하고 편집하여 채택한 해외지역총회는 사법부를 설치하여야 한다. 이 사법부는 해외지역총회가 위임한 임무 이외에, <장정>의 각색한 부분에 의하여 해외지역총회가 취한 결정에 대한 합법성을 듣고 판단하며, <장정>의 각색한 부분에 대하여 해외지역총회를 사회하는 감독이 유권 해석을 한 데 대하여 본인의 상소 또는 회원 5분의 1의 상소가 있을 때 이를 또한 듣고 판정한다. 사법부는 또한, <장정>의 각색한 부분에 의거, 연회가 취한 결정에 대한 합법성을 듣고 판단하며, <장정>의 각색한 부분에 대하여 연회를 사회하는 감독이 유권 해석을 내린 데 대하여, 본인의 상소, 또는 관할 해외지역총회가 결정하는 바, 그 회원의 백분율에 따라 상소가 있을 때, 이를 듣고 판정한다.

4. 해외지역총회는 청년사역을 위하여 하나의 상임위원회를 둘 수 있다. 이 위원회는 해외지역총회 각 연회에서 선임된 청소년, 청장년과 청소년 또는 청장년 사역을 위한 장년 지도자들로 구성한다. 이 위원회의 임무는 청년들의 교단과의

¶547

관계를 연구하여 청년들을 위한, 청년들과 함께하는, 청년들에 의한, 교단의 사역을 개발할 수단과 방법을 고안하고 계획하는 데 있다. 본 위원회는 해외지역총회에 그 경계 내의 청소년과 청장년 기구에 관하여 추천하며 세계청년대회에 대의원을 선출하여 보낸다 (¶1210).

5. 해외지역총회의 각 부서, 상임위원회, 위원회, 협의회, 사역부들은 위원들 중 한 사람을 증거사역의 코디네이터로 지명하여야 한다. 이들은 자기가 속하여 있는 기구가 증거사역을 다하도록 도와야 하며, 특히 다음과 같은 질문을 제기하여야 한다. "우리의 사역을 통하여 우리는 어떻게 의식적으로 사람들을 예수 그리스도에게로 인도할 수 있는가?" 또한 "우리의 사역과 업무 분야를 통하여 우리는 새 신자들이 예수 그리스도의 제자로 성장하고 성숙하도록 그들을 어떻게 도와줄 수 있는가?"

¶548. *은퇴한 감독들*—1. 해외지역총회에서 임기감독제 때문에 일정 기간 또는 그 일부만을 감독으로 봉직하였던 교역자는 현역에서 은퇴하면, 총회재무행정협의회가 정한, 봉직한 연한에 해당되는 수당만을 감독실기금에서 지급받는다.[20]

2. 이전 감리교회의 해외지역총회가 독립하거나 독립하였거나 또는 다른 교회와 통합하였을 때에는, 거기에 속한 은퇴 감독들은, 본인들이 원한다면, 계속 총감독회의 회원으로 남아 있을 수 있다.

제4절 잠정해외지역총회 (Provisional Central Conferences)

¶560. *인가*—현재 미국 영토 밖에 있으면서 어느 해외지역총회에도 속하여 있지 않거나, 연합감리교회 자매교회 관할 구역 내에도 포함되어 있지 않은 연회, 잠정연회, 선교연회, 선교구는, 지리적, 언어적, 정치적 및 다른 이유로 꼭 필요하다고 인정되면, ¶540.1 규정에 따라 잠정해외지역총회로 조직될 수 있다.[21]

연합감리교회는 아래와 같은 지역의 사역을 위하여 잠정해외지역총회를 둔다.

a) 동남아몽골잠정지역총회 : 라오스, 몽골, 타이, 베트남.

¶561. *조직*—잠정해외지역총회의 조직은 관할 감독이 해당된다고 인정하는 한, 해외지역총회에 관한 규정과 일치하여야 한다.

---
20. 사법위원회 판정 394 참조.
21. 사법위원회 판정 525 참조.

¶562. *권한*—총회는 감독선출 권한만 제외하고 해외지역총회에 주어진 권한과 똑같은 모든 권한을 잠정해외지역총회에 줄 수 있다.[22]

¶563. *총회 회기 사이에 관한 규정*—현 총회와 다음 총회 회기 사이에는, 관할 감독의 추천과 관계된 연회, 잠정연회, 선교연회, 선교구와의 상의하에 총회세계선교부는 잠정해외지역총회의 관할 구역을 변경할 수 있으며, 감독 선출권만 제외하고 잠정해외지역총회 및 그 산하 의회와 기구에 모든 해외지역총회의 권한을 부여할 수 있다. 이렇게 세계선교부가 변경한 관할 구역과 부여한 권한은, 총회가 연장을 허가하지 않는 한, 오는 총회 회기 폐회 때까지만 유효하다.

¶564. *평신도 회원*—잠정해외지역총회 산하의 연회와 잠정연회는 평신도 연회원의 자질 및 기타 자격 기준을 설정할 권한이 있다.

¶565. *미국 밖의 연회에 관한 총회 회기 사이의 규정*—미국 영토 밖에 있으면서 어느 해외지역총회나 잠정해외지역총회에도 속하여 있지 않은 연회, 잠정연회, 선교연회, 그리고 선교구에 총회는 감독 선출권을 제외한 모든 해외지역총회의 권한을 부여할 수 있다. 총회 회기 사이에는 관할 감독과 해당 연회, 잠정연회, 선교연회, 선교구의 요청이 있으면, 세계선교부가 그런 권한을 부여할 수 있다.

¶566. *감독의 관리*—현재 어느 해외지역총회에도 속하여 있지 않은 미국 이외의 지역에 대하여 총회는 그 선교 활동을 감독이 관리할 수 있도록 대책을 세운다.

¶567. 총감독회는 필요하다고 인정되면, 해외지역총회나 잠정해외지역총회 산하에 들어 있지 않은 선교지를 방문할 계획을 마련할 수 있다.

제5절 독립감리교회 (Autonomous Methodist Churches), 자매감리교회 (Affilited Autonomous Methodist Churches), 자매연합교회 (Affilited United Churches), 성약체결교회, (Covenanting Churches), 협약교회 (Concordat Churches)

¶570. 지역총회 경계 밖에 위치하고 있는 교회로서, 연합감리교회와 연관을 맺고 있거나, 연합감리교회 총회에 대표를 보내는 것을 포함하여 본 교단과 협정을 맺고 있는 교회들은 다음과 같다.

---

22. 사법위원회 판정 403 참조.

¶570 의회들

1. *독립감리교회* (Autonomous Methodist Churches)

   a) 웨슬리 전통을 이어받은 자율적인 교회로서 연합감리교회와 성약체결을 맺었거나 맺지 않은 교회들.

   b) 독립감리교회는 연합감리교회에 대표를 보낼 수 없다.

2. *자매감리교회* (Affiliated Autonomous Methodist Churches)

   a) 지금은 독립한 교회이나, 그 설립 당시 연합감리교회 또는 그 구성 교회들(복음주의연합형제교회, 감리교회, 또는 그 전신이 되는 교회)이 지원하여 세워진 교회로서 연합감리교회와 관계 설립, 성약 협정(Covenant of Relationship, 1968년에서 1984년까지 유효)을 맺었거나, 또는 성약 체결(¶573 참조)을 맺고 있는 교회.

   b) 각 자매감리교회는 ¶433.1b 에 따라, 연합감리교회 총회에 대표 2명씩(교역자대표 1명과 평신도대표 1명)을 보낼 권한이 있다. 그 대표들은, 각 위원회에 참석할 권리를 포함한 모든 권리와 특권이 있으나 투표권은 없다. 교인 수 70,000명 이상이 되는 교회는 총회대표 1명을 추가로 보낼 권리가 있다. 그럴 경우 세 대표 중 적어도 한 사람은 여성이어야 한다. 자매감리교회의 감독이나 회장은 총감독회가 총회에 초청할 수 있다.

3. *자매연합교회* (Affiliated United Churches)

   a) 둘 또는 그 이상의 교회가 연합하여 세워진 교회로서, 그중의 적어도 한 교회가 연합감리교회 또는 그 구성 교회(복음주의연합형제교회, 감리교회, 또는 그 전신이 되는 교회)와 연관이 있었던 교회.

   b) 각 자매연합교회는 ¶433.1b 에 따라, 연합감리교회 총회에 대표 2명씩(교역자대표 1명과 평신도대표 1명)을 보낼 권한이 있다. 그 대표들은, 각 위원회에 참석할 권리를 포함한 모든 권리와 특권이 있으나 투표권은 없다. 교인 수 70,000명 이상이 되는 교회는 총회 대표 1명을 추가로 보낼 권한이 있다. 그럴 경우 세 대표 중 적어도 한 사람은 여성이어야 한다. 자매감리교회의 감독이나 회장은 총감독회가 총회에 초청할 수 있다.

4. *성약체결교회들* (Covenanting Churches)

   a) 독립감리교회, 자매감리교회, 자매연합교회, 또는 ¶573에 기술된 성약체결을 통하여 연합감리교회와 관계를 맺고 있는 교회.

독립감리교회, 자매감리교회, 자매연합교회, 성약체결교회, 협약교회 ¶571

b) 성약체결은 성약체결교회들이 연합감리교회 총회 또는 이와 동등한 상대 교회 기구에 대표를 서로 보내는 것을 보장하지 않는다.

5. *협약(Concordat Agreement)을 맺은 감리교회*

a) 연합감리교회 또는 그 구성 교회 복음주의연합형제교회, 감리교회, 또는 그 전신이 되는 교회)와 공통적인 전통을 가지고 있으며, ¶574에 의거 다음과 같은 목적을 위하여 협약을 맺고 있는 교회들. 곧, 공통적인 감리교의 전통을 명백히 하며, 두 교회의 지위를 긍정적으로 받아들여 서로 받아주고 존중하며, 두 교회의 우의, 특히 지도급 차원에서 그 우의를 더 가까이 다짐하는 기회를 만들기 위함이다.

b) 이러한 협약은 영국감리교회(The Methodist Church of Great Britain)를 제외한 (¶13.3 참조) 두 교회에 다음과 같은 권한과 특권을 부여한다.

(1) 두 교회는 성약관계에 들어감으로써 각자 두 대표(교역자와 평신도 각 1명씩)를 선출하여 서로의 총회 또는 이와 동등한 기구에 참석시킨다. 멕시코감리교회와 카리브감리교회와의 협약은 존중되어야 한다.

(2) 회의를 주최하는 교회는 다른 협약교회 대표를 위하여 숙식을 포함한 접대비를 책임진다. 여비와 기타 비용은 방문하는 교회가 부담한다.

¶571. *독립감리교회, 자매감리교회, 자매연합교회*—1. 한 교단의 교역자로부터 받은 교인증서는 다른 교단의 교역자도 이를 인정하여 받는다.

2. 그러한 감리교회의 안수사역 요건이 연합감리교회와 대등할 때, 교역자들은 공식적으로 제정된 상대편 안수사역 기구와 연합감리교회의 연회 및 잠정연회 사이에 서로 이적할 수 있으며, 감독이나 ¶347에 따른 다른 파송권자의 승인과 합의로 그들의 안수를 서로 유효하다고 인정할 수 있다.

3. 총감독회는 독립감리교회, 자매감리교회, 및/또는 자매연합교회의 대응하는 기구와 의논하여 상호간의 방문 프로그램을 마련할 수 있다.

4. 총감독회는 총회세계선교부 및 기독교 일치와 타종교와의 관계실과 협의하여, 그 교회들과 서로 협력할 방안을 강구한다. 총회세계선교부는 특히 인사와 재정 문제에 있어 선교 우선 정책을 설립하기 위한 양 교회간의 계속적인 대화에서 연합감리교회를 대표한다.[23]

---

23. 사법위원회 판정 692 참조.

해외지역총회에서 독립감리교회,
자매감리교회, 또는 자매연합교회가 되는 절차

¶572. 연합감리교회에 속한 해외의 연회들이 독립감리교회(Autonomous Methodist Church), 자매감리교회, 또는 자매연합교회(Affiliated United Church)가 되기를 원할 경우에는, 먼저 해당 해외지역총회의 허가가 있어야 하며, 그 결정은 해외지역총회 내의 각 연회 총 투표수 3분의 2 이상의 찬동을 얻어야 한다.[24]

1. 그 연회는 독립 및/또는 자매교회가 되려는 이유를 포함한 역사적인 기록문을 준비하여, 그 독립 및/또는 자매교회가 되는 절차를 총회의 해외지역총회사무위원회(¶2201)와 협의한다.

2. 해외지역총회사무위원회와 해당 연회는 그 신앙고백과 새 교회의 <장정>을 준비함에 있어 서로 합의가 이루어져야 한다. 이것들은 주의를 기울여 준비하여야 하며, 지역 내 각 연회의 승인이 있어야 한다.

3. <장정>을 준비하는 일은 독립하려는 연회의 책임이다.

4. 연합감리교회의 독립 및/또는 자매교회를 위한 <장정>상의 조건이 모두 갖추어지면, 해외지역총회사무위원회의 추천에 따라, 총회의 의결로 그 지역총회를 연합감리교회의 독립감리교회, 자매감리교회, 또는 자매연합교회로 허락한다.

5. 해당 해외지역총회는 회의를 소집하여 연합감리교회와의 현 관계가 끊어졌고 해체되었음을 선언하고, 총회의 결의에 따라 독립감리교회, 자매감리교회, 또는 자매연합교회로 새로 조직되었음을 공고한다. 해외지역총회사무위원회는 이 과정에서 협조하며, 모든 절차가 끝난 후 이를 총감독회에 보고한다. 총감독회 회장과 총회 서기는 독립 및/또는 자매 교회가 되었음을 알리는 선포문에 서명한다.

6. 위 ¶571.4에 따라 협력 계획안을 작성한다.

성약체결 (聖約締結 Covenanting) 교회가 되는 절차

¶573. 1. 성약체결 관계를 1992년 총회가 '그리스도의 교회와 연합감리교회 사이의 성약체결(Act of Covenanting)'이라는 이름으로 채택한 원칙에 따라, 하나의 거룩한 계약 관계를 독립감리교회, 자매감리교회, 자매연합교회 및 다른 그리스도 교회들과 수립할 수 있다.

---

24. 사법위원회 판정 548, 1062 참조.

a) 타교단과 맺는 성약체결의 목적은, 세계적인 공동목표를 향하여 새로운 의식을 가지게 하고, 상호협조, 상호 영적 성장, 성서와 문화의 공동연구 등을 행하며, 하나님의 교회의 선교를 위한 선교 봉사자로서 서로 창조적으로 영향을 주며, 이 선교에 임할 때 아이디어를 풍부하게 하며, 자원을 서로 나누며, 옛것을 고수하며, 새로 나타나고 있는 요구에 응하여 새로운 예배 형식을 개발하는 데 있다.

b) 성약체결서는, 우리 각자의 세례를 한 세례의 다양한 측면으로 인정하며, 서로의 교회를 예수 그리스도의 단 하나인 거룩한 공회요 사도적인 교회로 인정하며, 두 교회의 안수사역위임(안수)을 서로 인정하며, 성만찬을 통한 완전한 친교에 조직적으로 참여하기를 다하며, 공동 협력과 심방 및 프로그램을 위하여 새로운 방도로 일하는 데 힘을 다하기로 하는 내용을 포함할 것이다.

c) 연합감리교회에 있어서는, 이 계약 관계를 관리하는 책임이 총감독회에 있으며, 구체적인 사역에 참여하는 일은 총회 산하 해당 각 부서에 그 책임이 있다.

2. 총감독회가 연합감리교회를 대표하여 성약체결 관계를 타교단과 맺기 위하여 협의한다. 총감독회는 구체적인 성약체결 합의에 대하여 총회에 건의한다. 총회 및 타교단의 최고 의결 기관이 이를 승인하면, 총감독회 서기와 총회 서기 및 해당 교회 책임자의 서명으로 성약체결은 그 효력을 발생한다. 성약체결의 원문은 적절한 총회 회의록 또는 이와 동등한 곳에 수록한다.[25]

협력조약 협정 (Concordat Agreement)

¶574. *협력조약 협정*—1. 영국감리교회를 제외하고 그러한 협정은 다음과 같은 절차를 거쳐 체결할 수 있다.

a) 다른 감리교회는 그 최고 의결 기관을 통하여 연합감리교회와 협약관계를 맺을 것을 총감독회를 통하여 요청한다. 협약관계는 연합감리교회에서도 총감독회가 교회를 대신하여 발의할 수 있다. 총감독회는 해당 감리교회와 협력하여 모든 장정 상의 요건들을 갖추었는지 확인한 후 총회에 제출할 법안을 준비한다.

b) 그러한 협력조약이 총회에서 승인되면 총감독회는 그 협약 협정서를 준비하여 총감독회의 회장과 총회 서기, 그리고 그 협약을 맺은 타감리교회 대표 2명의 서명을 받는다. 그러한 협력조약은 총회의 *Daily Christian Advocate* 에 게재한다.

---

25. 사법위원회 판정 692 참조.

2. 이러한 협력조약은 두 교단에게 다음과 같은 권한과 특권을 부여한다.

a) 상호 방문 프로그램은 총감독회의가 협약 교회의 이와 대응하는 기관과 협의하여 마련한다. 총감독회는 한 명 또는 그 이상의 감독을 임명하여 협약 교회를 방문하게 할 수 있다.

b) ¶347.2b와 ¶571.2에 따라 두 교회의 교역자들은 서로 이적할 수 있다.

연합감리교회에 가입하기 위한 절차

¶575. 다음과 같은 조건들을 모두 갖추었을 때, 미국 밖에 있는 교회는 연합감리교회에 가입할 수 있다.

1. 그 교회가 연합감리교회의 '헌장,' '신앙강령,' <장정> 및 그 정체(政體 polity)를 받아들인다.
2. 그 교회가 해외지역총회 또는 잠정해외지역총회 경계 안에 있으면, 그 지역총회에 가입을 신청한다. 만일 그 교회가 해외지역총회 또는 잠정해외지역총회 경계 밖에 있으면, 회원가입 신청은 총감독회가 검토하여 총회가 승인한다.
3. 그 교회가 자체의 현 <장정>과 정체를 무효화한다.
4. 해외지역총회 상임사무위원회가 그 교회를 도와서 절차를 밟게 하고 총회에 제출할 법안을 준비한다.
5. 총회는 해당 해외지역총회 또는 잠정해외지역총회가 이 교단을 받아들이는 데 필요한 조직상의 조정을 허가한다. 그 교회가 해외지역총회 또는 잠정해외지역총회 경계 밖에 있을 경우에는, 현 지역 총회 경계를 재조정하거나 새로운 지역총회를 설립하도록 법규를 개정한다.
6. 해외지역총회 상임사무위원회는 그 교회의 연합감리교회에 가입을 위한 모든 절차를 도우며, 모든 조건의 준비 상태를 점검하고 그 결과를 총회에 보고한다.

제6절 잠정연회 (Provisional Annual Conferences)

¶580. *정의*—잠정연회는 회원의 제한된 숫자 때문에 정식 연회가 될 수 없는 연회를 말한다.

¶581. *규정*—<장정>의 규정에 의하여 시작된 선교연회나 선교구는, 그가 소속된 해외지역총회, 잠정해외지역총회 또는 지역총회와 협의하여 다음의 몇 가지 조건에 따라 하나의 잠정연회로 승격시킬 수 있다.

잠정연회 ¶582

1. 10명 이상의 교역자 회원이 있을 때 조직하며, 그후 6명 이상이 있어야 계속 유지할 수 있다.

2. 특별선교헌금(Advances)을 포함한 총회세계선교부의 재정 후원은 선교부와 이미 협의된 예산을 초과할 수 없다.

3. 그 연회의 회원 수와 재정 상태의 증가가 지난 4개년 기간 동안 확실히 나타났으며, 계속하여 그 분야가 모두 발전할 수 있는 진취적인 프로그램을 계획한다.

¶582. *조직 (Organization)*―잠정연회는 주관하는 감독의 승낙을 얻어, 일반 연회와 같은 방법으로 조직하며, 일반 연회와 같은 권한과 직능을 가진다. 다음의 몇 가지 예외를 제외하고는 연합감리교회 출판부의 수익금을 다른 연회들과 함께 비례하여 분배받는다.

1. 해외 또는 국내 선교지(a home mission field)의 잠정연회를 관리하는 감독은 대표 한 명을 감리사로 임명하여, 다른 현지 교회 및 기타 인정받은 복음적 선교구들과의 관계에서 총회세계선교부를 대표하는 특정한 책임을 맡길 수 있다. 이러한 임무는 지방감리사의 일을 방해하여서는 안 된다. 이 감리사는 그 연회의 회원일 때 한하여 지방감리사가 될 수도 있다. 이 감리사는 자기를 그 지역의 행정 담당자로 임명한 감독에게 직접적인 책임을 지며, 그 감독과 총회세계선교부 해당 부서의 총무에게 사역과 필요성에 관한 적절한 보고서를 작성하여 제출하여야 한다.

2. 잠정연회는 1년에 한 번씩 감독이 지정하는 때에 모인다. 감독의 부재 시에는 감리사가 회의를 사회한다. 감독과 감리사 모두가 부재 시에는 일반 연회의 관례에 따라 의장을 선정한다(¶603.6). 그 연회 또는 특별위원회에서 연회 장소를 결정한다.

3. 총회세계선교부에서 대부분의 재정을 보조받는 잠정연회에는, 선교부의 직원이 그 연회의 예산안 작성, 특별 사역 및 새 사역 계획안 작성에 관하여 협의하며 지도한다. 건축비를 위한 보조금과 대여금을 포함한 재정 후원을 요청하는 연회는 총회세계선교부에 1년 예산안과 새 선교 및 건축 계획을 위한 예산안을 제출하여야 한다. 총회세계선교부로부터 추가로 책정받아야 할 항목이나 특별선교헌금을 더 요청하는 항목에 대하여 총회세계선교부가 이를 수정, 조정할 수 있다.

4. 잠정연회는 총회와 지역총회에 보낼 교역자 대의원 한 명과 평신도대의원 한 명을 선출하며, 그들은 선거권을 포함한 모든 권리를 가진다. 해외지역총회 대표는 ¶541.1에 따라 선출한다.

¶583

¶583. *세계선교부*—미국 또는 버진아일랜드 내의 잠정 연회에는 일반 연회와 같은 조직과 의무와 권한을 가진 연회세계 선교부를 둔다.

제7절 선교연회 (The Missionalry Conference)

¶585. *정의*—특수한 선교적 기회가 있으며, 제한된 회원 수와 자원을 가졌으며, 특수한 지도자가 요청되며, 지역 또는 언어의 특수 사정이 있으며, 사역의 필요성이 있기 때문에 존재하는 연회를 선교연회라 한다. 총회세계선교부는 행정적으로 그들을 도우며, 특정한 재산 관리에 주의를 기울이며 재정 지원을 제공한다.

¶586. *조직*—선교연회는 일반 연회와 같은 방법으로 조직하며, 그와 같은 권리와 권한을 가지나 (¶¶601-604), 다음과 같은 몇 가지 예외가 있다.

1. 지역감독회는 그 지역총회 내에 선교연회가 조직될 때, 그 연회를 관장할 감독을 임명한다. 임명받은 감독은 총회세계 선교부와 협의하여, 연회감리사 및/또는 지방감리사를 파송한다. 그 감리사는 장로이어야 하며, 8년간 지방감리사와 똑같은 임기의 제약을 받는다 (¶418). 봉사 연한은 계속적이든 아니든 무관하다. 선교연회에서 감리사로 봉사한 연한은 일반 연회에서 12년으로 제한된 감리사 봉사 연한에 가산한다.[26]

2. 총회세계선교부는 그 연회의 행정과 개발 및 특별선교헌금 프로젝트를 위한 예산을 세우며 새로운 선교사역을 촉진하는 일을 세밀히 감독하며 지도한다. 건축비를 위한 보조금과 대여금을 포함한 재정 후원을 요청할 때 연회는, 총회세계선교부에 연회 개발비 및 행정비에 관한 명세서와 새 선교 및 건축 계획을 위한 예산안을 제출하여야 한다. 새 사역과 건축으로 인하여 세계 선교부의 재정 부담이 증가되어질 때에는, 총회세계선교부의 승인을 받는다.

3. 선교연회는 총회와 지역총회에 교역자대의원과 평신도 대의원을 일반 연회가 ¶502와 ¶514에 의하여 선출하는 것과 같은 비례로 선출한다.

4. *a) 회원*—선교연회는 과반수 찬성표로 정회원 교역자의 권리를 규정할 것인지를 결정한다. 감독들 또는 연관된 다른 행정 책임자의 승인과 합의로 교역자가 봉사할 연회의 주재 감독이 파송을 결정한다.

---
26. 사법위원회 판정 512 참조.

선교연회 ¶586

b) 일반 연회의 정회원 교역자로서 선교연회에 파송받은 교역자가 선교연회에서 위 4*a*항에 의거 모든 권리를 인정받으면, 그는 그 선교연회 감독에게 자기의 회원 자격을 선교연회로 이적시켜 주도록 요청하여 선교연회의 정회원이 되거나, 또는 자기의 회원 자격을 자기의 원 연회에 그대로 두고 선교연회에는 소속 회원으로 있기를 요청할 수도 있다.

c) 정회원 제도를 둘 것을 가결하지 않은 선교연회에서는 감독의 파송을 받은 각 연합감리교회 교역자는 자기의 원 연회의 회원으로 있어야 하며, 선교연회에서는 그를 소속 회원으로 간주한다.

d) 소속 연회원의 자격은 그 연회의 온전한 일원이 되게 하여, 연회 임원(위원)에의 선출과 그 선교연회를 대표하는 총회 및 지역총회의 대의원을 포함한 모든 연회 활동에 전적으로 참여하게 한다. 선교연회의 소속 회원은 한 선교연회에서 소속 회원으로 있는 한 자신이 속하여 있는 원 연회에서 투표하여서는 안 된다. 안수 사역자의 그러한 선교연회와의 소속 관계는 그 연회에 파송되어 있는 동안에만 국한한다.

선교연회에서 총회 또는 지역총회의 대의원으로 선출된 소속 연회원은 자기의 원 연회에서 그러한 대의원으로 선출될 자격을 상실한다.

e) 선교연회는 ¶588에 의하여 정회원이 되기를 원하는 이들을 정회원 교역자로 받아들일 수 있다.

f) 감독과 연회 또는 지방감리사 또는 감리사회와 협의하여 허락을 받으면, 선교연회에서 전임으로 파송받아 사역하는 목사는, 자신의 원 연회의 최저 임금 수취 권리를 포기할 수 있다. 이 권리의 포기는 매년 재검토하며 다음 파송 때까지 그 효력을 발생한다.

g) 정회원 교역자(full ministrial membership)의 권리(§ 4a)를 규정하지 않은 선교연회에서는, 만일 그 선교연회가 두 개 또는 그 이상의 연회 및 선교연회로 구성되어 있는 감독구의 일부이면, 안수사역 후보자(¶¶310-314), 준회원 (¶¶324-327) 및 정회원(¶¶328-336)에의 허입을 위한 목적으로, 그 선교연회는 같은 감독구 내에서 연회의 한 지방 역할을 담당할 수 있으되, 오직 주재감독과 연회안수사역부와 선교연회안수사역위원회의 승인이 있어야만 할 수 있다. 만일 그 선교연회에 안수사역위위원회가 없다면, 그 역할을 부여받은 선교연회의 한 기구가 그 일을 대신한다.[27]

---

27. 사법위원회 판정 448 참조.

5. 선교연회는 그렇게 하는 것이 좋겠다고 여겨질 때, 그 지역 내의 선교 기관 대표들을 그 연회의 회원으로 포함시킬 수 있다. 그러나 이 기관 대표들의 수가 선교연회 회원 전체의 3분의 1을 초과하여서는 안 되며, 그들은 '헌장'이 정한 요건에 따라 연합감리교회 교인이어야 한다.[28]

6. 전통적 및 실험적인 선교를 위하여, 선교연회의 감독은 현직 장로를 일반 직업을 갖게 함과 동시에 비전임 교역자로 파송할 수 있다. 이러한 파송은 연회 관계에 아무런 영향을 미쳐서도 안 된다. 퇴직금 및 다른 혜택은 관련된 모든 당사자와 협의, 선교연회의 허가를 얻어 지급한다.

7. 정회원 교역자 회원의 권리를 설정하지 못한 선교연회는 토착 인종 및 소수 민족들(indigenous racial and ethnic persons)에게 그들이 비록 협동회원이 아닐지라도 집사 안수를 줄 수 있으며, 그들은 협동회원의 모든 권리와 특전을 선교연회에서 누릴 수 있다. 단, 그들은 안수사역 후보자가 되기 위한 요건과 선교연회가 설정한 다른 요건들을 모두 갖추어야 한다. 따라서 이들은 그들의 현 연회 관계를 다른 연회로 이적하여 협동회원이 될 권리가 있으며, 그 연회의 지시에 따라 정회원 관계를 수립하도록 과정을 밟을 수 있다.

¶587. 오직 총회만이, 선교연회를 만들 수 있으며, 선교연회를 잠정연회 또는 정규 연회로 승격시킬 수 있다. 선교연회가 그 지위를 승격시키기 위하여 총회에 제출하는 청원서에는, 그 연회의 역사와 현재의 상태가 자세히 기술되어 있어야 하며, 총회세계선교부의 보고서와 추천서가 첨부되어야 한다.

¶588. *권한과 특전 (Rights and Privileges)*—선교연회는 ¶543.7, .8에 따라, 선교연회에서 현지 지도자를 유용하게 기용하여야 할 필요가 생길 때, 사역 및 안수 사역자들의 안수에 관하여 이를 변경 내지 번안하기 위하여 해외지역총회에 부여된 것과 똑같은 권한을 가진다. 단, 이때 연합감리교회의 '헌장'과 '총칙'에 위배되는 결정을 하여서는 아니되며, 안수사역위원회가 없는 선교연회는 ¶586.4g에 규정된 절차를 사용하여 안수 사역을 위한 후보자들을 승인한다.

제8절 선교구 (Missions)

¶590. 선교구의 목적(The purpose of a mission)은, 연회 또는 지방의 현 구조나 리소스로는 그 가능성과 필요를

---

28. 사법위원회 판정 511 참조.

충족시켜 줄 수 없는 특수한 그룹이나 지역을 도우려는 데 있다. 이 기구는 또한 잠정연회를 구성하기 위한 첫 단계로 간주할 수도 있다.

웨슬리의 에큐메니칼 정신에 따라, 선교구가 발전할 때 모든 단계에서 연합감리교회로 시작하려는 그룹들은 웨슬리 계통의 교회들과 상의하거나, 가능하다면 이들과 협동하는 관계를 수립하는 것이 좋을 것이다. 그 지역에서 봉사하는 다른 교단들 그리고 초교파 및 에큐메니칼 조직들과 관계를 향상시키도록 할 것이다. 적절하다면 초교파 기관들 및 조직들과 대화를 할 것이다.

¶591. *권한과 임무*—1. 선교구는 연회 및 잠정연회 안이나 밖이나 이 조직의 경계를 초월하여 사역하는 구조이다.

2. 선교구는 세계선교부 또는 세계선교부와 협력하여 해외지역총회 또는 연회가 설립할 수 있다.

3. 세계선교부 또는 세계선교부와 협력하여 해외지역총회 또는 연회가 설립한 선교구의 경계는 해외지역총회나 연회 및 총회세계선교부가 정한다. 만일 그 선교구를 총회세계선교부가 해외지역총회 구역 밖에 설립하였다면, 세계선교부가 그 경계를 정할 것이다.

4. *(a)* 선교구가 한 감독구 경계 안에 설립되었을 때에는, 그 주재 감독이 그 선교구를 주관한다. *(b)* 선교구가 여러 감독구들 또는 지역총회 또는 해외지역총회 경계를 넘어 설립되었을 때에는, 지역감독회(들)가 총회세계선교부 총무와 협의하여 한 명의 감독을 그 선교구에 임명한다. *(c)* 선교구가 지역총회 또는 해외지역총회 내의 기존 감독구 경계 밖에 위치하고 있을 때에는, 총감독회가 총회세계선교부 총무와 협의하여 한 명의 감독을 그 행정 책임자로 임명한다.

5. 선교구를 설립한 당사자(들)는 임명된 감독과 협의하여 하나의 연회와 협력 관계를 가지도록 할 것이며, 그 연회가 선교구를 대신하여 본처목사 인허 문제와 안수 및 연회원 자격 문제를 책임지도록 할 것이다.

6. 선교구의 연례 회의는 사람들을 안수사역 후보로 인가할 권한, 선교구 목사들과 선교구 본처장로들을 심사하여 허입할 권한, 그리고 적격한 사람들을 연회에 준회원 및 정회원으로 허입하고 안수받도록 천거할 권한이 있다.

7. 선교구를 설립한 당사자(들)는 그 행정과 개발에, 또한 선교구를 잘 조직하여 선교구가 그 기능을 제대로 발휘할 수 있도록 하여야 할 책임이 있다.

8. 선교구나 그 책임자들은 어떤 재정적인 책임을 지는 일을 하거나 또는 총회세계선교부의 서면 승낙없이 총회세계선교부를 대신하여 재정적인 약속을 하여서는 안 된다.

9. 선교구의 지위를 변경하기 위한 추천은 선교구를 설립한 당사자(들)가 한다.

¶592. *위원들*—1. 선교구는 정기적으로 파송받아 온 교역자 및 평신도 선교사들과 선교구 본처장로들, 선교구 목사들, 기타 평신도들로 구성한다. 선교구가 평신도의 수와 선출 방법을 결정한다. 이 과정에서 선교구의 모든 사역이 망라될 수 있도록 확실히 하여야 한다.[29]

2. 해외지역총회와 연회 경계 밖에서는 이 선교구에 임명된 감독과 총회세계선교부가 선교구 본처장로들과 선교구 목사들을 위한 필수 교육 과정을 추천한다. 그러한 추천과 요구 사항은 총회고등교육안수사역부의 승인을 요한다.

a) 선교구 본처장로들(local elders in mission)은 선교구의 안수받은 장로들로서 연회에 속한 연회원이 아니다. 선교구 본처장로들의 순행사역은 소속된 선교구에 국한되어 있으며 그들의 성례전 집전 권한도 그 선교구에 국한되어 있다. 따라서 그들은 다른 연회로 이적할 수 없다.

b) 선교구 목사들(mission pastors)은 한 연회의 연회원이 아닌 한 선교구의 선교구 목사이다. 선교구가 현지 지도자들을 아주 유용하게 활용하기 위하여 선교구 목사들의 자격 요건을 정한다. 선교구 목사들의 순행사역은 소속된 선교구에 한정한다.

¶593. *선교구—연례 회의*—1. 선교구는 담임 감독이 정한 시간과 장소에서 모이며 담임 감독이 회의를 주관한다. 감독이 공석일 때에는 선교감리사가 사회한다. 사회자가 일반 사무를 처리하며 일들을 준비시킨다.

2. 임명된 감독이 감독구를 설치한 당사자들과 협의하여 한 명 또는 그 이상의 선교감리사를 임명할 수 있다.

3. 연례 회의에서 감독은 선교사들과 선교구 본처장로들과 선교구 목사들을 다가오는 해를 위하여 여러 구역에 임명한다. 단, 총회세계선교부와 관계된 선교사들의 이적은 선교부와 협의한 후에라야 한다.

4. 해외지역총회와 연관되어 있는 선교구는 1명의 평신도와 1명의 교역자를 선출하여 그 대표로 해외지역총회에 보낼 수 있으나 그들은 발언권은 있으되 투표권은 없다.

---

29. 사법위원회 판정 341 참조.

제9절 연회 (The Annual Conference)

¶601. *목적*—연회는 그 개체교회들로 하여금 사역을 위한 태세를 갖추게 하며, 개체교회를 넘어서 서로 사역을 위하여 연결되게 함으로써 세상을 변화시키기 위하여 예수 그리스도의 제자를 삼는 데 그 목적이 있다. 이 모든 것은 하나님께 영광을 돌리기 위함이다.

¶602. *구성과 성격*—1. 연회의 교역자 회원(¶369)은 정회원 집사(deacon)와 정회원 장로 (elder) (¶333), 준회원 (provisional) (¶327), 협동회원 (associate) 및 소속회원 (affiliate) (¶344.4, ¶586.4), 그리고 한 목회구역에 파송된 본처목사(local pastor)(¶317)들로 구성한다.[30] (또한 ¶32를 참조.)

a) 정회원 교역자들은 연회에서 총회, 지역총회, 해외지역총회에 보낼 평신도 대의원 선출을 제외한 연회의 모든 안건에 관하여 투표할 권리가 있으며, 교역자의 안수, 자질, 연회 관계에 관한 모든 문제에 대하여 전적인 책임을 진다.[31]

b) 준회원 교역자들은, 연회에서 '헌장' 수정안과, 총회, 지역총회 또는 해외지역총회에의 대의원 선출과, 교역자의 안수, 자질, 연회 관계에 관한 모든 사항들을 제외한 연회의 모든 안건에 대하여 투표할 권리가 있다. 필요한 교육을 모두 마친 준회원은 총회와 지역총회 또는 해외지역총회에 보낼 대의원을 선출할 투표권이 있다.[32]

c) 협동회원 교역자들은 연회에서 '헌장' 수정안과, 교역자의 안수, 자질, 연회 관계에 관한 모든 사항들을 제외한 연회의 모든 안건에 대하여 투표할 권한이 있다. 협동회원이 안수사역부의 위원으로 있을 때에는, 교역자들의 안수, 자질, 연회 관계에 관하여 연회 교역자 회의에서 투표할 권한이 주어진다 (¶635.1). 소속 연회원 교역자들은 그 연회에서 '헌장' 수정안과, 총회, 지역총회 또는 해외지역총회에의 대의원 선출과, 교역자의 안수, 자질, 연회 관계에 관한 모든 사항들을 제외한 연회의 모든 안건에 대하여 투표할 권리가 있다.[33]

d) 전임 및 비전임 본처목사들은, '헌장' 수정안과, 총회, 지역총회 또는 해외지역총회에의 대의원 선출과, 교역자의 안수, 자질, 연회 관계에 관한 모든 사항들을 제외한 연회의 모든

---
30. 사법위원회 판정 477, 555, 1062 참조.
31. 사법위원회 판정 406, 555, 686, 690 참조.
32. 사법위원회 판정 1181과 ¶35, 제IV조 참조.
33. 사법위원회 판정 862 참조.

¶602

안건에 대하여 투표할 권리가 있다. 본처목사가 안수사역부의 위원으로 있을 때에는, 교역자의 안수, 자격, 연회 관계에 관하여 연회 교역자 회의에서 투표할 권한이 주어진다 (¶635.1). 연수교육과정을 모두 수료하였거나 혹은 신학석사 (M.Div.) 학위를 취득하였으며 연속적으로 2년 이상 파송받아 사역한 본처목사는 총회, 지역총회 또는 해외지역총회에 보낼 교역자 대의원들을 선출할 때 투표할 수 있다.[34]

　　　e) 학원사역자(campus minister), 채플레인, 연합감리교 대학선교 (Wesley Foundation) 책임자가 있는 각 연회는 이들을 교역자 및 평신도 연회원으로 포함한다. 연합감리교회 평신도가 학원사역자 또는 연합감리교 대학선교 책임자로 봉직하고 있는 지방은, 그들을 지방 평신도 추가 연회원으로 추가한다. 연합감리교회의 교역자가 채플레인으로, 학원사역자로, 또한 연합감리교 대학선교 목사로 봉직하고 있는 지방은, 이들과 동수의 평신도 연회원을 학원사역(campus ministry) 이사회나 대학 사역에 참여하는 학생들 중에서 선출한다. 포용성을 보장하기 위하여 학원선교에 적극적으로 참여하고 있는 연합감리교회의 청장년들을 포함하도록 특별한 주의를 기울여야 한다.

2. 성별된 평신도 집사(diaconal ministers)들은 이 신분을 연합감리교회에서 유지하는 한 연회의 평신도 회원으로 봉사한다.

3 1997년 1월 1일 이전에 협동회원이 된 이들은 이 신분을 유지하는 한 계속 이러한 관계를 유지할 것을 허락하며, 1992년판 <장정>의 규정에 따라 봉사한다.

4. 연회평신도회원은, 각 목회구역에서 선출된 1명의 고백교인, 평신도 집사들, 디크네스들, 국내선교동역자들, 연회 연합감리교회 여선교회 회장, 연회 연합감리교회 남선교회 회장, 연회평신도대표, 지방평신도대표들,[35] 연회 스카우트 책임자, 연회 청장년 조직체의 회장이나 이에 해당하는 임원, 연회 청소년회 회장, 연회가 정하는 방식에 따라 각 지방에서 선출된 12세에서 18세 사이의 청소년 1명과 18세에서 30세 사이의 청장년 1명 (해외지역총회의 경우, 젊은이 회원은 12세에서 25세 사이의 사람이어야 하며, 청장년의 경우, 18세에서 35세 사이의 사람이어야 함), 연회대학생회 회장으로 구성한다. 만일 평신도 연회원의 수가 교역자 연회원의 수보다 적을 때에는, 연회가 정하는 공식에 따라 추가로 평신도를 더 선출하여 교역자의 수와 동등하게 형평성을 유지하도록 한다.[36]

---
34. 사법위원회 판정 1181과 ¶35. 제IV조 참조.
35. 사법위원회 판정 989, 1005 참조.
36. 사법위원회 판정 1212 참조.

연회 ¶602

주 임무지로 파송된 정회원 집사를 포함하여 1명 이상의 교역자가 봉사하는 각 목회구역은 교역자 수만큼의 연회평신도 회원을 선출한다. 평신도연회원은 선출되기 전 적어도 2년간은 연합감리교회의 교인이었어야 하며 적어도 4년 이상 연합감리교회의 충실한 교인이었어야 한다 (¶32, ¶251.2).

    a) 연회나 해외지역총회의에서는, 위 연합감리교회의 교인으로 2년간 및 4년간 있었어야 하는 조건을 30세 이하 되는 젊은이들에게는 적용하지 않는다. 그러나 선출 당시 연합감리교회의 충성된 교인이어야 한다.

    b) 해외지역총회의 승인이 있으면, 이곳 평신도 집사들은 일반 평신도 집사와 똑같은 특권을 누릴 수 있다.[37]

5. 지난 번 연회에 누가 참석하였든지 간에, 평신도연회원 또는 그 대리는 특별 연회가 소집되었을 때 이에 참석한다. 단, 어느 개체교회도 사망이나 중병 또는 교인 자격 정지 처분으로 인하여 평신도연회원을 보낼 수 있는 권한을 박탈당하여서는 안 된다. 이러한 경우에는 구역회에서 다른 평신도연회원을 선출한다.[38] (¶32 참조.)

6. 연회의 평신도 회원들은, 안수사역부와 조사위원회에 봉사하는 평신도들을 제외하고, 교역자의 인허 또는 그 확인, 안수, 정회원에의 허입 또는 안수받은 교역자의 자격과 공적인 행실 등의 문제를 제외한 모든 안건의 심의와 투표에 참여한다. 평신도 연회원들은 교역자의 연회 관계에 관한 위원회를 제외한 모든 위원회에서 봉사한다.[39]

7. 연회 기간에 평신도연회원이 회의에 참석하지 못하게 되었을 때에는, 대리 평신도 회원이 회의에 참석한다. 평신도 연회원 또는 그 대리는 연회의 평신도 회원이 되며, 이들은 연회의 모든 결의 사항에 관하여 개체교회에 보고하여야 한다.

8. 연회의 모든 회원들과 준회원, 본처목사들은 연회에 반드시 참석하여야 하며, <장정>이 정하는 바, 양식에 출석 보고를 한다. 연회에 참석하지 못하는 회원은 그 이유를 연회 서기에게 서면으로 보고하여야 한다. 현직에 있는 안수 사역자가 충분한 이유 없이 연회 모임에 불참한 때에는, 연회 서기가 이를 안수사역부에 보고한다.

9. 아래에 열거한 사람들은 연회에 참석하되 발언권은 있으나 투표권은 없다: 곧 비전임 및 학생 본처목사; 연회가 초청한 다른 교단의 대표들; 정기적으로 총회세계선교부의 파송을 받아 연회

---
37. 사법위원회 판정 505 참조.
38. 사법위원회 판정 319 참조.
39. 사법위원회 판정 109, 505 참조.

경계 안에서 봉사하고 있는 선교사들; 또한 총회세계선교부의 파송을 받아 정기적으로 미국 이외의 나라에서 봉사하는 평신도 선교사들과 미국 이외의 다른 나라에서 온 인허받은 평신도 선교사들로서 연회 경계 안에서 봉사하고 있는 이들이다.

10. 연회 법률고문은, 투표권 있는 연회원이 아닌 경우, 연회에 참석할 권리가 있으며, 발언권은 있으되 투표권은 없다.

¶603. *조직*—1. 연회는 실용적이라고 인정될 때, 그 연회가 위치한 국가, 주, 속령(屬領 territories)의 법에 의하여 개별적으로 법인체가 될 수 있다.[40]

2. 감독은 자기가 관할하는 연회가 모일 날짜를 결정한다.[41]

3. 연회 자체 혹은 연회의 한 위원회가 연회가 모일 장소를 선정한다. 그러나 부득이한 사정으로 그 장소를 변경하여야 할 때에는, 감리사들의 과반수 찬성과 감독의 동의로 장소를 변경할 수 있다.

4. 연회는 장애인들이 쉽게 접근할 수 있는 곳에서 열려야 한다.

5. 연회는 감독과 협의하여 정한 때와 장소에서 특별 연회를 개최할 수 있다. 또는 감독이 감리사 4분의 3의 찬성을 얻어 특별 연회를 소집할 수도 있다. 그러나 특별 연회는 사전에 발표된 안건만 처리한다.[42]

6. 임명된 감독이 그 지역의 연회를 사회하며, 불가능한 때에는, 다른 감독을 초빙하여 사회를 담당하게 한다. 감독의 유고 시에는 추천이나 토의가 필요 없이, 순회교역자들 중에서 투표로 임시 의장을 선출한다. 그렇게 선출된 의장은 안수를 제외한 감독의 모든 임무를 대행한다.

7. 연회는 총회, 지역총회 또는 해외지역총회가 끝난 후 그 첫 번째 회의에서 (또는 그렇게 하기 원하면, 총회, 지역총회 또는 해외지역총회가 모이기 이전의 마지막 회의에서) 연회가 정하는 절차에 따라 서기와 통계사를 선출하여 다음 4개년 기간 동안 봉사하게 한다. 회기 중간에 이들 중 누구라도 결원이 생길 때에는, 감독이 감리사들과 협의하여 한 사람을 임명하여 차기 연회 때까지 임무를 수행하게 한다. (회계 선출에 관하여는 ¶619 참조.)

8. 연회는 1명의 법률고문을 두어야 하며, 1명 또는 그 이상의 협동 법률고문을 선임할 수 있다. 법률고문과 협동 법률고문들은 그 감독구 내에 있는 개체교회나 연회의 성실한 교인이어야 하며, 그 감독구에서 변호사 개업을 할 수 있는 사람이어야

---

40. 사법위원회 판정 108 참조.
41. 사법위원회 판정 1206 참조.
42. 사법위원회 판정 397 참조.

한다. 법률고문과 협동 법률고문들은 매 4개년 기간마다 감독이 공천하여 연회가 선임한다. 이 4개년 기간 동안에 공석이 생기면 다음 연회 회기 때까지 감독이 그 공석을 메꾸도록 한다. 법률고문과 그를 보좌하는 협동 법률고문은 (만일 있다면) 감독과 연회의 법률고문으로 봉사한다. 각 연회는 법률고문과 협동 법률고문들을 선임하면, 이를 연회재무행정협의회에 보고하여야 한다.

9. *a)* 연회평신도대표는 연회 평신도 중에서 선출된 지도자이며 연회의 임원이다. 연회평신도대표는 연회 회기 동안에 감독의 사역 동역자로 참여한다.

¶**604**. *권한과 임무*—1. 각 연회는 자체의 운영을 위하여 <연합감리교회 장정>과 상충하지 않는 법규와 규정을 채택할 수 있다. 단, 각 연회가 그 권한을 행사할 때, 모든 면에서 인종차별을 없애려는 연합감리교회의 정책과 조화를 이루어 나가야 한다.[43] (¶4, 제Ⅳ조 참조.)

2. 연회는 연회 자체 기구 이외에 연합감리교회 또는 그 산하 조직체에 공식적으로 재정적인 의무를 지울 수 없다.[44]

3. 연회는 <장정>이 요구하는 바, 연회원이 될 수 있는 모든 요건을 갖춘 사람들에 한하여 <장정>이 규정한 절차를 따라 교역자 연회원으로 받아들일 수 있다.[45]

4. 연회는 소속 교역자 회원들의 도덕적·공적 행위에 관하여 조사할 권한이 있다. ¶¶2701-2719의 규정에 따라 연회는 교역자 회원들에 대한 고발을 청문하고 재판하며, 훈계, 정직, 교역직과 그 자격증의 박탈, 제명, 또는 고소 취하를 할 권한이 있다. 연회는 교역자 회원들이 순회사역의 임무를 능력 있게 또 능률 있게 수행하지 못할 때 그들을 해임시킬 수 있다.[46]

5. 교역자 회원과 준회원의 지위, 그리고 한 연회로부터 다른 연회에의 전출, 전입 문제는 <장정> 내의 안수사역에 관한 부문에 명시된 대로 처리한다 (제2장).

6. 순회전도자들(traveling preachers)의 이적(移籍 transfer)은 전입하려는 연회의 자격 심사를 거쳐야 한다. 이적이 공고되면, 순회전도자의 연회 회원권이 보장하는 모든 권리와 의무가 전입하는 연회로 바뀌며, '헌장'에 관하여 투표를 두 번 할 수 없으며, 한 해에 의원 숫자 조정을 위하여 두 번

---

43. 사법위원회 판정 43, 74, 141, 318, 367, 373, 432, 435, 476, 536, 584, 590, 592, 699, 876, 1198 참조. .
44. 사법위원회 판정 707 참조.
45. 사법위원회 판정 440 참조.
46. 사법위원회 판정 534, 782 참조.

계산될 수 없으며, 또한 총회, 지역총회, 해외지역총회 대의원 선출에 두 번 투표할 수 없다.

7. 준회원, 정회원을 막론하고, 그가 파송받은 구역이 다른 연회로 이전하거나 해체되거나 다른 연회와 통합함으로 말미암아 다른 연회로 전출하게 될 때에는, 교역자 연회원은 그 연회의 다른 회원들과 똑같은 권리와 의무를 가진다.

8. 연회는 개체교회의 재정 상태를 조사할 권한이 있으며, 적자 재정일 경우에는 그 담임목사와 평신도연회원이 담당위원회에 출두하여 형편을 설명하도록 요구할 수 있다. 연회는 조사 결과에 따라 그 교회가 적자 운영을 극복할 수 있도록 조언한다.

9. 연회는 개체교회의 교인 수에 관하여 조사할 권한이 있으며, 1년 동안 신앙고백에 의한 새 교인을 한 명도 받아들이지 못한 교회에 대하여는, 담임목사와 평신도연회원을 해당 기관에 출두케 하여 형편을 설명하도록 요구할 수 있다.

10. 연회는 지난 1년 동안 개척된 새 교회가 있으면 그들을 환영하고, 감독과 연회 서기를 통하여 새 교회에 각각 조직 증서를 수여한다. 감리사는 연회를 대신하여 그 증서를 적절한 기념식장에서 전달한다.

11. 연회는 회의를 진행하는 동안에 회의진행에 관한 질문에 대답할 준비가 되어 있어야 하며, 연회 서기는 그 대답들을 연회록 및 연회재무행정협의회에 제출하는 보고서에 포함시킨다.

12. 만일 어느 연회든지 파업을 시작하거나, 이에 합세하거나, 이를 지켜보거나, 또는 중단하려고 하면, 2008년 판 <결의문집>의 지침을 따라야 한다. 총회만이 연합감리교회의 이름으로 파업을 시작, 강화 또는 이에 합세할 수 있는 유일한 기구이다.

13. 연회는 목회자를 위한 연회 차원의 봉급 규정(plan for compensation)을 만들 수 있다. 그러한 규정은 연회의 목회구역에 파송된 목회자들을 위하여 봉급 및/또는 혜택을 마련할 방도를 제시하여야 한다.

¶605. *연회의 사무*—1. 연회 일정은 예배 시간을 가짐으로써 시작하며, 이어서 곧 본처목사들(local pastors)을 포함한 회원 점검에 들어간다.

2. 연회는 안건을 신속히 처리하기 위하여 그 회의진행 절차의 의사 일정을 채택할 수 있다. 의사 일정은 감독, 지방감리사, 연회평신도대표, 그리고 연회가 임명하는 사람들이 준비하여 연회에 제출하고 채택토록 한다.

3. 연회의 모든 특별위원회, 각 부서 및 위원회의 위원은 연회의 결의 또는 <장정>이 특별히 요청하는 바에 따라 선출한다.[47] 이때 포용성에 유념하여야 한다 (¶124, ¶140).

임기의 조정을 위하여 일정한 수의 회원은 특정한 기간을 임기로 선출, 임명한다. 위원들은 자기의 직책을 후계자가 선출될 때까지 수행한다. <장정>의 규정에 의한 연회의 기관에 관하여는 ¶610.1을, 그리고 연회의 규정에 의한 기관에 관하여는 ¶610.2를 참조할 것.

4. 연회의 사무 처리에는 지방감리사, 임원들, 상임위원회, 특별위원회, 부서 (기관), 일반 위원회 등의 보고를 받고 이를 처리하는 일과, 추가 지침서 규정에 의하여 총감독회가 추천하는 사항을 심의하는 것이 포함된다.[48]

5. 연회의 일정에는 연회평신도대표가 행하여야 할 공식적인 연설이나 보고의 시간을 넣는다.

6. 총회은급의료혜택부 총무의 요청이 있으면, 연회은급의료 혜택부와 의논하여 연회 일정에 연금 혜택과 이와 연관된 문제에 대하여 총회은급의료 혜택부가 보고하거나 질의할 수 있는 시간을 배정한다.

7. 연회는 안수받은 교역자와 본처목사들의 도덕적, 공적인 행실을 심사한다. 연회의 모든 교역자의 생활과 공적인 행적이 결백한가 하는 질문에 지방감리사는 그 지방 교역자 전체를 대신하여 한 번에 대답할 수 있으며, 혹은 연회안수사역부에서 각 지방감리사를 통하여 그 지방의 각 교역자에 관하여 물어, 그 결과를 감독과 연회 공개 회의에 보고할 수 있다.[49] 그 질의가 교역자들의 안수, 자격, 연회 관계에 관한 것이면, 연회 정회원 교역자들만의 비공개 회의에서 다룬다. 연회 비공개 교역자 회의의 결의는 연회를 위하여 연회를 대신한 것이다. 연회 회기에 관한 <장정>의 규정은 비공개 교역자 회의에도 적용된다. 연회의 모든 교역자 회원(¶602.1)과 연회안수사역부의 평신도 위원은 비공개 교역자 회의에 참석할 수 있으며 발언권도 있다. 단, 정회원 교역자와 안수사역부의 평신도 위원만이 투표할 수 있다 (¶602.1a). 교역자 회의의 특별한 초청이 있으면 다른 이들도 참석할 수 있으나 투표권은 없으며, 교역자 회의의 특별한 허락이 없이는 발언권도 없다 (¶333).[50]

8. 연회의 안수받은 교역자와 담임목사들의 심사에 대한 심의가 끝나거나, 또는 감독이 지정하는 다른 시간에, 사회하는

---
47. 사법위원회 판정 559 참조.
48. 사법위원회 판정 367 참조.
49. 사법위원회 판정 42, 406, 555 참조.
50. 사법위원회 판정 686, 690, 769, 782, 1009 참조.

¶605 의회들

감독은 정회원으로 받아들일 사람들을 연회석으로 불러들여, ¶336에 명시된 심사를 한 후, 그들을 연회 정회원으로 받아들일 수 있다. 안수 사역자들을 심사하여 그들의 자격을 통과시키는 일은 한 회기 동안에 처리할 수 있다.

9. 연회는 교역자의 성희롱 가해자가 평신도일 경우에 관하여 포괄적인 정책을 채택하여야 한다. 이 정책은 그러한 보고를 어떻게 다루며, 고발인과 피고발인, 곧 피해자와 가해자를 어떻게 보호하며, 사실을 밝혀 어떻게 해결하여야 할지를 포함하여야 한다. 이는 또한 목사를 지원하고 교인들을 돌보아야 할 방도도 포함하여야 한다.

¶606. *기록물과 사료보관소*—1. 연회는 총회, 지역총회, 해외지역총회들이 지정하는 양식에 회의 진행에 관한 정확한 기록을 보관한다. 만일 연회에 사료보관소가 없으면, 서기가 그 모든 기록 또는 그 디지털 기록을 보관하며 차기 서기에게 인계한다. 연회는 지난 4개년 기간 동안의 회의록 사본을 소속 지역총회 또는 해외지역총회에 보내 심의하게 한다.

2. 각 연회는 인쇄된 회의록 2권 또는 그 디지털 회의록을 무료로 총회재무행정협의회, 총회은급의료혜택부, 지역 또는 해외지역 총회의 교회역사보존위원회, 연회교회역사보존위원회에 제출하여야 한다. 이에 더하여, 연회는 인쇄된 연회록 또는 그 디지털 연회록을 총회연대사역협의회와 연합감리교회 공보부에 각각 1권씩 보내야 한다. 만일 만들었으면, 그 디지털 연회록을 총회교회역사보존위원회와 연합감리교회 공보부에 각각 1개씩 보낸다.

3. 연회는 연회록출판위원회를 구성할 수 있다. 연회록은 다음과 같은 내용을 포함하고 있으되, 아래의 순서를 따라서 하여야 한다. 곧

a) 연회의 임원,

b) 부서, 위원회; 연회원 명단,

c) 의사진행 기록,

d) 연회에 보고하여야 할 사항들—이전의 <장정> 상의 질의들,

e) 파송 기록,

f) 연회의 요청에 따른 보고서,

g) 만일 있다면, 지방감리사들의 연례보고,

h) 연회의 요청으로 총회교회역사보존위원회의 가이드라인을 따라 만든 비망록,

i) 사망자 명단: 고인이 된 교역자 연회원,

j) 역사,

k) 기타 잡다한 사항,

l) 목회 기록—연회가 채택하는 양식에 본처목사의 것도 포함,

m) 통계,

n) 인덱스 (Index).

4. 미국과 푸에르토리코 안에 있는 연회는 그 회의록에 그 연회에서 선교지로 나가 봉사하는 디크네스, 현직 및 은퇴 선교사들 (평신도와 교역자) 그리고 그러한 자격으로 현재 연회 경계 안에서 봉사하고 있는 이들의 명단을 포함한다.

5. 연회의 회의록에는 성별된 평신도 사역자들의 명단과 그들의 봉사 기록을 포함한다.

6. 서기와 회계 및 연회가 임명한 기타 임원들은 연회의 안수 사역자와 평신도 집사의 완벽한 봉사 기록을 보존하여야 한다. 봉사 기록은 당사자가 제공한 이력서, 파송받았던 리스트, 그리고 연회 관계에 관한 연회의 결의 사항 등을 포함하고 있어야 한다. 이에 더하여 서기와 회계 및 연회가 임명한 기타 임원은 연회 관계 변경 시의 사정을 기록한 서류와, 감독 또는 지방감리사에게 반환한 신임증서와, 재판에 관한 비밀 서류 등을 보관하여야 한다.

7. 연회에 보내는 개체교회의 보고는 소정 양식에 기록하여 회계 연도가 끝난 후 30일 안에 제출한다. 연회가 날짜를 당겨 더 일찍이 제출하여야 한다고 결정하면 그대로 따라야 한다.

8. 서기와 통계사와 회계의 공식적인 기록은 총회재무행정 협의회가 준비한 양식에 따라 모두 보관한다. 그리하여 공식적인 통계 및 재정적인 사항은 모든 연회에서 똑같은 방법으로 취급함으로써 전 세계를 통하여 보고 양식에 통일성을 기한다.

9. 연회의 서기와 회계 및 연회가 임명한 기타 임원들, 연회안수사역부, 연회은급부, 지방안수사역위원회가 보유한 교역자 후보, 안수 사역자 및 평신도 사역자에 관한 모든 기록은 연회를 위하여, 총회의 재무행정협의회가 총회고등교육안수사역부 및 총회은급의료혜택부와 협의하여 제정한 가이드라인 및 다음의 원칙에 따라 보관한다. 곧

a) 개인의 신상 기록과 서류는 연회가 소유한다.

b) 누구든지 보관된, 자신에 관한 기록이나 서류를 열람할 권리가 있으되, 그 열람권을 포기한, 반환된 신임증서와 정보는 예외로 한다.

c) 감독, 지방감리사, 연회 서기, 연회 회계 혹은 기타

¶606

행정부서 임원 또는 안수사역부 (그 부장을 통하여), 연회은급부, 지방안수사역위원회 (그 위원장을 통하여), 교회측 변호인, 조사위원회 (그 위원장을 통하여) 이외의 사람은 공개되지 않은 개인의 기록을 본인의 승낙없이 열람할 수 없다. 재판 기록 관람은 ¶2712.5와 ¶2713.5의 규정을 따른다.[51]

¶607. *연회평신도대표 (The Conference Lay Leader)*—1. 연회평신도대표는 연회에서 선출된 평신도로서, 평신도가 교회 내에의 사역을 통하여서뿐만 아니라, 가정, 직장, 세상에서의 사역을 통하여 교회의 선교적 사명을 이루어나가는 일에 있어 평신도들의 역할이 중요함을 인식시키며, 감독, 지방감리사, 목사들과 협력하여 연회, 지방, 개체교회의 일을 계획하고 의결하는 과정에 평신도들로 하여금 참여하게 하며 이들을 지원할 책임이 있다.

2. 연회평신도대표는 연합감리교회 남선교회, 연합감리교회 여선교회, 연합감리교회 청소년회, 스카우트 사역 등과 같은 연회의 평신도 그룹과 연관을 맺어 그들의 사역을 장려하고 지원하며, 그들의 활동을 돕고 조정한다. 연회평신도대표는 또한 다음과 같은 일반적인 책임이 있다 곧 (1) 교회생활에서 평신도의 대변자 역할을 개발한다; (2) 연회 조직과 연회 모임에 참석하도록 권장한다; (3) 평신도가 교회의 일반 사역에 참여하도록 그들을 권유한다.

3. 연회평신도대표는 연회평신도사역부 또는 이에 해당하는 기구의 위원장이 되며, 만일 있으면, 연회재무행정위원회 또는 이에 해당하는 기구, 연회사역협의회의 실행위원회, 연회공천위원회, 연회감독협조위원회, 연회준비위원회 등의 위원이 된다. 연회는 연회평신도대표를 어느 연회 기구 어디든지 직책상 위원으로 지명할 수 있다.

4. 연회는 연회평신도대표가 연회에서 연설할 수 있는 기회를 주어야 한다.

5. 연회평신도대표는 연회안수사역부에서 봉사할 수 있으며, 연회 때 안수식에 참여한다.

6. 연회평신도대표는 연회 프로그램이나 기타 감리사회가 의논할 일을 연락하거나 시행하거나 운영하는 일과 연관이 있을 때, 감리사회와 만난다.

7. 연회평신도대표는 연회와 교단의 현황과 지역 및 세계적인 선교사역을 의논하기 위하여 감독과 정기적으로 회합하여야 한다.

---

51. 사법위원회 판정 751, 765, 1024 참조.

연회 ¶608

8. 연회평신도대표는 연회가 정하는 바에 따라 연회 평신도 설교사역 총무가 선임되도록 늘 확인하며, 연회평신도대표는 평신도사역에 참여하여야 한다.

9. 연회평신도대표의 임기는 연회가 정하는 바에 따라 4년 이하가 되어서는 안 된다. 공천 방법과 임기는 연회가 정한다. 연회는 필요하다면, 연회평신도대표와 함께 일할 연회평신도부대표(들)를 선출할 수 있다. 연회평신도대표와 연회평신도부대표는 사역 활동에 필요한 경비를 지불받을 수 있다.

10. 연회평신도대표는 연회평신도대표협의회의 회원이 된다.

¶608. *연대사역 (Connectional Ministries)*—각 연회는 그 경계 내에서 연합감리교회의 선교와 사역에 초점을 맞추어 이를 인도하여 나가야 할 책임이 있다. 이는 다음과 같은 방법을 통하여 행한다. 곧

1. 연회 내에서 연회를 통하여 교회의 선교를 살려나갈 필요한 사역을 구상하는 일.

2. 개체교회, 지방, 연회 및 전체 교회의 사역이 서로 연관성을 가지도록 만들어 키워가는 일.

3. 세상을 변화시키기 위하여 지방과 개체교회들이 행하는 양육, 대외선교, 증거의 사역을 권장하며, 중재하며, 도와주는 일.

4. 연회의 모든 리소스와 수단을 동원하여 그 선교에 집중시키는 일.

5. 소수민족 개체교회와 그들 관심사를 포함한 소수민족 사역 활동을 개발하고 강화하는 일.

6. 교회가 자신이 천명하는 가치와 일치하게 사역하고 있는지 이를 권장하며 감시하는 일 등이다.

각 연회는 연회 내 연합감리교회의 선교와 사역에 초점을 맞추어 이를 인도하여 나갈 연대사역 총무 또는 그런 일을 할 사람을 둘 것을 권장한다.

a) 연대사역 총무는 평신도나 또는 교역자가 될 수 있다.

b) 연대사역 총무는 연회의 임원으로 봉사하며, 연회 프로그램을 조정하거나 시행하거나 운영하는 문제, 그리고 감리사회 및 연대사역 총무가 결정하는 기타 문제에 관하여 감리사회가 의논할 때, 거기에 참석한다. 이 직무에 파송받았건 선임되었건, 연대사역 총무는 연회의 해당 인사담당 기구와 의논하여 감독에게 복종할 의무가 있다.

c) 연대사역 총무는 감독과 감리사회와 연회의 선출된 지도자들과 한 몸이 되어 다음과 같은 주요한 책임을 진다. 곧

¶608

　　　　　(1) 연회의 비전을 지키는 사람으로서 그것을 개발하며 명확히 하며 해설하며 실천한다.
　　　　　(2) 변화하는 세계에서 우리 크리스천으로서의 정체성에 충실하도록, 연회가 필요로 하는 계속적인 변화와 갱신의 과정에 있어 지도자로 봉사한다.
　　　　　(3) 연회의 모든 리소스를 동원하여 그 비전에 집중하도록 한다.
　　　　　(4) 개체교회, 지방, 연회 및 전체 교회의 사역이 그들이 공유하고 있는 사역 활동을 위하여 연락망과 자원과 통신망을 통하여 서로 잘 연결되도록 한다.

¶609. 각 연회 또는 감독구에는 연회 내 연합감리교회의 공보 사역에 초점을 맞추어 이를 이끌어나갈 공보 담당자 또는 지명된 사람이 있어야 한다.

a) 본 담당자는 다음과 같은 주된 임무를 수행할 것을 권장한다.

　　　　　(1) 공보팀(직원 및/또는 자원봉사자)의 일을 정하고 준비시켜 주며 조정하도록 도와준다.
　　　　　(2) 연회 기관과 지방과 개체교회 안에서 유효적절한 공보 활동을 위한 전략을 개발하고 실현하도록 한다.
　　　　　(3) 교단을 늘 인식하며 그 명성을 강화할 활동들을 홍보하고 조정한다.
　　　　　(4) 연회 예산과 기타 분담금을 해설할 전략을 짤 때 이를 돕는다.
　　　　　(5) 연회, 지방, 및/또는 개체교회 지도자들을 위하여 능률적인 공보 활동을 위한 훈련을 하며 지도한다.
　　　　　(6) 연회 내 새 뉴스 미디어와의 효율적인 관계를 연회가 개발하는 일을 이끌어 나간다.
　　　　　(7) 연대적인 사역에서 연회 지도자들이 효율적인 공보 활동을 개발하고 실현하는 일을 지도한다.
　　　　　(8) 연회가 새로 등장하는 기술들을 사역의 방편으로 삼도록 인도한다.
　　　　　(9) 연회와 연합감리교 공보부가 연결되도록 한다.

b) 연회 프로그램과 연회 분담금 (apportionment) 및 세계 선교비와 기타 감리사회와 담당자가 결정하는 일과 연관된 공보 전략에 관한 자문을 위하여 공보 담당자 또는 이를 위하여 지명된 사람은 확대 감리사회 (또는 이에 해당하는 기구(equivalent leadership structure))의 일원이 되기를 권장한다.

연회 기관들
(Conference Agencies)

¶610. 연회는 소기의 목적을 달성하기 위하여 그 사역과 운영 절차를 조직화할 책임이 있으되 (¶601), ¶611, ¶635, ¶636, ¶637, ¶639, ¶640, ¶647, ¶648의 강제 조항은 (mandated provisions) 예외로 한다. 이러한 일을 함에 있어 연회는 개체교회, 지방, 연회를 총회 기관들과 연결시켜 주어야 한다. 연회는 여러 인종, 남녀, 모든 연령층 및 장애인들을 포함하려는 포용 정신이 반영되도록 감시하여야 한다. 연회의 각 부서, 상임위원회, 위원회, 협의회, 사역부들은 그 위원들 가운데 한 사람을 증거사역의 코디네이터로 지명하여야 한다. 이들은 자기가 속하여 있는 기구가 증거사역을 다하도록 도와야 하며, 특히 다음과 같은 질문을 제기하여야 한다. "우리의 사역을 통하여 우리는 어떻게 의식적으로 사람들을 예수 그리스도에게로 인도할 수 있는가?" 또한 "우리의 사역과 업무 분야를 통하여 우리는 새 신자들이 예수 그리스도의 제자로 성장하며 성숙하여지도록 그들을 어떻게 도와줄 수 있는가?"

1. 연회는, 점진적으로 다양하여져 가는 세계 공동체 내에서 예수 그리스도의 제자를 만드는 선교사역을 가장 잘 지원하기 위한 방법으로, 연회 및 지방의 조직을 유연하게 계획할 수 있으며, 위 ¶610에 규정된 필수적인 조직들 이외에 다른 것들을 2차적인 것으로 놓아 둘 수 있다. 연회는 다음과 같이 <장정>에 규정된 총회 기관을 통하여 총회와 연결되어 그 직능을 다할 수 있도록 한다. 곧 a) 총회 기관과 연회의 행정 및 프로그램 담당 부서와 개체교회는 확실한 연결성을 가지고 있어야 하며, 이 연결된 것들이 어떤 것인가를 매년 연회 때 확인한다. b) 연회의 프로그램 직능과 행정적 직능 사이에는 견제와 균형 체제가 분명하게 성립되어 있어야 한다. 이러한 구조 개편은 연회가 정하고 승인하여야 한다. 또한 연회는 모든 프로그램, 운영 및 재무 담당 조직들이 서로 협력하며 독려가 되어 일하도록 권장할 수 있는, 상황에 적절한 조직을 만들 수 있다. 연회는 예산을 세울 때, 연회의 주요한 사역과 조직체에 우선적으로 예산을 할당할 수 있다. <장정>에서 언급한 "이에 준하는 구조"는 이 조항으로 그 뜻을 정한다.

2. 연회는 관할 구역 내에서 연합감리교회의 사역을 증진시키기 위하여 추가로 위원회를 임명할 수 있으며, 그 위원회의 회원과 권한과 의무에 관하여 규정을 만들 수 있다.

3. 각 연회는 그 기관들의 크기를 그 사역의 요구에 따라 정하되, 조직할 때에는, 작은 교회의 평신도와 교역자들을 포함시킬 것을 고려하여야 한다. 구역에 파송받은 모든 본처목사들은 교역자나 본처목사의 자질, 안수 및 교역자와 본처목사의 신분을 다루는 기관을 제외한 모든 연회 기관의 위원으로 선임되거나 임명될 수 있다.

4. 연회와 그 지방들, 부서 또는 위원회들이 계획하는 모임 장소는, 비록 교회와 관계없는 장소에서 모일지라도, 가능한 한 장애인들의 출입이 가능한 곳을 택하여야 한다.

5. 총회 기관의 정책과 보조를 맞추어 연회의 위원회, 부서 및 기관에 위원을 공천하여 선출함에 있어, 여성교역자, 청소년(¶256.3), 청장년, 노인, 장애인과 각 민족 및 인종 사람들이 포함되도록 특별히 노력한다. 또한 안수사역부를 제외한 연회의 각 기관이나 위원회의 위원은 교역자 3분의 1, 평신도 여성 3분의 1, 평신도 남성 3분의 1을 포함시킬 것을 권장한다.[52]

6. 총회 기관의 위원들은 (¶701) 연회와 연결되어 있는 해당 기관에 직책상 회원으로 봉사한다 (¶710.4, .6참조). 만일, 그 결과로 말미암아, 한 사람이 여러 연회 기관의 위원이 되어, 연회 정책에 위배되거나 또는 <장정>의 다른 규정에 저촉될 경우에는, 그 사람은 자기가 봉사할 연회의 기관 하나를 선택하여야 한다.

7. 연회는 연회 회기 기간과 연회 기관들이 모이고 있는 동안에 어린이들과 또한 보호받아야 할 사람들을 돌보아 줄 방편을 마련할 것을 강력히 권유한다. 어린이들과 또한 보호받아야 할 사람들은 어린이들의 안전을 위하여 연회가 마련한 정책을 따라야 한다. 만일 그러한 정책이 없으면, 모든 사람들이 안전할 수 있도록 주의하여야 하며, 총회제자사역부와 총회재무행정협의회가 추천하는 절차를 따른다.

8. 연회나 지방이나 위원회들이 정한 모임은, 가능한 한, 청년들의 학교 스케줄과 상치되지 않는 시간과 장소에서 모이도록 한다.

연회재무행정협의회
(The Conference Council on Finance and Administation)

¶611. 각 연회는 연회재무행정협의회—이하 "협의회"라 부른다. 또는 이 사역을 담당하며 연대 관계를 유지시켜 줄 대체 기구를 둔다 (¶610.1).

---

52. 사법위원회 판정 446, 558 참조.

연회 ¶612

¶612. 본 협의회의 목적과 위원과 조직과 관계 등은 다음과 같다.

1. *목적*—본 협의회의 목적은 연회를 위하여 포괄적이며 잘 조정된 재정 및 사무 처리 정책과 절차 및 그 관리 체제를 개발하고, 유지하며 관리하는 데 있다.[53]

2. *위원*—a) 각 연회는 총회 또는 지역총회 이후의 첫 번째 회의에서 연회재무행정협의회 또는 이 사역을 담당하며 연대 관계를 유지시켜 줄 대체 기구를 선출한다. 그 인원은 5명 이상 21명 이하로 하기를 추천한다. 어떤 경우든지 투표권이 있는 위원 중 적어도 평신도 위원이 교역자 위원보다 한 명이 더 많이 되기를 추천한다.[54] ¶610.5에 따라 연회가 결정하는 대로 위원들을 천거한다. 교인이 200명 이하 되는 교회들도 본 협의회에 참여하게 되기를 추천한다. 회원들의 임기는 그들을 선출한 연회가 끝날 때부터 4개년간이며, 후계자들이 선출될 때까지이다.

b) 어느 연회 기관이든 그 위원들 또는 직원들과, 연회 예산에 포함된 기관이나 기구의 직원들, 이사들, 또는 위원들은 본 협의회의 투표권을 가진 위원이 될 수 없다.[55] 공석은 본 협의회의 결정으로 차기 연회 시까지 보충하며, 그때에 가서 연회가 공석을 보충한다.

c) ¶612.2a에 의하여, 연회가 결정한 위원 수 이외에, 다음과 같은 직분을 가진 사람들이 본 협의회의 투표권 없는 직책상 위원이 된다. 곧 (1) 연회회계/사무장; (2) 연회 구역 안에 거주하는 총회재무행정협의회위원들: 이들은 연회의 예산을 사용하는 기관에 봉사할 수 없다; (3) 사회하는 감독; (4) 감리사회에서 선출한 감리사 한 명; (5) 연대사역 총무, 또는 그에 해당하는 이, 또는 다른 연회사역협의회 대표 한 명 등이다

d) 연회 또는 지역 연합감리교재단 (United Methodist foundation) 총무도 투표권 없는 위원으로 포함시킬 수 있다.

3. *임원들*—본 협의회는 투표권이 있는 위원 중에서 회장, 부회장, 서기, 기타 필요한 임원들을 선출한다. 이때 위원의 다양성을 고려하여야 한다 (¶124, ¶140). 연회회계/사무장 (¶619)은 본 협의회의 회계가 된다. 동 연회회계/사무장은 투표권이 없으며, 협의회의 투표권이 있는 위원들로 채워져야 할 임원에 선출될 수도 없다.

---

53. 사법위원회 판정 1054 참조.
54. 사법위원회 판정 441 참조.
55. 사법위원회 판정 10, 493 참조.

¶612

4. 본 협의회 위원은 자기 자신 및 자기의 직계 가족의 사역, 수입, 직장에 직접적으로 관계되었거나 크게 영향을 주는 안건에 관하여 토론에 참여하거나 투표하여서는 안 된다.

5. *조직—a)* 연회가 ¶612의 규정을 따라 본 협의회를 조직하든지 또는 ¶611에 따라 그 직능을 다른 기구에 맡기든지, ¶612.2b, .4에 명시된 제한하는 규정은, 다음과 같은 직능을 책임진 연회 기관의 모든 위원들에게 적용된다. 곧,

(1) 연회 예산이나 그밖에 요청된 예산을 세우는 일.

(2) 연회회계/사무장 또는 ¶619에 명시된 직능을 수행하는 기타 직원을 공천하는 일.

(3) 연회회계/사무장의 직무를 감독하는 권한.

(4) ¶613.5에서 ¶613.11까지, 그리고 ¶¶616-618에 기술된 바와 같은 연회 기금을 감독하는 책임.

b) 본 협의회는 위원회와 특별위원회를 두어 그 목적과 책무를 수행함에 있어 필요하다고 여겨지는 임무와 권한의 한계를 정하여 줄 수 있다.

c) 연회는 본 협의회를 위하여 협의회의 모임이나 정족수나 기타 절차를 규정하는 규약을 만들거나 그러한 규약을 제정할 권한을 협의회에 허락할 수 있다. 어떤 경우에든 이 규약은 <장정>에 저촉되어서는 안 된다.

d) 업무수행에 필요하다고 인정되면, 연회의 결의로써 본 협의회를 법인화할 수 있다.

6. *순응*—본 협의회는 연회에 순응하여야 하며, 모든 업무를 직접 연회에 보고한다.[56]

7. *관계—a)* 본 협의회와 연회사역협의회는 상호협조하여 연회선교비 예산안을 개발한다 (¶614.3).

b) 재정 관리와 행정에 관한 연회의 정책들을 개발하고 시행, 조정하는 일에 관심을 가지고, 본 협의회는 이 방면에 책임이 있는 연회의 각 기관들 간의 연락 임무를 수행한다. 본 협의회는 연회 내의 재정관리, 기금모집, 행정관리, 협조 등과 같은 상호 관심사들을 협의할 목적으로, 연회의 행정 및 목회자 후원 기관의 대표자 회의를 소집할 권한이 있다.

¶613. *임무*—본 협의회는 다음과 같은 직능을 행사할 권한과 의무가 있다.

1. 본 협의회는 연회의 교역자후원비, 연회행정비, 선교비, 사역비를 위한 모든 자금의 예상되는 수입과 지출을 내용으로 하는 예산안을 연회에 상정하여 채택하게 한다 (¶614).[57]

---

56. 사법위원회 판정 551, 560 참조.
57. 사법위원회 판정 521, 551, 560, 590, 744 참조.

2. 본 협의회는 다음과 같은 사항들을, 연회가 최종적으로 결정하기 전에, 위임받아 심의하고 보고하며 건의한다. 곧 *(a)* 무슨 종류의 목적을 위함이든 그 기금을 확보하려는 안; *(b)* 연회에 상정될 예정인 안건과 연결된 예산; *(c)* 특별모금이든 모금 행사이든 아니면 연회 내의 개체교회에서 행하든, 연회 전반에 걸친 특별헌금 호소를 하려는 요청 등이다.

3. 총회, 지역총회, 연회, 지방에서 결정되어 개체교회, 구역 또는 지방에 부과할 분담금의 할당 방법과 산출 방식을 연회에 건의한다 (¶615.4).[58]

4. 공보위원회와 협의하고, 협조하여 감리사들과 교역자, 개체교회와 구역의 담당 임원들에게 연회의 예산과 특별기금에 대한 이해와 협조를 얻기 위한 설명자료 및 다른 자료들을 보급한다. 이 자료에는 헌금에 관한 신학과 드리는 자세도 포함되어야 한다.

5. 자본의 보존과 교단의 '사회적으로 책임 있는 투자에 관한 정책'(¶717)과 '사회생활 원칙'에 저촉되지 않는 한도 내에서, 부채이든 자산이든, 단기 투자이건 장기 투자이건, 선교비 충당을 위하여 연회 자원을, ¶1508에 규정된 은급기금을 제외하고, 최대한으로 활용하는 연회 기금의 투자관리 정책을 개발한다. 이러한 정책을 적어도 매 4개년 기간에 한 번 연회록에 기재한다.

6. 헌금에 관한 신학을 포함하여 개체교회에 자금을 지원하는 절차를 건의한다.

7. 개체교회의 건물과 시설과 프로그램을 개방하는 일들에 관하여 자문한다.

8. 연회가 채택한 예산이 새로운 선교의 필요성이나 예기하지 않은 일 때문에 부족하게 될 때에, 책임 있는 대책을 강구하는 절차를 연회에 건의한다.

9. 연회가 채택한 예산 집행과 연회의 모든 지출 항목들을 적어도 3개월에 한 번씩 검토한다.

10. 연회의 경상비 지출을 위하여 자금을 융자하여야 할 때 그 조건과 최대 한도액을 연회에 추천하여 결정하도록 한다.

11. ¶618의 규정 안에서 연회회계/사무장을 감독할 권리가 있다. 또 이들의 일을 관리하는 정책을 수립한다.

12. 다른 연회의 기관들과 협력하여, 연회 기금과 관련되어 있는 일부 또는 모든 기관들의 책정된 기금을 위하여 연회 재무행정을 단일 재무행정 체제로 지정하는 계획을 고안하여 실행한다.

---

58. 사법위원회 판정 983 참조.

13. 연회가 이 의무를 다른 기관에 지정하지 않는 한, 직원을 고용하는 연회의 다른 기관들과 협의하고 협력하여 통일되고 동일한 고용 및 보수 정책을 확립한다. 이 정책의 실행은 '사회생활 원칙'(¶162 A, E, F, I.)에 준한다. 이에 더하여 본 협의회는 2006년 1월 1일부 이후로, 적어도 1년에 1040 시간을 일하며, 21세가 되었으며, 적어도 1년 이상 영구 직원으로 일한 연회의 평신도 직원을 위하여 봉급의 3%를 100% 지급하여 주는 연금에 연회가 불입하여 줄 것을 추천한다. 연회는 그러한 연금 혜택을 총회은급의료혜택부가 관리하는 교단 프로그램이나 혹은 다른 기관이 관리하는 프로그램을 통하여 제공하여 줄 권한이 있다.

14. 총회재무행정협의회와 총회제자사역부와 협력하여, 연회, 개체교회의 재무기록 및 보고 제도를 홍보하고 통일화한다.

15. 연합감리교회의 개인이나 기관들을 위하여 교회 사무, 행정 분야에 관하여 지도하며 훈련하며 격려할 때 총회재무행정협의회와 협력한다. 곧, (1) 교회사무장 인가에 관한 정보를 보급함으로써, (2) 연회 경계 내에서 총회재무행정협의회로부터 교회사무장으로 인가받고 일하는 사람들의 명단을 연회사역협의회의 연회 보고서에 기재한다.

16. 연회와 연회의 기관, 프로그램, 및 사역에 직접 또는 간접적으로 이익이 되거나 또는 후원을 하기 위하여 자금을 모금, 확보, 확장할 목적으로 재단이나 그와 흡사한 기구를 조직할 계획을 연회에 건의한다. 다음과 같은 경우에 본 협의회는 이러한 계획을 상정할 기회가 주어져야 한다. 만일 그 재단이나 비슷한 기구가, (1) 그 연회 자체에 의하여 단독으로나 또는 다른 연회와 함께 조직되도록 제안되었으며, (2) 연회의 어떤 협의회나 부서나 위원회나 또는 기타 기관에 의하여 조직하도록 제안되었으며, (3) 등기나 모금할 때 "연합감리교회"라는 이름을 사용하며, (4) 주로 연합감리교회의 구성원을 상대로 모금하기 위하여 제안되었을 때.

17. 기타 연회가 지정하는 행정 업무, 재정상의 직능, 기타 업무를 수행한다.

18. 연회 분담금이 음주하는 데 사용되지 않도록 한다.

19. 연회의 어느 부서나 기관이나 위원회나 협의회가 연합감리교회의 기금을 동성애자 코커스나 그룹에 준다거나, 연합감리교회가 "교회와 가정들이 동성애자들과 동성애를 하는 친구들을 거부하거나 정죄하지 않기를 호소한다."(¶161G)고 천명한 사실을 어겨서는 안 된다. 본 협의회는 그러한 기금을

동성애를 용납하는 홍보 활동에 사용하는 것을 거부할 권한이 있다. 이러한 제한 규정은 인체면역 바이러스(HIV)의 유행병에 대처하기 위한 교회의 사역을 제약하여서는 안 되며, 교회의 공식적인 입장이 제대로 또한 평등하게 반영되는 대화 내지 교육 활동에 주는 재정적 지원을 규제하여서도 안 된다.[59]

¶614. *예산*—본 협의회는 개체교회, 구역, 지방에 분담시킬 모든 자금의 산출을 위하여, 그 예상 수입과 지출을 내용으로 하는 예산안을 연회에 상정하여 채택하게 한다.[60]

매년 정기 연회 기간 이전에 본 협의회는 정규 예산에 포함되도록 요구되는 연회의 모든 기관과 사역에 필요한 자금에 관하여 상세한 조사를 한다. 연회 각 기관의 위원장이나 대표들에게 본 협의회에 출두하여, 자기 기관의 요청에 관하여 말할 기회를 준다.

1. *교역자 후원 예산*—a) 달리 마련되지 않는 한, 연회 지방감리사들의 봉급, 교통비, 사무직원, 사무실, 주택 등을 포함, 이들을 위하여 충분하고도 공정한 지원을 하기에 필요한 총액을 산출하여 내는 일이 본 협의회의 임무이다. 본 협의회는 이를 위하여 구체적인 금액을 연회에 추천하여 통과하도록 한다 (¶669.4a).[61]

b) 본 협의회는 총회가 승인한 방법으로 연회에 할당된 감독실기금을 매 연회 회기 때마다 연회에 보고하여야 하며, 이 분담금 납부를 위하여 총회재무행정협의회의 회계가 산출하여 낸 금액을 교역자 후원 예산에 포함시켜 이를 연회에 건의한다.

c) 감독주택위원회의 추천에 따라 (¶638.4) 협의회는 감독주택 경비를 위하여 연회에 할당된 금액을 모금하도록 그 금액을 연회에 건의한다.

d) 연회은급의료혜택부와 협의한 후, 본 협의회는 은급의료혜택부가 연회의 연금과 추가 혜택 프로그램을 위하여 필요하다고 산출한 금액을 연회에 보고한다. 이 금액은 반드시 분담금에만 의존할 필요가 없다.[62]

e) 본 협의회는 목사들을 위한 공정한 봉급에 관하여, 공정봉급위원회와 협의하여 책정한 기본 봉급 스케줄을 따르기 위하여 필요한 금액을 연회에 건의한다 (¶625.3).

f) 본 협의회는 교역자 후원을 위한 교역자 비상 원조 기금(¶626) 또는 교역자들의 이사 비용을 위한 예비비와 같이,

---

59. 사법위원회 판정 1054 참조.
60. 사법위원회 판정 551, 560, 744, 1054, 1172 참조.
61. 사법위원회 판정 590, 591, 1013 참조.
62. 사법위원회 판정 1132 참조.

연회에서 채택하게 되는 다른 프로그램에 필요한, 예상되는 금액을 연회에 건의한다.

2. *행정 예산—a)* 본 협의회는 협의회 자체의 경비와 연회 회계 사무실 비용을 포함한 연회의 행정비를 충당하기 위하여, 필요한 추정 금액을 연회에 건의한다. 이때 연회의 행정 예산에 포함되어야 할 모든 기관과 그 임원들과 함께 그들의 지출에 관하여 협의하며, 여기서 얻은 정보를 토대로 연회 행정 예산안의 근거를 삼는다.

b) 그 예산에는 감독실기금의 연회 할당 금액과 지역총회 그리고 총회에서 정식으로 책정한 행정비 분담금을 포함시킨다 (¶811.4).

3. *연회선교비 예산—a)* 본 협의회가 연회선교비의 예산을 준비할 때에는 ¶614.3b에 의거 연회사역협의회 또는 그 대체 기구와 협력하여 연회의 모든 선교와 봉사의 기회들이 제외되는 일이 없도록, 부지런히 조사하여 모든 가능성을 알아본다. 이 조사에 근거하여 본 협의회는 연회선교비로 할당시킬 총액을 산출하여 연회에 건의한다. 연회사역협의회 또는 그 대체 기구의 추천을 받은 후에, 본 협의회는 이 예산에서 각 기관이나, 선교 사역에 배당할 연회선교비 예산의 총액이나, 비율을 건의한다. 이 추천 내용은, 아래에 명기한 대로, 프로그램 기관(program agency)에 할당한 금액에 관하여 연회사역협의회와 합의를 본 것을 반영하여야 한다.[63]

b) 재무행정협의회와 연회사역협의회는 다음의 원칙을 확립하고 따르기 위하여 서로 협조한다.

(1) 연회에 추천할 연회선교비의 총액을 산출하여 내는 것과, 그 총액에서 연회의 각 프로그램 기관에 배당할 금액의 총액을 산출하여 내는 일은 연회재무행정협의회의 임무이다. 연회 프로그램 기관의 예산을 제외한 기타 기관 또는 연회사역협의회의 예산을 포함한 사역에 대한 예산 요청을 연구하며 그런 예산을 요청한 기관의 장이나 공식 대표에게 기관 예산과 사역 예산에 대하여 설명할 기회를 주는 일이 또한 본 협의회의 임무이다.[64]

(2) 연회 프로그램 기관에서 신청한 예산을 심의하고 선교비의 예산 총액에서 그 기관에 할당할 금액을 연회재무행정 협의회에 추천하는 것은 연회사역협의회의 임무이다.[65]

(3) 연회선교비의 예산을 연회에 추천하는 것은 연회재무행정협의회의 책임이다. 연회 프로그램 기관에 할당할

---

63. 사법위원회 판정 521, 551, 582 참조.
64. 사법위원회 판정 521, 551 참조.
65. 사법위원회 판정 521, 551 참조.

금액에 관하여는 본 협의회와 연회사역협의회간의 합의가 있어야 한다.[66]

c) '연회선교비'란 연회의 모든 프로그램, 선교사역 그리고 연회의 모든 프로그램 기관과 단체 선교비에 직접 관련되는 연회의 모든 분담금과 경비를 포함한 것을 말한다. 연회의 프로그램 기관과 단체라는 것은 프로그램과 연관된 모든 총회 기관 (¶703), 그 기관(들)의 사역을 맡아보는 단체와 병행되는 연회의 기관과 단체를 말한다. 연회사역협의회의 경비를 포함하는 연회 프로그램 기관의 프로그램, 선교사역, 그리고 선교비와 직접적으로 관련되는 행정비도 연회선교비의 예산에 포함한다. '연회선교비'라는 항목에는 순전히 행정만을 담당할 연회 기관의 배당금과 경비는 포함되지 않는다. 그것은 또한 ¶¶620-628에 의한 연회의 교역자 후원기금 또는 이 교역자 후원기금을 관리하는 연회 기관의 배당금과 경비 또는 총회나 지역총회가 연회에 할당한 금액도 포함하지 않는다.

d) 본 협의회는 세계선교비를 위한 연회 분담금 액수를 총회재무행정협의회 회계로부터 통보받은 후, 그 총액과 책정된 연회선교비를 연회가 합하도록 건의한다 (¶614.3a). 만일 합하였으면, 이 두 금액을 세계선교비 및 연회선교비라고 불러야 한다. 그러므로 책정된 세계선교비 및 연회선교비 예산에는 각각 그 비율을 명시한다.[67] (또한 ¶619.1a[2] 참조.)

4. *기타 분담금*—본 협의회는 예산안에 정식으로 인정받은 총회 또는 교단과 연관된 다른 기금들을 후원하기 위하여, 연회에 부과된 특정한 금액을 포함시킨다. 그 예산안은 관련된 연회나 지방의 선교를 위하여 지방, 구역 또는 개체교회에 연회가 부과하는 모든 분담금을 포함한다.

5. *특별호소금 (Special Appeals)—a)* 연회의 기관이나 그 기관과 관련된 학교, 병원 또는 다른 사회봉사 기관과 단체는, 본 협의회의 추천을 통한 연회의 허가 없이는, 연회 소속 개체교회 전반에 걸친 특별기금 모집을 할 수 없다. 그러나 극단의 비상사태에는 지방감리사들의 3분의 2의 찬성표와 본 협의회의 찬동으로 허락을 받을 수 있다. 본 협의회의 추천과 연회의 허가 없이는, 연회와 관련없는 기관이나 단체는 연회에 속한 개체교회 전반에 걸쳐 특별기금을 모금할 수 없다. 이 조항에 명시된 대로, ¶819의 규정에 의하여 허가된 교단 전체의 특별기금 모금과, ¶812.3의 규정에 의하여 허가된 기금 모금과, 총회의 결의

---

66. 사법위원회 판정 551 참조.
67. 사법위원회 판정 348, 1135, 1146, 1172 참조.

또는 <장정>의 규정에 의한 일반 기금 모금은 연회의 허가를 받지 않아도 된다.

b) 연회 전반에 걸친 특별기금 모금 허가 신청서를 접수한 후, 본 협의회는 이를 심의하고, 그것이 연회의 다른 기금과 재정에 미치는 영향을 검토한 후 그 결과에 따라 연회에 상정한다. 만일 그 허가 신청서가 직접 연회에 제출되었을 때에는 이를 먼저 본 협의회에 의뢰하여 심의하게 한다.

c) 본 협의회는 연회에 상정할 예산안에 특별호소기금과 분담금 이외의 다른 선교비의 목표액을 포함시킬 수 있다.

6. 본 협의회는 총회재무행정협의회가 지시하는 비율에 따라 연회에 상정하는 예산안을 작성한다.

¶615. *분담금 (Apportionments)*—분담금 책정 방식과 방법에 대한 수정을 제의할 때, 본 협의회는 그러한 수정이 미칠 영향에 대한 연구 자료를 보여주어야 한다. 재무행정협의회가 리소스를 제공하게 될지도 모를 이 연구를 한 다음에, 본 협의회는 수정할 방식과 방법을 연회에 건의하여 결정하도록 한다. 그 안에는 교역자 후원비, 행정비, 세계 선교비, 연회선교비, 그리고 기타 할당된 선교비들(¶614.1-.4)을 할당할 방식과, 통과된 예산을 지방, 개체교회 또는 연회의 각 구역에 분담시킬 방법과 일정한 방식도 포함되어야 한다.[68]

1. 본 협의회는 총회재무행정협의회에서 총회가 허가한 여러 가지 일반 기금을 위한 연회 할당 금액이나 할당 방법을 통보받은 후, 연회가 결의한 방법으로, 그 금액을 지방, 구역, 또는 개체교회에 할당한다.[69]

2. 본 협의회는 이 조항에 명시된 분담금을 지방에만 할당할 것인가, 또는 연회 전체의 개체교회나 구역에도 할당할 것인가를 연회에 제안하여 결정하게 한다. 지방에만 할당할 때에는 각 지방의 개체교회 또는 구역에 부과하는 일은 <장정> ¶614.3을 따른다. 연회는 지방감리사들에게 개체교회와 구역에 이를 모두 부과하도록 명할 수 있다.

3. 연회가 분담금을 지방에만 부과할 경우에, 그것을 각 개체교회 또는 각 구역에 할당하는 일은, 지방감리사를 의장으로 하고 몇몇 구역회에서 선출된 청지기부원으로 구성된 지방청지기부에서 시행한다 (¶247.14). 이러할 경우, 지방 소속 개체교회와 구역들에게 연회가 할당 방법을 제시하지 않는 한, 연회 폐회 직후에 지방감리사가 소집한 지방청지기부가 그 방법을 결정하여 분담금을 할당한다.

---

68. 사법위원회 판정 983, 1172 참조.
69. 사법위원회 판정 1135, 1146, 1172 참조.

4. 만일 협의회가 두 개 또는 그 이상의 일반 분담기금을 합한 분담금, 또는 한 개 또는 그 이상의 일반 분담기금을 일반 분담기금이 아닌 기금과 합한 분담금을 추천하였을 때에는, 그 추천과 그로 인한 연회의 결정은 다음과 같은 사항을 포함한다. 곧 (1) 통합기금에 포함된 각 일반기금의 분담금 액수에 관한 명세서, (2) 각 일반기금 분담금에 해당되는 통합 기금의 백분율에 관한 명세서.

5. 만일 연회가 ¶622의 규정에 의하여 할당하여야 할 기금들과 그렇지 않은 기금들을 합하였을 경우에는, 연회는 ¶622에 명시된 비례 지불 규정이 잘 이행되도록 확인한다.

6. 만일 연회가 여러 가지 특정한 목적을 위한 사역을 협조하기 위하여 그 기금을 분담금에 포함시켰을 경우에는, 그 특정한 사역에 대한 정보를 개체교회에 알린다.

¶616. *예금*—본 협의회는 연회기금을 예금할 곳(들)을 결정할 책임이 있다.

¶617. *재정 감사*—본 협의회는 연회와 연회의 모든 기관의 재무 기록을 감사함에 있어 다음과 같은 권한과 의무가 있다.

1. 전년도 연회회계의 장부를 공인 회계사에게, 연회 회계연도가 끝난 후 150일 이내에 감사를 받게 하며, 그것을 접수하여 검토하고 그 결과를 연회에 보고한다.

회계 감사의 일부로서 회계사는 연회의 주재감독과 본 협의회의 위원장과 협의한다.

2. 연회의 기금에서 재정 후원을 받거나 연회 전반에 걸친 기금 모집을 허가받은 연회의 모든 기관이나 단체는, 연례 재정 감사를 받게 하고, 그 보고서를 받아 심사한다.

3. 적어도 매년 연회회계 이외의 임원이나 회계가 보관, 관리하고 있는 기금을 포함하여, 지방이나 지방의 기관들이 인수하고 관리하는 모든 기금의 기록 또는 감사한 보고서를 요청하여 재검토한다. 그러한 감사보고를 재검토한 것에 근거하여 협의회는 적절하다고 생각되는 것을 연회에 건의할 수 있다.

4. 본 협의회는 ¶617.1, .2항의 규정에 따라 재정감사심의 위원회를 조직하여 모든 재정 보고서와 감사 보고서를 심사하게 할 수 있다. 이러한 위원회를 조직할 때에는, 적어도 그 반수는 본 협의회의 위원이 아닌 전문가들로 구성하여야 한다. 본 위원회의 위원을 선출함에 있어 위원의 다양성에 유념하여야 한다 (¶124, ¶140).

¶618. *공채보험 (Bonding)*—본 협의회는 연회와 연회 기관에서 연회 기금이나 유통 재산을 보관하고 있거나 다루는

¶618 의회들

임원과 직원들의 공채보험에 관하여 다음과 같은 권한과 의무를 가진다.

1. 본 협의회는 자기 관할하에 감독하고 있는 연회회계와 기타 직원들을 위하여 적절하다고 인정되는 금액의 공채보험을 마련하여야 한다.

2. 연회 기관이나 부서나 기구를 위하여 연회회계가 회계의 업무를 담당하지 않을 경우에는, 본 협의회에서 그 기관의 회계를 위하여 적절하다고 인정되는 금액의 공채보험을 마련토록 요구하며, 그것이 마련되고 그 증거를 제시할 때까지 모든 자금의 지출을 보류한다.

3. 본 협의회는 연회 기관장들이나 직원들을 위하여 적절하다고 인정되는 금액의 손해배상 보험을 마련하거나 또는 그것을 마련하도록 요구할 수 있다.

4. 본 협의회는 이 조항의 규정에 따라 제정된 정책을 따르도록 요청하며 그 결과를 매년 연회에 보고한다.

¶619. *연회 회계/사무장*—연회는 매 4개년 기간 정기총회 및 지역총회 직후, 그 첫 번째 연회 모임에서, 또는 공석이 생겼을 때, 연회재무행정협의회의 추천으로 연회회계 또는 연회회계/사무장을 선출한다.[70] 그 회계/사무장은 4개년 기간 동안 차기 회계가 선출될 때까지 근무하며, 그 전에 공석이 생겼을 때에는, 본 협의회에서 차기 연회 시까지 임시로 회계를 채용한다. 정당한 이유가 있으면, 본 협의회는 감독과 협의하여 연회회계를 해직시키고, 차기 연회 때까지 임시 회계를 채용할 수 있다. 연회회계는 본 협의회에서 직접적인 지시를 받으며, 복종할 의무가 있다. 연회회계는 본 협의회와 그 위원회의 모든 회의에 참석하여 발언할 수 있으나 투표권은 없다.

1. 연회회계로서, 이 임원은 다음과 같은 사무를 처리한다.

a) 연회회계는 연회의 결의와 <장정>의 규정에 따라 정식으로 허가된 총회, 지역총회, 연회, 지방을 위한 모든 선교비를 개체교회 회계들로부터 수납하며 또한 이를 규정에 따라 지출한다.[71]

(1) 개체교회 회계들은 각 교회에서 다음에 열거한 항목들을 위하여 지불하는 헌금들을 매월 1회씩 연회회계에게 지불한다. 곧 *(a)* 별도로 할당하였든지 통합하여 하였든지, 세계봉사기금 및 연회봉사기금; *(b)* 총회에서 결의되어 총회재무행정협의회가 각 연회에 할당한 모든 기금; *(c)* 연회가

---

70. 사법위원회 판정 185 참조.
71. 사법위원회 판정 456, 591 참조.

따로 지시하지 않는 한, ¶615에 의거 연회에 할당된 지역총회, 연회, 지방의 모든 선교비; *(d)* 특별주일헌금 (¶262); *(e)* 특별기금 (¶614.5, ¶819); *(f)* 특별선교헌금 (¶822); *(g)* 특별세계 선교헌금 (¶820); *(h)* 청소년선교헌금 (¶1208); *(i)* 그 이외 아직 작정되지 않은 모든 총회, 지역총회, 연회, 지방의 기금들.[72]

(2) *세계선교기금과 연회선교기금*—*(a)* 만일 합쳐서 할당하였으면, 연회회계는 매월 개체교회에서 세계선교비, 연회선교비 항목으로 수납한 헌금을, 연회에서 결의한 비율대로 둘로 나누어, 각각 적절한 금액을 세계선교비와 연회선교비로 책정한다 (¶614.3c).[73]

(b) 별도로 할당하였든지 통합 기금으로 할당하였든지, 연회 회계는 연회선교비로 배당받은 금액을, 연회선교비 예산에 포함된 각 기관과 단체의 계정에 매월 그 비율대로 대변(貸邊)에 기입하거나, 그 기관의 회계에게 지불하거나 (¶614.3a), 또는 연회재무행정협의회가 결의한 지출 계획대로 지불한다.

(c) 별도로 할당하였든지 통합기금으로 할당하였든지, 연회회계는 또한 매월 세계선교비로 배당받은 금액 전부를 총회재무행정협의회 회계에게 납부한다. 세계선교비로 지정되어 1년 동안 수납한 금액이 연회의 분담금을 초과할 때에는, 그 전액을 그 회계 연도가 끝나기 전에 총회재무행정협의회 회계에게 납부한다.[74]

(d) 만일 연회가 두 개 또는 그 이상의 일반기금들을 서로 통합한 분담기금으로, 혹은 하나 또는 그 이상의 교단 기금들을 교단 기금이 아닌 다른 기금들과 통합한 분담 기금으로 설정하였으면, 연회회계는 ¶614.3-.5 에 명시된 기금의 수입을 교단 기금에 똑 같은 비율로 할당한다. 이렇게 할당한 수입금은 총회재무행정위원회의 회계에게 매월 납부하여야 한다.

(3) 연회회계는 각 지방감리사들에게 지불하여야 할 금액을 실현 가능한 한 매월 지출한다 (¶614.1a).

(4) 이와 마찬가지로 연회회계는 기타 지역총회, 연회, 지방이 특수한 목적을 위하여 모금한 선교비를 영수하여 연회가 채택한 예산에 따라 매월 대변(貸邊)에 기입하거나 지출한다.

(5) 연회회계는 총회행정기금, 감독실기금, 에큐메니칼 사역협력기금, 흑인대학기금, 임시원조기금, 교역자양성기금,

---

72. 사법위원회 판정 591 참조.
73. 사법위원회 판정 332 참조.
74. 사법위원회 판정 400 참조.

선교우선정책기금, 특별세계선교헌금, 특별선교헌금, 특별주일헌금 (¶262), 특별범교회호소헌금 (¶819), 기타 모든 선교헌금으로 매월 수납한 금액을 총회재무행정협의회 회계에게 매월 납부한다.

b) 단일 재무행정 체제로 운영하는 (¶613.11) 연회에서 연회회계는 모든 기관의 회계로 봉사할 수 있다. 이 경우에 회계는 매월 말에 각 기관에 합당한 금액을 각각 그 대변에 기입한다. 각 기관에 할당된 기금의 지불은 그 기관의 정식 요청에 의하여서만 지출한다.[75]

c) 연회회계는 정기적으로 재정보고서를 준비하여, 담당감독, 감리사, 연회재무행정협의회 회계등에게 보고한다.

    (1) 연회회계는 총회재무행정협의회 회계와 담당 감독에게, 취급하는 일반기금에 대한 월말 보고서를 작성하여 제출한다.

    (2) 연회회계는 자기가 취급하는 모든 자금의 수입, 지출, 잔고에 대한 연례 보고를 작성하여, 이를 연회록에 기재한다.

d) 본 협의회는 세워진 정책과 절차에 따라 연회회계에게 연회 자금을 투자하는 임무를 수여할 수 있다 (¶613.5). 연회가 보유하고 있는 담보물이나 증권의 목록을 매년 연회 회의록에 기재한다.

e) 연회회계는 통일된 재무기록 및 재정보고 양식 개발에 관하여 개체교회 회계, 재무서기, 재정위원회, 교회사무장과 상담하며 이들을 지도한다 (¶613.13).

f) 연회회계는, 본 협의회가 그 직능과 책임을 완수하기 위하여 요구하는 다른 업무도 수행한다.

2. 행정담당 총무로서 그는 다음과 같은 한 가지 내지 그 이상의 임무를 수행할 수 있다. 곧, 사무실 관리, 봉급 지불 및 인사 관리, 연회 임원들과 연회 소속 기관 행정관리, 연회나 그 소속 기관의 재산 관리, 기타 본 협의회가 연회 임원 및 기관들과 협의하여 지정하는 행정업무 등. 본 총무는 감리사회가 연회회계 또는 연회 회계/사무장의 책임과 관련된 연회 행정 사항 및 감리사회와 총무가 결정하는 다른 사항들을 논의할 때 이에 참석한다. 총무는 감리사회가 파송에 관한 문제를 논의할 때 참석하여서는 안 된다.

3. 본 협의회는 행정담당총무를 감독할 권한이 있으며, 그의 직무와 관련된 연회 임원과 기관들과 협의하여 그 총무의 구체적인 책임 한계와 평가를 규정한다.

---

75. 사법위원회 판정 400 참조.

연회 ¶624

교역자 후원
(Pastoral Support)

¶620. 교역자들이 순회연대체제에 가입할 때 요구되는 파송제도의 의무에 상응하여, 교단도 이에 교단 전체의 순회사역을 지원하여야 하는 책임을 지고 있다. 이러한 관점에서 각 목회구역의 목회를 도와야 한다는 요구에 목사, 지방감리사, 감독 그리고 연회의 다른 연금수혜자들을 돕는 일에 관한 규정이 있어야 한다.[76]

¶621. *분담금 할당*—감독실기금(¶817.1), 감리사 후원, 연회 연금수혜자 후원, 그리고 공정봉급기금(¶625)을 위한 분담금을 각 지방이나 구역회에 할당하는 계획과 방법을 각 연회가 결정한다.[77]

¶622. 감독, 지방감리사, 연회 연금수혜자, 공정봉급기금을 위한 분담금을 각 지방과 구역회에 할당할 때, 그 비율은 각 구역이 현재 교역자후원비에 지불하는 것과 같은 비율로 한다(¶818.3). 각 목회구역의 회계는 교역자 후원을 위하여 모금된 기금을 비율대로 분할하여 감독, 지방감리사, 연회 연금수혜자 및 공정봉급기금 회계에게 지불한다.[78]

¶623. *기본 봉급 (Base Compensation)*—각 구역회는 ¶247.13에 따라 목사의 기본 봉급을 결정한다. "기본 봉급"이란 전국공정봉급위원회협회(NACEC)가 만든 "Guidelines: A Resource for the Conference Commission on the Equitable Compensation"에서 정의한 것을 말한다. 이는 재무행정협의회의 website나 출판물을 통하여 얻을 수 있다.

¶624. *지불 의무*—1. 각 교회 또는 목회구역은 구역회에서 통과된 기본 봉급과 주택비를 포함하여 연회가 채택한 기타 수당을 목사(들)에게 지불할 의무가 있다. 만일 교회나 목회구역이 구역회에서 승인한 기본 봉급과 지원 및 수당을 지불하지 못할 것이 분명하여지면, 교회나 목회구역은 이를 목사와 지방감리사와 교인들에게 서면이나 혹은 구두로 통보하여야 한다. 이 통보에서 기본 봉급과 지원 및 수당을 지불할 수 있는 가능한 모든 방도를 모색하되, 공정봉급기금(Equitable Compensation Fund ¶625.7)에서 단기 긴급 보조금을 신청할 것도 제시하여야 한다. 만일 목사의 봉급을 축소하여야 할 필요가 생길 경우에는 파송 연회가 끝나는 때 하여야 한다.

---
76. 사법위원회 판정 306, 455, 579 참조.
77. 사법위원회 판정 208, 455 참조.
78. 사법위원회 판정 320. 401 참조.

2. 연회가 연체(延滯 arrearage policy)에 관한 규정을 마련하여 놓고 있지 않다면, 그 모든 지불 요청은, 이를 제기한 주(州 State)의 해당 민사법의 제재와 통제를 받는다. 이미 승인된 봉급을 제때에 제대로 받지 못한 목사는 그러한 사실을 곧 서면으로 교회 또는 구역의 목회위원회 위원장, 교회임원회 회장 및 지방감리사에게 보고하여야 한다. 제때에 지불 요청을 신청하지 않은 연체금은 전부 또는 그 일부를 받지 못하게 될 수 있다. 단, 이것은 연회의 연체(延滯)에 관한 규정을 따라 처리한다 (¶625.2d).

¶625. *공정 봉급 (Equitable Compensation)*—1. 각 연회는 공정봉급위원회 또는 이 직능을 수행하며 연대체제를 유지할 기구를 둔다. 이는 같은 수의 평신도와 교역자로 구성하되, 교인 200명 이하의 교회를 대표하는 평신도와 교역자를 각각 한 명씩 포함한다. 위원은 소수 인종, 민족 교인이 고루 참여하도록 고려한다. 그들은 연회 공천위원회의 추천을 받아 연회에서 선출되며, 연회의 지시를 받는다. 추가로 감리사회가 지명한 감리사 1명이 본 위원회의 위원이 된다.

2. 연회 내의 목회구역(charges)에서 목사로 봉사하는 전임 교역자를 후원하기 위한 공정봉급위원회의 임무는 다음과 같다. *(a)* 목회를 지원할 연회의 기준을 건의한다. *(b)* 기본 봉급을 보충하는 데 사용할 기금을 담당하며 취급한다. *(c)* 지방감리사와 목회위원회에 목회 지원에 관한 문제에 대하여 상담하며 자료를 제공한다. *(d)* 연회에서 채택할 연체(arrearage policy)에 관한 규정을 제출한다. 일단 연회가 기본 봉급을 보충하여 지불하였으며, 최저 봉급과 그 보충금을 목사가 영수하였으면, 연회는 목사, 구역 또는 어느 누구에게도 목사의 봉급에 대하여 아무 의무와 책임이 없다.

3. 공정봉급위원회는 늘 연회 내의 교역자 후원의 필요성과 수입의 출처를 세심하게 연구하며, 연회의 모든 전임 및 비전임으로 파송된 교역자들의 최저 봉급 기준을 매년 연회에 건의하되 연회가 결정하는 규정을 따라야 한다 (¶338.1, .2).[79]

4. 선교적인 목적으로 어떤 경우에는 연회 봉급위원회가 개체교회에 일차적인 파송을 받은 정회원 집사에게 그 기금을 사용하도록 허락할 수 있다.

5. 이 조항의 규정에 입각하여, 교역자의 기본 봉급 지불에 대한 일차적 책임은 각 개체교회에 있다.

6. 공정봉급위원회의 건의에 따라, 연회는 공정봉급기금을,

---

79. 사법위원회 판정 579 참조.

최저 봉급 기준에 미달되는 봉급들을 보충하는 데 사용하도록 허가한다. 소수 인종, 민족 교회에서 봉사하는 목회자, 특히 미원주민 교회에서 목회하는 미원주민 목회자의 기본 봉급에 특별히 주의를 기울여야 한다. 모든 경우(소수 인종, 민족이든 아니든)에 있어 순회목회구역 또는 협동교구 및/또는 이에 준하는 교구에서 목회를 시작하는 사람들에게 우선권을 주어야 한다.

7. 공정봉급위원회와 협의하여 재무행정협의회는, 연회에서 채택한 대로, 최저 봉급 (minimum base) 기준 미달 봉급에 대한 지원금의 예상액을 연회에 건의한다. 연회재무행정협의회는 목회자 후원비로서 연회에서 책정한 금액을 각 지방과 구역에 분담금으로 할당한다 (¶614.1e).[80]

8. ¶614.1e와 ¶625.7에 의하여 마련된 공정봉급기금은 공정봉급위원회의 지시에 따라 지출한다.

9. 위 ¶614.1e와 ¶625.7에 명시된 대로 수금한 공정봉급기금은, 최저봉급 기준에 미달되는 액수를 받는 목사들에게, 각 목회구역에서 제정한 기본 봉급에, 다른 소스에서 나오는 보조금이나 수입금에 금액을 추가하여, 연회에서 정한 최저 봉급 기준에 충분히 도달하게 하는 데에 사용한다. 연회는 목회구역이 공정봉급기금을 받을 수 있는 연수에 관하여 자체 내의 정책을 수립할 수 있다. 단, 목회구역에 파송된 현직 하자없는 목회자에게는 누구에게나 최저 기본 봉급(¶342)을 지불하여야 한다.[81]

10. 타교회와의 관계(제1부 총칙, ¶6, 제Ⅵ조)에 대한 우리의 지속적인 지원과 약속에 비추어, 본 위원회는 연합감리교회에서 안수를 인정받았으며 (¶346.2), 그들의 봉사 연한을 다른 교단에서, 특히 '범감리교위원회'(Pan-Methodist Commission) 회원 교회와 '그리스도 안에서 통합하는 교회'(Churches Uniting in Christ)에 속한 기타 교회에서 인정받고 있는 이들을 위하여, 특별히 교역자 지원 기준을 설정하도록 고려한다.

11. 공정봉급위원회는 봉급 협상과정, 최저 봉급 기준, 그리고 연회의 모든 구역에서 더 공정한 기본 봉급을 책정하는 데 관계되는 모든 자료들을 수집하여, 각 구역과 지방감리사들에게 배부한다.

12. 감독과 지방감리사는 파송지를 마련하고 결정할 때에 가능한 한 연회의 공정봉급 지원 프로그램 지침을 지키도록

---
80. 사법위원회 판정 90, 179, 1013 참조.
81. 사법위원회 판정 456, 579, 587, 1013 참조.

하여야 한다. 감독으로부터 개체교회에 파송받은 연회의 각 전임 목사나 비전임 교역자는 연회의 공정 봉급 기준 프로그램의 혜택을 받을 자격이 있다(¶342.1, .2).

13. 공정봉급위원회는 목회자 및/또는 구역들을 위한 공정봉급 변동 한도액을 연회로 하여금 고려하도록 제시할 수 있다.

¶626. *교역자비상원조기금 (Sustentation Fund)*—연회는 교역자비상원조기금을 마련할 수 있으며, 그 기금은 연회재무행정협의회 또는 연회 내에 특별한 도움이 필요한 교역자들에게 긴급 대책을 마련하여 주기 위하여 지정된 기관이 취급한다. 재무행정위원회의 제의에 따라, 연회는 이 목적을 성취하기 위하여 필요한 금액을 각 목회구역에 분담금으로 할당한다. 비상원조기금이 설정되었을 때, 해당 감리사와 공정봉급위원회 위원장 및 연회가 지명한 기관의 위원장이 이를 공동 관리한다.

¶627. *목사의 지출 비용과 수당*—개체교회는 연회 보고 양식에 따라 다음과 같은 목적을 위하여 지출한 비용을 연회에 보고한다. 곧, (1) 목회 활동을 하기 위하여 목회자가 쓴 비용에 대한 상환비 지출액, (2) 기본 봉급에 더하여 목회자에게 수당(주거비를 포함하여)으로 지불한 금액. 개체교회는, 연회 및/또는 총회재무행정협의회가 이러한 수당과 비용을 위하여 마련한 지침을 따를 것을 권장한다.

¶628. *연장 사역자의 봉급 (Compensation for Extension Ministries)*—연장사역에 파송된 연회 회원들은 보수 총액(기본 봉급, 여행비, 자동차, 주택비, 기타 허락된 경비를 포함)을 연회 서기에게 보고하여야 하며, 서기는 그것을 연회록에 발표한다.[82] 이 보고가 없을 때에는 감독과 감리사회는 그의 파송을 재고할 수 있다.

연회의 기타 기관들

¶629. *연회사회부*—1. 연회는 총회사회부가 주어진 사역을 다하며 연회, 지방, 개체교회와 연결을 맺으며, ¶¶1002-1004에 제시된 총회사회부의 목적과 영역에 관계되는 임무를 담당할 목적으로 연회사회부 또는 이와 동등한 기구를 둔다.

2. 연회사회부 또는 그와 동등한 기관은, 연회가 결정하는 사람들로 구성하되, 연회여선교회 사회운동부의 선교 책임자 및

---

82. 사법위원회 판정 345, 465 참조.

¶610.6과 ¶710.6이 규정한 테두리 안에서 봉사할 연회의 총회사회부위원들을 그 직책상 회원으로 포함한다. 연회사회부 또는 이와 동등한 기관은 세계평화 총무를 두어 세계평화 주일 헌금 운영의 책임을 지며 세계평화를 위한 사역을 담당하도록 한다. 위원 구성에는 다양성을 위한 지침서를 따른다 (¶610.5).

3. 총회사회부와 연회사역협의회와 협의하여 연회사회부는 형무소 사역을 포함한 연회 경계 내의 사회문제 해결을 위한 프로그램들을 개발하며 증진시킨다. 이를 위하여 연회사회부는 대략 같은 수의 회원으로, 총회사회부의 조직을 따라 위원회로 구분할 수 있다. 각 위원회들은 부서 내의 관심사와 임무를 증진시키며 수행하기 위하여, 사회교육, 봉사, 증언, 실천의 임무를 다한다.

4. 연회사회부는 예수 그리스도의 복음을 교인들과 우리가 사는 지역사회, 국가 그리고 이 세계의 모든 사람과 기관들에게 관련지어 주는 일을 위하여, 총회사회부와 지방 또는 개체교회 간의 다리 역할을 한다. 교회가 당면한 이슈에 대하여 교육을 하고 행동을 취할 프로그램을, '사회생활 원칙'과 총회가 채택한 정책과 일치하면서 개발한다.

5. 연회사회부는 매년 그 사역 예산안을 작성하여 절차에 따라 연회에 보고한다. 사회부의 사역은 연회 선교사역으로 간주할 수 있다.

6. 사회부 사역을 위하여 연회는 직원(들)을 채용할 수 있으며, 연회들이 연합으로 사회부 사역을 개발하고 직원(들)을 공동으로 채용할 수 있다.

¶630. *연회제자사역부*—연회는 총회제자사역부와 연회, 지방, 개체교회 간의 연대 관계를 지어주며, ¶1101과 ¶1102에 명시된 총회제자사역부의 목적과 사역에 해당하는 업무를 담당하기 위하여 연회제자사역부 또는 이 사역의 직능을 다하며 연대 관계를 유지시켜줄 이와 동등한 기구를 둔다. 연회제자사역부 또는 이와 동등한 부서가 조직되어 있지 않을 때에는, 연회 내에 거주하는 총회제자사역부 위원(들)을 연회사역협의회 회원으로 추대하여 투표권을 부여한다.

1. *일반적인 임무*—*a)* 연회 내의 개체교회와 지방이 예수 그리스도를 통하여 나타난 하나님의 구속적이며 화해의 사랑을, 각 연령층과 각 종족과, 사회 각층의 사람들에게 전달하며 경축하는 일과 사람들로 하여금 그리스도와 그의 교회에 그들의 삶을 바치도록 하는 일과, 세상에서 사람들이 그리스도의 제자로 살도록 하는 일을 지도하며 돕는다.

¶630

　　b) 그리스도인들이 제자의 삶을 살도록 개발하기 위한 전인적 접근을 육성하며 장려한다. 이 사역은 기독교교육과 소그룹 사역, 캠핑 및 야외 활동, 전도, 청지기, 예배, 평신도 사역 개발, 영성생활, 각 연령층 및 가정 사역, 지도자 교육, 연합감리교회 남선교회 및 연회가 제정한 사회부의 사역들을 포함한다.

　　c) 장애인들을 위하여 특별히 고안한 캠프를 포함한 장애인 캠핑을 육성하고 장려하며, 가능하면 지방과 연회가 주최하는 캠프에 장애인들이 참여하도록 권장한다.

　　d) 교회학교, 캠프, 수련회 그리고 신앙 개발을 포함한 장애인들을 위한 사역에 관하여 교역자와 평신도들을 훈련시킨다.

　　e) 지방 및 각 기관 지도자, 개체교회의 각 위원회 및 임원들을 지도하며 훈련시킨다.

　　f) 가정과 개체교회와 지역사회를 위하여 봉사할 각 연령층의 지도자 훈련을 위한 통일되고 종합적인 프로그램을 개발한다.

　　g) 교역자들이 어린이들을 위한 효과적인 목회를 통하여 그들의 신앙이 건전하게 성장하게 하며, 교회학교 교재에 관하여 잘 설명함으로써, 바로 선택할 수 있도록 하는 연속 교육의 기회를 마련한다.

　　h) 교회의 각 부서에서 청소년 선교를 강화하도록 돕는다.

　　i) 연회에서 총회제자사역부와 각 지방의 해당 위원회와의 교량역할을 포함하여 제자사역부의 임무를 담당할 총무, 간사 또는 그 지도자의 채용 여부를 결정한다.

　2. *교육 분야에서의 임무*—a) 어린이, 청소년, 청장년, 장년, 노인, 가정 등이 교회와 지역사회, 그리고 이 세계에서 기독교인으로서 봉사하려는 동기를 불러일으킬 만한 기독교 신앙과 영성훈련에 대한 지식과 경험을 가져다 주는 연회의 기독교교육 프로그램을 개발하며 증진시킨다. 이 교육은 전 생애를 통하여 이루어지는 것으로서, 개체교회와 지방의 교육 및 소그룹 사역을 지도하며 협조하는 것이어야 한다. 이 프로그램에는 지방의 기독교교육 지도자, 개체교회 교육부장 또는 위원장, 교회학교 교장 및 교사, 그리고 개체교회의 다른 모든 기독교교육 지도자들을 지도하며 훈련시키는 일을 포함한다.

　　b) 개체교회, 지방, 지역사회 그리고 총회제자사역부의 기독교교육 담당자들과 의사를 소통하며 함께 일할 수 있는 기구를 개발하고 유지한다.

c) 학습반을 인도할 지도자들을 훈련시키며 학습 경험과 적절한 교재를 사용하는 일에 교인들을 훈련시킨다.

d) 각 개체교회에서 기독교교육의 중요성을 강조하며, 기독교교육 사역을 위한 특별헌금을 수납하기 위하여 첫 주일이나, 또는 연회가 지정한 날에 기독교교육 주일을 지키도록 권장한다 (¶265.1 참조).

e) 총회제자사역부가 개발한 캠핑 기준에 따라, 연회의 캠프장 및/또는 수양회장의 구입 또는 처분 계획을 수립하여 연회에 제출한다 (¶1109.10).

f) 다음 세 가지 방법을 통하여 교회학교 확장을 장려한다. 곧 (1) 새로운 연합감리교회 교회학교의 개발을 장려함으로써, (2) 새로운 공부반을 시작함으로써, (3) 교회와 지역사회에서 교육의 기회를 확장하여 나감으로써.

g) 개체교회가 교회학교 교사를 발굴, 개발, 훈련하며, 또한 그들이 성서적으로, 신학적으로, 또한 윤리적으로 사고하게 하는 재훈련 프로그램과 기독교교육 과정과 방법을 개발하는 일을 시작하도록 돕는다.

h) 모든 학교, 대학교, 연회와 관련된 신학대학원, '연합감리교 학생운동' (United Methodist Student Movement), 연회, 지역 또는 지방의 학원사역 등이 총회고등교육사역부 정책과 절차에 일치하며 연회가 허가하였을 경우, 그 조직과 후원을 통하여 그들을 지원하는 일에 협조한다.

3. *전도 분야의 임무*—*a)* 효과적이며 종합적인 전도사역을 모든 연령층을 위하여 계획하고 진행한다.

b) 연회 전역에서 전도의 뜻을 이해시키며, 이에 대하여 흥미를 가지고 헌신할 마음을 자아내게 한다.

c) 교역자와 평신도들에게 전도사역을 위한 지도자 훈련의 기회를 마련하고 자료를 제공하며, 계속적인 전도 프로그램에 개체교회들이 참석하며 교회의 활성화와 개체교회 개발에 협조하도록 장려한다.

d) 지방에서 전도의 임무를 담당한 그룹과 개체교회 전도부장들을 지도한다.

e) 개체교회가 그 지역에 사는 모든 사람들, 교회에 속하지 않은 사람들, 또는 신앙고백을 하지 않은 사람들까지도 양육하며 돌볼 수 있는 전도사역 프로그램을 발전시키도록 특별히 강조한다. 이 사역은 감옥에 있는 범법자들과 그들의 희생자들과 가족들을 포함할 수 있다.

f) 연회안수사역부와 협의하여 연회의 현직 연회원들을 일반 전도자로 임명할 것을 연회와 주재감독에게 건의한다. 단, 그들은 총회제자사역부가 일반 전도자로 허가하는 기준에 합당하여야 한다. 그는 연회제자사역부 전도 분야의 직책상 위원으로 봉사한다. 한 연회에 한 명 이상의 일반 전도자가 있을 때에는 적어도 그 중 한 명은 연회공천위원회가 선출한다.

g) 위 일반 전도자의 사역 활동을 연회의 목회자들과 지도자들에게 추천하고 인준한다.

4. *예배 분야의 임무—a)* 연회 내의 모든 연령층을 위한 예배에 관한 일에 책임을 진다.

b) 연회 기간뿐만 아니라 연회 내의 모든 교회들이 가장 좋은 예배 자료들을 사용하도록 힘쓰며, 연회 내의 모든 교회들이 <연합감리교회 찬송가>(*Uunited Methodidt Hymnal*, 1989년 판)와 <연합감리교회 예배서>(*The United Methodist Book of Worship*, 1992년 판)를 사용하도록 홍보한다. 교역자와 음악인들이 예배예식을 함께 계획하는 방법, 예배양식 및 음악과 다른 예술을 사용하는 방법에 관하여 세미나와 실습을 계획하고 보급하며, 특히 교인들이 함께 찬송을 부를 수 있는 방법에 강조점을 둔다. 이는 각 연회 때의 모든 예배를 일차적으로 책임지고 있는 주재 감독과 협력하는 것을 포함한다.

c) 음악과 다른 예술을 포함한 예배에 대한 세미나와 강습을 보급함에 있어 연회 회기 동안에 총회제자사역부, 연회사역협의회, 성누가회 및 연합감리교 예배예술인친목회의 연회 지부와 협력하여 전시회를 마련한다.

d) 총회제자사역부와 협력하여 개체교회에서 음악 담당자(악기 연주자, 성가대원, 지휘자 등)로 봉사할 사람들을 발굴, 그들의 기술을 발전시킨다. 이 일을 함에 있어 전임, 비전임으로 일할 사람들, 특히 개체교회를 위하여 자원봉사할 사람들에게 초점을 맞춘다.

5. *청지기 분야의 임무—a)* 청지기 교육, 수입에 알맞는 헌금과 십일조, 교회 선교를 위한 기금 모금, 돈과 시간과 역량의 바침, 경제와 재정관리 및 생활양식 등과 같은 분야에서 포괄적인 청지기 교육 프로그램을 모든 연령층을 위하여 연회 전반에 걸쳐 계획하고 보급한다.

b) 청지기에 관한 성서적 그리고 신학적인 근거를 해설한다.

c) 기독교인의 생활양식에 합당한 헌금을 드릴 것을 장려한다.

d) 연회와 지방과 개체교회 안에서 건전한 청지기 원칙과 연합감리교회의 교리와 일치하는 재정지원 개념을 개발한다.
　　　e) 십일조는 연합감리교회에서 최소한의 헌금 기준임을 개체교회에 가르친다.
　　　f) 훈련 행사를 계획하고 스케줄을 짜며, 홍보 자료를 나누어주며, 연중 청지기 프로그램에 개체교회가 참여하도록 한다.
　　　g) 지방의 청지기부장과 개체교회의 청지기부장 및 재정위원회를 지도한다.
　　　h) 개체교회가 세계가 당면한 생태학적 그리고 환경적인 문제들에 관하여 관심을 가지며, 그러한 문제들을 해결하는 데 책임을 느끼도록 동기를 부여하는 프로그램을 개발한다.
　　　i) 전국청지기지도자협회, 전국연합감리교회재단연합회 등과 같은 청지기와 관련된 전국 또는 지역 기구들의 사역에 참여한다.
　6. 영성훈련 분야의 임무—다음과 같은 임무를 수행하기 위하여 별도의 위원회를 구성할 것을 권장한다.
　　　a) 연회 전반에 걸쳐 가정과 모든 연령층의 사람들 및 교역자와 평신도를 위하여 영성훈련과 기도생활 개발을 위한 프로그램을 장려한다.
　　　b) 개인 및 공중 기도에 관한 세미나와 훈련을 실시한다.
　　　c) 다락방과 총회제자사역부에서 마련하는 영성훈련을 위한 자료들을 배부하며 그 사용을 장려하고 돕는다.
　　　d) 각 개체교회가 기도생활을 장려하며 전 교인이 늘 기도하게 하기 위한 목적으로 기도 인도자를 두도록 장려한다.
　　　e) 각 개체교회가 기도실을 장만하거나 방 하나를 기도실 및 기도자료실로 지정하도록 장려한다.
　　　f) 개체교회 목회 지도자들을 위하여 특별히 기도하기를 권장한다.

¶631. *연회평신도사역부*—1. 각 연회는 연회평신도사역부 또는 그 직능을 가지고 연대 관계를 유지시켜 줄 이와 동등한 기구를 둔다.[83] 이 부서는 ¶¶1101-1126에 규정된 총회제자사역부의 목적과 연관된 평신도 사역을 제공한다.
　2. 연회평신도사역부의 목적은 다음과 같다.
　　　a) 교회에서뿐만 아니라 그들이 가정, 직장, 지역 사회에서 봉사할 때, 교회의 선교적 사명을 성취할 평신도의 역할을 의식하도록 양육하는 일. 따라서 연회 내의 교인들이 평신도

---
83. 사법위원회 판정 835 참조.

생활과 사역에 관한 신학적, 성서적 근거를 적절히 이해하도록 프로그램을 개발하고 장려한다.

b) 연회사역협의회와 협조하여, 연회 내에 시간과 재능과 재물의 청지기 개념을 개발하며 홍보하는 일.

c) 연회 평신도 회원들을 훈련시키는 일.

d) 개체교회, 지방, 연회 차원의 평신도사역을 지원하고 지도하며, 또한 평신도주일을 지킬 것을 장려하는 일.

e) 개체교회의 평신도 지도자 개발을 위한 조직, 방향, 지원을 제공하는 일.

3. 평신도사역부의 위원은 다음과 같이 구성할 수 있다. 곧 연회평신도대표, 연회평신도부대표, 연회평신도설교사역 총무, 연회스카우트 책임자, 연회연합감리교회 남선교회, 연회연합감리교회 여선교회, 청장년회, 청소년회위원회 등과 같은 각 기관의 회장과, 각 기관에서 선출한 2명의 대표들, 지방평신도대표, 남자 2명, 여자 2명, 연회가 선출한 청소년 2명, 감리사회가 임명한 감리사 1명, 연회사역협의회 총무 및 감독. 장애인과 소수 인종, 민족 그룹의 사람들이 포함되도록 특별한 관심을 보여야 한다.

4. 연회평신도대표가 평신도사역부 위원장이 되며 다른 임원은 위원회의 필요에 따라 선출한다.

5. 평신도사역부는 평신도 사역직과, 기타 연회의 연합감리교회 남선교회, 연합감리교회 여선교회, 연합감리교회 청장년회, 연합감리교회 청소년회 등과 같은 평신도 조직과 연관을 가지며, 그들의 사역을 후원하며 이들 연회 내의 평신도 조직 활동을 조율하여 준다.

6. 연회평신도사역직위원회 (Conference Committee on Lay Servant Ministries) —a) 각 연회는 연회평신도사직역 위원회 또는 ¶¶266-268의 규정을 충족시킬 동등한 대체 기구를 만들어 연회평신도사역부와 ¶1116에 따른 총회제자사역부 및 다른 연관된 기구와 관계를 맺도록 권장한다.

b) 연회평신도사역직위원회의 목적은 지방평신도사역직 위원회를 위하여 그 기준과 지침을 만들며, 평신도 사역자 과정을 개발하고 지방 위원회가 개발한 과정을 승인하며, 연회 차원의 평신도사역에 관한 집회들을 조직하는 일이다.

c) 평신도사역직위원회는 최소한 지방평신도사역 총무들이나 이와 동등한 사람들로 구성한다.

d) 연회평신도설교사역직 총무를 둘 수 있다. 이 자리는

연회가 정하는 바에 따라 채울 수가 있다. 이 자리는 인증받은 평신도 사역자로 채워야 한다. 연회 총무가 본 위원회의 위원장이 될 수 있다. 다른 임원들은 위원회가 필요하다고 인정하는 바에 따라 선출될 수 있다.

7. *평신도사역 분야의 임무*—a) 연회 안에 있는 각 교회 교인들 사이에서 평신도사역을 위한 신학적, 성서적 근거에 대한 정확한 이해를 조성하는 프로그램을 개발하고 권장한다. 특히 모든 연령층의 평신도들이 교회와 지역 공동체에서 모두 유능한 지도자가 되게 하는 프로그램과 봉사 사역에 강조점을 둔다.

b) 평신도 사역직이나, 평신도주일을 지키는 일이나, 개체 교회와 지방 차원에서 활동하는 평신도 지도자들의 사역 등과 같은 평신도 프로그램을 지원하며 지도한다.

c) 모든 연령층의 사람들이 좀 더 효율적으로 개체교회 사역협의회, 교회임원회, 위원회, 특무반 등의 위원으로 봉사할 수 있도록 훈련 프로그램을 개발하는 등, 개체교회 지도자 개발을 위하여 연회 및 지방의 프로그램을 지원하며 지도한다.

d) 연회를 대신하여 ¶¶266-268의 요건을 충족시켜 줄 연회평신도사역직을 위한 위원회를 조직한다. 이 위원회는 지방위원회가 사용할 지침과 기준을 정한다 (¶669 참조).

¶632. *연회소수민족교회위원회*—1. 각 연회는 연회소수민족 교회위원회 또는 이들 기본적인 직능을 수행하며 연대체제를 유지시켜 줄 다른 기구를 둔다.

2. 이러한 직능들을 위하여 아래와 같은 일을 한다.

a) 연회에 대하여 소수민족 교회를 위한 비전을 유지한다.

b) 연회 교회들이 소수민족 구성원들을 위하여 사역할 때 그들에게 자료를 제공하여 주며 지도한다.

c) 교단이 강조하고 창시한 것을 포함하여 소수민족 교회와 연관된 연회의 전략을 조정한다.

d) 연회 기관들은 물론 소수민족 구성원들 사이의 대화를 위하여 하나의 논단을 만든다.

e) 연회 및 교회 지도자들을 훈련시킨다.

f) 연회에 소수민족 교회의 관심사를 알리고 설명한다.

g) 연회와 함께 소수민족 공동체의 평신도 및 교역자 지도자들을 선발하여 양성한다.

3. 이 위원회의 위원은 연회가 이미 정한 절차를 따라 지명하고 선출한다. 연회가 이 위원회의 위원 수와 구성원을 결정한다. 이 위원회의 위원 대다수가 연회 개체교회의 구성원을 반영하는 소수 인종, 민족 사람들로 구성되기를 추천한다 (¶705.3).

¶632 의회들

가능하면 교역자와 평신도, 남성과 여성, 청소년과 청장년이 균형을 이루도록 주의를 기울여야 한다.

¶633. *연회세계선교부*—1. 연회는 ¶¶1302-1303에 규정된 총회세계선교부의 목표와 사역 영역과 연관된 일을 담당하며 연대 관계를 유지시켜줄 연회세계선교부 또는 그 대체 기구를 둔다.

2. 연회세계선교부 또는 이와 동등한 기구는 연회가 결정하는 사람들로 구성하며, 연회가 정한 업무를 수행한다. '연회연합감리교회 여선교회 교육, 해설 선교간사'는 직책상 연회세계선교부의 위원이 된다.

본 선교부의 위원장은 총회세계선교부의 목적과 사역 범위 안에서 연회선교부가 이와 보조를 맞추도록 연회선교부 총무와 협력하여 일한다. 연회를 대표하여 총회세계선교부의 위원으로 봉사하는 사람들은 직책상 자기 연회의 세계선교부의 위원이 된다 (¶610.6, ¶710.6 참조).

3. 연회세계선교부의 위원이 되며, 연회사역협의회 또는 그 동등한 기구의 위원이 될 수 있는 연회세계선교부 총무를 둔다.

연회세계선교부 총무는 연회세계선교부 위원장과 함께 일하면서 연회세계선교부가 총회세계선교부의 목적과 그 사역에 동참하도록 한다.

4. *a)* 연회와 총회세계선교부는 서로 협조하여, ¶1302에 규정된 세계선교부의 모든 정책과 임무를 수행한다.

b) 임무—(1) 연회 차원에서 세계선교부의 임무를 수행할 수 있도록 이에 필요한 위원회, 부서, 특별위원회, 개인 비서, 코디네이터, 또는 기타 지도자들을 임명한다.

(2) 총회세계선교부의 프로그램, 계획, 정책 등을 연회에 설명하여 주며, 세계선교를 강조하는 프로그램을 계획, 추진한다. 또한 총회세계선교부의 프로그램 전체를 교육, 건설적인 평가, 공보 활동, 교화 등을 통하여 보강한다.

(3) 총회세계선교부로부터 연회 연락 간사의 보고를 받는다.

(4) 연회세계선교부가 개체교회의 연장으로서 그 임무를 다하게 하기 위하여 연회와 개체교회의 선교 프로그램, 긴급 사항, 관심사 등을 총회선교부에 설명하여 준다.

(5) 연회 전반에 걸쳐 선교 정신을 개발하게 하고, 인류의 건강복지 사역 분야에서 세계선교에 참여하기 위한 각종 선교 봉사자들을 훈련, 교육, 개발하는 여러 가지 모임과 경험할 수 있는 기회를 계획하고 추진한다.

(6) 총회세계선교부의 미주 밖의 선교 프로그램을 위하여 이와 협력한다.

(7) 사회에서 격리되고 소외된 모든 사람들과 동조하며, 균등고용정책을 장려하고 실현하는 것을 포함하여 그들이 몸과 마음과 정신적으로 온전한 인간으로 성장하도록 돕는다.

(8) 어떻게 발생하였든 간에, 긴급하게 또한 제도적이든 아니든 계속 생겨나는, 인류가 필요로 하는 것을 해결하는 선교에 직접 참여한다.

(9) 여선교회의 연회 조직과 협조하며, 모든 여성들이 교회 선교에 적극 참여하도록 돕는다.

(10) 연합감리교 구호위원회(UMCOR)를 포함하여 총회세계선교부가 지정하는 산하 부서가 집행하는 특별 선교비를 연합감리교회 여선교회 이외의 통로를 통하여 개발한다.

(11) 개체교회와 총회세계선교부 직원들과의 성약(聖約) 관계를 개발한다.

(12) 연회와 총회세계선교부의 해당 부서와 연결된 연회 기구들 간의 관계를 장려, 유지, 강화하며 그 기관들이 연회에 보고할 때 그 통로를 마련한다.

(13) 자선 사역과 노인복지, 사회봉사, '세계성찬주일 장학금' 등을 특별히 강조하는 연회의 선교사역과 프로그램, 건강복지 선교 등의 재정후원 정책을 계획하고 실천한다.

(14) 교회개발, 협동목회구역, 사회봉사 센터, 교육 및 인류를 위한 봉사, 건강과 복지 선교사역 등을 격려하며 후원함으로써, 그들이 도시 및 농촌 지역의 선교 단위가 되어 전 세계에 걸친 교회 선교의 동역자가 되도록 한다.

(15) 대도시 선교와 도시, 전원 특별선교, 필요한 사람들을 돕는 선교, 개체교회를 강화하는 프로그램들을 격려하고 후원한다.

(16) 변화하는 상황들과 사회적인 형태가 요청하는 바에 따라 새로운 방법과 직접적인 봉사 사역을 모색하며 개발하도록 지방과 개체교회를 돕는다.

(17) 지역사회와 전국적인 문제에 영향을 미치는 전략적 계획, 프로그램 개발, 법률제정을 지지하는 일에 교회와 사회 각층의 지도자들과 협력한다.

(18) 늘 변하여 가는, 필요한 것에 맞는 새로운 양식의 선교 비전을 실현하여 보며, 그 결과를 서로 나눈다.

(19) 다른 언어를 쓰는 민족, 장애인, 과도기에 있는 사람들, 억압 정치하에 사는 사람들이 필요로 하는 것에 특별한 주의를 가지고, 위급한 지역사회 문제에 대응하는 전략을 개발한다.

(20) 연회세계선교부와 연관된 연회재해대책위원회에 알림으로써 연합감리교 구호위원회의 난민선교 사역을 도우며, 또한 개체교회의 난민선교 활동을 장려하며 조언을 주고 돕는다.

(21) 연회가 연회 기아대책 총무를 임명할 것을 권장함으로써 연합감리교 구호위원회의 '세계 기아/빈곤 사역'을 도우며, 연회 기아 코디네이터를 임명하고 연회세계선교부와 연관성을 가지는 연회기아위원회를 형성한다.

(22) 연회세계선교부와 연관된 연회재해대책위원회(annual conference disaster response)를 형성할 것을 장려함으로써 연합감리교회 재해대책위원회를 도울 연회재해대책 담당자를 임명하며, 가능한 한 이는 총회세계선교부의 연회 대의원을 포함하여야 한다. 이 재해대책위원회는 지방재해대책 담당자들과 연회 공보담당 총무 또는 공보위원회 위원을 위원으로 포함시킬 수 있다. 연회 및 지방 재해대책 담당자들은 적어도 매 4년마다 한 번 훈련을 받아야 한다.

(23) 지역개발 선교 프로그램의 목표 설정, 프로그램 개발, 자금 조달, 그리고 사역을 평가하는 일들을 돕는다.

(24) 선교사들을 발굴하고 지원하기 위하여 총회세계선교부와 협력하며, 건강복지 봉사자 및 기타 교회와 연관된 직업에 종사할 일꾼들을 개발하기 위하여 연회선교인력위원회와 같은 연회의 해당 부서와 협조한다.

(25) 총회세계선교부에 제출하는 대부금, 기부금, 보조금 신청서들을 검토하고 확인한다. 제정된 지침과 그 자금의 지정된 목표에 따라 그 자금을 관할한다. 그리고 이러한 자금과 관계되는 모든 계획 및 평가 과정에 총회세계선교부와 함께 참여한다.

(26) 총회세계선교부가 관리하는 제반 특별주일 헌금을 위한 기부를 장려한다.

(27) 건강복지 선교를 담당한 연회의 부서와 연회와 연관된 각 건강복지 선교 기관에서 서로의 권리를 보장할 대표가 있는가를 보증하도록 노력한다.

(28) 연합감리교회의 연대적인 기구와 연관된 연회 내의 건강복지 기관들과 프로그램들로 하여금, 교회와

연관된 기관들과 프로그램에 적절하며, 이를 통하여 기독교 사역과 선교가 월등히 좋게 되도록 하여 주며, 제공된 사역을 강화시켜 주는 프로그램 기준, 자체 연구, 동료 기관들의 평가를 충분히 이용하도록 장려한다.

(29) 연회가 건강복지 선교의 필요성을 평가하며, 지역사회와 연회 내에 건강복지 사역을 개발하는 일을 돕는다.

(30) 총회세계선교부, 연합감리교 보건복지사역협회와 함께 지도자 개발 프로그램 및 건강복지 선교 추진 업무를 담당한다.

(31) 연회 내의 건강복지 선교에 있어서 기독교적, 재정적, 전문적 기준을 향상시킨다.

(32) 연회와 관련된 기관과 프로그램, 그리고 그 기관이나 프로그램이 연회와 무관하더라도 주 (州 State) 내에 필요성이 있는 곳에는, 거기에 종교적인 선교사역을 계획하는 일을 돕는다.

(33) 연회에 관련된 건강복지 기관이나, 프로그램의 위원 선출 시에 연회가 참여할 경우, 연회 공천 과정에 그 고문 자격으로 봉사한다.

(34) 건강복지 프로그램이나 기관들이 연회에 보고할 수 있는 길을 마련한다.

(35) 연회 내의 건강복지 선교 후원을 위하여 각 개체교회에서 연회가 선정한 날(들)을 택하여 연례적으로 노인복지헌금 모금을 추진한다. 이 헌금으로 병약자, 노인, 어린이, 청소년, 장애인들을 돌보는 일에 재정적 지원을 한다. 또한 궁핍한 사람들에게 직접 재정적 지원을 제공하는 사역에 특별한 주의를 기울인다. 헌금 모금에는 건강복지 사역과 관련이 있는 총회세계선교부의 모든 산하 부서가 포함되어야 한다.

(36) 개체교회들이 교회 건물 안에 장애인들이 자유롭게 드나드는 통로를 마련하도록 돕는 프로그램과 자료들을 마련하여 제공한다.

5. 연회는 총회세계선교부의 목표와 사역(¶1313)에 관계되는 업무를 수행할 지역사회개발위원회를 설치하거나 그 업무를 현존하는 연회 기관에 맡긴다. 본 위원회는 본 선교부의 선교 분야와 관계되는 모든 기관과 자원봉사 선교사역 기구와 함께 프로그램을 제창하며 개발한다. 본 위원회는 이러한 분야별 소위원회를 조직할 수 있다. 본 위원회는 연회세계선교부 또는 연회가 지정하는 기관에 예속된다. 본 위원회 위원장과 소위원회 위원장(들)은 연회세계선교부 또는 본 위원회가 예속된 기관의 위원이 된다.

¶633

a) 본 위원회에는 목회구역과 지역사회 선교에 깊이 관련이 있는 자, 교인수가 적은 시골, 도시, 대도시 교회들을 대표하는 평신도와 교역자, 지역 또는 연회 감리사, 교구개발부 총무, 관련된 교회 기관 대표, 지역 공동체 대표들이 포함된다.

b) 본 위원회의 일반 업무에는 연구, 평가, 계획 및 전략 개발, 정책 기안, 프로그램 시행, 교구와 지역사회 개발에 관계되는 지방 및 전국(교단 및 연합 사역적인)연락 사무, 그리고 연회 또는 본 위원회가 예속되어 있는 연회 기관이 결정하는 기타 업무들이 포함된다.

c) 총회세계선교부와 관련된 기관 및 자원봉사선교 소위원회의 임무는 다음과 같다. 곧, 연회 내의 모든 기관과 자원봉사선교 사역의 관계를 개발한다. 지역사회 봉사센터, 봉사관, 건강관리 기구, 학교 및 기타 교육 기관을 통하여 시행되는 지역사회 복지의 필요성과 관계되는 전국 선교의 관심사들을 시행하기 위한 합동 계획과 전략을 위하여 그 기관들과 협의한다. 이러한 선교 기관의 효과적인 봉사와 필요한 자금을 후원하기 위하여 자금 출처와 협의한다.

d) 총회세계선교부가 교회와 지역사회 봉사자를 파견한 연회에서는 교회와 지역사회선교 소위원회의 임무가 그 사역을 검토하고 평가하며, 그 봉사자들을 도와주며, 재정적으로 후원하는 일을 포함한다.

e) 교회개발소위원회의 임무는 새 교회와 기존 교회의 개발을 격려하고 후원하는 일; 연구 조사와 지역 조사를 통한 선교계획과 혁신적 전략 개발; 대부금, 기부금, 보조금 신청을 총회세계선교부에 추천하는 일 등을 포함한다. 소위원회는 또한 이중 직업 선교, 비전임 본처목사, 협동목회자 등과 같은 목회 활동을 최대한 활용하여 이런 선교사역을 방해하는 일들을 제거하고 능률적인 대외 선교사역을 교역자 파송의 주요한 기준으로 삼을 것을 강조한다.

f) 마을선교소위원회의 임무는 인구 5만 명 이하의 소도시와 농촌 선교를 포함한다. 여기에는 법인체로 된 인구 1만 명에서 5만 명까지의 작은 도시들과, 1만 명 또는 그 이하가 되는 법인체 지역과, 인구 밀도가 1평방 마일 당 200명 또는 그 이하가 되는 시골들을 포함하며 ¶633.5h에 요약된 직능을 수행하여야 한다.

g) 도시선교소위원회의 임무는 인구 5만 명 이상의 도시를 위한 장기 선교전략 개발과 선교를 포함함으로 ¶633.5h에 기재된 직능을 수행한다.

연회 ¶633

h) 마을과 도시선교 소위원회의 임무는 다음과 같은 일들을 포함한다.

(1) 협동구역 목회를 위한 정책 개발, 직원 채용을 위한 자금 조달, 이러한 선교사역들을 시작하고 강화하기 위한 감독, 감리사회, 지역 또는 연회 감리사, 구역목회개발부총무, 마을 및 도시선교 대표, 그리고 연회 기관들과의 협의,

(2) 연회와 지방과 개체교회의 선교를 위한 종합선교정책 수립과 이를 연회에 보고하는 일,

(3) 다음과 같은 필요한 사역들을 시작하고 또는 도와주는 일:

(a) 개체교회 및 지역사회 선교 기구와 그 개발,

(b) 특수한 집단을 위한 사역과 농산물과 공산품을 생산하는 지역을 위한 사역과 특수한 문제를 위주로 하는 사역,

(c) 지역이나 전국 조직 또는 연합회의 네트워크를 개발하며 강화하는 일,

(d) 소수 인종 및 언어 그룹,

(e) 인구가 변동하는 지역사회에 있는 교회들,

(f) 소수교인 교회들,

(g) 시골 및 도시 인구와 그 지역사회에 억압 제도가 주는 충격적인 영향력, 그리고

(h) ¶1313에 열거한 총회세계선교부의 목표와 의도에 관련된 모든 직능의 수행.

i) 소수교인교회소위원회의 임무는 다음과 같은 책임을 포함한다. (1) 연회 내 시골, 소도시, 대도시에 있는 소수교인 교회가 필요로 하는 것과 기회에 관하여 잘 알고 있어야 한다. (2) 연회사무 결정 과정에 소수교인 교회 대표들이 참여하도록 초대한다. (3) 연회 내 모든 계층의 지도자들에게 소수교인 교회에 영향을 주는 문제에 관하여 알려 주고 일깨워 주는 일. (4) 소수교인 교회에 영향을 주는 정책, 계획, 시행에 관하여 감독, 감리사회, 사역협의회, 연회 직원들의 지지를 얻는 일. (5) 지역사회 개발위원회 산하의 농어촌선교소위원회와 함께 일하며, 소수교인 교회의 양육, 대외선교, 증거의 사역을 위한 전략을 개발, 실천한다.

j) 인구 5만 명 이상의 대도시 지역에는, 연합감리교회 선교전략을 위한 장기 계획과 이를 수행하기 위한 종합적인 체재를

¶633 의회들

마련하기 위하여 대도시위원회를 둘 수 있다. 이 특별위원회는 다음과 같이 구성할 수 있다. 곧, 감독 또는 감독 대표, 해당 지방감리사(들), 연회세계선교부와 도시선교위원회를 대표하는 교역자와 평신도 약간 명, 연회인종관계위원회, 연회 여선교회와 남선교회, 지역사회 선교대표(들), 지방사역협의회 대표들; 연회의 해당 기관 대표(들), 창의적인 계획과 전략으로 직능을 다하도록 도울 수 있는 전문가 또는 전문 단체.

그 대도시와 관련된 연회가 여럿일 경우에는 각 연회의 해당 부서와 기관이 선정하는 대표들.

6. 각 연회는 총회세계선교부 및 지역총회의 자원봉사선교실과 협력하여 연회의 자원봉사 선교를 책임질 자원봉사 선교간사를 둘 수 있다.

a) 본 간사는 매년 선출하며 연회세계선교부의 위원이 된다.

b) 간사의 임무는 다음과 같다. 곧,

(1) 자원봉사자들에게 선교의 기회를 알려 준다.

(2) 봉사하고 싶어 하는 자원봉사자들의 요구에 응한다.

(3) 자원선교사역을 위하여 자원봉사자들을 훈련 및 동원한다.

(4) 단기 자원봉사자 선교 프로그램 분야에서 일어나고 있는 일들에 관하여 홍보한다.

¶634. *연회고등교육학원사역부*—1. 각 연회는 이 사역의 직능을 다하며 연대 관계를 유지시켜 줄 고등교육학원사역부 또는 그 대체 기구를 둔다. 위원 수는 각 연회에서 결정하되, 연회 구성원을 감안한 적절한 대표들을 포함한다.[84]

2. 연회고등교육학원사역부는 총회고등교육사역부 고등교육국과 연회, 지방, 개체교회 간의 연대적인 관계를 마련하며, 총회고등교육사역부 고등교육국과의 목적과 의도하는 사역에 관계되는 고등교육을 위한 선교사역을 마련한다. 총회고등교육사역부에 연회를 대표하여 봉사하는 위원(들)은 그 직책상 연회고등교육학원사역부 또는 이와 동등한 위원회의 위원이 된다 (¶610.6, ¶710.6 참조).

3. 연회고등교육학원사역부 또는 이를 대신한 기구의 위원장은 연회사역협의회의 회원이 된다.

4. 연회고등교육학원사역부 또는 이를 대신하는 기구의 임무는 다음과 같다.

---

84. 사법위원회 판정 1171 참조.

a) 일반적인 임무—(1) 교단의 후원을 받는 연합감리교회의 고등교육, 특히 연회와 관련된 고등교육사역을 설명하며 홍보한다.

　　　(2) 연회의 고등교육사역 프로그램을 위한 정책을 건의한다.

　　　(3) 고등교육 및 학원 선교를 위한 지방위원회와 개체교회 사역분야를 위하여 위원들을 훈련시키고 자료를 제공한다.

　　　(4) 교인들에게 고등교육에 대한 연합감리교회의 역사적인 참여와 현재의 사역 활동에 관하여 알린다.

　　　(5) 연회사역협의회, 지방 및 개체교회와 더불어 다음과 같은 기금과 특별주일을 통하여 재정적 지원을 받고 있는 고등교육사역 활동을 설명하고 알린다. 곧, 아프리카대학기금, 흑인대학기금, 히스패닉, 아시안, 미원주민 (HANA) 교육사역, 교역자양성기금, 연합감리교 학생주일, 미원주민주일, 세계성찬주일, 그밖에 총회 또는 연회가 정한 바, 고등교육에 관한 다른 기금과 특별주일들.

　　　(6) 연합감리교 장학대부기금을 이용할 것을 알리며, 학원에서 이 기금을 대표할 사람을 지정한다. 보통 연합감리교 대학선교 (Wesley Foundation) 교역자와, 혹은 연회가 지원하는 초교파적 학원사역(campus ministry)의 교역자가 이를 대표한다. 장학금관리실에 그들의 명단을 제출한다. 또한 학원사역 교역자가 없을 때에는 다른 방법으로 대부금을 신청할 수 있는 길을 학생들에게 알려 준다.

　　　(7) 연회와 관계된 학교, 대학교, 학원사역 등을 그들이 성취한 업적의 질, 그들 선교의 진실성, 그리고 전 교단과 연회의 선교적 목표에 대한 응답 등에 관심을 가지고 평가한다.

　　　(8) 연합감리교 고등교육재단의 상여 프로그램을 포함하여 연합감리교회가 제공하는 교육 상여 프로그램을 홍보한다.

　　　(9) 어느 고등교육 기관이든지 또는 연합감리교 대학선교(Wesley Foundation)이든지 또는 다른 학원사역(campus ministry)이든지 간에 이 기관들이 우리교회와의 연관을 끊으려 한다든지 수정하려 한다든지 또는 ¶1413.3에 의하여 본 국이 채택한 규정을 어길 때에는, 총회고등교육사역부에 대표자와 곧 의논하여 본 부가 어떤 자원과 도움을 줄 수 있는지를 알아본다.

　　　(10) 두개 이상의 연회가 그들의 연회고등교육학원 사역부 또는 이에 준하는 기관의 추천이 있을 때, 연합하여

구역적인 또는 지방적인 고등교육학원사역위원회를 구성하게 한다. 본 위원회의 위원과 범위와 직능들은 협력하는 연회들이 그들의 감독과 의논하여 결정한다. 이 구역 위원회는 그 대부분의 위원들을 해당 연회고등교육학원사역부 또는 이에 준하는 기관의 위원들과 대학 총/학장, 학원사역자들, 학생들 및 소수 인종, 민족의 대표들로 구성한다.

b) 재정적 책임—연회고등교육학원사역위원회는 그 일반적 임무 이외에 다음과 같은 재정적 임무를 수행한다.

(1) 연회사역협의회와 행정위원회에 학교, 대학교, 신학대학원, 학원사역, 연합감리교 대학선교[85] 및 연회와 관련된 다른 학원사역을 충분히 보조할 재정적인 지원을 요청하여 연회 안에 있는 개체교회들에게 분담하도록 한다.

(2) 비지정헌금, 특별주일헌금, 고등교육을 위한 연회, 및 지방의 특별선교헌금 및 연합감리교회고등교육재단 장학금의 분배를 결정한다.

(3) 연회의 고등교육사역을 위한 프로그램을 지속적으로 지원하기 위하여 적절한 기금이나 다른 방도를 설립한다.

(4) 연회와 관계를 맺고 있는 연합감리교회의 각종 학교, 대학교, 학원사역을 도와 법인체 구성, 정관, 계승권에 관한 조항 및 배상 책임에 관하여 자문한다.

(5) 연합감리교회 기관들을 그들에게 위탁된 재산과 기부금에 대하여 자문하며, ¶1413.3c에 명시되어 있는 총회고등교육국의 규정에 따라 신탁 및 계승권에 관한 구절을 지키고 확실히 하도록 한다.

(6) 연합감리교회 학교, 대학교, 학원사역과의 신탁 및 법적 관계를 감시하며, 이러한 문제에 대한 연회의 책임에 대하여 연회를 돕는다.

(7) 총회장학대부금관리실이 연회에 반납한 장학기금을 본 관리실의 지침에 의하여 관리한다.

(8) 연회와 개체교회에 대부 및 장학 기금을 설립할 것을 장려하며 연회의 대부 및 장학기금을 관리한다.

c) 각종 학교 및 대학교를 위한 임무—일반 임무 이외에 연회고등교육 학원사역부는 연합감리교회와 대학에 관하여 다음과 같은 임무를 수행한다.

(1) 각 지방과 그 산하기구 및 개체교회에 연합감리교회 각종 학교와 대학의 이름 및 소재지를 알려주어, 가능할 경우에 그 업무와 특수 사명을 설명할 자료들을 제공한다.

---

85. 사법위원회 판정 191 참조.

(2) 연회와 특히 연관성을 가지고 있는 학교와 대학의 모금 활동, 장학금, 학생 모집 등에 협조하며, 연회를 위한 봉사 활동을 확장하여 나간다.

(3) 연회공천위원회 및 이들 교육 기관 이사회의 공천위원회와 협의하여 연합감리교회 학교와 대학의 이사 중 연회에서 추천을 받아 선임될 이사를 천거할 책임을 진다. 이사를 공천하는 위원회가 천거한 이사를 연회가 인준하거나 선임하는 경우에는, 그 학교와 대학의 재정적, 선교적, 교육적 발전에 공헌할 적임자 선출을 위하여 해당 위원회와 협의한다.

(4) 연회 전체를 통하여 연합감리교회 학교와 대학의 프로그램을 설명할 자료를, 특히 청년 및 청장년 사역을 책임진 위원회 및 위원들과 협력하여 마련한다.

(5) 연회의 연합감리교회 계통 학교 및 대학들을 위한 프로그램을 지방, 소지방, 개체교회에 체계적으로 설명하여 적극적인 후원과 참여를 장려한다.

(6) 연합감리교회 각종 학교 및 대학들, 특히 연회와 연관되어 있는 학교들과 관계할 때 연회를 대표한다.

d) 학원사역에 관한 임무—위에 열거한 일반적인 임무 이외에 연회고등교육학원사역부는 다음과 같은 책임을 진다.

(1) 연합감리교회가 지원하는 학원사역의 이름과 주소를 발간하여 이를 모든 지방과 개체교회에 보급한다.

(2) 연합감리교 대학선교 또는 학원사역이 학원 내에서 선교 내지 사역 프로그램을 계획하고 실행하게 할 이사회 또는 개체교회 위원회를 두도록 한다. 이사회 또는 개체교회 위원회의 책임은 아래와 같다.

(a) 고등교육학원사역부에 제출할 예산을 세우며, 연합감리교 대학선교 또는 학원사역이 필요로 하는 예산을 모금한다.

(b) 학원사역 목사 및 간사와 의논하며 자문하여 줄 인사위원회를 두어, 효율적인 사역을 평가하며, 모든 서면으로 된 직원들의 사역 임무를 개발하고 승인하며, 학원사역 목사가 되기 원하는 지원자를 면담하여 그를 파송하거나 채용하도록 고등교육학원사역부와 지방감리사와 감독에게 천거하며, 모든 인사 규정을 설치하며, ¶310.2b의 규정을 충실히 이행하여 학원사역을 위한 목사가 되기 원하는 이들의 안수사역 또는 인허사역을 위하여 지방안수위원회에 그들을 추천한다.

(c) 연합감리교대학선교 (Wesley Foundation) 이사회가 부동산을 소유하기를 결정하면, 그 부동산의

적절성, 손해배상 책임, 범죄보험 가입 가능성 등을 검토하며, 외부인들의 건물 사용에 대한 규정을 정하며, 연합감리교 대학선교 또는 학원사역에 제공된 모든 유증들을 고등교육학원사역부 또는 이에 해당하는 기구와 연회, 그리고 담당 정부 기관이 정한 규정에 따라 운영하며, 모든 부동산들을 관리하고 유지한다.

(d) 연합감리교대학선교 또는 학원사역(campus ministry)을 설립하고 고등교육학원사역부와 연회가 정한 정책에 따라 영구적인 기금을 확보하도록 권유받는다.

(e) 학원사역의 모든 수입과 지출을 매년 감독하며, 건실한 재무관리를 하며, 고등교육학원사역부의 방침에 따라 장부를 기록하고 보고하도록 확인한다.

(f) 초교파 학원사역과 대학 기관들과 맺은 계약서와 합의서를 검토하고 건의한다.

(3) 연회의 지원을 받는 모든 학원사역(campus ministry) 이사회에 연회고등교육학원사역부가 대표를 꼭 보낼 수 있도록 한다.

(4) 연회의 학원사역 프로그램이 대학 전체(학생, 교수, 직원, 행정요원)를 위한 선교 활동임을 지방, 소지방, 개체교회에 체계적으로 설명하여 그들이 후원하여 줄 것을 장려하며 모든 연령층의 연합감리교회 학생들이 이에 참여하도록 권장한다.

(5) 연회 안에서 학생협의회 조직과 고문 선임을 포함하여 연합감리교 학생운동(United Methodist Student Movement: UMSM)을 개발하는 일을 지원한다. 또한 연합감리교 학생운동 또는 연관된 기타 기독학생 조직체에, 전국적으로나 세계적으로, 학생들이 참여하도록 권유한다.

(6) 연합감리교 대학선교 이사회로 하여금 그 학원선교의 방향과 행정, 관리를 연회고등교육학원사역부의 정책과 목적 및 총회고등교육사역부 고등교육국의 기준에 따라 행하도록 책임을 지운다.

(7) 연합감리교 대학선교 이사회가 대학 근처에 있는 연합감리교회 개체교회들 및 대학이 위치하고 있는 지방의 사역협의회 또는 기타 기관과 서로 협력하며 유기적인 관계를 갖도록 한다.

(8) 연합감리교 대학선교 이사회가 법인체로 등록이 되어 있을 때 재산을 소유할 수 있는지의 여부를 결정하며, 재산은 연합감리교회의 <장정> 및 학원사역이 위치하고 있는 주의 법에 따라 소유하고 관리하고 있는지를 확인한다.

(9) 연합감리교 대학선교 이사회 공천과 선출에 관한 정책을 결정한다.

(10) 개체 이사회와 상의하여 연합감리교 대학선교의 인적 자원의 필요함을 결정하며, 총회고등교육사역부 고등교육국의 정책, 기준, 목표에 맞추어 전문 직원의 기준을 정한다.

(11) 연합감리교 대학선교와 학원사역을 위한 영구적인 기금 설립을 권장하며, 연회 기금과 상의하여 연합감리교 대학선교와 학원사역기금을 위한 정책과 투자 기준을 설치한다.

(12) 연합감리교 대학선교를 위한 전문적인 직원 채용 및 해임 절차를 만들며, 전국적인 구인 절차를 결정하며, 교역자를 직원으로 채용하고자 할 때 감독과 감리사회와 상의한다.

(13) 지방감리사와 협력하여 지방 안에 있는 구역회에 속한 대학생들의 이름과 주소를 모아 학생들이 다니고 있는 대학의 연합감리교 대학선교, 연합감리교회와 연관된 학원사역, 연합감리교 교목실에 전달한다.

(14) 연회의 해당 부서나 기관과 상의하고 총회고등교육사역부 고등교육국의 정책과 기준에 따라, 연합감리교 대학선교와 학원사역의 건물을 계획하고 기금을 확보하며 건축을 하기 위한 정책과 절차를 개발한다.

(15) 총회고등교육사역부 고등교육국의 정책, 기준, 목표에 맞추어, 학원사역 프로그램을 위한 연회의 지원금과 그 운영을 감독한다.

(16) 학원사역의 잠재성을 위하여 임명된 특무반이 철저한 연구를 끝마친 후에 어느 대학 캠퍼스에 새 학원사역이 필요한지 결정한다. 그러한 연구는 다음과 같은 것을 포함하되 이에 국한하지 않는다. 곧, 특별한 선교적 기회와 학원이 필요로 하는 것, 대학의 인구실태, 다른 교단들의 학원사역 수와 크기, 대학의 학생생활 플랜, 대학의 장기발전계획, 재정 및 시설의 부족함, 인근 연합감리교회들과 지방의 지원과 협조, 기타 캠퍼스를 위한 교회의 선교를 충족시켜 줄 수 있는 학원사역이 미칠 영향 등이다.

(17) 연합감리교 대학선교 또는 학원사역을 폐쇄하기 전에 고등교육학원사역부는 ¶634.4d와 ¶1413.3c에 명시된 바와 같은 그 잠재력을 먼저 평가하여야 한다. 연회에 폐쇄하기를 추천하는 내역에는 연합감리교 대학선교 또는 학원사역의 소유물들을 장래 어떻게 사용할지에 대한 안과 부동산, 개인 소유물, 유형 및 무형 재산들에 대한 처분에 관한

추천안이 포함되어 있어야 한다. 연합감리교 대학선교 또는 학원사역의 처분에 따른 수입은 연회의 학원사역을 위하여 필요한 곳에 사용하여야 한다.

(18) 초교파적 학원사역을 위하여 계약서와 합의서를 마련하여 검토하며, 그 문서들이 총회고등교육국 및 연회고등교육학원사역부 또는 이에 준하는 기구의 정책, 기준 그리고 목표와 화합하고 있는지 확인한다.

(19) 연합감리교 대학선교 개체교회, 초교파적 학원사역의 프로그램에 대한 연회의 운영을 감독한다. 또한 어디에 새 학원목회가 필요한지 이를 결정하며, 그 설립 및 재정적인 지원에 대하여 계획을 세운다.

(20) 각 개체교회와 지방에 학생 또는 학원을 위한 선교 프로그램에 관하여 자료를 제공하며, 그러한 프로그램이 재정적 지원을 받거나 연회를 대신한 사역 활동으로 지정되었을 경우, 연회고등교육학원사역부 또는 이에 준하는 기구가 정한 정책, 기준, 목표 등이 잘 준수되도록 노력한다.

(21) 연합감리교회 대학생들이 연회평신도 회원으로 공천되고 선출되기 위한 절차를 설정하며, 이들을 총회 대의원으로 선출하기를 장려한다.

(22) 개체교회 및 연회 청장년 협의회들 및 프로그램들과 밀접하게 협력하여 젊은이들을 위한 사역에 적극적으로 임한다.

e) 공공정책—일반임무 이외에 연회고등교육학원사역부는 공공정책 및 국가와의 관계에 관하여 다음과 같은 임무를 가지고 있다.

(1) 연회 내의 연합감리교회 각종 학교, 대학교, 학원사역들을, 그들 주(州)와의 관계에 관하여 자문하고 지도하고 돕는다.

(2) 공립 고등교육이 전인 및 생의 의미에 관하여 연구할 때 이에 동참한다.

(3) 이용 가능성, 공평성, 학문의 자유, 평화, 정의 등과 같은 공공 정책의 문제를 확인하여 연회와, 또한 교회와 연관되어 있는 대학 및 학원사역과 함께 공동 보조를 취한다.

¶635. *연회안수사역부*—1. 각 연회는 총회 이후 첫 연회에서 임기 4개년의 연회안수사역부 위원을 선출한다. 이 안수사역부는 적어도 안수받은 정회원 집사와 장로 6명 이상으로 구성하되, 가능하면, 적어도 2명의 협동회원 또는 연수교육과정을 마친

본처목사를 발언권 및 투표권이 있는 위원으로 포함시킨다. 각 연회는 적어도 위원의 5분의 1은 평신도로 선출하되 평신도 집사(diconal minister)를 포함시킬 수 있으며, 또한 재량에 따라 본 부의 위원 3분의 1이 넘지 않는 한도 내에서 평신도를 위원으로 선출할 수 있다. 모든 평신도는 연회 내 개체교회의 고백교인이어야 한다. 안수사역부 위원은 여성과 소수 민족, 인종들을 포함하여야 하며, 적어도 1명의 안수받은 은퇴 교역자, 1명의 안수받은 연장사역 교역자, 가능하면 적어도 1명의 35세 이하 청장년 정회원 교역자, 그리고 감독의 임명을 받아 감리사회를 대표하는 1명의 감리사를 포함하여야 한다. 지방감리사나 감리사회 회원은 본 사역부의 위원장이 될 수 없다. 장로 중 3분의 2는 고등교육자문위원회가 인가한 신학대학원 졸업생이어야 한다.

a) 본 부의 위원은 주재감독이, 부의 부장 또는 그 실행위원회 또는 지난 4개년차 부서에서 선출된 위원회 및 감리사들과 상의한 후 천거한다. 적절한 부의 위원을 확보하기 위하여 <장정>과 연회가 요청하는 임무를 수행할 부의 업무량을 이들과 상의할 때 평가하여야 한다. 결원이 생길 때에는 감독이 부의 부장과 상의하여 보충한다. 선출된 위원은 4년간의 기간을 최대 세 번 계속하여 봉사할 수 있다. 집사회의 회장, 장로회의 회장, 본처목사협동회원친목회 회장은 안수사역부(§ 1c)와 그 실행위원회의 위원이 된다.

b) 본 부는, 연회의 다른 프로그램이나 행정 기관과 구조적으로 연관성을 가지고 있지만, 연회에 직접적으로 복종하여야 한다. 연회재무행정협의회는 안수사역부와 그 직원을 위하여 업무량에 적합한 행정비를 책정한다.

c) 본 부는 위원들 중에서 위원장과 기록원들 그리고 필요한 임원(들)을 선출하여 조직한다. 전문직 식별 코디네이터를 지명하여 후보자 자문과정을 맡길 수 있다. 본 부는 실행위원회 (executive committee)를 구성하여야 하며, 여기에는 장로와 집사와 평신도가 포함되어야 한다. 안수사역부는 부과된 임무를 충실히 이행할 수 있도록 조직되어야 하며, 인허된 이들, 평신도 집사들, 본처목사, 집사 및 장로들의 필요한 일들을 돌보아 줄 수 있도록 조직되어야 한다. 본 부의 조직은 평신도 집사들 (diconal ministers)을 관리할 책임을 질 위원회를 포함하고 있어야 하며 (1992년도 판 <장정> ¶¶301-317, ¶734를 참조), 기독교교육, 전도, 종교음악, 청소년사역 분야의 전문 증서를 총회고등교육사역부의 지침에 따라 (¶1421 참조) 계속

¶635 의회들

발급하여야 할 책임이 있다. 연회안수사역부는 하나의 조직으로 집사부(Division of Deacons)와 장로부(Division of Elders)를 각각 둘 수 있다.

d) 각 연회안수사역부는 준회원의 자격 정지, 강제 사직, 해임조치, 강제 은퇴, 또는 기타 안수사역부가 의뢰하는 사안에 대한 청문 요청에 응하기 위하여 적어도 3인으로 구성된 연회 관계위원회를 두어야 한다. 지방감리사는 연회 관계위원회에 봉사할 수 없다.

e) 개체교회 이외의 파송자들과 최대한으로 연락하고, 그들을 후원하기 위하여 안수사역부는 그들이 근무하는 모든 기관들과 긴밀한 관계를 유지한다.

f) 안수사역부는 연회 기간 때 모이는 회의 이전에 적어도 한 번은 모여야 하며, 연회 전에 처리하여야 할 일들을 위하여 마감 일자를 정할 수 있다.

g) 안수사역부는 위원 중에서 각 지방안수사역위원회에서 위원으로 봉사할 공식 대표 1명씩을 선출한다.

h) 안수사역부는 새 위원들에게 오리엔테이션을 하여 주며 문서로 된 지침서가 있으면 이를 또한 배부하여 주어야 한다.

2. 연회안수사역부의 임무는 다음과 같다.

a) 감리사회와 총회고등교육사역부와 협의하여, 우리교회와 기타 사역 현장에서 사역할 교역자들을 발굴하고 모집하는 업무를 담당하며, 교단의 포용적인 성격을 염두에 두고, 우리교회와 기타 사역 현장에서 사역할 교역자들의 필요성과 이를 위한 연회의 리소스에 관하여 연구하고 설명한다. 안수사역부는 개체교회 목회위원회, 연회 기관들, 연회 내의 각 안수받은 지도자, 인허받은 지도자, 임명받은 지도자와 협력하여 각 인종의 남녀를 사역직을 하나의 소명으로 여기도록 모집하며, 이들을 인도하여 적절한 교육과 훈련 과정을 밟게 하며, 자신들에게 적절한 사역을 심사숙고하게 하여 대학교와 고등교육자문위 (the University Senate) 명단에 포함된 신학대학원에, 그리고 인허를 위한 과정과 기타 승인된 교육 기회를 그들에게 추천한다. 선발된 학생들은 각양의 인종 및 문화적 전통을 이해하고 존중하여야 한다.

b) 특히 교회의 청년과 청장년 사이에서 소명(召命)에 관한 문화를 새로이 창조하기 위하여 전략적으로 연회, 지방, 학원사역, 캠프, 기타 적절한 사역 현장에서 지도력을 발휘한다.

c) 준회원 및 준회원 허입을 원하는 학생들의 개인적인

연회 ¶635

자질과 전문성 보유 여부에 대한 정보를 신학대학원에서 얻도록 한다. 단, 원입자나 준회원은 그러한 정보제공 규정에 동의하여야 한다.

d) 신학대학원에 재학중인 안수사역후보자들의 진도 과정에 관하여 연례보고를 받으며, 그들이 취득한 학점과 성적을 기록에 남긴다.

e) 각 후보자들의 교육과정을 확인하기 위하여, 그들로부터 성적표를 받는다. 의심이 생길 때에는 그 성적표를 총회고등교육사역부에 보내어 평가하게 한다.

f) 안수사역부는 감리사와 협의하여 각 지방에 매년 충분한 수의 자문교역자를 임명하여 그들을 훈련시킨다.

g) 신학대학원 재학생이 아닌 안수사역후보자가 총회고등교육사역부가 마련한 연구교육과정을 밟는 일을 지도한다.

h) 모든 후보자들의 안수사역에 관한 적성을 검사하며, 특히 그들이, (1) 본처목사로, (2) 준회원으로, (3) 정회원으로 선출될 수 있는지 그 적성에 관하여 철저히 조사한다.

i) 모든 안수사역 후보자들에게 <장정>과 연회가 요구하는, 본처목사, 준회원, 정회원이 될 수 있는 요건을 명시한 문서를 마련하여 준다.

j) 다음과 같은 후보자들을 면담하고 천거한다. (1) 학생 본처목사들, (2) 집사안수 후보자들, (3) 장로안수 후보자들을 면담하고 추천한다.[86]

k) 안수사역부 위원 1명을 연회 내의 원로 교역자 연락원으로 임명한다.

l) 다음과 같은 경우의 출원자들을 면담하고 추천한다: (1) 현직에서의 휴직 또는 은퇴, (2) 다른 관계에서 현직에의 복귀, (3) 명예 사직, (4) 해임조치 또는 준회원 자격 중지에서 재허입, (5) 안식년 휴직, (6) 장애 휴직, (7) 학생 파송, (8) 해직, (9) 전임에서 비전임 또는 비전임에서 전임을 원하는 경우.

안수사역부는 이상의 모든 경우와 이유들을 기록으로 남겨 두되 사본 하나를 연회서기에게 보관하게 하여 영원한 기록으로 남겨 둔다.

m) 면담과 그 보고 과정에 있어서 비밀을 보장한다. 안수사역부 심사를 통하여 또는 안수사역부에 의하여 수집된 인적 사항과 개인에 관한 정보는 다른 목적으로 외부에 배부하거나

---
86. 사법위원회 판정 405, 1263 참조.

¶635 의회들

출판할 수 없다. 만일 안수사역부가 그 사람의 교역자가 될 자격을 논하는 데 도움이 되지 않으며, 정회원 교역자들만의 비공개회의에서라도 그것이 공개되면 공연한 개인의 자유를 침해하게 된다고 판단될 때에는, 그 사람에 대한 보고를 거부할 수 있다. 그러나 후보자나 교역자 연회원의 자질 및/또는 품행에 관계된 정보는 비밀에 속하든 아니든, 연회 정회원 교역자들이 알 권리가 있다.[87]

n) 이적에 관한 일을 위원장 또는 실행위원회를 통하여 감독과 협의한다. 이 협의는 가능한 한 감독이 제안하며 연회로 이적하여 오기 이전에 행한다.

o) 개인 및 진로에 관한 상담, 연장 교육, 영성훈련, 은퇴 준비 그리고 교역자들의 사기에 관계되는 모든 일을 포함하여, 안수, 인허, 인가 임명받은 (ordained, licensed, certified, assigned) 모든 사역자들의 직업 개발을 위한 후원과 봉사를 마련한다. 이러한 후원과 봉사를 위하여 안수사역부는 감리사회와 협력하여 각 개체교회 목회위원들을 그들의 임무와 역할에 관하여 훈련하며 지도한다.

p) 집사회와 장로회와 본처목사협동회원친목회(¶323 참조)로부터 보고를 받으며, 그들에게 재정적 지원을 하여 주며, 안수사역부가 제공하는, 자질 형성을 위한 이들 그룹의 활동을 조율함으로써 그들과 함께 일하며 그들을 지원한다. 안수사역부는 상호합의하에 지속적으로 하여야 할, 이 형성시키는 책임을 이들 그룹에 이관시킬 수 있으되, 최종적인 승인, 평가 및 예산에 관한 권한은 안수사역부가 계속 가진다.

q) 연회 교역자들의 효율성을 평가하는 방법을 제공한다 (¶604.4, ¶349). 감리사회와 협력하여 안수사역부는 연회 개체교회의 목사로 파송받아 봉사하는 안수, 인허, 인가, 임명 받은 이들의 효율성을 평가할 기준을 개발한다.

r) <장정>에 규정된 교역자의 높은 윤리적 기준에 관하여 설명하며 자질과 연관된 문제에 관하여 연구한다 (¶605.7).

s) 연회 회원들이 특수사역에 파송을 받기 원할 때 그것을 인준하여 줄 것을 연회 정회원들에게 추천한다.

이러한 특수사역에의 파송은 감독과 감리사회의 특권에 속한다.

t) 1992년도 <장정> ¶¶301-317에 명시된 정책을 사용하여 성별된 평신도 사역자들을 지속적으로 지원하며 관리한다.

---
87. 사법위원회 판정 406 참조.

연회 ¶635

u) 총회고등교육사역부가 설정한 전문직 증서 관리 행정을 다음과 같이 수행한다. 곧 (1) 교역자와 평신도를 모집하고 선택하여 기독교교육, 음악, 청소년사역, 전도 및 총회고등사역부가 선정한 기타 분야에서 전문직 인증을 받도록 하며; (2) 지원자들이 총회고등사역부가 설정한 기준에 도달하는지 판단하며; (3) 그들을 연회안수사역부와 총회고등교육사역부에 천거하며; (4) 그들의 사역을 평가함으로써 이에 근거하여 그들의 전문직 인증을 다시 허락하든지 또는 취소하든지 하며; 그리고 (5) 매년 전문직에 인증받아 종사하는 사람들의 명단을 그들의 주소와 함께 연회에 보고하여 연회록에 기재, 출판하도록 한다.

v) 연회록에 올리기 위하여 모든 평신도목회자들의 명단을 매년 연회에 보고한다.

w) 연회가 안수사역 후보자 모집, 기본 직업교육 보조, 연속교육, 소수 인종, 민족 선교 및 언어교육, 안수사역자 자질향상 등의 프로그램에 교역자양성기금의 일부를 사용하게 될 때 그것을 관리한다.

x) 총회고등교육사역부와 다음과 같은 사항을 협의하며 돕는다. (1) 안수사역에 관하여 최근에 새로 제정된 법 해석, (2) 교역자 양성교육기금에 대한 해석과 홍보, (3) 선교교역주일의 추진과 준수, (4) 연회 회기 이후에 각 안수사역후보자에 대한 모든 사항, 추천 내용, 결정 사항 등에 관한 기록을 보관한다. 안수를 준비하는 신학생에게 장학금을 우선적으로 지급하여야 한다.

y) 안수받기 원하는 학생들을 위한 재정지원 제도를 연회 및/또는 지역총회에서 홍보한다. 재직 3년 미만의 교역자가 다른 연회로 전출하는 경우에, 그 연회는 그 사람에게 또는 그가 전출하여 가는 연회에게 연회기금으로 후원한 신학대학원육비를 반환하도록 요구할 수 있다.

z) 연회 교역자들의 연회 관계에 변동이 있을 때, 이를 곧 연회은급부에 보고한다.

3. 안수사역부는 기록원 (registrar) 1명과 부기록원(들)을 선택한다. 부기록원 중의 한 사람은 후보자들을 위한 사무를 다루며, 또한 각 지방의 자문 교역자들을 훈련하고 지도한다. 기록원의 임무를 완수하기 위하여 안수사역부는 직원 1명을 채용할 수 있다.

a) 기록원은 안수사역부의 관할하에 있는 모든 안수사역 후보자들의 완벽한 인적 사항을 기록, 보관한다. 그 기록에는

기본적인 인적 사항과 학교성적 및 이수학점, 평가수단, 그리고 필요에 따라서는 심리 및 건강진단서, 설교, 신학적 진술문, 기타 필요한 자료들을 포함한다.

b) 각 후보자들에 대한 적절한 자료와 추천서는 복사하여 연회가 공인한다. 이 공인된 기록의 1부는 기록원이 보관하며, 1부는 매년 연회 종료 후에 총회고등교육사역부에 보낸다. 기록원은 새로 허입된 준회원과 협동회원이 소속한 교회의 목사에게 이적증명서를 보낸다.

c) 기록원은 연수과정에 있는 학생들의 현황에 관한 기록을 보관하며, 필요에 따라 이를 연회에 보고한다. 이 기록에는 인가된 신학대학원, 허가된 연구교육과정 학교 또는 우편통신 과정에서 이수한 학점도 포함한다.

d) 기록원은 준회원의 자격 중지 또는 본처목사의 해직에 관한 사연들의 기록을 감독사무실에 영구한 기록으로 남긴다.

e) 안수사역부가 소유하고 있는 모든 기록은 연회를 대신하여 총회 고등교육사역부와 총회은급의료혜택부와 협의하여 총회재무행정협의회가 마련한 지침에 따라 보관한다.

4. 안수사역부의 행정비는 연회 운영 예산에서 충당한다. 연회 재무행정협의회는 안수사역부의 사역을 직접 후원하여 준다.

¶636. *연회행정재검위원회 (Conference Administrative Review Committee)*—연회는 모두 직계 가족이 아닌 3명의 정회원 교역자와, 감리사회나 안수사역부의 위원이 아닌 2명의 교체위원으로 구성하는 행정재검위원회(Administrative Review Committee)를 둔다. 본 위원회는 감독의 추천으로 매 4개년 기간마다 정회원 교역자 비공개 회의에서 선출한다. 본 위원회의 단 한 가지 목적은, 준회원권의 중지 (¶327.6), 강제휴직(¶354), 강제 은퇴 (¶357.3), 또는 해임조치(¶359)가 <장정>의 규정에 따라 제대로 시행되었는지를 확인하는 일이다. 이에 더하여, 만일 의료 휴직(¶356.4)과 관련된 문제가 해결되지 않아 공정한 신문회(¶361.2) 절차를 밟게 되면, 연회 관계를 변경하게 되기까지의 모든 행정 절차를 행정재검위원회는 재조사하여 그 결과를 연회가 어떤 결정을 내리기 전에 정회원 교역자 비공개 회의에 보고한다. 행정재검위원회는 당사자들에게 절차를 심사하고 있음을 알려주어야 한다. 행정적인 공평한 청문회 (¶361.2) 절차를 행정재검위원회는 따라야 한다. 연회에 보고하기 전에 만일 잘못이 있었다고 위원회가 판단하면, 적절한 사람이나 기구에게 그 잘못을 곧 시정할 것을 권고하거나,

그 잘못이 해를 끼친 일이 없음을 인정하거나, 또는 다른 조치를 취하여야 한다.[88]

¶**637.** *연회감독협조위원회 (Conference Committte on Episcopacy)*—1. 각 연회는 감독협조위원회를 둔다. 이는 총회 이후 첫 번째 연회에서 임기 4개년제 위원으로 선출한다. 본 위원회의 위원은 7명 내지 17명으로 한다. 이중 5분의 1의 위원은 감독이 임명한다. 투표권이 있는 직책상 위원으로 선임된 지역감독협조위원회의 평신도 및 교역자 위원들 이외에 본 위원회는 다음과 같은 위원으로 구성하기를 권장한다. 3분의 1의 평신도 여성, 3분의 1의 평신도 남성, 3분의 1의 교역자. 단, 평신도 위원들 중의 한 사람은 연회 평신도대표라야 한다. 모든 평신도는 개체교회의 고백교인이어야 한다. 소수민족, 인종, 청소년 (¶256.3), 청장년, 노인, 장애인들이 포함되도록 특별히 고려하여야 한다. 연회나 연회 기관의 직원들 또는 그들의 직계 가족들은 본 위원회의 위원이 될 수 없으나, 지역감독협조위원회의 위원이거나 연회 평신도대표인 경우에는 예외로 한다.[89]

한 감독의 관할하에 있는 두 연회 또는 그 이상의 연회들은 합동으로 감독협조위원회를 조직할 수 있으며, 이 경우, 각 연회는 앞에서 제시한 대로 자기 연회를 대표할 위원들을 각각 선출한다.

2. 본 위원회는 적어도 1년에 한 번씩 모인다. 처음에 감독이 회의를 소집하여 회장, 부회장, 서기를 선출한다. 감독 및/또는 회장이, 필요에 따라 수시로 회의를 소집할 수 있다.

3. 연회감독협조위원회의 직능은 다음과 같다.

a) 감독이 관할 구역 교회의 영적 및 일상적인 사무를 수행하는 일을 돕는다.

b) 필요시에 감독과 상담한다.

c) 구역 내에서 감독의 직무수행을 위하여 필요한 것이 무엇인가를 결정하는 일을 돕고 그 필요한 것을 적절한 기관에 알린다.

d) 감독과 연회의 각 기관 인사들과의 관계와 연관되는 감독구 내의 형편에 관하여 감독에게 알린다.

e) 구역 내의 사람들과 연회 각 기관에 감독직의 성격과 직능에 대하여 설명한다.

f) 매년 감독구와 연회, 지역총회, 총회 산하 기구와

---

88. 사법위원회 판정 921 참조.

89. 사법위원회 판정 711, 778 참조.

부서, 기타 특수사역 분야와의 균형을 맞춤에 있어, 감독이 가지는 관계와 책임에 대하여 협의하고 평가한다. 특수사역은 모든 차원에서 교단의 포용성에 관한 관심과, 성, 인종, 출신국에 관한 교단의 선교를 포함하며, 파송 결정에 따르는 협의 과정을 이해하고 실현하는 일도 포함한다.

g) 지역감독협조위원회에 각 연회에서 선임된 위원을 통하여 감독이 필요로 하는 것에 관하여 보고한다.

4. 연회재무행정협의회는 감독협조위원회의 경비에 대한 예산을 책정한다.

¶638. *감독주택위원회(Episcopal Residence Committee)*—
1. 지역총회 내의 현직 감독들의 주택을 준비하는 책임은 각 연회 또는 한 감독구를 이루고 있는 연회(들)에 있다.

2. 지역총회 내의 각 감독구에는 감독주택위원회 또는 그 직능을 다하며 연대 관계를 유지시켜 주는 대체 기구를 둔다. 본 위원회는 다음과 같은 사람으로 구성한다. 곧

a) 각 연회의 감독협조위원회 회장 또는 그가 지명하는 사람.

b) 각 연회의 재무행정협의회 의장 또는 그가 지명하는 사람.

c) 각 연회의 재단이사회 이사장 또는 그가 지명하는 사람.

d) 본 위원회의 일과 연관된 전문지식을 가진 투표권 없는 자문위원.

3. 감독주택위원회 회장은 현재 감독 주택이 위치한 연회의 감독협조위원회의 대표가 맡는다.

4. 감독주택위원회 임무는 다음과 같다.

a) 감독 주택의 매입 또는 매각에 관한 일을 연회(들)에 건의한다.

b) 수도, 전기, 보험, 기타 경상 유지비를 포함한 감독 주택 경비의 1년 예산안을 준비한다.

c) 각 연회가 책임져야 할 할당금액에 대한 건의안을 포함하여 준비된 예산안을 매년 각 연회의 연회재무행정협의회에 보내어, 연회가 연회예산을 결정할 때 감독 주택을 위하여 부담할 할당금액을 승인하게 한다 (¶614).

d) 감독 주택의 경비 지출을 관리하며 감독구 내의 각 연회에 매년 그 지출 내용을 분명하게 보고한다.

e) 감독 주택의 유지, 관리, 수리, 보험 등에 관계되는 모든 일을 감독한다.

5. 감독 사택으로 등기할 주택소유 문서는 ¶2514에 따라 등기한다.

¶**639.** *연회은급부 (Conference Board of Pensions)*—1. *권한*—각 연회에는 총회은급의료혜택부(General Board of Peinsion and Health Benefits)의 보조 기관으로 연회은급부를 두며, 이는 총회은급의료혜택부가 따로 마련하지 않는 한, 목회자들과 그 가족들, 기타 교회 사역자들, 연회 내의 모든 조직과 기관의 평신도 고용인들을 후원하며, 그들에게 연금을 마련하여 주는 일과 이에 관계되는 일들을 관장한다.

2. *위원*—a) 본 연회은급부는 모든 종류의 연금 프로그램 수혜자가 아닌 사람 12명 이상으로 구성하기를 추천하며, 그 중의 3분의 1은 여성 평신도, 3분의 1은 남성 평신도, 3분의 1은 교역자로서 ¶605.3에 따라 각각 8년 임기로 선출하며, 그들을 연회에서 정하는 대로 여러 조로 나눈다. 연회 내의 교역자나 평신도 중에 총회은급의료혜택부위원으로 봉사하고 있는 사람들도 연회은급부 위원으로 추가한다. 은급과 혜택을 위한 기금, 플랜, 프로그램에 가입하여 있는 현역 및 은퇴한 가입자는, 현재 그 혜택을 받고 있건 아니건 간에, 위에 빚을 지고 있지 아니하는 한, 본 부의 위원으로 봉사할 수 있다. 모든 평신도는 개체교회의 고백교인이어야 한다. 위원 중에 공석이 생길 때에는, 위원회에서 그 해의 잔여 기간을 위하여 보선하며, 차기 연회에서 그 위원의 모든 잔여 기간을 위하여 보선한다.

b) 위원들은 그들을 선출한 연회 회기가 폐회함과 동시에 그 임무를 수행한다.

3. *조직*—연회은급부는 4개년 임기로 또는 차기 임원들이 선출될 때까지 봉사하도록 회장, 부회장, 서기, 회계를 선출하며, 거기에 3명의 위원을 추가로 선출하여 실행위원회를 구성한다. 실행위원회의 임무는 정기 또는 특별위원회 중간 기간에 은급부의 업무를 수행하는 것이다. 서기와 회계는 같은 사람이 봉사할 수 있다. 회계는 위원이 아닐 수도 있으며, 그럴 경우에는 그 회계는 실행위원회의 자동 위원이 되나 투표권은 없다. 위원회의 특별 회의는 회장, 또는 회장의 유고 시에는, 부회장의 요청에 따라 서기가 소집한다.

4. *비례 불입금 (Proportional Payment)*—연회은급부는 각 목회구역이 목회자들을 위한 후원과 연금, 그리고 추가 혜택을 위하여 불입한 금액의 기록들을 비교하고, 그 비례 배분을 계산하며, 비례 불입금에 관한 아래의 규정들을 지키지 못한 연회의 교역자들의 미납금에 대한 영구한 기록을 보관하며, 그들이 현 연도와 전 연도에 미납한 금액을 매해 통지하여 준다.[90]

---

90. 사법위원회 판정 50, 250, 390, 401, 471 참조.

a) 연회의 연금과 추가 혜택을 위한 목회구역의 분담금이 결정되면, 거기에 각 목회구역이 불입하는 금액은 그 목사 또는 목사들의 봉급에 지불한 금액과 정확한 비례가 되어야 한다.

b) 각 목회구역의 회계는 연금 비례 불입금에 대한 책임이 있다. 그러나 회계가 그 비례 불입금 지불을 이행하지 못하였을 경우에는 그 교역자가 연회 통계 보고서에 해당된 금액을 기재하기 이전에 자기 봉급과 연금 비례 불입금을 위하여 규정된 것과 같은 정당한 비례로 조정하여야 한다.

c) 연회 통계표에는 각 목회구역의 연금과 추가 혜택을 위한 분담금 액수를 기재하는 난과 실제 불입 금액을 기재하는 난을 따로 마련한다.

d) 교역자는 연금 비례 불입금을 파기하는 상여금이나 다른 추가 보상금을 받을 수 없다.

5. *총회은급의료혜택부에의 보고와 책임*—연회은급부는 ¶1506에 명시된 바와 같은 권한과 책임을 총회은급의료혜택부에 대하여 지고 있으며, 연회 종료 직후 총회은급의료혜택부에, 1982년 이전 봉사 연수를 인정받은 사람들의 이름과 봉직 연수 및 총회은급의료혜택부가 관할하는 기금과, 플랜, 또는 프로그램에 해당되는 교역자들의 이름과 주소를 총회은급의료혜택부가 마련한 양식에 따라 보고한다.

은급부 또는 그 권한을 부여받은 부서는, 견실한 재정 상태, 보상금 지불 및 기타 경비 지출, 플랜 디자인과 커버리지, 가입 자격 기준 등을 포함하되 이에 한정되지 않은, 그룹 건강보호 플랜에 관한 데이터를, 이 플랜을 유지하고 있는 한, 매년 총회은급의료혜택부에 제출한다.

6. *연회 은퇴자들의 건강보험에의 가입*—은급부 혹은 그 권한을 연회로부터 부여받은 기구는, <장정> ¶357.2a의 적용을 받지 않고 ¶357.1, ¶357.2b, ¶357.2c, 또는 ¶357.2d에 의하여 은퇴한 교역자와, 연회의 은퇴 방침에 따라 Medicare 혜택을 받으며 은퇴한 평신도 직원들과 그 배우자들의 건강과 복지를 존중하여야 한다. 본 부는 Medicare Supplement Plan과 처방약을 포함하고 있는 플랜을 제공하여 주어야 한다. 은퇴자와 그 배우자들이 가입할 수 있는 것에는 다음과 같은 프로그램들이 있으나, 이에 국한하고 있지는 않다. 곧 (i) Medicare를 보완하여 주는 고용주 은퇴자 건강 플랜에 가입하여 주는 것; (ii) Medicare를 보완하여 주는 고용주 다수 고용인 은퇴자 건강 플랜에 참여하는 것; (iii) Medicare Supplement Plan을 제공하는 보험회사와 그룹 계약을

맺음으로써 개인들이 이에 반드시 가입할 수 있게 하여 주거나 플랜을 바꾸어 주는 것; (iv) Medicare Part D 플랜이나 Medicare Advantage 플랜에 가입하고 있는 은퇴한 교역자와 평신도 및 그들의 배우자들에게 커버리지의 비용을 보조하여 주는 것; (v) 개인적으로나 그룹으로 Medicare Spplement 및 기타 은퇴자를 위한 건강보험에 가입할 때, 보험료를 보조하여 주는 것; 그리고 (vi) 은퇴한 건강보험 수혜자들을 위하여 건강비용 상환, 수당 또는 기타 방법을 통하여 일정한 금액을 지불하여 주는 것. 이러한 프로그램들을 제공하여 주는 일은 연회로 하여금 강압적으로 이를 위하여 비용을 부담하게 하는 뜻은 아니다 (가령, 은퇴자가 이에 드는 비용을 모두 부담할 수도 있다). 그러나 연회는 그 재량에 따라 은퇴한 교역자와 평신도들을 위하여 그 비용을 (가령 보험료 지불, 보험료 상환, 보험료 상환에의 헌금, 수당 또는 수여금 등) 전적으로 책임지거나 보조금을 지불하여 줄 수도 있다. 연회는, 가령 조기 은퇴와 유족(자녀들)에 관한 것과 같은 추가적인 조치를 취할 수 있다.

7. *연회 그룹 건강보험 플랜들*—은급부 혹은 그 권한을 연회로부터 부여받은 기구는, 미국 안에 있는 연회 본부의 전임 교역자 직원과 전임 평신도 직원들을 포함하여, 개체교회가 그들의 파송받은 전임 교역자를 위하여 택하거나, 연회가 교회로 하여금 가입하게 할 그룹 건강보험을 제공하든지 이에 가입하여야 한다. <장정> ¶344.1a(1)에 의거 연회가 책임져야 하는 직분을 맡은 이들을 제외하고, ¶344.1에 의거 연합감리교회 개체교회 이외에 파송받은 교역자들과, 연회 직원이 아닌 평신도를 (개체교회나 지방감리사 또는 지역총회 사무실에서 봉사하는 평신도 직원들과 같은) 위하여서는 위에 규정한 보험을 제공하여 줄 필요가 없으나, 연회의 재량에 따라, 개체교회든지 이 플랜을 채택한 다른 법인체가 보험을 제공하여 줄 수도 있다. 이 조항에서 말하는 그룹 건강보험이란 의사와 병원비를 모두 보상하여 주는 보험을 말하는 것으로서, 여기에는 일반 건강보험, 그룹 건강보험, 또는 복합 고용주 건강보험이 있다. 은급부 혹은 그 권한을 부여받은 기구는, 자기 재량에 따라 추가로 그룹 건강보험을 추천할 수 있다.

이의 대안으로, 건강보호 플랜(health care plans)이나 건강보험(health insurance)을 관리하는 연방 정부나 주 정부의 법이, 고용주가 제공하여 주는 커버리지가 없는 사람들에게, 건강 상태와 상관없이, 건강보험 상호교환, 연계, 단수 지불 시스템,

¶639 의회들

또는 다른 방도를 통하여 쉽게 들 수 있도록 보장하여 주는 커버리지 옵션을 제공할 경우에는, 그러한 커버리지가 교역자나 평신도 고용인들에게 가능한 한도 내에서, 은급혜택부가 그룹 플랜을 중단할 수 있다. 그러한 경우도, 은급부는, 교환 또는 대치 시스템을 위하여 계속적으로 행정지원을, 가령 캐프테리아 플랜, 고용주가 택한 교환 플랜, 또는 건강비 상환제를 통하여, 하여 주어야 하며, 합당하고 적절한 수준에서 교단의 재정지원을, 예를 들면, 보험비, 추가 보상금, 또는 분담금을 위한 개체교회나, 고용인이나, 연회의 보조금의 형식으로, 연회의 전임 교역자와 평신도 직원에게 계속 제공하여 주어야 한다. 이것은, 정부 기관이 보조금을 지불하여 주지 않을 경우, 특히 *(a)* 건강보험료 고용주 부담으로 인한 면세 혜택, *(b)* 교단의 평균 봉급과 거의 비슷하거나 그 이상이 되어 정부 보조금이 축소되었을 경우에, 그들이 이러한 대안을 통하여 커버리지를 살 수 있게 하기 위한 것이다.

이에 더하여, 은급부 혹은 그 권한을 연회로부터 부여받은 기구는, 연회 전임 교역자와 평신도 고용인들을 위하여 건강증진 프로그램을 제공하여 주어야 한다.

¶640. 각 연회는 재단이사회(Board of Trustees)를 두며, 그 위원과 임무는 ¶2512.1-.8에 자세히 명시되어 있다.

¶641. 1. 각 연회는 연회교회역사보존위원회(Conference Commission on Archives and History)를 둔다. 이 위원회의 위원 수와 임기는 각 연회에서 결정하며, 그 지역 내에 있는 연합감리교회 유적지 및 기념물 대표들을 직책상의 위원으로 포함시킬 수 있다. 본 위원회의 임무는 본 연회와 이전 연회들의 역사적 기록들을 수집, 보관, 열람하며, 개체교회들로 하여금 그들의 기록과 역사를 수집하고 보관하며, 그들의 유산을 경축하게 하며, 현 연회와 이전 연회 내의, 폐기되었거나 현존하지 않는 교회들의 모든 역사적 기록들을 영구히 안전하게 보관하도록 하며 (¶2549.3 참조), 화재예방 보관소를 마련하여 그 안에 장래의 역사 자료가 될 중요한 목록들을 보관하며, 부동산 소유권과, 유증과 유물들을 기증받으며, 연회 경계 내에 있는 건물, 지역, 또는 구조물을 사적 또는 유적지로 지정하여 줄 것을 총회교회역사보존위원회에 신청하며, 연회 경계 내에 있는 공식적으로 지정된 유적지 기념물 및 연회의 역사적 사적지들과 연락 관계를 유지하며, 연회 기간 중 감독과 연회 프로그램 위원회를 도와 역사를 위하여 배정된 시간의 프로그램을 계획하며, 총회교회역사보존위원회가 제정한 기준이나 지침에 따라 개체교회 기록들의 파기 및 보존에 관한 계획을 세우며,

개체교회들로 하여금 그들의 기록과 역사를 수집 보관하도록 장려하고 도우며, 웨슬리, 감리교회 또는 복음주의연합형제교회 등과 연관된 교파들과 제휴하여 우리의 공동유산을 앙양시킨다.

2. 본 위원회는 연회역사연구회(Conference Historical Society)를 조직하여 사람들로 하여금 이에 가입하도록 격려하며, 연회 및 이전 연회의 역사를 연구하고 보존하는 일에 관심을 가지도록 한다. 연회교회역사보존위원회의 임원들이 역사연구회의 임원을 겸임할 수 있다. 역사연구회가 정하는 바에 따라 회원제를 마련할 수 있으며, 회비 규정도 마련할 수 있다. 회원들은 본 위원회와 역사연구회가 발행하는 회보와 모든 간행물들 및 다른 혜택을 받는다.

3. 각 연회는 본 위원회가 지정하는 특별한 임무를 수행할 교회역사편찬위원회를 둘 수 있다. 연회교회역사편찬위원은 연회교회역사보존위원회의 회원이 될 수 있다.

4. 소수 민족, 인종 교회들을 포함하고 있는 연회들은 교회역사보존 위원회에서 그 소수 민족, 인종 교회들과 그들이 속하여 있던 연회의 역사적 자료를 수집하여 기록 보관한다.

¶642. 1. 각 연회는 기독교 일치와 타종교와의 관계 임무를 수행하며, 총감독회와 연대관계를 유지시켜 줄 적절한 기구를 둔다. 이 기구는 연회가 지시하는 방식대로 그 사역을 매년 연회에 보고하여야 한다. 기독교 일치와 타종교와의 관계를 위한 연회 기구의 임무를, 현존하거나 새로 만들어진 다목적 기구에 이관시킬 수 있다.

2. 이 기구가 ¶610.5의 규정을 따라 각 지방의 연합감리교회 교인 2명으로 구성되기를 권장하며, 그 중의 1명은 지방 기독교 일치와 타종교와의 관계 간사의 역할과 개체교회의 기독교 일치와 타종교와의 관계 사역 분야 사이의 연락원으로 봉사한다. 연합사역 전문 지식과 다른 기관과의 연락을 위하여, 연합감리교회 교인들이나 또는 연회가 지시하는 대로 '그리스도 안에서 통합하는 교회'(Churches Uniting in Christ)의 회원 교회 교인들을 추가할 수 있다. 연합감리교회를 대표하는 평신도는 개체교회의 고백교인이어야 한다. 연회 기독교 일치와 타종교와의 관계 기구의 직무상 위원들은, 선출되었을 경우, 연회 연합사업 임원들, 그리고 연회 경계 안에 거주하는 다음과 같은 기구의 위원들을 포함한다. 곧, 총감독회의 기독교 일치와 타종교와의 관계실, 미국기독교교회협의회 실행이사회, 세계감리교협의회, 최근에 열린 세계기독교교회협의회 총회 및 교회통합협의회 총회의 연합감리교회 대표들.

¶642

3. 본 기구의 대표 중 한 사람은 주 협의회 또는 교회연합회의 연회 대표로 봉사한다.

4. 연회 기구의 임무는 연회사역협의회와 협력하며, 다음과 같은 에큐메니칼 및 타종교와의 관계 사역에 주도적 역할을 담당하는 일이다.

a) 연회와 이에 속한 개체교회 생활의 모든 면에서 기독교 일치와 타종교와의 관계를 위하여 설명하고 대변하며, 다른 종교를 가진 사람들과 대화를 나누며 협력하기를 장려한다.

b) 감독과 감리사회와 협력하여 모든 그리스도 교회와의 관계를 개발하고 연합선교사역, 특히 새 교회 개발과 개체교회 연합운동 과정을 위한 목적, 목표, 전략 등을 연회에 추천하고, 연회가 이를 수행하는 일을 돕는다.

c) 실험 교구, 에큐메니칼 소교구 그룹, 에큐메니칼 특별위원회, 연합학원사역 및 문제 중심의 특별위원회 등과 같은 교회연합으로 계획 실천되는 선교사역에 참여하며 이들을 평가하는 일에 참여하도록 장려한다.

d) 연회, 지방, 개체교회들이 연합위원회협의회, 개체교회 연합회 특별위원회, 교육 프로그램, 공과 자료, 초교파 연구 프로그램, 그리고 기관 목회나 공공 통신 기관을 통한 프로그램, 또는 기타 모든 형태의 초교파 협동사역과 같은 지역사회의 에큐메니칼 활동에 적극 참여하도록 격려한다.

e) 교회들의 주 (州) 차원의 협의회나 또는 연합회에 연회 대표를 선정하는 일에 참여하는 일. 이에 참여한다는 것은 연회공천위원회와 협력하여 이러한 조직체에 연회 대표를 선출하는 일을 포함할 수 있으며, 지방, 구역, 지역의 에큐메니칼 또는 초교파 특별위원회와 강습회 등에 대표를 선정하는 일, 그리고 이 대표들이 이에 책임을 져야 하는 기관으로서 그들의 보고와 추천사항을 접수하여 결정하는 일을 뜻한다.

f) 미국기독교교회협의회 (NCC), 세계기독교교회협의회 (WCC), 그리스도 안에서 통합하는 교회 (Churches Uniting in Christ), 세계감리교협의회(World Methodist Council) 등과 같은 연합 기관의 사역을 홍보하고 설명하며, 기독교 연합 기도주간, 오순절, 세계성찬주일, 종교개혁주일 및 기타 특별한 연합 경축 행사에 협력하여 지도력을 발휘한다.

g) 모든 기독교 단체들을 이해하고 이들과 대화를 하도록 격려하며, 유대교와 다른 모든 종교 단체와 계속 대화하도록 북돋우며, 세계의 다른 종교들에 대하여 이해하며 마음을 열도록 격려한다.

h) 연회가 지시하는 모든 업무를 수행하며 연회 지도자들이 요청하는 일에 응한다.

¶**643.** 1. 해외지역총회 내에 있는 연회들을 포함하여 각 연회는 연회인종관계위원회 (the General Commission on Religion and Race) 또는 그 직능을 다하며 연대 관계를 유지시켜 줄 그 대체 기구를 둔다. 이 기구는 ¶2002와 ¶2008에 약술된 총회인종관계위원회의 일반 지침과 조직을, 적용되는 한, 따른다.

2. 연회인종관계위원회의 기본 위원은 각 연회가 설정한 방법을 통하여 추천하며 선출한다. 각 연회와 해외지역총회는 그 전체 위원의 수와 구성을 결정한다. 위원들은 주로 열정이 있으며, 또한 훈련, 리소스 개발, 평가, 상담 등 분야에서의 전문성, 그리고 다양성과, 타문화에 대한 이해와, 인종과 민족에 대한 공의와, 화해 및 형평성과, 변화를 위한 홍보/주창 분야에서의 전략적 계획 수립에 대한 전문성에 근거하여 선임하도록 명심하여야 한다. 전체 위원들의 구성이 평신도 여성과 평신도 남성과 교역자의 균형이 공평하게 잘 이루어지도록 하여야 한다. 각 연회 위원회들이 그 지역의 인종과 민족과 부족과 문화적 다양성을 반영하여 구성되어지기를 강력히 촉구한다. 또한 위원들을 선출할 때, 여성, 소년, 청장년, 노인, 장애인 등이 골고루 참여하도록 확인하여야 한다. 총회인종관계위원회 위원으로서 그 연회 지역에 거주하는 이들은 본 위원회의 투표권이 있는 직책상 위원이 된다.

3. 연회 및 해외지역총회 위원회에는 다음과 같은 임무를 수행한다.

a) 연회와 해외지역총회에 주어진 모든 임무의 의도하는 바를 해설하여 그 임무들이 사역을 위한 콘텍스트와 그들이 봉사하는 지역의 현실을 반영하도록 한다.

b) 다문화에 대한 이해력 및 기관에서의 공평성과 대화의 중요성에 관한 교육 프로그램을 연회의 모든 차원에서 지원하며 제공하는 일.

c) 연회와 해외지역총회의 모든 부서와 기관들이 인종적, 제도적 형평성과 다문화 이해를 위한 중요한 대화와 프로그램과 정책을 수립하려고 할 때 이들의 동역자가 된다.

d) 연회 직원과 연회의 모든 부서, 기관, 위원회에 전적인 포용성과 형평성이 전적으로 시행되고 있는지, 이를 조사하여 적절한 추천을 한다. 보고는 매년 연회에 할 것이다.

e) ¶252.2b에 명시된 바와 같이, 특히 다인종/다문화 사역에 종사하고 있는 목사와 개체교회 인종관계 부서에 훈련받을 기회 및 리소스를 제공한다. 해외지역총회의 경우,

다인종, 다문화 사역은 부족, 민족 공동체, 문화, 언어 그룹을 포함할 수 있다.

f) 소수 인종, 민족 교역자들을 발굴하고 인허하고 파송하는 과정에 관하여 안수사역부와 감리사회와 협의하여 인종, 민족 사람들이 포함되며 형평성이 고려되도록 확인한다. 안수사역부 실행위원회와 감리사회는 적어도 1년에 한 번 인종관계위원회와 합동 회의를 가져 교단 안에 날로 자라는 인종, 민족 인구를 위하여 봉사할 교역자들을 길러낼 장기 계획을 수립하며 평가한다.

g) 지역사회에서 일어나고 있는 인종적인 인구 변화가 교단의 인종, 민족 분포와 다르지만 지역사회를 위하여 사역을 하기 원하는 개체교회를 위하여 자문한다.

h) 연회 지도자들이 지역사회에 임팩트를 주는 인종 및 사회정의 운동에 가담하고 지원하는 일을, 연회 경계 안이나 밖에 있는 다른 조직들과 함께 의논하며, 또한 그들의 파트너로서 연락하는 책임을 진다.

i) 교역자나 평신도가 인종, 민족적 차별을 당하였다고 제소할 때, 이를 적절한 교단 기구들과 함께 그들을 도와 해결한다.

4. 연회인종관계위원회는 자체 운영 경비를 위한 충분한 예산안을 작성하여 연회 예산에 포함시킨다.

5. 연회인종관계위원회 또는 이의 직능을 다하며 연대 관계를 유지시켜 주는 대체 기구는 연회사역협의회 또는 이와 동등한 기구와 함께 연회의 결정권을 가진 부서에서 발언권과 투표권을 가진다.

¶644. 해외지역총회를 포함한 모든 연회들은 이 직능을 다하며 연대 관계를 유지시켜 줄 연회여권신장위원회(Conference Commission on the Status and Role of Women) 또는 그 대체 기구를 둔다.[91]

1. 본 위원회의 임무는 총회 위원회의 임무(¶2103 참조)와 일치하며, 다음과 같은 목적을 지침으로 삼아 각 연회의 필요에 순응할 수 있다.

a) 연회 전체 운영에 있어서 여성의 지위와 역할에 관하여 조사한다. 조사 자료는 개체교회를 포함한 연회의 모든 조직체에서 수집한다. 수집된 자료는 정기적으로 갱신하며 발표한다.

b) 의결 기관에 여성들의 적극적인 참여를 성취하기 위하여 연회와 다른 적절한 계층의 여선교회와의 협조를 시도한다.

c) 연회 내의 모든 계층의 지도자들에게 여성에게 영향을

---

91. 사법위원회 판정 712 참조.

미치는 문제들을 주지시키고, 이에 민감하게 반응을 보이도록 하는 방법을 개발하여 연회의 모든 지방에 보급한다.

d) 여성에 관계되는 문제들 중 성폭행 문제를 포함하여 가장 우선적인 것들에 집중하여, 그 문제들에 관한 정책과 계획, 그리고 시행에 있어 감독과 감리사회와 연회 직원들의 협조를 구한다.

e) 연회의 전반적인 운영에 여성들이 적극적으로 참여하도록 노력한 결과에 대하여 그 진전 상황과 효율성에 관하여 총회위원회에 알린다.

f) 총회위원회가 시도하고 제안한 연대적인 프로그램과 계획에 참여하며, 총회 위원회가 필요에 따라 준비한 자료들을 사용한다.

2. 연회위원회의 기본 회원들은 각 연회가 제정한 과정에 따라 공천되며 선출된다. 각 연회는 위원의 총 수와 그 구성에 관하여 결정한다. 이들은 모두 연합감리교회 교인이어야 한다. 특별고문을 자문위원으로 위원회에 포함하되 그들에게 투표권은 수여하지 않는다. 전체 위원 중에 평신도 여성 3분의 1, 평신도 남성 3분의 1, 교역자 3분의 1의 비율을 유지하도록 권장한다. 평신도와 교역자를 합하여, 여성들이 과반수를 차지하여야 한다. 여성 교역자 수가 충분치 못한 연회에서는 이 비례를 맞추기 위하여, 여성 평신도를 추가로 선출하여 여성의 과반수를 3분의 1 비율을 초과하여 채운다. 본 위원회에는 소수 인종, 민족, 청소년, 청장년, 노인, 생활방식이 다른 사람들의 대표들이 반드시 포함되도록 한다. 그 연회를 대표하여 총회여권신장위원회의 위원으로 봉사하는 이들은 직책상 연회여권신장위원회의 위원이 된다 (¶610.6, ¶710.6 참조). 위원 선출에 있어, 소수 인종 그룹, 청소년, 청장년, 노인 및 다른 형태의 생활방식을 가진 사람들이 골고루 섞이도록 하여야 한다.

위원 중에 적어도 한 명은 연회 연합감리교회 여선교회에서 임명한다.

3. 본 위원회의 위원장은 여성이어야 한다.

4. 본 위원회는 연회 예산에 포함되도록 예산을 작성하여 연회의 다른 모든 부서와 기관 및 위원회들의 예산책정 절차에 따라 연회에 제출한다.

¶645. 각 연회는 연회소수교인교회위원회(Conference Commission on the Small Membership Church)를 반드시 두거나, 또는 본 위원회의 임무를, 현존하거나 새로 만들어지는 복합기능위원회 혹은 소수교인 교회의 지원과 양육과 성장 및

¶645

그들의 연회, 지방, 다른 개체교회들과의 관계를 보살펴 줄 대치 기구에 맡길 수 있다. 이러한 책임을 연회 내의 새 기구 또는 현존하는 기구에 위임하였으면, 위원회를 이끌어갈 사람들을 연회가 지정하여 연회 임원으로 그 명단에 포함시킨다.

1. 본 위원회의 책임은 총회위원회의 책임과 일치하여야 하며, 각 연회의 필요에 따라 다음과 같은 목적을 지침으로 채택할 수 있다.

a) 연회 생활 가운데서 농촌, 교외 및 대도시에 있는 소수교인 교회들이 필요로 하는 것과 주어진 기회에 대하여 잘 알고 있어야 한다. 개체교회를 포함하여 연회의 모든 조직 구조에 관한 구체적인 정보 자료를 수집한다. 이 자료는 인구동태, 교인, 협동사역의 편성과 효율성에 관한 정보, 목회자의 임기와 보수와 기타 소수교인 교회의 활성화에 영향을 주는 요소들에 관한 정보를 담고 있어야 한다. 이러한 정보는 수시로 최신 것으로 갱신하여 감독, 지방감리사, 연관된 연회 기관들, 총회세계선교부 및 총회제자사역부에 전달한다.

b) 연회의 의결 기구에 소수교인 교회를 대표하는 사람들이 꼭 참여하도록 확인한다.

c) 모든 계층의 연회 지도자들에게 소수교인 교회들에게 영향을 주는 문제들에 대하여 알려 주고 이에 관심을 가질 수 있는 방도를 개발한다. 이 문제들은 위원회가 연회 내 지방들을 통하여 지방들에게 전달되도록 한다.

d) 소수교인 교회와 연관된 주요 문제들에 초점을 맞추며, 이 문제들에 영향을 주는 정책계획 시행에 관하여 감독, 감리사회, 연회 직원들의 협조를 구한다.

e) 소수교인 교회의 평신도와 교역자들이 연회 생활에 전적으로 참여하도록 노력한 결과에 대하여 그 진전 상황과 효율성에 관하여 총회위원회에 알린다.

f) 필요에 따라 총회위원회가 시작 내지 추천하는 연대적인 프로그램과 계획에 참여한다.

2. 이 연회위원회의 기본 위원은 연회가 정한 절차에 따라 공천하고 선출한다. 모든 위원들은 연합감리교회의 교인들이어야 한다. 투표권이 없는 특별한 자문위원들을 전문위원으로 위촉할 수 있다.

3. 위원회는 예산을 만들어 이를 연회 예산에 포함되도록 연회의 모든 부서, 위원회, 기관들을 위한 재정지원 절차에 따라 연회에 제출한다.

¶646. 각 연회는 그 직능을 다하며 연대 관계를 유지시켜 줄 연회공보위원회 또는 그 대체 기구를 둔다. 본 위원회는 연회가

¶610.5에 규정한 방법으로 지명하되 공보 활동에 기술이 있는 사람들을 포함하여야 한다.

본 위원회는 연회의 공보, 출판, 멀티미디어, 대외관계, 해설 및 홍보의 필요에 응하는 봉사 기관이어야 한다. 본 위원회는 공보 분야에 있어 연회의 기관, 지방, 개체교회에 자료를 제공하며 봉사하는 책임을 질 수도 있다. 이는 또한 연회 조직 내의 기관과 기구를 위하여 자문 역할을 담당한다.

¶647. *연합감리교회 여선교회-연회 연합감리교회 여선교회 헌장—제1조 명칭—*각 연회는 연합감리교회 여선교회 지역총회 및 전국 기구와 연결되어 있는 연회 조직을 둔다.

*제2조 직능—*연합감리교회 여선교회 연회 조직은, 여성들에게 필요하고 흥미가 있으며, 세계적인 교회에 관한 관심과 책임 있는 프로그램을, 여선교회의 지방 및 개체교회 조직과 함께 개발하며, 영적 성장, 대외 선교, 기독교인들의 사회참여 활동을 격려하고 후원하며, 연합감리교회 여선교회전국기구의 계획과 임무를 진흥시키는 직능을 가지고 있다.

*제3조 권한—*연합감리교회 여선교회 각 연회 조직은 그 전국 기구의 계획과 임무와 정책에 따라 그 사역을 추진할 권한이 있다.

*제4조 회원—*연합감리교회 여선교회 연회 조직은 연회 안에 있는 연합감리교회 여선교회 회원들로 구성한다. 주재감독은 연합감리교회 여선교회의 연회 조직과 지도팀 또는 이와 유사한 조직의 직책상 회원이 된다.

*제5조 지도팀 (Leadership Team)—*연합감리교회 여선교회 연회 조직은 그 목적을 달성하기 위하여 필요한 지도자들, 곧 회장, 회계, 서기, 그리고 공천위원들을 선출한다. 연합감리교회 여선교회 연회 조직의 회칙에 명시된 바와 같이, 연합감리교회 여선교회의 전국 기구의 헌장과 지침에 따라, 그 목적을 달성하기 위하여 위원회와 팀들을 추가로 구성할 수 있다.

제6조 회의와 선거—a) 연합감리교회 여선교회 연회 조직은 연례 회의를 개최한다. 연례 회의에서 지도팀은, 연회 행사와 지난 해에 우선적으로 행한 일들을 돌아보며, 행사 계획과 오는 해에 우선적으로 하여야 할 일들을 제안하며, 이를 위한 예산을 세우며, 계획을 실천하는 데 필요한 지도팀을 선출한다.

b) 연합감리교회 여선교회 연회 조직의 연례 회의에서 투표할 수 있는 이들은, 다음과 같은 회원들로 구성한다. 곧 연회 조직이 정한 바, 연회 경계 내에 있는 여선교회 조직들의 회원들; 연회 및 지방의 지도팀들; 연합감리교회 여선교회 이사들과

¶647 의회들

프로그램 자문 그룹의 멤버들; 그리고 연회 경계 내에 거주하는 지역총회 지도팀 등이다.

c) 지역총회 조직의 4개년차 총회가 모이기 전에, 연회 조직의 연례 회의는, ¶536.3의 규정에 따라, 지역총회 조직의 회원이 될 3명의 지도팀 멤버 혹은 그들의 지명자들을 선출한다.

d) 지역총회 조직의 4개년차 총회가 모이기 전에, 연회 기구의 연례 회의는, 연합감리교회 여선교회 전국 기구의 이사가 될 후보자 2명을 선출하여, 그 명단을, ¶536.4에 따라, 지역총회 조직에 보낸다.

제7조 관계—a) 연합감리교회 여선교회 연회 조직의 회장은 ¶32에 따라 연회의 회원이 된다.

b) 연회 조직은 연회의 모든 부서와 협의회와 기관 및 위원회에서 봉사할 대표들을 그 기관의 헌장과 규약에 따라 회원 가운데에서 지명한다.

c) 연회 조직은 여성들로 하여금 교회의 모든 운영에 참여하도록 격려하며, 지도적 위치에 있는 여성들이 그 임무를 잘 수행하도록 후원한다.

제8조 헌장 개정—본 헌장에 관한 개정안은 연합감리교회 여선교회 전국 기구 이사회에서 심의하도록 그 기구의 기록서기에게 보낼 수 있다. 아무 개정안이나 이를 심의하게 할 수 있는 마지막 날짜는, 개정안들에 대한 결의를 위하여 총회에 접수하여야만 하는 마감일 직전에 모이는 여선교회의 마지막 정기 이사회이다.

¶648. *연합감리교회 남선교회-연회 연합감리교회 남선교회 헌장—제1조 명칭*—각 연회는 지역총회연합감리교회 남선교회 위원회와 총회연합감리교회 남선교회위원회에 종속한 연합감리교회 남선교회 연회 조직을 둔다(¶2301).

제2조 직능—연합감리교회 남선교회 연회 조직의 직능은 남성들의 관심사를 충족시키고 제자 직분의 책임을 다하게 하기 위한 자원을 개발함에 있어 연합감리교회 남선교회의 지방 조직을 만들어 이를 지원하며, 개인적인 증거와 전도를 강화시키며, 개인 및 단체적인 대외 선교 활동을 가능하게 하며, 영적 및 신앙적 성장을 권장하며, 또한 연합감리교회 총회남선교회위원회의 목적과 책임을 홍보하는 데 있다. 지방 조직이 없을 때에는 지방감리사와 상의하여 지방의 책임을 다한다 (¶671).

제3조 권한—연합감리교회 남선교회의 각 연회 조직은 연합감리교회 총회남선교회위원회의 계획, 임무, 정책에 따라 그 사역을 추진할 권한이 있다.

연회 ¶648

제4조 회원―연합감리교회 남선교회 연회 조직은, 조직이 되어 있든 안 되었든, 연회 경계 내의 개체교회 또는 구역의 모든 남성들로 구성한다.

제5조 임원 및 위원회―*a)* 연회 조직은 회장, 적어도 1명의 부회장, 서기 및 회계를 선출한다.

b) 주재감독은 명예 회장으로 봉사하며 연회 조직과 그 실행위원회의 위원이 된다.

c) 연회평신도대표(또는 지명된 대리)는 연회 조직과 그 실행위원회의 위원이 된다.

d) 추가 임원들과(공공 청소년 봉사기관/스카우트 책임자를 포함) 위원회는 연합감리교회 총회남선교회위원회의 지침 및/또는 연합감리교회 연회남선교회 헌장에 따라 선출 또는 임명한다.

제6조 회의 및 선거―*a)* 연합감리교회 연회남선교회는 연례 모임을 가지며, 이때 연례 보고를 받으며, 연회 내 남성들의 필요를 충족시켜 줄 프로그램 계획을 제시한다. 임원과 위원들은 본 기구의 헌장에 따라 선출한다.

b) 연회 연례 모임에서 투표할 수 있는 이들은 본 기구의 헌장에 따라 정하여지되, 정한 바 연회 및 지방의 임원들과 위원장들, 총회연합감리교회 남선교회위원회의 위원들, 연회가 속하여 있는 지역총회연합감리교회 남선교회위원회의 위원들을 포함한다.

제7조 관계―*a)* 연합감리교회 연회남선교회의 회장은 ¶32에 규정된 바에 따라 연회의 회원이 된다.

b) 연합감리교회 연회남선교회 회장은 지역총회 연합감리교회 남선교회위원회에 연회 조직을 대표한다. 회장의 유고 시, 지명된 부회장이 연회 조직을 대표할 수 있다.

c) 지명된 임원이나 위원들이 연회의 여러 가지 기관, 협의회, 위원회 등에 그들 기구의 헌장이 허락하는 한도 내에서 연회 조직을 대표한다.

d) 연회 조직은 남성들로 하여금 연회 생활과 사역에 적극 참여하도록 권장하며, 제자 된 도리를 다하여 지도적 위치와 그 책임을 감수하도록 권장한다.

제8조 재정―연합감리교회 연회남선교회는 그 목적을 달성하기 위하여 기금을 확보한다. 어떠한 소스에서 확보하였건, 연회 연합감리교회 남선교회가 모은 모든 기금은 연회 연합감리교회 남선교회의 것이며, 헌장 및/또는 규약에 따라 또한 위원회의 요청이 있을 때 이를 지출한다.

¶648

　　a) 연합감리교회 연회남선교회는 자체 은행계좌를 가질 수 있다.

　　b) 연례 감사를 실시할 것을 권장한다.

　제9조 헌장 개정—이 헌장의 개정안은 연합감리교회 총회남선교회위원회의 매 4개년 기간 마지막 연례 회의인 셋째 연례회의가 모이기 전에 기록 서기에게 보낼 수 있다.

　제10조 보고 및 교단에 대한 책임—*a)* 각 연합감리교회 연회남선교회위원회는 그들의 현 헌장 및 규약을 총회남선교회위원회에 보관하도록 한다.

　　b) 각 연회는 그 연례 보고서를 총회연합감리교회 남선교회위원회에 제출하여야 한다. 이 보고서는 연회 회장이 전국연회 회장협의회의 봄철 모임에 보고하며, 다음과 같은 내용을 포함하고 있어야 한다.

　　1. 연중 목표와 지난 12개월 동안 이 목표를 달성하기 위하여 행한 진전 사항.

　　2. 연회 안팎에서 행한 전도, 선교, 영성 분야의 활동에 대한 리뷰.

　　3. 교회의 모든 차원에서 남성들을 위한 사역을 확장하기 위하여 연회, 지방, 개체교회 차원에서 행한 훈련 행사 리스트.

　　4. 연합감리교회 총회남선교회위원회의 목표를 달성하기 위하여 연회연합감리교회 남선교회위원회가 지난 12개월 동안 성취한 진전 사항과 연합감리교회 총회남선교회위원회에 대한 평가.

　　5. 남성을 대상으로 한 사역에 대한 뜻있는 도전과 그 성취한 것을 보고하고 다른 연회 남성 사역 기구에 알림.

　이 보고서들은 연합감리교회 총회남선교회위원회의 리뷰 과정의 일부가 되며, 각 연회의 보고서는 연회 회장이 자기 연회의 지도자들과 공유하도록 한다.

¶649. 1. 각 연회는 이 직능을 다하며 연대 관계를 유지시켜 줄 연회청소년사역협의회 (Conference Council on Youth Ministry) 또는 이와 동등한 기구를 둔다. 그러나 아래 열거한 임무는, ¶610.1에 의거, 연회가 요구하는 위원 구성 요건을 충족시켜 주는 조직체에 맡길 수 있다. 그 목적은 연회 내의 개체교회와 지방의 청소년 선교를 강화하기 위한 것이다. 행정상 본 위원회는 연회사역협의회 또는 이와 동등한 기구와 연관을 맺는다. (청년사역국에 관하여는 ¶¶1201-1212 참조.)

　2. *회원*—본 협의회는 성인 회원이 전체의 3분의 1을 초과하지 못하며, 그 중의 한 명은 연회평신도대표 또는 그를 대신하는 대표이어야 한다. 본 협의회 회원은 연회나 감독구가

정한 바, 같은 수의 인종과 민족과 성과 사회적 지위의 사람들로 구성할 것을 강력히 추천한다. 인종 및 언어 연회가 일반 연회와 중복되는 곳에서는 인종 및 타언어 연회의 회원들을 포함시키는 규정과 또한 백인 회원들을 포함시키는 규정을 만든다. 연회청소년선교위원회 또는 이와 동등한 조직체에 봉사하는 사람은 연합감리교회 세례교인 또는 고백교인이어야 한다.

3. *임무*—*a)* 청소년들에게 흥미 있는 프로그램과 활동 및 사역을 시도하며 후원한다.

b) 자기들에게 중요한 문제에 대하여 청소년들이 자유로이 의견을 표현하도록 이를 지원한다.

c) 필요에 따라 청소년 코커스를 형성하는 일을 후원하며 주선한다.

d) 연회의 각 부서 및 기관과 협조하여 청소년에 관계되는 문제 해결 방안을 서로 주고받는다.

e) 연회공천위원회에 자격이 있는 청소년들을 각 기관과 부서의 위원으로 천거한다.

f) 지역청소년선교기구대회와 연합감리교회 청소년기구대회의 연회 대표를 선출하며 그들을 보증한다.

h) 연회에 속한 젊은이들이 대학에 다닐 때 연합감리교 대학선교 이나 혹은 연합감리교 학원사역에 적극적으로 참여하도록 홍보하며, 소개하며, 장려하며, 또한 연합감리교회 계통의 대학에 다닐 수 있는 좋은 기회가 있음을 알린다.

i) 연합감리교 대학선교, 연합감리교 학원사역, 그리고 연합감리교회와 연관된 대학들과 협력하여, 연회에 속한 젊은이들이 대학생활을 시작할 때 그들을 돕는다.

i) 청소년선교기금의 연회 배당금을 받으며 이에 대한 정책과 기준을 수립한다 (¶1201). 이 기금의 3분의 1 이상을 행정비로 사용하여서는 안 되며, 적어도 3분의 1은 연회 지역 내의 사역에, 또한 적어도 3분의 1은 연회 지역 밖의 사역에 사용하여야 한다.

j) 청소년선교기금 교육을 위한 정책을 수립하며, 이를 총회제자사역부 청년사역국과 협력하여 연회 전반에 걸쳐 홍보할 책임이 있다.

k) 사역을 위하여 받은 청소년선교비 사용에 관하여, 자문위원회로 사역검토위원회를 설립한다. 본 위원회의 50%는 소수 인종, 민족으로 구성할 것을 권장한다.

l) 연회의 해당 기관과 위원회 고문으로 봉사할 연회청소년선교부 총무를 천거한다.

m) 학생들이 개체교회에 다시 돌아갈 때, 그들에게 선교, 사회정의, 제자화, 지도력 개발, 영성훈련 분야 등을 인식케 하고, 이에 적극 참여하게 하는 교육의 기회와 리소스를 제공함으로써 젊은이들을 통하여 젊은이들에게 전도한다.

¶650. 1. 각 연회는 연회청장년사역협의회 (Conference Council on Young-Adult Ministry) 또는 이와 동등한 기구를 둔다. 본 협의회의 목적은 연회의 개체교회와 지방의 청장년 사역을 강화하는 데 있다. 행정관리를 위하여 본 협의회는 연회사역협의회 또는 이와 동등한 대체 기구와 연관을 맺는다.

2. *회원*—본 협의회의 회원은 연회 또는 감독구가 규정한 바, 청장년으로 구성한다. 각 지방은 한 명의 회원을 선출하기를 권장한다. 연회공천위원회가 공천한 추가 회원을 둘 수 있다. 협의회는 다양성을 보장하기 위하여 연회나 감독구가 정한 바, 같은 수의 인종과 민족과 성과 사회적 지위의 사람들로 구성할 것을 강력히 추천한다. 본 협의회에 봉사하는 위원은 연합감리교회의 교인이어야 한다. 적어도 위원의 절반은 평신도라야 하되 연합감리교회의 고백교인이어야 한다. 위원에는 일반 인구의 분포 상황을 반영하여 대학생, 직업인, 미혼, 기혼 청장년들을 포함하여야 한다.

3. *임무*—*a)* 대학생, 직업인, 미혼, 기혼 청장년들이 특별히 관심을 가지고 있는 계획과 활동과 프로젝트를 시작하고 지원한다.

b) 자신들에게 절대로 필요한 문제에 관하여 청장년들이 그들의 신념을 자유로이 표현할 수 있도록 이를 지원한다.

c) 필요하다고 여겨질 때, 청장년 코커스의 형성을 지원하며 주관한다.

d) 연합감리교 대학선교, 연합감리교회와 연관된 학원사역과 교목실들을 포함한 연회의 부서 및 기관들과 협력하여, 대학을 졸업하는 연합감리교회 청장년들이 개체교회 생활을 시작할 때, 그들이 필요로 하는 것을 제공하기 위하여 이들로부터 추천사항을 받아 각 부서와 기관에 건의한다.

e) 유능한 청장년들을 연회공천위원회에 추천하여 연회 부서와 기관의 위원이 되게 한다.

f) 본 협의회의 고문으로 일할 연회 청장년사역 총무를 연회사역협의회가 공천할 때 이에 참여한다.

¶651. 1. 각 연회는 연회노인사역협의회(Conference Council on Older Adult Ministries)를 둘 수 있다. 본 협의회의 목적은 연회의 개체교회와 지방에서 노인사역을 강화하는 데 있다. 행정상 본 협의회는 연회제자사역부 또는

연회평신도사역부 또는 이와 동등한 대체기구와 연관을 맺고 있어야 한다.

2. *위원들*—본 협의회의 위원들 가운데 대다수는 노인들이어야 한다. 본 협의회는 또한 연령과 관계없이, 이에 특별한 관심을 가지고 있으며, 이 분야에 교육과 훈련을 받았음으로 인하여 노인들을 위한 사역에 열정을 가지고 있는 사람들을 포함할 수 있다. 연회노인사역협의회에 봉사하는 이들은 연합감리교회의 고백교인이어야 하며, 평신도와 교역자를 모두 포함한다. 인종, 민족적, 지역적, 남녀의 다양성을 포용하기 위하며, 또한 특별한 관심과 교육과 훈련과 경험을 가진 사람들을 참여시키기 위하여, 연회공천위원회가 공천하여 연회가 선출한 추가 위원들을 둘 수 있다. 연회평신도대표(또는 당선자)와, (만일 있다면) 연회노인사역 담당자와, 감리사회 대표는 투표권 있는 직책상 위원이 된다. 위원들은 일반 노인 인구의 다양성을 고려하여 다음과 같은 처지에 있는 노인들을 포함하도록 한다. 곧 은퇴한 이들, 일하고 있는 이들, 장애인들, 지병을 앓고 있는 이들, 독신자들, 홀아비들, 기혼자들, 여러 가지 종류의 주거지에서 사는 이들, 광범위한 가정 환경에서 사는 이들 등.

3. *임무*—*a)* 은퇴한 이들, 일하고 있는 이들, 장애인들, 지병을 앓고 있는 이들, 독신들, 홀아비들, 기혼자들, 여러 가지 종류의 주거지에서 사는 이들, 광범위한 가정 상황에서 사는 이들이 특별히 관심을 가지고 있는 사역과 계획과 활동과 프로젝트를 시작하고 지원한다.

b) 노인들의 대변자가 된다.

c) 노인들이 코커스를 결성하면, 적절한 때 이를 도와주고 용이하게 한다.

d) 연회와 지방에서 노인들이 필요로 하는 것과 관심을 가지고 있는 것과 그들의 잠재적인 가능성을 찾아낸다.

e) 연합감리교회 내 노인들이 필요로 하는 것을 받아들여 이를 추천할 때 연회 부서 및 기관들과 협력한다.

f) 연회공천위원회에 자격이 있고 열심이 있는 노인들을 각 부서와 기관 위원으로 천거한다.

g) 연회가 선출할 노인사역 담당자를 천거할 때 연회제자사역부 또는 연회평신도사역부 또는 이와 동등한 대체 기구에 관여한다.

h) 일생동안 늙어가는 과정에서 삶의 질과 세대 간의 이해와 신앙개발이 중요함을 강조함으로써 연회와 지방을 교육시킨다.

i) 연회와 지방에서 노인사역에 관한 정보와 지도를 제공하여 주는 중심체로 봉사한다.

j) 연회와 지방에서 노인사역을 뒷받침하여 줄 자료들을 지원하며 개발한다.

¶652. 각 연회는 교역자들의 의료 휴직 문제를 다룰 절차를 마련하여야 한다. 연회는 교역자의 의료 휴직을 위하여 하나의 합동위원회(joint committee on clergy medical leave)를 설치할 수 있다. 만일 연회가 그러한 위원회를 구성한다면, 그 위원회는 안수사역부와 연회은급부에서 각각 최소 2명씩 보내온 대표들(이들은 매 4개년 기간 초에, 또는 결원이 생길 때 각 부에서 선출된다)과 감리사회를 대표하여 감독이 때때로 임명하는 지방감리사 1명으로 구성한다. 본 합동위원회는 그 위원들 가운데 장애인, 특히 파송받은 장애인을 포함하도록 권장한다. 다른 사람들이 선출되거나, 이들이 선출될 때까지 안수사역부 위원장과 서기, 그리고 연회은급부 위원장과 서기, 또는 그들이 임명한 사람들이 각 부를 대표하도록 한다. 본 위원회는 매 4개년차 첫 해에 회장과 서기를 선출한다. 만일 연회가 합동위원회를 설치하지 않고 있다면, 교역자 신체장애 문제를 다룰 연회의 정책과 절차는 연회안수사역부와 연회은급부와 감리사회 대표가 간여하여야 한다.

연회 혹은 신체장애합동위원회 또는 이와 동등한 기구의 임무는 다음과 같다.

a) 연회 내의 교역자들의 의료 휴직과 연관된 문제들에 관하여 연구한다.

b) 연회 내의 의료 휴직 상태에 있는 교역자들에게 계속하여 개별적인 선교를 마련하며, 그들로 하여금 연회의 다른 회원들과 친교를 계속할 수 있도록 돕는다.

c) 다음과 같은 일을 함으로써 신체장애 문제에 대하여 교역자들을 도우며 그들의 대변자가 된다. 곧, (i) 포괄보호보험(CPP)과 정부 프로그램에서 주는 혜택을 신청하여 받는다; (ii) 신체장애 수혜자가 되기 전까지의 기간 동안 재정적 지원을 받을 소스를 찾아본다; (iii) 회복하여 일을 다시 시작할 수 있는 프로그램을 설립한다; (iv) 합당한 시설의 필요성을 평가하여 이를 제공한다.

d) 의료 휴직의 필요성을 방지하기 위한 단계, 의료 휴직을 허락하기 위한 절차, 혜택, 수여금 또는 다른 지원금 및 회복을 위한 프로그램을 포함한 의료 휴직과 관계된 모든 일들을 연회안수사역부, 연회은급부, 감리사회에 제안한다.

연회 ¶654

e) 교역자은퇴보장 프로그램 (CRSP), 포괄보호보험 플랜 (CPP), 기타 의료 휴직 상태에 있는 교역자를 위한 혜택들을 통하여 장애인에게 혜택을 주는 총회은급의료혜택부의 업무를 도우며 협조한다.

¶653. 각 연회는 이 사역의 직능을 다하며 연대 관계를 유지시켜 줄 장애인위원회 또는 그 대체 기구를 둔다.

1. 본 위원회의 기본 위원은 각 연회가 제정한 절차에 따라 공천하며 선출한다. 각 연회가 전체 위원의 수와 구성원을 정한다. 위원에는 신체장애인과 정신장애인들을 포함한다.

2. 본 위원회의 임무는 아래와 같다.

a) 안수받은 장로와 집사 및 연회 지도적 위치에 있는 사람들을 포함하여 사역 활동에 있어서의 그들의 역할을 인지하고 대변한다.

b) 연회 내 장애인들의 필요를 충족시켜 줄 프로그램을 옹호하고 이의 개발을 지원한다.

c) 현재 연회 내에서 진행되고 있는 장애인들과 관계된 사역 활동을 파악한다.

d) 장애인들에게 영향을 주고 따라서 전체 교회에 영향을 미치는 문제에 관하여 지도적 위치에 있는 사람들을 관심 갖게 한다.

e) 구체적인 기능장애(귀머거리, 벙어리, 청각장애, 발육장애, 정신박약, 정신질환, 시각장애, 신체장애 등등)에 초점을 맞추고 있는 연회 내의 사역 활동들이 서로 협력하도록 노력한다.

f) 사람들의 태도에서나 건축상 접근이 가능한 새로운 사역을 개발하려고 하는 개체교회들에게 리소스가 된다.

g) 장애인들이 개체교회와 연회 생활에 전적으로 참여하도록 장려한다.

h) 지식과 자원을 제공하여 줌에 있어 건물 접근을 가능케 하는 지역총회의 협회들에 참여한다.

¶654. 연회에 이 직능을 다하고 연대체제를 유지시켜 줄 연회미원주민선교위원회 (Native American ministry) 또는 그 대체 기구를 둔다. 본 위원회의 기본 위원들은 각 연회가 정한 절차에 따라 공천하여 선출한다. 각 연회가 전체 위원의 수를 결정한다. 가능한 한 미원주민들이 본 위원회의 대다수가 되도록 한다. 미원주민주일 헌금의 분배, 미원주민주일 장려, 연회 내의 미원주민에 관한 선교사역을 감시하는 일 등이 본 위원회의 책무이다. 각 위원회는 헌금이 어떻게 연회 내의 미원주민들에게 혜택을 주었는지 보고한다. 연례보고는 미원주민주일 헌금의

총 영수금액을 포함하여 연회사역협의회와 연대사역협의회에 제출한다.

각 개체교회는 구역회 때 최소 한 사람(인종과 민족에 상관없이)을 공천하여 선출하거나 이미 있는 교회 위원회의 위원을 지정하여 미원주민들의 공천에 대하여 개체교회에서 모두 다 잘 알고 있도록 한다. 이들의 명단은 구역회 때 감리사에게 전달하여 연회원주민선교위원회에 제출하도록 한다.

¶655. 연회는, 그 지역사회 내의 모든 연령층의 히스패닉/라틴계 사람들을 위하여, 총체적인 행동 및 전략 계획을 세우는 히스패닉/라틴 사역을 개발하고 실현하고 평가하는 일을 지원하기 위하여, 히스패닉/라틴사역위원회 또는 기타 조직체를 설치할 것을 권장한다. 이 위원회의 위원은 각 연회가 설정한 방법에 따라 공천하여 선출한다. 본 위원회는 그 위원의 적어도 3분의 1이 히스패닉/라틴계 사람이어야 한다.

히스패닉/라틴사역위원회 또는 이와 같은 조직체를 이미 설치하고 있는 연회는 다음과 같은 전략을 세워야 한다. 곧, (1) 현존하고 있는 사역과 교회를 강화한다; (2) 특히 어린이들과 청년들에게 초점을 맞추어 새로운 교회와 사역을 시작한다; (3) 이 선교와 사역에 종사할 수 있는 장로와 본처목사와 평신도 선교동역자와 인허받은 전도사와 기타 평신도 지도자들을 발굴하고 훈련하고 파송한다; (4) 이를 실천하는 일을 지원하며 유지하기 위하여 재정적 및 물질적 리소스를 찾는다. 이러한 계획은 연회가 위치하고 있는 지역의 사회적, 경제적, 문화적 및 종교적 현실을 절저히 분석한 토대 위에 세워져야 한다. 2016년 총회 때까지, 지역총회 내에서 연회의 총체적인 히스패닉/라틴 사역 계획의 준비가 완료되기를 권장한다.

¶656. 1. 연회는 연회특별선교프로그램(Conference Advance Program)을 시작할 수 있으며 총회특별선교프로그램과 같은 정신으로 실시한다.

2. 연회특별선교헌금(Advance Special Gift)은 연회선교부 또는 그와 동등한 기관과 특별선교 목표에 해당하는 헌금을 연회에 추천하여, 연회가 이를 허가하고, 그것을 연회 내 또는 그 감독구 내의 특별선교사역에 기증하는 것을 뜻한다. 이 헌금은 연회선교부 또는 그와 동등한 기관이 취급한다.

3. 연회는 선교와 교회 확장을 위한 기금을 한꺼번에 갚기 위하여 연회 전반에 걸친 기금 모집을 실시할 수 있다. 이 기금은 연회특별선교헌금으로 설정하며 연회선교부나 그와 동등한

기관이 이를 맡아 관리한다. 개체교회는 그들 헌금을 연회 특별선교헌금으로 보고한다.

4. 연회 내의 지방은 지방 내의 교회 확장과 선교사 후원을 위하여 연회의 허락을 받아 특별선교헌금을 모금할 수 있다. 이 기금은 이 목적을 위하여 조직된 지방선교위원회나 지방이 조직한 이와 유사한 기구가 맡아 관리한다. 지방이 모금하여 관리하는 이러한 특별기금은 각 개체교회가 특별선교헌금으로 연회에 보고한다.

5. 개체교회들은 총회특별선교헌금과 연회특별선교헌금을 구역회에 보고하되 연회 보고서 양식에 따라 한다.

¶657. 연회는 다음과 같은 일을 성취하기 위하여 재소자사역위원회 (Committee on Criminal Justice and Mercy Ministries: CJAMM)를 두기를 권장한다. (1) 일반 개체교회가 이 사역을 의식하고 이에 참여하도록 노력한다. (2) 현재 있는 프로그램을 점검한다. (3) 형사범에 대한 사역을 홍보한다. (4) 개체교회, 총회 사역 기관들 및 에큐메니칼 그룹을 연결시켜 주는 고리 역할을 하며, 전국 기구를 통하여 보급되는 형사범을 위한 사역 및 형무소 개혁 자료들을 사용한다. 본 회의 목적은 모든 연령층의 남녀 재소자들, 그들의 가족들, 범죄의 희생자들, 또한 그들의 가족들을 위한 사역을 신장하며 형무소에 관심을 갖도록 홍보하는 일이다. 본 위원회는 사회정의에 관여하고 있는 세계선교부 및/또는 사회부와 관계를 맺을 수도 있다. 이 분야의 사역 실적은 연회에 보고한다.

제10절 지방회 (The District Conference)

연회의 승인이 있으면, "소지방"(subdistrict)이라는 용어는 ¶¶658-672에서 "지방"(district)을 지칭할 때도 쓸 수 있다.

¶658. 지방회는 연회가 지시하거나 지방감리사가 지정하는 때와 장소에서 모인다.

¶659. 1. 지방회는 연회가 결정하고 지정하는 사람들을 회원으로, 인종의 다양성을 고려하여 구성한다 (¶124, ¶140 참조).

2. 지방회는 자체의 의사일정을 정할 수 있다. 정식으로 선택된 서기는 회의진행 사항을 정확히 기록하여 연회에 제출하고 이를 검토하게 한다.

3. 지방회는 지방안수사역위원회의 추천에 의하여 안수사역 후보자 증서를 발행하며 본 위원회의 보고를 준수, 처리한다.

¶659

4. 지방회는 해당 주법에 따라 지방선교사역회(District Union)를 법인체로 만들 수 있으며, 이 사역회는 지방의 동산 및 부동산을 소유하고 관리하며, 지방에서 사용할 교회확장기금 및 선교 기금을 수납하며, 지방이 속하여 있는 관할 연회의 허락을 받아 법인체 정관에 명시된 기타 권한과 의무를 행사한다. 만일 지방선교사역회가 그렇게 조직되어 있다면, 이는 지방이사회에 주어진 권한과 임무를 인수하여 대행한다(¶2518.2). 연합감리교회의 '헌장'을 채택함으로써 가입하고 연합한 모든 교회들의 지방사역회들은, 마치 그 '헌장'에 의하여 본래 창설된 것과 같은, 연합감리교회의 법규에 의한 기관으로 간주하며, 또한 이 목적을 위하여 그 총무가 되는 감리사, 또는 그 회장이나 다른 임원이 모임을 소집하였을 때, 이들 사역회는 하나의 지방회로 행세할 수 있다.

5. 어느 지방이나 연회가 파업을 개시하거나, 이에 합류하거나, 이를 감시하거나 혹은 종결을 지을 경우에는, 2004년 판 <결의문집>에 있는 지침을 따라야 한다. 연합감리교회의 이름으로 파업을 개시하거나 그에 협력 내지 참여할 수 있는 유일한 기구는 총회뿐이다.

¶660. 1. 지방평신도대표는 지방의 평신도들이 선출한 지도자이며 개체교회의 고백교인이어야 한다. 지방평신도대표는 개체교회 선교를 위하여 ¶249에 기술된 개체교회 평신도 대표들을 훈련하는 기회를 마련한다. 지방평신도대표는 교회 내에서와 가정, 직장, 지역사회 및 세계에서의 사역을 통하여 교단의 사역을 성취함에 있어, 평신도들의 역할에 대하여 일깨워 줄 책임이 있으며, 감리사와 교역자들과 협동하여 지방과 개체교회의 기획 및 의결 과정에 평신도들을 참여하게 하며, 이들을 또한 도와 줄 책임이 있다.

2. 지방평신도대표는 연회가 정하는 바에 따라 4년 이하가 되지 않는 임기로 선출한다. 공천 방법과 최장 임기는 연회가 결정한다. 지방은 한 명 또는 그 이상의 지방평신도 부대표를 둘 수 있다. 부대표는 연회의 결정에 따라 선출한다. 그 선출방법과 최장 임기는 연회가 결정한다. 지방평신도대표와 부대표의 승인된 경비는 변상한다.

3. 지방평신도대표는 정기적으로 지방감리사와 만나 지방 사정과 교단과 지역이나 세계적인 사역에 관하여 의논한다.

4. 지방평신도대표는 연회원이 된다(¶32 참조).

5. 지방평신도대표는 연회평신도사역부 또는 이와 동등한 대체 기구의 위원이 된다.

6. 지방평신도대표는 지방감리사와 협력하여 지방평신도사역직 간사를 두도록 하며, 지방평신도설교사역직위원회의 위원으로 봉사한다.

7. 지방평신도대표는 지방회 회원, 지방사역협의회 또는 이와 동등한 대체 기구와 그 실행위원의 위원이 된다. 지방평신도대표는 또한 그 지방 감리사협조위원회 위원이 된다.

8. 지방평신도대표는 지방안수사역위원회(또는 이와 동등한 대체 기관)와 지방교회위치건물위원회(또는 이와 동등한 대체 기구)의 평신도 위원으로 봉사할 수 있다.

9. 지방평신도대표는 연회연합감리교회 여선교회, 연회연합감리교회 남선교회, 연회연합감리교회 청소년회와 같이 지방 내에 조직된 평신도 그룹과 관계를 맺고 그들의 사역을 후원하며, 그들의 활동을 조정하는 일을 돕는다.

10. 지방평신도대표는 연회, 지방회, 지방사역협의회, 지방사역협의회 실행위원회를 제외한 이상에 언급한 모든 그룹에 대리인을 임명하여 봉사하게 할 수 있다.

11. 이 규정은 2004년 총회가 폐회함과 동시에 그 효력을 발생한다.

¶661. 지역 안에서 또 지역을 통하여 교회의 선교사역과 주창하여야 할 일들 및 사역들을 개발, 관리, 평가하기 위하여 연회의 각 지방은 지방사역협의회를 조직할 수 있다. 본 협의회는 연대체제를 유지하여야 하며, 소수 인종 사역을 개발하고 강화하도록 조직되어야 하며, 개체교회들이 연합감리교회의 선교사역에 동조하여 양육, 대외선교, 증거의 사역을 실현할 때, 이들을 격려하며, 조율하며, 지원한다. 지방의 각 부서, 상임위원회, 위원회, 협의회, 사역부들은 그 위원들 중 한 사람을 증거사역의 코디네이터로 지명하여야 한다. 이들은 자기가 속하여 있는 기구가 증거사역을 다하도록 도와야 하며, 특히 다음과 같은 질문을 제기하여야 한다. "우리의 사역을 통하여 우리는 어떻게 의식적으로 사람들을 예수 그리스도에게로 인도할 수 있는가?" 또한 "우리의 사역과 업무 분야를 통하여 우리는 새 신자들이 예수 그리스도의 제자로 성장하고 성숙하도록 그들을 어떻게 도와줄 수 있는가?"

¶662. 지방감리사는 연회사회부와 협의한 후, 지방 사회부 총무를 임명할 수 있다. 또한 지방은 교역자와 평신도로 구성된 사회위원회를 창설하고 감리사와 협조하여 연회위원회의 목표를 위하여 일할 수 있다. 지방여선교회 사회운동 선교 간사는 본 위원회의 직책상 위원이 된다.

¶663. 지방감리사는 연회 소수 인종, 민족 교회를 위한 위원회와 협의한 후 지방 소수 인종 교회 총무를 임명할 수 있다. 이 총무는 지방사역협의회나 또는 이에 상응하는 기구의 회원이 된다. 지방은 평신도와 교역자로 구성된 소수인종교회위원회를 설립할 수 있으며, 이는 감리사와 협력하며 지방과 관계된 연회의 포괄정책을 실천하여 연회 위원회의 목적을 달성한다.

¶664. 지방감리사는 연회인종관계위원회와 협의한 후, 지방 인종관계 총무를 임명할 수 있다. 지방은 연회인종관계위원회의 목적을 지방에서 달성하기 위하여 지방감리사와 함께 일할 인종관계위원회를 둘 수 있다. 지방 총무는, 만일 임명되었다면, 연회인종관계위원회의 위원이 된다. (¶643.2 참조.)

¶665. 지방감리사는 연회청장년사역협의회 또는, 만일 있으면, 이와 동등한 대체 기구와 상의한 후에 지방청장년사역 총무를 임명할 수 있다. 이 총무는 지방사역협의회 또는 이에 해당하는 기구의 위원이 되어야 할 것이다. 또한 바람직하다면, 지방은 지방감리사와 협력하여 개체교회에 청장년들이 더 많이 참여하게 할 목적으로 지방청장년사역위원회를 조직할 수 있다. 지방 총무는, 만일 선임되었다면, 연회청장년사역협의회 또는 이와 동등한 대체 기구의 위원이 된다.

¶666. 지방에 지방안수사역위원회를 둔다.

1. 지방안수사역위원회는 안수사역부를 통하여 연회에 순응할 의무가 있다. 모든 위원들은 매년 지방감리사가 안수사역부 위원장 또는 그 실행위원회와 의논하여 지명하며 이를 연회가 승인한다. 중간에 공석이 생길 때에는 지방감리사가 대신 그 자리를 채운다. 위원회는 적어도 3명의 개체교회 고백교인들, 위원장으로 지명될 수 있는 안수사역부 대표 1명, 지방감리사(위원장이 되어서는 안 된다), 기타 적어도 6명의 그 지방 교역자들로 구성한다. 교역자 위원은 장로와 집사를 포함하되, 가능하면 여성과 소수 인종 교역자를 포함하도록 하며, 35세 이하가 되는 집사 또는 장로, 협동회원, 연수교육과정을 마친 1명의 본처목사를 포함하여야 한다. 지방안수사역위원회에 임명된 모든 위원들은 투표권이 있다. 연회 안수사역부가 새 위원들에게 오리엔테이션을 제공할 때, 구할 수 있는 치침서들을 배부하여 사역과 교역자의 역할에 대하여 교육한다. 적어도 3명의 개체교회 고백교인들은 매년 지방감리사가 지명하여 연회안수사역부가 승인하며, 이들은 투표권을 가지고 위원회에 전적으로 참여하는 위원들이어야 한다.

2. 지방안수사역위원회는 그 위원들이 선출된 연회후 모이는 첫 번째 회의에서 임원을 선출한다.

3. 본 위원회는 안수사역 후보자로 천명하고 지도목사 아래 후보자 교육 과정에 있는 후보자들의 명단을 작성하여 보유한다. 이 명단의 사본을 연회 후보자 기록원에게도 보내며, 이 명단은 적어도 매년 연회 회기 이전에 갱신한다.

4. 본 위원회는 안수사역부를 통하여, 후보자들에게 요구되는 면접, 심리검사, 범죄여부, 신용 조사에 응할 때, 문화적 그리고 민족적, 인종적 현실을 이치에 맞게 수용하며 그들의 언어로 이에 회답할 수 있는 방도를 추구하여야 한다.

5 본 위원회는 후보자들에게 신학대학원 교육을 위한 준비 교육에 관하여 상담한다.

6. 본 위원회는 안수사역을 위한 후보자 과정과 본처목사 인허에 관한 모든 사무를 관장한다.

7. 안수사역후보자에 관한 모든 투표는, 회의에 참석한 각 위원들의 무기명 투표로 하며, 인가(certification)하는 의결에는 출석위원 4분의 3의 찬성표가 필요하다. 기타 모든 후보자에 관한 의결은 과반수로 한다.

8. 본 위원회는 모든 본처목사와 안수사역 후보자들이 연회의 협동회원 또는 준회원이 될 때까지, 그들의 사역 기록을 보관한다. 그들이 협동회원 또는 준회원이 되면, 그 기록을 안수사역부의 기록원에게 보낸다. 위원회가 보관하는 기록과 파일은 연회를 대신하여 보관하며, 총회고등교육사역부 및 총회은급의료혜택부와 협의하여 총회재무행정협의회의 지침에 따라 보관한다.

9. 본 위원회는 연회안수사역부에 협동회원 및 준회원이 될 자격이 있는 사람들을 추천하며, 본처목사로서의 인허 또는 그 유임 및 신임장 회복 등을 건의한다. 이들은 모두 연합감리교회의 고백교인이었거나, 혹은 승인받은 연합감리교 학원사역이나 기타 연합감리교회의 학원사역 현장에서 세례받은 교인으로 적어도 1년 이상 참여하고 있던 사람들이어야 한다.

10. 본 위원회는, 자격증을 서면으로 신청하거나 이를 갱신하려는 모든 사람들을 심사한다. 이들이 만일 ¶¶315-319에 의거, 하나님의 은사를 받고, 자격이 있는 사람이며, 소속 구역회 또는 연회안수사역부의 추천을 받은 사람이면 그들의 자격증을 발행 또는 갱신한다.

11. 본 위원회는 평신도목회자로 인가받기 위하여 서면으로 신청한 모든 이들을 심사한다. 그들이 받은 은사와 하나님께서 주신 은총과 유용성을 증명할 타당한 근거가 있고 ¶268의 규정에 따라 그들이 자격을 갖추었을 때, 그들 구역회의 추천으로

그들을 인가 또는 재인가하여 줄 것을 추천한다. 본 지방위원회는 연회안수사역위원회를 통하여 매년 평신도목회자로 인허받은 이들의 명단을 연회에 보고한다.

12. 지방 위원회와 면담한 모든 사람들은 구두로 뿐만 아니라 서면으로, 가능한 한 빨리 그 결정과 추천 사항에 대하여 통지받는다.

13. 본 위원회는 지방 내에 파송된 모든 교역자들을 지원함에 있어 연회안수사역부를 돕는다.

¶667. 연회의 각 지방은 지방평신도사역부, 또는 이의 대체 기구를 조직할 수 있다.

1. 지방평신도사역부의 목적은,

a) 개체교회에서, 또한 가정, 직장, 지역사회, 세계에서의 사역 활동을 통하여 이루어지는 평신도의 역할을 일깨워 주는 일.

b) 지방 평신도대표와 협력하여 (1) 교회생활에 있어서 날로 증가하는 평신도의 역할을 개발하며 장려하는 일. (2) 지방감리사와 교역자들과 협력하여 지방 개체교회의 모임과 프로그램에 평신도들이 점차 많이 참여하도록 하는 일. (3) 평신도들로 하여금 세상 안에서의 교회의 교역 활동에 참여하도록 장려하는 일 (¶661 참조).

c) 지방사역협의회와 협력하여 시간, 은사, 소유물에 대한 청지기 의식을 지방 내에서 고취시키는 일 등이다.

2. 본 부의 위원은 다음과 같은 사람들을 포함한다. 곧, 지방평신도대표, 지방평신도부대표, 지방평신도사역직 총무 등이다. 이밖에 지방감리사, 지방여선교회 회장, 지방남선교회 회장, 지방청소년회 회장, 지방청장년회 회장 (만일 조직되었으면), 지방노인협의회 회장, 또한 필요하다고 인정되는 사람들을 위원에 포함시킬 수 있다. 남녀노소, 장애인, 소수 인종, 민족 등을 포함하도록 특별한 주의를 기울여야 한다.

3. 지방평신도대표가 본 부서의 부장직을 맡는다. 본 부가 필요하다고 인정하는 다른 임원들을 선출한다.

4. 본 부는 평신도 사역직과 지방에 조직된 기구들(연합감리교회 여선교회, 연합감리교회 남선교회, 연합감리교회 청소년회, 연회연합감리교회 청장년회 등)과 연관을 맺으며, 그들의 사역을 지원하고 그들의 활동을 조율하며 돕는다.

¶668. 지방평신도사역직위원회—각지방은연회평신도사역직위원회를 통하여 연회와 연결되는 지방평신도사역직위원회를 둘 것을 권장한다. 지방이 정한 방식에 따라 지방평신도사역직

총무를 둔다. 이 자리에는 인가받은 평신도 사역자가 임명되어야 한다.

1. 지방평신도사역직위원회의 목적은 지방 내의 평신도 사역자 프로그램을 계획하며 감독하는 데 있다.

2. 본 위원회의 의장직은 지방평신도사역직 총무가 맡는다. 본 위원회의 위원은 이 총무 이외에 지방평신도대표, 지방감리사, 평신도 사역자 과목 담당 강사 한 명으로 구성한다. 필요에 따라 리소스를 제공하여 줄 사람들을 더 추가할 수 있다.

3. 본 위원회의 임무는 총회제자사역부가 추천하는 대로, 개체교회 평신도사역자의 기본 훈련과, 인가받은 평신도사역자들의 상급과정을 마련하며, 누구를 인가받은 평신도 사역자로 인정할 것인가를 결정하며, 평신도 사역자들이 봉사할 곳을 찾아 주며, 그들이 봉사할 때 그들을 지원하여 주는 일 등이다.

4. 본 위원회는 인가받은 평신도사역자들에게 재확인증서 발부를 위한 평신도 사역자 상급과정을 계획한다.

5. 평신도 설교사역자들이 과목을 성공적으로 마치면, 그 결과를 담임교역자와 구역회에 보고한다.

¶669. *지방감리사협조위원회*—각 지방에는 지방감리사협조위원회를 둔다.

1. *위원*—본 위원회는 지방평신도대표와 지방감리사가 임명하는 사람 2명을 포함한 11명의 위원으로 구성한다. 나머지 위원들은 평신도 여성 2명, 평신도 남성 2명, 교역자 2명, 추가위원 2명으로 보충하기를 권장하며, 이들 모두는 특히 소수 인종, 민족, 청소년 (¶256.3), 청장년, 노인, 장애인들을 고려하여 선출되어야 한다. 총 11명 중 적어도 3명은 교역자, 7명은 평신도이어야 한다. 모든 평신도들은 한 개체교회의 고백교인이어야 한다.

2. *선출 방법*—이 위원은 지방회가 결정하는 대로 또는 지방회가 조직되어 있지 않은 곳에서는, 연회의 결정에 따라 선정한다. 본 위원회는 특별한 필요성에 따라 위원회에 전문가들을 고문 위원으로 추가할 수 있는 권한이 있다. 감독이나 그 대리인은 본 위원회의 자동 회원이 된다.

3. *모임*—본 위원회는 적어도 매년 감리사 및/또는 회장이 소집하여 모인다. 본 위원회는 위원장, 부위원장, 서기를 선출한다.

4. *목적*—지방감리사협조위원회의 목적은 감리사를 협조하여 교회의 영적, 사무적 제반 업무를 감독하며, 특히 지방감리사가 책임진 지방에 대하여 관심을 가지는 데 있다. 이 목적을

달성하기 위하여 본 위원회는 다음과 같은 임무에 특별히 주의를 기울인다.

a) 비서의 도움, 교통비, 연속 교육비 및 주택의 필요 등과 같은 감리사를 위한 적절한 예산을 위하여 노력한다 (¶614.1a).

b) 상담에 응한다.

c) 지방감리사, 평신도, 교역자, 지방회 기관들 간의 관계에 영향을 미치는 지방 내의 현 상태에 관하여 감리사에게 알려준다.

d) 직접적인 평가와 반응을 통하여 지방감리사의 교역을 관찰하기 위한, 명백히 설정된 절차를 만든다. 이 과정에서 교회와 그 선교에 있어 성, 인종, 출신국에 관계없이 모든 사람을 포함시키는가, 그리고 파송협의 과정의 실현은 어떠한가에 관하여 특별한 관심을 가진다.

e) 지방감리사와 연속 교육에 관하여 협의하며, 지방감리사가 직업적인 면이나 영적으로 성장할 수 있는 연속 교육에 참석하기 위한 시간과 재정적인 후원을 감리사회 및 감독과 함께 주선한다.

f) 지방 내의 교인들과 각 부서 및 기관들에게 감리사직의 특성과 기능에 관하여 설명한다.

5. *협의*—본 위원회와 지방감리사는 매년 한 번씩 협의회를 가지고 해당 지방감리사의 업무를 평가하며, 본 위원회는 관할 감독의 고문으로 봉사한다.

¶670. 지방 연합감리교회 여선교회 헌장

제1조 명칭—각 지방은 연합감리교회 여선교회 연회 및 전국 기구의 종속 기구인 연합감리교회 여선교회 지방 조직을 둔다.

제2조 임무—연합감리교회 여선교회 지방 조직의 임무는, 연합감리교회 여선교회 회원들과 지방 안에 있는 개체교회 기구들과 함께 여성들에게 필요하고 흥미가 있으며, 세계적인 교회의 관심과 책임이 있는 프로그램을 개발하는 일; 영적 성장, 선교사 파송, 그리고 그리스도인의 사회참여 활동을 장려하며 후원하는 일; 연회연합감리교회 여선교회 연회 및 전국 기구의 플랜과 임무를 홍보하는 일 등이다.

제3조. 권한—각 연합감리교회 여선교회 지방 조직은, 연회 및 총회 가구의 플랜과 임무와 정책에 따라 그 사역을 추진할 권한이 있다.

제4조 회원—연합감리교회 여선교회 지방 조직은 지방 내에 있는 연합감리교회 여선교회 회원으로 구성한다. 지방감리사는 연합감리교회 여선교회 지방 조직 및 지도팀의 직책상 회원이 된다.

제5조 지도팀—연합감리교회 여선교회 연회 조직은 그 목적을 달성하기 위하여, 적어도 회장, 회계, 서기, 그리고 공천위원들을 포함, 필요한 지도팀을 선출한다. 연합감리교회 여선교회 연회 기구의 헌장에 명시된 바와 같이, 연합감리교회 여선교회전국기구의 헌장과 지침에 따라, 그 목적을 달성하기 위하여 임원회와 팀들을 추가로. 구성할 수 있다.

제6조 회의와 선거—연합감리교회 여선교회 지방 조직은 연례 회의를 개최하여 연회연합감리교회 여선교회 연회 및 전국 기구의 목적, 플랜, 임무와 일치하게 지방 여성들의 필요에 맞도록 고안된 프로그램을 채택한다. 또한 지도팀과 공천위원들을 선출하며, 필요한 사무를 처리하며, 차기 연도를 위하여 회비를 약정한다.

제7조 관계—a) 연합감리교회 여선교회 지방 조직은 지방 및/또는 연회의 모든 부서와 협의회와 위원회에서 봉사할 회원들을, 그 기관들의 헌장과 규약에 따라 선출한다.

b) 지방 조직의 회장은, 연회 지도팀의 투표권을 가진 회원이 된다.

c) 지방 조직은 여성들로 하여금 교단의 모든 운영에 참여하도록 격려하며, 그들이 지도적 위치에서 임무를 잘 수행하도록 후원한다.

제8조 헌장 개정—본 헌장에 관한 개정안은 전국 이사회에서 심의하도록 연합감리교회 여선교회전국기구의 기록서기에게 보낼 수 있다. 아무 개정안이나 이를 심의하게 할 수 있는 마지막 날짜는, 개정안들에 대한 의결을 위하여 총회에 접수하여야만 하는 마감일 직전에 모이는 여선교회의 마지막 정기 이사회이다.

¶671. 연합감리교회 지방남선교회 헌장

제1조 명칭—각 지방은 연회연합감리교회 남선교회와 연합감리교회 총회남선교회위원회의 종속 기구로, 연합감리교회 남선교회라 불리는 지방 조직을 둔다 (¶2301).

제2조 임무—연합감리교회 남선교회 지방 조직의 임무는 남성들이 필요로 하는 것과 관심사를 충족시키고 매일 제자된 직분의 책임을 다하게 하기 위한 리소스를 개발함에 있어 연합감리교회 남선교회의 개체교회 조직들과 함께 일하며; 개인적으로 증거하고 전도하는 일을 강화하며; 개인 및 단체적인 대외 선교 활동을 가능하게 하며; 영적, 신앙적 성장을 권장하며; 자기 연회 및 총회의 남선교회위원회의 목적과 책임을 홍보하는 데 있다. 지방 조직은 또한 총회연합감리교회 남선교회위원회 (¶2302와 ¶256.6)를 통하여 개체교회 기구를 조직하며 이를 매년 재인가하는 일을 장려하며 홍보한다.

제3조 *권한*—연합감리교회 남선교회 지방 조직은 연합감리교회 총회남선교회위원회 및 그 연회 조직의 계획, 임무, 정책에 따라 그 사역을 추진할 권한이 있다.

제4조 *회원*—지방 안에 있는 개체교회 또는 목회구역의 모든 남성들과 교역자는, 이것이 공식적으로 설립되어 있든 안 되어 있든, 본 지방 조직의 회원으로 간주한다.

제5조 *임원 및 위원회*—a) 지방 조직은 회장, 적어도 1명의 부회장, 서기 및 회계를 선출한다.

b) 추가 위원들(공공 청년 봉사기관/스카우트 책임자를 포함)과 위원회를 총회연합감리교회 남선교회위원회의 지침 및/또는 남선교회 지방 조직의 헌장에 따라 선출하거나 임명한다.

c) 지방감리사는 지방 조직의 회원이 되며, 그 실행위원회의 위원이 된다.

d) 지방평신도대표(또는 그 대리)는 지방 조직의 회원이 되며, 그 실행위원회의 위원이 된다.

제6조 *회의 및 서기*—연합감리교회 남선교회 지방 조직은 연례 모임을 가지며, 이때 연례 보고서와 지방 내 남성들의 부족한 것을 충족시켜 줄 프로그램 계획을 제출한다. 임원들과 위원들은 본 조직의 헌장에 따라 선출한다.

제7조 *연대 관계*—a) 지정된 임원 또는 회원들은 지방의 모든 부서, 기관 및 위원회에 그 기구의 헌장과 규정에 따라 연합감리교회 남선교회 지방 조직을 대표한다.

b) 지방 조직의 회장은 연회 실행위원회의 위원이 된다.

c) 지방 조직은 남성들로 하여금 교회의 전 생활과 사역에 참여하도록 권장하며, 그들이 제자 된 도리로서 지도적 위치를 감수하도록 권장한다.

제8조 *재정*—지방연합감리교회 남선교회는 그 목적을 달성하기 위하여 기금을 확보한다. 어떠한 소스에서 확보하였건, 지방연합감리교회 남선교회가 모은 모든 기금은 지방 조직의 것이며, 헌장 및/또는 규약에 따라 위원회의 요청이 있을 때 이를 지출한다.

a) 지방연합감리교회 남선교회는 자체 은행계좌를 가질 수 있다.

b) 연례 감사를 실시할 것을 권장한다.

제9조 *헌장 개정*—이 헌장의 개정안은 총회연합감리교회 남선교회위원회의 4개년 기간의 3년째 되는 연례회 전에 그 기록 서기에게 보낼 수 있다.

제10조 보고—a) 각 지방은 그들의 현 헌장의 사본을 연합감리교 남선교회 연회 조직에 보관하여 둔다.

b) 각 지방은 연례 보고서를 연합감리교회 남선교회 연회 조직에 그 연례 회의가 열리기 전에 제출한다.

¶672. 연회 내의 각 지방은 지방청소년사역협의회를 조직할 수 있다.

1. *목적*—지방청소년사역협의회의 목적을 다음과 같이 정의한다. 곧 개체교회들이 중, 고등학생들을 위하여 그들과 함께, 그들에 의하여, 더 효과적인 선교를 하도록 돕는 일; 개체교회의 청소년사역과 연회 청소년사역 위원회와 총회 기관들 사이의 커뮤니케이션 채널로 봉사하며 이에 참여하는 일; 연회가 청소년들의 관심사와 그들이 필요로 하는 것을 이해하려 할 때, 지방과 연회 전체 프로그램에 영향을 줄 목적으로 지방을 위하여 청소년 프로그램을 시작하는 일; 청소년 선교비를 홍보하며 모금하는 기본적 책임을 지는 일 등이다.

2. *회원*—각 지방은 연회청소년사역협의회와 협의하여 지방청소년사역협의회의 회원 수와 그 선출 방법을 결정할 수 있다. 본 협의회는 다음과 같이 구성하도록 제안한다. 곧 *a)* 구성원의 3분의 1 이상이 성인이어서는 안 되며; *b)* 연회나 감독구가 정한 바, 같은 수의 인종과 민족과 남녀와 사회적 지위의 사람들로 구성하며; *c)* 지방청소년부 간사와; *d)* 연회청소년사역협의회 대표들을 포함하여야 한다.

3. *직능*—지방청소년사역협의회의 직능은 연회청소년사역위원회 및/또는 지방청소년사역협의회가 결정한다. 다음과 같은 직능들을 그 사역에 포함시킬 수 있다.

a) 지방 내 개체교회의 중, 고등학생 선교의 필요성을 연구하며, 지방 내에 그리고 지방을 통하여 더 효과적인 선교를 확립하고 마련하도록 돕는다.

b) 교단 전체의 청소년 선교사역에 관하여 개체교회에 알리며, 각 교회에게 이에 적극 참여할 것을 권장한다.

c) 개체교회 청소년과 연회 간의 상호 통신 채널 역할을 하며, 개체교회 청소년들이 서로 커뮤니케이션 하도록 돕는다.

d) 지방사역협의회가 지방 내의 지도자 훈련 기회를 제공할 때, 지방사역협의회의 프로그램 시행과 선교에 협조한다.

e) 연회의 프로그램 시행, 특히 연회청소년선교협의회의 프로그램 시행을 돕는다.

f) 지방 내의 개체교회와 지방에서 청소년들의 자유의사 표현을 위한 대변자로 봉사한다.

¶672

g) 지도자 훈련을 실시한다.

h) 지방에 속한 젊은이들이 대학에 다닐 때 연합감리교 대학선교(Wesley Foundation)나 연합감리교 학원사역(campus ministry)에 적극적으로 참여하도록 홍보하며, 소개하며, 장려하며, 또한 연합감리교회 계통의 대학에 다닐 수 있는 좋은 기회가 있음을 알린다.

i) 연합감리교 대학선교, 연합감리교 학원사역, 그리고 연합감리교회와 연관된 대학들과 협력하여, 지방의 젊은이들이 대학생활을 시작할 때 그들을 돕는다.

j) 개체교회에서 청소년선교기금을 위하여 홍보하며, 교육하며, 자문에 응한다.

k) 지방감리사와, 고문으로 봉사할 연회청소년선교부 간사의 일에 참여한다. 지방청소년사역협의회의 임무에는 조직, 프로그램 설계, 개체교회들과의 협의, 지방청소년성인지도자 양육 등을 포함한다.

제5장
총회 행정 기구

제1절 총칙

¶701. *총회 부서와 기관들*—1. 연대체제는 연합감리교회 교인으로서의 우리 정체성에 있어 하나의 중요한 부분이다. 연대체제는, ¶701.2와 ¶701.3에 정의된 바와 같이, 개체교회들로 하여금 능히 사역을 감당하게 하며, 전 세계를 통하여 연대성을 구축하고 있는 교단의 기관들을 포함하고 있듯이, 상호작용하는 관계가 생동력이 넘치는 조직망(¶132)을 뜻한다. 이는 모두 하나님께 영광을 올려 드리기 위함이다. 연대체제는 우리가 일치 단합된 힘을 가지고 선교를 수행할 수 있는 놀라운 기회를 제공하여 주고 있다.

2. 우리는 감독직, 순회제도, 재산, 상호협력과 지원을 포함한 여러 면에 걸쳐 이 연대체제를 경험하고 있다. 우리의 연대체제는 적어도 다음과 같은 세 가지 필수적인 임무를 수행하고 있다. 곧 예수 그리스도를 위하여 제자를 삼음으로써 교회를 위한 하나님의 선교를 받아들이는 것; 선교의 전초 기지인 개체교회가 예수 그리스도의 제자를 삼는 일에 충성스럽게 그리고 결실을 맺도록 우리 전체 교회를 조직하는 것; 온 연합감리교회가 그 사역에 충성을 다할 수 있도록 연대체제 안의 모든 구성 요소가 각기 자기 책임을 수행할 수 있게 만드는 것들이다.

"기관"(agency)이라는 말은, <장정> 어디에서 쓰든지, <장정>의 허가를 받아 조직된 교회의 다양한 계층의 조직들(총회, 지역총회, 해외지역총회, 연회, 지방회, 개체교회)의 협의회, 부, 위원회, 국 또는 다른 행정 단위를 지칭하기 위하여 사용하는 용어이다. 그러나 이 용어는 이 기관들과 의회 또는 그들을 제정한 다른 조직체 간의 주종(master-servant) 혹은 대행 관계를 의미하거나 암시하기 위하여 사용하는 것은 아니다. 단, 그러한 관계를 구체적으로 허락하였을 때에는 예외로 한다.

3. 특히 총회 기관들은 우리의 공통된 비전과 선교와 사역을 수행함에 있어 중요한 기구들이다. 그들은 고도로 집중되어 있고 신축성이 있는, 그리고 신속한 대응이 가능한 봉사와 사역을 통하여, 각 개체교회와 연회가 하지 못하는 곳에서 꼭 하여야 할 봉사 활동을 하고 있으며 사역을 하고 있다. 연합감리교회의 총회

기관들이란 총회로부터 지속적인 임무를 수행하도록 정기적으로 구성된 협의회, 부, 위원회 기타 부서들을 뜻한다. 특별한 책임을 위임하기 위하여 총회가 임시로 구성한 특별위원회, 연합감리교회가 참여하고 있는 초교파 기관들, 또는 매 4년마다 모이는 총회 회기(sessions) 자체와 관련된 위원회들은 이에 포함되지 않는다.[1] 총회의 한 기관을 지칭하기 위하여 쓰는 총회 "기관" 또는 "부서"라는 용어는, <장정> 어디에서 쓰든지, 이 기구와 총회 또는 교회의 기타 조직 단위, 또는 전 교회 사이의 주종 또는 대행 관계를 의미하거나 암시하기 위하여 사용하는 것은 아니다.

¶702. *순응과 프로그램 책임의 한계*—1. 총회가 설립한 모든 연합감리교회 총회 기관들은, 별도로 명시되어 있지 않은 한, 총회에 순응하여야 한다.

2. 교회의 모든 총회 기구, 그룹, 위원회, 협의회, 부 및 기관은, 이해 충돌, 비밀 유지, 고발자 보호, 기록 보관과 문서 소멸, 위원들과 직원들을 돌봐 주는 문제에 있어, 우리 기독교의 가치를 구현하며 삶에서 실천해 보이는 윤리 강령을 각자 채택하여야 한다.

3. 아래에 열거한 총회 기관들은 총회 회기들 사이에 <장정> ¶900 단위 항목에 요약된 프로그램에 관한 직무를 수행함에 있어 연대사역협의회(Connectional Table)에 보고할 책임이 있다. 그들은 곧 총회사회부(General Board of Church and Society), 총회제자사역부(General Board of Discipleship), 총회세계선교부(General Board of Global Ministries), 총회고등교육사역부(General Board of Higher Education and Ministry), 총회인종관계위원회(General Commission on Religion and Race), 총회여권신장위원회(General Commission on the Status and Role of Women), 총회교회역사보존위원회(General Commission on Archives and History), 연합감리교회 총회남선교회위원회(General Commission on United Methodist Men), 총회공보위원회(General Commission on Communication) 등이다.

4. 연대사역협의회(Connectional Table)는 프로그램과 관련이 있는 총회 기관과 연대 기구가 예수 그리스도의 제자를 삼으며 세상을 변화시키려는 연합감리교회의 사명을 성취하려 할 때, 이들이 연회와 개체교회를 공동으로 돕는 일에 있어 그 효율성을 검토하고 평가한다.

5. 어느 특정한 기관의 프로그램과 프로젝트와 결정에 대한

---
1. 사법위원회 판정 139 참조.

질문이나 관심사가 있으면, 그 사본을 연대사역협의회에 보냄과 동시에 이를 해당 기관에 전달할 수 있다. 총회 기관은 10일 이내에 정보 요청이 접수되었음을 발신인에게 알리고, 30일 이내 또는 조속한 시일 내에 요구한 정보를 제공하여야 한다.

6 만약 어느 지방이나 연회나 또는 총회 기관이 불매운동을 시작하거나 가담하거나 감시하거나 중단하기 원할 때에는, 2008년 판 <결의문집>의 지침을 따른다. 총회만이 연합감리교회의 이름으로 불매운동을 시작하거나 권장하거나 가담할 수 있는 유일한 기구이다.

7. 모든 책임지는 문제에 있어 ¶422에 명시된 바, 감독의 감리에 복종한다는 것을 전제로 한다.

¶703. *정의 (定義), 구조, 명칭*—1. *총회협의회 (General Council)*—총회를 대신하여 다른 총회 기관들의 활동을 검토하고 감독하는 특정한 임무와 그밖에 다른 위임된 기능을 수행하기 위하여 총회가 설치한 기구를 "총회협의회"(general council)라 칭한다. 총회협의회들은 총회에 순응하여야 하며, 이에 책임지고 복종하여야 한다. 총회재무행정협의회(General Council on Finance and Administration)가 이에 속한다.

[주: 총감독회(Council of Bishops)와 사법위원회(Judicial Council)는 헌법에 의하여 설정된 기구이며, 총회가 만든 기구들이 아니다.]

2. *총회의 부서 (General Board)*—총회의 "부"(Board)는 지정된 프로그램과 행정 및/또는 봉사의 기능을 지속적으로 수행하기 위하여 총회가 설치한 교회의 조직체이다.

3. *총회의 위원회 (General Commission)*—무한정한 기간 동안에 특정한 기능을 다하기 위하여 총회가 설치한 조직체이다.

4. *연구위원회 (Study Committee)*—한정된 기간 안에 총회가 명령한 특정한 연구를 하기 위하여 총회가 설정하는 조직체이다. 연대사역협의회(Connectional Table)는 총회가 따로 규정하지 않는 한, 연구위원회들과 함께, 또한 그들 사이의 중재 역할을 한다.

5. *프로그램과 관련된 총회 기관들 (Agencies)*—프로그램 및/또는 옹호(advocacy)하는 역할을 담당하고 있는 총회의 부서들(boards)과 위원회들(commissions)을 "프로그램 기관들"이라고 일컫는다. 이 기관들은 총회에 순응하여야 하며, 총회 회기 사이에는 ¶900에 요약한 프로그램에 관한 직무를 수행할 때, 연대사역협의회에 보고할 책임이 있다. 곧 총회사회부, 총회

제자사역부, 총회세계선교부, 총회고등교육사역부, 총회인종관계위원회, 연합감리교회 총회남선교회위원회, 총회여권신장위원회 등이다. 순응하는 모든 일에 관하여는 ¶422에 명시된 대로 감독이 그 감리를 맡는 것을 전제로 한다.

6. *총회 행정 기관들*—주로 행정과 봉사 직능을 가지고 있는 총회 부서들과 위원회들을 "총회 행정 기관들"이라고 일컫는다. 이 기관들은 총회은급의료혜택부, 연합감리교회 출판부, 총회교회역사보존위원회, 총회공보위원회 등이다. 교회역사보존위원회와 공보위원회는 프로그램과 관계된 임무를 하므로 연대사역협의회에 보고할 책임이 있다.

7. 각 총회 기관은 따로 규정하지 않는 이상, 다음과 같은 실행 간부 직원의 직위 명칭을 채택한다.

    a) 총무 (General Secretary)—총회 기관의 최고위직 직원 (staff). 각 기관은 총무 한 명만을 두며, 그는 그 기관의 최고 행정 책임자가 된다.

    b) 총무대리 (Deputy General Secretary)—주요한 프로그램 또는 행정 단위(들)를 책임진 최고위직 직원, 또는 총회 기관에서 주요한 프로그램 혹은 행정적 책임을 지고 있는 직원.

    c) 부총무 (Associate General Secretary)—총회 기관의 협동적 책임을 진 직원, 또는 총회 기관의 국(division)이나 과(department)의 최고위직 직원.

    d) 협동총무 (Assistant General Secretary)—총회 기관의 보조 책임을 진 직원, 또는 과(section)나 사무실(office)의 최고위직 직원.

    e) 회계 (Treasurer)—총회 기관의 기금을 수금, 관리, 분배하는 책임을 진 재정 담당 직원. 총회 기관에 따라 부회계 및/또는 재무 담당보를 둘 수 있다. 기관에 따라서는 "회계"를 총회 기관의 직원이 아니라 부서의 위원 중에서 선출된 임원을 일컫는 경우도 있다.

8. *주제 (Theme)*—"주제"라 함은 신학적인 조명, 선교적인 강조점, 선지자적인 선언, 또는 사역을 위한 프로그램 촉매 역할을 뜻한다. 주제는 본 교회의 기초가 되는 프로그램이나 선교 활동을 강화시키며, 교인들로 하여금 그러한 프로그램에 집중하도록 단합시키는 역할을 한다.

9. *우선적 사역 (Missional Priority)*—"우선적 사역"이란 총회가 채택하거나 ¶906.1에 따른 것으로서, 이는 연합감리교회가 특별한 관심을 가지고 교회의 모든 차원에서, 프로그램과 예산 편성 또는 재편성을 통하여 총력을 기울어야 할, 하나님의

세계가 긴급을 요하는 사역을 말한다. 이러한 긴급 상황은 연구 조사나 다른 자료에 의하여 입증되어야 하며, 이에 대한 교회의 대응책은 어느 한 총회 기관이나 연회의 능력 이상을 요구하는 것이다. 하지만, 프로그램과 예산 편성에서 연합감리교회가 항상 우선적으로 하여야 할 일은, 구원은 예수 그리스도를 통하여 온다는 복음을 선포하는 일이다.

10. *특별 프로그램*—"특별 프로그램"이란 ¶905에 따라 총회 프로그램 관련 부서가 제안하여 총회가 승인하고 총회 프로그램과 관련된 부서에게 맡겨 한 4개년 기간 동안에 역점을 두는 사역이다. 이 프로그램은 특별한 연구 조사와 다른 자료에 의하여 입증된 특별한 기회나 혹은 하나님의 세계의 필요에 응답하여 기획된 것이어야 하며, 4개년 동안에 이를 성취할 수 있는 목표들을 제시하여야 한다.

11. *프로그램*—"프로그램"은 연대사역협의회에 책임을 지는 총회 기관이 <장정>이 정한 바, 기본 책임을 성취하기 위하여 계획하고 현재 시행하고 있는 활동 혹은 특수 활동을 말한다.

12. *협회 (Association) 또는 친목회 (Fellowship)*—총회가 조직하였거나, 혹은 총회와 공식적으로 관련되어 있지 않은 기구로서, 교회 내 여러 집단에게 전문적인 기술이나 정보를 제공하여 주기 위하여 조직된 기구를 "협회" 또는 "친목회"라 칭한다.

¶704. *총회 기관들의 재정적 책임*—교단의 기금을 받는 모든 총회 기관(¶810.2 참조)은 총회재무행정협의회에서 준비한 양식에 따라 수입과 지출을 분명히 기록한다. 그러한 회계 보고는 매 4개년마다 총회에 제출하는 재무행정협의회의 보고 속에 포함되어야 한다. 총회 기관은 요청에 대비하여 연차 회계 보고를 제출할 수 있도록 항상 준비한다. 이 보고서는 모든 총회 기관들의 모든 간부 직원들(평신도 및 교역자)에게 지불한 보수(현금 또는 현금으로 환산할 수 있는 특전)의 액수를 자세히 포함하고 있어야 한다. 간부 직원이라 함은 적어도 ¶703.7에 명시된 사람들을 뜻한다. 이 보고서에 기재된 정보는 비밀로 취급되어서는 안 되며 ¶702.4의 정신에 따라 요청이 있을 때 언제나 공개하여야 한다.

연례 보고서는 연회나 개체교회 임원회 또는 부서의 요청에 의하여 제출할 수 있도록 준비되어야 한다. 이 회계 보고에는 기관, 개인, 협회, 협력 단체, 연합회, 자문, 프로그램 그리고 정식으로 교회의 일부가 아닌 단체와의 관계 및 지불금액과 기부금 수령액 등의 리스트가 정확히 기록되어 있어야 한다. 회계 보고는 사무비,

인쇄비, 인건비, 구입비, 교통비 그리고, 그 기관에 허용된 다른 형태의 재정후원까지 모두 포함하고 있어야 한다.

¶705. *총회 기관 및 연대사역협의회의 위원*—하나님의 백성은 예수 그리스도의 이름으로 신실한 제자직에 부름을 받는다. "그가 어떤 사람은 사도로, 어떤 사람은 선지자로, 어떤 사람은 복음 전하는 자로, 어떤 사람은 목사와 교사로 삼으셨으니 이는 성도를 온전하게 하며 그리스도의 몸을 세우려 하심이라" (에베소서 4:11-12). 하나님의 부르심에 대한 응답으로서 어떤 사람들은 개체교회로부터 부름을 받아 이 세상에서 활동하는 연합감리교회의 공동 선교를 수행하고 있다. 이 부르심은 전체 교회 기구의 일원으로서 교회의 비전을 완수하기 위하여 다른 이들과 함께 사역하도록 초청을 받음도 포함한다. 이러한 이들은 전체 교회의 종으로서 이 사역에 임하게 된다.

총회공천위원과 지역총회에서 선출되는 전체 교회 기구의 위원에 대한 공천과 선출은 아래에 규정한 방법과 같이 행한다.[2] <장정>이 달리 정하지 않는 이상, 총회 기관과 연대사역협의회의 모든 투표권 소지 평신도들은 연합감리교회의 고백교인이요, 개체교회에서 현재 활동하고 있는 이들이어야 한다. 총회 기관과 연대사역협의회 위원 공천과 선출에 관련된 모든 규정은, 그 규정을 정한 총회가 폐회하는 즉시 그 효력을 발생한다. 총회 서기는 총회 기관과 연대사역협의회 위원의 공천 및 선출과 관련된 절차에 관하여 책임을 진다.

1. *연회에서의 공천*—*a)* 미국에 있는 각 연회와 선교연회는 감독과 총회 및 지역총회 대표들로 구성된 위원회의 공천을 받거나 회의장에서 공천을 받아 총회 기관 위원회의 후보자가 될 사람들을 선출한다. 지역총회공천위원회는 그 중에서 아래 전체 교회 기구의 위원들을 천거하여 지역총회에서 선출하게 한다. 곧 연대사역협의회, 총회사회부, 총회제자사역부, 총회세계선교부, 총회고등교육사역부, 총회은급의료혜택부, 총회출판부, 기독교일치종교관계실, 총회공보위원회, 총회인종관계위원회, 총회여권신장위원회 등이다. 지역총회는 미국 내의 연회와 선교연회에서 총회 기관 위원 후보로 선출된 사람은 지역총회공천위원회의 일원이 될 수 없다고 규정할 수도 있다.

b) 미국 내의 연회와 선교연회는 최소 15명에서 45명 이내의 사람들을 지역 후보 명단에 공천할 수 있으되, 소수 인종, 민족의 사람들을 각 아시아, 아프리카, 히스패닉계 미국인, 미원주민 및 태평양 제도 주민에서 가능한 한 적어도 2명씩을 포함

---

2. 사법위원회 판정 467, 1090, 1095 참조.

하며, 가능할 때 다음과 같은 7개 범주에서 적어도 1명 내지 5명 이내의 후보를 공천한다. 곧 (1) 교역자 (적어도 1명의 여성 교역자를 포함), (2) 여성 평신도, (3) 남성 평신도, (4) 청소년 (¶710.3), (5) 청장년 (¶710.3), (6) 노인, (7) 장애인. 총회와 지역총회에 선출된 대의원 및 자기 연회에서 공천된 사람들은 국적, 연령, 남녀, 민족 등 해당되는 부문을 명시하여야 하며, 지역총회가 해당되는 어느 한 부문에 대하여 이들을 전체 교회 기구에 추천할 수 있어야 한다. 오직 한 범주에만 공천되는 한, 한 범주에 공천될 수 있는 자격을 갖춘 사람이 다른 범주에 공천되는 것을 막지 못한다.

c) 각 해외지역총회 또는 그가 승인한 기구는 각 총회 프로그램 기관 위원에 (1) 교역자, (2) 남성 평신도, (3) 여성 평신도 대표들을 한 사람씩 공천한다. 각 총회 기관은 이들 후보명단에서 ¶705.4c에 따라 해외지역총회를 대표하는 추가위원을 선출한다. 이 명단은 총회 기관이 추가위원으로 선출하는 일에 사용하기 위하여 연대사역협의회에 보낸다.

d) 모든 후보는 봉사하기 원하는 세 곳을 표시한다. 이에 추가하여 모든 후보는 총회 기관의 위원으로서 활동할 자격이 충분하다는 이유로서 자신의 경험과 특별한 은사와 훈련과 다른 자격 등을 포함한 100단어 정도의 자술서를 제출한다. 해외지역총회와 지역총회에서 제출한 모든 사람들의 자술 이력서의 묶음은 공천을 하여야 하는 모임의 공천위원회 위원들이 볼 수 있어야 한다. 선출되지 못하였으나, 미국 및 해외지역총회의 연회 및 선교연회에서 천거받은 사람들의 명단과 자술서는 지역총회 또는 해외지역총회의 서기가 연대사역협의회에 전달하며 이 후보명단 중에서 각 총회 기관은 필요한 추가위원을 선출한다 (§ 4e, § 5b).[3]

2. *추가 공천*—위 규정(¶705.1)에 더하여 총회제자사역부 청년사역국은 인종, 민족, 남녀, 장애인, 교회 크기를 감안하여 10명의 청소년들과 10명의 청장년(¶710.3)을 각 지역총회 공천 대기자로 천거한다.

3. 총회 기관과 연대사역협의회의 위원은 아래와 같은 규정에 따라 선출한다.

a) 각 지역총회는 ¶705.4, ¶705.5 및 ¶906.1에 명시된 바와 같이 총회 기관과 연대사역협의회의 위원들을 선출한다. 총회세계선교부의 위원으로 봉사하도록 연합감리교회 여선교회전국기구가 선출한 지역총회의 위원들(¶1323)은 누구든

---

3. 사법위원회 판정 520, 538 참조.

지 그 지역총회에 비례대로 배당된 전체 위원의 일부로 계산하며 추가 위원으로는 계산하지 않으나, 연합감리교회 여선교회 위원들은 ¶1311.1에 규정된 추가 위원으로 간주한다. 총회 서기는 각 지역총회에 공정하고 공평하게 지역총회 내의 연회들에게 위원들의 수가 배당되도록 그 수를 제시한다. 그러나 각 지역총회가 그 지역 내의 연회 및 선교연회들에게 배당할 수를 결정한다.

b) 각 총회 기관은 적어도 1명의 발언권 및 투표권 소지 위원을 범감리교위원회(Pan-Methodist Commission)의 회원 교회에서 선출한다. 추가로, 각 총회 기관이 적어도 1명의 발언권은 있으되 투표권이 없는 위원을 '그리스도 안에서 통합하는 교회들'(Churches Uniting in Christ)의 회원 교회에서 선출할 것을 허락한다. 이러한 위원들은 위 ¶705.3a에 명시된 위원들과 달리 추가로 계산한다. 총감독회는, 만일 총회 기관들이 이들을 선출하려고 하면, 그들을 도와야 한다.

c) 가능한 한 각 총회의 투표권 소지 위원의 적어도 10%는 청소년과 청장년이 되도록 (¶256.3) 그 위원에 포함하되 청소년의 숫자가 청장년의 숫자와 동등하게 되기를 권장한다. 총회 기관의 청소년 및 청장년 위원들은, 법인체의 사안에 대하여 투표권을 행사하는 일을 지역의 법률이 금지하지 않는 한 (¶2506.1) 투표권 소지 위원으로 봉사하되, 만일 금지할 경우에는 발언권은 있으되 투표권이 없는, 비이사 위원으로 봉사하며, 그들이 투표할 수 있는 연령에 도달할 때, 모든 사안에 대하여 투표할 수 있는 위원으로 봉사한다. 각 총회 기관들과 연대사역협의회의 청소년 및 청장년 위원들은 포용적이어야 한다 (¶705.3d 및 ¶2506.1과 일치되게).

d) 총회 기관들의 각 위원직은 남녀, 소수 인종, 민족, 연령, 장애인, 교회의 크기에 근거하여 포용적으로 구성하도록 권한다. 소수 인종, 민족(아시아, 아프리카, 히스패닉계 미국인, 미원주민, 태평양 제도 주민)의 적합한 대표를 확보하기 위하여, 각 총회 기관의 지역총회위원은 적어도 30%의 소수 인종, 민족 사람들이 포함되어야 하며, 3분의 1이 교역자, 3분의 1이 남성 평신도 3분의 1이 여성 평신도로 (¶1105, ¶1311에 규정된 것은 예외) 구성되어야 한다. 감독 위원들은 교역자 위원을 계산할 때 이에 포함하지 않는다.

e) 연합감리교회 총회남선교회위원회의 위원은 ¶537과 ¶2303.3의 규정에 따라 선출한다. <장정>의 다른 조항에도 불구하고 본 위원회의 직책상 위원들은 최고 3년간 계속하여 이 위원회에서 봉사할 수 있다.

4. *총회 프로그램 기관들의 위원—a)* 각 총회 프로그램 기관의 위원들의 수는 ¶1006, ¶1105, ¶1311, ¶1407에 명시된 수로 정한다.

b) 지역총회대표위원들—각 지역총회는 4개의 총회 프로그램 기관에 보낼 위원을 각각 <장정>에 명시된 위원 수만큼 선출한다. 각 부서에 사람들을 공천함에 있어 특히 여성 교역자, 청소년 (¶256.3), 청장년, 노인, 장애인 및 소수 교인 교회 사람들이 포함되도록 주의를 기울여야 한다. 소수 인종, 민족들(아시아, 아프리카, 히스패닉계 미국인, 미원주민, 태평양 제도 주민)의 적합한 대표 수를 보장하기 위하여, 각 총회 프로그램 기관에 보낼 지역총회 위원들 중 적어도 30%는 소수 인종, 민족이어야 한다. 또한 각 부서는 그 위원 가운데 3분의 1이 교역자, 3분의 1이 평신도 남성, 3분의 1이 평신도 여성(¶1105.1, ¶1311.2가 규정한 것은 제외; ¶1311.6, ¶1407 참조)으로 구성되기를 추천한다. 감독 대표는 교역자 위원의 수에 포함하지 않는다.[4]

c) 해외지역총회대표위원들 (Central Conference Membership)—해외지역총회의 감독들을 포함하여 해외지역총회대표로 오는 전체 교회 기구의 모든 위원들은 다음과 같이 분배한다. 곧 총회인종관계위원회에 4명; 총회교회역사보존위원회, 총회공보위원회, 총회남선교회위원회, 연합감리교회 출판부에 각각 3명씩 (필리핀, 유럽, 아프리카 지역에서 각각 1명씩); 총회재무행정협의회에 3명; 연대사역협의회와 총회사회부에 각각 7명씩 (각 해외지역총회에서 1명씩); 총회고등교육사역부에 3명; 총회제자사역부와 총회여권신장위원회에 각 4명 (필리핀, 유럽, 아프리카 지역에서 각각 적어도 1명씩); 총회세계선교부에 11명—이 가운데 감독이 2명이라야 한다. 각 기관에 배당된 해외지역총회 대표 위원들의 총 위원 수가 교역자 3분의 1 (절반은 여성 교역자) 남성 평신도 3분의 1, 여성 평신도 3분의 1의 비례로 구성되기를 권유한다. 감독을 제외한 지역총회에서 오는 위원들은 총감독회의에서 선출한다. 단, 감독들을 제외한 해외지역총회의 총회세계선교부 이사들은 ¶1311.1과 1311.5b의 규정에 따라 해외지역총회에서 공천하여 선출한다.

d) 감독 대표 위원—총회 프로그램 부서의 감독 대표 위원들은 감독회의에서 공천을 받아 총회에서 선출한다. 총회은급의료혜택부를 제외한 각 총회 프로그램 기관의 감독 위원 중 적어도 1명과, 총회세계선교부의 경우에는 2명(아프리카, 유럽,

---
4. 사법위원회 판정 446, 451, 467 참조.

아시아 지역 중 두 지역에서 각 1명씩)은 해외지역총회의 감독이어야 한다 (¶1311.6 참조).

　　e) 추가위원—각 총회 프로그램 기관은 그 사역에 도움을 줄 전문 지식과 배경을 가진 이들을 초빙하기 위하여, 또한 서로 다른 신학적 입장을 참조하기 위하여, 또한 소수 인종, 민족 사람들, 청소년 (¶710.3), 청장년 (¶710.3), 노인, 장애인, 소수 교인 교회 대표들을 포함시키기 위하여 추가위원을 선출한다. ¶705.4c에 규정된 대로, 총회여권신장위원회를 제외하고(¶2104.1b), 해외지역총회 위원들을 선출한 후에, 나머지 추가위원의 수는 총회서기가 가능한 한 본 부서의 위원들이, 감독 위원들을 제외하고, 각 지역총회 교역자와 평신도가 합한 수에 비례하고 있음을 분명히 반영하도록 할당한다. 비례 수대로 배당할 때, 소수는 가까운 수에 가감하여 정수(整數)로 만든다. 어느 지역총회이든 최저 추가위원을 할당하여서는 안 된다. <장정> (¶705.4b)이 규정하는 바를 보장하면서, 공천위원회는 가능한 한, 지역총회 대표 추가위원 자리를 보충할 사람들을 지역총회 공천 대기자 명단에서 뽑아 지명한다. 각 총회 부서는 총회 프로그램 기관 조항에 명시된 대로 추가위원을 둔다. 가능한 한 각 감독구에서 한 명 이상이 선출되어서는 안 된다. 추가위원도 3분의 1은 남성 평신도, 3분의 1은 여성 평신도, 3분의 1은 교역자로 균형을 유지하도록 권장한다.[5]

　　f) 연락 대표—푸에르토리코감리교회는 연합감리교회 각 프로그램 기관에 자체 비용으로 한 명의 연락 대표를 보낼 수 있다.

　　g) 연락 대표의 지위—두 교회가 맺은 협약에 따라, 푸에르토리코감리교회와 연합감리교회는 그 관계가 특별한 성격을 띠고 있으므로, 연합감리교회의 각 기관에 파견된 푸에르토리코감리교회의 연락 대표들은 ¶705.4f 규정을 제외하고, 각 기관에서 그 위원들과 마찬가지의 지위를 가지고 발언권과 투표권 소지 위원으로 봉사한다.

　　5. *기타 총회 기관들*—*a)* 각 지역총회는 미국 내의 연회와 선교연회에서 공천받은 후보자들 중에서 <장정>이 이들 기관의 위원 규정에 관하여 명시한 대로 위원을 선출한다 (¶705.1). 이에 해당하는 총회 기관들은 총회은급의료혜택부 (¶1502.1a), 연합감리교회 출판부 (¶1602), 기독교 일치와 타종교와의 관계실 (¶437), 총회공보위원회 (¶1807), 총회여권신장위원회(¶2104), 총회인종관계위원회 (¶2003) 등이다. 총회은급의료혜택부(¶1502.1)와 연합감리교회 출판부(¶1602.1)를

---

5. 사법위원회 판정 446, 520, 601 참조.

제외하고, 추가위원으로 선출될 사람들의 수는, 감독위원들을 제외하고, 총회서기가 가능한 한 각 기관 위원에 각 지역총회 교역자와 평신도들이 골고루 배당되도록 확인하여 할당한다. 비례 수대로 배당할 때, 소수는 가까운 수에 가감하여 정수(整數)로 만든다. 어느 지역총회이든 최저 추가위원을 할당하여서는 안 된다. <장정> (¶705.4b)이 규정하는 다양성을 보장하면서, 공천위원회는 가능한 한 지역총회 대표 추가위원 자리를 보충할 사람들을 지역총회 공천 대기자 명단에서 뽑아 지명한다.

  b) 위 ¶705.5a에 열거된 총회 기관에 감독 및 추가위원이 있다면, 그 위원들은 ¶705.1b, ¶705.1d, ¶705.4e에 규정된 절차에 따라 공천받아 선출된다. 이때 총회 기관들은, 미국 내의 연회와 선교연회 또는 해외지역총회가 공천하였으나 기관위원으로 선출되지 아니한 이들의 명단을 연대사역협의회가 제출하였을 때 이들을 후보로 참조한다. ¶705.4e의 규정에 따라 대표들이 다양성을 이루도록 추가위원을 고려할 수 있다.

 ¶**706.** *추가위원들을 위한 공천*—1. 포용 정신에 입각하여 (¶124, ¶140 참조), 각 지역총회는 프로그램 기관의 추가위원을 공천하기 위하여 이미 선정한 교역자 1명, 여성 평신도 1명, 남성 평신도 1명씩을 총회 프로그램 기관에 보낸다 (¶705.4). 5개 지역총회에서 이렇게 지명된 각 총회 프로그램 기관의 위원들이 추가위원을 선출하기 위한 공천위원회를 구성하고 ¶706.2에 규정된 대로 회의를 소집한다. 추가위원으로 선출될 사람들의 수는 총회서기가, 감독위원들을 제외하고, 가능한 한 각 기관 위원에 각 지역총회 교역자와 평신도들이 골고루 배당되도록 확인하여 할당한다. 비례 수대로 배당할 때, 소수는 가까운 수에 가감하여 정수(整數)로 만든다. 어느 지역총회이든 최저 추가위원을 할당하여서는 안 된다. <장정> ¶705.4b가 규정하는 바를 보장하면서, 공천위원회는 가능한 한 지역총회 대표 추가위원 자리를 보충할 사람들을 지역총회 공천 대기자 명단에서 뽑아 지명한다. 본 조항에 명시된 절차 대신에 총회여권신장위원회는 추가위원을 선출하기 위하여 ¶2104.1b에 규정된 절차를 따를 것이다.

 2. 총감독회의 회장의 지명을 받은 감독은 지역총회의 선거가 끝나면 즉시 이 공천위원회를 소집한다. 가능한 한, 본 공천위원회에서는 미국의 연회와 선교연회에서 지역총회에 공천한 후보들과 여러 코커스(caucuses)와 다른 집단에서 제출한 후보 명단 중에서 추가위원을 공천한다. 지역총회 서기는 공천위원회의 작업을 돕기 위하여 연회로부터 받은 후보자의 인적 사항 (¶705.1d)을 본 공천위원회에 전달한다. 이에 첨부하여 총회

¶706

기관들은 재선의 자격이 있으며 또 봉사하기 원하는 사람들의 명단과 인적 사항을 공천위원회에 제출한다. 본 조항은 총회가 폐회함과 동시에 그 효력을 발생한다.

3. 본 공천위원회는 ¶703.5에 열거된 어느 기관이든지 그 조직 모임(¶707)이 소집되기 전에 공천 작업을 끝내어, 이미 선출된 각 기관 위원들에게 그 기관에 공천된 추가위원 명단을 우송한다. 기관이 임원들을 선출하고 사무 처리에 들어가기 전에 위원들이 모두 선출되어 참석할 수 있어야 한다.

¶707. *모임들*—1. 교회의 정기 총회가 모이는 해에 모든 프로그램 기관들은 지역총회가 끝난 후 90일 이내에 위원회를 소집하여 임원단과 분과위원회를 구성하고 그 기관에 주어진 사무를 집행한다. 조직을 위한 회의는 총감독회 회장이 지명한 감독이 사회를 한다.

2. 총회, 지역총회, 해외지역총회, 연회 또는 기타 선교연회가 설립한 모든 협의회와 부와 위원회들은 가능한 한 대표 위원들이 선출되는 즉시 소집하여 조직한다.

3. <장정>이나 이들을 설립한 의회가 달리 규정하지 않는 한, 모든 협의회와 부서와 위원회는 차기 협의회와 부와 위원회가 조직될 때까지 계속 그 책임을 진다.

¶708. *조직*—1. 포용 정신에 입각하여 (¶124, ¶140) 프로그램 부서는 투표권 소지 위원 중에서 회장 한 사람, 한 명 또는 그 이상의 부회장, 서기와 회계 각 한 명 및 적절하다고 생각되는 임원들을 선출할 수 있다. 단, 모든 임원은 연합감리교회의 교인이어야 한다.

2. 각 프로그램 부서는 그 부서의 투표권 소지 위원 중에서 국(局)이나 과(課)나 또는 그 하부 구조의 분과위원장을 선출한다. 국이나 과나 또는 예하 단위 구조는 부위원장과 서기 그밖에 적절하다고 생각되는 임원을 선출한다.

3. 부나 국이나 과나 또는 하부 구조의 분과위원회 위원의 임기는 해당 4개년 동안, 혹은 그들 후임자들이 선출될 때까지로 한다.

4. 누구나 한 개 이상의 총회 기관이나 국이나 과나 또는 이에 상응하는 구조의 회장 또는 위원장으로 봉사할 수 없다.

5. 프로그램 부서의 직원은 해당 총회입법위원회의 임원으로 봉사할 수 없다.

¶709. *국(局)과 하부 구조 (Divisions and Subunits)*—각 프로그램 부서의 위원은 부서가 규정하는 대로 국이나 하부 구조의 위원으로 나눈다.

총칙 ¶710

¶**710**. *위원의 자격*—1. 모든 총회 기관의 위원은 ¶705.3b에 규정된 이들을 제외하고 모두 연합감리교회의 고백교인이어야 한다.

2. 모든 총회 기관의 위원은 교회를 사랑하고 도덕적으로 훈련되어 있으며, '사회생활 원칙'(Social Principles)에서 제시된 연합감리교회의 윤리적 기준에 충실하며, 그밖에 총회 기관의 위원으로서 봉사할 능력이 있는 순수한 기독교인의 성품을 가진 사람이어야 한다.

3. 총회 기관에 선출된 모든 청소년 대표들(¶256.3)은 기관의 조직을 위한 모임 당시 나이가 12세에서 16세까지이어야 한다. 총회 기관에 선출된 모든 청장년(¶256.3)은 기관의 조직을 위한 모임 당시 나이가 17세에서 28세까지이어야 한다. 청소년 및 청장년 위원들은 ¶2506.1에 명시된 순응 원칙에 따라 ¶705.3c에 규정된 제한을 받는다. 모든 노인 대표들(¶705.1b[6])은 조직 위원회가 모일 당시 적어도 65세가 되어야 한다.

4. 총회 기관의 투표권 소지 위원은 그 기관에서 연속적으로 4개년간 임기를 두 번 이상 중임할 수 없다. 4개년 기간의 임기는 총회가 끝나고 그 기관 위원회의 첫 조직 회의가 모일 때부터 시작한다. 잔여 임기나 공석을 1년 이상 봉직하였을 경우, 그것은 4개년 임기를 채운 것으로 간주한다. 총회 기관의 공천위원회는 위원들의 연속성과 효율성을 유지하기 위하여 특별한 주의가 필요하다. 만일 한 총회 기관이 다른 총회 기관과 통합할 경우, 통합 이전에 봉사한 위원들의 햇수는 위에서 규정한 8년 만기의 일부로 계산한다.[6]

총회 기관의 투표권 소지 위원으로서 4개년 기간의 임기를 네 번 연속으로 봉사한 사람은, 다음 4개년 기간 동안 총회 기관의 위원으로 선출될 수 없다. 이 규정은 감독 대표들에게는 해당되지 않는다.

5. <장정>이 특별히 기관 간의 대표를 허용하지 않는 한, 한 총회 기관 위원은 동시에 하나 이상의 총회 기관의 위원이 될 수 없다. 그러나 만일 이러한 제약으로 인하여 어떤 지역총회가 감독 대표를 모든 기관에 보낼 수 없게 될 경우에는 이 규정을 일시 정지할 수도 있다 (¶906.1a 참조).

6. 총회 기관의 투표권 소지 위원은, ¶611.2c(2)의 규정과 상충되지 않는 한, ¶610.6의 규정에 따라 연회의 이와 대응하는 기관이나 그 대체 기구의 직책상 (투표권 소지) 위원이 된다. 총회고등교육사역부에 선출된 위원들은 그들 연회의 안수사역부와

---

6. 사법위원회 판정 495 참조.

고등교육부의 직책상 위원으로 봉사할 수 있다. 그러나 그들은, ¶635.1a에 따라 감독에 의하여 연회안수사역부에 투표권 소지 위원으로 임명되지 않은 이상, 오직 연회고등교육부에 한하여 그 투표권 소지 위원이 된다.

7. 기관으로부터 봉급을 받거나 수수료를 받는 사람은 그 기관의 투표권 소지 위원으로 선출될 수 없다.[7]

8. 선임된 위원, 임원 또는 고용인은 그들 자신과 또 그의 가까운 가족의 사업체와 직접 또는 간접적으로 이해관계가 있는 중요한 사안에 대하여 논의하거나 투표하여서는 안 된다.

9. *a)* 만일 특정한 연회를 대표하여 총회나 지역총회 기관의 위원으로 선출된 교역자가 더 이상 그 연회의 연회원이 아니되거나, 또한 평신도 대의원이 영구 거주지를 그 연회 경계 밖으로 옮길 경우, 그 위원의 위원직은 자연히 공석으로 남는다.

b) 지역총회를 대표하여 총회 기관의 위원으로 선출된 어느 교역자가 더 이상 그 연회의 연회원이 아니되거나, 또한 그렇게 선출된 평신도 위원이 그 지역총회 경계 밖으로 영구 거주지를 옮길 경우, 그 위원의 위원직은 자동적으로 공석으로 남는다.

c) 지역총회 기관의 어느 교역자 위원이 그 지역 내에 있는 연회원의 자격을 계속 유지하지 않거나 또 그렇게 선출된 평신도 위원이 그 지역총회 경계 밖으로 영구 거주지를 옮길 경우, 그들의 위원직은 자동적으로 공석으로 남는다.

10. 총회 기관의 위원이 그 기관이 수락할 만한 이유를 제시하지 않고 연이어 두 번 회의에 결석할 경우, 그 사람은 위원직을 잃게 된다. 이런 경우 그 사람은 즉시 자격상실 통지를 받으며 그 자리는 <장정>의 규정에 따라 보충된다.

¶711. *위원과 직원들의 해임*—총회가 선출하였거나 제정한 협의회나 부나 위원회는 그 위원이나 임원이나 직원들을 아래 이유로 해임할 권리가 있다.

1. 주어진 의무를 감당할 수 없게 된 사람.
2. 비윤리적 행위를 하거나 신뢰에 위배되는 사람.
3. 어떤 이유에서이건 맡은 바 의무를 감당할 능력이 없거나 이행하지 못한 사람, 또는 협의회나 부나 위원회가 해임시키기에 충분한 비행을 저지른 사람.

총회에 의하여 선출되고 권한을 위임받고 총회를 위하여 존재하는 협의회나 부나 위원회의 위원, 임원, 직원이 연방정부나 주 또는 지방법원으로부터 도덕적으로 바람직하지 못한 행위

---
[7] 사법위원회 판정 139 참조.

총칙 ¶715

로 인하여 유죄 판결을 받았거나 유죄로 단정받았을 경우, 총회 기관은 그를 면직시킬 권한이 있다. 이로 인하여 공석이 된 자리는 <장정>에 따라 보충한다.

¶712. *결원*—특별히 따로 규정하지 않는 한, 총회 후 4개년 기간 사이에 발생하는 공석은 다음과 같이 보충한다. 곧 감독 대표가 공석일 경우에는 총감독회가 이를 보충한다. 지역총회나 해외지역총회 위원의 공석은 해당 지역감독회가 보충하되—대치할 위원은 같은 연회 출신이어야 한다—기관에서 보내온 공석 통지서는 총감독회의 서기에게 보내야 한다. 추가위원의 결원은 해당 기관에서 선출한다. 결원이 채워졌을 때 그 기관의 서기는 새 위원이 속한 연회서기에게 즉각 통지하여야 한다.

¶713. *프로그램 기관 총무의 선임과 총회 기관 직원들의 정직*—연대사역협의회에 책임지는 프로그램 기관의 총무는 매 4개년 기간마다 해당 기관 위원회의 무기명 투표로 선출한다. 무기명 투표는 비밀이 지켜져야 하며, 사회자는 전 위원에게 투표 결과를 발표하여 찬성, 반대, 기권한 수를 밝혀야 한다. 기관 총무의 직책 정지는 그 기관 이사회의 승인을 받아야 한다. 기관의 총무가 선출된 직원을 포함하여 모든 직원을 해고할 수 있다. 그러나 이는 그렇게 하지 못하게 하는 결정이나 정책이 기관에 없을 때에 한한다.

¶714. 각 총회 부서들은 자체 부서가 정한 절차에 따라 필요한 기타 직원들을 선출한다.

¶715. *간부 직원의 채용 기준*—1. 총회 기관의 선출되는 간부 직원은 같은 직책에 12년 이상 근무할 수 없다. 1989년 1월 1일 이전에 봉직한 연한은 계산하지 않는다. 이러한 직원을 선출하는 기관은 3분의 2 이상의 찬성표로 매년 이 규정을 일시 정지할 수 있다.[8]

2. 총회 기관의 직원들에게 허용된 공식적인 여행은 그 기관의 기능과 직접 관련된 공무를 이행하기에 필요한 여행 모두를 포함한다. 그러나 이러한 공공 임무 집행에서 사례비를 받아서는 안 된다. 이러한 여행 중에 공무와 관계없는 사적 업무를 볼 수 있으나, 어디까지든지 공무에 지장이 없어야 하며 그러한 수고에 대한 사례금은 받을 수 있다.

3. 보통 모든 총회 기관 직원의 은퇴는 연령이 65세가 되었거나, 또는 선임된 직원으로, 임명된 직원으로, 또는 고용된 직원으로 연합감리교회에서 40년간의 봉사를 마쳤을 때라야 할 수 있다. 선출되었거나 임명된 직원들은 72세에는 반드시 은퇴하여야 한다. 다른 고용된 직원들은 은퇴정년이 없다. 자기 기관의

---

8. 사법위원회 판정 858 참조.

¶715

현행 방침을 따르거나, 또는 만일 총회재무행정협의회의 인사정책시행위원회에 그 총회 기관의 투표권 소지 대표가 봉사하고 있다면, 인사정책시행위원회의 추천이 있을 때 총회재무행정협의회가 제정한 방침에 따라 모든 총회 기관 직원들은 언제나 그를 고용한 총회 기관에서 은퇴하기를 선택할 수 있다.

4. '총회 기관 은퇴 프로그램' 규정은 인사정책시행위원회(¶807.12b)가 검토하여 건의안을 제출한다.

a) 각 총회 기관들은, 미국 안에 있는 전임 교역자와 전임 평신도 직원들을 위하여 그룹 건강보험을 제공하든지 이에 가입하여야 한다. 이 조항에서 말하는 그룹 건강보험이란 의사비와 병원비를 모두 보상하여 주는 보험을 말하는 것으로서, 여기에는 일반 건강보험, 그룹 건강보험, 또는 복합 고용주 건강보험이 있다. 책임을 져야 하는 총회 기관은 자기 재량에 따라 추가로 그룹 건강보험에 가입할 수 있다.

이의 대안으로, 건강보호 플랜이나 건강보험을 관리하는 연방 정부나 주 정부의 법이, 고용주가 제공하여 주는 커버리지가 없는 사람들에게, 건강 상태와 상관없이, 건강보험 상호교환, 연계, 단수 지불 시스템, 또는 다른 방도를 통하여 쉽게 들 수 있도록 보장하여 주는 커버리지 옵션을 제공할 경우에는, 그러한 커버리지가 교역자나 평신도 고용인들에게 가능한 한도 내에서, 은급혜택부가 그룹 플랜을 중단할 수 있다. 그러한 경우도, 총회 기관은 교환 또는 대치 시스템을 위하여 계속적으로 행정 지원을 하여 주어야 하며, 합당하고 적절한 수준에서 교단의 재정 지원을 전임 교역자와 평신도 직원에게 계속 제공하여 주어야 한다. 이것은, 정부 기관이 보조금을 지불하여 주지 않을 경우, 곧 그들의 봉급이 어떤 정한 선을 초과하거나, 특히 고용주가 건강보험료를 부담함으로써 면세 혜택을 받게 되어 정부 보조금이 축소되었을 경우에, 그들이 이러한 대안을 통하여 커버리지를 살 수 있게 하기 위한 것이다.

이에 더하여, 총회 기관들은 전임 교역자와 평신도 직원들을 위하여 건강 증진 프로그램을 제공하여 주어야 한다. 더욱이 각 총회 기관들은, 견실한 재정 상태, 보상금 지불 경험 및 기타 경비 지출, 플랜 디자인과 커버리지 등을 포함하되 이에 국한하지 않은, 건강보험에 관한 데이터를 매년 총회은급의료혜택부에 제출하야야 한다.

b) 각 총회 기구는, 해당 기관의 은퇴 방침에 따라 은퇴한 교역자들과 직원들 및 그 배우자들의 건강과 복지를, Medicare Supplement 프로그램과 처방약 프로그램을 제공하여 줌으로써,

존중히 여겨야 한다. 은퇴자와 그 배우자들이 받을 수 있는 혜택은 다음과 같은 프로그램을 포함하되 이에 국한하지 않는다. 곧 (i) 고용주가, Medicare를 보충하여 주는 개인 은퇴자 건강 플랜에 가입하여 주는 것; (ii) 고용주가, Medicare를 보충하여 주는 다수 고용인 은퇴자 건강보험 플랜에 참여하는 것; (iii) Medicare Supplement 프로그램을 제공하는 보험회사와 그룹 계약을 맺음으로써 이에 가입하게 하여 주는 것; (iv) 은퇴한 교역자와 평신도 및 그들의 배우자들이 Medicare Part D 플랜이나 Medicare Advantage 플랜에 가입할 때 그 비용을 보조하여 주는 것; (v) 개인적으로나 그룹으로 은퇴자를 위한 Medicare Supplement 프로그램에 가입할 때 보험료를 보조하여 주는 것; 그리고 (vi) 건강비용 상환, 수당 또는 기타 방법을 통하여 일정한 금액을 지불하여 주는 것.

c) 각 총회 기관은 고용주 은퇴건강보험으로 인하여 발생하는 의료 부채에 관하여, 이를 일반적으로 사용하는 재정평가서(수정된 Statement of Financial Accounting Standard No. 106에 의한 것과 같은)에 기재하여 총회은급의료혜택부에 매 2년마다 제출한다.

d) 2013년 12월 31일 혹은 그 이전에, 또한 그후 매년 계속하여, 각 총회 기관들은 예측되는 연금 및 은퇴자 의료 혜택을 위한 부채(감독들을 위한 총회재무행적협의회의 부담금을 포함하여)는 물론, 은퇴, 복지, 건강 플랜을 위한 연례 부담금(감독들을 위한 총회재무행적협의회의 부담금을 포함하여)과 연관된 연례 지불 의무를 이행할 재정을 마련할 총괄적인 계획을 세우고 이행하여야 한다. 재정확보 계획서는 총회은급의료혜택부에 제출하여야 하며, 총회은급의료혜택부는 이를 검토하여 그것에 대한 긍정적인 의견서와 함께 본 부의 연례 재정보고서의 부록에 첨가하여 출판한다. 또한 총회은급의료혜택부는 본 교단의 혜택 제공에 따르는 장기적인 부채에 관하여, 4개년 기간 총회에 제출하는 보고서에 감독들을 위한 총회 기관의 혜택 제공도 포함하여야 한다. 따라서, 각 총회 기관들은 수시로 요청하는 정보를 총회은급의료혜택부에 제출하여야 한다. 각 총회 기관은, 은퇴자 건강보험에의 가입자격, 커버리지, 납부금 분담, 혜택 등에 관한 방침을 서면으로 명문화하여, 현 교역자 및 평신도 직원들과, 앞으로 연회나 다른 기관에서 오는 교역자와 평신도들에게 알려 주어야 한다. 교단 내의 다른 기관에서 봉사한 연한의 크레디트를 교역자와 평신도들에게 주어, (i) 은퇴 후 계속 건강보험에 가입시켜 주며, (ii) 건강보험 비용을 보조하거나 분담하여 준다.

¶715   총회 행정 기구

5. 총회 기관의 총무, 총무대리, 부총무, 협동총무, 회계 및 연합감리교회 출판사 사장은 모두 연합감리교회의 고백교인이어야 한다. 이 규정은 2004년 총회 이전에 고용된 사람들에게는 적용되지 않는다.[9]

6. 총회 기관의 직원은, <장정>이 특별히 그러한 기관 간의 상호 대표 교환을 규정하는 제외하고는, 연합감리교회 총회 및 지역총회 기관의 투표권 소지 위원이 될 수 없다.

7. 선임된 간부 직원은 그 기관 및 하부 조직에서 발언권은 있으나 투표권은 없다.

8. 총회 기관의 선임된 모든 간부 직원은 예수 그리스도의 섬기는 모델을 따르는 사람이어야 한다. 그들은 교회를 사랑하며 그리스도의 몸 된 교회가 하나임을 확신하며, 도덕적으로 훈련되어 있으며, '교리적 기준'(¶104)과 '사회생활 원칙'에 명시되어 있는 연합감리교회의 교리적, 윤리적 기준을 지지하는 진정한 그리스도의 성품을 지닌 사람이어야 하며, 기관의 사무 처리를 함에 있어 유능한 행정가라야 한다.

9. 총회 부서나 기관의 직원 자리를 채우기 위하여 교역자를 면담하기 전에, 그 총회 부서나 기관은 먼저 그 교역자가 속하여 있는 연회의 감독과 상의하여야 한다. 교역자의 고용이 끝나면, 총회 기관은 교역자에게 봉급을 지불하거나 어떤 혜택을 제공하여야 할 의무가 없으나, 총회재무행적협의회가 ¶807.12a에 명시된 바, 일반 인사 방침에 근거하여 제공하거나 허락하는 것은 예외로 한다.

¶716. *차별대우 하지 않는 정책*—1. 병원, 양로원, 교육기관 등을 포함하여 모든 기관과 기구가, *(a)* 장애인을 포함하여 모든 인종, 민족 출신의 남성과 여성에 관한 연합감리교의 공약에 따라 전문직 직원과 일반 직원들을 모집, 고용, 활용, 대우, 승진시키며, *(b)* HIV 보균여부를 포함하여 인종, 피부색, 연령, 남녀별 또는 장애를 근거로 사람을 구별하거나 차별하지 않으면서 주어진 임무와 책임을 감당하여 나가며, *(c)* 평신도들이 적절한 선에서 참여하게 하는 것이 연합감리교회의 방침이다.

2. 모든 기관과 기구들은, 숙식을 제공하는 장소를 포함하여, 가능한 한 모든 행사를 장애인들이 불편 없이 접근할 수 있는 장소를 택하여 행사를 계획하고 거행하여야 한다. 모임을 계획하고 시행할 때 장애인들을 포함시킬 것을 권장한다.

만일 무슨 이유에서든 그렇지 못한 시설에서 행사를 계획하였거나 거행하게 되면, 모임에 관한 모든 통지에 그 사실을 명백

---
9. 사법위원회 판정 426 참조.

히 밝히거나, 그렇지 않으면, 원형 안에 사선을 그은 국제기호로 고를 대안으로 표시하여야 한다. "행사"(event)라는 용어는 넓게 해석되어야 하는 것으로, 예를 들면, 사람들이 교회 또는 교회의 다양한 기구들과 기관들의 대표로 초청받거나 참석하도록 부름 받은 예정된 회의나, 세미나, 기타 모임들을 포함하고 있다.

¶717. *지속적이며 사회적으로 책임을 지는 투자*—돈을 투자할 때, 총회은급의료혜택부를 포함한 모든 총회 부서와 기관들, 그리고 병원, 양로원, 교육 기관, 연회, 재단 및 개체교회 등을 포함한 모든 기구들이나 행정 담당 부서가 연합감리교회의 '사회생활 원칙'에 요약되어 있는 목표와 일치하게 사회적으로 책임지는 정책을 수립하고 실행하는 기구나 회사나 법인체나 또는 기금에 투자하도록 의식적으로 노력하는 것이 연합감리교회의 정책이다. 모든 연합감리교회의 기관들은, 인종적 및 성적 정의(justice)를 신장시키며, 인권을 보호하며, 착취 공장(sweatshop) 또는 강제 노동의 사용을 금하며, 인간에게 고통을 주지 않으며, 기후 변화를 줄이는 일을 포함하여 자연의 세계를 보호하려고 의식적으로 노력하는 기구나 회사나 법인체나 기금에 투자하도록 심혈을 기울여야 한다. 이에 더하여 연합감리교회의 기구들은 주로 '사회생활 원칙'에 위배되는 사업들, 사람을 해치는 무기(핵무기와 일반 무기들)의 생산, 알코올과 담배 제조, 민간이 운영하고 있는 감옥소들, 도박, 도색물과 성의 착취에 직접 또는 간접적으로 간여하고 있는 회사들에 투자하는 일을 피하도록 노력하여야 한다. 총회 부서와 기관들은 투자할 곳을 결정할 때, 친환경적, 사회적 의무와 운영상의 책임을 감안하고 하여야 하며, 투자할 회사의 소유주로서의 책임을 다하여야 한다. 이는 회사로 하여금 창조적인 변화를 시도하게 하며, 회사가 책임 있는 행동을 하지 않을 때 그를 또한 배제할 것을 고려하면서 그들의 행위에 대하여 책임을 지게 하는 일을 포함한다.

¶718. *기록 보관*—각 총회 기관은 그 옹호적(advocacy) 역할, 제휴, 또한 회원이나 기금으로 지원한 조직체의 기록, 그리고 연방 정부나 주 정부의 입법을 찬성하였거나 반대한 기록을 계속적으로 기록하며 보관한다. 연합감리교회들이 서면으로 요청을 할 때, 이러한 활동에 관한 정보를 제시할 수 있도록 되어 있어야 한다. 공식적으로 총회와 관련을 맺고 있지 않은 기관들은, 다만 그들 자신의 이름으로만 입장을 취할 수 있을 뿐, 총회 기관이나 교단 전체를 대신하여 말할 수는 없다 (¶509.1).

¶719. *프로그램 비용 지출을 위한 결정*—한 연회 안에서 사용하도록 건의된, 연합감리교회의 각 총회 기관(¶701)이 관

¶719   총회 행정기구

리하는 모든 프로그램 또는 일반 기금들은 주재감독, 연대사역총무 또는 이에 해당하는 사람, 연회사역협의회 및 그 연회의 해당 지방감리사와 의논하여 실현하거나 지불한다. 프로그램의 시행, 기금의 조달, 또한 여러 가지 기관들과 의회들과 다른 교회 기구들 간의 관계에 대한 일을 논의하는 일은, 비록 각 부서가 서로 합의에는 이르지 못하더라도, 서로 대화하고 알렸다는 것을 분명히 하기 위하여 서면으로 계획과 의도를 나누면서 의사를 소통하여야 한다.[10]

¶720. *국제 관계와 교회연합사역*—총회세계선교부는 연합감리교의 다른 프로그램 기관과 미국 밖에 있는 동료 교회와 그 기관들과의 프로그램 관계를 용이하게 하고 조율한다. 총회세계선교부의 리소스는 총감독회가 ¶416.2, .3에 규정된 그의 임무를 수행할 때 사용할 수 있도록 준비가 되어 있어야 한다. 연합감리교회의 해외지역총회들은 교회의 프로그램 기관들과 직접 접촉함으로써 프로그램이나 다른 도움을 요청할 수 있다.

¶721. *프로그램과 회계 연도*—1. 연합감리교회의 프로그램 및 회계 연도는 1월부터 12월까지로 한다.

2. 특별한 목적을 위하여 <장정>에 따로 규정되어 있지 않는 한, "4개년 기간"(quadrennium)이라는 단어는 정기 총회가 끝난 후, 다가오는 첫 1월 1일부터 시작하는 4개년 사이의 기간을 뜻한다.[11]

¶722. *비공개 회의의 한계*—개방 정신과 책임성을 높이기 위하여, 소단위 모임과 원격지 간의 회의를 포함하여 모든 교회 차원의 협의회, 부, 기관, 위원회의 모든 회의는 공개적으로 한다. 만일 회의를 전산적으로 기록하거나 기록할 예정이라면, 지역의 법이나 관습과 상관없이 모든 참여자들은 전화나 비데오 통화를 통하여 이 사실을 통보받아야 한다. 투표권을 가진 위원이 회의에 공식적으로 참석, 투표하여 적어도 4분의 3 이상이 찬성하면, 일부 회의는 특별한 문제를 다루기 위하여 비공개리에 진행할 수 있다. 투표는 공개회의에서 진행하여야 하며 회의록에 기록한다. 공개회의에서 배포된 서류는 공적인 것으로 간주한다.

비공개 회의는 삼가도록 노력하여야 하며, 가능한 한 드물게 행하여야 한다. 비공개 회의에서 다루어질 수 있는 문제들은 부동산 문제, 일반에게 노출되면 협상 과정이 어렵게 될 때의 협상, 인사 문제,[12] 기관의 인가 또는 승인과 연관된 문제, 계류 중이거나 앞으로 있을 수 있는 소송 및 집단 협상과 관계된 문제, 변호사

---
10. 사법위원회 판정 518 참조.
11. 사법위원회 판정 858 참조.
12. 사법위원회 판정 869 참조.

또는 회계사와의 통신, 보안장치 설치와 경비원의 문제, 제삼자의 비밀 정보가 개입된 협상 등에 국한한다. 목회위원회의 모임은 ¶258.2e에 따라 비공개 회의로 진행하여야 한다. 총회, 사법위원회, 총감독회는 이 조항의 정신을 존중하기를 기대하나, 이들 헌법 기구는 자기자체의 절차에 관한 법규의 통제를 받는다.

비공개 회의 결과에 관한 보고는 회의가 끝나는 즉시 또는 실질적으로 가능한 빠른 시일 안에 한다.

¶723. *교단 명칭의 번역*—해외지역총회는 연합감리교회의 명칭을 영어 이외의 다른 언어로 번역하여 사용할 수 있다. 유럽 중부, 남부 해외지역총회와 독일해외지역총회는 "Evangelisch-methodistische Kirche"(개신교감리교회)라는 명칭을 사용할 수 있다.

¶724. *교회 창립일*—연합감리교회(¶141)는 처음부터 밀접한 관계를 가졌던 복음주의연합형제교회와 감리교회의 모든 권리와 권한과 혜택을 받는 후계자가 되었다.

이 두 교회 가운데 먼저 시작한 감리교회의 공식적인 조직은 1784년 크리스마스 총회로 소급하여 올라간다. 그러므로 연합감리교회는 그 창립일을 1784년으로 정한다.

모든 총회는 개최된 날짜의 순서대로 숫자를 매기지 않고, 단순히 그들이 개최된 연도로 명명한다. 서로 창립 날짜가 다른 연회나 개체교회 또는 연합감리교회에 속한 다른 기관들이 통합되었을 경우, 그중 가장 오래된 조직체의 창립 날짜를 공식 창립일로 택하되 나중에 된 조직체의 모든 정보를 포함하여 그 역사를 반영하도록 극히 신중을 기하여야 한다.

제2절 총회재무행정협의회
(General Council on Finance and Administrtion)

¶801. 교회의 사역은 교인들의 협조를 요구한다. 따라서 봉사와 헌금을 통한 교인들의 참여는 그리스도인의 의무요 은혜의 수단이며 하나님에 대한 우리의 사랑의 표현이다. 모든 연합감리교회 교인들이 국내외의 다양한 선교 활동에 참여하고 우리에게 맡겨진 사역이 번창하게 되기 위하여 다음과 같은 재정적 계획을 정식으로 승인하고 채택하였다.

¶802. *명칭*—연합감리교회에 총회재무행정협의회를 두며, 이하 이를 "협의회"라 칭한다.

¶803. *법인체 (Incorporation)*—본 협의회는 자신이 정하는 주(들)에 법인체로 등록한다. 이 법인체는 세계봉사재무협

의회(일리노이 주 법인체인 연합감리교회 세계봉사재무협의회와 일리노이 주 법인체였던 미[북]감리교회 세계봉사위원회와 오하이오 주 법인체였던 복음주의연합형제교회의 총회행정협의회와 오하이오 주 법인체였던 그리스도연합형제교회의 행정부 등을 포함하여) 및 위원회를 계승한 법인체요 기구가 된다.

이 법인체는 새 신탁과 기금을 인수하여 연합감리교회위원회, 오하이오 주법에 의하여 법인체로 구성된 복음주의연합형제교회위원회, 오하이오 주법에 의하여 법인체로 구성된 그리스도연합형제교회위원회, 법인체로 등록되지 않았던 복음주의교회위원회, 오하이오 주법에 의하여 법인체로 구성된 감리교회위원회, 오하이오 주법에 의하여 법인체로 구성된 미(북)감리교회위원회, 테네시 주법에 의하여 법인체로 구성된 남감리교회위원회, 메릴랜드 주법에 의하여 법인체로 구성된 감리교개신교회위원회의 법적 후계자가 되며, 위에 열거한 제 교단들의 모든 재산과 신탁을 인수할 권리가 있다. 그러한 신탁이나 기금들이 통합되거나 이양됨으로써 후계 교단에 들어오게 될 때, 그러한 기금과 신탁은 과거 교단에 투입될 당시의 조건과 일치되도록 관리한다.

¶804. *순응할 의무*—재무행정협의회는 총회에 보고하고 총회의 결정에 순응하며, ¶806.1에 규정된 바와 같이 세계봉사기금을 사용하고 있는 프로그램 부서의 예산 편성을 위하여 연대사역협의회와 협력한다.

¶805. *조직—1. 위원들*—투표권을 가진 21명의 협의회 위원들을 매 4개년마다 선출한다.

a) 16명의 투표권 소지 위원들을 아래와 같이 공천하여 총회에서 선출한다.

(1) 총감독회가 공천한 감독들 2명.

(2) 총회서기가, 가능한 한 본 협의회의 위원들이 각 지역총회 교역자와 평신도가 합한 수에 비례하고 있음을 확실히 반영하도록 배정한 바에 따라, 각 지역총회의 지역감독회가 공천한 11명의 사람들. 그리고,

(3) 해외지역총회에서 총감독회가 추천한 3명: 아프리카, 유럽, 필리핀에서 각각 1명씩.

b) 지역총회와 해외지역총회에서 투표권 소지 위원들을 선출할 때 소수 인종, 민족 그룹의 대표들과 청년들이 선출되도록 특별히 고려하여, 3분의 1이 교역자, 3분의 1이 평신도 남성, 3분의 1이 평신도 여성이 되도록 위원을 선정하기를 추천한다.

c) 5명의 투표권 소지 위원들을, 협의회가 정한 정관에 따라, 이 협의회의 위원들이 공천하여 선출한다. 단, 이 가운데

1명 이상이 같은 지역총회 또는 해외지역총회에서 선출되어서는 안 된다. 이 5명의 위원들은 특별한 지식과 경험 또는 다양성을 위하여 선출되어야 한다.

d) 총회 기관들의 총 책임자인 총무들과 연합감리교회 출판부의 사장/CEO은 총회재무행정협의회에 참석하여 발언할 수 있으되 투표권은 없다.

e) 감독들을 포함하여 투표권 소지 위원들은 <장정>이 총회 기관에서 서로 대표를 교환하는 것을 특별히 허용하지 않는 한, 연합감리교회의 어떤 총회 기관(¶701.2)의 위원이 되거나 고용될 수 없다. 위원들은 총회 또는 위원회 자체가 수시로 채택하는 이와 같은 이해상충 방침과 규정을 따라야 한다.

f) 위원들은 그들의 후계자들이 선출되어 자격을 갖출 때까지 봉사한다.

g) 총회 회기들 사이에 결원이 발생할 경우, 그 결원이 지역총회를 대표하는 위원들 중에서 발생하였을 때에는, 해당 지역총회의 지역감독회의 공천을 받아 (¶712 참조) 본 협의회가 보선하며, 혹은 그 결원이 감독이나 해외지역총회 대표 중에서 발생하였을 때에는, 총감독회의 공천을 받아 본 협의회에서 선출하여 보충한다. 본 협의회의 위원들이 공천하여 선출한 5명의 위원들 가운데에서 결원이 생겼을 경우에는, 본 협의회가 정한 정관에 따라 그 자리를 채운다.

2. *모임들*—총회재무행정협의회는 적어도 매년 모여야 하되, 필요시에는 회장의 소집통고, 또는 위원 5분의 1의 서면 요청이 있을 때 소집한다. 정족수는 투표권 소지 위원 11명으로 구성한다.

3. *임원들*—*a)* 본 협의회는 위원들 가운데에서 회장, 부회장, 기록 서기를 선출하며 그들의 임무는 회칙에 명시한다.

b) 본 협의회는 매 4개년마다 회칙이 정한 바에 따라 총무를 선출하며, 그는 또한 협의회의 회계 및 최고 경영 책임자(CEO)가 된다. 총무는 본 협의회의 모든 모임에 참석하여 발언은 할 수 있으되 투표는 할 수 없다.

4. *위원회*—*a)* *감사위원회*—본 협의회는 감사위원회를 임명하되 감사위원은 본 협회의 임원이 될 수 없으며, 적어도 그 절반은 협의회의 위원이 아닌 사람으로 하여야 한다. 감사위원회의 임무는, 협의회의 기금과, 재정과 연관된 방침과, 총회, 운영위원회, 기부자의 지시에 의하여 정하여진 실체가 그 표명한 선교를 수행함에 있어 재정적 리소스를 사용한 것을 포함하여, 교단 기금들(¶810.2 참조)을 받는 모든 재무행정의 감사를, 이미 정

¶805

하여 놓은 감사 기준에 따라, 검토하는 일이다. 총회은급의료혜택부와 연합감리교회 출판부의 감사는 이에 포함되지 않는다. 감사들이 재정적인 허점이 가능하다거나 잠재하여 있다는 감사 소견을 위원회에 제출하면, 당 위원회 위원장은 이를 해당 기관의 총무와 회장과 총회재무행정협의회의 총무와 회장에게 즉시 통보하여야 한다. 만일 재무행정협의회의 회장이나 총무, 또는 해당 기관이 이에 개입되어 있다고 한다면, 본 위원회는 적절하다고 생각되는 재무행정협의회 내의 다른 경로나 해당 기관을 찾아야 한다. 본 위원회는 그 감사 결과를 협의회의 차기 회의에 보고하여야 한다.

b) 인사정책시행위원회—총회재무행정협의회는 본 협의회 대표 3명 (그 중 1명이 위원장이 된다), 그리고 총회사회부, 총회제자사역부, 총회세계선교부, 총회고등교육사역부, 총회교회역사보존위원회, 총회공보위원회, 총회인종관계위원회, 총회여권신장위원회, 총회남선교회위원회 대표 각 1명씩으로 인사정책시행위원회를 구성한다. 이 대표들은 해당 협의회, 부, 위원회에서 선출된다. 본 협의회의 총무나 그가 지명한 사람은 이 위원회에 참석하여 발언할 수 있으나 투표할 수는 없다.

본 위원회는 ¶807.12b에 규정된 바와 같은 임무와 책임이 있다.

c) 법률자문위원회—본 협의회는 6명으로 구성된 법률자문위원회를 조직한다. 그 중 3명은 본 협의회의 위원, 2명은 현직 연회법률고문, 1명은 추가 변호사이어야 한다. 본 위원회는 본 협의회의 지시를 따라야 하며, ¶807.9에 규정된 책임과 법인체로서의 의무를 완수하기 위하여 본 협의회에 건의사항을 제출한다. 본 협의회의 법률과는 법률자문위원회에 책임을 진다.

d) 기타 위원회—본 협의회는 그의 임무를 수행하기 위하여 필요에 따라 위원회와 특별소위원회를 임명하거나 선출한다.

5. *직원*—협의회는 총무의 추천을 받아 부/대리 총무들을 선출할 수 있다. 총무는 이 협의회의 최고 행정 책임자가 된다.

6. *재정 지원*—*a)* 본 협의회의 활동을 위하여 교단기금으로부터 받는 재정적 지원은 다음과 같은 출처에서 나온다. 곧 (1) 총회가 정한 금액에서 일반 행정기금으로부터 받는 비율 배당금, (2) 세계봉사기금, 감독실기금, 교회연합사업기금, 기타 협의회가 추천하여 총회가 허락하는 일반 기금에 대한 고정된 부과금. 고정된 부과금은 수입의 비율에 따른다.

b) 협의회는 매 4개년마다 열리는 총회에 다음 4개년 기간 동안에 예상되는 수입, 지출 예산서를 제출한다. 매 회계 연도가

시작하기 전에 협의회는 다음 해에 필요한 운영 예산을 승인한다. 예기하지 않은 상황에 처하였을 때에는 협의회는 3분의 2의 찬성 표로써 본 회의 운영을 위하여 세운 예산을 수정할 수 있다.

c) 협의회는 매 4개년마다 열리는 총회에 지난 4개년 기간 동안에 있었던 실제 수입과 지출에 관한 보고서를 매번 제출한다.

¶806. *재정적 책임*—개체교회에서 ¶810.1에 규정된 교회 일반 기금으로 보내온 헌금과 기타 총회에서 지정한 기금이나 헌금 등은 본 협의회에 신탁 형식(in trust)으로 입금되어야 하며, 그것은 목적하는 바, 선교 자금으로 지출되어야 한다. 본 협의회는 그러한 헌금을 수령하고 지불하고 보고하는 일에 있어서 총회를 통하여 연합감리교회에 책임을 져야 하며, 그러한 기금을 받는 기관들은 본 협의회에 책임을 져야 한다. 재정적 책임을 지기 위하여 본 협의회는 특별한 기능을 행사할 권리와 책임을 부여받고 있다.

1. 본 협의회는 4개년 기간차 총회 때마다 ¶810.1에 규정된 각 일반 헌금 및 기타 총회에서 제정한 기금이나 헌금에 대한 지출예산을 승인 받기 위하여 이를 제출한다. 협의회는 또한 총회에 제출된 기타 모든 기금에 대하여 추천한다. 지난 4개년 기간 동안에 실제로 입금된 액수가 다음 4개년 동안에 사용할 각 기금을 위한 예산 책정의 근거가 된다.

a) 본 협의회는 감독실기금 및 일반 행정기금, 연대사역협의회와 합의한, 기타 할당할 교단기금들의 액수와 지출에 대한 건의안을 총회에 제출한다.

b) 세계봉사기금, 교역자양성기금, 흑인대학기금, 아프리카대학기금, 교회연합사업협력기금인 경우, 총회재무행정협의회와 연대사역협의회는 총회 프로그램 기관들에게 할당할 예산을 세울 때, 다음과 같은 순서로 진행한다.

(1) 총회재무행정협의회는 세계봉사기금에서, 또한 다른 기금을 통하여서, 총회 기관들에게 분배할 가능한 예상 금액을 설정한다.

(2) 연대사역협의회는 우선적인 프로그램과 우선적인 선교사역과 특별한 프로그램을 검토, 이들을 위하여 총회 프로그램 기관에 할당할 가능한 예상액을 설정한 다음, 세계선교기금에서 이들에게 분배할 수 있는 금액을 책정한다. 연대사역협의회는 우선적인 예산 자원과 다른 기금에서 나올 수 있는 가능한 예상 금액을 모두 함께 검토한 후, 각 기관에 분배할 금액을 책정한다.

(3) 총회재무행정협의회는 세계봉사기금의 총 예산에서 여러 총회 프로그램 기관에 분배하기로 한 할당액과, 그 밖에 다른 기금에서 나올 수 있는 금액을 검토한다. 총회재무행정협의회와 연대사역협의회가 합의하면, 이렇게 할당한 금액과 이를 합한 총액을 세계봉사기금 예산에 포함시키고 예산 집행 한도 액수를 정한 다음, 총회재무행정협의회가 이 예산을 총회에 제출한다.

c) 총회의 승인을 전제로, 모든 연회에 할당할 분담금의 공식을 추천한다.

d) 새해가 시작하기 전에 총회재무행정협의회는 각 총회 기관들의 추가 금액 요청에 응할 수 있는 세계봉사기금 예비금 총액을 계산하여 연대사역협의회에 알린다. 연대사역협의회는 추가 프로그램을 위한 자금을, 요청하는 총회 기관에 이미 결정한 한도 내에서 할당할 수 있도록 권한이 주어져야 한다. 연대사역협의회는 총회재무행정협의회의 허락없이 여기서 나오는 돈을 일반 행정비, 정기적인 경비 또는 자산 비용으로 책정하여서는 안 된다.

e) 연대사역협의회는 총회 기관들이 제출한 1년 예산의 사본을, 그들이 4개년 예산과 함께 제출한 프로그램과 비교, 검토하기 위하여, 총회재무행정협의회로부터 받는다.

2. 본 협의회는 ¶810.1에 명시되었거나 규정된 교단기금 및 기타 기금들을 전 교회를 통하여 모금한 것을 총회에서 승인한 예산 및/또는 지시에 따라 수령하고 지불한다.

3. *회계와 보고*—협의회는 일반 교단기금을 받는 모든 총회 기관들(¶810.2 참조)이 재정을 보고할 때 통일되게 계정을 분류하며 절차를 밟도록 요청한다. 또한 총회에 협의회가 보고할 때 일반 교단기금을 받는 기관들의 연례보고를 포함한다.

4. *기관 예산안의 검토*—협의회는 해마다 연례 위원회가 열리기 1개월 전에, 또는 필요하다고 인정될 때, 교단의 기금을 받는 기관이나 또는 기타 기금으로부터, 협의회가 정한 양식에 따라 예산안을 받는다. 본 협의회는 설정하여 놓은 지침에 따라, 교단의 기금을 받는 각 기구 회계의 예산안을 검토하며 행정, 봉사, 홍보 등의 문제와 또한 연대사역협의회가 프로그램과 관계가 있는 총회 기관들 및 연대 조직체들의 효율성을 평가한 내용들을 함께 검토한다. 합리적인 재정 관리를 위하여 본 협의회는 교단의 기금을 받는 기관(¶810.2)들의 지출이 수입을 초과하지 않도록, 그리고 그것이 개정된 예산안에서 이루어지도록 확인한다. 금전출납과 보고를 효과적으로 하기 위하여 필요하다면 협의회 지부를 설치할 수 있다.

5. *총회 기관에 대한 감사*—협의회는 정한 바 감사 절차에 따라 교단의 기금을 받는 모든 회계 장부(¶810.2 참조)에 대하여 연례 감사를 실시한다. 감사할 회사는 감사위원회의 추천에 근거하여 선택한다.

6. *내부 감사의 일부*—교단의 기금을 받는 모든 기구의 회계(¶810.2 참조)에 대한 내부 감사의 직무를 수립하고 이를 실시한다.

7. 교단의 기금(¶810.2 참조)을 받는 모든 기관들의 은행거래, 봉급 지출, 출납 회계, 예산 통제, 내부 감사 등의 직무들을 주관하는 방침을 수립한다. 본 협의회는 관계된 기관들과의 합의에 의하여 그 기관의 은행거래, 수표 발급, 봉급 지출 등의 직무를 운영의 최대 효과를 위하여 대신 수행할 수 있다.

8. 교단의 기금(¶810.2 참조)을 받는 총회 기관의 협조를 받아 개최되는 국제적 또는 전국적 대회나 집회의 재정보조 계획을 승인하기 위하여 이를 검토한다.

9. 본 협의회는 총회 어느 부서나 기관이나 위원회나 협의회가 연합감리교회의 기금을 동성애 코커스나 그룹에 주거나, 동성애를 받아들이도록 홍보하는 일이나 연합감리교회가 "교회와 가정들이 동성애자들과 동성애 친구들을 거부하거나 정죄하지 않기를 호소한다"(¶161G)고 확언한 사실을 어기는 일에 사용하지 않도록 확실히 하여야 할 책임이 있다. 본 협의회는 그러한 곳에 기금을 지불하는 것을 정지시킬 권한이 있다.[13] 이러한 제약이 HIV 증상에 대처하는 교회의 선교 활동을 제한하여서는 안 된다.

10. 아무 부서나 기관이나 위원회나 또는 협의회가, 연합감리교회가 분명하게 결의한 것, 곧 "(드문 예외를 제외하고) 산도를 확대하여 (dialation and extraction) 태아를 긁어내는 것으로 알려진 임신 후기의 낙태 방법(일부분 출산한 낙태)을 반대하는" 것(¶161K)을 어겨가며 연합감리교회의 기금을 사용하는 일을 하지 않도록, 확인할 책임이 있다. 본 협의회는 그러한 경우에 예산 지출을 금지시킬 권한이 있다.

11. 철저한 절제생활을 강조하는 교회의 역사적 전통을 고수하기 위하여, 본 협의회는 분담금이 알코올을 마시는 데 일체 사용되지 않도록 확인한다.

12. 본 협의회는 교단의 기금을 받는 모든 기관들(¶810.2 참조)과 협의하여 이들을 위한 일반 투자 방침과 지침을 개발한다. 본 협의회는 이들을 감독할 능력이 있음에 비추어, 이 기

---
13. 사법위원회 판정 597, 1264 참조.

관들이 투자 방침과 지침을 따르고 있는지 검토한다. 검토 후, 본 협의회는 이들 방침과 지침을 따를 방도를 마련하도록 기관에 건의할 수 있다. 이 지침은 모든 교회 조직체에 추천한다. 만일 기관의 요청이 있으면, 본 협의회는 구체적인 투자방침에 대한 개발과 투자 상담자 및 관리인을 선정하는 일에 관하여 이들을 상담하고 돕는다. 본 협의회는 적어도 1년에 한 번 교단의 기금을 받는 모든 기관들의 투자 성과에 대하여 검토한다. 본 협의회는 500만 불 이하 되는 모든 투자에 대하여 절대적인 관리권을 가지고 있으며, 기관의 요청에 따라 더 큰 투자액을 관리할 수 있다. 본 협의회와 총회 기관들은 연합감리교회의 '사회생활 원칙'(¶¶160-166)에 기술된 목표를 실현시킬 수 있는 데 긍정적으로 공헌하는 기관, 회사, 기업, 기금 등에 투자하기를 권장한다.

13. 감사위원회 (The Committee on Audit and Review ¶805.4a)는 본 협의회를 대신하여 교단의 기금을 받고 있는 기관들(¶810.2 참조)이 ¶806에 규정된 바 재정 관리 책임과 그 시행 (fiscal accountability and practices), ¶807.12에 규정된 인사 방침과 절차, ¶811.1-3, .6, ¶819에 규정된 일반적인 지침, 그리고 모든 해당 회계 기준과 방식을 제대로 지키고 있는지 이를 감사한다. 본 위원회는 또한 중립적인 내부 감사들이 ¶805.4a에 의하여 재정적 허점이 가능하다거나 잠재하여 있다거나 혹은 재정 정책과 절차를 어겼다고 보고하면 이를 검토한다. 본 협의회는 이 위원회의 건의에 따라, 결정한 사항을 실천에 옮길 권한이 있다.

a) 만일 본 위원회가 그러한 정책, 절차 또는 추천을 어긴 것을 발견하였으면, 위원회는 해당 기관에 위원회가 지적한 사항에 대하여 정한 기일 안에 서면으로 응답할 것을 요청하여야 하며, 그 서면 답변은 추가 정보 및/또는 시정할 내용을 담고 있어야 한다.

b) 기관의 답변을 접수한 다음에 위원회는 다음과 같은 한 가지 또는 그 이상의 행동을 취할 수 있다. 곧

(1) 기관이 제공한 추가 정보와 답변이 위원회가 처음 제기한 문제 또는 상황을 설명하기에 충분하다고 인정하여 아무 행동도 취하지 않는다.

(2) 시정하였다는 내용이 제기된 문제 또는 상황에 대한 충분한 답변으로 인정이 되었을 경우에는 아무 행동도 취하지 않는다. 따라서 본 협의회의 회장과 총무에게 그 결과를 서면으로 통보한다.

(3) 기관이 제출한 답변이 문제 또는 상황을 해결하기에 불충분하다고 판단할 수 있다. 이럴 때 본 위원회는 지적된 문제 또는 상황을 시정하는 데 필요한 행동을 정한 기한 내에 취할 것을 시정 사항과 함께 그 기관에 보낸다. 따라서 본 협의회의 회장과 총무에게 그 결과를 서면으로 통보한다.

(4) 그 기관의 일 년 예산을 검토할 책임을 맡은 협의회의 위원들에게 제기된 문제에 관한 정보를 보고한다. 따라서 본 협의회의 회장과 총무에게 그 결과를 서면으로 통보한다.

c) 위원회는 이와 관계된 해당 회계 관리인에게 이를 통보함과 동시에 총회재무행정위원회에 다음과 같은 한 가지 또는 그 이상의 행동을 취할 것을 추천한다.

(1) 문제가 만족스럽게 해결되었다고 위원회가 인정할 때까지 해당 회계 관리 비용으로 협의회의 내부 감사반이 계속 감시할 것.

(2) 위원회의 추천으로 협의회가 문제가 만족스럽게 해결되었다고 인정할 때까지 해당 기관에 지불하여야 할 일반 기금을 보류할 것.

(3) 다음에 오는 총회에 해결하지 못한 문제들을 총회가 행동을 취하여 주기 바라는 추천과 함께 보고할 것.

¶807. *기타 재정적 책임*—본 협의회는 다음과 같은 재정적 임무를 추가로 수행한다.

1. 연합감리교회, 그 일반 기금, 또는 총회 기관들에 주어진 모든 기부금이나 혹은 동산, 부동산 유증이나, 혹은 부동산이건 개인 재산이건 이에 기부된 모든 종류의 유증된 것들을, 또한 연합감리교회, 그 일반 기금, 또는 총회 기관들에게 선교, 자선사업, 또는 종교적 목적으로 이렇게 주어진 모든 유증을, 연합감리교회, 그 일반 기금, 또는 총회 기관들의 권익을 위하여 접수하고 수집하며 신탁에 의하여 보존함과 동시에, 이 모든 것을 관리하며, 거기서 나오는 수입금을 기증자나 신탁인(信託人)이나 유언자의 뜻에 따라 처리한다.

2. 총회제자사역부와 협력하여 세계봉사기금, 선교기금을 받는 하나 또는 그 이상의 총회 기관들, 또는 기타 교회 선교기금에, 유서(遺書)와 신탁금을 포함, 현재 및 계획된 기부금을 통하여 연합감리교회 교인들이 참여하도록 한다.

3. a) 그러한 기부금, 동산, 부동산, $50,000 이하의 유증(遺贈)이나 주어진 유물들의 사용처가 따로 지정되어지지 않았을 경우에는, 이것들은 연합감리교회의 '세계봉사예비기금'에 추가되어 그 일부가 되며, 본 협의회가 이를 보존하며 관리한다. b)

아무 곳에나 지정되지 아니 한 기부금, 동산, 부동산, $50,000 이상의 유증은 연합감리교 '영구기금'에 추가한다. 이 기금은 총회가 지시하는 대로 본 협의회가 보존하며 관리한다.

4. 연회들이 개별적으로 혹은 그룹으로 연합감리교회의 재단을 설립하고 있을 때 이들이 재정 관리에 관하여 자문하여 줄 것을 요청하면, 협의회 직원은 재단 기금이 교회 전체를 위하여 지혜롭게 운영되어야 한다는 목적하에 이에 응한다.

5. 특별주일들을 당하여 (special days observed on a church-wide basis) 전체 교회가 헌금할 금액에 관하여 연대사역협의회 및 감독회와 협의하여 총회에 건의한다. 이 건의에는 헌금을 동반하는 그러한 특별주일의 수와 때, 목표 예상액 (만일 있다면), 각 주일 헌금으로 혜택을 줄 사역들, 수령한 각 헌금들을 혜택을 줄 사역에 분배하는 방법, 그리고 그러한 수익금을 예치하고 개체교회에 보고하는 방법 등이 포함되어 있어야 한다. 이 모든 건의 사항들은 총회의 승인을 받아야 한다.

6. 미국 내에서 총회 기관의 부동산 소유권, 매매, 개축, 구입 등의 문제를 관장하는 일반 규정을 수립한다. 본 협의회는 어느 총회 기관이 부동산을 구입하거나 매도하거나 건축을 신축하거나 미국 내에서 임대 계약을 맺으려 할 때, 그 계획안을 검토하고 그 계획이 연합감리교회에 도움을 줄 것인지 아닌지를 판단한다. 이러한 판단에 근거하여 그러한 계획안을 승인하거나 승인하지 않아야 한다. 총회 기관이 그러한 안을 제출하였을 경우, 연대사역협의회의 의견을 요청하고 참작하여야 한다. 만일 총회재무행정협의회나 혹은 연대사역협의회가 이를 승인하지 않을 경우, 총회 기관은 차기 총회가 고려할 수 있을 때까지 계획안을 지연시켜야 한다. 위 규정은 연합감리교회 출판부, 총회은급의료혜택부, 또는 연합감리교회 여선교회에는 해당되지 않는다.

7. 4개년 기간 동안의 일을 검토하며, 본부의 위치와 직원에 관하여 총회 기관들이 제출한 건의안을 만들기 시작하거나 또한 답하여줄 절차를 수립하고 또 그것을 총회에 보고한다.

8. 본 협의회는 총회를 대신하여 총회 기관의 부동산 등기, 시가, 부채, 관리 임대료, 사용 면적, 그밖에 필요하다고 인정되는 정보를 해마다 보고 받는다. 본 협의회는 재산에 관하여 제기되는 문제들에 관하여 총회 기관과 협의하고 조언을 줄 수 있다. 부동산 데이터에 관한 요약은 매 총회에 보고한다. 이 규정은 총회 기관 본부의 건물에만 해당되고 총회세계선교부의 프로그램을 위한 건물들이나 연합감리교회 출판부, 또는 연합감리교회 여선교회의 재산에는 해당되지 않는다.

9. 본 협의회는 교단의 권익을 지키고 보호하기에 필요한 모든 법적 절차를 취하며, 연합감리교회의 교단 이익에 관련된 모든 리소스를 유지하며, 교회의 권익을 보호하기 위하여, 필요하다면, 법적 자문에 관한 규정을 만든다. 본 협의회는 교회와 교회 산하의 기관들의 면세 지위를 유지하기 위하여 필요한 방침과 절차를 밟을 권한이 있다.[14]

10. 총회공보위원회와 협력하여 연합감리교회의 공식적인 표장 (標章 insignia) 사용을 관리하며, 그 디자인의 완전한 상태를 보전하고 유지한다. 교회를 대신하여 표장을 보호하기 위한 적절한 등록을 하여 이를 계속 유지한다. 표장은 개체교회를 포함하여 연합감리교회의 공식적인 어느 기관이나 연합감리교회의 사역과 프로그램과 자료 등을 표시하는 데 사용할 수 있다. 이의 사용은 연합감리교회의 특성을 나타내려는 데에 있다. 곧 십자가는 그리스도께서 교회의 초석이시며, 두 불꽃이 한 군데로 모이는 것은 두 교단이 합하게 된 근원을 표시하며, 이 성령의 불꽃으로 세례를 받은 제자들이 가는 곳마다 그곳의 방언으로 말하였듯이, 세상 끝까지 가서 모든 사람들을 그리스도의 제자로 삼아 세상을 변화시킬 준비가 되어 있음을 우리 교회는 천명한다. 표장의 원 상태를 보전하고 유지하기 위하여서 표장을 개조하거나 수정하여서는 안 된다. 표장을 사용하는 사람들은 표장에 다른 디자인이나 단어들을 첨가하여서는 안 되며, 표장의 원 형태가 유지되도록 유념하여야 한다. 표장을 상업용으로 사용하기 원할 때에는 총회재무행정협의회 담당 책임자의 사전 서면 허락이 있어야 하며, 총회재무행정협의회가 정한 가이드라인을 따라야 하며 수수료를 지불하여야 한다.[15]

11. "연합감리교 (United Methodist)"라는 이름의 사용을 감독하며, 교단을 대신하여 필요한 곳에 이 이름을 등록한다.

12. *a)* 본 협의회는 (1) 본 협의회 자체를 포함하여 ¶805.4b에 열거된 총회 기관들이 고용 조건의 지역적 차이를 인정하면서 직원 채용과 보수 문제에 있어 동일한 방침을 따르도록 요구하며 (이 방침과 그 실현은 연합감리교회의 '사회생활 원칙'과 결의에 부합되어야 한다), (2) 일정한 간격을 두고 정한 양식에 각 기관의 직원과 간부 요원의 수, 보수 지급, 공정 봉급에 관한 정보를 수집할 권한이 있다. 특정한 직원의 보수에 관계되는 정보는 다만 고용하는 기관이나 본인에게만 알릴 수 있다.

b) 인사정책시행위원회(¶805.4b)는, (1) ¶807.12a에 명시된 직원 채용과 보수 문제에 있어 동일한 방침을 매년 검토하며,

---
14. 사법위원회 판정 458 참조.
15. 사법위원회 판정 828 참조.

(2) 총회, 협의회, 부서, 특별위원회 직원들의 맡은 바 책임에 근거하여 합당한 봉급 규정을 매년 준비하여 본 협의회에 추천하며, (3) 매년 ¶805.4b에 명시된 총회 각 기관의 직원들을 위하여 직원 혜택 프로그램의 명세서를 만들어 본 협의회에 추천한다.

c) 감사위원회는 (1) 교단의 기금을 지원 받는 총회 기관들(¶810.2 참조)로부터 그들의 방침이 ¶807.12a와 ¶811.1에 명시되었거나 참조한 방침과 일치되는가 보고를 받으며, (2) 모든 총회 기관으로부터 공정 봉급을 평가하는 데 필요한 정보를 받는다. 이러한 보고에 기초하고 또 총회인종관계위원회와 여권신장위원회와의 협의 및 자문을 통하여, 인사정책시행위원회는 총회재무행정협의회에 보낼 보고와 필요하다고 생각되는 추천안을 ¶806.12에 명시된 절차에 따라 준비한다.

d) 만일 교단의 기금을 지원 받는 기관이, ¶807.12a와 ¶811.1에 명시되었거나 참조한 방침을 따르지 않고 있다는 것이 판명되면, 본 협의회는 그 사실을 해당 기관에 문서로 통보하고 3개월간의 시정 기간을 준 다음 시정될 때까지 지원금의 일부를 유보시킨다.

13. 본 협의회는 총회 기관들이 전국적인 회의와 대회를 계획하고 준비할 때 자문 역할을 담당한다.

14. 교단기금을 받는 총회 기관들이, 개체교회와 교역자와 연합감리교회의 지도자들과 연락할 수 있는 정보와 같은, 어떤 특정한 교단의 공인된 데이터를 수집하고 정리하여 배포할 때, 총감독회와 협력하고 총회 기관들과 협의하여 그 방침을 정의하고 감독한다.

15. 본 협의회는, 모든 감독, 현직 안수사역자와 성별된 사역자, 목회구역을 담임하고 있는 은퇴한 안수사역자를 포함한 개체교회의 목사, 목회구역과 개척교회와 교구와 친교회와 개척교회 및 총회, 지역총회, 연회의 부서(기관)와 위원회와 그 임원의 주소, 그리고 기타 협의회가 필요하다고 인정하는 임원들의 주소를 담고 있는 공인된 데이터를, 교단기금을 받는 총회 기관들을 위하여 확보하고 보존하여야 한다 (¶810.2 참조). 이 기록은 교단의 허락 받은 기구와 직원 외에는 아무도 사용할 수 없다.

16. 본 협의회는 개체교회의 통계 정보를 적절한 시기에 정확하게 수집하고 준비하여 협의회에 보고할 수 있도록 개체교회가 사용할 수 있는 전산 방법을 만든다. 본 협의회는 연회와 교회의 기획, 조사 기관, 기타 관심을 가진 기관에 그러한 정보를 제공한다. 본 협의회는 그러한 정보 제공에 필요한 경비를 충당하기 위하여 합당한 수수료를 정하여 받을 수 있다.

17. 본 협의회의 업무와 관련된 모든 일들에 대하여 지역총회, 연회, 지방, 개체교회를 돕고 자문한다. 이러한 일들은 주로 사업 관리, 투자와 부동산 관리, 정보 기술, 재무 감사 등이지만, 이에 국한하지는 않는다. 만일 특정한 조직체가 원하고 적절한 운영 계획이 정하여진다면, 협의회는 지역총회나 연회나 지방회 또는 개체교회들을 위하여 특별한 역할을 담당할 수 있다. 여기서 ¶810.1의 규정에 따라, 본 협의회가 제공하는 지원이나 리소스는 무상으로 제공하는 것이며 직접적으로 기금을 수여는 것은 아니다.

18. 아래와 같은 분야에서 우리 교회에 봉사하는 개인들을 지도하며 상담한다. 곧 개체교회 운영 관리, 행정 보좌역, 공정 봉급, 정보 기술 (IT), 연회를 위한 법률 상담 등. 그러한 지도와 상담은 협의회가 적절하다고 생각할 때 다음과 같은 것들을 포함할 수 있다. 곧, 연관성 있는 전문적인 기준 설치, 훈련 프로그램, 연속 교육, 증서 교부, 또한 이러한 일들과 연관성이 있는 조직체(예를 들면, Professional Association of United Methodist Secretaries, the United Methodist Network of Practice, the National Association of Commissions on Equitable Compensations of The United Methodist Church, the United Methodist Information Technology Association, 그리고 the United Methodist Conference Chancellors Association, 이와 비슷한 조직체들)에 참여하도록 권장하는 일, 그리고 이러한 조직체에 직원을 보내거나 봉사하게 하는 일.

19. 미국에 있는 모든 연합감리교회 개체교회를 상대로 주관 당국이 허락할 때, 가능한 보험 프로그램을 설립, 이를 운영하고 유지하며, 또한 계약 조건으로 받을 만한 때에는 미국에 있는 모든 연회와 기관들과 기구에 대하여 가능한 보험을 설립하고 관리하고 유지한다.

20. 총회준비위원회가 총회를 준비할 때 이를 도와주는 데 필요한 모든 임무를 총무와 협의하여 수행할 직원을 선정한다. 이러한 임무를 수행할 때 그 직원은 준비위원회의 사무장으로 일하며, 그 위원회에 직무상 연관되어 있어야 한다.

21. 잠재적인 기부자들의 폭넓은 풀(large pool)로부터 자금을 모금할 (대중모금crowd funding이라고도 함) 수 있는 인터넷과 사회 미디어를 통하여 모금 캠페인에 관하여 교회들과 연회들과 기타 연합감리교 조직체들을 지도하며 상담한다. 총회재무행정협의회는 승인된 대중모금 웹사이트의 리스트를 작성하여야 한다. 이 상담은 미 본토 내에 있는 교회와 연회에 국한한다.

¶808. *연회 할당 기금 지불*—1. 총회재무행정협의회의 회계는 적어도 각 연회가 시작하기 90일 전에 또는 그후 현실적으로 가능할 때 세계봉사기금, 총회행정기금, 감독실기금, 교회연합사업협력기금, 교역자양성기금, 흑인대학기금, 아프리카대학기금, 그밖에 총회가 할당한 다른 기금의 연회 분담에 관한 재정 보고서를 각 연회의 감독과 연회재무행정협의회 회장과 총회회계에게 통보한다.

2. 본 협의회 회계는 연회회계와 다른 회계들로부터 받은, ¶810.1에 열거된 기금들과 기타 기금들의 액수를 정확히 기록하며, 총회에서 규정하고 본 협의회에서 지시하는 대로 이를 지급한다. 각 기금대로 계정을 따로 두되 다른 기금을 위하여 유용할 수 없다.

3. 만일 어떤 해에, 수령한 전체 기금 총액 또는 그 기금 내의 어느 특정한 항목의 수입금이 총회에서 승인한 액수보다 많을 경우에는, 그 초과 기금을 협의회가 할당금안정 기금에 넣어 신탁으로 보관한다. 그렇게 신탁으로 예금된 모든 현금은 총회가 그 기금 또는 항목에 대한 전용 잔고로 간주한다. 그 잔고는 협의회가 보관하고 있다가 같은 4개년 기간 중 어느 한 해의 수입이 모자라게 되면, 이때 이를 풀어 보충하여야 한다. 만일 아직 분배하지 않은 돈이 4개년 기간 중 마지막 해가 끝날 때까지 할당안정 기금에 그대로 남아 있으면, 협의회는 거기에 남아 있는 잔고에 대하여 그 처분을 총회에 추천하되, 그 기금을 위하여 헌금한 목적에 사용하도록 주의를 기울여야 한다.

¶809. *연회에 제출하는 총회회계의 모든 교회 지출에 대한 연례보고*—회계는 해마다 수령하고 지출한 금액을 본 협의회와 연회재무행정협의회에 보고한다. 또 회계는 지난 4개년 회계연도 동안 재무행정협의회의 모든 출납 보고를 한다. 회계는 협의회가 규정한 대로 그러한 액수만큼 공채를 구입하여야 한다. 회계장부는 감사위원회의 추천에 따라 총회재무행정협의회가 선정한 공인 회계사가 해마다 감사한다 (¶805.4a).

교단기금 (General Funds)

¶810. *"교단기금"의 정의*—1. <장정>에서 "교단기금"(general funds 또는 general Church funds)이라는 용어를 쓸 때, 그것은 다음과 같은 기금들을 뜻한다. 곧 세계봉사기금, 총회행정기금, 감독실기금, 교회연합사업협력기금, 교역자양성기금, 흑인대학기금, 아프리카대학기금, 세계봉사특별헌금, 추가

특별선교헌금, 세계성찬주일기금, 인간관계주일기금, 연합감리교 학생주일기금, 연합감리교 구호주일기금,[16] 세계평화주일기금, 미원주민주일기금, 청소년기금, 그리고 총회가 설정하여 전 교회적으로 모금하도록 특별히 허가한 그밖의 기금들이다. 이들은 특정한 자산으로서 개체교회, 연회, 지역총회 및 교회의 다른 기구의 기금이 아니다. 이러한 교단기금은 ¶¶812-824에서 세워놓은 목적과 총회에서 통과된 예산과 지침에 따라 사용한다. 총회재무행정협의회는, ¶806에 규정된 재정적 책임을 완수할 때, 이들 기금에 주어진 현금을 <장정>이 특별히 허락한 방식으로, 또는 그 특정한 기금을 위하여 전 총회가 채택한 예산과 지시 사항에 규정된 목적을 위하여서만, 이 기금을 지출할 권한이 있다. 총회재무행정협의회의 감사위원회는 이들 기금에 대한 내부 및 외부 감사를 실시하여 그 결과를 이 기금들을 받는 재무 계정과 총회재무행정협의회 및/또는 기타 적절하다고 인정되는 기구에 보고한다. ¶806.13의 규정이 감사위원회의 기능에 적용된다.

2. <장정> ¶¶701-824에서 사용하는 "교단기금을 받는 총회 기관" 및 "교단기금을 받는 재무 계정(treasury)"이란 용어는, 그 운영 또는 행정 예산을, 전체적으로나 부분적으로, 하나 또는 그 이상의 교단기금에서 직접 지원받는 기관을 뜻한다. <장정> ¶¶701-824의 목적상 총회은급의료혜택부, 연합감리교회 출판부, 연합감리교회 여선교회는, 위와 같이, 운영비와 행정비의 일부 또는 전부를 교단기금에서 직접적으로 지원받는 총회 기관 또는 재무 계정으로 간주하여서는 안 된다.

¶811. *일반적인 지침*—1. 총회재무행정협의회는 교단기금(¶810.2 참조)을 받는 기관이나 교단과 관련된 단체가 다음과 같은 지침을 서면으로 제출할 때까지, 예산의 승인을 보류할 권리가 있다. 그들이 지켜야 할 지침이란, *(a)* 인종, 민족, 연령, 남녀의 차별없이 직원을 모집하고 채용하고 활용하고 보상하고 진급시키며, *(b)* 인종, 민족, 연령, 성별에 의한 차별 없이 의무와 책임을 완수하며, *(c)* 가능한 한 *(a)*와 *(b)*의 지침과 일치하는 업주로부터 물품과 서비스를 구입한다는 것이다. 이러한 지침을 이행하는 데 있어서 본 협의회는 다음과 같은 단계를 취한다. 곧 (1) 교단기금을 받는 기관이나 단체들이 본 협의회에 제출하여야 할 증서를 만들기 위하여 총회인종관계위원회와 여권신장위원회와 협력한다. (2) 준비한 증서를 두 위원회와 함께 검토한다. (3) 이 두 위원회와 협의하여 교단기금을 받는 기관이나 단체가

---

16. 원래는 "나눔의 주일"이었다. 2016년 총회 Calendar Item 53과 54 (DCA 2101쪽) 참조.

혹시 이러한 방침들을 실시하고 있지 않는지, 합당한 건의 사항에 대하여 결정한다. (4) 총회인종관계위원회와 여권신장위원회와 협력하여 총회재무행정협의회는, 이러한 방침들을 실시하고 있지 않는 기관이나, 교회와 관계된 단체들에게 기금을 지불하지 말 것을 공정하고 의롭게 추천한다.

2. 본 협의회는 교단기금(¶810.2 참조)을 받아 운영하는 기관의 예산 속에 중복되는 기능과 서비스가 있다고 판단되면, 그러한 항목의 승인을 보류할 수 있다. 그러한 기능과 서비스는 회계, 데이터베이스, 장비, 인사, IT, 보수(補修) 및 회의 계획 등을 포함하되 이에 국한하지 않는다. 연대사역협의회의 협조와 추천을 받아 본 협의회는 특정 기관이나 기관들 간에 불필요하게 중복되는 프로그램이 있을 경우, 그러한 항목의 승인을 보류할 수 있다.

만약 현존하는 활동들 가운데 그러한 중복 사항이 발견되면, 본 협의회는 즉시 이에 결부된 기관들의 주의를 환기시키고 곧 시정하도록 협조할 것이며, 그러한 기금의 조달을 거부할 수 있다.

3. 12개월 이상 또는 1년 예산의 25% 이상이거나 50만 불 이상의 융자금을 얻으려고 하는, 교단기금(¶810.2 참조)을 받는 연합감리교회 기관은 월부상환 계획과 더불어 전체 계획서를 본 협의회에 제출하고 승인을 받아야 한다. 만일 본 협의회가 승인하지 않는다면 차기 총회에서 다룰 때까지 융자 계획을 연기하여야 한다.

4. 총회가 승인한 모든 교단기금의 분담금은 연회나 개체교회가 절감할 수 없다 (¶615.1).[17]

5. 개인이나 개체교회들은 교회 기관의 사역을 위하여 헌금할 수 있다. 그러한 헌금은 일단 총회재무행정협의회에 입금하여 본래 의도한 기관으로 전달한다. 이러한 헌금을 받은 기관은 헌금한 이들에게 수령확인서를 보낸다. 총회 기관은 세계봉사특별기금 (¶820), 총회특별선교헌금 (¶822), 특별호소헌금 (¶819)을 통하여 협조를 받지 못한 목적이나 사역을 위하여 따로 교단 차원의 모금을 할 수 없다.

6. 교단기금(general Church funds)을 받는 총회의 협의회나 부서나 위원회(¶810.2 참조)는 총회재무행정협의회의 승인없이, 총회 기관 자체나 또는 그 프로그램이나 사업에 직접 또는 간접으로 혜택을 주고 지원하는 기금을 모금하거나 유지하거나 혹은 사용할 목적으로 재단이나, 증여기금(endowment fund)이나, 또는 이와 유사한 기구를 조직할 수 없다. 교회 기부금을 받는 교회 기관과 직접간접으로 관련된 재단, 증여 기금들

---

17. 사법위원회 판정 818, 1146 참조.

또는 이와 유사한 기구들은 협의회에서 요구하는 양식대로 해마다 본 협의회에 보고한다.

¶812. *세계봉사기금* (World Service Fund)—세계봉사기금은 연합감리교회의 프로그램 지원의 기본을 이룬다. 분담금에 들어 있는 세계봉사비는 교회의 총회 기관들에게 필요한 최저액을 나타내는 것이다. 개체교회와 연회가 이 분담금을 전액 지불하는 일이 교회의 첫 선교적 책임이다.[18]

1. 본 협의회는 4개년 총회 때마다, 앞으로 4년 동안에 필요한 세계봉사비 1년 예산액과 연회 할당금 산출방법을 추천한다. 또 연대사역협의회의 협조를 얻어 ¶806.1b에 규정되어 있는 절차에 따라 세계봉사기금을 세계봉사비 사용기관들에 분배하는 계획안을 준비하고 제출한다. 세계봉사비 예산을 계획하는 데 있어서 총회재무행정협의회는 교회의 총회 기관들이 따라야 할 재정적, 행정적 방침과 시책을 정하여 주는 역할을 담당한다. 연대사역협의회는 프로그램 기관들의 예산 요청을 서로 연결시켜 교회의 프로그램과 선교를 잘 수행하도록 조절한다.

2. 세계봉사기금의 지원을 받으려는 각 연합감리교회 기관의 총무나 정식으로 위임받은 대표자들과, 총회에서 재정적 지원을 승인받은 다른 기관의 대표자들은, 본 협의회가 지정한 시간과 장소에 나와 대표하는 기관의 목적을 대변할 권리가 있다. 단, 같은 목적으로 먼저 연대사역협의회에 참석하였어야 한다.

3. 세계봉사기금을 사용하는 기관들은 본 협의회의 승인을 받지 못할 때, 재단 이외의 다른 특수 집단들이나 개인들로부터 추가 또는 특별헌금을 요구할 수 없다.

4. 총회공보위원회가 세계봉사기금을 홍보한다.

¶813. *총회행정기금 (General Administration Fund)*—
1. 총회행정기금에서 총회와 사법위원회의 비용, 총회가 세운 특별위원회와 위원회들의 비용, 총회 재무행정협의회가 총회행정기금 예산에 포함시키도록 제안하여 총회가 승인한 다른 행정 기관들의 비용을 지출한다. 총회행정 기금의 보조를 받기 원하는 기관이나 기구는 재무행정협의회에 요청할 수 있다. 이러한 요청을 접수한 협의회는 이에 관한 추천안을 총회에 제출한다.

2. 총회재무행정협의회 회계는 총회행정기금을 총회가 승인한 대로, 또한 협의회가 지시하는 대로 지불한다. 총회가 총회행정기금을 받는 기관에 정확한 금액을 배당하지 않았을 경우에는 본 협의회나 본 협의회가 지정한 위원회가 배당액을 정하여 줄 권한이 있다.

---
18. 사법위원회 판정 818 참조.

3. 사법위원회의 경비는 총회행정기금에서 지불하지만, 사법위원회가 해마다 총회재무행정협의회의 승인을 받은 범위 내에서, 또한 ¶813.4가 정한 조건하에 지불한다.

4. 총회행정기금과 이 기금에서 지불되는 모든 지출금은 ¶806의 재무, 회계, 감사에 관한 규정의 제재를 받는다.

5. 총회공보위원회가 총회행정기금을 홍보한다.

¶814. *교회연합사업협력기금*—1. 이 기금에서 총감독회가 관계하고 있는 연합사업 기관의 기본 예산 중, 연합감리교회가 보조하여야 할 부분을 지불한다. 그러한 기관들은 ¶¶431-442에 명시된 '제3장 제9절 에큐메니칼 관계'에 기술되어 있다.

2. 총감독회는 교회연합사업협력기금에서 연간 지불할 여러 가지 금액을 할당하여 총회재무행정협의회에 추천한다. 본 협의회는 교회연합사업협력기금 연차 예산에 포함될 금액을 총회에 추천한다.

3. 총감독회는, 지난번 총회가 구체적으로 지정하지 않은 다음 해의 교회연합사업협력기금 예산에서, 연합사업 기관들에게 지불하여야 할 모든 기금의 할당액을 매년 결정한다. 총감독회는 그러한 할당 금액을, 지불할 새 회계 연도가 시작하기 전에, 총회재무행정협의회에 통보한다. 그런 다음에 총회재무행정협의회는 기금이 허락하는 한도 내에서 회계연도 기간에 책정된 기금을 할당액에 따라 각 수혜 기관에 지불한다.

4. 이 기금에서 또한 총감독회가 선출한 대표들이, 교회연합사업 단체의 회의나 위원회에 참석할 때, 그 경비를 지급한다. 총회재무행정협의회는 총감독회의 에큐메니칼 사역 감독(Ecumenical Officer)이 승낙한 현금 지출 요청서에 따라 그러한 경비를 지불한다.

5. *연합사업 기관에의 기금 지출*—*a)* 총회재무행정협의회는 승인받은 교회연합사업협력기금 예산에 포함된 각 기관에, 기정 부과금을 제외한 순수입금을 비율에 따라 매달 분배하여 지급한다.

b) 총회 회기 사이에는 다음과 같은 경우에 이 지시 조항에 예외가 있을 수 있다.

(1) 만일 그 기관이 총감독회가 그 근거로 하여 기금을 지불하도록 추천하였던 목적(들)을 수행할 수 없게 되었거나 수행하지 않을 경우;

(2) 기관이 더 이상 존재하지 않을 경우.

c) 만일 총감독회가, 사유가 정당하다고 인정될 경우, 총회재무행정협의회에 그 기관에 대한 기금 지출을 무기한 또는

특정 기간 동안 지불을 중단하거나 금액을 감소하여 줄 것을 추천할 수 있다. 따라서 본 협의회는 총감독회가 지출을 감소 또는 금지하게 된 상황이 더 이상 존재하지 않는다고 결정할 때까지, 본 협의회는 수령한 기금 지출을 중단하거나 감소하여야 한다. 본 위원회는 기관에 대한 지불을 현 교회연합사업기금 영수금에만 근거하여 재개할 것인지, 또는 전에 보류하였던 금액을 현 영수금에서 지불할 금액과 함께 지출할 것인지를 총회재무행정협의회에 추천한다.

d) 만일 한 기관에 대한 지원 기금이 감소되었거나 중단되었으면, 지출하였어야 할 그 기금들은, 총감독회가 기금을 그 기관에 다시 지출하든지 또는 비슷한 연합사업 기관에 사용할 것을 추천할 때까지, 총회재무해정협의회가 보관한다. 만일 기금들을 다음 총회 때까지 사용하지 아니하였으면, 총회재무행정협의회는 총감독회와 협의하여, 보관하고 있는 기금들을 보고하여야 하며, 총회에 이를 사용할 것을 추천할 수 있다.

6. 연초가 되기 전에 총회재무행정협의회는 연합사업 기관들이 필요로 하는 긴급대책기금을 충당하기 위하여 총감독회가 배당하고자 하는 교회연합사업협력기금 적립금에 사용이 가능한 액수를 정하며, 그 액수를 총감독회에 알린다.

7. 총회공보위원회가 연합사업협력 기금을 홍보한다.

¶815. *흑인대학기금*—총회재무행정협의회는 흑인대학들을 위하여 교회가 지불할 총액과 그 금액을 각 연회에 할당할 방법을 총회에 건의한다. 이 기금의 목적은 연합감리교회가 행정상 연관된 흑인대학들의 운영자금 및 시설 개선을 도와주자는 데 있다.

1. 총회재무행정협의회의 회계는 매월 이 기금으로 들어오는 헌금을 고등교육사역부에 지급하여 교회 산하 흑인대학들에게 분배하되 운영지침, 교육적 질, 교육목적 등에 비추어 기금을 받을 자격이 갖추어져 있는지를 전제조건으로 한다. 이러한 지침과 배당, 지급 방법은 총회고등교육사역부 고등교육국이 흑인대학총장협의회와 협의하여 개정하며 관리한다. 총회고등교육사역부 고등교육국은 후원지침과 총회가 승인한 방식에 따라 이 기금을 관리한다. 배당, 지출 방법은 다음과 같다. 곧

a) 수령한 이 기금의 6분의 5는 대학들의 현 운영비를 지원하는 데 사용한다.

(1) 6분의 5 운영비의 75%는 각 대학에 똑같이 분배한다.

(2) 6분의 5 운영비의 20%는 등록생 수에 근거하여 분배한다.

(3) 6분의 5 운영비의 나머지 5%는 매년 각 대학에 똑같이 장기계획, 특별히 학사와 관련된 프로그램, 또한 지원을 위하여 총회가 제정한 지침에 따라 하사금에 상응하는 모금을 하는 데 사용한다.

b) 수령한 6분의 1의 기금은 원금 개발을 위하여 따로 챙겨두어 총회고등교육사역부가 필요할 때 또한 출연금(出捐金 matching funds)에 근거하여 분배한다.

2. 총회 회기 중에 흑인대학총장협의회와 총회고등교육사역부의 추천이 있고 총회재무행정협의회의 동의가 있으며, 필요에 따라 후원 지침과 기금 분배 방식을 변경시킬 수 있다.

3. 흑인대학기금의 홍보는 고등교육국이 흑인대학총장협의회와 협의하여 총회공보위원회의 협력과 도움을 얻어 실시한다. 홍보비는 흑인대학기금 수령액에서 사용하며, 고등교육국과 총회재무행정협의회에서 승인한 예산 범위 내에서 사용한다.

4. 연회는 하나 또는 그 이상의 이 대학들에게 현 운영비 또는 자본금을 위하여 직접적으로 또한/또는 지정 선물로 헌금할 수 있으나, 다만 흑인대학기금 분담금을 완납한 후에라야 한다. 이 조항에 예외가 있을 수 있으나, 그러한 예외는 사전에 총회고등교육사역부와 타협하여야 한다.

¶816. *교역자양성기금 (The Ministrial Education Fund)*—총회재무행정협의회는 교역자양성 기금을 수립함에 있어, 1968년 총회에서 채택한 규정에 일치하도록, 교회가 교역자양성기금으로 지불할 총액과 그것을 각 연회에 할당할 방법을 총회에 건의한다. 이 기금의 목적은 교회로 하여금 교역자와 평신도 사역자들의 발굴 및 교육을 재정적으로 돕는 일을 통일하고 확대하도록 하여 연회들이 이 분야의 증가하는 요청에 적절히 부응할 수 있도록 도와주는 데 있다. 이 기금 중 가능한 한 최대 금액이, 신학교육 프로그램, 즉, 교역자와 평신도 사역자들을 발굴하여 연속 교육을 시키며, 연수교육과정을 제공하는 일을 위하여 쓰이도록 한다. 이러한 기금을 연회안수사역부가 주최하는 지속 교육에 사용할 때에는, 각 연회안수사역부의 재량에 따라 평신도들에게도 이에 참여할 수 있는 기회를 줄 수 있다.

1. 각 연회에서 모금한 총 교역자양성기금 가운데, 그 25%는 기금을 모금한 연회가 보유하고 있다가, 연회가 승인하여 연회안수사역부가 관리하고 있는 자체 교역자 양성 교육 프로그램에 사용한다. 연회안수사역부는 이 교역자양성기금 사용에 관하여 의논하여야 한다. 연회안수사역부의 사무행정비는 연회 운영예산에서 충당한다. 이 기금이 성립되기 전에 1% 플랜 또는 신학생 장학금 및 융자금을 위한 연회의 다른 프로그램에 참여하였던 연

회는, 이 기금이 설립되기 전 4개년 기간 중 마지막 해에 지급받았던 것보다 적은 액수를 받아서는 안 된다. 단, 연회의 교역자양성기금 헌금은 이 기금을 설립하기 이전 4개년 기간 중에 성취하였던 수준 이하로 떨어져서는 안 된다.

    a) 각 연회 부분의 교역자양성기금의 "봉사융자금"(service loans)은 감독이 인정하는 파송을 받아 5년간 봉사하였으면 모두 상환된 것으로 인정받을 수 있다.[19]

    b) 융자금 수혜자가 연합감리교회 연대관계 속에서 봉사함으로써 "봉사융자금"의 조건들을 만족시키지 못할 경우 융자금을 받은 연회에 상환하여야 한다.

  2. 각 연회에서 교역자양성기금으로 모금한 총액 중 75%는 교역자들의 교육을 위하여 연회회계가 총회재무행정협의회 회계에게 납부하여 총회고등교육사역부 안수사역국에 지불하도록 하며, 본 부가 이를 관리한다. 그 지불방식은 다음과 같다.

    a) 안수사역국이 받은 기금의 적어도 75%는 신학대학원들과 협의한 후 총회고등교육사역부가 설정한 공식에 의하여 연합감리교회 신학대학원들에게 지급한다. 정규적으로 채용된 연합감리교회 또는 다른 웨슬리 계통의 교단에 속한 교수의 수가 40% 이하가 되는 신학대학원은, 그 3분의 1의 교역자양성 기금을 총회고등교육사역부가 회수하여, 이를 신학교육위원회가 인가한 연합감리교회 신학교육 기관에 다니는 연합감리교회의 인가받은 안수사역 후보자들의 장학금으로 사용한다. 신학대학원들에게 배정된 모든 돈은 현 운영비로만 사용하여야 하며, 건물 확장에 사용하여서는 안 된다. 경상비 지출을 위하여 연합감리교회 신학대학원에 할당한 교역자양성기금은 다만 다음과 같은 곳에만 사용하여야 한다.

    -연합감리교회 학생들을 위한 장학금

    -안수사역자가 되기 위하여 준비하고 있는 연합감리교회의 학생들이나, ¶324.4에 규정된 커리큘럼 요건을 충족시키기 위하여, 연수교육과정 프로그램을 통하여 본처목사로 봉사할 이들을 가르치고 있는 교수와 직원들의 봉급과 혜택.

  교역자양성기금을 받고 있는 모든 연합감리교회 신학대학원들은 그 배당금이 어떻게 사용되었는지 매년 총회고등교육사역부에 보고하여야 한다.

    b) 안수사역국이 받은 기금의 나머지는 신학대학원들에게 추가 지급금으로, 또한 안수사역국 자체의 안수사역 후보 발굴 및 개발 프로그램에 사용하여야 한다. 총회고등교육사역부는 그

---

19. 사법위원회 판정 818, 1175 참조.

총무에게 안수사역 후보자 발굴과 개발 프로그램에 필요한 적절한 금액을 추천한다.

c) 2009-2012의 4개년 기간을 시작으로 총회고등교육사역부는 해외지역총회에 교역자양성기금을 그 설립 규정과 함께 설립한다. 이 기금의 목적은 해외지역총회 내의 교역자들을 위한 지속적인 교육 시스템을 만들어 나가기 위하여 현존하는 신학교육 구조를 개선하며 강화하는 데 있다.

3. 모든 연회는 신학대학원에 추가 선교비나 보조금을 지불하기 전에 이 교역자양성기금에 우선적으로 지불하여야 한다.[20]

4. 총회공보위원회가 교역자양성기금을 홍보한다.

¶817. *해외지역총회 교역자양성기금*—해외지역총회 교역자양성기금을 설치한다. 이 목적을 위한 기금은 세계봉사기금에서 충당한다.

a) 총감독회는 해외지역총회 교역자양성기금의 방침과 절차를 관리할 해외지역총회 교역자양성기금위원회를 선출한다. 본 위원회는 기금의 분배 지불금을 승인한다. 본 위원회는 해외지역총회에서 1명, 총감독회 회원들, 안수사역부의 위원들, 신학대학원의 대표들, 총회고등교육안수사역부와 총회세계선교와 해외지역총회사무위원회 상임위원회의 대표들을 포함하여야 한다. 총감독회는, 위원들을 선출할 때, 지역 안배와 균형 잡힌 대표 선출을 고려하여야 한다.

b) 이 기금은 미국 밖에 있는 해외지역총회에서 본 위원회의 재량에 따라 다음과 같이 사용한다. 곧 (1) 신학대학원의 발전; (2) 연수교육과정의 개발; (3) 도서관 확장과 현장에서 개발한 리소스; (4) 장학금과 교수진 확보; (5) 교수와 대학원들의 협의회와 네트워트 지원; (6) 새롭고 혁신적인 신학교육을 위한 지원.

c) 총회고등교육사역부가 이 기금을 관리한다.

d) 총회행정기금을 위하여 모금한 모든 지역총회 분담금이 $750,000('일반 장정' 출판비를 포함한 해외지역총회상임사무위원회의 비용)을 초과하였을 경우, 그 잔액은 해외지역총회 신학교육기금으로 충당하여야 한다.

감독실기금 (The Episcopal Fund)

¶818. *목적*—1. 감독실기금은 ¶818.3에 따라 모금하며, 감독들이 성별되는 날부터 현역 감독들의 봉급과 비용, 원로 감

---

20. 사법위원회 판정 545 참조.

독과 감독 미망인 및 사망한 감독들의 미성년 자녀들을 위한 보조금으로 이를 사용한다. 총회재무행정협의회의 승인을 받아 회계는 총회의 결정 사항을 이행하기 위하여 필요한 금액을 감독실기금으로 차용할 수 있는 권한이 있다. 총회공보위원회가 감독실기금을 홍보한다.

2. *요건*—총회재무행정협의회는 각 총회 회기 때마다 다음 사항들에 대하여 총회가 행동을 취하며 결정하여줄 것을 건의한다. 곧 (1) 현역 감독들의 봉급으로 지출될 금액, (2) 감독들의 사무실 비용, (3) 총감독회의 총무와 연합사역 담당 감독의 봉급과 사무비와 여행 경비를 포함하여 총감독회의 연간 운영 예산, (4) 총감독회에서 승인한 모든 여행을 포함하여 감독들의 여행 비용 지불 지침, (5) 교역자은퇴보장 프로그램 또는 세계감독연금 프로그램 (또는 어느 경우에든지 이를 계승한, 감독 연금 또는 은퇴 플랜 혹은 프로그램), (6) 별세한 감독들의 미망인과 미성년 자녀들을 돕기 위한 규정. 총회재무행정협의회는 이 모든 세목에 근거하여 위에서 언급된 감독의 활동을 돕기 위하여 4개년 기간 동안 해마다 요구되는 기금 총액을 산정하여 총회에 보고한다. 마지막으로 결정된 이 금액이 감독실기금의 추정 예산이 된다. 총회가 승인한 감독실기금의 예산 관리는 총회재무행정협의회의 지침과 권한 밑에 두되, 이는 해마다 회계 보고와 감사하는 일까지 포함한다. 이 규정 가운데 어느 것도 감독이 관할하는 연회나 연회들이 그들의 예산 속에 지역 경비를 위한 기금을 포함시키는 것을 막을 수는 없다.

3. *비례제 (Proportionality)*—감독실기금으로 구역에 할당된 금액은 그 구역이 담임목사에게 지불하는 봉급과 같은 비율로 납부하여야 한다 (¶622 참조).[21]

4. *감독의 봉급*—총회재무행정협의회의 회계는 총회에서 결정한 연봉의 12분의 1과 협의회가 승인한 사무실 비용을 매달 현역 감독들에게 지불한다. 은퇴 감독들과 사망한 감독들의 미망인 및 미성년 자녀들을 위한 수당은 매달 동일한 금액으로 지불한다.

5. *사택비*—총회재무행정협의회는 감독구에 있는 연회 또는 해외지역총회들이 소유하고 있는 사택의 감독 사택비를 분담하기 위하여 매년 보조금을 감독실기금에서 지불하며, 그 보조금의 액수는 총회재무행정협의회가 추천하여 총회가 승인한다. 감독실기금은 감독에게 주택비를 직접 지불하여서는 안 된다. 그 비용은 연회에 보내 감독의 주택비로 사용하도록 한다. 총회재

---

21. 사법위원회 판정 320, 1298 참조.

¶818

무행정협의회의 매년 그 보조금을 각 해당 연회나 해외지역총회에 지불한다. 회계는 또한 협의회가 승인한 사무실 비용을 정기적인 할부로 각 감독이나 감독이 지정하는 사무실에 지불한다.

6. *감독 경비의 환불과 사례비에 관한 방침*—총회재무행정협의회 회계는 협의회에서 요구하는 대로, 영수증을 첨가한 명세청구서를 제시하면, 감독들의 공적 여행을 위한 비용을 매달 지급한다. 현역 감독들의 "공적 여행"은 다음 사항들을 포함하는 것으로 해석한다. 곧 (1) 연회 안의 개체교회들과 연합감리교회의 기관이나 사업체 방문; (2) 연회 밖이지만 지역총회 안에서 지역감독회가 승인한 여행; (3) 총회가 "공적 여행"이라고 인정하는 지침에 일치하는 다른 여행들을 포함한다. 그러한 방문을 위하여 개체교회나 또는 연합감리교회 기관이나 사업체에서 여행비의 일부나 사례비를 받아서는 안 된다. 그러한 비용은 당연히 감독실기금에 청구할 수 있는 비용이기 때문이다. 그러나 이러한 해석은, 감독의 공식적인 책무에 지장을 주지 않는 한도 내에서, 교회의 치리 및 영적 상황을 돌보는 일 외에, 감독들이 교육기관에서 일련의 특별강의를 한다든지, 졸업식에서 축사를 한다든지, 여러 날에 걸쳐 집회를 인도한다든지 하는 일과 같이, 특별 또는 비공식적인 용무를 금하거나 그러한 봉사에 대한 사례비를 금하는 것은 아니다.

7. *감독구 사무실에 대한 감사*—각 감독구 사무실에 대한 재정보고와 감사 절차는 총회재무행정협의회가 지정한 위원회의 추천으로 총회재무행정협의회가 세워 놓은 스케줄에 따라 정한다.

8. *감독의 연금*—총회, 지역총회, 해외지역총회에서 선출된 원로 감독과 별세한 감독의 미망인과 미성년 자녀들을 위한 연금은 총회재무행정협의회가 총회은급의료혜택부와 상의하여 총회의 승인을 받아 결정하는 프로그램과 절차에 따라 관리한다. 1982년 1월 1일부터 시작하여 지역총회에서 선출된 감독들과 감독의 미망인과 미성년 자녀들을 돕기 위한 연금은 교역자은퇴보장 프로그램(또는 이를 계승한, 감독 연금 또는 은퇴 플랜 혹은 프로그램) 및 총회은급의료혜택부의 포괄보호보험을 통하여 받는 혜택도 포함한다. 해외지역총회에서 선출된 감독들과 그 배우자들의 지원을 위한 연금, 그리고 지역총회에서 선출된 감독들과 그 배우자들의 지원을 위한 연금은 1982년 1월 1일부터 봉사한 연수를 합하여 세계감독은급 프로그램에 포함되어 있다.

9. *감독 그룹 건강보험 플랜*—총회재무행정협의회는 미국의 지역총회에서 선출된 감독들을 위한 그룹 건강보험을 제공하든지 이에 가입하여야 한다. 이 조항에서 말하는 그룹 건강보험이

란 의사비와 병원비를 모두 보상하여 주는 보험을 말하는 것으로서, 여기에는 일반 건강보험, 그룹 건강보험, 또는 복합 고용주 건강보험이 있다. 총회재무행정협의회는 자기 재량에 따라 추가로 그룹 건강보험에 가입하기를 추천할 수 있다.

정부의 법이, 고용주가 제공하여 주는 커버리지가 없는 사람들에게, 건강 상태와 상관없이, 건강보험 상호교환, 연계 (connectors), 단수 지불 시스템, 또는 다른 방도를 통하여 쉽게 들 수 있도록 보장하여 주는 커버리지 옵션을 제공할 경우에는, 그러한 커버리지가 감독들에게 가능한 한도 내에서, 은급혜택부가 그룹 플랜을 중단할 수 있다. 그러한 경우도, 총회재무행정협의회는, 교환 또는 대치 시스템을 위하여 계속적으로 행정지원을 하여 주어야 하며, 합당하고 적절한 수준에서 교단의 재정지원을 감독들에게 계속 제공하여 주어야 한다. 이것은, 정부 기관이 보조금을 이의 대안으로, 건강보호 플랜이나 건강보험을 관리하는 연방정부나 주정부에서 지불하여 주지 않을 경우, 곧 그들의 봉급이 어떤 정한 선을 초과하거나, 특히 고용주가 건강보험료를 부담함으로써 면세 혜택을 받게 되어 정부 보조금이 축소되었을 경우에, 그들이 이러한 대안을 통하여 커버리지를 살 수 있게 하기 위한 것이다.

이에 더하여, 총회재무행정협의회는 감독들을 위하여 건강증진 프로그램을 제공하여 주어야 한다. 더욱이 총회재무행정협의회는, 견실한 재정상태, 보상금 지불 경험 및 기타 경비 지출, 플랜 디자인과 커버리지 등을 포함하되 이에 국한되지 않은, 건강보험에 관한 데이터를 매년 총회은급의료혜택부에 제출하여야 한다.

10. *은퇴 감독들의 건강보험에의 가입*—총회재무행정협의회는 미국의 은퇴한 감독들과 그 배우자들의 건강과 복지를 Medicare Supplement 프로그램과 처방약 플랜을 제공하여 줌으로써 존중하여야 한다. 은퇴자와 그 배우자들이 받을 수 있는 혜택은 다음과 같은 프로그램을 포함하되 이에 국한하여서는 안 된다. 곧 (i) 고용주가 Medicare를 보충하여 주는 개인 은퇴자 건강 플랜에 가입하여 주는 것; (ii) 고용주가 Medicare를 보충하여 주는 다수 고용인 은퇴자 건강 플랜에 참여하는 것; (iii) Medicare Supplement 플랜을 제공하는 보험회사와 그룹 계약을 맺음으로써 이에 가입, 또는 교환하여 주는 것; (iv) 은퇴한 교역자와 평신도 및 그들의 배우자들이 Medicare Part D 플랜이나 Medicare Advantage 플랜에 가입할 때 그 비용을 보조하여 주는 것; (v) 개인적으로나 그룹으로 은퇴자를 위한 건강보험이나 Medicare Supplement에 가입할 때 보험료를 보

조하여 주는 것; 그리고 (vi) 은퇴한 건강보험 수혜자들을 위하여 일정한 금액을 건강보험료 상환이나, 보조금이나 기타 방법으로 지불하여 주는 것. 총회재무행정협의회는 고용주 은퇴건강보험으로 인하여 발생하는 의료 부채에 관하여, 이를 일반적으로 사용하는 회계 평가서, 곧 수정된 Statement of Financial Accounting Standard No. 106에 의한 것과 같은, 평가서에 기재하여 총회은급의료혜택부에 제출하여야 하며, 이와 같은 보고서를 2년마다 계속 제출하여야 한다.

11. *봉사하지 못하게 된 감독*—만일 현역 감독이 4개년차 지역총회 회기 사이에 나쁜 건강이나 혹은 다른 이유로 인하여 정상적인 감독의 의무를 감당할 수 없게 된다면, 그 지역감독회 회장은 이를 곧 감독실기금 회계에게 통보한다. 이러한 통보를 받은 지 90일 후부터 그 감독은 적어도 은퇴 감독에게 허락된 최저 연금을 받는다. 그러나 감독실기금이 책임을 져야하는 그러한 연금 혜택의 액수는 총회은급의료혜택부의 포괄보호보험(Comprehensive Protection Plan)으로부터 지불받을 장애혜택금(disability benefits)만큼 감소되어야 한다. 이 연금은 현역 감독의 임무를 다시 수행할 수 있게 되거나, 지역총회에서 감독의 지위가 결정될 때까지 계속 지불한다. 다른 감독이나 감독들이 60일 이상 장애인이 되거나 집무능력이 없어진다면, 다른 감독이 모든 의무를 대행하게 하는데, 이는 곧 그를 정상적인 감독의 직무에서 떠나게 한다는 뜻이다.

12. *임시로 봉사하는 은퇴 감독*—만약 은퇴한 감독이 4개년차 지역총회 회기 사이에 현역 감독으로 부름을 받고 현역 감독의 의무를 감당하게 되면 (¶406.3), 그 감독은 봉급을 지불받을 권리가 있다. 이때 감독실기금은 은퇴 감독의 연금과 현역 감독 봉급의 차액을 지불할 의무가 있다. 은퇴 감독이 현역 감독의 집무를 대행하게 될 경우, 총감독회의 회장과 서기는 이를 감독실기금 회계에게 즉시 통보하며, 회계는 규정에 따라 봉급을 지불한다.

교단기금들 이외의 헌금을 위한 재정지원 요청
(Financial Appeals Beyond the General Funds)

¶819. *전체 교회를 대상으로 한 특별한 재정지원 요청*—1. 어떤 명분이나 기관이나 기구나 또는 목적을 위하여 재정적 지원을 전체 교회에 호소하는 일은 이 조항의 제재를 받는다. 연합감리교회가 이미 시행하고 있는 선교나 사역과 일치하고 있다

고 생각되는 프로젝트를 위하여, 다른 법인체와 협력하거나 파트너가 되어 하는 호소도 이 조항의 제재를 받는다. 대학 동창들과 같이 어떤 제한적인 혹은 특정한 그룹을 향한 호소는 이에 포함되지 않는다.

2. 연합감리교회의 어떠한 부서나 기관이나 명분이나 또는 연합감리교회의 어떠한 기구나 조직체나 그룹이나 임/직원이나 개인이나 또는 이들에게 연합감리교회가 재정적 지원을 하고 있는 이들이 전체 교회를 대상으로 한 4개년 기간 동안에 재정적 지원을 호소하기 원하거나 제의하려면, 총회재무행정협의회가 다가오는 4개년 기간 예산을 심의할 때, 그러한 호소를 위한 승인을 요청하여야 한다. 모든 그러한 호소는 연대사역협의회가 검토하며, 그 결정 사항을 총회재무행정협의회에 보고한다. 그후, 본 재무행정협의회는 그러한 요청을 건의 사항과 함께 총회에 보고하여 행동을 취하게 한다.

3. 4개년 기간차 총회 회기 사이에는 그러한 전 교회를 대상으로 하는 재정적 호소의 제의는 총회재무행정협의회, 총회사역협의회 및 총감독회의 승인을 필요로 한다. 혹시 있을 긴급한 사항일 경우에는 양 기구의 실행위원회가 자체 기구를 대신하여 결정을 내릴 수 있으나, 다만 4분의 3의 찬성투표로 한다.

4. 총회 때 하든 그 중간에 하든, 모든 특별호소 승인 요청은 호소를 홍보하기 위한 특별예산을 포함하여야 하며, 여기에는 예상되는 지출과 수입에 관한 소스도 포함하여야 한다 (¶1806.13 참조).

5. 전체 교회에 대한 재정적 호소를 할 수 있도록 허락받은 개인이나 기관은 모든 헌금출납을 총회재무행정협의회를 통하여 한다.

6. 총회재무행정협의회는 어느 기관이나 기구가 이 조항의 규정을 어긴 것을 발견하게 되면, 거기에 지불할 배당된 교단기금을 보류할 수 있다.

¶820. *세계봉사특별헌금 (World Service Specials)*—
1. 세계봉사특별헌금은 연합감리교회의 공식적인 프로그램으로서, 이를 통하여 총회 또는, 총회 회기 사이에는, 총회재무행정협의회와 총회사역협의회가 지정한 프로젝트를 지원하도록 승인한다.

2. 세계봉사특별헌금은 개인이나 개체교회나 지방이나 연회가 세계봉사 특별 프로젝트로 지정한 프로그램을 돕기 위하여 바치는 특별헌금이다. 일반 특별선교헌금을 받을 수 있도록 허가받고 있는 총회세계선교부를 제외한 모든 총회 부서와 위원회

(¶810.2 참조)는 세계봉사특별헌금을 승인받을 수 있는 프로젝트를 제출할 수 있도록 허락받고 있다. 단, 그 프로젝트는 <장정>에 규정된 그 기관의 하나 또는 그 이상의 직능과 연관성이 있어야 한다.

3. 세계봉사 특별 프로젝트의 성격을 규정하는 지침은 연대사역협의회와 총회재무행정협의회의 추천을 받아 총회에서 승인한다.

4. 세계봉사특별헌금으로 운영되는 프로그램은 연대사역협의회의 행정적 감독하에 있으며, 프로그램에 관하여는 연대사역협의회의 감독하에 있다. 이 두 기구는 함께, *(a)* 총회가 채택한 지침과 일치하게 승인 기준을 설치하며, *(b)* 프로젝트 계획을 제출하여 승인받는 절차를 정하며, *(c)* 세계봉사특별헌금의 지원을 받을 수 있는 프로젝트를 승인하며, *(d)* 적절한 직원 관리와 프로그램 책임관계를 마련한다.

5. 개체교회와 개인들은 세계봉사기금과 연회선교기금과 또 다른 분담금에 우선순위를 두어야 한다. 세계봉사특별헌금은 분담금 이외에 추가로 하는 것이며, 어디까지나 자발적인 헌금이다. 세계봉사특별헌금은 연회에서 할당한 기금의 일부로서 모금될 수 없다.

6. 개체교회의 회계는 세계봉사특별헌금을 연회회계에게 전액 납부하며, 연회회계는 매달 접수된 세계봉사특별헌금을 총회재무행정협의회에 납입한다. 총회재무행정협의회는 이 헌금을 사용할 기관들에게 전액을 지불하며, 이 기관들은 개체교회나 헌금자들에게 영수확인서를 보낸다.

7. 프로그램의 명칭과 이를 교회 전체에 알리기 위하여 홍보하는 일은 총회공보위원회의 책임이다.

8. 프로그램을 맡은 기관들은 이러한 선교에 관심을 보여준 특정한 사람들에게 접근하여 홍보 및 개발을 시도할 수 있다. 이러한 홍보활동 비용은 해당 기관들이 부담하며, 세계봉사특별헌금에서 지불하여서는 안 된다. 그러한 비용은 총회가 승인한 지침에 의하여 총회재무행정협의회와 연대사역협의회가 인정한 금액을 초과할 수 없다.

¶821. *세계봉사특별헌금과 연합감리교 구호주일을 위한 일반 가이드라인*—세계봉사특별헌금과 연합감리교 구호주일을 위하여 홍보하며 운영할 때, 다음과 같은 가이드라인을 지켜야 한다.

1. 세계봉사특별헌금과 구호주일을 홍보하며 호소할 때, 연회 자체가 정한 쿼터 이외에 어떠한 목표나 쿼터를 정하여서도 안 된다.

2. 총회재무행정협의회의 회계가 세계봉사특별헌금과 연합감리교 구호주일의 회계가 된다.

3. 세계봉사특별헌금을 위한 홍보 비용은 특별선교헌금을 받는 기관의 수령액에 비례하여 부담한다. 특별선교헌금의 목적은 기타 헌금 호소와 조율하여 이루어져야 하며, 총회공보위원회가 그 홍보 활동을 맡는다.

4. 세계봉사특별헌금을 위한 호소는 감독들, 지방감리사들, 목사들의 통로를 통하여 이루어져야 한다. 그 절차에 관한 상세한 사항은 공보위원회가 수혜 기관의 대표와 상의하여 결정한다.

5. 각 연회에서는 합당한 연회 기관이 합당한 총회 기관과 공보위원회와 함께 세계봉사특별헌금과 연합감리교 구호주일을 홍보한다.

6. 총회 회기 사이에 긴급한 사태가 발생하거나 기회를 놓쳐서는 안 될 상항이 생겨 이에 곧 대처하여야 할 경우가 생기면, 총감독회와 총회재무행적협의회가 총회사역협의회와 상의하여 대다수의 승인을 얻어 세계봉사특별헌금의 구조 내역과 관리를 변경할 수 있다. 이 기구들의 실행위원회가 이러한 결정을 할 수는 있으나, 다만 4분의 3의 찬성표가 있을 때라야만 된다.

¶822. *특별선교헌금 (The Advance)*—1. 그리스도와 그의 교회를 위한 특별선교헌금(The Advance for Christ and His Church)은 총회세계선교부의 특별선교헌금위원회(이하 '위원회'라 함)가 사역들을 돕기 위하여 승인한 연합감리교회 내의 공적인 프로그램이다. 이 특별선교헌금을 위한 모금 활동은, 선교비를 모금하는 연합감리교회 여선교회 이외에 교회의 다른 채널을 통하여 행하여져야 한다.

2. 일반 특별선교헌금은 개인이나 개체교회나 지방회나 연회가 특별선교헌금위원회가 승인한 사역을 위하여 지정된 헌금을 말한다.

a) 특별선교헌금은 특별선교헌금위원회가 승인한 특정 사역이나 목적을 위하여 받을 수 있다.

b) 특별선교헌금으로 드리는 헌금은 광범위하게 지정된 목적들(프로그램 종류, 국가, 지역 등), 또는 특정한 국가나 행정 기구에 지불하는 보조금이 될 수 있다. 이런 경우 이 특별선교헌금을 받는 기관은 기부자들에게 그들의 헌금이 실제로 어떻게 쓰이어졌는지 알려야 하며, 실제로 그 기금을 사용하는 사람이나 집단과 연락을 유지하여야 한다.

c) 특별선교헌금은 어떤 특정한 프로젝트에 헌금하기보다, 총회세계선교부의 선교 프로그램 부서나 연합감리교 구호위원회에

헌금할 수도 있다. 이러한 경우, 헌금을 받은 프로그램 분야는 그 헌금을 사용할 특별선교 프로젝트(들)를 결정한다.

3. 특별선교헌금의 한 부분으로 지불하고 수령하는 헌금은 다음과 같은 제약을 받는다.

a) 개체교회와 신도들은 세계봉사기금과 연회선교기금, 그밖에 다른 분담금에 우선권을 둔다. 특별선교헌금은 어디까지나 자발적인 것이며, 분담금 이외에 바치는 추가 헌금이다.

b) 특별선교헌금은 승인받은 사역만을 위하여 모금할 수 있다. 특별선교헌금 사역이 있는 프로그램이나 기관들은 승인된 사역들만을 홍보할 것이며, 헌금은 아래 ¶821.4에 규정된 대로 납부한다.

c) 지정 헌금한 이들의 헌금—특별선교헌금을 위하여 모금된 기금은 반드시 사역을 돕기 위하여 사용되어야 하며 운영이나 홍보 비용으로 사용되어서는 안 된다. 헌금한 이들에게 운영비를 더 첨가하여 헌금하여 줄 것을 요청할 수 있다.

d) 특별선교헌금은 연회에서 배정한 할당금의 일부로서 모금할 수 없다 (연회특별선교헌금에 관하여는 ¶656 참조).

e) 총회세계선교부는 헌금을 수령하는 즉시 기부자에게 수납증서를 보내고 서로 연락할 수 있는 길을 제공한다.

4. 개체교회회계는 특별선교헌금을 연회회계에게 보내고 연회회계는 총회재무행정협의회 회계가 정하여 놓은 방식으로 매달 이 프로그램에 해당되는 기관들에게 전달한다. 개인들도 총회재무행정협의회회계가 정하여 놓은 방식으로, 온라인을 통하는 것을 포함, 직접 해당 기관에 특별선교헌금을 보낼 수 있으며, 해당기관은 수령 사항을 총회재무행정협의회에 보고한다.

¶823. *특별선교헌금을 위한 일반 규정*—특별선교헌금의 홍보 및 관리는 다음과 같은 규정을 따라서 실시한다. 곧

1. 특별선교헌금을 호소하며 홍보할 때, 연회 자체가 정한 쿼터 이외에 어떠한 목표나 쿼터를 정하여서도 안 된다.

2. 총회재무행정협의회의 회계가 특별선교헌금의 회계가 된다. 특별선교헌금의 관리는 총회세계선교부의 회계가 총회재무행정협의회를 대신하여 맡는다.

3. 특별선교헌금을 위한 홍보 및 광고 비용은 특별선교헌금을 받는 기관의 수령액에 비례하여 부담한다. 특별선교헌금의 목적은 기타 헌금 호소와 조율하여 이루어져야 하며, 총회공보위원회가 그 홍보 활동을 맡는다.

4. 특별선교헌금에 관한 호소는 감독들, 지방 감리사들, 목사들, 기타 개인들의 통로를 통하여 이루어져야 한다. 그 절차에

관한 상세한 사항은 총회공보위원회가 총회세계선교부 및 특별선교헌금위원회와 협의하여 정한다.

5. 각 연회에서는 연회선교부(구성되어 있다면, ¶633 참조)가 총회세계선교부와 협력하여, 연회 및 지방 선교총무들, 연회 및 지방의 선교 행사들, 그밖에 다른 효과적인 수단을 통하여 특별선교헌금을 홍보한다.

¶824. *총회에서 정한 특별주일 헌금*—아래 열거한 주일들은 교회의 목적을 지원하기 위하여 특별헌금을 드리며 지키는 주일들이다.

1. *인간관계주일*—역사적으로 인간관계주일은 마틴 루터 킹 주니어의 생일을 축하하기 전 주일에 헌금을 드려 왔다. 교회들은 이 주일을 이 날이나 혹은 개체교회의 사정에 적합한 날에 지키기를 권장한다. 이 주일의 목적은 인간관계를 함양하는 데 있다. 이 주일을 지키는 일은 총회세계선교부와 총회사회부의 전반적인 감독하에 행한다. 인간관계주일과 관련하여 총회공보위원회가 전체 교회를 향한 호소 활동을 한다. 총회재무행정협의회 회계는 홍보비 지출을 제한 순 영수금을 분배한다 (¶263.1 참조). 프로그램을 위한 헌금 승인을 받은 기관이 이 헌금을 관리한다.

2. *연합감리교 구호주일*—역사적으로 연합감리교 구호주일은[22] 매해 사순절 넷째 주일에 헌금을 드려 왔다. 교회들은 이 연합감리교 구호주일을 이 날이나 혹은 개체교회의 사정에 적합한 날에 지키기를 권장한다. 이 주일의 목적은 상처받은 이들과 함께 삶의 선함을 나누는 데 있다 (¶263.2). 이 주일을 지키는 일은, 아래에 열거한 지침에 따라, 일반적으로 총회세계선교부 연합감리교 구호위원회 (¶1315.1c(5) 감독하에 행한다.

a) 모든 개체교회들은 모두 구호 프로그램에 관하여 잘 주지하고 특별헌금을 받도록 권장한다.

b) 가능하다면, 구호주일의 계획과 홍보는 미국기독교교회협의회를 통하여 다른 교단들과 협조적으로 이루어져야 한다. 그러나 수납된 헌금은 연합감리교회가 관리한다. 연합감리교 구호주일과[23] 관련하여 총회공보위원회가 전체 교회에 대한 호소 활동을 한다. 총회재무행정협의회 회계는 홍보비 지출을 제한 순 영수금을 분배한다. 프로그램을 위한 헌금 승인을 받은 기관이 이 헌금을 관리한다.

3. *연합감리교 학생주일*—역사적으로 연합감리교 학생주일

---

22. 원래는 "나눔의 주일"을 지금은 이렇게 부른다. 2016년 총회 Calendar Item 53과 54(DCA 2101쪽) 참조.
23. 원래는 "나눔의 주일"이었다. 2016년 총회 Calendar Item 53과 54(DCA 2101쪽) 참조

은 해마다 11월 마지막 주일에 헌금을 드려 왔다. 교회들은 연합감리교 학생주일을 이 날이나 혹은 개체교회의 사정에 적합한 날에 지키기를 권장한다. 이 날의 헌금은 연합감리교 장학금과 연합감리교 장학대부기금(¶263.4)을 돕기 위하여 쓰인다. 이 주일을 지키는 일은 총회고등교육사역부와 총회사회부의 전반적인 감독하에 행한다. 연합감리교 학생주일과 관련하여 총회공보위원회가 전체 교회에 대한 홍보 활동을 한다. 총회재무행정협의회 회계는 홍보비 지출을 제한 순 영수금을 분배한다. 프로그램을 위한 헌금 승인을 받은 기관이 이 헌금을 관리한다.

4. *세계성찬주일 (World Communion Sunday)*—역사적으로 세계성찬주일은 해마다 10월 첫째 주일에 헌금을 드리며 지켜왔다. 교회들은 세계성찬주일을 이 날이나 혹은 개체교회의 사정에 적절한 날에 지키기를 권장한다. 이 주일의 목적은 소수 인종, 민족 사람들이 여러 가지 사역에 종사하도록 돕는 데 있다. 세계성찬주일과 관련하여 총회공보위원회가 아래 지침에 따라 전 교회를 향한 호소 활동을 한다. 곧

a) 모든 개체교회는 세계성찬주일에 받은 성찬헌금 전액 및 개체교회가 정한대로 다른 성찬식 때 받은 성찬헌금 중의 일부분을 ¶824.8에 규정된 대로 납입하도록 요청받는다.

b) 총회재무행정협의회 회계는 홍보비 지출을 제한 순 영수금을 다음과 같은 비율로 분배한다. 곧 50%는 세계성찬주일 장학위원회를 위하여, 35%는 소수 인종, 민족 장학프로그램을 위하여, 15%는 소수 인종, 민족 지속 교육 프로그램을 위하여 분배한다. 이 헌금은 총회고등교육사역부가 여러 소수 인종, 민족 집단과 협의하여 관리한다 (¶263.3).

5. *세계평화주일*—역사적으로 세계평화주일은 오순절 이후 둘째 주일에 헌금을 드려 왔다. 교회들은 세계성찬주일을 이 날이나 혹은 개체교회의 사정에 적절한 날에 지키기를 권장한다. 이 주일의 목적은 "하나님께서 신실하고 정의롭고 무기가 없는 안전한 세계를 원하신다는 것을 입증"하는 데 있다 (¶263.5). 이 주일을 지키는 일은, 총회사회부의 전반적인 감독하에 행한다. 세계평화주일과 관련하여 총회공보위원회가 전체 교회에 대한 호소 활동을 한다.

a) 연회재무행정협의회 회계는 연회의 세계평화 사역을 위하여 이 헌금의 50%를 보유하여 연회사회부 또는 이에 해당하는 부서에서 관리하게 한다.

b) 연회회계는 이 헌금의 나머지 50%를 총회재무행정협의회에 납부한다.

c) 총회재무행정협의회 회계는 홍보비 지출을 제한 순 영수금을 승인된 프로그램을 주관하는 총회사회부에 배당한다.

6. *미원주민선교주일*—역사적으로 미원주민선교주일은 해마다 부활절기 셋째 주일에 헌금을 드려 왔다. 교회들은 미원주민선교주일을 이 날이나 혹은 개체교회의 사정에 적절한 날에 지키기를 권장한다. 이 특별주일의 목적은, 연회 내에서 미원주민선교를, 그리고 총회세계선교부가 관계하고 있는 시골과 도회지와 보호 구역과 지역사회를 개발하고 강화하며, 또한 연합감리교회 계통의 신학대학원에 다니는 미원주민 학생들에게 장학금을 제공하는 데 있다 (¶263.6). 이 주일을 지키는 일은 총회세계선교부와 총회고등교육사역부의 전반적인 감독하에 행한다. 미원주민선교주일과 관련하여 총회공보위원회가 전체 교회에 대한 호소 활동을 한다. 총회재무행정협의회 회계는 홍보비 지출을 제한 순 영수금을 분배한다. 프로그램을 위한 헌금 승인을 받은 기관이 이 헌금을 관리한다.

7. 총회공보위원회는 해당 기관과 협의하여 헌금을 드리는 특별주일을 위하여 전체 교회에 대한 홍보 활동을 한다. 각 헌금의 홍보비는 헌금 총액에서 우선 공제한다. 이러한 홍보비 예산은 총회공보위원회가 해당 기관과의 협의하에 제출하여 총회재무행정협의회가 승인한 예산범위 내에서 사용되어야 한다. 이러한 특별헌금을 홍보할 때 기독교인의 청지기 직분이 가지는 영적 의미를 강조하여야 한다.

8. 교단에서 인정한 특별주일 헌금은 개체교회 회계가 즉시 연회회계에게 납부하며, 연회회계는 매달 총회재무행정협의회 회계에게 이를 납부한다. 개체교회들은 연회 보고 양식에 따라 특별주일 헌금을 보고한다.

제3절 연대사역협의회 (Connectional Table)

¶901. *명칭*—연합감리교회의 선교와 사역과 리소스를 조율하기 위하여 사역과 돈을 같은 탁상 위에 갖다 놓을 연대사역협의회를 연합감리교회에 둔다. 2005년 1월 1일부로 연대사역협의회는 본 <장정> 700 단위 조항에 수록된 기본적인 임무, 일반적인 방침 및 그 시행을 책임진다.

¶902. *법인체 구성*—연대사역협의회는 본 협의회가 정하는 주나 주들에 법인체로 등록한다. 이 법인체는 오하이오 주의 한 법인체인 연합감리교회 총회사역협의회와 프로그램협의회를 계승하는 법인체가 된다.

¶903. *법적으로 순응할 의무 (Amenability)*—연대사역협의회는 총회에 보고하며 총회에 순응할 의무가 있다.

¶904. *목적 (Purpose)*—연대사역협의회의 목적은, 교회를 위한 비전을 식별하고 명확히 하며, 총회의 결의와 총감독회와의 협의로 정하여진 연합감리교회의 선교와 사역과 리소스를 관리하는 데 있다. 전체 교회 선교의 일부로서 연대사역협의회는 선교와 사역을 위한 비전과 리소스를 책임진 관리인으로 봉사하며, 재정적 책임을 지며, 교회의 선교를 시행할 방침과 절차를 수립한다.

¶905. *목표 (Objectives)*—연대사역협의회의 기본적인 직능은 다음과 같다.

1. 총감독회와의 협의 및/또는 총회의 결의로 정하여진 바, 세계적 교회의 비전과 선교와 사역을 이해하고 실천하기 위한 포럼을 제공한다.

2. 연회, 지역총회, 해외지역총회, 총회 기관들 및 총감독회 사이에 정보와 의사 소통이 원활하게 이루어지도록 한다.

3. 총회 결의와 일치함과 동시에, 복음의 명령과 교회의 선교와 세계 공동체가 필요로 하는 요청에 따라, 교회의 프로그램을 조율한다. 이를 위하여 필요함을 외치는 소리에 귀를 기울이며, 새로 일어나는 문제들을 해결하며, 사역과 인사와 리소스를 최대한 잘 사용하기 위한 가장 효과적이고 협조적이며 능률적인 방법을 결정하여야 한다.

4. 교단의 프로그램과 연관된 기관과 연대 기구들이, 예수 그리스도의 제자를 삼아 세상을 변혁시키려는 연합감리교회의 사명을 실현하기 위하여 연회와 개체교회들을 함께 도울 때, 그들의 선교적 효율성을 검토하고 평가한다.

5. 총회 기관들의 효율성을 보장하기 위하여 적절하다고 여겨지는 법규를 제정, 실천할 수정안을 총회에 건의한다.

6. 교회의 모든 차원에서 그 필요한 일들을 평가하고 교회의 사명을 실현하기 위한 전략을 세울 때, 이들을 도와 계획하고 연구하는 일을 지도한다.

7. 재무행정협의회와 함께 총회를 통하여 연합감리교회에 책임을 질 때, 연대사역협의회는 아래와 같은 권한과 임무가 있다.

a) ¶806.1과 ¶810.1에 규정된 바와 같이, 분담 기금을 위한 예산을 세울 때 총회재무행정협의회와 협력한다.

b) 총회재무행정협의회에서 총회 기관의 모든 예산을 받아 이를 검토하여 승인한다.

c) 특별헌금 및 교단을 향한 특별호소를 검토하여 승인한다.

¶906. *연대사역협의회의 조직*—1. *위원*—연대사역협의회의 투표권 소지 위원은 다음과 같은 49명으로 구성한다. 곧

a) 지역총회 및 해외지역총회에서 선출된 총 28명으로서, 각 해외지역총회에서 각기 정한 공천 절차에 따라 선출된 위원 한 명씩 및 지역총회에서 각기 정한 공천 절차에 따라 선출된 21명으로 이를 구성한다. 지역총회의 위원은 각 지역총회에서 각각 1명씩 선출되어야 하며, 나머지 위원은 총회서기가 가능한 한 각 지역의 교역자들과 교인들의 수에 비례하여 위원이 선출되도록 각 지역에 그 선출될 인원을 배분한다.

b) 총감독회가 선택한 현역 감독이 본 협의회의 의장이 된다.

c) 총감독회의 에큐메니칼 사역 감독과 아래와 같은 기관의 회장들, 곧 총회사회부, 총회제자사역부, 총회세계선교부, 총회고등교육사역부, 총회인종관계위원회, 총회여권신장위원회, 총회남선교회위원회, 총회홍보위원회, 총회역사보존위원회, 연대사역협의회에 순응하여야 할 프로그램과 관련된 기관들 (¶702.3에 명시된 바와 같이). 그리고 총회준비위원회 위원장, 해외지역총회상임사무위원회 위원장, 총회재무행정협의회의 회장도 발언권과 투표권 소지 위원으로 참석한다.

d) 청년사역국이 그 위원 가운데서 천거하여 연대사역협의회가 선출한 1명의 청소년과 1명의 청장년이 연대사역협의회에서 봉사한다.

e) 다음과 같은 인종 코커스에서 각 1명씩 추천된 사람들로서 연대사역협의회가 선출한 위원들, 곧 Black Methodist for Church Renewal, Methodists Associated to Represent Hispanic Americans, Native American International Caucus, National Federation of Asian American United Methodists, 그리고 Pacific Islanders National Caucus United Methodists.

f) 위에 열거한 기관 및 총회은급의료혜택부의 총무들, 연합감리교회 여선교회, 연합감리교회 출판부의 발행인은 연대사역협의회에 참석하여 발언할 수는 있으나 투표권은 없다.

g) 연대사역협의회에 사람들을 추천하여 선출하는 지역총회와 해외지역총회는 가능한 한 다음과 같은 다양성의 목표를 달성하도록 노력하여야 한다. 곧 50%의 교역자와 50%의 평신도, 50%의 남성과 50%의 여성, 해외지역총회 대표 위원들을 제외하고 소수 인종, 민족 사람들이 30% 이하가 되지 않도록, 또한

청소년과 청장년이 10% 이하가 되지 않도록, 아니면, ¶705.4b에 규정된 다양성을 보장하도록 하여야 한다.

h) 지역총회와 해외지역총회에서 선출된 위원들 가운데 총회 회기 기간 사이에 결원이 생기면, 지역감독회가 가능하면 결원이 생기게 된 같은 연회에서 위원을 선임하여 충당한다.

i) 위원들은 ¶710에 명시된 바, 모든 자격 요건을 갖추어야 한다.

2. *모임*—연대사역협의회는 적어도 1년에 두 번 모이며, 회장 또는 위원들 5분의 1의 서면 요청이 있을 때 수시로 모인다. 투표권 소지 위원의 절반에 1명을 더한 수를 정족수로 한다.

3. *임원들*—회장을 제외한 연대사역협의회의 임원들은 본 협의회 위원들 가운데서 선임하며, 그들은 한 4개년 동안 또는 후임자가 정식으로 선출될 때까지 봉사한다.

4. *내부 조직*—연대사역협의회는 주어진 임무를 수행하기에 적절하다고 인정되는 데 따라 내부적으로 조직한다.

5. *직원*—연대사역협의회는 주어진 업무를 수행하기에 적절하다고 인정되는 보조 직원을 결정한다.

¶907. *발효일*—이 연대사역협의회의 조직 계획은 2005년 1월 1일부로 시행한다.

제4절 총회사회부
(General Board of Church and Society)

¶1001. *명칭*—연합감리교회는 선교의 일익을 담당할 총회사회부를 둔다.

¶1002. *목적*—총회사회부의 목적은 예수 그리스도의 복음을 교인들과 지역사회 및 세상 속에 살고 있는 주민들과 그 기구들에게 연관시켜주는 데 있다. 본 부는 총체적인 인간의 삶과 활동과 소유물들과 리소스의 활용과 지역사회 및 세계와의 관계가 하나님의 뜻에 부합되도록 노력한다. 그것은 교인들과 사회에 하나님께서 그리스도를 통하여 가져오신 화해가 개인적, 사회적, 시민적 정의를 요구한다는 사실을 보여준다.

¶1003. *목표*—위에 서술된 목적을 달성하기 위하여 총회사회부는,

1. 연합감리교인들로 하여금 그들이 속한 개체교회와 초교파적 기구 및 사회를 통하여 개인적, 사회적, 시민적 의의를 이루기 위하여 일하도록 도전하는 계획과 프로그램들을 제시하며,

총회사회부 ¶1004

2. 그러한 관심 분야에 필요한 각 자료들을 지방과 연회에 공급하며,

3. 개인, 지역사회, 국가 및 세계가 직면하고 있는 문제들을 분석하며,

4. 평화와 정의가 실현되는 세계를 향하여 인류가 움직일 수 있도록 사람들을 도와주려는 기독교인들의 행동을 장려한다.

¶1004. *임무*—총회사회부의 주된 임무는 '사회생활 원칙'을 실현하며, 기독교의 사회적 관심사에 관한 총회의 기타 원칙들을 성취하고자 하는 일이다.

더 나아가, 총회사회부와 그 간부 직원들은 인류의 안녕과 정의와 평화와, 그리고 그리스도의 죽으심으로 용서받은 백성으로서 응답하도록 모든 기독교인들을 부르시는 창조의 원상복귀에 관한 문제에 대하여 똑바로 솔직하게 증언하며 행동을 취하여야 한다. 특히 본 부는 교회가 직면한 폭넓은 문제에 대하여 조사하며 교육하며 행동하는 프로그램을 시행하여야 한다.

총회사회부는 장기적인 사회적 추세와 그 밑에 깔려 있는 윤리적 가치관을 분석하여야 한다. 본 부는 사회변화와 이를 대신할 미래를 위하여 조직적인 전략을 모색하여야 한다. 본 부는 또한 교회와 세계를 향하여 자기 신념과 해석함과 관심사에 대하여 말하여야 한다.

총회사회부는 전 사회를 통하여 사회정의, 특히 본 부가 중요하다고 여기는 사회문제에 관하여 행동을 취하기 위한 자료들을 개발하고 홍보하고 배부하며, 또한 이를 주지시키고 동기를 부여하며, 훈련시키고 네트워크를 형성하기 위한 프로그램을 시행한다. 본 사회부의 활동적인 위원들을 양육하는 일에 특별한 관심을 가져야 한다. 본 사회부는 사회변화를 위한 전략과 방법에 대하여 의견을 교환할 것을 장려한다. 연회, 지방, 제휴단체, 네트워크를 통하여 교회 교인들이 지역사회, 지방, 국가 및 국제적인 차원에서 당면하고 있는 위급한 사회적인 문제를 확인하여 이에 대응할 때, 이들에게 도움을 준다. 본 부는 신앙으로 말미암아 박해를 당하고 있는, 전 세계에 흩어져 있는 우리 크리스천 형제자매들을 위하여 교육하며, 기도하며, 대변하는 일을 장려하여야 한다.

위의 모든 일들은 '사회생활 원칙'과 총회에서 채택한 방침들과 일관성이 있어야 한다.

총회사회부는 <장정>에 기술된 지침에 따라 여러 가지 인종적, 성적, 사회적 정의를 위한 다양한 운동을 총회인종관계위원회, 여권신장위원회, 아팔라치아 개발위원회가 교회적으로 지

¶1004　　　　　　　　총회 행정 기구

원하고 조율하려고 할 때, 이들과 긴밀한 관계를 유지한다. 연합사업뿐만 아니라 연합감리교회 기관과 기구 사이에 의견 충돌이 있을 때, 본 사회부는 연합사업 기관과 기타 해당 부서 및 기관과 협력하여, 중재 및 충돌해소를 위한 사역과 모델을 장려하고 홍보한다.[24]

총회사회부는 교단기금을 받는 다른 총회 기관들이 미국 의회에서 입법 추진 활동을 할 때, 이를 용이하게 하여주며 조율한다.

¶1005. *법인체로서의 등록*—총회사회부는 District of Columbia에 법인체로 등록하며, 아래에 열거한 법인체나, 부나, 국이나, 실이나, 기타 기구들의 법적 후계자가 된다. 곧 연합감리교회 총회기독교사회문제부, 복음주의연합형제교회 기독교사회활동실, 감리교회 기독교사회문제부, 연합감리교회 총회사회부 일반복지국, 연합감리교회 총회기독교사회문제부 일반복지국, 감리교회 기독교사회문제부의 음주문제 및 일반복지국, 감리교회 기독교사회문제부 절제 및 일반복지국, 감리교회 절제, 금지, 공중도덕부, 감리교회 세계평화국, 감리교회 사회경제문제부, 연합감리교회 총회사회부 인간관계국 등.

¶1006. *조직*—1. 총회사회부는 ¶705.3d를 따라 62명의 위원들로 구성하되, 그 정관에 명시된 바와 같이, 또한 ¶¶702-710의 일반 규정과 일관성 있게 조직한다. 그 위원들은 아래와 같이 구성한다.

a) 지역총회 위원들—교역자, 평신도 여성, 평신도 남성을 ¶705.5b에 따라 연회가 공천하여 지역총회에서 선출하며, 그 구성은 다음과 같이 한다. 곧 중북부 7명, 동북부 8명, 중남부 11명, 동남부 12명, 서부 3명.

b) 해외지역총회 위원들—6명의 해외지역총회 위원들을 ¶705.4c의 규정에 따라, 감독협의회의 천거로 이 부서에 선임한다.

c) 감독위원—6명의 감독위원은 최소한 해외선교연회에서 1명을 포함하여 감독위원회에서 지명한다.

d) 추가위원들—(1) *연합감리교인*—추가위원은 각 지역총회에서 선출된 3명(교역자 1명, 평신도 남성 1명, 평신도 여성 1명)의 위원회에서 공천한다. 이들은 포용성과 전문성을 확보하도록 9명까지 추가위원을 선출한다.

(2) 총회사회부는 '완전한 에큐메니칼 공동체들'(Full Communion Ecumenical Partners) 가운데서 투표권 소지 추가위원 한 명을 선출할 수 있다.

---

24. 사법위원회 판정 387 참조

¶**1007**. *결원*—총회사회부 위원 중 결원이 생길 때에는, ¶712에 규정된 절차를 밟아 충원한다.

¶**1008**. *재정적 후원*—1. 총회사회부의 기금은 ¶806에 제시된 예산편성 과정에 따라 총회에서 결정한다.

2. 총회사회부 전체의 사역을 위하여서이거나 프로그램 중 하나를 위하여서이거나, 사회부는 특별기금을 설치하고 기부금과 유증을 받으며, 재산이나 유가증권을 위탁받으며, <장정>의 규정과 총회사회부 자체의 규정에 따라 재무를 관리한다. 전신 기관에 기탁된 기금은 주어진 본래 목적을 위하여 유지한다.

¶**1009**. *직원*—1. 총무는 총회사회부의 최고 행정 책임자로서 모든 프로그램을 조율하며, 직원을 감독하며, 사무실을 관리하는 등의 책임을 진다. 총무는 실행위원회의 직권상 위원이 되나 투표권은 없으며, 위원회에 참석하여 발언권은 있으나 투표권은 없다.

2. 그밖의 다른 직원들은 위원회의 규정과 교회 및 총회사회부의 균등 고용방침에 따라 선출되거나 임명된다.

¶**1010**. *본부*—본 부의 위치는 ¶807.7에 따라 결정한다. 국제연합 사무실은 총회세계선교부와 연합감리교회 여선교회전국기구와 협력하여 운영한다.

¶**1011**. *규약*—총회사회부는 자체 규약을 만들 수 있으되 교회 헌법 또는 <장정>의 규정에 위배되어서는 아니 되며, 정기 또는 특별위원회에서, 출석 위원 3분의 2 이상의 찬성으로 수정할 수 있다. 이 수정안은 사전에 위원들에게 배부되어야 한다.

제5절 총회제자사역부
(General Board of Discipleship)

¶**1101**. *목적*—1. 총회제자사역부를 두며, 본 부의 목적은 교단의 총체적인 선교적 목적에 나타나 있다. 그중 가장 중요한 것은 연회, 지방 및 교인수가 다양한 개체교회들이 사람들을 예수 그리스도의 제자로 삼으려는 노력할 때 이들을 도와주며, 그들의 하나님께 대한 이해가 성숙하여 믿음과 사랑으로 응답하며, 따라서 자신들이 누구인지 알며 인간의 정황이 무엇을 뜻하는지 깨달아 더욱 확실히 하나님의 자녀임을 고백하게 하며, 어느 관계에 있어서나 하나님의 영에 따라 살게 하며, 세상에서 제자로서의 사명을 다하게 하며, 늘 그리스도교의 소망 가운데 거하게 하도록 도와주는 데 있다.

2. 총회제자사역부는 ¶¶216-220에 규정된 교인의 의미,

즉, 교인이 된다는 것은 곧 예수 그리스도의 제자가 된다고 하는 것과 같은 것임을 더욱 강화하기 위하여 그 리소스를 사용한다. 제자사역부는 회중들이 그들의 우선적인 과제를 수행하여 나갈 수 있도록 노력하며, 그리스도의 제자로 성장하여 나가는 데 도움이 되는 리소스를 제공하여 준다. 이 일을 시행함에 있어, 제자사역부는 교회가 필요로 하는 일과 그 요청에 귀를 기울이며, 연구조사를 실시하며, 자료를 디자인하여 만들며, 훈련받을 기회를 제공하며, 리소스를 공급한다. 이러한 모든 일들은 회중들의 주된 임무를 지원하는 것으로서 곧, 나가 전도하여 응답하는 모든 이들을 받아들이는 일, 하나님과의 관계에서 사람들을 격려하며 예수 그리스도를 통하여 알게 된 하나님의 사랑에 자신을 바치도록 그들을 초대하는 일, 그리스도 신앙 안에서 양육되고 형성되어질 수 있는 기회를 제공하는 일, 충성스런 제자로서 성령의 능력 안에서 사랑하며 의롭게 살도록 그들을 도와주는 일 등이다. 제자사역부는, 그 모든 활동을 통하여, 회중들이 모든 연령층, 인종, 민족적 배경, 또한 사회적 조건에 있는 사람들에게 예수 그리스도 안에서 나타나신 하나님의 구속과 화해의 사랑을 경축하고 전달함으로써 성장하는 크리스천들의 포용적 공동체가 되려고 할 때 이들을 인도하며 지원한다.

3. 총회제자사역부 위원들은 수탁(受託)적 (fiduciary), 전략적, 생산적 운영 책임을 지고 있다. 수탁적 책임이란, 부동산에 대하여 재정적으로 법적으로 또한 윤리적으로 집사의 책임을 다하는 일, 세워놓은 실행 기준에 대하여 책임지는 일, 총무에 대한 연례 평가를 확인하는 일, 그리고 직원들을 평가하고 인사이동을 단행할 때 총무를 자문하는 일이다. 전략적 책임이란 당 기관의 우선적 과제와 목표와 성취도와 기관의 리소스가 기관의 임무와 비전과 가치와 일치하는지 확인하는 일이다. 생산적 책임이란 기관의 의무와 비전과 가치에 따라 이를 장기적으로 분석하고 계획하는 일, 당 기관을 위하여 방향과 우선적 과제를 설정하는 일, 그리고 우선적 과제를 수정할 필요가 있을 때, 그 대안을 탐색하는 일 등이다.

4. 총회제자사역부의 위원들은, 개체교회에 마음이 있으며, 사람들을 제자로 삼는 일에 뜨거운 열정을 가진 정성스런 크리스천 지도자들이어야 한다. 그들은 여러 가지 상황 속에서 총회제자사역부의 전략을 해석하고 연구하는 일을 포함, 본 부의 사역을 지원하기 위하여 자기 시간과 가진 재주를 아낌없이 바칠 각오가 되어 있어야 한다. 그들은 전 교회의 네트워크를 통하여, 그리고 개인들과 정기적으로 또한 의도적으로 대화를 함으로써,

총회제자사역부가 그 책임을 다할 때, 연합감리교회 내 사람들의 다양성을 인정하고 다양한 의견들을 경청하고 있다는 사실을 알려야 한다. 그들은 총회제자사역부는 물론, 전 교회의 절대적인 명령과 그 집중하고 있는 사항을 지원하며 실현하는 일에 헌신하여야 한다.

¶1102. *책무*—제자사역부 내 산하의 단위 부서에 지정된 모든 임무는 제자사역부의 임무로 간주한다. 이와 더불어 제자사역부는 다음과 같은 권한을 가진다.

1. 총회제자사역부가 우선적으로 책임지고 있는 개체교회의 양육, 대외선교, 증거사역, 연령별 및 가정사역, 사역 그룹 대표들, 사역 그룹 부장들, 목사, 그리고 기타 개체교회의 임원들을 상대로 특별 출판물을 제공한다.

2. 사람들이 하나님과의 관계에서 성장하도록 이를 돕기 위하여 일일 경건생활의 지침서인 <다락방>과 다른 광범위한 자료들을 관리하고 출판한다.

3. 교회의 전통적인 분야들, 예를 들면, 기독교교육, 전도, 평신도사역, 영성훈련, 청지기, 예배 등에서 자료를 사용하는 사람들에게 도움을 줄 자료 시스템을 제공한다. 이 자료들은 교회의 장래 사역을 위한 크리스천 지도자들의 사역과 그 질을 향상시키기 위하여, 어린이, 청소년, 장년, 가정 그룹 및 교회의 프로그램과 행정적인 역할을 망라한 사역에 대한 관심사를 다룬다.

4. 개체교회의 목사들을 위하여 자료를 제공하며, 교육을 실시하며, 자문에 응한다. 이 자료들은 목사들의 영적이며 비전 있는 지도력을 갖추도록 하는 데에, 그리고 교인들과 함께 하는 파트너의 역할에 초점을 맞추고 있다.

5. 목사와 개체교회 지도자들이 평신도사역을 강화하고 평가하며, 또한 믿음이 자라게 하며, 크리스천들의 공동체를 형성하게 하며, 일상생활에서 사역을 담당하게 하는 사역의 새로운 형태를 개발할 때, 그들에게 자료를 제공하고 훈련받을 기회를 마련하며 자문한다.

6. 연회 지도자들이 개체교회의 영적 지도자들을 개발하기 위한 시스템을 만들어 이를 발전시키고 유지함에 있어 이들을 도울 수 있는 자료를 제공하고 교육시킨다.

7. 교회의 어린이와 함께 또한 어린이를 위하여 제반 분야에서 선교사역을 가능하게 하며, 특히 어린이, 청소년, 청장년, 장년, 노년이 함께 참여하는 사역을 강화한다.

8. 제자사역부의 사역과 관련된 초교파적 연합사역에 본 교회를 대표한다.

9. 연회와 연결될 수 있는 적합한 기관과 협의하여 세계 전반에 걸친 사역의 필요성과 요청에 응한다.

10. ¶1101에 명시된 제자사역부의 목적을 달성하기 위하여 관련된 사람들을 도울 수 있는, 더욱 능률적인 방안을 찾기 위하여 연구, 실험, 혁신 그리고 프로그램, 자료 및 방법을 시험하고 평가한다. 이 임무의 수행을 위하여 제자사역부는 위임받은 사역 전반에 걸쳐 이를 실험하며 평가할 권한을 가지고 있으며 실험과 평가 과정에 있어 다른 기관과의 협력을 장려한다. 연구와 실험의 임무는 제자사역부 산하의 해당 단위 기관에 위임할 수 있다.

11. 소수 인종, 민족 교회의 관심사들이 본 부의 주요 부분이므로, 이들의 관심사가 개체교회의 모든 제자사역에 반영되도록 지도하며 자료들을 제공하여 주며 훈련 등을 실시한다.

¶1103. 본 부는 그 업무를 용이하게 하기 위하여 필요한 규약을 만들되 <장정>의 규정에 위배되어서는 안 되며, 이를 정기 또는 임시 위원회에 참석, 투표한 위원 3분의 2 이상의 찬성으로 수정할 수 있다. 단, 이는 서면 통지를 필요로 하며, 투표는 적어도 하루를 미룬 후에 실시한다. 본 부는 그 규약과 <장정>이 허락한, 어떠한 모든 일도 할 수 있는 권리와 권한이 있다. 본 부는 ¶1102에 명시된 임무를 개발하여 시행할 권한이 있으며, 동산과 부동산 및 이들 혼합된 물건을 매입하거나 취득하거나 이를 선물로, 부동산 유증으로, 또는 동산 유증으로 받을 수 있는 권한이 있으며, 고소하고 고소당할 수 있으며, ¶¶806-807과 일치하는 한도 내에서 필요할 때 돈을 빌리며, 그 임무를 수행하기 위하여 에큐메니칼 관계를 개발하고 유지하며, 본 부와 그 산하 조직 단위와 위원회를 통하여 그 사무를 처리할 권한이 있다.

¶1104. *법인체 구성*—1. 총회제자사역부는 테네시 주의 법에 따라 등록된 법인체로서, 이전 연합감리교회의 전도부와 평신도부의 법적 후계자가 되며, 또한 이전 연합감리교회의 예배위원회, 개체교회국 그리고 총회고등교육부의 교회학교교재편찬국의 업무와 기능을 수행한다.

2. 총회제자사역부는 상기의 목적 수행에 적합한 활동을 테네시 주의 법에 따라 등록된 하나의 법인체로서 실행할 수 있는 권한을 가진다.

3. 이전 총회고등교육부의 산하 부서들은 별도로 법인체 등록이 되지 않았다. 그러나 총회제자사역부와 총회고등교육사역부의 기능을 분명히 구분하여 그 전신 기구들로부터 임무를 각각 분할, 이양받게 하는 것이 우리의 의도이다. 전신 교육부의 자산

을 분배하는 데 있어서는 원래 교육부가 설립될 때 정하여진 목적과 취지에 따르며, 그 자산의 원래 취지에 따라서 제자사역부와 고등교육안수사역부에 분배하도록 한다. 또한, 전신 교육부에 속하였던 연금, 유산, 신탁금, 부동산은 <장정>에 규정된 목적에 의거하여, 총회제자사역부와 고등교육안수사역부의 사역을 위하여 사용되게 하고 부동산 소유권도 해당 기구에 이전하도록 한다.

4. 현존 연금, 유산, 신탁금, 부동산을 기증한 사람의 원래 취지가 이 두 부서들, 곧 총회제자사역부와 고등교육안수사역부의 기능과 목적에 비추어 어느 부에 이전되어야 할지 분명하지 않을 때에는 이를 똑같이 나눈다.

5. 이전 총회교육부에 속하였던 연금, 유산, 신탁금, 부동산 등으로부터 이자가 붙어 모여진 자산도, 기증한 사람의 의도가 분명한 한, 그에 따라서 총회제자사역부나 총회고등교육사역부에 이양되도록 한다.

6. 기증한 사람의 의도가 분명하지 않은 경우에는 이자로 모여진 자산을 총회제자사역부와 총회고등교육사역부에 등분한다.

7. ¶1115에 기술된 본 부의 영성훈련 임무는 산하 기구인 <다락방>사가 주로 책임질 수 있다. <다락방>사는 테네시 주에서 비영리 자선 단체로 등록되어 있으며, 제자사역부와 관계를 맺고 있어 본 부에서 그 위원을 선출한다. <다락방>사는 ¶1107의 규정 내에서 장기 투자 계획과, 경건생활을 위한 책자와 프로그램과 체험을 가능한 한 개발하기 위한 재원의 지속적인 조달을 보장하여 줄 모금 활동을 할 수 있다.

8. 각 부서의 회장, 총무, 회계는 해당 부서를 대표하여 부동산의 이전, 저당권 양도, 유가 증권의 이양, 계약, 그리고 모든 법적 문서를 처리할 권한이 있다.

¶**1105**. *조직*—1. 제자사역부는 일반 규정 ¶705.3에 따라 22명의 위원으로 구성한다. 본 부는 ¶708에 규정된 바에 따라 주어진 일을 수행할 수 있도록 선출된 위원들로 조직한다. 그 위원들은 다음과 같이 구성한다.

a) 지역총회위원들—각 지역총회는 ¶705.3a에 의거, 한 명의 위원을 선출한다. 선출되기 전에 공천된 위원들에게, 그들이 선출되면, 수탁(受託)적, 전략적, 생산적 운영 책임을 지게 된다는 사실을 미리 알려 주어, 그들이 얼마나 많은 시간과 리소스를 부담하여야 하는지 분명히 이해하게 하여야 한다. <장정>의 다른 조항에도 불구하고, 총회서기는 어떤 위원을 각 지역총회에 배당하고자 하는지 알게 하여, 해외지역총회에서 오는 위원들을 모두 합하였을 때, 교역자와 여성 평신도와 남성 평

신도의 발란스가 잘 맞도록 하여야 한다. 서기는 또한, 여러 4개년 기간을 통하여 각 지역총회가 여성 평신도와 남성 평신도와 교역자들을 골고루 선출할 수 있는 기회를 갖도록, 공정한 윤번제를 만들어야 한다.

b) 해외지역총회위원들—총감독회는 ¶705.4c의 규정에 따라 해외지역총회에서 3명의 위원들, 곧 아프리카에서 1명, 유럽에서 1명, 필리핀에서 1명을 선출한다.

c) 감독위원들—총감독회는 ¶705.4d의 규정에 따라 2명의 감독을 지명한다.

d) 청년사역국—청년사역국은 ¶1207이 정한 본 사역국의 연령 규정에 따라, 1명의 청소년과 1명의 청장년, 도합 2명의 젊은이를 선출한다.

e) 추가위원들—<장정>의 다른 조항에도 불구하고 제자사역부의 위원들은 본 부의 수탁(受託)적, 전략적, 생산적 사역을 수행하기 위한 전문성의 필요에 근거하여 10명의 추가위원을 선출한다. 연합감리교회 내 사람들의 다양성과 다양한 의견들을 고려한 위원회가 되도록 특별한 관심을 가져야 한다. 위원회는 이 위원들을 연합감리교회 내의 어느 지역총회나 혹은 해외지역총회에서 선출할 수 있다. 선출되기 전에 공천된 위원들에게, 그들이 선출되면, 수탁(受託)적, 전략적, 생산적 운영 책임을 지게 된다는 사실을 미리 알려 주어, 그들이 얼마나 많은 시간과 리소스를 부담하여야 하는지 분명히 이해하게 하여야 한다.

2. *연락 대표*—제자사역부는 ¶705.4f에 따라, 공동 관심사와 관련된 넷워킹과 자문을 위하여, 한 연락 대표나 또는 다른 사람들을 연락 대표로 지명할 수 있다. 그들은 위원회에 초청되었을 때 발언권만 있고 투표권은 없다.

3. 제자사역부는 그 임무를 수행하기에 필요한 모든 기구를 조직하고 직원들을 채용한다.

¶**1106**. *재정 지원*—1. 제자사역부의 재정 지원은 ¶806에 정한 절차에 따라 총회에서 결정한다.

2. 제자사역부는 그 사역을 위하여 기증된 기금, 기부금, 유산 등을 수납하여 관리하며, ¶811.3에 준하여 그 계획과 방침을 수행하는 데 필요한 특별기금을 요청하고 설립하여 관리할 권한이 있다. 제자사역부는 총회가 정한 구체적인 투자 지침에 따라 기금을 투자할 수 있다.

3. 제자사역부가 특별사역이나 특별활동을 시행할 때에 경비를 충당하기 위하여 헌금이나 기증을 받을 수 있다.

4. 제자사역부는 연합감리교회의 기독교교육 임무를 수행하

기 위하여 미국 내와 외국에서 기금(들)을 설립하여 교회학교 그룹들이 이에 참여하게 할 수 있다. 이 기금을 배당하고 관리하기 교육하기 위한 계획을 제자사역부는 총회세계선교부와 협의하여 세운다.

¶1107. *<다락방>사의 제자사역부와의 재정적 관계*—1. <다락방>사의 임무를 수행하기 위한 기금은 자료 판매, 선물, 동산, 부동산 유증, 연금, 행사, 그리고 구독자들, 고객들, 재단 및 한정된 충성스런 독자들과 지원자들과 관심 있는 이들에게서 모금한 (¶819.1에 따라) 기금으로 충당한다.

2. 현재 보유하고 있거나 앞으로 적립할 기금이나 재산이나 기타 <다락방>사에서 앞으로 출판할 경건생활을 위한 책자로부터 수납될 기금은 제자사역부의 다른 사역을 위하여 사용할 수 없으며, 제자사역부는 그러한 출판물 판매에서 입금되는 모든 기금을 보관하여 경건생활을 위한 책자를 출판, 보급하며 이를 장려하는 데 사용하여야 한다. 단, 이것은 예측할 수 없는 비상사태에 대비하여 예비 기금을 설정하는 것을 금하는 것은 아니다.

3. 총회제사역부는 <다락방>사를 행정적으로 지원하되 <다락방>사가 그 비용을 부담한다. <다락방>사는 총회제자사역부의 산하 기구로서 교단 연금혜택 프로그램에 가입하며, 행정적, 재정적 및 인사 업무를 위한 지원을 총회제자사역부와 마찬가지로 총회재무행정협의회로부터 받는다.

¶1108. *기독교교육*—1. 총회제자사역부는 총회가 지시하는 대로 전체 교회의 교육에 대한 관심사를 감독하고 관리한다. 총회제자사역부는 연합감리교회의 교리와 총회제자사역부의 사명에 일치하여, 기독교교육의 성서적, 신학적 토대를 명료하게 표현한 선언문을 개발할 책임이 있다. 총회제자사역부는 연구를 함으로써, 또한 새로운 접근과 방법과 자료를 시험하여 이를 평가하고 상담함으로써, 교회의 교육사역을 강화, 확장하는 일에 전념한다.

2. 기독교교육사역을 통하여, 연합감리교회는 모든 연령층의 사람들에게 그들이 있는 곳에 가서, 그들로 하여금 그리스도에게 헌신하고 교인이 되도록 장려하며, 그들이 믿음 안에서 자라고 일상생활에서 믿음을 실현하며, 세상에서 하나님의 백성으로 살 수 있는 기회를 제공한다. 기독교교육은 전도, 청지기, 선교, 사회참여, 성서교육 등, 교회의 제반 교육 분야와 관심사를 위한 활동을 포함한다. 교육 프로그램은 포괄적이고 통일되고 조율이 된 개체교회의 유년, 청소년, 장년, 가정의 기독교교육을 위한 것이다. 제자사역부는 지역총회, 연회, 지방 및 개체교회와 협력하여

¶1108

교육 프로그램을 장려하고 관리한다. 교육 프로그램은 작은 교회나 큰 교회, 혹은 농촌과 도시, 그리고 소수 인종, 민족 교회의 모든 필요 사항을 신중히 고려하여야 한다.

¶1109. *교육의 임무와 기준들*—제자사역부는 사람들의 평생교육 사역을 이행하는 데 필요한 조직을 하며, 다음과 같은 사역을 한다. 곧

1. 아래에 열거한 사역들에 관하여 연합감리교회의 '교리적 기준'과 '총칙'(¶104)과 일치하는, 성서적, 신학적, 교육적 기반에 근거한 기독교교육 철학을 확립하며 해설한다. 곧 교회학교와 이와 관련된 활동들; 개인 또는 그룹 학습; 어린이들과 청년들과 장년들을 위한 친교, 교육 및 활동 그룹; 공공 청소년 봉사 기관에서 제공하는 이와 연관된 교육 프로그램; 주중 학령전 학교와 유치원과 어린이 집; 성가대와 연극 그룹과 선교연구; 여가 선용을 위한 교육; 야외 교육; 캠핑; 장애인 및 기타 특별한 도움을 요하는 이들을 위한 교육; 특별성경연구반; 입교반과 교인 훈련반 등이다.

2. 다양한 환경 속에서 연령, 생활양식, 배워야 할 것들, 신학적 관점 등이 다른 사람들에게 호감이 가는 교육방법을 개발한다.

3. 인종과 민족과 문화적으로 다른 사람들에게 그들이 처한 삶의 정황 속에서 복음에 접하도록 그들을 인도하는 교육방법을 개발한다.

4. 사람들이 새로운 교회학교를 시작한다든가, 새로운 교육 반을 개설한다든가, 교회와 지역사회에서 가르치며 배울 수 있는 기회를 확장하여 나갈 때, 이들에게 도움을 줄 자료와 훈련의 기회를 제공하는 일과 같이 다양한 방법으로 교회학교를 확장하는 일을 홍보한다.

5. 개체교회, 지방, 연회에서 일생 동안 사람들을 가르치고 배우는 일에 책임을 맡은 이들과 목사, 부모, 교육 지도자, 교사들을 위하여 봉사하며 이들에게 자료를 제공한다.

6. 교사들을 발굴하고 개발하며, 그 과정과 방법에 관하여는 물론 성서적, 신학적, 윤리적인 사고를 할 수 있도록 그들을 훈련할 때, 그들에게 자료를 공급하여 줌과 동시에 지원 업무도 담당한다. 전문 기독교 교육자들을 훈련하고 개체교회의 기독교교육에 대하여 신학생들을 훈련할 공통적인 관심사를 함양하기 위하여, 가능할 때 언제나, 교회 관계 대학과 신학대학원과 협력한다. 전국적인 캠프 훈련 행사를 실시하며, 캠프 훈련 과정과 야외 기독교교육을 기획하고 지도하며 리소스를 제공할 때, 지역총회와 연회를 돕는다.

7. 교회학교를 포함한 교회의 다양한 교육적 환경을 위하여 프로그램 작성, 지도자, 그룹 만들기 등에 관한 기준을 설치하고 그 지침을 만들어 준다.

8. 교회학교의 조직과 운영을 위한, 교회학교 학생들의 등록과 출석 보고를 위한, 그리고 특히 장애인들이 필요로 하는 일에 주의를 기울이면서 교회학교 건물과 교실을 위한 시설과 배치와 장식을 위한 지침을 만든다.

9. 개체교회의 교육부장, 안수 사역자와 평신도 사역자, 그리고 기독교교육 직원과 교육 보조원들를 훈련시키며 그들의 사역과 연관된 자료를 제공하여 준다.

10. 연합감리교회와 연관된 캠프장과 퇴수회 시설과 사역을 직접적으로 관리하는 그룹과 조직체들을 돕고 그들에게 정보를 제공하여 주며, 그들이 시설물들과 프로그램과 지도자들을 관리할 기준과 방침과 절차를 개발할 때 그들을 돕는다. 가능한 한 모든 캠프장과 퇴수회 시설들은 장애인들이 쉽게 접근할 수 있도록 건축되어야 한다.

11. 총회고등교육부가 ¶1421.2c에 규정된 바와 같이 인허받은 전문 교역자들을 위한 기준을 개발하며 개체교회의 교육 관계 직원들의 지속적 성장을 위하여 노력할 때, 당 부서와 협력한다.

12. 연회와 개체교회가 교인들을 도와 특정한 직업이나 생애뿐만 아니라 일반적인 기독교 사역을 택하도록 결정하게 할 때, 그들을 지원하기 위하여 자료와 표본을 제공하며 훈련을 시킨다.

13. 커리큘럼교재편찬위원회에서 다른 부서와 기관과 협력하여 개발한 커리큘럼 계획을 승인하기 위하여 이를 검토하고 추천하며, 거기서 개발한 커리큘럼을 해석하고 지원한다.

14. 기독교교육주일을 지킬 것을 장려한다 (¶265.1, ¶1806.12).

¶1110. *협력*—1. 총회제자사역부는 다른 총회 부서 및 기관과 협력하여, 청지기, 복음 전도, 예배, 선교교육과 사회참여를 장려하고 건전한 교육의 관점에서 이러한 사역을 평가한다.

2. 제자사역부는 총회세계선교부와 협력하여 개체교회의 모든 연령 그룹을 위한 통일된 선교교육을 개발한다. 선교교육의 내용은 다음과 같은 것들을 포함한다.

a) 제반 직원과 부서에 유통하는 정보와 협동사역을 통하여 새로 일어나는 선교와 교육 철학을 연관시킨다.

b) 나이 등 각양 인종과 문화적으로 다른 그룹들에 적절하고 다양한 선교교육의 양식을 개발하고 해석한다.

c) 선교교육을 위한 교과 과정을 계획하고 연합감리교회

가 교회학교 자료를 통하여 지원하는 사역(연합 사역을 포함)에 관한 선교 정보를 제공하고 선교교육을 위한 교과와 기타 자료를 준비한다.

d) 제반 부서와 협력하여 연합 선교교육 자료를 계획하고 개발하며 장려한다.

e) 기독교선교아동기금(Children's Fund for Christian Mission)과 같은 어린이, 청소년, 장년의 헌금을 통하여 선교교육을 받을 수 있는 방안을 개발하고 해석한다.

f) 선교 연구의 새로운 방법을 모색하고 여행과 연구회 등 선교에 교육적인 참여를 할 수 있는 모델을 개발하고 해석한다.

g) 선교학교를 위한 자격 있는 지도자를 활용하기 위하여 총회세계선교부의 직원에 대한 교육적 기준에 관한 정보를 제공한다.

h) 지도자를 위하여 포괄적인 선교자료 목록을 배포한다.

i) 현재 안수사역 및 평신도사역 후보자들에게 필수과목으로 되어 있는 연합감리교회의 역사, 정체, 교리를 통하여 선교교육을 신학대학원에서 강화하도록 하는 일에 있어 총회고등교육사역부 및 총회세계선교부와 협력한다.

3. 총회제자사역부는 기독교교육사역의 진흥을 위하여 교회의 다른 기관과 지정된 기구와 초교파적 기관들과 협력할 권한이 있다.

4. 총회제자사역부는 총회세계선교부와 협력하여 도시와 농촌, 대도시와 소수 인종, 민족인의 연합감리교회와 연합 목회를 강화하고 개발하는 프로그램을 계획하고 실행할 권한이 있다.

¶1111. *전도*—총회제자사역부는 총회가 지시한 교회 내의 모든 복음 전도 활동을 감독하며 관리한다. 전도는 교회 사명의 중심적인 사역이다. "전도"는 <장정> ¶630.1에 정의되어 있다.

총회제자사역부는 전 연합감리교회를 통하여 복음 전도의 모든 단계를 개발, 장려, 후원함으로써 주 예수 그리스도의 복음의 혜택을 모든 그룹의 사람들과 다양한 인종 및 민족의 사람들과 나눈다.

¶1112. *복음 전도의 임무*—예수 그리스도 안에서 하나님의 사랑에 응답하는 것으로 총회제자사역부는 다양한 환경 안에서 훈련하고 자문하며 자료를 계획하고 개발함으로써 연합감리교회의 전도사역에 대하여 전반적인 시각을 가진다.

1. 연합감리교회의 교리와 전통에 부합되는 복음의 개인적, 전체적, 사회적 측면에서 성서적, 신학적 타당한 기초를 설립하며 이해를 증진하며 이를 교인 전체에게 전달하고 해설한다.

2. 연회와 지방과 개체교회 차원에서 전도사역을 개발, 해석, 장려하도록 강조하여 개체교회에 적극적으로 참여하지 않는 사람들을 연합감리교회로 초대하며 돌본다.

3. 전도를 위한 방침, 목회 및 프로그램을 개발하도록 훈련과 자료를 제공한다. 자료는 개체교회의 전도사역 (¶254) 및 관련된 소위원회와 특무반의 사역을 위한 자료를 포함한다.

4. 교회의 다른 프로그램 기관과 협력하여 전도와 교회 성장과 새 교회 개척과 관련하여 목사와 평신도를 후원하며 필요한 자료를 제공한다.

5. 다양한 교세와 환경의 창의적인 교회들이 어떤 효율적인 전도 활동을 하는지 이를 연구하기를 장려하여 다른 교회에 모범이 되도록 하며 격려한다. 새 교회 개척 및 인종과 문화적으로 다른 그룹의 교회 등 기독교 복음과 교회의 성격에 어긋나지 않는 범위 내에서 새로운 전도 방법을 실험하며 보이도록 돕는다.

6. 개체교회의 목사, 평신도 사역자, 전도부장, 일반 전도자, 전문적인 전도자들을 위하여 자료를 제공하고 봉사한다.

7. 일반 부흥사로 봉사하기 원하는 장로들의 기준을 정한다. 본 위원회는 매 4개년마다 감독, 감리사, 연회제자사역부 및 연회 부흥사에게 이 기준의 사본을 보낸다. 하나님께로부터 일반 부흥사가 되라는 소명을 받았다고 믿는 장로는 자기가 속한 연회의 지침에 따라 그렇게 되기를 준비한다.

8. 연합감리교회 내외의 전도협회 및 기타 단체와 관련을 맺으며 섭외를 위하여 봉사한다.

9. 신학대학원과 총회고등교육사역부와 협조하여 안수사역 후보자를 훈련하고 양성하며 연속 교육의 기회를 제공한다.

10. 전도를 중심 활동으로 삼는 기타 기관과 연락하며 전도 프로그램을 위하여 상담하며 지침 및 자료를 제공한다.

11. 교회학교교재편찬위원회의 사역에 참여하고 협력하며, 전도의 개념과 자료를 교회학교 교재에 포함하도록 한다.

12. 필요에 따라 연회, 지방, 개체교회와 기타 기관과 협력하여 교회 부흥과 대외 선교와 새 교회 개척을 위한 전도 방책을 개발한다.

13. 교회 확장을 위하여 총회세계선교부와 협력한다. 이 목적을 위하여 총회제자사역부 및 총회세계선교부를 대표하는 같은 수의 위원으로 합동위원회를 구성하며, 이 위원회는 서로 배우기 위하여, 교회 확장을 위한 전략을 개발하기 위하여, 또한 새 교회 개척과 기존 교회의 부흥에 관하여 연회와 지방에 자료를 제공하며 이들을 지원하기 위하여 정기적으로 모인다.

¶**1113.** *예배를 위한 책임*—총회제자사역부는, 1. 연합감리교회의 교리와 일치하는 자료와 프로그램과 훈련 교재를 통하여 모든 그룹의 사람들과 다양한 인종 및 민족의 사람들에게 공중 예배에 관한 성서적, 신학적 기초를 닦아놓고 이를 해설한다. 예식, 설교, 성만찬, 음악, 그리고 관련된 예술, 교회력의 준수를 포함한, 하나님께 영광을 돌리기 위한 공중 예배 의식에 관한 모든 가능한 의미를 최대화한다.

2. 이러한 공중 예배 의식의 진행을 위한 기준과 자료를 개발한다.

3. 앞으로 있을 예배서와 찬송가의 출판에 관하여 총회에 건의안을 제출하며, 지시받는 대로 그 내용의 수정을 감수하여 연합감리교회 출판부를 통하여 그것을 출판한다. 연합감리교회의 찬송가에는 <연합감리교회 찬송가> (The United Methodist Hymnal , 1989), <일천 소리들의 찬양> (Mil Voces Para Celebrar, 1996, 스페인어 판), <찬송과 예배> (Come, Let Us Worship, 2001, 한국어 판)들이 있다. 우리 교회의 예배 예식서는 <연합감리교회 찬송가> (The United Methodist Hymnal , 1989), <일천 소리들의 찬양>(Mil Voces Para Celebrar, 1996; 스페인어 판), <찬송과 예배> (Come, Let Us Worship, 2001; 한국어 판)에 들어 있다.

4. 교회의 예식서와 승인된 예배 순서를 수정하기 위하여 준비를 하여 총회에 상정한다.

5. 공동문서협의회를 통하여 북미에 있는 여러 교파 교회들과 협력함으로써 공동 교회력과 성구집(Lectionary)을 계속 개발하며, 개정 공동 성구집(Revised Common Lectionary)과 기타 관련 자료를 자발적으로 사용하도록 장려한다.

6. 예배 의식 순서와 문구를 위한 증보판을 준비하여 출판한다.[25]

7. 예배 자료들을 준비하고 출판함에 있어 연합감리교회 출판부와 협력 관계를 유지하되 이에 국한할 필요는 없다.

8. 교회의 다른 총회 기관들의 자문에 응하여 연합감리교회의 표식이 붙은 예배 의식서와 기타 예배 문서들을 준비하고 발행하며 배부하며, 인종, 민족 자료들을 사용하고 교회의 여러 구성원을 인식하는 언어를 수용할 것을 장려한다 (¶4 참조).

9. 설교와 음악과 기타 예배 예술을 포함하여 예배 자료 개발에 관하여 연합감리교회의 정기 간행물과 출판물의 편집인에게 자문한다.

10. 본 부의 커리큘럼교재편찬위원회의 사역에 참여하며 이

---

25. 사법위원회 판정 445 참조

와 협력하여, 개체교회의 교회학교 교과과정에 예배에 관한 개념과 자료를 포함하도록 한다.

11. 신학대학원이나 목회자학교 및 기타 교육 환경에서 예배의 의미와 계획에 관한 강좌를 개설하도록 장려한다. 여기에는 여러 가지 예배 형식과—전통적인 것과 현대적인 것—문화와 인종의 표현도 포함되어야 한다.

12. 총회와 기타 교회의 일반 회의의 예배를 계획하고 진행할 책임을 진 사람들에게 상담한다.

13. 개체교회의 음악지도 책임자들, 곧 지휘자, 안수 사역자, 부목사, 음악부장 및 음악과 기타 예배 예술을 위한 자원봉사자들을 지도하며, 자료를 제공하며, 지속적으로 성장하도록 격려한다 (¶1405.7 참조).

14. 연합감리교 예배예술인친교회와 성누가회와 협력하여 교회의 예배 의식에, 적합한 예식, 설교, 음악 및 기타 예술 전체가 성례전의 신성한 의미가 있음을 강조한다.

15. 총회고등교육사역부와 협력하여 부목사, 지휘자, 음악목사들의 능력 기준을 개발하며, 또한 ¶1405.6의 규정된 바, 지휘자, 부목사, 음악목사의 자격을 인가하여 주기 위한 기준과 요건을 개발할 때, 총회고등교육사역부와 협력한다.

¶1114. *청지기 책임*—1. 연합감리교회의 교리와 일관된 청지기의 성서적, 신학적 근거를 프로그램 및 훈련 자료들을 통하여 해설한다.

2. 개체교회의 청지기 사역 그룹 부장, 청지기위원회, 재단이사회, 영구기부금관리위원회, 유서재산관리위원회, 기념사업회, 재정위원회, 재정위원장, 재무 서기 및 회계를 위하여 교육하며, 상담하며, 리소스를 제공하며 훈련받을 기회를 마련하여 주며, 위에 열거한 사람들과 그룹들을 위하여 그들이 사용할 수 있는 프로그램 리소스와 훈련 자료들을 개발한다 (¶807.17 참조). 공식적인 기록과 양식과 통계 및 재정에 관한 보고 절차는 총회재무행정협의회의가 책임진다.

3. 연합감리교회 안에서 개인적으로나 공동적으로나 크리스천의 청지기에 깊이 헌신하도록 하며, 이러한 일은 재능과 리소스를 나누어 쓰며 기독교 생활방식을 실천하는 일도 포함한다.

4. 연합감리교회의 선교사역을 위한 충분한 기금을 마련하기 위하여 계속하여 헌금을 증가할 수 있는 전략을 개발하고 자료를 제공하며 사역을 진행한다.

5. 지역총회와 연회 프로그램 기구의 청지기 및 재정 분야의 조직과 프로그램 책임에 관하여 상담하며, 프로그램과 자료의 해설에 협조한다.

¶1114

6. 연회 및 지역 재단에, 또한 연합감리교회 재단전국연합회 및 청지기지도자전국연합회가 청지기에 관한 임무를 수행할 때, 그들을 자문하며 그들에게 자료와 지침을 제공한다.

7. 총회재무행정위원회와 협력하여, 공용 언어, 지속적인 청지기 신학, 상호협력을 위하여 청지기와 관련된 총회 기관의 지도자들을 함께 소집한다.

¶1115. *<다락방>사의 영성훈련을 위한 임무*—1. 세계 공동체 회중에 속한 사람들이 하나님을 앙모하며, 그리스도 안에서 새 삶을 그리며, 하나님의 사랑과 인도하심의 체험을 서로 나눔으로써 서로 보살피며, 또한 세상을 변화시키려는 일에 그리스도인들이 노력할 때 서로 격려하게 도와주는 자료들을 개발하는 일.

2. 모든 연령층의 사람들을 그리스도를 통하여 좀 더 생동감 있고 친밀하고 변화가 있는 하나님과의 관계를 갖도록 인도하여 줄 수 있는 교회의 영적 지도자들을 권면하며 지원하는, 성서적으로 또한 신학적으로 건전한 영성생활 비전을 개발하며 홍보할 일.

3. <다락방> 및 기타 자료들의 세계적인 사역을 유지, 확장하는 일. 이 가정 예배서는 점점 더 많은 외국어로 번역되어지고 있으며, 전 세계에 걸쳐 사람들의 영성훈련의 필요를 충족시켜 주며, 계속 그 초교파적 성격을 더하여 가고 있다.

4. 제자사역부 내의 모든 다른 부서와 연합감리교회 내의 기타 그룹들과 협력하며, 또한 다른 교단의 영성훈련과 관련 있는 기관들과 협력하여야 하는 일.

¶1116. *평신도 사역*—총회제자사역부는 믿는 자의 사제됨(만인 사제직), 그리스도인의 소명, 일상생활 속에서의 평신도 사역의 많고 깊은 의미를 교회 전체에 해설하고 전파한다.

연합감리교회는 평신도(laos, 평신도 전체를 가리킴)를 훈련하여 선교사역에 종사하게 하며, 교회의 머리이신 그리스도의 이름으로 그들이 사역하며 증언하도록 도와 줄 책임이 있다. 이러한 당위성은 교회의 모든 기구가 부분적으로 책임을 지고 있기는 하지만, 총회제자사역부가, 제자의 도리를 개발하여야 하는 임무를 맡고 있기 때문에, 이 책임을 주로 감당하게 된다. 이 일을 감당하기 위하여 총회제자사역부는,

1. 평신도 사역에 대하여 이를 신학적으로 또한 성서적으로 잘 이해하도록 돕는다.

2. 조직화된 교회 안팎에서 평신도 사역을 개발하고 이를 해설한다.

3. 타기관에 구체적으로 위임된 일 이외에, 특히 평신도와

구역회, 교회임원회, 사역협의회, 목회위원회, 인사위원회, 공천위원회의 위원들 및 평신도대표와 연회평신도회원, 개체교회, 지방회, 연회, 지역총회와 관련된 기관의 지도자들을 제외한 개체교회의 지도자 개발과 양성을 위하여 자료를 제공하며 지원한다.

4. 사람들로 하여금 지역사회를 위한 사역의 지도자가 되게 하는 일을 할 때 개체교회와 지방과 연회를 돕는다.

5. 개체교회의 평신도주일 준수를 위하여 자료와 계획하는 방법을 그들에게 제공하여 준다.

6. 연회 및 지방 평신도 사역자 총무, 또한 연회 및 지방 평신도사역위원회, 그리고 연회평신도설교사역자 총무협회를 지원한다. 연회 총무들과 협의하여 인허받은 평신도 사역자들, 평신도 설교자들, 전도사들을 위한 기준을 설정하며, 연회와 지방 위원들이 사용할 교육 자료들을 제공한다.

7. 연회 및 지방의 평신도 지도자와 연회 및 지방의 평신도사역부 또는 그 상응하는 기구, 그리고 연회평신도대표전국연합회와 기타 해당 협회와 연회 및 지방의 임원 및 기관을 지원한다.

8. 총회제자사역부가 책임지고 있는 모든 프로그램 분야에서, 지도자들을 개발하고 훈련시킬 총괄적인 계획을 개발하려고 할 때, 이 일에 협력하게 하며 조율하는 일을 시작한다.

9. 안수받은 장로가 병자나 거동하지 못하는 이들에게 말씀과 성례전에 따르는 가능한 한 실행할 수 있는 성별된 성만찬의 요소를 분급하도록 평신도를 선택하여 훈련시키도록 격려한다. 또한 이 분급은 한 교회 또는 감리사에 의한 한 개 이상의 교회에서 목회자의 역할을 하도록 지명된 평신도에게도 적용할 수 있다.

¶1117. *크리스천의 제자직 형성 임무들*—총회제자사역부는 세상을 변화시키는 데 초점을 둔 그리스도인들의 제자화를 지원하기 위하여 개체교회의 그룹 사역을 해설하며 홍보한다.

1. *소그룹 사역*—크리스천의 제자화에는 다양한 은혜의 방편이 있음을 인정하므로, 총회제자사역부는 개체교회가 포괄적인 소그룹 사역을 개발하는 일에 있어 다음과 같은 일을 함으로써 그들을 돕는다. 곧

a) 사람들이 하나님을 찾으며, 공동체를 갈망하며 그리스도의 제자가 되기를 원할 때, 그들을 돕는 소그룹 사역 지도자들에게 자료를 제공하며 그들을 훈련하고 지원한다.

b) 사람들을 세상에서 충성스러운 크리스천으로 일생을 살게 하는, 쎌 그룹, 삶의 그룹, 돌보는 그룹 또는 소그룹과 같은 그룹들을 위하여 자료를 제공하며 지원하되 총회제자사역부가 특히 책임을 지고 있는 분야에서 행한다. 자료를 개발할 때에

는 우리가 지금 살고 있는 언어와 영상의 문화의 강한 영향력과 사람을 변화시키는 이야기의 중요성을 감안하여야 한다.

2. *책임지는 제자의 도리*—우리 웨슬리의 전통은 서로가 서로에게 책임을 지는 독특한 강조점을 가지고 있음을 확인하며, 총회제자사역부는 개체교회에서의 책임성을 다음과 같이 함으로써 장려한다.

    a) '제자의 총칙'(General Rule of Discipleship)을 홍보함으로써, "세상에서 예수 그리스도를 증언하며, 성령의 인도로 선행, 정의, 예배, 경건을 실천하며 그의 가르침을 따른다."[26]

    b) 우리 웨슬리 전통의 풍요함 속에 있는, 지도력에 근거한 자료를 제공하고 그들을 훈련하며 지원함으로써 전체 교회를 통하여 모든 연령층의 사람을 위한 '성약제자 그룹(Covenant Discipleship Group)' 또는 해외지역총회가 처한 상황에 맞는, 이와 비슷한 모델을 만들 것을 권장한다.

    c) 속회 인도자들의 역할을 활성화하기 위한 자료를 제공하며 훈련시키며 지원함으로써, 그들이 '제자의 총칙'을 모든 교인들에게 해설하며 목사가 전 교인에게 또한 기타 사역 현장에서 서로가 서로에게 책임지는 일을 육성하는 일에 협조한다.

    d) '성약제자 그룹' 및 개체교회 속회 지도자들에 관하여 지역총회, 연회, 지방에 이를 소개하고 개발하는 일을 자문한다.

¶1118. *소수민족 개체교회에 대한 관심*—총회제자사역부는 소수민족 개체교회에 대한 관심을 일으키며 프로그램을 진흥하는 사역을 한다. 교인들의 마음속에 맨 먼저 소수민족 교회 교인의 필요를 생각하도록 협력하며 노력한다. 제자사역부는 재정적, 인적 프로그램에 있어 적합한 자료를 사용하여 소수민족 개체교회의 사역을 지원하며 격려하도록 하여야 한다.

¶1119. *연령별, 전 생애를 통한, 가정사역*—제자사역부는 모든 연령층과 가정의 어린이, 청소년, 장년사역을 지원하며, 자료개발에 있어 통합적이며 조화된 학습법을 제공한다. 행정 및 코디네이트 하는 지도자들에게 봉사함으로써 제자사역부는 개체교회와 연회들이 다음과 같은 일을 하도록 도울 것이다. 곧

    a) 개체교회의 우선적인 과제를 지원하는 사역의 개발을 위하여 지식을 확대하여 나간다.

    b) 모든 연령층의 사람들 및 성장 단계에 있는 사람들과 다양한 형태의 가정들을 위하여 그 발전과 양육을 돕는다.

    c) 개인과 가정의 영적 발달과 성장을 돕는다.

---

26. 웨슬리의 '총칙'을 번안한 것. Gayle Turner Watson의 A Guide to Covenant Discipleship Groups (Discipleship Resources, 2000), 12쪽 참조.

d) 가정생활의 기반으로서 성약(聖約 covenant)을 만들어 이를 지키는 일을 장려한다.

총회제자사역부는 또한 연령별 및 가정 사역 담당 지도자들에게 봉사와 리소스 공급을 원활하게 하기 위하여 연구하고 실험하며, 자문하며 훈련시키며, 그리고 공동으로 계획하는 일에 참여한다.

1. *포괄적인 어린이사역*—제자사역부는 어린이들을 위한, 그들과 함께 하는 포괄적인 사역을 개발하는 일에 있어 개체교회와 연회를 지원한다. 이러한 사역들은 주일학교와 여름성경학교, 유치원과 초등학교 연령층의 주간사역, 회원과 이웃 그룹, 스카우트사역, 교회 시설 안팎의 활동과 단기 수업들을 포함할 수 있으나 이에 한하지 않는다. 이 사역들은 성서적인 토대, 기도와 영적 형성, 공동체 섬김, 예수 그리스도를 통한 개인적 가치, 인간의 성, 가치들, 연합감리교회 연구, 창작, 다문화 존중, 다른 이들에 대한 대외 봉사, 어린이들의 생활에 있어서 의미 있는 순간들을 경축하는 데 초점을 맞추어야 한다.

이 책임에는 어린이들을 대신하여 그 옹호자가 되도록 개체교회를 지원하는 일, 어린이와 그들의 가정과 회중의 관심사와 필요를 확인하는 일, 연합감리교회 안에서 어린이 사역의 지위를 평가하는 일, 어린이의 삶의 질을 강화하도록 교회 구조와 개체교회 안에서 지도자들을 채워 주는 프로그램과 모델과 문제에 대한 적합한 자료를 수집하고 보급하는 일과 같은 협력적인 과제들을 포함할 수 있다.

2. *포괄적인 청년사역*—교회의 모든 계층에 있어서 청소년 및 청장년사역 프로그램의 개발과 성취에 대하여 포괄적인 학습이 있어야 한다. 포괄적인 학습은 청년사역의 우선 과제에 대해 이해를 기초로 하는데, 그것은 어디에 있든 청년들을 사랑하는 것, 그들이 하나님과의 관계를 발전시키는 일에 격려하는 것, 양육과 성장의 기회를 제공하는 것, 그들의 공동체 안에서 섬기도록 하나님의 부르심에 대하여 응답하도록 촉구하는 것이다.

a) 커리큘럼—커리큘럼위원회(¶1121)를 통하여, 총회제자사역부는 모든 청년들과 미국이나 해외지역총회가 정하는 바 특정한 연령 그룹의 사람들이 다양한 환경에서 사용하기에 적합한 커리큘럼과 지도자 지침서를 구할 수 있도록 보장해 주어야 한다.

b) 프로그램 자료들—개체교회와 지방, 연회, 지역총회, 총회 차원에서 청년사역 프로그램을 효과적으로 사용할 수 있도록, 보충적이고 추가적인 지침서들과 다른 프로그램 보조 자료들을 개발하고 촉진한다.

c) 지도자 훈련과 네트워킹—교회의 모든 차원에서 교

사, 상담자, 조언자, 인도자로서의 역할을 하는 성인 청년사역자들을 격려하고 지원하도록 지도자 훈련을 한다. 기술을 향상시키며 효율적인 모델과 자료를 나누기 위하여, 교단 전체 청년사역 지도자들 사이에 현재 진행되고 있는 의사 교류를 워크숍과 사회 미디어와 온라인과 출판물을 통하여 계속 유지하도록 네트워킹을 개발한다.

    d) 구조—미국과 해외지역총회에서 볼 수 있는 청년사역 프로그램을 위한 활동적이고 효과적인 구조들이 전 교회 차원에서 확대되고 유지되어야 한다. 이 구조들은 청년들이 교회생활 전반에 걸쳐 그 계획과 운영에 지도자와 위원으로 참여하도록, 또한 청년들의 관심사를 대변하도록 장려할 것이다.

  3. *포괄적인 장년사역 (Comprehensive Adult Ministries)*—총회제자사역부는 장년들을 위한, 장년들과 함께 하는, 장년들에 의한 포괄적인 사역을 개발함에 있어 연회와 개체교회를 지원한다. 제자사역부의 우선 과제와 일치하여, 장년사역은 장년이 관여하는 국제적인 프로그램과 청년, 중년, 노년과 독신자(예를 들면, 배우자를 잃은 이들, 독신을 서약한 이들, 별거한 이들, 이혼한 이들)들을 위한 사역과 교육을 포함할 수 있으나 이에 제한할 필요는 없다. 이러한 플랜은 장년 교육사역의 다양한 모델 안에서 지도자 훈련, 신앙 개발, 영적 형성, 장년의 발전 단계와 과제들, 성서적 기반과 학습을 포함한다.

    이 책임에는 연합감리교회 안에서 장년에 의한, 장년과 함께 하는, 장년을 위한 사역들의 지위를 평가하는 일, 장년들의 관심사와 필요(예를 들면, 청장년, 중년, 노인과 독신)를 확인하는 일, 장년 생활과 신앙의 질을 강화하도록 개체교회, 지방, 연회, 부서와 기관 안에 있는 지도자들을 채우는 문제와 모델과 프로그램에 대한 적절한 데이터를 수집하고 퍼뜨리는 일과 같은 협력적인 과제들을 포함할 수 있다.

  4. *포괄적인 가정사역들*—총회제자사역부는 포괄적인 가정사역을 개발하는 일에 있어 개체교회와 연회를 지원한다. 우선적인 과제와 일치되게 이 사역은 다음과 같은 분야에서 가정들을 돕는다. 곧, 영성훈련과 개발, 부부성장사역, 육아, 인간의 성, 돌보는 일, 가정생활의 질에 영향을 주는 문제 등이다. 이러한 플랜은 다음과 같은 것을 포함한다. 곧 가정생활 및 가정생활의 발전하는 형태들을 신학적이며 체험적으로 이해하는 것은 물론, 이를 성서적으로 탐구하며 학습하는 일 등이다. 가정사역은 구조보다 사람에 대하여 그 초점을 맞추어야 한다.

    제자사역부는 가정생활위원회를 조직하고 운영할 수 있다.

본 위원회는 참가 대표자들의 목적과 책임과 일치하게 정보공유, 공동계획, 및/또는 협동 프로그램을 위한 장을 마련한다.

이 임무에는 다음과 같은 보조적인 과제가 포함될 수 있다. 곧 가정과 회중의 관심사와 필요를 확인하는 일, 연합감리교회 안에서 가정사역의 지위를 평가하는 일, 가정생활의 질을 강화하기 위하여 문제와 모델 및 부서와 기관의 사역을 알려 주는 프로그램에 대하여 중요한 데이터를 수집하고 퍼뜨리는 일이다. 본 위원회는 가정생활 분야에서 초교파적이고 초교단적인 기관과 연락하며 관계하여야 한다.

¶1120. *노인사역위원회를 위한 일반 규정*—1. 행정적으로 총회제자사역부와 연결된 노인사역위원회를 둔다.

2. *목적*—본 위원회는 참여하는 기관들의 임무와 목적에 따라 결정되어진 바, 정보 교환, 협동 계획 및 합동 프로그램을 준비하기 위한 포럼을 제공할 것이다. 본 위원회는 노인들의 관심사와 이슈들을 위한 대변자가 되며, 연합감리교회와 이에 속한 기관들 및 일반 사회 전반에 걸쳐 노인에 의한, 노인과 함께하는, 노인을 위한 사역을 지원한다.

3. *책무*—본 위원회의 책무는 다음과 같다. 곧

a) 노인들의 필요와 관심사와 그들의 잠재적인 공헌 가능성을 찾아낸다.

b) 개체교회 노인들의 영성훈련과 교육, 훈련, 선교, 봉사, 친교를 포함하여, 노인에 의한, 노인과 함께하는, 노인을 위한 포괄적인 사역 계획을 개체교회에서 홍보한다.

c) 노인에 의한, 노인과 함께하는, 노인을 위한 개체교회 노인사역을 강화하기 위한 리소스와 프로그램을 개발하는 일을 장려하며 지원한다.

d) 노인들에게 부정적으로 영향을 주는 조직과 이념에 타격을 주도록 계획된 정책 및 봉사 사역을 개발하고 시행하도록 촉구한다.

e) 생활의 질, 세대 간의 이해 및 상호작용, 또한 믿음의 성장이 중요함을 강조하면서 일생을 통하여 진행되는 노화 현상에 관하여 교회를 가르친다.

f) 연회, 지역총회, 해외지역총회, 그리고 범교회적인 차원에서 노인들이 교회의 목회와 선교사역에 새로운 역할을 하도록 훈련하고 준비시키는 데 필요한 자료와 프로그램들을 개발하도록 권장하며 지원한다.

g) 개체교회에 노인사역의 정보와 지침을 제공하는 일의 주관 부서 역할을 담당한다.

h) 노인사역과 연관된 자료, 프로그램, 정책 등을 개발할 책임을 진 기관들이 서로 연락을 취하며 네트워킹을 형성하도록 권장한다.

i) 노화와 관련하여 연합감리교회 <결의문집>에 수록되어 있는 규정들을 지지하며 대변한다.

j) 연례 '경로일' (Older Adult Recognition Day) 행사를 위한 리소스를 개발하는 일을 지원하며 장려한다.

k) 전 연합감리교회를 통하여 노인사역을 위한 재정지원 프로그램을 개발하고 관리한다.

4. *위원*—본 위원회의 구성은 다음과 같다. 먼저 다음 기구들로부터 위원 1명과 직원 1명을 본 위원회의 위원으로 낸다. 곧 총회제자사역부, 총회세계선교부, 총회사회부, 총회고등교육사역부, 총회은급의료혜택부. 그리고 다음과 같은 부서에서 각 1명씩 —위원이나 직원— 위원으로 참가한다. 곧 여권신장위원회, 인종관계위원회, 총회남선교회위원회, 연합감리교회 출판부, 총회공보위원회, 연합감리교회 여선교회전국기구. 그리고 총감독회를 대표하는 은퇴 혹은 현직 감독 1명, 해외지역총회 대표 1명, 각 지역감독회에서 1명씩 선출한 노인 대표 5명, 본 위원회가 전문적인 의견을 수렴하고, 또한 그리하거나 하여 필요한 자격을 확보하여 더 포괄적인 위원회 운영을 위하여 선출한 3명 이하의 사람, 그리고 포용적인 위원회의 성격을 이루기 위하여 본 위원회가 선출한 3명 이하의 추가 위원들 (인종, 민족, 장애인, 연령, 남녀, 평신도, 교역자 및 지역적인 요인들을 특별히 고려하여야 한다). 직원이나 위원들은 해당 부서에 필요한 연락과 보고 업무를 담당한다. 위원들과 해외지역총회 및 지역총회 대표들은 두 4개년을 계속하여 봉사하지 못한다. 각 부서가 노인사역위원회에 참석하는 대표들의 여비와 기타 비용을 책임진다.

5. *모임*—본 위원회는 총회제자사역부가 모일 때, 최소한 1년에 한 번은 모여야 할 것이다.

¶1121. *커리큘럼교재편찬위원회의 임무와 책임*—총회제자사역부가 조직하고 운영할 커리큘럼교재편찬위원회를 둔다. 본 위원회는 본 교단의 기독교교육을 위한 사역 및 기타 교육 현장에서 사용할 교재와 교재 자료를 계획하고 발간할 책임이 있다 (¶258.1 참조).

1. 교재편찬위원회는 교회학교교재 편집인들이 교재편찬위원회 및 연합감리교회의 교육 선교사역에 종사하는 다른 사람들이 낸 아이디어를 포함한 연구에 근거하여 설계, 제안한 계획을 검토하고 결정한다.

2. 커리큘럼과 커리큘럼재료 개발 계획은 개체교회가 그 교육사역을 수행하는 데 도움을 줄 수 있도록 계획되어야 한다.

3. 본 계획은 또한 총회제자사역부가 설정한 교육 선교의 철학과 학습법과 일관된 것이어야 하며, 통일된 목적과, 범위를 설정함에 있어 계획적인 포괄성을 포함하고 있어야 한다. 교재는 교회의 전체 생활과 사역을 지원하며, 연합감리교회의 '교리적 기준'과 '총칙'(¶104)과 일치하는 기독교의 진리를 가르치며, 총회에서 승인한 연합감리교회의 공식적인 입장을 반영하여야 한다.

¶**1122.** *커리큘럼의 요건*—교과 과정과 교재 자료가 총회제자사역부의 승인을 받으면, 교회학교교재 편집실의 편집 직원들은 그 계획에 따라 교재의 자료를 개발한다. 그 자료는 성경에 기초를 두며, 살아 계신 그리스도의 전 인류를 위한 복음을 반영하며, <장정> ¶104과 ¶105에 명시된 연합감리교회의 교리와 일치하며, 제자사역부가 제정한 각양의 환경에서 사용될 수 있어야 한다.

¶**1123.** *총회 기관들의 교육 자료들을 검토할 수 있는 커리큘럼교재편찬위원회의 권한*—커리큘럼교재편찬위원회는 타기관에서 개발하였거나 새로 개발 계획을 하고 있는 자료를 검토, 승인, 추천할 수 있다. 본 위원회는 승인한 모든 자료들이 <장정> ¶104와 ¶105에 명시된 연합감리교회의 교리와 일치하는지 확인하여야 한다. 총회제자사역부가 승인한 모든 교재는 우리 교회의 교육사역에서 사용하기 위하여는 허락을 받아야 한다.

¶**1124.** *커리큘럼교재편찬위원회의 총회제자사역부 및 연합감리교회 출판부와의 관계*—1. 커리큘럼교재편찬위원회는 다음과 같은 방법으로 총회제자사역부와 연관을 맺는다.

a) 본 위원회는 교육 철학과 방법에 관하여 총회제자사역부에 책임을 지며 제자사역부가 제정한 기준을 지킨다.

2. 교재편찬위원회는 다음과 같은 방법으로 연합감리교회 출판부와 관계를 맺는다. 곧

a) 연합감리교회 출판부 발행인 또는 총회출판부 이사회의 위원장은 총회제자사역부의 회의에 참여하여 커리큘럼교재편찬위원회와 연합감리교회 출판부가 공통적으로 가지고 있는 관심사에 관하여 협의한다. 그는 여기에서 발언권을 있으되 투표권은 없다.

b) 연합감리교회 출판부는 교회학교교재 편집실의 편집 직원들이 준비한 교재를 출판, 생산, 보급한다. 연합감리교회 출판부와 총회제자사역부는 공동으로 이 자료들을 해설하고 지원할 책임이 있다.

c) 커리큘럼교재편찬위원회의 사업 경비는 연합감리교회 출판부가 담당한다.

　3. 본 위원회는 다음과 같은 관계를 추가하여 유지한다.

　　　a) 본 위원회는 교육 연구, 실험 자료의 개발, 우리 교회의 교육사역을 위하여 제공한 리소스의 평가를 하는 일에 있어 연합감리교회 출판부 및 총회제자사역부와 협력할 수 있다.

¶**1125**. *교회학교교재 편집인*—1. 교회학교교재 편집인은 커리큘럼교재편찬위원회 및 교회학교교재 편집실 편집 직원들의 관리와 일반적인 편집 방침을 수립할 책임이 있으며, 아울러 교회학교교재의 편집 내용을 최종적으로 결정할 책임이 있다.

　2. 본 편집인은 총회제자사역부의 회장, 커리큘럼교재편찬위원회 위원장, 총회제자사역부의 교육에 관심을 가진 위원 1명, 연합감리교회 출판부의 위원장과 다른 2명의 위원들로 구성된 합동위원회의 천거로 총회제자사역부가 선임한다. 편집인의 선출은 연합감리교회 출판부의 인준을 받아야 한다.

　3. 본 편집인은 교회학교교재의 내용이 제자사역부에서 제정한 교육 철학과 일관되도록 제자사역부에 책임진다.

¶**1126**. *커리큘럼교재편찬위원회 위원*—1. 커리큘럼교재편찬위원회의 위원은 매 4개년 기간마다 총회제자사역부에서 선출한 다음과 같은 8명의 투표권 소지 위원으로 구성한다. 곧

　　　a) 총회제자사역부의 위원이 아니며 교육에 경험이 있는 감독으로서 총감독회가 지명한 1명의 감독.

　　　b) 제자사역부의 추천을 받은 7명. 이 가운데 적어도 3명은 제자사역부의 위원이라야 한다. 교육에 관한 전문성과 교육사역을 위한 개체교회의 관심사에 대하여 지식이 있는 전문가를 4명까지 선출할 수 있다.

　　　c) 연합감리교회 출판부의 위원장과 발행인, 총회제자사역부의 총무는 커리큘럼교재편찬위원회의 직책상 위원이 되며, 이들은 발언권만 있고 투표권은 없다.

　　　d) 본 위원회의 위원장은 총회제자사역부의 위원이 된다.

　2. 커리큘럼교재편찬위원회는 교회학교교재 편집실과 총회제자사역부의 직원들을 발언권만 있는 위원으로 포함하여야 한다. 커리큘럼교재편찬위원회는 다른 부서와 기관 및 위원회가 지명한 사람들을 포함하여 그 임무를 도와 줄 수 있는 이들을 선발할 수 있다. 다른 부서와 기관 및 위원회의 위원들은 자기들의 비용을 부담한다.

　3. 본 위원회는 그 업무를 촉진하기 위하여 필요한 규약과 운영지침을 채택할 수 있다.

제6절 청년사역국
(Division on Ministries with Young People)

¶1201. 총회제자사역부에 청년사역국을 둔다.

¶1202. *목적*—청년사역국의 목적은 청년(젊은이)들에게 세상을 변화시키는 예수 그리스도의 제자들이 되도록 힘을 길러 주며, 그들이 믿음 안에서 자라도록 돌봐 주며, 아래와 같은 일을 함으로써 젊은 지도자들을 유능하게 만드는 데 있다.

1. 개체교회의 청소년/청장년 영적 지도자들을 개발함으로써 사람들을 예수 그리스도의 제자로 삼아 인간의 삶에 변화를 가져오게 한다.

2. 연합감리교회에 도전하여 청소년(youth)들의 삶에 대한 하나님의 부르심을 포용하고 확인하고 경축하도록 한다.

3. 영향력과 가치가 연령과 경험에 제한받지 않는, 생동하는 사역을 개발하고 양육한다.

4. 교회와 세상에 대하여 청소년들의 문제와 관심사를 대변한다.

5. 청소년들이 평화와 정의와 자선의 역군으로 일할 수 있도록 힘을 길러준다.

6. 전 세계를 통하여 개체교회에서 사역하며 지역사회에서 활동하는 청소년들 및 청장년들의 다양한 경험을 연결시켜주기 위하여 네트워크를 형성하여 주며, 이를 위한 자료를 제공한다.

¶1203. *임무*—청년사역국의 임무는 아래와 같다.

1. 개체교회, 지방, 연회, (해외)지역총회, 총회 차원에서 젊은이들이 멤버로 또한 지도자로 전적으로 참여하도록 활력 있고 효율성 있는 시스템을 장려하고 유지한다.

2. 교회의 생활, 계획, 행정 전반에 걸쳐 젊은이들이 필요로 하는 것과 관심을 가지고 있는 일들을 대변한다. 특히 젊은이들의 다방면에 걸친 생활 현실에 주의를 기울여야 한다.

3. 다음 세 가지로 구성되어 있는 네트워크를 개발하고 지원한다. 곧 연합감리교 청소년네트워크, 연합감리교 청장년네트워크, 연합감리교 청소년사역자네트워크—여기에는 청소년 사역자들, 청소년 담당 목사들, 학원선교 사역자들, 연회 직원들, 채플레인들, 청장년 사역자들 등이 포함되어 있다. 이 네트워크들은 개체교회와 교회생활의 다른 활동무대와의 계속적인 커뮤니케이션과 연결 고리를, 교단과 서로에게 유대관계를, 또한 청소년들의 영성 훈련을 위한 자료들을 제공하여 준다.

4. 청소년, 청장년, 청소년 사역자들이 교회의 생활과 선교에 전적인 또한 적극적인 참여자가 되도록 하는 지도자 훈련 모델과 리소스를 제공하여 준다.

¶1203

5. 매 4개년 기간마다 열리는 세계청소년대회를 계획하고 실행하며, 지역 및 전국 대회를 위하여 프로그램 자료를 제공하여 주고 이를 행정적으로 지원한다.

6. 총회사회부, 총회제자사역부, 총회세계선교부, 총회고등교육사역부와 협의하여 분배한 청소년사역 보조금을 행정적으로 감독한다.

7. 청소년선교기금을 행정적으로 감독한다.

8. 연회 청소년사역협의회와 청장년사역협의회 및 기타 허락된 기구의 건의를 참작하여 청소년과 청장년을 총회 부서의 공천위원회에 천거한다 (¶649.3e와 ¶650.3e).

9. 청소년들이 직업을 선택하거나 다른 형태의 봉사를 할 때, 평화와 정의와 자선의 사역을 통하여 자신들의 믿음을 따라 살 수 있는, 효율적인 전략과 기회를 이에 적합한 부서와 협력하여 마련하여 준다.

10. 해당 부서와 협력하여, 인허 및 안수 사역을 위한 하나님의 부르심에 청소년들이 응답하기를 바라는 교회의 도전을 강화하며, 젊은 교역자들을 위하여 네트워크를 개발하여 준다거나 기타 적절한 리소스를 통하여 그들을 지원한다.

11. 해당 부서와 협력하여, 청소년들이 적절한 교단적, 초교파적, 범종교적 기관과 관계하며 이들과의 대화 내지 토의에 참여하도록 권장한다.

¶1204. *권한과 의무*—청년사역국은 프로그램, 인사, 행정 문제에 있어 총회제자사역부에 복종할 의무가 있다. 본 국은 프로그램들이 요구하는 바를 지원할 방향을 결정하고 해설할 권한이 있다. 이 프로그램 방향들은 총회제자사역부의 설립 목적에 부합하며, 이의 승낙을 받아야 한다.

¶1205. *청년사역국의 총회제자사역부와의 관계*—청년사역국은 당 부와 다음과 같이 연결되어 있다. 곧, 청년사역국 위원회의 2명의 위원이 총회제자사역부의 위원으로 선출되어야 하며, ¶1207이 정한 본 사역국의 연령 규정에 따라, 1명의 청소년과 1명의 청장년, 도합 2명의 젊은이를 선출한다.

¶1206. *조직*—청년사역국은 세 개의 단위로 구성한다. 곧 '연합감리교 청소년,' '연합감리교 청장년,' '연합감리교 청년사역자' 등이다.

¶1207. *위원들*—청년사역국의 위원은 남녀, 인종, 민족, 평신도, 교역자 및 직업에 있어 포용적이어야 한다.

1. 위원들은 아래와 같다.

  a) 12명의 청소년—각 해외지역총회의 청년 조직체에서

선출된 한 명의 청소년 (연령은 각 해외지역총회가 정하는 바에 따르되 24세가 넘어서는 안 된다); 각 지역총회 지역청소년대회가 선출하되 선임 당시 16세 또는 그 이하가 되는 한 명의 청소년.

b) 12명의 청장년—각 해외지역총회 청장년 (young adult) 조직체에서 선출된 1명의 청장년 (연령은 각 해외지역총회가 정하되 35세가 넘어서는 안 된다); 지역총회가 선출한 1명의 청장년.

c) 12명의 청년 사역자들—해외지역총회 공천위원회에서 선임한 각 해외지역총회 지역의 장년 1명: 각 지역총회가 선출한 1명의 장년.

d) 추가위원들:

(1) 1명의 총회제자사역부 위원.

(2) 2명의 연합감리교 학생운동운영위원회 (¶1412.2g) 위원.

(3) 포용성과 전문성을 확보하기 위하여 본 국이 추천하고 총회제자사역부가 결정하는 5명 미만의 추가위원들.

(4) 총감독회가 선출한 1명의 감독.

2. *고문들*—본 국은 청소년 및 청장년 사역을 하고 있는 총회 기관들과 기타 연합감리교회 조직체의 사업과 연관을 맺으며 이를 돌보이게 할 책임이 있다. 이 책임을 효율적으로 수행하기 위하여 다음과 같은 기관에서 1명의 직원(직원이 불가능할 경우에는 위원 중의 한 사람이)이 본 국의 회의에 발언권은 있으되 투표권이 없는 위원으로 참석한다. 이 대표들은 그들을 보내는 기관의 비용으로 회의에 참석하며, 본 국이 우선적으로 다루는 사항들을 그들의 기관에 알리며, 본 국의 고문으로 봉사한다. 곧

a) 총회사회부
b) 총회제자사역부
c) 총회세계선교부
d) 총회고등교육사역부
e) 총회인종관계위원회
f) 총회여성지위향상위원회
g) 총회연합감리교회 남선교회위원회
h) 총회재무행정협의회
i) 총회사역기구협의회
j) 연합감리교회 공보부
k) 연합감리교회 출판부
l) 연합감리교회 여선교회

¶1208. *청소년선교기금*—청소년선교기금을 설립한다.

1. *조직*—청소년선교기금은 연합감리교회 청소년들의 청지

기 교육과 선교 지원의 수단이 되어야 한다. 이 기금을 조성하기 위한 일부로 청소년들은 그들이 속하여 있는 교회의 전체 프로그램과 예산에 관하여 재정적 책임을 지도록 도전을 받아야 한다. 개체교회 회계는 청소년선교기금 헌금 전액을 연회회계에게 보내야 하며, 연회회계는 그 70%를 보관하여 연회청소년사역 협의회가 분배하도록 한다. 연회회계는 나머지 30%를 매월 총회 재무행정협의회의 회계에게 보내어 총회제자사역부 청년사역국에 전달하도록 한다. 연회에서 모금한 다른 모든 청소년선교기금도 같은 방법으로 분리하여 같은 방법으로 분배한다.

2. *프로젝트 리뷰*—청년사역국의 청소년네트워크가 프로젝트를 선택하기 위하여 네트워크에 자문하는 프로젝트 심사위원회를 구성한다. 프로젝트 심사위원회는 청년사역국 위원회의 위원인 청소년과 장년으로 조직하되, 청년사역국이 정한 대로 장년 1명에 청소년 5명의 비율로 한다. 프로젝트는 청년사역국의 청소년 네트워크가 정한 방침과 기준에 따라 선택한다.

3. 적어도 전체 청소년선교 기금의 70%는 이 선교기금의 프로젝트를 지원하기 위하여 사용되어야 한다. 나머지 금액은 사무실 경비와 이 기금을 위한 홍보와 해설하는 일에 사용한다. 연합감리교회공보부는 청년사역국이 청소년선교기금을 홍보하며 설명하는 일에 협조한다.

¶1209. *젊은이들 사역을 위한 수여금 (Grants)*—연합감리교회의 개체교회, 연관되어 있는 기관들, 학원선교, 지방, 연회, 잠정연회, 지역총회, 해외지역총회에 줄 수여금이 있어야 한다.

1. *목적*—이 수여금의 목적은 교회 내의 다른 조직체들에게 모범적인 프로그램이 될 수 있는 역동적이고 창조적인 청년사역을 재정적으로 지원하는 데 있다.

2. *프로젝트 심사*—청년사역국은 본 사역국의 위원인 3명의 청소년, 3명의 장년, 3명의 청년사역자로 구성된 프로젝트심사위원회를 둔다. 본 위원회는 또한 총회사회부, 총회제자사역부, 총회세계선교부, 총회고등교육사역부에서 선발된 각 1명의 직원대표와 1명의 위원들을 포함할 수 있다. 청년사역국은 이 4개의 프로그램 부서와 협의하고 또한 본 국 및 프로그램 부서의 목적과 연관하여 심사 기준을 설정한다.

¶1210. *세계청년대회*—세계청년대회를 개최하여야 한다.

1. *목적*—세계청년대회는 세계적인 행사로서 매 4년에 한 번 열린다. 이 대회의 목적은 연합감리교회 내 젊은이들의 선교와 생동력을 경축하며, 세계 공동체 젊은이들의 기쁨과 관심사를 들

어내며, 개체교회와 믿음의 공동체의 효율적인 사역을 위하여 젊은이들을 지도자로 길러내며, 청소년, 청장년 사역의 새로운 추세를 조명하여 보며, 교회의 세계적 현실을 직시하는 대화의 장을 마련하는 데 있다.

2. *입법*—이 대회 기간 중에 지역총회 및 해외지역총회 대의원들과 개인들은 적절한 포럼에서 법제정을 건의할 수 있는 기회가 주어져야 한다. 이 포럼은 "투표권 소지 대의원"으로 구분된 사람들로 구성한다. 포럼에서 제정되는 법규는 젊은이에게 관심이 있는 문제와 연관이 있어야 한다. 포럼에서 채택된 법규는 청년사역국에 위탁하든지, "연합감리교회 청년입법의회"의 이름으로 연합감리교회 총회에 송부한다. 모든 법규와 청원과 프로그램은 ¶806.9와 ¶806.11의 규정을 지켜야 한다.

3. *대의원들*—연합감리교회 청년입법의회는 그 성격상 포용적이어야 하며, 다음과 같이 선출한다. 곧

a) 투표권 소지 대의원들:

(1) 각 지역총회에서 선출된 5명의 청소년(12세에서 18세)들과 각 해외지역총회가 각자 정의를 내려 규정한 연령에 따라 선출한 5명의 청소년들. 이 청소년들은 각 지역총회 청년사역과 해외지역총회 청년 조직들이 정한 절차에 따라 세계청년대회가 열리기 1년 전에 선발한다.

(2) 각 지역총회에서 선출된 5명의 청장년(19세에서 30세)들과 각 해외지역총회가 각자 정의를 내려 정한 연령에 따라 선출한 5명의 청장년들. 이 청장년들은 각 지역총회 청년사역과 해외지역총회 청년 조직들이 정한 절차에 따라 선발한다.

(3) 각 지역총회에서 선출된 2명의 장년 사역자들과 각 해외지역 총회에서 선출된 2명의 청소년 및 청장년 사역자들. 이 장년 사역자들은 각 지역총회 청년 사역과 해외지역총회 청년 조직들이 정한 절차에 따라 세계청년대회가 열리기 1년 전에 선발한다.

b) 투표권이 없는 대의원들 (모든 경우에 있어 이들은 발언권만 있고 투표권은 없다):

(1) 각 총회 부서의 청소년 및 청장년 위원들.

(2) 청년사역부의 위원들과 직원들.

(3) 지역총회, 해외지역총회, 초교파 동역 기관에서 온 추가 대의원들.

4. *경비*—세계청년대회의 비용은 가능한 한, 참여자들이 책임진다. 청년사역국은 선출된 대의원들이 세계청년대회에 모두 참가할 수 있도록 충분한 자금을 마련할 방도를 모색하여야 한다.

지역총회, 해외지역총회, 연회의 청소년사역협의회와 청장년사역협의회, 또는 그 대체 기구가 거기서 선출된 대회 참가자들을 위하여 기금을 마련할 것을 강력히 촉구한다. 많은 사람들의 참여를 권장하기 위하여 청년사역국은 제한된 금액의 장려금을 필요한 사람에게 주어야 한다.

¶1211. *직원*—1. 청년사역국은 그 최고 행정 책임자로 부총무를 둔다. 이 부총무는 총회제자사역부의 인선위원회가 당 부에서 선출하기 위하여 공천한다. 물색위원회의 위원장직은 총회제자사역부의 총무가 맡으며, 이는 총회제자사역부와 청년사역국의 동수의 대표로 구성한다.

2. 본 국의 다른 모든 직원들은 ¶714가 정한 규정에 따라 선출 내지 선임한다.

¶1212. *본 국을 위한 경비조달*—1. 본 국의 운영 경비는 세 가지 출처에서 충당한다. 곧, 세계봉사기금, 자급 프로그램, 청소년선교기금의 일반 기금 등이다.

제7절 총회세계선교부
(General Board of Global Ministries)

¶1301. 교회의 전체적인 선교적 사명을 감당할 목적으로 총회세계선교부(이하 "선교부"라 함)를 둔다. 본 선교부는 연합감리교회 및 그 연회와 선교연회, 그리고 개체교회의 선교사역을 세계 각지에서 수행하는 선교적 도구이다.

교회가 선교한다함은 하나님께서 세상에 임재하심을 나타내는 증표이다. 하나님의 권위와 성령의 권능으로 교회는,

1. 모든 피조물의 삶이 하나님께서 원래 뜻하셨던 대로 돌아가도록 이를 되찾으며, 회복시키며, 구속하시려는 하나님의 선교 사역에 동참한다.

2. 하나님의 구속하시는 역사가 전 인간가족 가운데서 그리스도를 통하여 성취됨을 말과 행동으로 고백한다.

3. 그리스도 안에서 주어지는 잠재적인 새 삶을 모든 사람들 가운데서 구체화하고 실현하도록 노력한다.

4. 하나님의 통치가 성취되며 그의 선교가 이루어질 것을 믿음과 소망 가운데서 바란다.

¶1302. *임무*—1. 복음이 아직 전파되지 않았거나 받아지지 않은 곳을 찾아내어 전 세계에 복음을 증언하며, 세계선교 프로그램을 통하여 온 인류를 예수 그리스도에게 인도함으로써 거듭난 삶을 누리게 한다.

2. 본 교단과 사회를 위하여 선교할 지도자 양성을 장려하며 이를 지원한다.

3. 연합감리교회 교인들로 하여금 땅 끝까지 복음을 전하라는 신약성경의 명령에 충성하여 교회의 선교 활동에 참여하도록 도전하며, 선교사들을 찾아내며 보내며 또한 받음으로써, 인종과 문화와 국가와 정치를 초월하여, 그들이 전 생애를 통하여서거나 삶의 일부를 선교에 헌신하도록 돕는다.

4. 다른 이들과 협력하여 기회와 필요가 있는 곳에 그리스도의 교회를 세우고 강화하며, 이들 교회로 하여금 그들이 처한 곳에서 선교의 전초기지가 되며, 다른 이들과 파트너가 되어, 그리스도 교회의 세계적 선교 사명을 수행하도록 한다.

5. 타교파 교회와 초교파 연합회와 협력하여 말씀 증거와 봉사에 충실하며, 이로써 그리스도의 몸 된 교회의 일치를 위하여 주력한다.

6. 공동 관심사를 위하여 다른 종교인들이나 피부색이 다른 사람들, 그리고 관습과 문화와 생활양식이 다른 사람들과 대화한다.

7. 세계선교의 필요성을 깨우쳐, 이에 참여할 수 있는 기회를 제공함으로써 개체교회나 연회가 그들의 지역사회는 물론 다른 지역에서도 선교 활동을 할 수 있도록 돕는다.

8. 선교를 위하여 조직한 여성들의 관심사를 연구하여, 그들이 그 지방은 물론 세계적으로 교회와 사회의 활동에 전적으로 참여할 수 있도록 협력한다.

9. 사람의 도움이 필요할 때에는 그가 누구이건 어떤 이유로 도움이 필요하건 또는 비상사태이건 아니건, 그리고 정부의 책임이건 아니건 최선을 다하여 직접 돕도록 노력한다.

10. 인간의 능력을 최대한 발굴하기 위해서 기존 사회의 조직과 범위 안에서 선교 활동을 전개하며 인간상을 추하게 하는 모든 악의 세력을 변화시키도록 총력을 기울인다.

11. 외롭고 가난한 자의 아픔에 동참하며 몸과 마음과 정신력의 최대 발전을 위하여 협력한다.

12. 인간의 사정이 변함에 따라 그 필요도 변하므로, 이에 적절한 새롭고 창의적인 선교 양식을 추구하며, 성공적인 선교 양식을 전 교회에 보급한다.

13. 협동목회 양식을 촉진하여 개체교회가 기타 교회 기구와 협력하여 더욱 효과적으로 정의, 창도 (advocacy), 사랑, 육성의 목회를 하도록 한다.

14. 자원봉사 선교가 진정한 선교 활동의 하나임을 강조하고 세계 공동체에서 자원봉사자들이 일할 수 있는 기회가 주어지도록 적합한 구조를 창안한다.

¶1302 총회 행정 기구

15. 타총회 기관들 및 연회들과 협력하여 미국 밖의 나라 교회에서 오는 선교사들을 영접하고 필요한 곳에 파송하도록 돕는다.

¶**1303.** *목적*—1. 본 선교부의 목적은 아래와 같다.

a) 연합감리교회의 선교적 사명을 수행하기 위하여 위에 정하여진 임무 사항을 성취할 수 있는 구체적인 방안을 설계한다.

b) 정하여진 임무를 성취하기 위하여 선교사역을 계획하고 이를 수행할 기구를 조직하며 책임 부서를 구성한다.

c) 선교구와 협력하여 그 구역을 선정하고 선교사역의 성격을 결정한다.

d) 선교사역에 적절한 선교 방침을 수립하고 목표와 우선순위를 책정하며, 장기 계획을 수립하며, 선교부의 선교사역을 평가하여 ¶1301과 ¶1302에 명시된 목적을 달성하기 위하여 노력한다.

e) 총회세계선교부 자체 내의 사무를 통괄하여 순조롭게 진행되도록 조정한다.

f) 규약에 따라 각 부서의 직원을 선발, 임명한다.

g) 각 직원에게 책임 업무를 할당하고 그 업무 수행을 감독한다.

h) 재산과 여러 가지 형태로 선교부에 맡겨진 기금을 인수하여 본래의 의도에 맞도록 충실히 사용한다.

i) 맡겨진 임무를 성취하는 데 가장 적절하게 기금을 배당하여 선교사역에 쓰이도록 조정한다.

j) 각 실(units)과 위원회와 그 직원들의 보고를 받아 처리한다.

k) 총회에 4개년 동안 활동한 업무를 보고한다.

l) 다른 총회 부서와 지역총회, 해외지역총회, 연회, 선교회와 협력하여 선교 활동을 추진한다.

m) 어느 지역총회를 막론하고 개체교회 개척을 포함하여 미원주민을 위한 선교사역을 개발하고 뒷받침하려는 연회의 노력을 제한하는 어떠한 친선조약(comity agreement)에도 연합감리교회는 가담하지 않는다는 방침을 시행하는 데 책임을 진다.

2. 타교파 교회 및 초교파적 기관과 협조하여 <장정>에 규정된 임무를 수행함에 있어 공동관심사를 개발한다.

3. 세계선교부는 연합감리교회의 선교활동이 다른 나라에 있는 교회 및 기관의 선교활동과 상호협조할 수 있도록 협조한다.

¶**1304.** *권한 (Authority)*—본 선교부는 연합감리교회 <장정>의 규정에 따라 정관과 운영 절차를 정할 수 있다. 정관은 정기적 혹은 특별히 소집된 회의에서 3분의 2의 찬성으로 개

정할 수 있으되, 회의 공고 시에 정관 개정안이 있음을 공포하여야 한다. 본 선교부는 그 정관이 규정하는 범위 내에서 모든 사역을 진행하고 사무를 처리할 수 있는 권한이 있으되 다른 기관과 중복되는 일은 예외로 한다. ¶1302에 규정된 임무수행을 위하여 적절한 사역을 구상, 실행할 권한이 있다. 본 부는 선교사역 실행을 위하여 필요한 물건을 구입하고 기부금을 받으며, 동산이나 부동산을 개인이나 기관으로부터 받을 수 있으며, 부동산을 팔거나 사거나 달리 처분할 수도 있으며, ¶¶806-807에 규정된 바에 따라 필요한 때 기금을 차용할 수도 있으며, 또한 그 임무 수행에 필요한 대로 다른 교회의 기관들과 협조하여 선교부와 그 다양한 실과 위원회를 통하여 선교 활동을 진행하도록 한다.

¶**1305**. *법인체*—1. 본 선교부는 법인체로 등록하여야 하며, 법인체의 구조와 법인체가 관리하는 조직체의 구조 및 행정적으로 조직한 국 또는 과를 통하여 그 임무를 시행한다.

2. 선교부 또는 ¶1305.1에 기술된 실체는 다음과 같은 기관의 후계 기관이 된다. 곧 복음주의연합형제교회의 선교부, 그리스도연합형제교회의 국내선교 및 교회건축협회, 그리스도연합형제교회의 외국선교사협회, 복음주의교회의 선교사협회 및 복음주의교회의 교회확장부, 그리고 후계 기관으로서 총회세계선교부는 이전 법인체의 신탁기금과, 동산이든, 부동산이든, 이를 혼합한 재산이든, 이를 물려받아 그 수여 조건에 따라 그 기금과 재산을 관리한다.

1980년 이전에 "신탁 합의와 저당물로 취득한 조건부 기부"의 경우, 연합감리교회 총회세계선교부는, 이전에 신탁 합의와 저당물로 취득한 조건부 기부나 수여금과 관련된 현 부채에 대하여, 그 원래 가치보다 더 적은 잔액을 지불하도록 협상할 수 있다.

3. 세계선교부 또는 ¶1305.1에 기술된 실체는 다음과 같은 기관에서 관리하던 모든 사역을 물려받아 관리한다. 곧, 보건복지부; 연합감리교회 선교부; 감리교회 선교교회개발부; 미(북)감리교회의 선교회, 국외선교부, 국내선교교회 개발부; 남감리교회의 교회개발부를 포함한 선교부; 감리교개신교회의 선교부; 감리교회 선교부; 본 선교부로 합병되었다 할 수 있는 기타 법인 또는 비법인 국과 실(department)과 그들의 전임자들, 그리고 총회의 기타 부서와 기관과 비슷한 사역을 하던 기관들이다. 그러나 여기에 열거한 기관들이 모두 막라한 그 전부인 것으로 간주하여서는 안 된다.

4. 이 조항 이하에 명시된 제한 내에서 본 선교부 산하의 모든 법인체들은 미국의 헌법과 연방 및 주의 법인체 등록에 관한

법률에 어긋나지 않는 범위 내에서, 모든 일에 관하여 연합감리교회 총회의 감독과 통제를 받는다.

5. 본 선교부는 규정된 직능을 수행하는 데 필요한 산하의 과 또는 실을 설정할 수 있는 권한을 가지고 있다.

¶1306. *실행위원회 (Executive Committee)*—본 선교부는 실행위원회를 두어야 하며, 이는 잠정적으로 본 부의 권한을 실행하며 부서의 정관에 따라 위원과 임무를 결정한다.

¶1307. *법인체의 임원들*—본 선교부는 법인체의 임원으로 회장, 1명의 부회장, 총괄 회계, 법인체 서기, 그리고 필요하다고 생각되는 기타 임원을 선출한다. 본 부가 임원들의 권한과 임무를 결정한다.

¶1308. *선임된 직원들*—1. 본 부는 4개년 임기의 총무를 무기명 투표로 선임한다. 본 선교부의 최고 책임자로서, 총무는 직원을 선출하는 일에 직접 관여한다.

2. 본 부는 4개년 기간 임기의 총괄 회계(최고 운영 책임자)와 임무 수행을 하기에 적절하다고 인정되는 수의 책임 간사들을 선임한다.

3. 선교부 인사위원회는 총무와 상의하여 위 제2항에 기술한 직책을 위하여 후보자들을 추천한다.

4. 총무는, 본 부의 인사위원회와 상의하여, 간부 반열에 일자리를 더 마련할 수 있다.

¶1309. *인사 방침*—1. *선출*—선교부의 직원 선출은 ¶714의 규정을 따라, 유능성과 민족, 인종 그룹, 청장년, 여성 등의 대표자를 토대로 선출하여야 한다.

2. *여성 직원들의 참여*—a) 선교부의 간부 직원에는 적어도 40%가 여성이어야 한다.

b) 임명된 직원은 물론 모든 선출된 직원의 적어도 40%는 여성이어야 한다.

¶1310. *재산, 신탁기금 및 연금 (Properties, Trust, and Annuities)*—1. 연합감리교회 선교부, 보건복지사역부, 연합감리교 구제위원회, 감리교회 선교부, 복음주의연합형제교회의 선교부 또는 그 계승자, 그리고 그 산하의 각 국과 실 또는 그 계승자가 현재 또는 이전에 유지하였고 관리하였던 모든 재산, 신탁기금, 연금기금, 영구기금, 기부금은 신중히 보호되어야 한다. 연합감리교회의 '사회생활 원칙'에 요약된 목표 달성을 위하여 적극적 공헌을 할 수 있는 기관과 회사, 그리고 법인체 및 기금 등에 투자하도록 노력한다. 그들은 또한 투자한 기금을 기증한 사람들의 가장 원하는 의사를 존중하여 투자하도록 관리한다. 그러한 재산,

신탁기금, 은급기금, 영구기금, 기부금 등은 연합감리교회의 총회세계선교부에게 양도되어야 한다. 부서와 협회가 법인체 등록을 한 주 정부의 법에 따라 선임 기구와 합병한 기구의 명의로 양도되어야 할 때에는 본 부에게 양도되고 본 부의 추천으로 여러 부와 협회들의 승인을 받는다. 본 부와 그 전임 법인체와 협회의 기금 지출은 본 부의 추천을 받아야만 가능하다 (¶806.12. 참조).

2. 미국 내에 위치하고 있고 선교부가 직접 소유하고 있지 않으나 그들이 보조금으로 50% 이상을 연합감리교으로부터 지원받는 전 복음주의연합형제교회의 선교 기관은 그 위원회의 투표권 소지 위원의 3분의 2 이상이 연합감리교회 교인이어야 한다.

3. 선교부의 재정 업무는 다음과 같다.

a) 선교부의 수입은 분담금, 부과금, 또는 총회가 정한 예산책정 절차에 따라 정하는 바 지역총회와 연회와 목회구역에 분배된 요청헌금 등이며, 또한 교회학교 회사금, 기부금, 헌금, 연금, 유산, 특별헌금 및 연합감리교회의 <장정>과 총회의 결의에 의한 선교기금 등에서 들어오는 금액으로 충당한다.

b) 선교부에 들어오는 헌금과 기타 본 부의 기금에서 들어오는 수입금은 기부한 사람이 특별히 그 용도를 지정하지 않는 한, 현행 경비와 연간 지출예산 지불에 사용한다.

4. 헌금 요청은 각 선교사무실에서 수납하며, 예산은 선교부가 정한 정관의 규정에 따라 준비하여 ¶806에 따라 연대사역협의회에 제출한다.

¶1311. *위원 (이사)*—세계선교부의 방침, 사역계획, 경영, 사무, 기타 모든 업무는 다음의 조건에 따라 통괄하고 운영한다.

1. 기본 위원들(교역자와 평신도)은 연회의 추천으로 지역총회에서 선출한다.

지역총회에서 위원을 선출할 때에는 다음과 같은 방식을 취한다: 곧 동북부지역 3명, 동남부지역 4명, 서부지역 2명, 중북부지역 3명, 중남부지역 3명. 각 해외지역총회는 선교부의 기본 위원 총 7명을 위하여 위원 1명을 추천한다. 선교부의 추가위원들은 본 부가 정한 정관에 따라 추천하고 선출한다. 다섯 지역총회에서 5명까지 추가위원을 둘 수 있다. (중남부지역 위원은 오크라호마 인디언 선교연회나 리오그란데 연회에서 그들이 선교부의 기본 위원으로 이미 대표하지 않는 한 선출될 수 있다.) 2명의 추가위원을 해회지역총회에서 둔다.

2. 연합감리교회 여선교회는 그 위원회에서 3명의 위원을 선임하여 총회세계선교부의 위원들로 봉사하게 한다. 그들은 발언권은 있으되 투표권은 없다.

3. 본 선교부와 그 구성 단위들은 우리 교회 교인들의 주요 범주가 모두 대표되도록 하여야 한다 (¶705 참조). 적어도 위원의 2분의 1은 여성이어야 한다.

4. 본 부의 위원은 부의 정관에 따라 모든 구성 단위와 상임위원회에 분포되도록 한다. 연합감리교회 여선교회에서 선출되어 온 위원들은 본 부의 프로그램위원회에서 발언권은 있으되 투표권이 없는 위원으로 봉사한다.

5. *a)* 아래 ¶1311.5b조에 규정된 사항을 제외하고 여기에 규정된 모든 위원의 임기는 총회 이후에 열리는 여러 지역총회 중 최종 폐회일부터 90일 이내에 열리는 선교부의 조직 회의로부터 시작한다.

b) 해외지역총회에서 선출된 각 기본 위원의 임기는 그를 선출한 해외지역총회가 끝나는 즉시 시작한다. 해외지역총회가 공천한 추가위원의 임기는 정관에 따라 그를 선출한 본 선교부 이사회 모임부터 시작한다. 본 선교부의 정관이나 <장정>이 따로 정하지 않은 이상, 이 조항에 의하여 선출된 각 위원의 임기는 이 조항에 의하여 선출된 그의 후계자가 선출될 때까지로 한다.

6. 총감독회의 공천으로 총회는 선교부에 다섯 지역총회에서 감독 3명과 세 해외지역총회 (아프리카, 유럽, 필리핀) 중 두 지역총회에서 감독 2명을 선출한다. 각 지역총회와 각 해외지역총회 지역은 세 4개년 기간 동안에 적어도 한 번은 대표를 보낼 수 있어야 한다. 위 조문에 명시된 조항 이외에 감독들은 선교부의 위원으로 봉사하도록 허락되어서는 안 된다.

7. 본 선교부의 총무와 총괄 회계, 그리고 총무 대리들은 투표권 없는 위원이 된다.

8. 선교부에서 재정지원을 받는 어느 기관의 유급 직원은 누구나 ¶705의 규정을 이행하게 되는 경우를 제외하고는 투표권 소지 위원이 될 수 없다.

¶1312. *연합감리교회 여선교회와의 관계*—본 선교부는 3명의 위원을 연합감리교회 여선교회 프로그램 자문 그룹의 위원으로 봉사하도록 선출한다.

¶1313. *특별선교헌금위원회 (Advance Committee)*—'그리스도와 그의 교회를 위한 특별선교헌금'(The Advance for Christ and His Church)은 연합감리교회의 특별헌금 창구이다. 이 위원회가 '그리스도와 그의 교회를 위한 특별선교헌금'을 전반적으로 관리한다 (¶822).

1. 특별선교헌금위원회는 본 부가 정한 정관에 따라 조직한다.

2. *특별선교헌금 프로젝트 (General Advance Special Projects)*—어떤 프로젝트를 승인하여 특별선교헌금을 수여할 것인가 하는 것을 결정하는 일은 특별선교헌금위원회가 책임진다(¶822.2). 특별선교헌금은 주는 자와 받는 자의 파트너십을 신장하며, 필요한 곳에 우선적으로 헌금하려고 하는 이들의 권리를 존중하다.

선교 프로그램 분야 (Mission Program Areas)

¶1314. *프로그램 분야*—총회세계선교부의 프로그램 임무는 그리스도교의 선교에 모든 연합감리교회 교인이 참여하기를 강화하며, 그들이 선교에 쉽게 참여할 수 있는 방법을 개발하려고 할 때, 그 산하 행정 단위의 조직에 맡긴다. 프로그램 분야의 위원은 총회세계선교부의 정관에 따라 구성한다.

총회세계선교부는 아래와 같은 선교 프로그램을 행한다.

1. 개체교회 및 지역사회 개발

 a) 복음을 들어보지 못하였거나 이에 순종하지 않는 사람들을 위한 복음화를 시도한다.

 b) 연합감리교회 및/또는 협약 관계에 있는 교회가 존재하고 있지 않은 곳에 새로운 선교를 시작하고 새 교회를 개척하는 일을 한다.

 c) 생동하는 선교 지향적인 개체교회가 개발될 수 있도록 하기 위하여 교회와 공동체 안에서 지도자들을 색출하여, 이들을 준비시키고 훈련하며, 그들에게 힘을 실어 준다.

 d) 지도자 양성 프로그램에 리소스를 제공하며 세계성찬주일 장학금을 포함하여 모든 장학금을 관리하는 일.

 e) 기존 교회와 신앙 공동체를 포함 교회 성장 및 교회 개발, 특히 소수 인종, 민족 교회와 변천하는 지역에 있는 교회들을 성장시키는 일을 한다. 새 개체교회의 개발 분야에 있어서 총회세계선교부와 총회제자사역부의 상호협력을 촉진하도록 이 두 부서에서 같은 수의 대표자들로 구성한 개체교회 발전 공동위원회를 통하여 연례적인 모임을 가지며, 교회의 발전을 위하여 총회제자사역부와 함께 일한다. 특히 소수 인종, 민족 교회에 역점을 둔다.

 f) 민족 및 문화적 복합주의, 경제 및 성적 착취, 그리고 정치 및 인종적 탄압으로 말미암은 사회적 요청에 적합한 자기 개발 및 자기 결정 프로그램을 위한 기술적 지원과 보조금, 대부금을 포함한 교회 및 지역사회 개발을 위한 방침을 개발한다.

¶1314

    g) 농업 선교, 커뮤니케이션, 학생 및 청소년 사역과 같이 공동체에 바탕을 둔 프로그램 분야를 개발한다.

    h) 지역사회의 발전을 위하여, 국제적으로 네트워크를 형성하고 있는 프로그램의 일부가 될 수 있는, 강한 지역 조직체를 만든다.

    i) 협동목회와 대도시 사역과 교외 및 시골 지역 사역 등을 포함한, 협동적인 사역을 장려하며 이에 협력한다.

    j) 파트너 교회들 및 초교파 기구들의 프로젝트와 프로그램들을—특히 여성, 어린이, 청소년을 위하여 봉사하는—위하여 기금 확보 및 리소스를 나누어 쓰는 다른 형태의 기금을 관리한다.

2. 연대 조직과의 관계 및 에큐메니칼 관계

    a) 새로운 형태의 공동 사역을 개발하기 위하여 교단, 연합사업 및 협력 기구(coalition)들과 함께 일한다.

    b) 교회가 소명을 받들어 하나님의 선교에 임할 수 있는 여건을 형성하여 나가야 할 선교적인 과제를 찾아 분석한다.

    c) 기회와 리소스를 서로 나누며, 넷워킹과 공동 작업을 함께 하는 일을 포함한 협력 관계와 파트너십 관계를 수립하고 유지한다. 이는 연회, 선교연회, 해외지역총회, 독립감리교회, 자매감리교회, 자매연합교회 그리고 에큐메니칼 교회들과의 연대 관계를 유지하며 성취하는 일을 포함하고 있다.

    d) 연합감리교회가 사역하고 있지 않는 나라에서, 이 나라와 연관되어 있는 교회나 초교파적인 선교 조직체나 또는 에큐메니칼 기구(만일 있다면)와 함께 사역할 것을 합의함으로써 선교 관계를 수립한다.

    e) 각 해외지역총회와 그 연회 및 선교연회들, 그리고 각 자매감리교회 또는 자매연합교회(해당될 때)와 연락 관계를 맺기를 요청하여 이들과 연락 관계를 수립한다.

    f) 우리 교단의 다른 기구들, 다른 교단들, 또한 에큐메니칼 및 협력 기구들(coalition)과 함께 일하면서 세계 정의와 평화와 자유를 위하여 행동을 취하며 홍보할 때, 이에 정보를 제공하며 지원한다. 총회세계선교부는 국제연합 (UN) 기구의 특별자문 역할을 계속 유지하며, UN의 Church Center 안에 있는 연합감리교회 사무실을 통하여 연합감리교회 여선교회 및 총회사회부와 함께 긴밀한 관계를 유지하며 일한다.

    g) 그리스도교 선교와 국제적 관심사를 확인하는 일에 있어 공동 목표를 달성하기 위하여 교회들 및 에큐메니칼 그룹들과 서로 연락하기를 장려한다.

3. 선교교육과 해설

a) 연합감리교인들에게, 그들이 개인적으로 증거하거나 공동으로 증거할 때, 연합감리교회의 세계선교에 대하여 이해할 기회를 준다.

b) 어떤 특정한 문화 속에 사는 사람들이, 복음을 받고 자기 문화적 경계를 넘어 다문화 세계 속에서 충성스럽게 살 수 있는 프로그램과 리소스를 만들어 개발한다.

c) 선교 해설 훈련을 포함하여 선교 해설 프로그램을 시행한다.

d) 연대 선교 지도자들을, 그들이 임무를 수행할 수 있도록 훈련시킨다.

e) 총회고등교육사역부와 협력하여, 신학대학원들과 선교 담당 교수와 함께 선교교육을 강조한다.

f) 총회제자사역부, 특히 교회자료편찬위원회와 협력하여, 모든 연령층의 학생들이 선교사역에 참여할 수 있는 기회가 있음을 알려 준다.

g) 어린이들과 청소년들이 우리 교단의 선교적 사명을 이해할 수 있는 특별 프로그램과 리소스를 만들어 유지한다.

h). 선교교육의 임무를 수행할 때 에큐메니칼 그룹들과 함께 일한다.

i). 연합감리교회 교인들이 세계적인 교회로 모이고 증거할 수 있는 기회를 만들어 준다.

4. 선교사역

a) 여러 가지 재능과 능력을 가진 자원봉사자들의 필요성을 홍보하며 해설하는 일을 포함하여, 단기선교 자원봉사자들이 할 수 있는 다양한 기회를 계획하고 개발한다. 연회 및 지역총회 책임자들과 (자원선교봉사, 재해대책 담당 등) 밀접한 관계를 가지고 일하면서, 선교 자원봉사의 기회를 찾아내며 개발하며 지원하는 일을 도와준다.

b) 교단 전체를 통하여 총회세계선교부와 연계되어 있는 선교사역의 기회를 홍보하며, 모든 분야의 선교사들을 모집하여 선발하고 훈련시키고 위임하여 여러 종류의 선교사역에 파송하며, 미국뿐만 아니라 전 세계에 파송되어 사역하는 그들을 감리하며 지원한다.

c) 파트너 교회의 선교사들과 관계를 맺는다.

5. 세계보건사역

a) 종교, 국적, 문화, 인종, 민족, 성, 성적 경향, 또는 신체적, 정신적 장애와 상관없이 온전한 신체적, 정신적, 영적 웰빙을 포함하여 모든 사람의 튼튼한 건강을 예수 그리스도의 정신

으로 증진시키는 세계적 및 지역적인 사역을 제공하기 위하여 다른 기관들(연합감리교회 기관들, 에큐메니칼 및 초교파 조직들과 적절하다고 여겨지는 비종교적 기관들을 포함하여)과 연락하며, 협조하며, 이를 지원하며, 대변하며, 파트너로 함께 일한다.

b) 예방할 수 있는 빈곤에서 오는 병들과 싸우며 지역사회에 바탕을 둔 포괄적인 보건사역을 지원한다.

c) 연합감리교회가 지역적으로 또한 세계적으로 전인적 보건사역에 간여하며, 이를 지원하고 촉진하도록 자료를 제공하며 리소스를 동원한다.

d) 특별한 결핍 상태에 있는 사람들을 예배와 사역과 지도적 위치에 포용하는 장소로서의 연합감리교회가 포용하는 문화를 증진시킴으로써 특별한 신체적, 정신적, 기타 발달 장애와 고투하고 있는 사람들의 은사와 은총과 자산과 결핍함이 무엇인지 일깨워 주게 한다.

e) 마약과 이와 연관된 폭력에 시달리고 있는 사람들에게 효과적으로 또한 온정을 다하여 대응하고 있는 교회들을 독려하며 지원한다.

연합감리교 구호위원회
(United Methodist Committe on Relief)

¶**1315.** 1. *일반 규정—a) 목적—*'연합감리교 구호위원회'(UMCOR)는 연합감리교인들과 교회들이 세계적으로 난민 문제, 기아와 가난, 재해 축소 대책을 포함한, 구호, 갱생, 봉사 프로그램들을 통하여 도움이 필요한 이들에게 직접적으로 사역하도록 그들을 지원하기 위하여 존재한다. 이들 필요한 이들에게 직접적으로 봉사할 때, 연회 및 연합감리교회의 다른 기구와 연관된 조직과 기관과 프로그램들을 돕는다.

*b) 권한—*연합감리교 구호위원회는 비영리 단체 법인체로서 그 이사들은 총회세계선교부가 선출한다. 총회세계선교부는 총회세계선교부가 정한 방침과 일치하도록, 또한 총회세계선교부와 연합감리교 구호위원회의 정관에 따라 운영한다.

*c) 임무—*연합감리교 구호위원회의 임무는 다음과 같다.

(1) 예수 그리스도의 정신으로 인간들이 필요로 하는 것을 찾아 해결하기에 나선다.

(2) 급히 필요로 하는 사람들에게 구호의 손길을 곧 펼치며, 세상에서 고통받는 사람들에게 응답한다.

총회세계선교부 ¶1315

    (3) 난민, 기아와 가난, 재해 대책을 위한 사역을 확인하고 대변하고 지원할 때, 해당 연회 단위들, 교회연합 기구들, 초교파적 기관들, 기타 동역자들과 협력하여 활동한다.
    (4) 예수 그리스도의 정신으로, 위 (3)항에 명시한 사역들을 관리하여, 종교, 인종, 출신국 또는 성별과 관계없이 사람의 존엄성을 유지시키며, 인간 사회에서 삶의 질을 향상시키도록 노력한다.
    (5) 연합감리교 구호주일 헌금을 홍보할 때 총회공보위원회와 협력하여 일한다.
    (6) 난민과 기아와 가난, 재해 대책 및 축소 사역에 관련된 정보와 도움을 호소하는 일에 있어 연회와 교회에 이를 해설하며 지원하며 그 뜻을 전달하기 위하여 인쇄물, 시청각, 전자 및 기타 리소스 등을 제작한다.
    (7) 난민사역, 기아와 가난의 근본 원인, 재난구호 및 재생에 관련된 지속적인 문제들을 알리기 위하여 연회 담당자들 및 기타 동역자들을 돕고 훈련한다.

 d) 재해대처기금 요청에 대한 응답—연합감리교 구호위원회는 재해 대처를 지원하여 주기를 요청받으면 이에 응답하여야 한다. 단, 이 요청은 (i) 합당한 연합감리교회의 조직체, 되도록이면 연회 같은 조직이나, (ii) 연합감리교회와 관련은 없으나 이에 적절하다고 생각되는 조직체에서 요청이 왔을 때에 한한다. 연합감리교 구호위원회는 재해에 대한 대처가 인도적 지원을 위한 국내 및 국제적인 기준에 부합되는지 검토하여야 한다. 연합감리교 구호위원회는 연회 재해 대처 코디네이터와 감독 및 지방감리사, 혹은 다른 종교적 조직체의 이와 비슷한 위치에 있는 책임자와 협의하여, 파괴된 정도를 평가하고 대책을 의논하기 위하여 현장 답사를 실시할 것을 계획할 것이다.

 e) 임무의 한계—연합감리교 구호위원회는 법적으로나 도덕적으로 연합감리교의 보건구호실과 관계된 어느 기관이나 기구가 야기하였거나 떠맡은 채무나 계약, 의무, 어떤 다른 재정적인 위탁들에 대하여 책임을 지지 않으며, 이것은 연합감리교 구호위원회가 승인, 수락, 인정하였거나 또한 본 사역에 가입되었거나, 그 설립 및 장려 활동이 연합감리교 구호위원회의 정관에 의하여 승인되었을지라도 그 책임을 지지 않는다. 연합감리교 구호위원회와 관련된 어느 기관 또는 동업자나 연합감리교 구호위원회의 임원이나 위원도 위에 언급한 임무의 한계 조항에서 벗어나거나, 모순되는 것과 관련된 어떤 직접적인 행동을 취하는 어떠한 권한도 가질 수 없다. 다만 연합감리교 구호위원회가 직접 소유하여 그 명의로 관리하는 경우는 예외이다.

제8절 총회고등교육사역부
(General Board of Higher Education and Ministry)

¶1401. *명칭*—총회 산하에 총회고등교육사역부를 두며, 이하에서는 다만 이를 "부"라고 부른다.

¶1402. *법인체 구성*—총회고등교육사역부는 테네시 주법에 따라 법인체 등록이 되어 있어야 하며, 이전 총회교육부의 고등교육국과 연합감리교회의 특수교역위원회의 업무를 이어받아 그 기능을 다할 책임이 있다.

본 총회고등교육사역부는 위에 명시된 기능과 업무를 수행하기 위하여 테네시 주의 법인체 등록법에 합당한 행동을 취하도록 허락받고 있으며, 그에 따라 일개의 법인체가 된다.

이전 총회교육부 산하의 국들은 별개로 법인체 등록이 되어 있지 않다. 그러나 그 의도는 전임 기관의 법에 의하여 총회교육부 산하의 국들에 위임된 기능을 총회제자사역부와 총회고등교육사역부 산하의 국들에 분담시켜 이양하려는 것이었다. 총회교육부의 자산을 분배하는 데 있어서 원래의 의도와 목적이 적절히 지속되도록 하고 또한 적절히 두 부서에 분할되도록 하였다. 더욱이 연금, 유산, 신탁, 자산이 이전 총회교육부에 속하였던 것을 총회제자사역부와 총회고등교육사역부의 업무를 위하여, <장정>에 규정된 두 부서의 목적에 따라, 적절히 분배하고 부동산의 소유권도 원래 기증인의 의도에 알맞도록 분배하도록 하였다.

연금, 유산, 신탁, 자산을 처음 기증한 사람들의 원래 의도를 분명히 분간할 수 없는 경우에는, 두 부서에 균등히 분배하도록 한다.

상기 자산 이외에 이전 총회교육부의 추가 자산이 생겼을 때에는, 원래의 의도와 목적에 따라 두 부서에 적절하게 분배하도록 한다.

추가 자산이 생겼으나 원래의 의도를 명확히 확인할 수 없는 경우에는, 이들 두 부서에 균등히 분배하도록 한다.

¶1403. *복종과 순응*—본 부는 총회에 법적으로 복종하여야 할 의무가 있으며, 총회 회기 사이에는 연대사역협의회에 순응하여야 한다.

¶1404. *목적*—본 부는 교회의 총체적인 선교 활동 내에서, 사람들이 안수 및 집사의 여러 가지 특수 사역에 종사할 때, 그리스도 안에서 행하여지는 그들의 사역을 성취하도록 그들을 준비시키고 지원할 구체적인 목적을 위하여 존재한다. 본 부는 또한 학원선교와 학교, 대학, 신학대학원 등을 포함한 고등교육 기관들을 전체적으로 감독하고 보호하기 위하여 존재한다.

¶1405. *목표*—각 국에 위임된 목표는 본 부의 목표이다. 총회고등교육사역부의 권한은 다음과 같이 종합할 수 있다. 곧

1. 고등교육에 있어서의 연합감리교회의 역사적 사명을 유지하며 교회의 지적 생활을 옹호한다.

2. 전 세계를 통하여 고등교육 선교와 사역이 기독교 가치관과 생활양식이 형성되어지는 중요한 콘텍스트임을 이해시키고 이를 알리도록 노력한다.

3. 연합감리교회와 관계된 기관에 기독교가 현존하도록 장려한다.

4. 총회고등교육사역부의 프로그램과 방침이 소수 인종, 민족 및 장애인들의 필요와 관심사에 적절한 반응을 보일 수 있도록 한다.

5. 연회안수사역부, 고등교육학원선교부 및 기타 프로그램 기관을 통하여 연회에 상담과 지침을 제공하며 이에 협조한다.

6. 새로운 사역방법 발굴을 포함하여 안수사역을 위한 필요와 자료를 연구한다.

7. 전문 사역직을 위한 인가, 그리고 안수사역에의 허입을 위한 기준과 절차를 개발하고 유지한다.

8. 소수민족과 장애인 후보자를 발굴, 훈련하여 교회와 관련된 전문직에 배치하기 위한 사역을 장려하고 지침을 제시한다.

9. 전문직에서 발전하며 평생의 직업을 계획하는 데 도움이 될 직업적성 감정과 연속 교육의 기회를 조율하고 그에 관한 정보를 제공한다.

10. 사립 및 연방정부의 기관 교역자로 봉사하기 원하는 영어 이외의 언어를 사용하는 사람을 포함한 연합감리교회 교역자들을 선발하고, 인증하고, 관리한다.

11. 특수한 환경을 위한 사역과 관련이 있는 전문 인허 기관에서 허가받은 연합감리교회의 안수받은 교역자들과 연락을 취하며, 이러한 기관에 연합감리교회를 대표한다.

12. 개체교회를 떠나 기관이나 군대에 복무하는 연합감리교회 평신도를 위한 계속적인 사역을 계획한다.

13. 교회와 관련된 특수사역을 위하여 후보를 개발하고 봉사를 하며 전문 지식과 기술의 성장과 상담을 한다.

14. 교회와 관련된 전문 사역에 봉사하는 사람들을 위하여 인사 및 배치에 관하여 협조한다.

15. 교회가 인간의 필요한 일을 충족시켜 줄 수 있는 일에 관하여 그 고등교육의 리소스를 동원하여 연구한다.

16. 총회고등교육사역부와 관련된 기관과 프로그램에 기금을 할당한다.

17. 기관 및 목회자와 적절한 신탁 및 법적 관계를 유지하며, 이러한 사항에 있어서 연회와 기타 조직의 임무 수행에 협조한다.

18. 고등교육 기관과 정부 기관과의 관계에 대하여 상담하고 지침을 제공하며 이에 협조한다.

19. 기관에 위탁된 자산과 기부금을 보호하고 기부 조건에 요구되는 사항을 적절히 처리하도록 한다.

20. 공립 고등교육 기관이 인간의 전인적 발전과 인생의 의미를 가르치며 반영하도록 이를 감시하며 서로 일을 같이한다. 또한 사립 및 공립 고등교육과 연관된 공공 방침에 관한 이슈에 대하여 연구하며 교회 구성원들에게 알려 준다.

21. 총회공보위원회와 협력하여 다음과 같은 전 교회 차원의 특별주일과 기금을 홍보한다. 곧 아프리카대학기금, 흑인대학기금, 교역자양성기금, 미본토인주일, 연합감리교 학생주일, 세계성찬주일, 기타 총회에서 제정한 기금과 특별주일.

22. 연합감리교회의 고등교육 및 교회와 연관된 전문 사역을, 특히 그들의 임무 수행과 성실성에 초점을 맞추어 평가한다.

23. 연합감리교회 신학대학원의 기준을 정하고 이를 지원하며, 그 업무를 해설한다.

24. 교회와 연관이 있는 사역에 봉사하는 사람들의 연속 교육의 필요성을 분석하되, 그 효율성, 전문적인 성장 개발, 재정 지원 등을 포함하여 분석한다.

25. 교역에 순조롭게 참여하도록 하기 위하여, 교역자 연수교육 과정을 제공한다. 이때, 영어 이외 언어의 필요를 고려하여야 한다.

26. 교회와 관련된 전문직 사역과 고등교육의 신학적 기반을 계속 논의하도록 기회와 자료를 제공한다.

27. 고등교육과 교회와 관련된 전문직 사역에 여성과 소수 인종, 민족 및 장애인들이 용납되고 힘을 얻도록 분위기를 조성한다. 또한 정의와 평등에 관한 문제에 있어 교회와 관련된 전문 사역직을 위하여 대변할 필요성이 있는지 주의하여서 관찰한다.

28. 평신도 사역이나 교회의 특수사역과 관련된 전문직 협회와 상담하며 지침을 제공하고 협조한다.

29. 총회고등교육사역부의 대부금과 장학금 프로그램을 설명, 장려, 관리하며, 총회세계선교부와 협력하여 세계성찬주일 장학금 프로그램을 관리한다.

30. 인력 수요에 관한 연구를 하며 교회와 연관된 직업을 설명한다.

총회고등교육사역부

31. 총회고등교육사역부의 임무를 수행하는 데 필요하다고 생각되는 기관을 지원한다.

32. 교회를 위하여 총회고등교육사역부의 계획과 방침 개발의 책무에 우선권을 둔다.

¶1406. *임무*—총회고등교육사역부의 임무는 다음과 같다.

1. 연합감리교회의 총체적인 선교에서 총회고등교육사역부의 목표를 설정하고 평가한다.

2. 총회고등교육사역부 내에 적절한 조직을 설정하고 규약을 정하며, 임원을 선출하며, 위원회를 조직하며, 직원을 선출하며, ¶712에 따라 결원을 채우는 등 설정된 목표 성취에 노력한다.

3. 방침과 프로그램을 결정하며 목표와 우선순위를 정하고 장기 계획을 만들며, 총회고등교육사역부의 프로그램과 봉사를 평가한다.

4. 본 총회고등교육사역부 전체 활동을 관리함으로써 직원에게 방향을 제시하고 총회고등교육사역부 직원들에게 권한을 부여한다.

5. 총회와 지역총회의 해당 기관을 통하여 연합감리교회에 총회고등교육사역부의 활동에 대하여 보고한다.

6. 본 총회고등교육사역부의 목표를 충실히 수행하기 위하여 초교파 기관과 다른 교파와의 협력 관계를 개발하고 유지한다.

7. 연합감리교회 내의 기타 기관과 협력하여 총회의 프로그램을 성취한다.

8. 총회세계선교부와 협력하여 전 세계의 고등교육 기관, 학원선교, 채플레인과 그 연관된 사역, 그리고 평신도 사역과 협력 관계를 개발하고 유지한다.

9. 요청이 있을 때 전 세계의 웨슬리 계통의 교회와 협력하여 전 세계의 고등교육을 위하여 자료와 기술적 협조를 제공한다.

10. 총회재무행정협의회와 협의하여 장래에 연합감리교회의 고등교육을 위한 재원이 확보되도록 장기투자와 모금계획을 개발한다. 장기투자 계획 개발에 있어서 본 고등교육국은 총회가 채택한 특별투자 지침을 따른다.

11. '투자에 관한 사회적 책임'(¶717)과 '사회생활 원칙'(¶¶160-166) 및 <연합감리교회 결의문집> 등에 대한 인식을 홍보한다.

¶1407. *조직*—1. 본 부의 위원은 '총칙'의 조항 ¶705.3d 및 .4에 따라 22명으로 구성한다.

2. 위원은 다음과 같이 구성한다. 곧

a) 지역총회 위원들—각 지역총회는 1명의 위원을 본

부에 선출한다. <장정>의 다른 조항에도 불구하고, 총회서기는 어떤 위원을 각 지역총회에 배당하고자 하는지 알게 하여, 해외 지역총회에서 오는 위원들을 모두 합하였을 때, 교역자와 여성 평신도와 남성 평신도의 발란스가 잘 맞도록 하여야 한다. 서기는 또한, 여러 4개년을 통하여 각 지역총회가 남녀 평신도와 남녀 교역자를 골고루 선출할 수 있는 기회를 갖도록, 공정한 윤번제를 만들어야 한다.

b) 해외지역총회위원들—¶705.4c의 규정에 따라 3명의 해외지역총회 위원을 총감독회의 공천으로 선출한다. 해외지역총회는 대체위원들을 선출하여 위원회 모임에 계속적으로 대표들이 참석할 수 있도록 한다.

c) 감독위원들—적어도 1명의 해외지역총회 감독을 포함한 3명의 감독을 총감독회가 지명한다(¶705.4d 참조).

d) 추가위원들— *연합감리교회*—연합감리교회 추가위원들은, 각 지역총회에서 1명씩 나와 만든 위원회가 공천하여, 지역총회에서 선출한다. 그들은 다양성과 전문성을 감안하여 최고 11명까지 추가위원들을 선출한다. 적어도 4명의 추가위원들은 역사적으로 대표 수가 적었던 인종 및 민족 그룹의 사람들로 구성되기를 추천한다.

e) 만일 본 부에 결원이 생기면 ¶712에 따라 보충한다.

f) 연락 대표들 (Liaison Representatives)—본 부는 공동 관심사와 관련된 넷워킹과 자문을 위하여, 한 연락 대표나 다른 사람들을 연락 대표로 지명할 수 있다. 그들은 위원회에 초청되었을 때, 발언권만 있고 투표권은 없다.

¶**1408**. 1. *국 (Division)*—본 부는 고등교육국 및 안수받은 교역자와 본처목사와 평신도 사역자들의 필요를 충족시켜 줄 안수사역국을 둔다. 또한 <장정>이 허락하는 한도 내에서 본 부는 변하는 상황에 따라 그 조직을 변경할 수 있다.

2. *실 (Office)*—본 부는 그 목표를 성취하기 위하여(¶1403, ¶1405) 다음과 같은 실을 조직하고 유지할 권리가 있다. 곧 *(a)* 홍보실 (Interpretation), *(b)* 장학대부금관리실 (Loans and Scholarships).

¶**1409**. 1. *기금에 관한 규정*—본 부의 업무와 프로그램은 교회의 일반 선교비와 교역자양성기금에서 지불한다. 교역자양성기금에서 들어온 헌금은 신학대학원과 총회고등교육사역부 및 평신도사역국에서 기본 전문 학위 프로그램과 연속 교육 (¶816.2a와 b에 따라)과 후보자 발굴 프로그램을 개발하는 데에만 사용할 수 있다.

2. 행정비와 기타 발굴 프로그램을 위한 기금은 세계봉사비(World Service)의 기금만으로 지불한다. 부총무는 총무를 통하여 총회재무행정협의회에 각 국에 할당되어야 할 금액을 추천한다.

고등교육국 (Division of Higher Education)

¶1410. *의무와 책임*—1. 고등교육은 우리 웨슬리의 유산, 우리의 현 과제, 우리의 장래 책임 중, 매우 중요한 부분을 차지하고 있다. 교회는 지식과 경건성을 연합하는 역사적 사명을 계속 유지한다. 그 방법은 교육 기관과 학원목회를 계속함으로써 학원사회에 성, 인종, 교리, 언어, 국적에 관계 없이 모든 사람에게 지적, 영적, 물질적 사역을 하는 것이다.

2. 연합감리교회를 대표하여 교육 기관과 학원목회를 담당할 고등교육국을 둔다. 고등교육국은 대학, 고등학교, 특수학교, 연합감리교 대학목회와 이와 유사한 기관은 물론 초교파 학원선교 그룹을 포함한 연합감리교회 소속 기관에 자문 역할을 한다. 요청이 있을 때, 고등교육국은 고등교육 기관과 학원목회 기관을 소유하거나 관리하는 모든 교회 기관에 자문하며 상담한다.

3. 총회고등교육사역부의 공천위원회는 가능한 한 고등교육국의 위원을 공천할 때 고등교육국의 관심분야와 직접적으로 관련이 있는 적절한 수의 사람들을 추천한다.

4. 고등교육국의 주요 목표는 다음과 같다.

a) 초등, 중등, 고등 교육 기관과 학원선교에서 그리고 그들을 통하여 나타나는 연합감리교회의 선교의 성격을 결정한다.

b) 연합감리교회가 전 세계에서 능률적으로 고등교육에 참여할 수 있는 방침을 개발한다.

c) 교육 기관과 학원선교 기구를 육성하고 유지하는 프로그램이 교회생활에 있어 귀중한 자산임을 교회가 인정하도록 장려한다.

d) 전 세계를 통하여 다른 감리교 및 에큐메니칼 기독학생운동과 함께 연합감리교회 학생운동을 장려하며, 교육 기관 현장에서 신실한 기독교 사역을 수행하며, 학원이라는 공동사회에 예수 그리스도의 선교와 메시지와 생애를 증언하며, 대학의 학생, 교수, 직원들이 예수 그리스도와 교회에 헌신함으로써 기독교 신앙이 깊어지고 풍요하여지며 성숙하게 자라도록 도우며, 그들이 교회 안에서, 그리고 교회를 통하여 세상을 위하여 봉사하고 지도자 역할을 하도록 돕는다.

¶1410

e) 교회 및 그 교육 기관과 학원선교를 서로에게 설명한다. 교회의 기관과 고등교육이 자유, 진리, 사랑, 정의, 평화, 개인의 진실성을 위하여 더 충만한 인도적인 사회를 건설하는 일에 참여하도록 돕는다.

f) 교육 기관 내에 최고의 교육 기준, 효율적인 교회와의 관계를 위한 프로그램, 가장 건전한 상업 윤리, 가장 훌륭한 윤리와 도덕적 원리를, 그리고 특별히 기독교적인 이상을 육성한다. 사람들이 예속, 공포, 폭력에서 해방되는 경험을 갖도록 돕는다. 또한 사람들이 사랑 안에서 생활하도록 도우며, 특별히 궁핍한 사람들을 의식하고 관심을 갖도록 한다.

g) 연합감리교회의 지시 또는 협조로 설립되거나, 조직되거나, 개발되거나 도움을 받았거나 한 모든 교육 기관과 연합감리교회 대학목회 혹은 학원목회 기관에 투자된 연합감리교회 혹은 모든 연회나 기관, 또는 그 기구의 리소스와 재산과 투자를 보존하고 보호한다.

h) 연합감리교회를 대신하여 고등교육과 학원선교의 전문 기관들과 관련을 맺는다.

i) 고등교육국의 구성 요원으로 하여금 독립적이거나 공적인 고등교육에 관련된 방침에 관심을 갖고 적절한 대응책을 개발하도록 한다.

j) 연회의 고등교육학원선교부를 위하여 자료와 지침을 제공한다.

5. 고등교육국은 학원선교 담당 협동총무와, 학교와 대학을 담당할 협동총무와 흑인대학기금을 관리할 협동총무를 포함한 인사를 임명하며, 효율적인 목표 달성에 필요한 위원회들을 조직한다. 그 업무 수행에 필요한 규칙과 규정을 설정할 수 있다.

¶**1411.** *총회와 연회에 대한 책임*—고등교육국은 교육 기관과 학원선교를 위하여 총회 및 연회와 그 산하의 제반 부서와 기관과 협력한다 (연회 부서를 위하여서는 ¶634.2 참조).

1. 고등교육국은,

a) 연합감리교회의 고등교육과 기독교교육을 통한 교회의 선교를 최대한으로 조율할 수 있는 계획을 협동적으로 연구한다.

b) 교인들로 하여금 연합감리교회의 고등교육 기관과 학원선교 기구들이 학생, 교수, 직원들의 생활과 인격에 큰 영향을 미친다는 사실을 직접 볼 수 있도록 하며 또한 우리의 시대를 위하여 기독교 신앙을 보존하고 전파하는 장소를 직접 볼 수 있도록 한다.

2. 고등교육국은 교육 기관 및 학원선교 기관과 교회 사이의 관계를 평가하고 그 사이의 방침과 업무절차, 그리고 <장정>과

총회 결의 사항에 나타난 교회의 방침 사이에 실제로 조화된 정도가 얼마나 되는지 결정하는 데 협조한다.

3. 고등교육국은 기독교 고등교육과 학원선교를 장려하기 위하여 연회와 관련된 학회와 재단에 협조하며, 그러한 학회와 재단의 목표와 법인체 조항 및 행정 방침이 그 기관들이 법인체로 등록이 된 지역의 연회의 승인을 받았을 때에 고등교육국의 보조 기관으로 인정한다.

4. 총회 기관들이 연합감리교회와 관계를 맺고 있는 학교와 대학에 관하여 문의하거나 대화를 가지기를 원할 때, 고등교육국은 언제나 중개하여 준다.

5. 고등교육국은 연합감리교회와 특별한 관계를 가지고 있는 교육 기관들의 업무와 필요 사항을 직접 주의를 기울여 관찰하며, 교육 기관들을 위하여 지원을 요청한다. 역사적으로 연합감리교회와 관계를 맺고 있는 흑인대학을 특별히 인정하여야 한다 (¶815, ¶1420 참조).

6. 고등교육국은 기관과의 관계 변경을 승인한다. 이는 총회 또는 연회들과의 관계를 말하며, 연합감리교회의 기관들, 총회 또는 하나 또는 둘 이상의 연회들과의 관계, 혹은 연합감리교회가 승인하는 기구로서의 고등교육자문위원회(University Senate)와의 관계를 뜻한다.

¶1412. *교육 기관에 관한 책임*—고등교육국은 연구, 평가, 홍보, 해석, 관리, 프로그램, 재정 등에 관하여 연합감리교회의 교육 기관과 학원선교 기관 및 연회의 고등교육학원선교부와 협의하며 그들을 지원하는 정책과 업무를 제정한다.

1. 고등교육국은 고등교육자문위원회와 협의하여,

a) 고등교육의 추세와 교회가 필요로 하는 점과 공립 및 사립 학교의 교육 기회와 요구사항 등을 연구하여 교육 기관과 주 정부의 위원회 또는 고등교육에 관심을 가진 기타 공립 및 사립 기관에 추천을 한다.

b) 연합감리교회와 관련된 대학과 연합감리교회의 이익을 확보할 다른 대학과의 협력, 통합, 합병 계획을 추천하고 승인한다.

c) 연합감리교회와 관계가 있다고 주장하거나 그렇게 간주되는 교육 기관의 목표, 교육 프로그램, 교육 기준, 인사 방침, 건물과 장비, 업무와 경영 방법, 재정 프로그램, 공공 관계, 학생을 위한 인사관리, 학생개발 프로그램, 종교생활 및 교회와의 관계 등에 관하여 조사를 실시한다.

d) 각 교육 기관을 평가하고 구분하여 본 교단과의 관계

¶1412 총회 행정 기구

정도를 결정하며 교회로부터 재정지원을 받을 수 있는지, 그 자격을 결정한다.

2. 고등교육국은 학원선교, '연합감리교 학원선교'(Wesley Foujdatin) 및 초교파 학원선교 그룹을 위하여, 다음과 같은 목적을 달성하기에 필요한 조직을 자체 내에 마련한다.

a) 상기 기관들의 이사회, 연회고등교육학원선교부, 지역에 있는 기독교 고등교육 및 학원선교 기관과 협의하여 그 기관들을 조직적으로 평가하기 위한 계획을 개발하는 데 협조한다.

b) 학원선교의 프로그램과 재정지원의 추세를 연구함과 동시에 연합감리교회 학원선교사역자협회(UMCMA), 연회 기관 및 그 지역 사무실로부터 받은 보고를 검토하여 그 결과를 해당 기구와 연합감리교회에 설명하여 준다.

c) 학원선교에 관한 초교파적 지원 방법을 재확인한다. 지역, 학원, 주 및 전 세계의 학원선교 기관을 격려하여 적절한 경우에 초교파적인 프로그램과 조직을 하도록 한다. 이미 있거나 새로 구성될 지역의 초교파적 학원선교에 관한 언약을 평가하고 강화한다. 그리고 이 기구들을 위한 초교파적인 계약과 절차가 연회의 고등교육학원선교부에 등록되도록 확인한다.

d) 연합감리교 대학선교, 학원선교, 채플레인직 등을 위한 전문적인 사역자들의 기준과 방침을 개발하며, 학원선교 사역자들과 채플레인들이 교육과 훈련을 받을 수 있는 기회를 제공한다.

e) 연회고등교육부, 연합감리교 대학선교, 개체교회 및 초교파적 학원선교를 위한 사역과 감리 책임에 대하여, 또한 개체 연합감리교 대학선교와 학원선교의 이사회의 사역과 책임에 대하여 그 원칙과 가이드라인을 만든다.

f) 새로운 연합감리교 대학선교 또는 학원선교를 개설할 때, 또 연합감리교 대학선교 또는 학원선교의 건물을 계획하고 건축할 때, 이를 위한 절차와 가이드라인을 만든다.

g) 고등교육의 목표달성을 위하여 다른 기관을 인정하고 그들과 협력하여 더 좋은 관계를 유지하도록 한다.

h) 필요하다고 인정될 때, 교회를 대표하여 다른 전국적인 또한 국제적인 학원선교 기관 및 협회들과 협력하며 이에 동참한다.

i) 교회의 특정한 필요를 충족시키기 위하여 봉사한다.

j) 연합감리교회의 대학생들을 연합감리교 학생운동(UMSM) 및 적절하다고 인정되는 연합감리교회 학생 조직 또는 전 세계를 통하여 이와 유사한 초교파적 조직체와 연관을 맺도록 한다.

3. 고등교육국은 고등교육을 설명함으로써,

a) 소수 인종, 민족을 위한 특별선교, 교육선교, 장애인을 위한 선교 및 세상의 여러 조건에 희생당한 사람들을 위한 선교 등을 포함한 고등교육에 있어서의 교회의 선교를 장려한다.

b) 기독교교육과 기독교 봉사의 기회를 장려한다.

c) 교육 기관과 학원선교 기관을 독려하여 복음과 공익과 일관된 인간적, 인도적 가치를 가르치도록 한다.

d) 교육 기관과 학원선교 기관 내에 기독교 공동체를 개발하도록 추진한다.

e) 기존 교회의 기구와 간행물을 이용하여 고등교육의 사명을 해설한다.

f) 세계성찬주일 장학금 프로그램에 참여한다.

g) 고등교육을 받고 있는 연합감리교회 학생들을 인정하기 위하여 연합감리교회 학생주일의 홍보활동을 기획하고 조직한다.

¶1413. *고등교육을 위한 재정지원*—1. 역사적 유산과 고등교육의 사명을 유지하여야 할 당위성과 그에 따르는 재정지원을 고려하여 연합감리교회는 고등교육을 위한 공약을 재확인하며 이를 계속 지원하고 또한 갱신할 수 있는 방법을 재확인한다.

2. 고등교육국은 다음과 같은 일을 할 수 있는 권한이 있다.

a) 교회 내에서 기독교 고등교육을 위한 재정적 지원을 장려한다.

b) 고등교육자문위원회(¶1416)가 확인한 대로 교회에 소속된 교육 기관에게 교회의 재정지원이 계속되도록 주선한다.

c) 법인체 및 기타 재정 및 신탁 기관을 개발함으로써 교육 기관과 학원선교 기관 및 그들의 자산과 채무를 위하여 재정을 지원하며, 새로운 방법을 고안하여 갱신하고 관리하며 보호한다.

3. 재정문제에 있어서 고등교육국은,

a) 연합감리교회 교육 기관과 학원선교 기관의 재정 상태를 연구하고, 교회들이 이들을 계속 지원하도록 하며, 재정 업무와 기타 관리에 관하여 자문, 봉사를 한다. 고등교육국은 모든 해당 관계 자료를 연구하여 각 연회와 기관에게 관련된 기관들에 대한 적절한 정도의 지원을 추천할 수 있다.

b) 교육 기관과 연합감리교회 학원선교 및 연합감리교회에 관계된 기타 학원선교 기관을 위하여 총회고등교육사역부가 채택한 규정에 따라 이용할 수 있는 기금을 할당한다.

c) 연합감리교회의 지시 혹은 협조로 창설, 조직, 개발, 협력을 받은 교육 기관이나 혹은 연합감리교회 학원선교 및 기

타 학원선교 기관이 활동을 중지하거나 연합감리교회와의 관계를 끊거나 수정하며, 연합감리교회나 그 산하 기관이 새 보조금과 기부금 등을 부여할 때, 총회고등교육사역부가 정한 조건을 위반하면, 투자한 자료, 재산 등을 보호하고 회수할 수 있는 행동을 취한다. 이와 같은 임무를 수행하기 위하여 고등교육국은 연합감리교회와 관련이 있다고 주장하거나 그렇게 간주되는 교육 기관의 모든 기록과 문서를 임의로 조사, 감사, 평가한다. 그러한 어느 교육 기관이나, 연합감리교회 학원선교, 또는 기타 학원선교 기관이 그 업무를 중단하거나 연합감리교회와의 관계를 끊거나 수정하려고 하거나, ¶1413.3b에 따라 고등교육국이 채택한 규정을 위반할 때에는, 해당 교육 기관의 위원회와 관리인은 해당 연회의 고등교육 기관과 빠른 시일 내에 고등교육국의 대표 및 감독과 회합하여 고등교육국이 이 조항의 임무를 수행하는 데 필요한 협조나 허가를 받도록 결정한다.

d) (1) 특별배당금을 통하여 연합감리교회가 역사적으로 흑인을 위하여 제공한 교육 기관을 육성하고 보조금을 지불한다. 고등교육국은 고등교육국이 후원하는 대학이 타교파의 대학이나 독립운영 대학과 협조 혹은 합병할 수 있는 계획을 설정할 권한이 있다. 단, 연합감리교회의 관심사가 적절히 보호되어야 한다. (2) 흑인대학으로 하여금 학교의 지원과 유지를 위하여 충분한 재단 기금을 확보하도록 격려한다. 그들이 지원을 충분히 받으며, 재산을 계속 보유하여 연합감리교회의 후원과 관리하에 영구히 기독교교육을 실시할 수 있다고 확인되면, 총회고등교육사역부가 정한 규정에 따라, 모든 권리를 본부에 반환하는 권리를 포함한 조건하에 대학의 관리를 위원회에 이양할 수 있다.

고등교육자문위원회 (University Senate)

¶1414. *조직과 위원*—1. 고등교육자문위원회는 고등교육에 종사하는 전문가로 구성된 기구로서, 총회가 일반 학교와 신학대학원 등이 연합감리교회와 연관된 기관을 위하여 만든 기준을 준수하고 있는지를 결정하기 위하여 만든 기구이다.[27]

2. 본 자문위원회는 27명의 투표권 소지 위원으로 구성하며, 위원들은 선출될 때에 교육 기관에 현재 고용되어 교육에 종사하고 있으며, 교육 기관을 평가할 수 있는 기술적인 훈련과 경험이 있는 사람이어야 한다. 선출은 매 4년에 한 번 하며, 고용에 변화가 있어 이해가 상충될 때는 예외로 한다. 위원들 가운데, 9

---

27. 사법위원회 판정 589 참조

명의 위원은 4년에 한 번씩 연합감리교 교육기관 전국연합회에서 선출하되, 그중 7명은 연합감리교회와 연관된 교육 기관의 최고 행정 책임자라야 하며, 2명은 학문이나 재정과 연관이 있거나 교회와 관계가 있는 다른 직분을 가지고 있는 사람이어야 하며; 6명은 총회고등교육사역부에서 선출하되, 그중 2명은 선출 당시 연합감리교회와 연관된 교육 기관의 최고 행정 책임자라야 하며, 2명은 학문이나 재정과 연관이 있어야 하며, 2명은 교회와 관계가 있는 다른 직분을 가지고 있는 사람이어야 하며; 나머지 4명은 본 자문위원회에서 선출하되, 본 조항에 기술된 일반적인 규정 이외에 아무런 일반적인 제한 없이 선출된다. 나머지 4명은 총감독회에서 임명하되, 그중 2명은 연합감리교회와 연관된 교육 기관의 최고 행정 책임자라야 하며, 2명은 학문이나 재정과 연관이 있거나 교회와 관계가 있는 다른 직분을 가지고 있는 사람이어야 한다.

총회에서 선출되는 위원은 다음의 절차에 따라 추천되고 선출된다. 곧 총감독회에서 12명을 추천하되, 그중 6명은 연합감리교회와 관련된 교육 기관의 최고 행정 책임자라야 하며, 기타 6명은 학문이나 재정과 연관이 있거나 교회와 관계가 있는 다른 직분을 가지고 있는 사람이어야 한다. 이상의 공천이 발표되는 같은 날의 회의석상에서만 추가로 위원을 추천할 수 있다. 이 12명의 추천인 중에서 총회는 더 이상 논의가 없이 무기명 복수제 투표로써 2개의 추천 범주에서 각각 2명씩을 선출하여 고등교육자문위원회에 봉사할 4명의 위원을 선출한다. 다음 총회 이전에 결원이 생기면, 나머지 추천인 중에서 총감독회가 선출한다. 이와 같은 선출 절차는 매 총회마다 반복한다. 여성과 소수 인종, 민족과 연합감리교회와 연관된 흑인대학과 신학대학원의 대표가 골고루 고등교육자문위원회에 참여하도록 고려하여야 한다. 위원(총회에서 선출된 4명의 위원 이외에)이 은퇴하거나 다른 이유로 4개년 내에 결원이 생기면, 은퇴한 위원을 선출한 기관의 다음 회의에서 결원을 채운다. 총회고등교육사역부의 총무와 고등교육국과 안수사역국의 부총무들은 고등교육자문위원회의 위원이 되며, 그들은 발언권은 있으나 투표권은 없다. 총회세계선교부의 총무가 지명한 직원 1명이 고등교육자문위원회의 위원이 되며, 그는 발언권은 있으나 투표권은 없다. 이 규정은 총회가 이를 채택하는 즉시 그 효력을 발생한다.

3. 고등교육국의 부총무는 고등교육자문위원회의 실행총무가 된다. 총회고등교육사역부의 총무는 4개년차 첫 해가 시작될 때 고등교육자문 위원회를 소집하여 조직한다. 자문위원회는 자

¶1414

체 내의 회장, 부회장, 기록서기를 선출하며, 그 업무에 필요한 위원회를 설치하고 권한을 부여한다. 그 후로는 연 2회, 정한 시기와 장소에서 자문위원회가 모인다. 특별회의는 위원 5명의 서면 요청이 있거나, 회장과 실행총무의 임의로 소집할 수 있다.

4. 고등교육자문위원회의 임원들과 협의한 후, 고등교육국은 그 연례 예산에 충분하다고 생각되는 자문위원회의 경비를 포함하나, 자문위원회가 교회의 다른 부서나 기관을 위하여 일함으로써 지출한 경비는 그 부서나 기관이 지불한다.

¶1415. *목적과 목표*—1. 학교, 대학교, 신학대학원 등이 연합감리교회와 관련을 맺고 있는 기관으로 인정받기 위하여 지켜야 할 기준을 설정한다.

2. 교회와 교육 기관이 가치가 있다고 함께 인정하는, 교육적으로, 문화적으로, 사회적으로, 또한 인간적으로 중요하다고 여겨지는 문제를 다루는 것을 그 목표로 삼으며, 실제로 이를 위한 프로그램을 행하는 교육 기관의 개발을 지원한다.

3. 고등교육자문위원회의 명단에 올라 있고 계속 교회의 지원을 받을 자격이 있는 학교, 대학교, 신학대학원 등이 성실하고 좋은 프로그램과 건전한 관리 및 명확한 교회와의 관계를 가졌는지 확인할 수 있는 효율적인 평가 절차를 제공한다.[28]

4. 자문위원회의 회원이 되는 기관의 생존능력과 프로그램의 성실성의 평가를 완성하는 데 필요한 정보를 제공할 수 있는 효율적인 연례보고 절차를 설정한다.

5. 총회가 폐회됨과 동시에 *Daily Christian Advocate* 한 질(帙)을 고등교육자문위원회가 인가한 각 신학대학원에 보내야 한다.

¶1416. *교회와의 관계*[29]—1. 어떤 기관이 연합감리교회와 관계를 맺으려면 먼저 고등교육자문위원회의 승인을 받아야 한다.

2. 연회와 기관은 서로 지탱하고 지원하기 위하여 많은 노력을 아끼지 아니하여야 하나, 어떤 기관이 연합감리교회의 기관이 되는 것은 자문위원회의 승인 여하에 달려 있다. 자문위원회는 교회와 처음으로 관계를 맺기 원하거나 갱신을 원하는 교육 기관을 도와 지침을 제공하며 충분히 상담한다.

3. 자문위원회의 승인을 받아 연합감리교회에 소속하게 된 교육 기관만이 연회와 총회와 총회 기관 및 연합감리교회의 기타 기관으로부터 기금을 받을 수 있는 자격이 생기게 된다.

4. 연합감리교회에 속하기 위하여서는 어느 교육 기관이든지 적절한 고등교육 기관으로서의 공인을 받아야 한다.

---
28. 사법위원회 판정 589 참조.
29. 사법위원회 판정 589 참조.

5. 연합감리교회에 소속되기 원하는 기관은 그 수속절차의 일부로 교회와의 관계를 검증받아야 한다. 교회와의 관계 선언이 각 기관마다 다를 수 있으며 그 전통과 기타 기관의 역사의 다양성 때문에 교회와의 관계 선언은 각 기관이 고안하여 낼 수 밖에 없다.

¶1417. *인가받은 기관들의 연례 보고*—1. 고등교육자문위원회는 연합감리교회에 소속된 기관들을 항목별로 분류한 리스트를 매년 출판한다. 이 리스트에는 중학교, 고등학교, 대학, 신학대학원 및 특수 학교들이 포함된다.

2. 고등교육자문위원회는 또한 연회의 안수사역부가 정회원 후보자의 교육 요건을 결정하는 데 사용할, 인가된 학교, 대학, 신학대학원의 명단을 해마다 준비한다.

3. 자발적으로 혹은 선교의 변화로 인하여 연합감리교회에의 소속을 취소하고자 원하는 기관은, *a)* 소속 취소의 논의 후 가능한 한 빨리 고등교육자문위원회에 통고한다. *b)* 해당되는 연합감리교회의 모든 기관에 통고한다. *c)* 신탁문제에 관하여 고등교육국의 기술적, 법적 협조를 구한다.

4. 고등교육자문위원회는 매년 연합감리교회와 연관된 기관의 명단과 함께, 총회고등교육사역부의 연구 프로젝트, 보험 프로그램, 기술 제공에 참여하기 원하는, 기타 역사적으로 감리교회 기관이었던 기관들의 명단을 출판한다. 이러한 기관들을 '준회원'(associate) 기관이라고 부른다.

¶1418. *자문역*—1. 인가된 기관을 위한 지원은, 총회고등교육사역부의 해당 국을 통하여, 총괄적인 기관 기획, 운영, 관리 및 프로그램 분야에 기술을 가진 컨설팅 팀을 포함한다.

2. 인가된 기관에 대한 지원은 기관의 연례보고의 해석과 그 자료에 대한 협의를 포함한다.

3. 고등교육국은 관계된 연회와 기관들이 제공하는 지원 정도와 형태에 관하여 고등교육자문위원회에 매년 보고하며, 또한 추천한 정도에 연회와 기관이 어떻게 대응하였는지를 포함하여 그러한 지원을 평가한다.

연합감리교 고등교육재단
(United Methodist Higher Education Foundation)

¶1419. 연합감리교 고등교육재단은 비영리 자선 기관으로서, 고등교육국과 영구적으로 유대를 가진 법인체로 테네시 주에 등록이 되어 있으며, 고등교육국이 본 재단의 이사를 선출한다. 본 재단의 일반적인 목적은 개인과 법인체들이 재정적인 지원을

¶1419

제공하도록 장려하며, 그러한 지원을 위한 재단으로 업무를 수행함으로써 고등교육 기관의 성장과 개발을 도모하는 데 있다. 본 재단은 또한 기증인들이 특정한 기관에 기증한 선물과 유증을 관리하는 신탁자 및 관리자로 봉사한다.

흑인대학교총장협의회
(Council of Presidents of the Black Colleges)

¶1420. *흑인대학교총장협의회*—1. 흑인대학교총장협의회라 일컫는 조직체를 둔다. 본 협의회는 역사적으로 흑인을 위한 고등교육에 관련하여 왔으며, 현재 연합감리교회와 연관된 연합감리교 대학의 모든 총장들로 구성한다.

2. *목적과 목표*—본 협의회의 목적은,

    a) 고등교육과 연합감리교회 내에서 대학들이 가지는 역할을 규명하고 명시한다.

    b) 교회를 통하여 모금운동을 장려한다.

    c) 회원 대학들의 프로그램을 연구, 평가, 논의한다.

본 협의회는 매년 최소한 두 번 모여야 하며, 그 임무를 수행함에 있어 고등교육국에게 순응하여야 한다.

안수사역국 (Division of Ordained Ministry)

¶1421. *안수사역국의 의무와 책무*—안수사역국은, 연합감리교회의 선교사역을 완수하며 예수 그리스도의 복음을 선포하기 위하여, 충성스럽고 유능한 영적 지도자들을 모든 문화적, 민족적, 인종적 배경을 가진 사람들 가운데서 초청하여 준비시키고 지원하는 일을 함에 있어 교회를 이끌어 나가며 이에 봉사하는 책임을 진다. 이들은 안수받은 (ordained) 집사와 장로로, 인허받은 (licensed) 본처목사로, 평신도 사역자로, 특수사역에 인가받은 (certified) 사람으로, 또한 연장사역에 인준받은 (endorsed) 교역자로 봉사할 사람들이다. 본 국의 업무는 감독의 파송을 받은, 모든 종류의 사역에 종사하는 남녀 교역자를 포함한다. 이러한 임무는 감독, 신학대학원, 연회안수사역부, 감리사회, 지역총회안수사역위원회, 해외지역총회 또한 민족 코커스와 기타 적절한 단체와 활발한 관계를 유지하면서 이루어 나간다. 본 국은 신학교육을 장려하며 전 교회를 위하여 이를 지원할 책임이 있다.

이 임무를 완수함에 있어, 또한 세계에 존재하는 교회의 각 지역을 위하여 제정된 <장정>의 규정을 따라, 본 안수사역국은 다음과 같은 주요한 사역을 중심으로 조직한다. 곧

총회고등교육사역부 ¶1421

1. *행정*—*a)* 연합감리교회의 사역이 전 세계 각 지역에 적합한 사역이 되어야 하는 필요성을 해설하는 일에 앞장선다. 사역의 해설은 집사, 장로, 본처목사 및 연장 사역에 승인받은 이들과 특수사역에 인가받은 이들을 포함한다.

b) 집사회, 장로회, 본처목사친목회 회장들의 모임과 개인적인 연락망과 소식지와 기타 자문하는 일을 통하여 본 국의 구성원들과 관계를 유지한다.

c) 민족의 구성원들과 협의하여, 연회안수사역부, 지방안수사역위원회 기타 해당 기관과 함께 일할 때, 그들의 업무를 수행하기 위한 지침과 훈련과 자료를 제공한다. 교역자가 될 학생들을 심사하는 일을 지도, 상담한다. 안수 및 인허 사역에 관한 현 <장정>의 규정을 해설한다.

d) 연회안수사역부 및 이와 유사한 인정된 기구가 사역에의 안수 및 인가를 위하여 그 기준과 요건과 심사와 면접을 관리하는 일에 있어 그들에게 자료를 제공하며 그들을 훈련시킨다.

e) 교단의 기관들이 연합감리교회 신학대학원들과 의논하거나 문의하기를 원할 때 그들을 연결시켜 준다.

f) 연합감리교 신학대학원과 연회가 안수, 인허, 인가 사역 후보자들을 교육하고 육성시킬 책무를 성취하려 할 때, 이들의 상호의존적인 사역을 연구하며 조율한다.

g) 교역자양성 기금을 전 교회를 상대로 홍보하고 설명하며, 기타 안수사역을 위하여 사람들을 훈련시키는 일을 도와줄 기금들을 지원한다.

h) 장로 및 집사 안수 후보자들을 위하여 비연합감리교회 신학대학원들을 심사하여 인가하는 일을 고등교육자문위원회 및 신학교육위원회와 협의하여 행한다.

i) 전 교회를 통하여 교역을 위한 지도자들의 소명, 훈련, 지원과 관련된 사항에 관하여 다른 기관들 및 연합감리교회 내의 인종 그룹들과 협력한다.

j) 전문사역을 지원하는 전문적이며 초교파적인 국내 및 국제적인 협의체에 참여한다.

k) 법적인 문제, 직업윤리에 대한 방침, 기타 교역에 종사할 때 일어나는 문제에 대하여 총회재무행정협의회 및 연회안수사역부와 협력한다.

l) 연합감리교회의 평신도 사역자들과 다른 그리스도 교회의 그들 동료들과의 협력 관계를 촉진시킨다.

2. *안수사역 후보자 발굴 및 연회 관계*—본 국은: *a)* 연합감리교회 내에서 식별하고 발굴하는 프로그램을 통하여, 따로 세우심을 받은 사역에의 하나님의 부르심을 선양하도록 교회를 이끌어 나간다.

¶1421

b) 연합감리교회에서 사역에 필요한 일들과 리소스를 연구하며, 또한 적합한 사람들을 안수 (ordained), 인허 (licensed) 및 인가받은 (certified) 사역에 발굴하여 등록시키려고 노력하며, 이러한 사역을 소명(vocation)으로 설명하려고 할 때, 다른 부서와 기관들 및 적절한 인종, 문화 그룹들과 협력한다.

c) 후보자 통계, 은퇴 추세, 교역자 보존율, 변천하는 교역자 공급에 대한 요구 등을 포함하여 목회 지도자, 집사 사역, 인가 사역에 관한 연회 및 해외지역총회의 사역자의 필요에 대하여 연구한다.

d) 세상에서 사역자의 필요성에 관하여 연구하며 개체교회 밖의 특별사역을 위한 사람들을 발굴, 등록시키는 일에 자료를 제공한다.

e) 안수, 인허, 인가 사역 후보자들의 발굴 및 지원을 위한 프로그램 자료와 훈련을 위한 리소스를 제공한다.

f) 안수, 인허, 인가 사역을 위한 소수 인종, 민족 후보자들을 발굴, 등록시키기 위하여 연합감리교회 신학대학원 소재 소수 인종, 민족 센터들과 총회의 각종 발의(initiative)와 인종 코커스와 함께 일한다.

3. *신학교육*—본 국은, a) 연합감리교회에서 집사 또는 장로로 안수받은 이, 본처목사로 인허받은 이, 특수사역에 인가받은 이들을 위한 프로그램과 교육 기준을 개발하고 유지하며, 이를 위하여 승인한 과목들과 그 기준을, 감독하는 기관과 본부에 알려준다.

b) ¶335.(3)에 명시된 연합감리교회의 역사, 교리, 정체 <장정> 과목들을 인증하고 그 인가한 목록을 고등교육자문위원회와 연회안수사역위원회에 제출한다.

c) 집사 안수를 위하여 준비하는 이들을 위한 대학원 신학교육과정, 장로가 되기 위하여 준비하는 본처목사들의 상급연수교육과정, 특수사역 분야의 인가를 얻기 원하는 이들을 위한 교육과정을 포함한 신학교육 프로그램을 제정한다.

d) 본처목사들을 위하여, 목회사역 인가(license for pastoral ministry)를 위한 교육과정과 '연수교육과정'(Course of Study)을 포함한 연수교육과정을 제정한다. 연회안수사역부의 승인 하에 후보자는 이 과정의 절반까지 안수사역국이 개발한 온라인 과정을 통하여 이 과정을 모두 이수할 수 있다.

e) 특수사역 분야의 필요함을 확인하며, 그런 분야의 인가를 위한 기준과 교육 프로그램을 제공하며, 인증을 위하여 연회안수사역부가 천거한 이들의 자격을 심사한다.

f) 목회에 필요한 일들과, 해외지역총회 내의 연합감리교 신학대학원과 미국과의 관계, 그리고 해외지역총회에서 봉사할 목사들을 훈련시키기 위한 리소스에 관하여 해외지역총회 내의 신학대학원들 및 목회자 양성 프로그램과 협의한다.

g) 웨슬리 전통에 입각한 신학교육을 받게 하기 위하여 연합감리교 신학대학원을 다니기를 장려한다.

h) 안수사역을 준비하고 있는 소수 인종, 민족 학생들의 장학금을 위하여 장학대부금관리실, 고등교육재단, 세계성찬주일 장학금 프로그램과 협력한다.

4. *지원, 감리 및 순응할 의무*—본 국은, *a)* 장로들, 집사들, 평신도 집사들, 채플레인과 목회 상담자들, 그리고 개체교회에서 특수사역에 종사할 인가받은 이들, 특별 파송자들, 기타 교회와 세상에 파송받은 이들의 연속 교육, 영성훈련, 직업 개발을 위하여 지도하며 리소스를 제공한다.

b) 감독과 지방감리사들이 그들의 감리 사역을 성공적으로 성취할 수 있도록 아래와 같은 일을 할 때 그들을 지원하며 협력한다. 곧 (1) 연대사역협의회와 총감독회와 함께 새로 임명된 지방감리사들을 훈련한다. (2) 감독과 감리사들에게 그들의 사역에서 훈련받을 기회를 제공한다. (3) 교역자, 지방감리사, 개체교회가 그들의 사역을 검토하고 평가할 때, 목회위원회, 목사, 연회안수사역부, 감리사회가 인종과 문화를 초월한 효율적인 파송을 보장하기 위한 도구를 제공하는 것을 포함하여 이들을 도울 리소스를 개발한다.

c) 연회안수사역부의 집사회 (Order of Deacons), 장로회 (Order of Elders), 본처목사친목회 (Fellowship of Local Pastors)가 연합감리교회의 안수 (ordained), 성별 (聖別 consecrated), 인허 (licensed), 인가 (certified) 사역에 헌신하는 사람들을 지속적으로 지원하기를 장려하며 그들에게 리소스를 제공한다.

d) 사역을 위하여 안수, 성별, 인허, 인가 받은 이들이 그들의 교육과 능력과 경험에 걸맞는 고용, 지원, 혜택 조건을 보장받게 하기 위하여 감리사회와 기타 연회 기관을 인도한다.

e) 인가하여 주는 기관들 및 전문 기관들과 관계를 맺음으로써 인가받은 공동체의 사람들을 지원하며, 개체교회, 연회 및 교회 기구들을 특수사역에 봉사하는 이들과 연결시켜 주며, 목회상담사역을 위한 특수한 훈련을 받을 때 이들을 도우며, 퇴수회, 집회 기타 특별 프로그램을 제공한다.

f) 안수 및 인허 사역에 봉사하는 모든 민족, 인종 그룹의 여성들을 받아들이고 지원하도록 개체교회를 인도한다.

¶1421

　　g) 장애 교역자들의 특수한 필요 사항에 주의를 기울인다.

　　h) 연합감리교회 사역에서 그 전문직의 윤리적 기준을 유지함에 있어, 감독, 감리사회, 안수사역부, 집사회, 장로회, 본처목사친목회 기타 교회 기관들과 함께 일한다.

　　i) 모든 인종, 민족 출신의 유능한 영적 지도자들의 지속 교육, 영성훈련, 직업 개발을 장려하며 지원한다.

　5. *인준하는 일 (Endorsement)*—본 국은, *a)* 보건, 의료기관, 아동보호소, 양로원, 형무소, 직장, 상담소, 군 등에서 목회활동(pastoral care)을 할 수 있는 능력을 보여줄 채플레인과 교역자들을 발굴하여 평가하고 지원한다.

　　b) 연합감리교회가 환자, 거주자, 죄수, 직장인, 피상담자, 군인 및 그 가족들을 목회적으로 잘 돌봐 주는 일을 보장하기 위하여, 특별한 교육, 훈련, 기술 부분에서, 또한 요구되는 전문 자격증을 위하여, 인준받아야 할 사람들에게 요구되는 기준을 설정한다.

　　c) 채플레인직과 목회를 위한 사역에 파송받은 협동회원(associate members)과 집사와 장로들이 필요로 하는 '교단인준'(Ecclesiastical Endorsement)을 위하여 그 방침과 절차를 설정하고 유지한다.

　　　(1) 안수사역국은 그 인준위원회인 연합감리교 인준 기구를 통하여 인준을 하여주거나 취소할 수 있으며, 항소할 수 있는 절차를 포함하여 적절한 절차상의 규칙을 마련할 수 있는 권한이 있다.

　　　(2) 안수사역국의 선임된 위원들로 구성되고 감독이 그 위원장직을 맡고 있는 인준위원회는 그 모든 인준 절차에서 연합감리교회를 대표한다.

　　　(3) 인준(Endorsement)이란 교역자가 적법한 연합감리교회의 사역을 수행하고 있으며, 필요한 특수교육, 훈련, 기술을 습득하였으며, 또한 요구받을 때 사역에 필요한 전문 자격증을 소지하고 있다는 것을 인증하는 신임장을 뜻한다. 교역자가 어느 특정한 사역에 더 이상 봉사하고 있지 않을 때에는 인준이 취소된다.

　　d) 학생 군목후보 프로그램, 연방재향군인부의 비정기 군목, 기타 확실한 기관에서 봉사하는 이들을 위하여 '교단 승인'(Ecclesiastical Approval) 절차를 설정하고 이에 따른다.

　　e) 인준/승인을 받은 사람들을 감독하며 대변하는 프로그램을 유지한다.

　　f) 인준받은 모든 사람들, 특히 자기 연회 경계 밖에서 봉사하는 이들을 전반적으로 감리한다.

g) 인준을 받고 봉사하는 교역자들의 사역이 적법함을 연회안수사역부에 확인시켜 준다.

h) 매년 감독과 연회안수사역부에 인준받은 교역자들을 확인시켜 주며, 필요할 때 그들의 재파송을 요청한다.

i) 교단 인준 기준을 설정하고 유지한다.

(1) ¶344.1b에 명시된 모든 사역 현장을 위하여 인준 기준을 설정한다.

(2) ¶344.1에 명시되지 않은 사역 현장에의 특별파송의 적절성에 대하여 연회안수사역부가 사용할 수 있도록 그 기준을 설정하며, 요청이 있을 때 어느 특정한 현장을 평가하는 일을 돕는다.

(3) ¶344.1d에 의하여 파송된 이들을 위하여 대변하며, 새로운 연장사역을 개척함으로써 사역에 대한 이해를 확장시켜 나가려는 새로운 노력을 권장한다.

(4) 여러 가지 사역 환경에서의 목회적인 사역을 인가하여 줄 기준을 설정할 때, 인가하는 기구와 협력한다.

j) 개체교회, 연회 및 교회 기관들을 연장사역에 봉사하는 이들과 연결시켜 준다.

k) 연장사역에서 목회활동을 위한 프로그램을 개발할 때 개체교회, 연회 및 교회 기관들을 자문한다.

l) 연장사역에 관하여 교회를 상대로 해설하며, 인준받아 연장사역에 봉사하는 이들을 위한 옹호자로 봉사한다.

m) 군에 있는 또는 군과 연관된 연합감리교회 평신도들을 위하여 사역할 때 이를 돕는다. 안수사역국은 자료와 프로그램, 그리고 퇴수회, 학습반 및 다른 목회활동을 포함한 지속적인 사역을 준비할 때, 총회제자사역부, 총회세계선교부, 기타 교단의 기관들과 함께 일한다.

n) 인준 기관의 임무(endorsing agency responsibilities)를 지원하기 위하여 특별히 주어져 왔으며 앞으로 주어질 기금과 특별 선물을 받고 이를 또한 분배한다.

o) 인준받은 특정한 교역자들을 위한 채플레인추가은급수여기금(Chaplains Supplemental Pension Grant Fund)을 총회은급의료혜택부의 관리, 감독하에 주관한다.

6. *구성원과의 관계*—안수사역국의 업무에 리소스를 공급하며 이를 지원하고 해설하기 위하여 직접 안수사역국의 구성원들과 관계를 맺기 위하여, 세 개의 팀(장로와 본처목사, 집사와 평신도 사역자, 채플레인과 인가받은 교역자)을 구성한다. 각 팀은 그 특정한 구성원의 한 사람이 지도자가 된다.

연합감리교 신학대학원들
(Schools of Theology of The United Methodist Church)

¶1422. 목표—1. 연합감리교 신학대학원들은 연합감리교회의 사역을 주도하여 나갈 지도자들을 양성한다는 공통된 임무를 지니고 있다. 이뿐만 아니라, 웨슬리의 신학을 계속 연구하는 데 앞장서며 예수 그리스도의 제자를 삼으라는 교회의 선교 사업에 교회를 돕는다. 그들은 교회의 세계적인 임무를 수행하는 신학교육을 통하여 연합감리교회의 세계적인 연대생활에 공헌한다. 이 신학대학원들은 안수받은 지도자들과 평신도 지도자들의 교육을 위하며, 성서적, 신학적 연구를 통하여 기독교 신앙과 연합감리교회의 전통을 해설하기 위하며, 그리고 선지자적 지도자 양성을 위하여 유지되고 있다. 총회고등교육사역부는 미국 및 해외지역총회에 있는 신학대학원들 사이뿐만 아니라 여러 총회 기관들 사이의 관계성을 개발하며 이 공통적인 임무를 수행함에 지도력을 발휘한다.

2. 연합감리교회의 집사 또는 장로로 안수받기 원하는 모든 사람들은 연합감리교회의 신학대학원에 다니기를 강력히 권유한다. 이 대학원들은 총회고등교육사역부 및 연회안수사역부와 협력하여 연합감리교회의 안수사역 지도자들을 양성하고 있기 때문이다.

3. 미국 안에 위치하고 있는 연합감리교회의 신학대학원들—a) 미국 안에 위치하고 있는 연합감리교회의 신학대학원들은 주로 미국 안에 있는 연합감리교회에 봉사하기 위하여 존속하고 있지만, 전 세계를 향한 교회의 증거에 관심을 가지고 그 소명을 또한 다한다. 그들은 연합감리교회에 대한 책임은 물론 교회연합 사역에 대한 증거로 다른 교단의 학생들에게도 또한 봉사한다. 교단의 신학대학원으로서 그들은 역사적으로 본 교단과 관계를 유지하고 있으며, 총회고등교육사역부와 고등교육자문위원회의 인가를 받음으로써 연합감리교회와 공식적으로 연결되어 있다. 다음과 같은 학교들이 미국 내의 연합감리교회 신학대학원으로 지금 관계를 맺고 있다. 곧 Boston University School of Theology, Candler School of Theology, Claremont School of Theology, Duke Divinity School, the Theological School-Drew University, Iliff School of Theology, Gammon Theological Seminary (ITC), Garret-Evangelical Theological Seminary, Methodist Theological School in Ohio, Perkins School of Theology, Saint Paul School of Theology, United Theological Seminary (Dayton,

Ohio), 그리고 Wesley Theological Seminary 등이다. 이 신학대학원들은 총회고등교육사역부와 고등교육자문위원회를 통하여 교단에 순응할 책임이 있다. 그러므로 이 대학원들의 봉사를 알아보기 원하는 교단의 기관들은 총회고등교육사역부의 안수사역국과 협력하여야 할 것이다.

b) 이 신학대학원들은 현 운영비를 위한 재정적 지원을 미국 내의 연회들로부터 교역자양성기금을 통하여 받는다. 이 기금은 총회고등교육사역부 안수사역국에서 관리한다 (¶816.2 참조). 교역자양성기금은 미국 내 연회들이 다른 신학대학원에 할당하는 추가 선교금이나 보조금이나 또는 기금보다 우선적으로 지불하여야 한다.[30]

c) 그리스도와 교회를 위한 유능한 인재를 길러내야 하는 사명을 성취함에 있어, 미국 내의 연합감리교 신학대학원들은 연합감리교회의 현 정체(政體 polity)와 신학과 프로그램을 학생들에게 잘 알려 주어야 하며, 행정, 전도, 청지기 및 다문화 사회에서 유능한 교역자가 되게 하는 기타 분야에서 실제적인 경험을 쌓도록 하여야 한다. 각 신학대학원은 총회고등교육사역부 안수사역국과 협의하여 ¶335.(3)에 명시된 연합감리교회 역사, 교리, 정체에 관한 과목을 개설하며 학생들로 하여금 웨슬리 전통에 입각한 교역자가 되도록 하여야 한다.

d) 안수사역 후보자를 교육하기 위하여 연합감리교회와 연관을 맺기 원하는 교육 기관은 먼저 그 계획을 총회고등교육사역부 안수사역국에 제출하여, 연합감리교 신학대학원으로 승인, 등록하게 할 수 있는 유일한 권한을 가지고 있는 고등교육자문위원회(University Senate)의 승인을 받도록 하여야 한다. 선택된 소수의 비연합감리교회 신학대학원만이 고등교육자문위원회의 기준에 의하여 안수 교역자를 양성할 수 있는 대학원으로 인가받을 수 있다.

4. *해외지역총회에 위치한 연합감리교회 신학대학원들—a)* 그들 지역의 신학교육과 교역자 훈련의 필요성을 충족시키기 위하여 지역총회들은 그들의 독특한 문화, 사회, 언어적인 환경에서 연합감리교인들에게 봉사할 신학대학원을 설립한다. 해외지역총회의 필요를 충족시켜주기 위하여 총회세계선교부와 총회고등교육사역부에도 신학대학원 및 교역자 양성 프로그램이 설립되어 있다. 이러한 대학원들은 해외지역총회 및/또는 총회세계선교부 및/또는 총회고등교육사역부를 통하여 지원을 받을 수 있으며, 그들 프로그램과 교단과의 관계에 있어 해당 기관에 책임을 진다.

30. 사법위원회 판정 545 참조

b) 신학대학원과 목회자 양성 기관을 해외지역총회, 총회, 총회고등교육사역부 또는 총회세계선교부가 추가로 설립할 수 있으며, 그 책임 한계는 기관의 설립 정관에 따라 결정한다.

5. 연합감리교회는 또한 연합감리교회가 동역자로 있는 초교파 신학대학원들을 통하여 세계적인 신학교육에 참여하고 있다. 비록 연합감리교회와 연관되어 있지는 않더라도 이들 신학대학원은 그들 지역에서 연합감리교회를 대신하여 봉사하며, 그들의 정관과 선교 방침에 따라 총회세계선교부 및/또는 총회고등교육사역부와 관계를 맺을 수 있다.

¶1423. *안수사역 후보자들의 교육*—연합감리교회의 신학대학원들은 연회안수사역부들과 함께 연회원으로 가입될 후보자들의 교육과 양성에 관하여 공동으로 책임을 진다.

제9절 총회은급의료혜택부
(General Board of Pension and Health Benefits)

일반 행정 (General Administration)

¶1501. *설립*—1. *a)* 연합감리교회 총회은급의료혜택부(이하 "부"라 칭한다)를 두어, 본 교단의 교역자와 모든 기구의 평신도 직원 및 그들의 가족들을 돕고 구제하고 지원하며, 그들의 연금 혜택을 감독하고 관리한다.

b) 본 부는 연합감리교회 은급부와 복음주의연합형제교회의 은급부, 그리고 감리교회 은급부의 후계자가 된다.

2. 본 부는 마땅하고 바람직하다고 인정될 때, 본 부 사무실과 산하 조직 사무실을 새로 설립하고 유지하며, 폐쇄할 수 있는 권한이 있다.

3. 본 부는 총회에 보고하며 이에 복종할 의무가 있다.

¶1502. 1. *위원—a)* 본 부의 위원은 다음과 같이 구성한다. 곧 총감독회에서 선출된 감독 2명; 총회서기가 결정하는 바 각 지역총회에 공정하게 분배된 비례에 따라, 각 연회의 공천으로 지역총회가 선출한 교역자와 평신도가 혼합된 16명의 각 지역총회위원들; 총감독회의 추천으로 총회가 선출한 6명의 위원으로, 같은 지역총회에서 2명 이상의 위원이 나와서는 안 된다; 본 부(the general board)에 전문 지식과 배경을 제공하여 줄 목적으로, 본 부의 정관에 따라 본 부가 공천하여 선출한 8명의 추가위원으로 선출하되 같은 지역총회에서 2명 이상의 위원이 나와서는 안 된다.

b) 위에 열거된 선출 기구들은 공천과정에서 인종, 연령, 남녀, 장애의 차별 없이 사람들을 골고루 선출하도록 노력하여야 한다.

c) 본 부의 총무는 투표권 없는 직책상 위원이 된다.

d) 이렇게 선출된 모든 위원들의 임기는 4개년 기간이며, 총회 직후 처음 열리는 조직위원회에서부터 위원의 자격이 주어진다.

(1) 위원들은 선출된 임기 동안 그들의 후계자가 선출되고 자격을 갖출 때까지 봉사한다.

(2) 본 <장정>의 다른 조항에 저촉됨이 없이, 본 부의 위원들은 임기를 최대 세 번까지 계속하여 봉사할 수 있다.

(3) 무슨 이유에서든지 지역총회 회기 사이에 결원이 생겼을 경우에는, 그 지역총회를 대표했던 위원의 지역총회에서, 본 부가 새 위원을 선출하여 그 나머지 임기를 채우게 한다. 단, 총회가 선출한 위원의 경우나, 지역 또는 지역총회의 대표 배분과 상관없이 본 부의 정관에 의하여 본 부가 선출한 경우에는 이와 관계없이 본 부가 임기를 채운다.

2. *임원들*—*a)* 본 부는 위원들 가운데서 정관에 따라 봉사할 회장, 부회장, 서기 등을 그 조직 회의에서 선출한다.

b) 본 부는 매 4개년 기간마다, 규약과 방침이 정한 바에 따라, 본 부의 최고 행정 책임자인 총무를 선출한다. (이 조항은 2012년 총회가 폐회하는 즉시 그 효력을 발생한다.)

c) 본 부의 목적을 달성하기 위하여 필요하고 유익이 된다고 생각되는 다른 직책들을 만들어 직원들을 선출 또는 임용할 수 있다.

d) 이 직책들에 결원이 생겼을 경우에는 정관이 규정한 대로 그 나머지 임기를 본 부가 채운다.

3. *모임들*—본 부는 매년 적어도 한 번 모임을 갖는다.

a) 모든 모임의 장소와 날짜는 본 부가 결정하나, 그렇게 하지 못하였을 경우에는 위원장이 이를 결정한다.

b) 위원장의 소집 통고가 있을 때, 또는 위원들의 5분의 1이 서면으로 요청할 때, 또는 실행위원회의 다수가 서면으로 요청할 때, 모임은 다른 때에 모일 수 있다.

c) 본 위원의 과반수로 정족수를 이룬다.

4. *위원회들*—본 부는 다음과 같은 위원회를 둔다.

a) *실행위원회*—본 부는 그 위원들 가운데서 실행위원회를 선출한다. 본 부의 정기 모임 사이에서는 실행위원회가 부의 사무를 처리한다.

¶1502

b) 감사위원회—본 부는 감사위원회를 선출한다. 본 위원회는 본 부와 그 구성 법인체의 재무 감사와 이와 연관된 방침을 감사하고 검토한다.

c) 상소위원회—본 부는 상소위원회를 선출한다. 본 위원회는 본 부가 관리하는 기금, 은퇴 기금, 프로그램 등에 들어 있는 사람들의 상소를 청취한다. 본 위원회의 결정은 최종적인 것이며 본 부의 전체 회의가 이를 검토하지 않는다.

d) 다른 위원회들—본 부는 정관이 규정하는 바에 따라 수시로 다른 상임위원회나 특별위원회를 설치할 수 있다.

e) 위원회의 위원들—본 부는 그 정관에 따라 상임위원회의 위원들을 선출한다. 다른 특별위원회의 위원들은 그 위원회를 설치하게 된 결의에 따라 위원을 선출한다.

f) 위원회의 추가위원들—본 부는 특별한 지식과 배경을 도입할 목적으로 위원들의 절반이 넘지 않는 한도 내에서 추가위원들을 선출할 권한이 있다. 이 추가위원들은 발언권과 투표권이 있으나, 본 부의 전체 회의에서는 발언권만 있고 투표권은 없다.

¶1503. *법인체들*—1. 연합감리교회 총회가 수시로 <장정>에 규정한 바에 따라 계속 주도하고 지시하는 한도 내에서, 본 부는, 총회은급의료혜택부로 하여금 운영을 맡게 할 권한이 있으며, ¶1504에 규정된 일반적인 권한을, 본 부가 수시로 필요하고 적절하다고 인정하는 방법과 대리인이나 방편 및 과정을 통하여, 전권을 가지고 집행하여 나가게 할 권한이 있다. 특히 위에 기술한 일반적인 사항에 제한받음이 없이 본 부는 본 조항을 위하여 아래와 같은 임무를 수행할 전권을 위임받고 있다. 곧

a) 아래 ¶1503.2 규정에 따라 본 부가 설립한 법인의 모든 부동산과 여러 종류의 자산 및 여기에서 발생하는 모든 수입을, 다만 연합감리교회 총회에 대하여 책임을 지는 한도 내에서 사용하며, 관리하며, 운영하며 활용하는 일.

b) ¶1503.2에 따라 설립된 법인들이, 본 부가 이 조항의 의도와 목적을 달성하기에 필요하고 권유할 만하다고 인정되는 행위를 취하고 결단을 내리게 하는 일. 해당 지역의 법이 어떤 특수한 행위에 대하여 독립적인 결정을 내려야 된다고 명시하지 않는 이상, 상기 법인체의 운영 기구는 본 조항의 의도와 목적을 달성하기 위하여 본 부가 필요하고 권유할 만하다고 인정하는 행동을 수시로 취한다.

2. 여기에 기술된 책임을 완수하기 위하여 바람직하거나 편리하다고 인정되는 법인이나 법인체를 언제나 그 재량에 따라 설립할 수 있는 권한을 본 부는 부여받고 있다.

a) 본 부는, 그 재량에 따라, 일리노이 주법에 의하여 설립된 "연합감리교회 총회은급의료혜택부"라는 이름의 법인체를 통하여, 그 일반 업무를 수행하여 나갈 권한이 있다.

b) 본 부는, 그 재량에 따라, 미주리 주법에 의하여 설립된 "UMC Benefit Board, Inc"라는 이름의 법인체를 통하여, 그 일반 신탁 기금을 관리한다.

c) 만일 본 부가 한 개 이상의 법인체를 설립하고 운영할 때, 상기 법인들의 이름으로 상기 법인의 하나 또는 그 이상의 법인 등기를 취소하거나 그 법인들을 합병하거나, 통합 또는 종속시키는 것이 바람직하거나 편리하다고 생각되면, 본 부는 그의 재량으로 이를 해당 주법이나 연방법에 따라 그렇게 시행할 수 있는 권한이 있다.

d) 그러한 법인체의 운영 기구는 지역법을 따라 본 부가 결정한다.

e) 본 조항에 의하여 설립된 법인체들은, 연합감리교회로 알려진 교단이 총회은급의료혜택부라는 이름으로 각종 혜택, 투자 활동 및 아래 ¶1504에 열거한 기타 봉사를 하는 기구 또는 대행 기관이 된다.

¶**1504**. *허가받은 권한*—총회은급의료혜택부는 연합감리교회와 그 구성 부서, 기관, 의회, 조직체 및 다른 기구들이 교단의 교역자들과 각 행정 단위의 평신도 직원들 및 그들의 가족들을 위하여 지원, 구제, 보조, 연금, 사회보장금, 그리고 다른 혜택을 지원하는 일에 있어, 그들에게 행정지원, 신탁관리, 투자 서비스 등을 제공할 권한이 있다. ¶2506의 규정에 의거, 본 부는 포용정신과 인종 및 사회정의를 위한 교회의 명령을 따라 그의 임무와 책임을 수행하여 나가야 한다. 특히 위의 일반적인 원칙에 구애받지 않고, 본 부는 직접 또는 그가 설립한 법인체를 통하여 다음과 같은 사역을 추진할 권한을 부여받고 있다. 곧

1. 총회가 설치한 의무적인 혜택기금, 은퇴기금, 프로그램 등을 운영, 관리한다. 곧 *(a)* '교역자연금 플랜'(Ministerial Pension Plan), 2007년 1월 1일부로 새로 수정되어 발효하는 '교역자은퇴보장 프로그램'(Clergy Retirement Security Program); *(b)* 2010년 1월 1일부로 새로 수정되어 발효하는 '총회기관은퇴 플랜'(Retirement Plan for General Agencies; *(c)* '포괄보호보험'(Comprehensive Protection Plan) 등이다. 이들 의무적인 혜택 프로그램은 <장정>에 참고 사항으로 포함되어 있어야 하나, 마치 <장정>에 인쇄된 바와 같은 법적 효력을 가진다. 현재 시행되고 있는 유효한 혜택을 변경하고

자 할 때에는, 먼저 총회은급의료혜택부를 통하여 변경하는 데 드는 비용과 다른 연관된 사항에 관하여 연금혜택 전문가의 의견을 듣지 않고서는 총회에서 이를 변경할 수 없다.

2. 관심을 가지고 있는 연회, 개체교회, 부서, 기관, 기구 및 연합감리교회와 연관을 맺고 있는 기타 조직체들을 위하여, 의무적이 아닌 구호, 지원, 은급기금, 플랜, 프로그램들을 개설, 수정, 운영, 관리, 폐기한다.

3. 1981년 이전에 개설한 다음과 같은 구호, 보조, 은급 기금, 플랜, 프로그램들을 이들에 국한하지 않고 계속 운영하고 관리한다.

4. 본 교단의 교역자, 교회의 여러 조직에 근무하는 평신도 직원들 및 그들의 가족들을 위한 지원, 구호, 보조금과 연금, 복지 및 기타 혜택들에 관하여 총회에 보고한다.

5. 특별히 총회의 법 제정으로나 합리적인 함축성으로도 취급되지 아니한 모든 문제에 있어, 본 부가 관리하는 구호, 보조, 은급기금, 플랜, 프로그램들의 관리를 위하여 법규와 규정과 방침을 만들고 결정하며, 그러한 기금, 플랜, 프로그램을 관리하는 데 필요한 형식과 기록양식을 만든다.

6. 본 부가 관리하는 기금, 플랜, 프로그램과 연관된 혜택의 개요, 소개서 및 기타 출판물이나 전자 매개체를 준비하고 출판한다.

7. 미국과 푸에르토리코 국경 내에 위치한 연합감리교회 연회에서 봉사하여 연금을 신청하게 될지 모를 정회원 교역자, 협동회원, 준회원, 본처목사들의 모든 봉사 기록을 수집, 보관한다. 그러한 봉사 기록은, 미국과 푸에르토리코 국경 내에 위치한 연회들의 연회록에 수록된 바와 같은 연회 사무처리 질의에 대한 답변 기록과 연합감리교회 총람이나 또는 이에 상응하는 통합 교단들의 출판물에 수록된, 연회은급부에서 얻은 정보에 근거하고 있어야 한다. 총회은급의료혜택부가 연금에 참여하고 있는 사람들 및 그 가족들의 신상명세서, 가령, 출생 연월일, 결혼일, 이혼일, 사망일 등을 포함한 신상에 관한 정보를 요청할 때, 연회는 이를 제공할 의무가 있다.

8. 본 부는 해당 연금 플랜의 계약에 따라, 미국과 푸에르토리코 국경 내에 위치한 연회들에게 의무적인 연금혜택 플랜에 드는 비용을 할당할 권한이 있다.

a) 본 부는, 해당 연금 플랜의 계약에 따라, 각 연회에 부채를 할당하고 책임져야 할 불입금을 결정할 권한이 있다.

b) 본 부는, 해당 연금 플랜의 계약에 따라, 조정실(clearing house)이 연금 지불에 필요하다고 결정한 금액을 각

연회로부터 수거할 권한이 있다. 각 연회는, 해당될 경우, 자기 연회의 연금 수혜자에게 지불하는 것과 똑같은 액수의 연금을, 자기 연회에서 봉사하는 교역자와 그 배우자에게 지불하여야 한다.

c) 본 부는 위 조항을 실현하기 위하여 모든 세칙을 규정할 권한이 있다.

9. 연회 또는 연회의 조직체 또는 연합감리교회 기관의 요청에 의하여, 그들로부터 분배 기금과 예비은급기금을 받으며, 본부가 제공하는 요령으로 지불 일정에 따라, 연회, 연회 조직체, 부서 또는 기관의 수혜자들에게 정규적으로 연금을 지불한다. 본부는 본 조항에 의한 현금 출납에 관하여 매년 보고한다. 본 부는 그러한 봉사를 하는 데 드는 비용을 받을 권리가 있다.

10. 총회가 따로 정하지 않는 한, 미국 국경 내와 그 속령 및 쿠바에 있는 연합감리교회의 모든 연회와 잠정연회의 이익을 위하여 법인투자 기금(Chartered Fund)을 관리한다. 매년 한 번씩, 감가상각비를 계산한 후 남는 순이익금을 ¶22의 제한 규정에 따라 각 연회와 잠정연회에 골고루 분배한다.

11. UMC Benefit Board, Inc.가 소유하고 있는 General Endowment Fund for Conference Claimants(전에 남감리교회의 General Endowment Fund for Superannuates로 알려진 기금)에서 나오는 수익금은 연합감리교회 연회에서의 봉사 연수에 따라 연회의 연금 수령자에게 지급하도록 지시한다. 단, 그러한 지급은, 총회은급의료혜택부가 정한 바 각 연회의 승인받은 연금 책임 연수에 비례하여, 이 기금에 직접 또는 그 전신 연회를 통하여 현금을 제공한 연회에 국한한다.

12. 연합감리교회와 몇몇 연회의 은급 프로그램에 공헌한 출판 사역 수익금을 본 부가 정한 바에 따라 분배한다.

13. 본 교단의 교역자, 교회의 여러 조직에 근무하는 평신도 근로자들 및 그들의 가족들을 위한 지원, 구호, 보조금과 연금, 복지 및 기타 혜택들을 제공하고 지원하며, 이에 공헌하기 위한 목적으로 또한 신탁 등기 서류에 명시된 목적을 위하여, 아무 조건 없이 주어졌거나 또는 신탁에 의하여 주어진 모든 자산이나 부동산을 취득, 인수, 영수, 관리하기 위한 법인체들을 설립한다.

14. 오직 가입자와 수혜자의 이익을 위하여, 또한 가입자와 수혜자에게 연금을 제공한다는 유일한 목적을 위하여, 신중한 사람이면 같은 환경에서 같은 목적을 가지고 같은 책임을 지고 같은 성격의 일을 할 때, 조심성과 기술과 신중성과 부지런함으로 플랜을 관리할 때 드는 적당한 비용을 제하고, 은급기금, 플랜, 또는 프로그램에 관한 수탁자의 임무를 수행한다.

¶1504

15. 모든 연대체제 내의 구호, 보조 및 은급 기금들을 수령, 보관, 관리, 합병, 통합, 집행, 투자, 재투자한다. 본 부는 본 교단의 '사회생활 원칙'에 명시된 목표를 실현하는 데에 긍정적인 공헌을 하는 단체, 회사, 법인체 또는 기금에 투자하기를 권고 받고 있으되, <장정>의 다른 규정과 여기에 적용되는 모든 특별한 계약과 합의서와 법의 제약을 받는 조건하에서라야 한다. 이러한 목적을 달성하기 위하여 본 부가 사용하는 수단으로는 주주로서의 주장, 선별적인 투자 회수 및 특정한 국가나 사업체에서의 회사 투자 회수를 주창하는 일 등이다.

16. 산하 법인체로 하여금 또한 이들을 통하여, 구제, 보조 또는 혜택을 위한 기금, 플랜, 또는 프로그램들을 위하여 지정된 연회, 개체교회, 부서, 기관 또는 연합감리교회와 관계를 맺고 있는 다른 행정 단위의 기부 기금 또는 다른 기금들과 또한 조직체들이 그렇게 지정하지 않은 기부 기금 또는 다른 기금들을 수령, 보관, 관리, 집행, 투자 및 재투자케 하거나 또는 그렇게 한다. 본 부가, 본 교단의 '사회생활 원칙'에 명시된 목표를 실현하는 데에 긍정적인 공헌을 하는 단체, 회사, 법인체 또는 기금에 투자하기를 권유한다. 그러나 어느 때이든 기부 기금의 원금은 단 일부라도 다른 목적을 위하여 사용되어서는 안 된다. 본 부는 매년 그런 행정 부서에게 기금의 회계에 관하여 보고하여야 한다.

17. 기금들을 받으며, 보관하며, 관리하며, 운영하며, 투자하고 재투자하며, 기타 비영리 단체의 행정을 관리하여 준다.

18. 기증자들이 특별히 본 부 또는 본 부의 산하 법인체를 지정하여 기증한 증여, 부동산의 유증, 동산의 유증 및 다른 기금들을 이와 연관된 법규와 규정과 방침에 따라 수집, 수령, 관리한다. 지정되지 아니한 모든 증여, 유증들 및 기부금들은 본 부의 지시에 따라 수집, 수령, 관리한다.

19. 본 부가 관리할 책임이 있는 여러 가지 신탁기금, 일반기금, 은퇴기금 및 프로그램에 이를 위하여 봉사한 대가를 청구하며, 교단의 행정 단위나 가입자나 수혜자에게 베푼 특별한 서비스를 위하여 알맞고 정당한 업무 처리비를 청구한다. 본 부는 운영 또는 관리할 목적으로 연합감리교회가 할당한 어떠한 일반 교단기금도 사용할 수 없다.

20. 총회재무행정협의회와 협의하고 통합기관 특별전문위원의 지원을 받아 총회은급 (General Conference Pension Initiative) 프로그램을 위하여 기금을 만들어 운영하며 장려한다.

21. 교단의 교역자와 평신도들의 건강이 전인적인 삶의 일부임을 강조함으로써 신체의 불능 및 장애의 빈도를 낮추는 일을 지

원한다. 이 일을 위하여, 연회와 총회재무행정협의회(감독의 경우)와, 총회 부서에서 제공하여 준 그룹 건강보호 플랜 데이터와 건강복지 프로그램에 관한 정보를 수집하고 분석하여 널리 알린다. 총회은급의료혜택부는 수집한 그룹 건강보호 플랜 데이터와 건강복지 프로그램에 관한 정보를 다음과 같은 일을 위하여 사용한다. *(a)* 전 교단을 통한 벤치마크와 기준을 수립하는 일; *(b)* 건강한 생활양식을 위한 가장 좋은 방법과 건강유지 비용의 효율적인 관리법을 찾아내어 널리 알리는 일; *(c)* 데이터에 관한 보고를 하는 일; *(d)* 정보 분석의 결과를 교단 전체에 알리는 일; *(e)* 건강보호 플랜의 디자인, 커버리지, 재정적인 견실성, 복지 프로그램과 그 개설에 관하여 자문하늘 일; 그리고 *(f)* 연회와, 총회재무행정협의회(감독의 경우)와, 총회 기관에 건강복지를 위한 전략과 가이드라인을 추천한다.

22. 본 부가 필요하다거나 권할만하다거나 적절하다고 수시로 판단되는 절차를 사용함으로써, 전술한 사항에 대하여 필요하다고 또 권할만하다고 생각될 때, 전적인 권력과 권한을 행사하여 운영하게 하며, 위에 규정한 목표를 성취하게 한다.

¶1505. *총회 기관의 은퇴 크레디트*—교단 기금으로부터 재정적 지원을 받는 연합감리교회의 기관에서 은퇴 크레디트를 인정받은 연금은, 현재 고용한 기관이 일률적으로, 연합감리교회 총회은급의료혜택부가 관리하는 하나의 은급기금, 플랜, 또는 프로그램에 의하여 다른 기관이 제공하는 바와 똑같이 지불한다. 단, 둘 또는 그 이상의 기관에서 봉사하였을 경우에는, 그 연금 혜택은 마치 한 기관에서 봉사한 것처럼 간주하여, 제일 마지막에 봉사한 기관이 보충할 필요가 있는 연금을 책임지고 지불한다. 따라서 그러한 기관은, 현재 고용되어 있거나 은퇴한 사람들을 위하여 생명보험 회사나 다른 업체와 연금 계약을 할 수 없으며, 외부의 업체와 계약을 맺어 연합감리교회의 연금 또는 연금 프로그램의 일부 또는 전부를 무효화할 수 없다.

연회의 관리 책임
(Annual Conference Administration)

¶1506. *연회의 권한, 의무 및 책임*—1. 연회는, 총회은급의료혜택부가 관리하는 교역자 혜택 플랜들에 대하여, 다음과 같은 권한과 의무와 책임이 있다. *(a)* 옵션을 선택할 수 있는 것을 포함하여 선택한 것을 집행하는 일; *(b)* 교역자를 가입시키는 일; *(c)* 납부금을 내는 일; *(d)* 교역자를 분류하는 일과 전임인

¶1506

지 비전임인지를 확인하는 일을 포함하여 그의 봉사 기간 동안의 파송 관계를 결정짓는 일; *(e)* 교역자의 봉급에 관한 보고를 하는 일; *(f)* 관계 정지가 되었는지를 포함하여 교역자의 연회 관계를 확인하는 일; *(g)* 교역자의 휴직 여부를 확인하는 일; *(h)* 교역자의 플랜 가입 포기를 확인하는 일; *(i)* 은퇴할 수 있는 자격을 얻기 위하여 <장정>이 정한 연수를 얼마나 획득하였는지를 포함하여 교역자의 연회 관계를 결정하는 일.

2. 연회는, 연회은급부의 추천으로, 연금 크레디트를 위하여 승인받은 1982년 1월 1일 이전 봉사와 고려하고 있는 보수가 납득이 가며 타당한지를 결정하되, 이는 단, <장정>의 규정과, 은퇴와 연금 기금과 플랜 및 프로그램에 관한 연합감리교회의 규약과 법규에 따라야 한다.[31]

3. 연금 크레디트, 연금 수혜 자격, 책임 할당에 대한 승인을 결정함에 있어, 1982년 1월 1일 이전의 봉사를 위한 연금 크레디트와 비례적 연금 크레디트를 위한 정상적인 조건들은 다음의 규정에 의한다.

a) 연금 크레디트의 100%—위에 기술한 조건의 일부나 전부를 충족시키지 못한 사람으로서, 연회은급부의 추천에 따라 연회에 참석 투표한 이들의 4분의 3 찬성이 있으면, 연금 크레디트를 100% 받을 수 있다.[32]

b) 1982년 이전에 봉사한 본처목사의 연금 크레디트 승인은 연회은급부의 추천으로 지방감리사와 협의한 후 연회의 투표로써만 결정할 수 있다. 크레디트가 승인된 경우에는 "그밖에 개인적인 기록으로 남겨야 할 사항은 무엇인가?"라고 <장정>이 요구하는 질문 난에 이 사항을 포함시킨다.

c) 연회은급부의 추천과 연회원에 참석하여 투표한 이들의 4분의 3의 찬성투표로써, 종전에 인허된 담임 본처목사로 또는 보충 목사로 연회가 연금 크레디트를 받기에 합당하다고 간주하는 기관과 조직 및 부서에서 봉사하였음으로 인하여, 그 정회원 교역자, 준회원 또는 협동회원에게 연금 크레디트를 허락할 수 있다. 단, 그러한 기관과 조직 및 부서는 연회가 정한 할당금을 받아들이고 지불하였어야 한다.

4. 다른 기독교 교파 출신으로서 1982년 이전에 전임으로 적어도 4년 이상 계속 연금 크레디트를 받고 봉사하였거나, 1981년 이후 포괄보호보험에 전적으로 참여하였거나, 혹은 이상의 두 경우를 모두 합한 경우에, 연회은급부의 추천에 의하여 한 연회에서 ¶346.2에 의한 자격을 갖추고, 자원은퇴의 연령에

---
31. 사법위원회 판정 81, 360, 379 참조
32. 사법위원회 판정 386 참조.

달한 목사에게 1982년 이전의 봉사에 대하여 연금 크레디트에 대한 연금을 지불한다.

5. 연회는, 연회은급부의 추천에 따라, 교역자의 봉사 기록에 따른 연금 크레디트 기록을, <장정> 및 교역자은퇴보장 프로그램 부록 1(Supplement One)*과—또는 이를 계승하는 어느 교역자 연금 또는 은퇴 플랜이나 프로그램과—일치하도록, 수정하고 정정하고 맞추게 할 권한이 있다. 기록을 수정하기 전에 총회은급의료혜택부는 해당 정보를 심사하여 그 결과를 보고하라는 요청을 받을 수 있다. 그렇게 수정하고 정정하고 맞춘 것은 연회록의 연회 사무처리 질문 난에 출판하며 연회은급부는 이것을 총회은급의료혜택부에 보고한다.[33]

6. 각 연회는, 연금 지불 의무를 다하기 위하여, 그 자금을 확보하기 위한 공식적인 계획을 개발, 이를 채택하고 시행하여야 한다. 이 자금 확보 계획은, 매년 총회은급의료혜택부에 제출하여 검토하게 하여, 그 긍정적인 소견서를 받은 후, 연회가 이를 승인한다. 이에 더하여, 총회은급의료혜택부는, 본 교단의 연금 지불에 관한 장기적인 부채에 대하여, 매 4개년마다 총회에 보고서를 제출한다. 그러므로, 각 연회는 총회은급의료혜택부가 정기적으로 요청하는 정보를 제공하여야 한다.

7. 연금 크레디트를 위하여 인정된 봉사에 대한 연금 지불은, 교역자 은퇴보장 프로그램 부록 1(Supplement One)*에, 또는 이를 계승하는 어느 교역자 연금 또는 은퇴 플랜이나 프로그램에 의하여, 교역자가 봉사한 연회가 책임을 진다. 단, 통합, 합병, 경계 변경 또는 교회가 이전한 경우에는 목회 구역이 소재한 지역의 후계 연회가 연금 지불의 책임을 진다.[34]

8. 연회가 연금 크레디트를 받고 봉사하도록 허가한 연금은 연합감리교회 총회은급의료혜택부가 관리하는 은퇴기금, 플랜, 프로그램 중 하나를 택하여 연회가 제공한다.

9. 연회는 현직 혹은 은퇴한 교역자의 혜택을 위하여 연금을 생명보험회사에서 살 수 없으며, 또한 교회 이외의 회사와 계약함으로써 연합감리교회의 연금계획과 프로그램의 전체나 일부분을 무효화할 조치를 취할 수 없다.[35]

10. *기타 연회 기관들—a)* 연회는 그가 정한 명칭, 계획, 규칙, 규정들에 의하여 투자기금, 목사원회, 기타 비슷한 조직을 설립하여 법인체로 등록하고 이를 유지할 권한이 있다. 그러

---

*역자주: 1982년 이전까지 봉사한 크레디트를 뜻한다.
33. 사법위원회 판정 386 참조.
34. 사법위원회 판정 203, 389, 523 참조.
35. 사법위원회 판정 716 참조.

한 조직의 이사는 선출되거나 법인체 등록이 된 주의 법이 허가하는 범위 내에서 연회가 임명한다. 여기에서 나오는 수입은 연회은급부를 통하여 교역자들의 연금, 건강, 복지를 지원하는 데 사용한다.[36]

b) 모든 출처에서 나오는, 분배할 수 있는 연금은 연회은급부의 지시에 따라 분배할 수 있으나, 증여, 유증, 신탁금, 약속금, 권리증서, 다른 유사한 기금의 조건에 따라 제약받는 경우에는 예외이며 그러한 제약과 제한은 준수되어야 한다.

c) 어느 연회나 또는 그 산하의 영구적인 기금관리 기구는, 다른 연회의 수혜자인 자기 연회의 수혜자들이 총회은급의료혜택부가 관리하는 교환소를 통하여 나오는 기금의 배당금을 받을 권리를 박탈할 수 없다.

d) 각 연회는 그 은급부나 또는 위 *(a)*항에 명기된 기관의 추천에 따라, 매년 1주일을 선정하고 은퇴교역자주일을 준수하여 은퇴한 교역자와 그 배우자의 공로를 인정하며 교회가 그들을 지원하여야 할 책임이 있음을 알리게 할 수 있다. 감독은 그 지역에 속한 연회에 이러한 은퇴교역자주일을 연회력에 삽입하도록 요청할 수 있다.

11. 연회은급부는 그 연회에서 파송을 받아 사역한 교역자 혹은 회원이었던 교역자에게 특별보조금을 지불할 수 있다. 또는 그들의 배우자나 배우자였던 사람들, 그리고 생존한 이전 배우자나 생존한 자녀들(성인이 된 자녀도 포함)에게 특별보조금을 지불할 수 있다.

12. 62세가 된 정회원, 준회원, 협동회원이 연합감리교회에서 자원 탈퇴하여 다른 교회나 교파로 이전한 경우에는, 연회은급부의 추천과, 그의 승인된 사역 기간이 1982년 1월 1일 이전에 끝난 그 연회나 혹은 그 법적 후계자의 4분의 3 이상의 찬성 표로써, 사역이 승인된 그 연회의 사역에 대하여 연금 지불을 받을 수 있다.

13. 1982년 1월 1일 이전에 선교연회, 잠정연회, 혹은 미국 본토나 푸에르토리코 령 내에 연금 크레디트가 승인된 이전 선교지에서 봉사한 성역에 대하여 연금을 지불할 책임은 다음과 같은 기관들이 공동으로 가진다. *(a)* 선교연회, 잠정연회, 또는 이전의 선교지. *(b)* 총회재무행정협의회가 제공한 기금을 관리하는 총회은급의료혜택부. 그리고 *(c)* 총회세계선교부의 국내선교국. 이러한 연금을 지불할 자금은 상기 기관의 협정에 의하여 제공한다.

14. 연금 및 혜택을 위한 불입금은, 교역자은퇴보장 프로그

---

36. 사법위원회 판정 218 참조.

램과 (또는 이를 계승한 아무 연금 혹은 은퇴 플랜 또는 프로그램이나) 포괄보호보험에 가입한 사람의 스폰서가 그 책임을 진다. 연회, 선교연회, 잠정연회가 달리 결정하지 않는 한, 개체교회나 목회구역의 회계는 개체교회의 기금으로 제공하는, 가입자의 보수와 관련된 불입금을 플랜 스폰서에게 지불한다. 개체교회나 목회구역에서 지불하는 봉급이 기타 교회의 기관에서 보충되는 경우에는 그런 보충금에 관련된 연금과 혜택 불입금도 같은 기관이 납부한다. 개체교회나 목회구역 이외의 기관이 봉급 전체를 지불하는 경우에는 봉급을 지불하는 기관이 연금 및 혜택분담금도 책임지고 이를 플랜 스폰서에게 납부한다. 이 조항의 규정은, 연회, 선교연회, 잠정연회가, 그 소속 개체교회나 목회구역에서 교역자은퇴보장 프로그램과 (또는 이를 계승한 아무 연금 혹은 은퇴 플랜 또는 프로그램) 또는 포괄보호보험을 위하여 전액 혹은 일부의 연금 및 혜택부담금을 총회은급의료혜택부에 납부하지 못하도록 금지하는 것이 아니다. 이 규정에는 또한 아무런 시간제한도 없다.

15. 2007년 1월 1일부로, 납부금은 교역자은퇴보장 프로그램(또는 이를 계승한 아무 연금 혹은 은퇴 플랜 또는 프로그램이나)의 규정에 따라 정하여질 것이다. 교단 평균 보수의 200%가 넘어서는 안 되는 교단의 실제적인 평균 보수가 포괄보호보험의 기본 분담금을 계산하는 근거가 된다.

16. 연회는 연금후원 기금을 설립하여 연회은급부로 하여금 관리하게 할 수 있다. 개체교회는 특별한 사정이 있어 연금의 교회 분담금이나 할당금을 지불하지 못하게 되었을 경우에 이 자금으로부터 협조를 요청할 수 있다. 연회은급부는 필요한 금액의 예상액을 연회재무행정협의회에 상정하며 재무행정협의회는 이를 연회에 추천한다. 연회가 이것을 승인하면 이 금액은 목회자후원 항목으로 할당금에 포함된다.

17. 연회은급부는 총회은급의료혜택부와 협의하여 연회 소속 교역자들을 교역자은퇴보장 프로그램(또는 이를 계승한 아무 연금 혹은 은퇴 플랜 또는 프로그램이나)과 포괄보호보험에 가입시킬 책임이 있다.

18. 연회는 연회은급부의 추천을 받아, 교역자은퇴보장 프로그램(또는 이를 계승한 아무 연금 혹은 은퇴 플랜 또는 프로그램이나)과 포괄보호보험에 포함되어 있는 임의적인 규정을 채택할 수 있다. 2007년 1월 1일부로, 납부금과 크레디트를 주는 서비스는 교역자은퇴보장 프로그램(또는 이를 계승한 아무 연금 혹은 은퇴 플랜 또는 프로그램이나)의 규정에 따라 정한다.

19. 2008년 12월 31일 혹은 그 이전까지, 각 연회의 은급부 또는 연회에서 그 권한을 부여받은 기타 부서는, 고용주 은퇴 건강보험으로 인하여 발생하는 의료 부채에 관하여, 이를 일반적으로 사용하는 재정평가서(수정된 Statement of Financial Accounting Standard No. 106에 의한 것과 같은 것)에 기재하여 총회은급의료혜택부에 제출하며, 이와 같은 보고서를 매 2년마다 이후 계속 제출하여야 한다.

20. 2008년 12월 31일 혹은 그 이전까지 각 연회는, 은퇴자 건강보험에의 가입자격, 커버리지, 납부금 분담, 혜택 등에 관한 방침을 서면으로 다른 연회나 기관에서 오는 교역자와 평신도들에게 알려 주어야 한다. 이 조항의 목적은, 연회 밖에서 봉사한 연한의 크레디트를 교역자와 평신도들에게 주어, *(a)* 은퇴 후 계속 건강보험에 가입시켜 주며, *(b)* 건강보험 비용을 보조하거나 분담하여 주는 데 있다.

¶1507. *연금과 혜택을 위한 자금 조달*—연회는 연회의 연금 및 혜택 기금, 플랜, 프로그램에 필요한 자금을 매년 제공할 책임이 있다.

1. 연회은급부는 매년 연회의 연금과 혜택 프로그램에 필요한 금액을 충당하기 위한 할당금을 계산한다.

2. 연회재무행정협의회는 은급부와 협의한 후 연회의 연금 및 혜택과 구제 프로그램에 필요한 금액을 계산하여 연회에 보고한다.

3. 모든 출처에서 나오는 분배할 수 있는 은퇴기금은 특별 규정이나 한계에 제한받지 않는 한 연회은급부의 지시에 따라 분배, 지출한다.

4. 연회은급부는 연금의 목적으로 들어온 수입을 적립하여 기금을 만들어 연회의 연금 프로그램의 안정을 기할 수 있다.[37]

¶1508. *이해관계의 상충과 투자운영에 관한 방침*—연회 연금과 관련된 기금에는 다음과 같은 규정을 적용한다.

1. 매도하였거나 매수한 유가증권, 부동산 혹은 기타 종류의 투자와 관련이 있거나, 혹은 은급부가 고려하고 있는 보험이나 계약 프로그램과 어떤 모양으로든지 관련이 있거나 이해관계가 있는 은급부 위원은 투자위원회나 은급부 자체의 투자 결정의 투표에 참여할 자격을 상실한다.

2. 이러한 기금을 관리하는 연회 기관의 임원이나 위원은 자산의 매도, 매수, 대부, 연금 및 보험의 계약, 양도, 계약, 대부를 얻기 위한 저당, 유가증권, 기타 자산을 그 기관에 매도, 매

---

37. 사법위원회 판정 50 참조.

수할 때, 직접 간접적으로 수수료나 보너스나 다른 보상을 받을 수 없으며, 그 기관에 위임된 기금으로부터 아무 금액의 대부도 받을 자격이 없다. 은급부의 어느 위원이나 그 가족도 이 기금에 투자할 수 없고 살 수도 없다.

3. 개체교회, 교회와 관계된 기관 혹은 그 부서는 이해 관계 충돌이나 특혜 대우 등의 발생을 방지하고 교회 안에서 선의와 신의를 보존하기 위하여 이러한 기금으로부터 어느 금액의 대부도 받을 수 없다.[38]

4. 투자의 다양성 원칙을 지켜 각 부관은 기관, 회사, 법인체, 기금 등 우리 교회의 '사회생활 원칙'에 요약된 목표 달성에 긍정적인 공헌을 하는 업체에 투자하기를 장려한다. 그러나 최우선적인 조건은 그런 투자의 건전함과 안전에 있다.

5. 부동산을 연금협정 회사금으로 받아들이려면, 연금이 그 부동산이 팔릴 때까지 거기에서 나오는 순수입보다 많으면 안 된다. 부동산이 처분되면 설정된 연금률에 의하여 그 순이익을 연금에 지불한다.

6. 그러한 기금을 관리하는 연회의 기관은 총회은급의료혜택부가 승인한 연금 스케줄에 열거된 연금보다 더 높은 율의 연금을 제공할 수 없다.

7. *a)* 연회의 권한하에 그런 기금을 직접 혹은 간접적으로 취급하는, 각 기관이 가지고 있는 투자의 명단을 연회록에 기재한다. 아니면, 이 명단은 연회원의 요청이 있을 때 그들에게 직접 분배될 수 있다.

b) 연회은급부는 매년 연금과 그에 관련된 기금의 회계 감사를 요청하여 그러한 기금의 총재산의 가치와 이 기금을 관리하도록 임명 혹은 고용된 개인과 기관으로부터 기금에 들어온 수입의 명세를 발표하도록 한다.

8. 연회의 기관이나 법인체가 연회은급부의 연금 및 혜택 프로그램의 필요를 충족시키기 위하여 자금을 대부받는 것은 오직 연회의 4분의 3의 찬성투표로만 가능하다.

9. *보관자와 공채보험—a)* 연회은급부는 소유하고 있는 기금을 저금할 은행이나 기타 보관자를 정하고 그 보관자에게 담보를 요구할 수 있다.

b) 총회은급의료혜택부는 연회재무행정협의회를 통하여 그 기금을 처리하는 모든 사람들을 위하여 적절한 금액의 신용공채 보험을 마련하여야 한다.

¶1509. *합동분배위원회*—1. *권한*—2개 이상의 연회나 잠정연회가 그 전부 또는 일부가 통합된 경우에는, 언제나 각 연회

---

38. 사법위원회 판정 145 참조.

¶1509

로부터 3명의 위원과 3명의 대리를 선출하여 분배위원회를 조직하며, 그 위원회는 공동으로 다른 연회의 유사한 위원회와 함께 업무를 실행한다. 이렇게 형성된 합동분배위원회는 다음과 같은 권한을 갖는다. *(a)* 위임된 연금 배당에 관한 임무를 수행한다. *(b)* 연회의 영구 기금과 모든 다른 연금 재산을 연금에 관한 책임을 고려하여 균등히 배분하되, ¶1509.3d에 규정된 대로 위원회가 해산되기 12개월 이내에 분배를 마친다. *(c)* 해당 연회가 이전에 달리 규정하지 않은 범위 내에서 기타 재산이나 부채를 위하여 할당금을 부과하거나 재산을 분배한다. 이것은 계약, 신탁협정, 약속, 재산증서, 유언 혹은 기타 방식의 법적 규정을 따라 조치한다.

2. *조직*—본 위원회는 총회은급의료혜택부의 총무나, 또는 총무가 서면으로 지명한 사람이 소집하며, 그 위원회는 위원 중에서 의장, 부의장, 서기를 선출한다.

3. *권한, 임무 및 책임*—*a)* 본 위원회는 연회 경계를 변경함으로써 없어질 연회에서 받은 연금 크레디트를 위하여 승인된 사역 연수를 결정하며, 본 위원회의 결정은 반대의 증거가 확실하지 않는 한 최종 결정이 되며, 새 연회에서 그 결정에 따라 연금을 지불한다. 연합감리교회의 연금 혜택의 결정은 교회가 연합할 당시에 있었던 연금제도하에서 교역자가 받을 권리가 있는 모든 연금 권리를 인정하고 복음주의연합형제교회와 감리교회가 통합하기 전에 승인된 모든 사역 연수를 인정하여야 한다.

b) 본 위원회는 사무 처리한 완전한 회의록을 유지하며, 그 사본을 해당 연회의 회계와 총회은급의료혜택부에 보낸다.

c) 본 위원회의 업무가 완성될 때까지는 합병 과정에 있는 각 연회의 법인체는 존속하여야 한다. 위원회의 업무가 완성되면 각 법인체의 임원들은 업무가 끝난다는 조건하에, 해당 연회의 허가를 받은 후, 법인체 정관에 따라 해산하거나 합병한다.

d) 본 위원회는 합병을 위하여 설립된 임무를 완수하고, 그 결과를 해당 연회 총회은급의료혜택부에 보고하여 각 연회록에 그 보고가 출판되게 한 후에 해산한다. 그러나 보고의 내용에 상당한 차질이 있을 경우에는, 총회은급의료혜택부의 총무는 본 위원회를 소환하여 보고를 재심의하고 그 결의안을 수정할 수 있다.

4. 하나의 연회나 임시연회가 2개 이상의 연회로 나누어질 때에는 ¶1509의 규정이 적용된다. 단, 새로 생긴 연회의 각 분배위원회 위원들은 분리가 확실히 단행된 날짜 이후 그 연회의 정기 회의가 시작되기 전에 새로 임명되어야 한다.

제10절 연합감리교회 출판부
(The United Methodist Publishing House)

¶1601. *출판사역*—연합감리교회 출판부는 연합감리교회의 출판사역을 총괄한다. 연합감리교회 출판부는 연합감리교회의 출판과 그 보급의 총책임을 감당하며 감독한다. 연합감리교회 출판부는 필요하다고 생각되는 부속 기관들, 또는 다른 방편을 통하여서 ¶1613에서 세워 놓은 목적을 달성한다. 연합감리교회 출판부는 연합감리교회의 다른 기관들을 위하여 출판사역을 감당하며, 그리스도께서 뜻하시는 바와 그의 왕국을 건설하여 나가기 위하여 적절하다고 인정되는 것을 인쇄하고 출판함으로써 연합감리교회의 다른 기관들과 더불어 교단 전체 프로그램과 초교파적 프로그램을 같이 시행하여 나간다. 연합감리교회 출판부와 관계된 모든 일들은, 연합감리교회 출판부 이사회의 지시를 받아 행한다.

¶1602. *위원 (이사)*—1. 연합감리교회 출판부 이사회(이하 '이사회'라 칭한다)는 25명의 위원으로 다음과 같이 구성한다.

a) 감독위원들—총감독회에서 2명의 감독을 위원으로 선출하되, 이 가운데 1명은 해외지역총회에서, 1명은 지역총회의 감독이어야 한다.

b) 지역총회위원들—다음과 같은 방식을 기준으로 15명의 위원을 각 지역총회에서 선출한다. 곧 중북부 3명, 동북부 2명, 중남부 3명, 동남부 6명, 서부 1명.

c) 해외지역총회위원들—총감독회에서 2명을 선출한다.

d) 추가위원—6명이 넘지 않는 추가위원은 지역총회에서 선출되지 않은 여성이나 소수 민족, 인종 그룹의 대표들과 출판, 사역 분야에 특별한 지식이나 배경을 가진 사람들을 등용하기 위하여 이사회에서 선출할 수 있다. 각 지역총회에서 선출되는 위원들 가운데 여성과 소수 민족, 인종 그룹들, 즉 아시아, 아프리카, 히스패닉계 미국인 및 미 원주민과 태평양 제도 주민 등이 포함되도록 권장한다.

e) 매 4년마다 위원을 새로 선출할 때 1명의 청장년 대표를 선출한다.

f) 본 이사회의 위원은 가능한 한 평신도와 교역자가 같은 수가 되도록 한다.

g) <장정>의 다른 항목에 구애받음 없이 윤번제 원칙에 유의하여, 지역총회 및 해외지역총회의 위원들을 제1, 2, 또는 3차 4개년의 직무 기간을 근거로 세 반으로 나누어, 가능한

¶1602 총회 행정 기구

한 위원의 3분의 1이 매 4년마다 선출되도록 한다.[39] 윤번제 원칙은 실행위원회에도 적용된다.

　h) 여하한 이유로 지역총회 회기 사이에 결원이 생길 경우, 이사회는 결원이 생긴 지역총회에서 위원을 선출하여 남은 연도를 봉사하게 한다. 추가위원 중에 결원이 생길 경우, 이사회는 지방이나 지역총회와 관계없이 규정대로 보선한다.

　i) 연합감리교회 출판부의 사장/CEO은 출판부의 투표권 없는 직책상 위원이 된다.

¶1603. *연례 모임*—이사회는 적어도 1년에 한 번은 소집되어야 한다. 회의 시간과 장소는 이사회에서 정하나, 만약 그렇지 못할 경우 회장이 시간과 장소를 정한다. 회장이나 본 이사회나 실행위원회의 요청에 의하여 수시로 회의를 소집할 수 있다. 모든 회의의 정족수는 위원들의 과반수로 한다.

¶1604. *회의록*—본 이사회는 모든 회의록을 정확히 기록하여 총회를 통하여 교단에 문서로 보고한다.

¶1605. *출판부위원들과 임원들의 임기*—출판부의 위원들과 거기서 선출된 모든 임원들은 후임자들이 선출되어 새 출판부 이사회가 정식으로 조직될 때까지 임무를 계속한다.

¶1606. *실행위원 (Executive Committee)*—이사회는 그 위원들 중에서 회장, 부회장, 서기를 선출함으로써 조직한다. 이사회는 매 4개년 기간차의 조직 회의에서 위원들 중 8명으로 실행위원회를 구성하되, 출판부의 회장, 부회장, 서기는 실행위원회에서도 같은 직무를 담당한다. 소수 민족, 인종 그룹과 여성 대표가 포함되도록 특히 유의하여야 한다. 한 지역총회에서 3명 이상이 실행위원으로 선출될 수 없으며 5개의 각 지역총회에서 적어도 1명은 실행위원으로 선출되어야 한다. 출판부 위원으로 봉사하는 미국의 감독은 직책상 실행위원이 되며, 연합감리교회 출판부 사장/CEO은 투표권이 없는 직책상 위원이 된다. 실행위원 중에 결원이 생기면 실행위원회가 보선하고 다음 출판부 모임에서 승인을 받는다.

¶1607. *실행위원회의 권한과 의무*—실행위원회는 이사회의 결의 및/또는 <장정>에 의하여 이사회의 권한으로 분명히 명시된 것들을 제외한, 이사회의 모든 권한을 가지며 이를 또한 행사할 수도 있다.

¶1608. *권익의 계승*—본 이사회는 이전 복음주의연합형제교회 출판부와 감리교회 출판부의 권리와 사역을 법적으로 계승한다.

---
39. 사법위원회 판정 593 참조.

¶1609. *이사회의 권한과 임무*—1. 본 이사회는 재량권을 가지고 '연합감리교회 출판부'라는 법인체 이름으로 본 이사회의 업무를 수행하여 나갈 수 있는 권한을 위임받고 있다.

2. 이사회는 해당 주(州)의 법인체에 관한 법에 준하여 추가 법인체(들)를 설치할 수 있는 권한이 있다.

3. 만약 본 이사회가 한 개 이상의 법인체를 만들고 운영한다면, 그러한 법인체들 전체 또는 일부의 등록을 취소하거나 주법에 의하여 병합시킬 수 있는 권한이 있다.

¶1610. *법인체 이사로서의 위원*—본 이사회의 위원들은 ¶1609에 의하여 허락된 법인체 이사의 역할을 담당하며 봉사한다.

¶1611. *대리점들*—<장정> ¶1609에 의하여 허락된 법인체들은 ¶1613에 명시된 목적에 따라 연합감리교회가 '연합감리교회 출판부' 이름으로 출판, 인쇄, 보급할 수 있는 지사 또는 매체가 된다. 이 법인체들은 ¶715에 설정한 방침을 따라야 한다.

¶1612. *총회에의 보고*—본 이사회는 연합감리교회 출판부의 업무를 자세히 검토하고 총회를 통하여 교단에 서면으로 보고한다.

¶1613. *목적*—연합감리교회 출판부의 목적은 다음과 같다. 곧 책, 인쇄물, 시청각 자료, 정기 간행물들을 통하여 종교적 지식과 유용한 문학적, 과학적, 교육적 정보를 보급함으로써 기독교의 대의명분을 온 세계에 펼치며; 기독교교육을 신장시키며; 출판, 여러 가지 매체의 제작, 및 일련의 출판물, 비디오, 디지털 리소스, 기타 개인들이나 인도자들이나 교회나 초교파적 기독교 운동을 전파하는 기구들의 사역에 필요한 여러 가지 물품들을 보급하며; 총회가 지시하여 본 이사회가 승인하는 바와 같은 활동들을 하는 일들이다.

¶1614. *방향과 통제*—연합감리교회 출판부는 본 이사회의 감독과 통제하에 있으며, 매 4년마다 이사회에서 선출되는 사장/CEO과, 매년 연합감리교회 발행인으로 선출되는 발행인과 기타 이사회가 정하는 간부들이 출판부의 업무를 수행한다.

¶1615. *순수익금의 분배*—효율적인 운영 자금과 적당한 성장과 확장을 위하여 사용할 자금을 제외한 나머지 연합감리교회 출판부의 순수익금은 해마다 총회은급의료혜택부에서 규정한 비율에 준하여 현재 및 앞으로 받을 연금 수혜자들을 위하여 각 연회에 분배한다. 공정한 분배 계획은 다른 연회에 비하여 특별히 필요를 요하는 연회에 더 많이 할당하는 것을 포함할 수도 있는데, 이는 가령 개발도상 국가와 선진국 간의 차이점과 같은 것이다.

¶1616. *순이익금의 사용처*—연합감리교회 출판부의 순이익금은 ¶22와 ¶1615에 규정된 바, 자체 운영비와 연회 연금 수혜자 보조 이외에 다른 목적으로 사용하여서는 안 된다.[40]

¶1617. *후계자로서의 이사회의 위원들*—출판부의 위원들과 그 후계자들은 뉴욕 주와 오하이오 주에 등록된 법인체인 감리교회 출판부(The Methodist Book Concern)와 펜실바니아 주에 등록된 법인체인 감리교개신교회 출판부의 후계자들이 된다. 현 <장정> 또는 이후 계속되어지는 <장정>에 의하여 수시로 선출되는 본 이사회의 사장/CEO은 테네시 주에 법인체로 등록된 남감리교회 출판부 (Book Agent) 사장의 후계자가 된다.

¶1618. *출판부의 권한과 의무*—¶1614의 규정과 또 연합감리교회 총회가 수시로 <장정>에 명시하는 바, 그 지시와 통제하에 본 이사회는 연합감리교회 출판부를 운영하며, ¶1613에 규정된 목적들을 성취할 모든 권한과 임무를 가지고 있다. 이 사회가 수시로 필요하며, 바람직하며, 적절하다고 인정하는 바에 따라 어떤 기관이나 방편으로 이 목적을 달성하려 할 때, 요구되며 합당하다고 여겨지는 그러한 모든 행동과 일들을 전적인 권한과 직권으로 그 시설물에서 행사할 수 있다. 특히 이사회는 위의 일반적인 규정에 구애됨이 없이 이 항목의 목적을 달성하기 위하여 아래와 같은 전적인 권한을 가진다.

1. ¶1609.2에 따라 이사회가 설립한 법인체(들)의 모든 소유물과 여러 가지 종류와 성격의 자산을 보유, 사용, 운영, 관리하며, 또한 이들을 달리 이용할 수 있는 권한이 있으며, 그들로부터 생기는 모든 수입금과 효험을 이 항목에서 규정한 목적을 위하여 활용할 권한이 여기에서 발생하는 부채와 함께 있으며, 모든 부동산, 자산, 이익금, 부채 등을 연합감리교회 총회의 지시에 따라 관리하고 운영한다.

2. 이러한 목적과 의도를 수행하기 위하여 필요하다고 인정할 때 이사회가 ¶1609.2에 따라 만든 법인체들이 이 모든 일들을 수행하도록 한다. 위에서 언급한 법인체(들)는 이러한 목적과 의도를 수행하기 위하여 이사회가 필요하다고 인정하는 행동을 취하여야 한다. 본 이사회는 산하 법인체(들)가 모든 법적 책임을 완수하도록 하여야 한다.

3. 일리노이 주에 연합감리교회 출판부라는 명칭으로 등록된 법인체는 1952년 총회가 위임한 권한에 따라 연합감리교회의 한 기관으로서 그에게 주어진 권한을 행사하며, 그 의무와 책임을 이행한다.[41]

---
40. 사법위원회 판정 322, 330 참조
41. 사법위원회 판정 330 참조.

¶1619. *소유권과 자산 관리*—1. 일리노이 주에 등록된 법인체의 재산과 자본과 수입은 연합감리교회의 한 기관으로서 이 사회의 지시에 따라 그 자체 운영이 허용되며, <장정>에서 제정하여 놓았듯이 연합감리교회의 통제와 지시를 항상 받는다.

2. 본 이사회는 출판부를 운영하고 주어진 기능을 다하기 위하여, ¶1618.1이 규정한 법인체(들)(그 권한과 특권을 제외한)의 모든 소유물과 여러 가지 종류와 성격의 자산을 보유, 사용, 운영, 관리하며 또한 이들을 다르게 이용할 수 있는 권한이 있으며 그들로부터 생기는 모든 수입금과 효험을 이 항목에서 규정한 목적을 위하여 활용할 권한이 있다.

3. 일리노이 주의 법인체와 ¶1609.2에 따라 이사회가 신설한 법인체(들)는 본 이사회가 <장정>이 의도하고 목적하는 것을 수행하기 위하여 필요하다고 생각하는 조치를 취하여야 한다.

4. 본 이사회는 ¶1609.2에 따라 신설한 법인체(들)의 모든 부채에 대하여 법적 책임을 지며 그 의무를 다하여 이를 집행하여야 하나, 법인체나 이사회는 그밖의 다른 법인체의 원금과 수입 구좌에 대한 책임을 지지 않으며 그들에게 보고할 의무도 없다.

¶1620. *'복음주의출판부'와 '오터바인출판부'의 해체*—복음주의연합형제 교회와 감리교회의 통합 선언과 연합감리교회의 1968년도 <장정> ¶939, ¶¶950-954의 규정에 의하여 오하이오 주 법인체인 '오터바인출판부'와 펜실바니아 주의 법인체인 '복음주의출판부'는 법적으로 해체되었으며 그들의 창립 특허도 반납되었다. 이 법인체들의 자산은 위에서 언급한 <장정>상의 규정에 따라 관리되어 왔으며 또한 관리하고 있다.

¶1621. *법인체들의 임원*—각 법인체의 임원들은 본 이사회의 지시하에 그 정관에 따라 선출된다.

¶1622. *법인체의 사장*—¶1614에 의하여 선출된 최고경영자(CEO)는 이사회의 지시에 따라 각 법인체의 사장으로 선임된다.

¶1623. *법인체 임원들의 봉급*—이사회는 법인체 간부 직원들의 봉급을 정하며 이를 매 4개년마다 총회에 보고하여야 한다.

¶1624. *매 4분기 재정 보고*—이사회는 사장/CEO으로 하여금 연합감리교회 출판부의 재정 상황과 운영 결과를 매 4분기마다 실행위원회에 보고하며, 이를 해마다 이사회에 서면으로 제출하도록 요구하여야 한다.

¶1625. *사업 확장을 위한 권한*—사장/CEO과 이사회는 연합감리교회의 이익을 위하여 연합감리교회 출판부의 활동을 확장할 수 있는 권한을 가진다.

¶1626. *사장/CEO과 임원들의 공채보험 (Fidelity Bonding of President/Chief Executive Officer and Corporate Officers)*—이사회는 사장과 다른 임원들이 그들의 의무를 다하기 위하여 그들로 하여금 공채보험에 가입하도록 요구하여야 한다. 이사회는 또한 필요한 임원들을 위하여 총괄적 공채보험 구입을 허용하여야 한다. 공채액은 이사회가 정하여야 하며, 공채를 사는 것은 이사회의 승인을 받아야 한다. 공채료는 연합감리교회 출판부가 지불하며 이사회의 이사장이 그 공채의 관리자가 된다.

¶1627. *임원들을 정직시킬 권한*—이사회는 사장/CEO이나 발행인 또는 다른 임원들이 직무 수행을 제대로 하지 못하거나 잘못된 행동을 할 때, 이를 청문한 뒤에 정직시키거나 파면할 수 있는 권한을 가진다.

¶1628. *편집국장*—이사회는 매년 모든 출판물의 편집 책임자(chief content officer)가 될 편집국장을 선출한다. 편집국장은 발행인과 더불어 출판할 책의 원고를 채택하는 책임을 진다. 편집국장은 모든 서적과 자료들을 편집하거나 편집과정을 지도한다. 교회학교교재와 연합감리교회의 공적인 양식과 기록부 등에 관한 한 편집국장은 서로 필요하며 이득이 된다고 판단될 때 해당 기관이나 그룹과 협조하여야 한다. 편집국장은, 위원회가 요구하는 대로, 기타 편집 책임을 진다.

¶1629. *편집국장의 봉급*—이사회는 편집국장의 봉급을 정한다.

¶1630. *편집국장의 정직*—이사회는 편집국장이 비행을 저지르거나 그 직무를 이행하지 못할 때, 청문회를 연 뒤 그를 정직시키거나 해직시킬 수 있는 권한이 있다.

¶1631. *교회학교교재*—<장정> ¶1125에 따라 교회학교교재 편집인을 선임한다.

¶1632. *교회학교교재 편집인의 임무*—교회학교교재 편집인은 ¶1125에 규정된 대로 모든 커리큘럼 자료들을 만들 책임이 있다.

¶1633. *교회학교 커리큘럼*—교회학교의 커리큘럼은 커리큘럼리소스편찬위원회에서 결정하되, 출판을 맡은 발행인과 연합감리교회 출판부가 임명한 부발행인도 이 위원회에 포함된다.

¶1634. *교회학교교재 편집인의 봉급*—본 이사회는 교회학교교재 편집인의 봉급을 책정하며, 이 일과 관련된 모든 경비에 대한 재정적 책임을 진다.

¶1635. *교회학교교재편찬위원회의 출판물*—교회학교교재편찬위원회의 모든 출판물은 연합감리교회 출판부를 통하여 제작, 발행, 보급한다. 재정문제와 결부된 일에 있어서 최종적 결정은 어디까지나 이사회의 뜻에 달려 있다. 교회학교교재 편집인은 발행인과의 협의를 거쳐 직원들의 봉급과 출장비 등을 포함한 예산안을 편성한다. 이 예산안은 이사회의 승인을 받음과 동시에 그 효력을 발생한다.

¶1636. *전 연합감리교회를 위한 봉사*—전 연합감리교회를 위하여 출판부가 발행하는 자료들은 통일된 체계가 있어야 한다. 이러한 자료들은 우리 교단의 모든 계층의 요구를 충족시킬 수 있도록 다양하여야 한다. 발행인과 이사회 및 사장/CEO이 결정하는 기타 직원은 불필요한 중복을 피하기 위하여 다른 총회 프로그램 기관들, 곧 총회공보위원회 및 연대사역협의회와 그들의 출판 계획에 관하여 상의한다.

¶1637. *재정적 부담 가능성 여부*—이사회와 발행인은 특정한 자료의 제작비가 연합감리교회 출판부에서 부담할 수 있는 것보다 크다고 판단될 때 출판을 거절할 수 있는 권한이 있다.

¶1638. *이사회에의 참석*—교회학교교재 편집인(¶1125)과 총회제자사역부 회장이 지명한 본 부의 한 위원은 이사회에 참석할 권리가 있으며, 그들의 사역과 관련된 안건이 있을 때 투표권은 없으나 발언할 수 있는 특전이 있다.

¶1639. *공동 출판물*—연합감리교회 출판부는 총회제자사역부의 커리큘럼교재편찬위원회와 더불어 공동으로 출판하는 일이 더 실질적이며 해당 편집, 발행 방침과 일치된다고 인정되면, 연합감리교회 교회학교교재를 공동으로 출판할 길을 모색하고 작업하여야 한다.

¶1640. *교단 기관들을 위한 보급*—연합감리교회의 총회기관들은 개체교회에서 필요로 하는 자료와 교회 용품을 연합감리교회 출판부의 보급망을 사용하여 보급하도록 권장한다.

¶1641. *부동산과 건물*—연합감리교회 출판부는 50만 불 이상 되는 부동산을 구입하거나 매도 또는 교환할 때, 반드시 총회의 허락이 있어야 하며, 총회 기간이 아닐 때에는 이사회 위원의 3분의 2 이상의 동의를 얻어야 한다. 어느 경우이든 표결은 정기 이사회 또는 특별 이사회에서 행하여져야 한다. 특별 이사회를 소집할 때에는 소집 목적이 사전에 분명히 전달되어야 한다. 새 건물을 신축하거나 현 건물을 개조, 수리하거나 소매업을 위하여 부동산을 매입할 때, 그 비용이 50만 불 이하이면 실행위원회의 다수표로 허용이 된다. 이러한 규정들이 부동산 담보 투자나 담보 청구 및 조정액의 징수 등을 금할 수는 없다.

제11절 총회교회역사보존위원회
(General Commission on Archives and History)

¶1701. *임무 수여와 설립*—연합감리교회의 공식적인 역사 보존 기관의 명칭은 '총회교회역사보존위원회'이다.

¶1702. *법인체*—총회교회역사보존위원회는 위원회가 정하는 주의 법에 따라 법인체로 등록한다.

¶1703. *목적*—1. 본 위원회의 목적은 연합감리교회의 모든 차원에서 역사적 관심사를 돌보며 촉진하는 데 있다. 본 위원회는 연합감리교회와 그 전신이 되는 교회들의 역사적 자료들을 수집, 보관하며, 도서관과 문서보관소 자료들에 대하여 소유권을 보유하며, 그 해석된 자료들을 널리 보급한다. 본 위원회는 특히 다른 조직들 곧, 연합감리교회 교회역사학회, 흑인감리교유산센터, 세계감리교회 역사학회, 세계감리교협의회 등과 공동 관심사에 관하여 협력한다. 본 위원회는 역사기록보관소와 도서관을 유지하며, 거기에 연합감리교회와 관련된 모든 자료들을 보존하여, 책임 있는 일반인 및 학자들이 사용할 수 있도록 한다. 본 위원회는 연합감리교회의 모든 문서 자료들을 제작, 유지, 처분하는 일을 모든 차원에서 지도한다 (¶1711.1b 참조). 본 위원회는 역사적, 해설적, 훈련 매체를 제작, 개발함으로써 연회 및 지역총회 기관과 조직들의 사역을 지원하며 지도하며 장려한다. 본 위원회는 연합감리교회가 지정한 연합감리교 사적과 연합감리교회 유적지에 관하여 방침과 자료를 개발한다. 본 위원회는 또한 감리교주일(¶264.1 참조)을 지킴에 있어 이를 감독한다. 위원회는 웨슬리안교회, 감리교회, 복음주의연합형제교회와 관련된 교단들과 함께 우리의 공동유산을 앙양할 때 이들과 협력한다.

2. 본 위원회는 모든 프로그램에 있어 연대사역협의회에 복종할 의무가 있다.

3. 본 위원회는 연합감리교회의 모든 역사자료보관소와 도서관 및 기타 유사한 성격의 보관소를 책임지고 감독한다.

4. 본 위원회는 전통적인 역사자료에 빠져있는 것으로서, 세계적인 연합감리교회의 흐름에서 여성과 소수 인종, 민족이 개인적으로 또는 집단적으로 행한 역사적 증거에 대한 정보에 관하여 자료를 수집하고 홍보한다.

5. 본 위원회는 연회와 개체교회에 도움이 되는 편람, 역사적 사건의 경축과 예배, 훈련 영화, 그리고 다른 매체들과 같이 사용할 수 있는 해설 자료들을 만들고 개발한다.

6. 4개년 기간 동안에 매 한 번, 본 위원회는 연회 및 지역총회의 역사에 관계된 기관과 조직의 위원들, 연합감리교회에 연

관된 고등교육 기관의 해당 교수, 학생들, 연합감리교회 교회사학회 회원들, 다른 웨슬리안, 감리교, 복음주의연합형제교회들의 역사에 관계된 기구들과 조직들의 위원들 및 이에 관심을 가지고 있는 그밖의 개인이나 그룹이나 단체들을 초청하여 역사적인 집회를 소집할 수 있다.

¶1704. *위원*—1. 본 위원회는 매 4개년마다 구성되며, 그 위원과 임원은 후계자가 선출될 때까지 봉사한다. 도중에 생기는 결원은 <장정>이 달리 규정하지 않은 한 본 위원회에서 선출하여 채운다.

2. 본 위원회는 다음과 같은 24명의 위원으로 구성한다. 곧 10명은 총감독회의 추천으로 총회에서 선출하며, 이 가운데 적어도 2명은 해외지역총회 대표라야 하며, 감독 2명 중 1명은 해외지역총회 감독, 5명은 각 지역총회의 교회역사보존위원회 회장이나 또는, 위원회가 구성되지 않은 지역총회에서는, 지역감독회에서 지명한 이. <장정>의 다른 조항의 규정에도 불구하고 본 위원회가 선출하는 추가위원 7명. 이 가운데 적어도 1명은 해외지역총회 대표여야 한다. 본 위원회는 3개 해외지역총회의 대표가 모두 포함되도록 확실히 하여야 한다. 연합감리교 역사에 대한 특별한 재능과 관심을 가진 사람들에게 사려 깊은 주의를 기울이며, 남녀와 연령층과 모든 인종과 민족을 포함한 포용성에 깊은 주의를 기울여야 한다.

¶1705. *모임들*—본 위원회는 법인체 등록법에 따라 위원회에서 결정한 일시와 장소에서 1년에 1회 모인다. 본 위원회는 회장의 소집으로 특별회의를 가질 수 있다. 회의의 정족수는 과반수로 한다.

¶1706. *임원*—본 위원회는 그 위원 중에서 회장, 부회장, 서기 및 기타 필요한 임원을 선출한다. 회장은 감독이어야 한다. 임원들은 그들의 직임에 통상 맡겨지는 임무를 수행한다.

¶1707. *직원*—본 위원회는 총무와 기타 필요한 직원을 선출한다. 총무는 실무 행정 책임자가 되며, 위원회의 업무를 관장하며, 기록들과 회의록을 보존하며, 위원회의 공식적인 출판물의 편집인이 되며, 보관소를 감독하며, 위원회에 연례 보고를 제출하며, 총회와 총회 기관이 요청하는 기타 보고를 제출한다. 총무는 본 위원회와 실행위원회에 참석하여야 하되 발언권은 있으나 투표권은 없다. 본 위원회에 고용된 역사자료 보관인, 박물관장, 도서관원들은 총무에게 복종할 의무가 있다. 그들은 총무가 필요하다고 인정할 때에 위원회와 실행위원회에 참석할 수 있으며, 회의 중 발언권은 있으나 투표권은 없다.

¶1708. *실행위원회*—실행위원회는 위원장, 부위원장, 서기와 세 개의 상임위원회(유적지, 역사자료보관소와 도서관, 역사와 해설)에서 각각 선출한 2명의 위원으로 구성한다. 실행위원회는 회기 사이에 본 위원회의 임무를 수행하며 권한을 행사한다. 그 회의록은 본 위원회에 제출하여 승인을 받는다. 실행위원회와 본 위원회는 어느 안건에 대하여서든지 우편으로 투표를 시행할 수 있다. 우편에 의한 투표는 총무가 시행하며, 총무는 투표할 명제를 명확히 게재하고 그 결과를 전 위원에게 발표한다.

¶1709. *재정*—본 위원회의 재정은 총회의 배당금, 문서 및 역사적 자료의 판매, 본 위원회의 공식적인 출판물의 구독료, 부서 위원들의 회비 그리고 희사금, 보조금 및 뜻있는 개인과 기관의 유증 등으로 충당한다.

¶1710. *연합감리교 역사학회*—1. 본 위원회는 연합감리교 역사학회를 승인하고 독려하며, 연합감리교회와 그 전신 교회들의 역사를 연구하고 보존하는 일에 사람들이 관심을 갖도록 이 회의 회원이 되기를 권면한다. 학회는 연회, 지역총회, 총회의 교회역사보존위원회와 협력하여 교회의 역사에 관심을 갖도록 장려한다. 본 학회는 회원의 회비를 통하여 재정적으로 독립하여야 하며, 총회역사보존위원회가 제공하는 사역은 예외이다.

2. 본 학회의 회원은 학회가 정하는 바에 따라 정한다. 회원은 학회가 정하는 바, 회비를 납부하여야 하며, 그 대가로 적절하다고 인정되는 출판물과 다른 혜택을 받는다.

¶1711. 1. *역사자료의 정의*—*a)* '역사자료보관소'(archives)라 함은 도서관과 달리 책뿐만 아니라, 그 이외의 기록된 자료들도 보관하는 곳이다.

b) "기록된 자료들"이라 함은 모든 문건, 회의록, 잡지, 일기, 보고서, 소책자, 편지, 신문, 원고, 지도, 사진, 책, 시청각자료, 녹음자료, 전자기록 보관자료, 가공품 및 기타 문건들을 말하며, 연합감리교회와 그 전신 교회들의 기관들이 교회업무 수행을 위하여 만들거나 받은 모든 자료를 그 형태나 안수사역에 관계없이 포함한다.

c) 연합감리교회의 "총회 기관 및 그 전신 기관"이라 함은 감독, 기관, 부서, 위원회, 사무실, 협의회, 회의 등의 전국적 기관을 포함하여 모든 교회 직책, 임원, 직원들(선출되었든 임명되었든)을 뜻한다.

2. *기록보관 책임*—달리 규정하지 않는 한, 모든 문서 기록의 책임을 맡고 있는 교회 책임자는 그 직책의 보관인이 된다.

3. *절차*—*a)* 본 위원회는 연합감리교회 중앙역사자료보관소

및 필요하다고 인정되는 지방 역사자료 보관소와 자료 센터를 설립하여야 한다.

b) 연합감리교회 감독들, 총회의 임원들, 재판위원회, 총회 기관들, 위원회들과 연합감리교회 기구들은, 그 공인된 회의록이나 일지 혹은 그 사본을 매 4년마다 보관소에 보내며, 편지, 기록, 서류 및 기타 위에 열거한 자료를 더 이상 업무 운영에 소용이 없다고 판단될 때, 자기들의 사무실로부터 보관소로 이전한다. 총회교회역사보존위원회와 해당 기관의 처분 계획에 관한 협정이 없이는 아무런 자료도 처분할 수 없다. 총회 기관이 보유하고 있는 문서 기록이 더 이상 공무 및 행정에 소용이 없다고 보관 책임자가 본 위원회에 확인 통고하거나, 본 위원회가 그런 자료들이 연구나 참고를 위하여 더 이상 소용이 없다고 증명할 때에는, 해당 기관이나 그 문서를 보관하고 있는 기관의 보관 책임자들은 그 문서 기록을 파기, 유실할 수 있다. 그렇게 증명하고 허가한 기록은 본 위원회와 해당 기관의 회의록에 기록한다. 총회교회역사보존위원회는 이 조항의 규정을 실행하기 위하여 필요한 제반 규정을 만들 권한이 있다.

c) 본 위원회는 문서기록의 상태를 조사할 권한이 있으며, 직원과 자금이 허락하는 범위 내에서 각 교회 기관과 부서에 자문하고 협조하며, 그들이 소유한 문서 기록을 보관 혹은 처분하도록 한다. 총회 기관의 임원은 본 위원회와 협조하여 그들이 보관하고 있는 문서 기록의 재고 명세서를 준비한다. 이 명세서에는 보관 부서의 책임자의 승인을 받아 모든 기록의 보관 기간 및 처분 시기에 관한 예정표를 첨부한다. 이 예정표가 유효한 동안에 그 규정에 따라 문서 기록을 파기, 유실하는 것은 ¶1711.3b의 요구 사항을 충족시켰다고 간주한다.

d) 본 위원회는 모든 연합감리교회 산하 기관의 문서 기록이 영구히 보존될 가치가 있으며 안전하게 보호되어야 할 필요가 있다고 간주할 때, 그 기록의 재고 조사, 수선 및 마이크로필름에 저장할 수 있는 프로그램을 시행할 권한과 임무가 있다. 자금이 허용하는 한 연합감리교회 산하의 모든 기구의 영구 보존 가치가 있는 기록을 영구 보존하도록 한다.

e) 연합감리교회 총회의 부서와 기관 및 위원회는 그 기관에서 발행한 출판물을 역사자료보관소에 양도할 때, 그것이 무슨 종류이건 사본 2매를 비치하거나 그들을 직접 해당 기관에서 보관하고 있다는 진술서를 위원회에 제출하여야 한다.

f) 헌장, 정관, 규약 같은 법인체 등록에 관한 서류 등, 기타 연합감리교회 산하 부서의 공적 문서나 그 사본은 역사자료보관소에 보관하여야 한다.

¶1711

g) 총회 산하 기관의 문서 기록을 보관하고 있는 사람은 그 임직이 끝날 때, 그 업무상 보관하거나 받은 모든 기록, 책, 문서, 편지, 서류를 그 후계자, 보관인 혹은 후계자나 보관인이 없을 때에는 본 위원회에 양도하여야 한다. 교회의 임시 혹은 특별위원회의 모든 서류도 이 조항에 포함된다.

h) 연합감리교회의 감독, 총회 임원, 그리고 총회 산하 부서와 기관들은 모든 자료의 보관에 대하여 중앙보관소의 자문을 구하도록 한다.

i) 지역총회와 해외지역총회와 연회의 서기는 매 4년마다 또는 매년 각각 자기 의회의 책으로 된 회의록과 연회록을 2권씩 총회교회역사보존위원회와 해당 지역총회와 해외지역총회와 연회의 역사자료보관소에 무료로 보내야 한다. 만일 있다면, 디지털 복사본 하나를 만들어 종이 사본들과 함께 보낸다.

j) 지역총회 및 연회 산하 각 부서, 위원회 및 기타 기관의 서기들은 매년 혹은 그 모임이 있을 때마다 (지역총회와 연회의 총회록과 연회록에 기재되었거나 따로 출판된 장소와 구별하여) 회의록의 사본을 중앙보관소나 기타 해당지역 보관소에 보내야 한다.

k) 감독, 총회 임원, 직원, 선교사, 그리고 교회의 모든 차원에서 지도력과 영향력을 행사하는 목사와 평신도는 그들이 소유하고 있는 서류를 총회의 보관소에 비치 혹은 유증하도록 권유한다.

l) 기관이나 개인은 그들이 보관소에 양도한 문서 기록 사용에 조건을 첨가하도록 협상할 수 있다.

m) 실행위원회의 추천을 받아 본 위원회는 자료들을 다른 기관, 부서 혹은 가족에게 이전할 권한이 있다.

n) 역사자료보관소에 비치된 모든 자료는 그에 첨부된 조건을 존중하는 범위 내에서 연구와 전시를 위하여 사용할 수 있다.

¶1712. *사적지와 유적지*—1. *a) 사적지 (Historic Sites)*— 사적지란 연회 또는 지역총회의 역사에 있어 의미 있는 사건, 사태 또는 인물과 특히 연관된 건물, 장소, 구조물을 말한다. 사적지는 그 지역에 위치한 연회, 해외지역총회 또는 지역총회가 공식적인 결정을 내려서 지정한다. 그러한 지정을 결정하기 전에 해당 교회역사보존위원회가 먼저 의논하며 검토한다. 연회, 해외지역총회, 지역총회가 어떤 건물, 구조물, 장소를 사적지로 지정하면, 교회역사보존위원회, 또는 이와 동등한 기구의 회장은 총회교회역사보존위원회에 그 결정을 통보하고 소유 증거 서류들

을 제출한다. 총회교회역사보존위원회는 이때 공식적인 사적지 표지판을 제공하며, 사적지 등록 서류에 이를 기재하며, 이에 관한 필요한 정보를 계속 유지하며 보존한다.

b) 유적지 (Heritage Landmarks)—연합감리교회의 '유적지'라 함은 연합감리교회와 그 전신 교단들의 전체 역사에 있어 의미 있는 사건, 전개 또는 인물들과 특히 연관된 건물, 장소, 구조물들을 뜻한다. 이들은 그 역사적 의미가 어떤 장소나 지방에 국한하지 않고 교단 전체에 뚜렷한 역사적 관심과 가치를 주는 것이라야 한다. 보통 지난 50년 동안에 역사적 의미를 가지게 된 건물, 장소, 구조물들은 유적지로 지정할 것을 고려하여서는 안 된다.

c) 유적지로의 지정—모든 건물, 장소, 구조물들을 연합감리교 유적지로 지정하기 위한 제청은 그 지역을 관할하는 연회, 해외지역총회, 지역총회의 교회역사보존위원회 또는 이와 동등한 기구가 행한다. 그러한 제청은 총회교회역사보존위원회가 정한 지침에 따라 본 위원회에 제출, 이를 고려할 것을 요청한다. 본 위원회는 산하 유적지 위원회를 통하여 그 타당성을 검토하여 다음 총회에 추천하여 결정하도록 한다.

본 위원회는 다만 건물, 장소, 구조물만을 유적지로 지정하되, 연회, 해외지역총회, 지역총회가 사적지로 지정하고 동 위원회가 설정한 요건을 갖춘 것들에 한정하여야 한다. 본 위원회는 정식으로 지정된 유적지를 등록하고 보관하며 이에 관한 필요한 정보를 계속 유지하고 보존한다.

d) 매 4개년마다 재심—총회교회역사보존위원회는 위원회가 준비하고 연합감리교회의 <장정>과 일치하는 기준에 따라 현재 정식으로 지정된 유적지를 매 4년마다 재심, 검토할 책임이 있다. 동 위원회는 또한 그러한 기준을 준수하기에 합당한 결정이라고 인정되는 데 따라 이미 지정된 유적지를 다시 지정, 분류할 것을 총회에 추천할 책임이 있다.

2. *현 유적지물*—연합감리교회의 현 유적지물과 총회가 유적지물로 지정한 연도는 다음과 같다. Blountville과 Kingsport, TN 사이에 있는 Acuff's Chapel (1968); Kleinfeltersville, PA의 Albright Memorial Chapel (1968); Ft. Mitchell, AL의 Asbury Manual Labor School and Mission (1984); Frederica, DE 근처의 Barratt's Chapel (1968), Daytona Beach, FL의 Bethune-Cookman College (1984); Flat Rock와 Bellevue, OH의 Bishop John Seybert/Flat Rock Cluster (1992); Willow Street, PA

¶1712

의 Boehm's Chapel (1984); Monrovia, Liberia의 College of West Africa, (2012); Abingdon, MD의 Cokesbury College (1984); Hallowell, ME의 Cox Memorial United Methodist Church (1992); Deadwood, SD의 Deadwood Cluster (1984); Bluff City, TN 근처의 Edward Cox House (1968); New Berlin, PA의 First Evangelical Association Church Building and Publishing House (1988); Johnstown, PA의 First United Methodist Church (1996); Louisburg, NC의 Green Hill House (1968); Waveland, MS의 Gulfside Assembly (2016); Westerville, OH의 Hanby House (1988); New York City의 John Street Church (1968); Savannah, GA의 John Wesley's American Parish (1976); Glade Spring, VA의 Keywood Marker (1988); Landis Valley, Lititz, PA의 Isaac Long's Barn (2008); Baltimore, MD의 Lovely Lane Chapel (1972); Manila, The Philippines의 Mary Johnston Hospital (2012); Bronson, TX의 McMahan's Chapel (1972); Brooklyn, NY의 Methodist Hospital (1972); Okmulgee, OK의 Newtown Indian United Methodist Church, (2012); Jackson, MO의 Old McKendree Chapel (1968); Zimbabwe의 Old Mutare Mission, (2012); Baltimore, MD의 Old Otterbein Church (1968); Leesburg, VA의 Old Stone Church Cemetery and Site (1968); Louisville, KY의 Organization of The Methodist Episcopal Church, South (1984); Madison County, MS의 Pearl River UMC (2016); Pleasant Plains, IL의 Peter Cartwright United Methodist Church (1976); Union, WV 근처의 Rehoboth Church (1968); New Windsor, MD 근처의 Robert Strawbridge's Log House (1968); Rutersville, TX의 Rutersville Cluster (1988); Philadelphia, PA의 St. George's Church (1968); GA의 St. Simon's Island (1968); Philadelphia, PA의 Simpson House (2012); Champaign, IL의 Wesley Foundation, University of Illinois (1996); Town of Oxford, GA (1972); Maryland 주의 Frederick, Keedysville 및 Beaver Creek에 산재한 United Brethren Founding Sites Cluster (2000); Washington, DC의 United Methoidst Building on Capitol Hill (2016); Macon, GA의 Wesleyan College Cluster (1992);

Enfield와 Halifax County, NC 근처의 Whitaker's Chapel (1972); Salem, OR 근처의 Willamette Mission (1992); Boston, MD의 Woman's Foreign Missionary Society founding site (2004); Upper Sanduskey, OH의 Wyandot Indian Mission (1968); 그리고 Philadelphia, PA의 Zoar United Methodist Church (1984) 등이다.

제12절 총회공보위원회
(General Commission on Communication)

¶1801. 연합감리교인으로서, 우리의 신학적 입장은 우리가 그리스도의 몸의 지체로서 온 세상에서 교회 내외의 모든 사람들에게 우리의 신앙을 선포하고 또한 경청하며, 모든 적절한 통신의 수단을 사용할 것을 요구하고 있다.

통신의 임무는 모든 교회, 목사, 회중, 연회, 기관, 부서에 속한다. 이러한 전체적 임무를 수행하는 데 있어서 총회가 공보위원회에 위임하여 그 재능과 자료를 구사하여 수행하도록 한 몇 가지 기능이 있다.

¶1802. *명칭*—연합감리교회 내에 총회공보위원회를 두며, 통신과 대외활동을 위한 목적으로 이를 연합감리교공보부(UMCom)라 지칭할 수도 있다.

¶1803. *법인체*—총회공보위원회는 공동통신위원회의 후계자로서 오하이오 주에 법인체로 등록이 되어 있으며, 연합감리교공보부로서 업무를 수행할 권한이 있다. 총회공보위원회는 또한 그 기능을 수행하는 데 필요하다고 인정되는 기타 법인체를 설립할 수 있는 권한이 있다.

¶1804. *책무와 복종의 의무*—총회공보위원회는 총회의 명령에 복종할 의무가 있다. 그의 제반 봉사와 지원 책임 이외에 중대한 프로그램 기능을 수행하는 일반 행정 기구로서 공보위원회는 프로그램에 관하여 연대사역협의회의 명령에 복종하고 그에 보고하며, 평가를 받으며, 재정에 관하여서는 총회재무행정협의회의 명령에 복종하고 그에 보고한다.

¶1805. *목적*—총회공보위원회는 공보 분야에 있어서 교회의 지도적 역할을 담당한다. 공보위원회는 연합감리교회 내의 문화적, 인종적 다양성을 반영하면서 전체 교회의 공보, 섭외 활동 및 마케팅의 필요성을 충족시킨다. 공보위원회는 개체교회와 연회에 공보 자료를 제공하며 봉사한다. 공보위원회는 지역총회, 감독구역, 연회, 지방, 개체교회 차원에서 공보와 섭외 활동을

하기 위하여 교단의 모든 기관들 및 기구와 자문하는 관계를 유지한다.

¶1806. *임무*—공보는 연합감리교회의 사명을 다하는 데에 필요한 전략적 기능을 가지고 있다. 총회공보위원회와 그 직원의 특정 임무와 기능은 다음과 같다. 곧

1. 본 위원회는 연합감리교회와 총회 기관의 공식 뉴스 수집 및 분배 기관이다. 이러한 임무를 수행함에 있어 전통적인 공보 활동의 자유를 누리면서 교회와 사회의 모든 부문을 위하여 독자적인 뉴스 기관의 편집을 자유로이 하며 전체 교회에 관한 종교적 공공 뉴스를 제공한다.

2. 본 위원회는 우리 교단을 대표하여 가장 효과적인 공보 통로를 통하여 기독교 신앙과 교회의 사역을 대중에게 홍보하는 주요한 책임을 가지고 있다. 공보위원회는 교회가 미디어를 통하여 증거에 필요하다고 생각되는 조직과 전략을 제공할 수 있다. 공보위원회는 또한 연합감리교회 총회 기관의 공공 미디어 메시지와 프로그램을 통합하고 조율한다.

3. 본 위원회는 텔레비전 방송, 케이블, 비디오, 비디오디스크, 위성 등을 통한 텔레비전 분야에 특별한 관심을 갖는다. 연회—이를 통하여 지방 및 개체교회—에 상담과 자료를 제공하며, 텔레비전 선교를 개발, 강화한다. 공보위원회는 또한 프로그램 제작과 분배, 그리고 미국 내의 전국적 상용 방송 업체와 관련을 맺을 책임을 갖는다.

4. 연합감리교회의 사명과 사역과 연관성이 있다고 여겨질 때, 본 위원회는 공보 분야에서 활동하는, 전국, 국제적, 초교파, 타종교 및 기타 다른 조직체들과 파트너십을 만들어 이에 동참한다.

5. 본 위원회는 종교와 공보에 대한 역사적 자유를 권장하고 보호하기 위한 업무를 진행할 책임이 있다.

6. 본 위원회는 연합감리교회를 위하여 공보 관계 전략과 활동에 대한 전반적인 감독 책임을 진다.

7. 본 위원회는 모든 연합감리교인들의 신앙생활을 위한 정보를 제공하며, 이에 절대적으로 필요한 리소스를 계획하고 창작하고 제작하거나, 제작하게 하며, 또한 이를 배포하거나 배포하도록 한다. 위원회는, 우리 교단의 전략적인 창시 사역을 위하여 만드는 리소스들을 조율할 때, 모든 연합감리교회 기관들과 함께 일한다.

8. 본 위원회는 교회의 총괄적인 커뮤니케이션 시스템을 감독하며 텔레커뮤니케이션을 포함하여 총체적인 커뮤니케이션 기

구와 현행에 대한 개관을 제공한다. 공보위원회는 개체교회, 지방, 연회, 총회 차원의 제반 공보망을 조직한다. 이 공보망은 아이디어 교환, 정보분할, 공동계획 및 교회 전체의 공보 활동을 감시, 평가하기 위하여 주기적인 협의를 포함한다. 공보를 위한 컴퓨터 사용에 관하여 본 위원회는 총회재무행정협의회와 협력한다.

9. 본 위원회는 개체교회의 공보위원을 위하여 지침과 자료를 그들을 훈련시키되 (¶255.[3]), 개체교회 차원의 훈련이 연회와 협력하여 알찬 것이 되도록 한다.

10. 본 위원회는 다음과 같은 것을 포함한 커뮤니케이션 원칙과 기술을 교육, 훈련할 책임이 있다. 곧, *(a)* 각양 미디어에 관련된 공보 기술에 관한 전국적 연수회 및 훈련 기회; *(b)* 개체교회의 담당자 특히 공보위원의 훈련에 있어서 연회, 지방 및 소수 인종, 민족 그룹 등과 협의, 협조; *(c)* 요청이 있을 때 감독과 총회 직원 및 다른 그룹을 위한 훈련 기회; *(d)* 교회공보위원들을 위하여 견습, 수련, 장학금 프로그램을 제공하며 장려한다; *(e)* 신학교와 기타 고등교육 기관과 상담하여 교수, 신학생, 평신도들에게 공보 원리와 기술, 미디어 자료 개발 및 미디어 평가에 대하여 훈련한다.

11. 본 위원회는 총회재무행정협의회와 협의한 후, 교회 전체에 광고하며 요청하여야 할 모든 재정에 관한 마케팅의 방침을 결정하고 실행한다.

12. 본 위원회는 전체교회를 통하여 다음과 같은 교단의 일반 기금을 마케팅하는 중앙 진흥 기관(central marketing agency)이 된다. 세계봉사기금 (¶812.1), 아프리카대학기금 (¶806.2), 흑인대학기금(¶815), 감독실기금 (¶818.1), 일반행정기금 (¶813), 교회연합사업협력기금 (¶819), 교역자양성기금 (¶816), 인간관계주일 (¶824.1, ¶263.1), 연합감리교 구호주일(¶821, ¶824.2, ¶263.2), 미원주민주일 (¶824.6, ¶263.6), 세계평화주일 (¶824.5, ¶263.5), 세계성찬주일 (¶824.4, ¶263.3), 연합감리교 학생주일 (¶824.3, ¶263.4), 특별선교헌금 (¶822, ¶823), 세계봉사 특별헌금 (¶820), 기독교교육주일 (¶265.1), 보건복지주일 (¶265.2), 농촌생활주일 (¶265.3), 장애인주일 (¶265.4), 청소년선교기금 (¶1208), 그리고 총회가 승인한 기타 일반 기금과 총감독회와 총회재무행정협의회의 인가를 받은 제반 비상호소 기금 (¶819) 등. 이러한 주제를 마케팅하기 위하여 공보위원회는 해당 프로그램 기관 및 자금 관리의 책임을 가진 기관과 협의하며 그들이 개

발한 자료를 사용한다. 위에 열거한 기금을 위한 예산은 공보위원회가 재무행정협의회와 협의하여 개발한다. 총회가 마케팅 책임을 특정 기관에 위임할 때 이 마케팅 업무는 공보위원회의 조율하에 진행된다. 이상의 기금 마케팅을 위한 경비는 수납금에서 우선적으로 지불하되 특별선교비의 마케팅을 위한 경비는 예외로, 그 선교비를 받는 각 기관의 비율에 의거하여 수혜 기관이 지불하며 (¶823.3), 세계봉사비 마케팅의 경비는 그 관리 기관이 지불한다 (¶820.6). 상기 기금의 마케팅을 위하여 책정된 자금의 관리는 공보위원회가 책임진다.

13. 공보위원회는 여기에 규정되어 있지 않으나 교회 전체에 홍보하고 광고할 필요가 있는 재정 및 기타의 목적이나 업무를 마케팅한다. 단, 만일 있다면, 그것은 사전에 총감독회와 총회재무행정협의회나 그 실행위원회의 승인을 받아야 한다. 총회재무행정협의회는 승인된 진흥 사역을 위한 자금 출처를 결정한다.

14. 연합감리교회의 사역을 위하여 요청하는 기금은 기독교의 청지기 목표와 일치하여야 한다. 공보위원회와 총회제자사역부는 함께 협력하여 두 기관의 프로그램과 자료가 중복됨이 없이 각 기관의 청지기 임무가 조화되어 실행되도록 한다.

15. 공보위원회는 개체교회의 교역자와 평신도들에게 쉽게 접근할 수 있는 여러 가지 방법으로, 세계적으로 연결되어 있는 우리 교회를 이해하고 감사하도록 하며, 전체 교회와 그 기관들의 발의안과 사역과 선교에 참여하도록 장려하고 도우며, 개체교회의 지도자들이 그들의 사역을 수행하여 나갈 때 그들을 도울 수 있는 리소스와 정보를 제공하여 준다. 공보위원회는 각 교회와 지방감리사로부터 이 내용을 받아야 할 교회 지도자들의 이름을 받아 구독자 명단을 만든다.

16. 공보위원회는 커뮤니케이션 분야의 연구와 조사에 앞장서며 전문인 공동체 및 학문하는 이들로부터 얻은 연구 자료를 교회의 업무와 커뮤니케이션 분야의 평가 조사에 응용한다. 공보위원회는 기타 부서와 다른 차원의 교회 기관과 협력하여 커뮤니케이션 분야에 연구 조사를 계속하고 개발하며 그 연구 조사 결과를 분배한다.

17. 본 공보위원회는 연합감리교회를 대표하여 새 장비와 방법 등의 연구 및 평가를 포함한 공보 분야의 새로운 기술개발에 참여하고 교회의 공보 사역에 새로운 기술을 응용할 수 있도록 한다.

18. 공보위원회는 교회의 모든 차원과 상통하는 정보와 리소스와 데이터베이스와 서비스를 개발할 수 있다.

19. 공보위원회는 각 지역, 연회 및 지방의 공보 프로그램을 위하여 자료를 제공하며 상담하며 직원을 훈련시키며, 각 지역, 연회와 지방에서 활동하는 실무자와 협의하여 지침서를 제공한다.

20. 공보위원회는 연대사역협의회와 기타 프로그램 기관과 협력하여 프로그램 해설을 위한 자료를 만든다.

21. 총회공보위원회는 다른 넓은 세계를 포함하여 연합감리교회 연회의 기관들과 개체교회에 접속할 수 있는 인터넷, 월드와이드웹 또는 다른 컴퓨터 서비스를 사용하며 공식적인 연합감리교 실재를 인터넷 등에 올리는 계획과 실행을 맡는다.

22. 총회공보위원회는 연합감리교회의 브랜드를 위한 공식적인 가이드라인을 마련할 책임이 있다. 그러한 가이드라인은 총회재무행정협의회가 연합감리교회의 지적 소유권을 보호하기 위하여 정한 기준(¶¶807.10, .11; ¶2502)과 일치하여야 한다. 본 위원회는 총회재무행정협의회와 협력하여 교회의 모든 차원에서 십자가와 불길의 로고를 사용하도록 노력하여야 한다(¶807.10).

¶1807. *조직*—1. *위원*—총회공보위원회는 다음과 같은 27명의 위원으로 구성한다.

a) 총감독회가 선출한 2명의 감독. 이 가운데 한 명은 미국, 다른 한 명은 해외지역총회의 감독이어야 한다.

b) 지역총회에서 선출하는 위원 11명은 다음 방식에 근거한다. 곧 중북부 2명, 동북부 2명, 중남부 3명, 동남부 3명, 서부 1명. 지역총회는 적어도 1명을 소수 인종, 민족에서 선출할 것을 권장한다.

c) 총 7명의 해외지역총회 위원들과 위에서 규정한 총감독회의 감독 한 명.

d) 커뮤니케이션의 전문가들이 꼭 포함되도록 하기 위하여 공보위원회가 선출한 7명의 추가위원.

e) 추가위원은 각 지역총회의 공보위원회 위원 각 1명과 회원인 감독 1명으로 구성되는 위원회가 공천한다.

f) 포용정신을 확실하게 하기 위하여 위원회의 구성은 인정받고 있는 교인들의 주요한 그룹들을 반영하고 있어야 한다(¶705.3c 참조).

2. *모임들*—공보위원회는 적어도 1년에 한 번 모여야 한다. 정족수는 15명의 위원으로 한다.

3. *임원*—공보위원회는 회장, 적어도 1명의 부회장, 기록 서기 및 기타 결정된 임원을 선출한다.

¶1807

실행위원회는 전체 위원 수의 3분의 1의 위원으로 구성하며 총회공보위원회가 선출한다. 실행위원회의 위원은 총회공보위원회의 구성원을 대표하여야 한다.

4. *내부 조직*—총회공보위원회는 효과적인 운영에 필요하다고 간주되는 내부 조직을 둘 수 있다.

5. *직원*—총회공보위원회는 매년 실행위원회나 공천위원회의 추천을 받아 총무대리(deputy general secretaries)를 선출하며, 기타 직원의 선출 및 임명 방안을 마련한다. 총무는 일반 프로그램을 위하여 연대사역협의회 총무와 협력하며, 또한 재정 문제와 관계된 봉사 활동을 위하여서는 총회재무행정협의회 총무와 협력하여야 한다.

¶1808. *재정*—총회는 재무행정협의회의 추천을 받아 공보위원회의 업무에 필요한 자금을 제공한다. 본 위원회는 프로그램과 연차 예산 개발에 관하여 연대사역협의회와 협의한다.

제13절 연합감리교회 여선교회
(United Methodist Women)

¶1901. 미합중국 내의 연합감리교회에, 개체교회, 지방, 연회, 지역총회 및 전국 차원의 조직을 갖춘 '연합감리교회 여선교회'라 칭하는 조직체를 둔다.

¶1902. *목적*—연합감리교회 여선교회는 그리스도와 교회의 선교를 수행하는 일에 활발히 참여하며, 연합감리교회 여선교회의 전국기구는 연합감리교회 여선교회의 목적을 전 기구를 대신하여 해설한다. 오늘날 세계에서 교회가 가져야 할 관심과 수행하여야 할 책임을 끊임없이 의식하면서, 연합감리교회 여선교회는 특히 여성과 어린이와 청소년의 복지에 관심을 가지고 압박받고 소외되어 있는 사람들을 옹호하며, 여성 사이에 상부상조하는 공동체를 형성하며, 또한 전 조직체를 통하여 기독교의 신앙, 선교교육, 사회참여를 증진시키는 활동에 참여한다.

¶1903. *임무*—연합감리교회 여선교회전국기구의 임무는,

1. 연합감리교회 여선교회의 개체교회, 지방, 연회, 지역총회 조직에 프로그램과 정책을 추천한다.

2. 그리스도와 교회의 선교적 사명을 수행하는 데 있어 연합감리교회 여선교회의 역할과 임무를 해설한다.

3. 선교를 위하여 조직한 여성들의 관심사를 표현한다.

4. 여성의 영적 생활을 강화하며, 세상의 어려운 일들을 해결하기 위하여 그들의 지식과 이해를 증진시킬 수 있는 자료와 기회를 제공한다.

5. 세상을 향하신 하나님의 선교를 위하여 여성들, 어린이들, 청소년들이 필요로 하는 일들과 책임에 특별한 관심을 가지고 연합감리교회 여선교회의 조직 계통을 통하여 기금을 확보한다.

6. 교단의 다른 기구들 및 에큐메니칼 공동체와의 적절한 계획을 통하여, 특히 여성 지도자 개발을 위한 계획을 설정한다.

7. 선교사, 디크네스 (deaconesses) 또는 국내선교동역자 (home missioners), 그리고 여러 가지 모든 봉사활동과 지도자의 역할을 담당하는 바와 같은 평신도 사역직에 여성과 남성들이 응모하도록 교회가 권장하는 일을 강화한다.

8. 공공 복지를 위하여 도덕적, 종교적 의미를 부여하며 의로운 세계 공동체의 실현에 공헌하는 활동에 참여할 여성들을 발굴한다.

9. 디크네스국내선교동역자회실을 관리한다.

10. 여성, 어린이, 청소년/소녀를 위한, 그리고 전 세계를 통하여 자비를 베푸는 전국의 선교 기관을 통하여, 인간이 필요로 하는 것들에 호응하여 직접 활동하는 신규 및 기존 사역들을 강화하며 지원한다.

11. 지역 선교사로 봉사하는 이들을 지도하며 지원한다.

12. 공동 관심사와 책임에 관하여 교회의 다른 기관들 및 지역사회와 함께 일한다. 국제연합 (UN) 사무실은 총회사회부와 협력하며 일하여야 한다.

13. 감리교 여성세계연맹, 교회여성연합회 및 이와 유사한 타교파의 기구와 연합하여 그리스도 안에서 하나가 된 증거를 확실히 보여준다.

14. 선교신학 발전에 참여한다.

¶1904. *권한*—연합감리교회 여선교회 이사회는 적어도 1년에 한 번, 기타 필요할 때 수시로 모이며, 다음과 같은 권한을 가지고 있다: 곧

1. 헌장(법인체의 정관)과 일치하게 자체 내의 규약을 제정하고 업무 절차를 운영하며; 부동산을 매매하며; 기부금을 수납하여 그 기금을 예산에 의하여 지출하며; 연합감리교회 여선교회가 소유하고 있는, 은퇴 사역자들의 집들에 관한 정책이나 방침에 관하여 결정을 내리며; 연합감리교회 여선교회전국기구와 직접 연결되어 있는 지역총회, 연회, 지방 및 개체교회의 조직들을 조직한다.

2. 개체교회, 지방, 연회 및 지역총회 차원의 연합감리교회 여선교회들을 위하여 그 헌장을 만들어 주며 규약을 권유한다.

3. 연합감리교회 여선교회를 통하여 수납된 기금을 지출한다.

4. 전국 연합감리교회 여선교회의 공식적인 정책을 결정하는

¶1904 총회 행정 기구

기구로 봉사하며, 전국 기구의 임원은 연합감리교회 여선교회의 전국 임원으로 봉사한다.

¶1905 *계승한 기구들*—연합감리교회 여선교회는, 이전에 연합감리교회 총회세계선교부 여성국으로 알려진 연합감리교회 조직의 명칭이며, 다음과 같은 기구들을 계승하여 관리하며, 그들이 행한 이전 사역에 대하여 책임을 진다: 곧 감리교회 여성봉사회; 복음주의연합형제교회 여성세계봉사회; 연합감리교회 여성봉사회; 연합감리교회를 구성하기 이전 교회들의 이와 비슷한 목적을 가진 여성 기구들, 곧 그리스도연합형제교회 여선교협회; 복음주의교회 여선교회; 미(북)감리교회의 국외여선교회, 국내여선교회, 웨슬리봉사단, 부인원호회; 남감리교회의 여선교회, 해외여선교부, 국내여선교부, 여선교협의회; 그리고 감리교개신교회 선교부의 여선교회 등이다. 위에 적은 리스트가 모든 기구들을 열거하였다고 간주하여서는 안 된다.

¶1906. *이사회의 이사*—연합감리교회 여선교회는 다음과 같이 25명으로 구성된 이사회를 둔다. 곧 4개년마다 열리는 지역총회(¶536.4)에서 선출된 평신도 여성 20명; 이사회가 선출한 평신도 여성 5명. 연합감리교회 여선교회의 간부 직원은 투표권 없는 직책상 이사가 된다.

¶1907. *조직*—연합감리교회 여선교회는 그가 정하는 바 멤버로 실행이사회를 선출하여 조직하며, 이는 이사회에 주어진 권한을 *임시로 (ad interim)* 대행한다. 연합감리교회 여선교회의 간부 직원은 투표권이 없는 직책상 이사가 된다. 연합감리교회 여선교회의 이사회는 그가 정하는 바에 따라 과(課 sections) 또는 위원회를 조직할 수 있다.

¶1908. *집회*—연합감리교회 여선교회 대회를 개최할 수 있다. 연합감리교회 여선교회 이사회가 이 모임의 시간과 장소, 그리고 그 목적을 결정한다.

¶1909. *재정*—연합감리교회 여선교회의 임무 수행 책임에 필요한 기금은 연불자원약정금, 헌금, 기증금, 유증, 유산, 연금 혹은 연합감리교회 여선교회의 업무를 위하여 특별강조 집회를 통하여 수납된 금액 등으로 충당한다. 개체교회에 필요한 금액을 제외한 모든 기금은, 연합감리교회 여선교회의 헌금하는 조직 채널을 통하여 연합감리교회 여선교회전국기구의 회계에게 지불한다. 연합감리교회 여선교회 이사회는 지정되지 않은 수납금을, 수여금으로는 물론, 산하 단위 조직이나 위원회의 사역을 위하여 배정하며, 본 회의 목적을 성취하는 데 필요하다거나 유용하다고 인정되는 기타 교회 및 세계 조직체에 할당한다.

¶**1910.** *총회세계선교부와의 관계*—연합감리교회 여선교회 이사회는 총회세계선교부의 위원으로 봉사할 발언권은 있되 투표권이 없는 3명의 위원을 선출한다. 선출된 여선교회 이사들은 총회세계선교부 규약이 정한 바에 따라 그 프로그램위원회에서 봉사한다.

¶**1911.** *연합감리교회 여선교회 프로그램 자문 그룹*—연합감리교회 여선교회는 그 조직의 프로그램과 기획에 관하여 정기적으로 인풋을 제공하여 줄 프로그램 자문 그룹을 조직한다. 이 프로그램 자문 그룹은 80명에서 90명 되는 위원으로 구성하되, 다음과 같은 대표들을 포함한다: 곧, 연합감리교회 여선교회 이사회의 모든 이사들; 지역총회의 회장들; 이사회에 아직 대표를 보내지 못한 각 연회 기구의 대표 1명 (곧 연회의 공천위원회 공천으로 선출된 이); 디크네스국내선교동역자회가 선출한 회원 2명; 총회세계선교부가 선출한 3명의 위원을 포함하여 7명에서 10명이 되는 다른 연합감리교회 기관의 이사들; 연령, 경험, 문화적 배경, 인종, 신체 기능 및 직업 계층 등의 다양성을 고려하여 연합감리교회 여선교회 이사회가 선출한 5명 미만의 위원들; 연합감리교회 여선교회의 지역 선교사들; 감리교 여성세계연맹의 대표 1명, 북미지역 대표는 발원권은 있으되 투표권이 없는 직책상 위원이 된다. 전국 연합감리교회 여선교회 회장이 이 그룹의 모임을 소집하며, 이 그룹은 그 사업을 수행하기 위하여 이에 필요한 위원회, 그룹 또는 팀으로 조직할 수 있다.

¶**1912.** *연합감리교회 여선교회의 헌장*—지역총회의 연합감리교회 여선교회 헌장은 ¶536을, 연회의 연합감리교회 여선교회 헌장은 ¶647을, 지방의 연합감리교회 여선교회 헌장은 ¶670을, 개체교회의 연합감리교회 여선교회 헌장은 ¶256.5을 각각 참조하라.

디크네스국내선교동역자실
(Office of Deaconess and Home Missioner)

¶**1913.** *일반 규정*—1. 연합감리교회 내에 디크네스국내선교동역자실을 둔다. 디크네스국내선교동역자실의 목적은 신앙 공동체가 세상을 사랑하며 이에 관심을 가지고 있음을 표현하며, 교육과 협력을 통하여 하나님의 백성이 선교와 전도를 충만히 할 수 있게 하는 데 있다. 디크네스와 국내선교동역자는 예수 그리스도께서 그의 선교와 전도로 충만하여 계심을 세상에 알리기 위한 다양한 형태의 봉사를 통하여 그들의 기능을 발휘한다. 그리

스도의 사역과 선교는 그의 제자들로 하여금 다음과 같은 일을 하게 한다. 곧

    a) 고통을 덜어준다.

    b) 불의 및 인간의 존엄성과 가치를 빼앗아 가는 모든 근원을 세상에서 근절한다.

    c) 인간의 잠재능력을 충분히 발전시킬 수 있도록 노력한다.

    d) 보편적인 교회를 통하여 세계 공동체 건설에 참여한다.

  2. 평신도 여성인 디크네스와 평신도 남성인 국내선교동역자는 전문인으로 훈련받은 사람들로서, 성령의 인도로 교회의 권위 아래 그리스도와 같은 봉사생활에 생명을 바치기로 작정하고 헌신한 사람들이다. 이들은 연합감리교회 여선교회가 설정한 절차를 따라 연합감리교회 여선교회 이사회가 승인한 현장에서 성별되고 감독의 위임을 받는다. 이들은 총회세계선교부를 통하여 연합감리교회와 관계를 유지한다.

  디크네스와 국내선교동역자는 연합감리교회의 어느 기관이나 프로그램에서 봉사하도록 준비되어 있다. 디크네스와 국내선교동역자는 또한 연합감리교회 여선교회가 그들을 받아 주는 감독과 협의하여 허가하여 줄 때 한하여, 연합감리교회 기관이 아닌 다른 곳에서 봉사할 수도 있다.

  3. 디크네스와 국내선교동역자는 보통 전임으로 봉사하는 것이 상례이며, 감독의 파송을 받은 분야에서 전적으로 이에 헌신한다.

    a) 디크네스와 국내선교동역자의 파송은 해당 구역의 감독과 협의하여 연합감리교회 여선교회의 방침과 절차에 따라 추천하여 파송한다.

    b) 파송은 감독이 연회 중에 결정하며 (¶415.7) 그 명단을 연회록에 출판한다.

    c) 연회 서기는,

        (1) 연회 내에서 디크네스와 국내선교동역자로 위임받거나 또한 성별된 사람들의 기록을 보관한다.

        (2) 매년 연회록에 디크네스와 국내선교동역자들의 명단을 출판한다.

  4. 디크네스와 국내선교동역자는 파송받은 지역의 연회에 속한 한 개체교회의 교인이 되어 그 교회 구역회의 투표권 소지 회원이 된다. 연합감리교회의 총회 및 기타 연대 사역 기관에 또는 연회 경계가 닿는 곳에 파송받은 이들은 그가 봉사하는 사무실에서 별로 멀지 않은 연회의 교회에서 교인이 될 수 있다. 연회

경계 밖에 파송받은 디크네스 또는 국내선교동역자는 자기 연회의 개체교회에나 혹은 지난날 마지막에 속하였던 개체교회에 교적을 둘 수 있다.

5. 디크네스와 국내선교동역자는 ¶32와 ¶602.4의 규정에 따라 연회에 참석하여 발언하고 투표할 수 있다.

6. 디크네스와 국내선교동역자는 그들이 파송받은 프로그램이나 기관의 행정 책임자에게 순응한다. 그들의 임명문제에 관하여서는 연합감리교회 여선교회에 복종하며, 이를 거부하는 기관에 봉사할 수 없다.

7. 각 연합감리교회 여선교회 은급 플랜에 가입하여야 한다. 디크네스와 국내선교동역자가 이전에 가입하였거나 혹은 현재 가입하고 있는 은급 플랜은 모두 보호되어야 한다.

8. 디크네스와 국내선교동역자는 연합감리교회 여선교회의 행정적 가이드라인과 절차에 따라 휴직을 요청할 수 있다.

9. 타의에 의한 디크네스와 국내선교동역자의 자격정지는 ¶2702에 명시된 절차를 따른다.

¶1914. *디크네스와 국내선교사 직분*—연합감리교회에서 디크네스와 국내선교사 직분에 성별되어 이들 직분을 가진 사람들은 평신도 직분 소지자로서 하나의 성약 공동체(聖約共同體 covenant community)를 형성한다. 교회의 다른 직분들과 마찬가지로 이들도 하나님의 부르심에 응답한 사람들이다. 그들은 전통적으로 일생 동안 사랑, 공의, 봉사의 사역에 온 몸을 바친 이들이다. 서로 성약(聖約 covenant)을 맺은 가운데 그들은 각자 부르심을 받은 사역에서 또한 공동체 안에서 서로 돌봐 주는 삶을 살고 있다. 그들은 같은 공부를 하며 각자 받은 특유의 은사에 근거하여 늘 준비하고 있다.

¶1915. *국내선교사 (Home Missionaries)*—국내선교사 직에 임명된 모든 사람들은 그 직분에 합당한 모든 권한과 함께 직책을 유지한다.

¶1916. *디크네스국내선교사역자위원회*—연합감리교회 여선교회의 전국 기구는 디크네스국내선교사역자위원회를 조직한다.

1. 디크네스국내선교사역자위원회는 다음과 같은 위원들로 구성한다. 곧 총감독회가 지명한 현직 또는 은퇴한 감독 1명; 디크네스국내선교동역자회가 지명한 그 회의 대표 2명; 연합감리교회 여선교회 이사회가 지명한 여선교회 대표 2명; 디크네스국내선교사전국연합회가 지명한 그 연합회의 대표 1명. 본 위원회는 필요하다고 인정되는 추가위원을 둘 수 있으되, 총 위원의 수가 12명 이상이 되어서는 안 된다.

¶1916

2. 본 위원회의 디크네스국내선교사역자위원회의 임무를 수행하는 데 필요한 실행위원회 및 기타 위원회를 둘 수 있다.

3. 본 위원회의 업무는 연합감리교회 여선교회 이사회가 승인한 규약에 따라 수행한다.

¶1917. *디크네스와 국내선교 사역자의 지원*—연합감리교회 여선교회전국기구는, 주로 전국적인 차원에서 디크네스와 국내선교동역자들을 대표하며, 교회의 이름으로 봉사하려고 헌신한 전문인들의 공동체를 유지하기 위하여, 현 직원을 그대로 유치한다. 디크네스와 국내선교 사역자 사역에 배치된 간부 직원 중 한 명은 디크네스 또는 국내선교동역자라야 한다.

1. 디크네스 및 국내선교 사역자와 관련된 모든 행정적 방침과 절차는 국내선교사에게도 적용되며, 주로 디크네스와 국내선교 사역자 사역을 담당하기 위하여 배치된 간부 직원이 그 행정을 담당한다 (¶¶1314-1317).

2. 연합감리교회 여선교회와 연관하여 디크네스국내선교동역자위원회를 둘 수 있다.

3. 디크네스, 국내선교 사역자들의 지역총회 조직과 그 산하 기구를 둘 수 있다.

¶1918. *교단적 지원*—교단적인 지원이란 연합감리교회가 고용된 사람들과 이들을 인가한 기관이 디크네스/국내선교 사역자들이 아무 하자가 없으며, 이에 합당한 전문 지식을 습득하였으며, 특수한 사역 현장에서 사역할 수 있는 자질을 갖추고 있음을 확언하는 것을 뜻한다. 교단적 지원이라 함은 연합감리교회가 여선교회를 통하여 디크네스/국내선교 사역자들과 서로에게 다짐하며 책임을 지며 도와주는 성약을 확인함을 뜻한다. 채플레인 또는 카운슬링 사역에 부르심을 받고 전문적인 훈련을 받은 디크네스와 국내선교 사역자들은 성례전을 요구하지 않는 사역에 종사할 수 있으며 교회의 지원을 또한 받을 수 있다. 임명되거나 성별된 디크네스/국내선교 사역자들을 위한 교단적 지원의 승인 방책과 가이드라인과 절차는 연합감리교 여선교회 내의 디크네스/국내선교 사역자 사무실에서 관할한다.

제14절 총회인종관계위원회
(General Commission on Religion and Race)

¶2001. *권한 부여와 설립*—총회 산하에 총회인종관계위원회를 둔다.

1. *복종할 의무와 책임*—본 위원회는 연합감리교회 총회에

복종할 의무가 있다. 총회 회기 사이에는, 본 위원회는 위원회의 목적을 달성하기 위하여 계획된 사역을 해설하고 이에 관하여 보고함으로써, 또한 법에 규정된 임무를 수행함에 있어 연대사역협의회와 협력함으로써 협의회에 순응하여야 한다.

¶2002. *목적*—총회인종관계위원회의 목적은 연합감리교회의 교인들이 지적으로 유능한 판단력을 갖추고, 조직체에서 평등성을 보장하며, 종교와 인종과 문화에 관하여 심도 있는 대화를 나눌 수 있는 능력을 갖추도록 그들을 인도하며 그들에게 동기를 부여하는 것이다.

¶2003. *위원*—본 위원회의 위원은, <장정> '총칙'의 ¶705.3에 의거, 모두 21명으로 구성한다. 본 위원회는 그 임무를 수행하기 위하여 ¶708에 규정된 대로 선출된 임원들을 통하여 조직한다. 위원들은 아래와 같이 구성한다:

1. ¶705.4d에 의하여 적어도 2명의 해외지역 감독을 포함하여 총감독회에서 지명한 3명의 감독들.

2. 각 지역총회는 ¶705.3a의 규정에 따라 2명의 위원들을 선출한다. 각 지역총회에서 선출된 의원들은 재정과, 프로그램 계획 및 평가와, 교육과, 주창함과, 인종적 정의 분야에 전문성을 가지고 있으며, 총회인종관계위원회에 주어진 임무를 적극적으로 도와주기 원하는 사람들을 포함하고 있을 것을 추천한다. <장정>의 다른 조항에도 불구하고, 총회 서기는 어떤 위원을 각 지역총회에 배당하고자 하는지 알게 하여, 해외지역총회에서 오는 위원들을 모두 합하였을 때, 교역자와 평신도 여성과 평신도 남성의 발란스가 잘 맞도록 하여야 한다. 서기는 또한, 여러 4개년 기간을 통하여 각 지역총회가 남녀 평신도와 남녀 교역자를 골고루 선출할 수 있는 기회를 갖도록, 공정한 윤번제를 만들어야 한다.

3. ¶705.4c의 규정에 따라 총감독회가 지명한 3명의 해외지역총회 위원.

4. <장정>의 다른 조항에도 불구하고, 위원들은 본 위원회의 수탁(受託)적, 전략적, 생산적 임무를 수행하기에 필요한 전문성에 근거하여, 6명의 추가 위원들을 선출한다. 지역총회, 평신도와 교역자, 여자와 남자, 인종, 민족, 그리고 연령의 발란스가 잘 맞도록 주의를 기울여야 한다.

¶2004. *결원*—본 위원회에 결원이 생기면 일반 규정 ¶712의 절차에 따라 보충한다.

¶2005. *임원*—본 위원회는 회장, 부회장, 서기, 기타 필요하다고 인정되는 임원을 선출한다.

¶2006. *직원*—본 위원회는 4개년마다 그 총무를 기명, 전자, 또는 기타 다른 비밀 투표 방법으로 선출한다 (¶713). 본 위원회는 총무를 도와 본 위원회의 임무를 수행할 추가 직원을 자체의 정한 절차에 따라 선출한다.

¶2007. *재정*—총회재무행정협의회는 총무와 기타 직원과 사무실 경비를 포함한 위원회의 경비를 충당하기 위한 자금을 제공한다.

¶2008. *임무*—본 위원회는 총감독회, 지역총회들, 해외지역총회들, 연회들, 개체교회들, 총회 기관들, 기타 연합감리교회의 연대 기구들과 파트너가 됨과 동시에 이들에게 책임을 묻기도 하며, 다음과 같은 일반적인 임무를 수행한다.

1. 인종과 민족과 문화에 관하여 세계적인 우리 교회가 모든 차원에서 분명하고도 선지자적인 지도력을 발휘하도록 한다.

2. 아래와 같은 목적을 달성하기 위하여 세계적인 본 교회의 모든 차원에서 그들을 교육하며, 그들에게 리소스를 제공하여 주며 그들의 자문에 응한다.

a) 교회의 모든 차원에서 의식적으로 다양성을 재고하는 사역에 종사할 수 있는, 지적으로 능력 있는 지도자들을 많이 양성하기 위하여.

b) 더 많은 사람들과 젊은이들, 그리고 다양한 그룹의 사람들에게 다가갈 수 있도록 주변 상황에 적합한 개체교회를 증가시키기 위하여.

c) 인종주의에 반대하는 노력을 촉진시키며 특전을 누리는 문제에 도전하기 위하여.

d) 다인종, 다문화 사역을 개발하고 지원하기 위하여 감리사회들, 개체교회들, 안수사역부들과 함께 일하기 위하여.

e) 상담, 연구, 보고 및 연회의 훈련 기회를 통하여 지역 및 전 세계에서 일어나는 인종과 문화의 현실에 관하여 진지한 대화를 하기 위하여.

3. 다양하고도 세계적인 사회에서 교회가 더 효율적으로 사역을 감당해 나가기 위하여 인종차별주의, 민족중심주의, 부족주의를 찾아내어 이에 대처하여 나간다.

4. 인종관계위원회 행동기금(CORR Action Fund)을 관리한다. 이 기금은 연합감리교회 총회가 교회 안과 밖에서 다양성과 포용성과 인종평등주의(racial justice)를 강화하기 위하여 설립한 기금이다. 이 기금은,

a) 개체교회들, 연대 기구들, 기타 그룹들에게 수여하며,
b) 연합감리교회를 대신하여 총회인종관계위원회가 관

리한다. 본 위원회는 기금 수여에 관한 가이드라인과 방침을 세울 의무가 있으며, 이 기금의 지원을 받은 프로젝트를 평가할 책임이 있다.

5. 우리 교회의 세계적인 모든 차원에서 공의롭고 공평한 정책과 그 절차에 관하여 자문하며 리소스를 제공한다.

제15절 총회여권신장위원회 (General Commission on the Status and Role of Women)

¶2101. 연합감리교회 내에 총회여권신장위원회를 둔다.

¶2102. *목적*—본 위원회의 주요 목적은 연합감리교회와 그 산하 총회 부서와 기관 및 연대적 기구에 대하여, 교회 전체 생활과 선교에 여성들이 전적으로 균등히 참여하도록 하며, 같은 책임을 가지고 교회생활의 모든 차원에서 권한을 나누어 갖고 방침 결정에 참여하도록 하는 데 있다.

이러한 공약은 연합감리교회가 남성이나 여성이나 모든 인간이 하나님의 창조하신 인간가족의 충만하고 동등한 부분임을 인정하는 예수 그리스도의 자유하게 하시는 메시지에 근거를 둔 세계 교회의 일부임을 재확인하는 것이다.

본 위원회는 연합감리교회 내에서 여성과 함께, 그리고 여성을 위하여 개인적으로나 단체적으로 주창자로서의 기능을 발휘한다. 연합감리교회 내에서 과거 여성에 대한 불공정한 처사를 창의적인 분위기 속에서 재고하도록 촉매 역할을 한다. 그리고 한 감시자로서, 연합감리교회가 프로그램과 행정을 하여 나갈 때 포용 방침을 실현하도록 확실하게 한다.

¶2103. *임무*—본 위원회의 임무는 여성의 지위에 관한 문제와 관심사에 대한 인식을 향상하는 것이며, 교회생활의 전반에 걸쳐 여성들이 전적으로 참여하도록, 혹은 최소한 연합감리교회 교인들 중 여성의 숫자에 비례되는 권한을 가지고 교회생활에 참여할 수 있도록 노력하는 것이다.

1. 이러한 요구를 수행함에 있어 본 위원회는 다음과 같은 연합감리교회의 필요 사항을 충족하는 데 필요한 계획과 전략을 개발하며, 그러한 계획과 전략을 개시, 사용할 수 있는 권한을 갖는다. 즉, 지도자 육성, 자료와 공보, 무차별주의의 옹호자의 역할, 그리고 각 부서 간의 조율 등이다.

이러한 필요 사항에 관련된 계획과 전략은 연합감리교회의 전체 생활에서 성의 차이를 이유로 차별하는 일을 근절하는 목적으로 사용되며, 여기에는 총회 기구는 물론 개체교회와 접촉하는 다양한 기구와 조직을 포함한다. 본 위원회는 소수 인종, 민족을 포함한 여성의 대표와 참여를 실현하고 보존하기에 필요하다고 간주되는 모든 기관과 협력한다.

2. 본 위원회는 각양 연구 및 감시 과정을 통하여 계속 데이터를 수집하고 추천하며, 문서나 선언문과 출판물 및 일반 자료에 차별적인 방침과 업무 진행 및 언어나 형상물 등 모든 것을 근절하는 데 적절한 행동을 위한 지침을 제안한다.

3. 본 위원회는 교회의 모든 기관에 위 § 2항에 규정된 지침을 실현하기 위하여 계속적 평가 절차를 활발하게 진행하고 그 성과에 때하여 보고를 받는다.

4. 본 위원회는 ¶644.1에 연회를 위하여 제정된 목표 및 지침을 감안하여 본 위원회의 임무수행 전반에 걸친 범위 내에서 이러한 목표를 달성하기 위하여 연회의 지도자를 개발, 강화함으로써 (¶2103.1) 연회인종관계위원회와 활발한 관계를 설립, 유지한다.

5. 본 위원회는 여성의 지위에 영향을 줄 신학과 성서 역사의 새로운 이해를 위한 계획과 교과 과정을 추천한다. 위원회는 또한 성경에 있는 영적 은사와 여성들과의 관계를 탐색하도록 노력한다.

6. 본 위원회는 교회 내에서 여성이 가지는 전문적 자원봉사의 역할 증진에 관련된 필요한 방침과 추천안 및 장기 실천안을 제정한다.

7. 본 위원회는 교회생활에서 여성의 지위에 관하여 개방된 안목과 감수성을 증진하는 창도자의 역할을 하여, 목사 및 여성 평신도와 소수 인종, 민족, 여성 및 변천하는 생활양식을 실험하는 사람들의 공헌에 특별한 관심을 기울인다. 본 위원회는 또한 개체교회, 연회, 협의회, 위원회, 부, 신학대학원 및 다른 연관된 기관을 도와 성폭행의 문제를 다룰 방침과 과정을 개발함으로써 성폭행을 없애는 데 노력한다.

8. 본 위원회는 다음의 지시사항을 달성하기 위하여 활발한 관심과 진흥을 시도하며 충분한 지원을 제공한다. 곧, 협의회, 부서, 위원회, 인사선발 기관, 신학대학원, 기타 관련된 기관은 목회 및 관련 선교사역과 건강복지선교사역과 신학대학원 및 기타 교육 기관의 교수와 직원을 포함한 전체적인 직업전선에 여성을 특별히 선발하고 훈련하여 고용하기 위한 지침과 방침을 설정한다.

9. 교단기금(general Church funds)에서 자금 지원을 받는 기관이나 교회와 연관된 기구가, 성차별을 하거나 교단의 포용방침을 위반하는지를 감독하며, 이에 관하여 총회재무행정협

의회에 자문한다 (¶811.1). 이 일은 다음과 같은 방법으로 실행한다. 곧, (1) 재무행정협의회와 협의하여 교단기금으로부터 자금 지원을 받는 기관이 협의회에 제출하는 확인서를 개발, 심사, 유지한다. (2) 매년 ¶811.1a, b, c의 규정을 준수한다는 확인서를 받는다. (3) 어떤 기관이 ¶811.1a, b, c의 규정을 위반한 사항이 있을 때, 그 기관의 전체 예산을 지불하기를 보류하는 등 적절한 행동을 취하거나 확인서를 승인하도록 협의회에 추천한다.

10. 본 위원회는 여권신장사역을 하는 개체교회 그룹에 리소스를 제공한다.

11. 본 위원회는 교회 안에서 성적 (性的) 비행의 문제를 다룰 때 이를 돕는다. 본 위원회는 성적 비행에 관하여 이를 방지하고 교육시킬 리소스를 제공하며, 교역자와 평신도들을 교육시킬 기회를 마련하며, 변화시키는 일과 그 공정한 행정 절차에 관한 방침과 과정을 만들며, 피해자와 유족들을 도우며, 교회가 치유되는 일에 앞장 서서 일한다. 본 위원회는 '범기관 성윤리 특별전문위원'(Interagency Sexual Ethics Task Force)의 인도 하에, 또한 교역자와의 관계에서 건전한 한계선을 설정하는 일을 함에 있어, 연회, 개체교회, 협의회, 부, 위원회, 신학대학원들, 기타 관련된 기관들을 조율한다.

¶2104. *위원*—1. 본 위원회의 업무에 관한 방침, 기획, 관리는 위원들이 하며, 그 위원 19명은 다음과 같은 지침에 따라 구성한다.

a) 지역총회 위원은 지역총회에서 추천, 선출하며, 연합감리교인의 복합주의와 다양성이 각 연령층의 소수 인종, 민족을 위원으로 선출함으로써 반영되도록 확인한다. 각 지역총회는 1명의 위원을 선출한다. 선출되기 전에 공천된 위원들에게, 그들이 선출되면, 수탁(受託)적 (fiduciary), 전략적, 생산적 운영 책임을 지게 된다는 사실을 미리 알려 주어, 그들이 얼마나 많은 시간과 리소스를 부담하여야 하는지 분명히 이해하게 하여야 한다. <장정>의 다른 조항에도 불구하고, 총회 서기는 어떤 위원을 각 지역총회에 배당하고자 하는지 알게 하여, 해외지역총회에서 오는 위원들을 모두 합하였을 때, 교역자와 평신도 여성과 평신도 남성의 발란스가 잘 맞도록 하여야 한다. 서기는 또한, 여러 4개년을 통하여 각 지역총회가 평신도 여성과 편신도 남성과 교역자를 골고루 선출할 수 있는 기회를 갖도록, 공정한 윤번제를 만들어야 한다.

b) 본 위원회는 ¶705.3a의 규정에 따라 7명의 추가 위원을 선출한다. 추가 위원 선출은, 소수 인종, 민족 및 출신국 그룹 사람들, 신체장애인들, 각 연령층의 사람들이 골고루 대표되며, 특수한 능력을 소유한 이가 포함되어야 하며, 각 지역총회가 비례적으로 동등하게 대표되어야 할 필요성을 염두에 두어야 한다. 추가위원을 선출할 때, 전체 위원의 50%가 교역자(¶142에 규정된 교역자의 분포를 포함하여) 50%가 평신도, 그리고 전체 위원의 과반수가 여성이 되도록 조절하여 선출하기를 권한다. 아울러 추가위원으로 적어도 10%의 위원을 청소년으로, 또한 10%의 위원을 청장년으로 선출하여 유지할 것을 권한다. 선출되기 전에 공천된 위원들에게, 그들이 선출되면, 수탁(受託)적, 전략적, 생산적 운영 책임을 지게 된다는 사실을 미리 알려주어, 그들이 얼마나 많은 시간과 리소스를 부담하여야 하는지 분명히 이해하게 하여야 한다.

c) 적어도 1명의 해외지역 감독을 포함하여 총감독회에서 지명한 2명의 감독.

d) ¶705.4c의 규정에 따라 총감독회가 지명한, 해외지역총회의 감독이 아닌 3명의 해외지역총회 위원.

e) 본 위원회는 총회 4개년 사이에 생긴 결원을 보충할 권한이 있다.

f) <장정> ¶2506.1의 요건을 갖추지 못한 위원들은 발언권과 투표권이 있으나, 수탁적인 사안에 관하여서는, 일리노이 주법에 따라, 발언권만 있고 투표권은 없다.

g) 본 위원회는 공동 관심사와 관련된 넷워킹과 자문을 위하여, 한 연락 대표나 다른 사람들을 연락 대표로 지명할 수 있다. 이와 마찬가지로 연합감리교회 여선교회도 1명 또는 2명의 연락 대표를 지명할 수 있으며, 그들은 4년 기간 동안 모두 봉사할 수 있다. 그들은 위원회에 참석하였을 때 발언권은 있으되 투표권은 없다.

2. 총회여권신장위원회 위원들은 수탁(受託)적, 전략적, 생산적 운영 책임을 지고 있다. 수탁적 책임이란, 부동산에 대하여 재정적으로 법적으로 또한 윤리적으로 집사의 책임을 다하는 일; 세워놓은 실행 기준에 대하여 책임지는 일; 총무에 대한 연례 평가를 확인하는 일; 그리고 직원들을 평가하고 인사 이동을 단행할 때 총무를 자문하는 일이다. 전략적 책임이란 당 기관의 우선적 과제와 목표와 성취도와 기관의 리소스가 기관의 임무와 비전과 가치와 일치하는지 확인하는 일이다. 생산적 책임이란 기관의 의무와 비전과 가치에 따라 이를 장기적으로 분석하고 계획하는 일; 당

기관을 위하여 방향과 우선적 과제를 설정하는 일; 그리고 우선적 과제를 수정할 필요가 있을 때, 그 대안을 탐색하는 일 등이다.

3. 총회여권신장위원회 위원들은, 교단의 모든 차원에서 여성들이 전적으로 또한 동등하게 참여하게 하는 일에 뜨거운 열정을 가진, 정성스런 크리스천 지도자들이어야 한다. 그들은 여러 가지 상황 속에서 총회여권신장위원회의 전략을 해석하고 연구하는 일을 포함, 본 위원회의 사역을 지원하기 위하여 자기 시간과 가진 재주를 아낌없이 바칠 각오가 되어 있어야 한다. 그들은 전 교회의 네트워크를 통하여, 그리고 개인들과 정기적으로 또한 의도적으로 대화를 함으로써, 총회여권신장위원회가 그 책임을 다할 때, 연합감리교회 내 사람들의 다양성을 인정하고 다양한 의견들을 경청하고 있다는 사실을 알려야 한다. 그들은 총회여권신장위원회는 물론, 전 교회의 절대적인 명령과 집중하고 있는 사항을 지원하며 실현하는 일에 헌신하여야 한다.

¶2105. *임원*—본 위원회의 회장은 전체 위원이 선출한 여성이어야 한다. 본 위원회는 필요에 따라 기타 임원을 선출한다.

¶2106. *모임*—본 위원회는 매년 모여야 하며, 필요에 따라 수시로 회의를 소집한다.

¶2107. *자금*—본 위원회의 목적을 수행하는 데 필요한 자금은 총회에서 승인한다.

¶2108. *직원*—본 위원회는 매 4년마다 간부, 행정, 프로그램 직원의 수장이 되는 총서기(secretariat) 또는 총무를 무기명 투표로 선출한다 (¶713). 본 위원회는 또한 그 목적 달성에 필요한 방침과 프로그램을 개발하기 위하여 총회의 요청과 권한으로 부여받은 범위 내에서 필요하다고 간주되는 기타 직원을 선출한다.

¶2109. *관계*—총회의 목적과 지시 사항을 수행하기 위하여 본 위원회는 총감독회, 총회 기관과 교단 차원의 모든 해당 기구와 협력한다.

제16절 해외지역총회연락상임위원회
(Standing Committee on Central Conference Matters)

¶2201. *일반 규정*—1. 총회는 세계 각 지역에서 일어나는 상황이 서로 다르고 여기에서 여러 가지 변화가 일어나고 있음을 안다. 이에 독립적으로 운영하는 연락 기구로 해외지역총회연락상임위원회를 둔다. 총회세계선교부가 이 위원회의 운영 기관이 된다. 본 위원회는 연합감리교회가 미국 본토와 그 영지(領地)

¶2201

이외의 지역에서 사역을 하며 다른 교회와의 관계를 수립하여 나갈 때, 그 조직과 관리를 연구하는 연락 기구의 역할을 담당한다.

2. 본 상임위원회는 해외지역총회와 관련된 결의문과 청원서를 검토하고 작성하기 위하여 4개년 기간 사이에 적어도 두 번 모여야 한다. 필요할 때, 총회 기간 동안 본 위원회를 소집할 수 있다. 본 위원회는 필요하다고 생각되는 추천서를 검토하고 준비하여 총회에 직접 제출한다. 보고와 추천은, 총회 기구가 결의문과 청원서를 시간을 맞추어 제출하는 그때에 함께 제출하여야 한다. 총회에 제출된 해외지역총회와 관계된 모든 결의문과 청원서를 잘 살펴보도록 이 위원회에 회부하며, 이 위원회는 그 추천 사항을 총회에 직접 보고한다. 감독 구역 결정 (¶404.1), 자매감리교회 및 독립감리교회 (¶572), 연합감리교회에의 가입 (¶575) 문제에 관하여는 총회에 직접 보고한다.

3. <장정>의 다른 조항과 상관없이, 위원들은 4개년 기간 봉사 임무를 세 번 할 수 있으며 다른 하나의 총회 부서에서도 봉사할 수 있다. 본 상임위원회(standing committee)는 다음과 같은 위원으로 구성한다. 곧 총감독회가 지명한 각 지역총회와 각 해외지역총회의 감독 1명씩; 총회 대의원으로서 총감독회가 지명한 각 지역총회와 각 해외지역총회의 안수 사역자와 평신도 각 1명씩; 3개 이상의 감독구로 구성된 해외지역총회들은 교역자이든 평신도이든 추가위원을 해외총회 내의 감독구 수만큼 선출한다; 총회세계선교부의 선출된 위원으로서 총회세계선교부가 지명한 감독 1명, 안수 사역자 1명, 평신도 1명. 기독교일치와 타종교와의 관계실에 배정된 해외지역총회 감독도 본 위원회의 위원이 된다. 여성, 평신도, 교역자, 청소년, 청장년들이 위원회에 포함되도록 특별한 주의를 기울여야 한다. 본 상임위원회의 위원장은 해외지역총회의 감독이어야 하며, 그는 이와 동시에 총회사역협의회의 위원이 된다. (본 규정은 총회가 해외지역총회상임사무위원회 2016-2020 위원에 관한 조항을 통과하는 즉시 그 효력을 발생한다.)

4. 해외지역총회연락상임위원회는 이를 선출한 총회가 폐회하는 즉시 모이며, 다음 총회가 열릴 때까지 그 활동을 계속한다. 다음 위원회로 넘어가는 일을 쉽게 하기 위하여, 새로 선출된 위원들은, 총회 회기 동안 새 위원회가 조직될 때까지 이 위원회에 발언권은 소지하되 투표권은 없이 참석한다.

5. 총회재무행정협의회는 본 위원회의 업무를 위하여 발생하는 경비를 총회가 적절한 교단기금 예산에 포함하도록 이를 추천하여 결의하도록 한다.

제17절 연합감리교회 총회남선교회위원회
(General Commission on United Methodist Men)

¶2301. 연합감리교회 안에 연합감리교회 총회남선교회위원회를 둔다.

본 위원회는 연합감리교회의 총회에 순응할 의무가 있다. 총회의 회기 사이에 본 위원회는 연대사역협의회에, 그 목적 안에서 행한 활동을 보고하며 설명할 책임이 있다 (¶702.3).

¶2302. *목적*—연합감리교회 총회남선교회위원회는 연합감리교회 내에서 남성들의 사역에 대한 협력과 자료를 위하여 직접적으로 감독한다.

1. 연합감리교회 남선교회(United Methodist Men)는 남성의 삶에서, 그리스도께서 중심이 되신다는 것을 선포하기 위하여 존재한다. 남성을 위한 사역은 남성들이 영적으로 성장하고 유능한 제자가 됨을 목표로 한다. 이 목적은 남성들이 예수 그리스도의 섬기는 지도자의 모범이 되도록 부르심을 받았을 때 성취될 수 있다.

2. 개인 및 그룹들의 전략이 연합감리교회 남선교회사역의 기본이 된다. 곧

a) 남성들이 섬기는 지도자가 될 때 EMS (Evangelism, Mission, Spiritual Life), 곧 전도와 선교와 영성생활을 강화한다.

b) 개체교회에서 기도, 선교, 또한 청소년 사역을 포함한 구체적인 사역을 장려할 남성들을 훈련시키는 프로그램을 주창한다.

c) 교역자와 회중을 효율적으로 지원하며, 봉사하는 일에 자신을 바치는 남성들과 함께 목회 파트너십을 만들어 낸다.

d) 유능한 지도력과 리소스와 교인 증가와 재정적 책임을 통하여 조직력을 강화한다.

e) 가정환경, 직장 및 사회에서 항상 변하는 남성들의 상호관계와 역할과 책임에 대하여 그들을 돕는다.

f) 가정에서, 교회에서, 직장에서 또한 사회에서 성적 희롱을 금하는 방침을 이끌어 갈 남성 지도자들을 개발한다.

g) 연합감리교회의 조직과 교리와 신조를 이해한다.

h) 기도와 참여와 헌금과 봉사에 충실함으로써 입교 서약을 이행한다.

i) 그리스도의 지체로서 연합감리교회와 함께, 그리고 이를 통하여 그리스도의 "지상명령"을 완수한다.

3. 연합감리교회 남선교회의 사역과 성장을 촉진하기 위하여 봉사하며 지원한다.

a) 개체교회,지방회, 연회 내의 남성들을 위한 구체적이며 선택적인 모델을 제공한다.

b) 연회연합감리교회 남선교회 회장 전국협회와 해외지역총회 및 다른 세계적인 감리교 연락 기구의 전국 조직체와 긴밀한 연락을 취하며 협력한다.

c) 총회남선교회위원회와 함께 개체교회 남선교회 사역의 연례 인가를 권장하며 연회연합감리교회 남선교회 개체교회 단위의 창립 및 연례 갱신을 장려한다 (¶256.6).

4. 남성들이 주 예수 그리스도와 그의 교회와 더 가까이 관계를 맺도록 남성들을 도울 수 있는 자료를 제공한다. 곧

a) 남성들의 필요에 응하여 전도 부분을 다루는 교회의 모든 분야와 협력하여, 복음 증거는 일상생활에 없어서는 안 될 부분임을 남성들에게 보여주는 전도 프로그램.

b) 그리스도인의 사도직에 없어서는 안 될 부분인 대외선교와 봉사에 있어 남성들로 하여금 선교적 기회를 다루는 교회의 모든 분야와 협력하게 하는 선교 프로그램.

c) 전도(witness)와 대외선교 (outreach), 선교(mission)와 사역(ministry)이 예수 그리스도를 통하여 개인적인 하나님과의 관계와 믿음의 발전을 확장하는 것임을 깨닫도록 신앙향상 분야와 협력하는 영성생활 프로그램.

d) 청지기 분야와 함께 하나님의 창조물에 대하여 책임지며 시간과 재능과 재물과 기도를 포함하여 개인적인 청지기 임무를 남성들로 하여금 이해하도록 하는 청지기 프로그램.

e) 가정에서의 남성들의 역할에 관한 프로그램.

f) 연합감리교회가 남성들에게, 또한 남성들을 통하여 사역하기 위한 프로그램을 주창, 연구, 개발한다.

g) 무료 전화 서비스와 홍보활동을 포함하여 <다락방> 사의 "기도 센터 (Living Prayer Center)" 사역의 적극적인 프로그램 협력자가 된다. 남선교회 기구의 모든 차원에 기도를 장려하는 사람들을 둔다.

h) 연합감리교회 남선교회는 다른 총회 기관과 파트너가 되어 개선 활동과 형무소 사역에 종사하고 있는 남성들의 리소스가 된다.

5. 본 위원회는 '일반 청소년 봉사기관/스카우트사역(Civic Youth-Serving Agencies/Scout Ministries)'실을 지원하며 리소스를 제공한다.

a) 개체교회, 지방, 연회, 지역총회의 스카우트 간사를 훈련한다.

b) 본 위원회가 자량으로 선택한 청소년 봉사 기관들을 홍보하여 알리며 자문한다.

c) 연례 '감독의 스카우트 만찬' 프로그램을, 필요할 때 연락하며 홍보하며 지원한다.

¶**2303.** *위원*—1. 본 위원회는 일반 규정 ¶705.3과 ¶537에 규정된 대로 투표권 소지 위원 20명으로 구성한다. <장정>의 다른 조항에도 불구하고, 직책상 또는 조직체로 인하여 본 위원회의 위원이 된 위원들은 최장 세 임기를 연속적으로 봉사할 수 있다. 위원은 다음과 같은 사람들로 구성한다. 곧

a) 적어도 1명의 해외지역 감독을 포함하여 총감독회에서 지명한 3명의 감독.

b) 5명의 지역총회 남선교회 회장들과 전국 회장.

c) 연회연합감리교회 남선교회 회장 전국연합회 회장.

d) 총감독회가 지명한 해외지역총회 대표 2명.

e) 연합감리교회 남선교회 재단의 회장.

f) 포용성과 전문성과 균형을 잡기 위하여 본 위원회가 선출한 8명의 추가 위원. 여기에는 적어도 30세 이하가 되는 청년 1명과 지난 4개년 기간 동안 봉사한 위원 중 적어도 2명의 위원들이 포함되어야 한다.

g) 범감리교 (Pan-Methodist) 교회의 남성사역 대표 1명을 포함할 수 있다.

2. *결원*—본 위원회의 위원 가운데 결원이 생기면 ¶712에 규정된 절차를 따라 충원한다.

3. *임원들*—총회연합감리교회 남선교회위원회는 회장, 부회장, 서기, 회계, 그리고 필요에 따라 그 외의 임원을 선출한다. 이에 더하여 전국연회 연합감리교회 남선교회회장협의회의 회장을 임원으로 또한 고려하여야 한다.

4. *직원*—연합감리교회 총회남선교회위원회는 실행, 행정, 프로그램을 통솔할 총무를 매년 투표로 선출한다 (¶713). 본 위원회는 그 목적을 실현하기 위한 방침과 프로그램을 개발하기 위하여 기타 필요한 직원을 선출한다.

5. *모임들*—본 위원회는 매년 모여야 하며, 필요에 따라 수시로 회의를 소집한다.

6. *재정 지원*—총회재무행정협의회는 연합감리교회 남선교회의 수입과 헌금을 보충하기 위하여 세계봉사기금을 제공함으로써 연합감리교회 남선교회의 사역에 필요한 지원을 마련한다. 이것은 해외지역총회 대표들의 회의 참석 경비도 포함한다.

7. *자문 패널 (Advisory Panel)*—본 위원회는 연관된 조직체의 대표들로 구성된 자문 패널을 둘 수 있다.

제18절 충돌중재평화센터 (JUSTPEACE Center for Mediation and Conflict Transformation)

¶2401. 1. *사명*—충돌중재평화센터는, 연합감리교회 안에서 또한 이를 통하여 그리고 보편적인 세계교회와 함께 정의와 화해와 리소스 보존과 커뮤니티의 회복을 이루도록 조력하면서 우리가 살고 있는 세계에서 충돌을 건설적으로 다루려고 하는 연합감리교회의 하나의 선교적 사명이다.

2. *교단과의 관계*—본 센터(JUSTPEACE)는 연합감리교회의 하나의 법인체가 된 리소스가 되어야 한다. 본 센터는 총회에 책임을 지며, 주어진 사명을 성취하기 위하여, 중립적인 기구로서의 그 역할을 견지하면서 연합감리교회의 기관과 기구들과 관계를 맺도록 이를 추구하고 허락받아야 한다. 본 센터는 충돌에 개입하도록 초청을 수락함으로써 충돌을 해소하려고 노력할 때 먼저 행동을 취하여야 하며, 교회 지도자들과 연회 충돌해소팀 멤버들을 훈련시키며, 현재 이 일에 종사하고 있는 사람들을 연결시켜 주고 양육하며, 리소스를 개발하여야 한다.

3. *재정지원*—그 전체 업무를 위하여서든지, 또는 한 구체적인 프로그램을 위하여서든지, 본 센터는 봉사료를 받으며, 특별한 기금 또는 재단에 보조금을 요청하거나 이러한 것들을 만들며, 선물과 유증을 받으며, 부동산과 증권을 신탁에 의하여 보유하며, 그 재정적 업무를 자체 법규와 <장정>의 적용되는 조항에 따라 관리할 수 있다.

제6장
교회 재산

제1절 모든 소유권-신탁에 의하여

¶2501. *모든 재산 등기에 "신탁"(Trust) 조항을 삽입하여야 할 일*―1. 연합감리교회의 개체교회와 기타 연합감리교회의 부서와 기관의 모든 재산(properties)은 전 교단의 이익을 위하여 "신탁에 의하여 (in trust)"가 등기되어 있으며, 재산의 소유권과 그 사용은 <장정>의 제약을 받는다. 이 "신탁" 조항의 필수 삽입 조건은 연합감리교회 또는 그 전신이 되는 교단이나 교파의 역사적인 정체(polity)의 근본적인 요소로서, 1797년 이래 우리<장정>에 포함되어 왔고 또 명시되어 왔다. 재산은 <장정>에 규정되어 있는 바와 같이, 단지 전 교단의 선교와 일치하는 목적을 위하여서만 사용하도록 확인함으로써, 이 필수 조건은 우리 교회의 연대적인 구조를 반영하고 있다. 그러므로 이 "신탁" 조항 삽입의 필수 조건은 연합감리교회의 근본적인 입장을 표현하고 있으며, 이로써 교단 내의 개체교회와 기타 부서와 기관들이 전세계적인 이 교회에 책임을 질뿐만 아니라 그 혜택을 또한 그로부터 받는다.

연합감리교회의 법적 정의(定義)와 자아 이해에 일치하고 (¶141 참조), 특히 재산을 소유할 수 있는 입장이 되지 못함을 감안할 때, 연합감리교회는 연대적 구조로 조직되어질 수밖에 없으며, 총회, 지역총회, 연회, 지방, 개체교회, 구역회 및 교회기관이 소유하고 있는 모든 재산은, 동산이든 부동산이든, 연합감리교회의 신탁을 받은 소유자로 등기되어 있어야 하며, <장정>이 정하는 바, 규정의 통제를 받아야 한다. 재산 소유권은 "연합감리교회" (¶807.1 참조) 또는 "연합감리교회 총회" 명의로 등기가 되어 있는 것이 아니라, 법인(incorporated)으로 조직된 각 의회들과 기관들과 본 교단의 조직체들, 또는, 법인체로 등기가 되어 있지 않은 때에는, 재산을 소유하고 관리하기 위한 목적으로 조직된 재단이사회의 명의로, 동산이든 부동산이든, 소유권이 등기되어 있어야 한다.

2. 신탁은 <장정>이 따로 규정하지 않는 한, 변경할 수 없는 것이며, 늘 그렇게 되어져 왔다. 재산은 <장정>이 허락하는 한도 내에서, 신탁에서 벗어나게 하거나 자유로이 이전되거나 채권자들과 제삼자의 이권에 종속될 수 있다.

3. 개체교회와 기타 연합감리교회의 부서와 기관들은, <장정>이 제한하거나 금지하지 않는 이상, 전 교단의 선교와 일치하는 목적을 위하여 재산을 매입하여 소유하며, 이를 유지하고 개수하며 매도할 수 있다.

¶**2502.** *"연합감리교"라는 명칭의 등록* ― "연합감리교"(United Methodist)라는 이름은 어떤 기업체나 기관 명칭의 일부 또는 그 상호 내지 상표 또는 그 일부로 사용되어서는 안 되나, 연합감리교회가 직접 운영하고 관리하는 법인체나 기업체는 예외로 한다. 총회재무행정위원회는 "연합감리교"의 명칭과 교단의 기장(logo)을 등록하고 관리할 책임이 있다 (¶807.10과 ¶807.11).

¶**2503.** *등기증서에 넣을 신탁 조항 (Trust Clauses in Deeds)* ― 1. 만일 예배 처소로 또는 다른 활동을 위하여 사용하는 일을 중지하게 되거나 중지할 때에는, 그 부동산을 원 (原) 양도인(grantor)에게 귀속시켜야 한다는 소유권 양도의 경우를 제외하고는, 연합감리교회나 다른 교단의 교인들을 위한 신성한 예배 처소로 쓰며, 또 다른 교회 활동을 위하여 차후 취득하거나 소유하는 지물(地物)의 모든 소유권 양도증서에는 다음과 같은 신탁 조항을 기재하여야 한다.[1]

"신탁에 의하여, 전술한 지물을 연합감리교회의 사역 및 연합감리교회 교인들의 신성한 예배 처소로 사용하며, 보존하며, 유지하되, 해당 지물이 위치하고 있는 지역의 연회와 총회가 수시로 허가하고 결정하는 바, 본 교회(교단)의 <장정>, 사용 목적 및 교역자 파송의 제약을 받아야 한다. 이 규정은 다만 양수인의 권익을 보호하기 위함이며, 양도인은 해당 지물에 대하여 아무 권리도 행사하지 못한다."

2. 연합감리교회의 교역자가 사용하고 거주하기 위한 교회 사택을 소유하거나 차후 취득하기 위한 지물소유 증서에는 다음과 같은 신탁 조항을 기재하여야 한다.

"신탁에 의하여 본 지물을 연합감리교회의 교역자 사택으로 소유하며, 보존하며, 유지하며, 교역자는 수시로 파송을 받아, 그 사택에 들어가 사용할 권리가 있다. 단, 해당 지물이 위치하고 있는 지역의 연회와 총회가 수시로 허가하고 결정하는 바, 해당 교회의 사용 목적 및 <장정>의 규정에 따라야 한다. 이 규정은 다만 양수인의 권익을 보호하기 위함이며 (This provision solely for the benefit of the grantee), 양도인은 해당 지물에 대하여 아무 권리도 행사하지 못한다."

---

1. 사법위원회 판정 688 참조.

3. 어떤 지물을 예배 처소와 교역자 사택으로 사용하기 위하여 매입하였을 때에는, 위 제1항과 2항에 명시된 신탁 조항을 모두 등기 서류에 기재하여야 한다.

4. 이렇게 매입한 재산을 예배 처소나 교역자 사택으로만 사용하지 않을 때에는, 그러한 지물을 소유하고 있거나 앞으로 구입할 모든 증서에 다음과 같은 신탁 조항을 기재하여야 한다.

"신탁에 의하여 전술한 지물을 연합감리교회의 권익을 위하여 소유하며, 유지하며, 처분하되, 연합감리교회의 사용 목적과 <장정>의 규정에 따라야 한다. 이 규정은 다만 양수인의 권익을 보호하기 위함이며, 양도인은 해당 지물에 대하여 아무 권리도 행사하지 못한다."

5. 다른 연합감리교회 조직체나 기관으로부터 재산을 매입하였을 때, 그것이 예배 처소나 교역자 사택 또는 다른 용도로의 사용 여부를 막론하고, 모든 증서에 다음과 같은 신탁 조항을 기재하여야 한다.

"신탁에 의하여, 전술한 지물을 연합감리교회의 권익을 위하여 소유하며, 유지하며, 처분하되, 연합감리교회의 사용 목적과 <장정>의 규정에 따라야 한다."

6. 그러나 위 제1, 2, 3, 4 또는 5항에 규정된 신탁 조항이, 이전에 등기되었거나 앞으로 등기될 재산 등기부나 양도증서에 명시되어 있지 않더라도, 어느 개체교회나 교회 기관, 또는 이들 재단이사회도 연합감리교회의 연대체제가 요구하는 의무 이행에서 제외될 수는 없다. 또한 개체교회나 교회 기관이나 재단이사회도 연합감리교회의 명의로 모든 재산을 소유하여야 할 책임을 포함하여 연합감리교회에 대한 법적 책임에서 벗어날 수 없다. 단, 이럴 때에는, 창시자(intent of the founders)들 및/또는 후계 개체교회 (later local church) 또는 교회 기관, 또는 그들 재단이사회의 의도와 희망하는 바가 다음과 같은 사실로 그 일부 또는 전부가 밝혀져야 한다.

a) 연합감리교회 개체교회 또는 그 기관 (또는 그들 재단이사회) 또는 그 전신 (前身) 교회나 기관이 재산 명의 변경을 연합감리교회로 하였을 때;

b) 연합감리교회와 그 전신이 되는 교회가, 그 명칭이나 관행이나 정관으로 말미암아 본 교단의 일부로 일반에게 알려졌을 때; 또는,

c) 감독의 파송을 받았거나 연합감리교회의 전신이 되는 연회나 지방감리사에 의하여 고용된 교역자를 목회자로 받아들였을 때.

¶2504. ***통합 후의 영향** (Effect of Union)*—연합감리교회로 통합이 이루어진 후에는, 통합 당시에 귀속된 개체교회의 재산은, 시간이 경과하고 사용 목적이 변경되었더라도, 등기 증서에 기재된 재산 소유권을 변경할 수 없다. 개체교회, 구역회, 연합감리교회 기관의 재산권은 개체교회의 재단이사들이나 구역회 재단이사들이나 또는 이 목적을 위하여 조직된 법인체의 명의로 등기가 되었더라도, 본 <장정>이 규정하는 바에 따라야 한다.

¶2505. *석유, 가스, 광물질을 위한 임대 (Oil, Gas, and Mineral Leases)*—연합감리교회의 신탁을 받아 토지를 소유하고 있는 본 교단의 모든 법인체는 주 (州 State), 지방 (province), 또는 국가의 법에 따라, 이에 또한 순응하여, 가장 적절하다고 인정되는 조건으로, 석유, 가스, 석탄 혹은 다른 광물질을 생산하기 위하여 해당 소유지를 임대하여 줄 수 있다. 단, 그러한 생산 과정이 토지를 소유한 목적을 방해하여서는 안 된다. 임대료는 대여한 법인체나 연합감리교회의 권익을 신장하는 데 가능한 한 사용되어야 한다. 임차인(lessee)은 당 임대 계약에 의하여 지불되는 임대료에 대하여 아무 권한이나 책임이 없다.

제2절 법의 준수 (Comliance With Law)

¶2506. *지방법에 대한 순응 (Conformity With Local Law)— 교회 법인 (Church Corporations)*—1. 동산과 부동산에 관한 것과, 법인체를 형성하고 운영하는 데 관한 것과, 또 통합에 관한 본 <장정>의 모든 규정은 지역의 일반 법에 위배됨이 없는 조건하에 유효하며, 일반 지방법과 충돌이 생길 때에는, 지방법에 순응하여야 한다. 단, 본 규정은 적절한 법의 절차를 밟음이 없이, 연합감리교회가 재산권을 포기하는 것으로 간주하여서는 안 된다. 또한 이는, 헌법이 보장하는 종교의 자유와 정교 분립의 원칙을 위반하거나, 연합감리교회의 연대적 체제를 유지하려는 교회의 권리를 부정하는 주법에 순응하는 것으로 간주하여서도 안 된다. "지방법"(local laws)이라 함은 교회 재산이 위치하고 있는 지역의 국가나 주나 혹은 이와 동등한 정치적 단위의 법을 말한다.[2]

2. 한 교회 기관(¶701)에 의하여 형성되었거나 형성되어 이에 통제받고 있으면서 기관 단독으로 또는 다른 교회 기관과 함께 공동으로 운영하는 법인체는 그 정관(定款 Articles of

---
2. 사법위원회 판정 315 참조.

법의 준수 ¶2509

Incorporation or Charter)과 규약(Bylaws "법인체의 문서 corporate documents")에 다음과 같은 내용을 포함하고 있어야 한다. 곧

  a) 법인체가 관계를 맺고 있는 스폰서 하는 교회 기관(들), 곧 스폰서의 이름 및 법인체와 그 스폰서와의 관계,

  b) 법인체의 권한은 스폰서에게와 마찬가지로 <장정>의 통제 속에 있다는 사실을 인정하는 것, 그리고

  c) 법인체의 권한은 <장정>이 스폰서 기관에 부여한 것 이상을 넘지 못한다는 것이다.

  3. 이러한 법인체의 문서들(corporate documents)은 그 면세 신분(tax-exempt status)을 보호받기 위하여 연방 국세청(IRS)이 요구하는 문구를 포함하고 있어야 한다. 또한 법인체가 폐기되었거나, 업무를 중지하게 되었거나, 하나의 법인체로 더 이상 존속하지 않게 되는 경우를 대비하여, 그 법적 문건들은 스폰서(들)를 법인체의 재산들을 인수하는 자(들)로 지명하여야 한다. 법인체의 법적 문건들은 또한 ¶2501에 명시된 조항을 이에 명기하여야 한다.

  4. 법인체의 문서들은 법인체의 이사들 또는 임원들(trustees & directors)이 스폰서와의 연대 관계를 스폰서의 승낙없이 변경시키는 것을 금하는 조항을 포함하고 있어야 한다. 아니면, 이는 그 스폰서 또는 <장정>의 목적과 어긋나는 일을 하는 행위가 된다.

  ¶2507. *"이사"(Trustee)와 "이사들"(Trustees)과 이사회" (Board of Trustees)의 명칭*—본 조항 및 <장정>에서 사용하는 "이사"와 "이사들"과 "이사회"는 각각 "이사"(director)와 "이사들"(directors)과 "이사회"(board of directors)의 동의어로 사용한다.

  ¶2508. *소유증서 및 양도증서 등기에 있어 지방법에 순응 (Conformity of Deeds and Conveyances with Local Law)*—연합감리교회의 교회 건물이나 그 종속물 또는 사택의 재산 소유권을 획득하는 과정에 있어, 모든 양도증서(conveyances)와 소유증서(deeds)를 등기할 때에, 재산이 위치한 해당 주나 지방(provinces)이나 국가의 법과 연합감리교회의 법을 또한 따르도록 각별히 주의하여야 한다. 소유권은 재산이 양도되는 즉시 등기하여야 한다.

  ¶2509. *민사 소송 제기와 보호*—연합감리교회의 특별한 성격 때문에 (¶141), 개인이나, 교회 산하의 어떠한 기관이나 그 임원도, 다음과 같은 경우를 제외하고는, 연합감리교회의

이름으로나, 또는 그를 대신하여 어떠한 소송도 제기할 수 없고 가담할 수도 없다.

1. 연합감리교회의 이름으로 진행되는 법적 처리 과정에 소환당한 총회재무행정협의회나 개인이나 교회는, 연합감리교회의 비법인체적 성격에 대하여 법정에서 설명하기 위하여, 또는 그런 개인이나 교회는 법적 처리 과정에 소환당할 능력이 없음을 지적하고, 또한 교단의 권익을 보호하기 위한 헌법을 설명하기 위하여서, 법정에 출두할 수 있다.

2. 재산권을 소유하도록 허가된 교단의 개체 단위는, 교단의 권익을 보호하기 위하여, 교단의 이름으로 소송을 제기할 수 있다.

¶2510. *재정적 의무의 한계*—의회, 협의회, 부, 기관, 개체교회 또는 다른 아무 개체 조직도 사전 양해 없이 교단에 대하여 재정적인 의무를 지울 수가 없다.

제3절 감사 및 교회 임원들의 지불보증 보험에의 가입
(Audits and Bonding of Church Officers)

¶2511. 총회, 지역총회, 연회, 잠정연회 또는 이 의회들이 관할하는 기관에서 그 신탁기금, 유가증권, 현금을 관리하는 모든 사람들은, 신용 있는 회사에 이 의회들이 정하는 액수만큼의 지불보증 보험(bond)을 들어야 한다. 이들의 회계 장부는 적어도 매년 인가받은 회계사나 공인 회계사가 감사를 하여야 한다. 연회 보고서가 <장정>이 요청하는 대로 감사한 재정 보고서를 포함하고 있을 때에는 감사가 끝나고 재정 보고에 틀림이 없다는 것이 확인될 때까지 수락하여서는 안 된다. 보고서의 다른 부분은 감사 기간 중 수락할 수 있다.

제4절 연회 재산[3]
(Annual Conference Property)

¶2512. *연회재단이사회*—1. 각 연회는 그 지방의 국법이 허락한다면 자기 명의로 법인체 등록을 할 수 있다. 각 연회는 재단이사회를 두어야 하며, 만일 연회 자체가 법인으로 등록하지 않았다면, 이사회가 법인체로 등록하여야 한다. 어느 경우이든 이사회는 12명으로 구성하되, ¶610.5의 규정에 따라, 이들 중 3분의 1은 교역자, 3분의 1은 여성 평신도, 3분의 1은

---

3. 총회 기관들의 재산 소유권에 대하여는 ¶807.6, .8 참조.

남성 평신도로 구성할 것을 추천한다.[4] 이들은 모두 법이 정하는 성인이어야 하며, 연회 관할 구역에 속한 개체교회의 충실한 평신도라야 한다. 이들은 모두 법인체의 이사가 된다. 처음 조직되는 이사회가 아닌 이상, 이들을 여러 조로 나누어 4년 동안 봉사하도록 선출한다. 첫 이사회는 1년조 4분의 1, 2년조 4분의 1, 3년조 4분의 1로 나누어 선출하여, 매년 4분의 1 이사만이 교체되도록 한다. 단 현존하는 어느 연회의 재단이사회도 이 조항에 따라 정관을 수정하지 않는 한, 이 조항의 저촉을 받지 않고 존속할 수 있다.

2. 재단이사회는 적어도 매년 모여야 하며, 이사장, 부이사장, 서기, 회계를 선출하여 조직하되, 그들의 임무는 통상 관례에 따른다. 그들은 연회에 대하여 법적으로 복종할 의무가 있다. 이사회에 공석이 생겼을 때에는 연회가 그 임기를 마칠 이사를 선출한다. 연회 회기 사이에 공석이 생겼을 경우에는 다음과 같은 방법으로 공석을 채운다. 곧 연회공천위원회의 천거로 다음 연회가 모일 때까지 봉사할 이사를 지방감리사들의 다수결로 선출한다. 임기가 만료되지 않은 공석은 연회가 보충한다.[5]

3. 재단이사회는 연회 및 그 기관의 재산에 관하여 다음과 같은 권한을 행사한다.

a) 전술한 법인체는 연회의 권익을 위하여, 봉사와 자선 또는 종교적인 목적으로 재단이사회나 연회에 증여되었거나 유증으로 주어지거나 양도된 모든 동산, 부동산의 기부금 또는 유증물을 신탁에 의하여 인수하고 또한 관리한다. 또한 이사회는 연회가 지시하는 대로, 기부인, 신탁인 또는 유언자의 뜻을 따라 그들이 원하는 교회나 연구소나 기관이나 조직체의 권익을 위하여, 전술한 재산이나 이에서 나오는 이익금을 관리한다. 그러한 기부나 유증에 대한 용도가 지정되어 있지 않았을 때에는 연회의 지시에 따라 용도가 결정된다.

b) 연회가 그렇게 지시할 때에는, 상기 법인체는 연회, 지방들, 또는 그 기관들을 대신하여, 그들 선교와 사역 또는 프로그램을 하는 데 사용하기 위하여 이미 얻은 부동산 또는 개인 재산을 신탁으로 수탁, 소유할 수 있다. 그러한 재산이 투자할 수 있는 돈의 형태로 있을 때에는, 이사회는 그 돈을 연합감리교회 연회나 연회를 위한 재단에 투자하여 관리하게 할 것을 고려하거나, 혹은 그러한 재단이 없을 때에는, 연합감리교재단에 투자할 것을 고려할 수 있다. '사회생활 원칙'에 부합되게 투자하려는 의식적인 노력이 있어야 하며, 투자원칙도 만들어야

---

4. 사법위원회 판정 446 참조.
5. 사법위원회 판정 1170 참조.

¶2512

한다. 그러한 재산에 관하여 연회가 구체적으로 달리 지시하기 전에는, 이사회는 그 선교적인 또는 프로그램 상의 용도를 변경할 수 없다. 이 조항은 자체 명의 또는 정식으로 선출된 재단이사회의 명의로 소유권이 등기된 교육 및 보건복지 기관에는 적용되지 않는다. 또한 ¶2549에 의하여 소유권이 정지되었거나 유기한 것으로 선언된 개체교회를 제외한 모든 개체교회에도 이 조항은 적용되지 않는다.

c) 위 § 3b의 규정으로 제약받은 것을 제외하고는, 본 이사회는 항상 유산, 유증 또는 기부의 조건에 따라 신탁으로 소유하고 있는 모든 기금과 재산을 투자, 재투자, 매입, 매각, 이명 또는 양도할 권한이 있다.

d) 연회가 따로 결정하지 않는 이상, 연회재산 처리 결정을 집행하는 데 필요한 어떠한 계약서 (contract), 소유등기 (deed), 매매증서 (bill of sale), 저당서류(mortgage)든지 또는 기타 필요한 모든 법적 서류는, 연회재단이사회를 대신하여 임원 중 두 사람이 처리할 수 있으며, 그들은 연회의 지시에 따라 모든 일을 처결할 수 있다. 그렇게 처리한 모든 문건은 연회의 행위로 간주하며, 법적 구속력과 효력을 발생한다.

e) 연회재단이사회는, 우리 교회 '사회생활 원칙'의 목표를 달성시키는 데 긍정적으로 공헌하는 기관이나 회사나 기금에 투자하도록 권장한다. 이사회는 사회적으로 책임성 있는 투자자로 행동을 취하여야 하며, 이러한 책임을 수행한 일에 관하여 매년 연회에 보고하여야 한다. 이사회가 사용할 수 있는 도구로 주주로서의 주장, 선택적인 투자 단축, 특정한 국가나 사업체에서의 투자 철회 주장, 또한 살만한 주택, 환경 보호, 소수 인종의 사업과 은행 등에서와 같이, 불의를 수정하는 긍정적인 투자 및 다른 적절한 전략 등이 있다.

f) 이 이사회에서 위탁된 기금은 연회가 따로 지시하지 않는 한, 충분한 저당물이 있는 부가 저당으로만 투자하여야 하되, 이사회나 그 대행 기관이나 또는 그런 투자 임무를 위임받은 위원회가 승인할 때라야만 한다.[6]

4. 재단이사회는 재산에 관계된 모든 사항에 대하여, 어디서나 연회의 권익과 권리를 보호할 모든 필요한 법적 절차를 밟을 수 있으며 이에 개입할 수 있다. 연회의 재산에 대한 권리는 기부금, 유증으로 주어진 것이거나, 신탁에 의하여 맡겨진 것이거나, 연회 혹은 그 회원들의 권익을 위하여 있는 재산에 대한 권리를 말한다.

---

6. 사법위원회 판정 160, 190 참조.

5. 자기 구역 안에서 상술한 기부금이나 유증이 교회에 주어졌을 때, 담임목사는 이를 곧 연회재단이사회에 보고하여야 하며, 이사회는 그 기부를 보존하고 보호하며 관리할 필요한 절차를 곧 취한다. 단, 이사회는 만족스럽지 못하다고 인정될 때, 그런 기부를 거절할 수 있다. 또한 당 이사회 관할하에 있는 동산과 부동산을 포함한 모든 재산이 자기 구역 안에 있을 때, 담임목사는 매년 그 항목을 작성하여 연회재단이사회에 보고한다.

6. 이사회는 매 연회 회기 동안에, 이사회가 처리한 사항을 사실대로 성실하게 전체적인 보고를 하여야 하며, 현재 신탁에 의하여 소유하고 있는 모든 기금, 헌금, 유가증권 또는 재산 등에 관하여 1년 동안 처리한 일들을 상세히 보고하여야 한다. 이사회가 신탁에 의하여 소유하고 있는 기금의 수혜자들도 적어도 매년, 현 기금 상태 및 그 투자 결과에 대하여 보고할 권리가 있다.

7. *정부가 교회 소유 재산을 유적지로 지정하려는 시도에 대한 연회 차원의 정책 수립 (Establishment of Annual Conference Policy With Regard to Government Effects to Designate Church-Owned Property as Landmarks*—본 이사회는 지방이나 연회재단이사회가 연합감리교회의 권익을 위하여 신탁한 재산(¶2501)을 문화적, 역사적, 또는 건축적인 유적지로 지정하려는 정부의 시도에 대하여 연회교회역사보존위원회 또는 그 대체 기구와 협의한 후, 이들을 대신하여 대처할 수 있는 정책을 개발하여야 한다.

8. 관련된 연회 기관들과 기구들 및 개체교회들은, 총회재무행정협의회와 협력하여 고용인들을 위한 혜택을 제외한, 포괄적인 일반 보험 프로그램을 개발하고 홍보하고 검토하는 일에 관하여 연회에 추천한다.

¶2513. *연합감리교회의 재단들*—연회 또는 다른 의회들은 연합감리교회 재단을 설립할 수 있다. 그 재단 설립의 목적은,

1. 기증자가 지시하는 대로 또는 연회재단이사회를 대신하여 ¶2512.3에 기술된 일들을 시행하기 위함이며,

2. 개체교회와 의회들, 그리고 총회 산하의 모든 기관들을 대신하여 기부 계획을 홍보하기 위함이며,

3. 영구기금 관리 및 홍보 활동에 관하여 개체교회를 자문 내지 지도하기 위함이며,

4. 연회가 요청하는 대로 다른 책임들을 수행하기 위함이다. 연합감리교회 재단은 연회가 승인한 법인체 정관에 따라 독립적인 관리 기구를 둔다. 그 관리 기구는 재단 운영에 필요한 모든

정책과 절차를 정한다. 선교적인 목적과 연대체제를 유지하려고 노력하면서, 수혜 기구와 슬기롭게 조직적인 간격을 유지하도록 주의를 기울여야 한다.

¶2514. *공동으로 소유하고 있는 감독의 사택*—감독구를 구성하고 있는 연회들의 3분의 2 이상의 찬성과 승인이 있으면 주재감독의 주택을 구입할 수 있다. 신탁에 의한 주택소유 등기는 주택이 위치하고 있는 구역의 연회 이름으로 한다. 그렇게 소유한 재산은 소유권을 공유하고 있는 연회들의 대다수가 합의하기 전에는 매각하거나 처분할 수 없다. 사택을 매각하거나 또는 한 연회가 한 감독구에 다른 감독구로 이전할 계획을 가지고 있을 때에는, 그 계획에 각 연회의 주택 투자에 대한 순이익금을 보장하여 줄 수 있는 조건을 첨가하여야 한다. 단, 연회가 감독 사택에 대한 권리를 포기할 때에는 예외이다.[7]

¶2515. *연회 부동산의 매각, 양도, 임대 저당 또는 매입*— 연회 부동산은 연회의 동의없이 매입, 매각, 양도, 20년 이상의 임대 또는 저당에 잡혀서는 안 된다. 연회 회기 사이에는, *(a)* 주재 감독과 대다수 지방감리사의 동의와, 폐쇄하였거나 파기하였거나 매입하려는 교회 재산인 경우에는, 지방교회위치건물위원회의 동의(¶2549 참조)가 필요하며, 연합감리교 대학선교(Wesley Foundation)나 학원선교(campus ministires)의 재산인 경우, 연회고등교육학원선교부의 대다수의 승인과 연회의 승인이 필요하다 (¶634.4d). *(b)* 그런 양도나 저당권에 대한 부담이 <장정>에 순응한다는 감독의 판정이 있어야 한다. 이러한 조건을 모두 만족시켜 주고 있다는 감독의 진술서가 모든 양도 서류에 첨가되거나 포함되어 있어야 한다. 이렇게 승인된 결정 사항을 집행하기에 필요한 모든 서류는 연회 법인을 대신하여 그 임원 중 두 사람이 그 연회 법인의 이름으로 처결하여야 하며, 연회가 법인체로 등록이 되어 있지 않을 때에는, 그 연회재단이사회의 임원 중 두 사람이 서명하여야 하며, 이렇게 처결된 모든 서류는 연회의 행위로 간주하며, 법적으로 유효하고 구속력이 있다.

¶2516. *캠프장, 연회 시설 및 수양관*—연회 또는 지방의 캠프장, 연회 시설 및 수양관을 신탁에 의하여 소유하고 있는 연회 혹은 지방의 법인 이사회 혹은 부서나, 또는 연회 혹은 지방의 비법인 이사회나 위원회, 전도회나 혹은 이와 유사한 기구는 자신들이 속하여 있는 연회 혹은 지방회의 승인이 있을 때에만 상술한 시설들을 저당에 잡히거나 매각 내지 양도할 수 있다.

---

7. 사법위원회 판정 194 참조.

¶**2517**. *보건복지 기관들과 관련한 연회 재단이사회의 임무.*

1. 연회는, 관계를 맺고 있는 보건복지 기관들에 대하여 '관계 합의 기재서'(合意記載書 Relationship Statement)를 작성하고 이를 보관할 책임을 질 한 기구를 지정하여야 한다. 만일 연회가 이 목적을 위하여 한 기구를 지정하지 않았을 경우에는, 그 책임을 연회재단이사회가 맡는다. 관계를 맺고 있는 보건복지 기관이란 아래와 같은 조건을 갖추고 있는 아무 기관이나 될 수 있다.

a) 건강 혹은 복지를 제공하여 주며,

b) 연회 경계 내에 있으며, 그리고

c) 다음 중 하나를 하고 있는 기관, 곧

(1) 연회와의 관계나 연결이, 정식이든 아니든, 공식적이든 비공식적이든, 재정적 혹은 법적인 약조를 하고 있든지 아니하고 있든지, 이와 상관없이, 연회와 관계를 맺거나 연결을 가지고자 하거나, 혹은 이미 이렇게 연결되어 있는 기관이든지, 혹은

(2) 자신이 연회 또는 교단과 연결되어 있다고 시장에서 거래하거나, 광고하거나, 또는 홍보하고 있든지, 혹은 공식적인 연합감리교회의 표장이나 "연합감리교"라는 용어를 사용하고 있는 기관. 단 연합감리교회 여선교회 전국 사무실과 성약(聖約 covenant) 관계를 유지하고 있는 보건복지 기관들은 이 조항에 따라 한 연회와 관계를 수립하거나 연결되기를 추구할 수 있다.

2. 연회가 지정한 기관은 관계 합의 기재서에 관하여 연회 법률고문 및 연회 보건복지위원회(또는 이와 동등한 기구)와 상의하여야 한다.

3. 연회가 지정한 기관은 모든 현 연회 관계 합의 기재서들의 사본을 총회재무행정협의회에 보내야 한다.

4. 만일 연회가 관계된 보건복지 기관과 연관을 맺고 있다면, 연회와 그 보건복지 기관과의 법적 및 재정적 관계에 관하여, 그러한 관계를 분명하게 명시한 합의 기재서를 작성하여야 한다. 이 관계 합의 기재서는,

a) "연합감리교회" 및/또는 어느 "연합감리교회"의 기관도 당사자처럼 기재하여서는 안된다.

b) 만일 보건복지 기관이 공식적인 연합감리교회의 표장이나 "연합감리교"라는 용어를 그 이름에나 임무 기술서에나, 출판물에나 또는 홍보할 때 혹은 시장 거래에서 사용하기 원한다면, 총회재무행정협의회의 승인을 받을 것을 요구하여야 한다.

¶2517

c) 연회는, 부채나, 계약이나, 의무나, 혹은 보건복지 기관이 만들거나 시행하거나 받아들인 어떠한 성질의 재정적인 약조거나 기술서에 대하여도, 연회의 분명한 합의가 없을 경우, 연회는 법적으로 아무런 책임이 없다는 것을 인정하여야 한다.

d) 연회가 지정한 기관과 보건복지 기구는 적어도 매 4개년 기간마다 관계 합의 기재서를 재검토할 것을 요구하여야 한다.

e) 연합감리교회 보건복지사역연합회와 협력하여 총회재무행정협의회가 채택한 요구 사항들을 지켜야 한다.

5. 연회가 지정한 기구는 보건복지 기관에 다음과 같은 사항들을 권장하거나 요청할 수 있다.

a) 연합감리교회 보건복지사역연합회에 회원으로 가입할 것,

b) 신앙에 기초한 조직체에 적절하며, 그 분야가 인정하는 하나의 전국적인 인가 기구의 인가를 받도록 노력할 것, 또는

c) 기독교 사역과 선교를 훌륭하게 하게 하며, 제공하는 봉사의 질을 높여 줄 조직들을 통하여, 교회와 연관된 기관들과 현존하는 프로그램에 적절한 프로그램 기준과 자기 연구와 동료들의 리뷰를 활용할 것 등이다.

6. 만일 연회가 지정한 기구가 보건복지 기구들과 맺은 관계 합의 기재서를 파기하거나, 재합의하지 않기로 결정하거나, 많은 노력 끝에 이에 합의하기가 불가능하여지면, 그 기구는 다음 연회 회기가 열릴 때, 그러한 파기, 재합의 거부, 또는 합의 불가능하게 된 사실을 연회에 보고하여야 한다. 그러한 보고는 연회록에 기재한다. 그후에 그 기구는 ¶2517의 규정과 일치하는 연합감리교회 보건복지사역연합회와 관계 합의 기재서를 수립할 수 있다.

제5절 지방 재산
(District Property)

¶2518. *지방감리사 사택 및 지방재단이사회*—1. 한 목회구역의 3분의 2 이상의 구역회가 승인하거나 지방회의 3분의 2의 찬성표가 있을 때, ¶¶2519-2524의 규정대로 지방교회위치건물위원회의 자문과 승인을 얻어 지방감리사를 위한 감리사 사택을 구입할 수 있다.

2. 재산을 소유하고 있거나 직원이 있는 지방이나 지방선교사역회(District Union)는 그 지방의 국법이 허락한다면 자기 명의로 법인체 등록을 할 수 있다. 지방선교사역회가 자기 명의로

법인 등록을 하고 있지 않는 한, 각 지방의 지방재단이사회는 법인체로 등록하고 있어야 한다. 지방이사회는 ¶610.5에 의거 최저 3명 이상 최대 9명 이내의 이사로 구성하되, 그중 적어도 3분의 1은 개체교회 재단이사와 같은 자격을 가진 (¶2525) 사람이라야 하며, 지방감리사의 공천에 의하여 지방회가 이들을 선출하여야 한다. 만일 지방공천위원회가 있으면, 지방감리사는 이 위원회와 상의한 후에 공천하여야 한다. 지방회가 없는 경우에는, 지방선교금할당위원회나 연회에서 지방감리사의 공천으로 선출한다. 이사들은 1년 임기로 선출되며, 후계자가 선출될 때까지 계속 봉사하고, 매년 지방회나 연회에 보고하여야 한다. 지방의 재산은 법인체로 등록되어 있는 지방회 또는 지방선교사역회, 또는 법인체로 등록된 지방이사회, 또는 지방이 속하여 있는 연회가 신탁에 의하여 소유하고 있을 수 있으며, 그러한 이사회는 매년 이에 관하여 지방 또는 연회에 보고하여야 한다. 주, 관할 구역 및 국가의 법이 따로 정하지 않는 한, 지방재단이사회가 신탁에 의하여 소유하고 있는 지방 재산을 연회재단이사회가 소유하고 있으면, 지방회 또는 연회의 허락이 있을 때에만 저당에 잡히거나 매각, 처분할 수 있다. 연회재단이사회가 재산을 소유하고 있을 경우에는 지방회 또는 연회가 매매계약, 재산등기, 매도증서, 저당 또는 다른 필요한 모든 서류들을 해당 재단이사회를 대신하여 2명의 임원들이 처결할 수 있도록 의결할 수 있다. 이때 그들은 지방회나 연회의 지시를 그대로 충실히 이행하여야 한다. 따라서 이렇게 처결된 모든 서류는 지방회나 연회의 행위로 간주하며, 법적으로 유효하고 구속력이 있다. 감리사 사택의 매입 가격과 유지비는 지방선교할당금배정위원회가 공정하게 각 목회 구역에 할당할 수 있다. 법인체로 등록된 지방선교사역회(District Union)가 있을 때에는 (¶659.4), 그 사역회의 이사회가 재산에 대하여 지방재단이사회를 위하여 여기에 규정한 바와 같은 의무와 책임을 진다.

3. 지방이 분리, 통합 또는 재조정됨으로 인하여 지방 경계선이 변경되어 한 지방이 매입, 소유 또는 관리하던 감리사 사택이 다른 지방에 포함되게 되면, 그 지방은 사택에 투자한 만큼의 정당한 값을 돌려받을 권리가 있다. 사택의 가격은 주재감독이 지명하는 3인 위원회가 결정하되, 그 위원은 모두 해당 지방에 살지 않는 사람들이어야 한다. 이 위원회는 각 지방의 의견과 주장을 먼저 듣고 결정을 내려야 한다. 이 위원회의 결정에 불복, 다음에 오는 연회에 상소할 권리가 각 지방에 있다. 기타 모든 지방 재산에 대하여 이와 똑같은 절차를 밟아 처리한다.

¶2519. *지방교회위치건물위원회의 설립 (Authorization and Establishment of District Boards of Church Location and Building)*—연회 내의 각 지방은 지방교회위치건물위원회를 둔다. 본 위원회는 지방감리사와 지방감리사가 지방공천위원회와, 만일 지방공천위원회가 있다면, 상의하여 추천한 최저 3명에서 최대 9명의 추가위원으로 구성하되 이들은 매년 연회에서 선출한다. 단, 지리적으로 넓은 지역을 차지하고 있는 지방은 추가로 다른 하나의 교회위치건물위원회를 둘 수 있다. 위원은 3분의 1의 교역자, 3분의 1의 남성 평신도, 3분의 1의 여성 평신도로 구성하되, 가능한 한 성별, 인종, 연령, 장애인 등의 참여를 고려하여 포괄적인 위원회가 되도록 추천한다. 이 사람들은 연합감리교회의 고백교인이어야 한다. 지방감리사를 제외한 위원들은 3년조로 나눈다. 매년 3분의 1의 위원들이 3년 임기로 새로 선출된다. 위원장과 서기는 매년 연회가 끝난 직후 첫 모임에서 선출된다. 본 위원회는 관련된 각 개체교회의 구역회가 취한 결정에 대하여 그 보고서를 철하여 두어야 하며, 그 전 보고서는 관련된 회의의 회의록에 수록되어야 한다. 본 위원회는 또한 지방회—지방회가 없을 경우에는 지방감리사—에게 서면으로 보고하여야 하며, 그 보고서는 그 회의의 기록으로 남는다.

¶2520. *지방교회위치건물위원회의 임무와 책임*—1. 지방교회위치건물위원회는 장차 건축할 모든 교회 위치를 조사하여, 그 위치가 봉사하려는 지역사회에 적절히 자리잡고 있으며, 장차 교회를 확장하는 데 있어 충분한 공간과 주차장을 보유하고 있는지를 확인한다 (¶259.1, ¶2544.2 참조).

2. 지방에 교구개발전략위원회(district strategy committee)나 대도시선교위원회(metropolitan commission ¶633.5j)가 있으면, 교회위치건물위원회는 변천하는 지역사회에서 연합감리교회가 계속 봉사하여야 할 전략을 세울 때 이들의 추천을 신중히 고려하여야 한다. 이런 선교위원회가 그 지방에 없으면, 본 위원회는 이런 선교위원회에 주어진 임무를 세밀히 연구하여, 주민들의 인종 및 문화적인 성격이 변천되는 데 따라 개체교회가 이에 적절한 봉사 활동을 할 수 있는 방도를 강구하여야 하며, 따라서 총회 결의가 이런 지역에 반영될 수 있도록 하여야 한다. 본 위원회의 위원 중 1명은 이 전략위원회나 선교위원회의 위원으로 또한 봉사한다.

3. 지방교회위치건물위원회는 교회나 목사 사택을 건축할 계획이 정하여지면, 동력 자원을 효과 있게 쓰도록 건축 설계가 되어 있는지를 확인하여야 한다.

¶2521. *건물 계획안 승인에 관한 기준*—1. 교회위치건물위원회는, 지방 안에 있는 어느 교회든 새 교회 건물이나 교육관이나 목사 사택을 신축하거나 매입하거나, 혹은 그러한 건물을 개축하려 할 때, 그 비용이 시가보다 25%가 넘는 계획을 가지고 있을 때, 이를 심의한다. 그러한 계획안은 건의하는 시설의 필요성에 관한 설명서, 잠정적인 설계 도안, 예상되는 비용, 그러한 비용을 지불할 계획 등을 포함하고 있어야 한다. 최종적으로 이러한 계획안을 승인하기 전에, 본 위원회는 그 설계 도안과 재정 계획을 담당 기구가 검토하고 승인하였는지를 확인한다. 건축 계획은 ¶2544.4b(1), (2)에 따라 기능장애인들이 똑같이 접근할 수 있도록 설계되어야 한다.

2. ¶2544.7에 규정된 바와 같이, 개체교회가 최종 건축 계획과 믿을 만한 예산 명세서를 확보하였을 때, 위원회는 이를 검토하고 승인하기 위하여 모든 문건을 제출하게 한다. 위원회는 그 계획을 위한 재정적 지원의 타당성을 신중히 검토하여 재정 예산이 모든 계약 의무를 실행하기에 충분한가를 확인함과 동시에 연회 및 교단의 기금을 포함하여 재정적 지원을 전적으로 제공하여야 한다. 본 위원회는 이를 그 교회와 감리사회에게 서면으로 보고한다.

3. 매입, 신축 또는 개수 공사를 이사회가 최종적으로 승인한 지 1년이 지나도록 개체교회가 공사에 착수하지 아니하였을 때에는 그 승인은 자동적으로 무효가 된다.

¶2522. *지방교회위치건물위원회의 상소*—그런 신축, 매입 또는 개수 공사의 불승인은 연회가 번복하지 않는 이상 최종적인 것이며, 개체교회는 연회에 위원회의 결정을 상소할 권리가 있다.

¶2523. *지방감리사 사택 구입의 기준*—위 조항은 지방감리사의 사택 구입에도 적용된다.

¶2524. *지방 재산의 매각, 양도, 임대 또는 저당*—지방 재산은, *(a)* 담당 지방감리사의 동의와, *(b)* 그런 재산 양도나 저당권에 대한 부담이 <장정>에 순응한다는 지방감리사의 판정이 없이 매각, 양도, 20년 이상의 임대 또는 저당에 잡혀서는 안 된다. 이러한 조건을 모두 만족시켜 주고 있다는 지방감리사의 진술서가 모든 서류나 양도증서, 저당권 서류에 첨가되어야 한다. 이렇게 승인된 결정 사항을 집행하기에 필요한 모든 서류는, 법인체를 대신하여 그 임원 중 두 사람이나 또는 그 이사회의 임원 중 두 사람이 법인체의 이름으로 처결하여야 하며, 이렇게 처결된 모든 서류는 법인체의 행위로 간주하며 법적으로 유효하고 구속력이 있다.

제6절 개체교회의 재산
(Local Church Property)

¶2525. *개체교회 재단이사회의 자격*—하나의 개체교회로 구성된 각 목회구역은 재단이사회를 둔다. 이 이사회는 3명 이상 9명 이하로 구성하되, 적어도 3분의 1은 여성 평신도, 3분의 1은 남성 평신도로 구성하기를 권장한다. 재단이사들은 모두 법정 연령에 달해 있어야 하며, 적어도 3분의 2는 연합감리교회의 고백교인이어야 한다 (¶258.1, .3과 ¶2530 참조). 이사로 선출되기 전에는 아무 목사도 재단이사회의 투표권 있는 이사가 될 수 없다.

¶2526. *개체교회 이사회의 선출*—재단이사회는 이사들을 3조로 나누어, 가능한 한 각 조마다 같은 수의 이사로 구성하도록 한다. 공천위원회의 추천 또는 회의장에서의 추천으로, 구역회는 다가오는 새 연도부터 또는 구역회 혹은 교회총회가 정하는 때부터, 앞으로 3년 또는 그 후임자가 결격없이 선출될 때까지 봉사할 이사를 필요한 수만큼 선출한다. 단, 이 조항은 이사들이 임기를 마친 후에도 재선되는 것을 금지한다고 간주하여서는 안 된다.[8] 구역회는 이사의 선출을 확대 구역회에 일임할 수 있다.

¶2527. *개체교회별 구역회의 임무, 권한 및 회원*—1. 두 개 이상의 교회로 구성된 목회구역에서는, 연합감리교회의 <장정>에 의하여 구성되고 조직된 각 교회의 개체교회별 구역회가 자기 교회의 동산과 부동산에 관한 사항에 대하여 처리할 권한이 있다. 그러한 개체교회별 구역회는, ¶2526에 규정된 대로, 개체교회별 재단이사회를 조직하여야 하며, 그러한 이사들의 임무는 정식으로 선출되었을 때, ¶2528에 기술된 의무와 동일하다. 개체교회별 구역회에 주어진 임무와 권한과 권리는, 해당 개체교회의 동산 및 부동산에 관한 한, 하나의 교회로 구성된 목회구역 구역회에 주어진 임무 및 권한과 동일하다 (¶2529). 이러한 권한과 제한성은, 전적으로 법인체로 조직된 것과 같은 한도 내에서, 개체교회별 구역회에 적용되어야 한다. 개체교회별 구역회에 관한 본 규정의 목적은, 한 교회 이상으로 구성된 목회구역에서, 그 구역의 구역회보다도 개체교회별 구역회에, <장정>이 규정하는 범위 내에서, 자체교회 재산에 관한 권한을 부여하자는 데 있다.

2. 개체교회의 동산, 부동산 또는 통합에 관계된 사항에 관하여 연합감리교회 <장정>이 요구할 때에는, 언제나 한 교회 이상으로 구성된 목회구역의 교회들은 개체교회별 구역회를

---
8. 사법위원회 판정 130 참조.

각각 조직하여야 한다. 이 개체교회별 구역회 회원은, 구역회 회원으로 명시되어 있는 (¶246.2) 해당 교회의 임원들로 구성하되, 담임목사는 각 개체교회별 구역회 회원이 된다. ¶246.2-.10에 규정된 회원 자격과 구역회의 일반 규정이 개체교회별 구역회에도 똑같이 적용된다.

¶2528. *전 구역 재단이사회*—1. 한 교회 이상으로 구성된 목회구역의 교회들이 개체교회별 재단이사회를 각각 따로 가지고 있을 때에는, 전 구역 재단이사회를 추가로 둘 수 있다. 이 이사회는, 전 목회구역에 속한 재산, 예를 들면, 목사 사택, 캠프장, 교회 장지 (葬地) 등, 기타 구역에 속한 재산을 등기, 소유하고 관리한다. 이사회는 또, 재산이 위치하고 있는 주나 지방이나 국가의 법률을 따라, 기금을 영수하고 관리하여야 한다. 본 이사회는 최저 3명 이상으로 구성하되, 적어도 3분의 2가 연합감리교회의 고백교인이어야 하며, 법정 연령에 달한 이들이어야 한다. 이사들은, 구역회에서 3년직으로 혹은 후계자가 선출될 때까지 봉사하도록 선출된다.

2. 두 개 이상의 목회구역으로 구성된 협동목회구역은, 개체교회별 재단이사회 및 전 구역 재단이사회 이외에, 협동목회구역을 관할하는 협동목회구역 재단이사회를 추가로 조직할 수 있다. 이 이사회는 ¶2503과 ¶2527 및 ¶2528에 따라, 협동목회구역에 속한 재산을 등기, 소유하고 관리한다. 이 이사들은 관계된 구역회 및/또는 개체교회별 구역회에서 선출되며, 협동목회구역을 구성하고 있는 개체교회들을 모두 골고루 대표한다.

3. 각 구역의 재단이사회는, 자체 기금을 간수하고, 정확한 회의록을 보관하며, 법적으로 책임을 져야 하는 구역회에 보고한다.

4. 두 교회 이상으로 구성된 목회구역이 목사 사택을 하나 소유하고 있다가, 그중 한 교회가 독립하여 별개의 목회구역을 새로 만들거나 다른 목회구역과 합치게 될 때에는, 각 개체교회는 그 사택에 투자한 만큼의 정당한 몫을 분배받아야 한다. 단, 사택의 현 시가와 정당한 몫은, 그 구역과 관련이 없는 다른 연합감리교회 교인들로, 지방감리사가 임명하는 3인 위원회에서 결정한다. 그 위원회는, 이해 관계가 있는 모든 그룹의 의견을 듣고, 그 재산에 투자한 교회의 투자 액수를 충분히 고려하여 최종 결정에 이르러야 한다. 위원회의 결정에 불복하는 측은, 언제나 다음 회기 연회에 상소할 수 있으며, 연회의 결정은 최종적이며 이에 복종하여야 한다. 분할된 몫으로 받은 기금은 교회 현 운영비에 써서는 안 된다.

¶2529. *구역회의 권한*—한 교회로만 구성되어 있는 목회구역은, ¶¶246-247의 규정에 따라 구성된 구역회가 그 교회의 동산과 부동산 처리에 관한 권한을 가진다. 이 임무를 수행하기 위하여 구역회는, 아래에 기술된 바와 같이 재단이사회에 그 권한을 위임할 수 있다. 그러나 재단이사회는 항상 구역회의 지시를 따라야 한다. 구역회는,

1. *a)* 만일 원한다면, <연합감리교회 장정> ¶2506에 의거, 해당 지역법에 따라, 개체교회를 법인체로 만들 것을 재단이사회에 지시할 수 있으며, 이때, 개체교회, 구역회, 연회, 지역총회 또는 총회의 임원들이 개인적으로나 단체적으로 보호를 받고, 교회의 모든 법적 채무에서 제외되도록 유의하여야 한다.

b) 구역회가 개체교회를 법인체로 만들기로 선택하든 아니하든, 이와 상관없이 개체교회는,

(1) <장정>에 순응하여 조직하고 운영하여야 하며,

(2) 연합감리교회나 연회나 <장정>의 목적에 반하여 행동을 취할 수 없으며,

(3) 연회의 승낙없이 연합감리교회와의 관계를 끊을 수 없다.

c) 조직체에 관한 문건들(법인체의 정관, 헌장, 규약 또는 이와 동등한 법규들)은 연합감리교회와의 연결성을 명시하고 있어야 한다. 개체교회의 조직체에 관한 문건들을 채택하거나 수정할 때, 담임목사와 지방감리사의 승인을 서면으로 받아야 한다. 특히 개체교회의 조직에 관한 문건들은 적어도 다음과 같은 내용을 담고 있어야 한다. 곧

(1) 개체교회는 <장정>에 따라 조직하고 운영할 것.

(2) 개체교회는 연합감리교회나 연회나 <장정>의 목적에 반하여 행동을 취할 수 없다는 것.

(3) 개체교회는 연회의 승낙없이 연합감리교회와 관계를 끊을 수 없다는 것.

(4) 개체교회의 조직에 관한 문건들을 채택하거나 수정할 때, 담임목사와 지방감리사의 서면으로 된 승낙서가 있어야 한다는 것.

(5) 개체교회의 면세 자격을 보호하기 위하여, 연방 국세청(IRS)이 사용하는 용어와 일치하는 언어를 사용할 것.

d) 위 ¶2529.1c(1)-(4)에 명시한, 조직체에 관한 문건들의 규정을 제대로 이행하지 못하였을지라도, 이는 연합감리

교회와의 관계를 유지하여야 할 개체교회의 책임에서 벗어난 것이 아니며, <장정>에 따라 개체교회를 연합감리교회로 운영하여야 할 목사와 교인들의 책임을 해제한 것도 아니다. 만일 ¶2503.6a-c에 명시된 상황이 적용된다면, 개체교회의 조직에 관한 문건들은, ¶2529.1c(1)-(4)의 조항을 따라야 하는 범위 내에서 수정되었다고 간주한다.

2. 개체교회의 모든 재산의 매매, 담보, 저당, 건축, 수리, 개수(改修) 또는 유지에 관하여 재단이사회에 이를 지시할 수 있다.

3. 개체교회의 사용과 권익을 위하여, 일부 또는 모든 양도증, 하사금, 증여금, 기부금, 유물, 유증 (遺贈), 그리고 무조건적 또는 신탁에 의한 유증한 재산을 수납 혹은 거부하도록 재단이사회에 지시할 수 있다. 그리고 재산을 받을 때의 조건과 지방법이 정하는 바에 따라, 그러한 재산을 관리하도록 할 수 있다 (¶2533.5 참조).

4. 재단이사회에 지시하여, <장정>이 규정하는 대로, 개체교회의 동산과 부동산 관리에 필요한 그 밖의 모든 권한을 행사하게 할 수 있다.

5. 개체교회, 구역회 혹은 이를 이어받은 기구의 이득을 위하여, 투자할 수 있는 그러한 재산을, 구역회에 봉사하고 있는 연합감리교회의 한 재단, 또는 그러한 재단이 없을 때에는, 연합감리교회재단에 투자할 것을 고려하도록 추천한다.

¶2530. *개체교회 재단이사회의 조직 및 이사*—재단이사회는 다음과 같이 조직한다.

1. 현 연회 연도가 시작한 지 30일 이내에, 재단이사회는 이사장 혹은, 이사장이 재선되지 아니하였거나 부재 혹은 기능장애로 행동을 취하지 못할 때, 부이사장이 정하는 시간과 장소에서, 오는 연도의 임원 선출과 해당 이사회에 정식으로 제출된 안건을 처리하기 위하여 소집한다.

2. 재단이사회는 이사들 중에서 다음 1년간 혹은 후계자가 선출될 때까지 봉사할 이사장, 부이사장, 서기 및, 필요에 따라, 회계를 선출한다. 단, 이사장과 부이사장은 같은 조에서 나와서는 안 되며, 서기와 회계는 동일인이 되어도 무방하며, 이사장은 해당 교회의 고백교인이어야 한다. 각 임원들의 임무는 일반적으로 그 직책에 주어지는 통상 규례대로 한다. 개체교회별 구역회는 지방법을 따를 필요가 있을 때, "회장"(president)과 "부회장"(vice president) 대신 그 명칭들을 "이사장"(chairperson), "부이사장"(vice chairperson)으로 고쳐 부를 수도 있다.

3. 개체교회를 법인체로 구성하는 데에 따라, 필요하다면, 위 제2항에 열거한 임원들 이외에, 이사회는 합법적인 절차를 밟아, 구역회에서 선출된 회계(들)를 <장정>의 규정에 따라 이사회의 임원으로 비준 내지 재가하거나, 필요시에는, 선출하여야 한다. 회계의 임무는 위에 기술한 바와 같다. 한 개 이상의 현금 계정을 금융 기관(들)에 가지고 있을 경우에는, 각 계정마다 그 계정의 회계를 정하여야 한다.

¶2531. *개체교회 이사의 면직*—1. 어느 이사든지 연합감리교회에서 이탈 또는 제명되면, 이탈 또는 제명된 날짜부로 자동적으로 이사직에서 면직된다.

2. 법인체나 비법인체의 이사가 어떤 교회 재산에 관하여 구역회가 처리 사항을 결정하고 이를 집행하는 데 필요한 모든 법적 이수 사항을 충족시켰음에도 이와 관련된 증서에 서명하기를 거부한다면, 해당 구역회는 과반수 표로써 그 이사의 이사직이 재단이사회에서 공석이 되었음을 선언할 수 있다.

3. 이사회에 결원이 생겼을 경우 나머지 임기 동안 봉사할 사람을 선출하여 채운다. 그 선출은 이사들의 선출과 똑같은 방법으로 시행한다. 이 결원은 임원회가 다음 구역회 때까지 채울 수 있다.

¶2532. *개체교회 재단이사회의 모임*—재단이사회는 적어도 1년에 한 번, 목사나 이사장의 요청에 의하여, 일정한 시간과 장소에서, 충분한 시간적 여유를 두고 각 이사 및 목사(들)에게 통지한 후 모인다. 이렇게 통지하는 일이 비현실적이라고 인정되는 경우에 한하여, 그런 통지없이 모여도 합법적이 될 수 있다. 다수의 이사가 참석하는 것으로 정족수가 성립된다.

¶2533. *재단이사회의 권한과 한계*—1. 구역회가 지시하는 대로 재단이사회는, 개체교회가 소유하고 있는 모든 재산과 개체 교회나 이에 속한 모임, 부, 속회, 위원회 또는 이와 유사한 기관들이 직접 구입한 모든 재산과 기구들을 감독하고 관리하고 보관한다. 단, 재단이사회는 <장정> 다른 곳에 규정된 개체교회의 기관들이 지닌 권리를 침해하여서는 안 된다. 또한, 재단이사회는 종교적인 의식이나 모든 합당한 집회와 연합감리교회의 법과 관례로 인정된 목적을 위하여 목사가 교회 시설물을 사용하는 일을 금지하거나 방해하여서는 안 되며, 목사나, 목사의 부재시, 지방감리사의 허가없이 해당 시설물을 종교 혹은 다른 집회를 위하여 쓰도록 허락하여서도 안 된다. 단, 연합감리교회의 좌석은 누구에게나 열려 있어야 한다. 또한, 개체교회별 구역회는 이 임무 중의 몇 가지는 ¶2544에 규정된

건축위원회에 또는, 만일 있으면, 목사사택위원회 위원장에게 일임할 수 있다.

2. 재단이사회는 매년 교회가 소유하고 있는 재산과 건물, 그리고 설비에 대한 보상 조건이 적절한 것인지 총회재무행정협의회가 매년 출판하는 보험 스케줄과 비교하여 보아야 한다. 이 검토의 목적은 교회나 교회 재산, 그리고 교회의 직원들이 피해를 당하였을 때 확실한 조치가 이루어질 수 있도록 하여 두기 위한 것이다. 재단이사회는 구역회 보고서(¶2550.7)에 그 검토 결과와 교회가 그 보험 스케줄에 따라 제때에 조치를 취하여야 하는 데에 필요한 추천 사항들을 첨부하여야 한다.[9]

3. 교회 밖의 어떤 조직체가 교회 시설의 사용 허가를 목사 및/또는 재단이사회에 요청하여 오면, 그 요청은 '사회생활 원칙'(¶¶160-166)과 에큐메니칼 목표에 부합될 때에 한하여 허가하여 줄 수 있다.

4. 재단이사회 이사장 또는, 만일 있으면, 목사사택위원회 위원장, 목회위원회 위원장 및 목사는 교회가 소유한 목사 사택을 매년 제대로 유지하기 위하여 잘 살펴보아야 한다.

5. 여기에 기술한 대로, 구역회가 지시하는 바에 따라, 재단이사회는 개체교회에 들어오는 모든 유증(遺贈)을 인수하고 관리하며, 모든 신탁을 받아 관리하며, 개체교회가 위치하고 있는 국가, 주 또는 이와 유사한 행정부의 법에 따라 개체교회의 모든 신탁기금을 투자한다. 그러나, 구역회는 재단이사회에 통보하고 영구재산기금위원회 (permanent endowment committee) 또는 한 개체교회 재단에 유증과 신탁, 신탁기금을 받아 관리하고 투자하도록 권한과 의무와 재량권을 위탁할 수 있으며, 기증자의 유지에 따라 바쳐진 기금일 경우에는 기증자가 지정한 위원회 또는 개체교회 재단에 이 일을 위임하여야 한다.

재단이사회는, 우리교회의 '사회생활 원칙'에 요약된 목표를 달성하는 데 긍정적으로 이바지하는 기관, 회사, 사업체 또는 기금들에 투자할 것을 장려한다. 재단이사회는 사회에 책임지는 투자자가 되어야 하며, 해마다 구역회에 책임 완수에 관하여 보고한다. 그러한 재산이 투자할 수 있는 돈의 형태로 있을 때에는, 재단이사회는 그 돈을 연회에 봉사하고 있는 재단에 투자하여 관리하게 할 것을 고려하거나, 혹은 그러한 재단이 없을 때에는, 연합감리교 재단(United Methodist Foundation)에 투자할 것을 고려하여야 한다. '사회생활 원칙'에 부합되게 투자하려는 의식적인 노력이 있어야 하며, 투자 원칙도 만들어야 한다.

---

9. 사법위원회 판정 866, 1142 참조.

6. 재단이사회는 교회의 건물이나 지면이나, 시설물들 가운데 기능장애인들이 사용하는 데 불편하게 되어 있는 물리적, 건축적, 통행상의 요인이 무엇인지 발견하고 찾아내기 위한 감사를 1년에 한 번씩 직접 행하든지 다른 기관을 통하여 하도록 조치하여야 한다. 그리고 그러한 장애 요인을 제거하기 위한 계획을 세우고 우선순위를 정하도록 한다. 그 교회의 교인들이나 혹은 장애인들, 장애인 가족들, 또한 건설업자들이나 건축가들이나 재활 전문가들이 이 감사에 참여할 것을 강력히 권장한다. 연례 교회 및/또는 구역회에 보고서를 제출할 때, 교회를 대상으로 하는 '접근 가능성 감사'(Accessibility Audit)를 이용하여야 한다.

¶2534. *영구기본재산기증위원회 (Permanent Endowment and Planned Giving Ministry Committee)*—구역회는 개체교회의 영구기본재산기증위원회를 조직할 수 있다. 그런 위원회의 설립 목적은 다음과 같은 사항을 포함한다.

1. 기증자가 요구하는 대로, 또는 구역회가 재단이사회에 지시하는 대로, ¶2533.5에 열거된 사역을 한다. 그러한 재산이 투자할 수 있는 현금의 형태로 있을 때에는, 본 위원회는 그 현금을 연회에 봉사하고 있는 재단에 투자하여 관리하게 할 것을 고려하거나, 혹은 그러한 재단이 없을 때에는, 연합감리교회 재단에 투자할 것을 고려하여야 한다. '사회생활 원칙'에 부합되게 투자하려는 의식적인 노력이 있어야 하며, 투자 원칙도 만들어야 한다.

구역회가 ¶2533.5에 명시된 일을 하도록 위원회에 위임하였을 때, 위원회는 그 조항에 재단이사회에게 주어진 바와 동일한 투자와 보고의 의무가 있다.

2. 구역회는 기본 재산 기부(endowment and planned giving)를 위하여, 영구기본재산기증위원회가 만든 지침서를 채택하여야 한다. 구역회의 감독과 지시에 복종하여, 위원회는 계획 기부금 및/또는 영구 기부금을 관리할 책임이 있다. 매 총회의 결정에 따라, 구역회는 영구기금 서류에 필요한 수정을 가한다.

3. 모든 연령의 성인들은 유서를 써놓고 유산 관리에 대한 계획을 세울 필요가 있음을 강조하며, 교인들에게 이런 서류를 준비하는 일에 대하여 정보를 제공한다.

4. 교인 및 교회 구성원들에게 연합감리교회 및 그 기관들과 부서들, 그리고 프로그램에 유서, 연금, 신탁금, 생명보험, 기념물 및 여러 가지 종류의 재산을 맡길 때, 자기가 원하는 대로 조건을 붙일 수 있는 기회가 있음을 강조한다.

5. 리빙윌(living will: 신체기능 불능시 생존의료기구 설치 금지)과 리빙트러스트 (living trust: 사후 재산관리 지시 사항), 그리고 각 사람들이 독자적으로 결정을 할 수 있는 능력을 상실했을 때 이를 책임지고 대신하여 줄 수 있는 사람을 지정하는 일을 포함하여 은퇴 전에 계획하는 데에 도움이 되는 정보를 제공해 줄 수 있는 방법을 마련한다.

6. 영구기본재산기증위원회 이사들은 구역회가 채택한 지침과 결정을 따르며, 구역회가 한계를 넘었다고 생각되는 매매 계약을 번복하며, 구역회의 지시를 수행하지 않는 이사들을 해임시키도록 지시를 받고 있다. 이사를 선출하는 데 있어 이해관계의 상충이 없음을 보증하도록 하는 세심한 주의를 기울여야 한다. 매 총회가 끝날 때마다 영구기증 문건은 <장정>과 일치하도록 만들어 놓아야 한다.

7. 기타 구역회가 정하는 바, 다른 책임들을 맡는다.

8. 이러한 과제를 위한 자료들은, 연회 및/또는 지역 연합감리교 재단과 개발사무국, 연합감리교 재단 전국연합회, 총회제자사역부, 총회재무행정협의회, 기타 프로그램 지원과 지침을 제공하는 적절한 소스로부터 얻을 수 있을 것이다.

¶2535. *개체교회 재단들*—담임목사와 지방감리사의 허락을 서면으로 받아 개체교회는 구역회의 결의로 개체교회의 재단을 설립할 수 있으되, 이를 관리하는 이사회나 관리 기구는 구역회에서 선출한다. 그런 재단은 주 법이나 <장정>의 규정에 따라 조직, 법인체 등록 및 기능을 다한다. 그런 재단은 개체교회의 다른 기구의 권한을 절대로 침해하여서는 안 되며 구역회의 지시에 따라 사무를 처리한다. 구역회는 ¶2533.5에 규정된 대로 교회에 기증된 유증과 신탁금과 신탁기금을, 교회를 위하여 이를 위임받아 관리하고 투자하며 수여하도록, 그 권한을 재단이사회에 위임할 수 있다. 이러한 경우에 재단은 재단이사회에 부과된 것과 같은 투자와 보고의 의무를 지닌다. 그러한 권한의 위임이 다른 개체교회 기관의 권리를 위배하는 것으로 간주하여서는 안 된다. 기금을 연회 또는 지방 연합감리교 재단에 투자하여 관리할 것을 고려하여야 한다.

¶2536. *법인체가 아닌 개체교회의 재산—소유권 및 매입*—지역의 법이 따로 정하지 않는 한 (¶2506), 법인체로 되어 있지 않은 개체교회 및 이에 종속된 기관, 부, 위원회, 또는 이와 유사한 조직체가 현재 소유하고 있는 재산이나 향후 매입할 모든 소유등기 증서는 정식으로 선출된 이사들과 그 후계자들의 명의로 등기, 또는 양도, 이전되며, 해당 개체교회와

연합감리교회의 권익과 사용을 위하여 재산을 신탁으로 소유하고 양도한다. 이사들은 개체교회의 재단이사회로 등기이전 증서에 이름이 기재되어야 한다. 모든 부동산 소유등기 증서는 <장정> ¶2503에 명시된 적절한 신탁 조항을 기재하고 있어야 한다.

¶**2537**. *법인체가 아닌 개체교회의 재산—통고 및 권한—* 법인체로 되어 있지 않은 개체교회가 부동산을 매입하기 전에, 정기, 또는 이 목적을 위하여 특별히 소집된 임시 구역회가, 참석한 교인들의 과반수 표로써, 그러한 행위를 허락하는 결의를 한다. 단, 그러한 모임과 결의하여야 할 안건은 적어도 10일 전에 교회 강단에서 또한 주보, 교회 소식지 또는 전자 매체를 통하여 공고하여야 한다. 또한, 담임목사와 지방감리사는 이러한 결정에 서면으로 동의하여야 한다 (¶2544 참조).

¶**2538**. *법인체로 되어 있는 개체교회의 재산—소유권 및 매입—* 지역의 법이 따로 정하지 않는 한 (¶2506), 법인체로 조직된 개체교회 및 이에 종속된 기관, 부, 위원회 또는 이와 유사한 조직체가 현재 소유하고 있는 재산이나 향후 매입할 모든 소유등기 증서는, 그 개체교회와 연합감리교회의 사용과 권익을 위하여 신탁에 의하여 법인체 명의로 등기 내지 양도, 이전되어야 한다. 모든 부동산 소유등기 증서는, <장정> ¶2503에 명시된 적절한 신탁 조항을 기재하고 있어야 한다.

¶**2539**. *법인체로 되어 있는 개체교회의 재산—통고 및 권한—* 개체교회 법인체가 부동산을 매입하기 전에, 정기 또는 이 목적을 위하여 특별히 소집된 법인총회로서의 구역회, 또는 지역법이 요구하는 다른 종류의 법인체가, 법인체 구성원의 자격으로 참석한 회원들의 과반수 표로써 그러한 결정을 가결하여야 한다. 단, 그러한 모임과 결의하여야 할 안건은 적어도 10일 전에 개체교회의 강단에서 또한 주보, 교회 소식지 또는 전자 매체, 혹은 지방의 국법이 요구하거나 허락한다면, 이 밖의 다른 방법을 통하여 공고하여야 한다. 또한, 담임목사와 지방감리사는 이러한 결정에 서면으로 동의하여야 한다. 또 모든 소유권 양도는 구역회의 승낙을 받아야 한다.

¶**2540**. *법인체가 아닌 개체교회 재산의 매각, 양도, 임대 또는 담보—* 비법인체 개체교회가 소유하고 있거나 권리를 가지고 있는 부동산은, 다음과 같은 과정과 조건하에, 매각하거나, 양도하거나, 30일간 또는 그 이상 동안 (같은 임차인이 계속적으로 임대할 경우 30일 이하를 포함하여) 비연합감리교회 또는 사역 활동에 임대하거나, 저당에 넣을 수 있다.

1. 제기된 안건을 결정할 정기 내지 특별 구역회의 날짜와

장소는, 적어도 10일 전에 개체교회의 강단에서 또한 주보, 교회 소식지 또는 전자매체, 혹은 그 지방의 국법이 요구하거나 허락한다면, 이밖의 다른 방법을 통하여 공고한다.

2. 제기된 행위를 허가하는 결의는, 그러한 결의를 위하여 특별히 소집된 모임에서, 구역회원의 재석 과반수 투표로 결의한다. 두 개 이상의 개체교회로 구성된 목회구역에서는 개체교회별 구역회에서 결의한다 (¶2527 참조).

3. 개체교회의 담임목사와 지방감리사가, 제기된 행위에 동의한다는 승서가 필요하며, 그 승낙서는 매각, 양도, 이전, 임대, 저당 서류에 첨가 또는 포함되어야 한다. 담임목사, 지방감리사 및 지방교회위치건물위원회는, 본 조항의 규정에 따라야 할 연합감리교회의 어떠한 재산이든지 이를 매각 내지 양도한다는 행위에 찬동하기 전에, 다음 사항을 확실히 하여야 한다. *(a)* 앞으로 그 지역사회에서 하여야 할 선교적 사명을 충분히 검토하고, 실천계획을 수립한다. *(b)* 양도나 저당권이 <장정>에 위배됨이 없도록 한다. *(c)* 어떤 교회가, 조직된 연합감리교회로 더 이상 존속하지 않을 때에는, 다른 연합감리교회에 그 시설을 매각하지 못하나, 다른 연합감리교회 또는 그 기관에 그 시설의 명의를 이전할 수는 있다. 그리고 *(d)* 교회가 다른 곳으로 이전할 때에는, 공정한 시장 가격을 넘지 않는 한도 내에서 먼저 다른 연합감리교회 회중이나 기관에 그 가격을 제시하여야 한다. 지방전략이나 다른 선교적 전략은 연합감리교회와 교회 시설물이 위치하고 있는 지역사회의 사역을 모두 포함하고 있어야 한다. 지방감리사의 증서가 양도나 저당권이 <장정>에 위배됨이 없다는 물적 증거가 된다. 그러나 선교실천계획의 검토나 기획이, 재산소유권의 상품화에 영향을 미쳐서는 안 되며, 다른 어떤 교회에 매도 내지 양도함에 있어 법적 효력에 영향을 주어서도 안 된다.

4. 구역회가 따로 결정하지 않는 이상, 개체교회 재산 처리 결정을 집행하는 데 필요한 어떠한 계약서, 소유등기, 매매증서, 저당서류든지 또는 기타 필요한 모든 법적 서류는, 재단이사회를 대신하여서 임원 중 두 사람이 처결할 수 있으며, 그들은 구역회의 지시에 따라 모든 일을 처리할 수 있다. 그렇게 처리한 모든 문건은 개체교회의 행위로 간주하며, 법적 구속력과 효력을 발생한다.

¶**2541**. *법인체로 되어 있는 개체교회의 재산—매각, 양도, 임대 또는 담보*—법인체로 되어 있는 개체교회가 소유하고 있거나 권리를 가지고 있는 부동산은, 다음과 같은 과정과 조건

¶2541

하에 매각하거나, 양도하거나, 30일간 또는 그 이상 동안—같은 임차인이 계속적으로 임대할 경우 30일 이하를 포함하여—임대하거나, 저당에 넣을 수 있다.

1. 제기된 작업을 결정할 정기 내지 특별법인총회, 곧 구역회의 날짜와 장소는, 지방법이 따로 규정하고 있지 않는 한, 적어도 10일 전에 개체교회의 강단에서 또한 주보, 교회 소식지 또는 전자매체, 혹은 그 지방의 국법이 요구하거나 허락한다면, 이밖에 다른 방법을 통하여 공고한다.

2. 제기된 행위를 허가하는 결의는, 정기 또는 그러한 결의를 위하여 특별히 소집된 임시 모임에 참석한 법인총회 회원의 재석 과반수 투표와 교인들의 과반수 투표로 가결한다.

3. 개체교회의 담임목사와 지방감리사가 제기된 행위에 동의한다는 승낙서가 필요하며, 그 승낙서는 매각, 양도, 임대 또는 저당 서류에 첨가되어야 한다. 본 조항의 규정에 따라야 할 연합감리교회의 어떠한 재산이든지, 이를 처분할 것을 결정하기 전에, 담임목사, 지방감리사, 지방교회위치건물위원회는 다음과 같은 사항을 확실히 하여야 한다. *(a)* 연합감리교회가 앞으로 그 지역사회에서 해야 할 선교적 사명을 충분히 검토하고, 실천 계획을 수립한다. *(b)* 양도나 저당권이 <장정>에 위배됨이 없도록 한다. *(c)* 어떤 교회가 연합감리교회로 더 이상 존속하지 않을 때에는, 다른 연합감리교회에 그 시설을 매각하지 못하나 다른 연합감리교회 또는 그 기관에 그 시설의 명의를 양도할 수는 있다. *(d)* 교회가 다른 곳으로 이전할 때에는, 먼저 다른 연합감리교회나 그 기관에 공정한 시가로 매도할 것을 제안한다. 지방의 정책이나 다른 선교정책은 연합감리교회뿐만 아니라 시설이 위치하고 있는 지역사회를 위한 사역 활동도 포함하고 있어야 한다. 지방감리사의 증서가, 양도나 저당권이 <장정>에 위배됨이 없다는 물적 증거가 된다. 그러나 처분 계획의 검토와 진행이, 재산소유권의 매매 가능성에 영향을 미쳐서는 안 되며, 매도 내지 양도에 관한 법적 효력에도 영향을 주어서는 안 된다.

4. 제기된 그런 행위를 허용하는 결의는, 법인체의 재단이사회로 하여금, 허가된 행위를 실행하는 데 필요한 모든 조치를 취하도록 지시하고 허가하며, 이하 규정된 대로, 모든 필요한 계약서, 권리증, 매매계약서, 담보증서 또는 다른 증서에 서명하도록 하여야 한다.

5. 재단이사회는, 정기 또는 특별이사회에서, 필요하다고 인정하거나 지방법이 요구하는 행동을 취하고, 그런 결의를 채택하여야 한다.

6. 허가된 행위를 실현하는 데 필요한 모든 계약서, 권리증, 매매 계약서, 담보증서 또는 다른 증서는, 법인체의 이름으로, 이사회 임원들 중 아무나 두 사람이 서명하여야 하며, 그렇게 서명된 증서는 법인체의 행위로 간주되어 효력을 발생한다.

¶2542. *교회 건물이나 사택의 처분*—양도증서에 신탁 조항이 기재된 부동산은, 교회 건물 또는 교회 사택으로 더 이상 쓰지 않게 되었거나 그렇게 계획하고 있을 때에는 연합감리교회 <장정>이 규정하는 대로 매각할 수 있다. 연합감리교회 <장정>이 규정하는 대로 그러한 부동산이 매각되었거나 저당에 잡혀있을 때에는, 연합감리교회를 대표하는 해당 지방감리사의 집행확인승낙서가, 매각, 양도된 부동산을 신탁 조항(들)에서 풀어주는 양도증서가 된다. 또한 담보처리 과정에서는, 지방감리사의 승낙서가, 담보유치 선취권을 공식적으로 인정하는 행위가 되며, 신탁 조항은 이에 예속되는 것임을 인정하는 일이 된다. 또한 전술한 증서에 의존하고 있는 실질적인 매입자나 저당권자는, 그 매각 내지 저당에서 들어오는 개체교회의 수익금 사용 용도에 대하여 아무런 책임도 지지 않는다. 다만 그러한 수익금을 영수하는 재단이사회가, 연합감리교회 <장정>의 규정에 따라, 구역회나 개체교회별 구역회의 지시와 명령에 순응하여, 그 수익금을 관리 운영하고 분배, 지불한다.

¶2543. *저당 또는 매각 수입금에 대한 제한*[10]—1. 현재 교회 건물과 교회 사택으로 쓰고 있는 부동산을 현 예산 또는 교회운영 경비에 쓰기 위하여 저당 잡혀서는 안 된다. 그러한 부동산을 매각하였을 경우, 그 매각금은 현 예산 또는 교회 운영비에 사용하여서는 안 된다. 단, 교회의 현재 및 미래의 선교적 필요함과 목사 사택의 현재 및 미래의 필요성에 관하여 대책이 서 있다면, 지방감리사와 담임목사가 서면으로 승낙할 때, 그 돈을 일반 운영비 이외에 기본 재산을 증가시키는 데에 사용할 수 있다. 그 수익금을 그렇게 사용하여서도 안 된다. 본 규정은 법인체로 되어 있든 안 되어 있든, 모든 개체교회에 적용된다.[11]

2. 법인체 교회나 비법인체 교회는, <장정>의 규정에 따라, 저당에 잡히지 않은 부동산을 담보로, 연회세계선교부 또는 시 혹은 지방 선교회에 대부하여 줄 수 있다. 단, 그 대부금은 교회 건물을 새로 건축하는 데에만 사용한다.

3. 특별히 지정된 경우에 한하여 이 제한 규정에 예외를 둘 수 있는데, 그것은 자산 및/또는 시설물을 매각하여 저축한 재산을

---
10. 사법위원회 판정 688 참조.
11. 사법위원회 판정 399 참조.

프로그램과 직원을 포함한 교회 재건에 사용할 때 한하여서이다. 그러한 예외는 개체교회가, 만일 있다면, 개체교회 재건 직원과 상의하여 요청할 때, 이를 연회, 감독, 감리사회가 허락할 수 있다. 자비량 사역에 관한 명확하고도 자세한 3-5년 계획을 그 요청서에 첨가하여야 한다.

¶**2544**. *개체교회 건물을 위한 기획 및 재정확보 조건*—1. 만일 개체교회가 아래와 같이,

a) 새 교회, 새 교육관, 또는 새 목사 사택을 짓고자 하거나,

b) 어떤 교회 건물이나 교육관이나 또는 목사 사택을 구입하고자 하거나, 또는

c) 현 교회 건물이나 교육관이나 또는 기존 목사 사택을 개축하고자 할 때, 그 개축 또는 융자 비용이 현 건물 시가보다 25%가 넘는다면, 개체교회는 우선 연구위원회를 설립하여,

  (1) 교회와 지역사회의 필요를 분석하며,

  (2) 평균 출석 인원을 포함한 교인 수를 산출하며,

  (3) 교회의 사역 프로그램을 작성하도록 하며 (¶¶201-204),

  (4) 강단 주위를 포함하여 쉽게 접근할 수 있는 계획을 세운다.

연구위원회가 얻은 정보와 연구 결과는,

  (a) 구역회에 제출할 보고서의 기본 자료가 되며 (¶2544.4),

  (b) 건축위원회가 사용할 수 있어야 하며 (¶2544.5),

  (c) 지방교회위치건물위원회에 제출할 보고서의 일부가 된다(¶2544.6, ¶2521.1).

2. 연구위원회가 이 일을 다 마친 뒤에, 개체교회는 건축 계획과 구입안과 개축 계획에 대하여 담임목사와 지방감리사로부터 서면으로 동의를 얻어야 한다.

3. 건축 계획 또는 구입안의 경우, 개체교회는 <장정> ¶2520.1에 규정된 대로, 제기된 위치에 관하여 지방교회위치건물위원회의 승인을 받아야 한다.

4. 그 교회의 구역회는, 정기 혹은 특별히 소집된 임시 구역회에서 건축 계획, 구입안, 개축 계획을 승인하여야 하되, 그러한 모임과 제기된 안건은, 지방법이 따로 정하지 않는 한, 적어도 10일 전에 강단에서 또한 주보, 교회 소식지 또는 전자매체, 혹은 그 지방의 국법이 요구하거나 허락한다면, 이밖의 다른 방법을 통하여 공고하여야 한다.

개체교회의 재산 ¶2544

a) 건축 계획 또는 개축 계획이 승인된 후에, 구역회는 이후에 그 계획을 발전시킬 건축위원회를 3명 이상의 위원으로 구성한다. 단, 구역회는 건축위원회의 임무를 재단이사회에 위임할 수도 있다.

b) 구입안이 승인된 후에, 구역회는 직권을 가질 수도 있고, 구입 절차를 재단이사회에 지시할 수도 있다. 목사 사택의 구입 시에, 재단이사회는,

(1) 1층에 자리한 목사 사택을 구입해야 하거나, 즉,

(a) 방 하나는 장애인이 침실로 사용할 수 있어야 하며,

(b) 장애인이 충분히 사용할 수 있는 하나의 화장실과,

(c) 장애인이 충분히 사용할 수 있는 세탁 시설, 또는

(2) 장애인 시설이 안 되어 있는 집을 구입하여 1년 내에 위와 같은 시설을 갖추도록 개축하여야 한다.

5. 건축위원회는,

a) 연구위원회의 정보와 연구 결과와 교회의 예배와 교육, 친교 등의 프로그램을 할 수 있는 시설 또는 현 담임목사나 장래의 담임목사와 그 가족들을 위한 사택에 대하여 상세히 평가하여 얻어진 관련 정보를 사용한다.

b) 구입할 재산의 가격을 확인한다.

c) 잠정적인 설계도를 작성하되,

(1) 그 지역의 건축, 소방, 장애인 시설법에 준하여,

(2) 현재 및 장래의 건축지의 윤곽을 밝혀 놓아야 하며,

(3) 주차장, 입구, 좌석, 화장실, 장애인 시설 등을 위하여 적절한 조치를 취하되, 소규모의 개축일 때에는 적용하지 않아도 된다.

d) 신축하는 목사 사택은 1층에 다음의 시설이 갖추어져야 한다.

(1) 기능장애인이 침실로 사용할 수 있는 방 하나,

(2) 장애인이 완전히 접근할 수 있는 하나의 화장실,

(3) 장애인이 충분히 사용할 수 있는 세탁 시설.

e) 제기된 건축에 드는 비용의 견적을 낸다.

¶2544 교회 재산

　　f) 교인들이 헌금이나 작정헌금으로 바치는 액수와, 필요하다면, 개체교회가 융자하여야 할 금액을 포함하여, 건축에 드는 전체적인 비용을 지불할 계획을 세운다.

　6. 건축위원회는 연구와 제안 승인을 위하여 지방교회위치건물위원회에 다음과 같은 서류를 제출하여야 한다.
　　a) 계획하는 시설의 필요성에 대한 의견서,
　　b) 건축 설계 초안,
　　c) 경비 견적 초안,
　　d) 재정 조달 초안.

　7. 지방교회위치건물위원회와 지방감리사의 서면 동의로 초안이 승인되면 담임목사는, 지방법이 별도로 규정하지 않는 한, 주보와 강단을 통하여 적어도 10일 이전에 교회총회 소집을 공고하여야 한다. 교회총회에서 건축위원회는 아래 사항을 제시한다.
　　a) 건축설계 초안,
　　b) 경비견적 초안,
　　c) 재정조달 초안,
　　d) 건축위원회의 추천.

　교회총회에 건축설계, 경비견적, 재정조달 초안 및 건축위원회의 추천을 제출하여 참석, 투표한 대다수 교인들의 동의로 그 승인을 요청한다.

　8. 초안이 교회총회에서 승인되면, 건축위원회는 자세한 건축계획 설계서와 믿을 만한 견적명세서를 만들어, 구역회와 지방교회위치건물위원회에 제출하여 승인을 얻는다.

　9. 구역회와 지방교회위치건물위원회의 승인을 받은 후에, 건축위원회는 건축 계획 또는 개축 계획을 시행할 수 있다. 구역회나 지방교회위치건물위원회가 승인한 것을 증명할 서류를 지방감리사와 구역회 서기가 보관하고 있어야 한다.

　10. 대도시 지역의 건축위원회는, 그 지역의 인종의 분포상태와 같은 비율로, 기술을 가진 소수민족(비백인계)의 사람들과 여성들이, 건축 공사에 참여하도록 모든 적절한 조치를 취하여야 한다. 대도시가 아닌 지역에서는 가능한 한도 내에서 소수민족의 사람들을 고용하여야 한다.

　11. 개체교회는 건물을 신축할 대지(들)에 대한 단순 봉토권(fee simple title)을, 소유증서나 양도증서로, 본 장에 기술한 대로 집행하여 취득하여야 한다. 개체교회가 매입하려는 재산에 대한 계약은 확실한 소유권이 보장되며, 그 물건이 대부 기관 및 지방과 주법의 환경보호에 관한 기본 요구 조건을 구비할 때까지 보유하기를 권유한다.

개체교회의 재산 ¶2547

12. 만일 대부금이 필요하다면, 개체교회는 ¶2540 또는 ¶2541의 규정을 따라야 한다.

13. 개체교회는, 현금을 가지고 있다든지, 건축 기간에 바쳐야 할 작정헌금이 있다든지, 필요하다면, 지불 날짜에 계약한 금액을 곧 지불할 수 있는 대부금이나 문건상의 약조가 있기 전에는, 건축 공사를 계약하여서는 안 되며, 또한 자원봉사 노동자를 쓸 경우, 재료들을 사야 할 부담을 주어서도 안 된다.

14. 개체교회의 재단이사나 다른 어떤 교인도, 총회 또는 그 허가 아래 생긴 어떤 부가 개체교회를 위하여 대여한 대부금에 대하여, 개인적으로 보증을 서도록 요구당하여서는 안 된다.

15 연회, 지방, 또는 개체교회 변호사의 취소불능 신용장 같은 것으로 보장받기 전에는 구속력 있는 건축 계약을 하지 말 것을 권유한다.

¶2545. *개체교회 건물의 성별식과 봉헌식*—교회가 소유한 건물을 완공하였을 때, 성별식을 가질 수 있다. 교회 건물을 정식으로 봉헌하기 전에 모든 부채를 청산하여야 한다.

¶2546. *연합감리교 개체교회의 통합*—두 개 또는 그 이상의 개체교회는 목회를 더 능률적으로 하기 위하여 (¶¶201-204) 두 교회가 통합하여 하나의 교회를 성립할 수 있으되, 다음과 같은 절차를 밟아야 한다.

1. 통합은 먼저, 통합하려는 교회의 구역들이, 제기된 통합의 조건을 포함한 결의문을 채택함으로써 제기되어야 한다.

2. 통합하려는 각 교회의 구역회가 제출한 통합안은, 통합하려는 구역회들이 각각 승인하여야 하며, 만일 구역회가 두 개 이상의 교회로 구성되어 있을 때에는, ¶2527의 규정에 따라, 각 교회의 개체교회별 구역회가 이를 또한 승인하여야 한다.

3. 통합은 통합하려는 교회들이 위치하고 있는 지방의 지방감리사(들)가 승인하여야 한다.

4. 통합하려는 교회들이 위치하고 있는 주(들)의 법이, 통합 수속에 영향을 주며 관계되어 있는 한, 그에 순응하여야 하며, 그 법과 <장정>에 요약된 절차 사이에 충돌이 생길 경우에는 주법을 따라야 하며, 그러한 충돌을 배제하는 데 필요한 한도 내에서 <장정>의 절차를 수정하여야 한다.

5. 통합에 관계된 교회들의 모든 역사적 유물과 기록은, 통합된 교회가 책임져야 한다.

¶2547. *초교파 교회와의 통합*—하나 또는 그 이상의 연합감리교회 개체교회는, 하나 또는 그 이상의 타교단 개체교회와 통합하여, 다음과 같은 절차를 밟아, 하나의 교회가 될 수 있다.

¶2547

1. 통합하려는 교회들이 위치하고 있는 지방의 지방감리사와 이에 대응하는 타교단의 책임자 사이에 적절한 대화가 이루어진 다음, 개체교회의 성격과 선교(¶¶201-204)를 고려한 후 통합안을 그 연합감리교 개체교회의 구역회에 제출하여, 통합된 교회의 교단 관계를 포함한 조건 등을 결의문으로 승인받아야 한다.

2. 두 교회 이상으로 구성된 구역에서는, 연합감리교회의 구역회에서 승인된 통합안을 ¶2527의 규정에 따라, 각 교회의 개체교회별 구역회가 승인하여야 한다.

3. 통합안은 그 지방의 지방감리사, 지방감리사의 과반수, 또 그 관할 구역 감독의 서면 승낙이 있어야 한다.

4. 해당될 경우, ¶2503의 규정을 통합안에 포함시킨다.

5. 통합하려는 교회들이 위치하고 있는 주(들)의 법이, 통합 수속에 영향을 주며 연관이 되어 있는 한, 그에 순응하여야 하며, 그 법과 <장정>에 요약된 절차 사이에 충돌이 생길 경우에는 주법을 따라야 하며, 그런 충돌을 배제하는 데 필요한 한도 내에서 <장정>의 절차를 수정하여야 한다.

6. 재산 문제가 개입되었을 때에는, ¶2548의 규정을 따른다.

¶2548. *연합교회 또는 다른 복음주의 교단에로의 교회 재산 등기이전*—1. 주재감독과 지방감리사들 및 지방교회 위치건물위원회의 과반수 동의를 얻고, 구역회 또는, 지방법이 요구할 때에는 이를 따라, 교인들 전체 모임의 요청에 의하여, 연회는 개체교회의 재단이사회에 교회 재산을 다른 연합교회에 등기 이전을 하도록 지시할 수 있다.

2. 주재하는 감독과 지방감리사들 및 지방교회위치건물 위원회의 과반수 동의를 얻고, 구역회 또는 (지방법이 요구할 때에는 이를 따라) 교인들 전체 모임의 요청에 의하여, 연회는 교회 재산을, 배당이나 재산 교환 조건, 또는 우의를 다지는 협정에 의하여, 범감리교위원회의 회원 교회 또는 다른 복음주의 교단에 등기를 이전할 것을 개체교회의 재단이사회에 지시, 명령할 수 있다. 단, 그러한 협정은 권한을 가진 쌍방의 공식 대표가 서면으로 승인하고 서명하여야 한다.

¶2549. *폐쇄된 개체교회 재산의 처리*—1. 지방감리사는 ¶2549.3에 명시된 규정을 제외하고 이 조항의 규정을 따라, 아래와 같은 상황을 발견하였을 때, 개체교회의 폐쇄를 건의하여야 한다.

a) 개체교회가 그 조직 또는 설립 목적을(¶¶201-204) 더 이상 이행하지 못하고 있거나, 또는

b) 개체교회의 시설을 그 교인들이 더 이상 연합감리교회의 예배 처소로 사용하거나 보존하거나 유지하지 않고 있을 때.

2. *절차—a)* 개체교회의 폐쇄를 건의하기 전에 지방감리사는,

(1) 연회의 교구 및 지역사회 개발 전략을 책임지고 있는 해당 부서와 상의하면서, ¶213에 기술된 바와 같이, 그 교회로 하여금 자기 잠재 능력을 평가하도록 한다.

(2) 당사자들의 복귀권 존재 여부, 복귀권 행사 가능성, 재구입권, 또는 이와 유사한 제한성에 대하여 변호사의 의견을 듣고 신중히 고려한다.

(3) 해당 지방교회위치건물위원회와 상의하여 개체교회의 모든 부동산과 동산, 유형 (tangible) 및 무형 (intangible) 재산을 위한 장래 사용 계획을 고안해 낸다.

(4) 교인들을 어느 개체교회로 이적시킬 것인지 (¶229) 계획한다.

b) 지방감리사가 건의하여 주재감독, 대다수의 지방감리사들, 해당 지방교회위치건물위원회가 이에 동의하면, 연회는 해당 교회가 폐쇄되었음을 선포할 수 있다. 만일 연회가 어떤 한 개체교회를 폐쇄하면, 그 개체교회의 모든 부동산과 동산, 유형 (tangible) 및 무형 (intangible) 재산에 관한 등기는 곧 연회재단이사회에 이전하여야 하며, 이사회는 그 재산을 연회 재산으로 신탁에 의하여(in trust) 소유한다.

c) 연회재단이사회는, 연회의 지시에 따라, 만일 있다면, 폐쇄된 개체교회의 재산을 유지, 매각, 대여 또는 다른 방법으로 처리한다. 연회재단이사회는 현실적으로 타당하거나 필요하다면 기독교 및 연합감리교회의 표장(標章 insignia)과 심볼들을 모두 그 건물에서 제거하여야 할 책임이 있다. 그러한 건물(소유물)이 분실, 파손, 파괴되었을 경우, 연회재단이사회는, 공식적으로 또한 합법적으로 그 개체교회를 대표하는 자로서, 해당 보험금을 요청하고 수취할 권한이 있다. 만일 연회재단이사회가 그 소유물을 매각하거나 임대한다면 범감리교위원회의 다른 회원 교단에 우선권을 주어야 한다.

d) 연회가 어느 한 개체교회를 폐쇄할 때, 비록 거기에 따른 위에 명시된 바 선행 조치를 취하지 아니하였더라도 그 폐쇄 결정은 무효화되지 않는다.

3. *잠정 처리 절차—a)* 연회 회기 사이에 개체교회는 자진하여 언제든지 ¶2540 또는 ¶2541에 규정된 절차를 따라 모든 부동산과 동산, 유형 및 무형 재산에 관한 등기를

¶2549

연회재단이사회에 이전할 수 있다. 그러한 경우 연회재단이사회는 현행 연회 규약이 정한 범위 내에서 단지 자신들만의 결정에 따라 그러한 재산을 보유하거나 처분할 수 있다. 다음 번 회기 때 연회는 정식으로 그 개체교회를 폐쇄할지 결정하여야 한다.

    b) 연회 회기 사이에 어느 때든지 만일 주재 감독, 대다수의 지방감리사들, 해당 지방교회위치건물위원회가 이에 모두 동의하면, 그들 자신들만의 결정으로, 연합감리교회의 권익을 위하여 개체교회의 재산을 즉시 보호하여야 할 긴급한 상황이 벌어졌다고 선포할 수 있다. 그러한 경우, 개체교회의 모든 부동산과 동산, 유형 (tangible) 및 무형 (intangible) 재산에 관한 등기는 곧 연회재단이사회에 이전하여야 하며, 이사회는 단지 자신들만의 결정으로, 그러한 재산을 보유하거나 처분할 수 있다. 긴급한 상황이란 개체교회가 그 조직 또는 설립 목적을(¶¶201-204) 더 이상 이행하지 못하는 상황에 있거나, 개체교회의 시설물을 교인들이 더 이상 연합감리교회의 예배처소로 사용하거나 보존하거나 유지하고 있지 않는 상황을 뜻한다. 다음 번 회기 때 연회는 정식으로 그 개체교회를 폐쇄할지 결정하여야 한다.

   4. 폐쇄된 교회의 모든 증서와 기록물과 다른 공적, 법적 서류들은, 건물 초석 속에 매장되었던 내용물을 포함하여, 해당 지방의 지방감리사가 수집하여 연회교회역사보존위원회에 영구히 보존하게 한다.

   5. 연회재단이사회는 신탁으로 예치된 모든 선물들, 기부받은 모든 기금들, 폐쇄된 교회의 기금 재산들을 검토하여 보아야 한다. 연회재단이사회는 또한 그러한 모든 재산들을 연회가 따로 지시하지 않거나, 법이 따로 요구하지 않는 이상, 자신의 재량에 따라 처분한다.

   6. 폐쇄된 개체교회에 누적된 증여물, 유산, 유증 또는 기타 기부금들은, 그 연회재단이사회의 재산이 된다. 연회재단이사회는 그러한 모든 재산들을 연회가 따로 지시하지 않거나, 법이 따로 요구하지 않는 이상, 자신의 재량에 따라 처분한다.

   7. 만일 인구가 5만 명이 넘는 도심지에 있는 개체교회가 폐쇄되었으면 그 부동산의 매각금을 ¶212에 명시한 바와 같이, 변천하는 지역사회 내의 새로운 또한/또는 현존하는 사역에 사용하여야 한다.

    만일 대도시 안에 있지 않은 개체교회가 폐쇄되면 그 재산을 매각하여 얻은 돈은, 새 교회들이나, 새로운 신앙 공동체들이나, 새 선교 개발이나, 이사하는 교회들이나, 전도를 위한 연장사역을 위하여 복합 캠퍼스 시설을 짓는 교회들이나, 그밖에 비영리 단체로서 연합감리교회의 가치와 일치하는 가치를 지니고 있으며 웨슬리의 유산과 신학 및 연합감리교회의 정체성과 일치하는 기관에 사용할 수 있다. 이에 더하여 그 수익금은 교회의 사역에 활기를 주거나 이를 강화하는 데 사용하거나, 연합감리교회의 가치와 일치하는 가치를 지니고 있으며 웨슬리의 유산과 신학 및 연합감리교회의 정체성과 일치한다고 검증된 비영리 조직체에 증여할 수 있다. 이밖에 또한 그 수익금은 지역사회의 가난한 이들을 위한 사역의 비전과 활동을 수용하기 위하여 사용할 수도 있다.[12]

¶2550. *재단이사회의 구역회 보고*—재단이사회는 매년 구역회에 서면으로 보고서를 제출하되, 다음과 같은 사항을 포함한다.

1. 교회가 소유하고 있는 모든 부동산의 법적 등기 기재 사항과 적정한 시장 가격.

2. 교회에 양도된 부동산의 각 양도증서에 기재된 양수인의 구체적 성명.

3. 개체교회가 소유한 모든 동산의 재고와 사정 가격.

4. 수입이 생기는 재산에서 들어 온 수익 금액과 이와 관련되어서 지불된 지출명세서.

5. 부동산을 건축, 재건축, 개축, 및 확장하기 위하여 그 해에 받은 금액과 이에 지불된 명세서.

6. 현 자산 손실과 그 원인.

7. 부동산의 각 구획(parcel)에 대한 보험명세서: 공동보험이라든가 다른 제한 조건으로 이 보험이 제한을 받고 있는지, 또한 보험이 충분한지의 여부를 포함한 것.

8. 개체교회의 모든 법적 증빙 서류를 보관하고 있는 이의 성명과 보관 장소.

9. *개체교회가 수혜자로 되어 있는 모든 신탁기금의 목록*—어디에, 어떻게 기금을 투자하였는지 구체적으로 상술하며, 그러한 투자가 교회의 '사회생활 원칙'에 요약된 목표를 달성하는 데에 어떻게 긍정적으로 공헌하였는지, 또 어떤 방법으로 거기에서 들어오는 수입을 사용하고 적용하였는지를 밝힌다.

10. 강단 근처에 신체장애인이 쉽게 접근할 수 있는지의 여부를 포함한 모든 교회 부동산에 대한 평가. 또한 해당될 때, 교회 건물에 접근할 수 있도록 개발하기 위한 계획과 예정표.

¶2551. *다민족, 다언어 상황에 있는 교회들의 성약 (聖約) 관계*—연합감리교회의 사역은 파트너십 및 선교와 관계가

---

12. 사법위원회 판정 1202 참조.

¶2551 교회 재산

있다. 하나의 개체교회 또는 교회들이 다른 언어 및/또는 다른 인종, 민족의 그룹으로 따로 목회하고 있는 그룹과 건물을 나누어 쓰고 있는 상황에서는 ¶202와, ¶206과, ¶212의 규정을 따라야 한다. 지방감리사는 이런 일을 시행하기 전에 이에 먼저 동의하여야 한다. 지방교회위치건물위원회는 이런 결정에 대하여 통보받는다.

1. 만일 그런 그룹이 연합감리교회일 경우에는 다음과 같은 규정이 적용된다.

a) 해당 구역회(들)의 결의로 계약 관계에 관하여 서로 서면으로 합의하며, 여기에 건물을 나누어 쓰는 목적에 관한 진술서를 포함하되, 그 합의가 임시, 장기 또는 영구적인 것인가에 대하여 명기한다. 그 계약 관계는 교회임원회, 다른 위원회와 활동 그룹과 같은 기구에 서로 대표를 교환하는 것을 포함할 수 있다. 이 성약 합의는 다른 위원회에 서로 대표를 교환하는 것을 포함할 수 있다. 건물에 대한 소유권을 가지고 있는 교회의 재단이사회는 각 교회를 대표한 사람들로 구성된 건물위원회를 구성한다. 이 위원회의 목적은 두 개 이상의 교회들이 서로 의사를 소통하는 길을 터놓으며, 건물 사용에 관한 일정표를 조정하며, 재단이사회의 감독하에 건물을 관리, 유지하며, 협동 프로그램을 조정하는 데 있다.

b) 성약 관계는 한 연합감리교회가 다른 하나의 연합감리교회 또는 연합감리교회의 신앙 공동체나 사역에 월세를 지불하도록 하여서는 안 된다. 성약(聖約 covenant)으로 맺는 재정 관계는 돈을 받는 개체교회나 기타 시설물을 공동으로 사용하는 조직체가 이익을 내거나, 교회 일반 예산—정상적인 일반 유지비를 제외한—에 충당하도록 맺어져서는 아니 된다.

c) 같은 시설 및 다른 건물을 공동으로 사용하고 있는 교회들은, 같은 목표를 향하여 나갈 때, 그들의 관계와 효율성을 강화하기 위하여 의식적으로 공동 사역을 조직하여 서로 협력하기를 권장한다. 두 회중의 사역 활동 및 지역사회에 있어서의 예수 그리스도의 사랑에 대한 증거를 강화하기 위하여 협동 프로그램을 개발할 수 있다. 그러한 프로그램은 이중 언어를 사용하는 합동예배 및 기독교교육 프로그램, 친교를 위한 공동식사 및 프로그램, 지역사회 선교 활동 등이라 할 수 있다.

d) 교회 시설을 공동으로 사용하고 있는 각 회중은 시설을 사용하는 데 있어 서로 의존적인 관계에 있음을 인정할 것을 강력히 권유한다. 이러한 관계는 공동으로 계획하고 시행하는 프로그램 및 활동뿐만 아니라 독립적으로 계획하고

시행하는 프로그램 및 활동을 지원하여 주기 때문이다. 그러므로 프로그램을 계획하고 시설을 사용할 일정표는 각 교회가 성장하는 데 긍정적으로 도움이 되는 방향으로 하여야 할 것이다.

e) 시설을 공동으로 사용하고 있는 개체교회 및/또는 사역이 서로 도와야 하는 문제에 있어 협상할 수 없게 될 때에는, 지방감리사는 양측 교회 또는 선교의 장래에 나쁜 영향을 미칠 수 있는 결정을 시행하기 전에, 양측 대표들과 만나 상의한다.

2. 연합감리교회가 타교단에 속한 교회와 그 시설물을 나누어 사용할 때에는, 다음과 같은 규정이 적용된다.

a) 연합감리교회가 아닌 교회로서 다른 인종 또는 언어를 사용하는 교회가 시설을 나누어 쓰기를 요청하면, 이에 합의하기 전에, 그 연합감리교회의 담임목사와 지방감리사는 먼저 지방 및 연회의 교회개발 기관과 또한 소수 인종 지도자들과 연락하여 그 인종/언어 그룹을 위한 초교파 공유 목회 또는 새로운 연합감리교회의 개척 가능성을 타진한다.

b) 만일 연합감리교회가 다른 교단의 교회와 시설을 공동으로 사용하기로 합의하면, ¶2503에 따라 서면으로 사역 성약의 일부로서 시설사용 합의서를 작성한다. 이 합의서는 지방감리사의 동의를 얻어야 하며, 연합감리교회 구역회 또는 개체교회별 구역회의 승인을 받아야 한다. 시설을 공동으로 사용함으로써 두 교회가 모두 사역 활동을 강화할 수 있게 된다. 연락위원회를 두어 충돌되는 점을 해결하고 일정표를 조정하며 공동 활동을 계획하게 할 수 있다.

3. 이 성약 관계를 끊기 원하면 90일 전에 그 의사를 지방감리사와 해당 교회에 통고한다. 이 관계의 중지는 당사자들과 협의한 후 지방감리사의 동의가 필요하다.

4. 지방인종관계위원회는 둘 혹은 그 이상의 회중 또는 사역이 공정하고 균등하게 일을 처리하게 하기 위하여 모든 재산의 이전이나 사용에 관계된 협의와 계획을 청취한다.

제7절 교회 기관 이사들의 필수 요건들
(Requirements–Trustees of Church Institutions)

¶**2552.** *기준과 필수 요건들*—연회, 지역총회, 해외지역총회 또는 연합감리교회의 어떤 기관이 소유하고 운영하는 각종 학교, 대학교, 병원, 보호소, 고아원 또는 기타 기관의 이사들은, 적어도 21세 이상이라야 한다. 이사들은 항상 그 5분의 3이 연합감리교회 개체교회 교인 및/또는 연회원 또는 총감독회

¶2552

회원이라야 하며, 모두가 그런 의회나 기관이나 어떤 조직체, 또는 그런 의회나 기관이 그 권한을 위임한 임원들에 의하여 공천, 인준 내지 선출되어야 한다. 단, 이사는 연합감리교회 개체교회 교인 및/또는 연회원 또는 총감독회 회원이라야 한다는 규정에 묶여 있는 연회 또는 어떤 의회가 소유하고 운영하는 기관의 이사의 수는, 과반수 이하가 되지 않는 수까지, 그 연회나 의회의 4분의 3 찬성표로 줄일 수가 있다. 또한, 어떤 기관을 다른 종교 단체와 공동으로 소유하고 운영할 때에는, 상술한 필수 조건, 곧 이사의 5분의 3은 연합감리교회 개체교회 교인 및/또는 연회원 또는 총감독회 회원이어야 한다는 조건은, 연합감리교회의 기관 또는 연회, 지역총회, 해외지역총회가 선출하는 이사 분에만 해당된다. 전통적으로 연합감리교회 및 그 전신 교단들과 관계를 맺고 있었으나 지금은 본 교단의 어느 기관이나 조직도 소유하거나 운영하지 않고 있는 교육, 보건복지 및 자선 기관들이 많이 있음을 인정한다.

제7장
사법 행정

제1절 사법위원회 (Judicial Council)

¶2601. *사법위원회의 임무와 책임*—사법위원회는 연합감리교회의 최고 사법 기관(the highest judicial body)이다. 사법위원회는 '헌장'(Constitution) ¶¶55-57과 ¶¶2609-2612에 명시된 권한을 행사한다.

¶2602. *위원 (Members)*—1. *구성과 임기 (Composition and Term)*—사법위원회는 9명의 의원으로 구성하되, 인종, 연령, 민족, 남녀, 지역총회, 해외지역총회 및 교회의 크기를 포함한 연합감리교회의 다양성을 반영하여야 한다. 서기 2000년에 그리고 그후 매 16년마다 평신도 3명과 감독이 아닌 교역자 2명을 위원으로 선출한다. 또 2004년에, 그리고 그후 매 8년마다 평신도 2명과 감독이 아닌 교역자 2명을 위원으로 선출한다. 2008년에, 그리고 그후 매 16년마다 평신도 2명과 감독이 아닌 교역자 3명을 위원으로 선출한다. 평신도는 반드시 연합감리교회의 고백교인이어야 한다. 본 위원회의 위원은 총회 회기 중에 선출하되, 그 회기 중에 임기가 만료되는 위원과 같은 수의 위원만을 선출한다. 각 위원의 임기는 8년으로 한다. 각 위원은 8년 임기를 최고 두 번 계속하여 봉사할 수 있으며, 재선될 당시 적어도 4년 이상 봉사하였어야 한다.

2. *공천과 선거*—사법위원회의 선거 절차는 다음과 같다. 총감독회가 그 총회의 회기 중에 선출하여야 할 교역자와 평신도 위원 수의 3배를 각각 다수결 투표로 공천한다. 그 회기 중에 선출되는 위원 수는 그 회기를 끝으로 임기가 만료되는 위원과 같은 수가 되어야 한다. 이때 각 지역총회와 해외지역총회에서 적어도 한 사람이 후보로 공천되어야 한다. 그러나 각 지역총회마다 한 사람씩 위원으로 선출되어야 하는 것은 아니다.[1] 후보 공천은 위의 공천을 발표하는 당일, 교역자와 평신도의 공천을 회의 석상에서 추가로 할 수 있으나 다른 때에는 할 수 없다. 공천된 후보 명단은 적어도 48시간 전에 *Daily Christian Advocate*에 발표한다. 거기에는 후보들에 대한 간략한 소개가 있어야 하며, 그들의 소속 연회를 명시하여야 한다. 선거일은 후보자를 공천하는 총회의

---
[1] 사법위원회 판정 540 참조.

회기 중에 결정한다. 필요한 수의 교역자와 평신도 위원을 공천된 후보자들 중에서 토의 없이 무기명 투표로 다수결 원칙(majority vote)에 의하여 총회에서 선출한다.

¶2603. *대체위원 (Alternates)*—본 위원회 안에 교역자 6명과 평신도 6명의 대체위원을 둔다. 대체위원의 자격은 사법위원회 위원의 자격과 동일하다. 대체위원의 임기는 4년 기간으로 한다.

대체위원의 선거 절차는 다음과 같다. 그 회기 총회에서 선출하여야 할 사법위원을 선출한 후에 당선되지 않은 교역자와 평신도 후보 중에서, 총회는 거기서 선출하여야 할 필요한 수의 교역자 대체위원과 평신도 대체위원을 선출한다. 이 선거도 토의 없이 무기명 투표로 또한 개별적으로 다수결 원칙에 의하여 진행한다.

¶2604. *결원*—1. 총회의 회기가 아닌 때에 위원 중에 결원이 생기면, 교역자 위원의 결원일 경우에는 교역자 대체위원 중에서 먼저 선출된 이로, 평신도 위원의 결원일 경우에도 평신도 대체위원 중에서 먼저 선출된 이로 위원을 보충한다. 이렇게 보충된 위원의 임기는 전임 위원의 잔여 임기까지로 한다. 이 경우에 위원회의 위원장과 서기는 해당 대체위원에게 전임 위원의 임무를 승계하도록 통지할 의무가 있다.

2. 사법위원회의 회기 중에 위원 가운데 불가피한 사정으로 인하여 1명 또는 그 이상의 결원이 잠정적으로 생기면, 위원회 참석이 가능한 대체위원 중에서 이를 충원한다. 이때, 교역자 위원의 결원인 경우에는 교역자 대체위원 중 먼저 선출된 이의 순서로 불참 위원의 임무를 대신하게 하며, 평신도 위원의 결원인 경우에는 평신도 대체위원 중 먼저 선출된 이의 순서로 불참 위원의 임무를 대신하게 한다. 만약 이러한 잠정적 결원을 보충하기가 불가능한 경우에는, 의결 정족수가 성립되면 (a quorum), 결원이 있더라도 본 위원회의 결의는 법적으로 정당한 것이 된다.

¶2605. *임기 만료*—사법위원회의 위원과 대체위원의 임기는 그들의 후임자를 선출한 총회가 폐회됨과 동시에 만료된다.

¶2606. *위원의 자격 상실*—본 위원회의 위원은 총회, 지역총회 및 해외지역총회의 대의원으로 봉사할 수 없으며, 또한 총회, 지역총회, 및 해외지역총회의 제반 부서와 기관의 위원으로도 봉사할 수 없다.[2]

¶2607. *비밀 유지와 중립 유지*—1. 사법위원회위원들은

---

2. 사법위원회 판정 196 참조; 임시사법위원회 판정 3 참조.

회의장 밖에서 현안 문제로 되어 있는 미결 사안이나 앞으로 판정을 의뢰하여 올지 모를 사안에 대하여 토론하면 안 된다. 심의 절차상의 문제는 사법위원회 의장이나 서기를 통하여 제기될 수 있다. 위 조항의 의도를 엄격히 준수하면서 위원장으로부터 사안을 맡게 된 위원은, 위원회의 서기에게 사안과 직접 간접으로 연관된 사람들이나 기관으로부터 주요한 사실, 적요서 (摘要書 briefs) 및 진술서를 확보하여, 필요하다고 판단될 때, 다른 위원들에게 곧 보낼 것을 요청할 수 있다.[3]

2. 문의하여 온 사안에 대하여 판정을 내리기 전에는, 사법위원회가 재판 절차에 있는 사안들에 대하여 어느 당사자와도 의논하여서는 안 되나, 그 사안에 대한 논의에 관여하고 있는 사람은 예외다. 이뿐만 아니라, 사법위원회 위원이나 그 직원들은, 심의가 계류(pending) 중인 본질적인 사안에 대하여, 전자 매체를 이용하는 것을 포함하여, 제삼자에게 알리거나 출판하는 것을 허락하여서는 안 된다.

사법위원회는, 판정이나 메모를 발표하여야 할 모든 사항에서, 헌장 또는 <장정>의 구체적인 조항을 명시하여 그러한 판정을 내리게 된 근거와 그러한 결론에 이르게 된 이유를 설명하여야 한다.

¶2608. *조직과 절차*—1. 사법위원회는 상소 사항에 대한 청문과 청원에 대한 선언적 판정(declaratory decision)에 관하여 위원회 나름대로의 조직과 그 절차를 수립한다. 재판에 관련된 모든 당사자는, 본 위원회가 수시로 채택하는 규정 범위 안에서 사안에 대한 적요서(摘要書 briefs)를 제출하며, 변론하며, 필요한 증거를 제시할 권리가 있다. 단, 적요서를 제출할 때, 이와 동시에 모든 당사자들에게도 그 사본을 전달하여야 한다. 상소와 선언적 판정과 결정(決定 ruling)에 대한 판정을 요청하는 축자적(逐字的) 전 문건은 (the complete wording in the document), 법정 조언자(amicus curiae)의 적요서를 제출할 시간을 주기 위하여, 적요서와 변론을 제출하여야 할 마감 날짜 30일 전에, 웹사이트에 올려야 한다. 본 위원회는 위원회에 의뢰된 모든 사안에 대하여 위원회를 보좌할 비전임 서사(書士 clerk)를 필요에 따라 채용할 수 있으되, 20시간을 넘지 않는 한도 내에서 하여야 하며, 총회재무행정협의회와 상의하여 위원회가 지시하는 사무를 보며 서류들을 보관하기에 적합한 사무실을 그에게 제공하여 주어야 한다. 서사의 사무 비용은 총회가 제공한다. 서사의 사무실을 선택할 때, 교회와 당사자들이 비교적 쉽게 볼

---

[3]. 사법위원회 판정 763 참조.

¶2608 사법 행정

수 있고 접근할 수 있는 곳을 택할 것을 고려하여야 한다. 본 위원회도 모일 장소를 택할 때, 교회와 당사자들이 쉽게 보고 접근할 수 있는 곳을 선택하여야 한다.

2. *일시와 장소*—본 위원회는 총회가 열리는, 같은 때와 같은 장소에서 모이며, 총회가 폐회될 때까지 활동한다. 본 위원회는 이밖에 필요에 따라 본 위원회가 정하는 시간과 장소에서 적어도 1년에 한 번은 모여야 한다. 본 위원회의 의결 정족수는 7명이다. 그러나 총회가 결의한 문제에 대하여 합헌성 여부를 판정할 경우에는, 재판위원회가 정한 규칙에 따라, 그 정족수는 위원들과 정식으로 합석한 대체 위원들의 9명으로 한다. 본 위원회가 총회의 의결 사항을 위헌으로 판정하는 데에는 최소한 6명의 찬성이 있어야 한다. 그 외의 사항은 다수결 원칙에 의하여 의결한다. 본 위원회는 선언적 판정을 요구하는 상소나 청원을 접수하였을 때, 그 내용이 본 위원회가 판정할 권한 밖의 것으로 판단될 때, 그에 대한 심리를 거부할 수 있다.

¶2609. *권한과 그 한계*—1. 사법위원회는 총회에서 결의된 것 중에, 총감독회의 다수결이나 총회 대의원의 5분의 1 이상의 찬성으로 이의가 제기된 사항에 대하여 그 의결 사항의 합헌성 여부를 판정한다.

2. 사법위원회는 제출된 법안의 합헌성 여부에 대하여 총회나 총감독회가 선언적 판정을 요청하였을 때, 이를 심의하여 그 합헌성 여부를 판정한다.

3. 사법위원회는, 지역총회나 해외지역총회가 의결한 사항에 대하여, 그 지역총회나 해외지역총회 감독들의 다수결로 상소하였거나, 혹은 그 지역총회나 해외지역총회 대의원의 5분의 1 이상이 제출한 상소에 대하여, 그 의결 사항의 합헌성 여부를 듣고 판정한다.[4]

4. 사법위원회는 총회, 지역총회, 해외지역총회가 만들었거나 허가한 기구의 회의에서 의결한 것 가운데, 그 회의 회원의 3분의 1의 가결이나, 총감독회의 요청, 또는 그것을 의결한 지역총회나 해외지역총회 감독들의 다수결에 의한 가결로 상소가 올라왔을 때, 그 의결 사항의 합헌성 여부를 듣고 판정한다.

5. 사법위원회는 총회, 지역총회, 해외지역총회가 만들었거나 허가한 기구의 회의에서 의결한 것 가운데, 연회나 잠정연회에 영향을 미치게 될 사항에 대하여, 해당 연회나 잠정연회에 참석 투표한 위원의 3분의 2 결의로 이의(異議)가 제기되면 이에 대하여 그 의결 사항의 합헌성 여부를 듣고 판정한다.

---

4. 사법위원회 판정 338 참조.

6. 사법위원회는, 해외지역총회, 지방회, 연회, 지역총회의 정기 사무 처리 회기 중에 감독들이 내린 결정에 대하여 제기된 법규상의 문제에 대하여, 출석하여 투표한 회원들의 5분의 1의 요청이 있어 서면으로 제출되면, 이를 승인(affirm)하거나 수정(modify)하거나 또는 파기(reverse the decision)한다. 사법위원회가 이 업무를 수행하는 데 이를 용이하게 하기 위하여, 감독들은 본 위원회가 제공하는 양식에 그들이 결정한 모든 결정을 적어, 매년 본 위원회에 서면으로 보고한다. 계류 중인 사항을 제외한 어떠한 감독의 결정도 본 위원회가 승인할 때까지 법적 효력을 갖지 못한다. 감독들이 내린 결정 중에서 본 위원회가 승인한 사항만 교회법으로서의 효력을 발생한다. 보통, 감독은 연회 회기가 끝나기 전에 회기 중에 제출된 문제들에 대하여 결정을 내려야 하며, 어떠한 경우에도 폐회 30일 이내에는 결정을 내려야 한다. 연회 서기는 제기된 문제와 이에 대한 감독의 판정을 정확히 연회록에 기입한다.[5]

7. 사법위원회는 해외지역총회, 지방회, 연회, 지역총회에서 감독이 결정한 것 중에, 그 회의에 출석 투표한 이들의 5분의 1 찬성표로 이의가 제기된 사항에 대하여 그 결정의 합법성 여부를 심의하고 판정한다.

8. 사법위원회는 지역총회 또는 해외지역총회의 상소위원회가 내린 의견서나 또는 판결에 대하여 재심할 권한이 있으되, 만일 그러한 판결 이유와 판결이 <장정>, 상소위원회의 이전 판결, 또는 교회법에 관한 다른 지역총회 또는 해외지역총회 상소위원회의 판결 이유, 또는 판결과 상이한 것으로 인정될 때 한한다. 한 상소위원회의 판결이 다른 상소위원회의 판결과 상이하다고 보일 때에는 다음과 같은 절차를 밟는다.

a) 그 사건과 관련된 모든 개인과 의회와 단체는 그 사안을 사법위원회에 상소할 수 있으며, 또는

b) 동일한 사안에 대하여 상이한 견해나 판정이 나왔을 경우, 이를 제일 나중에 처리한 상소위원회는 그 사안을 사법위원회에 제시하고 심의를 요청할 수 있으며, 또는

c) 사법위원회의 위원장은 이견을 야기한 상소위원회의 서기들에게, 그 사안의 성격과 그것을 심의하는 데 있어서의 전체적인 의견과 판정에 이르기까지의 모든 기록들의 사본을 사법위원회에 제출할 것을 명할 수 있다.

사법위원회는 문제가 제기된 사안에 한하여서만 심의하고

---

5. 사법위원회 판정 153, 747, 762, 763, 799, 1004, 1078, 1120, 1130, 1161, 1166, 1167, 1188 참조.

판정하여야 하며, 그 사안의 심의와 판정에 필요한 것 외에는 어떠한 것도 심의하고 판정할 수 없다. 일단 문제가 제기된 사안에 대하여 결정이 내려지면, 본 위원회는 해당 상소위원회에 이 결정을 따르도록 조치한다. 각 상소위원회는 필요한 경우에 본 위원회의 결정에 따라 필요한 조치를 취하여야 한다.

d) 지역총회 및 해외지역총회 상소위원회가 내린 모든 견해와 판정은 결정을 내린 지 30일 이내에 사법위원회 서기에게 송부한다. 이러한 판정들은 필요로 할 때 재판과 상소에 관련된 사람들 및 재판과 상소를 준비하는 사람들이 볼 수 있어야 한다.

9. 사법위원회는 지역총회 상소위원회가 내린 결정에 대한 모든 상소를 듣고 판단할 권한이 있다.[6]

10. 사법위원회는 총회가 위임하는 기타 임무와 권한이 있다.

11. 사법위원회의 모든 판정은 최종적이다. 그러나 본 위원회가 총회 회기 중 총회의 결의 사항을 위헌으로 판정하였을 경우에는 이를 즉시 총회에 보고하여야 할 의무가 있다. 본 조항은 총회가 가결하는 즉시 그 효력을 발생한다.

12. 사법위원회는 본 교회법에 관한 상소에서 상소인의 변호사 비용을 지불하거나 환불할 것을 허락할 권한이 없다.[7]

¶ 2610. *선언적 판정 (Declaratory Decisions)*—1. 사법위원회는, 아래에 규정한 청원이 제출되었을 때, <장정>이나 그 일부분 또는 총회에서 제정된 결의나 법규에 대하여, 그 합헌성, 의미, 적용 또는 발효성에 관하여 판정의 성격을 띤 결정을 내릴 권한이 있다. 이러한 사법위원회의 판정은 상소에 대하여 본 위원회가 결정한 것과 동일한 법적 구속력과 효력이 있다.

2. 연합감리교회 내의 다음과 같은 기구들이 사법위원회에 판정을 청원할 수 있도록 허락을 받고 있다. *(a)* 총회, *(b)* 총감독회, *(c)* 총회가 만들었거나 허락한 기구들의 업무와 관련이 있거나 영향을 주는 사안에 대하여, *(d)* 지역총회에 배정된 과반수의 감독들의 지역이나 사역에 영향을 주는 사안에 대하여, *(e)* 해외지역총회에 배정된 과반수 감독들의 지역이나 사역에 영향을 주는 사안에 대하여, *(f)* 지역총회의 지역과 업무와 연관이 있거나 영향을 주는 사안에 대하여, *(g)* 지역총회가 만들었거나 허락한 기구들의 업무와 연관이 있거나 영향을 주는 사안에 대하여, *(h)* 해외지역총회의 지역 또는 그 지역총회 지역총회 사역에 영향을 주는 사안에 대하여, *(i)* 해외지역총회가 만들었거나 허락한 기구들의 업무와 연관이 있거나 영향을 주는 사안에 대하여, *(j)* 연회의 업무와 연관이 있는 사안에 대하여.

---

6. 사법위원회 판정 1276 참조.
7. 사법위원회 판정 1230 참조.

3. 선언적 판정을 요청할 때, 그 해석에 의하여 영향을 받는 모든 사람과 실체는 그 판정 절차의 당사자가 된다. 청원서에 그러한 당사자들이 거명되어 있어야 한다. 그러한 요청을 접수하면, 사법위원회의 서기는 제출된 문제의 요약서를 공식적인 연합감리교회의 인터넷에 올려야 한다. 만일 청원서에 거명되어 있지 않은 다른 사람이 본 판정으로 말미암아 영향을 받을 것으로 판단될 경우, 본 위원회의 위원장은 그 사람을 이 판정 절차상의 당사자로 추가시킬 수 있다. 그리고 청원자(들)는 사법위원회 서기의 지시에 따라, 그러한 지시를 받은 지 15일 이내에 그 사안과 관련된 모든 당사자들에게 청원서의 사본을 송부하여야 한다. 이와 같은 방법으로 모든 관심 있는 당사자들은 당사자들 자신의 동의로 판정 과정에 개입하여 답변하거나 변론하거나 경합 권리자 확인 절차를 밟을 수 있다.

¶2611. *이전 판정의 유효성*—이전 감리교회의 사법위원회가 내린 판정은 이전 감리교회에서와 마찬가지로 연합감리교회에서도 같은 권위를 갖는다. 그러나 교회 통합안의 조건이나 교회 법규의 개정으로 그 법적 근거가 소멸된 판정은 이 사항에서 제외된다.

¶2612. *발표 및 출판*—본 위원회가 교회법에 대하여 어떤 판정을 내리면, 간단한 소견서와 함께 판정 내용을 총회 서기 및 각 연회의 감독과 법률고문과 연회서기에게 통지하며, 이를 다음과 같은 요령으로 공포한다.

1. 사법위원회의 판정은 공식적인 연합감리기교회의 인터넷에 가능한 한 빨리 올려야 하되, 매번, 모임이 끝난 후 90일 이내에 하여야 한다.

2. 사법위원회가 <장정>의 어떤 규정에 대하여 위헌이라고 판정을 내리면, 사법위원회의 서기는 대조수정위원회의 위원장과 <장정> 편집인에게, <장정>의 어느 구절이나 혹은 문장이 '헌장'을 어기었는지 알리어, 그 부분이 다음 번 판에 삭제되도록 한다. 그러한 모든 삭제된 조항은 다음 번 총회의 *Advance Christian Advocate*에 참고하도록 수록한다.

제2절 심문, 재판 및 상소
(Investigations, Trials, and Appeals)

사법처리 과정에서의 공정한 절차

¶2701. *서문 및 목적 (Preamble and Purpose)*—이 조항에

규정된 사법처리 절차와 권리는, 한 사안을 사법적 고소로 간주하여, 교회측 변호인에게 회부할 때부터 시작된다. 사법처리 과정은 상소하거나 상소할 권리를 포기할 때 종결된다. 사법처리 과정은, 예수 그리스도의 몸된 교회에서 하나님의 의와 화해하심과 치유의 역사가 이루어지기를 바라면서, 사법적 고소를 의롭게 해결하고자 하는 것이 그 목적이다. 아래에 기술한 절차들은 교회를 보호하려는 의도에서뿐만 아니라, 우리 헌장의 제2부, 제3절, 제IV조에 보장된 개인의 권리를 보호하려는 의도에서 쓰여진 것이다. 재판 과정이 끝날 때까지 당사자들은 법적으로 하자가 없다는 것을 전제로 한다. 부서와 위원회와 재판부를 구성할 때, 인종, 민족, 남녀의 다양성이 보장되도록 특별한 주의를 기울여야 한다.

1. 고소인(고소장을 제출한 사람)의 권리

    a) 자기 의사를 표시할 수 있는 권리—고소인은 최종 결정이 내려지기 전까지 자기 의사를 표시할 수 있는 권리가 있다.

    b) 심문회의 통지를 받을 권리—모든 심문회(訊問會)에 관한 통지는 고소인이 충분히 준비할 수 있도록 앞으로 진행될 절차에 관하여 자세히 설명하여야 한다. 심문회에 관한 통지는 심문회가 시작되기 20일 전에 전달되어야 한다. 고소인은 어느 사법 과정의 심문회이든지 참석할 권리가 있다.

    c) 대동할 권리—고소인은 본인과 관련된 어떠한 사법 심문회에도 다른 사람을 대동할 수 있는 권리가 있다. 동행한 사람은 변호사일 수 있으나 그는 발언권은 없다. 어떠한 경우에나 상황에서도 고소인은 보상금이나 고소인의 변호사 고용과 관련된 비용을 지불받거나 환불받아서는 안 된다.

    d) 해결 통지를 받을 수 있는 권리—고소인은 총체적인 치유 과정의 일부로, 고소에 대한 사법처리 결과에 대하여 통보받을 권리가 있다. 교회의 공직자들은 허락받은 범위 내에서 그 이유를 설명하여 줄 것을 권유한다.

2. 피고인(사법처리의 대상이 된 사람)의 권리

    a) 자기 의사를 표시할 수 있는 권리—피고인은 최종 결정이 내려지기 전까지 자기 의사를 표시할 권리가 있다.

    b) 심문회의 통지를 받을 권리—모든 심문회에 관한 통지는 피고인이 답변을 충분히 준비할 수 있도록 앞으로 진행될 절차에 관하여 자세히 설명하여야 한다. 심문회에 관한 통지는 심문회가 시작되기 20일 전에 전달한다. 피고인은 어느 사법 과정의 심문회이든지 참석할 권리가 있다.

c) 대동할 권리—피고인은 본인이 대상이 된 어떠한 사법 심문회에도 ¶2706.2에 따라 한 정회원 교역자를 대동할 권리가 있다. 동행한 교역자는 변호할 권리가 있다. 피고인은 한 명의 보조 변호인을 대동할 권리가 있으며, 그는 변호사일 수 있으나 발언권은 없다. 어떠한 경우에나 상황에서도 피고인은 보상금이나 피고인의 변호사 고용과 관련된 비용을 지불받거나 환불받아서는 안 된다.

d) 이중위험(二重危險, 一事不再理 Double Jeopardy)을 당하지 않을 권리—심문위원회는 이미 하나의 사건에 대하여 서명, 발부한 고소장과 같은 내용의 사건에 근거한 고소장을 서명, 발부하여서는 안 된다.

e) 기록을 관람할 권리—피고인과 교회는 심문위원회, 재판부 또는 상소위원회나 이와 같은 기구가 결정을 내리는 데 근거한 모든 기록들을 열람할 수 있어야 한다.[8]

3. *교회의 권리*

a) 자기 의사를 표시할 수 있는 권리—교회는 최종적인 결정이 내려지기 전까지 자기 의사를 표시할 권리가 있다.

b) 교회와 교회측 변호인의 기타 권리에 관하여는 ¶2706을 보라.

4. *과정과 절차*

a) 출두 또는 변론의 불이행—피고인이 사법처리 과정 심문회에 불참하거나, 우편물을 접수하기를 거절하거나, 개인적으로 감독이나 지방감리사와 통신하기를 거절하거나, 또는 공식적인 행정 또는 사법위원회의 요청에 불응할 경우, 그러한 행위나 불이행이 교회의 처리 절차를 회피하거나 지연시키는 근거가 되어서는 안 되며, 그러한 절차는 본인의 부재에도 불구하고 계속 진행시킬 수 있다.

b) 커뮤니케이션 (Communications)—어떠한 사법 절차에서든 어떤 경우를 막론하고, 한쪽 당사자나 그 변호인이 다른 쪽 당사자나 그 변호인이 없을 때, 현안으로 다루어지고 있는 본질적인 문제를 심문회, 재판부, 상소심의 위원들과 토의할 수 없다. 절차상의 질문은 심문회나 혹은 상소심의 의장 또는 그 서기에게 물어야 한다.

c) 치유 (Healings)—사법처리 과정의 일환으로 감독과 감리사회는, 그 사법 과정으로 인하여 교인들이나 연회나 사역 현장이 크게 손상을 입었다면, 당시 관여하였던 심문회, 재판정, 또는 상소위원회의 위원장과 상의하여, 이를 치유하여야 한다. 이 치유는 아직 해결되지 아니한 알력을 위한 의로운 해결책,

---

8. 사법위원회 판정 691, 765 참조.

¶2701

피해자를 지원하는 일, 관계된 모든 사람들을 위한 화해 등을 포함할 수 있다. 이 과정은 또한 사법처리 과정을 위태롭게 할 수 있는 고소장에 적힌 주장을 밝힘이 없이, 감독이나 감리사가 고소의 성격에 관하여 알려 주는 일도 포함할 수 있다.

d) 참여자들의 면책권 (Immunity of Participants)—교회의 사법적 조치의 권위를 유지하며 이에 항상 전적으로 참여하는 일을 보장하여 주기 위하여, 주재감독, 감리사회, 재판부 위원장(preciding officer of the trial), 재판부 위원들, 재판부, 증인들, 변호인들, 보조 변호인들, 지지자들, 고소인들, 행정재심위원회, 기타 교회의 사법조치 과정에 참여하는 모든 사람들은, 고의적으로 또한 악의로 고소당할 수 있는 비위를 범하지 않은 이상, 특정한 사법조치와 관련된 그들의 역할에 대하여 고소당하지 않는 면책권이 보장된다. 어떤 특정한 사법처리 과정과 연관된 사람에 대한 고소인(원고)은 피고인의 행위가 고의로 저질러진 일이라는 데 대하여 분명하고도 설득력이 있는 증거를 제시하지 않으면 안 된다. 이 조항에 규정된 면책권은 국가의 법이 허락하는 한, 국가의 법을 집행하는 과정에서도 최대한 적용된다.

5. *사법처리에서의 의로운 해결책*—의로운 해결책은 사람들이나 공동체에 준 손상을 치유하는 일에 초점을 맞추어, 가능한 한 잘못된 것을 바로 잡으며 관계된 모든 사람들에게 치유의 손길을 뻗침으로써 진정한 책임성을 갖게 하는 데에 그 목적이 있다. 특별히 전 과정을 통하여 공정함과 의로움과 회복됨을 위하여 노력할 때 문화적, 인종적, 민족적, 연령적 또한 남녀 차이의 가치를 존중히 여기도록 특별한 주의를 기울여야 한다. 의로운 해결책을 모색할 때, 모든 사람들이 만족할 만한 해결에 도달하기 위하여 양측은 중립적인 제삼자의 유능한 중재자(facilitator(s)) 또는 중개인(mediator(s))의 도움을 받을 수 있다. 사법처리 과정을 포함하여 언제나 의로운 해결책을 모색하기를 권유한다. 교회측 변호인이 사안을 사법적 고소로 간주하여 심문위원회에 회부한 후에, 의로운 해결책을 모색하기 원한다면, 교회측 변호인과 피고인측 변호인을 포함한 당사자들은 비밀보장에 관하여 합의한 내용을 포함, 절차에 관하여 서로 서면으로 합의하여야 한다. 만일 해결을 성취하면, 조건을 포함한 해결합의서에 관여한 사람들이 모두 서명하여야 한다. 관여한 사람들은 제삼자에게 노출시킬 사항에 대하여 합의하여야 한다. 만일 그 해결이 교역자 신분에 변화를 가져오게 되면, 이 노출에 관한 합의는 재허입에 필요한 <장정> 상의 요구 사항을 막지 못한다.

심문, 재판 및 상소   ¶2702

고소당할 수 있는 비위들과 상소 시효
(Chargeable Offenses and the Statue of Limitations)

¶2702. 1. 감독이나 연회의 교역자 회원 (¶370), 본처목사 (local pastor),[9] 명예사직 또는 해임당한 교역자, 평신도 사역자가 아래에 열거된 하나 또는 그 이상의 비위를 범함으로 인하여 고소당하면 (¶2702.4의 상소 시효 규정이 적용되지 않는 경우),[10] 그는 재판을 받을 수 있다. *(a)* 독신일 때 금욕생활을 하지 않았거나, 이성 (異性) 배우자에게 충실하지 않은 것을 포함, 이에 국한하지 않은 부도덕한 행위,[11] *(b)* 스스로 공언하며 동성애 생활을 하는 것, 동성애자들의 결합을 경축하는 의식을 행하는 것, 또는 동성애자들의 결혼 예식을 주례하는 것을 포함,[12] 이에 국한하지 않고 연합감리교회에서 교회의 가르침에 위배된다고 공포한 행위들을 자행하는 경우,[13] *(c)* 형사상의 범법 행위, *(d)* 연합감리교회의 규범과 장정(order and discipline)에 대한 불복종, *(e)* 연합감리교회가 설정한 교리적 기준에 위배되는 이단적인 교리의 유포, *(f)* 다른 목사의 사역을 훼손하는 관계 및/또는 행위,[14] *(g)* 아동 학대,[15] *(h)* 성적 학대,[16] *(i)* 도색물(桃色物)을 소지하거나 사용하는 것을 포함한 성적 학대 (虐待),[15] *(j)* 폭행, 인종적 폭행 및/또는 성희롱을 포함, 이에 국한하지 않은, 남을 학대(harassment)하는 행위, *(k)* 인종 또는 성차별, 또는 *(l)* 예산 불법 사용 (fiscal malfeasance).

2. 감독이나 연회의 교역자 회원, 또는 평신도 사역자가 해당 기구로부터 타의에 의한 사임을 요구받았을 때, 재판에 넘겨질 수 있다.[17]

3. 개체교회의 고백교인은 다음과 같은 행위로 고소당할 수 있으며 그러할 경우 본인은 재판을 선택할 수 있다. *(a)* 부도덕한 행위, *(b)* 형사상의 범법 행위, *(c)* 연합감리교회의

---
9. 사법위원회 판정 982 참조.
10. 이 공소 시효는 장래를 내다보고 만들어졌으며 1993년 1월 1일부터 그 법적 효력을 발생한다. 이 날짜 이전에 범한 비위들은 이 날짜의 제약을 받지 않는다. 사법위원회 판정 691, 704, 723 참조.
11. 이에 국한하지 않은…." 라는 문구는 2005년 1월 1일부로 효력을 발생한 2004년 판 <장정>에 처음 포함되었다.
12. 사법위원회 판정 702, 984, 985, 1185 참조.
13. 이 조항은 2005년 1월 1일부로 효력을 발생한 2004년 <장정>에 처음 포함되었다.
14. 사법위원회 판정 702 참조.
15. 이 비위는 처음 1966년 판 <장정>에 하나의 고소당할 수 있는 비위 (1996년 4월 27일 자로 발효)로 따로 열거하였다. 사법위원회 판정 691 참조.
16. 사법위원회 판정 736, 768 참조.
17. 사법위원회 판정 767 참조.

결정 및 <장정>에 대한 불복종, *(d)* 연합감리교회가 설정한 교리적 기준에 위배되는 이단적인 교리의 유포, *(e)* 성적 학대 (sexual abuse), *(f)* 성적인 비행 (sexual misconduct),[18] *(g)* 아동 학대, *(h)* 인종적인 폭행 및/또는 성희롱을 포함, 이에 국한하지 않은, 남을 괴롭히는 행위 (harassment), *(i)* 인종 또는 성 차별 (discrimination), *(j)* 파송지에서 봉사하는 사람의 사역을 훼손하는 관계 및/또는 행동.

4. *상소 시효*—성적 학대 또는 아동 학대를 제외하고는, 원래 고소하기 직전 6년 전에 일어났던 비위 사건에 대하여서는 고소할 수 없다. 그러나 부도덕한 행위와 형사상의 범법 행위의 경우, 그것이 성적 또는 아동 학대와 연관이 있다면, 이에는 상소 시효가 없다 (¶2704.1a).[15]

휴직 중에 보낸 시간은 이 6년의 일부로 간주하지 않는다.

5. *비위를 범한 시기 (Time of Offense)*—비위를 범하였다고 하는 당시, 그 비위가 고소당할 수 있는 비위로 간주되지 않았으면, 누구나 그 비위로 고소당하여서는 안 된다. 제출된 고소장은 그 당시 유효하였던 <장정>의 언어로 되어 있어야 하되, 부도덕한 행위와 형사상의 범법 사건의 경우, 그것이 성적 또는 아동 학대와 연관이 있다고 하는 주장이 있으면, 이는 예외로 한다. 이 경우 고소장은 고소할 당시 유효한 <장정>의 언어로 하여야 한다. 어느 고소나 <장정>에 열거된 고소당할 수 있는 비위와 연관이 있어야 한다.

사법적 고소의 접수와 조사에 관한 절차
(Procedures for Referral and Investigation of a Judicial Complaint)

¶2703. *심문위원회(Comm. on Investigation)의 구성*

1. *피고인이 감독일 때*—각 지역총회 또는 해외지역총회가 선출한 심문위원회를 설치한다. 위원들의 공천은 지역총회 또는 해외지역총회가 감독협조위원회와 협의한 후 행한다. 추가 공천은 지역총회 또는 해외지역총회 회의장에서도 할 수 있다. 본 위원회는 정회원 교역자 7명 (가능한 한, 한 연회에서 한 명 이상의 교역자가 선출되지 않도록 한다), 고백교인 2명, 대체위원 6명으로 구성하되, 이 가운데 5명은 정회원 교역자 (가능한 한, 한 연회에서 한 명 이상의 교역자가 선출되지

---

18. 이 비위는 처음 2000년 판 <장정>에 하나의 고소당할 수 있는 비위 (2001년 1월 1일에 발효)로 따로 열거하여 놓았다. 사법위원회 판정 691 참조.

않도록 한다), 한 명은 고백교인이어야 한다. 만일 추가위원이나 대체위원이 필요하다면, 지역감독회가 그들을 지명할 수 있다. 본 위원회의 위원들은 평판이 좋은 사람이어야 하며, 좋은 품성을 가졌다고 인정받는 사람이어야 한다. 위원회는 인종, 민족 및 남녀의 다양성을 반영하여야 한다. 본 위원회는 지역총회 또는 해외지역총회 때에 위원장을 선출하여 조직한다. 7명의 위원 또는 대체위원으로 정족수를 이루며, 어떠한 고소나 사유서를 채택하기 위하여서는 5명의 찬성표가 필요하다.

 2. 각 연회는 연회의 교역자 회원들, 연회에서 명예 휴직 또는 해임조치를 당한 교역자 회원들, 본처목사들 및 평신도 집사들(diaconal ministers)에 대한 사법적 고소를 위하여 *심문위원회*를 설치한다. 이 위원회는 4명의 정회원 교역자, 3명의 고백교인, 3명의 정회원 교역자 대체위원, 6명의 고백교인 대체위원으로 구성하되, 만일 연회 경계 안에서 그렇게 할 수 있다면, 이 가운데 3명은 평신도 집사여야 한다. 본 위원회의 교역자 위원들은 안수사역부와 협의하여, 평신도 위원들은 연회평신도부와 협의하여, 주재감독이 지명하며, 이들은 매 4개년 기간마다 연회에서 선출한다. 만일 추가위원이나 대체위원이 필요하다면 연회는 잔여 4개년 기간의 임기를 마칠 위원들을 선출할 수 있다. 위원회는 인종, 민족, 남녀의 다양성을 반영하고 있어야 한다. 심문위원회는 연회 때에 위원장을 선출하여 조직한다. 위원들 가운데 아무도 안수사역부 위원, 감리사회 회원 또는 위 기구의 직계 가족이어서는 안 된다. 만일 심문위원회 위원들 가운데 누구나 이 위원회까지 마침내 오게 된 사건과 어느 쪽이든 연관되어 있으면, 이 사건을 취급하고 있는 동안 그 자리에서 물러나 있어야 하며, 그 자리는 대체위원이 메꾸어야 한다. 위원회에 참석한 7명의 위원으로 정족수를 구성한다.[19]

  a) 연회의 교역자 회원들, 연회에서 명예 휴직 또는 해임조치를 당한 교역자 회원들 및 본처목사들에 대한 고소의 경우, 위원회는 교역자 4명, 고백교인 3명으로 구성한다.

  b) 평신도 집사에 대한 고소의 경우, 위원회는 교역자 4명, 고백교인 5명으로 구성하되, 만일 연회 경계 안에서 그렇게 할 수 있다면 이 가운데 2명은 평신도 집사여야 한다.

 3. *피고인이 평신도일 때*—모든 경우에 있어 목사 또는 지방감리사는 고소를 해결하도록 먼저 목회적인 단계를 취하여야 한다. 만일 그러한 목회적인 노력이 해결을 보지 못하여, 고소가 고백교인에 대하여 정식으로 ¶2702.3에 명시된 비위에

---
19. 사법위원회 판정 1296 참조.

근거하여 서면으로 제기되었으면, 개체교회의 담임목사 또는 동사목사(¶205.1)는 지방감리사와 지방평신도대표와 상의하여 고백교인 4명과 정회원 교역자 3명으로 심문위원회를 구성하되, 이들은 고소인이나 피고인이 속하지 아니한 다른 교회의 교인이어야 한다. 본 위원회의 위원들은 평판이 좋은 사람이어야 하며 좋은 품성을 가졌다고 인정받는 사람이어야 한다. 본 위원회는 인종, 민족, 남녀의 다양성을 반영하여야 한다. 담임목사 또는 동사목사(co-pastors)가 고소를 제기할 때, 지방감리사가 지방평신도대표(district lay leader)와 상의하여 심문위원회를 임명한다. 5명의 위원으로 정족수를 이룬다.

¶2704. *제출된 고소장을 교회측 변호인에게 송부함. 교회측 변호인은 사법적 고소를 증빙 서류와 함께 준비하여 조사위원회에 제출함.*

1. 피고인이 감독일 때

    a) 사법적인 고소 (Judicial Complaint)—만일 고소가 ¶2702에 열거된 하나 또는 그 이상의 비위를 감독이 범하였다는 주장에 근거하고 있다면, 먼저 지역감독회 회장과 서기에게 이를 등기로 통보한다. 이 고소를 받는 즉시 지역감독회는 고소장의 사본을 피고인이 된 감독에게 전달하며, 현직 감독들에게 고소의 내용과 성격을 통보하며, 또한 같은 지역총회 또는 해외지역총회 내의 한 정회원 장로에게 이를 회부하여야 한다. 그는 이때 교회측 변호인으로 봉사한다. 봉사하기로 동의함으로써 교회측 변호인은 교회법과 <장정>을 지키겠다는 의지를 밝힌다. 교회측 변호인은, 고소한 사람의 주장을 관철하려 할 때, 교회를 대신하여 교회의 유익함을 추구하여야 한다. 교회측 변호인은 발언권이 없는 한 명의 보조 변호인을 선정할 수 있는 권리가 있으며, 그는 변호사여도 무방하다. 교회측 변호인은 고발장을 사법적 고소장으로 기안하고, 이에 서명하여 지역총회 또는 해외지역총회 조사위원회에 송부하며 (¶2703), 그는 교회를 대신하여 재판 과정에 임한다. ¶2701에 명시된 공정한 절차가 이 사법 과정에도 적용된다. 사법적 고소를 제기하기 전에 ¶2702.4에 명시된 상소 시효 조항을 검토하여야 한다.[20]

    b) 만일 ¶2702.1에 열거된 어느 비위를 범하였다고 감독에 대한 고소장이 제출되면, 교회측 변호인은, ¶2704.1a에 기술된 대로, 그 고소장과 모든 증빙 서류들을 심문위원회 위원장, 고소인 및 고소당한 감독에게 송부한다. 고소당한 감독은

---

20. 감독에 대한 공소 시효는 미래에 있을 일에 근거하여 1996년 4월 27일에 그 법적 효력을 발생하였다. 이 시점 이전에 범한 비위는 시한의 제약을 받는다. 사법위원회 판정 691, 704, 761 참조.

30일 이내에 심문위원회 위원장에게 서면으로 이에 회답할 기회가 주어져야 한다. 심문위원회 위원장은 그러한 고소장을 받은 지 60일 이내에 심문위원회를 소집한다.

c) 심문위원 가운데 5인 이상의 요청이 있으면, 지역총회 감독협의위원회는 재판이 끝날 때까지 피고인의 직권을 일시 정지시킬 수 있다.

2. *피고인이 연회 정회원 교역자, 명예 휴직 또는 해임 조치를 당한 교역자, 또는 본처목사일 때*

a) 사법적 고소—만일 고소가 ¶362의 규정을 따라 폐기되지 아니하였고, 감독이 ¶2702.1에 열거된 하나 또는 그 이상의 비위에 근거하고 있다고 판단하면, 감독은 그가 임명한 교회측 변호인에게 그 고소를 송부한다. 교회측 변호인은 감독에 의해 파송받은 정회원 교역자라야 한다. 그는 한 명의 발언권 없는 보조 변호인을 선정할 권리가 있으며, 그는 변호사여도 무방하다. 교회측 변호인은 봉사하기로 이를 수락함으로써 교회법과 <장정>을 지키겠다는 의지를 밝힌다. 감독의 위임을 받은 후, 교회측 변호인은, 하나 또는 그 이상의 고소당할 수 있는 비위에 대하여, 이와 관련된, 범하였다고 하는 사실과 주변 상황을 모두 검토하여야 한다. 검토 후, 만일 교회측 변호인이 고소당한 비위를 입증할 만한 충분한 근거가 있다고 판단하면, 그는 각 고소에 대하여 증빙서류와 함께 고소장과 그 소인을 준비하여 이에 서명한다. 교회측 변호인이 주재감독에게 고소할 준비가 완료되었다고 보고하면, 주재 감독은 재판부 의장을 선임한다. 따라서 교회측 변호인은 그 의장에게 고소장을 제출한다. 사법적 고소를 회부하기 전에 ¶2702.4에 명시된 상소 시효 조항을 검토하여야 한다.

b) 만일 교역자가 ¶2702.1에 열거된 비위로 인하여 서면으로 고소를 당하면, 감독은 정회원 교역자 한 명을 교회측 변호인으로 임명한다 (¶362.1e 참조). 교회측 변호인은 사법적 고소(judicial complaint)를 준비하고 서명하여 이를 관련된 모든 자료들과 함께 연회심문위원회 (conference committee on investigation) 위원장에게 송부하며, 그는 또한 교회의 권익을 위하여 원 고소인의 고소를 당 위원회에서 대변한다. 고소장과 모든 증빙 서류들의 사본을 피고인, 고소를 처음 제기한 고발인과 감독에게 송부하여야 한다. 피고인은 이 고소에 대한 회답을 서면으로 30일 이내에 심문위원회 위원장에게 보낼 수 있는 기회가 주어져야 한다. 연회심문위원회 위원장은 이를 접수한 지 60일 이내에 심문위원회를 소집한다.

c) 만일 심문위원회의 위원 5명 또는 그 이상의 위원들이 찬성한다면, 감독은 재판의 결과가 나올 때까지 피고인의 모든 사역 직무를 일시 정지시킬 수 있다. 그러나 ¶334에 명시된 피고인의 모든 법적 권한은 정지되지 않는다.

3. *피고인이 평신도 집사(diaconal minister)일 때*

a) 만일 집사 사역자가 ¶2702.1에 열거된 비위로 인하여 서면으로 고소를 당하면, 이에 대한 관리적 대응을 곧 시작하여야 하며 의로운 해결책을 모색할 수 있다 (¶363.1b 참조). 만일 관리적 대응이 해결을 보지 못하면, 피고인의 지방감리사는 한 정회원 교역자나 집사 사역자를 교회측 변호인으로 지명할 수 있다. 교회측 변호인은 봉사하기로 이를 수락함으로써 교회법과 <장정>을 지키겠다는 의지를 밝힌다. 교회측 변호인은 그 고소를 정리하고 서명하여 모든 연관된 서류와 함께 연회 집사 사역자 심문위원회 위원장에게 송부하며, 고소인의 주장을 위원회의 모든 회의에 전달함에 있어 교회측의 권익을 대변한다. 고소장과 모든 증빙 서류들의 사본을 피고인, 고소를 처음 제기한 고발인과 감독에게 송부한다. 피고인은 이 고소에 대한 회답을 서면으로 30일 이내에 조사위원장에게 보낼 수 있는 기회가 주어져야 한다. 연회심문위원회 위원장은 이를 접수한 지 60일 이내에 심문위원회를 소집하여야 한다.

b) 심문위원회 위원들 3분의 2 이상의 요청이 있으면, 감독은 재판이 끝날 때까지 피고인의 모든 교역상의 직무를 일시 정지시킬 수 있다.

4. *피고인이 평신도일 때*

a) 모든 경우에 있어, 목사나 지방감리사는 고정(苦情 grievance)이나 고발을 해결하도록 먼저 목회적으로 관리하는 단계를 취하여야 한다. 그러한 단계는 의로운 해결 과정(just resolution process)을 포함할 수도 있다. (의로운 해결책에 관하여 ¶362.1c를 참조하라.) 만일 그러한 목회적인 노력이 해결을 보지 못하고 고소가 정식으로 ¶2702.3에 명시된 비위에 근거하여 서면으로 제기되면, 개체교회의 담임목사 또는 동사목사(¶205.1)는 지방감리사 및 지방평신도대표와 상의하여 교회측 변호인을 지명할 수 있다. 교회측 변호인은 연합감리교회 교인이어야 한다. 교회측 변호인은 봉사하기로 이를 수락함으로써 교회법과 <장정>을 지키겠다는 의지를 밝힌다. 그는 그 고소를 준비하고 서명하여 모든 관련된 서류와 함께 심문위원회 위원장에게 송부한다.

b) 심문위원들 중 5명 이상의 요청이 있으면, 목사는

재판이 끝날 때까지 고소당한 고백교인의 모든 교회 직분을 정지시킬 수 있다.

c) <장정> ¶2702.3에 근거한 평신도에 대한 모든 고소는 서면으로 제출하며, 처음 고발을 제기한 사람이 이에 서명하여 피고인의 담임목사와 피고인에게 사본을 보낸다.

d) 피고인은 이 사법적인 고소에 대한 회답을 고소를 받은 지 30일 이내에, 심문위원회가 구성되어 이를 심의하기 전에, 서면으로 보낼 수 있는 기회가 주어져야 한다.

e) 지방감리사는 모든 위원회의 모임을 주관하며, 그는 또한 사법적 고소와 그에 대한 모든 답변의 사본을 받으며, 위원회의 모든 모임에 참석하여 발언할 권리가 있다.

¶2705. *사법적 고소의 형태*—사법적 고소장은 교회측 변호인이 준비하여 서명한다. 고소장은 고소당할 수 있는 비위(들)와 연관된 사건의 상황을 위원회에 설명하여야 한다. 모든 관련된 서류들과 기타 증거물들을 이에 첨부할 수 있다. 또한 교회측 변호인은 고소장의 원 사본과 복사할 수 있는 증거물들을 조사위원회에 보냄과 동시에 피고인과 그의 변호인에게 보내야 한다. 사법적 고소장은 ¶2702에 열거된 해당 비위를 구체적으로 명시하여야 한다.

¶2706. *심문위원회—절차*

1. *서론*—심문위원회의 역할은 고소장에 기술된 주장과 진술서를 심사하여 재판에 부칠 수 있는 타당한 근거가 있는지의 여부를 결정하는 일이다. 만일 타당한 근거가 있다고 판단되면, 본 위원회는 고소장과 진술서를 준비하고 서명하고 증명하여야 한다. 위원회의 임무는 다만 고소를 뒷받침할 만한 타당한 근거가 있는지의 여부를 가려 내는 데 있다. 유죄 또는 무죄를 판단하는 것이 본 위원회의 임무가 아니다.

2. *당사자들과 변호인*—당사자들은 피고인과 교회이다.

a) 교회측 변호인—교회측 변호인은 ¶2708.7에 규정된 대로 지명한다. 교회측 변호인은 발언권이 없는 한 명의 보조 변호인을 선택할 수 있으되 그는 변호사이어도 무방하다.

b) 심문위원회—심문위원회는 연회 법률고문이 아닌 변호사를 위원회에 자문할 목적으로 배석시킬 수 있다.

c) 피고인이 감독 또는 평신도 사역자일 때—피고인이 된 감독, 교역자 또는 평신도 사역자는 한 명의 정회원 교역자를 변호인으로 선정할 수 있어야 한다. 그는 또한 발언권이 없는 한 명의 보조 변호인을 선택할 수 있으며 그는 변호사이어도 무방하다. 어떠한 경우에나 상황에서도 피고인은 보상금이나

피고인의 변호사 고용과 관련된 비용을 지불받거나 환불받아서는 안 된다.

　　　d) 평신도 피고인의 심문—평신도는 한 명의 정회원 교역자 또는 평신도를 변호인으로 선정할 수 있어야 한다. 그는 또한 발언권이 없는 한 명의 보조 변호인을 선택할 수 있으되 그는 변호사이어도 무방하다. 어떠한 경우에나 상황에서도 피고인은 보상금이나 피고인의 변호사 고용과 관련된 비용을 지불받거나 환불받아서는 안 된다.

　　3. *일차 모임*—기본적인 시행 절차를 처음 모임에서 결정한다. 이 모임에서, 피고인과 피고인측 변호인, 처음 고소를 제기한 사람과 교회측 변호인은 위원장이 결정을 내리기 전에 절차상의 문제에 관하여 변론할 권리가 있다. 미리 정한 모든 절차와, 심문위원회가 모여 심문하는 과정에서 일어날 수 있는, 기대하지 않았던 결정들은 서면으로 적어두어 장래에 일어날지 모를 모든 경우에 참조하도록 대비한다.

　　4. *심문위원회 앞에서의 심문 (Committee on Investigation)*

　　　a) 가능하면, 피고인과 처음 고발한 이가 서로 대면하도록 하되, 이것이 불가능하더라도 그 조사가 무효로 간주되어서는 안 된다. 심문회에 관한 통지는 모든 측에 주어져야 하며, 당사자들은 증거 제시 때에 모두 출두할 수 있으되, 재판 심의 과정 때에는 참석하여서는 안 된다. 조사 진행 과정은 비공식적이어야 한다. 서약을 하여서는 안 된다 (No oaths shall be taken). 절차상의 문제는 위원장이 결정한다.

　　　b) 심문회 이전 또는 심문회 밖에서의 증인 면담—위원장은 위원회의 판단이 적절하다고 인정될 때, 위원(들)으로 하여금 증인(들)을 면담하게 할 수 있으되, 단, 3일 전에, 모이는 시간과 장소를 양측에 통지하여 이들이 모두 발언권 없이 참석한 가운데 실시한다 (참석여부는 자의에 맡긴다). 이 일을 위하여 지명받은 사람은 면담의 축어 기록에 서명하여 이를 인증한 후 위원장에게 전달한다.

　　　c) 증인 심문—심문위원회는 고소(들)를 형성하기에 충분한 근거가 있는지의 여부를 판단하기 위하여 필요하다고 인정되는 사람들을 소환할 수 있으며, 서면으로 된 정보 자료들을 요청할 수 있으되, 관리적 대응 과정에 관한 자료들을 이에 국한하지 않고 포함하여야 한다. 위원회는 변호인들로부터 심문할 증인들의 명단과 서면으로 된 자료와 질문서를 받을 수 있다. 원 고소인(들)과 피고인은 반대심문(反對訊問)을 할 권한이 없다.

심문, 재판 및 상소 ¶2706

d) 증거—본 위원회는 연관성이 있으며 신빙성이 있다고 인정되는 증언이나 증거만을 고려하여야 한다. 위원장 또는 의장은 양측의 변호인들과 상의한 후 연관성과 신빙성에 관한 논란에 대하여 판정을 내려야 한다. 상소 시효(¶2702.4)의 제약으로 말미암아, 증거로, 또는 증거에 대한 서론으로, 또는 심문위원회의 심문 과정 혹은 재판부의 재판 과정에서 축적하기 위한 증거로 제시할 수 없게 된, 사건과 관련이 있는 자료들은 위원회의 의장이 양측의 변호인들과 상의한 후, 그러한 자료들이 연관성과 신빙성이 있다고 판정될 때 채택될 수 있어야 한다.

e) 축어 기록 (verbatim transcript)—비공개 회의 이외의 모든 심문위원회의 축어 기록을 작성, 보관하여야 한다. '비공개 회의'란 위원회만 따로 모이거나 또는 변호인들과 같이 따로 모이는 것을 말한다. 만일 고소가 취하되었거나 감독에게 회부되었으면, 축어 기록을 옮겨 쓸 필요가 없으나, 그것이 있을 때에는 연회서기에게 보내어 보관하게 한다.

5. *고소장(Bill of Charge)과 소인(訴因 Specifications), 심의, 투표, 및 회부*—각 고소와 각 소인에 대한 투표는 각각 따로 실시한다. 각 위원들은 고소를 지지할 만한 정당한 사유가 있는지의 여부에 근거하여 투표하여야 할 의무가 있다. 만일 개인의 양심이나 다른 이유로 <장정>을 지지하기를 원치 않는 위원이 있다면, 그러한 위원은 이 사안에서 물러나야 하며, 그 이 대신에 대체 위원이나 <장정>을 지지하기를 원하는 다른 이들이, 위원회의 임무를 성취하게 하기 위하여, 본 위원회에 임명되어야 한다.[21]

a) 고소장과 소인—고소는 ¶2702에 열거되어 있는 하나의 고소당할 수 있는 비위를 말한다. 하나의 고소는 두 개 이상의 비위를 포함하여서는 안 된다. 같은 사람에 대하여 두 개 이상의 고소를 제기하여 동시에 재판을 받게 할 수 있다. 각 고소장에는 비위를 뒷받침하는 소인이 쓰여 있어야 한다. 각 고소장에는 사실에 대한 하나 또는 그 이상의 소인이 각각 첨부되어야 한다. 각 소인은 사실적으로 일어났었다고 하는 사실을 단독적으로 기술하여야 하며, 그것이 만일 사실로 판명되면, 관련된 비위에 대한 유죄 판정에 도움을 줄 것이다. 소인은 가능한 한, 시간과 장소와 그리고 일어났었다고 하는 사건에 대한 경위를 구체적으로 기술하여야 한다.

b) 타당한 이유의 발견과 재판을 위한 이송

(1) *피고인이 감독일 때*—고소장과 소인을 채택

---
21. 사법위원회 판정 980 참조.

하는 데에는 5명의 찬성표가 필요하다. 채택된 고소장과 소인은 고소당한 감독과 지역총회 혹은 해외지역 총회의 서기, 지역감독회의 의장과 서기, 교회측 변호인, 그리고 감독협조위원회의 위원장에게 송부한다.[22]

(2) *피고인이 평신도 집사일 때*—고소장과 소인을 채택하는 데에는 2명의 찬성표를 필요로 한다. 채택된 모든 고소장과 소인은 5일 이내에 피고인, 연회서기, 안수사역부장, 피고인의 지방감리사 및 감독에게 보낸다.

(3) *피고인이 평신도일 때*—고소장과 소인을 채택하는 데에는 5명의 찬성표를 필요로 한다. 위원회가 채택한 모든 고소장과 소인은 피고인, 구역회의 기록서기, 담임목사, 지방감리사에게 송부한다.

(4) *재판부에의 회부*—심문위원회가 채택한 고소장과 그 소인을 받은 후, 피고인은 이에 대하여 30일 이내에 응답하여야 하며, 이 기간 동안에 피고인은 지역감독회, 연회 또는 개체교회에서 탈퇴하거나, 사역직에서 물러나거나, 교역자의 자격증을 반납할 수 있다. 만일 피고인이 이 30일 기간 동안에 이에 응하지 않으면, 그를 재판부에 회부한다.

c) 위원회가 타당한 이유를 발견하지 못하였을 경우 또는 다른 결정

(1) 만일 심문위원회가 고소할 근거를 찾지 못하였다고 판단하면, 사법적 고소를 취하할 수 있다. 적절하다고 생각될 때, 위원회는 그 관심사를 교회의 적절한 책임자들에게 보내어 (감독의 경우에는 총감독회 회장 또는 서기에게, 평신도 집사인 경우에는 관할 감독에게, 평신도의 경우에는 담임목사 또는 동사목사에게) 행정적 또는 다른 조치를 취하게 할 수 있다. 이러한 결정은 피고인, 원 고소인, 교회측 변호인 및 교회의 적절한 책임자들에게 통지하여야 한다.

(2) 만일 심문위원회가 사법적 고소가 고소당할 수 있는 비위에 근거하고 있지 않다거나, 또는 다른 타당한 이유가 있다고 판정하면, 그 고소를 해당 교회 담당자(위 ¶2706.5c[1] 참조)에게 보내어 행정적 또는 다른 조치를 취하게 할 수 있다. 그러한 통지는 ¶2701.2d에 의거, 사안을 취하한다거나 또는 이중위험(二重危險 double jeopardy)으로 간주하지 않는다. 이러한 결정은 피고인, 원 고소인, 교회측 변호인 및 해당 교회 담당자에게 통지한다.

(3) 교회측 변호인과 피고인측 변호인의 건의가

---

22. 사법위원회 판정 1275 참조.

있으면, 심문위원회는 정의로운 해결책을 모색하기에 적절하다고 인정되어질 때, 그 사안을 주재감독에게 회부할 수 있다. 감독은 그 해결을 위한 과정을 시작하여야 하며, 이때 자격 있고 중립적이며 제삼자가 되는 진행자(facilitator)나 중재자의 도움을 받을 수 있다. 그러한 회부는 ¶2701.2d에 의거, 사안을 취하한다거나 또는 이중위험(二重危險 double jeopardy)으로 간주하지 않는다. 교회측 변호인과 피고인측 변호인을 포함한 해당 관련자들은 비밀보장 합의서를 포함하여 과정을 요약한 합의서에 동의하여야 한다. 만일 합의에 도달하면, 합의 확인과 조건을 포함한 합의서에, 절차에 관하여 서로 서면으로 합의하였던 관련자들이 서명하여야 하며, 제삼자에게 노출시킬 모든 사항에 대하여도 합의를 보아야 한다. 만일 이 문제의 해결이 사역자의 자격에 변화를 가져오게 되면, 비밀노출 합의서는 재허입에 있어 <장정>이 규정한 사실 설명서 제출 요구에 그 효력을 상실한다. 심문위원회는 이 합의가 실현될 때까지 당분간 이 사건의 관할권을 보유한다. 본 위원회는 해결한 합의 조건들을 주기적으로 감시하여야 하며, 모든 조건들이 이루어지면 심문위원회는 이를 증명하여 합의된 조건이 완결됨으로써 변경된 피고인의 신분을 주재 감독에게 보고하여야 한다. 만일 이 과정이 해결을 보지 못하면 그 사안은 심문위원회에 다시 이송된다. 또한 재판이 종결된 후에 재판부가 결정한 합의 조건 이행이 완결되었다는 사실을 증명할 필요가 있는 것은 심문위원회에 보내어 이를 감시하게 한다. 만일 피고소인이 재판부가 결정한 조건을 이행하지 못할 때에는 본 위원회가 재판부의 책임자에게 이를 통보하여 재판을 다시 열도록 한다.

6. *특별 심문 (Special Investigations)* — ¶2702.1*(h), (i),* 또는 *(j)*에 명시된, 고소당할 수 있는 비위들로 인하여 고소당한 피고인이 사망하거나 허입증을 반환함으로써 사법처리 과정이 재판권을 상실하게 되는 경우에는, 심문위원회가 주재감독의 요청으로 목회적인 조사를 하기 위하여 소집될 수 있다. 그러한 조사는,

(a) 사법적인 성격이 되어서는 안 된다.

(b) 증인들을 소환하고 증거를 검토할 권한이 있어야 한다.

(c) 추천할 것이 있다면 그것들도 포함하여 피고인이 속한 조직체에 특별 조사에 관한 보고를 한다.

7. *심문위원회의 기록들* — 조사 과정이 끝나면, 심문위원회가 사용한 모든 기록들은, 심문회의 기록들을 포함하여, 연회

서기에게, 감독의 경우에는 지역총회 또는 해외자역총회 서기에게 보내 이를 보관하게 하여야 한다. 그러한 문건들은 은밀히 보관하여야 한다. 단지 재판할 때 한하여, 교회측 변호인과 피고인과 재판부의 의장에게만 그 문건들을 공개할 수 있으며, 재판이 끝난 후, 그 문건들은 연회, 지역총회 또는 해외지역총회의 서기에게 돌려보내야 한다.

재판 (Trials)

¶**2707.** *재판의 기본적인 원칙들*—교회의 재판은 발생한 문제들을 해결하기 위하여 사용하는 최종적인 수단으로 인식되어야 한다. 다만 어떤 잘못을 교정하고 난제를 수정하기 위한 모든 수단과 방법을 다한 다음에야만 재판을 열 수 있다. 이러한 재판 과정은 ¶2701.4d에 규정된 상소 시효의 한도 내에서 피고인 또는 교회가 법적인 공민권을 박탈당하는 것으로 간주하여서는 안 된다. 모든 재판은 정당한 조사를 한 후에 정식으로 설치된 재판부를 통하여 기독교 정신에 입각하여 <장정>에 따라 진행한다.

¶**2708.** *일반적인 조직과 재판 전 과정*

1. *교회 재판부의 위원들 (Officers of the Court)*—재판부의 위원은 의장(¶2712.2, ¶2713.2, ¶2714.2 참조)과 의장이 임명하는 서기 및 필요하다고 인정되는 위원으로 한다. 의장은 법률고문을 대동할 수 있으되, 그가 연회 법률고문이어서는 안 되며, 재판 중에 의장을 자문하는 목적만을 위하여서 연회의 비용으로 참석할 수 있다.

2. *재판의 일시와 장소*—재판부를 소집할 책임을 진 위원은 재판을 위한 일시와 장소를 정하여 의장, 피고인, 원 고발인 및 교회측 변호인에게 통지한다. 모든 경우에 있어 이 사람들이 정하여진 일시와 장소에 나타날 수 있도록, 또한 피고인이 재판을 준비할 수 있도록 충분한 시간이 주어져야 한다. 의장이 '충분한 시간'의 뜻을 정의하되 어떤 경우에도 그것은 20일을 넘겨서는 안 된다.

3. *재판하기 전에 신청할 일들과 회부*—재판부에 회부되기 전에 일어났던 모든 진행상, 또는 본질적인 사항에 대한 불복 신청은 재판이 시작되기 전에 재판부 의장에게 신청하여야 한다. 그렇지 않으면 불복 신청을 할 권한을 박탈당한다. 진행 규칙과 그리고 고소장과 소인의 양식 및 본질에 대한 모든 이의(異議 objections)와 신청(申請 motions)은 재판이 시작되기 전에

제출하여야 한다. 의장은 그러한 모든 이의제기와 신청에 관하여 결정을 내릴 수 있으며, 진실을 밝히고 정의를 실현하기 위하여 본질을 변경하지 않는 한도 내에서 고소장과 소인의 수정을 허락할 수 있으며, 다음과 같은 사실을 발견하였을 경우에 고소장의 일부 또는 전부를 기각할 수 있다. 곧 (1) 고소의 전부 또는 일부가 법적 또는 사실적 근거를 상실하고 있거나, (2) 소인의 내용이 사실이라 할지라도 고소당할 수 있는 근거를 제시하지 못하고 있는 것. 의장은 사안이 의로운 해결을 보기 위한 과정에 적합하다고 판단되면, 이를 교회측 변호인과 피고인측 변호인과 협의하여 주재감독에게 회부할 수 있다. 감독은 그러한 과정을 마련하여야 하며, 훈련받은 중립적인 제삼자 촉진자(들) 또는 중재자(들)의 도움을 받을 수 있다. 그러한 회부는 ¶2701.2d에 의거, 사안을 취하한다거나 또는 이중위험(二重危險 double jeopardy)으로 간주하지 않을 것이다. 만일 의로운 해결을 위한 과정을 선택하면, 교회측 변호인과 피고인측 변호인을 포함한 당사자들은 비밀보장 합의서를 포함하여 절차를 요약한 합의서에 동의하여야 한다. 만일 합의가 이루어지면, 그러한 합의 내용과 조건을 포함한 합의서에, 먼저 서면으로 절차에 관하여 서로 합의하였던 같은 사람들이 이에 서명하여야 하며, 제삼자에게 노출시킬 모든 사항에 대하여도 합의를 보아야 한다. 그러한 합의서는 의장에게 송부하며, 의장은 합의서에 따라 조치를 취한다. 만일 해결을 보지 못하였으면, 그 사안은 의장에게 송부하여 다음 조치를 취하도록 한다.

4. *재판 개최지의 변경*—피고인은 재판 개최지의 변경을 요청할 수 있다. 그것은 재판부 출두 통지를 받은 지 10일 안에 재판부 의장에게 서면으로 제출하여야 한다. 의장은 피고인과 교회의 변론을 들은 후 이에 관하여 결정을 내린다. 만일 그 제의가 받아들여지면 의장은 재판할 감독구 밖의 연회를 지명하고 그 주재감독에게 통지한다. 감독은 재판부를 소집하여야 한다. 고소 비용은 그 사건이 시작된 연회가 부담한다.

5. 통보

   a) 심문, 재판 및 불복 신청과 관계된 모든 필요한 통지는 서면으로 하여야 하며, 그러한 통보를 내보내야할 사람이나 조직체, 또는 이들을 대신하는 사람이 이에 서명하여야 하며, 그것은 그 통보를 받아야 할 사람이나 조직체 앞으로 보내야 한다. 그러한 통지의 사본은 당사자들 또는 조직체의 최고 행정 책임자에게 인편으로 송달하든지, 그들의 마지막으로 알려진 주소로 송달한다. 송달 증명서를 받아서 송사 기록의 일부로 보관한다.

b) 통지서를 감독이나 또는 감리사에게 보내야 할 경우, 그들 자신이 고소의 당사자이면 그러한 통지서는, 그들 피고인을 포함하여, 감독일 경우에는 같은 지역총회 내의 다른 감독에게, 지방감리사의 경우에는 주재감독에게 보내야 한다.

6. *재판 일정과 속개*—피고인이 정당한 통보 절차에 따라 통보를 받고도 (20일간의 여유를 준 통지) 지정된 시간과 장소에 참석하기를 거부할 경우에는, 피고인 없이 재판 과정을 진행시킬 수 있다. 그러나 의장이 피고인의 불참에 타당한 이유가 있다고 인정할 경우에는, 의장이 재판을 추후로 미루어 일시를 재조정할 수 있다.

7. *변호인*—모든 사건에서 피고인은 변호인을 선정할 권리가 있으며, 그 선정된 변호인을 통하여 자기의 주장을 진술할 수 있다. 이때 피고인이 감독, 교역자, 평신도 사역자일 경우에는 연합감리교회의 정회원 교역자가 변호인이 되며, 피고인이 평신도일 경우에는 연합감리교회의 평신도 또는 교역자가 변호인이 된다. 피고인과 교회는 변호인을 통하여 구두로나 서면으로나, 또는 이 두 가지 방법으로 그 사건에 대한 자기들 입장을 설명할 수 있는 기회가 주어져야 한다. 재판부를 소집할 책임을 지고 있는 위원(¶2712.1, ¶2713.1, ¶2714.1)은 이미 변호인이 선정되어 있지 않았으면, 고소장과 소인을 접수한 지 30일 이내에 교회측 변호인을 선정한다. 감독, 교역자, 또는 본처목사를 재판할 경우에는, 정회원 교역자가 고소인의 주장을 관철하기 위하여 교회의 권익을 대변하는 교회측 변호인이 된다 (¶2704.2a, ¶2712.4).

현재 재판부에 계류 중인 사건에 관하여 전에 심의한 적이 있는 감리사회, 안수사역부, 또는 심문위원회의 위원은 아무도 교회측 변호인, 피고인측 변호인, 또는 해당 사건을 고소한 사람의 변호인으로 봉사하여서는 안 된다. 변호인이 선정되지 않은 모든 재판에서는 의장이 변호인을 지명한다. 교회측이나 피고인측 변호인은 변호사여도 무방한 한 명의 발언권 없는 보조 변호인을 선정할 권한이 있다. "발언권이 없다"는 것은 재판부에 대하여 또는 그 신문에서 발언할 권리가 없다는 것을 뜻한다. 어떠한 경우나 상황에서도 피고인은 보상금이나 피고인의 변호사 고용과 관련된 비용을 지불받거나 환불받아서는 안 된다.

8. *증인들*—당사자들이 지명하는 증인들은 출두 통지서를 받을 수 있다. 그들은 교회의 이름으로 재판부 의장이 서명한 출두 통지서를 받는다. 연합감리교회의 모든 교역자나 평신도들은 호출을 받으면 재판부에 나와 증언할 의무가 있다. 의장이

연관성이 있다고 판단한 질문에 대하여 출두하여 증언하기를 거부하는 행위는 연합감리교회의 법규와 <장정>에 대한 불복 행위로 간주될 수 있다. 단, 답변함으로써 주 또는 연방정부의 형사법에 의하여 증인이 고소당할 수 있으며, 또한 ¶341.5에 의한 교역자와의 비밀 대화를 누설하여야 할 위험이 있다고 진실로 주장할 때에는 예외로 한다.

9. *증인의 자격*—증인은 연합감리교회의 교인이 아니어도 증인이 될 자격이 있다.

10. *재판부 밖에서의 증언*—계류 중인 사건을 취급하는 모든 재판부의 의장은 당사자들이나 증인들이 필요로 할 때, 당사자의 요청에 의하여 교역자이든 평신도이든, 한 사람 또는 여러 사람들에게 위임하여 증인들을 신문하게 할 권한이 있다. 단, 반대측에게 3일간의 여유를 두고 일시와 장소에 관하여 통지하여 주어야 한다. 이것을 요청한 쪽이 그 타당한 이유를 증명하여야 하며, 또한 그러한 재판부 밖에서의 위임된 증언에 드는 모든 비용을 책임져야 한다. 양측 변호인들은 증인(들)을 신문하고 반대 신문을 할 수 있으며 그 기록을 남겨야 한다. 그렇게 위임받은 이(들)는 양쪽 증인들의 증언을 기록하여 둔다. 그 증언록은 위임받은 이(들)가 서명하여 사건 담당 재판부 의장에게 송부한다.

11. *고소장과 소인에 대한 수정 (Amendments to Bill of Charges and Specifications)*—변호인들과 상의한 후 재판부 의장은 고소장을 수정하거나 또는 심문위원회가 그것을 수정하도록 요청할 수 있다. 단, 이 경우, 그 내용을 본질적으로 변경하거나 피고인이 알지 못하는 내용을 새로 첨가하여서는 안 된다. 수정할 수 있는 것은 고소장의 기술 형식에 관한 것에 한한다. 의장이 고소장에 대한 수정안(들)을 기각하면, 그것(들)은 재판부에 증언의 형식으로 제출될 수 없다. 심문위원회가 사전에 제외시킨 고소장이나 소인은 증언 형식으로나 그 외의 어떤 형식으로든 재판부에 상정될 수 없다.

12. *공개 또는 비공개 재판*—재판부의 심의는 비공개로 한다. 그밖의 모든 재판 과정은 공개로 진행한다. 의장은, 특별한 사정이 생겼다거나, 양측 변호인들의 제의에 대한 판단으로나 또는 자기 재량에 따라, 어떤 특정한 날의 재판을 비공개로 진행할 수 있다. 그러나 모든 신문하는 부분에 한하여 의장, 재판부 위원들, 처음 고소를 제기한 사람, 교회를 대표하는 사람 및 교회측 변호인, 피고인, 그리고 피고인측 변호인은 언제나 재판정에 참석할 권한이 있다.

13. *여러 명을 위한 합동 재판*—여러 명의 사람들이 같은 시간과 장소에서 같은 비위를 저질렀을 경우, 그들에 대한 재판은 같은 비위를 위한 재판으로 한데 묶을 수가 있다. 의장이 합동 재판에 대한 결정을 내린다.

¶**2710**. *재판의 소집과 조직*

1. *재판의 소집*—재판 소집인은, 서면으로 피고인에게, 피고인이 통지를 받은 지 20일 이내에 그가 지정한 일시와 장소에 출두할 것을 통지하여야 하며, 그후 적당한 시간 내에 재판부 위원 선정에 관하여 통지하여 준다.

2. *재판부위원 후보들*—지정된 시간에 피고인, 피고인측 변호인, 교회측 변호인 및 의장이 입회한 가운데, 13명의 재판부 위원을, ¶2712.3, ¶2713.3, ¶2714.3에 따라 선정된 35명 또는 그 이상의 후보 위원들 가운데서 선발한다. 본 위원회에 인종, 민족, 남녀의 다양성을 대표하는 사람들이 포함되도록 특별한 주의를 기울여야 한다.

3. *재판부위원들의 선정 (Selection of the Trial Court)*—현재 재판부에 계류 중인 사건에 관하여 전에 심의한 적이 있는 감리사회, 연회안수사역부, 또는 심문위원회의 위원은 아무도 교회측 변호인으로 임명될 수 없으며, 피고인 또는 고소를 제기한 측의 변호인으로도 봉사할 수 없다. 교회측 변호인과 피고인은 각각 네 번까지 재판부위원 선정에 있어 이유불요(理由不要 peremptory challenges) 기피를 할 수 있으며, 정당한 주장을 위하여 무한정으로 기피할 수 있다. 재판부위원의 수가 주장에 의한 기피로 13명 이하로 줄어들었을 때에는, 처음 후보위원들이 선정된 바와 같은 방법으로 공석을 채우기 위하여 추가 후보 위원들을 공천하여야 하나, 그들도 주장에 의한 기피 대상이 된다. 재판부위원 13명과 대체위원 2명이 모두 선정될 때까지 이러한 과정을 밟는다.

4. *대체위원*—2명의 대체위원은 재판의 참관인으로 참석하여 13인 중 의무를 다하지 못하는 사람이 생길 경우, 대신 그 자리를 채운다. 그러나 피고인과 교회측 변호인이 합의하면 이보다 더 적은 수의 위원으로 재판을 진행할 수 있다.

5. *재판정에서의 질문*—재판부위원은 대체위원을 포함하여 의장의 승인하에 증거가 제시된 사안에 대하여 질문을 할 수 있다.

¶**2710**. *재판을 위한 지침과 규칙*

1. *의장의 권한*—재판이 시작되면 의장은 교회측 변호인과 피고인측 변호인과 합의하여 그들의 발언 시간을 제한할 권한이

심문, 재판 및 상소 ¶2710

있다. 단, 이때 양쪽에게 똑같은 시간을 주어야 한다. 의장의 권한은, 교회와 피고인들의 주장과 발언에 대한 판정, 증거로의 채택 여부, 정회와 휴회 선언, 속개 선언, 재판부위원들에게 해당 사건과 연관된 교회법에 관하여 재판 개시 직전 또한 판결을 내리기 위하여 그들이 퇴정하기 전에 설명하여 주는 일, 또한 보통 일반 사회 배심원 법정의 판사에게 주어진 권한과 같은 것에 국한되어 있다. 따라서 의장은 피고인의 유죄 또는 무죄를 판결할 권한이 없으며, 이는 재판부위원들(배심원)의 고유한 권한에 속한다.

2. *재판 순서*—재판부위원을 선정한 다음 각 변호인은 어떤 증거를 제시할 것인가에 대하여 재판부에 먼저 설명한다. 그후 증인 심문과 신빙성 있는 문건을 제시함으로써 증거를 제시하여야 한다. 각 변호인은 재판부 위원들이 심의하기 직전에 마지막 발언을 한다. 그 다음 재판부위원들에 의한 심의와 판결이 따른다.

3. *선서*—선서하는 행위는 필요하지 않다. 재판이 시작될 때 의장은 모든 당사자들에게 교인의 의무와 책임 (¶218) 및/또는 안수사역 위임의 성약(¶304.2와 ¶330.5c[3])을 상기시켜야 한다.

4. *답변 (Plea)*—재판이 시작할 때 의장은 피고인에게 고소에 대한 답변을 할 것을 요청하며 그 답변은 곧 기록하여 놓아야 한다. 만일 피고인이 "유죄"라고 답변하면 재판은 더 이상 필요없으나, 증거는 곧 판결에 합당한 징계를 위하여 확보한다. 만일 피고인이 "무죄"라고 답변한다든가 답변을 무시하거나 거절하면 이를 무죄로 간주, 재판을 계속한다. 피고인은 아래에 명시된 경우를 제외하고 재판 중 언제나 증거와 증인들의 증언을 제시할 수 있으며 자신을 변호할 권한이 있다.

5. *휴식과 재판 진행*—재판부는 필요하거나 편리할 때 언제나 수시로 휴식(휴게, 정회, 휴회)을 취할 수 있다. 휴식하는 동안 재판부위원들은 절대로 본 사건에 대하여 서로 또는 다른 사람과 이야기를 나누어서는 안 되며, 이에 관한 정보 매체의 보도를 보아서도 안 된다. 양측 변호인과 협의한 후, 의장이 필요하다고 인정할 경우에 한하여 재판부위원과 예비위원은 위원으로서의 임무를 사임할 수 있다. 재판부위원이나 예비위원에게 압력을 가하거나 간섭하는 행위는 연합감리교회의 법규와 <장정>에 대한 위반으로 간주한다. 의장은 판결이 내려질 때까지 남아서 재판을 주관하며, 그때 판결문에 서명함으로써 이를 인증한다.

6. *이의 (異議) 제기와 판정 (判定 Rulings)*—어느 쪽이

제기한 것이든, 재판 과정 중에 제기한 이의는 기록하여 둔다. 재판하기 전에 있었던 상소(appeals)와 이의(異議 objections)와 신청(申請 motion)에 대한 판정은 기록하여 둔다. 재판 과정 중에 제기한 변호인들의 모든 이의와 신청은, 재판하기 전에 공개 법정에서 하여야 하며, 그것은 거기에 대한 의장의 판정과 함께 기록하여 두어야 한다.

7. *증인 배제*—고소인과 피고인을 제외하고, 상대측이 동의하지 않는 한, 증인은 상대측의 증인이 증언하는 동안에 증언할 수 없다. 증언하는 데 있어서는, 증인을 세운 측이 먼저 증인을 심문하고, 상대측은 나중에 반대 심문을 한다. 의장은 증거의 타당성이나 합법성 여부에 대한 질문에 대하여 판단할 권한이 있다.

8. *재판 기록*—모든 재판 진행의 축어 기록은 속기사에게 기록하도록 하며, 그것이 여의치 않을 경우에는 다른 방법으로 기록하여 서면으로 정리한다. 의장 또는 서기는 이를 확인하여야 할 의무가 있다. 이 기록은 재판에서 제시된 증거물이나 문건과 함께 추후에 취하여질 상소의 자료로 보관한다.

9. *증거*—6년간의 상소 시효 제약으로 말미암아 증거로, 증거에 대한 서론으로, 또는 심문위원회의 조사 과정 혹은 재판부의 재판 과정에서 축적하기 위한 증거로 제시할 수 없게 된, 사건과 관련이 있는 자료들은, 위원회의 의장이 양측의 변호인들과 상의한 후, 그러한 자료들이 연관성과 신빙성이 있다고 판정될 때, 채택될 수 있어야 한다. 의장의 판단에 연관성과 신빙성이 있다고 사료되는 증거 서류들은 재판 기간 중 재판부가 보관하고 있어야 한다.

10. *의장의 지시*—의장은 증거를 검토하거나 설명하여 사건의 시비를 가리는 일에 관여할 수 없다. 의장은 재판부가 판결을 심의하는 동안 법규나 진상에 대하여서 어떠한 견해도 표명할 수 없다. 양측 변호인 어느 쪽에서든 요청을 받으면, 의장은 재판부위원들에게 연관된 교회법에 관하여 설명하여 주어야 한다. 의장은 재판 초에나 재판 중이나 또는 판결 심의를 하기 전에 지시 사항을 전달할 수 있다. 재판부가 판결을 심의하는 중이라도 요청이 있으면 이에 응할 수 있다. 의장은 증거를 검토하거나 설명할 수 없으며, 사건의 공과에 대하여 언급하여서도 안 된다.

¶2711. *재판부의 권한*

1. *지시, 자격 상실, 투표 및 징계 (Verdicts)*—재판부는 피고인을 재판할 전권을 가진다. 고소를 마지막 처리할 때까지

재판부는 계속 존재한다. 재판부의 정규위원 또는 대체위원 중에서 모든 모임에 참석하지 못한 위원은, 그 사건의 최종 판결을 위한 투표에 참가할 수 없으며, 나머지 위원으로 재판을 계속하도록 한다.

2. *투표*—고소 유지와 유죄를 입증하기 위하여 9개 이상의 가(可)표가 필요하다. 가표가 9표 이하인 경우에는 무죄로 간주한다. 유죄 판결을 위한 확실한 입증은 분명하고도 설득력 있는 증거에 의존하여 이루어져야 한다. 재판부는 의장에게 각 고소장과 각 고소마다 내린 결정을 전달하여야 한다. 재판부의 결정은 지역총회 또는 해외지역총회의 상소 위원회에 상소하지 않는 이상 최종적인 것이다.

3. *벌칙: 유죄 판결이 났을 경우*—어떤 벌칙을 적용할 것인가에 관하여 변호인은 계속 증언하며 변론할 수 있다. 재판부가 벌칙에 관하여 결정하여야 하며, 여기에는 적어도 위원 7명의 찬성표가 필요하다. 유죄가 확정되면, 재판부는 피고인을 고백교인 명부에서 삭제하거나, 피고인의 연회원 신분을 정지시키거나, 위임, 안수, 또는 성별한 것을 무효화하거나, 피고인으로 하여금 교회의 직분을 행사하지 못하도록 하거나, 또는 이보다 덜한 처벌을 정할 권한이 있다. 재판부에서 정한 징계는 재판부가 따로 정하지 않는 이상, 곧 그 효력을 발생한다. 상소를 통하여 재판부가 정한 처벌이 변경되었거나 감소되었을 경우에는, 피고인은 자격이 회복되거나 또한 적절한 보상을 받아야 한다. 그러나 어떠한 경우에나 상황에서도 피고인은 보상금이나 피고인의 변호사 고용과 관련된 비용을 지불받거나 환불받아서는 안 된다.[23]

¶2712. *감독에 대한 재판*

1. 지역총회나 해외지역총회의 지역감독회장이 ¶2709에 의거, 재판부를 소집한다. 회장이 피고인일 경우에는 지역감독회 서기가 재판부를 소집한다.

2. 지역감독회 회장(회장이 피고인인 경우에는 서기가)은 본인이 직접 주재하거나 다른 감독을 의장으로 지명하여 주재하게 한다.

3. 교회 재판부는 ¶2709에 명시된 대로, 지역총회나 해외지역총회 안에 있는 모든 감독구로부터 거의 같은 수의 정회원 장로들을 지역감독회가 지명하여 소집한다. 소집 대상 후보위원은 정회원 장로 35명 또는 그 이상으로 한다. 후보위원들을 선정할 때에는, 인종, 연령, 민족, 남녀의 다양성을 대표하는 사람들이 포함되도록 특별한 주의를 기울여야 한다.

---

23. 사법위원회 판정 1201 참조.

4. 교회측 변호인은 감독이나 다른 정회원 교역자로 한다.

5. 재판이 끝나면 교회 재판부는 재판에 관련된 모든 문건들을 지역총회나 해외지역총회의 서기에게 송부하며, 서기는 이를 관리한다. 만일 상소가 있으면, 서기는 보관하던 자료를 사법위원회에 보낸다. 상소 절차가 끝나면 그 기록은 다시 지역총회나 해외지역총회의 서기에게 반송한다.

6. 자격이 일시 정지된 감독은 본봉, 주택비, 연금, 기타 연관된 혜택 등 감독실기금을 청구할 수 있다. 자격이 박탈된 감독은 자격을 박탈당한 날부터 감독실기금을 청구할 수 없다.

¶2713. *연회의 교역자 회원, 본처목사, 명예사직 또는 해임조치 중인 교역자, 또는 평신도 사역자에 대한 재판*

1. 피고인의 감독이 ¶2709에 의하여 재판부를 소집한다.
2. 피고인의 감독은 다른 감독을 의장으로 지명한다.
3. *a)* 교역자 회원 또는 본처목사에 대한 교회 재판부는 ¶2709에 명시된 대로, 거의 같은 수의 정회원 장로들로 구성한다. 소집 대상 후보위원은 정회원 장로 35명 또는 그 이상으로 한다. 해당 연회 안에서 해당되는 카테고리의 인원을 확보할 수 없을 경우에는 다른 연회로부터 충원한다. 지방감리사가 모든 후보위원들을 임명한다. 후보위원들을 선정할 때에는, 인종, 연령, 민족, 남녀의 다양성을 대표하는 사람들이 포함되도록 특별한 주의를 기울여야 한다.

b) 평신도 사역자에 대한 재판을 위하여 ¶2709에 근거, 35명 이상의 평신도 사역자들로 구성하는 교회 재판부를 소집한다. 이때 필요하다면, 평신도 사역자가 아닌 교인을 위원으로 선정할 수 있다. 본 재판부에는 인종, 민족, 남녀의 다양성을 대표하는 사람들이 포함되도록 특별한 주의를 기울여야 한다.

4. 교회측 변호인은 정회원 교역자이어야 한다.
5. 재판이 끝나면, 교회 재판부는 재판에 관련된 모든 문서들을 연회서기에게 송부하여야 하며, 서기는 이를 관리한다. 이 문서들은 비밀 사항으로 취급되어야 한다. 이 문건들은 피고인과 그 사건을 처리한 교회 재판부의 의장이 공동으로 서명하여 허락하지 않는 한, 상소나 재판상의 이유 이외의 어떤 목적으로라도 타인에게 공개될 수 없다. 만일 상소가 있으면, 서기는 관리하던 자료를 지역총회나 해외지역총회의 상소재판부(court of appeals) 의장에게 송부한다. 만일 이 자료를 송부받을 의장이 선정되지 않았으면, 지역감독회장이 지정한 상소재판부 위원에게 그 자료를 송부한다. 상소 절차가 끝나고 더 이상 법률 문제에 관하여 사법위원회에 상소하지 않는 이상, 재판에 관련된

심문, 재판 및 상소 ¶2715

모든 자료는 연회서기에게 다시 반송한다. 사법위원회에 상소하는 경우에는 그 자료들을 사법위원회 서기에게 송부한다.[24]

¶2714. *개체교회의 평신도에 대한 재판*

1. 평신도에 대한 재판을 위하여 ¶2709에 근거, 피고인의 지방감리사가 재판부를 소집한다.

2. 지방감리사는 재판부의 의장으로 사회할 수 있으며, 그가 원한다면 다른 지방감리사를 재판부의 의장으로 지명할 수 있다.

3. 교회 재판부는 ¶2709에 명시된 대로, 피고인의 교회가 아닌 같은 지방의 다른 교회 고백교인들 중에서 선정된 35명 또는 그 이상의 후보위원들로써 구성한다. 후보위원의 임명은 지방감리사가 하되 지방평신도대표(distrit lay leader)와 상의하여 할 수 있다. 후보위원들을 선정할 때에는, 인종, 연령, 민족, 남녀의 다양성을 대표하는 사람들이 포함되도록 특별한 주의를 기울여야 한다.

4. 교회측 변호인은 연합감리교회의 고백교인 또는 교역자라야 한다.

5. 피고인은 재판 장소의 변경을 요청할 수 있다. 이 요청은 재판정 출두 통지서를 접수한 후, 10일 이내에 재판부에 서면으로 제출하여야 한다. 의장은 피고인측과 교회측으로부터 견해를 청취한 후, 그 요청의 수락 여부를 결정한다. 이 요청이 수락되면, 의장은 재판을 위하여 원래의 지방 이외의 다른 지방을 재판 장소로 지정하고, 이 사실을 그 지방감리사에게 통지한다. 후보위원 35명은 그 지방의 고백교인 중에서 선정한다. 이에 사용되는 모든 경비는 연회가 부담한다.

6. 재판부는 본 고소가 의심할 여지없이 확증되었다고 인정할 때에는 피고인의 연합감리교회 고백교인 자격을 정지시키는 것을 포함한 처벌을 가할 수 있다. 그러나 재판부는 먼저 ¶221의 규정을 충족시킬 수 있는 다른 개선의 방도를 강구하여야 한다.

7. 재판이 끝나면, 교회 재판부는 재판에 관련된 모든 서류를 구역회 서기에게 송부한다. 만일 상소가 있으면, 서기는 모든 서류를 지방감리사에게 송부한다. 상소 절차가 끝나면 그 기록은 다시 구역회 서기에게 반송하여 보관한다.

상소 (上訴 APPEALS)

¶2715. *상소 절차—개요*

1. 상소를 원하는 경우, 상소인은 원심이 확정된 이후 30

---

24. 사법위원회 판정 751, 1201, 1250 참조.

¶2715

일 이내에 서면으로 상소 의사를 통고하여야 한다 (¶2716.2, ¶2717.1, ¶2718.2). 이때, 상소인은 상소 의사를 통고받을 위원과 교회측 변호인에게 상소의 근거가 될 진술서를 제출한다. 상소위원회는 상소인이 제출한 진술서의 사안만을 심사한다.[25]

2 상소위원회가 교회 재판부의 조사 결과나 판결을 전면 혹은 부분적으로 파기하거나, 재조사나 재판결을 요청할 때, 또는 재판부에 의하여 결정된 징계가 변경되어야 한다고 판단될 때, 상소의 근거가 된 진술서를 조사위원회나 교회 재판부의 소집권자에게 반송한다.

3. 피고인이 직접 또는 변호인을 통하여 조사나 재판에 응하지 않았으면 상소를 허락하여서는 안 된다. 정식으로 상소가 받아들여졌을 경우라 하더라도 상소인이 다음과 같은 행위로 상소 청원권을 박탈당하면 그 상소는 기각된다. 즉, 교회 재판부의 결정에 따르기를 거부하는 경우, 또는 교단으로부터 탈퇴하는 경우, 직접 또는 변호인을 통하여서 상소심 처리를 위하여 요구되는 출두를 거부하는 경우, 또는 상소에 따른 최종 판결이 나기 전에 고소인이나 상소 사항을 처리하는 데 관련된 당사자를 일반 법정에 고소할 때.[26]

4. 무관심 등, 기타 무슨 사유로 인하여서든지 한 번 박탈당한 상소권은 다시 회복될 수 없다.

5. 상소인이 사망하더라도 상소 신청권은 그의 상속자나 법적 대리인에 의하여 그대로 유효하며 그들이 상소 절차를 진행할 수 있다.

6. 증거물을 포함한 재판상의 모든 기록이나 서류만이 상소의 심의 자료가 될 수 있다.

7. 상소 기구는 다음의 두 사항만을 결정한다. *(a)* 제시된 증거가 고소에 타당한 것이었는가? *(b)* 판결이나 징계에 있어서 교회법 적용상의 착오가 있었는가? 상소위원회는 어떠한 증언도 청취할 수 없다.

8. 상소가 상소위원회에 의하여서 받아들여지면, 고소장과 조사 결과, 그리고 그 증거를 판독한 후에 당사자들은 물러가고 상소위원회가 이를 심문하고 판정한다. 상소위원회는 심문위원회나 교회 재판부의 조사 결과나 판결을 전면 혹은 부분적으로 파기할 수 있으며, 원심에서의 판결이나 징계를 재고하도록 새 재판을 지시할 수 있다. 상소위원회는 징계의 양을 결정할 수 있으나, 그 양이 원심에서 결정한 것을 초과할 수는 없다. 상소위원회가

---
25. 사법위원회 판정 826 참조.
26. 사법위원회 판정 3 참조.

원심의 판결 사항에 대하여 이의가 없다고 판단하는 경우에는 원심의 판결이 그대로 유효하게 된다. 상소위원회가 원심의 판결에 이의를 제기할 만한 사항을 확보하였더라도, 그것이 원심의 판결을 변경할 만한 것이 아니면, 원심의 판결을 파기하거나 새로운 심의나 재판을 요구할 수 없다. 상소위원회의 모든 결정은 다수결 원칙을 따라 행한다.

9. 모든 경우에 그 사건의 시비가 해당 재판부에서 일단 심의된 후에는 더 이상의 증거를 제시할 수 없다. 다만 교회법에 관한 의문이 제기되는 사항에 한하여서만 단계별로 사법위원회에 상소할 수 있다.

10. 교회측은 재판부에서 얻은 자료로 상소할 권리가 없다. ¶2702에 의하여 조사는 하였으나 재판은 하지 않은 경우, 터무니없는 교회법 또는 행정상의 오류를 범한 것에 대하여 교회측 변호인이 지역총회의 상소위원회에 상소할 수 있다. 고소장을 인증하지 않기로 한 심문위원회의 결정은, 그 자체만으로는 터무니없는 교회법 또는 행정상의 오류를 범한 행위로 성립되지 않는다. 상소위원회가 이 부분에서 터무니없는 교회법 또는 행정상의 오류를 발견하게 되면, 새로운 심문을 위하여 그 사안을 재판부에 환송할 수 있으며, 이러할 경우 상소위원회는 그러한 결정을 하게 된 근거에 대한 진술서를 조사위원회의 위원장에게 돌려보낸다. 이것은 이중위험(二重危險 double jeopardy)이 되어서는 안 된다.[27]

11. 절차상의 문제는 상소 기구의 의장이나 서기에게 제기할 수 있다. 사건이 아직 계류 중인 경우에는, 어떠한 경우라도 한 당사자가 다른 당사자가 불참한 가운데 상소 기구의 위원들과 본질적인 문제에 대하여 논의 하여서는 안 된다 (¶2607, ¶2701.4 참조).

12. 사법 행정상의 모든 사안에 있어 선교연회와 잠정연회의 교역자 회원 및 평신도 사역자들의 권리, 의무, 책임은 일반 연회원들의 것과 동일하며 그 절차도 똑같다.

13. 상소 기구의 위원들과의 접촉은 절차상의 문제에만 국한하여야 하며, 다만 이 기구의 의장 또는 서기에게만 하여야 한다. 어떠한 경우에라도 본질적인 문제를 논의하여서는 안 된다.

¶**2716**. *감독, 연회교역자회원, 명예사직 또는 해임조치 중인 교역자, 본처목사 또는 평신도 사역자의 상소*

1. 각 지역총회와 해외지역총회는 지역감독회의 추천으로 4명의 교역자, 1명의 평신도 사역자, 1명의 전임 본처목사,

---

27. 사법위원회 판정 985 참조.

¶2716

적어도 6년 동안 계속하여 연합감리교회 교인으로 있었던 3명의 평신도 및 이에 상응하는 같은 수의 대체위원으로 구성된 상소위원회를 선출한다. 본 위원회는 후계자들이 선출될 때까지 봉사한다. 상소인이 속한 감독구의 연회원은 아무도 본 위원회의 신문회에 참여할 수 없다. 결원은 지역감독회가 보충한다.

상소위원회(committee on appeals)는 지역총회 또는 해외지역총회 내의 연회, 잠정연회, 선교연회에 속한 감독, 연회교역자회원, 명예사직 (members on honorable) 또는 해임조치 중인 교역자 (administrative location), 본처목사 및 평신도 사역자들의 상소를 듣고 결정을 내릴 수 있는 전적인 권한을 가지고 있다. 본 위원회는 위원장과 서기를 선출하며, 절차에 관한 자체 내의 규칙을 채택한다. 본 위원회의 결정은 최종적인 것이나, 다만 지역총회 상소위원회 및 해외지역총회 상소위원회의 절차와 관계된 법의 문제에 한하여, 또는 ¶2609.8 규정에 의하여 사법위원회에 상소할 수 있다. 지역감독회가 지명한 감독이 지역총회 또는 해외지역총회가 모이는 곳에서 위원들을 선출하기 위하여 본 위원회를 소집한다.

2. 교회 재판부에서 유죄 판결을 받은 감독, 교역자회원이나 본처목사, 명예사직 또는 해임조치 중인 교역자 혹은 평신도 사역자는 지역총회 혹은 해외지역총회의 상소위원회에 상소할 권리가 있다. 이 경우에, 피고인은 유죄 판결이 내려진 후, 30일 이내에 상소 의사를 연회 주재감독 또는 (감독이 상소인일 경우에는) 지역감독회 의장이나 재판부 의장에게 서면으로 통고하여야 한다.

3. 교회 재판부 의장은 상소 의사를 통고받은 즉시 이를 지역총회 혹은 해외지역총회의 상소위원회 서기에게 통보하고, 그 사안의 서류를 송부하여야 한다. 만일 그 서류가 연회 서기에게 송부된 것이면, 그로 하여금 그 문건을 상소위원회 의장에게 송부하도록 지시하여야 한다. 지역총회 혹은 해외지역총회의 상소위원회는 상소가 심의될 일시와 장소를 상소를 접수하는 연회 주재감독, 또는, 감독이 상소인일 경우에는, 지역감독회 의장 또는 서기와 피고인에게 180일 이내에 통고하여야 한다. ¶2708.7의 규정에 따라, 연회, 선교연회 또는 잠정연회와 상소인은 모두 변호인을 선정하여 사건을 처리하게 할 수 있다. 연회 주재감독, 또는 감독이 상소하는 경우에는, 지역감독회의 의장 또는 서기가 교회측 변호인을 지명한다.

4. 연회에서 올라온 상소를 지역총회 혹은 해외지역총회 상소위원회가 심문회를 열어 그 상소를 처리할 때, 상소위원회가

자문을 얻기 위하여 고용한 법률고문의 경비를 포함한 위원회의 모든 필요한 여비와 유지비는, 그 절차가 시작된 지역총회 또는 해외지역총회의 행정기금에서 지출한다. 상소위원회의 위원장은 모든 경비를 승인한다. 교회측 변호인의 경비는 연회가 지불한다. 피고인측 변호인의 경비는, 상소위원회가 공정성을 유지하기 위하여 연회 또는 지역총회에 지불하도록 명하기 전에는, 피고인이 지불한다.

¶2717. 평신도의 상소

1. 교회 재판부에서 유죄 판결을 받은 평신도는 상소를 신청할 권리가 있다. 유죄 판결을 받은 평신도가 상소를 신청하기 원하면, 유죄 판결이 있은 지 30일 이내에 담임목사와 지방감리사에게 상소 의사를 통지하여야 한다.

2. 상소 의사를 통고받은 지방감리사는 그 통지를 접수한 후 10일에서 30일 이내에 관련된 모든 당사자들에게 상소위원회의 소집을 서면으로 통지한다. 이 통지에는 소집 일시와 장소가 포함되어야 한다.

3. 상소위원회는 다음과 같은 방법으로 구성한다. 곧 지방감리사는 우선 연회 내의 상소인이 속한 교회가 아닌 연합감리교회의 개체교회 고백교인 중에서 11명을 지명한다. 이들은 교회 재판부의 위원이었던 사람이면 안 되며, 평신도대표이거나 연회평신도회원이어야 한다. 이렇게 지명된 교인 중에서 7명 내지 11명을 상소위원회 소집 시에 선출하여 위원회 위원으로 봉사하게 한다. 피고인측 변호인과 교회측 변호인은 이에 이의를 제기할 수 있으며, 의장인 지방감리사는 제기된 이의의 타당성 여부를 결정할 권한이 있다.

4. 지방감리사는 상소위원회의 심문 결과를 피고인의 담임목사에게 인증하여 주어야 한다.

¶2718. 기타 상소들

1. 법규에 관한 문제로 제기된 상소는 다음과 같이 처리한다. 곧, 구역회나 지방회를 사회하는 지방감리사의 결정에 대한 문제는 연회 주재감독에게, 연회와 해외지역총회를 주재하는 감독의 결정에 대한 문제는 사법위원회에 상소한다.

2. 법규에 관한 문제로 제기된 상소가 받아들여지면, 이 사실을 상소를 제기한 기구의 서기에게 서면으로 통고한다. 이를 통고받은 서기는 제기된 질문과 그것에 대한 의장의 결정이 의사록에 정확하게 기록되었는지 확인한다. 또한 서기는 질문 내용과 의장의 결정이 기록된 의사록의 사본을 만들어 이를 인증한 후, 상소를 접수할 의회 서기에게 송부한다. 인증된 사본을

¶2718

접수한 서기는 공개 회의에 이를 제시하고, 이를 판정하도록 의장에게 제출한다. 이렇게 제출된 사안은 이를 처리하는 의회가 최종적으로 폐회하기 전에 판정이 완료되어야 한다. 이 최종 판정은 그 문제에 대한 처음 판정과 함께 최종 담당 의회의 의사록에 기록되어야 한다. 이와 같은 절차는 앞으로 제기되는 모든 상소심에 동일하게 적용된다.

3. 행정 과정에서 일어나는 절차상의 문제에 관한 상소 순서는 아래와 같다. 곧 연회관계위원회의 결정은 행정문제에 관하여 첫 관할권을 가지고 있는 행정재심위원회로, 행정재심위원회의 결정은 상소인이 속하여 있는 해외지역총회 또는 지역총회 상소위원회로, 그리고 지역총회 상소위원회의 결정은 사법위원회로.

4. 상소가 행정 과정에서 일어나는 절차상의 문제에 관한 것일 때,

a) 모든 상소 재판의 경우에, 상소인은 30일 이내에 서면으로 된 상소장을, 상소하는 이유를 적어 이를 접수하는 책임자에게 전달하여야 하며, 상소재판부의 심문(訊問 hearing)은 상소하는 이유에 국한하여야 한다.

b) 상소재판부는 행정적 신문 소집자(책임자)와 상소인에게 상소재판부 결정의 근거를 서면으로 통지하여야 한다.

c) 피고소인이 불참하거나 혹은 본인이나 대리인(변호인)이 참석하기를 거부하였을 경우, 상소는 절대로 허락되어서는 안 된다. 상소인이 비위를 저질렀기 때문에, 교회를 떠났기 때문에, 본인이 직접 출석하거나 변호인이 상소하지 않았기 때문에, 혹은 상소에 관한 최종 결정이 나기 전에 교회의 행정 절차와 연관된 당사자들을 일반 법정에 고소함으로써 상소인이 상소할 권리를 박탈당하였다고 재판부가 인정하기 전에는 상소는 적법한 상소 재판부가 심문한다.

d) 상소할 권리는 태만이나 다른 이유로 인하여 한 번 박탈당하면 이를 다시 회복할 수 없다.

e) 상소할 권리가 있는 사람은 비록 사망하였더라도 그 영향을 받지 않는다. 법적인 후견인이 그를 대신하여 그가 살아 있을 때 하였을 상소를 할 수 있다.

f) 무슨 증거물이든 이를 포함하여 행정 절차의 기록들과 문건들만 상소 신문에서 사용하여야 한다.

g) 상소재판부는 단 한 가지 문제만 다루어야 한다. 행정 기구의 추천 및/또는 결정에 교회법을 무효화시킬 만큼 오류가 있는 것인가? 이 질문은 행정 절차의 기록들과 당사자들의 공식 대표들의 변론에 근거하여 결정되어야 한다. 상소재판부는 절대로

증인의 말을 들어서는 안 된다. 다만 재판부의 자문에만 응할 목적으로 자문 변호사를 참석시켜도 무방하다.

h) 만일 재판부가 오류가 발생하였다고 인정하면, 당사자나 해당 기구에 오류를 제거할 방도를 취할 것을 건의하거나, 오류가 해를 끼치지 않는다고 결정하거나, 이밖에 다른 행동을 취한다. 재판부는 판정을 번복하거나 결과에 아무 영향도 주지 않는 오류 때문에 새로운 신문을 재개하여서는 안 된다. 재판부의 모든 결의는 다수결로 한다.

i) 모든 재판의 경우, 적법한 행정 심문 기구에서 한 번 그 타당성에 대하여 심문이 끝나면 증거 제출은 이미 끝난 것으로 간주한다. 그러나 교회법에 관한 문제는 단계적으로 상소하여 사법위원회까지 올라갈 수 있다.

j) 절차에 관한 질문은 상소재판부의 위원장이나 서기에게 물어 볼 수 있다. 어떠한 경우에도 사건이 미결 중에 있는 동안, 한 당사자는 다른 당사자가 부재한 가운데 상소부위원들(members of appellate body)과 본질적인 주요한 부분에 대하여 의논하여서는 안 된다

k) 어느 상소재판부이든 상소부의 위원들과 접촉하는 것은 절차상의 문제에만 국한되어야 하며, 질문은 다만 재판부의 의장이나 서기를 통하여서만 하여야 한다. 어떠한 경우에도 본질적인 주요한 문제에 대하여 그들과 논의하여서는 안 된다.

기타 여러 가지 규정

¶**2719**. 1. 자기가 속한 연회 경계 밖에 거주하는 교역자 회원은 그가 속한 연회의 해당 위원들이 이행하는 ¶¶2701-2718의 절차를 따른다. 단, 두 연회의 주재감독들과 해당 교역자 회원이 본인이 현재 파송받아 봉사하는 연회에서 더 공정하게 이 절차를 밟을 수 있다고 동의할 때에는 예외이다.

2. ¶362.1e에 의거 피고인이 된 감독이나, 교역자 연회원이나, 본처목사나, 혹은 평신도 사역자가 본 교단으로부터 탈퇴하기 원하면, 감독의 경우에는 지역총회나 해외지역총회가, 교역자 회원의 경우에는 연회가, 본처목사나 평신도 사역자의 경우에는 지방회(지방회가 없는 경우에는 구역회)가 그들의 신임장을 반환할 것을 요구하며, 그들의 이름을 고백교인 명부에서 삭제한다. 이러한 경우, 어느 쪽이든 적절한 쪽을 택하여, "고발로 인한 출교" 또는 "고소를 당하여 출교함"으로 기록하여 놓는다.

3. 고백교인이 어떤 한 비위로 인하여 고소당한 후에 본

교단에서 탈퇴하기를 원한다면, 구역회에서 그의 이름을 고백 교인 명부에서 삭제할 것을 허락하여 줄 수 있다. 이 경우, 그 사건은 "고소로 인한 출교"로 기록한다. 만일 공식적으로 고소가 제기되어 피고인이 본 교단에서 탈퇴하기 원한다면, 그 뜻을 수락할 수 있다. 이때, 이 사건은 "고소를 당하여 출교함"으로 기록하여 놓는다.

    4. 모든 사법 행정에 있어서, 선교구, 선교연회, 잠정연회의 연회교역자회원, 본처목사, 명예사직 또는 해임조치 중인 교역자 및 평신도 사역자의 권리와 의무와 책임은 일반 연회원의 것과 같으며, 그 절차도 동일하다.

    5. 절차상, 사법처리 과정은, 교회측 변호인에게 회부된 날에 유효하였던 <장정>의 통제를 받는다.

한 · 영 용어 대조표

가정부장	Coordinator of Family Ministries
가정사역협의회	Family Council
가정생활위원회	Committee on Family Life
감독구	Episcopal Area
감독실기금	Episcopal Fund
감독심사위원회	Review Committee
감독주택위원회	Episcopal Residence Committee
감독협조위원회	Committee on Episcopacy
감리교여성세계연맹	World Federation of Methodist and Uniting Church Women
감리교주일	Heritage Sunday
감리교통합위원회	Commission on Union
감리교회재단	Methodist Corporation
감리사 주택	District Parsonage
감리사협조위원회	Committee on District Superintendency
감리사회	Cabinet
감리회	Methodism
감사위원회	Audit and Review Committee
감사위원회	Committee on Audit and Review
개신감리교회	Methodist Protestant Church
개인복음	Personal Gospel
개체교회별 구역회	Church Local Conference
'결의문집', (총회의)	*Book of Resolutions*
계약체결	Act of Covenanting
고등교육재단	Higher Education Foundation
고등교육국	Division of Higher Education
고등교육사역부	Board of Higher Education and Ministry
고등교육자문위원회	University Senate
고발, 고소	Complaints
고정 (苦情)	Grievance
공동교회력	Common Calendar
공동교회력 성구집	Common Lectionary
공동문서협의회	Consultation on Common Texts
공보부장	Coordinator of Communications
공보실장	Director of Communications
공보위원회	Commission on Communication
공인 기념지물	National Historic Shrine
공인 유적지	National Historic Landmarks
공정봉급 규정	Equitable Compensation Provision
공정봉급기금	Equitable Salary Fund

한·영 용어 대조표

공정봉급위원회	Commission on Equitable Salaries
공채보험	Bonding
공천위원회	Committee on Nominations and Leadership
과	Section
교단 승인	Ecclesiastical Approval
교단 인준	Ecclesiastical Endorsement
교단 행정 부서들	Administrative General Agencies
교단기금(들)	General (Church) Fund(s)
교단기금(들)	General Fund(s)
'교리적 기준'	Doctrinal Standards
교리적 복합주의	Doctrinal Pluralism
교리적 선언	Doctrinal Statements
교리적 지침	Doctrinal Guidelines
교역자	Clergy
교역자비상원조기금	Sustentation Fund
교역자양성주일	Ministry Sunday
교역자연금 플랜	Ministerial Pension Plan
교역자은급적립기금	Ministers Reserve Pension Fund
교역자은퇴보장 프로그램	Clergy Retirement Security Program
교육 교구	Teaching Parish
교육부장	Chairperson of Education
교인총회	Congregational Meeting (Conference)
교적서기	Membership Secretary
교회총회, (합동)	Church Conference, (Joint)
교회회계	Church Treasurer
교회개발위원회	Committee on Congregational Development
교회기록양식위원회	Committee on Official Forms and Records
교회사편찬위원회	Committee on Records and History
교회여성연합회	Church Women United
교회역사보존위원회	Commission on Archives and History
교회역사연구회	Historical Society
교회역사편찬위원	Church Historian
교회연합사역 감독	Ecumenical Officer
교회연합사역 총무	Ecumenical Staff Officer
교회연합사역 협력기금	Interdenominational Cooperation Fund
교회연합사업부장	Chairperson of Christian Unity and Interreligious
교회연합의, 에큐메니칼	Ecumenical
교회신앙연구위원회	Committee on Faith and Order
교회임원회	Church Council
교회창립 증서	Certificate of Organization
교회창립 총회	Constituting Church Conference
교회통합협의회	Consultation on Church Union
교회학교	Church School
교회학교교재 편집인	Church School Publications, of Editor
교회학교교재편찬위원회	Curriculum Resources Committee
구성교인명부	Constituency Roll
구역회	Charge Conference
국	Division

한 · 영 용어 대조표

국내선교동역자	Home Missioner
국내선교사	Home Missionary
국제기독청소년교류	International Christian Youth Exchange
균등고용정책	Affirmative Action
'그리스도 안에서 통합하는' 교회들	Churches Uniting in Christ
그리스도감리교회	Christian Methodist Episcopal Church
그리스도연합형제교회	Church of the United Brethren in Christ
그리스도연합형제교회	United Brethren in Christ
그리스도인의 완전무결함	Christian Perfection
기관사역과	Section of Chaplains and Related Ministries
기념지물유적지위원회	Committee on Historic Shrines and Historic
기능장애위원회	Committee on Disability
기독교교육주일	Christian Education Sunday
기독교의 일치성	Christian Unity
기독교일치종교관계	Christian Unity and Interreligious Relationships
기독교일치종교관계실	Office of Christian Unity and Interreligious
기록서기	Recording Secretary
기본 문서	Foundation Documents
기초교육과정	Foundation Studies
기획위원회	Committee on Planning and Research
남감리교회	Methodist Episcopal Church, South
남성사역주일	Men's Ministry Sunday
내적 증거	Inward Testimony
노년사역협의회	Older Adult Council
농촌(선교)	Town and Country
대교구	Larger Parish
대도시선교위원회	Metropolitan Commission,
대외선교부장	Chairperson of Outreach
대조수정위원회	Committee on Correlation and Editorial Revision
독립감리교회	Autonomous Methodist Church
독신자부장	Coordinator of Single Adult Ministries
독신자사역협의회	Single Adult Council
동사목사	Co-pastor
동사총무	Secretariat
디크네스	Deaconess
디크네스국내선교사역자위원회	Committee on Deaconess and Home Missioner
디크네스국내선교동역자회	Order of Deaconess and Home Missioner
디크네스국내선교사	National Association of Deaconesses,
'런던회의록'	The London Minutes
멘토	Mentor
목사안수증서에 의한 전입	Reception on Credentials
목사후원(비)	Ministerial Support
목회구역	Pastoral Charge,
목회구역, 교구	Parish

한 · 영 용어 대조표

목회위원회	Committee on Pastor-Parish Relations
목회자문위원회	Pastoral Advisory Committee
목회자학교	Pastor's School
문건자료	Documentary Record Material
미 캠프파이어	Camp Fire USA
미(북)감리교회	Methodist Episcopal Church
미원주민사역주일	Native American Ministries Sunday
미원주민선교위원회	Committee on Native American Ministry
미원주민주일	Native American Awareness Sunday
발의	Initiative
배정 (감독/감리사들 임지에)	Assignment
범감리교감독협의회	Consultation of Methodist Bishops
범감리교위원회	Pan-Methodist Commission
범감리교회협동위원회	Commission on Pan-Methodist Cooperation
범기관성윤리특별전문위원회	Interagency Sexual Ethics Task Force
범종교적인, 연합사업의	Interreligious
법률자문위원회	Committee on Legal Responsibilities
법인투자기금	Chartered Fund
보건구호실	Health and Relief Unit
보건복지사역	Health and Welfare Ministries
보건복지선교협회	Association of Health and Welfare Ministries
보건복지주일	Golden Cross Sunday
보건복지주일헌금	Golden Cross Offering
복음주의교회	Evangelical Church
복음주의연합형제교회	Evangelical United Brethren Church
복음주의전도회	Evangelical Association
복음주의협회	National Association of Evangelicals
복합구역교구	Multiple Charge Parish
본처목사	Local Pastor
본처목사협동회원친목회	Fellowship of Local Pastors and Associate
본처전도사	Local Preacher
부, 부서	Board
부총무	Associate General Secretary
분담금	Apportionment
비전임	Less than full-time
비정규 학위과정	External Degree Program
사법위원회	Judicial Council
사법위원회 판정	Judicial Council Decision
사업부서(기관)	Program Agencies
사역후보(자)	Candidacy for Ministry
사역자양성기금	Ministerial Education Fund
사역협의회	Council on Ministries
사역후보자 교육과정	Candidacy Studies
사적 (史跡)	Historic Sites
사회복음	Social Gospel

한 · 영 용어 대조표

사회부	Board of Church and Society
사회부장	Chairperson of Church and Society
'사회신경'	Social Creed
"사회생활 원칙"	Social Principles
상급연수교육과정	Advanced Course of Study
상소위원회	Committee on Appeals
상소재판부	Court of Appeals
선교교회	Mission Congregation
선교동역자	Missioner
선교(구)	Mission
선교구 목사	Mission Pastor
선교구 본처장로	Local Elder in Mission
선교발의기금	Mission Initiative Fund
선교부장	Chairperson of Mission
선교비	Benevolences
선교인력개발과	Mission Personal Resource Department
선교자원봉사자	Volunteers in Mission (UMVIM)
선교학교	School of Mission
선행적 은혜	Prevenient Grace
섬기는 사역	Servant Ministry
섬기는 지도자	Servant Leadership
성누가회	Order of St. Luke
성별(聖別)(식)	Consecration
성약공동체	Covenant Community
성약 (聖約)	Covenant
성약제자 그룹	Covenant Discipleship Group
성약체결	Covenanting
성약체결교회	Covenanting Church
세계감독연금 프로그램	Global Episcopal Pension Program
세계감리교감독협의회	Conference of Methodist Bishops
세계감리교회협의회	World Methodist Council
세계봉사기금	World Service Fund
세계봉사비 및 연회선교비	World Service and Conference Benevolences
세계봉사특별헌금	World Service Special Gifts
세계선교부	Board of Global Ministries
세계성찬주일	World Communion Sunday
세계청년대회	Global Young People's Convocation
세계평화주일	Peace with Justice Sunday
소속교인, 소속연회원	Affiliate Member
소수민족자결기금	Minority Group Self-determination Fund
소수민족장학금	Ethnic Minority Scholarship
소수민족현장훈련사업	Minority In-Service Training Program
소지방	Subdistrict
속, 속회	Class
순회감리제도	Itinerant Superintendency
순회목회구역	Circuit
순회사역	Itinerant Ministry
순회전도자	Itinerant Preacher
순회전도자	Traveling Preacher
순회제도, 파송제도	Itineracy(=Itinerant System)
신도회 (웨슬리의)	Society
신앙공회	Religious Society

한 · 영 용어 대조표

신임장, 안수증서, 성별증서	Credentials
신학교육위원회	Commission on Theological Education
신학적 무관심주의	Theological Indifferentism
실, 단위, 개체	Unit, Department
실천적 경건성	Practical Divinity
십자군장학금	Crusade Scholarship
아프리카감리교회	African Methodist Episcopal Church
아프리카시온감리교회	African Methodist Episcopal Zion Church
안수사역 후보자	Candidate for Ordained Ministry
안수사역(직), 교역(직)	Ordained Ministry
안수사역국	Division of Ordained Ministry
안수사역부	Board of Ordained Ministry
안수사역부 기록책임자	Registrar for the Board of Ordained Ministry
안수직, 안수회, 치리, 법규	Order
안식년 휴직	Sabbatical Leave
양육사역부장	Chairperson of Nurture and Membership Care
여권신장위원회	Commission on the Status and Role of Women
여성사역위원회	Committee on Women's Work
역사자료보관소	Archive
연대사역 총무	Director of Connectional Ministry
연대사역협의회	Connectional Table
연대선교사역센터	Center for Connectional Mission and Ministry
연대성, 연대적	Connectional
연대원칙	Connectional Principle
연대적 행정체제	Connectional Administration
연대체제 연구팀	Connectional Process Team
연령별 및 가정사역부장	Coordinator of Age-level and Family
연령별사역협의회	Age-level Councils
연속교육	Continuing Education
연수교육과정	Course of Study
연장사역	Extension Ministry
연합감리교 개발기금	United Methodist Developmnet Fund
연합감리교 고등교육재단	United Methodist Higher Education Foundation
연합감리교 구호위원회	United Methodist Committee on Relief (UMCOR)
연합감리교 구호주일	UMCOR Sunday
연합감리교 기독교교육자친교회	Christian Educators Fellowship of the United Methodist Church
연합감리교 기독교교육자친교회 전국연합회	National Association of Christian Christian Educators of the United Methodist Church
연합감리교회 남선교회위원회	Commission on United Methodist Men
연합감리교회 남선교회	United Methodist Men (UMM)
연합감리교 대학선교	Wesley Foundation
연합감리교 보건복지사역협회	United Methodist Association of Health and Welfare Ministries

한·영 용어 대조표

연합감리교 스카우터	United Methodist Scouters
연합감리교회 여선교회	United Methodist Women (UMW)
연합감리교 여선교회전국기구	UMW National Organization
연합감리교 연회법률고문협회	United Methodist Church Conference Chancellors Assoc.
연합감리교 예배예술인친교회	Fellowship of United Methodists in Music and Worship Arts
연합감리교 유년선교기금	United Methodist Children's Fund for Christian Mission
연합감리교 인증기구	United Methodist Endorsing Agency
연합감리교 장학대부기금	United Methodist Student Loan Fund
연합감리교 정보기술협회	United Methodist Information Technology
연합감리교회 차별방지위원회	United Methodist Committee of Inclusiveness
연합감리교 청년입법의회	United Methodist Young People's Legislative Assembly
연합감리교 청소년네트워크	Network for United Methodist Youth
연합감리교 청소년사역자네트워크	Network for United Methodist Workers with Young People
연합감리교 청소년 기구	United Methodist Youth Organization
연합감리교 청소년회	United Methodist Youth Fellowship
연합감리교 청장년네트워크	Network for United Methodist
연합감리교회 '총람'	General Minutes
연합감리교 학생운동	United Methodist Student Movement
연합감리교 학생주일	United Methodist Student Day
연합감리교 학원선교	United Methodist Campus Ministry
연합감리교 세계대회	United Methodist Global Confer.
연합감리교회 출판부	United Methodist Publishing House
연합목회	Group Ministry
연합신도회	United Society
연합형제교회	United Brethren Church
연회법률고문	Chancellor
연회연합감리교 남선교회회장 전국연합회	National Association of Conference Presidents of United Methodist Men
연회고등교육학원선교부	Board of Higher Education and Campus Ministry
연회고등교육학원선교부 간사	Coordinator of Higher Education and Campus Ministry
연회사무장	Director of Administrative Services
연회사역협의회 총무	Conference Council Director
연회선교부 서기	Secretary of Global Ministries
연회선교비	Conference Benevolences
연회은급수혜자	Conference Claimants
연회안수사역부	Board of Ordained Ministry
연회은급수혜자	Conference Claimants
연회장 (年會長)	President of the Annual Conference
연회재해대책담당자	Disaster Response Coordinator
연회청장년사역협의회	Conference Council on Young Adult Ministry
연회평신도부	Board of the Laity
연회평신도회원	Lay Member of the Annual Confer.

한・영 용어 대조표

영구기본재산기증위원회	Permanent Endowment and Planned Giving Ministry Committee
예배부장	Chairperson of Worship
예비교인명부	Preparatory Membership Roll
완전한 공동체	Full Communion
완전한 에큐메니칼 공동체들	Full Communion Ecumenical Partners
우선적 사역 임무	Missional Priority
우선적 사역 임무기금	Missional Priority Fund
위임받은	Commissioned
유년부장	Coordinator of Children's Ministries
유서유산소위원회	Wills and Estate Planning Task Force
유적지	Landmark
은급기금관리규정위원회	Committee on Rules and Regulations
은급의료혜택부	Board of Pension and Health Benefits
은퇴 사역자	Retired Minister
의료 휴직	Medical Leave
이사하는 연합감리교인들	Moving United Methodists
이사회	Board of Directors
이적증서	Certificate of Transfer
인가받은 안수사역 후보자	Certified Candidate for Ordained Ministry
인가위원회	Certification Council
인간관계주일	Human Relations Day
인사정책시행위원회	Committee on Personnel Policies and Practices
인종관계부장	Chairperson of Religion and Race
인종관계위원회	Commission on Religion and Race
인종관계위원회 행동기금	Commission on Religion and Race Action Fund
인종관계지방 총무	District Director of Religion and Race
인준	Endorsement
인허(증)	License
일반 사역(직)	General Ministry
일반 청소년봉사 기관/스카우트 사역	Civic Youth-Serving Agencies/ Scouting Ministries
일신상 휴직	Personal Leave
일종 목록	Calendar Item
임상목회교육협회	Association for Clinical Pastoral Education
임시사법위원회 판정	Interim Judicial Council Decision
임시원조기금	Temporary General Aid Fund
입교인명부	Full Member Roll
입교준비반/학습인반	Confirmation Class
자매감리교회	Affiliated Autonomous Methodist Church
자매연합교회	Affiliated United Church
자원봉사선교	Volunteers in Mission (UMVIM)
잠정연회	Provisional Annual Conference
장기기증주일	Organ and Tissue Donor Sunday
장년부장	Coordinator of Adult Ministries
장로본처목사과	Section of Elders and Local Pastors
장로직, 장로회	Order of Elder
장애인인권신장위원회	Comm. on Disabling Concerns

한·영 용어 대조표

장애인주일	Disability Awareness Sunday
장학대부금관리실	Office of Loans and Scholarships
재단이사회	Board of Trustees
재무 계정	Treasury
재무행정협의회	Council on Finance and Administration
재소자사역위원회	Committee on Criminal Justice and Mercy
재정위원회	Committee on Finance
재판부	Judicial Court
전국연회평신도대표협회	National Association of Annual Conference Lay Leaders
전도사	Lay Minister
전문사역자자격증	Professional Certification
전문사역직	Professional Ministry Career
전문직 식별 코디네이터	Vocational Discernment Coordinator
전임	Full-time
젊은이들을 위한 공동선교 사역	Shared Mission Focus on Young People
정체 (政體)	Polity
정회원 목사	Minister on Full Connection
'제자직 총칙'	General Rule of Discipleship
제자사역부	Board of Discipleship
'제한규정'	Restrictive Rule
조사위원	Probe Staff
조사위원회	Committee on Investigation
조회위원회	Committee on Reference
'종교강령'	Articles of Religion
주재감독	Resident Bishop
준회원	Probationary Member
중앙지역총회	Central Jurisdiction
중재 및 충돌해소공의평화센터	JUSTPEACE Center for Mediation and Conflict Transformation
중지, 자격정지	Discontinuance
지도자 자격증	Leadership Certification
지도자개발위원회	Committee on Leadership Development
지도팀	Leadership Team
지방	District
지방감리사	District Superintendent
지방교회위치건물위원회	District Board (Committee) on Church
지방선교사역회	District Union
지방선교할당금배정위원회	District Board of Steward
지방안수사역위원회	District Committee on Ordained Ministry
지방자치제	Local Initiative
지방회	District Conference
지속적인 형성	Continuing Formation
지역, 지역총회	Jurisdiction
지역감독회	College of Bishops
지역개발선교	Church and Community Ministry Program
지역개발선교사역자	Church and Community Workers
지역사회 개발사업	Community Developers Program
지역사회개발위원회	Committee on Parish and Community Development

한·영 용어 대조표

지역사회봉사부장	Chairperson of Community Volunteers
지역총회	Jurisdictional Conference
지역행정협의회	Jurisdictional Administrative Council
직원은퇴혜택 프로그램	Staff Retirement Benefit Program
직책상	Ex-officio
집단 교구	Cluster
집사	Deacon
집사직, 집사회	Order of Deacon
집사평신도집사과	Section of Deacons and Diaconal Ministries
책무, 책임질 의무	Accountability
청년부장	Coordinator of Young Adult Ministries
청년사역국	Division on Ministries with Young People
청소년강화협의회	Council for Youth Empowerment
청소년부장	Coordinator of Youth Ministries
청소년사역협의회	Council on Youth Ministry
청소년사역협의회	Youth Council
청소년선교기금	Youth Service Fund
청소년종교활동 프로그램	Program of Religious Activities
청장년사역협의회	Young Adult Council
청지기부장	Chairperson of Stewardship
채플레인은급기금	Chaplains Pension Fund
초교파 공동사역	Ecumenical Shared Ministry
총감독협조위원회	Interjurisdictional Committee on Episcopacy
총감독회	Council of Bishops
총리사(직)	General Superintendency
총무(부, 협동)	General Secretary (Associate, Assistant)
총무, 사역자, 이사, 간사	Director
총무대리	Deputy General Secretary
'총칙'	General Rules
총회고등교육사역부	General Board of Higher Education and Ministry
총회기관은퇴플랜	Retirement Plan for General Agency
총회남선교회위원회	General Commission on United Methodist Men
총회위원회	Committee on the General Conference
총회은급의료혜택부	General Board of Pension and Health Benefits
총회전략감리협의회	General Council for Strategy and Oversight
총회준비위원회	Commission on the General Conference
총회행정기금	General Administration Fund
추가위(회)원	Members at Large
출산/육아 휴직	Maternity/Paternity Leave
출판부연락위원회	Committee on Publishing House Liaison
취지결의문	Resolution of Intent
탈퇴	Withdrawal
통계서기	Statistician
통합안	Plan of Union

한·영 용어 대조표

통합총회	Uniting Conference
투표권 소지위(회)원	Voting Member
특별 전문위원회	Task Force
특별 파송	Appoint. beyond the local church
특별 선교금위원회	Advance Committee
특별 선교헌금	Advance Specials (Gifts)
특별 선교헌금위원회 간사	Director of the Advance
특별주일	Special Day (Sunday)
특수관심사 신학	Special-Interest Theology
특수선교사역	Specialized Ministries
파문	Excommunication
판정	Declaratory Decision
편집국장	Book Editor
평신도 사역자	Lay Servant
평신도대표	Lay Leader
평신도 선교동역자	Lay Missioner
평신도 설교자	Lay Speaker
평신도 전도인	Lay Preacher
평신도 집사	Diaconal Minister
평신도 집사 기본연구과정	Foundational Studies for Diaconal Minister
평신도 집사(사역, 직)	Diaconal Ministry
평신도사업위원회	Committee on Lay Life and Work
평신도사역직위원회	Comm. on Lay Servant Ministry
평신도주일	Laity Sunday
포괄보호보험	Comprehensive Protection Plan
포용정신	Catholic Spirit
'하나' 교육기금	HANA Educational Ministries
"하나님과 국가" 프로그램	God and Country Program
학원 사역자	Campus Minister
합동분배위원회	Joint Distributing Committee
합동심사위원회	Joint Review Committee
해외지역총회	Central Conference
해외지역총회상임사무위원회	Standing Committee on Central Conference Matters
해임	Location
해임조치	Administrative Location
해직, 정지, 면직, 중지, 사임	Termination
행정재심위원회	Administrative Review Committee
현직 사역자	Minister in Effective Relation
협동 (회원, 교인)	Associate Member
협동교구, 협동목회구역	Cooperative Parish or Ministry
협동교구개발	Cooperative Parish Development
협동교구목회	Cooperative Parish Ministries
협동교인명부	Associate Membership Roll
협동총무	Assistant General Secretary
협력조약, 협약	Concordat
협약관계교회	Concordat Church
협의원칙	Conciliar Principle
협의회운영위원회	Committee on Council Operations
혜택기금	Benefit Fund
홍보실	Office of Interpretation
확대구역	Enlarged Charge,
회의장 (會議場)	Bar of the Conference
휴직	Leave of Absence

한·영 용어 대조표

흑인감리교유산센터	African American Methodist Heritage Center
흑인대학기금	Black College Fund
흑인대학총장협의회	Council of Presidents of the Black Colleges
히스패닉/라틴 사역	Hispanic/Latino Ministries
2천년대를 향한 선교발의기금	Focus 2000: Mission Initiative Fund
4개년(기)	Quadrennium

INDEX

The numbers, unless otherwise indicated, refer to paragraphs (¶) and to subparagraphs. Subparagraphs are indicated by the numerals and/or letters following the decimal points.

A

abortion,
late-term, partial,
¶¶ 161K, 806.10
social principles,
¶¶ 161K,L, 162K

abstinence, alcohol,
¶¶ 162L, 806.11

abuse, social principles,
family, ¶ 161H,I,J
of women, ¶ 162F
See also **child abuse; sexual abuse**

accessibility audit, of local church, ¶ 2533.6

Acquired Immune Deficiency Syndrome (AIDS), social principles,
¶ 162U&V

Act of Covenanting with The United Methodist Church,
¶¶ 570.1a,2a&4, 573

administrative council, jurisdictional, ¶ 530

administrative fair process, ¶ 361 See also **fair process**

administrative general agencies, ¶ 703.6
See also **general agencies**

administrative location,
¶ 359
administrative fair process and administrative location, ¶ 361
administrative review committee, ¶ 636
appeal, ¶ 2716
bishop initiating, ¶ 334.4
board of ordained ministry and option, ¶¶ 353.11, 354.9 &10
chargeable offense, ¶ 2702.1
conference relations committee, ¶¶ 359.2, 361.1, 635.1d
readmission, ¶ 365
rights, duties, and responsibilities in matters of judicial administration,
¶ 2719.4

administrative review committee, ¶ 636
for administrative location,
¶ 636
immunity from prosecution,
¶ 361.3
for involuntary leave,
¶¶ 354.11, 636
involuntary retirement,
¶¶ 357.3, 636

on provisional membership, ¶¶ 327.6, 636

adoption, of children,
maternity or paternity leave, ¶ 355
social principles, ¶ 161M

adult ministries, ¶ 1119

The Advance for Christ and His Church, ¶¶ 822, 1806.12
Advance Committee, ¶ 1313
financial support of provisional conference, ¶ 581.2
general directives, ¶ 823
promoting Advance Specials Gifts, ¶¶ 823.1, 3-5
treasurer for the Advance ¶ 823.2

Advance Special Gifts, Annual Conference, ¶ 656
Board of Global Ministries, ¶ 633.4b(10)
Board of Higher Education and Campus Ministry, ¶ 634.4b(2)
remittance ¶ 619.1a(1)(f)

affiliate local church lay membership roll, ¶¶ 227, 230.4

affirmative action, board of global ministries, conference, ¶ **633.4**b(7)
General Commission on the Status and Role of Women, ¶ 2103.1
social principles, ¶ 162A&F

Africa Central Conference, ¶ 540.3a

Africa University Fund,
as general fund, ¶ 810.1
budget recommendations, General Council on Finance and Administration, ¶ 806.1b
conference Board of Higher Education responsibility, ¶ 634.4a(5)
General Commission on Communication marketing responsibility, ¶ 1806.12

African American Methodist Heritage Center, ¶ 1703.1

The African Methodist Episcopal Church, ¶ 433.2

The African Methodist Episcopal Zion Church, ¶ 433.2

age level, family, and specialized-ministries coordinators, ¶ 253

age level, life-span, and family ministries, ¶ 1119

age-level councils, ¶ 257

agencies,
central conferences, ¶ 547
conference. See **annual conference agencies**
general. See **general agencies**
See also **interdenominational agencies; jurisdictional agencies;** specific agency

aging,
older adult ministries, ¶ 1120

INDEX

rights, social principles, ¶ 162E

agriculture, social principles, ¶ 160
family farms, ¶ 163H
sustainable, ¶ 162Q

AIDS. See **Acquired Immune Deficiency Syndrome; HIV/AIDS**

air, social principles, ¶ 160A

Albright, Jacob, ¶¶ 103, 121

alcoholic beverages, ¶¶ 162L, 613.18, 717, 806.11

American Bible Society, ¶ 435

American Methodism doctrinal standards, ¶ 103 (p. 58)

Americans with Disabilities accessibility standards, ¶ 140

animal life,
social principles, ¶ 160C

annual conference,
¶¶ 11 *Article* IV, 32 Article I – 36 *Article* V, 40 *Article* IV – 41 *Article* V, 369.1, 601-657
admission, requirements for and continuance of full membership in, ¶¶ 335-344
agencies, ¶ 610
additional committees, ¶ 610.2
coordinator of witness ministries, ¶ 610
mandated provisions, ¶ 610.2
Administrative Review Committee, ¶ 636
Board of Ordained Ministry, ¶ 635
Board of Pensions, ¶ 639
Board of Trustees, ¶ 640
Committee on Episcopacy, ¶ 637
Council on Finance and Administration, 611
Episcopal Residence Committee, ¶ 638
United Methodist Men, ¶ 648
United Methodist Women, ¶ 647
meeting location accessibility, ¶ 610.4
membership
ex officio, ¶¶ 610.6, 710.6
inclusiveness, ¶ 610.5
size, ¶ 610.3
structural flexibility, ¶ 610.1
Archives and History, Conference Commission, ¶ 641
See also **Archives and History, Conference Commission**
Advance, ¶ 656
basic body, ¶¶ 33, *Article* II, 369
boundaries of, ¶ 40 *Article* IV
business and agenda of, ¶ 605
child and dependent care, ¶ 610.7
clergy compensation arrearage policy, ¶¶ 624.2, 625.2(d)
clergy transfer from other annual conferences, ¶ 347.1

clergy from other denominations, ¶ 347.3
clergy from other Methodist denominations, ¶ 347.2c
committee on journal publication, ¶ 606.3
connectional ministries, ¶ 608
constitutional amendment voting of, ¶ 33 Article II
design of administrative structures, ¶ 610
director of communications, ¶ 609
director of connectional ministries, ¶ 608.6
district conference, ¶¶ 658-672
executive session, ¶ 369.5
See also **clergy session**
financial inquiries of local churches, ¶ 604.8
Finance and Administration, Conference Council. See **Finance and Administration, Conference Council**
General Conference delegate election by, ¶¶ 34 Article III – 36 *Article* V
historian, ¶ 641.3
See also **Archives and History, Conference Commission**
historical society, ¶ 641.2
lay leader. See **lay leader, annual conference**
membership, ¶¶ 32 *Article* I, 33 *Article* II
  clergy membership, ¶¶ 369.1, 602.1a-c,
  diaconal ministers, ¶ 602.2
  lay membership ¶¶ 251.2, 602.4-7
organization, ¶ 603

pastoral support, ¶¶ 620-628
  equitable compensation, ¶ 625
  See also **Equitable Compensation Commission and Equitable Compensation Fund**
  pastors' expenses and allowances, ¶ 627
  proportional payment of salary, ¶ 622
  sustentation fund, ¶ 626
pensions, ¶¶ 1506-1509
conference board, ¶ 639
  See also **pensions conference board**
powers, duties, and responsibilities, ¶ 604
purpose, ¶ 601
records and archives, ¶ 606
seating annual conference session, ¶ 602.9-10
secretary and statistician, ¶ 603.7
sexual and gender harassment by laity, ¶ 605.9
special session, ¶ 369.6
staff employment, policies and practices, annual conference, ¶ 613.13
transfer of local churches, ¶ 41 *Article* V
treasurer/director of administrative services, ¶ 619
trustees for Health and Welfare, ¶ 2517
witness ministries, ¶ 661

annual conference agencies, ¶ 610
administrative review committee, ¶ 636
Advance program, ¶ 656
Board of Church and Society ¶ 629

See also **Church and Society, Annual Conference Board**
Board of Discipleship, ¶ 630
  See also **Discipleship, Annual Conference Board**
Board of Global Ministries, ¶ 633 See also **Global Ministries, Annual Conference Board**
Board of Higher Education of, ¶ 634
  See also **Higher Education and Campus Ministry, Annual Conference Board**
Board of Laity, ¶ 631
  See also **board of laity, annual conference**
Board of Ordained Ministry, ¶ 635
See also **Board of Ordained Ministry, annual conference**
Board of Pensions, ¶ 639
  See also **pensions, conference board**
Board of Trustees, ¶¶ 640, 2512
  See also **board of trustees, annual conference**
Christian Unity and Inter-religious Relationships, ¶ 642
Commission on Communication, ¶ 646
Commission on Equitable Compensation, ¶ 625
  membership, ¶ 625.1
  proportional payment and distribution, ¶ 622
  purpose, ¶ 625.2
  responsibilities, ¶ 625.3-13
Commission on Religion and Race, ¶ 643
Commission on Small Membership Church, ¶ 645
Commission on the Status and Role of Women, ¶ 644
Committee on Criminal Justice and Mercy Ministries (CJAMM), ¶ 657
Committee on Disability Concerns, ¶ 653
Committee on the Episcopacy, ¶ 637
Committee on Ethnic Local Church Concerns, ¶ 632
Committee on Hispanic/Latino Ministries, ¶ 655
Committee on Lay Servant Ministries, ¶ 631.6
Committee on Native American Ministry, ¶ 654
Committee on Older Adult Ministries, ¶ 651
Council on Young Adult Ministry, ¶ 650
Council on Youth Ministry, ¶ 649
joint committee on clergy medical leave, ¶ 652
United Methodist Men, ¶ 648
United Methodist Women, ¶ 647

Annual Conference Council on Finance and Administration.
See **Finance and Administration, Conference Council**

annual conference journal, ¶ 606
  appointments published in, ¶ 606.3e
    for deaconesses and home missioners, ¶ 415.7
  archive placement, ¶ 1711.3j
  contents and divisions, ¶ 606.3&5
  investment listing, ¶ 1508.7a

journal publication committee, ¶ 606.3
provide copies or digital versions, ¶ 606.2
required miscellaneous printing in journal, ¶ 2517.6

annual conference observance for offerings, ¶ 265

annual conference secretary, ¶¶ 603.7, 606.6,8&9, 1711.3j

Apostles' Creed, ¶¶ 102, 203, 214

apostolic ministry ordination, ¶ 302

Appalachian Development Committee, ¶ 1004

appeals, ¶¶ 2715-2719
committee, ¶¶ 27.6 *Article* V, 31.7 *Article* IV, 2716
Judicial Council review of, ¶ 2609.8
Pension and Health Benefits, General Board, ¶ 1502.4c
questions of law (DS and bishop), ¶ 2718
in an administrative process, ¶ 2718.3-4
trial of a bishop, ¶¶ 2712.5, 2716
trial of clergy member or diaconal minister, ¶¶ 2713.5, 2716
trial of a lay member of a local church, ¶¶ 2714.7, 2717

appointments,
in annual conference, journal, ¶¶ 451.7, 416.3, 606.3e
appointment-making, ¶¶ 425-430
appointment-making consultation, ¶ 426
appointment-making process, ¶ 428
to attend school, ¶¶ 338.4, 416.6
bishops and, ¶ 428.2
certified candidates, ¶ 311
cooperative parish, ¶¶ 206.6, 428.5b
deacons. See **deacons**
district superintendent's role, ¶ 427
elders, associate member, probationary deacon, provisional elder and licensed pastors, ¶ 339
extension ministry. See **extension ministries**
frequency of, ¶ 429
general evangelists, ¶ 630.3f
general provisions, ¶ 337
interim to special charges with special needs, ¶ 338.3
itinerant system, ¶ 338
less than full-time, ¶ 428.7
local pastor, ¶ 337.2&3
open itineracy, ¶¶ 334.2a, 425.1
profile of appointment needs of congregation, ¶ 427.1
security of, ¶¶ 334.1, 337.1
superintendency, ¶ 417
various ministries, ¶¶ 337-344

apportionments, ¶ 615
conference payment of, ¶ 808
Episcopal Fund, ¶ 614.1b
Finance and Administra-

tion, Conference Council,
¶¶ 613.3, 615, 621
local church notification,
¶ 247.14
responsibilities, ¶ 613.3
See also **conference benevo-lences; World Service Fund**

archives, ¶ 1711.3j&n
annual conference, ¶ 606.1
central conference, ¶ 545
of churches in merger,
¶ 2546.5
defined, ¶ 1711.1

Archives and History, Conference Commission, ¶ 641
discontinued church, ¶ 233
historian, ¶ 641.3
records, ¶ 641.1&4
work with ethnic congregations, ¶ 641.4

Archives and History, General Commission,
¶¶ 1701-1712
administrative general agency, ¶ 703.6
annual conference journal sent to, ¶ 606.2
archival definitions, ¶ 1711.1
archives definition,
¶ 1711.1a
authorization and establishment, ¶ 1701
central conference membership, ¶ 705.4c
Connectional Table accountability, ¶ 702.3
Connectional Table membership, ¶ 906.1c
custodianship of records,
¶ 1711.2
documentary record material, ¶ 1711.1b
executive committee,
¶ 1708
finances, ¶ 1709
general agencies,
¶¶ 703.6, 1711.1c
heritage landmarks,
¶ 1712.1b-2
present heritage landmarks, ¶ 1712.2
historic sites, ¶ 1712.1a
Historical Society of The United Methodist Church,
¶¶ 1703.1, 1710
incorporation, ¶ 1702
meetings, ¶1705
membership, ¶ 1704
  inclusiveness, ¶ 1704.2
officers, ¶ 1706
personnel policy and practices committee, ¶ 805.4b
procedures, ¶ 1711.3
purpose, ¶ 1703
quadrennial review, ¶ 1712.1d
staff, ¶ 1707

armed forces chaplain
admission requirements to full connection and ordination as elder for military chaplain, ¶ 335
endorsement and support,
¶ 1421.5d
receiving person into church membership,
¶¶ 222, 223
under leave of absence status, ¶ 354.10

Armed Forces Reserve,
¶ 344.5e

arrearage policy, of annual conference,
¶¶ 624.2, 625.2d

Articles of Religion,
¶¶ 3 *Article* III, 103, 104, 543.18

assessment process, local church in transitional

INDEX

communities, ¶ 213

assistant and associate general secretary, ¶¶ 703.7c&d, 715, 715.5

associate clergy members, ¶¶ 321–323
administrative location, ¶ 359
See also **administrative location**
eligibility and rights, ¶ 321
fellowship, ¶ 323
licensed for pastoral ministry, ¶ 315.3
provisional membership, ¶ 322.4
requirement for election, ¶ 322
See also **clergy** retirement, ¶ 322.3

associate local church lay membership, ¶¶ 227, 230.5

associate pastors, definition, ¶ 258.2g(7)

association, term defined, ¶ 703.12

Association of Annual Conference Lay Leaders, ¶ 607.10

audiovisual materials,
as documentary record material, ¶ 1711.1
United Methodist Committee on Relief responsibility, ¶ 1315.1c(6)

audit,
accessibility, of local church, ¶ 2533.6
of annual conference and district financial records, ¶ 617
of annual local church membership, ¶ 231
of church officers, ¶ 2511
of converted records, ¶ 233.1b
of episcopal area offices, ¶ 818.7
of financial records local church, ¶ 258.4d
of general agencies, ¶ 806.5,6&13
of general church treasurer, ¶ 809
internal functions, ¶ 806.6

audit and review committee,
annual conference, ¶ 617
general church, ¶ 805.4a
recommendation of auditing firm, ¶ 806.5
relationship with agencies and institutions receiving general Church funds, ¶¶ 806.13, 807.12c, 810.1
Pension and Health Benefits, General Board, ¶ 1502.4b

autonomous Methodist churches, affiliated autonomous Methodist churches, and affiliated United Churches, ¶¶ 570–575
affiliated autonomous Methodist Churches, ¶ 570.2
affiliate memberships, ¶ 227
affiliated United Churches, ¶ 570.3
autonomous Methodist Churches, ¶ 570.1
becoming, ¶ 572
certificates of membership, ¶ 571.1
clergy transfer, ¶ 571.2

covenanting, ¶ 570.4
delegates to General Conference, ¶¶ 13.2 *Article* I, 433.1b
Discipline of, ¶ 572.3
General Conference, ¶ 502.1b
Methodist Churches with concordat agreements, ¶ 570.5
plans of cooperation, ¶¶ 571.4, 572.6
visitation program, ¶ 571.3
World Methodist Council membership, ¶ 433.1

B

baptism, ¶¶ 104, *Articles* XVI & XVII (p. 69), *Article* VI (p. 73), 129, 216, 305
adults, ¶ 216.1b
associate members on honorable location, ¶ 358.2
baptized membership, ¶ 215.1
certificate of baptism, ¶ 226.2a
deacons assisting, ¶ 328
elders in full connection, ¶¶ 332, 344.3a
on administrative location, ¶ 359.3
on honorable location, ¶ 358.2
on voluntary leave of absence, ¶ 353.8
retired clergy, ¶ 357.5
extension ministry, ¶ 344.3a
from other denomination, ¶ 225
infants and children, ¶¶ 216.1a, 226
during new church start, ¶ 259.6
as pastor responsibility and duty, ¶ 340.2b(1)
prohibition against private baptism, ¶¶ 226.2c, 341.7
provisional elders and licensed local pastors, ¶ 316
reaffirmation of baptismal covenant, ¶¶ 216.2b, 228.2b(1)
records of baptisms, ¶ 230
youth, ¶¶ 216.1b, 226
See **re-baptism**

baptismal covenant, ¶¶ 215.2, 216.1 & 2, 225, 228.2b

base compensation, for pastors. See **Equitable Compensation Commission and Equitable Compensation Fund**

Basic Christian Affirmations, ¶ 102

bequests, to The United Methodist Church,
annual conference
Archives and History, ¶ 641.1
pension funds restrictions, ¶ 1506.10b
Trustees, ¶ 2512.3a
Wesley Foundations, ¶ 634.4d (2)c
general church
General Board of Church and Society, ¶ 1008.2
General Boards of Discipleship and Higher Education, ¶¶ 1104.3-6, 1402, 1419
General Board of Global Ministries, ¶ 1310.3a
General Council on Finance and Administration, ¶ 807.1
General Board of Pension and Health Benefits, ¶ 1504.18

United Methodist Women, ¶ 1909
local church
charge conference
authority, ¶ 2529.3
foundations, ¶ 2535
trustees, ¶ 2533.5

bishops, ¶¶ 45 *Article* I – 54 *Article* X, 401-442
ad interim service, ¶ 818.12
accountability and appeal, ¶¶ 403.1f, 523
appeals committee of, ¶ 2716.1
appointment making, ¶¶ 54 *Article* X, 425-430
across conference lines, ¶ 425.2
appointment-making process, ¶ 428
consultation, ¶ 426
criteria, ¶ 427
cross-racial and cross-cultural, ¶ 425.4
frequency of appointment making, ¶ 429
of deacons, ¶ 430
open itineracy, ¶ 425.3
responsibility, ¶¶ 54 *Article* X, 425.1
See also **appointments**
assignment, ¶¶ 50 *Article* VI, 406
date of assignment, ¶ 406.1
special assignment, ¶ 406.3
College of Bishops, ¶ 48 Article IV
committee on episcopacy, jurisdictional, ¶ 406.1
central conference, ¶ 406.2
conference committee, ¶ 4637
retired bishops, ¶ 818.12
special assignments, ¶ 406.3
complaints against, ¶ 413
administrative complaint, ¶ 413.3e
appeals, ¶¶ 2715-2716
judicial complaint, ¶¶ 413.2,3d,2702.1, 2704.1a
committee on investigation, ¶ 2706
trial, ¶¶ 2707-2712
consecration, ¶ 405
constitutional provisions, ¶¶ 45 *Article* I – 54 *Article* X
Council of Bishops, ¶¶ 47 *Article* III, 422
deacons supported by, ¶ 331.10
district superintendents, selection and assignment, ¶ 417
election, ¶¶ 46, 405
episcopal area provisions, ¶ 404
expense reimbursement policy, ¶ 818.6
expiration of terms in central conferences, ¶ 411
honoraria policy, ¶ 818.6
interrupted service of, ¶ 818.11
leaves
medical leave, ¶ 410.4
leave of absence, ¶ 410.1
renewal leave, ¶ 410.2
sabbatical leave, ¶ 410.3
membership
conference
Board of Laity, ¶ 631.3
Council on Finance and Administration, ¶ 612.2c
United Methodist Men, honorary president, ¶ 648 Article 5(b)
United Methodist Women, ¶ 647 *Article* 4
general church
Council of Bishops, ¶¶ 47 *Article* III, 422
Curriculum Resource

INDEX

Committee, ¶ 1126.1a
general boards
Archives and History, General Commission, ¶ 1704.2
Church and Society, General Board, ¶ 1006.1c
Communication, General Commission, ¶ 1807.1a
Discipleship, General Board, ¶ 1105.1c
Global Ministries, General Board, ¶ 1311.6
Higher Education and Ministry, General Board, ¶ 1407.2c
Pension and Health Benefits, General Board, ¶ 1502.1a
Religion and Race, General Commission, ¶ 2003.1
Status and Role of Women, General Commission, ¶ 2104.1c
United Methodist Men, General Commission, ¶ 2303.1a
United Methodist Publishing House, ¶ 1602.1a
United Methodist Women, ¶ 1311.6
missionaries commissioning and appointment of, ¶ 415.6&7
nomination of episcopal candidates, ¶ 405.1
office of, ¶ 402
Order of Elders and Deacons responsibilities of, ¶¶ 308, 414.10
Pensions, ¶ 818.2&8
 special assignments, ¶ 406
personal papers in archives, ¶ 1711.3k
presidential duties of, ¶ 415
presiding in sessions
 annual conference, ¶¶ 52 *Article* VIII, 415.1, 603.6
 central conference, ¶¶ 52 *Article* VIII, 415.1, 542.2
 General Conference, ¶¶ 16 *Article* IV(11), 415.1, 503
 jurisdictional conference, ¶¶ 52 *Article* VIII, 415.1, 522
questions of law decisons, ¶¶ 51 Article VII, 419.10, 2609.7, 2718.1
residence and committee, ¶ 638
 chairperson, ¶ 638.3
 Conference Council Finance and Administration funding recommendation, ¶ 614.1c
 General Council on Finance and Administration annual grant, ¶ 818.5
 jointly owned, ¶ 2514
 membership, ¶ 638.2
 responsibilities, ¶ 638.4
resignation, ¶ 408.4
responsibilities of, ¶¶ 49 Article V, 51 Article VII, 52 Article VIII, 54 Article X
 leadership, spiritual and temporal, ¶ 414
 presidential, ¶¶ 49 *Article* X, 415
 residential supervision, ¶ 49 *Article* V
 working with ordained, licensed, consecrated and commissioned personnel, ¶ 416
retirement,
 administrative complaint against a bishop, ¶ 413.3e
 appointed to *ad interim* service, ¶ 818.12
 appointment of, ¶ 409.3

central conference, ¶ 548.1
former central conference, ¶ 548.2
involuntary, ¶ 408.3
jurisdictional episcopacy committee approval, ¶ 524.3e
mandatory, ¶ 408.1
status, ¶ 409
vocational, ¶ 408.2b
voluntary, ¶ 408.2
review and evaluation of, ¶ 412
role of, ¶ 403
salaries, ¶ 818.2&4
special ministry not separate order, ¶ 402
termination, ¶ 408
tenure, ¶ 50 *Article* VI
transfer of across jurisdictional lines, ¶¶ 49 *Article* V, 512.2-4, 524.3f
travel expenses, ¶ 818.2&6
vacancy in office of bishop, ¶ 407
whose service is interruted, ¶ 818.11
withdrawal from membership resignation, ¶ 408.4
under complaint, ¶ 2719.2
See also **College of Bishops; Council of Bishops**

Bishop's Dinner for Scouting, ¶ 2302.5c

Black College Fund, ¶ 815
assistant general secretary, ¶ 1410.5
conference board of higher education in interpreting and promoting, ¶ 634.2a(5)
conference treasurer remittance, ¶ 619.1a(5)
distribution formula, ¶ 815.1
funding for, ¶ 806.1b
General Commission on Communication marketing, ¶ 1806.12
as general fund, ¶¶ 810.1, 815

Black Colleges Council of Presidents, ¶ 1420

Black Methodists for Church Renewal, membership on Connectional Table, ¶ 906.1e

blended ministry, ¶ 206.3b(3)

board of laity,
annual conference, ¶ 631
chair, ¶ 631.4
conference committee on Lay Servant Ministries, ¶ 631.6
membership, ¶ 631.3
purpose, ¶ 631.2
responsibilities, ¶ 631.7
district, ¶ 631
chair and officers, ¶ 631.3
membership, ¶ 631.2
purpose, ¶ 631.1
relationship with, ¶ 631.4

Board of Ordained Ministry, conference, ¶ 635
associate member. See **associate members**
candidacy for licensed and, ¶¶ 310-314
appointment of certified candidates, ¶ 311
approved candidates, ¶ 310.2
beginning candidacy, ¶ 310.1
continuation of candidacy, ¶ 313
discontinuance of certified candidates, ¶ 314.1
district committee,

¶¶ 310.1e &2, 3, 313, 314
entrance procedures, ¶ 310.1
local church role, ¶¶ 310.1a&e, 313.1
mentor, ¶¶ 310.1b&c, 311
orientation to ministry, ¶ 312
reinstatement of certified candidates, ¶ 314.2
changes in conference relationship, ¶¶ 352-360
administrative location, ¶ 359.2
honorable location, ¶ 358
  See also **honorable location**
involuntary leave, ¶¶ 354, 363
maternity or paternity leave, ¶ 356
medical leave, ¶¶ 356, 652
provisions for change, ¶ 352
retirement, ¶ 357
  appointment, ¶ 357.6
  charge conference membership, ¶ 357.5
  involuntary, ¶¶ 357.3, 364
  mandatory, ¶ 357.1
  return to effective relationship, ¶ 357.7
  voluntary, ¶ 357.2
voluntary leave of absence, ¶ 353
  family leave, ¶ 353.2b
  personal leave, ¶ 353.2a
  transitional leave, ¶ 353.2c
withdrawal, ¶ 360
  between annual conferences, ¶ 360.4
  from ministerial office, ¶ 360.2
  to unite with another denomination, ¶ 360.1
  withdrawal under complaint or charges, ¶ 360.3
  See also **clergy**
clergy appointed from other conferences, Methodist and Christian denominations, ¶ 346
clergy session, ¶ 369.5
commissioning, ¶ 325
Conference Relations Committee, ¶¶ 361.1, 635.1d
  See also **Conference Relations Committee**
deacons. See **deacons**
diaconal ministers. See **diaconal ministers**
district committee on ministry representative, ¶ 635.1g
duties, ¶ 635.2
elders. See **elders**
elders or ordained clergy from other denominations, ¶ 346.2
endorsements, ¶¶ 635.1c, 1421.5
extension ministry appointments, ¶ 344
fellowship of local pastors and associate members, ¶¶ 323.2, 635.2p
funding
  administrative costs, ¶ 635.4
  Ministerial Education Fund, ¶ 816.1
ineffectiveness of clergy, ¶ 359.2
less than fill-time service, ¶ 338.2
licensing for ministry, ¶¶ 315-320
local pastors. See **local pastors**
meetings, ¶ 635.1f
membership, ¶ 635.1
  bishop nominees, ¶ 635.1a
  election to, ¶ 635.1
  orientation, ¶ 635.1h

term, ¶ 635.1a
mentoring, ¶ 348
minimum requirements, ¶ 369.3
missionary conference, ¶ 586.7
officers, ¶ 635.1c
  chair, ¶ 635.1c
  registrar, ¶¶ 635.1c, 635.3
  duties, ¶¶ 635.3a-d
Order of Elders and Deacons, ¶¶ 308, 635.2p
organization, ¶ 635.1c
ordination,
  and apostolic ministry, ¶ 302
  by bishop, ¶ 415.6
  deacons, ¶ 330
  elders, ¶ 335
  meaning of, ¶ 301
  purpose, ¶ 303
  qualifications for, ¶ 304
orientation to ministry, ¶ 312
provisional membership. See **provisional membership**
readmission, ¶¶ 364-368
  after honorable or administrative location, ¶ 365
  after involuntary retirement, ¶ 368
  after leaving ministerial office, ¶ 366
  after termination by action of annual conference, ¶ 367
  to provisional membership, ¶ 364
special session of annual conference, ¶ 369.6
transfers from other annual conferences, ¶¶ 347.1,4&5
  other denominations, ¶¶ 347.3, 4&5
  other Methodist denominations, ¶ 347.2
See also **associate members; deacons; diaconal ministers; district committee on ministry; elders; local pastor; ordained ministry, pastors, provisional membership**

Board of Pensions. See **pensions, conference board**

board of trustees, ¶ 640
annual conference, ¶¶ 640, 2512-2517
ad interim vacancies, ¶ 2512.2
annual conference property. See **property, annual conference**
authority, ¶ 2512.3
health and welfare institutions, ¶ 1402 2517
investments, ¶ 2512.3b,c,e,&f
meetings, ¶ 2512.2
officers, ¶ 2512.2
district, ¶ 2518
See also **property, district**
local church, ¶¶ 2525-2551
  accessibility audit, ¶ 2533.6
  bequests and trusts, ¶ 2533.5
  board size, ¶ 2525
  charge conference authority, ¶ 2529
  charge or cooperative parish board, ¶ 2528
  covenant relationships in multi-ethnic and multi-language settings, ¶ 2551
  election and term of office, ¶ 2526
  foundations, ¶ 2535
  insurance issues, ¶ 2533.2

local conference, duties, authority, and membership, ¶ 2527
meetings, ¶ 2532
membership and election, ¶¶ 2525, 2526
officers, ¶ 2530.2
organization, ¶ 2530
permanent endowment fund committee, ¶ 2534
powers and limitations, ¶ 2533
property. See **property, local church**
qualifications, ¶ 2525
removal of trustees, ¶ 2531
report to charge conference, ¶ 2550
review of parsonage, ¶ 2533.4
use of building by external organization, ¶ 2533.3
vacancies, ¶ 2531.3
See also **property**

bonding, ¶ 2511
of general, jurisdictional, annual, and provisional annual conference officers, ¶ 2511
of conference and conference agency officers, ¶ 618
president and corporate officers United Methodist Publishing House, ¶ 1626
of pension handlers, ¶ 1508.9

Book of Common Prayer, ¶¶ 102, 103

The Book of Discipline of The United Methodist Church, ¶¶ 101, 102
autonomous and affiliated churches, ¶ 572.3
central conference, ¶¶ 101, 543.7&16
general funds definition in, ¶ 810
in governance of judicial process, ¶ 2719.5
Judicial Council review of, ¶¶ 2609.8, 2612.2

The Book of Resolutions of The United Methodist Church, ¶ 510.2
approval, ¶ 510.2c
board and agency responsibilities, ¶¶ 510.2b, 1406.11
boycott guidelines, annual conference, ¶¶ 604.12, 702.6
charge conference responsibility, ¶ 247.19&21
district, ¶¶ 702.6, 659.5
general agency, ¶ 702.6
editing of, ¶ 510.2
guidelines, ¶ 510.2
indices, ¶ 510.2a
publishing and guidelines, ¶ 510.2a
older-adult ministries, ¶ 1120.3i
website availability, ¶ 510.2a

Book of Worship, The United Methodist
Conference Board of Discipleship responsibilities, ¶ 630.4b
Discipleship, General Board recommendations, ¶ 1113.3
General Conference Responsibility for, ¶ 16.6 *Article* IV

borrowing, by agencies, ¶ 811.3

Boston University School

of Theology, ¶ 1422.3

boundaries,
of annual conferences,
¶ 27.4 *Article* V
changes, ¶ 40 *Article* IV
of central conferences,
¶¶ 28 *Article* I, 543.8
annual conference,
¶ 31.4 *Article* IV
episcopal areas, ¶ 543.5
changes, ¶ 40 *Article* IV
interim provisions for provisional central conferences, ¶ 563
of districts, ¶ 415.4
of district property sales,
¶ 2518.3
of episcopal areas,
¶ 524.3b
of jurisdictional conference,
¶¶ 16.12 *Article* IV, 37 *Article* I, 39 Article III

boycotts,
annual conference,
¶¶ 604.12, 659.5, 702.6
charge conference responsibility, ¶ 247.22
district, ¶¶ 659.5, 702.6
general agency, ¶ 702.6

British Methodist Conference, ¶ 13.3 *Article* I

budgets,
annual conference, ¶ 614
administration, ¶ 614.2
agencies, ¶ 610.1b
bishop's housing, ¶ 614.1c
clergy support, ¶ 614.1
Commission on the Status and Role of Women,
¶ 644.4
conference benevolences,
¶ 614.3
district superintendents' support, ¶ 614.1a
Finance and Administration, Conference Council,
¶¶ 612.5a(1), 613.1, 614
format, ¶ 614.6
other apportioned causes,
¶ 614.4
pensions and benefits,
¶ 614.1d
special appeals, ¶ 614.5
General Conference
Finance and Administration, General Council,
¶¶ 804, 805.6b, 806.1&4
general agencies,
¶ 806.4
provisional annual conferences, ¶ 582.3
local church
church council, ¶ 252.4c
finance committee,
¶ 258.4

building committee,
¶¶ 2533.1, 2544.4-10

bullying, social principles,
¶ 161R

burial,
burial ground property title, ¶ 2528.1
membership records,
¶ 230.1g
responsibilities and duties of clergy, ¶¶ 316.1, 340.2a(3)(b)

C

cabinet, ¶ 424
appointment process cooperative ministries, ¶ 206.6
ecumenical shared ministries priorities of, ¶ 211
extended attendance conference lay leader,
¶ 424.6
director of administrative

services, ¶ 619.2
director of connectional ministries, ¶ 424.6
superintendency, ¶ 424

calendar,
liturgical seasons, ¶ 1113.1
See also **special Sundays**

call to ministry, of batized, ¶ 220

call to servant leadership, ¶¶ 138-139

campus minister,
annual conference membership, ¶ 602.1e
appointment as a campus minister, ¶ 344.1a(3)
area or regional committee on higher education and campus ministry, ¶ 634.4a(10)(a)
college students' names sent to campus ministers and chaplains, ¶¶ 247.16, 256.3d
personnel committee, ¶ 634.4d (2)(b)
receiving into membership, ¶¶ 222-223
restrictions on holding religious services, ¶ 341.4

campus ministries,
annual report of college and university students, ¶¶ 232, 256.3d
candidacy, ¶ 310.1a
coordinator, local church, ¶ 254
discontinuation of, ¶ 634.4d(17)
local church promotion and encouragement to participate in, ¶ 256.3c(3)(1)
as ministry setting for admission to full connection and ordination, ¶ 335
responsibilities of Board of Higher Education and Campus Ministries, ¶ 634.4d
support of young adult women, ¶ 161J

candidacy for licensed and ordained ministry,
See **Board of Ordained Ministry, conference**

candidacy mentors,
¶¶ 310.1b, 311

Candler School of Theology, ¶ 1422.3a

capital punishment,
social principles, ¶ 164G

career development,
annual conference support, ¶ 635.2o
General Board of Higher Education and Ministry support, ¶ 1421.4a&i

catholic spirit, ¶ 103

Central and Southern Europe Central Conference, ¶¶ 540.3b, 723

Central Conference Affairs, Commission. See **Standing Committee on Central Conference Matters**

Central Conference Pension Initiative, ¶ 1504.20

Central Conference Theological Education Fund, ¶ 817

central conferences,
¶¶ 10 *Article* III, 28 Article I – 31 *Article* IV, 38 *Article* II, 540 - 548
adherence to *Book of Dis-*

cipline, ¶¶ 31.5&6 *Article* IV, 101, 543.7&16, 547.3
agencies, ¶ 547
annual conference boundaries fixed by, ¶¶ 40 *Article* IV, 543.8
annual and provisional annual conference membership of, ¶¶ 29 *Article* II, 541
authorization, ¶ 540
bishops
  in retired relation, ¶ 548
  number of, ¶ 31.2 *Article* IV
  term expiration, ¶ 411
boundaries, ¶¶ 28 *Article* I, 38 Article II
composition of, ¶ 541
historical recordkeeping, ¶ 572.1
language and translation, ¶ 543.17
lay delegate election to, ¶ 36 *Article* V
meetings of, ¶ 30 *Article* III
membership on general program boards, ¶ 705.4c
negotiation with Protestant bodies, ¶ 543.21
numbers of, ¶ 28 *Article* I
organization of, ¶ 542
powers and duties of, ¶¶ 31 *Article*, 542.5, 543
presiding officer role, ¶ 542.4
property, ¶ 546
provisional conference becoming a central conference, ¶ 540.4
records and archives of, ¶ 545
rules of procedure for investigation and trial, ¶ 543.12
standards of character for lay members ¶543.9
territory divisions, ¶ 543.20
witness ministries, ¶ 547.5
women's work, committee on, ¶ 547.1
See also **Provisional Central Conferences**; specific central conferences

certificate of baptism. See **baptism**

certificate of honorable location. See **honorable location**

certified candidate for licensing or ordination. See **Board of Ordained Ministry, conference**

certified lay minister, ¶ 268

certified lay missioner, ¶¶ 237, 269

certified lay servant, ¶ 266

certified lay speaker, ¶ 267

chancellor of conference,
annual conference membership, ¶ 602.10
associate chancellor(s), ¶ 603.8
committee on investigation ¶ 2706.2b
nomination and election, ¶ 603.8

chaplains,
annual conference membership, ¶ 602.1e
continuing education, ¶ 1421.4a
military student candidate programs, ¶ 1421.5d

INDEX

Chaplains Supplemental Pension Grant Fund, ¶ 1421.5o

charge conference, ¶ 12
Article V, 43 *Article* I, 246 - 251
authority and local laws, ¶ 2529
church council chairperson election, ¶ 251.3
church historian election, ¶ 247.5
church membership records, ¶ 231
church officer elections, ¶ 44 *Article* II
co-chairs ¶ 249.8
committee on records and history, ¶ 247.5b
duties of leaders and members, ¶ 251
election of leaders, ¶ 249
general provisions, ¶ 246
honorary members, ¶ 246.3
joint, ¶ 246.10
lay leader of, ¶ 251.1
meeting
 fixing time and place, ¶ 246.4
 notice of meeting time and location, ¶ 246.8
membership, ¶ 246.2
membership of deacons and provisional deacons, ¶ 331.9
membership secretary, ¶ 234
officer term limits, ¶ 247.7
powers and duties, ¶ 247
presiding officer, ¶ 246.5
primary responsibilities, ¶ 247.3
professing members removed by, ¶ 230.2
quorum for, ¶ 246.6
recording secretary, ¶ 247.4
removal of officers and filling vacancies, ¶ 250
special sessions, ¶ 246.7
See also **church conference**

chargeable offenses, ¶ 2702
bishop, clergy, local pastor, diaconal minister, ¶ 2702.1
professing member of local church, ¶ 2702.3
statute of limitations, ¶ 2702.4

Chartered Fund, ¶¶ 22 *Article* VI, 1504.10

child and dependent care, annual conference, ¶ 610.7

children,
adoption of, social principles, ¶ 161M
clergy maternity or paternity leave for, ¶ 355
baptism of, ¶ 216.1a
pastor's responsibility, ¶ 226.2
care of, ¶ 226
church membership, ¶ 226.4
rights, social principles, ¶ 162C

Christ. See Jesus Christ

Christian as Minister, The, ¶ 310

Christian denominations, ¶¶ 344.1, 345
recognition of clergy orders from other, ¶ 348
transfer from other denominations, ¶¶ 225, 347.3

Christian discipleship, General Board of Discipleship, ¶ 1117

accountable, ¶ 1117.2
small group ministries, ¶ 1117.1

Christian education, ¶ 1108

Christian Education Sunday, ¶¶ 262, 265.1
conference Board of Discipleship responsibility, ¶ 630.2d
General Board of Discipleship promotion, ¶ 1109.14
General Commission on Communication marketing, ¶ 1806.12

Christian man's oath and goods, ¶ 104 *Articles* XXIV, XXV (p. 71)

Christian Methodist Episcopal Church, ¶ 433.2

Christian perfection, sanctification and, ¶ 104 p. 70, Article XI (p. 75)

Christian Unity and Interreligious Relationships, annual conference, ¶ 642
Churches Uniting in Christ relationship with, ¶ 642.4f
Council of Bishops, consult with, ¶ 431.3
Council of Bishops
 funding, ¶ 440
 election of members, ¶ 705.1
 membership, ¶ 438
  chairperson and secretary of Council of Bishops, ¶ 438.5
  election of members, ¶¶ 705.1&5
 responsibilities, ¶ 441
 staff, ¶ 439
support and input from Christian Unity and Interreligious Relationships, ¶ 437

Christian values, media violence and, ¶ 162S

Christian Year,
General Board of Discipleship worship responsibilities, ¶ 1113.1
special Sundays, ¶ 262

Christmas Conference, ¶¶ 103, 724

church, ¶¶ 104 *Articles* XIII (p. 68), V (p. 73), 141
See also **local church**

Church and Community Ministry,
program, annual conference ¶ 633.4b(23)
annual conference committee on parish and community development, subcommittee, ¶ 633.5d

Church and Society, Conference Board, ¶ 629
funding, ¶ 629.5
membership, ¶ 629.2
purpose, ¶ 629.1
responsibilities, ¶ 629.3&4
staff, ¶ 629.6

Church and Society, district director, ¶ 662

Church and Society, General Board, ¶¶ 1001-1011
Appalachian Development Committee relationship with, ¶ 1004
bylaws, ¶ 1011
conference board connection with, ¶¶ 629.1-4

Connectional Table accountability, ¶ 702.3
  legislative advocacy, ¶ 1004
  relationship to, ¶ 906.1c
financial support, ¶ 1008
incorporation, ¶ 1005
membership,
  additional members, ¶ 1006.1d
  central conference membership, ¶¶ 705.4c, 1006.1b
  election, ¶ 705.3
  episcopal members, ¶¶ 906.1c, 1006.1c
  full communion ecumenical partners, ¶ 1006.1d(2)
  jurisdictional members, ¶ 1006.1a
Ministries With Young People, Division resource, ¶ 1207.2
name, ¶ 1001
nominations, ¶¶ 705.1, 1006.1d
objectives, ¶ 1003
organization, ¶ 1006
personnel policy and practices committee, ¶ 805.4b
purpose, ¶ 1002
responsibilities, ¶ 1004
staff, ¶ 1009
United Nations Office, ¶ 1010
vacancies, ¶ 1007
Youth Offender Rehabilitation Program, ¶ 263.1c

church and state relations, social principles, ¶ 164C

Church Business Administration, United Methodist Church, ¶¶ 613.15, 807.18

church conference, ¶ 248
  building committee presentation, ¶ 2544.7
  district superintendent's authorization, ¶ 249
  election of leaders, ¶ 249
  for new church start, ¶ 259.8
  joint church conference, ¶ 248
  language of church conference, ¶ 248
  special session, ¶ 246.7

church council. See **local church, church council**

Church Extension of The Evangelical Church, Board of, Global Ministries, General Board successor to, ¶ 1305.2

Church in Mission, ¶ 1301
  ordained person's role, ¶¶ 303.2, 332
  church location and building, district board, ¶ 2519
  appeal of decisions, ¶ 2522
  assessment of local church potential, ¶ 213.3b
  building proposal standards of approval, ¶ 2521
  building sharing with multi-ethnic and multi-language groups, ¶ 2551
  deeding property to federated churches or other denominations, ¶ 2548
  disposition of property of closed local church, ¶ 2549
  district lay leader member of, ¶ 660.8&10
  district parsonage, ¶ 2518
  duties and responsibilities, ¶ 2520
  new local church or mission congregation establishment,

¶ 259.1&2
planning and financing for local church buildings, ¶ 2544.2,5-8
responsibilities, ¶ 2520
sale, transfer, lease, or mortgage of property, ¶¶ 2540.3, 2541.3
satellite congregations authorized by, ¶ 247.23

church membership. See **local church, membership**

church school,
Conference Board of Discipleship responsibilities, ¶ 630.2
General Board of Discipleship, responsibilities, ¶¶ 1108-1109
financial support, ¶ 1106.4
See also **local church, church school**

Church School Publications. See **United Methodist Publishing House**

church secretaries. See **Professional Association of United Methodist Church Secretaries**
Church Women United, ¶ 1320.13

Churches Uniting in Christ, ¶ 434.1
annual conference, ¶ 642.2&4f
annual conference seat, ¶ 602.9
equitable compensation, ¶ 625.10
pastoral support of clergy from, ¶ 625.10

civic youth-serving agencies, ¶¶ 256.4, 2302.5

civil action, instituting and defending, ¶¶ 141, 2509

civil authority, Christian duty to, ¶ 104 p. 72, Article XVI (p. 76)

civil disobedience and obedience, social principles, ¶ 164F

CJAMM. See **Criminal Justice and Mercy Ministries Committee**

Claremont School of Theology, ¶ 1422.3

class leaders, ¶¶ 256.1b, 1117.2c

clergy,
administrative location, ¶ 359
See also **administrative location**
affiliate membership (extension ministers) ¶ 344.4
annual conference membership, ¶¶ 32 *Article* I, 304.4, 369.1, 602.1
appointment of
availability for, ¶¶ 334.2a, 338
security of, ¶¶ 334.1, 337.1
See also **appointments**
base compensation, 342.1
changes in conference relationship, ¶¶ 352-360
administrative location, ¶ 359
honorable location, ¶ 358
See also **honorable location**
leaves
affiliate membership, ¶ 334.5

from other denominations, ¶ 345.2
involuntary, ¶¶ 354, 363
maternity or paternity, ¶ 355
medical, ¶¶ 356, 652
sabbatical, ¶ 351
spiritual growth, ¶ 350.3
voluntary, ¶ 353
family, ¶ 353.2b
personal, ¶ 353.2a
transitional, ¶ 353.2c
retirement, ¶ 357
 ad interim, ¶ 357.2d
 involuntary, ¶¶ 357.3, 363
 mandatory, ¶ 357.1
 voluntary, ¶ 357.2
  with forty years of service or age sixty-five, ¶ 357.2c
  with thirty years of service or age sixty-two, ¶ 357.2b
  with twenty years of service, ¶ 357.2a
withdrawal
 between conferences, ¶ 360.4
 from ordained office, ¶ 360.2
 to unite with another denomination, ¶ 360.1
 under complaints or charges, ¶ 360.3
chargeable offenses, ¶ 2702.1
clergy & Christian denominations,
 appointments
  clergy from other denominations, ¶ 346.2
  clergy serving other denominations, ¶ 345
 transfer
  clergy from other annual conferences, ¶ 347.1
  clergy from other denominations, ¶ 347.3
  clergy from other Methodist denominations, ¶ 347.2
 complaints. See **Complaints**
 confidentiality, ¶ 341.5
 continuing education and spiritual growth, ¶ 350
 definition of, ¶ 142
 employment status of, ¶ 143
 extension ministry, ¶¶ 343–344
  affiliate annual conference membership, ¶ 344.4
  affiliate local church membership, ¶ 344.3b
  annual compensation report requirement, ¶ 628
  categories of appointment, ¶ 344.1
  clergy serving evaluation, ¶ 359.2
  consultation with bishop, ¶ 343.2&3
  general provisions, ¶ 344.5
  links to, ¶ 1421.5j
  local pastors and, ¶ 316.1
  pastoral care programs, ¶ 1421.5k
  provisions for appointment, ¶ 344
 provisional members, ¶ 326.3
 relation to annual conference, ¶ 344.2
  accountability to, ¶ 344.2a
  affiliate membership, ¶ 344.4
  responsibility for, ¶ 344.2b
  relation to local church, ¶ 344.3
 evaluation, ¶ 349
 from other denominations, ¶ 346.2
 full-time ministry service, ¶ 338.1
 General Conference delegates, ¶ 502.1a

honorable location, ¶ 358
See also **honorable location**
inquiring into moral character, ¶ 605.7
judicial complaints of, ¶ 2704.2 See also **judicial complaints**
mentoring, ¶ 348.4
pensions of, ¶ 1506.2&3
provisional membership. See **provisional membership**
readmission to conference relationship
  after honorable or administrative location, ¶ 365
  after involuntary retirement, ¶ 368
  after leaving the ministerial office, ¶ 366
  after termination by annual conference, ¶ 367
  to provisional membership, ¶ 364
recommendation of involuntary status change, ¶ 363
retirement, ¶ 357
  ad interim, ¶ 357.2d
administrative review committee and, ¶ 636
  appointment, compensation, pension credits, ¶ 357.6
  associate members, ¶ 322.3
  charge conference membership, ¶ 357.5
  counseling prior to, ¶ 357.4
  involuntary, ¶¶ 353.11, 357.3
  readmission, ¶ 368
  mandatory, ¶ 357.1
  voluntary, ¶ 357.2
  return to effective relationship, ¶ 357.7
unauthorized conduct, ¶ 341

voting rights at annual conference ¶ 602.1a-d
voting rights, clergy from other annual conferences and Christian denominations, ¶ 346.1
withdrawal from membership, ¶ 360
  between annual conferences, ¶ 360.4
  from ministerial office, ¶ 360.2
  to unite with another denomination, ¶ 361.1
  under complaint, ¶¶ 360.3, 2719.2
See also **associate member, deacons; elders; local pastor; ordained ministry, pastors, provisional membership**

clergy orders, ¶¶ 305-309
changing, ¶ 309.2
of deacons, ¶ 306
of elders, ¶ 306
membership of, ¶ 309.1
organization of, ¶ 308
purpose, ¶ 307
in relation to ministry of all Christians, ¶ 305

Clergy Retirement Security Program,
clergy from other annual conferences and Methodist denominations, ¶ 346.1
episcopal, ¶ 818.8
responsibility for, ¶ 1506

clergy session, ¶ 369.5
actions on behalf of annual conference, ¶ 605.7
invited attendees without vote, ¶ 605.7
right to vote of board of ordained ministry lay members, ¶ 605.7
voting members,

¶¶ 334.1, 369.5, 602.1a

clergy support budgets, ¶ 614.1
bishop's housing, ¶ 614.1c
pastor compensation, ¶ 614.1e
pensions and benefits, ¶ 614.1d

closed meetings,
Pastor/Staff Parish Relations Committee ¶ 258.2e,
restrictions on closed meetings ¶ 722

code of ethics, ¶ 702.2

collateral, for annual conference invested funds, ¶ 2512.3f

collective bargaining,
social principles, ¶ 163B

College of Bishops, ¶ 48 *Article* IV
authority to call special session of jurisdictional conference, ¶ 521.2
committee on appeals, ¶ 2716.1
complaints against bishop submissions to, ¶ 413.2&3
convening jurisdictional committee on episcopacy, ¶ 524.1
episcopal expense reimbursement approval, ¶ 818.6
episcopal supervision for annual conferences, ¶ 48 *Article* IV
Finance and Administration, General Council and, ¶ 805.1a(2)
leave approval, ¶ 410.1-3
missionary conference supervision of, ¶ 586.1
retired bishop assignment, ¶ 409.1&3
review of bishops, ¶ 412
trial process role of, ¶ 2712.1-3
vacancy in office of bishop, ¶ 407

colleges,
evaluating those related to annual conference, ¶ 634.4a(7)
higher education and campus ministry, conference board responsibilities, ¶ 634.4b&c

Commissions on Equitable Compensation of The United Methodist Church, National Association, ¶ 807.18

Commission on Religion and Race. See **Religion and Race**

Commission on Small Member Church, ¶ 645

Commission on Status and Role of Women. See **Status and Role of Women**

committee on investigation, ¶¶ 2703, 2706
for a bishop, ¶ 2703.1
for a clergy, ¶ 2703.2
for a diaconal minister, ¶ 2703.3
for a layperson, ¶ 2703.4

Committee on Legal Responsibilities and Corporate Governance, ¶ 805.4c

INDEX

Communications, local church coordinator, ¶ 255.3
guidance, resources, and training for ¶ 1806.9

Communication, Conference Commission, ¶ 646

Communication, General Commission, ¶¶ 1801-1808. See **United Methodist Communications**

Communion elements. See **Lord's Supper**

Community Developers Program, ¶ 263.1a

compensation. See **salaries**

complaints, ¶¶ 362, 2702.1
administrative fair process, ¶¶ 361-363
against bishop
administrative complaint, ¶ 413
judicial complaint, ¶ 2702.1
committee on investigation, ¶ 2703.1
referral, ¶ 2704.1
against clergy, ¶¶ 362, 2702.1
against diaconal minister
judicial complaint, ¶ 2702.1
committee on investigation, ¶ 2703.3
referral, ¶ 2704.3
against local pastor, ¶ 2702.1
against professing member, ¶ 2702.3
complaint procedures, ¶ 362
disposition of, ¶ 362
fair process in administrative hearings, ¶ 361
fair process in judicial proceedings, ¶ 2701
form of judicial complaint, ¶ 2705
held in abeyance, ¶ 362.1g
just resolution, ¶¶ 362.1&1c, 2701.5
referral to counsel for the church, ¶ 2704
supervisory response, ¶ 362.1b
withdrawal under complaints and charges
bishop, clergy member, diaconal minister, ¶ 2719.2
local pastor, ¶¶ 320.2, 2719.2
professing member, ¶ 2709.3
See also **judicial complaints**

Comprehensive Protection Plan,
annual conference options, ¶ 1506.18
clergy on medical leave, ¶¶ 356.1&2
clergy or provisional members from other annual conferences and Methodist denominations, ¶ 346.1
episcopal pensions, ¶ 818.8
voluntary retirement, ¶ 358.2

concordat agreements, ¶ 574
Council of Bishops, ¶ 574.1&2a
Daily Christian Advocate, ¶ 574.1b
Methodist churches with, ¶ 570.5

conference. See **annual conference; central conferences; charge conference; General**

Conference; jurisdictional conference; specific conference

conference agencies and boards. See specific agency or board

conference benevolences,
¶¶ 247.14, 614.3

Conference Chancellors Association, ¶ 807.18

conference lay leader. See **lay leader**

Conference of Methodist Bishops, ¶ 423

Conference Presidents of United Methodist Men, National Association of,
annual report to General Commission on United Methodist Men, ¶ 648
Article 10b
General Commission on United Methodist Men
communication and cooperation with, ¶ 2302.3
officer of General Commission on United Methodist Men, ¶ 2303.3

Conference Relations Committee, ¶¶ 361.1, 635.1d
administrative location, ¶ 359.2
clergy medical leave, ¶ 356.3
involuntary status change, ¶ 363.1

conference scouting coordinator, ¶ 631.3

conference treasurer/ director of administrative services, ¶ 619
election, ¶ 619
functions, ¶ 619.1
responsibilities as director of administrative services, ¶ 619.2

Confession of Faith, ¶ 3
Article III
General Conference restriction, ¶ 18 Article II
historic confessions, ¶¶ 103, 104

confidentiality,
Board of Ordained Ministry, ¶ 635.2m
clergy maintaining, ¶¶ 340.2a(5), 341.5
complaints against
bishops, ¶ 413.3c
clergy, ¶ 362.1c
General Church, ¶ 702.2
Judicial Council, ¶ 2607

confirmation, ¶¶ 216.1a, 226.1&4,
records of, ¶ 230.1b, 316.1

conflict. See **JUSTPEACE Center for Mediation and Conflict Transformation**

conflict of interest,
financial administration of investments, ¶ 1508
General Church boards, agencies, etc., ¶ 702.2
General Council of Finance and Administration, ¶ 805.1e
local church
audit, ¶ 258.4d
permanent endowment committee, ¶ 2534.6
University Senate, ¶ 1414.2

INDEX

Congo Central Conference, ¶ 540.3c

Congregational and Community Development Program, ¶ 1314.1

Congregational Development,
annual conference subcommittee, ¶ 633.5e
mission congregation, ¶ 259.1a
new church start, ¶ 259.1
General Board of Discipleship joint committee, ¶ 1112.13
General Board of Global Ministries, ¶ 1314.1
See also **local church**

Connectional Covenant and Litany, ¶ 125

Connectional and Ecumenical Relationships Program, ¶ 1314.2

connectional ministries, ¶ 608

connectional responsibilities in ecumenical shared ministries, ¶ 210

Connectional Table,
¶¶ 901–907
accountability to, ¶ 702.3-5
amenability, ¶ 903
central conference membership, ¶ 705.1c
effective date, ¶ 907
evaluating general agencies, ¶ 702.4
incorporation, ¶ 902
meetings, ¶ 906.2
membership and general agencies, ¶¶ 705, 906.1
Ministries With Young People, Division resource, ¶ 1207.2i
name, ¶ 901
nominations by conferences, ¶ 705.1
objectives, ¶ 905
officers, ¶ 906.3
organization, ¶ 906
purpose, ¶ 904
staff, ¶ 906.5

connectionalism,
¶¶ 132, 701.1
covenant, ¶ 125
Journey of a Connectional People, ¶ 132

consecration,
of bishops, ¶ 405
of local church buildings, ¶ 2545

Constitution, of The United Methodist Church, ¶¶ 1-61
amendment voting of, ¶ 33 *Article* II
amendments, ¶¶ 59 *Article* I – 61 *Article* III
annual conference as basic body of the Church, ¶ 33 *Article* II
articles of religion and confession of faith, ¶ 3 *Article* III
declaration of union, ¶ 1 *Article* I
ecumenical relations, ¶ 6 *Article* VI
episcopal supervision, ¶¶ 45 *Article* I – 54 *Article* X
general, ¶¶ 1 *Article* I – 7 *Article* VII
inclusiveness, ¶ 4 *Article* IV
judiciary, ¶¶ 55 *Article* I – 58 Article IV

name, ¶ 2 *Article* II
organization, ¶¶ 8-44
property titles, ¶ 7 *Article* VII
racial justice, ¶ 5 *Article* V
restrictive rules, ¶¶ 17 *Article* I – 22 *Article* VI

consultation,
bishop assignment, ¶¶ 406, 407
General Council on Finance and Administration service to general agencies, ¶ 807.13
with Higher Education and Ministry, General Board, ¶ 1418
superintendency appointment-making, ¶ 426
of University Senate, ¶ 1418.3

consumerism,
social principles, ¶ 163D

consumption,
social principles, ¶ 163D

continuing education,
Board of Ordained Ministry setting standards and guidelines, ¶ 334.2d, 635.2o
clergy, ¶¶ 258.2g5, 349.1, 350
church secretaries, ¶ 807.18
district superintendent, ¶ 669.4a,e
extension ministry, ¶ 337.3c3
General Board of Higher Education and Ministry responsibility for, ¶1421.4a
Ministerial Education Fund use, ¶ 816
spiritual growth leaves,
¶ 350.2&3
pastor-parish relations committee responsibilities, ¶¶ 258.2g(5)&(8)

conveyances, conformance with local law, ¶ 2508

conviction, of crime,
candidacy, ¶ 310.2b(1)
license for pastoral ministry, ¶ 315.6a(1)
ordained clergy from other denominations, ¶ 346.2
provisional membership, ¶ 324.12

cooperative ecumenical parish, ¶ 206.3c3

cooperative parish,
¶¶ 205.2, 206
appointment to, ¶ 428.5b
board of trustees, ¶ 2528

coordinators,
  annual conference
    Board of Discipleship, ¶ 630.1i
    Board of Global Ministries, ¶ 633.4b
    disaster response, annual conference, ¶ 633.4b(22)
  district
    for witness ministries, ¶ 661
  jurisdiction
    United Methodist Men ministry coordinators, ¶ 537
    youth ministries, ¶ 533
  local church
    age-level, family and specialized-ministries, ¶ 253
    children's ministries, ¶ 256.2a
    health-and-welfare ministries, ¶ 255(2)

small-group, ¶ 255(1)
specialized ministry groups, ¶¶ 253-257
youth ministries, ¶ 256.3a,
scouting, training for ¶ 2302.5a

corporate governance. See **legal responsibilities and corporate governance committee**

corporate responsibility,
social principles, ¶ 163I

corruption,
social principles, ¶ 163L

Council of Bishops,
¶¶ 47 *Article* III, 422
Act of Covenanting, ¶ 573.2
bishop assignment in another jurisdiction, ¶ 49 *Article* V
central conferences episcopal visit assignments, ¶¶ 542.3, 567
concordat agreements, ¶ 574.1
ecumenical relationships, ¶ 431.2
officer, ¶ 906.1c
episcopal visitation of mission fields, ¶ 567
General Conference Commission membership, ¶ 511.1b
jurisdictional conference meetings determined by, ¶ 26 Article IV
liaison role, ¶¶ 403.1c&f, 431.2, 436
power to call General Conference special session, ¶ 14 *Article* II
secretary-designate election, General Conference, ¶ 504.1
special assignments, ¶ 406.3

Council of Presidents of the Black Colleges, ¶ 1420

Council on World Service and Finance, ¶ 803

Council on Youth Ministries, conference, ¶ 643

Counsel for the Church, ¶¶ 362.1e(2), 2704.1-3

Counseling,
centers endorsement, ¶ 1421.5
as pastor's responsibility and duty, ¶ 340.2a2
post-abortion, ¶ 161K
pre-retirement for clergy, ¶ 357.4

Course of Study,
appointment as local pastor, ¶¶ 318.1&2
completion time requirements, ¶ 319.3
continuance as local pastor, ¶ 319
Division of Ordained Ministry, General Board of Higher Education, ¶ 1421.3d
local pastor election as associate member, ¶ 322.1
local pastor eligibility to serve on District Committee on Ministry, ¶ 318.5
local pastor requirement for provisional membership, ¶ 324.6
retirement of local pastor requirement, ¶ 320.5

covenant groups, provisional members, ¶ 326

Covenant of Relationship, ¶ 570.2a

Covenant Relationship, in multi-ethnic, multi-language settings, ¶ 2551

covenantal or council relationships, ¶ 434
Churches United in Christ, ¶ 434.1
The National Council of Churches of Christ in the U.S.A., ¶ 434.2
The World Council of Churches, ¶ 434.3

covenanting churches, ¶¶ 570.4, 573

covenanting in ecumenical shared ministries, ¶ 209

credentials,
bishops of central conferences, ¶ 411
deacons and elders changing orders, ¶ 309.3
delegates to General Conference, ¶ 502.5
local pastor reinstatement, ¶ 320.4
withdrawal of clergy, ¶ 360.3&4

criminal and restorative justice, social principles, ¶ 164H

criminal justice and mercy ministries (CJAMM) committee, ¶ 657

cultures, social principles, ¶¶ 162A, 165A

Curriculum Resources Committee,
authority to review teaching resources of general agencies, ¶ 1123
cooperative publications, ¶ 1124.3
curriculum requirements, ¶ 1122
Discipleship, General Board relationship with, ¶¶ 1112.11, 1124, 1125
duties and responsibilities, ¶¶ 1121, 1634
membership, ¶ 1126
United Methodist Publishing House relationship with, ¶¶ 1124.2, 1636
youth materials, ¶ 1119.2a

custodian, of records,
Archives and History, General Commission responsibility, ¶ 1711.2
charge conference recording secretary responsibility, ¶ 247.4

D

Daily Christian Advocate,
Commission on General Conference, ¶ 511.4c
concordat agreements, ¶ 574.1b
corrections to, ¶¶ 504.2, 510.1
Judicial Council decisions on Book of Discipline, ¶ 2612.2
Judicial Council nominees biographical sketch in, ¶ 2602.2
petitions to General Conference printed in, ¶ 507.7&8
publication of, ¶ 511.4c
ADCA languages, ¶ 511.4c
free download, ¶ 504.2
secretary responsibility for, ¶ 510.3

INDEX

Deaconess Service, Committee on. See **United Methodist Women**

Deaconesses. See **United Methodist Women**

deacons, ¶¶ 32 Article I, 139, 328–331
annual conference membership, ¶¶ 32, *Article* I, 304.4, 369.1, 602.1
appointment, ¶ 331
  beyond the local church, ¶¶ 331.4-5
  missional responsibility in local church, ¶ 331.5
  by bishop, ¶¶ 331.6, 430
  to another denomination, ¶ 331.8
  to attend school, ¶¶ 331.2, 338.4, 416.6
  to less than full-time service, ¶¶ 331.7 & 10b
  ad interim, ¶¶ 331.7c
  to nonsalaried position, ¶ 331.6d
  to various ministries, ¶ 331.1
changes in conference relationship, ¶¶ 352–360
administrative location, ¶ 359.2
honorable location, ¶ 358
  See also **honorable location**
involuntary leave, ¶¶ 354, 363
maternity or paternity leave, ¶ 355
medical leave, ¶¶ 356, 652
provisions for change, ¶ 352
retirement, ¶ 357
  appointment, ¶ 357.6
  charge conference membership, ¶ 357.5
  involuntary, ¶¶ 357.3, 363
  mandatory, ¶ 357.1
  return to effective relationship, ¶ 357.7
  voluntary, ¶ 357.2
voluntary leave of absence, ¶ 353
  family leave, ¶ 353.2b
  personal leave. ¶ 353.2a
  transitional leave, ¶ 353.2c
withdrawal, ¶ 360
  between annual conferences, ¶ 360.4
  from ministerial office, ¶ 360.2
  to unite with another denomination, ¶ 360.1
  withdrawal under complaint or charges, ¶ 360.3
changing ordination track, ¶ 326.4
chargeable offenses, ¶ 2702.1
charge conference membership of, ¶ 331.9
complaint procedures, ¶ 362
educational requirements, ¶¶ 324.5, 330.3
employment termination, ¶ 331.10e
equalize lay/clergy annual conference membership, ¶ 602.4
evaluation, ¶ 349
examination of, ¶ 330.4–5
executive (clergy) session membership, ¶¶ 334.1, 369.5, 602.1a
financing for continuing education, ¶ 350.4b
from other annual conferences and other Methodist denominations, ¶¶ 331.4b,c&9b, 346.1
General Conference legislative power, ¶ 16.2 *Article* IV
ministry, authority, and

INDEX

responsibilities of, ¶¶ 328-329
orders, ¶¶ 306-309, 329.3
  changing orders, ¶ 309.2&3
  deacons, ¶ 306
  membership, ¶ 309
  organization, ¶ 308
  purpose, ¶ 307
ordination and admission to full connection requirements, ¶ 330
See also **Board of Ordained Ministry, conference**
provisional membership, commissioning, ¶ 325
qualifications for election, ¶ 324
service of commissioned ministers, ¶¶ 324-327
readmission, ¶¶ 364-368
  See also **Board of Or dained Ministry**, con ference readmission
requirement for admission and ordination, ¶ 330
sabbatical leave, ¶ 351
sacramental authority, ¶ 328
support when under appointment of bishop, ¶ 331.10
termination procedures, ¶ 331.10e
transfer of, ¶ 347
  from other annual conferences, ¶ 347.1
  from other denominations, ¶ 347.3
  from other Methodist denominations, ¶ 347.2
unauthorized conduct, ¶ 341
See also **Board of Ordained Ministry, clergy** and/or **Order of Deacons**

death, social principles, ¶ 161N,O
See also **suicide**

death penalty, social principles, ¶ 164G
See also **capital punishment**

Declaration of Union, ¶ 1 *Article* I

declaratory decisions, of Judicial Council, ¶ 2610

dedication, of local church buildings, ¶ 2545

deeds,
conveyances conformity and, ¶ 2508
to federated churches or other evangelical denominations, ¶ 2548
trust clauses in, ¶ 2503

definitions, general Church structures, and titles, ¶ 703

denominations. See **Christian denominations**

depository,
for annual conference funds, ¶ 616
archival, ¶ 641.1
for conference pension funds, ¶ 1508.9

deputy general secretary, ¶ 703.7b

diaconal ministers,
chargeable offenses, ¶ 2702.1
continuing education and spiritual formation, ¶ 1421.4a
governance responsibilities

of board of ordained ministry, ¶ 635.1c
judicial complaints of, ¶ 2704.3
lay members of Annual Conference, ¶¶ 602.2&4
service records, ¶ 606.6

diakonia, ¶¶ 305, 330.4

differences of opinion, p. 106

disabilities, persons with,
agency meetings accommodating, ¶ 716.2
annual conference committee on disability concerns, ¶ 653
annual conference location accessibility, ¶ 603.4
clergy, ¶ 1421.4g
discipleship board responsibility,
for camping experiences, ¶ 630.1c
for training in ministry for, ¶ 630.1d
nondiscrimination policies, ¶ 716
rights, social principles, ¶ 162I

Disability Awareness Sunday, ¶¶ 262, 265.4, 1806.12

disaster response, ¶¶ 633.4b(22), 1315.1d

Disaster Response Committee, ¶ **633.4**b(22)
disaster response coordinators, ¶ 633.4b(22)

discipleship,
accountable, ¶¶ 256.1b, 1117.2
clergy and laity leadership responsible for, ¶ 134
formation responsibilities, ¶ 1117
growth in faithful, ¶ 218
meaning of, ¶ 216.2a
See also **Christian discipleship**; **Discipleship, General Board**

Discipleship, Conference Board, ¶ 630
responsibilities, ¶ 630.1
Christian education, ¶ 630.2
evangelism, ¶ 630.3
spiritual formation, ¶ 630.6
stewardship, ¶ 630.5
worship, ¶ 630.4

Discipleship, General Board, ¶¶ 1101-1126
advocacy for older-adult concerns, ¶1120.2
age level, life-span, and family ministries, ¶ 1119
  Adult Ministries, ¶ 1119.3
  Children's Ministries, ¶ 1119.1
  Family Ministries, ¶ 1119.4
  Older-Adult Ministries committee general provisions, ¶ 1120
  Youth Ministry, ¶ 1119.2
annuities, bequests, trusts and estates, ¶¶ 1104.3-6, 1106.2
bylaws, ¶ 1103
Book of Worship recommendations, ¶ 1113.3
Christian discipleship formation responsibilities, ¶ 1117
Christian education, ¶ 1108
Church School Publications editor, ¶ 1125
Connectional Table accountability, ¶ 702.3

cooperation with other boards and agencies, ¶ 1110
curriculum,
  curriculum resources committee authority to review, ¶ 1123
  curriculum requirements, ¶ 1122
  Curriculum Resources Committee, ¶¶ 1121, 1123, 1124
  membership, ¶ 1126.1
  secretary participation in, ¶ 1126.1c
education responsibilities and standards, ¶ 1109
ethnic local church concerns, ¶ 1118
evangelism, ¶¶ 1111, 1112
fiduciary functions, ¶ 1101.3
financial support, ¶ 1106
foundation guidance, ¶ 1114.6
incorporation, ¶ 1104
laity ministry, ¶ 1116
members, ¶¶ 705.3a, 1101.4, 1105.1
  central conference membership, ¶¶ 705.1c, 1105.1b
  episcopal members, ¶ 1105.1c
  jurisdictional members, ¶ 1105.1a
  liaison representative, ¶ 1105.2
  Ministries With Young People, Division, ¶¶ 1105.1d, 1205
  nominations and election of members, ¶ 705
mission education program, ¶ 1110.2
Ministries With Young People, Division, ¶¶ 1201–1212
  See also **Ministries With Young People, Division**
organization, ¶ 1105
personnel policy and practices committee, ¶ 805.4b
purpose, ¶ 1101
responsibilities, ¶ 1102
ritual of the United Methodist Church, ¶ 1113.4
spiritual formation responsibilities, ¶ 1115
stewardship responsibilities, ¶ 1114
United Methodist Publishing House, relationship with, ¶ 1124
Upper Room, financial relationship with, ¶ 1107
worship responsibilities, ¶ 1113

Discipline. See *Book of Discipline*

discrimination,
gender chargeable offense, ¶ 2702.1k&3i
inclusiveness denying, ¶ 140
social principles, ¶ 162A-J
See also **racial discrimination**

dismissal, of members and employees authorized by General Conference, ¶ 711

disposal schedule, for records, ¶ 1711.3b

disposition of property of a closed church, ¶ 2549

distribution system, of United Methodist Publishing House, ¶ 1641

district board of church location and building,

¶¶ 2518-2524
appeals of decisions of, ¶ 2522
authorization and establishment of, ¶ 2519
district parsonage, ¶¶ 2518.1, 2523
duties and responsibilities, ¶ 2520
membership, ¶¶ 2518.2, 2519
role in assessment of local church potential, ¶ 213.3b
sale, transfer, lease or mortgage of district property, ¶ 2524
standards for approval of building proposals, ¶ 2521

district committee on lay servant ministries, ¶ 668

district committee on ordained ministry, ¶ 666
amenability, ¶ 666.1
candidacy, ¶¶ 659.3, 666.3-8
lay ministers, ¶ 666.11
local pastor, ¶ 666.6-10
membership, ¶ 666.1
officers, ¶ 666.2
recommendation for associate and provisional membership, ¶ 666.9
record keeping, ¶ 661.8
responsibilities, ¶ 666.3-13

district conference,
¶¶ 42 Article I, 658-659
annual conference and, ¶¶ 658-672
boycotts, ¶ 659.5
certificates of candidacy, ¶ 659.3
district union, ¶¶ 659.4, 2518.2
laity, district board of, ¶ 667
Lay Servant Ministries district committee, ¶ 668
membership, ¶ 659.1
religion and race district director, ¶ 664
witness ministries, ¶ 661
young-adult ministries, ¶ 665
youth ministry district council, ¶ 672

district directors,
of Church and Society, ¶ 662
of ethnic local church concerns, ¶ 663
of Religion and Race, ¶ 664
of young-adult ministries, ¶ 665

district lay leader, ¶ 660
annual conference board of laity member, ¶¶ 631.3, 660.5
Committee on District Superintendency membership, ¶ 669.1
district board of laity, ¶ 667
district committee on Lay Servant Ministries, ¶ 668
district committee on ordained ministry member, ¶ 660.8
district conference member, ¶ 660.7
district superintendency committee member, ¶ 669.1
district United Methodist Men, ¶ 671 Article 5d
election, ¶ 660.2
laity complaint, ¶ 228.2b(8)
lay member of annual conference, ¶¶ 32 *Article* I, 602.4, 660.4
working relationship with superintendent, ¶¶ 419.4, 660.3

district property,
¶¶ 2518-2524
district parsonage, ¶ 2518

district superintendency committee, ¶ 669
consultation, ¶ 669.5
meeting, ¶ 669.3
membership, ¶ 669.1
purpose, ¶ 669.4

district superintendents, ¶¶ 53 *Article* IX, 417-421
administration of, ¶ 419
appointment and assignment making, ¶ 419.2
appointment criteria for congregations,
  for community, ¶ 427.3
  for local congregations, ¶ 427.1
  for pastors, ¶ 427.2
bishop's relationship with, ¶ 421
cabinet, ¶ 424
committee on superintendency, ¶ 669
committee on pastor-parish relations working with, ¶¶ 428.3&6
community profiles, ¶ 427.3
extension of bishop's office, ¶¶ 401, 419, 421
limitation on years of service, ¶¶ 418, 586.1
office of, ¶ 402
parish configuration, realignment, ¶ 419.9
pastoral leadership, ¶ 419
program oversight, ¶ 419
questions of law, ¶¶ 419.10, 2718.1
recruitment and examination of candidates for ministry, ¶ 419.3
renewal and study leave, ¶ 420
responsibilities of, ¶¶ 53 Article IX, 54 Article X, 249, 419, 424.1
role of, ¶ 403
selection and assignment, ¶ 417
special ministry not separate order, ¶ 402
spiritual leadership, ¶ 419.5
supervision, ¶ 419.7
See also **superintendency**

district union, ¶¶ 659.4, 2518.2

divorce, social principles, ¶ 161D

Doctrinal Heritage, ¶ 102

Doctrinal History, ¶ 103

Doctrinal Standards and General Rules, ¶ 104

documentary record material, ¶ 1703.1
condition and preservation, ¶ 1711.3c
custodianship of records, ¶ 1711.2
definition, ¶ 1711.1b
inventorying, repairing, and microfilming, ¶ 1711.3d

double jeopardy, right against, ¶ 2701.2d

drug use, social principles, ¶ 162L

Duke Divinity School, ¶ 1422.3

dying, faithful care of, social principles, ¶ 161N

INDEX

E

ecclesiastical approval,
¶ 1421.5d

economic systems, social principles, ¶ 163

Ecumenical Commitment,
¶ 6 *Article* VI

ecumenical officer, Council of Bishops,
¶¶ 431.2, 438.1, 442.1d, 906.1c

ecumenical priority,
¶¶ 210, 211

ecumenical relationships and organizations, ¶ 720
American Bible Society, ¶ 435
annual conference, ¶ 642.4f
Christian Unity and Interreligious Relationships, Office of Churches Uniting in Christ, ¶ 434.1
  annual conference seat, ¶ 602.9
Constitution, ¶ 6 *Article* VI
Council of Bishops liaison role, ¶¶ 403.1e, 431.2, 436
covenantal and conciliar relationships, ¶ 434
financial support, ¶ 432
Methodist Unity, ¶ 433
National Council of the Churches of Christ in the U.S.A.,
annual conference, ¶ 642.4f
general church, ¶ 434.2
national or regional ecumenical organizations, ¶ 434.2
Office of Christian Unity and Interreligious Relationships, ¶ 437
  annual conference relationship with, ¶ 642.2
  Council of Bishops consulting with, ¶ 431.3
  funding, ¶ 440
  members, ¶ 438
    election, ¶ 705.1&5
    nominations for, ¶ 705.1
  responsibilities, ¶ 441
  staff, ¶ 439
Pan-Methodist Commission on, ¶ 433.2
pastoral support of clergy from, ¶ 625.10
World Council of Churches, ¶ 434.3
World Evangelical Fellowship, ¶ 434.3c
World Methodist Council, ¶ 433.1

ecumenical shared ministries, ¶¶ 207–211
appointments to, ¶ 345
clergy from other annual conferences and Methodist denominations, ¶ 346.1
clergy from other denominations, ¶ 346.2
cabinet priority, ¶ 211
connectional responsibilities, ¶ 210
covenanting, ¶ 209
definition, ¶ 208

editor. See **Church School Publications editor**

editorial director, of general publishing,
¶ 1628
See also **United Methodist Publishing House, book editor**

education,
social principles, ¶ 164E

INDEX

elders, ¶¶ 32 *Article* I, 139, 332–344
  admission requirements, ¶¶ 324, 335, 336
  annual conference membership, ¶¶ 32 *Article* I, 304.4, 369.1, 602.1
  annual conference voting rights, ¶¶ 334.1, 602.1a
  appointment, ¶¶ 337–344
    availability for appointment, ¶ 333.1
    ecumenical shared ministries, ¶ 345
    extension ministry appointments, ¶¶ 337.3, 343–344
    itineracy, ¶ 338
    limited itineracy, ¶ 338.2a
    security of, ¶¶ 334.1, 337.1
    support for, ¶ 342
    to attend school, ¶¶ 338.4, 416.6
  base compensation, ¶ 342.1
  changes in conference relationship, ¶¶ 352–360
    administrative location, ¶ 359.2
    honorable location, ¶ 358
    See also **honorable location**
    involuntary leave, ¶¶ 354, 363
    maternity or paternity leave, ¶ 355
    medical leave, ¶¶ 356, 652
    provisions for change, ¶ 352
    retirement, ¶ 357
      appointment, ¶ 357.6
      charge conference membership, ¶ 357.5
      involuntary, ¶¶ 357.3, 363
      mandatory, ¶ 357.1
      return to effective relationship, ¶ 357.7
      voluntary, ¶ 357.2
    voluntary leave of absence, ¶ 353
      family leave, ¶ 353.2b
      personal leave, ¶ 353.2a
      transitional leave, ¶ 353.2c
  withdrawal, ¶ 360
    between annual conferences, ¶ 360.4
    from ministerial office, ¶ 360.2
    to unite with another denomination, ¶ 360.1
    withdrawal under complaint or charges, ¶ 360.3
  chargeable offenses, ¶ 2702.1
  complaint procedures, ¶ 362
  continuing education and spiritual growth, ¶¶ 334.2d, 350
  definition of pastor, ¶ 339
  evaluation, ¶ 349
  executive (clergy) session membership, ¶¶ 334.1, 369.5, 602.1a
  from other denominations, ¶ 346.2
  from other annual conferences and other Methodist denominations, ¶ 346.1
  General Conference legislative power, ¶ 16.2 *Article* IV
  ministry, authority and responsibilities, ¶¶ 332, 334, 340
  orders, ¶¶ 305–309
    changing orders, ¶¶ 309.2&3
    elders, ¶ 306
    membership, ¶ 309
    organization, ¶ 308
    purpose, ¶ 307
  ordination. See **Board of Ordained Ministry, conference**

professional assessment and in-depth renewal, ¶ 349.3
provisional membership. See **provisional membership**
readmission, ¶¶ 364-368
  after honorable or administrative location, ¶ 365
  after involuntary retirement, ¶ 368
  after leaving ministerial office, ¶ 366
  after termination by action of annual conference, ¶ 367
  to provisional membership, ¶ 364
sabbatical leave, ¶ 351
support for, ¶ 342
transfer from other annual conference, ¶ 347.1
transfer from other Methodist denominations, ¶ 347.2
transfer from other denominations, ¶ 347.3
unauthorized conduct, ¶ 341
See also **Board of Ordained Ministry, conference; clergy and/or Order of Elders**

electronic communications, ¶ 1613

electronic system, for membership records, ¶ 233

endangered species, social principles, ¶ 160C

endowment funds,
closed local church, ¶ 2549.5
General Board of Pension and Health Benefits, ¶ 1504.16
General Council on Finance and Administration approval, ¶ 811.6
local church endowment and planned giving ministry committee, ¶ 2534

energy resources utilization, social principles, ¶ 160B

Episcopacy Conference Committee, ¶ 637
budget, ¶ 637.4
functions of, ¶ 637.3
meetings, ¶ 637.2
membership, ¶ 637.1

episcopal areas,
audit of offices, ¶ 818.7
boundary changes, ¶ 40 *Article* IV
in central conferences, ¶ 543.5
episcopal elections, ¶¶ 46, 405
provisions of, ¶ 404

Episcopal Fund, ¶ 818
amount/distribution of, ¶ 806.1a
annual conference apportionment, ¶¶ 614.1b, 621
apportionments, ¶ 808
audit of episcopal area offices, ¶ 818.7
bishops' salaries, ¶¶ 408.1d, 818.4
bishops whose service is interrupted, ¶ 818.11
ecumenical and interreligious ministries funding, ¶ 440
expense reimbursement and honoraria policies, ¶ 818.6
as general fund, ¶ 810.1
health care plan, ¶ 818.9
housing expenses, ¶ 818.5

pensions, ¶ 818.8
proportionality, ¶ 818.3
purpose, ¶ 818.1
requirements, ¶ 818.2
retired bishops appointed to ad interim service, ¶ 818.12
retired central conference bishops, ¶ 548
retirees' health care access, ¶ 818.10

episcopal membership of general boards, ¶ 705.4d

Episcopal Residence Committee, ¶ 638
annual conference funding, ¶ 614.1c
membership, ¶ 638.2
responsibility, ¶ 638.4

episcopal residences, jointly owned, ¶ 2514

episcopal supervision, ¶¶ 45 *Article* I – 54 *Article* X

equal opportunity employment policies, ¶ 807.12

Equitable Compensation, Commission on. See **annual conference agencies**

Equitable Compensation Fund, ¶¶ 342.1&2, 622
apportionment distribution, ¶ 621
budgeting for, ¶¶ 614.1e, 625.7
disbursal, ¶ 625.8
membership, ¶ 625.1
proportional payment and distribution, ¶ 622
purpose, ¶ 625.2
responsibilities, ¶ 625.3-13
short-term emergency subsidy grant, ¶ 624
utilization, ¶ 625.6

Equitable Compensation of The United Methodist Church, National Association of Ethnic Commissions on, ¶ 807.18

Ethnic In-Service Training Program, ¶¶ 263.3c, 824.4b

ethnic local church concerns, ¶ 1118
conference committee, ¶ 632

Ethnic Scholarship Program, ¶¶ 263.3b, 824.4b

Ethnicity rights, social principles, ¶ 162A

evaluation,
of bishops, ¶¶ 412, 524.3a
for continuing formation for full members and local pastors, ¶¶ 349-351
of deacons, ¶¶ 331.3, 349-351

Evangelical United Brethren Church, Confession of Faith, ¶ 104

evangelism, General Board of Discipleship. See **Discipleship, General Board of**

evangelist, general, ¶ 1112.7

executive session. See **clergy session**

exhorters, ¶ 16.2 *Article* IV

experience, ¶ 105

extension ministries. See **clergy**

F

fair process, ¶ 361
administrative hearings, ¶ 361.2
before administrative location, ¶¶ 359.2, 636
before involuntary leave of absence, ¶¶ 354.1, 353.11
before involuntary retirement, ¶¶ 353.11, 357.3
conference administrative review committee, ¶ 636
involuntary retirement, ¶¶ 357.3, 636
judicial proceedings, ¶ 2701
  communications, ¶ 2701.4b
  Discipline in effect on date complaint filed, ¶ 2719.5
  double jeopardy, ¶ 2701.2d
  failure to appear or respond, ¶ 2701.4a
  healing, ¶ 2701.4c
  hearing notice, ¶ 2701.1b
  just resolution, ¶ 2701.5
  immunity of participants, ¶ 2701.4d
  process and procedure, ¶ 2701.4
  record access, ¶ 2701.2e
  rights of the church, ¶ 2701.3
  rights of the complainant, ¶ 2701.1
  rights of the respondent, ¶ 2701.2
  right to be heard, ¶ 2701.1a&3a
provisional member right to, ¶ 327.6
recommendations for clergy involuntary status change, ¶ 363
unresolved issues related to request for medical leave, ¶ 356.4

fair trade, social principles, ¶¶ 162Q, 163D

Faith and Order, Committee, ¶¶ 443–450
funding, ¶ 450
membership, ¶ 447
organization, ¶ 448
purpose, ¶ 444
responsibilities, ¶ 445
staffing, ¶ 449

faith, good works and, ¶ 102

faithful ministry, ¶ 130

family, social principles, ¶ 161B

family farms, social principles, ¶ 163H

Family Life Committee, ¶ 1119.4

family ministries, ¶ 1119.4

family violence and abuse, social principles, ¶ 161H

federated church, ¶ 208(a)
deeding property to, ¶ 2548

Fellowship of Local Pastors ¶ 323
chair of, on Ordained Ministry Board, ¶ 635.1a
function, ¶ 323.1
  General Board of Higher Education and Ministry constituent contact through gatherings of, ¶ 1421.6

standards of ministry maintenance, ¶ 1421.4h
support and accountability, ¶ 1421.4c
membership requirement, ¶ 323
organization of, ¶ 323.2

fellowships, ¶ 703.12

finance, social principles, ¶ 163J

Finance and Administration, Conference Council, ¶¶ 611-619
administrative budget, ¶ 614.2
amenability, ¶ 612.6
apportionments, ¶ 615
  apportionment distribution, ¶¶ 614.3, 621-622
  apportionment formula, ¶ 613.3
  other apportioned causes, ¶ 614.4
auditing, ¶ 617
bonding, ¶ 618
clergy support budgets, ¶ 614.1
conference benevolences budgets, ¶ 614.3
conference treasurer/director of administrative services, ¶ 619
  Council on Finance and Administration authority over, ¶¶ 613.11, 619.3
  election, ¶ 619
  ex officio member of Council on Finance and Administration, ¶¶ 258.4, 612.2c
  functions, ¶ 619.1
  presence at Cabinet meetings, ¶ 619.2
  responsibilities, ¶ 619.2
conflict of interest, ¶ 612.4
depository, ¶ 616
ex officio members, ¶ 612.2c
equitable compensation, ¶ 625.7
membership, ¶ 612.2
minimum clergy compensation recommendation, ¶ 625.7
officers, ¶ 612.3
organization, ¶ 612.5
pastoral support, ¶¶ 620-628
purpose, ¶ 612.1
responsibilities, ¶ 613
  accessibility of programs of local churches, ¶ 613.7
  alcoholic beverage restrictions, ¶ 613.18
  apportionments of funds, ¶ 613.3
  borrowing funds, ¶ 613.10
  budgets, ¶ 613.1
  business administration, ¶ 613.15
  financial recording and reporting, ¶ 613.14
  funding, ¶ 613.2,6&9
  governing authority, ¶ 613.11
  interpretation of conference budgets, ¶ 613.4
  investment of funds, ¶ 613.5
  meeting unforeseen needs, ¶ 613.8
  personnel issues, ¶ 613.13
  promotion of the acceptance of homosexuality restriction, ¶ 613.19
  treasury designation, ¶ 613.12
special appeals, ¶ 614.5
sustentation fund, ¶ 626

Finance and Administration, General Council. See **General Council on Finance and Administration**

See also **general funds**

financial accountability of general agencies, ¶ 704

financial appeals, church-wide,
annual conference, ¶ 614.5
general Church, ¶ 819

financial obligations,
by annual conference, ¶ 604.2
annual conference power to inquire about local church, ¶ 604.8
responsibility limitations, ¶ 2510

fiscal year, of United Methodist Church, ¶ 721.1

food justice,
social principles, ¶ 160H

food safety, social principles, ¶ 160G

foreign workers, social principles, ¶ 163F

foundations,
of closed local church, ¶ 2549.5
Discipleship, General Board guidance to, ¶ 1114.6
Finance and Administration recommendations, ¶ 613.16
local church, ¶¶ 2533.5, 2535
United Methodist Foundations, ¶ 2513
See also specific foundation

free will, ¶ 104 *Article* VII (pp. 67, 74)

freedoms, basic,
of information, social principles, ¶ 164D
of press, ¶ 1806.1,5
of religion, ¶ 1806.5
social principles, ¶ 164A

Full Communion Ecumenical Partners,
¶¶ 431.1, 442
general agency membership, ¶ 705.3b
General Board of Discipleship membership, ¶ 1006.1d(2)
OCUIR membership, ¶ 438.4

G

gambling, social principles, ¶ 163G

Gammon Theological Seminary, ¶ 1422.3

Garrett-Evangelical Theological Seminary, ¶ 1422.3

gas leases, ¶ 2505

General Administration Fund, ¶¶ 810.1, 813
disbursement, ¶ 813.2
financial support for the General Council on Finance and Administration, ¶ 805.6a(1),
General Conference session expenses, ¶ 813.1
Judicial Council expenses, ¶ 813.3
promotion of, ¶¶ 813.5, 1806.12
transmitting apportioned amount to conferences, ¶ 808.1

general agencies,
¶¶ 701–723
accounting procedures,

¶ 806.3&7
administrative, ¶ 703.6
amenability and program accountability, ¶ 702
　of General Agencies between sessions of General Conference ¶ 702.3
audit of, ¶ 806.5,6&13
borrowing by, ¶ 811.3
code of ethics, ¶ 702.2
Connectional Table evaluating, ¶ 702.4
definitions, structures and titles, ¶¶ 701.2&3, 703
disabilities, accommodating persons with, ¶ 716.2
dismissal of members and employees, ¶ 711
divisions and subunits, ¶ 709
Finance and Administration, General Council audits, ¶¶ 805.4a, 806.5,6&13, 818.7
　budget review by, ¶ 806.4
　consultative service to, ¶ 807.13
　financial, ¶ 806.5
financial accountability of, ¶ 704
international and ecumenical settings, ¶ 720
meetings, ¶ 707
membership ¶ 705
　additional nominations, ¶¶ 705.2, 706
　annual conference membership, ¶ 710.9
　conflict of interest, ¶ 710.7&8
　dismissal, ¶¶ 710.10, 711
　divisions and subunits, ¶ 709
　episcopal, ¶ 705.5b
　ex officio member of conference agency, ¶ 710.6|
　jurisdictional, ¶ 705.4b
　liaison representatives, ¶¶ 705.4f&g

　nominations by conferences, ¶ 705.1
　qualifications, ¶ 710
　restrictions on closed meetings, ¶ 722
　serving limitations, ¶ 710.4&5
　size, ¶ 705.4a
　vacancies, ¶ 712
　young adult representatives, ¶ 710.3
　youth representatives, ¶ 710.3
nondiscrimination policies, ¶ 716
organization, ¶ 708
pension credit of, ¶ 1505
program and fiscal year, ¶ 721
program expenditure decisions, ¶ 719
program-related agencies, ¶ 703.5
　budgets of, ¶ 804
　committee on criminal justice and mercy ministries and, ¶ 657
　cooperation with, ¶ 1112.4
　general secretary election for, ¶ 713
　Global Ministries, General Board coordinating, ¶ 720
　jurisdictional, ¶ 531
　liaison representatives to, ¶¶ 705.4f&g
　meetings of, ¶ 707
　staffing of, ¶ 715
record maintenance, ¶ 718
Retirement Security Program for, ¶ 715.4
socially responsible investments, ¶ 717
staff provisions, ¶ 715
　appointment, ¶ 714
　election and termination of general secretaries, ¶ 713
　executive staff titles, ¶ 703.7

model after Christ, ¶ 715.8
official travel, ¶ 715.2
professing members of United Methodist Church, ¶ 715.5
retirement provisions, ¶¶ 715.3&4
tenure restriction, ¶ 715.1
voting restriction, ¶¶ 715.6&7
United Methodist Publishing House agency status, ¶ 1611

General Book of Discipline, ¶¶ 31.5 Article IV, 101
See also *Book of Discipline*

General Church Definitions, Structures and Titles, ¶ 703
administrative general agencies, ¶ 703.6
association or fellowship, ¶ 703.12
general agency executive titles
  assistant general secretary, ¶ 703.7d
  associate general secretary, ¶ 703.7c
  deputy general security, ¶ 703.7b
  general secretary, ¶ 703.7a
  treasurer, ¶ 703.7e
general board, ¶ 703.2
general commission, ¶ 703.3
general council, ¶ 703.1
missional priority, ¶ 703.9
program, ¶ 703.11
program-related general agencies, ¶ 703.5
special program, ¶ 703.10
study committee, ¶ 703.4
theme, ¶ 703.8

General Church Membership Roll, ¶¶ 215.4, 223

General Conference,
¶¶ 8 *Article* I, 13 *Article* I – 22 *Article* VI, 501-511
business manager, ¶¶ 511.1d,3, 4f, 807.20
clergy right to trial, ¶ 58 *Article* IV
Commission on General Conference, ¶ 511
composition of, ¶ 502
Daily Christian Advocate printing petitions, ¶¶ 507.7-8, 511.4c
date for, ¶ 14 Article II
definition of powers, ¶¶ 16 *Article* IV, 501
delegate
  election by annual conference, ¶¶ 13.2 *Article* I, 34 *Article* III, 502
  clergy, ¶ 35 *Article* IV
  laity, ¶ 36 *Article* V
  number, ¶¶ 13 *Article* 1.1
define and fix duties of clergy, exhorters, deaconesses and home missioners, ¶ 16.2 *Article* IV
Finance and Administration, General Council supporting, ¶ 807.20
inclusiveness of delegates, ¶ 502.1a
joining United Methodist Church, ¶ 575.5
Judicial Council, ¶ 55 *Article* I
lay delegate election to, ¶ 36 *Article* V
petitions, ¶ 507
legislation effective date, ¶ 508
meetings, ¶ 14 *Article* II
presiding officers, ¶ 503
quorum, ¶ 506
representation ratio, ¶ 15 *Article* III
restrictive rules, ¶¶ 17-22 *Articles* I – VI
rules of order, ¶ 505

INDEX

secretary of general conference,
  assumption of office, ¶ 504.2
  secretary-designate election, ¶ 504
  secretary duties, ¶¶ 504.3, 510, 511.5
speaking for Church, ¶ 509
special session called by Council of Bishops, ¶ 14 Article II
United Methodist Publishing House report to, ¶ 1612
voting membership of, ¶ 502
See also **jurisdictional conferences**

General Conference Commission, ¶¶ 511, 703.3
business manager, ¶¶ 511.1d,3,4f, 807.20
committees, ¶ 511.3
executive, ¶ 511.3a
Plan of Organization and Rules of Order, ¶ 511.3b
membership, ¶ 511.1
officers, ¶ 511.2
responsibilities, ¶ 511.4
secretary of the General Conference, ¶¶ 504.3, 510, 511.1d,3a,4f&5

General Conference of 1808, ¶ 103

General Conference of the United Brethren in Christ (1815), ¶ 103

General Council, ¶ 703.1

General Council on Finance and Administration, ¶¶ 801-824
accounting and reporting, ¶¶ 806.3&7
Advance Specials, ¶ 823.2
agency compliance monitoring, ¶ 806.13
alcoholic beverage funding, ¶806.11
amenability, ¶ 804
annual reports by General Treasurer, ¶ 809
audit of episcopal area offices, ¶ 818.7
banking functions, ¶ 806.7
budgets, ¶ 806.1&4
church secretaries, guidance and consultation for, ¶ 807.18
Communication, General Commission on, promotion and funding determination, ¶ 1806.13
conference council cooperation, ¶ 613.14-15
conference payments of apportioned funds, ¶ 808
ecumenical organizations, ¶ 814.5
employment policies, ¶ 807.12
Episcopal Fund, ¶ 818
  bishops' salaries, ¶ 818.4
  bishops whose service is interrupted, ¶ 818.11
  episcopal expense reimbursement and honoraria policies, ¶ 818.6
  episcopal health care plan, ¶ 818.9
  episcopal pensions, ¶ 818.8
  episcopal residence housing expenses, ¶ 818.5
  official travel of effective bishop, ¶ 818.6
  proportionality, ¶ 818.3
  requirements, ¶ 818.2
  retired bishops appointed to ad interim service, ¶ 818.12
  retirees' health care access, ¶ 818.10

financial management leadership for annual conference foundations, ¶ 807.4

financial planning/arrangements for national meetings, conferences, convocations, ¶¶ 806.8, 807.13

financial reports from general agencies, ¶ 704

financial support, ¶ 805.6

fiscal responsibilities, ¶ 806

funds receipts/disbursement, ¶ 806.2

general administrative fund, ¶ 813

general agencies
  audits, ¶ 806.5,6&13
  budget review by, ¶ 806.4
  consultative service to, ¶ 807.13

general directives
  Advance Specials, ¶ 823
  World Service, ¶¶ 820, 821
  UMCOR Sunday, ¶ 821

general funds. See **general funds**

general policies, ¶ 811

Higher Education and Ministry, General Board relationship with, ¶ 1406.10

homosexual project funding, ¶ 806.9

incorporation, ¶ 803

internal audit functions, ¶ 806.6

International Cooperation Fund, ¶ 814

investment oversight, ¶ 806.12

late-term abortion restriction, ¶ 806.10

Legal Services Department, ¶¶ 805.4c, 807.9

legal steps to protect interests of The United Methodist Church, ¶ 807.9

local church business admin-istration guidance, ¶ 807.17&18

Ministries With Young People, Division resource, ¶ 1207.2

name, ¶ 802

official printed forms and material, ¶ 807.14

ordained ministry division, relationship with, ¶ 1421.1k

organization, ¶ 805
  audit and review committee, ¶ 805.4a
  committees, ¶ 805.4
  legal responsibilities and corporate governance committee, ¶ 805.4c
  meetings, ¶ 805.2
  membership, ¶ 805.1
  officers, ¶ 805.3
    general secretary, ¶ 805.3b
  personnel policies and practices committee, ¶ 805.4b

other fiscal responsibilities, ¶ 807
  annual conference staff leadership, ¶ 807.4
  business administration, ¶ 807.17&18
  business manager, General Conference, ¶ 807.20
  central conference apportionments, ¶ 543.4
  church secretary education, ¶ 807.18
  donations and bequests, ¶ 807.1
  financing approval, international and national conferences and convocations, ¶ 806.8
  fund-raising consultation, ¶ 807.21
  General Conference sup-

INDEX

port, ¶ 807.20
information technology, ¶ 807.18
insignia rights and design, ¶ 807.10
insurance programs, ¶ 807.19
name registration and use, ¶ 807.11
Permanent Fund, ¶ 807.3
personnel policies and practices,
  committee on personnel policies and practices, ¶ 805.4b
  general agency compliance, ¶ 807.12
  retirement, general agency staff, ¶ 715.3
property governing, ¶ 807.6
property reporting function, ¶ 807.8
quadrennial review, ¶ 807.7
property management, ¶ 807.6
receipts and disbursements, ¶ 806.2
special church-wide financial appeals, ¶ 819
special Sunday offerings, ¶¶ 807.5, 824
staff, ¶ 805.5
statistical data responsibilities, ¶ 807.16
tax-exempt status, ¶ 807.9
UMCOR Sunday, ¶ 821
World Service Fund, ¶¶ 806.1b, 807.2, 810.1, 812
World Service Specials, ¶¶ 820-821

General Endowment Fund, ¶ 1504.11

General Endowment Fund for Superannuates of The Methodist Episcopal Church, South, ¶ 1504.11

general evangelists,
appointment as, ¶ 630.3f
standards, ¶ 1112.7

general funds, ¶¶ 810-817
Advance Special Gifts, ¶¶ 619.1a(1), 33.4b(10), 810.1, 822-823, 1313
Africa University Fund, ¶¶ 634.4a(5), 806.1b, 810.1, 1806.12
Black College Fund, ¶¶ 619.2d(5), 634.4a(5), 810.1, 815, 1410.5, 1806.12
Central Conference Theological Education Fund, ¶ 817
definition, ¶ 810
disbursement of funds to ecumenical organizations, ¶ 814.5
Episcopal Fund, ¶¶ 810.1, 818, 1806.12
Finance and Administration, General Council financial appeals beyond, ¶¶ 819-824
General Administration Fund, ¶¶ 619.1a(5), 805.6a(2), 808.1, 810.1, 813, 1806.12
general policies, ¶ 811
Human Relations Day Fund, ¶¶ 263.1, 810.1
Interdenominational Cooperation Fund, ¶¶ 619.1a(5), 805.6a(2), 806.1b, 810.1, 814, 1806.12
Ministerial Education Fund, ¶¶ 258.2g(6), 619.1a(5), 634.4a(5), 806.1b, 810.1, 816, 1806.12
Native American Ministries Sunday Fund,

¶¶ 263.6, 634.4a(5), 810.1
Peace with Justice Sunday Fund, ¶¶ 263.5, 810.1
UMCOR Sunday Fund, ¶¶ 263.2, 810.1
United Methodist Student Day Fund, ¶¶ 634.4a(5), 810.1
World Communion Fund, ¶¶ 263.3, 634.4a(5), 810.1, 1806.12
World Service Fund, ¶¶ 247.14, 806.1b(1-3), 810.1, 812, 1806.12
World Service Special Gifts, ¶¶ 619.1a(1), 810.1, 1806.12
Youth Service Fund, ¶¶ 649.3i-k, 810.1, 1208, 1806.12

general program board membership, ¶ 705
additional membership, ¶ 705.4e
central conference membership, ¶ 705.4c
election, ¶ 705.3
episcopal membership, ¶ 705.4d
jurisdictional membership, ¶ 705.4b
liaison representatives, ¶¶ 705.4f-g
nominations
  additional, ¶ 705.2
  by conferences, ¶ 705.1
  number, ¶ 705.4
  See also **general agencies**

General Rule of Discipleship, ¶ 1117.2a

General Rules, ¶ 104

general secretary,
chief staff officer, ¶ 703.7a
election, ¶ 713
professing members, ¶ 715.5
termination of agency staff, ¶ 713
term restriction, ¶ 715.1

Germany Central Conference, ¶ 540.3d

global climate stewardship,
social principles, ¶ 160D

Global Ministries, Conference Board, ¶ 633
Committee on parish and community development, ¶ 633.5
membership, ¶ 633.2
provisional annual conferences, ¶ 583
responsibilities, ¶ 633.4b
secretary of global ministries, ¶ 633.3
volunteer-in-mission coordinator, ¶ 633.6

Global Ministries, General Board, ¶¶ 1301-1315
Advance Committee, ¶ 1313
general Advance Special projects, ¶ 1313.2
authority, ¶ 1304
central conference membership, ¶ 705.1c
central conferences relating to, ¶ 542.6
Community Developers Program, Human Relations Day offering, ¶ 263.1a
Connectional Table accountability, ¶ 702.3
  relationship to Connectional Table membership, ¶ 906.1c
corporate officers, ¶ 1307
elected staff, ¶ 1308
election of members, ¶ 705.1
executive committee, ¶ 1306
financial affairs, ¶ 1310.3

General Conference Finance and Administration personnel policy and practices home committee, ¶ 805.4b
Health and Welfare Ministries, Board of, General Board controlling work of, ¶ 1305.3
incorporation, ¶ 1305
international and ecumenical settings, ¶ 720
membership, ¶ 1311
Ministries With Young People, Division resource, ¶ 1207.2
mission program areas, ¶ 1314
   Congregational and Community Development, ¶ 1314.1
   Connectional and Ecumenical Relations, ¶ 1314.2
   Mission Education and Interpretation, ¶ 1314.3
   Mission Service, ¶ 1314.4
with General Board of Global Ministries, ¶ 1110.2
nominations for, ¶ 705.1
objectives, ¶ 1303
personnel policies, ¶ 1309
properties, trusts, annuities, investments, ¶ 1310
relationship to United Methodist Women, ¶ 1312
responsibilities, ¶ 1302
selection of staff, ¶ 1309.1
United Methodist Committee on Relief. See **United Methodist Committee on Relief**
United Methodist Voluntary Services Program, Human Relations Day Offering, ¶ 263.1b
urban ministries subcommittee, ¶¶ 633.5g&h
women staff participation, ¶ 1309.2

Global Young People's Convocation, ¶ 1210

God, ¶¶ 104 *Article* I (pp. 65, 72), 136

Golden Cross Sunday, ¶¶ 262, 265.2, 1806.12

Golden Cross offering, ¶ 633.4b(35)

good works, ¶¶ 102, 104 *Article* X (pp. 68, 75)

government, the political community, social principles, ¶ 164

graft and corruption, social principles, ¶ 163L

Grants for Ministries With Young People, ¶¶ 1203.6, 1209

Great Britain, Wesleyan "Standards" in, ¶ 103

group ministry, cluster groups, ¶ 206.3a

guaranteed or security of appointment. See **clergy, appointment of**

H

HANA. See **Hispanic, Asian, and Native Americans Educational Ministries**

Harassment. See **sexual harassment**

healing, within congregation, ¶ 2701.4c

Health and Welfare

institutions, annual conference trustees, ¶ 2517

Health and Welfare Ministries, United Methodist Association of, ¶ 633.4b(30)

health care rights,
general agencies, ¶ 715.4
social principles, ¶ 162V

heritage landmarks. See **historic sites and heritage landmarks**

Heritage Sunday, ¶¶ 262, 264.1

Higher Education and Campus Ministry, Conference Board, ¶ 634
fiscal responsibilities, ¶ 634.4b
general responsibilities, ¶ 634.4a
public policy, ¶ 634.4e
responsibilities with campus ministries, ¶ 634.4d
school, college and university responsibilities, ¶ 634.4c

Higher Education and Ministry, General Board, ¶¶ 1401-1423
amenability and accountability, ¶ 1403
annuities, bequests, trust, and estates, ¶ 1402
central conference membership, ¶ 705.4c
Connectional Table accountability, ¶ 702.3
Connectional Table relationship, ¶ 906.1c
Council of Presidents of Black Colleges, ¶ 1420
divisions, ¶ 1408.1
Higher Education, ¶¶ 1410-1413
duties and responsibilities, ¶ 1410
financial support, ¶ 1413
personnel, ¶ 1410.5
responsibilities to educational institutions, ¶ 1412
responsibilities to General and annual conferences, ¶ 1411
Ordained Ministry, ¶¶ 1421-1423
administration, ¶ 1421.1
constituency relationships, ¶ 1421.6
duties and responsibilities, endorsements, ¶ 1421.5
endorsing agency, ¶ 1421.5c(1)
enlistment, candidacy and conference relations, ¶ 1421.2
theological education, ¶ 1421.3
election of members, ¶ 705.1
financial support for higher education, ¶ 1413
funding provisions, ¶ 1409
incorporation, ¶ 1402
investments, ¶ 1406.10
membership, ¶ 1407.2
additional members, ¶ 1407.2d
central conference members, ¶ 1407.2b
episcopal members, ¶ 1407.2c
jurisdictional members, ¶ 1407.2a
liaison representatives, ¶ 1407.2f
vacancies, ¶ 1407.2e
Ministries With Young People, Division resource,

¶ 1207.2
nominations for, ¶ 705.1
objectives, ¶ 1405
offices, ¶ 1408.2
organization, ¶ 1407
personnel policy and practices committee, ¶ 805.4b
purpose, ¶ 1404
responsibilities, ¶ 1406
schools of theology of The United Methodist Church, ¶¶ 1422-1423
University Senate, ¶¶ 1414-1418
annual reports of approved institutions, ¶ 1417
consultative services, ¶ 1418
executive secretary, ¶ 1414.3
institutional affiliation, ¶ 1416
organization and membership, ¶ 1414
purposes and objectives, ¶ 1415

Higher Education Foundation, ¶ 1419

Hispanic, Asian, and Native Americans (HANA) Educational Ministries, ¶ 634.4a(5)

Hispanic/Latino Ministries committee, ¶ 655

historic sites and heritage landmarks, ¶ 1712
annual conference policy on government designation of church property as, ¶ 2512.7
definition, ¶ 1712.1a
designation, ¶ 1712.1c
present list, ¶ 1712.2
quadrennial review, ¶ 1712.1d

historical convocation, ¶ 1703.6

Historical Society of The United Methodist Church, ¶¶ 1703.1, 1710
conference, ¶ 641.2

HIV/AIDS, social principles, ¶ 162U&V

Holy Bible/Scriptures, ¶ 104 *Article* V (p. 66), *Article* IV (p. 73)

Holy Catholic Church, ¶ 203

Holy Spirit/Ghost, ¶ 104 *Article* IV (p. 66), *Article* III (p. 73)

home missionaries. See **United Methodist Women**

home missioners. See **United Methodist Women**

Home Missions and Church Erection Society of the Church of the United Brethren in Christ, Global Ministries, General Board successor to, ¶ 1305.2

Home Missions and Church Extension, Board of, Global Ministries, General Board controlling work of, ¶ 1305.3

homosexuality/homosexual persons,
ceremonies for unions, ¶¶ 341.6, 2702.1b
chargeable offenses involv-

ing, ¶ 2702.1b
funding prohibition,
¶¶ 613.19, 806.9
ordination candidacy,
¶ 304.3
"self-avowed practicing,"
¶¶ 304.3, 2702.1b
social principles, ¶ 161G

honorable location, ¶ 358
appointment ad interim,
¶ 358.2
Board of Ordained Ministry recommendations,
¶ 635.21
chargeable offense, ¶ 2702.1
judicial complaint against,
¶ 2704.2
membership in annual conference, ¶ 358.2
readmission, ¶¶ 365, 635.21
retirement, ¶ 358.3

hospice care, social principles, ¶ 161N

housing allowance,
bishops on sabbatical leave, ¶ 410.3
local church, ¶¶ 247.19, 258.2g(16), 627

housing for bishops. See **bishops**

housing for pastors. See **pastors**

Human Relations Day,
¶¶ 262, 263.1, 824.1, 1806.12

Human Relations Day Fund, ¶ 810.1

human rights, social principles, ¶ 164A

human sexuality,
social principles, ¶ 161G

hymnals,
Come, Let Us Worship: The Korean-English United Methodist Hymnal,
¶ 1113.3
Mil Voces Para Celebrar: Himnario Metodista,
¶ 1113.3
United Methodist Hymnal,
¶¶ 630.4b, 1113.3

I

Iglesia Metodista Autonoma Affiliada de Puerto Rico, ¶ 705.4f&g

Iliff School of Theology,
¶ 1422.3

immigrant rights, social principles, ¶ 162H

immunity from prosecution of complaints, ¶ 361.3

immunity of participants, and fair process in judicial proceedings,
¶ 2701.4d

inclusiveness, ¶¶ 4 *Article* IV, 124, 140
annual conference membership, ¶¶ 605.3, 610.5
Archives and History, General Commission,
¶ 1704.2
audit review committee, annual conference, ¶ 617.4
board of church and society, annual conference,
¶ 629.2
Communication, General Commission, ¶ 1807.1f
Constitution, ¶ 4 *Article* IV
district conference, ¶ 659.1

district superintendents, ¶¶ 417, 419.1
election of bishops, ¶ 405.2a
episcopacy, conference committee, ¶ 637.3f
equitable compensation commission, ¶ 625.1
General Conference, ¶ 502.1a
local church tasks and, ¶¶ 243(6), 244.3
older-adult ministry council, annual conference, ¶ 651.2
pastor's responsibilities and, ¶ 340.2c(4)
religion and race, conference commission annual conference, ¶¶ 643.3b-d
Status and Role of Women, General Commission, ¶¶ 2102, 2103.9
United Methodist Men, General Commission, ¶ 2303.1f
young-adult ministry council, annual conference, ¶ 650.2

information communication technology, social principles, ¶ 162T

information technology, in local church, ¶ 245

insignia of The United Methodist Church, ¶ 807.10

institutions,
annual conference auditing of funds, ¶ 617.2
definition of annual conference institutions, ¶ 614.3c
elder appointment to, ¶ 344.1a(3)
employment of ordained minister, ¶ 343.2
General Board of Higher Education oversight and responsibilities, ¶¶ 1404, 1405.16-19, 1410, 1412
General Conference responsibility, ¶ 16.14 *Article* IV
jurisdictional conference responsibility, ¶ 27.1 *Article* V
Ministerial Education Fund distribution to theological schools, ¶ 816.2a
nondiscrimination policies, ¶ 716
promotion of financial support for educational institutions, ¶ 1413.2&3
socially responsible investments, ¶ 717
submission of employment inclusiveness and nondiscrimination and purchase policies to General Council on Finance and Administration, ¶ 811.1
trustees of church institutions requirements, ¶ 2552
United Methodist Committee on Relief assist in clarification of relationships, ¶ 1315.1
United Methodist Higher Education Foundation, ¶ 1419
University Senate responsibilities, ¶¶ 1414-1418
interdenominational agencies, Committee on Family Life and, ¶ 1119.4
Communication, General Commission and, ¶ 1806.4
Discipleship, General Board responsibility, ¶ 1102.8

Interdenominational Cooperation Fund, ¶ 814
annual conference trea-

surer's remittance of,
¶¶ 619.1a(5), 808.1
Communication, General
Commission marketing,
¶¶ 814.7, 1806.12
funding for, ¶¶ 432,
434.2b&3b, 806.1b
General Council on Finance and Administration
support from, ¶ 805.6a(2)
as general fund, ¶¶ 810.1,
814

interdenominational local church mergers,
¶¶ 209, 2547, 2548

Interjurisdictional Committee on Episcopacy,
¶ 512

International Court of Justice, ¶ 165D

Internet, social principles,
¶ 162T

investigation, committee on, ¶¶ 2703, 2706
bill of charges and specifications, ¶ 2706.5
certification of trial decision(s), ¶ 2706.5c(2)
composition for a bishop,
¶ 2703.1
composition for clergy,
¶ 2703.2
composition for diaconal minister, ¶ 2703.3
composition for layperson,
¶ 2703.4
evidence, ¶ 2706.4d
hearing before, ¶ 2706.4
implementation of resolution agreement, ¶ 2706.5c(2)
introduction and role of,
¶ 2706.1
parties and counsel, ¶ 2706.2
preliminary meeting,
¶ 2706.3
procedures, ¶ 2706
records, ¶ 2706.7
respondent, ¶¶ 2703.1–4,
2706.2c,
special investigations,
¶ 2706.6
verbatim transcript,
¶ 2706.4e
witness examination,
¶ 2706.4c
witness interviews,
¶ 2706.4b

investment policies,
socially responsible
general boards and agencies, ¶ 717
local church, ¶ 247.21
The Upper Room and,
¶ 1107.2

investment, social principles, ¶ 163K

itinerant system, ¶ 338

J

Jesus Christ, reconciliation through, ¶ 104
Article VIII (p. 74)

journals,
archiving of, ¶ 1711.1b
central conference authority to examine, ¶ 543.11
of central conference proceedings, ¶ 545.1
jurisdictional conference,
¶ 528
See also **annual conference, journal**

judicial complaints,
¶¶ 2703-2705
bill of charges and specifications, ¶ 2706.1&5
amendments to, ¶ 2708.11

committee on investigation, ¶ 2706.1&5
of bishops
  chargeable offenses, ¶ 2702.1
  committee on investigation, ¶¶ 2703.1, 2706
  complaints against, ¶¶ 413, 2704
  counsel for the church, ¶¶ 2704.1, 2706.2a
  vacancy in office as a result, ¶ 407
chargeable offenses, and statute of limitations, ¶¶ 2702.1&4
church rights, ¶ 2701.3
communications, ¶ 2701.4b
complainant rights, ¶ 2701.1
failure to appear or respond, ¶ 2701.4a
form of judicial complaint, ¶ 2705
healing, ¶ 2701.4c
immunity of participants, ¶ 2701.4d
information on resolution, ¶ 2701.1d
insufficient evidence, ¶ 2706.5c(1)
just resolutions, ¶ 2701.5
miscellaneous provisions, ¶ 2719
process and procedure, ¶ 2701.4
referral and investigation procedures, ¶¶ 2703–2706
referral of complaint to counsel for church, ¶ 2704
residing beyond the annual conference, ¶ 2719.1
respondent rights, ¶ 2701.2
double jeopardy rights, ¶ 2701.2d
record access rights, ¶ 2701.2e
witnesses in, ¶¶ 2706.4b&c, 2708.8-10, 2710.7

Judicial Council, ¶¶ 55 *Article* I – 57 *Article* IV, 2601–2612
  authority of, ¶ 56 *Article* II
  confidentiality and ex parte communication, ¶ 2607
  decisions final, ¶¶ 57 *Article* III, 2609.11
  declaratory decisions, ¶ 2610
  duties and responsibilities of, ¶¶ 56 Article II, 2601
  jurisdiction and powers, ¶ 2609
  reimbursement for attorney fees, ¶ 2609.12
  meetings time and place, ¶ 2608.2
  members, ¶ 2602
    absence, ¶ 2604.2
    alternates, ¶ 2603
    composition and term, ¶ 2602.1
    ineligibility of, ¶ 2606
    nominations and election, ¶ 2602.2
    term expirations, ¶ 2605
    vacancies, ¶ 2604
  notification and publication of decisions, ¶¶ 2610.3, 2612
  organization and procedure, ¶ 2608
  precedential value of decisions, ¶ 2611

judicial proceedings, fair process. See **fair process**

jurisdictional conferences, ¶¶ 9 *Article* II, 23 *Article* I–27 *Article* V, 512–539
  accountability of bishops, ¶ 523
  accounts of, ¶ 520
  administrative review committee, ¶ 539

agencies, ¶¶ 529-537
annual conference journals, ¶ 527
archives and history, ¶ 532
boundaries of, ¶¶ 37 *Article* I, 39 *Article* III
church member definition, ¶ 526
committee on ordained ministry, ¶ 535
convening date, ¶¶ 26 *Article* IV, 517
council on ministries or administrative council, ¶ 530
delegate election, ¶ 515
deliberations, ¶ 516
equal status, ¶ 513
expenses, ¶ 519
Interjurisdictional Committee on Episcopacy, ¶ 512
journals of, ¶ 528
jurisdictional committee on episcopacy, ¶ 524
lay delegate election to, ¶¶ 36 *Article* V, 515
meetings of, ¶¶ 26 *Article* IV, 517
membership, ¶¶ 23 *Article* I, 35 *Article* IV, 36 *Article* V, 514
nominating committee, ¶ 705.1a
powers and duties of, ¶¶ 27 Article V, 525
presiding bishops, ¶ 522
program agencies, ¶ 531
program coordination, ¶ 530
representation ratio, ¶¶ 24 *Article* II, 25 *Article* III, 514
Rules of Order, ¶ 518
special sessions, ¶ 521
United Methodist Men committee, ¶ 537
United Methodist Volunteers in Mission, ¶ 538
United Methodist Women constitution, ¶ 536
Young Adult Organization, ¶ 534
Young People's Ministries and coordinators, ¶ 533
Youth Ministry Organization Convocation, ¶ 533

justice,
criminal and restorative, ¶ 164H
justice and law, ¶ 165D
racial, ¶ 5 *Article* V

justification, ¶¶ 102, 104 *Article* IX (p. 67), *Article* IX (p. 74)

JUSTPEACE Center for Mediation and Conflict Transformation, ¶ 2401

K

Korean-English Hymnal, ¶ 1113.3

L

Ladies' Aid Societies of The Methodist Episcopal Church, United Methodist Women successor and control of, ¶ 1905

laity ministry, ¶¶ 127, 631, 1116

Laity Sunday, ¶¶ 262, 264.2, 631.2d, 1116.5

landmarks, heritage. See **historic sites and heritage landmarks**

late-term abortion,
no expenditure for, ¶ 806.10
social principles, ¶ 161J

See also **administrative committees, in local churches; board of trustees**

leases,
oil, gas, and mineral, ¶ 2505
of unincorporated local church property, ¶¶ 2540, 2541

leaves. See **bishop, clergy, district superintendent**

legal counsel,
appeals after trial and, ¶ 2715.7
committee on investigation and, ¶ 2706.2b
conference chancellor
annual conference member and seating, ¶ 602.10
election, ¶ 603.8
General Council on Finance and Administration
legal responsibilities, Committee on Legal Responsibilities and Corporate Governance, ¶ 805.4c
responsibilities, ¶ 807.9&18
trials and, ¶ 2708.1

legislation of General Conference, effective date, ¶ 508

legislative advocacy activities ¶ 1004

leisure, social principles, ¶ 163C

license for pastoral ministry. See **local pastors**

life-span ministries, ¶¶ 630.1b, 1119

life-sustaining treatment,
social principles, ¶ 161N

liturgical seasons, of Christian Year, ¶ 1113.1

Living Prayer Center ministry, ¶ 2302.4g

living will, ¶ 2534.5

Loans and Scholarships, Office of, ¶¶ 634.4a(6), 1421.3h

local church, ¶¶ 201–269
accessibility audit of, ¶ 2533.6
accessibility of church buildings, facilities, and programs of, ¶ 613.7
administrative committees, ¶ 258
finance, ¶ 258.4
nominations and leadership development, ¶ 258.1
pastor-parish relations, ¶ 258.2
See also **pastor-parish relations committee**
trustees, ¶ 258.3
See also **board of**
trustees, local church
age-level, family, and specialized-ministry coordinators, ¶ 253
alternative organization, ¶ 244.2
annual conference financial and membership inquiries of, ¶ 604.8&9
annual conference membership, ¶ 32 Article I
apportioned funds notification to, ¶ 247.14
assessment of potential, ¶ 213
audits and bonding of, ¶ 2511

INDEX

law, social principles,
¶ 165D

law, compliance with,
¶ 2506

law enforcement, social principles, ¶ 164H

lay employees,
general agencies, ¶ 715
local church, ¶ 258.2g

lay leader,
annual conference lay leader, ¶ 607
annual conference agenda, ¶ 605.2
attending cabinet meetings, ¶ 424.6
Association of Annual conference of Lay Leaders membership, ¶ 607.10
board of laity member ship, ¶ 631.3
chair of the conference board of laity,
¶¶ 607.3, 631.3
meeting with cabinet, ¶ 607.6
member of annual conference, ¶¶ 32 *Article* I, 602.4, 631.3
member of committee on episcopacy, ¶ 637.1
member of council on youth ministry, ¶ 649.2
report to annual conference, ¶ 607.4
term of office, ¶ 607.9
United Methodist Men, ¶ 648 Article 5(c)
Discipleship, General Board support, ¶¶ 1116.3, 1116.7
district, ¶¶ 419.4, 602.4, 660.1
term of office, ¶ 660.2
board of laity
chair, ¶ 667.3
member of, ¶ 668.2
Episcopacy Conference Committee membership, ¶ 637
of local church. See **local church**

lay leadership,
pastoral support, guidance and training for, ¶ 340.2c(1)(a)
schools of theology for, ¶ 1422.1

lay members. See **annual conference, central conference, General conference or local church**

lay minister, certified, ¶ 268,

lay missionaries in non-United Methodist Churches, ¶ 237

lay missioners, ¶ 269
in non-United Methodist churches, ¶ 269

Lay Servant Ministries,
¶¶ 266–269
conference committee on, ¶ 631.6
conference director of,
¶¶ 32 *Article* I, 1116.6
district committee, ¶ 668

lay speaker, ¶ 267

leadership. See **lay leadership; pastoral leadership; servant leadership**

leadership in local church, duties of, ¶ 251
lay servant and ¶ 266
lay speaking and, ¶ 267
organization and, ¶ 244
primary tasks of, ¶ 243
removal of officers and filling of vacancies, ¶ 250

INDEX

board of trustees. See **board of trustees, local church**
care of children and youth, ¶ 226
care of members, ¶¶ 204, 228
charge conference, ¶¶ 205, 244, 246-251
children's ministries, ¶ 256.2
children's council, ¶ 256.2b
comprehensive, ¶ 1119.1
coordinator, ¶ 256.2a
church conference, ¶ 2527 See also church conference, and/or property
church corporations, ¶ 2506
church council, ¶¶ 244, 252
  amenable to charge conference, ¶ 244
  chair election and responsibilities, ¶ 251.3
  executive agency of charge conference, ¶ 244.1
  meetings, ¶ 252.3
  membership, ¶¶ 244.3, 252.5
  mission and ministry, ¶ 252.2
  other responsibilities, ¶ 252.4
  outreach ministries, 252.2b
  purpose, ¶ 252.1
  quorum, ¶ 252.6
  responsibilities, ¶ 252.4
church historian, ¶ 247.5a
church school, ¶ 256.1
  purpose, ¶ 256.1a
  responsibilities for, ¶ 226.4
  small-group ministries and, ¶ 255.1
  superintendent, ¶ 255.1
circuit, ¶ 205.2
committee on records and history, ¶ 247.5b
communications coordinator, ¶ 255.3
guidance, resources, and training for, ¶ 1806.9
consecration of buildings, ¶ 2545
cooperative parish, ¶¶ 205.2, 206
dedication of buildings of, ¶ 2545
definition, ¶ 201
Discipleship, General Board ethnic concerns, ¶ 1118
disposition of a closed local church, ¶ 2549
district director of ethnic concerns, ¶ 663
ecumenical shared ministries, ¶¶ 207–211
education and small group program of, ¶ 256
election of leaders, ¶ 249
ethnic concerns, ¶ 632
financial secretary, ¶¶ 249.4, 258.4
foundations, ¶¶ 2533.5, 2535
function of, ¶ 202
gifts, donations, bequests, etc., ¶ 2529.3
health and welfare ministries, ¶ 255.2
inclusiveness of, ¶ 4 *Article* IV
information technology in, ¶ 245
investable gifts, ¶ 2534.1
lay employees, ¶ 258.2g(3-5,7,8&12)
lay leader
  church council membership, ¶ 252.5b
  committee on finance on membership, ¶ 258.4
  committee on nominations and leadership development membership, ¶ 258.1c

INDEX

duties and responsibilities, ¶ 251.1
election, ¶ 249.5
General Board of Discipleship support, ¶ 1116.3
interpreting apportionments, ¶ 247.14
role in resolving complaint against professing member, ¶ 228.2b(8)
lay member, ¶ 251.2
Lay Servant Ministries, ¶¶ 266-269
  certified lay minister, ¶ 268
  certified lay servant, ¶ 266
  transfer of certification, ¶ 266.5
  lay missioners, ¶ 269
  lay speaker, ¶ 267
membership, ¶¶ 214-242
  accountability of professing, ¶ 221
  addresses of, ¶ 228.2b(2)
  admission into, ¶¶ 222-226
  affiliate and associate, ¶¶ 227, 230.4&5, 237
  annual conference power to inquire about, ¶ 604.9
  annual report and audit, ¶ 231
  autonomous and affiliated Methodist Churches and affiliated united churches, ¶571.1
  baptized, ¶¶ 4 *Article IV*, 215.1
  call to ministry of all baptized, ¶ 220
  campus ministry information, ¶ 228.2c
  care of, ¶¶ 204, 228
charter members, new church, ¶ 259.5
church universal, ¶ 215.4
central conference standards, ¶ 543.9
  constituency roll, ¶ 230.3
  definition of, ¶ 215
  eligibility, ¶ 214
  faithful membership growth, ¶ 218
  general church membership roll, ¶¶ 215.4, 223
  inactive professing, ¶¶ 228.2b(1-4)
  lay missioners in non-United Methodist Churches, ¶ 237
  meaning of, ¶¶ 216-221
  members attending colleges and universities, ¶ 232
  members who move, ¶ 236
  membership secretary, ¶ 234
  moving to another community, ¶ 236
  mutual responsibility, ¶ 219
  neglect in performance of vows, ¶ 221
  non-local church settings, ¶ 222
  outside of congregational settings, ¶ 224
  pastor's membership report, ¶ 235
  penalty of removal from, ¶ 2711.3
  professing, ¶ 215.2
  records and reports, ¶¶ 230-234
  removal of, ¶¶ 235, 2714.6
  residing at a distance, ¶ 238
  restoration of, ¶ 242
  transfer of membership from discontinued local churches, ¶ 229
    from other denominations, ¶ 225
    to other denominations ¶ 240
    to other United Methodist Churches ¶ 239
  United Methodist world wide membership, ¶ 215.4

vows, ¶¶ 203, 217
withdrawal without notice, ¶ 241
written complaint, ¶ 228.2b(5-10)
chargeable offense, ¶¶ 2702.3, 2704.4, 2706.5b(4)
memorial gifts committee, ¶ 258.5
mergers, interdenominational, ¶¶ 209, 2547, 2548
ministry group coordinators, ¶ 254
ministry of the laity ¶ 127
mission and ministry, ¶ 252.2
mutual cooperation of, ¶ 206.1
new church organization, ¶ 259
  annual conference recognition, ¶ 604.10
  charter members, new church, ¶ 259.5
  General Board of Global Ministries, ¶ 1314.1b
nurturing ministries of, ¶ 252.2a
obligation to pay pastor, ¶ 624
officers,
  election, ¶¶ 44 *Article* II, 249
  removal of and filling vacancies, ¶ 250
organization and administration, ¶¶ 243-251
outreach ministries, ¶ 252.2b
pastoral charge definition, ¶ 205
permanent endowment fund committee, ¶ 2534
potential assessment process, viability, ¶ 213
primary tasks, ¶ 243
program ministries, ¶ 256
protection of rights of congregations, ¶ 261
provisions for lay leadership, ¶ 243
relation to wider church, ¶ 203
report to annual conference, ¶ 606.7
required organization, ¶ 244
salaries, ¶ 252.4d
scouting coordinator, ¶ 256.4a
special Sundays, ¶¶ 262-265
specialized ministries, ¶¶ 253-257
staff job descriptions, ¶ 258.2g(7)
teaching parish, ¶ 205.3
transfer to another annual conference, ¶ 41 Article V
in transitional communities, ¶¶ 212-213
treasurer, See **finance and administration, conference council**
unincorporated property leases, ¶¶ 2540, 2541
universal, ¶¶ 4 *Article* IV, 203, 215.4
witness ministries, ¶ 252.2c
youth and young adults, include in church council, ¶ 244.3
See also p**roperty, local church**

local laws,
  charge conference authority and, ¶ 2529.1a
  church corporations and, ¶ 2506
  local church property and, ¶ 2539

local pastor,
  abortion ministry by, ¶ 161K
  annual conference atten-

INDEX

dance by, ¶ 316.5
annual conference membership, ¶¶ 32 *Article* I, 316.6, 369.1, 602.1
appointment of, ¶ 337.2&3
associate membership of, ¶¶ 315.3, 322.1
board, commission, committee membership, ¶ 318.5
Board of Ordained Ministry and, ¶ 635.1a
categories of, ¶ 318
  full-time, ¶ 318.1
  part-time, ¶ 318.2
  students, ¶ 318.3
candidacy for, ¶ 310
chargeable offenses by, ¶ 2702.1
complaint, ¶ 362
conduct, ¶ 605.7
continuance as, ¶ 319
continuing education and spiritual growth of, ¶ 350
discontinuance of, ¶ 320.1
employment status, ¶ 143
evaluation for continuing formation, ¶ 349
extension ministries and, ¶¶ 316, 344.1b-d
fellowship of, ¶ 323
interim license for, ¶ 317
internet, Course of Study, ¶ 324.6c
investigation of, ¶ 2704.2
leaves
  maternity or paternity leave, ¶ 355
  medical leave, ¶¶ 356, 652
licensing of, ¶ 315.2
mentoring and, ¶ 316.4
ministry privileges, ¶ 316.1
moral and official conduct, ¶ 605.7
other Methodist denominations and, ¶ 347.2
pensions of, ¶ 1506.3b
provisional membership, ¶ 324.6

reinstatement of, ¶ 320.4
responsibilities and duties of, ¶ 316
retirement of, ¶¶ 316.8, 320.5, 357
service prior to readmission of clergy in full connection, ¶ 365.4
supervision of, ¶ 316.4
trials of, ¶¶ 320.3, 2707-2713
voting by, ¶¶ 316.6, 318.5
withdrawal under complaints and charges of, ¶¶ 320.2, 2719.2
See also **Fellowship of Local Pastors**

local preachers,
central conference setting curriculum for, ¶ 543.15
General Conference legislative power over, ¶ 16.2 *Article* IV

loose-leaf book, or electronic system for membership records, ¶ 233.2

Lord's Day, ¶ 104 *Article* XIV (p. 76)

Lord's Supper/Sacraments, ¶¶ 104 *Articles* XVI (p. 69), XVIII (p. 70), VI (p. 73), 340.2b(1)

M

marriage,
central conference relating to, ¶ 543.14
of ministers, ¶ 104 *Article* XXI (p. 70)
pastoral responsibility and duty and, ¶¶ 316.1, 340.2a(3)
records of, ¶ 233
social principles, ¶ 161C

INDEX

unfaithfulness in, ¶ 2702.1a

media,
violence in, social principles, ¶ 162S
working with public, General Commission on Communication, ¶ 1806.2

mediation,
conflict resolution and, ¶ 1004
divorce, social principles, ¶ 161C
JUSTPEACE Center for Mediation and Conflict Transformation, ¶ 2401
supervisory response, ¶ 362.1c
with church member, ¶ 221.4

medical experimentation, social principles, ¶ 162N

medical treatment for the dying, social principles, ¶ 161N

meetings,
in year of General Conference, ¶ 707
restrictions on closed meetings, ¶ 722

men,
rights, social principles, ¶ 162F
See also **Men's Ministry Sunday; United Methodist Men; United Methodist Men, General Commission**

Men's Ministry Sunday, ¶¶ 262, 264.4

mental health,
social principles, ¶ 162X

mentoring and mentors, ¶ 348
candidacy for ministry and, ¶¶ 310.1b, 311, 348.1a
elders in full connection responsibility for, ¶ 334.2e
for local pastors, ¶¶ 316.4, 348.1b
for provisional members, ¶¶ 327.4, 348.1b
vocational discernment coordinator, ¶ 348.1a

The Methodist Book Concern, ¶ 1617

The Methodist Church, United Methodist Church relationship with, ¶ 50 *Article* VI

Methodist Church of Puerto Rico, ¶¶ 705.4f&g

Methodist churches with concordat agreements, ¶ 570.5

Methodist Episcopal Church, ¶ 803

Methodist Protestant Church, ¶ 803

Methodist Theologcal School in Ohio, ¶ 1422.3

Methodist Unity, ¶ 433
Pan-Methodist Commission, ¶ 433.2
World Methodist Council, ¶ 433.1
Methodists Associated to Represent Hispanic Americans, Connectional Table membership, ¶ 906.1e

Mil Voces Para Celebrar: Himnario Metodista, ¶ 1113.3

INDEX

military service, social principles, ¶ 164I

Miller, George, ¶ 103

minerals, social principles, ¶ 160A

minimum salary. See **clergy, base compensation**

Ministerial Education Fund, ¶ 816
Board of Higher Education and Campus Ministry, conference, ¶ 634.4a(5)
General Commission on Communication marketing, ¶ 1806.12
conference treasurer remittance of, ¶ 619.1a(5)
funding for, ¶ 806.1b
as general fund, ¶¶ 810.1, 816
pastor-parish relations committee responsibility, local church, ¶ 258.2g(6)
Service Loans, ¶ 816.1a
use of, ¶ 816.1

Ministerial Pension Plan. See **Pensions and Health Benefits, General Board; pensions; pensions conference board**

Ministries With Young People, Division on, ¶¶ 1105.1d, 1201-1212
authority and accountability, ¶ 1204
central conference, ¶ 547.4
Discipleship, General Board relationship with, ¶¶ 1105.1d, 1201, 1205
division funding, ¶ 1212
Global Young People's Convocation, ¶ 1210
grants, ¶ 1203.6
project review, ¶ 1209.2
purpose, ¶ 1209.1
membership, ¶ 1207
purpose, ¶ 1202
responsibilities, ¶ 1203
staff, ¶ 1211
structure, ¶ 1206
Youth Service Fund, ¶ 1208

ministry,
collegiality in, ¶ 312.2
of community, ¶ 128
faithful, ¶ 130
as gift and task, ¶ 129
groups, ¶ 256.1c
journey of a connectional people, ¶ 132
of laity, ¶ 127
of ordained and licensed, ¶¶ 301.2, 302, 369
orientation training, ¶ 312.1
servant, ¶¶ 135-137
unity of, ¶ 131

Ministry Inquiry Process, ¶ 310

Ministry of All Christians, ¶¶ 126-143

Ministry of the Ordained. See **ordained ministry**

Minority Group Self-Determination Fund, ¶ 2008.7

mission,
as active expectancy, ¶ 133
of church council, ¶ 252.2
of the Church, ¶¶ 120-125
  global nature, ¶ 123
  in world, ¶ 124
  process for carrying out, ¶ 122
  rationale, ¶ 121
effectiveness of church in, ¶ 303.4
groups, ¶ 256.1c
nurture and, ¶ 102

service and, ¶ 102

mission congregation, ¶ 259.1

Mission, ¶¶ 590-593
administration, ¶ 591.7
annual meeting, ¶ 593
establishment, ¶ 591.2
membership, ¶ 592
powers and duties, ¶ 591
purpose, ¶ 590

Mission Service Program, ¶ 1314.4

missional priority definition, ¶ 703.9

missionaries,
bishops' duties and, ¶ 415.6&7
Global Ministries, General Board responsibility for, ¶ 1302.3,15
lay missionaries in non-United Methodist churches, ¶ 237

missionary conference, ¶¶ 585-588
College of Bishops supervision, ¶ 586.1
creating and status change, ¶ 587
definition, ¶ 585
district superintendent term limitations, ¶ 586.1
General and jurisdictional delegate elections, ¶ 586.3
Global Ministries, General Board, ¶ 586.1&2
judicial administration, ¶ 2719.4
membership, ¶ 586.4&5
organization, ¶ 586
rights and privileges, ¶ 588

Missionary Society, The Evangelical United Brethren Church and missions, ¶ 1305.2

Missionary Society, The Methodist Episcopal Church, South, ¶ 1305.3

Missions and Church Extension, The Methodist Church, Board of and missions, ¶ 1305.3

Missions and Church Extension, The Methodist Episcopal Church, South, Board, ¶ 1305.3

Missions of The Protestant Church, Board, ¶ 1305.3

Missions of The United Methodist Church, Board, ¶ 1305.3

moral character of clergy. See **clergy, inquiring into moral character**

mortgages. See **property**

multi-ethnic/multi-language settings, covenant relationships in, ¶ 2551

multiple charge parish, ¶ 206.3b

music leadership, ¶ 1113.13
musicians, conference Board of Discipleship, ¶¶ 630.4c&d

N

National Council of the Churches of Christ in the U.S.A., ¶¶ 434.2, 642.2&4f, 824.2b

National Federation of Asian American United Methodists, ¶ 906.1e

national power and responsibility, social principles, ¶ 165B

nations and cultures, social principles, ¶ 165A

Native American International Caucus, ¶ 906.1e

Native American Ministries Sunday, ¶¶ 262, 263.6, 824.6, 1806.12

Native American Ministries Sunday Fund, ¶¶ 634.4a(5), 810.1

Native American Ministry, committee, ¶ 654

Network for United Methodist Workers With Young People, ¶ 1203.3

Network for United Methodist Young Adults, ¶¶ 534, 1203.3

Network for United Methodist Youth, ¶ 1203.3

new churches. See **local church**

Newcomer, Christian, ¶ 103

nondiscrimination policies, ¶ 716

North Central Jurisdiction, constitutional provisions and boundaries, ¶ 37
membership on boards and agencies
Church and Socity, General Board ¶ 1006.1a
Communication, General Commission on ¶ 1807.1b
Discipleship, General Board, ¶ 1311.1
United Methodist Publishing House, ¶ 1602.1b
See also **jurisdictional conferences**

Northeastern Jurisdiction, constitutional provisions and boundaries, ¶ 37
membership on boards and agencies
Church and Society, General Board ¶ 1006.1a
Communication, General Commission on ¶ 1807.1b
Discipleship, General Board, ¶ 1311.1
United Methodist Publishing House, ¶ 1602.1b
See also **jurisdictional conferences**

Northern Europe and Eurasia Central Conference, ¶ 540.3e

O

oblation of Christ, ¶ 104
Articles XX (p. 70), VIII (p. 74)

offenses, chargeable, ¶ 2702.1

officers, audit of, ¶ 2511

official documents, archiving of, ¶ 1711.3f

Oklahoma Indian Missionary Conference, ¶ 1311.1(5)

Old Testament, ¶ 104, *Article* VI

older adults, social principles, ¶ 162E

One Great Hour of Sharing, ¶ 824.2b

open meetings. See **meetings**

ordained ministry,
¶¶ 139, 301-369
apostolic ministry, ¶ 302
accountability, ¶¶ 303.3, 304.1j, 1421.4
appointment of certified candidates, ¶¶ 311
appointments to extension ministries, ¶¶ 343-344
categories of appointment, ¶ 344.1
provisions, ¶ 344
appointments to various ministries, ¶¶ 337-342
  elders and licensed pastors' responsibilities and duties, ¶ 340
  general provisions, ¶ 337
  itinerant system, ¶ 338
  pastor, definition, ¶ 339
  support for elders appointed to pastoral charges, ¶ 342
  unauthorized conduct, ¶ 341
  See also **appointments**
Board of, conference, ¶ 635
See also **Board of Ordained Ministry, conference**
candidacy for licensed and, ¶¶ 310-314
See also **Board of Ordained Ministry, conference**
clergy from other annual conferences, other Methodist and Christian denominations provisions, ¶ 346
recognition of orders, ¶ 347.6
transfers
  from other annual conferences, ¶ 347.1
  from other denominations, ¶ 347.3
  from other Methodist denominations, ¶ 347.2
clergy orders in The United Methodist Church, ¶¶ 305-309
  changing orders, ¶ 309.2
  membership in order, ¶ 309.1
  Order of Deacons and Elders, ¶ 306
  organization of order, ¶ 308
  purpose of order, ¶ 307
complaints procedures, ¶ 362
conduct of clergy inquiry, ¶ 605.7
conference relationship changes. See **Board of Ordained Ministry, and/or clergy**
deacon in full connection, See **clergy, deacon, and/or Order of Deacons**
ecumenical shared ministries, ¶ 345
elder in full connection. See **clergy, elder, and/or Order of Elders**
entrance procedures into, ¶ 310
evaluation for continuing formation of full members and local pastors, ¶¶ 349-350
  continuing education and spiritual growth, ¶ 350
  evaluation, ¶ 349
General Conference delegate election, ¶ 35 *Article* IV
general provisions, ¶ 369
minimal requirements,

¶¶ 304.5, 369.3
jurisdictional committee on, ¶ 535
homosexuality, ¶ 304.3
itineracy, ¶ 338
leadership and, ¶¶ 301.2, 302, 303.2, 303.4
limited itineracy, ¶ 338.2a
mentoring and mentors, ¶ 348
ministry, ¶ 301
orientation to, ¶ 312
purpose of, ¶ 303
qualifications for, ¶ 304
readmission to conference relationship. See clergy
sabbatical leave, ¶ 351
unauthorized conduct, ¶ 341

Ordained Ministry, Division of. See **Higher Education and Ministry, General Board**

Order of Deacons, ¶ 306
bishop responsibilities in, ¶¶ 308, 414.10
chair of, membership on Ordained Ministry Board, ¶ 635.1a
changing orders, ¶ 309.2
membership in, ¶ 309.1
participation, ¶¶ 309.1, 329.3
standards of ministry maintenance, ¶ 1421.4h
support and accountability, ¶ 1421.4c

Order of Elders, ¶ 306
bishop responsibilities in, ¶¶ 308, 414.10
chair of, membership on Ordained Ministry Board, ¶ 635.1a
changing orders, ¶ 309.2
membership in, ¶ 309.1
participation, ¶¶ 309.1, 332
standards of ministry maintenance, ¶ 1421.4h
support and accountability, ¶ 1421.4c

Order of St. Luke, ¶ 630.4c, 1113.14

Ordination. See **Board of Ordained Ministry**

Organ and Tissue Donor Sunday, ¶¶ 262, 264.3

organ transplant and donation, social principles, ¶ 162W

original (or birth) sin, ¶ 104, *Article* VII (p. 67)

Otterbein, Phillip William, ¶ 103

Otterbein Press dissolution, ¶ 1620

P

Pacific Islanders National Caucus United Methodist, Connectional Table membership, ¶ 906.1e

Pan-Methodist Cooperation and Union, Commission, ¶¶ 433.2
general agency membership, ¶ 705.3b
standards for clergy support, ¶ 625.10
transferring property to, ¶ 2548.2

parish, configuration, realignment, ¶ 419.9

parsonage,
annual review, ¶ 2533.4
church council responsibility, ¶ 252.4e
deeds, ¶¶ 2503.3, 2508
disposition and mortgage of, ¶ 2542
district, ¶ 2518
acquisition, ¶ 2523
authorization for purchase, ¶ 2518.1
district superintendency committee responsibility, ¶ 669.4a
district board of church location and building, ¶¶ 2520.3, 2521.1, 2544.6
district superintendent consent for sale or mortgage, ¶ 2542
energy efficiency of, ¶ 2520.3
multi-church charge providing for, ¶¶ 247.18, 2528.1
 distribution of funds after separation, ¶ 2528.4
pastor-parish relations committee maintaining, ¶ 258.2g(16)
planning and financing requirements for, ¶¶ 2544.4b(1&2)
respect for, ¶ 258.2g(16)
resolution of parsonage problems affecting health, ¶ 258.2g(16)
restriction on proceeds of mortgage or sale of, ¶ 2543
standards for approval of, ¶¶ 2521, 2522
trust clause in deed of, ¶ 2503.2

pastor,
as local church administrative officer, ¶¶ 244.3, 247.2
claim on previous appointment, ¶ 342.4
compensation, ¶¶ 247.13, 342
 base, ¶ 623
 Equitable Compensation Fund adjustments, ¶¶ 622, 625
 payment obligation, ¶ 624
 proportional payment, ¶¶ 622, 818.3
clergy support budgets, ¶ 614.1
definition of, ¶ 339
definition of pastoral charge, ¶ 205
district superintendent's appointment-making criteria for, ¶ 427.2
district superintendent oversight of ministry, ¶ 419
expenses and allowances, ¶ 627
housing, ¶¶ 247.20, 258.2g(16), 627
marriage responsibility and duty and, ¶¶ 316.1, 340.2a(3)a
membership on boards and committees, ¶¶ 244.3, 258.4
mission composition and power, ¶¶ 591.5&6
re-baptism prohibited, ¶ 341.7
responsibilities and duties of, ¶ 340
sustentation fund, ¶ 626
unauthorized conduct, ¶ 341
See also **license for pastoral ministry; local pastor**

pastoral care,
affiliate and associate membership and, ¶ 227

elders in full connection providing, ¶ 332
endorsement for, ¶ 1421.5a
extension ministry settings and, ¶ 337.3
licensed local pastor, ¶ 316.1
maternity or paternity leave and, ¶ 355.1
responsibilities and duties to provide, ¶ 340.1
suicide social principles, ¶ 161O
specialized training in, ¶ 1421.4e

pastoral leadership,
class leaders providing, ¶ 256.1b
district superintendent, ¶ 419
Higher Education and Ministry, General Board study of, ¶ 1421.2c
ordained ministers providing, ¶ 139
pastor's duty of, ¶ 340.2d(2)
prayer for, ¶ 252.2e

pastoral ministry license. See **local pastor**

pastoral support,
¶¶ 620-628
apportionment distribution, ¶ 621
base compensation, ¶ 623
equitable compensation, ¶ 625
Equitable Compensation Fund, ¶¶ 622, 625.8&9
expenses and allowances, ¶ 627
extension ministries compensation, ¶ 628
payment obligation, ¶ 624
sustentation fund, ¶ 626

pastor-parish relations committee, ¶¶ 244, 258.2
appointment-making and, ¶ 428
commission on equitable compensation and, ¶ 625.2c
consultation and, ¶ 426
Discipleship, General Board supporting, ¶ 1116.3
district superintendents working with, ¶¶ 428.3&6
duties of, ¶ 258.2
elders in full connection evaluation by, ¶¶ 334.2b&c, 349.1
election to, ¶ 249.3
itinerant system and, ¶ 338
lay leader membership, ¶ 251.1c
local board of trustees and, ¶ 2533.4
maternity or paternity leave and, ¶ 355
meetings of, ¶¶ 258.2e, 722
pastor's presence at, ¶ 258.2e
staff and family membership, ¶ 258.2a

payroll policies, ¶ 806.7

peace, social principles, ¶ 165C

Peace with Justice Sunay, ¶¶ 262, 263.5, 824.5, 1806.12

Peace with Justice Sunday Fund, ¶ 810.1

Pension and Health Benefits, General Board,
¶¶ 1501-1509
as administrative general agency, ¶ 703.6
authorizations, ¶ 1504
Chartered Fund, ¶ 1504.10
committees, ¶ 1502.4
appeals, ¶ 1502.4c

audit and review, ¶ 1502.4b
executive, ¶ 1502.4a
membership, ¶¶ 1502.4e&f
other, ¶ 1502.4d
establishment, ¶ 1501
financing programs, ¶ 1507
general agency pension, ¶ 1505
General Endowment Fund, ¶ 1504.11
incorporation, ¶ 1503.1b
journal sent to, ¶ 606.2
legal entities, ¶ 1503
meetings of, ¶ 1502.3
membership, ¶¶ 705, 1502.1
nominations for, ¶ 705.1
officers, ¶ 1502.2
quorum at meetings, ¶ 1502.3c
socially responsible investments, ¶ 717

pensions,
bishops, ¶¶ 408.1c&d
involuntary retirement, ¶ 408.3
voluntary retirement ¶ 408.2
clergy
full credit, ¶ 1506.3a
involuntary leave and, ¶ 354.6
involuntary retirement, ¶ 357.3
voluntary retirement, ¶ 357.2
general agencies, ¶ 715.4
local pastor, ¶ 320.5

pensions, conference board, ¶ 639
annual conference administration, ¶¶ 1506-1509
financing pension and benefit programs, ¶ 1507
joint distributing committees, ¶ 1509
policies related to conflict of interest and investment, ¶ 1508
powers, duties, and responsibilities, ¶ 1506
authorization, ¶ 639.1
clergy return to effective relationship, ¶ 358.7
group health care plans, ¶ 639.7
membership, ¶ 639.2
organization, ¶ 639.3
proportional payment, ¶ 639.4
reports to and responsibilities to general board, ¶ 639.5
retiree health care access, ¶ 639.6

Pentecost Sunday, ¶ 642.4f

perfection, ¶ 102 (p. 53, ¶ 104 *Article* XI (p. 75)

Perkins School of Theology, ¶ 1422.3

Permanent Fund, ¶ 807.3

permanent membership records. See **records and archivess**

personnel policies,
of campus ministries, ¶ 634.4d(2)(b)
educational institutions and, ¶ 1412.1c
of Finance and Administration, General Council, ¶ 715.3
general agency staff, ¶ 715.3
General Council on Finance and Administration responsibility for, ¶ 807.12
Global Ministries, General Board, ¶ 1309

Personnel Policies and Practices committee, ¶¶ 805.4b, 807.12

Philippines Central Conference, ¶ 540.3f

Plan of Union, ¶¶ 7 *Article* VII, 2504, 2611

plants, social principles, ¶ 160A

political responsibility, social principles, ¶ 164B

population, social principles, ¶ 162K

poverty, social principles, ¶ 163E

prayer,
advocacy and, ¶ 254
Book of Common, ¶¶ 102, 103
coordinator for, ¶ 252.2e(i)
lay servant leading, ¶ 266.2b
for public authorities, ¶ 164F
local church room for, ¶ 630.6e

presbyteros, ¶ 305

prevenient grace, ¶ 102 (p. 52)

prison ministry, ¶¶ 335, 629.3, 657

probe staff, ¶ 206.3a

Professional Association of United Methodist Church Secretaries, ¶ 807.18

Program Council of The United Methodist Church, ¶ 902

Program of Religious Activities with Youth (P.R.A.Y.) program, ¶¶ 226.4&5, 256.4

property, ¶¶ 2501-2552
annual conference,
auditing of church officers, ¶ 2511
authority, ¶ 2512.3
bonding of church officers, ¶ 2511
camps, conference grounds, and retreat centers, ¶ 2516
civil actions regarding, ¶ 2509
compliance with law, ¶¶ 2506-2510
conference trustees, ¶ 2512.1
decisions ad interim, ¶ 2515
deeds and conveyances conformity, ¶ 2508
jointly owned episcopal residences, ¶ 2514
meetings, ¶ 2512.2
responsibilities related to health and welfare institutions, ¶ 2517
sale, transfer, lease, mortgage, or purchase, ¶ 2515
United Methodist Foundations, ¶ 2513
district, ¶¶ 2518-2524
appeals, ¶ 2522
audits and bonding of church officers, ¶ 2511
authorization and establishment of district Boards of Church Location and Building, ¶ 2519
boundaries of, and sales, parsonage, ¶ 2518.3

building proposal approval, ¶ 2521
duties and responsibilities of district Boards of Church Location and Building, ¶ 2520
financial obligations limitation, ¶ 2510
local church building sites and plans, ¶ 2520.1
local laws, ¶¶ 2506, 2508
parsonage and boards of trustees, ¶ 2518
Plan of Union, ¶ 2504
sale, transfer, lease, or mortgage, ¶ 2524
standards to acquisition, ¶ 2523
standards for approval of building proposals, ¶ 2521
trust clause requirement, ¶¶ 2501, 2503
local church, ¶¶ 2536–2551
consecration and dedication of buildings, ¶ 2545
deeding, to federated churches or other evangelical denominations, ¶ 2548
disposition of building or parsonage, ¶ 2542
disposition property of a closed church, ¶ 2549
effect of union on property titles, ¶ 2504
incorporated, ¶¶ 2538-2539, 2541
  notice and authorization, ¶ 2539
  sale, transfer, lease, and mortgage, ¶ 2541
  title and purchase, ¶ 2538
mortgage of building or parsonage, ¶ 2542
parsonage. See parsonage
planning and finance requirements of, ¶ 2544
proceeds of mortgage or sale restrictions, ¶ 2543
shared facilities, ¶ 2551
trust clause requirement, ¶¶ 2501, 2503
unincorporated, ¶¶ 2536-2537, 2540
  notice and authorization, ¶ 2537
  sale, transfer, lease, and mortgage, ¶ 2540
  title and purchase, ¶ 2536

property titles in Constitution, ¶¶ 7 *Article* VII, 2504

provisional annual conferences, ¶¶ 580-583
clergy members of, ¶ 581.1
definition, ¶ 580
elections to General and jurisdictional conferences, ¶ 582.4
financial support, ¶ 581.2
Global Ministries Board, ¶¶ 582.1, 583
location of annual meeting, ¶ 582.2
meeting, ¶ 582.2
organization, ¶ 582
progress of, ¶ 581.3
provisions, ¶ 581
superintendent, ¶ 582.1

provisional central conferences, ¶¶ 560-567
ad interim provisions, ¶ 563
ad interim provisions for conferences outside United States, ¶ 565
authorization, ¶ 560
episcopal supervision, ¶ 566
episcopal visitation of mission fields, ¶ 567
lay membership, ¶ 564
organization, ¶ 561
powers of, ¶ 562

INDEX

provisional membership, ¶¶ 324-327
academic credentials and, ¶ 635.2a
annual conference membership, ¶¶ 32 *Article* I, 370
annual conference transfer and, ¶ 604.5&7
bishop appointment of, ¶¶ 326, 425.1
change in conference relationship, ¶ 352
  involuntary leave of absence, ¶ 354
  maternity or paternity leave, ¶ 355
  medical leave, ¶ 356
  See also **Board of Ordained Ministry, conference** and/or **clergy**
chargeable offenses, ¶ 2702.1
commissioning, ¶ 325
complaints ¶ 362.1
complaint procedures and, ¶ 362
discontinuance from, ¶ 327.6
district committee recommendation for, ¶ 666.9
eligibility and rights of, ¶ 327
local pastors, ¶¶ 315.1, 324.6
mission annual meeting and, ¶ 591.6
missionary conference and, ¶ 586.4g
qualifications and requirements for election to, ¶ 324
readmission to, ¶ 364
responsibilities, ¶ 316.1
retirement restriction, ¶¶ 320.5, 327.7
service of, ¶ 326

public indebtedness, social principles, ¶ 163M

Publication, General Board, ¶ 1608

purgatory, ¶ 104 *Article* XIV

Q

quadrennium, ¶ 721.2

questions of law decisions,
appeals, ¶ 2718
bishop, ¶¶ 51 *Article* VII, 419.10, 542.4
Judicial Council, ¶¶ 2609.6&7

quorum,
Archives and History, General Commission meetings, ¶ 1705
for charge conference, ¶ 246.6
for church council, ¶ 252.6
for Connectional Table, ¶ 906.2
for General Conference, ¶ 506
for General Council on Finance and Administration, ¶ 805.2
Judicial Council meetings, ¶ 2608.2
local boards of trustees meetings, ¶ 2532
Pension and Health Benefits, General board meetings, ¶ 1502.3c
United Methodist Publishing House board meetings, ¶ 1603

R

racial discrimination,
chargeable offense, ¶ 2702.1k
social principles, ¶ 162A

racial harassment, ¶ 2702.1j

racial justice, in Constitution, ¶ 5 *Article* V

racism, social principles, ¶ 162A

re-baptism, ¶ 341.7

reconciliation through Christ, ¶ 104 Article VIII (p. 74)

records and archives,
access in judicial proceedings, ¶ 2701.2e
annual conference, ¶ 606
  financial audit of, ¶ 617
bishops' official data, ¶ 807.15
central conferences, ¶ 545
  historical, ¶ 572.1
church membership permanent, ¶ 233.1
  reports, ¶¶ 230–234
committee on investigation, 2706.7
custodian of Archives and History, General Commission responsibility, ¶ 1711.2
  recording secretary responsibility, ¶ 247.4
Daily Christian Advocate as General Conference, ¶ 1415.5
disposal schedule for, ¶ 1711.3c
documentary material, ¶ 1703.1
  condition and preservation, ¶ 1711.3c
  custodianship of records, ¶ 1711.2
  definition, ¶ 1711.1b
  inventorying, repairing, and microfilming, ¶ 1711.3d
Finance and Administration, Conference Council responsibilities, ¶ 613.14
financial audit, ¶¶ 258.4d, 617
general agency maintenance of, ¶ 718
historical, charge conference committee on, ¶ 247.5b
marriage, ¶ 233
membership
  card index of, ¶ 233.2
  electronic system for, ¶ 233.2
  loose-leaf book for, ¶ 233.2
ordained and diaconal ministers service, ¶ 606.6
trials, records of proceedings, ¶ 2710.8
United Methodist Publishing House, ¶ 1604

Reformation Sunday, ¶ 642.4f

Religion and Race, Conference Commission, ¶ 643
inclusiveness, ¶¶ 643.3b,c,d&i
race relations, ¶ 643

Religion and Race, General Commission, ¶¶ 2001-2008
advisory role, ¶ 2008.16
amenability and accountability, ¶ 2001.1
authorization and establishment, ¶ 2001
Connectional Table
  accountability, ¶ 702.3
  relationship, ¶ 906.1c
election of members, ¶ 705.1
finances, ¶ 2007
member election, ¶ 705.5
membership, ¶ 2003

Ministries With Young People, Division resource, ¶ 1207.2
Minority Group Self-Determination Fund, ¶ 2008.7
nominations, ¶ 705.1
officers, ¶ 2005
personnel policy and practices committee, ¶ 805.4b
purpose, ¶ 2002
responsibilities, ¶ 2008
staff, ¶ 2006
vacancies, ¶ 2004

religion and race district director, ¶ 664

religious minority rights, social principles, ¶ 162B

research,
archival materials available for, ¶ 1711.3n
Church and Society, General Board responsibilities and, ¶ 1004
Connectional Table role, ¶ 905.6
Discipleship, General Board responsibilities and, ¶ 1102.10
Higher Education and Ministry, General Board and, ¶¶ 1405.15&30
missional priority and, ¶ 703.9
Status and Role of Women, General Commission and, ¶ 2103.2
United Methodist Men, General Commission and, ¶ 2302.4f

restorative justice, social principles, ¶ 164H

Resurrection of Christ, ¶ 104 Article III (p. 66)

retirement homes, pastoral care in, ¶ 1421.5

Retirement Security Program for General Agencies, ¶ 715.4

retreat centers,
standards and policies for, ¶ 1109.10
title to properties, ¶ 2516

Rio Grande Annual Conference, ¶ 1311.1

rites and ceremonies, ¶ 104 XXII (p. 71)

ritual,
central conference adaptation of, ¶ 543.13
constitutional provisions, General Conference legislative power, ¶ 16.6 *Article* IV

rules of order,
General Conference, ¶ 505
jurisdictional conferences, ¶ 518

rural life, social principles, ¶ 162P

Rural Life Sunday, ¶¶ 262, 265.3, 1806.12

S

sabbatical leave,
bishops, ¶ 410.3
clergy from other denominations, ¶ 346.2
clergy in full connection and associate members, ¶ 351
clergy retired, on incapacity or sabbatical leave, ¶ 334.5
conference board review of, ¶ 635.21

sacraments, ¶ 104 *Articles* XVI (p. 69), VII (p. 73)
bishop and, ¶ 402
deacons, ¶ 328
district superintendent and, ¶ 402
elders in full connection and, ¶ 340.2b(1)
licensed pastors and, ¶ 340.2b(1)
ordination and, ¶ 303.2
provisional members and, ¶ 326.2
See also **baptism; Lord's Supper**

Saint Paul School of Theoogy, ¶ 1422.3

salaries,
annual conference pastors, ¶ 604.13
associate members, ¶ 321.3
bishops, ¶ 818.4
leave of absence and, ¶ 410
recommendation responsibility for, ¶ 818.2(1)
under special assignment, ¶¶ 406.3, 408.1d
Church School Publications editor, ¶ 1634
clergy from other annual conferences or Methodist denominations, ¶ 346.1
clergy from other denominations, ¶ 346.2
clergy salary, local church obligation to pay, ¶ 624
deacon, ¶ 331.10b
nonsalaried positions , ¶ 331.6d&10d
Finance and Administration, General Council and, ¶¶ 807.12, 818.2(1)
involuntary leave and, ¶ 354.6
local church, ¶ 252.4d
proportional payment, ¶ 639.4
pensions, ¶ 639.4a
suspension and, ¶¶ 362.1d, 2704.2c
theological school faculty and staff, ¶ 816.2a
United Methodist Publishing House corporate officers, ¶ 1623
voluntary leave and, ¶ 353.6

salvation, ¶¶ 102 (p. 49), 104 *Article* V (p. 66)

sanctification, ¶¶ 102 (p. 53), 104 (p. 72), *Article* XI (p. 75)

Schools and Colleges of The United Methodist Church, National Association of, ¶ 1414.2

schools of theology of United Methodist Church, ¶¶ 1422-1423
in central conferences, ¶ 1422.4
Board of Ordained Ministry recommendation to, ¶ 635.2a
deacon or elder candidates attending, ¶ 1422.2
education of ordination candidates, ¶ 1423
extension ministry appointments to, ¶ 344.1a(3)
globally, ¶ 1422.5
goals, ¶ 1422.1
in United States, ¶ 1422.3
mission education emphasis, ¶ 1314.3e
Native American Ministries Sunday scholarships, ¶¶ 263.6c, 824.6

science and technology,
social principles, ¶ 160F

Scouting Ministries, ¶¶ 256.4, 2302.5b

INDEX

Scripture, ¶ 105

seminaries,
certification, ¶ 1421.3b
United Methodist Americans With Disabilities Act, ¶ 140
candidates encouraged to attend, ¶ 310.2f,
General Board of Higher Education and Ministry, ¶ 1421.1e
jurisdictional boards of ordained ministry, ¶ 535
United Methodist Schools of Theology in USA, ¶ 1422.3

servant leadership, ¶¶ 133-134, 138-139

servant ministry, ¶¶ 133-137

Service Loans, ¶¶ 816.1a&b

sexual abuse,
judicial complaint, ¶ 2702.1h
social principles, ¶ 161I

sexual assault, social principles, ¶ 161P

sexual harassment,
annual conference policy on gender and, ¶ 605.9
judicial complaint, ¶ 2702.1j
social principles, ¶ 161J

sexual misconduct, ¶ 2702.1i

sexual orientation,
equal rights regardless of, social principles, ¶ 162J

shared facilities, ¶ 206.3c4

sin,
free will and, ¶ 104 *Articles* VIII (p. 67), VII (p. 74)
after justification, ¶ 104 *Article* XII (p. 68)

single persons, social principles, ¶ 161E

small membership church,
annual conference inclusion of, ¶ 610.3
conference commission on, ¶ 645
conference subcommittee on, ¶ 633.5i
jurisdictional membership and, ¶ 705.4b
lay ministers and, ¶ 271
part-time pastors and, ¶ 318.2

small-group ministries, ¶¶ 255, 256.1

Social Creed and litany, ¶ 166

Social Principles,
¶¶ 102, 160-166
abortion, ¶¶ 161K&L, 162V
abuse, ¶¶ 161G&H, 162F
adoption of children, ¶ 161M
air, ¶ 160A
alcoholic beverages and other drugs, ¶ 162L
animal life, ¶ 160C
bullying, ¶ 161R
church and state relations, ¶ 164C
civil obedience and disobedience, ¶ 164F
collective bargaining, ¶ 163B
consumption and consumerism, ¶ 163D
corporate responsibility, ¶ 163I
criminal and restorative

INDEX

justice, ¶ 164H
culture and identity,
¶ 161A
cultures, ¶¶ 162A, 165A
death, ¶ 161N&O
death penalty, ¶ 164G
disabilities, ¶ 162I
discrimination, ¶ 162.A-J
divorce, ¶ 161D
drug use, ¶ 162L
dying, faithful care for,
¶ 161N
economic community, ¶ 163
education, ¶ 164E
endangered species, ¶ 160C
energy resources utilization, ¶ 160B
euthanasia, ¶ 161N&O
fair trade, ¶¶ 162Q, 163D
family, ¶ 161B
family farms, ¶ 163H
family violence and abuse, ¶ 161H
finance, ¶ 163J
food justice, ¶ 160H
food safety, ¶ 160G
foreign workers, ¶ 163F
freedom of information, ¶ 164D
freedoms, basic, ¶ 164A
gambling, ¶ 163G
genetic technology, ¶ 162O
germ-line therapy, ¶ 162O
global climate stewardship, ¶ 160D
graft and corruption, ¶ 163L
HIV/AIDS, ¶ 162U&V
homosexuality/homosexual persons, ¶ 161G
hospice care, ¶ 161N
human rights, ¶ 164A
human sexuality, ¶ 161G
information communication technology, ¶ 162T
Internet, ¶ 162T
investment, ¶ 163K
justice and law, ¶ 165D
late-term abortion, ¶ 161K
law, ¶ 165D

law enforcement, ¶ 164H
leisure, ¶ 163C
life-sustaining treatment, ¶ 161N
marriage, ¶ 161C
media violence, ¶ 162S
mediation, ¶ 161D
medical experimentation, ¶ 162N
medical treatment for the dying, ¶ 161N
men, women and ¶ 161F
mental health, ¶ 162X
military service, ¶ 164I
minerals, ¶ 160A
movies and violence, ¶ 162S
national power and responsibility, ¶ 165B
nations, ¶ 165A&B
nations and cultures, ¶ 165A
natural world, ¶ 160
nurturing community, ¶ 161
older adults, ¶ 162E
organ transplant and donation, ¶ 162W
peace, ¶ 165C
plants, ¶ 160A
political community, ¶ 164
political responsibility, ¶ 164B
population, ¶ 162K
pornography, ¶ 161Q
poverty, ¶ 163E
property ownership, ¶ 163A
preamble, p. 106
preface, p. 105
public indebtedness, ¶ 163M
racial discrimination, ¶ 162A
restorative justice, ¶ 164
rights
 of aging, ¶ 162E
 of children, ¶ 162C
 of ethnicity, ¶ 162A
 of health care, ¶ 162V
 human rights, ¶ 164A
 of immigrants, ¶ 162H
 of men, ¶ 162G

of persons with disabilities, ¶ 162I
of racial and ethnic groups, ¶ 162A
regardless of sexual orientation, ¶ 162J
of religious minorities, ¶ 162B
of women, ¶ 162F
of young people, ¶ 162D
rural life, ¶ 162P
science and technology, ¶ 160F
sexual abuse, ¶ 161I
sexual assault, ¶ 161P
sexual harassment, ¶ 161J
sexual orientation rights, ¶ 162J
single persons, ¶ 161E
Social Creed, ¶ 166
Companion Litany, ¶ 166
social community, ¶ 162
socially responsible investments, ¶ 163K
soil, ¶ 160A
somatic therapy, ¶ 162O
space, ¶ 160E
state relations with Church, ¶ 164C
suicide, ¶ 161O
sustainable agriculture, ¶ 162Q
tobacco, ¶ 162M
trade, ¶ 163K
urban-suburban life, ¶ 162R
violence in media, ¶ 162S
war and peace, ¶ 165C
water, ¶ 160A
women and men, ¶ 161F
world community, ¶ 165
work and leisure, ¶ 163C

South Central Jurisdiction.
constitutional provisions and boundaries, ¶ 37
membership on boards and agencies
Church and Society, General Board ¶ 1006.1a
Communication, General Commission on ¶ 1807.1b
Discipleship, General Board, ¶ 1311.1
United Methodist Publishing House, ¶ 1602.1b
See also **jurisdictional conferences**

Southeastern Jurisdiction.
constitutional provisions and boundaries, ¶ 37
membership on boards and agencies
Church and Society, General Board ¶ 1006.1a
Communication, General Commission on ¶ 1807.1b
Discipleship, General Board, ¶ 1311.1
United Methodist Publishing House, ¶ 1602.1b
See also **jurisdictional conferences**

Spanish Hymnal, *Mil Voces Para Celebrar: Himnario Metodista*, ¶ 1113.3

speaking for the church. See **General Conference**

speaking in tongues, ¶ 104 Article XV (p. 69)

special financial appeals, annual conference, ¶ 614.5

special appeals, churchwide financial, ¶ 819

special program, ¶ 703.10

special Sundays, ¶¶ 262-265
annual conference observance approved Sundays, ¶ 265
Christian Education

INDEX

Sunday, ¶¶ 262, 265.1, 630.2d, 1109.14, 1806.12
Disability Awareness Sunday, ¶¶ 262, 265.4, 1806.12
Golden Cross Sunday, ¶¶ 262, 265.2, 1806.12
offerings remittance of, ¶¶ 619.1a(1), 824.8
Rural Life Sunday, ¶¶ 262, 265.3
Volunteers in Mission Awareness Sunday, ¶¶ 262, 265
with offerings, ¶¶ 263, 824
Board of Higher Education and Campus Ministry responsibility, conference, ¶ 634.4a(5)
Human Relations Day, ¶¶ 262, 263.1, 824.1
Native American Ministries Sunday, ¶¶ 262, 263.6, 824.6
UMCOR Sunday, ¶¶ 262, 263.2, 821, 824.2, 1315.1c(5), 1806.12
Peace with Justice Sunday, ¶¶ 262, 263.5, 824.5
promotion and marketing of, ¶¶ 824.7, 1806.12
receipts from, ¶ 824.8
United Methodist Student Day, ¶¶ 262, 263.4, 824.3
World Communion Sunday, ¶¶ 262, 263.3, 824.4
without offerings, ¶ 264
Heritage Sunday, ¶¶ 262, 264.1
Laity Sunday, ¶¶ 262, 264.2, 631.2d, 1116.5
Men's Ministry Sunday, ¶¶ 262, 264.4
Organ and Tissue Donor Sunday, ¶¶ 262, 264.3
Women's Ministry Sunday, ¶¶ 262, 264.4

Standing Committee on Central Conference Matters, ¶¶ 101, 2201
becoming an autonomous, affiliated autonomous Methodist or affiliated united church, ¶ 572
central conferences number of bishops, ¶ 404.1
Commission on Theological Education membership, ¶ 817a
general provisions, ¶ 2201
joining The United Methodist Church, ¶ 575.4&6

state relations with church, social principles, ¶ 164C

Status and Role of Women, Conference Commission, ¶ 644
budget, ¶ 644.4
chairperson, ¶ 644.3
membership, ¶ 644.2
responsibility, ¶ 644.1

Status and Role of Women, General Commission, ¶¶ 2101-2109
central conference membership, ¶ 705.4c
Connectional Table accountability, ¶ 702.3
relationship, ¶ 906.1c
election of members, ¶¶ 705.1, 2&5
funding, ¶ 2107
meetings, ¶ 2106
membership, ¶ 2104
Ministries With Young People, Division resource, ¶ 1207.2
nominations for, ¶ 705.1
officers, ¶ 2105
personnel policy and practices committee, ¶ 805.4b
purpose, ¶ 2102
relationships, ¶ 2109
responsibility, ¶ 2103

INDEX

staff, ¶ 2108

Stewardship Leaders, National Association of, ¶¶ 630.5i, 1114.6

study committee, definition, ¶ 703.4

subdistrict, ¶ 658

suicide, social principles, ¶ 161O

supererogation, ¶ 104 *Article* XI (p. 68)

superintendency. See bishops and/or district superintendent

supply preachers, ¶ 16.2 *Article* IV

sustainable agriculture, social principles, ¶ 162Q

sustentation fund, ¶ 626

T

theological education, ¶ 1421.3

Theological Education, Commission, ¶¶ 816.2a, 1421.1h

Theological School-Drew University, ¶ 1422.3

Theological Task, Our, ¶ 105

theology, ¶ 105

tithing, ¶ 258.4

tobacco, social principles, ¶ 162M

town and country ministries subcommittee, ¶ 633.5f&h

trade, social principles, ¶ 163K

tradition, ¶ 105

transitional communities, ¶¶ 212-213, 2549.7

translation, of Church name, ¶ 723

traveling preacher,
central conference appeals committee, ¶ 31.7 *Article* IV
jurisdictional appeals committee, ¶ 27.6 *Article* IV
transfer of membership, ¶ 604.6

trials, ¶¶ 2707-2714
alternate trial court members, ¶ 2709.4
amendments to bill of charges and specifications, ¶ 2708.11
appeal procedures, ¶¶ 2715-2717
change of venue, ¶ 2708.4
of a bishop, ¶ 2712
of clergy member of annual conference, ¶ 2713
of clergy on honorable or administrative location, ¶ 2713
commissioned out-of-court testimony, ¶ 2708.10
committee on investigation, ¶ 2706
See also **committee on investigation**
convening of, ¶ 2709.1
counsel, ¶ 2708.7
court questions, ¶ 2709.5
diaconal minister,

¶ 2713.3b
fundamental principles for, ¶ 2707
  evidence, ¶¶ 2706.4d, 2709.5, 2710.2&9
  instructions and charges, ¶ 2710.10
  oaths, ¶ 2710.3
  objections and rulings, ¶ 2710.6
  order of trial, ¶ 2710.2
  plea entering, ¶ 2710.4
  presiding officer authority, ¶ 2710.1
  recess and trial procedures, ¶ 2710.5
  recording of proceedings, ¶ 2710.8
  witness exclusion, ¶ 2710.7
of a layperson, ¶ 2714
of local pastor, ¶ 2713.3
multiple person combined, ¶ 2708.13
notice, ¶ 2708.5
officers of court, ¶ 2708.1
open or closed, ¶ 2708.12
power of trial court, ¶ 2711
  conviction penalties, ¶ 2711.3
  instruction, disqualification, voting, and verdicts, ¶ 2711.1
  votes, ¶ 2711.2
pre-trial motions and referrals, ¶ 2708.3
pre-trial procedures, ¶ 2708
scheduling and continuances, ¶ 2708.6
selection of trial court, ¶ 2709.3
time and place of, ¶ 2708.2
trial court questions, ¶ 2709
trial pool, ¶ 2709.2
witnesses, ¶ 2708.8
  qualifications of, ¶ 2708.9

trust clauses, ¶ 2501

trust clauses in deeds, ¶ 2503

trustees, board of. See **board of trustees**

trustees, of church institutions, standards and requirements, ¶ 2552

U

UMCMA. See **United Methodist Campus Ministers Association**

UMCom. See **United Methodist Communications**

UMCOR. See **United Methodist Committee on Relief**

UMCOR Sunday, ¶¶ 262, 263.2, 821, 824.2, 1315.1c(5), 1806.12

UMCOR Sunday Fund, ¶ 810.1

UMSM. See **United Methodist Student Movement**

UMVIM. See **United Methodist Volunteers in Mission**

Union, Commission on. See **Pan-Methodist Cooperation and Union, Commission**

union church, ¶¶ 208b, 2547

unions, homosexual, ¶¶ 341.6, 2702.1b

INDEX

The United Brethren Church doctrinal traditions, ¶ 103

united church. See autonomous Methodist churches

United Methodist Association of Church Business Administrators, ¶ 807.18

United Methodist Campus Ministers Association (UMCMA), ¶ 1412.2b

The United Methodist Children's Fund for Christian Mission, ¶¶ 256.2a, 1110.2e

The United Methodist Church,
Act of Covenanting with autonomous Methodist churches, ¶ 570.1a
affiliated autonomous Methodist churches, ¶ 570.2a
covenanting churches, ¶¶ 570.4a&b, 573.2
affiliated united churches, ¶ 570.3
Articles of Religion, ¶ 3
Article III
declaration of union, ¶ 1
Article I
doctrinal standards of, ¶ 103
founding date, ¶ 724
historical statement, p. 11
joining, church outside the United States, ¶ 575
legal status as a denomination, ¶ 141
name, ¶ 2 *Article* II
program and fiscal year, ¶ 721
translation of name, ¶ 723

United Methodist Church Conference Chancellors Association, ¶ 807.18

United Methodist Church Secretaries, Professional Association, ¶ 807.18

United Methodist Committee on Relief (UMCOR), ¶ 1315
annual conference responsibility, ¶ 633.4b(10)(20-22)
authority, ¶ 1315.1b
disaster response, ¶¶ 633.4b(22), 1315.1d
UMCOR Sunday, ¶ 262, 263.2, 821, 824.2, 824.2b, 1315.1c(5), 1806.12
purpose, ¶ 1315.1a
refugee ministry, ¶ 633.4b(20)
responsibilities, ¶ 1315.1c
responsibility limitation, ¶ 1315.1e
World Hunger/Poverty Ministry, ¶ 633.4b(21)

United Methodist Communications (UMCom), ¶¶ 1801-1808
administrative general agency, ¶ 703.6
amenability and accountability, ¶ 1804
central conference membership, ¶ 705.4.c
Connectional Table accountability and relationship, ¶¶ 702.3, 906.1c
definition of general commission, ¶ 703.3
finance, ¶ 1808
incorporation, ¶ 1803
internal organization, ¶ 1807.4
meetings, ¶ 1807.2
member nomination and

election, ¶¶ 705.1, 705.5
membership, ¶ 1807.1
name, ¶ 1802
officers, ¶ 1807.3
organization, ¶ 1807
personnel policy and practices committee, ¶ 805.4b
promotion responsibility for Advance Special, ¶ 823.4
  Black College Fund, ¶ 815.3
  Episcopal Fund, ¶ 818.1
  General Administrative Fund, ¶ 813.5
  General Church Funds, ¶ 1806.12
  Interdenominational Cooperation Fund, ¶ 814.7
  Ministerial Education Fund, ¶ 816.4
  special Sundays support, ¶¶ 263, 824.7, 1806.12
  Human Relations Day, ¶¶ 263.1, 824.1
  Native American Ministries Sunday, ¶¶ 263.6, 824.6
  Peace with Justice Sunday, ¶¶ 263.5, 824.5
  UMCOR Sunday, ¶¶ 263.2, 824.2
  United Methodist Student Day, ¶¶ 263.4, 824.3
  World Communion Sunday, ¶¶ 263.3, 824.4
  World Service Fund promotion, ¶ 812.4
  World Service Specials promotion, ¶¶ 820.7, 821.3–5
purpose, ¶ 1805
responsibilities, ¶ 1806
staff, ¶ 1807.5

United Methodist Foundation, National Association of, ¶¶ 630.5i, 1114.6, 2534.8

United Methodist Foundations, establishment, ¶ 2513

United Methodist Higher Education Foundation, ¶ 634.4a(8)

The United Methodist Hymnal, ¶¶ 630.4b, 1113.3

United Methodist Information Technology Association, ¶ 807.18

United Methodist Loan Fund, ¶ 634.4a(6)

United Methodist Men,
annual conference, ¶ 648
annual conference representation, ¶ 32 Article I
constitution, ¶ 648 *Article* I
amendments, ¶ 648 *Article* 9
district, ¶ 671
constitution amendments, ¶ 671 *Article* 9
jurisdictional committee, ¶ 537
local church, ¶ 256.6
Men's Ministry Sunday, ¶¶ 262, 264.4

United Methodist Men, General Commission, ¶¶ 2301–2303
amenable to, ¶ 2301
central conference membership, ¶ 705.1c
Connectional Table
accountability, ¶ 702.3
relationship, ¶ 906.1c
funding, ¶ 2303.6
meetings, ¶ 2303.5
membership, ¶ 2303.1
advisory panel, ¶ 2303.7
Ministries With Young People, Division resource, ¶ 1207.2

officers, ¶ 2303.3
personnel policy and practices committee, ¶ 805.4b
purpose, ¶ 2302
staff, ¶ 2303.4
vacancies, ¶ 2303.2

United Methodist name registration, ¶ 2502

United Methodist Publishing House, ¶¶ 1601-1641
as administrative general agency, ¶ 703.6
agency status, ¶ 1611
annual meeting, ¶ 1603
authority to extend activities, ¶ 1625
authorization and establishment, ¶ 1601
board members as successors, ¶ 1617
Board of Publication, ¶¶ 1608, 1617
board participation, ¶ 1638
board powers and duties, ¶¶ 1609, 1618
book editor, ¶ 1628
salary of, ¶ 1629
suspension of, ¶ 1630
Church School Publications editor, ¶ 1631
duties of, ¶ 1632
salary of, ¶ 1634
church school curriculum, ¶ 1633
cooperative publications, ¶ 1639
corporate officers, ¶ 1621
fidelity bonding of, ¶ 1626
president, ¶ 1622
salaries, ¶ 1623
suspension of, ¶ 1627
Curriculum Resources Committee and, ¶¶ 1124.2, 1635
membership, ¶ 1126.1
Discipleship, General Board, ¶ 1124.2
publisher participation in, ¶ 1126.1c
direction and control, ¶ 1614
distribution system by general agencies, ¶ 1640
election of members, ¶ 705.1
Evangelical Press dissolution, ¶ 1620
executive committee, ¶ 1606
powers and duties, ¶ 1607
financial feasibility, ¶ 1637
incorporation of, ¶ 1609.3
member election, ¶ 705.5
membership, ¶ 1602
additional members, ¶ 1602.1d
central conference members, ¶ 1602.1c
division of, ¶ 1602.1f
episcopal members, ¶ 1602.1a
jurisdictional members, ¶ 1602.1b
president/CEO, ¶ 1606
rotation of, ¶ 1602.1g
vacancies, ¶ 1602.1h
of young adults, ¶ 1602.1e
net income
appropriation, ¶ 1615
designation, ¶ 1616
nominations for, ¶ 705.1
objectives, ¶ 1613
Otterbein Press dissolution, ¶ 1620
ownership and control of assets, ¶ 1619
president/CEO, ¶ 1614
real estate purchases, ¶ 1641
record of proceedings, ¶ 1604
report to General Conference, ¶ 1612
service to Church, ¶ 1636
successor in interest, ¶ 1608
tenure of board members

INDEX

and officers, ¶ 1605
trustees of, ¶ 1610

United Methodist seminaries, ¶¶ 1422-1423
candidates encouraged to attend, ¶ 310.2f
General Board of Higher Education and Ministry, ¶ 1421.1e
inclusiveness, ¶ 140
schools of theology in the central conferences, ¶ 1422.4
U.S.A. schools of theology, ¶ 1422.3

United Methodist Student Day, ¶¶ 262, 263.4, 824.3, 1806.12

United Methodist Student Day Fund, ¶ 810.1

United Methodist Student Movement (UMSM), ¶¶ 634.4d(5), 1207.1d(2), 1410.4d, 1412.2j

United Methodist Voluntary Services Program, ¶ 263.1b

United Methodist Volunteers in Mission (UMVIM), ¶ 247.12
See also **Volunteers in Mission**

United Methodist Women, ¶¶ 1901-1918
annual conference
 constitution, ¶ 647
 amendments, ¶ 647
 Article 8
annual conference representation, ¶ 32 *Article* I
district
 constitution, ¶ 670
 amendments, ¶ 670
 Article 8
jurisdiction
 constitution, ¶ 536
 amendments, ¶ 536
 Article 5
local church, ¶ 256.5
national
 assembly, ¶ 1908
 authority, ¶ 1904
 constitution, ¶ 1912
 deaconesses and home missioners, ¶¶ 16.2 *Article* IV, 1913-1918
annual conference membership, ¶¶ 32 *Article* I, 602.4
appointment and announcement of, ¶¶ 415.7, 416.3
central conference course of study, ¶ 543. 15
commissioning, ¶ 415.6
committee on deaconess and home missioner, ¶ 1916
ecclesiastical support, ¶ 1918
general provisions, ¶ 1913
journal listing, ¶ 606.4
membership on United Methodist organizations, ¶ 536 *Article* 3
Office of Home Missioner, ¶ 1915
Order of, ¶ 1914
purpose, ¶¶ 1903.7&9
supporting work of, ¶ 1917
finances, ¶ 1909
Global Ministries, General Board relationship with, ¶¶ 1312, 1910
membership, ¶¶ 705.3a
membership of the board of directors, ¶ 1906
Mission Coordinator of Education and Interpretation, ¶ 633.2

Ministries With Young People, division resource, ¶ 1207.2
organization, ¶ 1907
Program Advisory Group, ¶ 1911
purpose, ¶ 1902
responsibilities, ¶ 1903
successor entity, ¶ 1905
United Nations Office, ¶ 1010

United Methodist Young People's Convocation, ¶ 1210.2

United Nations, ¶¶ 165D, 1010, 1903.12

United Societies, nature, design and general rules, ¶ 104

United Theological Seminary (Dayton, Ohio), ¶ 1422.3

unity of ministry in Christ, ¶ 131

Universal Declaration of Human Rights, social principles, ¶ 162

University Senate. See **Higher Education and Ministry, General Board**

The Upper Room, ¶¶ 1107, 1115

urban-suburban life, social principles, ¶ 162R

V

vacation Bible school, ¶¶ 256.2, 1119.1

Volunteers in Mission, Awareness Sunday, ¶¶ 262, 265
coordinator, annual conference, ¶ 633.6
General Board of Global Ministries, ¶ 1302.14
local church, ¶ 247.12

vows, of membership, ¶ 217

W

war and peace, social principles, ¶ 165C

water, social principles, ¶ 160A

wedding ceremonies, same sex, ¶¶ 341.6, 2702.1b

Week of Prayer for Christian Unity, ¶ 642.4f

Wesley, John, ¶ 102
candidacy examiner questions, ¶ 310.1d
historic examination for admission into full connection, ¶ 336
obligation of servant leader, ¶ 137
sermons of, ¶ 104
view on scripture, ¶ 105

Wesley Foundation,
board of directors, ¶ 634.4d(2)
conference board of higher education responsibilities, ¶¶ 634.4a(6) (9),b(1)&d(2)
director's voting rights at annual conference, ¶ 602.1e
funding, ¶¶ 634.4a(6)&b(1), 1413.3b
General Board of Higher

INDEX

Education Division responsibility, ¶¶ 1412.2, 1413.3c
properties and investments, ¶ 634.4d(2)(c)

Wesley Theological Seminary, ¶ 1422.3

Wesleyan Service Guild, United Methodist Women successor and control of, ¶ 1905

West Africa Central Conference, ¶ 540.3g

Western Jurisdiction.
constitutional provisions and boundaries, ¶ 37
membership on boards and agencies
 Church and Society, General Board ¶ 1006.1a
 Communication, General Commission on ¶ 1807.1b
 Discipleship, General Board, ¶ 1311.1
 United Methodist Publishing House, ¶ 1602.1b
 See also **jurisdictional conferences**

Woman's Board of Home Missions, United Methodist Women successor and control of, ¶ 1905

Woman's Convention of the Board of Missions of The Methodist Protestant Church, ¶ 1905

Woman's Foreign Missionary Society, United Methodist Women successor and control of, ¶ 1322

Woman's Home Missionary Society, United Methodist Women successor and control of, ¶ 1905

Woman's Missionary Council of The Methodist Episcopal Church, South, United Methodist Women successor and control of, ¶ 1905

Woman's Missionary Society of The Evangelical Church, United Methodist Women successor and control of, ¶ 1905

Woman's Society of Christian Service of The Methodist Church, United Methodist Women successor and control of, ¶ 1905

Woman's Society of World Service of The Evangelical United Brethren Church, United Methodist Women successor and control of, ¶ 1905

Women's Ministry Sunday, ¶¶ 262, 264.4

work and leisure,
social principles, ¶ 163C

World Communion Fund, ¶¶ 263.3, 1806.12
as general fund, ¶¶ 634.4a(5), 810.1

World Communion Scholarships, ¶ 263.3a

World Communion Sunday, ¶¶ 262, 263.3, 634.4a(5), 824.4, 1806.12

world community,
social principles, ¶ 165

INDEX

World Council of Churches, ¶¶ 434.3, 642.4f

World Evangelical Fellowship, ¶ 434.3c

World Federation of Methodist and Uniting Church Women, ¶¶ 1903.13, 1911

World Federation of Methodist Women, central conference, ¶ 547.1

World Methodist Council, ¶¶ 433.1, 642.2, 1703.1

World Service contingency funds, ¶ 806.1d

World Service and Conference Benevolens, ¶¶ 247.14, 258.4b, 614.3d, 619.1a(2), 820.5

World Service and Finance, ¶ 803

World Service Commission on the Methodist Episcopal Church, ¶ 803

World Service Fund, ¶ 812
annual conference and district responsibility, ¶ 247.14
Finance and Administration, General Council, ¶ 806.1b
as general fund, ¶¶ 810.1, 812
General Commission on Communication responsibility, ¶ 1806.12
Higher Education and Ministry, General Board support from, ¶ 1409.2

World Service Special Gifts, ¶¶ 619.1a(1), 810.1, 1806.12

World Service Specials, ¶¶ 820, 821

world trade, of agricultural products, social principles, ¶ 162Q

World Wide Web, ¶ 1806.21

worship,
as conference discipleship board responsibility, ¶ 630.1b&4
constitutional provisions, General Conference legislative power, ¶ 16.6 *Article* IV
as Discipleship, General Board responsibility, ¶ 1113
as pastor's responsibility and duty, ¶ 340
discontinuance of, ¶ 341.2
pastor's unauthorized conduct of, ¶ 341.4

Y

yoked parish, ¶ 208d

young adult ministries,
church school and, ¶ 256.3
conference council, ¶ 650
district conferences, ¶ 665
inclusiveness, ¶ 650.2

young adults,
descriptions of, ¶¶ 32 *Article* I, 256.3, 602.4, 635.1, 650.2
Ministries With Young People, Division on, ¶ 1207.1b
organization for networking, ¶¶ 534, 1203.3

young people, rights,
social principles, ¶ 162D

youth,
baptism, ¶¶ 216.1b, 226
care of, ¶ 226
as church council members, ¶ 244.3
coordinator of ministries, ¶¶ 256.3a, 533, 649.3l
council, ¶ 256.3c(1)
membership in general agencies, ¶¶ 705.4, 710.3
Ministries With Young People, Division on, ¶ 1207.1a
relation to church, central conference, ¶ 547.4
rights and responsibilities, ¶ 162D

Youth Ministry, Conference Council, ¶¶ 256.3, 649.1

Youth Offender Rehabilitation Program, ¶ 263.1c

Youth Service Fund,
¶¶ 256.3a, 649.3i&j, 1208, 1806.12
as general fund, ¶ 810.1
organization, ¶ 1208.1
project review, ¶ 1208.2